河南省“十四五”普通高等教育规划教材

中国轻工业“十四五”规划立项教材

高等学校生物工程专业教材

高级微生物学

（第二版）

何培新　魏　涛　主编

中国轻工业出版社

图书在版编目（CIP）数据

高级微生物学 / 何培新，魏涛主编 .—2 版 .—北京 ：中国轻工业出版社，2023. 5

ISBN 978-7-5184-3862-4

Ⅰ. ①高… Ⅱ. ①何… ②魏… Ⅲ. ①微生物学—高等学校—教材 Ⅳ. ①Q93

中国版本图书馆 CIP 数据核字（2022）第 005968 号

责任编辑：江　娟　李　蕊　　责任终审：白　洁　　整体设计：锋尚设计
策划编辑：江　娟　　责任校对：宋绿叶　　责任监印：张　可

出版发行：中国轻工业出版社（北京东长安街 6 号，邮编：100740）
印　　刷：北京君升印刷有限公司
经　　销：各地新华书店
版　　次：2023 年 5 月第 2 版第 1 次印刷
开　　本：787×1092　1/16　印张：32
字　　数：824 千字
书　　号：ISBN 978-7-5184-3862-4　定价：72. 00 元
邮购电话：010-65241695
发行电话：010-85119835　传真：85113293
网　　址：http：//www. chlip. com. cn
Email：club@ chlip. com. cn
如发现图书残缺请与我社邮购联系调换
210332J1X201ZBW

本书编写人员

主　　编　何培新　魏　涛

副 主 编　迟　雷　陶　静　张志平　胡晓龙　张俊杰

参编人员（按汉语拼音排序）

迟　雷　郭法谋　何培新　胡晓龙　宋丽丽

孙新城　陶　静　魏　涛　张俊杰　张　勇

张志平　郑　燕

第二版前言

微生物学一直处于生命科学发展的前沿，与医学、农业、食品、能源和环保等相关学科的发展息息相关。20 世纪末诞生的组学技术，使微生物学研究发生了革命性的变化，微生物学进入“组学”发展阶段。“组学”阶段是信息和知识的大整合时期，生命整体将成为大的研究对象，并为相关学科的进一步发展提供新的机遇。微生物学及相关学科理论与技术的发展，产生了大量新知识、新理论、新技术和新应用开发领域。本书第一版于 2017 年 8 月出版，一晃四年过去了，在过去的四年里，组学时代的微生物学飞速发展，积累了大量数据，理论和技术都取得了明显进步；第三代测序技术已经进入实际应用阶段，合成生物学发展日新月异，影响与日俱增；病毒学研究和应用的进步使得更多生命活动的内在机制被揭示。人体微生物组学研究方兴未艾……同时，《高级微生物学》也被列入河南省“十四五”普通高等教育规划教材建设名单，这些直接促成了本书第二版的编写和出版。

党的二十大报告提出，必须坚持“创新是第一动力”，“坚持创新在我国现代化建设全局中的核心地位”。从微生物学研究和应用发展的实际出发，本书再版时对所有章节内容都进行了更新，并进行适当地删减、合并和位置调整，补充了很多新的内容。同时，调整了部分参与编写的作者，具体编写分工如下：第一章由何培新编写；第二章由张志平编写；第三章第一节和第二节由郭法谋编写，第三节由何培新编写；第四章由陶静编写；第五章由迟雷编写；第六章第一节和第三节由胡晓龙编写，第二节由魏涛编写；第七章第一节由张志平编写，第二节由胡晓龙编写，第三节由何培新编写；第八章由张俊杰编写；第九章第一节和第四节由何培新编写，第二节和第三节由陶静编写；第十章由何培新编写；第十一章由张勇编写；第十二章由宋丽丽编写；第十三章第一节和第三节由孙新城编写，第二节由郑燕编写；最后全书由何培新统稿。本书引用了大量国内外科技文献，在此谨向文献作者表示敬意。本书的编写得到了郑州轻工业大学食品与生物工程学院及学校相关职能部门的大力支持，在此表示感谢。

由于编写时间紧迫，再加上作者才疏学浅，书中肯定存在着不少错误和不当之处，恳请广大读者批评指正，以便再版时修正。

何培新

2021 年 10 月

第一版前言

微生物学（Microbiology）是在分子、细胞或群体水平上研究各类微生物形态结构、生长繁殖、生理代谢、遗传变异、生态分布和分类进化等生命活动的基本规律，并将其应用于工业发酵、医学卫生和生物工程等领域的科学。微生物学一直处于生命科学发展的前沿，与医学、农业、食品、能源和环保等相关学科的发展息息相关；微生物学通常也处于新技术发明和发展的前沿。生命科学、化学、物理学、数学、信息科学等学科技术的发展和进步，促进了微生物学的发展，拓展了其研究内容和应用领域，促进了学科之间的交叉与融合。20 世纪末诞生的组学技术，使微生物学研究发生了革命性的变化；微生物学进入“组学”发展阶段。“组学”阶段是信息和知识的大整合时期，生命整体将成为大的研究对象，并为相关学科的进一步发展提供了新的机遇。微生物学及相关学科理论与技术的发展，产生了大量新知识、新理论、新技术和新应用开发领域。

我国在 20 世纪末进行了本科专业调整，多数院校本科阶段不再设立微生物学专业。目前，微生物学是各类高等院校生物类专业必开的一门主要专业基础课程，该课程是高等院校生物类专业发展的基石之一。多数高等院校的相关专业只开设一门微生物学课程，学生难以系统和深入地学习微生物学丰富的理论和技术。进入研究生培养阶段，一些学生的微生物学知识和技能存在着缺陷，直接导致创新能力和意识不足，限制了其在相关学科领域持续发展的潜力。这是很多研究生阶段高级微生物学教学遇到的普遍问题。

为了拓展相关专业研究生微生物学的知识面、提高学生的科研能力和创新意识，编者组织具有丰富教学经验的教师从微生物学快速发展的实际出发，结合研究生所在专业的多样性，编写了《高级微生物学》。在编写过程中贯穿了以下指导思想：①突出一个“新”字，关注学科发展的前沿，拉近学生与科学技术发展的距离。由于目前微生物学已经发展到“组学”阶段，在内容安排上体现了“组学”阶段微生物学的最新研究和应用成果，如编写了“‘组学’时代的微生物学”“微生物基因组学”“代谢组学技术”“‘组学’时代的微生物生态学”“组学技术在食品安全中的应用”和“宏基因组学在食品工业中的应用”等专题内容；介绍了分子定向进化育种、基因组定点编辑技术和噬病毒体、病毒生态学等最新理论和技术成果。②突出一个“实”字，考虑一些学生在微生物分类和鉴定等实际科研中难以按照学科规范要求进行系统的研究活动，在相关章节中，增加了细菌、放线菌和酵母菌分类鉴定实例的内容，并介绍了真菌分类与鉴定的指导性内容，对学生系统地从事微生物分类和鉴定研究工作具有实际指导价值；在微生物生理部分，着重介绍了微生物代谢体系、代谢途径的调控和代谢流分析等内容，为学生从事代谢工程研究提供了扎实的基础理论保障；在微生物遗传部分，着重介绍了分子定向进化育种和基因组定点编辑技术，为相关技术应用奠定了基础。③突出微生物学的系统性和完整性。本书没有采取各个专题单独成章的编排方式，而是从学科本身的系统性和完整性出发，安排微生物类群、生理、遗传、生态和分类各自成章，注重章节之间的有机衔接和结构的合理性。④突出微生物学的应用性。微生物学是一门应用性很强的学科，本书在基础理论和技术章节之后，将微生物学在食品、医药、环保、能源和农业中的应用各自成章，以加强学生理论联系实际、综合应用知识的能力，了解微生物的应用范围、问题和前景。总之，本书注重知识的理论性、适用性、先进性和系统性，理论与应用并举，突出“新”和“实”，反映了国内外微生物学理论和技术的最新进展，对理论研究和技术开发等具有切实的指导价值。

本书分为十三章，具体编写分工：“第一章　绪论”由何培新和刘伟编写；“第二章　原核生物”第一节由何培新和刘苏萌编写，第二节由郭法谋编写，第三节和第四节由刘苏萌编写；“第三章　真核微生物”第一节、第二节和第三节由郭法谋编写，第四节由刘苏萌编写；“第四章　无细胞结构生物——病毒”由孙新城编写；“第五章 微生物的代谢”由迟雷编写；“第六章　微生物的遗传与育种”第一节由何培新和魏涛编写，第二节由魏涛编写，第三节由胡晓龙编写；“第七章　现代微生物生态学”第一节和第四节由郑燕编写，第二节和第三节由胡晓龙编写；“第八章　微生物的分类与鉴定”由张俊杰编写；“第九章　微生物与食品”第一节和第二节由何培新编写，第三节由胡晓龙编写，第四节由郑燕编写；“第十章　微生物与医药”由韩丽编写；“第十一章　微生物与环境保护”由张勇编写；“第十二章　微生物与能源”由宋丽丽编写；“第十三章　微生物与农业”第一节和第三节由孙新城编写，第二节由郑燕编写；全书由何培新统稿。本书引用了大量国内外科技文献，在此向相关文献作者表示敬意。本书的编写得到了郑州轻工业学院食品与生物工程学院、学校相关部门的大力支持，在此表示感谢。

由于编写时间紧迫，再加上作者才疏学浅，书中肯定存在着不少错误和不当之处，恳请广大读者批评指正，以便再版时修正。

何培新

2017 年 5 月

目　　录

第一章　绪论

微生物是形体微小、结构简单的微小生物的总称，包括无细胞结构的病毒、亚病毒因子（卫星病毒、卫星RNA、朊病毒和噬病毒体等），原核生物的真细菌和古生菌，真核生物的真菌（酵母菌、霉菌和蕈菌等），单细胞藻类和原生动物。微生物具有形体微小、种类繁多、代谢类型多样、生长繁殖迅速、容易变异、抗逆性强、分布广泛等特点，成了生物学研究的“明星”。自20世纪40年代以来，微生物学很快与生物学主流汇合，并被推到了整个生命科学发展的前沿，获得了迅猛的发展。微生物学在医学、农业、能源、气候变化、环境和生态等方面的重要作用已获得了广泛共识，并将为解决21世纪人类所面临的资源耗竭、环境污染、人口猛增等问题做出巨大的贡献。

微生物学通常处于新技术发明和发展的前沿。生命科学、化学、物理学、数学、信息科学等学科技术的发展和进步，直接促进了微生物学的发展，拓展了其研究内容和应用领域，促进了学科之间的交叉与融合。20世纪末诞生的组学技术，使微生物学研究发生了革命性的变化，微生物学进入“组学”发展阶段。组学阶段是信息和知识的大整合时期，生命整体将成为大的研究对象，并为医学、农业、食品等相关学科的更进一步发展提供了新的机遇。

第一节　微生物学发展现状

微生物学的发展历史及其在健康和环境等领域取得的令人瞩目的成就，都与大量技术创新密不可分。1676年，微生物学的先驱、荷兰商人安东·列文虎克利用精细制作的显微镜首次观察到细菌，在此之前，微生物学处于长时间的经验摸索阶段。列文虎克当时自制的显微镜放大倍数为50～300倍，能清晰观察到细菌和原生动物，结束了数千年人类在微生物界黑暗中的摸索，开启了微生物学诞生和发展的曙光，使微生物学进入微生物形态描述阶段。19世纪中期，法国科学家路易斯·巴斯德和德国细菌学家罗伯特·柯赫建立了微生物培养技术，在研究微生物及其性质方面发挥了主要作用，包括建立微生物与疾病之间的联系；柯赫的助手尤利乌斯·理查德·佩特里发明了培养皿，结合琼脂的使用，使微生物纯培养成为可能；19世纪90年代俄国科学家谢尔盖·维诺格拉斯基和荷兰科学家马丁乌斯·威廉·贝杰林克发展了富集培养技术，直接促进了自养微生物研究的发展。这些技术创新，标志着微生物学的奠基，使微生物学进入生理生化研究阶段。1953年，沃森和克里克等由X射线衍射结构分析提出了著名的DNA双螺旋结构模型，至1995年完成首个自由生活流感嗜血杆菌（*Haemophilus influenzae*）的全基因组测序，是微生物遗传及分子微生物学研究阶段。在该阶段，出现了许多促进生命科学发展的创新技术，如20世纪70年代美国分子生物学家沃尔特·吉尔伯特和英国生物化学家弗雷德里克·桑格分别提出了化学降解法和酶合成法 DNA 测序技术；美国分子生物学家保罗·伯格和美国生物化学家斯坦利·科恩等科学家的工作标志着基因工程技术诞生；1982 年美国生物化学家凯利·穆利斯提出聚合酶链式反应（PCR）技术；1989 年英国生物化学家罗格·伊金斯提出蛋白质微阵列芯片的概念等。大量生物包括微生物全基因组序列的测定，特别是 2001 年完成人类基因组全序列测定，促进了基因组学进入功能基因组学研究阶段。2005 年以后诞生的高通量测序技术，极大地降低了测序成本，提高了测序速度，直接促进了基因组学、代谢组学、转录组学、蛋白质组学、宏基因组学等相关组学技术与学科的发展与应用，使微生物学进入一个全新的“组学”发展阶段（图 1-1）。

第二节　微生物学主要研究技术

一、显微技术

微生物形体微小，对微生物个体和细胞的研究，离不开显微技术。显微技术包括精确使用显微镜、精心制作标本片和科学采集与处理图像技术。

1. 光学显微术

（1）普通光学显微镜（Optical Microscope）　以自然光或灯光为光源，利用反光镜和聚光器进一步改进其光学性质，经过物体衍射的光线再经过物镜和目镜两次成像，最终在人眼的明视距离（距眼球 250mm）位置上获得倒置、放大的虚像。按照阿贝光学衍射极限理论（分辨率公式），普通光学显微镜以可见光为成像介质，有效放大倍数为 1000～1500 倍，能分辨的两点之间最小距离为 0.2μm 左右。在利用普通光学显微镜观察物体时，有时要对标本进行染色，提高物像与视野的反差。在显微镜使用方面，可通过增加进入视野中光线（旋大开关）、扩大环状光圈、提高聚光器等增加视野的亮度；而增加物像和视野的反差，要根据标本厚度、透光率和物镜放大倍数等灵活操作。一般用低倍物镜观察物像时，进入视野中的光线强，可通过调节进入光线、缩小环状光圈、降低聚光器等调节反差。用高倍物镜则要相应地增加进入视野中的光线，得到适当的反差。使用油镜观察时，一般把聚光器升到最高，充分打开环状光圈，使较多光线进入视野。

（2）暗视野显微镜（Dark field microscope）　使用中央遮光板或暗视野聚光器（常用抛物面聚光器），使光源的中央光束被阻挡，不能由下而上地通过标本进入物镜，从而使光线改变路径，倾斜地照射在观察的标本上。标本遇光发生反射或散射，散射的光线投入物镜内，因而整个视野是黑暗的，而物体是明亮的。一般暗视野显微镜虽看不清物体的细微结构，但却可分辨 0.004μm 以上的微粒存在和运动。暗视野显微镜可用来鉴别各种死、活酵母细胞，对于梅毒螺旋体（*Treponema pallidum*）等微生物的观察也特别有用。

（3）相差显微镜（Phase Contrast Microscope）　将经过透明物体的直射光延迟或提前，并和绕射光（光线通过透明物体如活细菌细胞后，由于物体内部物质密度和折射率不同，部分光线变成了绕射光）产生干涉（形成新波形），使相位差变为振幅差（明暗度），使原来透明的物体表现出明显的明暗差异，对比度增加，能更清晰地观察活细胞的细微结构。相差显微镜可以观察活细胞或未染色标本，能更清晰地观察到活细胞的细微结构。

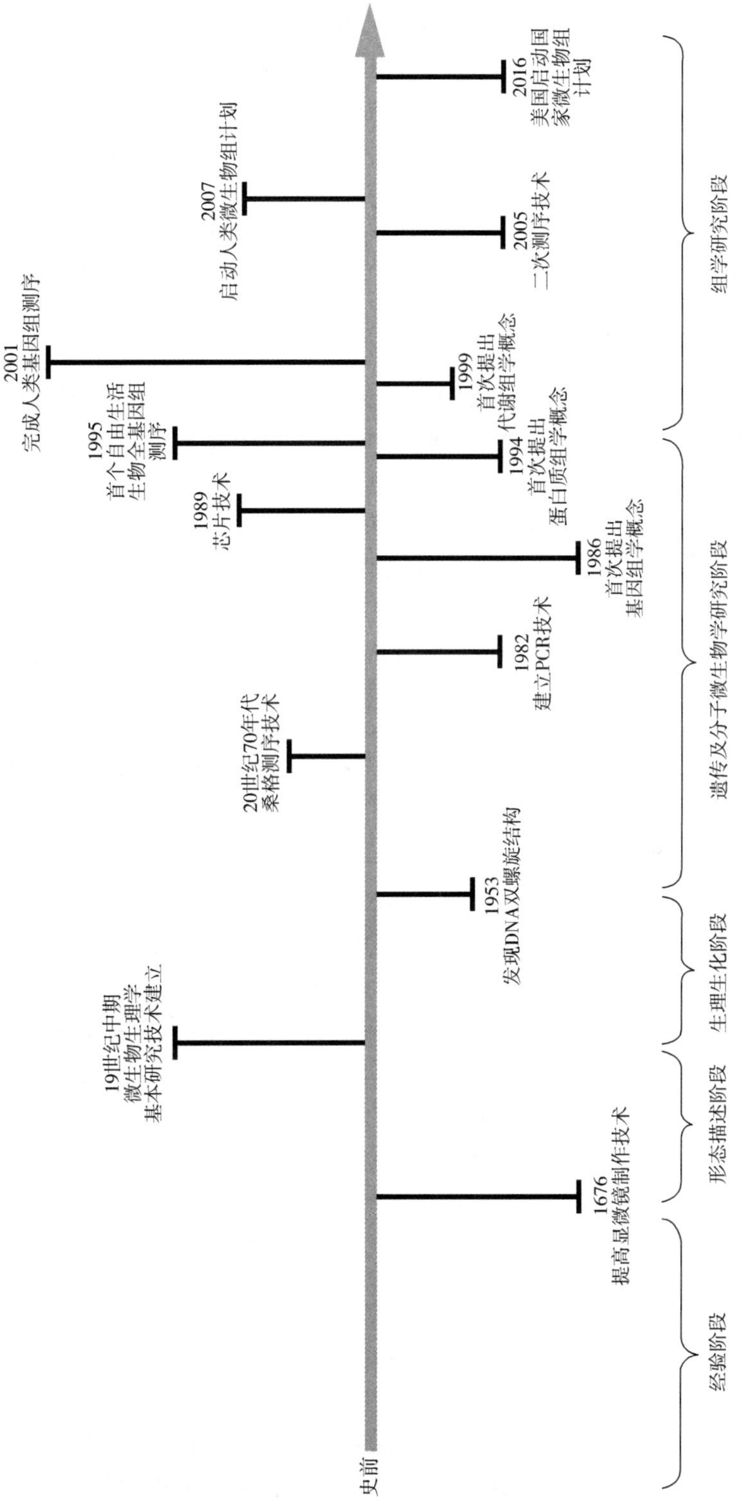

图1-1 技术创新直接推动了微生物学的发展

（4）荧光显微镜（Fluorescence microscope）　有些化合物（荧光素）可以吸收紫外线，并放出一部分光波较长的可见光（荧光）。因此，在紫外线的照射下，发荧光的物体会在黑暗的背景下表现为光亮的有色物体。荧光显微镜是利用特定波长的光照射被检物体产生荧光进行镜检的显微光学观测仪器，已有 100 多年历史。在特异性荧光染色后，可用于观察细菌拟核、真核生物细胞核等细胞器，区分原生质体，并普遍应用于免疫学、环境微生物学和分子生物学的相关研究。近年来，由于免疫荧光在医学研究、诊断领域里的广泛应用，荧光原位杂交（Fluorescence in Situ Hybridization，FISH）、绿色荧光蛋白（Green Fluorescent Protein，GFP）技术分别在基因组学、蛋白质组学研究领域的推广，显微照相、数字电荷耦合器件（Charge Coupled Device，CCD）成像技术的辅助驱动，赋予这一传统技术更新的应用价值和生命力。

（5）超分辨率显微技术（Super-resolution Microscopy）　光学显微系统的分辨率极限被限制在约检测光波长的一半（200 ~ 300nm），即当两个无限小的点光源相距 200nm 以内时，它们的点扩散函数（或是它们的爱里斑）会有很大的重叠造成无法区分的现象，即达到了光学衍射极限。超分辨率显微技术通过对标记分子物理原理、化学机制或者样品尺寸的研究和改造，成功地“越过”了这一衍射极限，从而能用前所未有的视角观察奇妙的生物微观世界，并带来了令人瞩目的生物学研究成果。

①单分子荧光显微术（Single-molecule Fluorescence Microscopy）：为基于具有自身独特特征的传统荧光显微术。实现单分子荧光显微术的一个关键因素是其能从背景信号区分和分辨单个荧光分子。可采用 2 种主要方法在光学显微镜取得更高信噪比：a. 选择性采集焦平面分子的发射，如激光共聚焦显微镜；b. 选择性在焦平面激发分子，如全内反射荧光显微术。

激光扫描共聚焦显微镜（Laser Confocal Scanning Microscope）利用激光束经照明针孔形成点光源对标本内焦平面的每一点扫描，标本上的被照射点在探测针孔处成像，由探测针孔后的光电倍增管或 CCD 逐点或逐线接收，迅速在计算机监视器屏幕上形成荧光图像。激光扫描共聚焦显微镜以极高的分辨率对较厚标本的细节进行观察，可对溶酶体、线粒体等亚细胞以及细胞骨架、DNA、RNA、酶和受体分子等细胞特异结构的含量、组分及分布进行定性、定量、定时及定位测定，并能重建三维图像，在医学、生物化学、微生物学、细胞生物学、食品科学、神经科学和海洋生物学等多学科领域广泛应用。

全内反射荧光显微镜（Total Internal Reflection Fluorescent Microscope）利用光线全反射后在介质另一面产生消逝波的特性，激发荧光分子以观察荧光标定样品的极薄区域（通常在 200nm 以下）。利用高灵敏度和高时间分辨率的 CCD 捕捉荧光，并用计算机显像，实现对生物样品的观测。因为激发光呈指数衰减的特性，只有极靠近全反射面的样本区域才会产生荧光反射，从而大大降低了背景噪声，提高了信噪比。由于消逝波的特点及 CCD 的优势，使全内反射荧光显微镜具有高信噪比和高时间分辨率，因此在对单分子的动态观测中具有很高的应用价值。

②结构光照明荧光显微镜（Structure Illumination Microscope）：是基于三维结构光照明的超分辨率荧光显微镜，通过在照明光路中插入一个结构光（载频条纹）发生装置（如光栅、空间光调制器或者数字微镜阵列等），照明光受到调制后，形成亮度规律性变化的图案结构光，然后经物镜投影在样品上，激发产生的荧光信号再被 CCD 接收。通过移动

和旋转照明图案使其覆盖样本的各个区域，并将拍摄的多幅图像用软件进行组合和重建，从而可以得到该样品的超分辨率图像，侧向分辨率提高到 80~120nm，空间分辨率可提高到激光共聚焦显微镜观察极限的 8 倍。

③受激发射损耗荧光显微镜（Stimulated Emission Depletion Microscope，STED）：典型的 STED 显微系统中需要两束照明光，一束为激发光，另外一束为损耗光。当激发光照射激发衍射斑范围内的荧光分子，使其中的电子跃迁到激发态后，损耗光使部分处于激发光斑外围的电子以受激发射的方式回到基态，其余位于激发光斑中心的被激发电子则不受损耗光的影响，继续以自发荧光的方式回到基态。由于在受激发射过程中所发出的荧光和自发荧光的波长及传播方向均不同，因此真正被探测器所接收到的光子均是由位于激发光斑中心部分的荧光样品通过自发荧光方式产生的。由此，有效荧光的发光面积得以减小，从而提高了系统的分辨率。另一个关键在于受激发射与自发荧光相互竞争中的非线性效应。通过增大损耗光的强度，使激发光斑范围内更多范围的自发荧光被抑制，可以提高 STED 显微术的分辨率。

④单分子定位显微镜（Single Molecule Localization Microscope）：基于全内反射照明光路，用激活光和激发光控制成像区每次仅有少量、随机、离散的单个荧光分子发光，再通过高斯拟合分析单个荧光分子点扩展函数中心实现高精度的空间定位，最后将图片叠加形成一幅超分辨图像。如利用荧光探针标记细胞内不同的目标物进行多色超分辨成像，不仅可以获得单个目标物的超分辨信息，还可以精确分析不同目标物的空间结构与相互关系，极大地加强人们对细胞内复杂生命现象与过程的探索能力。

⑤膨胀显微成像技术（Expansion Microscopy，ExM）：是一种利用光学显微镜结合膨胀水凝胶的超分辨率光学显微技术。将生物样品包埋在致密交联电解质的凝胶溶液中，然后机械均质化细胞，凝胶通过折叠线性膨胀而膨胀，从而也使生物体膨胀，实现超分辨率扩大。使用膨胀显微术锚定细胞内的关键生物分子（例如细胞器、细胞骨架等），更能观察到较小的细胞结构，也可能观察到更多的生物分子结构。ExM 允许在常规光学显微镜下对生物样品进行纳米级成像，包括成功可视化蛋白质、核酸等生物分子，并具有用于临床样本进行病理检查的潜力。

2. 电子显微术

电子显微镜以电子束作为介质成像，极大增加了分辨率，有力地促进了微生物个体、细胞、亚细胞等方向的研究，成为生命科学研究中的重要工具。

（1）扫描电子显微镜（Scanning Electron Microscope，SEM）　以聚焦电子束在试样表面逐点扫描成像。试样可为块状或粉末颗粒，成像信号可以是二次电子、散射电子或吸收电子。SEM 制样方法简单，可以观察直径大到 30mm 的大块试样；场深大，适用于粗糙表面和断口的分析观察；图像富有立体感、真实感，易于识别和解释；放大倍数一般为 15 万~20 万倍，最大可达 10 万~100 万倍；分辨率一般为 2~6nm，最高可达 0.5nm；可以通过电子学方法有效地控制和改善图像的质量，可在荧光屏上同时观察不同放大倍数的图像或不同形式的图像；可进行多种功能的分析，如与 X 射线谱仪配接可进行微区成分分析，配有光学显微镜和单色仪等附件时可观察阴极荧光图像和进行阴极荧光光谱分析等；结合冰冻蚀刻技术，可观察亚细胞结构。

（2）透射电子显微镜（Transmission Electron Microscope，TEM）　利用透过样品的电

子束成像，分辨率可达 0.1nm。TEM 镜筒中要求高真空，用电磁圈汇聚、聚焦电子束，用显示屏显示或用感光胶片做记录，样品需要超薄切片。

（3）冷冻电子显微术（Cryo-electron Microscopy） 是结构生物学研究的重要技术手段，其解析生物大分子及细胞结构的核心是 TEM 成像，基本过程包括样品制备、TEM 成像、图像处理及结构解析等几个基本步骤。可以采取不同的显微镜成像及三维重构方法。目前使用的主要结构解析方法包括：电子晶体学、单颗粒重构技术、电子断层扫描重构技术等，分别针对不同的生物大分子复合体及亚细胞结构进行解析。

3. 扫描隧道显微镜（Scanning Tunneling Microscope）

扫描隧道显微镜利用量子力学的隧道效应和三维扫描，用一个极细的尖针（针尖头部为单个原子）去接近样品表面，当针尖在不到一个纳米的高度上扫描样品时，此处电子云重叠，外加一电压（2mV 至 2V），针尖与样品之间产生隧道效应而有电子逸出，形成隧道电流。电流强度和针尖与样品间的距离呈函数关系。当探针沿物体表面按给定高度扫描时，因样品表面原子凹凸不平，探针与物质表面间的距离不断发生改变，从而引起电流不断发生改变。将电流的这种改变图像化即可显示出原子水平的凹凸形态。扫描隧道显微镜的分辨率很高，横向为 0.1~0.2nm，纵向可达 0.001nm。固态、液态和气态物质均可进行观察。原子力显微镜（Atomic Force Microscope）、激光力显微镜（Laser Force Microscope）、弹道电子发射显微镜（Ballistic Electron Emission Microscope）、光子扫描隧道显微镜（Photon Scanning Tunneling Microscope）以及扫描近场光学显微镜（Scanning near-field Optical Microscope）等都属于扫描隧道显微镜。原子力显微镜利用原子之间的范德华力作用来呈现样品的表面特性。利用扫描隧道显微镜可直接观察生物大分子，如 DNA、RNA 和蛋白质等分子的原子布阵，以及某些生物结构如生物膜、细胞壁等的原子排列。

4. DNA 显微镜（DNA Microscope）

DNA 显微镜是一种全新的细胞可视化技术，利用化学手段获取细胞内部信息，绘制的图像反映出细胞内生物分子的基因序列和相对位置两方面的情况。首先获取实验室中培养的细胞，并将它们固定在反应室中。然后添加各种各样的 DNA 条形码，这些 DNA 条形码结合 RNA 分子，从而给每个 RNA 分子一个独特的标签。接下来使用化学反应让每个标记分子产生越来越多的拷贝，即从每个分子的原始位置扩展出来的生长堆，标记的分子最终与其他标记分子发生碰撞，迫使它们成对连接在一起。彼此靠近的分子更容易碰撞，因而产生更多的成对 DNA，距离较远的分子将产生较少的成对 DNA。对样品中每个分子进行测序，获得其碱基序列，采用特定的算法解码这些数据，并将原始数据转换为图像。DNA 显微镜可能能够加快开发帮助患者免疫系统对抗癌症的免疫疗法。通过直接从被研究的分子中获得信息，DNA 显微镜开辟了一种将基因型与表型关联在一起的新方法。

二、培养物组学与人体微生物组研究

1. 培养物组学（Culturomics）

传统的微生物学也可称为“可培养微生物学”，是研究可人工培养微生物生命活动的科学，包括微生物在一定条件下的形态结构、生理生化、遗传变异以及微生物的进化、分类、生态等规律及其应用。然而，自然环境中大量微生物（99%左右）依靠目前的人工培养技术还不能获得纯培养，对这类微生物的认识主要是基于非培养技术（如分子生态学技术和宏基因组学技术等），限制了人们对宝贵微生物资源的开发与利用。拓展常规微生物纯培养技术手段，使用多种培养条件获得更多环境微生物的纯培养物，并利用分子技术【如基质辅助激光解吸电离飞行时间质谱（Matrix Assisted Laser Desorption/ionization Time of Flight Mass Spectrometry，MALDI-TOF-MS）和 16S rRNA 基因测序】进行快速鉴定，称为培养物组学。培养物组学在医学临床诊断、新药开发、风味物质开发等领域具有重要的潜在应用价值。

利用培养物组学技术从人体和高等动物肠道、泌尿生殖道、呼吸道及白酒窖泥等环境分离获得大量新的细菌、古生菌种类和其他分类元，丰富了相关种质库内容。这些新微生物的基因组序列丰富了微生物序列数据库，推动了进一步准确鉴定细菌、分派新的操作分类单元、揭示微生物暗物质等研究，加强对特定生态环境微生物功能、微生物之间及微生物与环境互作、微生物与疾病关系、疾病发生机制等的理解。新的种质和基因资源利于新的益生元、抗生素、风味物质等的开发。

2. 人体微生物组研究

在人体表面（皮肤）以及与外界相通的腔道如胃肠道、鼻腔、口腔、泌尿生殖道等部位，定植着大量以细菌为主的微生物群落。这些微生物的数量可达人体自身细胞数的 10 倍以上，其基因数量更多达人体基因数的 100 多倍。微生物群落在人体内维持一定的动态平衡，参与调节人体的一系列生理生化反应，如免疫调节、食物消化、维生素合成等。人体微生物与诸多人类疾病息息相关，因此，人体微生物可能成为干预治疗的最新靶标，从而在这些疾病的诊断、分析和治疗上发挥重要作用。人体微生物组（Human microbiome）的概念最早在 2001 年提出，是人体共栖、共生和致病的所有微生物的总称，是人体基因组中不可缺少的组成部分。近年来，随着 DNA 测序技术的进步，美国、欧盟等开展了一系列微生物组相关的国际性重大项目研究，如美国的人类微生物组计划（Human Microbiome Project，2008 年至今）和美国的国家微生物组计划（National Microbiome Initiative，2016 年 5 月批准）、欧盟的肠道微生物组计划（Metagenomics of the Human Intestinal Tract，2008~2012 年）和地球微生物组项目（Earth Microbiome Project，2013 年至今）等。微生物组的研究在揭示生命奥秘和生态圈运动规律等方面具有巨大的理论价值，同时也具有重大的产业价值和生态价值。

三、基因组测序技术

DNA 测序是指测定 DNA 链上 4 种碱基（A、G、C 和 T）的排列顺序过程。目前，基因组测序技术已经发展了 3 代。1977 年 Maxam 和 Gilbert 提出的化学降解法、Sanger 团队开发的双脱氧链终止法，及 20 世纪 90 年代开发的标记荧光自动测序技术共同构成首代测序（First-generation Sequencing，FGS）。其中双脱氧链终止法是 FGS 的主流技术。二代测序（Second-generation Sequencing，SGS）或下一代测序（Next-generation Sequencing，NGS）是指非桑格技术的高通量 DNA 测序技术，可并行使用大量克隆模板测序数百万或上千万的 DNA 链，使用酶催化复制或扩增完成序列测定过程，产生丰富通量和深度测序的目标区域。三代测序（Third-generation Sequencing，TGS）不使用扩增技术，一次添加一个核苷酸，获得链长和准确的测序读本。单细胞测序一般归于三代测序技术。基因组测序技术发展简史见图 1-2。

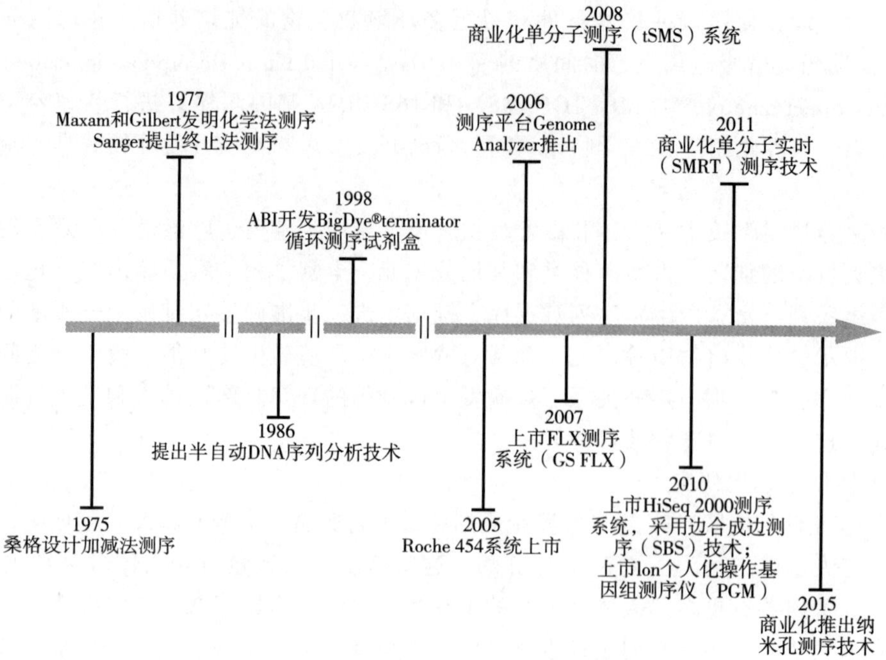

图 1-2　基因组测序技术发展简史

1. 首代测序技术

第一代测序技术主要包括桑格团队于 1975 年提出的“加减法”、1977 年 2 月 Maxam 和 Gilbert 发明的化学法、1977 年 12 月 Sanger 团队提出的双脱氧链终止法（桑格法）等。在商业化应用方面，Applied Biosystems（ABI）于 1986 年上市的 DNA 自动测序仪 ABI 370A、1990 年上市的 PRISM® 373 DNA 测序仪、1995 年上市的 DNA 自动化测序仪 PRISM 377，它们都属于使用 4 色荧光标记化学的厚板凝胶电泳测序仪。1995 年上市的 ABI PRISM 310 测序仪采用了毛细管电泳技术，真正实现了自动 DNA 测序。1998 年，ABI 使用荧光染料试剂，开发了 BigDye®终止剂循环测序试剂盒。第一代测序只能对纯培养物进行鉴定和培养，测序耗时长，成本高。

2. 二代测序技术

第二代测序技术又称为高通量测序（High-throughput sequencing）技术，不需要将模板 DNA 克隆到载体上，而是首先将 DNA 片段化，PCR 扩增后测序，可对多个样本平行测序，实现了高通量和低成本。高通量测序技术的推广应用，极大地降低了基因组测序的成本。例如，采用鸟枪法，基于桑格测序技术，人类基因组测序耗时 20 年，花费 30 亿美元才得以完成。而采用高通量技术进行人类基因组测序，成本将从 2001 年的 9500 万美元降低到 2013 年的不到 6000 美元。采用高通量测序技术，已经完成了上千种生物包括微生物的基因组测序。测序技术和生物信息学、计算工具、设备和数据的分析与注释技术的发展与进步，为微生物学研究带来了革命性的变化。微生物学研究进入组学时代。相对于第三代测序，二代宏基因组测序读长短，多轮 PCR 扩增容易发生交叉污染，且不能直接对 RNA 进行测序。目前，二代测序技术主要有如下几种测序平台：

(1) Roche 454系统 2005年开发了首个商业化二代测序Roche 454系统，采用焦磷酸测序技术，主要原理是往测定体系加入互补核苷酸，检测模板序列释放的焦磷酸。该技术的缺点是手工操作时间长，需要微乳滴PCR（emPCR）人工扩增测序文库，每个碱基的测定成本较高。

(2) Illumina系统 2006年开发的二代测序平台Genome Analyzer (GA) 采用边合成边测序方法，检测掺入测序序列核苷酸释放的荧光标记。目前该技术是高通量测序的市场领导者，错误率和成本均较低。其缺陷是读本序列稍短，因而对长测序需要更长时间。最近引入TruSeq长读本技术，可产生长达10kb的合成读本。目前该系统主要有HiSeq2000、2500和3000/4000系统，2014年Illumina上市HiSeq X Ten系统。

(3) SOLiD系统 SOLiD系统上市于2006年。该系统以四色荧光标记的连续连接合成为基础，取代了传统的聚合酶链式反应，可对单拷贝的DNA片段进行大规模扩增和高通量并行测序。SOLiD系统的优点是高准确率，缺点是读长相对较短，计算基础设施建设成本高。2010年，上市的5套ABI SOLiD系统升级到SOLiD 5500xl，延长了读本长度，进一步提高了准确度。

(4) Ion Torrent系统 Ion Torrent测序系统是首个不依赖染料标记寡核苷酸和相机扫描的商业化测序仪，采用边合成边测序技术，检测随着互补DNA的合成而释放氢离子引起pH的改变。该测序技术成本较低，但测序特别是同源多聚体错误率较高，对极端AT丰富或GC丰富区域的覆盖率较差。目前该系统有4种机器型号：Ion S5、Ion S5 XL、Ion PGM和Ion Proton。Ion S5和Ion S5 XL为靶序列测序，而Ion PGM和Ion Proton为完整基因组测序。

3. 三代测序技术

第三代测序在单分子水平读取核苷酸序列，因此也被称为单分子测序，主要有HeliScope、Nanopore和PacBio等几个平台。与二代测序技术相比，第三代测序能够产生更长的读长，能直接对RNA进行测序（无需逆转录），其便携性与测序速度也是重要优势。

(1) Helicos真正单分子测序（True Single-molecule Sequencing, tSMS）系统 2003年提出单分子测序技术，2008年开发该技术测序一病毒基因组。tSMS系统是首个不需要扩增的单分子测序技术。测序时，首先将小片段DNA模板与检测芯片上的poly-dT引物进行杂交并精确定位，然后逐一加入荧光标记的单色末端终止子；在掺入了单个荧光标记的核苷酸后，洗涤、单色成像，之后切开荧光染料和抑制基团，洗涤、加帽，允许下一个核苷酸的掺入。通过掺入、检测和切除的反复循环，即可实时读取大量序列。最后以软件系统辅助，可分析出完整的核酸序列。该测序技术优点是实现了单分子测序，可用于RNA-seq或RNA直接测序，对具有极端GC含量的DNA或基因组，单分子测序效率更高。其缺点是读长较短（55~70个碱基）且数据输出低（20Gb），测序的错误率较高。该系统在病毒基因组测序、拷贝数变异研究及古老DNA测序等方面都有应用。

(2) 单分子实时（Single-molecule Real Time, SMRT）测序系统 Pacific Biosciences的SMRT测序系统于2011年上市，应用了边合成边测序的方法，并以SMRT芯片为测序载体。其测序的基本原理是：DNA聚合酶和模板结合，采用4色荧光标记4种dNTP。在碱基配对阶段，不同碱基的加入会发出不同的光，根据光的波长与峰值可判断进入的碱基类型。SMRT测序可以通过检测相邻两个碱基之间的测序时间，来检测一些碱基修饰情况。

如果碱基存在修饰，则通过聚合酶时的速度会减慢，相邻两峰之间的距离增大，可以通过这个来直接检测甲基化等信息。此外，还具有测序速度快（每秒约 10 个 dNTP）、读本长度长、避免了由 PCR 扩增带来的偏差、需要的样品量很少、样品制备时间花费少等优点。缺点是机器巨大、硬件成本昂贵、测序成本很高及不能对 RNA 直接测序（需要逆转录成 cDNA 才能进行测序）。目前，PacBio 在全基因组测序、微生物群落特征、病毒群体、体细胞变异、RNA 测序、表观遗传学等方面都有所应用。

（3）牛津纳米孔（Oxford nanopore）测序系统　1996 年提出纳米孔测序的原理。该技术的关键之一是设计了一种特殊的纳米孔，孔内共价结合有分子接头。当 DNA 碱基通过纳米孔时，它们使电荷发生变化，从而短暂地影响流过纳米孔的电流强度（每种碱基所影响的电流变化幅度不同），灵敏的电子设备检测到这些变化从而鉴定所通过的碱基。与二代测序技术相比，纳米孔测序读长很长，能直接测定 1Mb 以上的读长。纳米孔测序的误差率在 15%~40%，测序错误主要由插入和删除碱基引起。测序误差率较大是其最大的缺陷。目前市场上推出了 MinION、GridION X5（一款桌面式测序仪）和 PromethION（具有模块化设计的更大型的台式测序仪）等多种测序仪，其中 MinION 是一种便携式 DNA 和 RNA 测序仪，可以直接对 RNA 进行测序。纳米孔测序技术已被广泛用于疫情爆发调查、环境监测、传染性病原体检测和抗生素耐药性监测等领域。

四、基因组编辑技术

基因组编辑（Genome Editing）是在基因组尺度对细胞进行有效设计与高效改造。如基因组上多个位点同步插入或删除，通过多个代谢分支途径的组合优化和外源代谢路径的大片段基因组整合等，实现全新代谢能力的改造等。这种基因组尺度的高效编辑技术主要包括对基因组上多重位点进行同步改写、高效插入、替换或删除、大片段的剪切-粘贴以及自主编辑（即基因组程序性进化）等。

1. 基因组多重位点的同步编辑技术

基因组上多重位点的同步编辑可用于工业微生物组合调控多个酶的表达水平，实现分支路径弱化与主代谢路径强化的同步等，克服多重代谢通量优化的细胞代谢网络改造的困难。该类编辑技术主要有寡核苷酸介导的基因组多重位点编辑技术，如基于 λ 噬菌体基因 Red 区段的 β-重组蛋白的基因组多重位点自动改造技术（Multiplex Automated Genome Engineering，MAGE）及在此基础上改进的单链 DNA（ssDNA）介导的基因组编辑技术，以及选择标记辅助的多重位点编辑技术，如 CoS-MAGE 技术等。

2. 双链断裂介导的高效插入、替换和删除

通过自定义人工核酸酶，精确识别并切割基因组特定位点，形成双链断裂，进而通过胞内的 DNA 修复系统实现基因组的编辑，包括锌指核酸酶（Zinc-finger Nucleases，ZFNs）的基因组编辑技术、转录激活因子样效应物核酸酶（Transcription Activator-like Effector Nucleases，TALENs）介导的基因组编辑技术、CRISPR-Cas9（Clustered Regularly Interspaced Short Palindromic Repeats-associated System）介导的基因组编辑技术等。

3. 基因组大片段的插入、删除和剪切-粘贴

大片段 DNA 插入或删除技术主要是由位点专一性重组酶和它的特异性识别位点组成，包括最早被识别的 λ 噬菌体溶源性基因组整合系统：整合酶和专一性位点（自身基因组上

的 *attP* 位点和宿主基因组上的 *attB* 位点)；P1 噬菌体的 Cre/lox 重组系统；酵母的 Flp/FRT 重组系统等。该类技术包括位点专一性重组酶的基因组编辑技术、Ⅱ型内含子归巢介导的基因组编辑技术和基因组大片段 DNA 高效编辑技术。

4. 基因组自主编辑

应用基因组进化，近几年开发了一些新的基因组进化技术，实现基因组自主编辑，如结合原生质体融合的基因组重排技术、改造基因组范围转录调控程序的全局转录因子工程、基因组复制机器工程辅助的连续进化以及环境条件诱导的适应性进化策略等。

第三节　组学时代的微生物学

一、微生物组学研究概述

微生物组学，包括基因组学、宏基因组学、转录组学、元转录组学、蛋白质组学、元蛋白质组学、代谢组学、糖组学、脂质组学和人体微生物组学等。

1. 基因组学、宏基因组学与表观基因组学

近年来，已经完成了数百种模式菌、特殊分布微生物、主要病原微生物、特殊功能微生物等的全基因组测序。微生物基因组学（Genomics）研究的重点已由结构基因组学（Structural genomics）向功能基因组学（Functional genomics）转移。微生物功能基因组学研究不仅要阐明微生物基因组内每个基因的作用或功能，还要研究基因的调节及表达谱，进而从整个基因组及其全套蛋白质产物的结构、功能、机理的高度去了解微生物生命活动的全貌，揭示微生物世界各种前所未知的规律，并使之为人类社会服务。全面深入的基因组学研究促进了人类对微生物的起源和进化、适应性等生物学机制的理解。例如，微生物移动基因组（Mobilome，包括质粒、噬菌体和转座子等的 DNA 序列）研究揭示了生物之间横向基因转移的普遍性，发现移动遗传因子（特别是病毒）不仅显著影响了微生物群落的多样性和进化能力，而且有力驱动了细胞型宿主适应极端环境的潜力。移动遗传因子在疾病感染、抗生素抗性、细菌共生和外源化学物的生物转化等方面都具有重要作用。病毒组（Virome）研究获取了大量病毒数据，极大地扩充了病毒的多样性，加深了对病毒遗传多样性、在其宿主基因组弹性及在微生物类群动力学中发挥的重要作用的理解。

宏基因组学（Metagenomics）又称元基因组学、环境基因组学、群落基因组学。宏基因组是指环境中全部微生物基因的总和，包含了可培养和不可培养的微生物的总基因。宏基因组学基于非传统培养方法，通过基因筛选和序列分析等手段，研究环境微生物的功能活性、多样性、种群结构、进化关系，以及它们与环境之间的关系，获得新的酶及生物活性物质，可极大地拓展微生物基因资源的利用空间，研究其功能、彼此之间的关系和相互作用，并揭示其内在规律。宏基因组学研究已渗透到各个研究领域，包括食品科学、微生物活性筛选、新基因挖掘、医药领域、替代能源、环境修复、生物降解、农业、生物防御、海洋、土壤、热泉、人体口腔及胃肠道等，显示了重要的应用价值。运用宏基因组学可分析微生物分类图谱，深入了解微生物的多样性，有可能挖掘和利用 99%以上的不可培养微生物，为功能微生物资源开发利用提供了丰富的研究资源，不仅可用于新药的研发，而且在新的工业用酶、食品微生物研究、食品快速检测及生物活性物质的筛选等方面均具

有广阔的应用前景。

表观基因组学（Epigenomics）是一门在基因组的水平上研究表观遗传修饰的学科。表观遗传修饰作用于细胞内的 DNA 和其包装蛋白、组蛋白，用来调节基因组功能，表现为 DNA 甲基化和组蛋白的翻译后修饰，这些分子标志影响了染色体的架构、完整性和装配，同时也影响了 DNA 接近它的调控元件，以及染色质与功能型核复合物的相互作用能力。虽然一个多细胞个体只有一个基因组，但是它具有多种表观基因组，反映为生命的不同时期，健康或者受损的情况下，个体的细胞类型及其属性的多样性。在生物个体当中，DNA 序列之间的关系、后天状态的动态变化，会对细胞或个体产生影响，这种影响可以看作表观遗传修饰在模式系统和模式生物研究中所起的功能。DNA 序列之间的关系、后天状态的动态变化这些综合手段与全基因组研究手段是相辅相成的，旨在描述在不同时期、不同细胞类型当中的表观遗传修饰的位置，找到它们的功能相关性。

2. 转录组学与元转录组学

转录组（Transcriptome）是特定时间和条件下细胞内所有基因转录的 RNA 总称，包括 mRNA 和非编码 RNA。转录水平的调控是微生物基因表达调控的重要方式。转录组学（Transcriptomics）采用基于杂交的技术（DNA 微阵列、DNA 宏阵列）、基于标签的技术（基因表达系列分析、大规模平行信号测序系统）和高通量测序技术，从 RNA 水平研究基因表达及其调控规律。其研究内容包括非编码区域功能研究（Noncoding RNA 研究、MicroRNA 前体研究等）、转录本结构研究（UTR 鉴定、Intron 边界鉴定、可变剪切研究、起始密码子鉴定等）、基因转录水平研究和全新转录区域研究等。通过转录组分析，能够高通量地获得基因表达的 RNA 信息，并揭示基因表达与某些生命现象之间的内在联系。

元转录组学（Metatranscriptomics）又称宏转录组学，是一门在整体水平上研究某一特定环境、特定时期群体生物全基因组转录情况以及转录调控规律的学科。它以特定环境中所有微生物的转录产物作为研究对象，通过分析 mRNA 信息得到微生物群落中基因表达与环境之间的关系，已广泛应用于海洋生态系统中物质循环、微生物物质代谢，以及土壤等复杂系统中微生物群落的结构和功能研究，并在发现新基因、微生物群落分析、微生物和环境的相互作用、氮素等物质循环的研究中逐渐成为热点。

表观转录组学（Epitranscriptomics）又称“RNA 表观遗传学”，是近年来兴起的前沿科研领域。目前已知的转录后修饰已有一百多种，并且这当中许多修饰都能够参与真核生物基因表达的调控。在表观转录组学的研究当中，RNA 修饰全转录组水平检测技术的发展至关重要。空间转录组学（Spatial Transcriptomics）是随着第三代测序技术发展起来的新兴学科。基因表达具有时间和空间的特异性，通过对不同时间点的样本取材，使用单细胞转录组测序技术能够解析时间维度上细胞类型和基因表达的变化过程。空间转录组学利用常规的原位技术和组学技术两方面的优势，应用于肿瘤学、免疫学、发育生物学、神经科学及病理学等相关研究，前景远大。

3. 蛋白质组学与元蛋白质组学

蛋白质组（Proteome）是指一个组织或细胞中由基因组表达的全部蛋白质。蛋白质组学（Proteomics）从整体动力学角度分析细胞内蛋白质的修饰状态、表达水平来了解蛋白质之间的相互作用，从而揭示细胞的活动规律及蛋白质功能。蛋白质组学基于蛋白质分离和质谱鉴定，从细胞、组织或生物体整体角度来研究蛋白质组成及变化。蛋白质组学研究不仅弥补了传统方法对单个蛋白质研究的局限性，而且其研究结果是对基因组学、转录组学的补充和验证。它比基因组学和转录组学更能够代表生物体真实的生命活动规律。根据研究目的和手段的不同，蛋白质组学可分为组成性蛋白质组学、比较蛋白质组学和相互作用蛋白质组学。组成性蛋白质组学是针对有关基因组或转录组数据库的生物体或组织细胞，建立其蛋白质组或亚蛋白质组及其蛋白质组连锁群。比较蛋白质组学是以重要生命过程或人类重大疾病为对象，进行重要生理病理体系或过程的局部蛋白质组分析。相互作用蛋白质组学又称为“细胞图谱”蛋白质组学，是通过多种先进技术研究蛋白质之间的相互作用，绘制某个体系的蛋白质。蛋白质组学在微生物基因组注释、新药物开发、工业微生物代谢途径与调控机制阐明、食品微生物安全评估与检测、污染物微生物降解等方面，具有广阔的应用前景。

元蛋白质组（Metaproteome）是指特定时间点内环境微生物所有蛋白质的总和。元蛋白质组学（Metaproteomics）是近年来出现的一种基于蛋白质组学对微生物群落进行研究的新技术，它对特定环境的所有微生物蛋白质进行即时的、大规模的分析。应用元蛋白质组学技术可大规模研究原位微生物群落的蛋白质表达，分析生态系统中微生物的功能，寻找新的功能基因和代谢通路，为微生物群体的基因和功能多样性研究提供数据。

4. 代谢组学

代谢组（Metabolome）是指一个生物或细胞在特定生理时期内所有低分子质量代谢物的集合（包括代谢中间产物、激素、信号分子和次生代谢产物）。它是细胞变化和表型之间相互联系的核心，直接反映了细胞的生理状态。代谢组学（Metabolomics）是对某一生物或生物系统内所有代谢物（通常<1ku）进行定性和定量分析的一门科学，能够为进一步了解相关代谢途径及其变化提供关键的信息。目前，微生物代谢组学已被广泛应用于不同的研究领域，如生物医药开发、环境污染物降解途径、特定环境中微生物的鉴定、诱变育种、功能基因研究、代谢工程和发酵工程等。代谢组学研究通常包括三个步骤：样品制备（灭活酶，胞外和胞内代谢物分离与提取），联合应用多种分离与鉴定技术如质谱（MS）、核磁共振（NMR）、液质联用（LC-MS）和气质联用（GC-MS）等分离和鉴定代谢物分子，以及数据处理和分析。基于 NMR 的方法在表征代谢物结构和量化测定方面优势明显，且样品预处理少（有时候需要完整细胞/个体）；但是其灵敏度是质谱方法的 $\frac{1}{1000}\sim\frac{1}{100}$，且在解析复杂混合物时有局限。LC-MS 在其灵敏度和动态测定方面相对于 NMR 和其他波谱方法如紫外（UV）和红外（IR）光谱具有优势，能从包含数千个分析物的复杂混合物分辨和鉴定代谢物原态，复杂分析物丰度变化可达 10000 倍；但其缺陷是难以有效地测定挥发性代谢物，而且在代谢物的结构鉴定和绝对量化能力方面有局限。GC-MS 可以量化测定挥发性和不带电荷的代谢物、同质异构化合物（如糖和脂）；但 GC-MS 需要多种化学衍生化，因此需要预知目的分子的化学性质。多种高级质谱设备，如三级四极质谱仪在测定预先指定的分析物中灵敏度较高，配备高分辨全扫描检测器（如飞行时间或 Orbitrap 质谱仪）能无偏差量化已知和未预期代谢物，通常用于测定其原子组成和经验分子式。

5. 糖组学与脂质组学

生物体或细胞内的所有糖链称为糖组（Glycome）。糖组学（Glycomics）是研究糖链组成及其功能的学科，是基因组学的后续和延伸。具体内容包括研究糖与糖之间、糖与蛋白质之间、糖与核酸之间的联系和相互作用，主要研究对象为聚糖。丰富多样的聚糖覆盖了生物有机体的所有细胞，不仅体现了细胞的类型和状态，也参与了许多生物学行为，如细胞发育、分化、肿瘤转移、微生物感染、免疫反应等。聚糖还体现生物和分子的进化作用，如糖酵解、生物合成的保守性以及核糖的起源等。因此，糖组学的研究既是覆盖细胞功能、发育、进化等多个方面的基础研究，同时也在医药、食品等领域具有重要的潜在应用价值。糖组学研究通常包括聚糖组的分离与纯化、糖链组的分离和富集糖链的结构解析和定量以及糖链的性质和功能研究。根据糖蛋白组、蛋白聚糖组和糖脂组生物化学性质的不同，可相应采用分步沉淀法、硼酸亲和法、二氧化钛法、亲和层析法、体积排阻法、凝胶过滤层析和柱层析法等进行分离与纯化，进而通过植物凝集素、亲水色谱和固相萃取等技术富集高纯度且特异性的糖链；通过凝集素芯片技术、各种生物质谱及其联用并辅以糖链的衍生化标记对糖链进行结构解析，并应用同位素标记法和代谢标记法对糖链进行相对定量；最后，借助糖链结构解析软件工具及糖链相关数据库进行生物信息学分析，可对糖链的生物学功能进行更全面的解析。

脂质（Lipid）不仅是构成细胞膜的组成部分和能量储存物质，而且还在生命活动中发挥着多种重要的生物学功能。作为代谢组学的分支，脂质组学（Lipidomics）是系统性研究生物体、组织或细胞中脂质及与其相互作用分子的一门学科。近年来，脂质组学广泛应用于微生物的表型研究、微生物传染性研究、微生物耐药机制研究、耐药菌生物标志物发现、药物靶点及新药研发、发酵条件优化的机制研究等方面。

6. 营养组学与食品组学

营养组学（Nutritional genomics）包括营养基因组学（Nutrigenomics）、营养代谢组学（Nutri-metabolomics）等。营养基因组学是研究营养素和植物化学物质对机体基因的转录、翻译表达及代谢机理影响的科学。它的关键词是“预防”，简单来说就是“通过基因检测，获取个人身体讯息”，接着“根据这些基因讯息，制订适当的、最佳的饮食营养方案”。长时间改变饮食和生活习惯，影响基因，在疾病未发动攻击之前，达到预防或降低罹病的风险。营养代谢组学通过对不同健康状态下的机体及其疾病状态进行观察研究，以分析机体代谢同膳食摄取之间的关系。营养代谢组学研究的主要任务是检测与分析，通过建立相应的检测方法来实现对机体所含营养代谢物质的有效检测与鉴定，明确各代谢产物的代谢途径、蛋白表达、基因表达以及细胞信号传导等的作用，继而明确各代谢产物的实际功能，在此基础上实现对营养代谢产物的全面了解，包括其对于机体健康状态的影响以及疾病相关性等。

食品组学（Foodomics）是指应用先进的组学技术来研究食品和营养领域，以改善消费者的身心健康。食品组学是一个包含广泛学科的新概念，包括食物和组学工具相交叉的所有工作区域，涵盖了基因组学、转录组学、蛋白质组学、代谢组学等，包括上述出现的所有术语（营养基因组学、微生物组学、毒物基因组学等）。这一结合也与以食物摄入来预防疾病的医学趋势相一致。食品组学的巨大分析潜力有助于解决许多食品安全、可追溯性、质量、新食品、转基因食品、功能食品和营养品等问题。

二、组学时代的交叉和融合学科

各种组学技术和学科的涌现和发展，促进生命科学进入“生命组学”时代、大发现时代和大数据时代。在该时代，不仅微生物学内部的诸多分支学科（如微生物生理学、微生物遗传学和微生物生态学等）的界限比较模糊，而且生物学学科下的一些二级学科（动物学、植物学、微生物学和生态学等）的研究技术和内容也逐渐趋于一致。此外也促进了生命科学与其他学科的融合，产生了一些新的交叉和融合学科，如系统生物学、定量生物学、合成生物学与食品合成生物学等。

1. 系统生物学

系统生物学（Systems Biology）综合各种组学的方法，通过高通量的实验手段，从转录组、蛋白质组、代谢组等方面多层次、全方位地检测生物体内的生命活动，同时利用生物信息学的方法和手段对相关的数据进行分析及整合，并在此基础上对相关的生命活动进行模拟，以系统地研究和阐明生命活动的规律。系统生物学主要包括如下内容：细胞信号传导系统、基因调控网络、代谢途径、蛋白质相互作用、生物分子标记的发现和药物的筛选、药物效果的建模等。其研究目标是从如下不同层次来理解生命现象：①理解系统的结构，如基因调控及生化网络，以及实体构造；②理解系统的行为，定性定量地分析系统动力学，并具备创建理论或模型的能力，可用来进行预测；③理解如何控制系统，研究系统控制细胞状态的机制；④理解如何设计系统，根据已明确的理论，设计、改进和重建生物系统。系统微生物学主要集中于微生物代谢途径的研究，通过对代谢途径的分析、比较，以期找出最佳的代谢调控方式、关键因子、反应的最佳状态，从而提高有效成分的产率。系统生物学的飞速发展，为理性改造微生物提供了技术手段。系统生物学的发展使人们能够从整体水平上来理解和把握微生物的生理、代谢和功能，有助于识别代谢途径中的关键靶基因，从而对其进行代谢工程操作。通过系统改造微生物代谢过程，构建高效的生物合成途径，是提高微生物转化水平的重要途径，是推动生物制造业可持续发展的重要举措。

2. 合成生物学与食品合成生物学

合成生物学（Synthetic Biology）是 21 世纪诞生的新学科，是分子和细胞生物学、进化系统学、生物化学、信息学、数学、计算机和工程等多学科交叉的产物，融合了生命科学、工程学、物理学与化学等诸多学科中的内容，旨在通过设计和建造新的生物元件、功能和系统，以创建在自然界中并不存在的可控方式、生物逻辑和生命系统。合成生物学是基于人类对大肠杆菌（*Escherichia coli*）、酿酒酵母（*Saccharomyces cerevisiae*）等多种模式微生物细胞基因功能、代谢途径和代谢系统的深入理解和把握的基础上诞生和发展的。在未来的 50~100 年内，合成生物学将是解决全球性重大问题的重要途径，将对人类的医药健康、军事、农业、能源、环境和化工等领域产生重大影响。同时合成生物学以新的视点审视生命起源、进化、结构与功能等问题，加深人类对生命本质的理解。

食品合成生物学是在传统食品制造技术基础上，采用合成生物学技术，特别是食品微生物基因组设计与组装、食品组分合成途径设计与构建等，创建具有食品工业应用能力的人工细胞、多细胞人工合成系统以及无细胞人工合成系统，将可再生原料转化为重要食品组分、功能性食品添加剂和营养化学品，实现更安全、更营养、更健康和可持续的食品获取方式。通过加强食品合成生物学等具有重大意义的食品生物技术的开发和应用，开展新食品资源开发和高值利用、多样化食品生产方式变革、功能性食品添加剂和营养化学品制造，并率先实现产业化，将抢占世界科技的前沿和产业高地，造福人类。食品合成生物学的发展可以划分为三个阶段：①通过最优合成途径构建及食品分子修饰，实现重要食品功能组分的有效、定向合成和修饰，为合成“人造功能产品”的细胞做准备；②建立高通量高灵敏筛选方法，筛选高效的底盘细胞工厂，实现重要食品功能组分的高效生物制造，初步合成具有特殊功能的“人造功能产品”细胞；③实现人工智能辅助的全自动生物合成过程的设计及实施，通过精确靶向调控，大幅度提高重要食品功能产品在异源底盘和原底盘细胞中的合成效率，最终实现“人造功能产品”的全细胞利用。

第二章　原核生物

原核生物（Prokaryote）为一大类细胞微小、细胞核无核膜包裹（只有被称作核区的裸露DNA）的原始单细胞生物，包括细菌域（Bacteria）和古生菌域（Archaea）。原核生物与真核生物的主要区别包括原核生物基因组由无核膜包裹的双链环状DNA组成，缺乏由单位膜分割、包围的细胞器，核糖体为70S等。原核生物小，生长繁殖快，代谢类型多样，生态分布广泛，是海洋和土壤最丰富的细胞生命形式。估计地球上存在（4~6）×10^{30}个原核细胞，其中99%以上难以人工培养。每克土壤可能含有达10^9个细菌细胞，可能存在100万种独特的原核生物分类单元。难以人工培养的微生物称为原核生物暗物质（Prokaryotic Dark Matter）。采用基因组测序可以认识和开发利用原核生物暗物质。

细菌域原核生物种类繁多，包括细菌、放线菌、蓝藻、支原体、衣原体和立克次氏体等类型。细菌（Bacterium）也称真细菌（Eubacterium），是生物进化树上细菌域分支中的原核生物。细菌是一类细胞细短、结构简单、细胞壁坚韧、多以二分裂方式繁殖的水生性较强的原核生物，包括球状、杆状、丝状、螺旋状等多种形态；涵盖化能异养、化能自养、光能异养和光能自养四种营养类型，具有代谢多样性；可以营腐生、共生和寄生生活；广泛分布于地球多样的生态环境，包括高温、低温、高静水压、高渗透压和酸性、碱性等极端环境；在自然界物质循环和维持稳定生态系统等方面发挥着重要作用；黏细菌（Myxobacterium）具有复杂的行为模式和生活史；多种细菌具有复杂的社会性，具有多种群体感应（Quorum Sensing）机制；原核生物与人类关系密切，在医学、农业、工业应用、环境保护等领域具有巨大的研究和开发利用价值。

第一节　细菌的群体感应现象

长期以来，人们认为细胞与细胞间的信息交流一般只在多细胞生物间发生，单个细胞对外界环境刺激的反应仅来源于周围环境中的化学信号。因为细菌是以单个细胞的方式存在于自然界中，所以认为细菌彼此之间没有交流，也无法感知自身种群或其他种群的数量变化。然而，最近几十年的研究证明，为了适应复杂多变的外界环境，细菌个体之间也存在信息交流，使其能像多细胞生物一样，行使单个细胞无法完成的功能。群体感应（Quorum Sensing，QS）是指许多细菌都能合成并释放一种被称为自诱导物质（Autoinducer，AI）的信号分子，胞外的AI浓度能随细菌密度的增加而增加，当达到某一临界浓度时，大量的信号分子与转录激活因子结合形成复合物，激活其下游基因的表达，从而表现出单个细菌无法实现的生理功能，如产生毒素、形成生物膜、生成毒性因子、产生抗生素、生成孢子和产生荧光等。最近的研究表明，在许多与食品腐败有关的细菌和临床上重要的致病菌中都存在QS现象。人们越来越重视对该现象的研究，希望通过对QS

现象的研究，阐明其与病原细菌致病性和耐药性的关系及食品腐败菌的致腐原理，最终找到新型的抗生素和防腐剂，解决食品腐败和日益严重的细菌耐药性问题。

根据细菌合成的信号分子和感应机制的不同，QS 系统主要分为四种类型：第一类是由 *N*-酰基-高丝氨酸内酯（*N*-acyl-homoserine Lactones，AHLs）介导的革兰染色阴性细菌 QS 系统；第二类是由自诱导肽（Autoinducing Peptide，AIP）介导的革兰染色阳性细菌 QS 系统；第三类是由呋喃硼酸二酯（AI-2）介导、在革兰染色阴性和革兰染色阳性细菌中都存在的细菌 QS 系统；第四类是由人类产生的应激激素肾上腺素和去甲肾上腺素介导的种间 AI-3 群体感应系统。

一、AHLs 介导的革兰染色阴性细菌 QS 系统

大多数革兰染色阴性菌（Gram-negative Bacterium，G^-）之间主要以 AHLs 作为信号分子，通过 LuxI/LuxR 信息传递回路作为标准机制进行交流。AHLs 是水溶性、膜透过性分子，可以自由出入细胞膜以保持膜内外浓度的一致，被称为第一类自诱导剂 AI-1。此系统中 LuxI 类蛋白负责合成 AHLs，LuxR 类蛋白为调节蛋白，负责识别 AHLs 并启动一系列的调节基因。AHLs 由 LuxI 类蛋白酶催化脂肪酸代谢途径中的酰基-酰基载体蛋白的酰基侧链与 *S*-腺苷甲硫氨酸（*S*-adenosyl Methionine）中的高丝氨酸部分结合，并进一步内酯化而生成。尽管不同 G^- 细菌的 QS 系统有所差别，但其 AHLs 类信号分子都是以相同的五元内酯环结构为主体，差别只是酰基侧链的有无及侧链的长短不同（图 2-1）。LuxI 能够自动维持低水平地表达 AHLs 类信号分子合成酶，使 AHLs 通常保持在较低的浓度水平，并不断扩散到周围环境中。

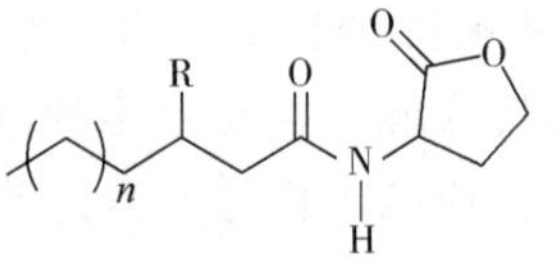

图 2-1　信号分子 AHLs 的基本结构

蛋白 LuxR 是与信号分子 AHLs 结合的受体蛋白，同时也是目标基因的转录激活元件。LuxR 蛋白有着相似的高级结构，一般 N 端为信号分子 AHLs 的结合区域，C 端则为保守的螺旋-转角-螺旋（Helix-turn-helix，HTH）结构，能够与目的基因特异性结合。AHLs 与 LuxR 蛋白结合形成调节复合物，能够调节下游靶基因的转录表达。由于该信号转导机制是正反馈调节，能使 AHLs 信号分子合成量迅速增加，从而使群体感应现象更加明显。不同属微生物之间，其 LuxR 蛋白的一级结构具有较大的差异。在自然环境中，尽管许多 AHLs 信号分子具有相似的结构，但由于不同微生物中 LuxR 蛋白具有特殊的 AHLs 酰基结合框，每种微生物都只能对其自身的群体感应信号进行识别、监控并做出反应。

LuxI/LuxR 型 QS 系统最早发现于海洋细菌费氏弧菌（*Vibrio fischeri*）。该菌与一些海洋生物共生，宿主为费氏弧菌提供营养丰富的生存环境，同时可以利用该菌发出的光捕食、逃生以及觅偶。费氏弧菌的 QS 系统模型如图 2-2 所示，已经成为研究 G^- 细菌群体感应的模式系统。LuxI 和 LuxR 两种蛋白调控着荧光素酶操纵子（*luxCDABE*）基因的表达。

LuxI 编码 AHLs 合成酶，当 AHLs 浓度达到一定阈值后进入细胞与 LuxR 蛋白结合，AHL-LuxR 复合物启动编码荧光素酶操纵子的转录。AHL-LuxR 复合物在增强荧光强度的同时也能促进 LuxI 的表达，从而形成反馈调节。迄今为止，已发现 70 余种 G^- 细菌中的群体感应都与费氏弧菌由 LuxI/LuxR 蛋白调控的群体感应系统相似（表 2-1）。

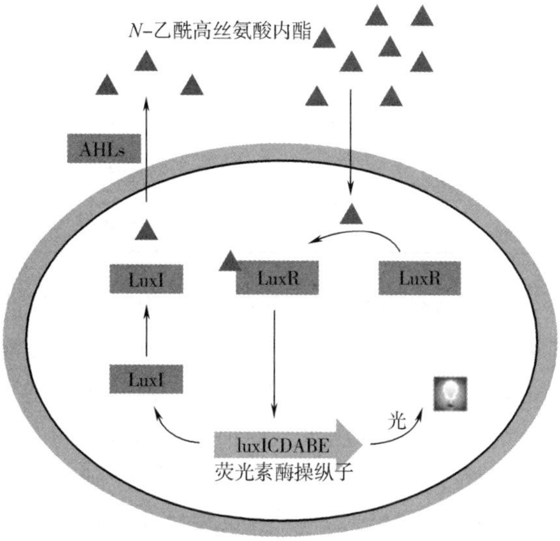

图 2-2　费氏弧菌 LuxI/LuxR 型 QS 调控机制示意图

表 2-1　　几种革兰阴性细菌的群体感应系统

细菌种类	主要的信息分子	调节蛋白	表型
嗜水气单胞菌（*Aeromonas hydrophila*）	C_4-HSL	AhyI/AhyR	生物膜的形成
杀鲑气单胞菌（*Aeromonas salmonicida*）	C_4-HSL	AsaI/AsaR	胞外蛋白酶
根癌农杆菌（*Agrobacterium tumefaciens*）	3-oxo-C_8-HSL	TraI/TraR	Ti 质粒接合
洋葱伯克霍尔德菌（*Burkholderia cepacia*）	C_8-HSL	CepI/CepR	胞外蛋白酶
紫色色杆菌（*Chromobacterium violaceum*）	C_6-HSL	CviI/CviR	胞外酶，抗生素
菊欧氏杆菌（*Erwinia chrysanthemi*）	3-oxo-C_6-HSL	ExpI/ExpR	果胶酶
液化沙雷氏菌（*Serratia liquefaciens*）	C_4-HSL	SwrI/SwrR	浮游运动，蛋白酶
哈维氏弧菌（*Vibrio harveyi*）	3-OH-C_6-HSL	LuxLM/LuxN	生物发光

二、AIP 介导的革兰染色阳性细菌 QS 系统

革兰染色阳性细菌（Gram - positive Bacterium，G^+）主要是以修饰过的寡肽

（Autoinducing Peptide，AIP）为信号分子。信号分子分泌到培养基中，并在高细胞密度下不断积累，然后通过双组分的感应蛋白感应所产生的 AIPs 信号分子，从而调控特定基因的表达。几种由 AIPs 介导的 G^+细菌群体感应系统见表 2-2。

表 2-2　几种由 AIPs 介导的 G^+细菌群体感应系统

细菌种类	调控系统	寡肽类型	表型
枯草芽孢杆菌（*Bacillus subtilis*）	com	ComP-ComA	能力维持，孢子形成
肺炎链球菌（*Streptococcus pneumoniae*）	com	ComD-ComE	能力维持
金黄色葡萄球菌（*Staphylococcus aureus*）	agr	AgrC-AgrA	生成毒素
粪肠球菌（*Enterococcus faecalis*）	fsr	FsrA-FsrB	毒性因子

G^+细菌的群体感应基因表达的调控机制如图 2-3 所示。前导肽（Pro-peptide）在细胞内合成，经修饰加工为成熟的 AIP 信号分子。AIP 不能自由穿透细胞壁，需通过 ABC 转运系统（ATP Binding Cassette）才能到达细胞发挥作用。AIP 随菌体浓度的增加而增加，当其浓度达到一定阈值时就会与位于细胞膜上的信号识别系统相互作用。该信号识别系统为双组分磷酸蛋白激酶（图 2-3，H 和 D）。AIP 结合后可引起激酶的组氨酸磷酸化并最终使细胞内受体蛋白的天冬氨酸也磷酸化，磷酸化的受体蛋白与特定靶位结合，从而启动目的基因的表达，使细菌产生相应的生理行为变化。AIPs 是一类短肽分子，不具有典型结构。其氨基酸残基一般在 5~17 个，多为 8~9 个。C 端第 5 位是一个保守的半胱氨酸，它与 C 末端的氨基酸残基通过硫酯键相连，形成类脂。

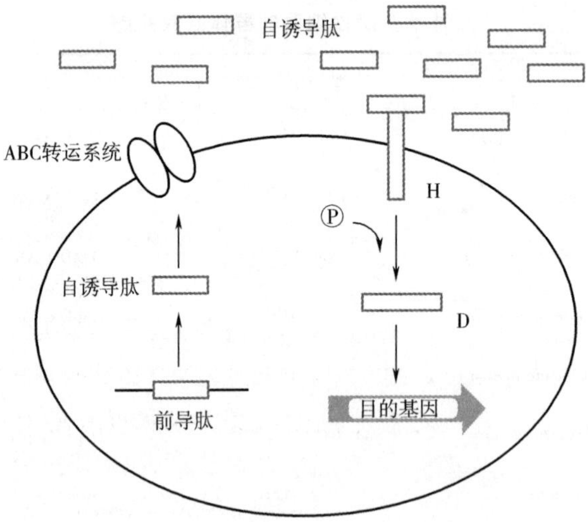

图 2-3　AIP 介导的 G^+细菌 QS 系统（H 和 D 为双组分磷酸蛋白激酶）

三、AI-2 介导的 QS 系统

细菌已经发展出适应不同需要的多种“语言”，除了种内的特异性交流之外，还拥有种间的非特异性交流。细菌的种间交流研究始于对哈维氏弧菌（*Vibrio harveyi*）的研究。哈维氏弧菌的信号系统可产生 AI-1（AHLs）和 AI-2 两种自诱导分子。通过两种 AIs 感应菌群密度，其中 AI-1 负责种内交流，AI-2 负责种间交流。在哈维氏弧菌中 AI-1 的合成并不依赖于 LuxI 蛋白，而是由一种与 LuxI 家族蛋白无任何同源性的 LuxLM 蛋白合成，但合成 AI-1 的机理却与 LuxI 蛋白催化合成 AHLs 的机理相似。信号分子 AI-2 是一种呋喃硼酸二酯（图 2-4），其合成依赖于 LuxS 蛋白。

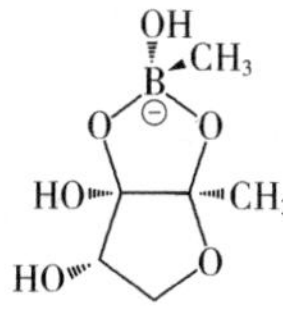

图 2-4　AI-2 信号分子的结构

哈维氏弧菌 AI-1 响应的感应分子为 LuxN，AI-2 的感应分子为 LuxP 和 LuxQ（图 2-5）。LuxP 是一个可溶的周质蛋白，被认为是 AI-2 的主要受体。LuxP 能够与 AI-2 复合，并且能与 LuxQ 相互作用释放出 AI-2 信号分子。LuxN 和 LuxQ 都是杂合双组分调节蛋白，都具有感受激酶区和相应调节蛋白区。LuxN 和 LuxQ 共同作用于一个磷酸转移酶 LuxU，LuxU 将磷酸化信号转移到 LuxO 响应调节蛋白。细胞密度较低时，缺乏足够的信号分子，LuxN、LuxQ 感受蛋白自身磷酸化，相应的磷酸化级联过程导致 LuxO 被磷酸化，LuxO 控制着一个假定阻遏蛋白（用 X 表示）的转录，抑制发光酶基因 *luxCDABE* 的表达。在高细胞密度下，分别结合了 AI-1、AI-2 信号分子的感受蛋白 LuxN 和 LuxQ 通过一系列的作用使 LuxO 蛋白去磷酸化，从而阻止阻遏蛋白的转录，使发光酶基因 *luxCDABE* 得以表达；另外，发光酶基因 *luxCDABE* 的表达需要一个转录激活因子蛋白 LuxR 的协助。然而，哈维氏弧菌中的 LuxR 与来自费氏弧菌和其他 G^- 群体感应细菌的 LuxR 并不相同。

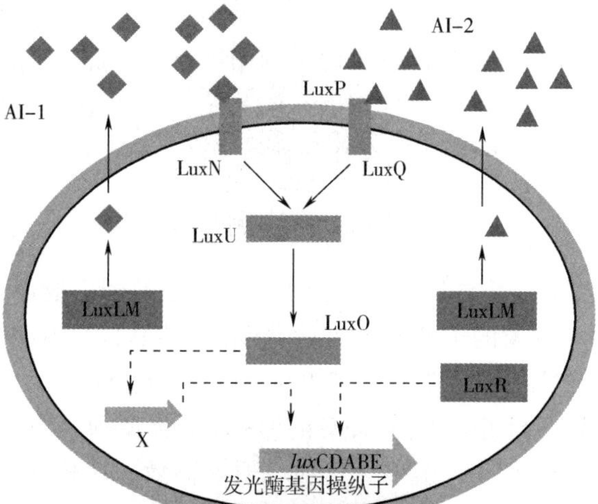

图 2-5　哈维氏弧菌中 AI-2 介导的 QS 系统

细菌可以识别自身生成的 AI-2 分子，也可以识别其他细菌产生的 AI-2，对 AI-2 信号分子的敏感性和特异性较低。AI-2 作为 G^- 和 G^+ 交流的通用 AIs 广泛存在于细菌中，目前已在 80 多种细菌中发现了 AI-2 的合成酶基因 *LuxS*，例如产气荚膜杆菌（*Clostridium perfringen*）、发光杆菌（*Photobacterium* spp.）、大肠杆菌（*Escherichia coli*）、鼠伤寒沙门氏菌（*Salmonella typhimurium*）、枯草芽孢杆菌（*Bacillus subtilis*）、金黄色葡萄球菌（*Staphylococcus aureus*）等。

四、AI-3 介导的 QS 系统

在肠出血性大肠杆菌（Entero-hemorrhagic *E. coli*，EHEC）发现了一种新的信号分子 AI-3，影响 EHEC 毒性因子的表达。AI-3 是一类完全不同于 AI-2 的新型化合物，且其合成并不依赖于 LuxS 蛋白。虽然目前还未弄清 AI-3 的分子结构，但研究发现肾上腺素（Epinephrine）和去甲肾上腺素（Norepinephrine）（图 2-6）具有与 AI-3 分子相同的作用。AI-3 介导的 QS 系统存在于多种细菌中，例如沙门氏菌（*Salmonella* spp.）、紫色色杆菌（*Chromobacterium violaceum*）、流感嗜血杆菌（*Haemophilus influenzae*）、土拉弗朗西斯菌（*Francisella tularensis*）、胡萝卜软腐欧文氏菌（*Erwinia carotovora*）等。

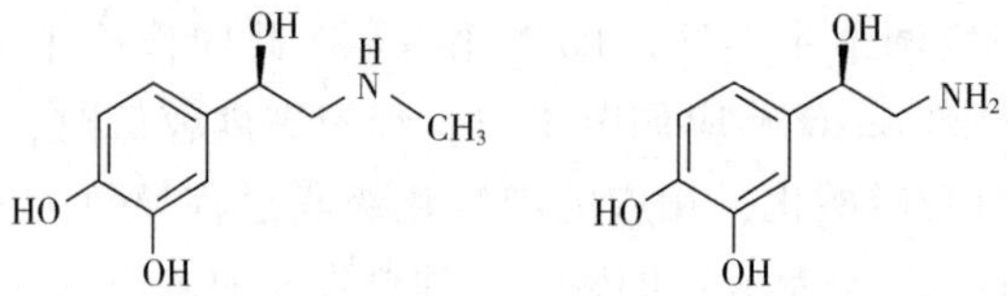

肾上腺素　　去甲肾上腺素

图 2-6　具有与 AI-3 信号分子相同作用的肾上腺素（Epinephrine）和去甲肾上腺素（Norepinephrine）

某些细菌还能分泌一些其他类型的化合物来作为 AIs，如野油菜黄单胞菌（*Xanthomonas campestris*）利用一种新型的扩散信号（Diffusible Signal Factor，DSF）来调控其致病性；希瓦氏菌（*Shewanella baltica*）能分泌哌嗪二酮（Diketopiperazines，DKPs）类物质作为 AIs 来调控其食品致腐性；铜绿假单胞菌（*Pseudomonas aeruginosa*）能分泌一种与毒力因子有关的喹诺酮类 AIs 等。细菌 QS 系统类型由于 AIs 的不同而多种多样。除上述几种 QS 类型之外，微生物间是否还存在其他类型的 QS 系统还有待进一步的研究。

五、QS 的检测方法

QS 的检测方法主要有生物法和仪器法两种。生物法是利用报告菌株检测目标菌 QS 现象的方法，即将具有 QS 现象的菌株敲除 AIs 分泌基因使其自身不能分泌 AIs，但当其感受到外源 AIs 时会表达特定性状，如发光、产生毒素、形成生物膜、生成毒性因子、产生抗生素和生成孢子等。通常报告菌株有其自身的 QS 检测类型和检测范围，在具体检测过程中需要根据实际情况选择所需报告菌株。生物法具有高效、廉价、操作简单等优点，是检测细菌 QS 最常用的方法。

同时，生物检测法存在敏感度低、不能准确鉴定 AIs 结构等缺陷。近年来，高效液相色谱法（HPLC）、液相色谱-质谱联用法（HPLC-MS）、气相色谱法（GC）、气相色谱-

质谱联用法（GC-MS）、红外光谱（IRS）和核磁共振（NMR）等一些仪器法已越来越普遍地用来鉴定 AIs。该方法通常将目标菌的 AIs 用有机溶剂提取出来，然后用仪器来进行检测。例如，采用 GC-MS 法鉴定 AI-2 的结构，并检测到耶尔森菌（*Yersinia* spp.）7 种类型 AHLs。G^+细菌中的 AIP 种类较多，难以分离，目前没有有效的生物检测法，因而仪器法是检测 AIPs 的有效手段，例如可利用 HPLC-MS 法检测金黄色葡萄球菌中的 4 种 AIPs。仪器法检测的缺点为成本高、前处理复杂、操作烦琐等。

六、QS 对食品腐败和安全的影响

1. 食源性细菌 QS 的研究进展

食品腐败的本质是微生物分泌的降解酶分解了食品中的蛋白质、脂肪和碳水化合物等营养成分。细菌性食源性疾病是指通过摄食污染了致病性细菌的食物，进入人体的致病菌引起疾病。细菌分泌的胞外蛋白酶、几丁质酶、脂肪酶、卵磷脂酶、糖苷酶、果胶酶等水解酶和表达的毒力因子是导致食品腐败和引起食源性疾病的主要因素，许多细菌水解酶的分泌和毒力因子的表达受 QS 的调控。QS 对食品腐败和食品源细菌致病性的影响已成为目前研究的热点。

QS 通过调控食品体系中优势腐败菌的生长代谢来调控食品的腐败进程，目前已在水果、蔬菜、肉、水产品等食品原料和加工产品中检测到 AIs。AIs 的种类和含量随食品种类、储藏条件和储藏时间的不同而有所不同。QS 在调控食品腐败的同时，其活性和稳定性也受到食品环境的影响。随着食品腐败程度的加剧，pH 的上升会引起 AHLs 稳定性下降甚至降解，从而降低 QS 对食品腐败的干涉能力。鲜牛乳含有能抑制细菌产生 AHLs 的有效活性成分；肉类食品中的短链脂肪酸对 AI-2 活性的抑制率高达 99%。这是因为 AIs 具有不稳定性并且食品成分复杂，而且食品可能含有一定的 AIs 类似物。另外食品环境中还存在一些能够降解或窃取 AIs 的细菌，如铜绿假单胞菌、大肠杆菌等能够降解或窃取 AI-2 和 AHLs。

2. 食源性腐败菌的 QS

常见食源性腐败菌，如假单胞菌属（*Pseudomonas*）、不动杆菌属（*Acinetobacter*）、莫拉菌属（*Moraxella*）、乳杆菌属（*Lactobacillus*）和肠杆菌属（*Enterobacter*）等均有 QS 现象。食源性细菌利用 QS 系统完成交流、合作和欺骗等行为，为自身生存提供有利条件。AIs 通过 QS 系统调控着腐败菌某些性状的表达，如生物膜的形成、水解酶的分泌和生长动力学参数等，进而调控细菌的致腐特征。

假单胞菌属是乳制品、禽肉类和水产品等高蛋白食品中常见的优势腐败菌，研究已证明其致腐能力受 QS 调控。目前研究最详细的是铜绿假单胞菌的 QS 系统。该菌含有两套 QS 系统，分别为 LasR/LasI 和 RhlR/RhlI。巴氏杀菌牛乳源荧光假单胞菌（*Pseudomonas fluorescens*）的延滞期和最大生长速率均受 AHLs 和 α-氨基-γ-丁基内酯的调控。食品的保质期取决于食品中优势腐败菌的延滞期和最大生长速率，因此 AHLs 介导的 QS 系统通过调控牛乳中优势腐败菌荧光假单胞菌的生长动力学参数来影响牛乳的腐败速率。AHLs 还可以调控鱼源假单胞菌嗜铁素的产生和蛋白酶活力。乳酸菌是真空包装和气调包装食品的优势腐败菌，也是食品发酵工业中的常用细菌。乳酸菌能够利用 G^+特有的寡肽和 AI-2 介导的 QS 系统进行交流。气调包装牛肉源乳酸菌能利用自身分泌的 AI-2 来调控气调包装牛肉中优势腐败菌的数量。目前食源性腐败菌 QS 的研究还处于起步阶段，还有更多腐败菌的 QS 系统有待于研究。

3. 食源性致病菌的 QS

食品在生产、加工、储藏和运输过程中污染的能产生人体不良后果的病原微生物称为食源性致病菌。食源性病原微生物通常分为两大类：一类为感染型，如可以在肠道中大量增殖的空肠弯曲菌（*Campylobacter jejuni*）、沙门氏菌和致病性大肠杆菌等；另一类为毒素型，如产生毒素的金黄色葡萄球菌和产生芽孢的蜡样芽孢杆菌（*Bacillus cereus*）等。许多食源性致病菌具备 QS 系统或者能够窃取环境中其他细菌分泌的 AIs 为己所用，来调控自身毒力基因的表达。细菌性食物中毒不仅威胁着人类健康，也造成一定程度的经济损失，因此有效抑制食源性致病菌是一项艰巨的任务。

沙门氏菌属和大肠埃希菌属是常见的食源性致病菌，在畜禽肉类、蛋类、乳类及其制品中较为常见。沙门氏菌生长及生物膜的形成受 AIs 调控。沙门氏菌具有三个 QS 系统。①SidA 系统：沙门氏菌不具有编码 AHLs 的 *luxI* 基因，但具有与 *luxR* 同源的 *sidA* 基因，且 SidA 能感受其他菌株分泌的 AHLs 并用于调节与生长和定植相关基因 *rck* 和 *srgE* 的表达，进而间接调控生物膜的形成；②AI-2 系统：沙门氏菌具有合成 AI-2 的 LuxS 酶，已有研究证明该菌生物膜的形成受 AI-2 的调控；③AI-3 系统：沙门氏菌能够利用哺乳动物宿主产生的肾上腺素/去甲肾上腺素化合物作为 AIs 启动毒力基因表达，定植在宿主表面引起疾病。肠出血性大肠埃希菌中的 *E. coli* O157：H7 是食品中的主要致病菌，产生的毒素能引起人出血性腹泻和肠炎。*E. coli* O157：H7 具有与沙门氏菌相似的 QS 系统，其生物膜形成受 QS 调控，进而调控其致病性。金黄色葡萄球菌也是造成人类食物中毒的常见致病菌之一。被污染的食物在室温下放置 5h 以上时，该菌可以大量繁殖并产生肠毒素，90%以上的金黄色葡萄球菌能产生一种重要的抗吞噬因子——膜多糖。金黄色葡萄球菌的 QS 由寡肽（AIP）介导的 Agr 系统和 AI-2 介导的 QS 系统构成，其毒力因子的表达主要受前者的调控。食源性致病菌多数具有 QS 系统，大多数 G^- 细菌具有与 LuxI/R 同源的系统，G^+ 细菌一般具有 LuxS 或 Agr 系统。

七、QS 抑制剂

1. QS 抑制剂的研究现状

随着 QS 研究的逐步深入，QS 抑制剂（QS Inhibitor，QSI）已经成为食品保鲜领域的研究热点。QSI 可以通过多种途径干扰微生物的 QS 系统，抑制微生物相关基因的表达。QSI 干扰 QS 的途径主要有以下三种：①AIs 类似物，如丁酰-*S*-腺苷蛋氨酸和 L/D-*S*-腺苷高半胱氨酸等可以和 AIs 受体蛋白竞争结合从而干扰 QS 通路；②AIs 降解酶，许多微生物可以分泌降解 AIs 的胞外淬灭酶如酰基转移酶、氧化还原酶和内酯酶等，可以降解环境中的 AIs 从而阻止 QS 系统的启动；③利用拮抗剂阻断 QS 通路，目前报道的溴化呋喃酮、短链脂肪和肉桂醛等 QSI 都是通过拮抗形式发挥作用。

QSI 的来源主要有化学合成和天然产物提取两种。化学合成 QSI 主要是以现有 AIs 或 QSI 的分子结构为模板，用化学方法对其结构进行改造，使其成为 AIs 类似物或提高其抑制活性。由于 QS 系统的不同，AIs 之间可以互为类似物。从天然产物中提取是 QSI 的另一主要来源。天然产物提取物具有安全、绿色和来源广等优点，为其在食品中的应用提供了有利条件；但是也存在成分复杂、活性组分和作用机理不清楚等缺点。目前已从大蒜、大豆、番茄、甘菊、海藻和中药材等天然植物中提取出 QSI。多酚、大蒜素和醛类等已知活性物质被认为是天然产物提取 QSI 的有效成分。QSI 是一种潜在的食品保鲜剂，如何大量、高效地制备 QSI 以及科学地将其应用于食品行业中，还有待于进一步的研究。

2. QSI 对食品源细菌致病致腐的影响

阻断细菌 QS 系统是一种新型的食品保鲜方法。QSI 既可以降低细菌的致病致腐性，又可以避免细菌产生抗药性，因此具有巨大的研究价值。溴化呋喃酮是已知活性较高的 QSI，能够有效地抑制细菌 AHLs 和 AI-2 的活性。溴化呋喃酮及其类似物的作用靶点为 LuxR、LasI 和 RhlI 等受体蛋白，主要通过阻碍受体蛋白与启动子的结合而干扰 QS 系统，进而调控毒力因子的表达。但是，溴化呋喃酮的不稳定性和不安全性限制了其在食品加工中的应用。肉桂醛及其衍生物在亚抑菌溶度时对弧菌 AI-2 具有较高的抑制活性，其抑制机理和溴化呋喃酮相似。肉桂醛食用安全性高，是一种常见的保鲜剂和食品添加剂。

第二节　细菌抗药性

细菌感染曾经严重威胁着人类的生命和健康。自从抗生素的问世及广泛使用，许多感染性疾病得到了及时有效的预防、控制和治疗。但是，随着抗生素的广泛使用，细菌抗药性越来越严重，抗药范围越来越广，甚至出现了一些能对抗绝大多数抗生素的超级耐药菌株。越来越严重的细菌抗药性问题，已成为全球关注的危害人类健康的重大难题。

细菌抗药性是指细菌对当前的药物环境产生适应或细菌对药物不敏感。抗药性表型由抗药性和耐药性两类机制构成。抗药性是细菌基因组序列发生变化，具有可遗传性，如质粒水平转移、目标蛋白的基因突变、基因重组等；耐药性是基因组序列未变，由诱导因素引起基因表达的变化，主要包括细菌产生降解酶、改变细胞的渗透能力、抗生素作用的靶位发生改变和依靠外排泵排出抗生素。理论上，细菌耐药性可通过药物的合理、精准使用及科学地轮换用药从而消除或逆转，而基于基因突变的抗药性一旦出现，则使细菌获得稳定、高效、不可逆的抵抗力，难以抑制和消除。

一、细菌毒力

细菌毒力包括侵袭能力和毒素两个方面。侵袭能力是细菌识别宿主、黏附到靶细胞上，甚至是内化进入细胞的能力。细菌毒素包括内毒素和外毒素两类。内毒素是革兰染色阴性菌细胞壁的固有成分，在细胞死亡溶解时大量释放，毒力较弱，能引起较严重的炎症；外毒素是革兰染色阳性菌和少数革兰染色阴性菌在生长繁殖过程中产生并分泌到菌体外的毒性物质，毒性较强。

几乎所有病原菌，在不同属、种甚至在同一种的不同菌株之间，无论是基因组大小或是基因组结构上都存在着较大的差异。细菌的适应能力或者说多功能性直接与基因组大小和结构有关。细菌基因组核心部分的结构常常被其他 DNA 片段隔开，这些 DNA 片段与基因组核心部分的 G+C 含量和密码子使用方式差异较大。这种“灵活基因库”由菌株特异性的遗传信息套件组成，主要是可移动遗传因子（质粒、噬菌体、基因岛/毒力岛、IS 因子和转座子等）。这些基因为细菌提供额外的生物学特性，帮助微生物提高对特定环境的适应性，如抗药性和抗有毒化合物的能力。稳定染色体的骨干和“灵活基因库”不断发生重复插入和删除，通过反复的水平基因转移，接连频繁地转移不同因子到核心染色体的相同位点，大部分菌株的特异性或病变型特异性的区域聚集起来。最近的研究表明，基因组的可塑性在宿主体内条件下似乎会加快，因为致病菌要适应各种宿主条件。在感染过程中，强大的选择压力施加于病原体，导致克隆的变化。

二、细菌抗药性的产生

抗生素在治疗微生物感染方面具有独特优势和良好效果，是治疗各种感染的最理想药物，由此导致了抗生素的滥用。不分情况地一律使用高效广谱抗生素，使得原本没有抗性的细菌在药物的诱导下逐步产生抗药性，间接筛选了更多抗药性的菌株。目前，我国抗菌药物的滥用现象极其严重，每年因为抗菌药物的不合理使用及滥用而导致数以万计人的死亡。抗药的金黄色葡萄球菌、大肠埃希菌和肺炎链球菌（*Streptococcus pneumoniae*）的比例分别高达60%、50%和70%。更为严重的是，多重抗药菌株的出现使临床治疗中抗菌药物的选择出现困难。临床检测发现葡萄球菌的抗药性由五年前的17%上升到目前的34%；凝固酶阴性葡萄球菌的抗药性也已由五年前的25%上升到目前的77%。细菌抗药性的增强不仅表现在对抗菌药物耐受浓度的加大，还表现在产生了多重抗药性，目前一些细菌可以抗7~8种广谱抗生素，如1995年在丹麦从猪、鸡粪便中分离得到的肠球菌，对万古霉素、红霉素和原始霉素的抗药性分别为91%、53%和37%。

三、细菌抗药性的主要机制

细菌抗药性产生的原因是多方面的，主要可分为天然抗药性和获得性抗药性。有些微生物本身就有天然的抗药性。获得性抗药性是指菌株本身最初并没有药物抗性，由于长期滥用抗生素，在抗菌药物的诱导下或自身基因突变等原因获得了抗药基因，使得敏感菌株不断被消灭而抗药性菌株不断积累，对药物的抗性不断提高。目前普遍认为获得性抗药性是细菌产生抗药性的主要因素。

细菌对抗生素的抗性机制有以下五种：

1. 钝化酶

抗药菌株合成一定的钝化酶，通过该酶与抗菌药物反应，水解或修饰环境中或细胞内的抗菌药物，从而使抗菌药物失效。目前在诺卡菌（*Nocardia*）、分枝杆菌（*Mycobacterium*）和葡萄球菌中都发现了各种具有不同特性的能够破坏具有β-内酰胺结构抗生素的β-内酰胺酶。此外细菌产生的酰基转移酶、腺苷酰转移酶和磷酸转移酶等钝化酶，对氨基糖苷类抗生素某些保持抗菌活性所必需的基团进行修饰，使其与作用靶位核糖体的亲和力大大降低。

2. 抗生素作用靶位的改变

抗菌药物作用的关键是和细菌的作用靶点结合改变或阻断菌株的代谢而起到杀菌治疗的作用。在抗生素的压力下某些菌株出现作用靶点的改变，或产生新的作用靶点而使抗菌药物失去活性。

3. 改变胞壁通透性

包括生物膜的形成和细胞壁的收缩等，细胞壁的主动运输功能是由一类运输蛋白决定的。在抗生素的压力诱导下，细菌的突变可以改变运输蛋白的组成和数量，使抗菌药物无法进入细胞内。

4. 膜的外排作用

细菌物质转运体系中的主动运输机制在耗费能量的前提下可以主动将已进入细胞内的物质转运出去，抗菌物质在达不到最小抑菌浓度的情况下便失去了抑菌活性，从而使该菌表现出抗药性。

5. 菌膜等非特异性机制形成的抗药性

细菌的生存状态主要有游离状态和附着于固体表面形成的生物膜状态两种。细菌生物膜（Bacterial Biofilm，BBF）又称菌膜，是指细菌吸附于惰性物体表面后，分泌多糖基质、纤维蛋白、脂蛋白等多糖蛋白复合物，使细菌相互粘连并将自身菌落聚集缠绕其中形成的膜样物。由于生物膜对细菌的保护作用，生物膜内的细菌几乎对所有的抗生素都不敏感，表现出极强的抗药性。一般使用高于正常剂量成百倍的药物也不易治愈。根据近年美国国立卫生研究院（National Institutes of Health，NIH）的报告，60%以上的微生物感染是由生物膜细菌引起的。同样的原理，荚膜、作为休眠细胞的芽孢和胞囊也能使细菌具有抗药性。细菌在选择压力下，会发展一切可能的机制来对抗抗生素，因此一种细菌的抗药性通常是多种机制并存的。

四、细菌抗药性的获得途径

一些细菌本身具有抗药性，然而大部分细菌的抗药性主要是在抗生素药物的选择压力下通过自身基因突变，或直接从外源抗药性基因获得，即主要以质粒和转座子作为遗传传播载体，通过接合和转导等多种生物机制实现抗药性基因的传播和扩散。此外，细菌还能够转导病毒体内携带的抗药性基因。

一般情况下，细菌通过自身基因突变获得抗药性的概率很小，其自发突变率通常为 $10^{-10} \sim 10^{-5}$。如大肠杆菌暴露于高浓度链霉素，通过自身基因突变对链霉素产生抗性的概率约为 10^{-9}。但是微生物体积小、增殖快、分布广，对细菌的突变起到放大作用。这是细菌的生存优势，也是其抗药性容易产生的物质基础。

水平基因转移（Horizontal Gene Transfer）是携带有抗药性因子的基因物质（质粒、转座子等）在同属细菌之间，或在不同种属细菌之间散播的主要途径，其传递机制主要包括转导（Transduction）、转化（Transformation）和接合（Conjugation）。其中，转导主要通过噬菌体在相似的菌属之间实现基因传递；转化主要是细菌直接获取其他细菌死亡或裂解后所释放的抗药性基因的过程；接合是通过细胞之间相互接触来实现外源染色体和基因的传递。接合被认为是细菌获得和散播抗药性的最为重要的机制。

五、细菌抗药性的控制策略

细菌抗药性问题日趋严重，对人类的健康造成了极大的威胁，成为全球关注的热点。2010年，在南亚发现了新型超级病菌 NDM-1，其抗药性极强；2013年，在英国发现了 LA-MASA 超级细菌。超级细菌的不断出现再次证明了细菌抗药性问题的严重性。最近的研究还表明一种细菌产生抗药性的周期也越来越短。从一种新型抗生素临床应用开始，短短几年内就会出现抗药性菌株，速度极其快。因此，面对严峻的形势一方面要求人们不断研究开发新的抗菌药物，另一方面对已有的抗菌药物发展策略和思路提出了挑战。

细菌抗药性是一个复杂的问题，既有细菌自身的因素，也有人类行为与卫生监督管理方面的外因。目前新的抗生素开发周期一般为十年左右，同时耗资巨大，而抗药菌的产生只需两年时间。细菌抗药性产生速度远超于抗生素的研制开发速度。抗菌药物的研发史同时也是细菌抗药性的发展史。已产生抗药性的细菌其抗药性是可遗传的，即使没有抗生素压力也很难恢复到敏感状态。因此需要开发不同于原始作用靶点的新型抗生素。

需要从以下几方面来控制细菌的抗药性：①合理使用抗生素：制定相关的干预政策以及加强药政管理。②对抗菌药物进行“轮休”：周期性地交替使用一些具有相同治疗细菌感染的抗生素，避免一直使用一种抗菌药物诱发细菌抗药性。③研制新型抗菌药物：传统的抗菌药物都是以细菌的蛋白质合成、细胞壁合成、叶酸合成等为作用靶点。然而由于细菌适应性和进化性使得极易产生抗药性和菌群失调。最近有学者提出通过“抗毒力药物”（Anti-virulence Drugs）实现针对性地阻止致病因子的表达或使其失活，消除致病因子，使病原菌在正常增殖的条件下不产生致病性。这种药物不会对细菌的生长产生压力，因此理论上不会引起细菌抗药性的产生。

第三节　细菌二分裂的遗传控制

细菌一般进行无性繁殖，最主要的繁殖方式是二分裂。在细菌细胞生长到一定阶段时，一分为二，由一个细胞变成两个子细胞。细菌二分裂时，首先是细胞核区伸长并分裂，同时在细胞赤道附近的细胞质膜由外向中心做环状推进，然后闭合而形成一个垂直于细胞长轴的细胞质隔膜，并使细胞分开。第二步是形成横隔膜，最后是将细胞等分为两个子细胞，每个子细胞都具有一个 DNA 分子。

细胞分裂是一个由多蛋白参与调控的复杂生物学过程，主要包括分裂部位的准确识别、Z 环的定位、内膜和细胞壁的协调收缩。这一过程需要复杂的蛋白质网络在空间和时间上协调 FtsZ 的组装和活性，以确保分裂过程中 DNA 复制、染色体分离和细胞伸长有序进行。

一、细菌二分裂 Z 环的形成及其蛋白家族

在细菌二分裂过程中，将细胞质从中间分开是由 FtsZ 蛋白组成的环状结构来完成，该结构称为“收缩之环”或“Z 环”。在该结构的作用下，母细胞会向内凹陷，并分裂成为两个子细胞。其中，FtsZ 是一种重要的细胞分裂蛋白，为细胞分裂位点首个结合蛋白，在细菌中启动分隔的形成。FtsZ 在细胞核的中部形成 Z 环。FtsZ 一旦组装到分裂位点，便开始启动结合、连接随后一系列的参与蛋白，同时为其他蛋白的组装提供成核位点和平台。已有研究表明，FtsZ 环相关蛋白家族（Zaps）包括 ZapA、ZapB、ZapC、ZapD 和 ZapE 等，这些家族蛋白与 FtsZ 相关，并在细胞内稳定 Z 环。在大肠杆菌中，分裂机器上含有超过 30 种不同类型的蛋白质，其中 12 种是必需的，它们的缺失导致了细长的丝状形态和最终的细胞死亡。其余 20 多种蛋白质通常不是保守的，它们的缺失只会导致轻微的分裂缺陷。FtsZ 蛋白首先招募 FtsA、ZipA、ZapA 等前期分裂蛋白，在细胞中间处组装成不连续的环状结构并通过 FtsA 和 ZipA 锚定在膜上。这 3 种蛋白质形成原始环结构，作为构建其分裂

蛋白的支架，然后以 FtsEX-FtsK-FtsBlQ-FtsW-FtsI-FtsN 的线性顺序招募下游的保守分裂蛋白形成功能性分裂体。FtsZ 蛋白聚合直接或间接地引导了隔膜的形成，分裂蛋白协调外膜和内膜的内陷与隔膜的合成，插入额外的肽聚糖，最后隔膜收缩完成胞质分裂，Z 环在收缩后被分解（图 2-7）。

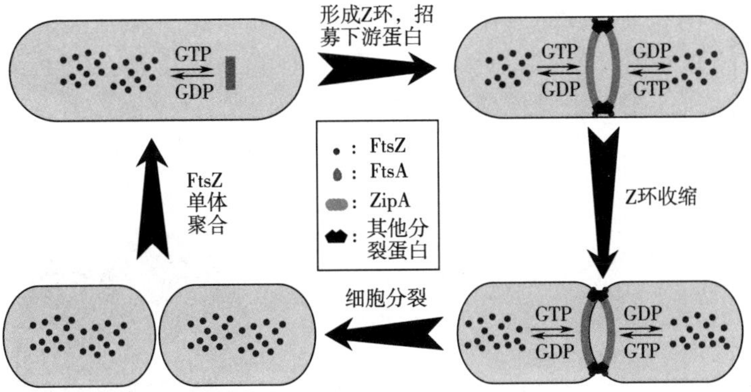

图 2-7　细菌二分裂过程中 Z 环的形成及再生利用

虽然 Zaps 家族蛋白在细胞分裂过程中不一定都是必需的，但是单一缺失某种蛋白会导致细胞间隔异常延长，甚至双突变和三突变显示出异常的协同效应，表明 Zaps 家族蛋白对 FtsZ 环的稳定性具有重要协同作用，推测这些蛋白家族通过交联 FtsZ 细丝并提供力量来稳定 Z 环强度。FtsZ 环在整个细胞中间分离成更小的簇，在缺乏 ZapA 和/或 ZapB 的情况下导致隔膜不完整和异常。体外实验结果表明，ZapA 能直接与 FtsZ 相互作用，并能使 FtsZ 原丝相互交联，而 ZapB 则通过 ZapA 与 FtsZ 相互作用。ZapA 四聚化对于 FtsZ 捆绑至关重要。ZapB 是一种卷曲螺旋蛋白，在体外可形成聚合物束。因此，ZapB 最有可能通过 ZapA 稳定 FtsZ，而 ZapA 通过增加聚合和控制 GTP 酶活性稳定 FtsZ 环。ZapA 的过度表达可将 ZapB 从环中置换出来，在此条件下形成的环显示出扭曲的螺旋排列和拉长的细胞。此外，ZapA 在环上的定位仅取决于 FtsZ，而不取决于 FtsA，因为在 FtsA 温度敏感突变体中仍观察到 ZapA 定位。FtsK 是一个 DNA 移位酶，把分裂体中的 DNA 转移出去，并指引 DNA 转移的方向。FtsK 有四个跨膜结构域，可在细胞内陷膜的融合过程中发挥重要作用。FtsQ、FtsL 和 FtsB 是连接 Z 环和肽聚糖生物合成元件的纽带，FtsI 和 FtsW 是肽聚糖生物合成元件的组成成分，FtsN 是最后一个到达分裂体的重要蛋白，是完整分裂体形成的标志，并引发分裂体分裂。

二、FtsZ 蛋白的结构特点和生物学功能

FtsZ 在大多数细菌和古生菌中具有 40%～50%的序列同一性，其三维结构与其同源物微管蛋白相似，尽管结构与功能相似，但其氨基酸序列相同部分少于 20%。两种蛋白质在 N 端都含有 GTP 结合结构域，提供 GTP 酶活性。然而，FtsZ 和人微管蛋白的叠加显示两种蛋白质之间存在一个主要的结构差异：FtsZ 含有一个由 H7 核心螺旋链接的区域间裂隙，其分离 N 端结构域和 C 端结构域，而该裂缝在微管蛋白中是不存在的。

与微管蛋白不同，FtsZ 原丝是单一肽种的均聚物，在没有二价金属离子存在的情况

下，FtsZ 就能较易结合核苷酸以及聚合物。虽然微管蛋白和 FtsZ 都是以催化 GTP 水解产生能量的形式聚合形成细胞骨架细丝用于细胞分裂，但它们的功能仍存在区别。微管蛋白聚合成的微管将遗传物质传送到分裂细胞的两极，而 FtsZ 负责在细胞膜的内表面形成 Z 环将细胞分裂成两个子细胞。

FtsZ 是由两个结构域组成的保守结构，其一是 N 端 GTP 酶区域，另一个是 C 端 GTP 酶激活区域。N 端 GTP 酶区域的核苷酸结合位点与 C 端 GTP 酶激活区域的 T7 环在连接处结合形成小分子结合口袋（图 2-8），FtsZ 的保守 C 端结构域是介导 FtsZ 与其他调节分裂、组装和拆卸的辅助蛋白相互作用的关键结构，如 MinC、FtsA、ZipA、EzrA、ClpX 和 SepF 等。

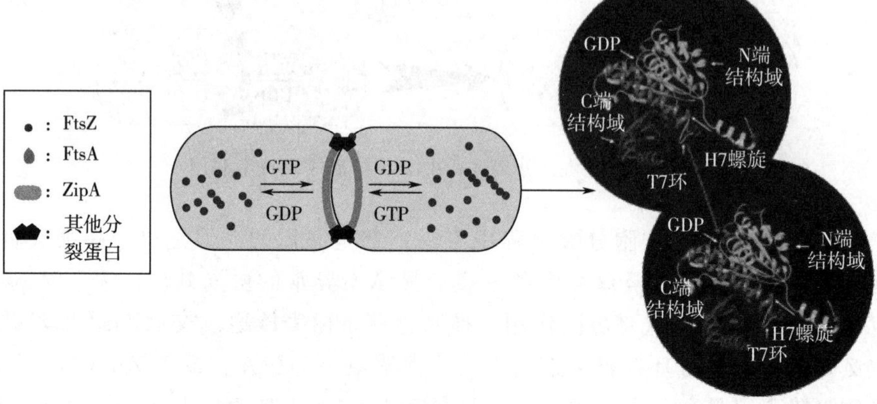

图 2-8　FtsZ 结构与 FtsZ 的聚合

每个大肠杆菌细胞中大约有 15000 个 FtsZ 单体。在 GTP 与 Mg^{2+} 的作用下，FtsZ 分子以头尾相对的方式聚合形成原丝排列在分裂的细胞中心，弯曲成捆状形成 Z 环。当一个 FtsZ 亚基的 T7 环插入另一个 FtsZ 亚基的 GTP 结合结构域时，会触发 FtsZ 的 GTP 酶活性，因为 GTP 酶催化位点只在两个相邻的 FtsZ 单体连接时形成（图 2-8）。GTP 的水解是由于 γ-磷酸的亲核攻击而发生的，此过程需要 Mg^{2+}。在 FtsZ 的 GTP 酶活性催化下 GTP 水解为 GDP，剩余的以 GDP 为主的 FtsZ 有利于 FtsZ 原丝的拆卸。大肠杆菌细胞中的光漂白荧光恢复（FRAP）实验表明，Z 环是一个动态结构，大约 30% 的 FtsZ 被聚集到 Z 环，而剩余的 FtsZ 单体在细胞质中漂浮，与 Z 环原纤维中的聚合 FtsZ 分子保持着动态交换，其中 FtsZ 单体被添加到细丝的一端，同时从相对端移除。FtsZ 对磷脂膜没有内在亲和力，需要依赖于 FtsA 和 ZipA 与 FtsZ 的 C 端结构域直接相互作用，并将其链接到细胞膜内表面上，并招募下游蛋白质。被招募来的肽聚糖合成酶在 FtsZ 动态聚合的带动下，在 Z 环周围绕圈运动，这种紧密的耦合会在 Z 环周围均匀地插入肽聚糖，使 Z 环向内形成逐渐收缩，最终形成了新的细胞壁，完成细胞分裂。

综上所述，当 GTP 结合或者 FtsZ 蛋白的动态交换过程受到抑制时，Z 环的正常结构将难以形成，其完整功能也难以保留，即使细菌的 DNA 复制和蛋白质合成等过程均能发生，杆状细菌在此状态下只能持续生长形成狭长丝状，而球形菌会形成比原体积大数倍的肥大球状，无法进行增殖分裂，持续的生长使它们对环境的变化十分敏感，最终裂解死亡。

三、GTP 水解释放的化学能为细菌细胞分裂提供收缩动力

细菌细胞以二分裂的方式在细胞中部进行对称分裂，细胞骨架蛋白 FtsZ 是最早出现在分裂位点的蛋白，在细胞分裂过程中起着重要的作用。FtsZ 蛋白能够通过首尾相接形成原丝纤维，继而自组装成细菌细胞分裂过程中的一个关键细胞器——Z 环。细胞分裂时，Z 环定位在细胞中部的分裂位点处并且紧贴细胞膜内侧。随着隔膜的形成，Z 环通过将水解 GTP 释放的化学能转化成向内拉伸的机械能，逐渐收缩自身直径并且带动隔膜内陷，直到分裂完成。由于之前一直未能得到 FtsZ 原丝纤维的三维结构，所以 Z 环是怎样利用 GTP 水解释放的化学能为细菌细胞分裂提供收缩动力的问题始终没有得到解答。最新研究已解析了结核分枝杆菌（*Mycobacterium tuberculosis*）的 FtsZ 原丝纤维的结构，通过将解析得到的结核分枝杆菌 FtsZ 与 GDP 形成的原丝纤维结构与之前报道过的金黄色葡萄球菌 FtsZ 与 GTP 形成的原丝纤维作比对，发现两个相邻的单体之间有一个 50°的弯曲。这个弯曲的构象变化主要发生在 T3-loop 区，GTP 的 γ-磷酸基团能够和 T3 环的主链胺基形成两个强氢键相互作用，从而锁定 T3 环处于一种紧密结合的构象（T 构象）。当 FtsZ 结合 GDP 时，失去了这两个强氢键相互作用后，T3 环则处于一种松弛构象（R 构象）。由此推测，当 GTP 水解为 GDP 时，GTP γ-磷酸基团和 β-磷酸基团之间的共价键断裂。由于二者都携带负电荷，它们之间会产生一个巨大的排斥力，当二者被封闭在两个 FtsZ 亚基之间时，这个巨大的排斥力驱使 GTP γ-磷酸基团推动 T3 环发生一个从紧密结合构象到松弛构象的构象变化，从而使两个相邻的 FtsZ 亚基围绕一个支点处发生弯曲。GTP 水解的化学能就这样推动两个相邻 FtsZ 亚基之间发生一个相对弯曲。上述 GTP 水解而导致的 FtsZ 原丝纤维构象变化如何转化为细菌细胞分裂向内收缩的张力呢？FtsZ 的 C 端肽链没有一个稳定的构象，这段肽段会和 FtsA 相结合，而 FtsA 通过它的 C 端一个疏水的 α-螺旋黏在细胞膜上，Z 环就是这样被固定在细胞膜上位于隔膜最内端。上述 GTP 水解而导致 FtsZ 原丝纤维的构象变化则通过 FtsA 施加一个改变细胞膜曲度的向内收缩的张力。

四、细菌二分裂位点的定位

细菌细胞内蛋白质的位置受到严格控制，不同的蛋白质具有特定的细胞位点，可以随时间动态变化。这种精致的空间组织为基本生物过程提供了独特的机制解析。细胞分裂或胞质分裂就是这样一个过程，它受到严格的空间控制，从而确保 DNA 平等地分配到新生细胞中。细菌细胞如何识别分裂部位是一个尚未完全解决的重要问题。

第一个定位于细菌分裂位点的蛋白质是高度保守的微管蛋白样蛋白 FtsZ。FtsZ 在这个位点聚合形成 Z 环，然后它招募所有其他已知的分裂蛋白质，总共约 20 个，形成一个称为分裂体的蛋白质复合物。分裂体随后收缩，拉入细胞膜以促进胞质分裂。重要的是，Z 环的位置标志着细胞分裂的位置。所以，已知影响细菌细胞内分裂位点位置的蛋白质实际上是通过影响 Z 环的位置来实现的。

在杆状细菌（大肠杆菌和枯草芽孢杆菌）模型中，Z 环的形成精确地发生在细胞中点（偏离中心的标准偏差分别为 2.6%和 2.2%），生成大小相等的子细胞。对此类细胞中 Z

环定位控制的研究主要集中在两个调节系统上，即 Min 系统和类核阻塞（Nucleoid Occlusion，NO）系统，这两个系统抑制 Z 环在细胞中除中间细胞外的任何地方形成。

1. Min 系统

Min 系统由一个真正的抑制子 MinC、一个膜连接的 ATPase MinD 以及一个拓扑因子组成，该系统避免了在细胞极处进行错误的分裂。MinD 将 MinC 定位于质膜，拓扑因子在空间上定向具有抑制性的 MinCD 复合体。在大肠杆菌（MinE）和枯草芽孢杆菌（DivIVA）中，只有拓扑因子不同。有趣的是，Min 系统也存在于叶绿体中。叶绿体含有 MinD 和 MinE，但尚未发现 MinC 样蛋白。在许多古生菌中发现，它们具有两种 MinD 分子，一种具有膜结合域，另一种不具有。

Min 系统中任何成分的缺失都会导致细胞在两极处分离，产生一个不含染色体的小细胞。体内过表达实验以及纯化的成分进行体外实验都表明，MinC 是分裂抑制子。早先的模型认为 MinC 阻止 FtsZ 的聚合。目前的实验表明，大肠杆菌中 MinC 通过抑制 FtsZ 原纤丝侧向的互作而阻碍 FtsZ 发挥骨架功能。这一反应可以被 ZapA 抑制，ZapA 是 FtsZ 侧向连接的正调控因子。大肠杆菌的体外实验表明，MinC 的羧基端和氨基端结构域是通过两种不同的机理抑制 FtsZ 的组装。MinC 的氨基端结构域对于 FtsZ 的聚合很重要，即使在缺失 MinD 时仍然具有潜在的抑制作用，羧基端结构域在与 MinD 互作及形成二聚体上有重要作用。MinC 的结构清晰地表明 MinC 是由两个独立的结构域组成的。比较大肠杆菌和枯草芽孢杆菌的 MinC，发现羧基端结构域在革兰染色阳性和革兰染色阴性细菌中是保守的，而氨基端部分似乎很少保守。羧基端这种高度的保守性，对于与 MinD 互作是很重要的。尽管 MinC 是细胞分裂的抑制子，但是当缺少 MinD 时，这种抑制作用会减弱。MinD 可以增强 MinC 25~50 倍活性。MinC 被 MinD 招募到质膜处。MinD 是一个 ATPase，属于 ParA/MinD 家族蛋白，通过羧基端与膜相连。膜与 MinCD 复合体的结合可抑制 FtsZ 聚集在膜上。此外，DicB 也可以激活 MinC。DicB 是由某些大肠杆菌缺陷型原噬菌体编码的。DicB 能够招募 MinC，使 MinC 直接定位于分隔环而不依赖于 MinD，并且不结合到质膜上。因此，MinC 的抑制功能能够被两种不同的蛋白激活。

MinE 是由 88 个氨基酸组成的二聚体蛋白。使 Z 环定位在细胞中部，MinCD 复合体的抑制活性必须被限制在细胞两极处。在大肠杆菌中，这一限制由 MinE 实现。在细胞两极之间，MinCDE 复合体表现出显著的振荡。MinE 与 MinD 相连，刺激 MinD 的 ATP 水解，从而驱动振荡。当 ATP 水解，MinD 就从质膜释放进入细胞质。随后，胞质中的 MinD 重新连接上 ATP，在另一极重新组装。当存在 MinD、MinE、ATP 以及磷脂膜时，自我组织的大肠杆菌 Min 系统可以在体外重新组建。这一自我组织过程可以通过精确的模型进行分析。所有的模型都认为蛋白分布的动力不稳定是振荡产生的前提。

在枯草芽孢杆菌中，拓扑决定子是 DivⅣA。DivⅣA 与 MinE 在序列上没有相似性。*divⅣA* 突变将导致形成不含染色体的小细胞或者不分裂的长丝状细胞。用 GFP 标记 DivⅣA 发现，该蛋白定位于细胞极处，随后被招募到形成分裂体的地方，当分裂体分解，DivⅣA 仍存在。DivⅣA 能够在大肠杆菌或者酵母细胞等其他生物细胞中找到弯曲的膜区域，因此推测 DivⅣA 自身具有结合并积累于细胞膜弯曲部位的能力。

近期，枯草芽孢杆菌 Min 系统中鉴定出一个新的成分 MinJ。*minJ*（*yvjD*）突变体与敲除 *divⅣA* 的表型是一样的，都形成不含染色体的小细胞和长丝状细胞。GFP 标记的 MinJ

定位于极处和分裂位点。MinJ 作为一个衔接蛋白连接拓扑决定了 DivⅣA 和抑制复合体 MinCD。MinJ 是一个膜整合蛋白，在膜上横跨 6 次。这些实验暗示了 MinJ 将分裂体的膜整合部分与 Min 系统连接起来了。

在大肠杆菌中，MinD 和 MinE 在两极之间迅速地进行摆动。MinC 伴随着 MinD 摆动，在极处被 MinE 环驱赶着靠近细胞中部。当 MinE 移动到极处，就会代替 MinC 和 MinD，同时 MinC 和 MinD 在另一极重新组装，并被 MinE 环驱赶到细胞中部附近（图 2-9）。摆动的根本是 ATP 依赖的 3 个蛋白的互作以及它们与膜的互作。当存在 ATP 时，MinD 形成二聚体，通过 C 端与膜结合；二聚体化使 MinD 具有足够的亲和性结合到脂双层上，MinC 和 MinE 被 MinD 招募，结合到 MinD 二聚体表面，并且它们与 MinD 的结合位点有重合。MinC 与 MinD 的结合抑制了 Z 环的形成，当 MinD 结合在 MinE 上代替了 MinC，就会激活 MinD 的 ATPase 的活性，引发 MinD 从膜上释放。

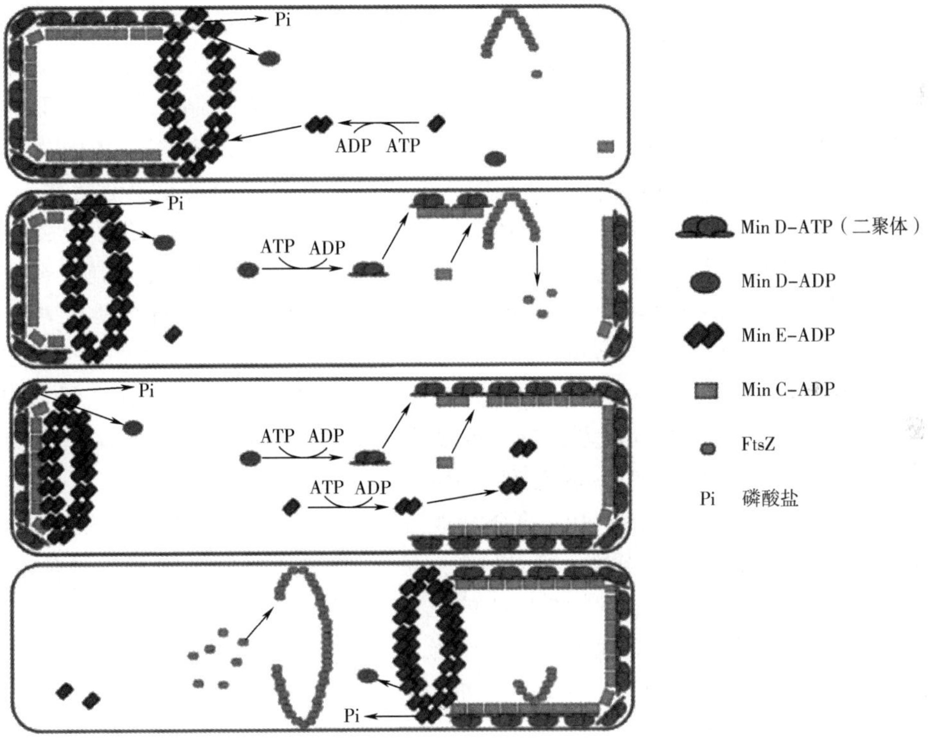

图 2-9 细胞分裂抑制因子 MinCD 在 MinE 驱动下的摆动

综上所述，Min 系统通过抑制 FtsZ 的聚合来阻止细胞极性区域上的 Z 环组件。在大肠杆菌和枯草芽孢杆菌中，MinC 蛋白通过 FtsZ 聚合物的直接相互作用和失稳作用进而抑制 Z 环的形成。MinC 通过与膜结合 ATP 酶结合而定位于细胞质膜，并根据大肠杆菌和枯草芽孢杆菌中不同的机制定向到两极：在枯草芽孢杆菌中，DivⅣ A 通过桥接蛋白 MinJ 将 MinCD 引导到极点；而在大肠杆菌中，拓扑决定簇经历动态的极间振荡，主动将 MinCD 复合物从膜上置换。上述两种细菌活动的最终结果均导致细胞极性区域的 MinCD 浓度最高，进而阻止了极性 Z 环的形成。

2. NO 系统

21 世纪初，发现在一个会影响 DNA 复制分隔的温度敏感突变体大肠杆菌中，在类核处的复制活性影响了分裂位点的定位。细胞分裂不会发生在类核附近，因为在类核周围发生的活跃的转录翻译过程会产生一个强烈的短范围抑制子，这个效应称为类核阻塞（NO）。该效应对于保持类核的完整性以及在细胞中部选择正确的分裂位点具有重要意义。

首先被发现的类核阻塞因子是枯草芽孢杆菌中的 Noc 和大肠杆菌中的 SlmA。当缺失 *noc* 或 *slmA* 时，会导致在未分裂的类核处形成隔膜，使染色体一分为二。当过表达这些蛋白时，将导致形成长细胞，因此认为这些蛋白能够抑制细胞分裂。然而 Noc 和 SlmA 没有序列或者结构的相似性，它们是通过不同的 DNA 结合域与类核结合，该结合域可以识别染色体中特殊的 DNA 序列。除此以外，它们抑制分离体的机制也可能是不同的。

枯草芽孢杆菌中的 NO 因子为 Noc（YyaA），利用黄色荧光蛋白标记 Noc。Noc 可以与类核的大部分区域结合，但不与复制终止部位（Ter）结合。通过染色质免疫沉淀芯片（ChIP-chip）发现，与 Noc 连接的序列（Noc-binding Sequence，NBS）为 14bp 的回文序列。70 个 NBSs 分散于大肠杆菌的染色体中，但在 Ter 周围却没有。在体外，纯化的 Noc 特异性识别 NBSs；在体内，NBSs 介导了依赖 Noc 的细胞分裂抑制。当转入携带多拷贝 NBS 且能够自我复制的质粒时，Noc 被招募，细胞分裂受阻。在 Noc 突变体中，Noc 无法与 DNA 连接，这种抑制作用就消失了，说明 Noc 需要与 DNA 连接才能具有活性。

Noc 特殊的分布形式以及 NBSs 在染色体上的分布，表明了 DNA 复制与细胞分裂的协同作用。当一连串的 NBSs 导入枯草芽孢杆菌染色体 Ter 部位时，细胞变得更长，细胞分裂延迟。该结果暗示，Noc 作为短暂的调控子调节染色体复制分离和细胞分裂。只有当没有结合 Noc 的 Ter 部位开始复制时，结合 Noc 的 *oriC* 邻近区域从细胞中部移开，分裂结构才开始组装。

大肠杆菌中的 NO 因子为 SlmA。体外检测到 FtsZ 和 SlmA 直接的互作。关于 SlmA 与 FtsZ 的互作方式，目前有两种观点。第一种观点，在体外 SlmA 能够分解 FtsZ 聚合体，FtsZ 提供这个过程所需的 GTPase 活性。DNA 上有 SlmA 连接序列（SlmA-binding Sequence，SBS），在体内 SlmA 与 SBS 结合时被激活。激活态的 SlmA 以二聚体形式破坏 FtsZ 聚合体，从而阻止 Z 环的形成。第二种观点是 SlmA 并不抑制 FtsZ 形成聚合体，而是影响聚合体高度有序的结构。SlmA 和 FtsZ 的互作并不需要 GTP，每个 SlmA 连接的 FtsZ 分子（FtsZ-SlmA）都可以独立地聚合形成细丝状聚合体，但夹住相同 SlmA 二聚体的两个 FtsZ 分子（FtsZ-SlmA-FtsZ）会呈现相反的方向，最终形成较小的螺旋状多聚体，而不是有功能的细丝状聚合体。

球菌中也发现存在 Noc，但它们没有 Min 系统。相比于大肠杆菌和枯草芽孢杆菌，单敲除金黄色葡萄球菌的 *noc*，将导致在 15%的突变细胞中形成多个 Z 环和 DNA 损伤。这一结果说明球菌中的 Noc 在协调细胞分裂与染色体分离上具有更加重要的作用。

3. DNA 复制和 Z 环定位之间的联系

毫无疑问，在大肠杆菌和枯草芽孢杆菌中，Min 系统和 NO 系统在影响 Z 环位置方面起着重要作用［图 2-10（1）］。Min 系统和 NO 系统在不适当的部位抑制 Z 环的形成。Min 蛋白集中在细胞两极，而类核蛋白占据细胞的中心区域。染色体分离的后期，由于 Noc/SlmA 从细胞中去除，使得 Z 环在该位点形成，从而导致类核阻塞的缓解。然而，现在有证据表明这些杆状细菌中存在其他的 Z 环定位机制。首先，在缺乏 Min 系统和 Noc/

SlmA 蛋白的情况下，细胞仍然可以存活，尽管存活是有条件的，分裂效率要低得多。其次，分别敲除大肠杆菌 *min/slmA* 基因和枯草芽孢杆菌 *min/noc* 的双突变体中，过量表达 FtsZ 可导致 Z 环在分离染色体之间的正确位置组装，促使部分正常分裂恢复。

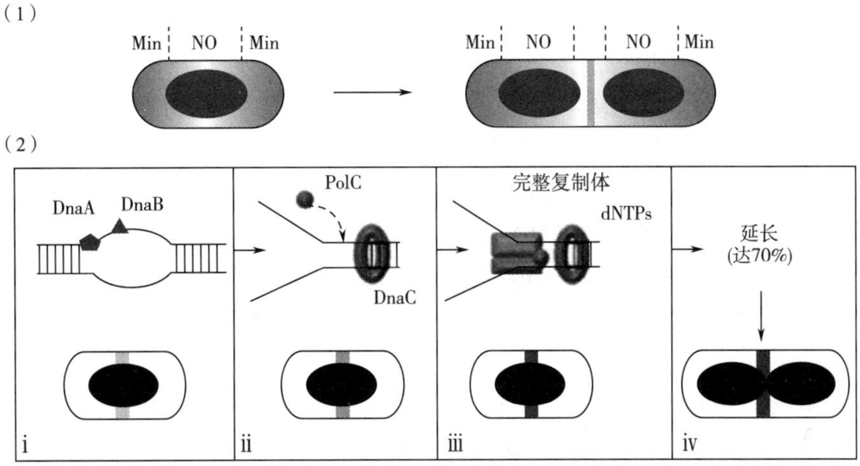

图 2-10　大肠杆菌和枯草芽孢杆菌 Z 环组装的空间调节

最近有研究表明，在完全缺乏 Min 系统和 Noc 的情况下，枯草芽孢杆菌的外生孢子可以在该细胞中部精确形成 Z 环。在这些 *min/noc* 基因表达不良的细胞中，Z 环以野生型的精度定位在细胞中部，尽管它们的组装存在延迟且效率较低，Z 环也在未来的分裂位点（1/4 和 3/4 位置）和细胞极形成。这些细胞中 FtsZ 的过量产生显著减少了延迟时间，并增加了中间细胞 Z 环的比例。为了测试 Z 环在细胞中部的精确定位是否需要任何 NO，允许 *min/noc* 基因表达受限的细胞中的染色体复制和分离，直到细胞中心区域出现显著的 DNA 缺口。随后，FtsZ 的生产被启动。值得注意的是，在此条件下，Z 环在细胞中部仍然精确地形成，并且与任何其他无 DNA 区域（包括细胞极）相比，Z 环在细胞中部组装的偏好较高（87%）。

上述实验表明，在枯草芽孢杆菌中，Z 环在细胞特定位点组装的识别过程不一定需要 Min 或任何 NO，即 NO 系统和 Min 系统不是用来使细胞正确识别分裂位点的，而是在细胞周期的特定时间通过抑制细胞中部以外的 Z 环形成，迫使 Z 环只能在细胞中部组装并发挥其生物学作用。换句话说，至少在枯草芽孢杆菌中，Min 系统和 NO 系统不是细胞分裂位点的“路标”，但可以有效利用 Min 系统和 NO 系统的抑制作用而作为 Z 环在中间细胞处形成的路标。

那么，细胞如何识别该分裂位点？在枯草芽孢杆菌中，某些正信号将 DNA 复制起始阶段的进展与中细胞分裂位点的识别联系起来［图 2-10（1）、（2）］。DNA 复制的早期阶段会影响这种生物的 Z 环定位。即使在没有 Noc 的情况下，细胞中部 Z 环的组装频率也会随着 DNA 复制起始阶段的进展而增加，这就是枯草芽孢杆菌 Z 环定位的模型，称为“准备就绪”模型（Ready-Set-Go Model）［图 2-10（2）］。该模型提出，分裂位点的识别与枯草芽孢杆菌中 DNA 复制的进展有关，与 Min 系统和 NO 系统无关。枯草芽孢杆菌 DNA 复制起始阶段的进展，导致 *oriC* 处的复制体组装，促进中间细胞部位的成熟。这可能是由于细胞中部的某个因子的累积，该因子激活 FtsZ 的聚合，形成该部位的一个环。

①早期起始蛋白 DnaA 与 *oriC* 处的 DNA 结合，促使细胞中部位置更加明确。接下来，其他早期 DNA 复制起始蛋白，如 DnaB，结合该染色体区域并进一步强化细胞中部分裂位点。②然后，加载 DnaC 螺旋酶、PolC（DNA 聚合酶Ⅲ的 α-亚单位）和其他复制体成分，在 *oriC* 处形成复制叉，进一步增强了中间细胞（中间细胞处的绿色区域）。③复制体剩余成分的组装已完成启动，准备进行 DNA 合成，允许 100%增强中细胞形成 Z 环。④中细胞 Z 环的形成不会立即发生，因为这需要复制约 70%的染色体，以挤压清除细胞中部大量的复制 DNA。在该模型中，随着 DNA 复制的起始阶段逐渐完成，中段细胞的 Z 环形成变得越来越“强”，就像一个赛跑者在改变比赛位置，准备在枪声响起时从起跑线开始比赛一样。

在大肠杆菌中，SlmA 和 MinC 抑制中细胞 Z 环可发生在部分复制、未分离的类核上，这表明该生物体中也存在额外的 Z 环定位机制。有趣的是，复制体蛋白 DnaX 在大肠杆菌 *oriC* 和 Z 环之前定位于中细胞，使 DNA 复制在除枯草芽孢杆菌以外的细菌中对分裂位点定位起到积极作用。

4. 其他调控方式

许多细菌缺乏 Noc/SlmA 和/或 Min 蛋白同系物，表明了除 Min 和 NO 以外的 Z 环定位机制的存在。在对这类细菌分裂位点选择的研究过程中，发现了许多新的 Z 环定位机制。包括负调节器（FtsZ 抑制剂）以及积极促进 Z 环在正确位置形成的正调节信号。这些系统中涉及的许多蛋白质序列保守性不强，表明 Z 环位置在不同细菌物种之间受到不同的机制控制。细胞形状是分裂位点选择的一个重要因素，特别是在球形细胞中，必须从理论上存在无限多可能的中间细胞平面中选择正确的分裂平面。不同的球菌种类选择不同的中间细胞平面进行分裂（例如：葡萄球菌属分裂为三个交替平面，奈瑟菌属分裂为两个），进一步突出了细菌分裂位点位置的物种特异性。

（1）新月柄杆菌（*Caulobacter crescentus*） 新月柄杆菌既没有 Min 系统也不含 NO 系统，其细胞分裂位点控制主要是由 MipZ 来实现的。新月柄杆菌不同于大肠杆菌和枯草芽孢杆菌，经过细胞分裂以后，会产生两个大小不同的细胞：一个是有柄细胞，另一个是形状小一些的游动细胞。有柄细胞会立即重新进入细胞周期，而游动细胞不会立刻进入细胞周期，但最终会形成有柄细胞。

在新月柄杆菌中，Z 环定位由 FtsZ 抑制剂 MipZ［图 2-11（1）］控制。MipZ 与染色体结合，其蛋白浓度分布与细胞极距离成反比。在有一条染色体的新生细胞中，MipZ 梯度是从单极开始形成的，将 FtsZ［图 2-11（1）］限制在对极。染色体的复制与分离建立了一个双极性 MipZ 梯度，进而将 FtsZ 从两极移出，并使 Z 环受迫组装到中间细胞。

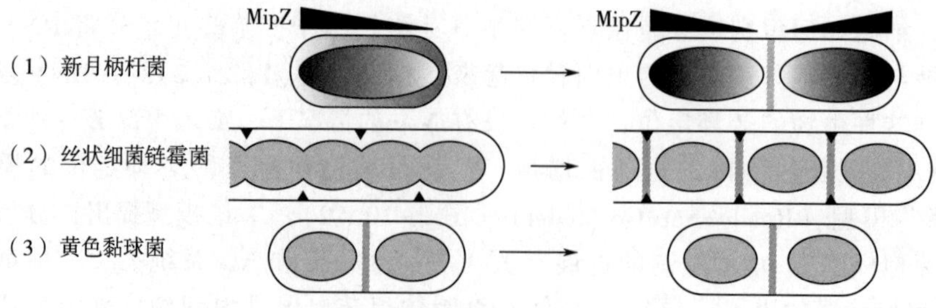

图 2-11 细胞二分裂位置定位调控方式的多样化

研究发现，MipZ 高表达会阻止 Z 环的组装，说明 MipZ 是分裂的抑制子。在细胞周期中 MipZ 以一个弥散的焦点形式存在，这一焦点与 ParB 的焦点重叠。ParB 以 ParB-GTP 的形式形成焦点，与复制起点一起位于细胞有柄的一极，当 DNA 复制开始后分裂成两个，其中一个焦点移动到细胞的另一极。由于 MipZ-ParB 复合体的动态不稳定性，MipZ 不是限制在复制起点，而是以一个浓度梯度的形式分散，在细胞极处浓度最高，在细胞中部浓度最低。敲除 *parB* 导致 MipZ 在细胞中重新分布。MipZ 的错误分布表明 MipZ 在空间分布上受 ParB 的调控。最近研究发现，ParB 调控 MipZ 的 ATPase 的活性是通过促进其二聚体化而不是作为 ATPase 激活蛋白（AAP）。这种 MipZ 的 ATPase 循环调控产生了 MipZ 的浓度梯度，最终在空间上调控了 Z 环的形成。

（2）丝状细菌链霉菌（*Streptomyces* spp.）　链霉菌孢子形成过程中，细胞分裂间隔环形成的位点是受 SsgB 正调控的。链霉菌中并不存在与 Noc 或 SlmA 同源的蛋白，也不具备 Min 系统。FtsZ 一直被认为是间隔环形成过程中出现的第一个蛋白。但在链霉菌中，SsgB 蛋白早于 FtsZ 定位在分裂位点。SsgB 蛋白是一种与膜连接的分裂体成分。在 *ftsZ* 缺失突变体中，SsgA 和 SsgB 蛋白能够定位在未来形成 Z 环的位置；在 *ssgA* 或 *ssgB* 缺失突变体中，FtsZ 不能定位在未来形成间隔环的位置。SsgA 把 SsgB［图 2-11（2）］正确定位在将形成间隔环的位置，SsgB 招募 FtsZ 到形成 Z 环的位置。SsgB 是被发现的第一个可以引导 FtsZ 定位的蛋白，作用机制尚不清楚。SsgB 在细菌界中不是广泛分布的，但可能会在其他细菌中找到类似蛋白。这一发现引发了一个全新的 Z 环定位调控方式。

（3）黄色黏球菌（*Myxococcus xanthus*）　黄色黏球菌的二分裂过程存在着另一种正调控 Z 环位置的机制。黄色黏球菌是一种杆状 δ-蛋白杆菌，缺乏所有已知的 FtsZ 定位蛋白。一种称为 PomZ 的新型蛋白质被证明是有效形成 Z 环并且是细胞中 Z 环定位所必需的。与丝状细菌链霉菌的定位机制类似，PomZ 蛋白也早于 FtsZ 之前定位于细胞分裂位点。在此基础上，推测 PomZ 不仅可以识别细胞分裂位点，还可以招募 FtsZ 到该位点，并稳定 Z 环［图 2-11（3）］。然而，目前尚不清楚这两种蛋白质是直接结合还是通过相互作用结合发挥其生物学功能的。

（4）金黄色葡萄球菌　金黄色葡萄球菌在三维空间中以正交平面顺序分裂，引出了葡萄球菌细胞如何重新定位分裂机制以及这些子细胞如何“记住”先前的分裂事件并完成后续分裂的问题。金黄色葡萄球菌缺乏 Min 同源物，但含有一个核酸封闭蛋白的同源物 Noc。Noc 与类核共定位并降低 DNA 上 Z 环形成的频率，这与其在枯草芽孢杆菌中的作用一致。金黄色葡萄球菌中的类核占据了细胞质空间的很大一部分，这表明类核的封闭在分裂面选择中起着关键作用。

然而，为了在多个平面上进行精确的分割，金黄色葡萄球菌需要携带来自先前分割平面的信息。这些信息在空间上受每一轮分裂的影响，因此不太可能由 DNA 编码。非 DNA 细胞成分（如细胞壁），可能通过充当先前和潜在分裂平面的标记，在空间上调节分裂位点选择。该菌细胞壁结构的早期研究揭示了细胞壁厚度的异质性，该性质最近被定义为肽聚糖较厚条带（皮壳）的赤道环以及肽聚糖的正交条带，可能代表先前皮壳特征的残余。由于在细菌分裂过程中呈现了前两轮细胞分裂中所形成的特定细胞壁构造特征，推测这些细胞壁结构的差异可能编码金黄色葡萄球菌的表观遗传信息，进而在多代分裂细胞中保持平面分割位点选择的保真度。

金黄色葡萄球菌的二分裂位点选择主要利用特定的肽聚糖特征结合类核封闭在三个垂直平面上进行分裂（图 2-12）。图中双头箭头表示染色体分离轴，隔膜形成的平面以四分之一肋骨的存在为标志。染色体分离轴是由核仁运动到前两个分裂平面的连接点决定的。为了确定下一个分裂平面，葡萄球菌细胞可以通过直接受体-配体型相互作用识别四分之一肋骨特征。包含四分之一肋骨的平面也具有最长的周长，可用于细胞识别。分裂面选择也可以通过建立染色体分离轴来辅助分裂面之间的连接（浅色圆圈）。

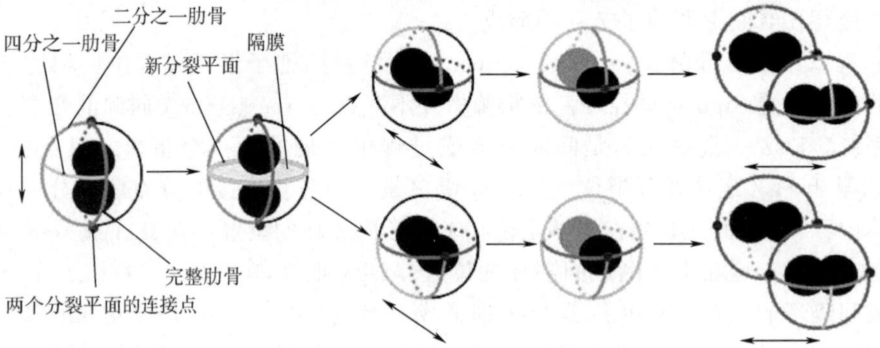

图 2-12　金黄色葡萄球菌二分裂位置定位的调控方式示意图

采用低温电子显微镜的研究结果表明，细胞壁成分对细胞分裂赤道面选择的负调控可能起作用，壁磷壁酸（WTA）至少在隔膜形成期间不会均匀分布于整个细胞壁。之前已经证明 WTA 定位影响金黄色葡萄球菌中 Atl 和 PBP4 的细胞赤道定位，表明 WTA 分布可以调节细胞赤道定位。然而，细胞壁结构和组成在分裂位点选择中的作用，以及细菌利用这种结构信息以确保选择正确分裂位点的机制尚未研究清楚。

总之，细菌二分裂位置调控机制并不是人们设想的那么保守，不同种属之间受到多种因素的长期影响而进化形成不同的定位机制，这些因素包括细胞形状、肽聚糖合成模式、生活方式等，但分裂位点调控的最终目的均是确保胞质分裂产生有活力的子细胞。随着相关研究的丰富与深入，可能会发现更多的分裂定位机制，如何将细菌分裂位点定位与其细胞周期和生理学特征相统一，并在不同种属间寻找某些共性特征，将是未来有关细菌二分裂遗传调控研究的重点。

第四节　乳酸菌

乳酸菌（Lactic Acid Bacteria，LAB）是一类能利用可发酵碳水化合物产生大量乳酸的细菌的通称。乳酸菌是一群相当庞杂的细菌，目前至少可分为 18 个属，共有 200 多种。乳酸菌广泛存在于人、畜禽肠道中，在土壤、植物根际、人类食品和动物饲料中都发现有乳酸菌的存在。大多数乳酸菌无毒、无害，而且对人体和动植物具有较好的益生效果。乳酸菌也被称为“益生菌”，在工业、农业和医药等领域有着重要的应用价值。

一、概述

1. 乳酸菌的发现及其分类

乳酸菌与人类的关系十分密切，它的应用历史悠久。人类在四五千年前就已经开始饮用酸乳。在《齐民要术》等文献中都有制作酸乳的记载。1857 年巴斯德首先发现了乳酸菌。1878 年，李斯特首次从酸败的牛乳中分离出乳酸菌的纯培养菌株——乳酸链球菌（*Streptococcus lactis*）。1884 年，胡普首次将“酸乳细菌”命名为“乳酸菌”。1899 年，蒂赛发现双歧杆菌（*Bifidobacterium bifidus*）。1905 年，保加利亚微生物学家赛德蒙·格里戈罗夫首次发现并从酸乳中分离了保加利亚乳杆菌（*Lactobacillus bulgaricus*）。经过微生物学家的不懈努力，人类在自然界中发现了越来越多的乳酸菌。

直到 20 世纪 60 年代乳酸菌的分类体系才被逐渐确立。乳酸菌不是分类学上的名词，它属于真细菌纲（Eubacteria）-真细菌目（Eubacteriales）中的乳杆菌科（Lactobacillaceae）。自然界中发现的乳酸菌在分类学上有 30 多个属。乳杆菌科根据细胞呈球状或杆状，可分为乳酸杆菌族和链球菌族。乳酸杆菌族只包括杆状的乳酸菌，共包括五个属：乳杆菌属（*Lactobacillus*）、链条杆菌属（*Catenabacterium*）、枝杆菌属（*Ramibacterium*）、运动杆菌属（*Cillobacterium*）和真细菌属（*Eubacterium*）。其中乳杆菌属多是食品工业的发酵菌种，如保加利亚乳杆菌和植物乳杆菌（*Lactobacillus plantarum*）。链球菌族的菌种为球状或稍长一些的椭圆球状，分为以下六个属：双球菌属（*Diplococcus*）、链球菌属（*Streptococcus*）、消化链球菌属（*Peptostreptococcus*）、肠球菌属（*Enterococcus*）、小球菌属（*Pediococcus*）和明串珠菌属（*Leuconostoc*）。

2. 乳酸菌的生理特征

乳酸菌在自然界分布广泛，但是其主要生活于营养丰富的有机环境中。在人为培养条件下，乳酸菌一般仅形成少量的菌体生物量，在固体培养基表面仅长出淡色小菌落（直径为 1~2mm）。在液体培养基中菌体浓度也很低。这些特点是由其营养、代谢等生理特征所决定的。其主要特征有：①乳酸菌的蛋白质分解能力和氨基酸、维生素、嘌呤、嘧啶的合成能力较弱。乳酸菌的碳源谱较窄，最常用的碳源是单糖中的己糖，部分菌种能利用戊糖，只有极少数菌种能够利用淀粉。在培养乳酸菌时，普遍需要向它们提供富含各种肽类和氨基酸的有机氮源，如蛋白胨、酵母膏和牛肉膏等。另外，许多乳酸菌还需要添加维生素、嘌呤、嘧啶（或其相应的核苷、核苷酸）作为生长因子。一般嘌呤、嘧啶的需要量为 10~20μg/mL，而核苷、核苷酸的需要量为 200~2000μg/mL。②乳酸菌一般都是耐氧性厌氧菌、兼性厌氧菌或专性厌氧菌，适合于在氧含量低或无氧的环境中生长，其只能通过糖类发酵和底物水平磷酸化方式低效率地获取少量能源，以此维持其生命活动和进行生物合成。③乳酸菌的主要代谢产物都是对其自身的正常生长繁殖有抑制作用的物质，如乳酸、乙醇和乙酸等。为了更好地培养乳酸菌，就必须更深入地了解它们的营养需求和代谢特性，以便在生产实践中寻找和设计一些营养丰富、要素全面、原料易取、效果良好的乳酸菌培养基。

3. 乳酸菌的生物学功能

乳酸菌作为定居肠道中的有益菌群具有多种保健作用。①促进蛋白质、单糖及钙、镁等营养物质的吸收，产生维生素 B 族等大量有益物质。②增加肠道有益菌群，改善人体胃肠道功能，恢复人体肠道内菌群平衡。③防治有些人种普遍患有的乳糖不耐受（喝鲜乳时出现的腹胀、腹泻等症状）。④抗菌作用。乳酸菌在体内发酵乳糖时，产生大量乳酸、乙酸，使肠内环境处于酸性。pH下降能抑制腐败细菌及其他有害菌，如葡萄球菌、李斯特菌（*Listeria* spp.）和沙门氏菌等。不少乳酸菌能产生细菌素，对大肠杆菌素和金黄色葡萄球菌素等有拮抗作用。将乳酸菌用于保健食品，可以增强机体对致病菌的抵抗力。⑤降低血清胆固醇水平。乳酸菌菌体对胆固醇不仅有同化作用，还能抑制体内胆固醇生物合成酶的活性，减少体内胆固醇的合成。⑥增强免疫功能和预防肿瘤。乳酸菌具有抗肿瘤活性，这种活性是由乳酸菌本身及其代谢产物所致。⑦提高SOD酶活力，消除人体自由基，具有抗衰老、延年益寿的作用。

二、乳酸菌风味代谢物质及基因调控

乳酸菌在食品发酵中的一个重要功能就是它们能产生多种香味物质，赋予食品良好的风味和品质。这些香味物质主要包括双乙酰、乙偶姻、乙醛、酯及氨基酸代谢产物等。食用乳酸菌的遗传修饰将使发酵食品风味更好、功能更多、营养更丰富。

1. 双乙酰

双乙酰是一种重要的食品风味物质，具有浓郁的奶油气味，是多种发酵乳制品如奶油、酸乳、酪乳和干酪等的重要风味物质，同时也是酿造业中重要的异味来源。乳酸乳球菌（*Lactococcus lactis*）和明串珠菌等乳酸菌可通过柠檬酸代谢产生α-乙酰乳酸，α-乙酰乳酸自发氧化脱羧产生双乙酰（图2-13）。由于乳酸发酵时柠檬酸含量低，以及α-乙酰乳酸脱羧酶的存在，导致α-乙酰乳酸脱羧形成乙偶姻，因此乳酸菌发酵只能产生很少的

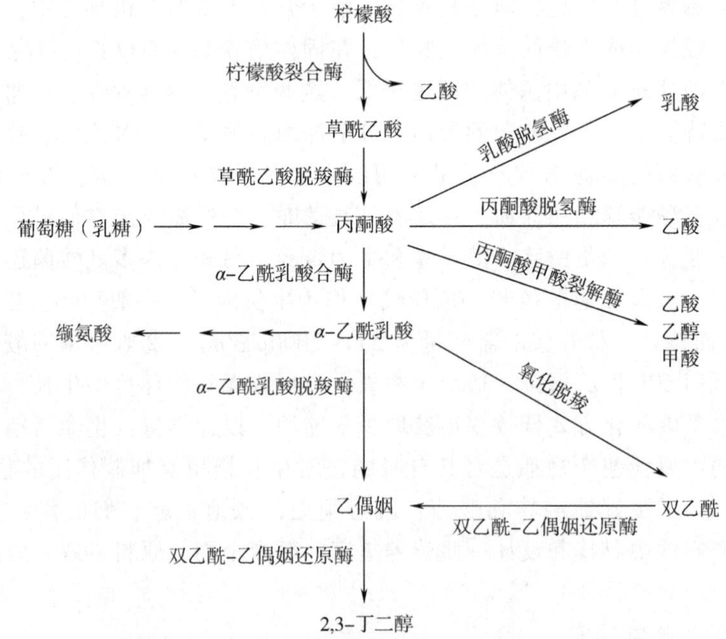

图2-13 乳酸乳球菌双乙酰代谢途径

双乙酰，通常小于 0.05mmol/L。双乙酰的产量受 pH、柠檬酸浓度和氧气含量等条件的影响。在有氧条件下，双乙酰产量高，这可能与 α-乙酰乳酸合成酶、NADH 氧化酶活力增加有关。但双乙酰的产量在更大程度上取决于所用的菌株，因此需要通过菌株选育、基因工程和代谢工程来获得双乙酰高产菌株。

改变或调控与 α-乙酰乳酸形成有关的代谢通路是提高双乙酰产量的可行方法。根据双乙酰的合成途径，可以通过以下方法来提高乳酸菌的双乙酰产量：选育性能更加优良的乳酸菌，如能将乳糖转化为双乙酰的菌株；利用基因工程过表达 α-乙酰乳酸合成酶和 NADH 氧化酶；使乳酸脱氢酶、丙酮酸甲酸裂解酶或 α-乙酰乳酸脱羧酶失活等。其中，使 α-乙酰乳酸脱羧酶缺失是一个很好的途径。

通常天然产生双乙酰的乳酸菌很少，只有代谢柠檬酸的乳酸菌才能产生双乙酰。乳酸乳球菌乳酸亚种（*Lactococcus lactis* subsp. *lactis*）双乙酰生物型原始菌株通过柠檬酸发酵双乙酰的产量为 0.087~0.17mmol/L，自发突变 α-乙酰乳酸脱羧酶失活型菌株在柠檬酸发酵时双乙酰产量可增加到 0.84mmol/L。在双乙酰代谢相关的酶中，*aldB* 编码 α-乙酰乳酸脱羧酶，*ilvBN* 编码 α-乙酰乳酸合成酶。可以通过基因操作使不产生双乙酰的菌株产生双乙酰。如乳酸乳球菌 MG1363 不能利用柠檬酸也不产双乙酰，通过双交换同源重组使其染色体上 *aldB* 基因缺失，从其他乳酸乳球菌中克隆 *ilvBN* 基因，并将其链接到质粒 pFI749 上，然后将重组质粒 pFI749 转化到乳酸乳球菌 FI8076 中。结果含有该质粒的 α-乙酰乳酸脱羧酶缺陷型菌株 FI8076 在有氧条件下，α-乙酰乳酸和双乙酰的产量分别为 1.48mmol/L 和 0.53mmol/L。利用这种方法可以使不利用柠檬酸的菌株产生双乙酰，从而增加了能产生双乙酰并用于乳品发酵的菌株。

2. 乙醛

乙醛是酸乳的主要风味成分，发酵乳中乙醛的含量是评价酸乳质量的重要指标之一。在乳酸菌生产乳酸的发酵过程中，乙醛可由氨基酸、核酸及丙酮酸代谢产生（图 2-14）。在酸乳发酵过程中有些氨基酸先转化成中间体代谢产物丙酮酸然后合成乙醛，也有些氨基酸如苏氨酸在丝氨酸羟甲基转移酶（SHMT）的催化作用下可直接转化为乙醛。其中，苏氨酸生成乙醛被认为是乳酸菌生产乙醛的主要代谢途径。SHMT 广泛存在于自然界生物体内，在保加利亚乳杆菌和嗜热链球菌（*Streptococcus thermophilus*）中均有关于 SHMT 活性的报道。国内外一些学者把研究乙醛代谢途径的焦点放在 SHMT 上，对 SHMT 的调控做了大量的研究工作。

在嗜热链球菌中，SHMT 能催化苏氨酸和甘氨酸、乙醛之间的相互转化。在培养基添加适量的 L-苏氨酸，发酵后乙醛的含量明显增加，这说明嗜热链球菌具有 SHMT 活性，在发酵过程中能转化过量的 L-苏氨酸生成乙醛。作者还构建了编码 SHMT 的 *glyA* 基因缺陷菌株，发现缺陷菌株在酸乳发酵过程中乙醛生成量明显低于野生菌株；同时还可以通过过表达 SHMT 来提高乙醛的产量。从嗜热链球菌 NIZOB130 基因组中扩增得到 *glyA* 基因，将其插入质粒载体 pNZ276 中，获得由 *lacA* 启动子调控的含有 *glyA* 基因的重组质粒 pNZ2305。将重组质粒 pNZ2305 转化到嗜热链球菌 NIZOB130 和 AO54 中，发现重组嗜热链球菌的 SHMT 活性显著提高，乙醛和叶酸的产量也有较大提高。因此，可以通过过表达 *glyA* 基因编码的 SHMT 来提高嗜热链球菌乙醛的产量，从而增加酸乳的风味。

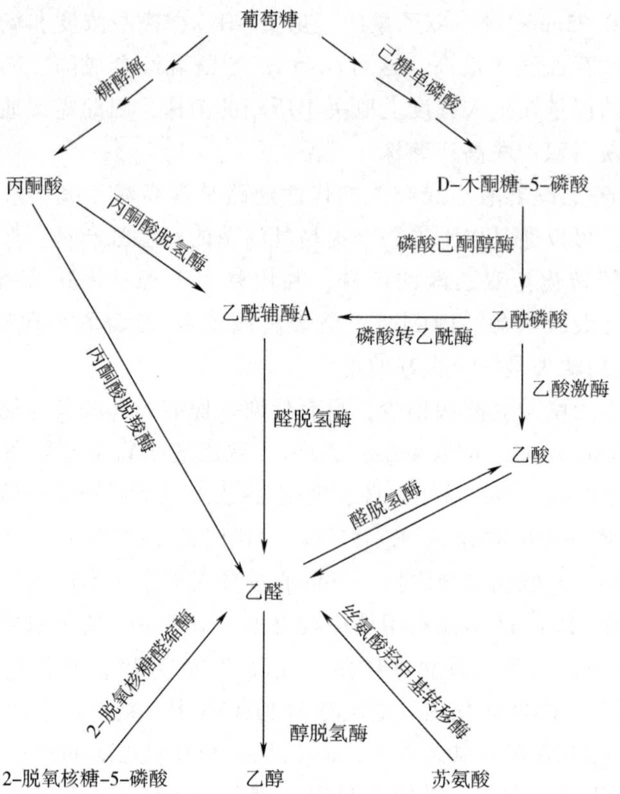

图 2-14　乳酸菌的乙醛代谢途径

三、乳酸菌的乳酸发酵

乳酸（Lactic Acid，LA）又称 2-羟基丙酸（2-Hydroxypropionic Acid），是一种重要的多用途有机酸，广泛应用于食品、医药、化工、纺织、农业和环保等众多领域，用作酸味剂、调味品、防腐剂、鞣革制剂、植物生长调节剂、手性药物中间体和生物可降解材料等。乳酸是生物的代谢产物，广泛存在于动植物和微生物中。人与动物的血液和肌肉中有一定量乳酸存在，其在人体和动物中最重要的功能是把能量提供给肌肉组织。人在剧烈运动后，肌肉和血液中的乳酸量会骤增。

乳酸的分子式为 $C_3H_6O_3$，分子中带羟基（—OH）和羧基（—COOH）两个官能团，是自然界中存在的一种羟基羧酸（Hydroxycarboxylic Acid），也是最简单的一种 α-羟基酸（Alpha-hydroxy Acid）。由于乳酸分子中存在着一个不对称碳原子（β-碳原子），有一个手性中心，因此乳酸存在着两种光学活性构型（图 2-15）。人体和动物组织中只存在 L-乳酸以及能够代谢 L-乳酸的 L-乳酸脱氢酶（L-lactic Dehydrogenase，L-LDH），通常称为生理异构体（Physiological Isomer），不存在 D-乳酸脱氢酶（D-LDH）。从营养学观点来看，乳酸的构型十分重要。人体可以吸收 L-乳酸，但不能吸收 D-乳酸。

近年来，随着乳酸及其衍生物应用面的日益扩大，人们对微生物发酵法生产乳酸也日益关注。通过特定类型微生物的代谢活动，在以糖类为主原料的培养基中发酵生产乳酸，称为乳酸发酵（Lactic Acid Fermentation）。能够大量生产乳酸的微生物有两种：一类是乳

L-(+)-乳酸　　D-(+)-乳酸

图 2-15 乳酸的两种光学活性构型

L-（+）-乳酸或 *S*-（+）-乳酸旋光性为右旋（顺时针方向）

D-（+）-乳酸或 *R*-（+）-乳酸旋光性为左旋（逆时针方向）

酸细菌；另一类是根霉属（*Rhizopus* spp.）真菌。在工业生产中目前大多采用前者。微生物发酵生产具有光学活性的乳酸，即 L-乳酸或 D-乳酸，具体产生哪种异构体由生产菌株细胞中存在 L-LDH 还是存在 D-LDH 而定。有些菌株兼有两种乳酸脱氢酶，故产生 DL-乳酸。另外，有的菌株也可通过诱导产生乳酸消旋酶，在该酶的作用下产生 DL-乳酸。如弯曲乳杆菌（*Lactobacillus curvatus*）最先产生 L-乳酸，当 L-乳酸积累到一定浓度时，诱导出一种乳酸消旋酶，可以把 L-乳酸转变成 D-乳酸，直至达到两种乳酸异构体数量上的平衡。

根据各种乳酸菌糖代谢发酵途径的不同，可以把乳酸菌分为同型乳酸发酵（Homolactic Fermentation）和异型乳酸发酵（Heterolactic Fermentation）两大类。同型乳酸发酵只产生一种发酵产物——乳酸。进行同型乳酸发酵的乳酸菌都存在糖酵解途径（EMP 途径），并存在 1,6-二磷酸果糖醛缩酶。该酶可把 1,6-二磷酸果糖分裂为 3-磷酸甘油醛。一个葡萄糖分子经 EMP 途径降解可产生两个乳酸分子和两个 ATP 分子，此过程不需要氧气。一些进行异型乳酸发酵的乳酸菌因缺乏 EMP 途径中若干重要的酶，如醛缩酶和异构酶，故其利用葡萄糖进行分解代谢和产能时，必须依赖戊糖磷酸途径（HMP 途径）。在异型乳酸发酵中，葡萄糖的分解产物除乳酸外，还产生乙醇、乙酸和 CO_2 等多种代谢产物，产生的 ATP 也仅为同型乳酸发酵的一半。进行异型发酵的乳酸菌，因其途径、酶系和产物的差别，又可分为经典途径和双歧杆菌途径两种。

四、乳酸菌素与胞外多糖

细菌素是细菌分泌的蛋白质或者多肽类物质，通常由质粒编码，吸附于敏感菌细胞表面特异受体，具有生物活性，有杀菌或抑菌作用，对同种近缘菌株呈现狭窄的活性抑制谱。乳酸菌素是乳酸菌在代谢过程中产生的具有抑制其他微生物生长的蛋白质或多肽类物质。大多数乳酸菌素的抑菌谱只限于革兰阳性细菌，只有少数乳酸菌素对革兰阴性细菌也能产生抑制作用。人类已经从各种乳酸菌的产物中分离到上百种乳酸菌素，根据其化学结构、分子质量大小及热稳定性，可将其分为羊毛硫抗生素、热稳定性小分子肽、热不稳定性大分子肽和蛋白复合体四大类，其发挥作用需要与特定的碳水化合物或脂类结合。尽管大部分细菌仅能产生一种细菌素，但许多乳酸菌能产生数种乳酸菌素。

乳酸菌素的作用靶标是细胞膜。主要是利用其蛋白质结构上不同部位有不同的电价，可造成目标菌细胞膜结构部分改变。一般而言，其杀菌机制是先吸附在目标菌的细胞膜上，再侵入膜内而形成通透孔道，引起胞内物质如 ATP、K^+ 等的流失或生化反应障碍，从而导致目标菌死亡。乳酸菌素的功能类似抗生素，但作用机制不同，具有专一性，完全不产生耐药性及毒性，而且不易被小肠中的胰蛋白酶破坏，可有效抑制病原菌的生长。

乳酸菌素能有效地抑制食品中常见的腐败菌和致病菌的生长，延长食品的保存期。乳酸菌素中研究最系统的是由乳酸链球菌产生的乳酸链球菌肽（Nisin）。早在 1969 年，乳酸链球菌肽就被 FAO/WHO 食品添加剂联合专家委员会批准作为一种天然微生物防腐剂，应用于食品加工业。

在乳制品行业中，乳酸链球菌肽已成功用于乳酪、乳粉、鲜牛乳、奶油和酸乳等多种乳制品中。乳酸链球菌肽能使干酪中的芽孢杆菌量降至最低程度，有效抑制肉毒梭菌（*Clostridium botulinum*）的生长和毒素的产生，延长产品的保质期并使其能在常温下保存。在肉制品行业中，乳酸链球菌肽能有效抑制肉制品中微生物的生长，尤其能抑制肉毒梭菌的生长。在肉制品加工中，可用乳酸链球菌肽替代或部分替代化学防腐剂，抑菌作用好，且不影响肉制品的色、香、味。在啤酒及果汁饮料中，乳酸链球菌肽能有效控制啤酒生产中嗜酸乳杆菌（*Lactobacillus acidophilus*）、啤酒片球菌（*Pediococcus cerevisiae*）和明串珠菌引起的腐败，不影响啤酒的外观、风味等。在果汁中加入乳酸链球菌肽能阻止存活的酸土芽孢杆菌的生长，防止果汁及果汁产品的腐败变质。

乳酸菌胞外多糖（Exopolysaccharides，EPS）是由乳酸菌在生长代谢过程中发酵产生的、分泌于细胞外的、常渗入培养基中的一种糖类化合物。根据其所在位置可分为荚膜多糖和黏液多糖。EPS 在解剖学上可分为三类：①大荚膜，简称荚膜，可在光学显微镜下看到，最小厚度为 0.25μm，有相当大的外部表面积；②微荚膜，厚度在 0.2μm 以下，光学显微镜下看不到，可用免疫学方法检测，它是否作为细胞壁材料还存在争议；③黏液层堆积在细胞表面，它的多糖成分常渗入培养基中。

自从报道乳酸菌 EPS 具有抗肿瘤作用以来，已引起许多学者的广泛关注。乳酸菌 EPS 主要有以下几方面的功能：①改善发酵乳的组织状态：David 等发现利用产 EPS 的乳酸菌可提高马苏里拉干酪的水分，提高干酪的得率。②改善乳制品的质地：产 EPS 的嗜温性乳酸乳球菌乳酸亚种和乳酸乳球菌乳脂亚种（*Lactococcus lactis* subsp. *cremoris*）用于发酵生产酸乳，所得产品如芬兰酸奶具有很好的口感。特别是在欧洲和美国，牛乳工业上广泛使用产 EPS 的乳酸菌作为出发菌株来生产酸乳。③改善菌株对肠道黏膜的吸附：EPS 可以提高菌株对肠道表面的非特异性黏附。④抗肿瘤作用：目前认为乳酸菌 EPS 抗肿瘤作用可能有下述几方面的机制：影响肿瘤细胞的血液供应；多糖分子可以从腹膜腔吸附进入血液循环，活化的部分扩散回到腹膜腔内以直接影响肿瘤细胞；多糖分子或其一部分可以刺激一种器官或组织（如肾上腺和网状内皮系统）分泌某种物质作用于肿瘤细胞；EPS 可通过多种途径如产生细胞刺激因子、竞争性拮抗存在于肿瘤宿主体内的免疫抑制因子等增强机体的抗肿瘤功能。

第三章　真核微生物

真核生物是其细胞具有真正细胞核的单细胞生物和多细胞生物的总称，包括动物、植物、真菌和其他具有由膜包裹着的复杂亚细胞结构的生物。真核微生物是形体微小、结构简单的真核生物的统称，包括真菌、单细胞藻类和原生动物。而原核生物没有真正细胞核和膜结合的细胞器，包括细菌和古生菌两大类。原核生物与真核生物在细胞结构等方面具有较大差异（表3-1）。

表3-1　　原核生物与真核生物的比较

项目	原核生物	真核生物
细胞核	无，也无核膜与核仁结构	有
细胞器	无	有（线粒体、内质网、高尔基体、溶酶体等）
液泡和囊泡	有	有
叶绿体	无，叶绿素分散于细胞质	植物和藻类有
核糖体	小，70S	大，80S（细胞质核糖体）
微管	无或稀少	有
细胞骨架	可能无	有
细胞壁	通常有，结构复杂，有肽聚糖	植物和真菌有，结构相对简单，无肽聚糖
细胞膜	通常无固醇（支原体除外）	有固醇
鞭毛	光镜下难见，仅由一根鞭毛丝构成旋转马达式驱动细胞运动	光镜下可见，与膜结合，通常“9+2”结构，挥鞭式驱动细胞运动
染色体数量	一般一条，环状，普遍存在质粒	多于一条，线状
DNA含量	高（约10%）	低（约5%）
DNA包装	多种蛋白共同作用使DNA折叠和浓缩为多种超螺旋构象，缠绕在HU蛋白四聚体上	与组蛋白结合
遗传重组	转导、转化、结合、横向基因转移	减数分裂和配子融合、横向基因转移
有丝分裂	无	有
繁殖方式	一般无性	有性、无性等多种
细胞大小	较小，通常直径小于2μm	较大，通常直径大于2μm

第一节　酵母菌

酵母菌（Yeast）不是分类学名词，一般泛指能发酵糖类的各种单细胞真菌，通常以芽殖或裂殖进行无性繁殖，有些可产生子囊孢子或担孢子进行有性繁殖，是具有核膜与核仁分化的较高等的微生物，细胞内有线粒体等较复杂的细胞结构。酵母菌在自然界的分布非常广泛，尤其喜欢生活在含糖量较高和偏酸性（pH 4.5~6.0）的环境中，如各种水果的表皮、发酵果汁、土壤和酒曲中，特别是甘蔗地、果园和菜园的土壤中较多。由于不少酵母菌可以利用烃类物质，故在油田和炼油厂附近的土层中可筛选到能利用石油的酵母菌。多数酵母菌对人类有益。酿酒酵母是人类第一个家养微生物，目前在食品、发酵、医药、饲料等行业具有广泛的应用。该酵母也是一种模式真菌，是第一个测序的真核生物，基础研究深厚。白色假丝酵母（*Candida albicans*）等酵母菌能引起人类真菌感染，为有害酵母菌。

一、酵母菌的经济价值

人类利用酵母菌的历史十分悠久。早在史前时期，人类祖先就从成熟的落果自然发酵现象学会了酿酒；约在6000年前就发明了发面方法。但直到19世纪发明了显微镜之后，人们才真正窥探到在酿酒和发面中酵母菌的真面目。之后丹麦生物学家汉斯为寻求酿造高品质啤酒的方法，开始深入研究酵母菌，对酵母菌进行纯培养和分类研究。目前发现的酵母菌已超过500种，分属56个属。

酵母菌具有个体大、容易培养、蛋白质含量高、代谢产物多、综合利用广等特点。在食品、酿酒、饲料、医疗保健和生物工程等行业都有广泛的用途（表3-2）。

表3-2　具有工业开发利用价值的主要酵母菌

属	种类	工业价值
裂殖酵母属（*Schizosaccharomyces*）	八孢裂殖酵母（*Sch. octosporus*）	生产苯丙氨酸
	粟酒裂殖酵母（*Sch. pombe*）	生产酒精、瓜氨酸，降解L-苹果酸
	二孢酵母（*Sch. bisporus*）	生产多元醇类
酵母属（*Saccharomyces*）	卡尔斯伯酵母（*Sac. carlsbergensis*）	生产啤酒、麦角醇、丙酮酸激酶，用于甾族化合物转化
	酿酒酵母（*Sac. cerevisiae*）	发酵生产酒精，酿造含酒精饮料，生产琥珀酸、赖氨酸、脯氨酸、谷胱甘肽、麦角醇、转化酶、甘油、吲哚乙酸、单细胞蛋白，用于甾族化合物转化，构建基因表达系统
	德尔布酵母（*Sac. delbrueckii*） 发酵性酵母（*Sac. fermentati*）	生产麦角醇
类酵母属（*Saccharomycodes*）	路德类酵母（*Sacc. ludwigii*）	酒类酿造
克鲁维酵母属（*Kluyveromyces*）	脆壁酵母（*K. fragilis*）	提取乳糖酶、菊糖酶
	乳酸克鲁维酵母（*K. lactis*）	生产凝乳酶、乳糖酶

续表

属	种类	工业价值
接合酵母属（*Zygosaccharomyces*）	鲁氏接合酵母（*Z. rouxii*）、酱醪接合酵母（*Z. major*）	生产酱油和甜酱
毕赤酵母属（*Pichia*）	季氏毕赤酵母（*P. guilliermondii*）	生产麦角醇
	巴斯德毕赤酵母（*P. pastoris*）	构建基因表达系统
	膜醭毕赤酵母（*P. membranaefaciens*）	生物肥料
汉逊酵母属（*Hansenula*）	异常汉逊酵母（*H. anomala*）	酿酒生香，生物合成 CDP-胆碱
	多形汉逊酵母（*H. polymorpha*）	甲醇酵母单细胞蛋白生产，生产丙酮
德巴利酵母属（*Debaryomyces*）	汉逊德巴利酵母（*D. hansenii*）	生产 D-阿糖醇、赤藓糖醇、甘油，生物防治
	烟草德巴利酵母（*D. nicotianae*）	烟草发酵
油脂酵母属（*Lipomyces*）	斯达氏油脂酵母（*L. starkeyi*）	生物合成油脂，胞外多糖开发
掷孢酵母属（*Sporobolomyces*）	赭色掷孢酵母（*S. salmonicolor*）	生物合成生物素
地霉属（*Geotrichum*）	白地霉（*G. candidum*）	生产果胶酶、过氧化物酶、尿酸盐、氧化酶、核酸、脂肪、单细胞蛋白
假丝酵母属（*Candida*）	白色假丝酵母（*C. albicans*）	正构石蜡生产单细胞蛋白、柠檬酸、吡哆素（VB_6）
	树状假丝酵母（*C. arborea*）	生产 RNA、饲料
	皱褶假丝酵母（*C. rugosa*）	生产脂肪酶
	季也蒙假丝酵母（*C. guilliermondii*）	正构石蜡生产单细胞蛋白、柠檬酸、木糖醇、维生素 B_2
	中型假丝酵母（*C. intermedia*）	正构石蜡生产单细胞蛋白，发酵木糖产乙醇
	克鲁斯假丝酵母（*C. krusei*）	生产羰基还原酶、植酸酶，石油发酵生产维生素 B_2
	解脂假丝酵母（*C. lipolytica*）	生产脂肪酶、蛋白酶，正构石蜡生产单细胞蛋白、酮戊二酸
	近平滑假丝酵母（*C. parapsilosis*）	发酵生产甘露醇，正构石蜡生产单细胞蛋白、柠檬酸、核酸
	铁红假丝酵母（*C. pulcherrima*）	甾族化合物转化
	热带假丝酵母（*C. tropicalis*）	生产单细胞蛋白、*N*-乙酰基丙氨酸、N-乙酰基甘氨酸、柠檬酸、辅酶 Q、α-酮戊二酸、戊二酸、核酸、木糖醇、苯丙氨酸、长链二元酸，转化玉米秸秆，处理废水
	产朊假丝酵母（*C. utilis*）	利用五碳糖和六碳糖或亚硫酸造纸废液、废糖蜜等生产单细胞蛋白、β-半乳糖苷酶，废水处理

续表

属	种类	工业价值
隐球酵母属（*Cryptococcus*）	罗伦隐球酵母（*Cry. laurentii*）	生产赖氨酸、苯丙氨酸、异多糖
	黄色隐球酵母（*Cry. luteolus*）	提取辅酶 Q10
红酵母属（*Rhodotorula*）	粘红酵母（*R. glutinis*）	降解 RNA、脂肪、甘露聚糖，利用正构烷烃生产单细胞蛋白、丙氨酸、谷氨酸、蛋氨酸，合成油脂，产番茄红素
	小红酵母（*R. minuta*）	生产麦角醇，石油发酵生产β-胡萝卜素，生产异戊烯
	深红酵母（*R. rubra*）	生产β-胡萝卜素，转化反式肉桂酸生成 L-苯丙氨酸
球拟酵母属（*Torulopsis*）	光滑球拟酵母（*T. glabrata*）	发酵生产丙酮酸
	脱蜡球拟酵母（*T. diporaffin*）	石油脱蜡
丝孢酵母属（*Trichosporon*）	皮状丝孢酵母（*Tri. cutaneum*）	石油脱蜡，产油脂，生产饲料
	茁芽丝孢酵母（*Tri. pullulans*）	降解苯酚，提取脂肪

二、酿酒酵母

酿酒酵母又称啤酒酵母、面包酵母等，分类上属于真核生物域，真菌界、真菌门、子囊菌纲、内孢霉目、内孢霉科、酵母属，可利用自身的酶系将麦汁、果汁等基质中的可发酵性糖经过一系列复杂的生化反应过程转变为酒精、二氧化碳和系列副产物（如各种酸类、醇类、醛类、酯类和酮类等）。酿酒酵母是真核生物研究的模式生物，是研究最为深入、应用较为广泛的简单真菌。酿酒酵母的不同菌株在发酵、食品、制药、饲料等行业得到广泛的应用（表 3-2）。

1. 酿酒酵母的分类

酵母属狭义酿酒酵母组（*Saccharomyces* sensu stricto）包括 7 个紧密相关的种：酿酒酵母、奇异酵母（*Sac. paradoxus*）、贝酵母（*Sac. bayanus*）、巴斯德酵母（*Sac. pastorianus*）、里约酵母（*Sac. cariocanus*）、麦卡特酵母（*Sac. mikatae*）和库德里阿兹威氏毕赤酵母（*Sac. kudriavzevii*）。巴斯德酵母一般被认为是酿酒酵母和贝酵母的杂交种。大量生态和生物技术方面的研究表明，酿酒酵母是酒精生产和果汁发酵酿酒的主要菌种，传统的名称，如椭圆酵母（*Sac. ellipsoideus*）、卵形酵母（*Sac. oviformis*）、樱桃酵母（*Sac. cheresiensis*）、薛瓦酵母（*Sac. chevalieri*）等代表酿酒酵母种下具有不同技术性能的株系。啤酒生产中应用的菌株大多属于巴斯德酵母。奇异酵母只存在于自然环境中，从生产环境中很少被分离出来，用于工业生产的酿酒酵母菌株可能由奇异酵母驯化而来。贝酵母曾用名葡萄汁酵母（*Sac. uvarum*），广泛用于生产面包和酿造葡萄酒。

2. 酿酒酵母被作为模式生物的研究

自 1996 年以来，酿酒酵母作为真核模式生物已经完成了全基因组测序、转录组分析、蛋白质相互作用网络图以及代谢功能图谱等工作。在众多的模式生物中，对酿酒酵母的研究最为深入，且最为广泛地被运用到各个领域。作为模式生物的先驱，酿酒酵母的优势在以下两个方面的应用尤为突出。

（1）酿酒酵母作为模式生物在外源基因功能鉴定中的应用　酿酒酵母基因组小，生命周期短，繁殖快速，再加上实验操作上更简易，具有简便的平板影印能力，非常适合遗传学上的分析研究。同时，酿酒酵母具有稳定的单倍体和二倍体细胞，在实验条件下，酿酒酵母的二倍体和单倍体这两种状态可以相互转换。在众多的模式生物中，这是酿酒酵母较为突出的优点，这在基因功能鉴定上的应用尤为重要。目前，酿酒酵母基因转化与性状互补已经被广泛地应用到确定新外源基因的功能中。理论上，与任何一种遗传学特征相对应的不同生物的结构基因都可以通过质粒文库的互补作用，而在酿酒酵母缺失突变体中得到鉴定。研究表明，利用整合型质粒（Yip 型），可以精确地对酿酒酵母基因组中的任意基因进行置换，并可以通过孢子繁殖中的四分体分析技术，有效地进行相关基因功能的观测和研究。另外，也可以将外源基因克隆于酿酒酵母表达载体上，转化野生型或突变型酵母菌株，通过观察酵母的表型变化来推测该基因的生物学功能。例如，科学家将玉米中可能编码脂肪酸脱氢酶的基因 *fad*2 导入野生型的酵母细胞中，利用基因表达技术，发现带有玉米基因的野生型酵母中出现了相应的不饱和脂肪酸，证明该基因具有编码脂肪酸脱氢酶的功能。

（2）酿酒酵母作为模式生物在人类基因功能研究中的应用　酿酒酵母作为单细胞真核生物，具有和动植物相似的结构特征，包括细胞核、内质网、高尔基体、线粒体、过氧化物酶体、细胞骨架等，而且其细胞和动植物细胞的生长发育所产生的细胞过程也有很高的相似性，也就是说某些较为复杂的生命活动可以在酿酒酵母中找到，例如酿酒酵母在减数分裂、细胞周期调控以及 DNA 的修复这些方面的控制基因与人类的基因具有高度同源性。作为模式生物，酿酒酵母在人类基因功能研究上做出了很大的贡献，若一个未知功能的人类基因通过功能互补实验能够补偿酿酒酵母当中某一个已知功能的突变基因，那么，这个未知功能的人类基因与已知功能的酿酒酵母突变基因之间就具有相似的功能。例如，人类有 3 个基因与半乳糖血症有关，它们分别是 *GALT*（UDP-半乳糖基转移酶）、*GALK*2（半乳糖激酶）以及 *GALE*（UDP-半乳糖异构酶），相对应地，它们分别能补偿酿酒酵母中相应的 *GAL*7、*GAL*1、*GAL*10 这 3 个基因的突变。利用酿酒酵母这种模式生物与人类基因之间的功能互补实验，越来越多两者相关基因在遗传学水平上被验证。现在已经发现 71 对酿酒酵母与人类的互补基因，其中 20 个基因与基础代谢有关，16 个与基因表达有关，1 个与蛋白质运输有关，7 个与 DNA 的合成修复有关，7 个与信号转导相关，17 个与细胞周期有关。研究发现，在人类的遗传疾病中能够检测到接近 50%的蛋白质和酿酒酵母蛋白质在氨基酸序列上具有一定的相似性，研究酿酒酵母中这些基因编码的蛋白质的生理功能以及它们与其他蛋白质之间的相互作用将有助于加深对这些人类遗传疾病的了解。如心脏疾病、早期糖尿病和小肠癌等人类常见的疾病，均为多基因控制遗传性疾病，揭示涉及这些疾病的所有相关基因是一个困难且漫长的过程，酿酒酵母基因与人类多基因遗传病相关基因之间的相似性将为我们揭示发病机理及提高诊断和治疗水平提供重要的帮助。

3. 酿酒酵母代谢工程改造研究

酿酒酵母是重要的真核模式生物，具有良好的工业生产性能。作为第一个完成全基因组测序的真核生物，酿酒酵母相关的转录组学、蛋白质组学、代谢组学知识及技术体系完善，生物信息学、系统生物学分析方便，其代谢网络模型的不断更新，也为系统生物学分析及预测奠定了基础。另外，酿酒酵母基因组简单，遗传操作体系完善，易于实现元件的设计和各种模块的构建改造。同时，酿酒酵母具有生长速度快、对抑制物耐受性强、食品级安全等优良生产特征。因此，酿酒酵母是生产各种生物能源及生物基化学品极具潜力的细胞工厂。

酿酒酵母是酒精发酵的传统菌种。以发酵法生产的生物乙醇，不仅具有和矿物燃料相似的燃烧性能，而且属于可再生、无污染的生物能源。乙醇不仅可以单独作为燃料，也可和汽油或柴油混合形成混合燃料。生物乙醇虽然是很好的替代能源，但生物乙醇的生产工艺中还存在许多问题。首先是生产成本太高，其中底物成本在生产总成本中占很大的比例。目前，国内外使用的原材料主要以淀粉质和糖蜜为主，不仅成本较高，而且导致粮食储备短缺。其次是酿酒酵母的乙醇产率普遍偏低，无法满足工业化大生产的需求。因此开发可用于生物乙醇生产的廉价原材料，选育优良的乙醇高产菌株成为近几年的研究热点之一。利用生物技术对酿酒酵母进行遗传修饰，改变其代谢网络，构建高产乙醇的转基因酿酒酵母已成为当今酿酒酵母分子育种的热点。

酿酒酵母代谢工程改造的目标有拓展底物范围、降低副产物的生成率、提高乙醇产量和改良细胞特性等。用代谢工程手段扩展底物范围，首先必须引入一些分解新底物的相关酶基因。为了达到这个目的，可采用 2 种不同的方法：①引入一个膜结合蛋白基因，这个蛋白可以将新底物转运至细胞内；如果必要，再引入 1 个分解该底物的基因；②引入 1 个可分泌至胞外的蛋白新基因，这种蛋白可以将新的底物分解为能被宿主细胞吸收的物质。改造后的酵母菌可高效利用淀粉、乳糖、木糖和木质纤维素等生产乙醇等物质。在降低副产物的生成率，提高乙醇产量方面，利用代谢工程对酿酒酵母进行遗传操作，修饰或阻断一步或多步代谢反应，改变代谢流方向与流量，实现乙醇发酵过程向有利于生成更多乙醇、减少副产物生成的方向进行，已取得了不少进展。例如可用代谢工程改造减少啤酒酿造中的双乙酰生成量，降低酒精发酵中的甘油生成量等。在改良细胞特性方面，可通过代谢工程操作提高酵母菌对乙醇的耐受性，增加酿酒酵母的絮凝作用等。

代谢工程早期在启动子强度、终止子强度、基因拷贝数、辅因子平衡以及调控蛋白等方面对酿酒酵母进行遗传改造。这些经典的代谢工程技术在早期表征了大量表达和调控元件，同时发展了适用于酿酒酵母遗传操作的技术方法，提升了酿酒酵母作为细胞工厂的能力，也为后续新技术的发展奠定了基础。如代谢工程中经常需要选择合适的启动子来表达或调控目标元件，以构建新的代谢途径，并将基因表达强度调整到适当的水平。不同的代谢工程应用需要不同的启动子特性，需要选定合适的启动子来驱动目标基因的转录。酿酒酵母的启动子比原核生物的启动子更加复杂，序列不保守且大部分元件已经退化。因此在对酿酒酵母启动子的表征研究中，通常更关注于启动子类型（组成型、诱导型、双向启动子等）和启动子强度。目前对酿酒酵母内源性启动子的研究已较为深入，研究人员使用不同的方法对其进行了表征。对现有酿酒酵母启动子进行基因改造可获得不同强度的启动子文库。Alper 等利用定向进化和流式细胞分选相耦联的方法，构建了酿酒酵母 TEF1 启动子的突变文库，筛选到强度提升到 2 倍以上的突变体。采用人工合成启动子的方法来建立强启动子文库以调节基因表达是最新的发展趋势。这些学术成果为酿酒酵母代谢工程的研究提供了不同来源、不同类型、不同强度、不同大小的启动子元件库，使研究者可以根据需求来选择最适启动子。

传统代谢工程是利用已知的细胞代谢网络背景和重组 DNA 技术，通过对基因拷贝数、启动子、终止子、辅因子等的优化，对酿酒酵母细胞的代谢网络进行调控，从而达到目标产物高效合成的目的。然而，酿酒酵母细胞代谢网络复杂，大部分代谢通路及各代谢通路之间的相互影响关系尚未得到清晰的阐释，还有较多基因的功能尚不明确。因此，传统代谢工程通常仅能实现局部调控而无法达到全局调控的目的。系统代谢工程在传统代谢工程基础上，结合系统生物学和进化工程，在真正意义上实现对酵母菌株的系统改造，加快工业菌株的开发速度。随着测序技术的快速发展，加上基因组学、转录组学、蛋白质组学、代谢组学等系统代谢分析工具的支持，通过计算机代谢模拟，可对酵母细胞的代谢进行多种调节，如转录调节、翻译调节、代谢通量调节等。从而有助于在多层面上更系统、更深入地认识酿酒酵母的遗传背景和代谢网络。转录组学分析是从 RNA 水平上来研究细胞中整体基因的转录情况及其转录调控的规律。目前，微阵列技术、表达序列标签技术、转录组 RNA 测序技术和基因表达序列分析技术等转录组学研究技术已被广泛应用到酿酒酵母的转录规律和转录调控的分析中。对野生型酿酒酵母菌株和具有特殊表型的突变菌株进行转录组学分析，比较并鉴别出哪些基因存在转录水平变化，为菌株的进一步遗传改造提供指导。通过化学诱变获得了利用木糖能力提高的改良酿酒酵母菌株，然后利用微阵列技术分析了亲本菌株和改良菌株的全基因组 mRNA 转录情况。结果显示，有多种基因均可能参与了酿酒酵母细胞中的木糖代谢过程，如编码己糖转运蛋白基因 *HXT5*、编码木酮糖激酶基因 *XKS* 以及编码磷酸戊糖途径相关基因 *GNDI*、*TALI* 和 *TKLI* 的转录水平均显著提高。不同酿酒酵母菌株产 α-淀粉酶的能力不同，对这些菌株进行全基因组转录分析，发现 α-淀粉酶产量的高低与酿酒酵母基因表达的整体调控有关，其中涉及 31 种基因转录不同程度的上调或下调。同时，基因组学分析、蛋白质组学分析、代谢组学分析、代谢通量组学分析等分析方法在酿酒酵母代谢工程研究中也有较广泛的应用。每种组学分析方法都有其优势与不足，因此，将不同组学分析方法进行整合来分析酿酒酵母细胞的代谢网络，成为未来相关研究的趋势。

近年来，由合成生物学驱动的酿酒酵母代谢工程受到了广泛的关注和研究，其主要研究内容有组合途径优化、途径共定位、动态调控代谢工程、组合基因组工程以及全基因组进化等。与传统代谢工程相比，由合成生物学驱动的代谢工程能利用标准化和模块化的元件来组装成完整的代谢途径和网络，具有可预测性、可重复性和可靠性等优点。在传统代谢工程研究过程中，通常先寻找出影响整个代谢途径的限速步骤，再对其进行遗传改造以优化整个代谢途径。但往往在解决好一个限速步骤的同时，由此引发的代谢通量不平衡可能又会带来新的代谢瓶颈。因此，能同时优化多个基因的组合途径优化策略可实现细胞代谢网络的全局平衡与优化。针对酿酒酵母，目前已开发了基于组合转录工程的代谢途径定制优化（Customized Optimization of Metabolic Pathways by Combinatorial Transcriptional Engineering，COMPACTER）方法。该方法通过构建一系列不同强度的启动子突变体，并将其用于同时调控目标途径中系列基因的表达，通过 DNA 组装构建表达水平不同的途径突变文库，进而实现组合途径优化。研究者利用 COMPACTER 方法，对 11 个不同的启动子进行了系列组合，构建了酿酒酵母中香叶基香叶醇合成途径突变文库，通过筛选并结合发酵条件优化，使香叶基香叶醇的产量达到了 1315.44mg/L。目前已有众多异源代谢途径成功在酿酒酵母细胞中进行组装。这些异源代谢途径的构建，通常需要在细胞中引入多个外源基因，这有可能给细胞造成负担，进而影响整个代谢途径的合成效率。近年来，蛋白融合表达、蛋白支架组装和亚细胞结构定位等代谢途径酶共定位的策略被用来优化代谢途径。这些策略可以优化代谢途径中关键酶的空间分布，从而提高酶与底物之间的作用效率，减少中间体流向竞争途径的代谢流，提高目的产物的合成量。基于酿酒酵母细胞代谢物或外界输入信号（如温度、营养、溶氧及光照等）的人工动态调控系统被广泛应用于代谢工程。通过动态调控将细胞生长和产物合成两阶段分开，成功将3-羟基丙酸的产量提高了10倍。利用CRISPR技术进行基因编辑是近年来的研究热点。基于该技术开发的各种酿酒酵母全基因组进化技术，可以精准有效地调控酿酒酵母基因组的表达，极大地提升了代谢工程改造的深度和广度。

随着酿酒酵母代谢工程技术的不断发展，对其代谢网络的认识不断加深，酿酒酵母作为平台细胞工厂的生产效率得到了极大提高，其在生物能源、生物化工、食品与医药等领域已有广泛应用。已经研究生产的生物基化合物有：D-乳酸、3-羟基丙酸、3-磷酸甘油、琥珀酸、甘油、衣康酸、十六烷醇、丁醇同分异构体、异戊醇、异丁醇、2,3-丁二醇、二苯基乙醇、己二烯二酸、聚羟基丁酸酯、乙醇酸、对氨基苯甲酸、乙烯、二羟基丙酮、1,3-丙二醇和3-巯基-1-己醇等。医药中间体和生理活性物质有短链脂肪酸、植物裂环环烯醚萜、紫穗槐-4,11-二烯、类异戊二烯、β-胡萝卜素、甜叶菊甙A、咖啡碱、可可碱、长链脂肪醇、沉香醇、黄酮苷、白藜芦醇、人参皂苷、脂肪酸乙酯、谷胱甘肽、低聚羧酚酞、次丹参酮二烯、柚皮素、紫杉烷、红景天甙、香叶基香叶醇和番茄红素等。此外，还研究了酿酒酵母生产高活性的阿魏酸酯酶、淀粉酶等酶制剂，改造酿酒酵母用于生物修复等。

三、致病性酵母菌

目前已知的大部分酵母菌是无害的，但随着研究的不断深入，发现一些酵母菌具有致病性，对人类健康造成危害，并且治疗困难。据统计，每年由酵母感染引起的死亡率占整个侵染性疾病总死亡率的40%。临床上最常见的致病性酵母菌有白色假丝酵母和新型隐球酵母（*Cryptococcus neoformans*）。

1. 白色假丝酵母

白色假丝酵母又称白色念珠菌，是一种机会性致病真菌，通常存在于健康人的口腔、上呼吸道、肠道及阴道中。在宿主免疫功能正常的情况下，该菌通常不引起疾病；当机体免疫功能或一般防御力下降时，该菌大量繁殖并侵入细胞引起白色假丝酵母菌病。由于抗生素、激素和免疫抑制剂的广泛应用，肿瘤患者放化疗治疗更加普遍，艾滋病发病率日益增高等原因，白色假丝酵母感染的比例在医院感染中呈现逐年上升的势头。白色假丝酵母菌的致病机制复杂，但随着研究的不断深入，其致病机制已在一定程度上得到阐释。白色假丝酵母的机会致病性通常依赖于菌株的黏附性、二态性及分泌易于侵入宿主细胞的酶等因素来实现。

白色假丝酵母菌具有黏附到上皮、内皮和吞噬细胞表面的能力，其通过黏附素凝集素样序列蛋白（Agglutinin-like Sequence，ALS）及其细胞壁上的甘露聚糖（Mannan，Mn）或其与蛋白质的复合物M-P黏附宿主细胞，黏附于宿主细胞表面是其引起感染的第一步。白色假丝酵母菌可分泌多种易于侵入宿主细胞的酶，如分泌型天冬氨酸蛋白酶（Secreted Aspartyl Proteinase，SAP）、磷脂酶及脂肪酶等。SAP是假丝酵母菌分泌的一种酸性蛋白酶，有些菌株可分泌9种同工酶，在感染组中这些酶的分泌量远远高于健康组。*sap-1~10*基因分别编码Sap-1~10蛋白。*sap-1~6*为白色假丝酵母菌具有致病性所必需的基因，其编码的蛋白质可降解多种宿主蛋白并为白色假丝酵母菌生长繁殖提供营养，促进菌株黏附于宿主细胞表面，侵入宿主造成组织损伤，同时协助白色假丝酵母菌逃脱宿主防御系统的破坏。磷脂酶（Phospholipase，PL）是一种对宿主细胞破坏力很强的酶，其能提高白色假丝酵母菌的致病力。能分泌高浓度磷脂酶的白色假丝酵母菌可通过肠道感染小鼠，而有持续分泌能力的菌株更能导致小鼠死亡。研究发现脂肪酶的降脂活动与白色假丝酵母菌的入侵及其在宿主细胞中的定植有关。白色假丝酵母菌是一种二态性的真菌，它可以在有菌丝（菌丝相）和无菌丝（孢子相）两种状态之间相互转换，即表型转换。高频率的表型转换可以改变细胞表面的抗原，从而导致白色假丝酵母菌逃逸宿主的攻击。在体内生长的白色假丝酵母菌过度增殖时，常常伴有孢子相转换为菌丝相。菌丝尖端分泌的酶可降解蛋白质、脂质和其他细胞成分，促进白色假丝酵母菌侵入组织。另外，菌丝的生长不但使白色假丝酵母菌增加了对吞噬细胞吞噬作用的抵抗力，而且在白色假丝酵母菌被吞噬细胞吞噬后，仍然可在细胞内变形，其形成的菌丝可穿破巨噬细胞导致其死亡。调控白色假丝酵母菌从孢子相向菌丝相转换的因子有*cph*-1、*ssk*-1和*efg*-1等。

2. 新型隐球酵母

新型隐球酵母是一种重要的条件致病真菌，主要感染免疫缺陷患者，可引起肺部、眼睛、皮肤和骨髓感染，侵入中枢神经系统，可诱发脑膜炎，如果不及时治疗会有死亡风险。目前，新型隐球酵母菌已成为免疫缺陷患者中真菌性脑膜炎发病的主要致病菌，全球每年约有100万新型隐球酵母菌脑膜炎新发病例，而约有60万感染者死于此病。近年来该领域研究结果表明，新型隐球酵母菌的致病因子主要包括：37℃条件下的生长能力、多糖荚膜的形成及其产生高活性漆酶的能力。能在人体体温（37℃）下良好生长是人类致病真菌的基本特征。在有记录的20万种真菌中，只有不到20种可引起人类疾病。为了在宿主体温下生存，这些致病真菌都进化出了多种分子途径，而那些非致病真菌却很少具有这种与生俱来的能力。新型隐球酵母的荚膜主要由多聚糖组成。荚膜包被在细胞壁外，干扰宿主免疫系统正常的吞噬及清除作用。其组分可抑制细胞因子的产生，通过有效结合耗尽补体，降低白细胞向炎症位点的迁移。新型隐球酵母能产生高活性的漆酶，该酶能氧化多酚类底物（多巴胺、肾上腺素和去甲肾上腺素等）形成黑色素（Melanin）。体外实验亦证实黑色素有利于新型隐球酵母抵御氧化剂、杀菌蛋白和抗生素的攻击，并可以抵抗人体免疫系统的吞噬作用。在感染初期漆酶表达量最高，这有利于催化黑色素前体的形成，保护新型隐球酵母细胞不受巨噬细胞的吞噬。此外，新型隐球酵母还产生攻击宿主的产物。例如，磷酸化酶、去磷酸化酶和磷酸转酰酶等通过破坏细胞膜磷脂等侵入宿主组织；蛋白酶通过消化宿主原生质蛋白及酪蛋白侵入组织。新型隐球酵母菌不仅是一种重要的病原致病真菌，而且随着研究的深入其逐渐发展成为一种新型模式生物，其生长速度快，具有鲜明的有性生殖周期，在实验中具有很强的操作性。对其发病机制的研究，有助于深入研究真菌的遗传学及其致病机制。

白色假丝酵母和新型隐球酵母等条件致病性酵母菌，是人类正常的微生态共生菌。但近30多年来，由于器官移植免疫抑制剂的使用、癌症放疗化疗的增多、各种生物装置的体内置入和导管的留置、广谱抗菌药物的滥用和艾滋病的流行等，使得免疫功能低下者不断增多。深部致病酵母菌感染作为一种并发病，感染率大幅上升，已成为这些疾病患者死亡的重要原因。致病酵母菌为真核生物，其生化代谢途径与人类宿主有很高的相似性，很多抗真菌药物都会有不良反应或者只能抑制而不能真正杀死病原生物。因此，条件致病性酵母菌感染已成为现代生物医学中一个重要的临床问题。还需要进一步深入研究条件致病性酵母菌的生化过程及形态构成的分子机制，全面了解其基因组学和蛋白质组学，寻找其特异的靶基因和蛋白，进行新的药物研究与开发。

第二节　霉菌

霉菌是丝状真菌的统称，泛指那些能形成分枝繁茂的菌丝体，但又不产生像蘑菇一样的大型子实体真菌。菌丝是霉菌营养体的基本单位。根据霉菌菌丝中是否存在隔膜，分成无隔膜菌丝和有隔膜菌丝两种类型（图 3-1）。无隔膜菌丝含有多个细胞核，为低等真菌菌丝类型，如毛霉属（*Mucor*）和根霉属；有隔膜菌丝中有隔膜，被隔膜隔开的一段菌丝就是一个细胞，每个细胞内有一个或多个细胞核，在隔膜上有一个至多个小孔，使细胞之间的细胞质和营养物质可以相互沟通，为高等真菌菌丝类型，如曲霉属（*Aspergillus*）和青霉属（*Penicillium*）。菌丝可伸长并产生分枝，许多分枝的菌丝相互交织在一起，构成菌丝体。菌丝体分为深入固体营养基质内部吸收营养物质的营养菌丝体和由营养菌丝向空气中生长延伸形成的气生菌丝体。两类菌丝体在长期进化中发展出各种特化的结构，如营养菌丝体的假根、匍匐菌丝等，气生菌丝的分生孢子头、孢子囊等。

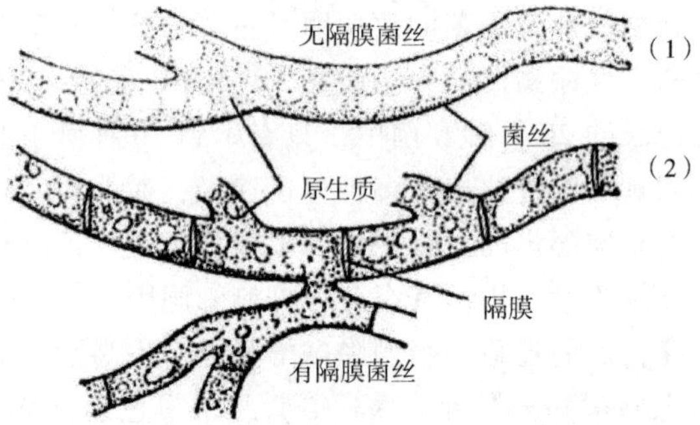

图 3-1　霉菌的无隔膜菌丝（1）和有隔膜菌丝（2）

一、霉菌的经济价值

霉菌在自然界中分布非常广泛，与人们的日常生活极为密切。早在古代，人们就用其酿酒、制醋。当前，霉菌广泛应用于食品发酵、天然色素提取、抗生素生产、生物防治和酶制剂制备等方面。另外，霉菌对人类也有其有害的一面，如可使食品、纺织品霉变，农作物患病，感染人、畜，产生霉菌毒素等。

霉菌在食品加工工业中用途十分广泛。许多酿造发酵食品，如豆腐乳、豆豉、酱油、酱、食醋、柠檬酸和苹果酸等都是在霉菌的参与下生产加工出来的。多数霉菌能把加工所用原料中的淀粉、糖类等碳水化合物和蛋白质等含氮化合物及其他种类的化合物进行转化，制造出多种多样的食品、调味品及食品添加剂。霉菌是天然色素的重要来源之一，如红曲霉（*Monascus purpureus*）生产的红曲色素具有极好的稳定性，已广泛应用于食品工业；三孢布拉氏霉菌（*Blakeslea trispora*）和布拉克须霉（*Phycomyces blakesleeanus*）已用于β-胡萝卜素的工业化生产中。青霉素是人类发现的第一种抗生素，在治疗革兰染色阳性细菌所致的感染性疾病中发挥了巨大作用。除了青霉素以外，灰黄霉素、头孢霉素等也来源于霉菌。某些根霉能产生一种对芽孢菌属细菌有独特抑制作用的碱性多肽物质，可抑制食品、发酵工业中常见的枯草芽孢杆菌、蜡状芽孢杆菌等细菌污染。研究应用较多的生防真菌是木霉属（*Trichoderma*）种类。拮抗性木霉至少对18个属中的29种植物病原真菌具有拮抗作用。绿色木霉（*T. viride*）的分生孢子和厚垣孢子对由黄瓜枯萎病菌（*Fusarium oxysporum*）引起的枯萎病有很好的防治效果；木霉TR-5菌株对立枯丝核菌（*Rhizoctonia solani*）、禾谷丝核菌（*R. cerealis*）、西瓜枯萎病菌（*Fusarium oxysporum* f. sp. *niveum*）、油菜菌核病菌（*Sclerotinia sclerotiorum*）、昆明腐霉（*Pythium kunmingense*）和寄生疫霉（*Phytophthora parasitica*）6种病原真菌都具有极强的拮抗作用，其分生孢子制剂在室温条件下对黄瓜猝倒病和黄瓜疫病具有较好的防治效果，防治效果分别达到88.21%和94.45%。木霉菌的拮抗作用机制主要有竞争作用、重寄生作用、抗生作用和诱导抗性作用等，在对病原真菌发生作用时往往是多种生防机制共同作用。例如，在木霉菌发生重寄生作用时往往伴随着胞外水解酶的分泌，当木霉菌菌丝对病原菌的菌丝进行吸附、缠绕和寄生时，这些胞外的水解酶也可以对病原菌的细胞壁进行水解。目前，国内外已经开发出50多种木霉菌商品化制剂，年销售额达2.5亿美元。这些制剂在植物病害防治中都取得了很好的防治效果。这些木霉菌不仅能防病，还具有促进植物生长、提高营养利用效率、增强植物抗逆性和修复农化污染环境等功能。

米曲霉（*A. oryzae*）和黑曲霉（*A. niger*）常用于生产淀粉酶，其中黑曲霉产生的淀粉酶耐酸性较强，黑曲霉NRRL330淀粉酶的最适pH为4.0，在pH 2.5常温下处理30min尚不失活。在工业中应用的糖化酶主要是从黑曲霉、米曲霉、根霉和红曲霉等霉菌中获得。市售的食品级果胶酶主要来源于黑曲霉。一般用于生产的纤维素酶主要来自于木霉属、曲霉属和青霉属。

二、霉菌的准性生殖与准性杂交

准性生殖是指同种生物两个不同菌株的体细胞（即带有不同遗传性状的两个单倍体细胞或菌丝）经融合后，不经减数分裂而导致低频率基因重组并产生重组子的生殖方式。20世纪50年代，科学家在对构巢曲霉（*A. nidulans*）的研究中，首先发现了准性生殖。准性生殖是霉菌，尤其是不产生有性孢子霉菌特有的遗传现象。工业上用于生产抗生素和酶制剂的黑曲霉、米曲霉、扩展青霉（*P. expansum*）和产黄青霉（*P. chrysogenum*）等均可通过准性杂交进行菌种选育。

1. 准性生殖过程

准性生殖可以分为四个过程：菌丝联结、异核体的形成、杂合二倍体的形成、体细胞交换和单元化（图3-2）。

（1）菌丝联结　发生在形状相同，但在遗传性上有差别的同一菌种的两个不同菌株体细胞（单倍体）间。发生频率极低。

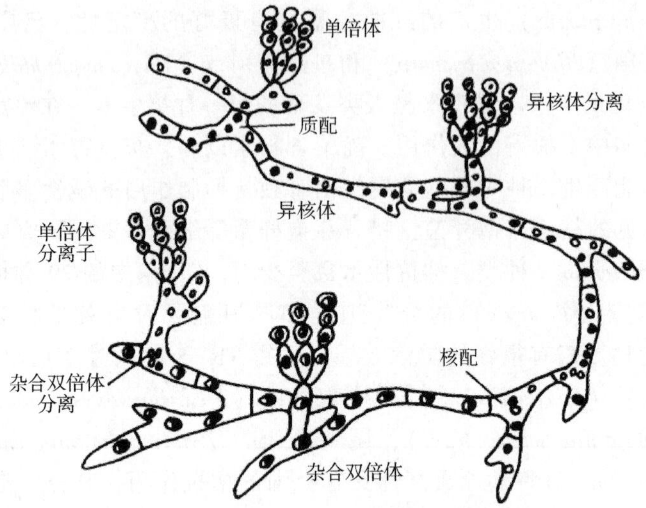

图 3-2　霉菌准性生殖过程示意图

（2）异核体的形成　当菌丝联结时，联结处的细胞壁溶解、细胞膜融合、细胞质交流，在融合的细胞中两个细胞核共存，这种细胞称为异核体。由异核体细胞发育成的菌株称为异核体菌株。异核体细胞质中的两个细胞核处于游离状态，是独立的，相互间没有融合与交换，而细胞质却完全融合。

以构巢曲霉为例，当把构巢曲霉 *A* 接合型的亮氨酸缺陷突变株（$leu^- met^+$）与 *A* 接合型的甲硫氨酸缺陷型突变菌株（$leu^+ met^-$）混合接种在基本培养基上培养时，常可以产生少量原养型菌落，这些菌落是异核体。这是因为两个亲本的菌丝间发生相互联结，形成了细胞质和细胞核相互混杂的异核体。在异核体中两种细胞核能彼此提供所缺少的酶，因此在不添加亮氨酸和甲硫氨酸的情况下即可在基本培养基上生长。

将两个营养缺陷型菌株混合培养时，出现原养型菌落的原因可能是由于互养、异核体、二倍体或单倍重组体的存在。还需要进一步证明原养型菌落的出现是不是异核体所致。

①互养的排除：互养作用也能使两个具有不同营养缺陷型标记的菌株在基本培养基上生长。从原养型菌落上取下少量菌丝，接种于养料贫乏的培养基上；切取一段从接种处向外长出的菌丝的尖端，放在基本培养基上培养。如果原养型菌落的出现是由于互养所致，那么菌丝尖端就不会生长；而如果是异核体所致，那么菌丝尖端就能在基本培养基上继续生长。

②二倍体或单倍重组体的排除：为了排除二倍体或单倍重组体的存在，将 $leu^- met^+$ 菌株和 $leu^+ met^-$ 菌株的分生孢子混合接种在基本培养基上，取出其上长出的原养型菌落的单个菌丝尖端，接种于基本培养基上，得到由单个菌丝尖端所长成的培养物。收集该培养物上的孢子，分别接种于基本培养基和含有亮氨酸、甲硫氨酸的培养基上。经培养发现，在基本培养基上没有长出菌落，而在含有亮氨酸、甲硫氨酸的培养基上长出了菌落。由于构巢曲霉的分生孢子是单核的，因此由异核体产生的分生孢子，其核型为 $leu^- met^+$ 或 $leu^+ met^-$，所以它们只能在含有亮氨酸、甲硫氨酸的培养基上生长，而不能在基本培养基上生

长。而二倍体和重组单倍体的核型分别为 $leu^{-}met^{+}/leu^{+}met^{-}$、$leu^{+}met^{-}$，故其能在基本培养基上生长。根据实验结果可知，上述原养型菌落的出现并非由二倍体或单倍重组体所致，而是由异核体所致。

异核现象在自然界普遍存在。异核体包含着不同基因型的细胞核，具有生长优势，且具有更好的环境适应能力。在异核体中，隐性的突变基因可以得到有效的保护和储存；在异核体内，2 个不同营养缺陷型的细胞核具有互补作用，因此在霉菌中可用异核体来测定等位基因。此外，在异核体中，由于两种遗传型不同的核并未融合，因此能分离出 2 个亲本型菌株，但 2 个亲本的细胞质在异核体中是融合的，故由细胞质所控制的特性在杂交子代中就不会出现分离现象。因此，异核体可以用来研究霉菌的细胞质遗传。

异核体在接合型相同的菌株间较容易形成，在接合型不同的菌株间较难形成，其难易程度与一些基因有关。就构巢曲霉而言，Garnjobst 认为有 2 个基因与异核体的形成有关，Holloway 认为至少有 4 个基因与之有关。在粗糙链孢霉（*Neurospora crassa*）中，则发现至少有 10 个基因与异核体的形成相关。还有些霉菌很难形成异核体，类似于高等生物中的“不亲和”现象。

（3）杂合二倍体的形成　核融合是指两个单倍体核融合形成一个二倍体核的现象。基因型相同的核融合形成纯合二倍体，基因型不同的核融合形成杂合二倍体。异核体中两个基因型不同的细胞核可以以极低的频率融合成杂合二倍体。研究表明，异核体发生核融合而产生二倍体的概率为 $10^{-7} \sim 10^{-5}$。用樟脑蒸气、紫外线或高温等理化因素处理，可提高杂合二倍体产生的频率，其原因可能是在处理的过程中使某些抑制核融合的基因发生了突变。

如果把大量的异核体所产生的分生孢子接种在基本培养基上，可以长出少数菌落，这些菌落不同于混合接种 $leu^{-}met^{+}$ 株和 $leu^{+}met^{-}$ 株的孢子在基本培养基上所出现的原养型菌落。因为原养型菌落的分生孢子不能在基本培养基上形成菌落，而从这些少数菌落上取得的分生孢子都能在基本培养基上形成菌落，可见这些菌株是二倍体菌株而不是异核体。

野生型构巢曲霉产生绿色分生孢子（$W^{+}Y^{+}$），它的 2 个营养缺陷突变型分别产生黄色分生孢子（$W^{+}Y^{-}$）和白色分生孢子（$W^{-}Y^{+}$）。这 2 个突变型可以形成基因型为 $W^{+}Y^{-}/W^{-}Y^{+}$ 的异核体。按常规推断，这样的异核体产生的分生孢子应该是黄色或白色的。但 Pontecorvo 等人在 1956 年对 $W^{+}Y^{-}/W^{-}Y^{+}$ 异核体进行研究时发现，在培养基中可产生形成绿色孢子的菌株。能形成绿色分生孢子菌株的细胞内只有一个核，且其 DNA 的含量为亲本 DNA 含量的 2 倍。后来研究表明绿色分生孢子的形成是由于异核体中 2 个不同基因型的单倍体细胞核在繁殖过程中融合成一个杂合二倍体细胞核（$W^{+}Y^{-}/W^{-}Y^{+}$）的缘故。由于白色突变型和黄色突变型对于绿色野生型来讲都是隐性的，所以杂合二倍体的分生孢子呈绿色。

（4）体细胞交换和单元化　准性生殖过程中产生的二倍体并不像有性生殖过程中的二倍体那样进行减数分裂，它们仍以有丝分裂的形式进行增殖。然而杂合二倍体（$W^{+}Y^{-}/W^{-}Y^{+}$）所产生的分生孢子并不都是绿色的，有时会产生出少量黄色或白色的分生孢子。这是因为杂合二倍体虽然比异核体稳定，其所产生的分生孢子通常也都是二倍体的。但稳定性是相对的，杂合二倍体也会发生基因分离和重组，其基因分离重组后所形成的重组体、非整倍体或单倍体统称为分离子。因为它们都是体细胞，所以又称为体细胞分离子。

产生非整倍体或单倍体的过程称为单元化，产生重组体的过程称为体细胞交换。分离重组的结果是，若杂合二倍体 W^+Y^-/W^-Y^+ 变成了重组二倍体 W^+Y^-/W^-Y^-，则分生孢子由绿色变成黄色；若变成 W^-Y^-/W^-Y^+，则分生孢子由绿色变为白色。

那么体细胞内的基因是如何进行重组的呢？原来二倍的体细胞在进行有丝分裂时，同源的 2 条染色体虽不像减数分裂那样有明显而严整的联会并形成四分体的过程，但其 2 条染色体各自复制后可形成 4 条染色单体。在这样的“四线期”，同源染色体的 2 条非姊妹染色单体间偶尔也可以进行等价交换。2 个进行了等价交换的染色单体在分裂后期可以同时趋向细胞的同一极，也可以各趋向一极。

体细胞在有丝分裂过程中，如果没有交换，同源染色体的非姊妹染色单体间随机组合在一起进入一个子细胞，那么这对染色体上的杂合基因对就一直保持杂合状态。而如果在 2 条非姊妹染色单体间发生了交换，则在交换区段内姊妹染色单体间的基因组成就可能是不同的，而在非姊妹染色单体间就可能是相同的。当带有相同染色单体片段的非姊妹染色单体共同进入一个细胞时，就会使原来呈杂合状态的基因型变成纯合状态，导致部分基因纯合化。这就是体细胞重组（Somatic Recombination）或称有丝分裂重组。重组的结果是出现不同于 2 亲本的重组体（图 3-3）。图 3-3 中 *AbCd/aBcD* 是一个杂合二倍体，在有丝分裂过程中同源染色体间发生交换，结果出现了 *AbCd/aBCd*、*AbcD/aBcD*、*AbCd/aBcD* 和 *AbcD/aBCd* 四种重组体。在 *AbCd/aBCd* 重组体中，*C*、*d* 基因呈纯合状态；在 *AbcD/aBcD* 重组体中，*c*、*D* 基因呈纯合状态；而 *AbCd/aBcD* 和 *AbcD/aBCd* 重组体仍为杂合二倍体。

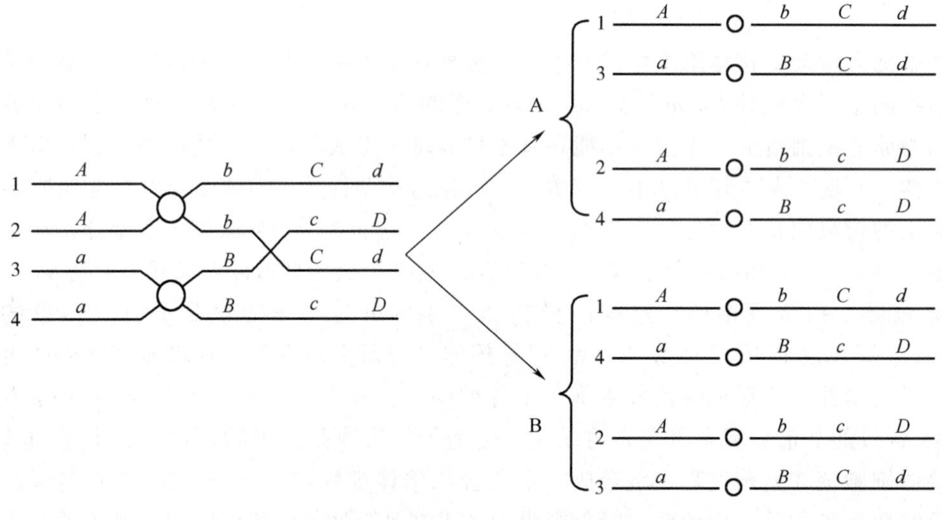

图 3-3　同源染色体交换形成重组体

Kafer 在研究杂合二倍体细胞有丝分裂时发现，其通过产生非整倍体或单倍体的单元化过程也可以形成重组体。在正常的有丝分裂过程中，染色体一分为二，各自在纺锤体的作用下趋向细胞的一极，使子细胞各含有一条染色体。当纺锤体断裂或其他原因造成染色体不分离时，分裂后的两条染色体会趋向同一极，进入同一个细胞，那么这个细胞就多了一条染色体（$2n+1$），而对应的另一个细胞就缺少了一条染色体（$2n-1$），它们都是非整倍体。$2n+1$ 非整倍体亦称为三体，其在有丝分裂过程中常会失去一条染色体而恢复成二倍体。在这一过程中有可能导致部分基因的纯合，形成新的重组体（图 3-4）。$2n-1$ 非整倍体亦称为单体，在有丝分裂过程中常会陆续失去其他一些染色体而最终成为单倍体。由于失去的染色体不同，所得到的单倍性重组体也是各种各样的。

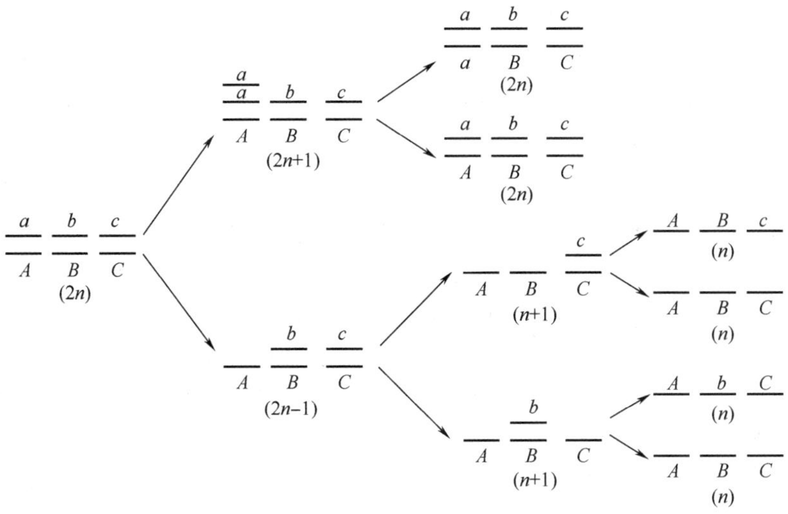

图 3-4　通过单元化产生重组体

在准性生殖过程中，体细胞交换和单元化是两个独立发生的过程，体细胞交换产生部分基因纯合的二倍体重组体，而单元化过程则产生各种类型的非整倍体和单倍体重组体。它们发生的概率都很小，而在同一个细胞内或同一条染色体上同时发生的概率更小。根据对大量分离子的分析，发现在准性生殖过程中二倍体核中发生体细胞交换的概率为 1%，二倍体产生单倍体的概率为 0.1%。

2. 霉菌准性杂交育种

霉菌准性杂交育种是利用准性生殖过程中的基因重组和分离现象，将不同菌株的优良特性集合到一个新菌株中，然后通过筛选获得具有新遗传结构和优良遗传特性的新菌种。霉菌准性杂交育种过程主要有以下几个重要环节。

（1）亲本菌株的选择　亲本菌株的选择又分为原始亲本的选择和直接亲本的选择。用来进行杂交的两个野生型菌株称为原始亲本。原始亲本经过诱变以后得到各种突变型菌株；假设这种菌株是用来作为形成异核体的亲本，就称为直接亲本。与常规杂交育种一样，选择那些亲和力强又携带明显营养标记和辅助标记的菌株作为准性杂交育种的直接亲本。

霉菌直接亲本的亲和力试验可采用衔接法或混合法。将两个配对菌株共同接种于基本斜面或基本液体培养基中，若能形成异核体菌丝丛或呈絮状生长，则表明此两菌株具有亲和力，该组合可用于杂交试验。例如，用青霉素产生菌产黄青霉和灰黄霉素产生菌荨麻青霉（*P. urticae*）的营养缺陷型作为杂交直接亲本进行亲和力试验，以 100 对杂交组合进行测定，其中只有 14 对组合具有亲和能力，占测定总数的 14%。带有遗传标记的直接亲株的筛选是杂交育种的重要环节之一。作为直接亲本的遗传标记有多种，如营养缺陷型、抗药性突变型和形态突变型等，目前应用较普遍的是营养缺陷型菌株。

（2）异核体合成方法　合成异核体首先要将两个直接亲本菌株的分生孢子或菌丝体进行混合接种、培养，使两个配对菌株的细胞彼此接触，进而促进细胞壁融合和细胞质交流。异核体的合成方法主要有以下几种。

①完全培养基混合培养法：将配对菌株新鲜孢子混合接种于液体完全培养基中，适温培养 1~2d，待长出年轻的菌丝后，用生理盐水洗涤、离心数次，除去黏附的培养基，用无菌镊子把菌丝撕碎，并摊布于基本培养基平板上，培养 7~8d 后，长出异核体的菌丝丛，挑取其上孢子置于基本培养基斜面保存。当两个直接亲本的分生孢子不易融合时，采用该方法较易获得异核体。

②基本培养基衔接法：从新鲜斜面取两个配对菌株的分生孢子，用生理盐水洗涤数次，制成高浓度的孢子悬液。用少量无菌脱脂棉裹在接种针的前端，蘸取适量两个亲本的孢子悬液，将其接种到基本培养基斜面的两端。接种长度约为斜面的 2/3，而两菌株接种的衔接部分约为 1/3。适温培养后，衔接部分长出异核体菌丝丛。进一步验证纯化之后，移入基本培养基斜面保存。据报道，该方法获得异核体的频率最高。

③有限培养基培养法：有限培养基一般是在基本培养基中加入 10%的完全培养基。该方法可分为两种，液体静置培养法和固体平板培养法。液体静置培养法是在盛有液体有限培养基的三角瓶中，接入两个配对菌株的分生孢子，培养 1~2d。待长出年轻的菌丝后，将其撕碎并摊布于基本培养基平板上，培养 6~8d，将长出的异核体菌丝丛移入斜面保存。固体平板培养法是将两个配对菌株的等量孢子制成混合孢子悬液，涂布于有限培养基固体平板上，每个平皿的孢子密度控制在 60~80 个，培养 6~8d，在两个亲本菌落间形成异核体菌丝丛。

（3）异核体的检出　采用以上几种培养方法所获得的菌丝丛不一定都是异核体，还需要进一步验证。根据异核体的特点可采用以下两种方法：①把以上异核体的菌丝，单独一条一条地挑取，置于基本培养基上培养，能重新形成菌落的，即为异核体菌株。这种方法可以排除互养菌株；②把异核体菌落上的大量分生孢子涂布在基本培养基上，观察是否出现杂合二倍体的特征。若有，则说明菌落确实是由异核体形成的。

（4）杂合二倍体的形成和检出　杂合二倍体由异核体中两个基因型不同的单倍体细胞核融合而成，其在异核体的菌丝内和其他单倍核一起繁殖，直到异核体形成菌落并产生分生孢子。杂合二倍体就在异核体菌落表面上形成与异核体颜色不同的（一般类似野生型）角变（扇形）或斑变（斑点）分生孢子。杂合二倍体并不是两个单倍细胞核简单的加倍，而是已具有杂种的特性，它包含着两个直接亲株的全部隐性基因。在繁殖过程中，随着基因的重组和分离，产生少量的各种不同类型的重组分离子。

杂合二倍体的营养要求、生长习性、孢子颜色或菌落形态结构通常与野生型相似。用以下方法可以检出杂合二倍体：①用接种针挑取角变或斑点上的分生孢子，进行分离、纯化，即可获得纯杂合二倍体；②把异核体菌丝撕碎，摊布于基本培养基平板上，经培养后，在长出的异核体菌落上寻找原养型的角变或斑点，挑取其分生孢子，进一步分离、纯化，获得纯杂合二倍体；③把异核体上的分生孢子涂布于基本培养基平板上，每个平皿的孢子数约为 1×10^6 个，经培养后，在形成的菌落中挑出与野生型相似的角变或斑点，挑取其分生孢子，进行分离、纯化后得到纯杂合二倍体。

杂合二倍体是霉菌准性生殖过程中的重要组成部分，也是准性杂交育种中的关键一步。由于杂合二倍体都是从异核体菌落或异核体菌丝上挑出来的，通常会带有两个直接亲株的分生孢子，为获得纯杂合二倍体菌株，需要进行多次的分离、纯化。在获得纯杂合二倍体菌株后，还要对它的形态、生理和遗传等特性进行研究。

（5）分离子的检出和测定方法　杂合二倍体经过体细胞交换和单元化后产生的子细胞称为分离子。分离子种类很多。根据分离子的营养要求、菌落形态或孢子颜色等表型，可将其分为亲本分离子、原养型分离子和异养型分离子三类。亲本分离子的营养要求，孢子颜色都和直接亲本相同，基因型和亲本也一样。原养型分离子在培养过程中表现出不缺少两个直接亲本所缺陷的营养，能在基本培养基上正常生长，菌落孢子颜色通常与野生型相同。从基因型分析，这种分离子由于重新组合，或许其已不带营养缺陷标记，或者营养缺陷标记仍在，但处于隐性状态并未表现出来。异养型分离子在培养过程中表现出与两个直接亲本部分相同的营养缺陷，说明其基因型虽然是重建了，但还是带有部分原有营养缺陷标记。原养型分离子和异养型分离子由于基因型发生了重建，故又称为重组型分离子。

虽然杂合二倍体用诱变剂或重组剂诱发，可以提高分离子产生的频率，但总的来说，分离子产生的数量仍然很少（图 3-5）。目前，主要依据分离子所携带的隐性标记来从大量菌落中识别和检出各种分离子，主要方法有以下两种：①用选择性培养基筛选分离子，例如筛选抗对氟苯丙氨酸的分离子，可以把大量杂合二倍体孢子分离在含有 0.01mol/L 对氟苯丙氨酸的培养基平板上。经过培养，凡带有抗药性隐性突变基因的分离子（纯合二倍体 fpa/fpa 和单倍体 fpa）能形成菌落，而对药物敏感的孢子则不能在其上生长；②用完全培养基筛选分离子，将杂合二倍体菌落产生的分生孢子分离在完全培养基平板上，培养至菌落成熟，在大量菌落中找到个别菌落上出现带有颜色隐性标记突变的角变或斑变，挑取其上的分生孢子移接于完全培养基斜面上，培养后经过纯化和鉴别即得分离子。

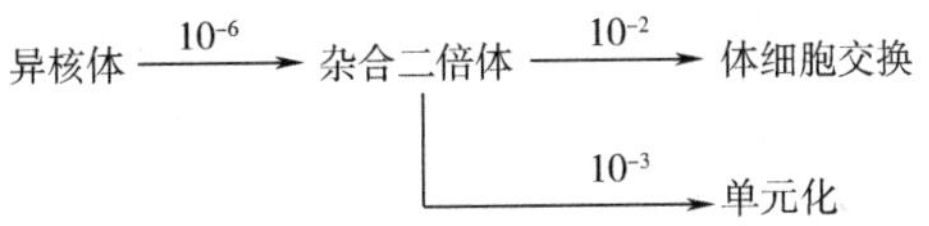

图 3-5　分离子产生的频率

从杂合二倍体中检出的分离子，须先进行分离纯化，然后对它们的特性进行全面测定分析，包括菌落形态、营养要求、孢子颜色、孢子大小、孢子 DNA 的含量和代谢产物的产生水平等。

（6）高产重组体的筛选　杂交育种的目的是要获得具有高产性能的稳定新型重组体菌株。通过准性杂交技术得到的异核体和杂合二倍体在遗传上是不稳定的，在繁殖过程中会发生染色体交换、基因重组和分离，只有单倍重组体才是稳定的。在进行霉菌准性杂交育种时需要注意以下几点：①选择的两个亲本菌株，不仅要具有不同的优良性状，而且最好是近亲配对组合，这样易获得产量高的重组体。远亲杂交虽然也能得到杂合二倍体，但经诱变处理后，会发生严重遗传分离现象，产量将大幅度下降，难以达到育种目的；②用合适的诱变剂处理杂合二倍体，促进其体细胞交换和单元化过程，进而选出具有高产和其他优良性状的单倍重组体；③对获得的单倍重组体进行代谢调节，即筛选适应酶系统代谢调控突变株，使高产单倍重组体能够充分发挥其高产潜力；④单倍重组体在摇瓶筛选阶段，应做到摇瓶培养条件和大生产条件尽量接近，以便新菌种能应用到大生产中。

在霉菌准性杂交育种中有不少成功的实例，如产黄青霉通过准性杂交育种，获得了高产新型重组体菌株，其产量比亲本菌株提高了约 8 倍；酱油曲霉（*Aspergillus sojae*）通过准性杂交育种，获得了蛋白酶活性及曲酸产量提高的重组体菌株，其蛋白酶活性与亲株相比提高了 1 倍。

三、青霉属

青霉属于真菌界（Eumycetes）、子囊菌门（Ascomycota）、盘菌亚门（Pezizomycotina）、散囊菌纲（Eurotiomycetes）、散囊菌目（Eurotiales）、发菌科（Trichocomaceae）、发菌亚科（Thichocomoideae）。以前曾被归类到半知菌亚门（Deuteromycotina）、丝孢纲（Hyphomycetes）、丝孢目（Hyphomycetales）、丛梗孢科（Moniliaceae）。青霉菌丝细胞之间有隔膜，细胞内通常为多核。整个菌丝体分为营养菌丝体和气生菌丝体，其中营养菌丝体无色、淡色或具鲜明颜色，气生菌丝密毡状、松絮状或部分集结成菌丝索。气生菌丝上产生分生孢子梗，其顶端生有扫帚状的结构称为帚状枝。帚状枝由单轮生或 2 次到多次分枝系统构成，最后一级分枝即产孢细胞称为瓶梗，着生瓶梗的细胞是梗基，支持梗基的细胞是副枝，分生孢子自瓶梗上用断裂法生出并呈链状排列（图 3-6）。分生孢子为球形至卵形，呈绿色、蓝色或黄色，即通常看到的各种青霉菌落特有的颜色。

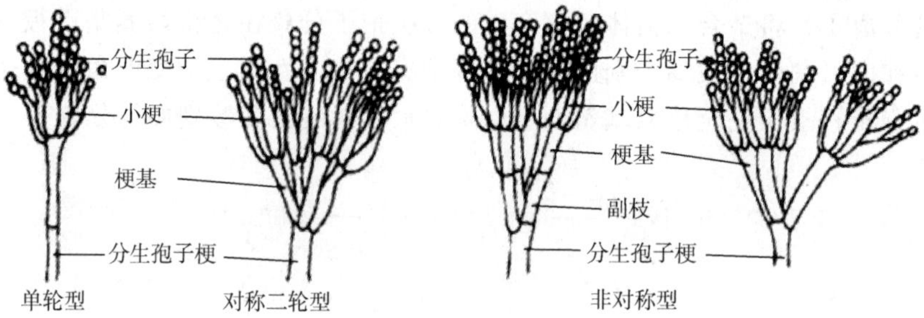

图 3-6　青霉分生孢子器

青霉在自然界中分布广泛，其分生孢子在土壤中、空气中及腐烂的物质上均存在。青霉营腐生生活，其营养来源极为广泛，是一类杂食性真菌，可生长在任何含有机质的基质上。在 25～28℃、偏酸性、潮湿、通风性不好的环境中最易孳长青霉，它的孢子对热、冷、干燥和紫外线等不良环境均有较强的抗性。青霉与人类生活息息相关，如许多青霉能造成柑橘、苹果、梨等水果的腐烂，在工业产品、食品和衣物上生长，从而使其霉变。少数种类是人和动物的致病菌，同时也是一种常见的实验室污染菌。另一方面，青霉对人类生产生活又至关重要，它可用于生产柠檬酸、延胡索酸、葡萄糖酸、漆酶、纤维素酶和木聚糖酶等有机酸和酶制剂；用于制作丹麦青干酪、娄克馥干酪等。青霉产生的青霉素是人类最早发现、最先提纯和最早临床应用的抗生素。

1949 年，Raper 和 Thom 第一次提出青霉的分类系统。根据青霉特有的帚状枝结构把青霉分成 4 个组：①单轮青霉组，其帚状枝全由单轮生瓶梗构成；②对称二轮青霉组，有紧密轮生的梗基，梗基上着生细长渐尖的瓶梗，全部帚状枝对主梗而言，大体对称像漏斗，分生孢子大多为椭圆形；③不对称青霉组，是青霉中最大一组，主要包括帚状枝形成2次或多次分枝，对主梗而言不对称的种；④多轮青霉组，帚状枝极为复杂，常为多次分枝而且常是对称的。

传统的青霉分类依赖于纯培养物分离方法，通过细胞形态学特征，结合生理生化反应和细胞组成成分结构进行分类鉴定。近年来，许多分子标记技术被用来进行青霉菌的分类和鉴定，如限制性片段长度多态性（Restriction Fragment Length Polymorphism，RFLP）、随机扩增多态性（Randomly Amplified Polymorphic DNA，RAPD）、扩增片段长度多态性（Amplified Fragment Length Polymorphism，AFLP）、rDNA/rRNA序列分析、β-微管蛋白基因序列分析和钙调蛋白基因序列分析等。随着分子生物学和相关技术的迅速发展，分子标记技术以其快速、准确、灵敏的优点逐渐成为青霉分类鉴定的主要手段。但是目前还没有一种分子标记技术能单独胜任对青霉的鉴定，将传统方法和分子生物学方法结合起来对青霉进行分类鉴定才能获得较满意的结果。

青霉能在许多不同的环境下生长，具有去除重金属，降解酚类、卤素酚类和多环芳香烃类等化合物的能力。重金属铅、锌、铜、镉等离子均能对环境、人体造成较大的危害，因此从环境中去除这些有害重金属具有重要的意义。简青霉（*P. simplicissimum*）对Pb^{2+}和Cd^{2+}具有较强的吸附能力，在最佳吸附条件下，吸附量可分别达到36.65mg/g和26.5mg/g。简青霉的吸附作用机理主要有表面络合作用和离子交换作用。表面络合作用是指当简青霉暴露于金属溶液中时，金属离子首先与它的细胞壁相接触。简青霉细胞壁主要由各种多糖构成（高达90%），这些多糖常与蛋白质、脂肪和色素等物质键合在一起，形成复合物。细胞壁上官能团（如羧基、磷酰基、羟基和酰胺基等）内含有的N、O、P等电负性较大的原子均可以提供孤对电子，与重金属离子在细胞表面形成络合物或螯合物，而使溶液中的重金属离子被吸附。离子交换是细胞结合的金属离子被另一些结合能力更强的金属离子代替的过程。研究发现，简青霉吸附前的铅溶液中测不出Ca^{2+}、Mg^{2+}的浓度，但吸附后溶液中这两种离子的浓度分别达到0.71mg/L和0.36mg/L，表明在简青霉吸附重金属离子的过程中存在着离子交换。氧化还原反应、微沉淀以及主动运输也对微生物吸附重金属离子有一定的作用，但这些作用由于吸附量少而不易被检测出来。

苯及其衍生物、酚类化合物、卤素化合物和氰素化合物等污染物广泛存在于土壤、水和空气中，对生物体具有较强的毒害作用。目前这些污染物多用化学和物理方法来去除，如萃取、膜分离、活性炭吸附和电化学氧化等。虽然这些方法具有一定的效果，但其成本较高、对操作条件有较高要求并易形成二次污染物。生物降解因其成本低，并能对这些污染物完全矿化而成为一种很有潜能的降解方式。一些青霉已经被用来降解酚类化合物，以降低其致突变、致畸和致癌等毒性。如简青霉SK9119菌株能以苯酚和单氟酚为唯一碳源生长并对其进行有效的降解；产黄青霉CLONA2菌株能有效地降解邻苯二酚和对苯二酚。

四、曲霉属

曲霉属在生物分类系统中为发菌科的一个成员，是发酵工业及食品加工业的重要真菌，广泛分布于谷物、空气、土壤和各种有机物中。两千多年前，我国就已利用各种曲霉菌来制酱，曲霉菌也是酿酒、制醋的主要菌种。现代工业可利用曲霉生产各种酶制剂（如淀粉酶、磷酸二酯酶、果胶酶和蛋白酶等）、有机酸（如柠檬酸、五倍子酸和葡萄糖酸等）。然而，曲霉家族中也有一些对人类有害的种类，如黄曲霉的有些菌系能产生黄曲霉毒素，不仅能造成家禽和家畜中毒甚至死亡，而且还是一种强致癌物质。常见的曲霉有黄曲霉（*A. flavus*）、黑曲霉、米曲霉和烟曲霉（*A. fumigatus*）等（图 3-7）。

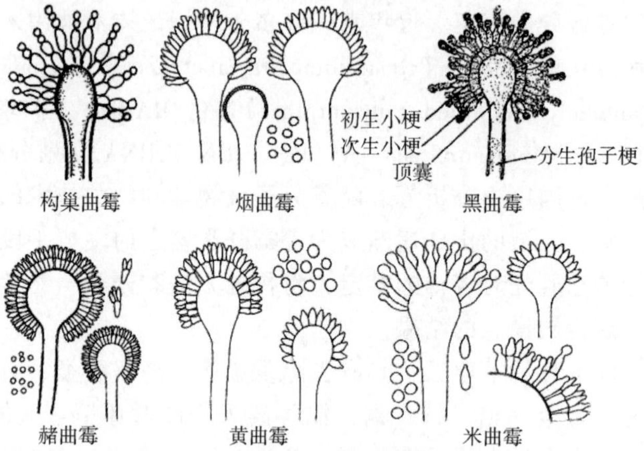

图 3-7　几种常见曲霉形态结构示意图

曲霉菌丝有隔膜，部分气生菌丝可以分化成分生孢子梗，分生孢子梗顶端膨大成为顶囊，顶囊一般呈球形。在顶囊表面以辐射状生出一层或二层小梗（初生小梗与次生小梗）。最上层小梗呈瓶状，顶端着生成串的球形分生孢子，孢子一般呈黄、绿、黑、褐、橙等颜色。分生孢子梗生于足细胞上，并通过足细胞与营养菌丝相连。曲霉中分生孢子梗的长度，顶囊的形状，小梗着生是单轮还是双轮，分生孢子的形状、大小、表面结构及颜色等，都是菌种鉴定的依据（图 3-7）。曲霉属中的大多数仅发现了无性阶段，只有少数种能进行有性繁殖，产生子囊孢子。

1. 黄曲霉

黄曲霉是一种常见的腐生真菌，常生长于透气的食物表面。菌落生长较快，结构疏松，表面黄绿色，背面无色或略呈褐色。黄曲霉菌主要感染花生、玉米等含油量高的农作物和粮食制品。黄曲霉一般只产生无性孢子，有性的子囊孢子少见。黄曲霉是仅次于烟曲霉的第二大可以感染人的曲霉菌。感染人的肺和大脑后可导致梗死，也能使角膜、耳朵和鼻眶感染疾病。黄曲霉的大部分菌株可以产生黄曲霉毒素。该化合物具有强毒性和致癌性，对人畜健康产生极大的威胁。

（1）黄曲霉毒素的种类及化学结构　最早发现的黄曲霉毒素为 AFB1、AFB2、AFG1 和 AFG2 四种，均含有一个双呋喃环和香豆素结构（氧杂萘邻酮），前者是其基本毒性结构，后者与致癌相关。在紫外光下 AFB1 和 AFB2 发蓝色荧光，AFG1 和 AFG2 发绿色荧光。四种毒素可以通过薄板层析法区分开。随后在牛乳中又发现了 AFM1 和 AFM2 两种毒素，是由 AFB1 和 AFB2 在体内经羟化衍生得到。目前已发现黄曲霉毒素及其衍生物有 20 余种，其中 18 种已初步鉴定结构。AFB1 的毒性及致癌性最强，其次依次为 AFG1、AFM1、AFB2、AFG2 和 AFM2（图 3-8）。黄曲霉毒素在水中的溶解度范围为 10～20mg/L，可大量溶解于氯仿、甲醇、乙腈和二甲基亚砜等中等极性的有机溶剂中，但不溶于石油醚、己烷和乙醚。一般在中性溶液中较稳定，在强酸性溶液中稍有分解，在 pH 9~10 的碱性溶液中迅速分解，也易被强氧化剂分解。黄曲霉毒素纯品为无色结晶，耐高温，AFB1 的分解温度为 268℃，紫外线对低浓度黄曲霉毒素也有一定的破坏性。

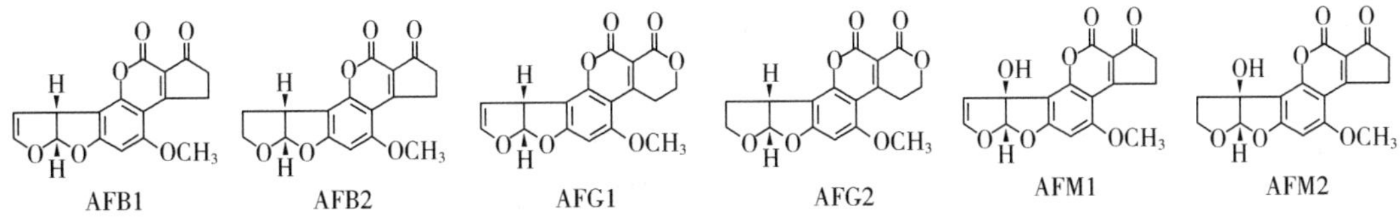

图 3-8 六种常见黄曲霉毒素的分子结构

（2）黄曲霉毒素的生物合成及其危害 黄曲霉毒素的主要结构为双呋喃环和香豆素结构，其合成过程与脂肪酸的生物合成过程相似。由乙酰辅酶 A 作为起始单元，丙二酸单酰辅酶与之反应，在聚酮化合物合酶的作用下生成黄曲霉毒素的聚酮骨架，再经过氧化、环化、甲基化等系列反应后生成黄曲霉毒素。2004 年，研究人员报道了完整的黄曲霉毒素合成相关基因，其合成基因簇长约 70kb，共有 25 个基因。黄曲霉毒素毒性比 KCN 大 10 倍，比砒霜大 68 倍，仅次于肉毒菌素，是目前已知霉菌毒素中毒性最强的毒素，会引起急性或慢性肝脏损害。黄曲霉毒素也是自然存在已知的最强致癌物之一，能致使 p53 肿瘤抑制因子中第 249 个密码子的 G 转换成 T（位于内含子区域），从而导致肝癌的发生。北京大学医学部曾用含 20μg/kg 黄曲霉毒素的饲料喂大鼠一年后即发肝癌。黄曲霉毒素也可以通过被污染的动物饲料，通过食物链进入动物体内从而污染牛乳及乳制品，使 AFB1 经过代谢转变为 AFM1。对此，美国食品药品监督管理局设立的黄曲霉毒素允许检测含量标准为：食品中黄曲霉毒素含量不能超过 15μg/kg，牛乳中含量不能超过 0.5μg/kg，饲料中黄曲霉毒素含量则不能超过 300μg/kg。目前，中国花生、玉米等粮食作物中的黄曲霉毒素的允许含量为 20μg/kg，大米、其他食用油中不得超过 10μg/kg，其他粮食、豆类和发酵食品中不得超过 10μg/kg。

（3）黄曲霉毒素的检测分析 黄曲霉毒素能导致严重的食品安全问题，因此需要对黄曲霉毒素进行高效的定性定量分析检测。目前，黄曲霉毒素的检测分析方法主要有色谱法、免疫化学法和生物传感器法等。色谱法有薄层色谱法（Thin Layer Chromatography，TLC），高效液相色谱法（High Performance Liquid Chromatography，HPLC）和液相色谱质谱联用法（Liquid Chromatography Mass Spectrometry，LC-MS）。薄层色谱法适用于定性分析少量样品（最少可至 0.01μg），可以快速分离黄曲霉毒素，是国内外测定食品或饲料中 AFB1 含量的主要方法。该方法的缺点是精确度和灵敏度较低，不适合复杂样品中的黄曲霉毒素测定。HPLC 法是目前较为常用的黄曲霉毒素检测方法，已广泛应用于玉米、花生、牛乳及乳制品等农作物及食品的黄曲霉毒素检测。LC-MS 法是目前最先进的检测方法，液相色谱能有效地将待测样品中的有机物成分分离开来，质谱则对分离的有机物进行分析，得到有机物分子质量、浓度甚至化学结构等信息。由于检测的高准确度和高灵敏度，该方法已成为药品及食品检验检疫、生产过程控制、质检等部门不可缺少的分析工具。但该方法对仪器设备、环境条件和操作人员素质等要求较高，目前在黄曲霉毒素检测中的应用还不够广泛。

免疫化学法（Immunochemical Methods，ICM）是以抗原抗体间的竞争反应进行抗原抗体含量测定的方法，具有灵敏性高、特异性高、样品处理简单等优点。免疫化学法主要有酶联免疫分析（Enzyme-linked Immunosorbent assay，ELISA）、放射免疫分析（Radio Immunoassay，RIA）和荧光免疫分析（Fluorescence Immunoassay，FIA）等方法。近年来，免疫化学法发展较快，在黄曲霉毒素的检测分析中得到了广泛应用，尤其是特异性黄曲霉毒素抗体的获得，使 ELISA 成为食品黄曲霉毒素初筛的主要技术手段。

生物传感器是将生物技术和电子技术相结合，以生物学组件为主要功能性元件，能够感受规定的被检测物质的量，并按照一定规律转换成可识别信号的器件或装置。Ammida 等利用一种电化学免疫传感器来测定大麦中黄曲霉毒素的含量，检测限可达到 30pg/mL，且有很好的回收率。生物传感器法极大地简化了黄曲霉毒素的分析检测步骤，其快速、灵敏、简便的特点便于实现自动化，使现场检测黄曲霉毒素成为可能，其已成为黄曲霉毒素检测领域中的研究热点。

（4）黄曲霉毒素的防治　防霉是防止黄曲霉毒素污染的最根本措施，也是防止黄曲霉直接污染食品和粮食的一种最经济、最方便、最有效的方法。适时收获，及时晒干扬净，减少破损籽粒，以提高入库粮食、油料的品质。入库前剔除霉变、破损等籽粒可使黄曲霉毒素含量大为降低。食品水分含量和环境温度、湿度是影响霉菌生长与产毒的主要条件。粮食收获后应迅速降低水分，并贮存在干燥低温处。一般粮食含水量在 13%以下，大豆 11%以下，玉米 12.5%以下，花生 8%以下，霉菌不易繁殖。实践证明，环境相对湿度在 70%以下，温度在 10℃以下，对粮食储藏效果更佳。密闭储粮可使粮堆的氧气降至 0.2%以下，可抑制多数霉菌生长，达到防霉的目的。另外，粮库中充 CO_2、N_2 等气体，也能抑制霉菌的生长繁殖，延长粮食储藏期限。培育和选用抗霉能力强、高产、质量好的作物品种，可以使作物受霉菌侵染概率大幅度下降。我国筛选出的花生抗性品种湛秋 48、桂花 22、粤油 58、粤油 9 号、粤油 20 等，现已投入生产。

（5）黄曲霉毒素的去除措施　常用的黄曲霉毒素去除方法主要有物理法、化学法和生物法。物理方法主要包括高温法、碾磨加工筛选法、辐射法和吸附法。其中，采用高温法要加热至 300℃才能使黄曲霉毒素有明显的分解，成本太高，可操作性不强。黄曲霉毒素在粮食中分布极不均匀，在霉变、破损、长芽及变色粮食粒中最为集中。因此只要将其拣除，食品中毒素含量将大大降低，甚至低到无毒。碾磨加工可将大部分集中于米糠层和谷皮、胚层的黄曲霉毒素去除。黄曲霉毒素在紫外光照射下不稳定，可用紫外光照射去毒。该法去毒对植物油等液体食品效果较好，而对花生粉等固体食品效果不明显。辐射技术本身存在放射性污染问题，应用辐射法，必须注意照射的剂量和照射时间，以不影响食品的感官和理化性质为宜。常用的吸附剂有沸石、活性白陶土、活性炭等。含有黄曲霉毒素的植物油可加活性白陶土或活性炭等吸附剂，毒素可被吸附而去毒。有学者用此法处理花生油，加入 1.5%的白陶土，可使花生油中黄曲霉毒素的含量由原来的 100μg/kg 降至 10μg/kg。化学法主要包括碱处理法和氧化法。碱炼是油脂精炼的一种加工方法，在油脂中加入 1% NaOH 溶液，即可破坏黄曲霉毒素内酯环，形成香豆素钠盐。后者可溶于水，故加碱后再用水洗可将毒素去除，这样可使油中黄曲霉毒素降至标准以下，甚至不能检出。漂白粉、氯气、双氧水、臭氧等氧化剂可以迅速将黄曲霉毒素氧化去除，其中漂白粉的去毒效果最强。被黄曲霉毒素高度污染的花生粉用 5%漂白粉处理几秒钟，即可将全部毒素去除。生物法主要有生物吸附法和生物降解法。自然界中部分微生物可通过非共价方式与黄曲霉毒素结合，形成菌体-黄曲霉毒素复合体，从而达到去除黄曲霉毒素的目的。迄今为止，已经发现对黄曲霉毒素有结合吸附能力的微生物以乳酸菌和酵母菌居多。研究表明，乳酸菌和酵母菌对毒素的吸附能力与它们的细胞壁结构有关，它们主要通过细胞壁吸附毒素。生物吸附和物理化学吸附一样，只是把毒素吸附在吸附剂的表面，让所检样品中黄曲霉毒素的含量下降，并不能从本质上脱去毒素的毒性。黄曲霉毒素的生物降解是指黄曲霉毒素分子的毒性基团被微生物产生的次级代谢产物或者所分泌的酶分解破坏，同时产生无毒或者低毒降解产物的过程。其中真菌和细菌降解黄曲霉毒素的报道较多。真菌主要有树状指孢霉（*Dactylium dendroide*）、少根根霉（*R. arrhizus*）、寄生曲霉（*A. parasiticus*）、白腐菌变色栓菌（*Trametes versicolor*）、假蜜环菌（*Armillariella tabescens*）和黑曲霉等。对黄曲霉毒素有降解作用的细菌主要包括橙色黄杆菌（*Flavobacterium aurantiacum*）、分枝杆菌（*Mycobacterium fluoranthenivorans*）、红串红球菌（*Rhodococcus erythropolis*）、芽孢杆菌、嗜麦芽寡养单胞菌（*Stenotrophomonas maltophilia*）及假单胞菌等。微生物降解黄曲霉毒素时通常是酶在起作用，目前已报道的酶主要有乳过氧化物酶、漆酶及黄曲霉毒素氧化酶等。生物降解法去除黄曲霉毒素具有安全、高效、环保、无毒害等优点，是未来该领域研究的发展方向。

2. 黑曲霉

黑曲霉是常见的曲霉属霉菌，广泛分布于世界各地的粮食、植物性产品和土壤中。黑曲霉菌落初期呈白色，成熟之后逐渐变成棕色，孢子区域呈黑色，菌落绒毛状，边缘不规则。菌丝有隔膜和分枝，为多细胞菌丝体，有足细胞，顶囊生成一层或两层小梗，小梗的顶端生成一串串的分生孢子（图 3-7）。黑曲霉一般进行无性繁殖，最适生长温度为 33~37℃，最适生长 pH 为 3~7。

2007 年，荷兰工业化学公司（DSM）首次完成了对黑曲霉 CBS513.88 菌株的全基因组测序。其基因组全长约为 33.9Mb，具有 1400 多个开放阅读框（ORF）。目前共有三株黑曲霉完成了全基因组测序。随着黑曲霉基因组数据的公布，对于黑曲霉的研究也进入了后基因组时代，基因组数据为比较基因组学和功能基因组学研究的深入开展奠定了基础，一系列组学研究被广泛应用于黑曲霉研究中，如转录组学、蛋白组学以及代谢组学等。Meyer 等通过微阵列（Microarray）技术分析了黑曲霉在抗真菌药物胁迫环境下的基因表达数据；Lu 等通过二维电泳技术完成了黑曲霉淀粉酶产生菌在分别以麦芽糖和木糖为碳源的条件下比较蛋白质组研究，发现在诱导和非诱导条件下黑曲霉的分泌蛋白组并没有明显差异；DSM 公司从转录和翻译两方面比较了三株酶生产菌与野生型的差别，发现其细胞应答会随着产物性质和数量的不同而有所差异。

转录组、蛋白组和代谢产物组学数据的发表推动了代谢工程研究的不断深入，为细胞工厂的设计奠定了基础。Pel 等第一次鉴定了黑曲霉 CBS513.88 基因组的 14165 个 ORF，通过同源性比对和已有实验数据，注释了其中 6506 个 ORF 的功能，建立了含有 1069 个独特反应的代谢网络；天津工业生物技术研究所的孙际宾等重建了黑曲霉基因组规模的代谢网络模型，涉及 4000 多个基因，999 个不同的酶序列号，2443 个代谢反应和 2349 个代谢产物，并应用此网络模型率先分析了黑曲霉高产柠檬酸的机理；Nielsen 等利用已经发表的实验数据，构建了黑曲霉基因尺度代谢网络，并通过实验数据以及代谢通量分析得以验证，阐述了黑曲霉的代谢潜力。开放的 BioMetToolBox 2.0（http://www.biomet-toolbox.org/）集合了黑曲霉的多种组学数据，使黑曲霉的系统解析更加便捷。黑曲霉代谢和调控网络的构建为探索工业生产菌株发酵机理和通过分子生物工程手段改造菌株，提高工业生产菌株的性能提供了新的思路和方法。

黑曲霉是重要的工业发酵微生物，是美国食品药品监督管理局（Food and Drug Administration，FDA）认定的公认安全的（Generally Regarded as Safe，GRAS）菌株之一，在有机酸、工业酶制剂生产方面应用广泛。黑曲霉用来生产的有机酸主要有柠檬酸、葡萄糖酸和没食子酸等，其中柠檬酸年产量超过 160 万吨，其中 99%以上的柠檬酸都是通过黑曲霉发酵实现的。生产的酶制剂主要有糖化酶、淀粉酶、酸性蛋白酶、纤维素酶、果胶酶、葡萄糖氧化酶等 30 余种。糖化酶作为淀粉糖化剂，在谷氨酸、柠檬酸、啤酒和酒精等发酵产品的生产中作为处理原料的重要酶制剂，发挥着极其重要的作用。果胶酶主要应用在食品工业，用于果蔬汁饮料和果酒榨汁，可以很好地分解果胶，提高产品品质。由于黑曲霉自身能产生大量且丰富的酶系，因此也广泛应用于酱油酿造行业，对改善酱油风味和品质发挥了重要作用。此外黑曲霉出色的蛋白质分泌能力，使其被开发为异源蛋白表达的理想宿主。

3. 米曲霉

米曲霉也是常见的曲霉，其菌落生长快（10d 直径达 5~6cm），质地疏松，初为白色或黄色，后转变为褐色至淡绿褐色，背面无色。米曲霉多为无性繁殖，产生分生孢子。分生孢子幼时呈梨形或卵圆形，成熟后多变为球形或近球形，直径 4.5~7.0μm，粗糙或近于光滑（图 3-7）。米曲霉分布非常广泛，主要存在于粮食、发酵食品、腐败有机物和土壤中。米曲霉可产生多种酶，除蛋白酶以外，还可产生淀粉酶、糖化酶、纤维素酶和植酸酶等。米曲霉广泛应用于食品、医药及饲料等工业中，是我国传统酿造食品酱和酱油的生产菌种，是美国 FDA 认定的 GRAS 之一。

由于在酿造工业中的重要应用，优良菌种的选育成为米曲霉研究的重要内容。经典的育种方法主要有物理化学诱变（如紫外诱变、亚硝基胍诱变、亚硝酸诱变等）和原生质体融合技术等，新发展的技术有基因组改组技术（Genome Shuffling）和代谢工程等。唐洁等对米曲霉 AS 3.951 和 CICC 2339 进行原生质体电融合育种，筛选到 EF113 和 EF222 两株融合菌，其酶活性分别达到 7680U/g 和 7200U/g，远高于亲本菌株的酶活性；潘力等对米曲霉沪酿 3.042 的 8 株突变株采用基因组改组技术筛选高蛋白酶活性菌株，通过 2 轮实验筛选出 6 株高产中性蛋白酶突变株，其中菌株 FII-41 的酶活性达到 7412U/g（干基），比原始出发菌株的酶活性提高了 1.76 倍，且遗传稳定。随着分子生物学技术的发展，以及组学研究的日益广泛深入，出现了更多菌种改良的新方法和新策略。例如，对于那些生化代谢途径清晰的菌株，通过代谢工程策略可以更容易地选择菌种改良的靶点；而对那些生化代谢途径不清楚的菌株，也可以直接通过 DNA 重组、系统生物技术、核糖体工程和表观遗传修饰等手段进行遗传育种。这些新方法和新策略使得菌种选育工作具有定向性和趋向正突变的特点，极大地提高了菌种选育的效率。

作为真核生物表达系统，米曲霉表达系统具有以下优点：蛋白质分泌能力强。蛋白质翻译后修饰模式接近于高等真核生物，能高效实现蛋白质的肽链剪切、糖基化、形成二硫键、折叠成特定空间结构等。米曲霉营养要求低，易于繁殖生长，适于进行大规模、高密度培养，而且其发酵工艺及下游加工技术已逐步完善。米曲霉长期应用于食品及食品加工行业，是公认的GRAS菌株。由此可见，米曲霉是很有潜力的重组蛋白表达系统。

五、毛霉属

毛霉又称为黑霉、长毛霉，是接合菌门（Zygomycota）、接合菌纲（Zygomycetes）、毛霉目（Mucorales）、毛霉科（Mucoraceae）真菌中的一个大属。毛霉的菌丝体发达，呈棉絮状，由许多分枝的菌丝构成，不产生定形菌落。毛霉菌丝无隔膜，有多个细胞核，在基物内外能广泛蔓延，无假根或匍匐菌丝。菌丝体上直接生出单生、总状分枝或假轴状分枝的孢囊梗。各分枝顶端着生球形孢子囊，囊内产大量球形、椭圆形、壁薄、光滑的孢囊孢子，孢子成熟后孢子囊破裂释放孢子（图3-9）。毛霉无性繁殖产生孢囊孢子，有性繁殖则产生接合孢子。

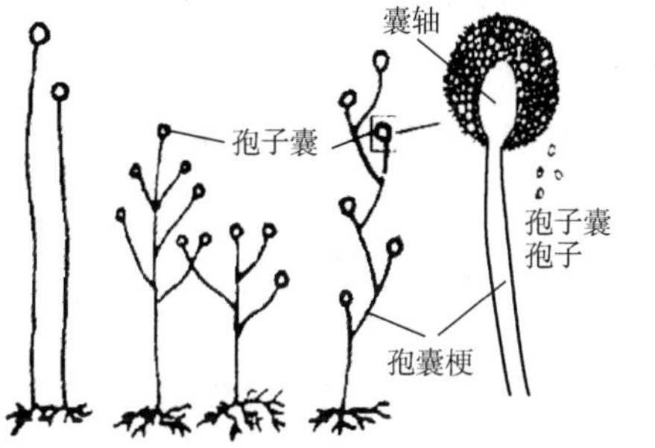

（1）　　（2）　　（3）

图3-9　毛霉的形态与结构示意图

（1）单生孢囊梗　（2）假轴状分枝孢囊梗　（3）孢子囊结构

毛霉种类较多，在自然界中分布广泛，在土壤、空气中都有很多毛霉孢子。毛霉在生物工业中的主要用途是用来生产酸性蛋白酶。酸性蛋白酶与动物蛋白酶如胃蛋白酶及凝乳酶性质相近，因此常取代动物蛋白酶用于干酪和酱油的生产中。嗜热的毛霉菌株微小毛霉（*M. pusillus*）及米黑毛霉（*M. miehei*）是目前用于干酪生产蛋白酶的主要来源。在我国，毛霉长期应用于腐乳的制备中。大豆中的蛋白质在毛霉蛋白酶的作用下，水解为各种氨基酸而赋予腐乳以鲜味。与黑曲霉和米曲霉蛋白酶相比，毛霉蛋白酶水解蛋白的产物没有苦味，适口性好。毛霉的淀粉酶活性也很强，可把淀粉转化为糖，在酿酒工业中多用作淀粉质原料的糖化菌。另外，有的毛霉能产生草酸、乳酸、琥珀酸、脂肪酶和果胶酶等。

六、根霉属

根霉分类上属于接合菌门，接合菌纲，毛霉目，毛霉科。根霉的菌丝发达，无隔膜，有分枝和假根。营养菌丝为弧形匍匐状菌丝，在培养基表面水平生长，在匍匐枝的节间形成特有的假根。假根起固定和吸收养料的作用。根霉无性繁殖产生孢囊孢子。在假根着生处，向上生出直立的孢囊梗，梗的顶端膨大为孢子囊，孢子囊内形成大量的孢囊孢子。孢囊成熟后，囊壁破裂，释放出孢子（图3-10）。根霉的有性繁殖产生接合孢子。

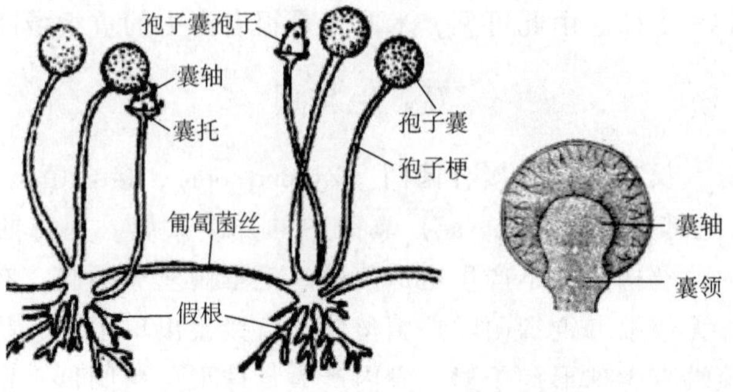

图 3-10　根霉形态与结构示意图

根霉广泛分布于酒曲、植物残体、腐败有机物和土壤中，能产生淀粉酶、糖化酶、脂肪酶、延胡索酸和乳酸等酶蛋白和有机酸，是工业上常用的生产菌种。常见的根霉菌种有黑根霉（*R. nigricans*）、华根霉（*R. chinensis*）、少根根霉和米根霉（*R. oryzae*）。米根霉和华根霉可用于制曲和酿酒，它们所产的淀粉酶活性很强，是酿造工业中常用糖化菌，同时又能合成众多芳香性酯类物质，能增加酿造产品的风味；黑根霉常用于生产果胶酶和木聚糖酶；少根根霉则广泛应用于生产 L-乳酸等物质。

第三节　蕈菌

蕈菌（Mushroom）是指具有明显的、肉眼可辨的子实体的大型真菌。其菌肉为肉质、木质或革质。大多数的种属担子菌，部分种属子囊菌，有些种可形成菌根。蕈菌与大型真菌、蘑菇是同义词，俗称食用菌。蕈菌包括食用（蕈）菌，药用（蕈）菌、有毒（蕈）菌和用途未知菌类等四大类。地球上人们认识的蕈菌有一万多种，我国有 4000 多种，其中食用菌 1000 多种，药用菌 500 多种，可人工栽培 100 多种。

一、蕈菌的主要种类

1. 子囊菌门蕈菌

子囊菌门是真菌界中种类最多、物种多样性最丰富的一个门，分类十分复杂。在《菌物字典》第 10 版中，子囊菌门设盘菌亚门（Pezizomycotina）、酵母菌亚门（Saccharomycotina）和外囊菌亚门（Taphrinomycotina）共 3 个亚门，15 个纲、68 个目、327 个科、6355 个属和一些不确定的分类单元。

子囊菌门与食用菌有关的种类主要有 10 科，即盘菌目（Pezizales）的块菌科（Tuberaceae）、羊肚菌科（Morchellaceae）、马鞍菌科（Helvellaceae）、盘菌科（Pezizaceae）、肉杯菌科（Sarcoscyphaceae）和肉盘菌科（Sarcosomataceae），肉座菌目（Hypocreales）的麦角菌科（Clavicipitaceae）和虫草科（Cordycipitaceae），炭角菌目（Xylariales）的炭角菌科（Xylariaceae），以及格孢腔菌目（Pleosporales）的格孢腔菌科（Pleosporaceae）。其中的虫草、块菌、羊肚菌等都是著名的食用菌，炭角菌和竹黄等为著名药用菌。

（1）盘菌目

①羊肚菌科：我国发现 18 种羊肚菌（*Morchella*）分布。欧美人工栽培的主要是变红羊肚菌（*M. rufobrunnea*），我国仿生法栽培的主要是黑色羊肚菌支系的尖顶羊肚菌（*M. conica*），大田土壤栽培模式生产的主要是梯棱羊肚菌（*M. importuna*）、六妹羊肚菌（*M. sextelata*）和七妹羊肚菌（*M. eximia*）（图 3-11）。单生或散生于阔叶林地的波地钟菌（*Verpa bohemica*）、圆锥钟菌（*V. conica*）及钟菌（*V. digitaliformis*）等也可食用（图 3-11）。

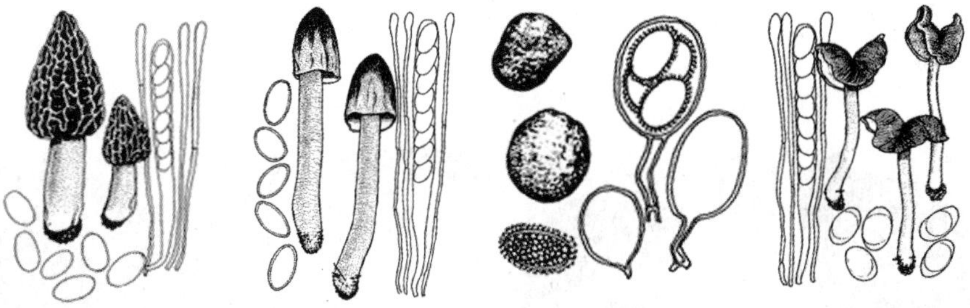

图 3-11　羊肚菌、钟菌、块菌和马鞍菌形态与结构示意图

②块菌科：块菌属（*Tuber*）蕈菌子实体地下生，有一些是名贵的食品，如著名的黑孢块菌（*T. melanosporum*）主要在意大利和法国商业性销售。我国已知的块菌种类包括夏块菌（*T. aestivum*）、凹陷块菌（*T. excavatum*）、巨孢块菌（*T. gigantosporum*）、会东块菌（*T. huidongense*）、印度块菌（*T. indicum*）、阔孢块菌（*T. latisporum*）、辽东块菌（*T. liaotongense*）、假凹陷块菌（*T. pseudoexcavatum*）和太原块菌（*T. taiyuanense*）等（图 3-11）。

③马鞍菌科：马鞍菌属（*Helvella*）中的碟形马鞍菌（*H. acetabulum*）、白柄马鞍菌（*H. albipes*）、黑马鞍菌（*H. atra*）、皱马鞍菌（*H. crispa*）、马鞍菌（*H. elastica*）、灰褐马鞍菌（*H. ephippium*）和裂盖马鞍菌（巴楚蘑菇）（*H. leucopus*）等，许多种类可食用（图 3-11）。鹿花菌属（*Gyromitra*）的一些菌种外观与马鞍菌属相似，为有毒蕈菌，不能食用。

（2）肉座菌目

①麦角菌科：麦角菌（*Claviceps purpurea*）寄生于黑麦、大麦、小麦和冰草等禾本科植物的花器上，可引起麦角病，之后产生的黑色坚硬的菌核可作药用，是止痛和防止子宫出血的特效药，也能使人畜中毒，引起流产、麻痹以及呼吸器官的病害。

②虫草科：虫草属（*Cordyceps*）和线虫草属（*Ophiocordyceps*）真菌大多数寄生在昆虫体内，先形成菌核，然后从菌核上产生棍棒形子座，称为虫草。子座具可育的头部；子囊壳埋生或半埋生在子座内，其中很多种类如蝉花虫草（*C. cicadicola*）、冈恩虫草（*C. gunnii*）、亚香棒虫草（*C. hawkesii*）、蛹虫草（*C. militaris*）和蝉花（*C. sobolifera*）等是名贵中药，既可食用又可药用。青藏高原野生的冬虫夏草（*Ophiocordyceps sinensis*）最为名贵。

（3）炭角菌目　该目炭角菌科中一些真菌的子座具有显著的药用价值，如乌灵参（*Xylaria nigripes*）和竹生肉球菌（*Engleromyces goetzi*）等。

（4）格孢腔菌目　该目格孢腔菌科的竹黄（*Shiraia bambusicola*）寄生于竹子上，是一种名贵的传统中药，民间常用来治疗风湿性关节炎，效果较好。

2. 担子菌门蕈菌

大多数蕈菌是担子菌门中具桶孔隔膜和桶孔覆垫的一类担子菌，根据担孢子是否产生隔膜分为无隔担子菌类（Homobasidiomycetes）和有隔担子菌类（Phragmobasidiomycetes）。

（1）有隔担子菌类

①木耳目（Auriculariales）：子实体胶质或略革质，担子具横隔膜。本目仅木耳科（Auriculariaceae）木耳属（*Auricularia*）的一些种类具有重要经济价值，其中黑木耳（*A. auricula*）、皱木耳（*A. delicata*）、褐黄木耳（*A. fuscosuccinea*）和毛木耳（*A. polytricha*）等是重要的栽培种类（图 3-12）。

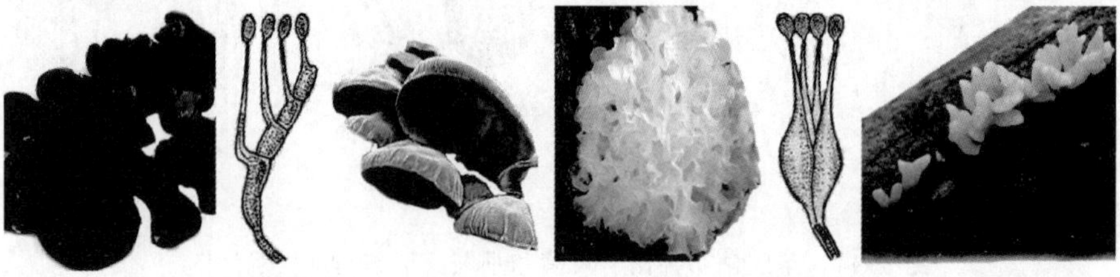

图 3-12　木耳和银耳属的常见种类及担子形态特征

②银耳目（Tremellales）：子实体胶质，担子产生纵隔膜，呈十字形；担孢子萌发时不直接形成芽管，先形成大量次生担孢子，环境适宜时才萌发。银耳科（Tremellaceae）银耳属（*Tremella*），银耳（*T. fuciformis*）、金耳（*T. aurantialba*）和血耳（*T. sanguinea*）等为重要栽培种类（图 3-12）。

（2）无隔担子菌类

①伞菌目（Agaricales）：子实体肉质，很少近革质或膜质，由菌盖、菌褶（菌管）和菌柄构成，有些种类还有菌环和菌托。子实体发育半被果型或假被果型，子实层体由菌褶或菌管组成。担子无隔，棒状，典型的具有 4 个担孢子，常有囊状体。担孢子单细胞，无色或有色。蘑菇目中的蕈菌分布很广而且种类也最多。

a. 蘑菇科（Agaricaceae）：该科蘑菇属（*Agaricus*）约有 200 种蕈菌，产生担子果通常具有白色到褐色或灰褐色的菌盖，菌褶离生，有菌环而无菌托，菌柄易与菌盖分离。已经栽培的种类有双孢蘑菇（*A. bisporus*）、巴西蘑菇（姬松茸）（*A. brasiliensis*）、草地蘑菇（*A. pratensis*）、黑蘑菇（*A. arvensis*）、双环蘑菇（大肥菇）（*A. bitorquis*）和褐蘑菇（牛排菇）（*A. brunnescens*）等。大环柄菇属（*Macrolepiota*）的高大环柄菇（*M. procera*）等可食，味道较好，已经驯化栽培。鬼伞属（*Coprinus*）中有些种可食，但食用时及其前后不宜饮酒，否则有可能中毒，如毛头鬼伞（*C. comatus*）又称鸡腿菇，是我国广泛栽培的种类。马勃属（*Lycoperdon*）和秃马勃属（*Calvatia*）的担子果为被果型，子实体成熟时孢子体留在包被之内。马勃属的网纹马勃（*L. perlatum*）和梨形马勃（*L. pyriforme*）等 10 余种幼时可食用。秃马勃属有粟粒皮秃马勃（*Calvatia boninensis*）和白秃马勃（*Calvatia candida*）等幼时可食，老熟则药用。

b. 鹅膏菌科（Amanitaceae）：该科的鹅膏属（*Amanita*），菌褶离生，有菌托，常有菌环，约有600种，包含10多种可食用种类，如橙盖鹅膏菌（*Amanita caesarea*）就是著名的美味蕈菌。超过一半的毒蘑菇致死案例出自鹅膏属的物种，必须谨慎采食，以免误食中毒，危及生命。

c. 离褶伞科（Lyophyllaceae）：记录8属157种，其中丽蘑属（*Calocybe*）、离褶伞属（*Lyophyllum*）、玉蕈属（*Hypsizygus*）、蚁巢菌属（*Termitomyces*）等的一些种类可食用，如鸡枞菌（*Termitomyces* spp.）味道鲜美，为珍贵食用菌（图3-13）；荷叶离褶伞（*L. decastes*）被誉为炸鸡腿蘑；香杏丽蘑（*C. gambosa* ≡ *Tricholoma gambosum*）、紫皮丽蘑（*C. ionides* ≡ *Tricholoma ionides*）等可以食用；斑玉蕈（真姬菇、蟹味菇）（*H. marmoreus*）（图3-13）和榆干离褶伞（*H. ulmarius* ≡ *Lyophyllum ulmarium*）等已经规模化栽培。

图3-13　离褶伞科、类脐菇科和珊瑚菌科代表性蕈菌种类

d. 类脐菇科（Omphalotaceae）：微香菇属（*Lentinula*）的香菇（*L. edodes*）是目前我国第一大食用菌（图3-13）。此外，粉金钱菌属（*Rhodocollybia*）、裸柄伞属（*Gymnopus*）和微皮伞属（*Marasmiellus*）中某些种类可食。

e. 珊瑚菌科（Clavariaceae）：蜜环菌属（*Armillaria*）常见种蜜环菌（*Armillaria mellea*）味美可食，且是天麻的共生菌，栽培上应用可提高天麻的产量和质量。小火焰菌属（*Flammulina*）菌盖黏、平展且常有脐凸，包括最著名的工厂化栽培食用菌金针菇（*F. velutipes*）（图3-13）。小奥德蘑属（*Oudemansiella*）的长根菇（长根奥德蘑）（*O. radicata* ≡ *Xerula radicata*）子实体大，已人工栽培（图3-13）。

f. 侧耳科（Pleurotaceae）：侧耳属（*Pleurotus*）真菌菌柄偏生至侧生，菌盖无胶黏层，子实层囊状体无结晶，全世界报道有50多种，我国主要人工栽培的有平菇（糙皮侧耳）（*P. ostreatus*）、鲍鱼菇（*P. abalonus*）、金顶侧耳（*P. citrinopileatus*）、秀珍菇（*P. geesteranus*）、阿魏菇（*P. ferulae*）、杏鲍菇（*P. eryngii*）和白灵菇（*P. nebrodensis*）等（图3-14）。

g. 光柄菇科（Pluteaceae）：小包脚菇属（*Volvariella*）的银丝草菇（*V. bombycina*）、美味草菇（*V. esculenta*）和草菇（*V. volvacea*）（图3-14）均是重要的蕈菌种类，并已人工栽培。

h. 裂褶菌科（Schizophyllaceae）：菌盖扇形或肾形，质韧，被绒毛，具多裂瓣。代表性种类裂褶菌（*S. commune*）（商业化名字为白参）分布广泛，可食用，并有抗癌等作用，已经驯化栽培。田头菇属（*Agrocybe*）的柱状田头菇（*A. cylindracea*）、田头菇（*A. praecox*）和茶树菇（*A. aegirit*）等可食用，且已人工栽培（图3-14）。

图 3-14　侧耳科、光柄菇科、裂褶菌科和球盖菇科代表性蕈菌种类

i. 球盖菇科（Strophariaceae）：菌褶与菌柄相连，孢子褐色。鳞伞属（*Pholiota*）的光帽鳞伞（滑子菇）（*P. nameko*）、翘鳞环锈伞（*P. squarrosa*）和黄伞（*P. adiposa*），以及球盖菇属（*Stropharia*）的大球盖菇（*S. rugosoannulata*）等蕈菌均已人工驯化栽培（图 3-14）。

j. 口蘑科（Tricholomataceae）：该科包含众多的重要食用菌。香蘑属（*Lepista*）的子实体夏季或秋季群生于林中或草地上，常形成蘑菇圈。白香蘑（*L. caespitosa*）、紫丁香蘑（*L. nuda*）和花脸香蘑（*L. sordida*）等许多种类是美味的食用菌。口蘑属（*Tricholoma*）突出特征是菌柄粗壮，菌褶弯生或狭附生，不延生，著名种类有蒙古口蘑（*T. mongolicum*）和松茸（*T. matsutake*）（图 3-15）。大口蘑属（*Macrocybe*）的巨大口蘑（*M. giganteum* ≡ *Tricholoma giganteum*）和洛巴伊大口蘑（金福菇）（*M. lobayensis*）是重要的蕈菌（图 3-15）。香菇属（*Lentinus*）的虎皮香菇（斗菇）（*L. tigrinus*）、虎奶菇（*L. tuber-regium*）（图 3-15）和大杯香菇（*L. giganteus*）均已经人工栽培。

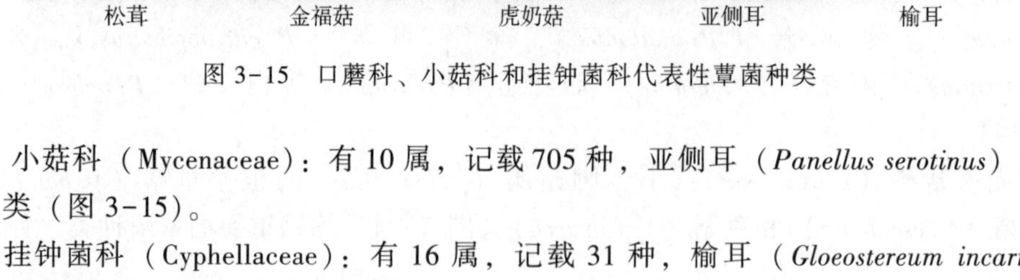

图 3-15　口蘑科、小菇科和挂钟菌科代表性蕈菌种类

k. 小菇科（Mycenaceae）：有 10 属，记载 705 种，亚侧耳（*Panellus serotinus*）为广泛栽培种类（图 3-15）。

l. 挂钟菌科（Cyphellaceae）：有 16 属，记载 31 种，榆耳（*Gloeostereum incarnatum*）为广泛栽培种类（图 3-15）。

②牛肝菌目（Boletales）：该目蕈菌的主要特征是子实体肉质，子实层体管状或假菌褶状，菌管壁易与菌盖分离开。

a. 牛肝菌科（Boletaceae）：子实体多为肉质，菌盖伞状，子实层孔状，菌孔互相不分开。条孢牛肝菌属（*Boletellus*）、牛肝菌属（*Boletus*）、小疣柄牛肝菌属（*Leccinellum*）、疣柄牛肝菌属（*Leccinum*）、褶孔牛肝菌属（*Phylloporus*）、网柄牛肝菌属（*Retiboletus*）、松塔牛肝菌属（*Strobilomyces*）、粉孢牛肝菌属（*Tylopilus*）和绒盖牛肝菌属（*Xerocomus*）的一些种类可食，以美味牛肝菌（*Boletus edulis*）最为著名，黑牛肝菌（*Boletus aereus*）目前可以人工栽培。此外，牛肝菌科某些种类有毒或不宜食用，如小美牛肝菌（*Boletus speciosus*）中毒可产生幻觉，紫红牛肝菌（*B. purpureus*）和亚绒柄牛肝菌（*B. subvelutipes*）均记载有毒。

b. 硬皮马勃科（Sclerodermataceae）：硬皮马勃属（*Scleroderma*）蕈菌夏秋季于针叶林或阔叶林中群生或单生，与树木形成外生菌根。常见可药食两用的种类有大孢硬皮马勃（*S. bovista*）、光硬皮马勃（*S. cepa*）和薄硬皮马勃（*S. tenerum*）等。豆马勃属（*Pisolithus*）的彩色豆马勃（*P. arhizus* ≡ *P. tinctorius*）夏秋季于松树等林中单生或群生，是松、杉和栎等树木重要的外生菌根菌，分布广泛，为食药兼用蕈菌。

c. 乳牛肝菌科（Suillaceae）：菌盖黏至胶黏，光滑或有绒毛或有小鳞片。乳牛肝菌属（*Suillus*）的黏盖乳牛肝菌（*S. bovinus*）、点柄乳牛肝菌（*S. granulatus*）和松林乳牛肝菌（*S. pinetorum*）等味美可口，并具抗癌作用。

③鸡油菌目（Cantharellales）：担子果漏斗状，有柄，肉质至膜质，光滑，表面皱折或折叠成厚褶状，孢子无类淀粉质（non-amyloid）反应。鸡油菌科（Cantharellaceae）蕈菌子实层上的折叠像浅延生的菌褶一直延伸到菌柄上。鸡油菌属（*Cantharellus*）的鸡油菌（*C. cibarius*）和小鸡油菌（*C. minor*）均属树木外生菌根菌，分布较广泛，可食用和药用。

④花耳目（Dacrymycetales）：子实体胶状或蜡质，黄色至橙色，担子不分隔，叉状，具 2 个小梗，减数分裂两个子核退化，另两个子核进入担孢子。花耳科（Dacrymycetaceae）花耳属（*Dacrymyces*）的掌状花耳（*D. chrysospermus* ≡ *D. palmatus*）夏秋季或春季均可生长在针叶树腐木上，分布于云南等地，可食用。

⑤鬼笔目（Phallales）：担子果被果型，初期卵形或球形，包裹着产孢组织和子实层托，成熟时包被开裂，子实层托露出地面，包被下部残留成为菌托，子实层托为海绵质，柱状或窗格状，表面产生有臭气的胶状物（自溶的担子与孢子）。产孢组织肉质，味甜，浅绿色或褐色。鬼笔科（Phallaceae）的竹荪属（*Dictyophora*）有短裙竹荪（*D. duplicata*）、棘托竹荪（*D. echinovolvata*）、长裙竹荪（*D. indusiata*）、黄裙竹荪（*D. multicolor*）和红托竹荪（*D. rubrovolvata*）等，均是广泛栽培的蕈菌（图 3-16）。

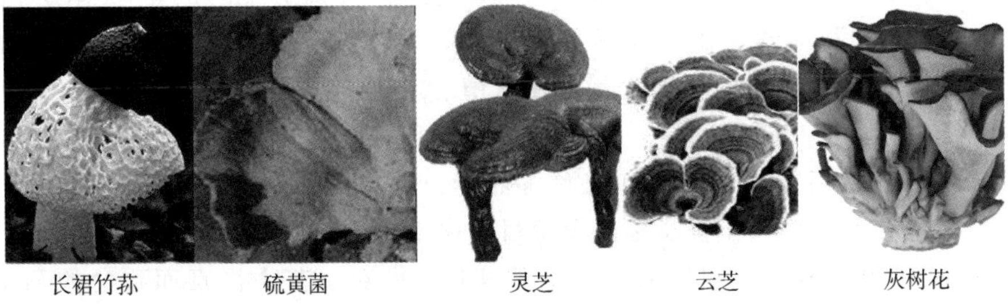

图 3-16　鬼笔目和多孔菌目代表性蕈菌种类

⑥多孔菌目（Polyporales）

a. 拟层孔菌科（Fomitopsidaceae）：该科拟层孔菌属（*Fomitopsis*）的红拟层孔菌（*F.*

rosea）在云杉等针叶树的枯木上及大枝丫上单生或群生，是常见木腐菌，有药用价值。硫黄菌（*Laetiporus sulphureus*）和朱红硫黄菌（*L. miniatus*）分布广泛，幼时可食用，味道好，并有药用价值，已驯化栽培（图3-16）。

b. 灵芝科（Ganodermataceae）：灵芝属（*Ganoderma*）中的灵芝（*G. lucidum*）是传统的中药材之一，药用历史悠久（图3-16）；紫灵芝（*G. sinensis*）也是著名的药用真菌；树舌灵芝（*G. applanatum*）是重要的木腐菌，引起白色腐朽，分布广泛，也可作药用。

c. 多孔菌科（Polyporaceae）：该科多孔菌属（*Polyporus*）的猪苓（*P. umbellatus*），栓菌属（*Trametes*）的彩绒革盖菌（云芝）（*T. versicolor*）（图3-16）和槐耳（*T. robiniophila*），密孔菌属（*Pycnoporus*）的红栓菌（*Py. sanguineus*）均是著名的药用真菌，分布广泛。革耳属（*Panus*）的猪肚菌（*Pa. gigianteus*）是近期成功驯化栽培的蕈菌种类。茯苓（*Wolfiporia cocos* ≡ *W. extensa*）是我国传统的中药材之一。雷丸（*Laccocephalum mylittae*）具有驱虫作用，也是我国传统中药材。

d. 绣球菌科（Sparassidaceae）：绣球菌属（*Sparassis*）真菌在活树木基部或根部产生大型浅色的子实体。绣球菌（*S. crispa*）生针叶林中树根上，可以规模化栽培。

e. 薄孔菌科（Meripilaceae）：奇果菌属（*Grifola*）的灰树花（栗蘑）（*G. frondosa*）是著名的食药用菌，可人工栽培（图3-16）。

⑦红菇目（Russulales）：担子果肉质或膜质，子实层托不易从菌盖的肉质部剥离，菌肉组织内有许多泡囊。

a. 猴头菌科（Hericiaceae）：子实层分布在倒悬的刺状结构上。猴头菌属（*Hericium*）的猴头菌（*H. erinaceus*）是著名的食用和药用蕈菌，现已广泛栽培。

b. 红菇科（Russulaceae）：菌盖和菌柄一般为肉质，由泡囊状细胞和菌丝组成，孢子具有明显的淀粉质反应和外孢壁纹饰，通常没有锁状联合。乳菇属（*Lactarius*）和红菇属（*Russula*）真菌通常形成外生菌根，多种可食。乳菇属子实体受伤有乳汁或有色液体流出，松乳菇（*L. deliciosus*）、红汁乳菇（*L. hatsudake*）和多汁乳菇（*L. volemus*）等味道鲜美。红菇属子实体无乳汁，质脆，大红菇（*R. alutacea*）、美味红菇（*R. delica*）和正红菇（*R. griseocarnosa*）等可食。

⑧刺革菌目（Hymenochaetales）：担子果平展或反卷成帽檐状，一菌丝型、二菌丝型或三菌丝型，子实层平滑，某些种骨架菌丝变态成乳管，分泌红色乳汁。木层孔菌属（*Phellinus*）的淡黄木层孔菌（*P. gilvus*）、火木层孔菌（*P. igniarius*）、鲍氏木层孔菌（桑黄）（*P. baumii*）和瓦尼木层孔菌（杨黄）（*P. vaninii*），纤孔菌属（*Inonotus*）的桦褐孔菌（*I. obliquus*）分布广泛，具抗肿瘤等药用价值。

3. 有毒蕈菌

有毒蕈菌简称毒菌（Toadstool），又称毒蘑菇，是指对人和其他高等哺乳动物有毒的大型真菌。绝大多数毒菌属于担子菌的伞菌目，仅少数是其他担子菌或子囊菌。全世界有记述的毒菌有1000余种，中国目前已知毒蘑菇近500种，其中极毒而致命的毒菌约100种。误食毒蘑菇会造成严重的健康问题，因此采食野蘑菇一定要慎重。同时，毒蘑菇也是重要的资源。有的毒蘑菇具有一定的药用价值，主要是某些毒性成分具有药理作用，如毒蝇鹅膏、麦角菌、橘黄裸伞和丛生垂幕菇等。目前毒菌的研究一般都停留在分类鉴定上，而毒性成分的确认、中毒症状的分析总结、中毒类型的归纳以及中毒机理、解毒等方面还存在很多复杂的问题和未知领域。另外，毒蘑菇的资源化利用也是亟待解决的问题。

（1）毒蘑菇中毒类型 一般把毒蘑菇的中毒类型分为以下 6 种。

①胃肠中毒型：为最普遍的中毒类型，我国约有 160 种毒蘑菇的中毒症状属此型，如毒粉褶菌（*Rhodophyllus sinuatus*）、日本类脐菇（月夜菌）（*Lampteromyces japonicus*）、粉红枝瑚菌（*Ramaria formosa*）、宽褶奥德蘑（*Oudemasiella platyphylla*）、毛头乳菇（*Lactarius torminosus*）、赭红拟口蘑（*Tricholomopsis rutilans*）、白棕口蘑（*Tricholoma albobrunneum*）、臭黄菇（*Russula foetens*）、血红丝膜菌（*Cortinarius sanguineus*）、白乳菇（*Lactarius piperatus*）和毒红菇（*Russula emetica*）等（图 3-17）。这些毒蘑菇含胃肠道刺激物，食后 10min 至 6h 内发病，主要症状为急性恶心呕吐、腹泻、腹痛，或伴有头昏、头痛、全身无力。重者偶有吐血、脱水、休克、昏迷和谵语。很少有急性肝、肾功能衰竭和死亡。一般病程短，致死率低，容易恢复。

图 3-17 胃肠中毒型、神经精神型和溶血型毒菌代表性种类

②神经精神型：中毒表现为精神兴奋、错乱或抑制等神经性中毒症状。已知约有 110 余种毒蘑菇属于此中毒类型，相关毒素主要有毒蝇碱、色胺类化合物和异恶唑衍生物等，常见于鹅膏属、裸盖菇属（*Psilocybe*）和斑褶菇属（*Panaeolus*）的一些种类，如毒蝇鹅膏菌（*Amanita muscaria*）、纹缘鹅膏菌（*A. spreta*）、小毒蝇鹅膏菌（*A. melleiceps*）、褐云斑鹅膏菌（*A. porphyria*）、柠檬黄鹅膏菌（*A. citrina*）、角鳞灰鹅膏菌（*A. spissacea*）、裂丝盖伞（*Inocybe rimosa*）、毒蝇口蘑（*Tricholoma muscarium*）、古巴裸盖菇（*Psilocybe cubensis*）、黄裸盖菇（*P. fasciata*）、毒裸盖菇（*P. venenata*）、粪生裸盖菇（*P. merdaria*）、半卵形斑褶菇（*Panaeolus semiovatus*）、蝶形斑褶菇（*Pa. papilionaceus*）、钟形斑褶菇（*Pa. campanulatus*）、粪生斑褶菇（*Pa. fimicola*）、蓝灰斑褶菇（*Pa. cyanescens*）、橘黄裸伞（*Gymnopilus spectabilis*）、小美牛肝菌和红网牛肝菌（*B. luridus*）等（图 3-17）。

③溶血型：溶血型中毒潜伏期较长（6h 以上），主要中毒症状是溶血性贫血，肝脏、肾脏肿大，寒战，发热，腰背肢体疼，面色苍白等，重者还出现脉弱、抽搐和嗜睡，往往因肝脏严重受损及心脏衰竭而亡。引起此类中毒的毒菌主要是鹿花菌（*Gyromitra esculenta*）、赭鹿花菌（*G. infula*）和褐鹿花菌（*G. brunnea*）（图 3-17）等，另外，还有约 18 种毒菌其毒素也有溶血作用，如大青褶伞（*Chlorophyllum molybdites*）、秋盔孢伞（*Galerina autumnalis*）、拟卵盖鹅膏菌（*Amanita neoovoidea*）、毒红菇（*Russula emetica*）、亚稀褶黑菇（*Russula subnigricans*）、疣孢褐盘菌（*Peziza badia*）及皱马鞍菌（*Helvella crispa*）等。

④肝脏损害型：可引发此类型中毒的毒蘑菇约有 35 种，主要为含鹅膏毒肽、毒伞肽（剧毒）等毒素的菌类，毒性很强，严重者可致死，死亡率 80%左右。常见种类有毒盔孢伞（*Galerina venenata*）、橙黄鹅膏（*Amanita citrina*）、致命鹅膏（*A. exitialis*）、豹斑毒鹅膏（*A. pantherina*）、春生鹅膏（*A. verna*）、绿盖鹅膏（*A. phalloides*）和毒蝇鹅膏（*A. muscaria*）等（图 3-18）。肝脏损害型中毒发病过程可分为潜伏期、胃肠炎期、假愈期、内脏损害期、精神症状期和恢复期 6 个时期。中毒的潜伏期较长（6h 以上，最长 2d），往往因发病晚而不能及早发现。胃肠炎期表现为急性恶心、呕吐，腹痛、腹泻，类似霍乱症状，一般 1~2d 后症状基本消失，进入假愈期。假愈期毒素通过血液进入肝脏等内脏器官并造成损害，大约经过 1d，病情突然恶化，进入内脏损害期，可累及肝、脑、心、肾等脏器，造成一定程度的损害，而以肝脏损害最为严重，出现中毒性肝炎的表现（肝大、肝痛，黄疸、肝转氨酶明显升高等），尿检有红细胞与白细胞，伴有恶心、头晕、头痛、低热、腹胀、厌食、嗜睡。严重者肝肿大后又迅速缩小、黄疸加深、全身广泛出血、尿闭、心率加快等，发生急性肝坏死，有的出现肝性昏迷，有的表现烦躁不安等。如果能及时积极治疗，可在 1~2 周内进入恢复期，而后痊愈。中毒严重者往往在胃肠炎期间很快出现狂躁、惊厥等精神症状，而后进入昏迷，甚至很快因呼吸衰竭而休克死亡。部分病人或经及时抢救可于数天后逐渐解除精神症状而进入恢复期。恢复期中毒症状渐轻，肝损害逐渐好转，一般要经过 10~15d 积极治疗，肝功能才能完全恢复正常。

图 3-18　肝脏损害型、呼吸与循环衰竭型和光过敏性皮炎型毒菌代表性种类

⑤呼吸与循环衰竭型：中毒症状主要为中毒性心肌炎、急性肾功能衰竭和呼吸麻痹。无昏迷和副交感神经兴奋样症状，也无黄疸、肝大症状，其肝功能正常可与前面各类型相区别。潜伏期 20min 至 1h，或长达 24h，甚至 10 余天。代表为亚黑红菇（亚稀褶黑菇）（图 3-18），其他毒菌可能还有纹缘鹅膏菌、毒鹅膏菌、洁小菇（*Mycena pura*）、小白杯伞（*Clitocybe candicans*）、肉褐鳞小伞（*Lepiota brunneo-incarnata*）、褐鳞环柄菇（*Lepiota helveola*）、簇生黄韧伞（*Naematoloma fasciculare*）、毒丝膜菌（*Cortinarius orellanus*）、秋盔孢伞、毒粉褶菌（*Rhodophyllus sinuatus*）和鹿花菌等约 20 种。

⑥光过敏性皮炎型：其主要中毒症状为面部和手臂红肿，嘴唇肿胀翻起，同时出现针刺样疼痛，潜伏期 24~48h，病程数天之久。这种类型的毒菌主要有胶陀螺（*Bulgaria inquinans*）和叶状耳盘菌（*Cordierites frondosa*）等（图 3-18）。

很多毒菌含有多种毒素，误食中毒后会出现多种中毒症状。例如，鹿花菌含有鹿花菌素或马鞍菌酸的水解产物甲基联胺，会引起胃肠炎型、肝脏损害型、溶血型、呼吸循环衰竭型、神经精神型、多脏器损伤型等；亚黑红菇同时含有鹅膏毒肽、鬼笔毒肽、红菇素、亚稀褶黑菇毒素等多种毒素，会引起溶血型、呼吸循环衰竭型、胃肠炎型、神经精神型、肾损害型、多脏器损伤型、横纹肌溶解症等多种损害；褐鳞环柄菇（*Lepiota helveola*）含有鬼笔毒肽、毒伞毒肽、鹅膏肽类毒素、环肽等毒素，误食会引起肝肾损害型、呼吸循环衰竭型、胃肠炎型、多脏器损害等；灰花纹鹅膏（*A. fuliginea*）含有鹅膏毒肽、鬼笔毒肽，会引起胃肠炎型、溶血型、肝脏损害型、呼吸循环衰竭型、多脏器损伤型等多种伤害。这样的例子在毒菌中比较普遍。

（2）毒菌毒素种类及中毒机理　目前，已经确定了部分毒蘑菇毒素的结构及中毒机理，主要包括环型多肽、毒蝇碱、色胺类化合物、异噁唑衍生物、鹿花菌素、鬼伞素及奥来毒素 7 类。

①环型多肽类：环型多肽类包括鹅膏毒肽（Amatoxins，又称毒伞肽）和鬼笔毒肽（Phallotoxins）两大类。鹅膏毒肽一般指白色环八肽的鹅膏毒素。目前已分离纯化的鹅膏毒肽主要有 9 种物质，即 α-毒伞肽（α-amanitin）、β-毒伞肽（β-amanitin）、γ-毒伞肽（γ-amanitin）、ε-毒伞肽（ε-amanitin）、三羟毒伞肽（Amanin）、一羟毒伞肽酰胺（Amanullin）、三羟鹅膏毒肽酰胺（Amaninamide）、羧基鹅膏毒肽酰胺原（Proamanullin）和一羟鹅膏毒肽羧酸（Amanullinic acid）。鬼笔毒肽是指绿色双环七肽的鬼笔毒素，目前已分离纯化的主要有二羟鬼笔毒肽（Phalloidin）、一羟鬼笔毒肽（Phalloin）、一羟鬼笔毒肽原（Prophalloin）、三羟鬼笔毒肽（Phallisacin）、羧基二羟鬼笔毒肽（Phallacidin）、羧基一羟鬼笔毒肽（Phallasacin）和羧基三羟鬼笔毒肽（Phallisacin）7 种物质。环型多肽的毒性机理目前已基本明确。鹅膏毒素可毁坏细胞核圈，对细胞核 RNA 多聚酶起强烈抑制作用，使 DNA 不能转录为 RNA，进而阻断蛋白质的合成。鬼笔毒素主要是破坏肝、肾等细胞的内质网膜，阻止蛋白质合成，并引起 K^+ 外渗。鹅膏毒肽是环型多肽的主要毒性物质，其毒性是鬼笔毒肽的 10~20 倍。

②毒蝇碱：毒蝇碱（Muscarine）是一类具有神经致幻作用的神经毒素，存在于毒蝇鹅膏、豹斑毒鹅膏、毒红菇等毒菌。毒性机理一般认为其作用于副交感神经后引起心跳减慢，加强腺体分泌，使血压降低、瞳孔收缩、中枢神经也异常兴奋。因此食后常表现为兴奋、产生幻觉、流汗、流涎和流泪。中毒者因肺部水肿而呼吸困难、昏迷甚至死亡。

③色胺类毒素：色胺类毒素包括蟾蜍素（Bufotenine）、光盖伞素（Psilocybin）、甲基裸盖伞素（Baeocystin）、光盖伞辛（Psilocin）、4-羟基色胺及其脱甲基类似物（Norbaeocystin），属神经毒素，主要存在于一些神经致幻型毒菌中。色胺类毒素的毒性机理一般认为该毒素作用于中枢神经至脊髓后，导致交感神经和生理机能的变化。

④异噁唑衍生物：异噁唑衍生物是从毒蝇鹅膏中发现并成功分离的作用于中枢神经系统的毒性物质，目前已分离纯化出 4 种，即口蘑氨酸（Tricholomic acid）、鹅膏蕈氨酸（Ibotenic acid）、麦斯卡松（Muscazone）和脱羧衍生物异鹅膏胺（Muscimol）。其中鹅膏蕈氨酸和脱羧衍生物异鹅膏胺可使神经错乱，麦斯卡松和口蘑氨酸均具有杀死苍蝇的作用。

⑤鹿花菌素：鹿花菌素（Gyromitrin）主要存在于鹿花菌、马鞍菌（*Helvella elastica*）、

疣孢褐盘菌（*Peziza badia*）中。研究表明，鹿花菌素的水解产物甲基联胺（Monomethyl hydrazine，MMH）化合物为主要毒性物质。MMH 的作用机理一般认为其对合成 γ-氨基丁酸相关的谷氨酸脱羧酶和 γ-氨基丁酸转氨酶有抑制作用，从而抑制 γ-氨基丁酸的产生。

⑥鬼伞素和奥来毒素：鬼伞素（Coprine）最早从墨汁鬼伞（*Coprinopsis atramentaria*）中分离得到。单独食用墨汁鬼伞并不引起中毒，但在食用时或在食用后 2~3d 内饮酒即可引起脸部红肿、心率上升、头晕、恶心、呕吐，并出现呼吸困难等现象，其毒性机理尚不明确。研究发现，鬼伞素及其代谢产物可抑制肝脏中的乙醛脱氢酶，使乙醛（乙醇的中间代谢产物）的代谢受阻，导致乙醛在体内积累并造成伤害。奥来毒素（Orellanine）主要存在于丝膜菌属（*Cortinarius*）蕈菌，毒性机理尚不明确。小鼠实验证明奥来毒素主要作用于肾细胞，能引起肾损伤。

⑦烯酸与炔酸：日本学者为了寻找亚黑红菇中的致死毒素，以小鼠毒性为筛选模型，2009 年筛选到环丙-2-烯羧酸（Cycloprop-2-ene Carboxylic Acid）化合物。该毒素能引起横纹肌溶解，对小鼠的致死剂量为 2.5mg/kg。我国学者 2012 年从引起云南不明原因猝死的毒沟褶菌（*Trogia venenata*）中分离获得了 2 个新的毒素成分，即 2*R*-氨基-4*S*-羟基-5-己炔酸（2*R*-amino-4*S*-hydroxy-5-hexynoic acid）和 2*R*-氨基-5-己炔酸（2*R*-amino-5-hexynoic acid），对小鼠的半致死剂量分别为 71mg/kg 和 84mg/kg。这两种毒素成分与假褐云斑鹅膏（*A. pseudoporphyria*）、拟卵盖鹅膏（*A. neoovoidea*）等有毒蘑菇中所含有的毒素成分 2-氨基-4,5-己二烯酸（2-amino-4,5-hexadienoic acid）是同一类化合物。

（3）毒菌毒素的开发利用价值　蕈菌毒素具有多种潜在开发利用价值。然而，人们对毒素的关注和研发利用还远远不够。毒菌毒素将在生物防治、人类疾病预防与治疗以及生物技术等领域发挥重要作用。

①开发生物杀虫剂：近年来，毒菌及更多的蕈菌被列入新型生物农药的研究资源。很多蕈菌可产生具有杀虫活性的次生代谢物质。在培养能产生有毒代谢产物杀死线虫方面已做大量工作，为新型生物杀虫剂开发奠定了扎实的基础。

②研究与治疗精神类疾病：色胺类毒素，如光盖伞素、光盖伞辛等已经广泛用于心理诊断和治疗，成为研究诸如急性精神分裂症等精神疾病病理生理学的模式药物，用于研究不同的药物组合对精神病症状发展的影响，探讨精神治疗药物。此外，在治疗丛集性头痛、帮助戒毒、减轻癌症晚期病人痛苦、探讨大脑奥秘及辅助心理治疗等方面，均具有较大的开发利用空间。

③治疗癌症：从毒菌分离提取到松胞菌素 D，具有直接杀死肿瘤细胞的效应，是研制体内治疗恶性肿瘤药物的一个很好的先导化合物。提取和纯化轮枝孢菌素 A，具有强烈抑制肿瘤细胞增殖的作用，具有进一步研制新抗恶性肿瘤药物的前体价值。鹅膏毒素既能杀死正常细胞，也能杀死癌细胞。近年来，利用鹅膏肽类毒素与肿瘤免疫靶向治疗与肿瘤药物靶向治疗相结合治疗癌症方面取得了重要进展。α-鹅膏毒肽与抗体相结合用于肿瘤免疫治疗，以及鹅膏肽类毒素与 pH 敏感肽结合进行药物靶向治疗肿瘤等方面，均取得重大进展。

④毒菌基因资源的开发：很多毒菌传统上用作中药材，具有预防和治疗疾病的作用。还有很多毒菌产生多种次生代谢物质，具有抗菌等活性。相关基础研究还有待加强以更广泛深入地开发毒菌的基因资源，为人类造福。

二、我国发展蕈菌产业的意义

1. 蕈菌的营养与保健价值

我国利用蕈菌具有悠久的历史。食用蕈菌作为一种食品具有明显的特点，基本符合联合国粮食及农业组织对功能性食品的三个要求（营养功能、嗜好功能和生理功能），因而被联合国粮食及农业组织誉为“21 世纪的健康食品”。食用蕈菌能提供蛋白质、脂肪、碳水化合物、矿物质元素、维生素及其他生理活性物质；色、香、味俱佳，口感好，味道好，具有独特的鲜味，可以刺激食欲；有保健作用，食后能参与人体的代谢，维持、调节或改善体内环境的平衡，可以作为一种生物反应调节剂，提高人体免疫力，增强人体防病抗病的能力，从而达到延年益寿的作用。食用蕈菌是高蛋白、低脂肪、低能量、富含多种矿物质元素和维生素的功能性食品，还含有多糖、三萜类化合物等多种生理活性物质，具有抗炎、防癌、抗瘤、降血压、降血糖等医疗价值。

（1）食用蕈菌的营养价值　食用蕈菌的营养成分因品种、培养料、栽培方法、采收期、贮藏加工等诸多因素的影响而有一定差异，其基本化学组成包括水分和干物质两大部分，干物质中主要有碳水化合物、蛋白质、脂肪和矿物质元素等。部分栽培食用蕈菌的常规营养成分见表 3-3。

表 3-3　部分栽培蕈菌的常规营养成分　单位:%

食用蕈菌种类	水分	蛋白质	脂肪	灰分	粗纤维	碳水化合物
平菇	8.93	23.94	1.71	8.32	8.21	53.48
香菇	8.36	17.92	1.87	6.66	6.77	43.83
双孢蘑菇	6.70	23.91	2.17	10.85	9.17	32.21
金针菇	6.76	15.38	1.82	12.31	16.46	44.33
黑木耳	6.57	8.76	2.03	3.96	6.07	61.18
毛木耳	8.07	7.48	1.20	3.01	18.36	64.83
银耳	7.72	7.85	0.67	6.24	0.11	72.94
猴头菌	3.1	26.88	2.38	13.07	9.93	45.16
茶树菇	10.2	26.2	2.0	4.2	10.7	46.7
真姬菇	4.15	26.81	2.37	6.23	16.41	60.44
鸡腿菇	4.2	22.45	2.82	10.8	2.78	57.65

食用蕈菌中蛋白质的含量通常占干物质总量的 20%~35%，多数为 20%~25%。食用蕈菌不但蛋白质含量高，而且组成蛋白质的氨基酸种类齐全，一般含有 17~18 种氨基酸，并含有 7~8 种人体必需氨基酸，其中赖氨酸和亮氨酸含量较为丰富。而且大多数食用蕈菌中必需氨基酸占氨基酸总量的 40%以上。另外，食用蕈菌蛋白质的消化率较高，大约 70%的食用蕈菌蛋白质在人体内消化酶作用下，分解成氨基酸被人体吸收。食用蕈菌还含有多种呈味氨基酸，使其具有诱人的鲜味。因此，食用蕈菌被人们认为是“十分好的蛋白

质和氨基酸来源”。

不同品种的食用蕈菌脂肪含量占其干重的 1.1%～8.3%，平均含量为 4%。与其他食品相比，有 3 个突出的特点，一是脂质含量较低，为低热量食物，但天然粗脂肪齐全。二是非饱和脂肪酸的含量远高于饱和脂肪酸，且以亚油酸为主。据分析，目前广泛栽培的几种主要食用蕈菌的非饱和脂肪酸的含量约占总脂肪酸含量的 72%，是理想的健康食品。三是植物甾醇尤其是麦角甾醇含量较高，麦角甾醇是维生素 D 的前体，它在紫外线照射下可转变为维生素 D，可促进钙的吸收，预防佝偻病。

碳水化合物是食用蕈菌中含量最高的组分，一般占干重的 50%～70%，其中营养性糖类含量为 2%～10%，包括海藻糖（菌糖）和糖醇。戊糖胶的含量一般不超过 3%，但银耳、木耳的戊糖胶的含量较高（占其碳水化合物的 14%）。戊糖胶是一种黏性物质，具有较强的吸附作用，可以帮助人体将有害的粉尘、纤维排出体外。食用蕈菌中还含有丰富的糖原（肝糖）和甲壳素（壳多糖），后者是食用菌膳食纤维的主要成分，其含量一般为干重的 29.0%～55.0%。膳食纤维被认为是有利于健康的食品成分，虽不能被人体消化吸收，但具有多种生理功能。多摄入富含粗纤维的食用蕈菌，可预防心血管和消化系统多种疾病，符合当前国内外普遍提倡的改变膳食结构的要求。常见食用蕈菌的粗纤维含量都较高，是很好的膳食纤维来源。

食用蕈菌含有多种对人体有利的矿物质元素。常量元素钾、钙含量高，尤其是钾含量高，并含有一定量的铁、铜、锰、锌、硒等微量元素。硒是人体必需的微量元素之一，可增加人体免疫功能，延缓衰老，保护肝脏，预防肿瘤和心血管疾病。灵芝的含锗量是人参的 3～4 倍。有机锗具有延年益寿、抗衰老、抗肿瘤等功效。多数食用蕈菌铁的含量较高，锌与锰的含量也较为丰富。绝大多数测试结果表明，食用蕈菌中对人体有害的重金属汞、砷、铅、镉含量极少，符合国家卫生标准要求，对人体健康无不利影响。

食用蕈菌含有多种维生素，如维生素 A、硫胺素（维生素 B_1）、核黄素（维生素 B_2）、泛酸（维生素 B_5）、烟酸（维生素 B_3 或维生素 PP）、吡哆醇（维生素 B_6）、钴胺素（维生素 B_{12}）、抗坏血酸（维生素 C）、生物素、叶酸、胡萝卜素、维生素 D 和维生素 E 等。通常食用蕈菌中维生素 B_1 和维生素 B_2 含量较高。

（2）蕈菌的药用价值　除了灵芝、茯苓、猪苓、雷丸、樟芝（*Antrodia camphorata*）、猴头菌、槐耳、桑黄等药用蕈菌以外，许多食用蕈菌如香菇、平菇、木耳、银耳和金针菇等既是美味佳肴，又具有独特的医疗保健作用（表 3-4）。现代医药学研究表明，蕈菌中含有多种有效成分，如多糖类、三萜类、核苷类、呋喃衍生物类、甾醇类、生物碱类、多肽氨基酸类和脂肪类等。这些活性成分具有增强机体免疫功能、抗肿瘤、抗菌、抗病毒、抗辐射、调节心脏功能、降血脂、降血压、降血糖、降低胆固醇、保肝护肝、健脾养胃、镇静、镇痛、催眠、益肠治痔和清除自由基抗衰老等功效。

表 3-4　几种蕈菌的主要保健与药用价值

种类	主要保健与药用价值
香菇	含有丰富的维生素 D 原，阳光照射后变为维生素 D，可以促进儿童骨骼与牙齿生长发育，预防佝偻病；含有核酸类物质，可诱发产生干扰素，防治各种病毒疾病；含有腺嘌呤，可以降低胆固醇，预防肝硬化；含有多糖类物质，可以防治多种癌症；可以降低血压，清除血毒

续表

种类	主要保健与药用价值
平菇	含有牛磺酸，对脂类物质的吸收和溶解胆固醇有重要作用；含有 γ-氨基丁酸，可抑制中枢神经元，舒筋活络
木耳	润肺洗胃，补血活血，抑癌抗癌
金针菇	含有丰富的赖氨酸，促进儿童智力发育，因而称为“增智菇”；含有酸性及中性植物纤维，吸收胆汁酸盐，调节胆固醇代谢，降低胆固醇含量，促进胃肠蠕动，防治消化系统病变；预防高血压，治疗肝病和肠胃溃疡病；含朴菇素，预防多种癌症
猴头菇	对消化不良、胃炎、胃溃疡、十二指肠溃疡、神经衰弱等有一定的疗效；含有多糖和多肽类物质，对食管癌、胃癌、贲门癌等疗效显著
银耳	含有酸性异多糖，可以提高人体免疫力，提高肝脏解毒能力，抑制癌细胞扩散，对老年慢性支气管炎、肺源性心脏病等有显著疗效；主治肺热咳嗽、肺燥干咳、久咳喉痒、咳痰带血、肺痈、肺痿、妇女月经不调、便秘、大便下血等
灵芝	提高人体免疫力，对神经衰弱、头昏眼花、慢性支气管炎、冠心病、积年胃病等有较好的疗效
茯苓	抗病毒、抗癌

当前，人类生活在一个健康危机的时代，尤其是心血管疾病、癌症、艾滋病和糖尿病等对人类生命健康构成了巨大威胁，其发作还可能导致其他严重的并发症，包括心力衰竭、中风、肾病、失明等。快速的生活节奏、沉重的生活和事业压力，也导致了大量亚健康人群。食用蕈菌及其产品则成为减轻这些疾病患者痛苦的重要选择，正逐渐成为人们饮食的重要组成部分和膳食补充剂。事实上，在许多不同的传统文明中，很多蕈菌已经被广泛用于维持人体健康，以及预防和治疗各种疾病。蕈菌本身（鲜品或干品）可为健康状态的人群提供食物；当人体处于疾病状态时，蕈菌的精深加工产品可以用作治疗的药物；而蕈菌的粗提物产品可作为亚健康人群的膳食补充剂。膳食补充剂也可用于健康和患病两类人群（图 3-19）。

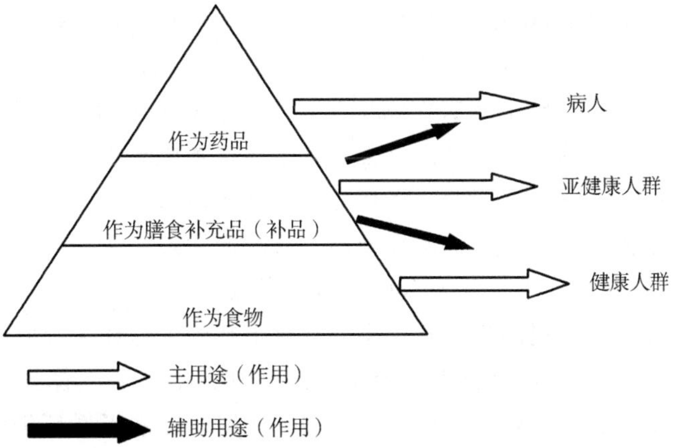

图 3-19　蕈菌产品适用的金字塔模型

2. 我国发展蕈菌产业的意义

蕈菌产品具有较高的营养和保健价值，是新时代的理想食品。蕈菌生产以农林废弃物为主要原料，经济效益显著，生态效益和社会效益明显，因而符合我国国情。蕈菌产业已经成为我国继粮食、油料、果品和蔬菜之后的第五大种植产业，具有广阔的发展前景。

（1）经济意义　我国蕈菌传统生产和现代化种植方式并存，2021 年产量已达 4133 多万吨（图 3-20），占世界总产量的 3/4 以上，产值超过 3475 亿元，出口创汇 28.67 亿美元。我国具有丰富的野生蕈菌资源，规模化栽培种类约为 50 种，年产 20 万吨以上的有 14 种。产量位居前 6 位的分别为香菇、平菇、黑木耳、金针菇、双孢蘑菇和毛木耳，这 6 种菌类的总产量占食用菌总产量的 80%左右。目前，一系列的珍稀品种如白灵菇、杏鲍菇、茶树菇、真姬菇、灰树花、姬松茸、大球盖菇和羊肚菌等也发展迅速，成为中国蕈菌产业新的增长点。

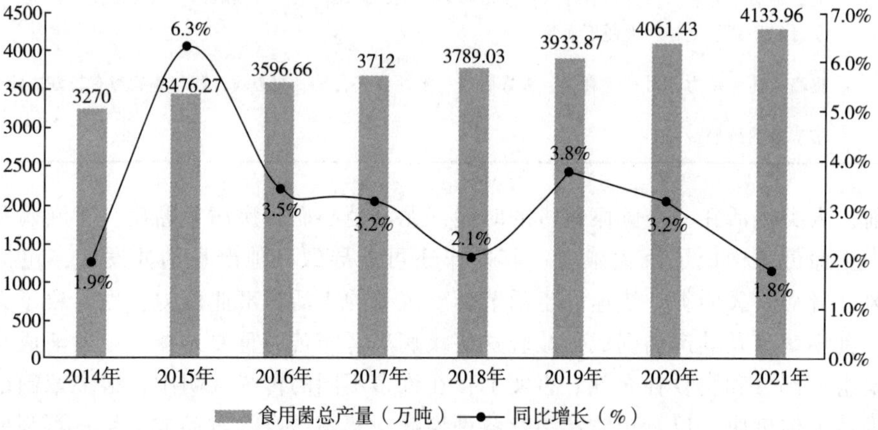

图 3-20　2014—2021 年我国蕈菌产量及同比增长率

（2）生态效益　蕈菌生产的主要原料是农林业废料。我国是一个农业大国，每年生产的秸秆皮壳、树枝、树皮、木屑、畜禽粪便等农林废弃物有 30 亿吨左右。如果利用 5%（1.5 亿吨），可生产至少 1000 万吨干蕈菌产品。这样既减少了农业资源的浪费和因秸秆焚烧等对环境的污染，又产生了大量优质食品。同时，蕈菌产业的废产物又可加工为饲料、肥料或燃料利用。与大田主要农作物玉米、水稻和小麦相比，蕈菌生产具有低耗水、低耗养分和高生物转化率的特点，生产过程中几乎能达到废弃物的零排放，经济价值、社会价值和生态价值高。发展蕈菌产业，将秸秆等农林业边角废料进行合理地利用，可提高其生物利用率，变废为宝，实现资源循环利用，对降低污染、保护环境起到了很好的作用（图 3-21）。大力发展蕈菌产业，从蕈菌中获取人体必需的蛋白质，减少养殖业中温室气体的排放，减少环境污染，提高生物利用率，具有很高的生态环保价值。

（3）社会意义　蕈菌产品消费市场容量不断增加，增强了人体体质，促进了身体健康。蕈菌的生产拉动了就业，创造了价值，保护了环境，促进了循环经济发展，增进了社会和谐。蕈菌的生产需要一定数量的劳动力，目前从事该产业的劳动力已超过 200 万人，有效减轻了因劳动力过剩而产生的社会压力。蕈菌生产不需要大量修建厂房，增加器材、

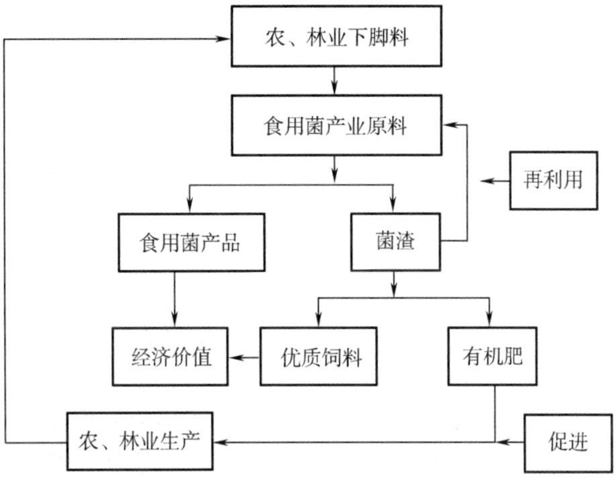

图 3-21 蕈菌产业循环模式

设备，生产资料的成本低廉，占用资金少，减轻了社会经济压力。蕈菌的生产又是一个生物过程，不产生废水、废气等，避免社会公害。以生产规模为 200 万平方米的双孢蘑菇为例，预计每年可转化秸秆和畜禽粪便约 1 亿千克，以每平方米生产 10 千克双孢菇计算，可创 4000 万元的经济价值；还可解决一万名农民的就业问题。菌糠、菌渣等又可进行沼池发酵，沼气可用作燃料和照明等，沼液、沼渣可以还田，提高土壤肥力，改良土壤结构，减少因大量施用化肥所造成的环境污染，还可以作为绿色杀虫剂、有机肥料和饲料来发展绿色无公害植物和动物食品，社会效益巨大。仅肥料一项就可节省复合肥 1500 余吨，可使秸秆增值 10 倍以上。农作物栽培过程中过量使用化肥，会造成具有致癌作用的 *N*-亚硝胺的前体硝酸离子和亚硝酸离子的含量在农产品中大幅超标。施用有机肥料，发展绿色农业或有机农业是当今农业的发展趋势。蕈菌产业在为人类提供高营养、无污染、有益健康产品的同时，又为农业生产提供了大量氮、磷、钾含量高的优质、无污染有机肥料。蕈菌产业在国家食品安全体系中承担重任，蕈菌生产是解决土地资源短缺、食物短缺与蛋白质不足的好途径。

几十年来，蕈菌产业为我国繁荣农村经济、推动农民致富、构建社会主义新农村做出了重要贡献，已成为农业领域优势产业，是发展第一、二、三产业融合的典型，是精准扶贫和乡村振兴的重要产业抓手。在发展现代农业和循环经济、实现农产品与“一带一路”以及“互联网+”相结合的有利条件下，蕈菌产业发展又逢新机，发展动力更足，前景广阔。

第四章　无细胞结构生物——病毒

第一节　病毒学研究技术

病毒是地球上数量最多、最致命的生物实体，能够感染从细菌到人类的各种生物。研究病毒的实验方法在不断地进步，包括低通量技术，如成像和三维结构测定，以及现代组学技术，如基因组测序和RNA结构探测。但是病毒学也面临着巨大的挑战，因为病毒似乎具有无限的多样性、不寻常的生活方式、多种多样的复制策略、紧凑的基因组组织和快速的进化速度。同时，这门学科的技术发展在开发疫苗和药物对抗危险病毒的暴发，帮助人类应对越来越严峻的生存挑战等方面将发挥决定性的作用。

一、病毒的分离

病毒分离是将疑有病毒而待分离的标本（如微生物发酵的倒罐液，动物的体液、器官、粪便，植物的茎、叶、花、果，昆虫的尸体等）经处理后，接种于相应敏感的宿主、鸡胚或感染细胞，培养一段时间后，通过检查不同病毒的特异性表现确定病毒的存在，并对病毒进行提取和纯化。

1. 病毒标本的采集与处理

用于分离病毒的标本应含有足够量的活病毒，因此必须根据病毒的生物学性质、病毒感染的特征、病毒的流行病学规律以及机体的免疫保护机制，来选择所需要采集标本的种类，确定最适采集时间和标本处理的方法。为了避免细菌污染，标本一般都应加入抗生素除菌，亦可用离心和过滤方法处理。为了使细胞内的病毒充分释放出来，往往通过研磨或超声波处理破碎细胞。由于大多数病毒对热不稳定，所以标本经处理后一般都应立即接种。短时间保存，可置50%中性甘油内4℃冰箱保存。较长时间保存，可置-20℃以下冰箱保存或干冰保存。

2. 病毒接种宿主

标本接种于何种实验宿主（动物、植物、细菌）、鸡胚或细胞培养，以及选择何种接种途径主要取决于病毒的宿主范围和组织嗜性，同时应考虑操作简单、易于培养、所产生的感染结果容易判定等要求。

噬菌体标本可接种于生长在培养液或营养琼脂平板中的细菌培养物，噬菌体的存在表现为细菌培养液变清亮或细菌平板成为残迹平板。若噬菌体标本经过适当稀释再接种细菌平板，经过一定时间培养，在细菌菌苔上可形成圆形局部透明的溶菌区域，即噬菌斑（Plaque）。

动物病毒标本可接种于实验动物、鸡胚和各种动物细胞培养。嗜神经病毒主要采取脑内接种，嗜呼吸道病毒可进行鼻腔接种、鸡胚的尿囊腔接种或羊膜腔接种，嗜皮肤病毒可接种动物皮下、皮内或鸡胚的绒毛尿囊膜。由于组织培养生长的细胞对病毒的敏感性较体内成熟细胞高，没有特异性抗体和一些非特异性的病毒抑制物存在，培养和接种方法简单，条件易于控制且成本低，所以现在多数动物病毒都利用细胞培养进行分离。大多数动物病毒感染敏感细胞都能引起显微表现的改变，即产生致细胞病变效应（Cytopathic Effect，CPE），例如细胞聚集成团、肿大、圆缩、脱落，有时形成称为合胞体的融合细胞，甚至细胞裂解等（图 4-1），故接种于细胞培养的标本主要以细胞病变作为病毒感染的指标。若标本经过适当稀释进行接种并辅以染色处理，病毒可在培养的细胞单层上形成肉眼可见的局部病损区域，即蚀斑（Plaque）或称为空斑。

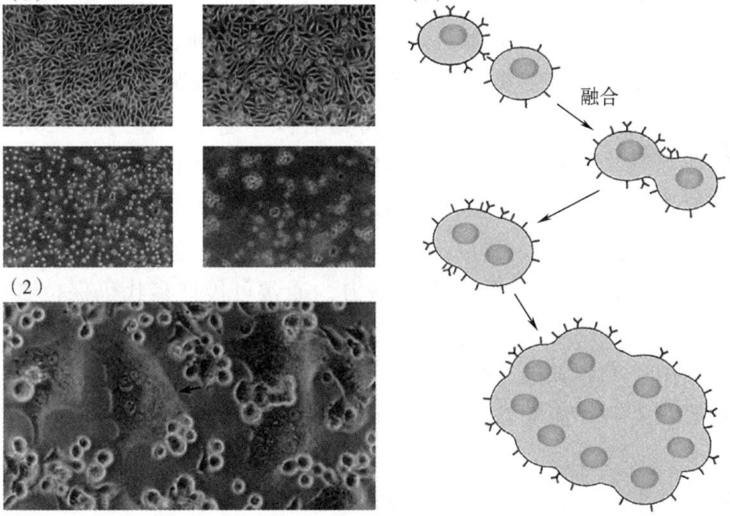

图 4-1　细胞病变效应

（1）脊髓灰质炎病毒感染期间细胞变圆和裂解

[（左上）未感染细胞；（右上）感染后 5.5h；（左下）感染后 8h；（右下）感染后 24h]

（2）小鼠白血病病毒诱导的合胞体形成

（该区域显示了单个小细胞和合胞体的混合物，箭头所示为大的多核细胞）

（3）合胞体形成示意图

（感染细胞表面的病毒糖蛋白结合邻近细胞上的受体，导致融合）

植物病毒可接种于敏感的植物叶片。植物病毒感染症状也因植物和植物病毒的不同而有差异，但通常的症状是叶片黄化、退绿、皱缩、卷曲，一般敏感植物叶片可产生坏死斑，或称枯斑。

若经第一次接种而未出现病毒感染症状，往往需要重复接种，进行盲传（Blind Passage），即将取自经接种而未出现感染症状的宿主或细胞培养的材料，再接种于新的宿主或细胞培养，以提高病毒的毒力（Virulence）或效价（Title）。如果标本中有病毒存在，经重复传代，其效价或毒力提高，必定会在新的宿主或细胞培养中产生感染症状。相反，在盲传二代后若仍无感染症状出现，便可否定标本中有病毒存在。

以上是从动物组织中分离，若是从粪便或者尿液或取的拭子上分离，则可直接将其用生理盐水、磷酸盐缓冲液或细胞培养液稀释，离心取上清过滤接种细胞即可。

二、病毒培养

病毒培养在病毒学研究中除用作病毒增殖、病原分离以外，还用于研究病毒的复制过程及细胞的病理变化，研究病毒与宿主的相互作用，探讨抗体与抗病毒物质的作用方式与机制，以及研究病毒干扰现象的本质和变异的规律性，还可用于病毒的分离鉴定、抗原的制备、疫苗和干扰素的生产、病毒性疾病诊断和流行病学调查等。

1. 细胞培养

细胞是病毒培养最常用的宿主。不同的细胞培养，其条件和营养要求不同。常用的细胞系在24~48h内数量加倍，在低温（-196~-70℃）冷冻后仍能保持活力。

（1）细胞培养种类　根据细胞的特点，细胞培养有3种主要类型（图4-2）。

①原代培养：由新鲜组织制备。常用的原代细胞来自猴肾、人胚胎羊膜、人肾、人包皮和人呼吸上皮以及鸡或小鼠胚胎。它们的寿命有限，通常不超过5~20次细胞分裂。原代培养多用于疫苗生产，以避免来自连续细胞系的潜在致癌DNA污染产品。

②二倍体细胞株：是含有两个染色体组的细胞。其生物学特征具有相对的一致性和稳定性，而且因为事先经过标化，可以排除潜在的外来因子（包括污染、潜在的病毒因子和致癌的可能性），在深低温保存后仍能保持活力。通常可传许多代仍保持二倍染色体特性，最多可以分裂100次，主要用于培养病毒制备疫苗等。使用最广泛的是从人胚胎中建立的二倍体细胞，如来源于人胚肺的二倍体细胞株WI-38。

③连续细胞系：由一种能在培养物中无限增殖的单细胞类型组成。这些永生细胞系通常来源于肿瘤组织，或通过诱变剂和肿瘤病毒处理原代培养物或二倍体细胞而获得。这种细胞系通常不像原始细胞，它们的差异性较小（已经失去了在器官中所具有的形态和生化特征），染色体的形态和数量常常异常（非整倍体），并且致瘤（即当接种到免疫缺陷小鼠中时会产生肿瘤）。常用的连续细胞系如来源于人癌的HeLa细胞和小鼠3T3细胞。

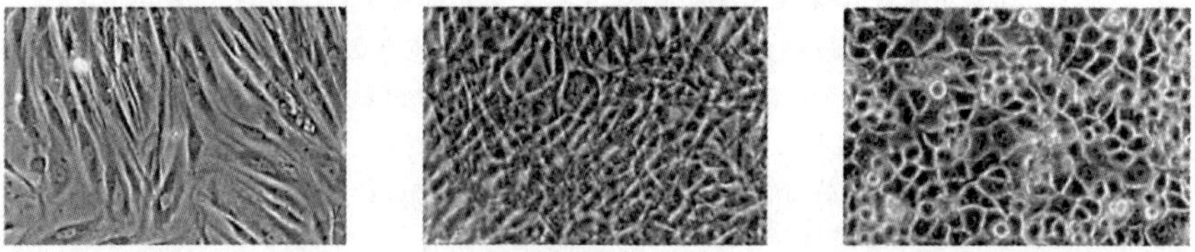

a　　b　　c

图4-2　病毒学中使用的不同类型的单层细胞培养物（通过低功率光学显微镜拍摄的融合细胞）

a. 人包皮原代成纤维细胞；b. 小鼠成纤维细胞株（3T3）；c. 人上皮细胞连续细胞系（HeLa）

注：转化的HeLa细胞相互过度生长的能力是失去接触抑制的结果。

（2）细胞培养病毒的优点

①无隐性感染：动物可能带有某些病毒的隐性感染，往往有干扰作用和假阳性出现。而细胞培养来源于动物的部分组织，减少了隐性感染的机会，并且通过预先检查组织可避免隐性。

②无免疫力：动物经隐性感染可获得免疫力，对接种病毒会发生抵抗，但这种获得的免疫力一般不表现于细胞抵抗力的增加，即离体培养的细胞无免疫力，可利于病毒的生长。

③易于选择易感细胞：细胞来源方便，可进行病毒敏感性筛选，从中选择最敏感的细胞以满足实验要求，同时还利于从单一细胞水平上研究病毒的复制过程及病毒与细胞的相互关系。

④易于获得大量病毒：动物和鸡胚的接种均受数量、年龄、途径的限制，而细胞不仅可以大量生产，还可持久地连续培养，便于病毒生长，特别是对那些生长缓慢或需在新环境中逐渐适应的病毒更为有利。

⑤易于控制培养条件：由于细胞培养可以用人工控制温度、气体、pH、培养基成分，因此可采用大规模生产方式来生产细胞和病毒及其细胞产物。

⑥提高了疫苗的产量和质量：细胞大量生产可满足疫苗产量的需求，而且异源蛋白少，引起变态反应机会少。可减少疫苗污染菌，随制随用、成本低、来源方便、便于储存、效力稳定，易标准化生产。

⑦易于分离病毒：采用细胞培养可显著加速病毒的分离过程。

2. 鸡胚培养

鸡胚培养是许多人类与动物病毒常用的活体培养方法之一。根据病毒的特性可分别接种在鸡胚绒毛尿囊膜、尿囊腔、羊膜腔、卵黄囊、脑内或静脉内，如有病毒增殖，则鸡胚发生异常变化或羊水、尿囊液出现红细胞凝集等现象。鸡胚培养优点：用受精孵化的活鸡胚培养病毒比用动物更加经济简便；鸡胚的组织分化程度低，选择适当接种途径，病毒易于繁殖，感染病毒的包膜和液体含有大量病毒；鸡胚和实验动物一样，是正在发育中的机体，有神经血管的分布及脏器的结构；鸡胚来源充足，操作简便，本身很少带病毒，通常是无菌的，对接种的病毒不产生抗体。但也有缺点：很多病毒在鸡胚中不生长；除产生痘疱的病毒及引起鸡胚死亡的病毒外，不产生特异性的感染指征，必须利用另一个试验系统来测定病毒的存在。鸡胚常用于流感病毒、腮腺炎病毒等的分离培养。近些年来，由于细胞培养技术的发展，鸡胚培养技术大部分被细胞培养技术所代替，但鸡胚仍然和猴肾细胞一起用于分离培养人类甲型流感病毒、腮腺炎病毒等，还用于痘病毒与疱疹病毒等的分离、鉴定、抗原制备、疫苗生产等。

3. 实验动物培养

动物实验法是最原始的病毒培养方法。选用的实验动物需符合健康、大小一致、易感性高等要求。常用实验动物有小白鼠、田鼠、豚鼠、家兔、猴等。接种途径根据不同病毒对组织的亲嗜性而定，可接种鼻内、皮内、脑内、皮下、腹腔或静脉，例如嗜神经病毒（*Neurotropic virus*）接种鼠脑内，柯萨奇病毒（*Coxsackie virus*）接种乳鼠（1 周龄）腹腔或脑内。昆虫病毒接种常采用饲喂带病毒饲料的方法。接种后逐日观察实验动物发病情况，如有死亡，则取病变组织剪碎，研磨均匀，制成悬液，继续传代。

一般情况下分离病毒只有在找不到适合病毒生长的原代细胞或者传代细胞的情况下才使用动物接种或者鸡胚接种。不过实验动物的实验性感染对于研究病毒引起疾病的过程一直是非常必要的。在脊髓灰质炎（由脊髓灰质炎病毒引起的麻痹性疾病）的研究中使用猴子，使人们了解了这种疾病的基础并成功研制了疫苗。同样，如果没有对黑猩猩的实验研究，乙型肝炎病毒疫苗的开发也是不可能的。没有对活体动物的研究，就无法了解免疫系统或任何组织器官对病毒的反应。病毒疫苗、抗病毒药物和兽医诊断试验的发展也得益于对实验动物培养的研究。

三、病毒的纯化

由于病毒只能在活细胞内繁殖，所以用于病毒制备的起始材料只能是病毒感染的宿主机体、组织或细胞经破碎后的抽提物、病毒感染宿主的体液或分泌物、病毒感染的细胞培养液等。这些材料中不可避免地混杂有大量的组织或细胞成分、培养基成分、可能污染的其他微生物与杂质。依据病毒性质，利用各种方法除去这些杂质的过程即病毒的纯化。

其原理是利用病毒的蛋白质和大分子粒体的特性，及与寄主细胞理化特性的差异将病毒粒子进行区分，并尽可能保持侵染力，最后检验病毒特异性感染表现或用其他方法来判断病毒的存在。纯化病毒的目的是确切地研究病毒理化特性、生物学特性、化学组分、结构、增殖过程及机制，还可用于制备高效价的抗血清。作为病毒学研究的重要技术前提，病毒的纯化质量往往影响了后续一系列的步骤，所以其重要性不言而喻。由于病毒的生长特性、理化性质和宿主都差异颇大，分离的方法也不尽一致。

在病毒研究初期，沉淀法最常被使用，其主要利用病毒的蛋白外壳，改变溶剂性质，从而分离病毒粒子。相对而言简便快速，但也常存在粗糙易变性的缺点。色谱法源于对生化成分的变化敏感，是样本量少、非破坏性、快速多组分的分离，成为病毒学研究中非常重要的工具。色谱法主要分为吸附法、柱层析法和电泳法，都是利用较为温和的环境，以及病毒的特异吸附或凝集等特性而设计的技术，种类繁多，应用广泛。超速离心利用样品中不同成分具有不同的沉降系数，在离心过程中，不同成分会在溶剂的特定位置形成区带，从而达到分离提纯的目的。此法常使用生物活性溶剂，且离心本身对病毒粒子损伤较小，故常用于理想的病毒快速分离技术。

1. 病毒纯化的标准

（1）病毒感染性不变　病毒是有感染性的生物体，所以纯化的病毒制备物应保持其原有的感染性，纯化过程中各种纯化的方法对病毒感染性有一定的影响，但最终获得的纯化制备物是否符合标准，可利用病毒的感染性测定进行定量分析，病毒的感染性不能改变。

（2）病毒颗粒一致　病毒具有生物大分子的特性，病毒颗粒具有均一的理化性质，所以纯化的病毒制备物的颗粒大小、形态、密度、化学组成及抗原性质应当一致。

2. 病毒纯化的方法

纯化病毒的方法很多，不同的病毒有不同的纯化方法，即使同一种病毒，在不同的宿主系统中其纯化方法也可能不同。但无论是哪种纯化方法，都需根据病毒的基本理化性质。病毒颗粒主要化学成分是蛋白质，故可利用蛋白质提纯方法来纯化病毒，如盐析、等电点沉淀、有机溶剂沉淀、凝胶层析、离子交换等。病毒颗粒具有一定的大小、形状和密度，又是由蛋白质、核酸等组成，离心时它们比细胞蛋白沉降更快，而且许多病毒都有较高的浮密度，所以超速离心技术广泛地用于病毒纯化。

（1）差速离心　此法常作为病毒纯化的第一步。原理是根据颗粒质量的差异，利用低速除去组织、细胞壁等比病毒质量大的杂质，利用高速除去上清液中比病毒质量小的可溶成分。差速离心的速度依据病毒大小而定，在高速离心过程中将病毒与杂质分开。使用的离心机必须有真空和冷冻装置。此法可使病毒样品除去大部分杂质，使病毒浓缩和部分纯化，所得的制剂可用于电子显微镜检查。如要提高纯度，可再经 1~2 轮低速和超速差异离心。超速离心法不可能将病毒提得很纯，因为样品中常存在许多质量与病毒相近的颗粒。如果掌握具体样品的特点，应用恰当的离心力和离心时间，残留的杂质可大幅度减少。

（2）密度梯度离心　差速离心法无法除尽杂质，而且沉淀的病毒凝聚成块，很难分散悬浮。密度梯度离心可以克服这种缺点。蔗糖密度梯度离心法应用很广，提取的病毒纯度比较高；但难以分开某些与病毒密度相近的成分。如需得到更纯的病毒，需要进行氯化铯等密度梯度离心。

四、病毒的测定

病毒的测定是根据病毒的理化性质、感染性、免疫学性质等所进行的定量分析。感染性测定是依据病毒在宿主细胞内高速繁殖和随后释放感染性颗粒的能力，而免疫学测定则取决于病毒表面成分的特异性。测定的方法不同，其意义有所不同。

1. 病毒的直接计数——显微成像

（1）电子显微镜　如果样本仅包含一种类型的病毒，则可通过电子显微镜测定颗粒计数。根据病毒的形态特点，可以在电子显微镜下直接计算病毒颗粒数目。先将病毒样本与已知浓度的乳胶珠混合，计数比较病毒颗粒和珠子的数量，通过比例确定样品中病毒颗粒的浓度。这种方法简单、直接、准确，但不能区分有活性和无活性的病毒，也不能区分不同感染性的病毒。

（2）单个病毒活细胞荧光成像　绿色荧光蛋白的发现彻底改变了病毒感染的细胞生物学研究。绿色荧光蛋白是从维多利亚水母（*Aequorea victoria*）中分离出来的蛋白质，因为在活细胞中直接可见，不需要过滤、底物或辅酶，是监测基因表达的便捷报告蛋白。从不同生物体中分离的发射不同波长光的类似蛋白质也广泛应用于病毒学的研究。使用荧光蛋白可使活细胞中的单个病毒颗粒可视化。该荧光蛋白的编码序列被插入病毒基因组，通常与病毒蛋白的编码区融合，融合蛋白被整合到病毒颗粒中，通过荧光显微镜在细胞中可见（图 4-3）。使用这种方法，理论上可以在活细胞中观察到单个粒子的进入、脱壳、复制、组装和释放。

2. 病毒的感染性测定

对感染性病毒颗粒数量的测定称为病毒感染性测定，它测定的是感染引起宿主或培养细胞某一特异性病理反应的病毒数量。由于病毒的繁殖所引起的宿主反应扩增，无论最初接种病毒量是多少，最终所产生的症状可能完全相似，所以用任何感染性测定方法所测得的都不是有感染性病毒颗粒的绝对数量，而是能够引起宿主或宿主细胞产生一定特异性反应的病毒最小剂量，即病毒的感染单位。待测样品中所含病毒的数量，通常以每毫升病毒悬液具有生物活性的病毒颗粒数来表示，称为病毒的滴度，即病毒的毒力或毒价。

用含有补充剂（最常用的是琼脂）的营养培养基覆盖细胞，形成凝胶。当原始感染细胞释放新的子代颗粒时，凝胶会限制病毒向邻近的未感染细胞扩散。因此，每种传染性颗粒都会产生一个圆形的感染细胞区，即蚀斑。如果受感染的细胞受损，则可将蚀斑与周围的单层区分开。随着时间的推移，蚀斑变得足够大到肉眼可见（图 4-4）。只有对培养细胞造成可见损伤的病毒才能用这种方法进行检测。

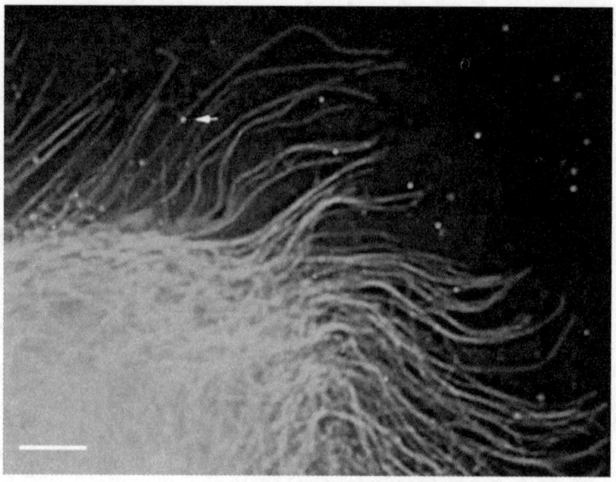

图 4-3　荧光单细胞病毒颗粒成像

注：绿色荧光蛋白单病毒颗粒成像阐释了细胞中人类免疫缺陷病毒 1 型（HIV type 1）颗粒的微管依赖性运动。用罗丹明标记微管蛋白（Rhodamine-tubulin）注射细胞标记微管显红色，用含有绿色荧光蛋白与 Vpr 融合的病毒颗粒感染细胞，箭头所指病毒颗粒显绿色。Bar，5μm。

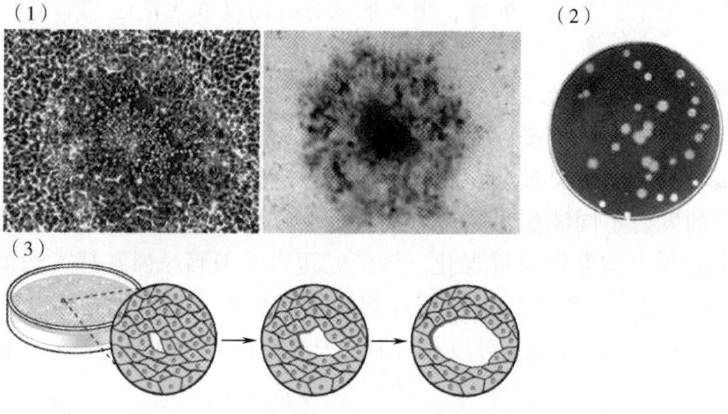

图 4-4　由不同动物病毒形成的蚀斑

（1）伪狂犬病病毒在佐治亚州牛肾细胞中形成蚀斑的显微照片

注：（左）未染色，（右）用显色底物 X-Gal（5-溴-4-氯-3-吲哚基-β-D-吡喃半乳糖苷）染色的细胞，通过病毒携带的 *lacZ* 基因产物将其转化为蓝色化合物显蓝色。

（2）结晶紫染色的人 HeLa 细胞上脊髓灰质炎病毒形成的蚀斑

（3）病毒从初始感染细胞传染到邻近细胞形成蚀斑

（1）噬菌体的测定　可以采用倍比稀释来测定病毒的滴度，用每毫升的空斑形成单位（Plaque-forming-unit，PFU）计算。将稀释的噬菌体悬液与超量的细菌一起涂布在适当的营养琼脂培养基平板上，或在半固体的营养琼脂内混合后倒在营养琼脂平板上，成为琼脂平板表层。培养后在延伸成片的细菌层上出现的噬菌斑的数目与铺在平板上的噬菌体量成正比（图 4-5）。

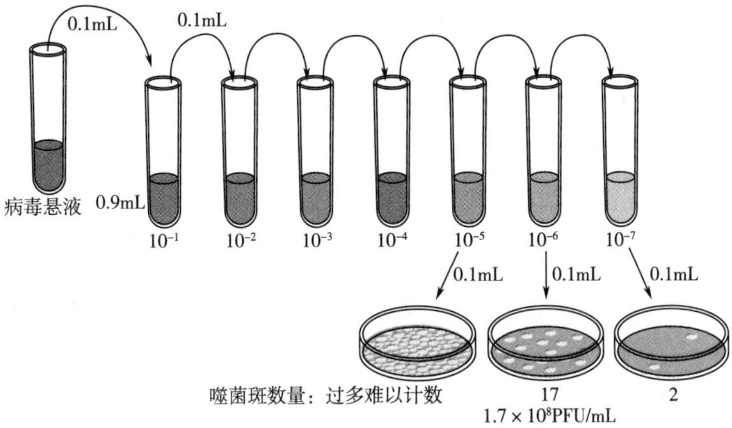

图 4-5　通过噬斑试验计算病毒滴度

（2）动物病毒的测定　动物病毒的蚀斑测定是借鉴噬菌体测定的方法，不同的是以生长在固体支持物（培养容器）上的单层细胞代替了生长在营养琼脂平板上的细菌。动物病毒在单层细胞培养上所产生的蚀斑与噬菌斑表现不同，还包括空斑测定、合胞体计数等。

（3）植物病毒的测定　最简单的植物病毒感染性测定是在接种过的植株叶片上直接数出病斑的数目，亦称枯斑测定。将病毒涂在纱布上，或掺和在某些磨料内，然后用其摩擦叶片，使之进入叶片中进行接种，以产生坏死斑的数目来测定病毒样品的量。在摩擦过的叶片上植物病毒的测定不等于在延伸的单层细胞上的病毒测定，因擦伤叶面所提供的感染点数目是有限的，而在单层细胞上的数目却是无限的，只有当叶面上所有能感染的点都发生感染时，植物病毒的测定才能达到对应的状态。

对于不能用蚀斑法或坏死斑法测定的动物病毒和植物病毒可用终点法测定。

3. 转化分析

转化试验可用于确定一些不形成噬菌斑的逆转录病毒的滴度。例如，当劳斯肉瘤病毒（*Rous sarcoma virus*）转化鸡胚细胞时，这些细胞会失去它们的接触抑制（控制培养细胞是否生长为单个单层的特性）并相互堆积。转化的细胞形成小堆或病灶，可以很容易地与单层的其余部分区分开来（图 4-6）。传染性以每毫升的病灶形成单位表示。

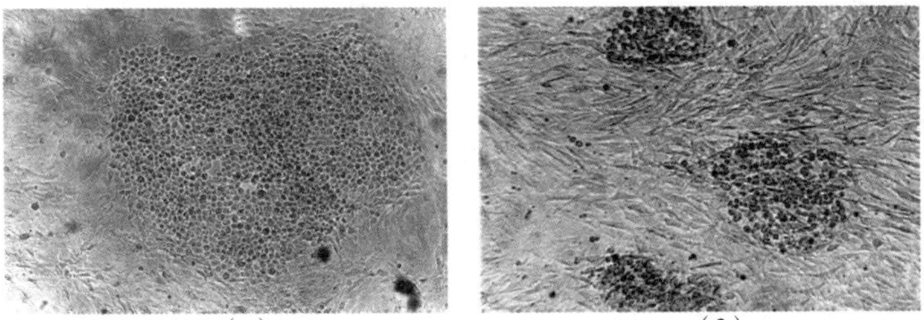

（1）　　　　（2）

图 4-6　转化试验

（1）图中可见一个焦点　（2）图中可见三个焦点

注：在同一放大率下，由两种不同劳斯肉瘤病毒株转化的鸡细胞，丧失接触抑制导致细胞堆积。

4. 终点稀释测定

终点稀释测定（Endpoint Dilution Assay）提供了蚀斑试验开展前的病毒滴度测定，还可用于某些不形成蚀斑的病毒测定，或用于测定动物中病毒的毒力。将病毒贮备的系列稀释液接种到相同的测试单位（通常为 8~10 个），测试单位可以是细胞培养物、鸡胚或动物。然后对每种病毒稀释液确定已感染的测试单位数。当使用细胞培养物时，感染可能由细胞病变效应的发展决定；在鸡胚或动物中，感染是通过死亡或疾病来衡量。图 4-7 为使用细胞培养物的终点稀释试验示例。在高稀释度下，没有细胞培养物被感染；在低稀释度下，每个培养物都被感染。终点是影响 50%测试单位的病毒稀释度，并表示为每毫升 50%感染剂量（ID50）。在 10^{-5} 倍稀释度下，50%的细胞培养物表现出细胞病变效应，因此病毒半数组织培养感染剂量（Median tissue culture infective dose）TCID50 为 10^{5}/mL。此类检测适用于高通量应用。

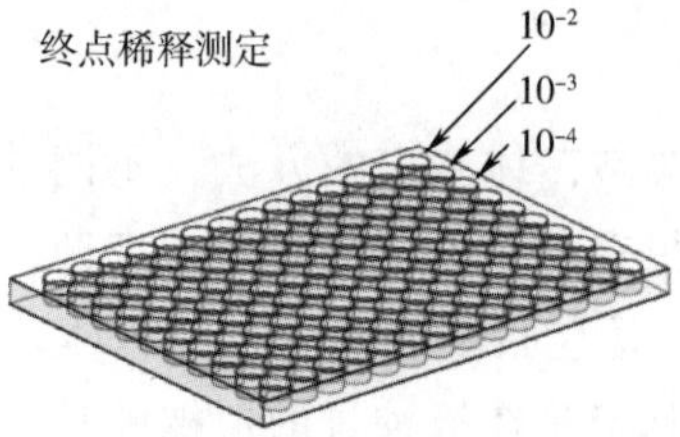

病毒稀释度	细胞病变效应									
10^{-2}	+	+	+	+	+	+	+	+	+	+
10^{-3}	+	+	+	+	+	+	+	+	+	+
10^{-4}	+	+	−	+	+	+	+	+	+	+
10^{-5}	−	+	+	−	+	−	−	+	−	+
10^{-6}	−	−	−	−	−	−	+	−	−	−
10^{-7}	−	−	−	−	−	−	−	−	−	−

图 4-7 终点稀释测定

5. 成斑率

成斑率（Efficiency of Plating，EOP）定义为病毒滴度（单位为 PFU/mL）除以样本中病毒颗粒的数量。现今常用的病毒粒子与空斑形成单位比（Particle-to-PFU Ratio）是成斑率的倒数（表 4-1）。对于许多噬菌体，粒子与 PFU 比接近 1，这是可以获得的最低值。但是，对于动物病毒，该值要高得多，范围是 1~10000。这些高值使动物病毒的研究变得复杂。例如，当粒子与 PFU 的比率很高时，永远无法确定生化测定的特性实际上是感染性粒子的特性还是非感染性成分的特性。

表 4-1　一些动物病毒的粒子与 PFU 比

病毒	粒子与 PFU 比	病毒	粒子与 PFU 比
乳头状瘤病毒科（*Papillomaviridae*）		腺病毒科（*Adenoviridae*）	20~100
乳头状瘤病毒（*Papillomavirus*）	10000	痘病毒科（*Poxviridae*）	1~100
微小核糖核酸病毒科（*Picornaviridae*）		正黏病毒科（*Orthomyxoviridae*）	
脊髓灰质炎病毒（*Poliovirus*）	30~1000	流感病毒（*Influenza virus*）	20~50
疱疹病毒科（*Herpesviridae*）		呼肠孤病毒科（*Reoviridae*）	
单纯疱疹病毒（*Herpes simplex virus*）	50~200	呼肠孤病毒（*Reovirus*）	10
多瘤病毒科（*Polyomaviridae*）		甲病毒（*Alphavirus*）	
多瘤病毒（*Polyomavirus*）	38~50	塞姆利基森林病毒（*Semliki Forest virus*）	1~2
猿猴病毒 40（*Simian virus* 40）	100~200		

尽管大量实验表明单个病毒粒子能够引发感染，但许多病毒的高粒子与 PFU 比表明并非所有粒子都能感染成功。高值有时是由含有携带致死突变基因或在生长和纯化过程中受损基因的非感染颗粒引起。另一种解释是，尽管所有病毒实际上都能够引发感染，但由于感染循环的复杂性，并不是所有病毒都能成功。循环中任何一个步骤的失败都会阻止感染完成。较高的粒子与 PFU 比并不表明大多数粒子有缺陷，而是表明它们未能完成感染。

尽管病毒颗粒和感染单位的数量通常不相等，但颗粒数量常用来近似分析样本中存在的感染颗粒数量。例如，假设感染单位与粒子的比率恒定，病毒 DNA 或蛋白质的浓度可用于估计粒子数。生化或物理检测通常比传染性检测更快、更容易进行，而传染性检测可能缓慢、烦琐或不可能。

6. 病毒酶活性的测定

有些动物病毒颗粒含有核酸聚合酶，可通过将病毒与放射性标记的前体混合，并利用放射性与核酸的结合来测定。这是最常用于逆转录病毒的分析类型，因为许多病毒既不转化细胞也不形成斑块。通过将细胞培养上清液与温和的去污剂（使病毒包膜通透）、RNA 模板和引物以及放射性核苷三磷酸混合来测定病毒颗粒中的逆转录酶。如果存在逆转录酶，将通过模板上的引子产生放射性产物。这是一种可以通过沉淀检测或与过滤器结合并定量的产品。

由于酶活性与颗粒数成比例，因此分析可快速跟踪感染过程中的病毒生成。此种检测方法已经过许多改良，以允许使用更安全、无放射性的底物。例如，当使用与生物素结合的核苷三磷酸时，可以用荧光素标记的链霉亲和素（结合生物素）检测产物，或者可通过定量实时 PCR 对反应产物进行定量。

7. 病毒的免疫学测定

免疫学测定法的依据是病毒可使动物产生特异抗体（Antibody，Ab）。因此，已知病毒的抗血清可用来确定未知病毒的存在和性质，这在临床诊断上尤其重要。感染性测定只能测定感染单位存在的数量，而不能提供有关非感染性颗粒的资料。免疫学测定不取决于病毒引起感染的能力，而取决于病毒表面成分的特异性。所有病毒都有抗原特性，一旦制备了特异的抗血清，即可使用标准的免疫学程序来确定病毒的特异成分。这些技术，如免疫染色、免疫沉淀、免疫印迹和酶联免疫吸附试验，除应用于病毒学外已被广泛用于研究细胞蛋白质的结构和功能。

（1）中和试验　中和试验是测定病毒抗体特异性使用较多的方法。是建立在病毒中和作用的基础上，即某些特异性病毒抗体与病毒颗粒作用，能够使其失去感染性，抑制病毒繁殖，这类病毒抗体称为中和抗体，一种病毒的感染性只能被特异性的中和抗体中和，而且中和一定量病毒的感染性必须有一定效价的病毒抗血清。此法将稀释的抗血清和一定浓度的病毒混合，放置一段时间（放置时间依病毒而异），做病毒感染力测定。有病毒特异的抗血清能中和病毒的感染能力，以此测定病毒的量。中和试验的结果曾用于病毒分类，现在这一过程主要通过比较病毒基因组序列来完成。另外检测动物血清中的抗病毒抗体对于鉴定感染宿主仍然极其重要，这些抗体可用于绘制病毒颗粒上中和抗原位点的三维结构图。例如，根据中和试验区分脊髓灰质炎病毒（*Poliovirus*）的三种血清型，Ⅰ型脊髓灰质炎病毒被Ⅰ型病毒抗体中和，但不被Ⅱ型或Ⅲ型脊髓灰质炎病毒抗体中和（图 4-8）。

图 4-8　脊髓灰质炎病毒Ⅰ型衣壳上中和抗原位点的位置

注：在病毒衣壳模型上，病毒突变体中单克隆抗体中和抗性选择的，发生变化的氨基酸以白色显示。这些氨基酸位于病毒颗粒表面的 VP1（粗箭头所示深灰色）、VP2（细箭头所示浅灰色）和 VP3（三角箭头所示黑色）中。

（2）血凝和溶血素试验　血凝试验是利用一些裸露病毒的壳体蛋白，特别是许多有包膜的病毒，如腺病毒科（Adenoviridae）、正黏病毒科（Orthomyxoviridae）和副黏病毒科（Paramyxoviridae）等，其包膜蛋白可与红细胞结合导致多个红细胞凝集，这种特性称为血凝（Hemagglutination）。所能凝集血细胞的量与病毒浓度成正比。有些病毒血凝反应是可逆的，因为这些病毒含有能解离聚集物的酶。还有些病毒能引起红细胞的溶解，也可用作快速测定病毒，称为溶血素试验。例如，流感病毒（*Influenza viruses*）含有一种称为血凝素（Hemagglutinin）的包膜糖蛋白，可与红细胞上含 *N*－乙酰神经氨酸（*N*－acetylneuraminic acid）的糖蛋白结合。在实践中，制备病毒悬液的 2 倍系列稀释液，与已知量红细胞混合，添加到塑料盘的小孔中（图 4-9）。未吸附的红细胞沉淀至孔底并形成尖点或圆点。相比之下，凝集的红细胞会形成一个覆盖整个孔的弥漫性网格。由于检测快速（30min），常被用作病毒颗粒相对数量的快速指示剂。但是灵敏度不足以检测少量的粒子。

（3）免疫荧光　用荧光指示剂标记抗体，在细胞内检测特异性病毒抗原以及追踪病毒抗原的位置。免疫荧光有直接免疫荧光和间接免疫荧光两种方法（图 4-10）。直接免疫荧光，利用病毒的特异性抗体与指示剂如荧光染料或酶耦联；间接免疫荧光，使用第二抗体识别病毒特异性抗体上的一个共同区域，第二抗体再与荧光指示剂耦联。间接免疫荧光法的优点是具有较高的敏感度，多个第二抗体分子可与第一抗体结合。与直接免疫染色相比，荧光指示剂发出的信号增强。特别是单个与荧光指示剂耦联的第二抗体可用于多种测定，可以直接在荧光显微镜下观察特异性荧光，不需要荧光素标记第一抗体。

在实践中，病毒感染细胞（未固定或固定有丙酮、甲醇或多聚甲醛）与针对病毒抗原的多克隆（Polyclonal）或单克隆抗体（Monoclonal antibodies）一起培养。洗去多余的抗体，在直接免疫染色中，用显微镜检查细胞。而间接免疫染色，在显微镜检查细胞之前加入第二种抗体。常用荧光指示剂包括荧光素（Fluorescein）和罗丹明（Rhodamine），在紫外线下会发荧光。在标本和目镜之间放置滤光片，以去除蓝色和 UV 光，所以视野黑暗，

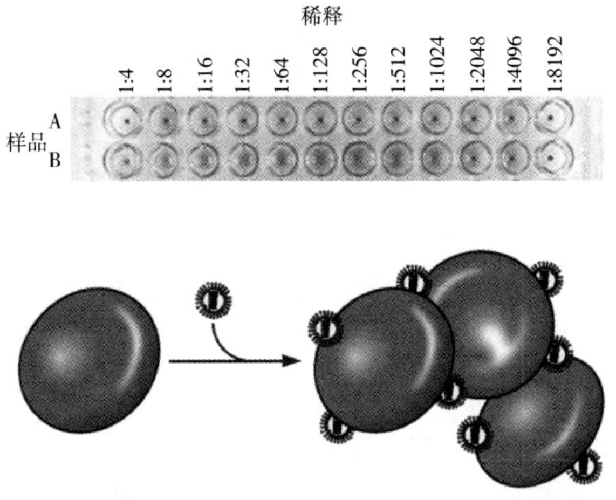

图 4-9　血凝试验

注：(上图) 稀释不同流感病毒的样本，将每种稀释液与鸡红细胞悬浮液混合并添加到孔中，在 4℃ 下放置 30min 后，对孔进行拍照。样本 A 不含病毒，样本 B 有病毒引起血凝，直至稀释度为 1∶512，因此血凝滴度（Hemagglutination Titer）为 512，病毒颗粒的神经氨酸酶（Neuraminidase）在 1∶4 的稀释度会导致病毒从红细胞中脱离，这种酶从糖蛋白受体中裂解 *N*-乙酰神经氨酸，并从红细胞中洗脱结合的病毒。(下图) 流感病毒血凝红细胞示意图。

但抗体结合的细胞会发出绿色（荧光素）或红色（罗丹明）光（图 4-10）。尽管这些颜色位于可见光谱的相对两端，但仍会出现红色向绿色扩散的现象。现今光学元件对波长能较好的分离，所以有更多介于红色和绿色之间的颜色可供选择。抗体也可与荧光指示剂以外的分子耦联，包括碱性磷酸酶（Alkaline Phosphatase）、辣根过氧化物酶（Horseradish Peroxidase）和 β-半乳糖苷酶［β-galactosidase，一种细菌酶，在检测系统中可将显色底物 X-Gal（5-溴-4-氯-3-吲哚基-β-d-半乳糖苷，5-bromo-4-chloro-3-indolyl-β-d-galactopyranoside）转化为蓝色产物］等酶类。冲洗掉多余的抗体后，添加合适的显色底物，通过显色指示抗体的存在。临床标本涂片中病毒抗原的免疫染色可用于诊断病毒感染。例如，使用鼻拭子或洗液进行的直接和间接免疫荧光分析可用于诊断多种病毒，包括流感病毒和麻疹病毒。

免疫测定已广泛应用于测定蛋白质在细胞中的亚细胞定位（图 4-10），监测病毒蛋白的合成，确定突变对蛋白产生的影响，并定位动物宿主中病毒复制的位点。它是荧光焦点分析法的基础。

(4) 酶免疫测定　酶免疫测定（Enzyme Immunoassay，EIA）是利用比较容易测出的成分来标记抗体，利用比色方法通过测定酶促反应产物间接测定被抗体固定了的抗原的量。这个方法敏感性虽不如放射免疫法，但试验过程简单，常用于病毒感染的快速诊断。

酶联免疫吸附法（Enzyme-linked Immunosorbent Assay，ELISA）是酶免疫测定技术中应用最广的技术，是将已知的抗原或抗体吸附在固相载体（聚苯乙烯微量反应板）表面，使酶标记的抗原抗体在固相表面进行反应。常用的 ELISA 法有双抗体夹心法和间接法，前者用于检测大分子抗原，后者用于测定特异抗体。

为了检测血清或临床样品中的病毒抗原，将病毒特异性抗体固定在固体支持物如塑料皿或珠上［图 4-11（1）］。将标本添加到塑料支持物中，如果存在病毒抗原，它们将被

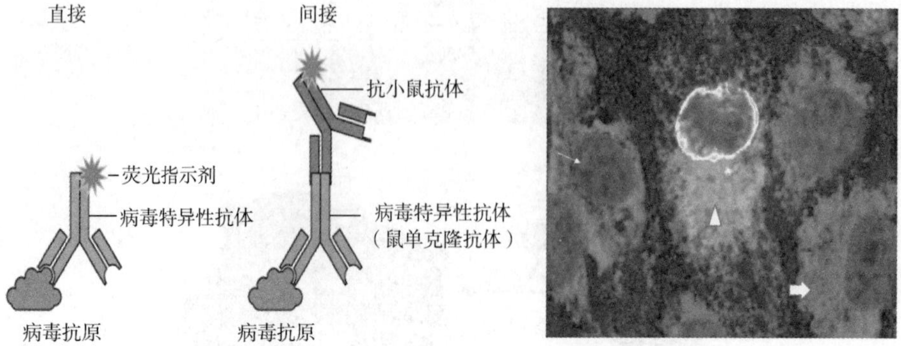

（1）　　（2）

图 4-10　抗原检测的直接法和间接法

注：（1）病毒样本（组织切片、涂片或与固相结合）和病毒特异性抗体结合。在直接免疫染色中，抗体与荧光素等指示剂相连。在间接免疫染色中，识别病毒特异性抗体［鼠单克隆抗体（Monoclonal antibody，mAb）］上一般表位的第二抗体与指示剂耦联。（2）利用共聚焦激光扫描显微镜，通过直接免疫荧光和间接免疫荧光测定腮腺炎病毒（*Mumps Virus*）在 Vero 细胞内位置。通过在 488nm（绿色）激发其自身荧光，观察到病毒的小疏水蛋白（Small Hydrophobic Protein）增强的绿色荧光蛋白（图中白色）。丝状肌动蛋白（Filamentous Actin）是细胞骨架的主要成分，使用与四甲基罗丹明（Tetramethylrhodamine）结合的鬼笔环肽（Phalloidin）进行检测，可在 586nm 激发下直接显现红色（图中黑色）。使用单克隆抗体检测内质网中的蛋白质二硫化物异构酶（Protein disulfide isomerase），可通过在 647nm 激发与二抗结合的荧光指示剂 Cy5（Cyanine 5）间接显现蓝色（图中粗箭头所示）。使用 4,6-二脒基-2-苯基吲哚（4,6-diamidino-2-phenylindole）复染细胞核，可在 405nm 激发下直接观察到黄色（图中细箭头）。腮腺炎病毒小疏水蛋白增强型绿色荧光蛋白和蛋白二硫键异构酶的共定位显示青色存在于内质网中（图中三角箭头）。

结合的抗体捕获。通过使用与酶连接的第二抗体检测结合的病毒抗原。然后加入可被酶转化为易于检测产物的显色剂，由于单个酶分子可催化产生许多产物分子，可以有效放大信号。为了检测针对病毒的 IgG 抗体，首先将病毒蛋白连接到塑料支持物上，然后加入样品［图 4-11（2）］。如果标本中存在针对病毒的抗体，它们将与固定的抗原结合。然后通过检测针对第一种抗体结合的第二抗体来测定结果。酶免疫分析法可用于实验和诊断病毒学，在临床中可检测多种病毒，包括轮状病毒、单纯疱疹病毒和人类免疫缺陷病毒。

酶联免疫分析的一个改进技术是侧流免疫层析检测（Lateral Flow Immunochromatographic Assay，LFIA），它已用于快速抗原检测试剂盒，因简单快速、结果准确率高而得到广泛的认可。侧流免疫层析试纸条由样品垫、结合垫、吸水垫和聚氯乙烯（Polyvinyl Chloride，PVC）底板五部分组成，单克隆抗体和二抗被预先分别固定在层析膜上以形成测试（Test，T）线和对照（Control，C）线。分析中将含待测物的样品添加到样品垫上，待测物与结合垫上的标记抗体结合，随层析作用进一步被固定在 T 线上的单抗捕获，过量的标记抗体被 C 线上的第二抗体捕获，通过读取 T/C 线上的标记物信号强度，表明样品中存在的病毒抗原的量（图 4-12）。侧流免疫层析检测可不需要仪器，在 5~20 分钟现场读取，是经典的床旁检测技术。目前已有针对流感病毒（*Influenza Virus*）、呼吸道合胞病毒（*Respiratory Syncytial Virus*）和轮状病毒（*Rotavirus*）的商业快速抗原检测试验。

（5）放射免疫吸附测定　利用有放射活性的碘（^{126}I）与蛋白质上酪氨酸基团结合建立的放射免疫测定法，可用于定量测定溶液中的特异抗原或抗体。是以 ^{126}I 抗原或抗体标

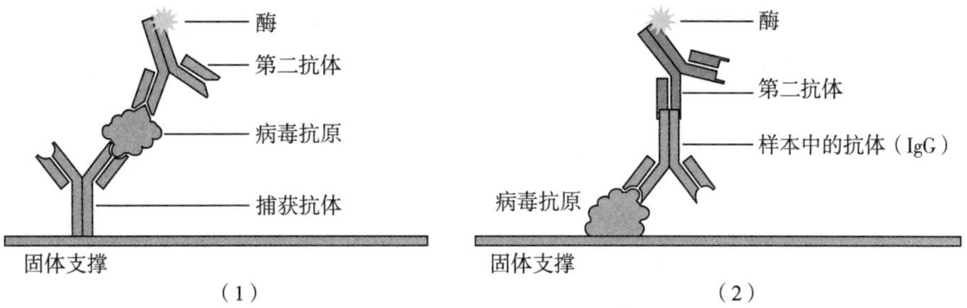

图 4-11　酶联免疫吸附法检测病毒抗原或病毒抗体

注：(1) 为了检测样品中的病毒蛋白，将对病毒特异的抗体固定在固体支持物如塑料孔上。将样品放入孔中，病毒蛋白被固定的抗体“捕获”。洗涤除去未结合的蛋白质后，加入抗病毒的第二种抗体，该抗体与指示剂连接。进行另一次洗涤以除去未结合的第二抗体。如果病毒抗原已被第一抗体捕获，第二抗体将结合，复合物将被指示剂检测到。
(2) 为了检测样品中的病毒抗体，将病毒抗原固定在固体支持物上。将样品放入孔中，病毒抗体与固定的抗原结合。洗涤除去未结合的抗体后，加入针对第一抗体的第二抗体。再次洗涤除去未结合的第二抗体。如果病毒抗体与固定的抗原结合，则第二抗体将结合，复合物将被指示剂检测到。

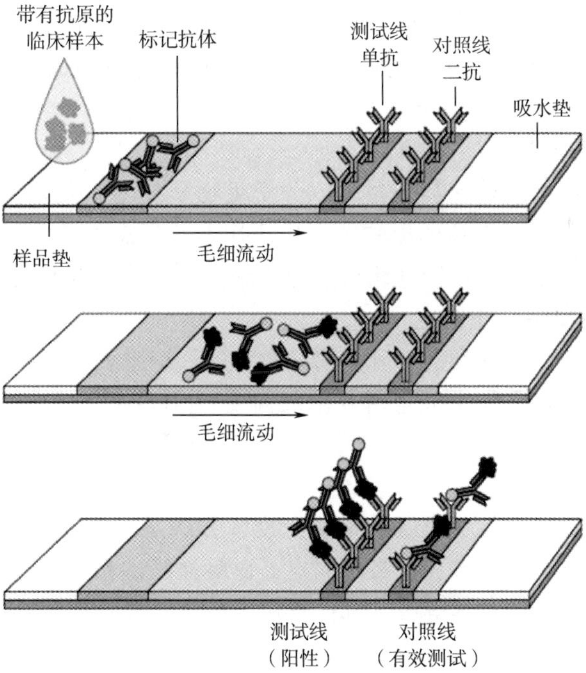

图 4-12　侧流免疫层析法

记细胞，用亲和层析或抗原抗体复合物的沉淀作用浓缩后测定其结合的放射性。这种方法的敏感度较免疫荧光法高得多。

（6）免疫扩散　抗原抗体相互作用的结果常产生复合物的沉淀反应，这种反应可用于凝胶扩散试验。该试验是利用琼脂凝胶使抗原抗体相互扩散，当它们相遇时产生一个明显的沉淀线。这个方法检测病毒的多种抗原成分特别有效。

（7）补体结合试验　补体结合试验是确定抗原量的最精确方法之一。这种方法是依靠抗原抗体反应时对补体的结合作用。补体是血清中的多种蛋白质复合物。试验包括两个实验阶段。首先，抗体及抗原与标准量的补体混合。其次，测定残存的或未结合的补体量，如果存在自由的补体便发生溶血，如果补体被全部用于抗原（病毒）——抗体反应，便不发生溶血。测定溶血的量，便可准确地测定病毒的量。其结果一般用补体结合单位来表示。

除上述方法外，病毒测定还有其他许多方法，如竞争性聚合酶链式反应（Polymerase chain reaction，PCR）、竞争反转录聚合酶链式反应（Reverse Transcription - Polymerase Chain Reaction，RT-PCR）等分子生物学方法，这些方法对于那些体外培养困难的病毒或者病毒含量极微的样品定量分析具有特别的意义。

五、病毒的鉴定

利用形态学、物理学、化学、生物学、免疫学、分子生物学等方法鉴定病毒的性质，描述病毒的特征，是病毒分类的前提。病毒鉴定也是诊断病毒性疾病的可靠方法。

1. 根据病毒感染的宿主范围及感染症状鉴定

大多数病毒都有一定的宿主范围，因而病毒的宿主谱可以作为病毒初步鉴定的指标。病毒感染宿主机体所引起的疾病症状，在鸡胚绒毛尿囊膜上所形成的痘疱的形态以及细胞培养产生的致细胞病变效应都有一定特异性，根据这些特征性的表现可对病毒进行初步鉴定。

2. 病毒的理化性质鉴定

利用电子显微镜技术、超速离心技术、分子生物学技术以及热、紫外线、化学药物、脂溶剂等理化因子对病毒感染性的影响，可检测病毒的形态大小、沉降系数、浮力密度、相对分子质量、核酸类型、对不同理化因子的敏感性等，是病毒鉴定的重要依据。

3. 病毒的血细胞凝集性质鉴定

许多病毒能吸附于一定种类的哺乳动物或禽类的红细胞表面产生凝集现象，不同的病毒所凝集的血细胞种类以及发生凝集所要求的温度、pH 条件可能不同，这为病毒鉴定提供精确的依据。

4. 病毒的血清学鉴定

建立在抗原与抗体特异性反应基础上的免疫学方法是一类非常重要的病毒鉴定方法。免疫沉淀反应、凝集反应、酶联免疫吸附测定、血凝抑制试验、中和试验、免疫荧光、免疫电镜、放射免疫、单克隆抗体等技术都广泛用于病毒鉴定工作。在这些血清学方法中血凝抑制试验和中和试验是利用病毒的性质来检测抗原-抗体反应。血清学方法所进行的病毒抗原分析可使病毒鉴定更为准确、精细。它们对于病毒的最终鉴定，乃至区分同型病毒的不同毒株、了解病毒的亲缘关系以及病毒性疾病的诊断都是至关重要的。

5. 病毒的分子生物学鉴定

运用变性聚丙烯酰胺凝胶电泳、蛋白质的肽图与 N 末端氨基酸分析、核酸的酶切图谱、序列测定、聚合酶链式反应等生物化学与分子生物学方法鉴定病毒核酸、蛋白质等组分的性质，为在分子水平上阐明病毒的性质，对其进行准确的分类鉴定提供了更为直接可靠的证据，而且对于病毒性疾病的诊断也具有特殊的意义。

六、病毒核酸检测

在临床病毒学中，基于通过核酸检测（NAT）直接检测样本中特定遗传物质的分子诊断已在很大程度上取代了免疫测定法的抗原检测，并已成为领先技术。分子测试系统更加特异和灵敏。目前核酸扩增和样品制备技术已经成熟，操作简便，病毒全基因组测序后可立即建立特异性引物，已成为病毒鉴定的最佳诊断方法。它们能够比抗原免疫测定法更快地检测病原体的存在，因此目前主要用于诊断和筛查患者的多种病毒性疾病。

1. RT-PCR 技术

RT-PCR（Reverse Transcription-Polymerase Chain Reaction）是将 RNA 的反转录（RT）和 cDNA 的聚合酶链式扩增（PCR）相结合的技术。首先经反转录酶的作用，从 RNA 合成 cDNA，再以 cDNA 为模板，在 DNA 聚合酶作用下扩增合成目的片段。RT-PCR 的指数扩增是一种很灵敏的技术，可以检测很低拷贝数的 RNA。由于其简单易行的方法和经过广泛验证的标准操作程序，RT-PCR 现在是核酸检测的首选和最广泛使用的方法。RT-PCR 广泛应用于检测细胞中基因表达水平、细胞中 RNA 病毒的含量和直接克隆特定基因的 cDNA 序列。作为模板的 RNA 可以是总 RNA、mRNA 或体外转录的 RNA 产物。无论使用何种 RNA，关键是确保 RNA 中无 RNA 酶和基因组 DNA 的污染。用于反转录的引物可视实验的具体情况选择随机引物、Oligo dT 及基因特异性引物中的一种。对于短的不具有发夹结构的真核细胞 mRNA，3 种引物都可以。

2. 等温扩增技术

等温扩增技术（Isothermal Amplification Technology，ITA）是近年来发展起来的基于恒温扩增的新型核酸扩增技术。PCR 是通过 95℃ 的熔化分离了脱氧核糖核酸链实现核酸扩增。等温扩增是一种不需要温度循环和设备的技术。已经开发了至少 6 种不同的方法来以等温形式扩增核酸。其中的环介导等温扩增（Loop-mediated Isothermal Amplification，LAMP）因为特异性和灵敏度高，扩增产物可通过电泳、电化学传感器、横向流动试纸条等方法判定结果而受到了更多的关注。该测试需要 4 条引物和具有链置换功能的嗜热脂肪芽孢杆菌 DNA 聚合酶（DNA polymerase of *Bacillus stearothermophilus*，Bst DNA 聚合酶）。外引物与 PCR 引物类似，而内引物则含有两段序列。过程如下：（1）内引物结合目的基因，在 Bst DNA 聚合酶的作用下延伸为双链。外引物与双链 DNA 的 5′端结合，在一端形成环状结构。另一端经过同样过程，形成两端为环的哑铃状结构。（2）哑铃状结构的单链 DNA 具有模板与引物的双重功能，在 Bst DNA 聚合酶的催化下即能延伸。（3）内引物也能与环状结构结合，在酶的作用下进行延伸。LAMP 可用于病原体检测，利用 LAMP 技术检测甲型和乙型流感病毒已被美国食品药品监督管理局批准使用。目前等温扩增技术的缺点在于引物设计烦琐，易出现非特异性扩增。

第二节　噬病毒体

病毒是个体非常微小，结构特别简单，仅能在细胞内复制的严格的活细胞寄生物。按照病毒宿主的不同，可将病毒分为动物病毒（Animal Virus）、植物病毒（Plant Virus）、噬藻体（Phycophage）、噬真菌体（Mycophage）、蓝细菌噬菌体（Cyanophage）、噬菌体

(Phage）等。近年来，又发现以较大病毒为宿主的一类新型病毒——噬病毒体（Virophage)。

一、概述

一般认为，病毒必须通过感染细胞才能进行自我复制，但是目前新发现了一类不感染细胞而是感染病毒的病毒，称为噬病毒体。噬病毒体这一新的病毒类型最早在2008年于法国巴黎的一座冷水塔中发现，因其能伴随巨病毒［Giant Virus，如拟菌病毒(Mimivirus)、有机湖藻DNA病毒（Organic Lake Phycodna Virus)、伦比约餐厅虫病毒(Cafeteria Roenbergensis Virus)］一起侵染单细胞真核生物（如阿米巴）并在巨病毒的病毒加工厂（Viral Factory，VF）增殖，结果产生非正常形态的病毒颗粒，降低了巨病毒的侵染性，提高了真核宿主存活率而得名。噬病毒体的宿主病毒都是基因组超过1Mb的巨病毒，如Mimivirus、妈妈病毒（Mamavirus）和巨大病毒（Megavirus）等，这些巨病毒被统称为"巨大病毒科（Megaviridae）"。巨病毒的发现使人们开始重新审视病毒的概念，因为它们不仅在外形和基因组上大过了很多细菌，而且还具有一些独特的生命现象，如其基因组能编码真核生物才能编码的氨酰基-tRNA合成酶（Aminoacyl-tRNA Synthetase，aaRS)，拥有独立的病毒颗粒的包装/去包装机制，具备自身的转录信号——"发夹结构"等。更有趣的是在研究Mamavirus时，用透射电子显微镜观察采样来自巴黎冷却塔的阿米巴变形虫细胞，发现除了Mamavirus病毒颗粒以外，还有一些直径约50nm的二十面体的小颗粒。进一步研究确定这种小颗粒只能在与Mamavirus共同接种进阿米巴变形虫细胞时才能复制。这种小颗粒即为噬病毒体。借用"Bacteriophage（噬菌体）"，研究者用"Virophage（噬病毒体）"来描述这种寄生于病毒中的小病毒颗粒。随后科学家们又在海洋和有机湖中发现两种新的噬病毒体。第一种噬病毒体被命名为Sputnik（旅行者病毒)。随后La Scola等人发现了另外两株Sputnik。由于它们跟Sputnik差异很小，分别命名为Sputnik 2和Sputnik 3。在2014年，该小组又发现了一株Sputnik的近亲，命名为Mavirus（Maverick-related Virus)。噬病毒体能抑制宿主病毒的增殖和裂解细胞的能力，并且噬病毒体只有在宿主病毒存在时才能增殖。噬病毒体的发现开启了一条新的探索病毒间相互作用的大门。

二、噬病毒体的种类

1. Sputnik

旅行者病毒（Sputnik）是人们发现的首个噬病毒体，是由法国科学家La Scola等于2008年在对多食棘阿米巴变形虫模仿病毒（Acanthamoeba Polyphaga Mimivirus，APMV）的研究中发现并命名的。该病毒分离毒株来自英国布拉德福德的一个冷却塔。APMV被鉴定为一种病毒并被冠名为模仿病毒（Mimivirus，因其与细菌相似而得名)。Mimivirus是首个被发现基因组超过1Mb的病毒，它属于核质大DNA病毒。Sputnik本身并不能在阿米巴细胞中很好地复制，但当阿米巴同时感染了Mamavirus和Sputnik就能迅速繁殖，并利用Mamavirus的病毒加工厂进行繁殖。Mamavirus具有普通病毒不具备的特性，结构复杂、DNA复制系统完善、基因转录调控方式多样。正是由于Mamavirus这些独特的性质，从2003年发现至今，在对模仿病毒的研究过程中才有了如此意想不到的发现。Sputnik能从宿主病毒（Mamavirus）和其他微生物身上"掠夺"基因，达到显著的基因混合效应，这种生活方式类似于噬菌体。此前，人们只知道病毒能感染细菌，但Sputnik病毒是首个能感染其他病毒的例子。科学家通过对海洋水域所进行的宏基因组学研究，发现存在大量与Mamavirus密切相关的基因序列，因此认为应该有大量类似于Sputnik的噬病毒体存在。

不管结构简单还是复杂，所有的病毒都具有一层蛋白衣壳。研究者常常以这层蛋白衣壳作为靶点来破坏病毒。噬病毒体具有病毒的一般结构，也被蛋白衣壳包被。Sputnik的基因组是18kb的环状双链DNA，富含AT，预期编码21种蛋白质，88~779个氨基酸。编码的21种蛋白质中，13种与序列库中无同源性。其他8个基因与其他生物的病毒有同源性（图4-13）。基因组排列紧密，可读框很少重复，是典型的病毒基因组的排列方式。序列分析表明，Sputnik基因组包含来源于不同生物的21个基因，尽管基因之间亲缘性较远，但其中包含几种与常见病毒（如痘病毒、Mimivirus和Mamavirus）密切相关的基因，其中三个基因明显来自Mamavirus。另外，Sputnik的基因组中有50%的基因来自海洋病毒，还具有来自古生菌的罕见的基因。可见，噬病毒体可能是介导基因在巨病毒之间横向迁移的媒介。

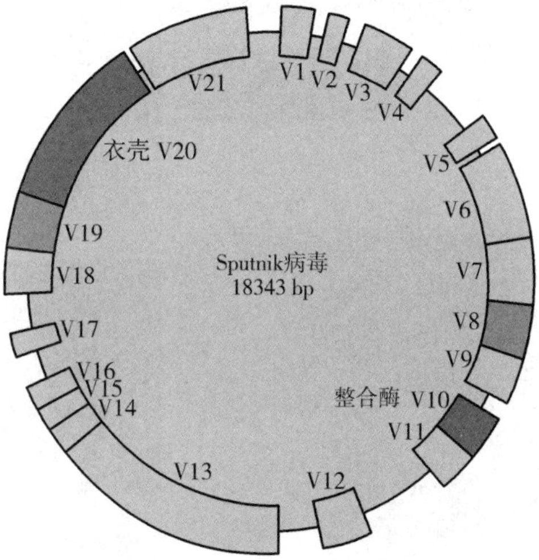

图4-13　旅行者病毒（Sputnik）的基因组结构

Sputnik衣壳二十面体对称，假六面体衣壳粒厚约75Å，相邻衣壳粒中心间的距离约75Å，与肠杆菌噬菌体PRD1衣壳的大小一致。每个假六面体衣壳的中心有三角形头部突出的55Å长的蘑菇样的衣壳外纤维，但衣壳不是五面体。纤维密度比衣壳小，表明纤毛没有充分占据每个衣壳粒，或者纤维有弹性。衣壳粒中间有空洞，其中一个空洞可充当DNA进出的通道。

Sputnik不能独立感染阿米巴，然而，共接种Sputnik和APM（巨大DNA病毒、Mamavirus）粒子，二者均倍增。Sputnik在病毒工厂（在其裂解感染过程中，APM在阿米巴细胞建造的复制和组装中心）繁殖。病毒工厂为DNA丰富的胞质空间，在APM感染后4h出现，可扩大至几微米。Sputnik病毒粒子比APM粒子繁殖更快速。感染6h后，Sputnik粒子开始在病毒工厂出现，而新APM粒子仅在8h后出现。共感染降低了APM粒子的产量，导致产生畸形APM粒子。Sputnik因而充当真正的寄生物，对APM的增殖产生有害影响。Sputnik和Mamavirus在同一个病毒工厂以不同的动力学和不同特异部位产生。Sputnik比巨大DNA病毒产生较早。Sputnik与共感染畸形Mamavirus粒子（衣壳部分加厚）的显著增加相关。在正常的 Mamavirus 粒子，衣壳层厚 40nm，而存在 Sputnik，衣壳厚度可达 240nm。多数情况下，在病毒颗粒的一极不对称地积累几个衣壳层。一些这些畸形粒子似乎是成熟的，仅在正常衣壳部分包装囊膜。仅少部分的 Mamavirus 粒子内包装 Sputnik 粒子（图 4-14）。然而，Mamavirus 和 Sputnik 并发导致感染性的 Mamavirus 粒子产量降低约 70%，24h 阿米巴裂解降为原来的三分之一。这些发现表明，Sputnik 是 Mamavirus 的寄生物，可持续降低宿主病毒的繁殖效率。

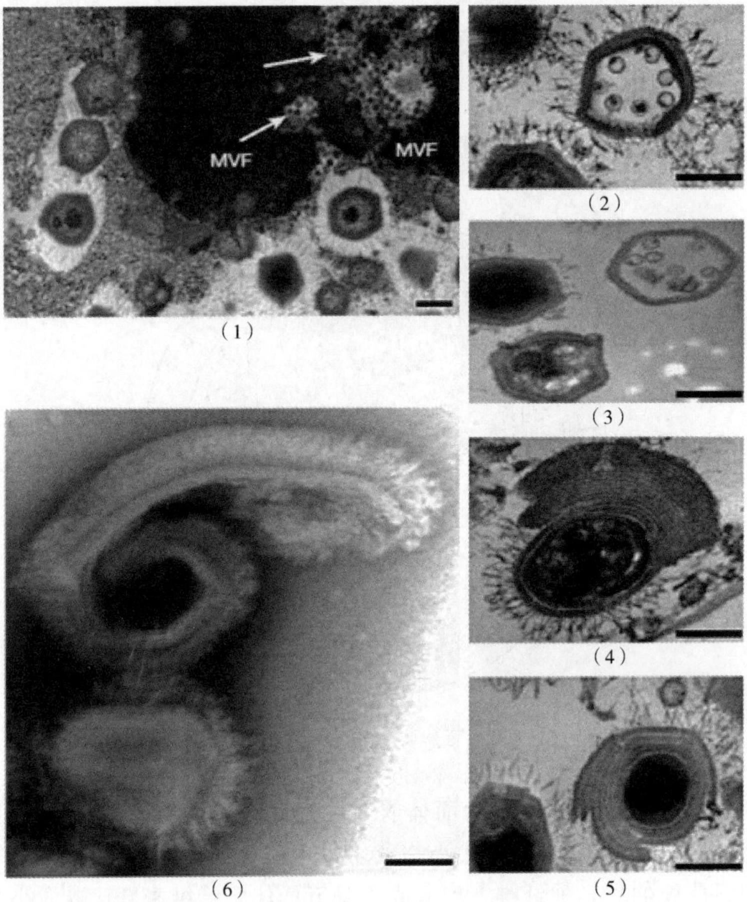

图 4-14　Mamavirus 和 Sputnik 的不同形态

注：（1）在 Mamavirus 病毒工厂（MVF），有不同成熟阶段的 Mamavirus 颗粒，可观察到 MVF 内部 Sputnik 颗粒（箭头）。（2）在一些情况下，Mamavirus 衣壳内可观察到 Sputnik。（3）产生缺陷粒子。（4）-（6），Mamavirus 和 Sputnik 共感染导致 Mamavirus 颗粒畸形，如在一边积累膜（4），四周积累膜（5），或颗粒打开（6）。

2. Mavirus

Mavirus 是由加拿大微生物学家发现的攻击迄今发现的最大海洋病毒——咖啡厅洛博金斯病毒（*Cafeteria Roenbergensis Virus*，CroV）的第二种噬病毒体。CroV 是在 2010 年被发现的双链 DNA 病毒，携带了令人难以置信的约 73 万个 DNA 碱基对，预测基因超过 500 个，是目前已知的世界上最大的海洋病毒和第二大病毒，仅次于淡水病毒——多噬棘阿米巴模仿病毒（基因组 1200kb）。Mavirus 的基因长 19063bp，是环状的双链 DNA，（G+C）含量为 30.26%，基因组的 92.6%为编码区，其中预测有 20 个蛋白质编码序列（Coding Sequence，CDS），包括一种逆转录病毒整合酶和 DNA 聚合酶 B，编码序列平均长度为 883bp。Mavirus 只有在周围有 CroV 时才活跃起来，而 CroV 周围出现 Mavirus 时，其传染速度会降低。研究人员推测，Mavirus 能通过窃取 CroV 的基因而快速繁殖。

一般认为病毒是简单生物体，只有少量基因，无法独立复制。但是 CroV 具备大量活细胞特有的遗传机制，它们拥有自己的蛋白质合成机制以及通常在活体细胞中才能够完成的功能，这模糊了生命与非生命之间的界限。全基因组测序发现，这 20 个预测的 CDS 启动子序列与 CroV 的后期启动子序列相似。Mavirus 有 10 个 CDS，与来自真核生物、细菌、反转录病毒及双链 DNA 病毒的基因序列具有同源性，其中在 Sputnik 中发现的同源基因包括编码衣壳蛋白、ATP 酶、腺病毒半胱氨酸蛋白酶和 GIY-YIG 内切核酸酶/锌指蛋白的 CDS。然而，在 Mavirus 中这 10 个与其他生物同源的 CDS 不包括整合酶和启动子序列，并且除了这 10 个 CDS 外，其他约 80%的 CDS 与其他生物不具同源性，这表明这些病毒间不可能通过整合酶的基因整合作用进行基因水平转移而产生进化上的联系，它们之间进化上的联系应该源自古代。

3. 有机湖噬病毒体

有机湖噬病毒体（Organic Lake Virophage，OLV）是由澳大利亚新南威尔士大学微生物学家 Ricardo Cavicchioli 领导的科研小组在南极有机湖中发现的。南极有机湖为微生物控制的生态系统，支持截短的食物链，其中病毒展示主要的影响。科研小组发现了捕食藻 DNA 病毒（PV）的噬病毒体。噬病毒体通过在极地夏天有光时期降低宿主总体死亡率，增加藻盛期，而激发次级产量。湖中 2 年以后噬病毒体仍保持丰富。为了检测出其他可能存在的噬病毒体，研究者在来自全球海洋样本的序列数据库中搜寻与 OLV 主要衣壳蛋白编码区域同源的序列，结果在南极的另一个南极湖（冰湖）、咸水湖、加拉帕戈斯群岛海的上升流、美国新泽西州的河口和巴拿马淡水湖的水草类生物中均发现了同源序列。显然，噬病毒体并不是只存在于南极湖中。这些发现表明噬病毒体调节宿主-病毒互作，影响有机湖的总体碳流，在多样生态系统中发挥着以前未知的作用。

该新病毒基因序列与首个噬病毒体 Sputnik 非常类似，因此将其归为噬病毒体类。OLV 的全基因组长约 28kb，为环状的双链 DNA 分子。和 Sputnik 基因组相似，OLV 的基因中 GC 含量较低（约 30%）。研究者鉴定了 OLV 基因组中的 25 个预测蛋白编码序列，其中有的蛋白质编码序列与 Sputnik 具有同源性（氨基酸序列相似度为 27%~42%），包括一个主要的衣壳蛋白。在 OLV 基因组，OLV12 是小球藻属病毒来源基因，表明在 OLV 和 PV 之间发生了基因交换。相似的现象也在 Sputnik 发生，携带了与 Mamavirus 共同的 4 个基因（V6、V7、V12 和 V13），表明可能的基因交换和共进化过程。由于 V6、V7、V12 和 V13 蛋白与噬病毒体辅助特性相关，有理由相信 OLV 的功能同源体将与其辅助病毒的蛋白而不是 Sputnik 具有功能同一性。

三、噬病毒体研究的意义

噬病毒体作为一种新发现的病毒类型，对其研究具有重要的理论意义。

1. 噬病毒体的存在为微生物食物链环动态学增加了复杂性

在阿米巴分批培养物中，APMV 和 Sputnik 共感染导致感染性 APMV 颗粒数量降低

70%，阿米巴裂解速度降至原来的三分之一。噬病毒体的效应很强。通过降低感染性 OLPV 的数量，OLV 缩短了宿主种群的复苏时间。模型揭示，噬病毒体在极地夏天有光时期降低宿主总体死亡率，增加藻盛期，而激发次级产量。极地湖系统具有进化机理，影响光-黑暗循环，缩短营养链。在有机湖和类似系统中，捕食藻 DNA 病毒的毒性降低可能有助于维持微生物食物网的稳定性。

2. 为 DNA 转座子的起源提供了选择性的机制

DNA 转座子为移动的遗传因子，已经存在于真核生物基因组中数百万年，而其来源仍不明确。发现噬病毒体在遗传同源性的基础上，似乎代表了一种双链 DNA 病毒和 Maverick/Polinton（MP）真核 DNA 转座子间的进化联系。在研究的基础上，可总结得出 Maverick/Polinton 转座子可能源于古老 Mavirus 的近亲，因而影响真核生物基因组的进化。

转座子（Transposons，TEs）可分为反转座子和 DNA 转座子。DNA 转座子进一步可分为切割-粘贴型 TEs、滚环 TEs 和自我合成 Maverick 或 Polinton（MP）TEs。MP TEs 长 9~22kb，编码达 20 种蛋白质，存在于多数真核生物，包括原生动物、真菌和动物。多数 MP TEs 编码逆转录病毒整合酶（INT）、DNA 聚合酶 β（Pol β，一种启动病毒 DNA 复制的聚合酶）、一种类似于 dsDNA 病毒的 FtsK-HerA 基因组包装的 ATP 酶和 cys 蛋白酶（PRO，一种腺病毒同源的蛋白酶）。另一种 PY 蛋白在 MP TEs 经常遇到，表现出与藻类病毒主要衣壳蛋白类似的结构。因为 MP TEs 遗传上类似于 PRD1 腺病毒家族，提出了这些转座子的病毒性来源的假说，虽然逆转录病毒整合酶和 PRD1 腺病毒基因（在 MP TEs 中发现）还未在病毒中发现（图 4-15）。

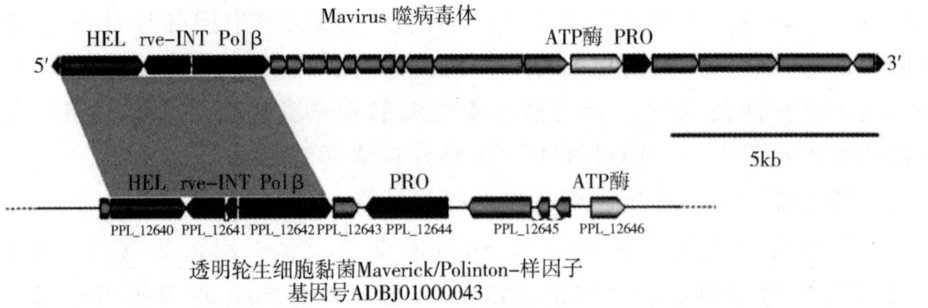

图 4-15 Mavirus 噬病毒体和透明轮生细胞黏菌（*Polysphondylium pallidum*）MP 转座子的基因组比较

观察到 Mavirus 与 MP TEs 的基因组大小、基因组结构和基因成分的类似性，特别是序列相似性和同线性，暗示 Mavirus 和 MP TEs 进化自共同祖先。这些转座子和 dsDNA 病毒的遗传相似性已经引发研究人员提出不同的进化假说，如 MP TEs 来自线性质粒，MP TEs 和 PRD1 腺病毒家族进化来自共同的祖先病毒；Mavirus 源于一种逃逸的 TE，或 MP TEs 来自 Mavirus 古老近亲的内共生作用。一种更保守的解释为，Mavirus 祖先（MVA）产生了 MP TEs，这发生在易受巨大 DNA 病毒（与 MVA 共进化）感染的早期真核生物（图 4-16）。

除遗传上的相似性，Mavirus 和 MP TEs 间的进化关系也有其他现象可支持。首先，Mavirus 和 MP TEs 的整合酶紧密相关，表明 Mavirus 整合酶祖先可以催化 DNA 插入真核生物基因组。其次，Mavirus 即使在无宿主病毒存在下也与宿主细胞相关联。第三，Mavirus

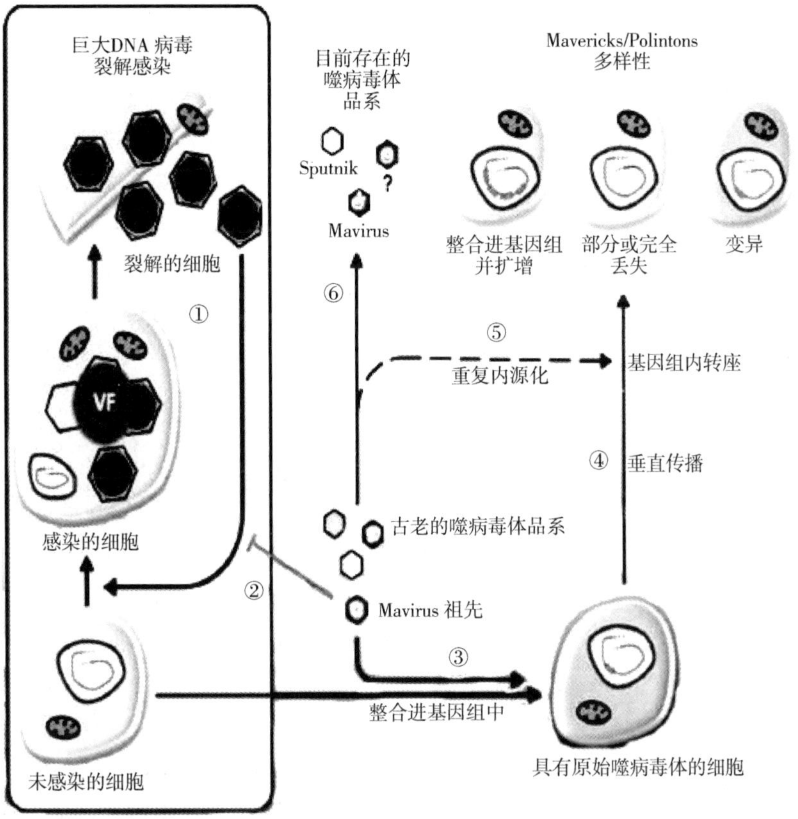

图 4-16　Maverick/Polinton 族 DNA 转座子起源的假说

注：(1) 裂解性巨大 DNA 病毒 (LDNAV) 的侵染循环。病毒进入后，病毒粒子工厂 (VF) 产生病毒粒子后代，通过细胞裂解释放。(2) 噬病毒体 (Mavirus 祖先，MVA) 依赖于与 LDNAV 共感染，对其裂解循环产生负向影响。MVA 增加了真核宿主种群的存活率。(3) 利用其整合酶，MVA 插入宿主细胞染色体基因组。(4) 经过数百万年，原始噬病毒体垂直传递，积累突变，增加在一些真核生物品系的水平传递，或在其他品系中完全丢失。(5) Mavirus 样噬病毒体重复内共生丰富了外来基因序列整合进真核生物基因组的内涵，导致目前观察到的 MP TEs 的分布和多样性。(6) 在假定的多种远古噬病毒体品系中，仅 Mavirus 传递下来产生 MP TEs。Sputnik 噬病毒体也许进化自不同的品系，很多类似的噬病毒体有待于发现。

整合酶干扰 CroV 繁殖，增加了宿主-细胞种群的存活率。因而，易感染巨大病毒的真核生物，如果可与噬病毒体发生联系，则获得了选择性优势。从最近描述的内生病毒看，Mavirus 的发现进一步揭示了病毒和细胞型生命间的复杂遗传互作的侧面。

3. 为水平（横向）基因转移提供了更多证据

与巨大 DNA 病毒建立联系后，Sputnik 可能获得了模仿病毒共享的 3 个基因，其产物可能涉及噬病毒体与其病毒宿主的互作。在病毒工厂内部，噬病毒体和 APMV 基因组间的重组可能导致基因交换。APMV 工厂也许能复制外源 DNA。Sputnik 基因组存在 3 个 Mamavirus 同源的基因，表明 Sputnik 和 Mamavirus 间可能在其共感染阿米巴过程中发生了基因转移。Sputnik 和古生菌病毒（质粒）间共享的整合酶基因可能早于古生菌和真核生物趋异，独立来自祖先病毒。相应地，Sputnik 可能从真核细胞内栖居的古生菌内共生体感染的病毒（质粒）中获得。不管该基因的确切来源如何，噬病毒体的最显著的特征是其明显的嵌合性起源，似乎是目前基因混合的最明确的例子，与病毒世界的其他情况匹配。

4. 加深了对生命起源的认识

噬病毒体与其宿主病毒共感染真核生物细胞时，可使其病毒宿主的毒性减弱，对共同的真核宿主的存活有利。真核生物染色体上大量的转座子的病毒起源假说暗示，真核生物进化早期的病毒感染事件，特别是噬病毒体与其病毒宿主的共感染，影响了真核生物基因组的进化。事实上人类 DNA 的一半来自病毒，它们感染并嵌入在我们祖先的卵子和精子上。在我们的基因组中其他病毒可能与自体免疫性疾病和某些癌症有关。有些病毒也会做好事，当你还是胎儿时它们能避免你遭受来自母体免疫系统的攻击。病毒跟我们是“一家人”。科学家认为，十多亿年前一个大的 DNA 病毒在细菌细胞内居住并形成了第一个细胞核。如果确实如此，那么我们都是病毒的后裔。

第三节　新冠病毒

冠状病毒是一大类病毒，感染患者表现为从普通感冒到重症肺部感染等不同临床症状，例如严重急性呼吸综合征冠状病毒（Severe Acute Respiratory Syndrome Coronavirus，SARS-CoV）和中东呼吸综合征冠状病毒（Middle East Respiratory Syndrome Coronavirus，MERS-CoV）在过去曾引起严重的流行病。自 2019 年 12 月，一种从未在人体中发现的冠状病毒新毒株（新型冠状病毒，SARS-CoV-2）迅速传播全球 200 多个国家。截至 2021 年 8 月，全球已报告超过 2 亿例新型冠状病毒肺炎（Coronavirus disease 2019，COVID-19）病例和超过 450 万例死亡病例。针对引起此次疫情的新冠病毒，世界各国积极开展了科学研究和预防控制措施，取得了许多重要的进展，为疫情防控做出了重要贡献。可以说到目前为止，新冠肺炎已成为人类进入 21 世纪后所面临的最为严重的全球性重大公共卫生事件，因而有必要对本病的病原学、流行病学、免疫学等相关内容进行详细、系统的介绍，采取科学有效的措施加以预防和治疗。

一、形态特征与基因组结构

2020 年 2 月，国际病毒分类委员会（International Committee on Taxonomy of Viruses，ICTV）宣布新型冠状病毒的正式名称为严重急性呼吸综合征冠状病毒 2（Severe Acute Respiratory Syndrome Coronavirus 2，SARS-CoV-2）。该病毒属于巢病毒目（Nidovirales）冠状病毒科（Coronaviridae）乙型冠状病毒属（*Betacoronavirus*）。新冠病毒是目前发现的可以感染人类的冠状病毒科中的第 7 个成员，其他 6 个成员分别为：HCoV 229E、HCoV NL63、HCoV OC43、HCoV HKU1、SARS-CoV 和 MERS-CoV。SARS-CoV-2 与 SARS-CoV 和 MERS-CoV 同属于 β 冠状病毒。

新冠病毒颗粒呈球形或椭圆形，直径 60~140nm，被宿主细胞提供的脂质双层所包裹，其中含有核酸及结构蛋白。结构蛋白有 4 种：核蛋白（Nucleocapsid Protein，N 蛋白）、包膜蛋白（Envelope Protein，E 蛋白）、基质蛋白（Membrane Glycoprotein，M 蛋白）和刺突蛋白（Spike Protein，S 蛋白）。核蛋白是一种碱性磷蛋白，其中央区与基因组 RNA 结合，形成卷曲的核衣壳螺旋。M 蛋白横穿整个包膜。刺突蛋白 S 长度约 23nm，宽 7nm，末端呈球状，故整个刺突呈花瓣状或梨状。刺突之间有较宽的间隙，规则地排列成皇冠状

(图 4-17)，冠状病毒的名称即由此而来。

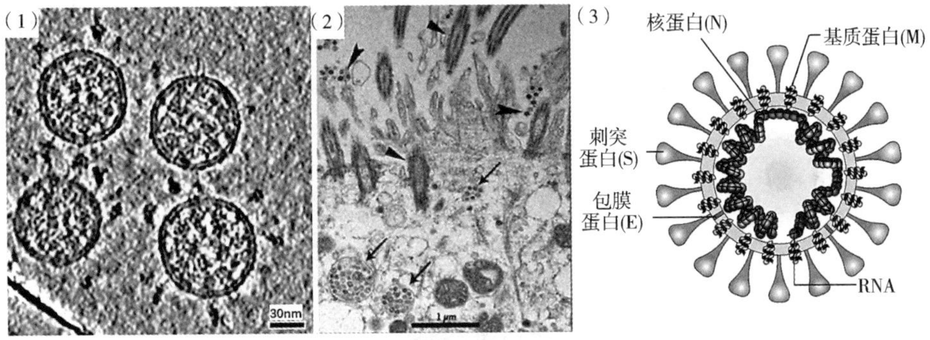

图 4-17　SARS-CoV-2 新冠病毒形态结构

(1) 新冠病毒颗粒的冷冻电镜断层扫描成像

(2) 人呼吸道上皮细胞超薄切片中 SARS-CoV-2 颗粒

注：粗箭头表示细胞外病毒颗粒，细箭头表示胞质膜囊内充满病毒颗粒的包涵体。

(3) 病毒体结构示意图

新冠病毒的基因组为单链正义 RNA（Single Strand RNA，ssRNA），约 29kb 的碱基和 11 个蛋白编码区，是一种最大的 RNA 病毒。具有正义 RNA 病毒特有的结构特征（图 4-18）。新冠病毒整个结构蛋白由成熟的 mRNA 合成，并不存在转录后的修饰、剪切过程，是通过 RNA 聚合酶和一些转录因子，以一种不连续转录的机制，通过识别特定的转录调控序列，有选择地从负链 RNA 一次性转录得到成熟 mRNA 的全部组成成分。

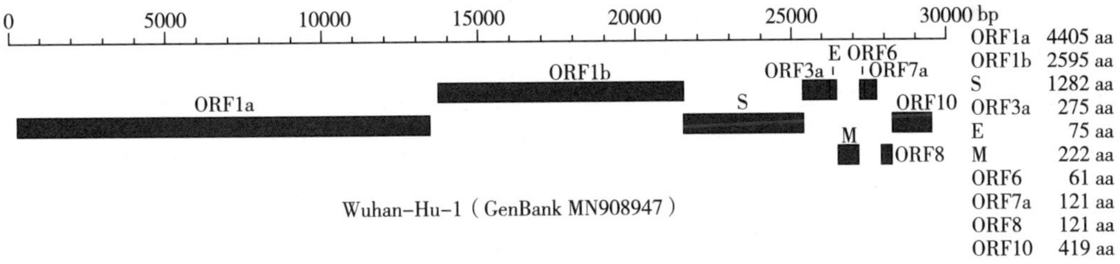

图 4-18　SARS-CoV-2 病毒分离株 Wuhan-Hu-1 的基因图谱

新冠病毒的基因组与一些 SARS-CoV 毒株（GZ02、BJ01、Tor2、SZ3、PC4-227）有 80%的同一性，与蝙蝠冠状病毒 BatcoV RaTG13 序列的一致性达 96%，这些可能是其潜在的传染源。另一项研究发现，新冠病毒受体结合 S 蛋白与其他冠状病毒有很大差异，核苷酸序列的同一性为 75%或更低，更接近穿山甲分离的冠状病毒。因此，新冠病毒的起源还有待确定。

每个新冠病毒颗粒的表面有 24~40 个任意排列的刺突蛋白（S 蛋白），是病毒表面一个突出的三聚体结构，这些刺突蛋白是病毒与人细胞融合的关键。Amaro 团队利用超级计算机对刺突蛋白结构进行逐原子渲染模拟（图 4-19），发现 S 蛋白含有 2 个亚基 S1 和 S2，其中 S1 负责与宿主细胞表面受体血管紧张素转化酶 2（angiotensin converting enzyme 2,

ACE2）结合，S2负责病毒与宿主细胞间的膜融合，S1解离时会造成S2的构象变化。S2上的三个位点能像铰链一样活动，因而能任意掉头、摇摆、转动，这有利于多个刺突蛋白与一个人体细胞相结合。目前其他冠状病毒尚无类似的实验数据，但由于刺突蛋白序列在演化上高度保守，可以推测所有冠状病毒都具有这一特点。

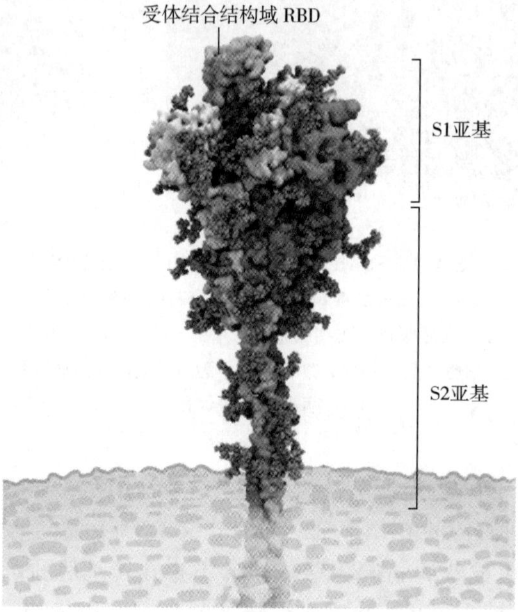

图 4-19　SARS-CoV-2 刺突蛋白的计算机模拟结构

新冠病毒从蛋白组成上类似SARS-CoV和MERS-CoV，基因组都由结构蛋白、非结构蛋白和辅助蛋白编码。其中结构蛋白包括含有受体结合域的S蛋白，而非结构蛋白则包括了3-胰凝乳蛋白酶样蛋白酶（3CLpro）、木瓜蛋白酶样蛋白酶（PLpro）、解旋酶（Helicase）和RNA依赖性RNA聚合酶（RdRp）等16~17种。3CLpro和PLpro在病毒的1*ab*基因的多个位点上运行，主要功能是帮助病毒RNA翻译。有研究对新冠病毒的3CLpro晶体结构进行解析，指出这是可以抑制病毒复制的靶标之一。由于新冠病毒含有的蛋白种类多，与人体蛋白的蛋白间相互作用也较多，现有研究无法完整分析所有不同蛋白的作用。对病毒蛋白的细胞生物学分析显示，不同功能对应的蛋白如下：DNA复制（Nsp1）、表观遗传和基因表达调控（E蛋白：Nsp5、8、13）、囊泡运输（E蛋白：Nsp6、7、10、13和15）、脂质修饰（S蛋白）、RNA加工和调控（N蛋白Nsp8）、泛素化调控（ORF10）、信号转导（N蛋白：Nsp8、13）、核转运机制（Nsp9、15）、细胞骨架（Nsp1、13）、线粒体（Nsp4、8）和细胞外基质（Nsp9）。

在包膜刺突的表面具有宿主细胞衍生的聚糖，具有66个糖基化位点。SARS-CoV-2的糖基化已被发现可以促进其免疫逃避。刺突蛋白顶部突出的无包裹裸露环状结构是一个受体结合结构域（Receptor-binding Domain，RBD），是刺突蛋白与人细胞表面受体（ACE2）结合区域。S蛋白是中和抗体和疫苗的共同靶点。在Amaro的模拟中，当RBD上升到这团聚糖的顶部时，两个聚糖会突然将其锁住，如果改变聚糖，RBD则会倒塌，降低刺突蛋白与人细胞受体的结合力，而之前从未在冠状病毒中发现过这种作用。McLellan 提出剪掉这两个聚糖或能降低新冠病毒的感染性，但可惜尚未找到方法。

对新冠病毒的 RBD 与 ACE2 复合物的晶体结构进行了测定，并为抑制剂设计提供了重要的结构指导（图 4-20）。该晶体含 C、N、O、S 等元素，属于四方 P 的 P41212 空间群。RBD 本身含有由反平行肽链组成的 β1、β2、β3 和 β6 四个 β 折叠层。在这一段蛋白核心中，在 β3 和 β6 中间有一段额外的插入，包括 β4、β5 的肽链以及 α4 和 α5 螺旋，形成了 RNA 结合基序（RNA Binding Motif，RBM），它主要含有负责与 ACE2 结合的接触单元蛋白。现有认知中，病毒的 RBD 突变是导致 SARS-CoV-2 与 ACE2 的亲和力更高的原因。有研究构建了 SARS-CoV-2 的 RBD 的进化树，结果显示它可以和多种冠状病毒如 RaTG13、SZ16、ZS-C、Sino1-11 等形成一簇，其他冠状病毒如 Rm1、ZC45 和 ZXC21 可以形成另一簇。利用病毒 RBD 中 N481 至 N501 这一段与 ACE2 结合的氨基酸残留物进行的进化树分析，构建出了一样的结果。

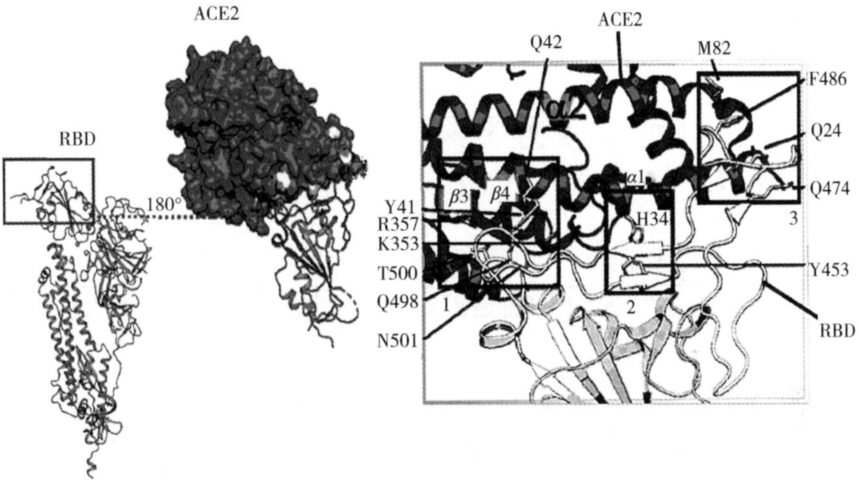

图 4-20 SARS-CoV-2-RBD 和受体 ACE2 相互作用模型

注：ACE2（黑色）通过其蛋白水解结构域与新冠病毒 RBD（白色）的延伸环区螺旋 α1 通过极性作用结合。此外，α2、β3 和 β4 的肽链也对作用有贡献。方框 1、2 和 3 分别为极性簇 1、2 和 3。

由于新冠病毒的基因组很大，且具有高突变率，极不稳定，很容易因环境的影响而发生变异。目前发现新冠病毒一百多个位点上出现了突变，均匀分布于十个编码区内。随着疫情的全球传播，新冠病毒变异更快。目前在全世界发现新冠病毒变异毒株已经超过几千型。世卫组织根据危险程度将新冠变异毒株分成了两类：令人担忧的变异毒株（Variant of Concern，VOC）和值得关注的变异毒株（Variant of Interest，VOI）。目前，VOC 是对疫情影响最大同时也是对全球威胁最大的变异毒株，包括 Alpha、Beta、Gamma 和 Delta 毒株。目前的病毒样本显示，不同毒株中反复突变主要由免疫系统的宿主 RNA 编辑诱导。对来自不同地区的 SARS-CoV-2 病毒毒株分析显示出少量的同义及非同义突变，其中病毒的 ORF8、ORF1a 和 ORF9 的非同义突变率最高。

在现今出现的所有新冠变异病毒中，危险性最高的非 Delta 毒株莫属，它的传染性比以往任何新冠变异毒株都高。Delta 于 2020 年底在印度被首次发现，是引起 2021 年 4 月印度第二波疫情大暴发的主要变异毒株。据 GISAID 数据统计，截至 2021 年 7 月 26 日，Delta 毒株占亚洲感染病例的 84%，占英国感染病例的 97%，占全球感染病例的 80%。在印度地区传播的 Delta 病毒样本显示，部分突变位点属于病毒的受体结合结构域。一项研究认为，在 SARS-CoV-2 的 R408 位点的突变使得它从亲水转变为疏水，研究人员怀疑突变对病毒与细胞受体（ACE2）的亲和力有影响。

Delta 毒株在传播过程中已经出现“加强版” Delta plus，并且一种新的变异株 Lambda 正悄然兴起。这株变异毒株最早于 2020 年 8 月在秘鲁被发现，随后在该国以势不可当的态势迅速传播，目前秘鲁有超过 97% 的新增病例与该毒株相关。有分析甚至预测未来 Lambda 突变株会取代 Delta 成为世界流行的优势毒株。根据 WHO 提供的信息，Lambda 变异毒株的 S 蛋白上存在 G75V、T76I、del247/253、L452Q、F490S、D614G、T859N 等突变位点，这些位点可能会影响该突变株的传播能力和免疫逃逸能力（图 4-21）。推测 RSYLTPGD246-253N、L452Q 和 F490S 突变导致其免疫逃逸能力增强，T76I 和 L452Q 突变导致其传染性增强。

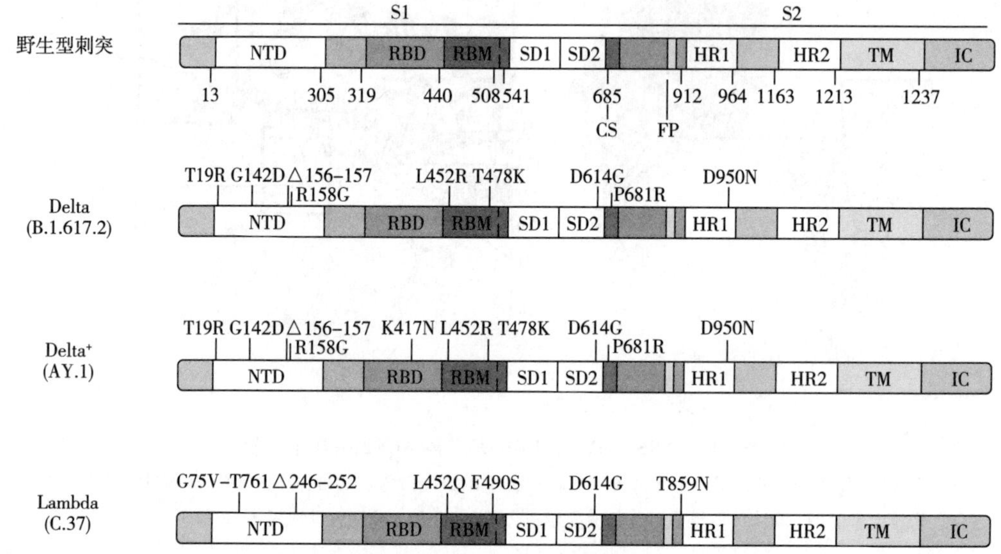

图 4-21　新冠病毒不同变异株在 S 蛋白上的突变位点

新冠病毒从哪儿来的？目前，这个问题还没有确切的答案。基于对冠状病毒已有的认识和对新病毒的研究，正在努力勾勒出这种新病毒的演变历程。令人担忧的是，其变异速度比此前估计的高 50% 以上。专家认为还需要更多证据探究新冠病毒及变异株的毒性。

二、新冠病毒的生命周期与分子感染机理

自新冠疫情出现以来，研究人员已经对该病毒如何感染细胞有了详尽的认识。通过解析整个感染过程，希望凭借改良的疗法或疫苗抑制感染，同时分析出 Delta 等毒株的传播力上升的原因。

1. 新冠病毒的生命周期

经过不懈努力，研究人员逐渐解开了新冠病毒侵入人体细胞之谜（图 4-22）。确定了新冠病毒能够迅速传播、快速感染后立即遁形的关键适应机制，也是新冠病毒难以遏制的原因。病毒在感染细胞的胞浆中新合成基因组 RNA，随后在高尔基体上完成装配，转运到细胞膜表面，通过出芽方式形成新的病毒颗粒。

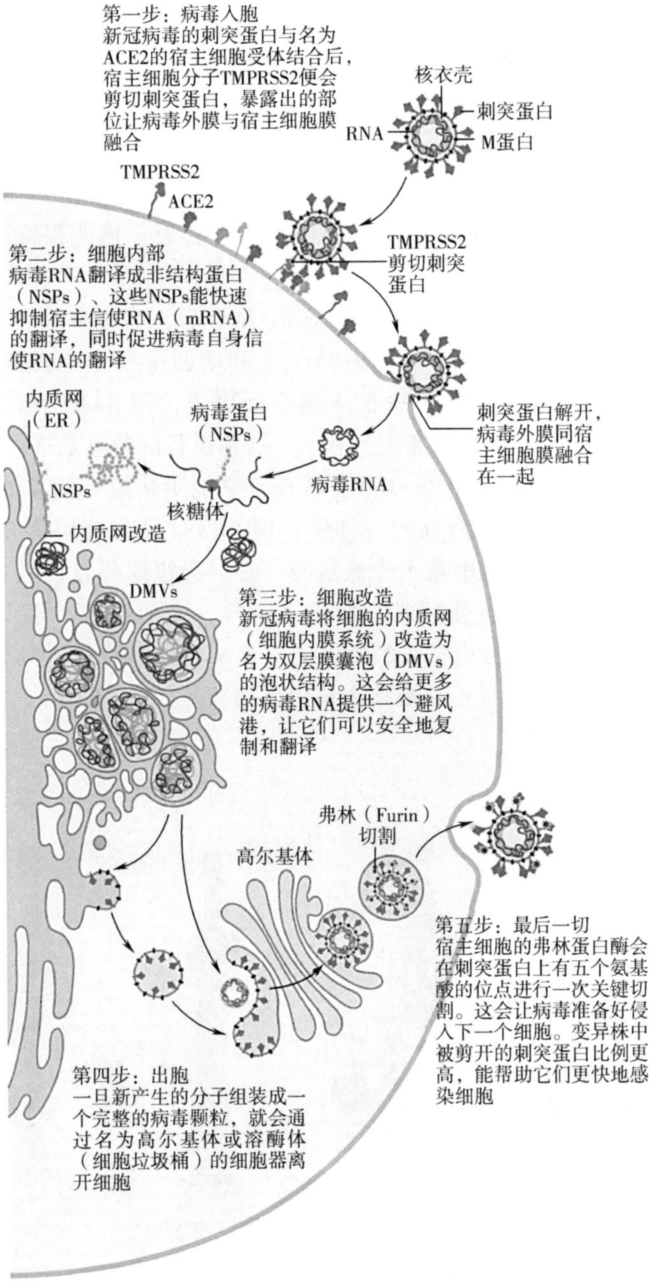

图 4-22　新冠病毒的生命周期

（1）新冠病毒的吸附　与流感病毒等其他病毒表面的刚性融合蛋白相比，新冠病毒的刺突蛋白非常灵活。另外新冠病毒的刺突蛋白还可以包裹在糖分子（聚糖）中进行伪装，逃过免疫系统的识别。研究人员在疫情早期就证实了新冠病毒刺突蛋白的 RBD 能与 ACE2 受体结合。ACE2 受体是一种常见的蛋白，广泛分布于人类喉部和肺部的大部分细胞表面。这个受体还是导致严重急性呼吸系统综合征的 SARS-CoV 病毒的入胞点。但是，新冠病毒与 ACE2 的亲和力比 SARS-CoV 高 2~4 倍，主要因为新冠病毒 RBD 的多种变化能稳定其与病毒结合的热点位置。

危险的新冠病毒变异株多在刺突蛋白的 S1 亚基上携带突变，S1 亚基包含 RBD，并负责病毒与 ACE2 受体的结合，而刺突蛋白的 S2 亚基则能促进病毒外膜与宿主细胞膜的融合。以 Alpha 变异株为例，它在刺突蛋白序列上有 10 个突变，导致 RBD 更有可能保持“向上”的状态让病毒更易进入细胞。而肆虐全球的 Delta 变异株在 S1 亚基上有多个突变，其中 RBD 上的 3 个突变不仅能提高 RBD 与 ACE2 的亲和力，还能提高其逃逸免疫系统的能力。

（2）新冠病毒的侵入　病毒刺突蛋白与 ACE2 结合后，宿主细胞表面的其他蛋白就会启动病毒外膜与细胞膜融合的过程。SARS-CoV 会利用两个宿主蛋白酶 TMPRSS2 和组织蛋白酶 L 中的一个入胞。虽然 TMPRSS2 的入胞途径更快，但 SARS-CoV 经常依赖组织蛋白酶 L 通过核内体（一种脂质包裹的囊泡）侵入。这种途径的缺点是进入时容易被抗病毒蛋白捕获。新冠病毒之所以不同于 SARS-CoV，就在于它能更快地利用 TMPRSS2（图 4-23）。TMPRSS2 是呼吸道细胞表面大量存在的一种酶。TMPRSS2 会先酶切刺突蛋白 S2 亚基上的一个位点。这个剪切点会暴露一串疏水性氨基酸，它们会快速将自己嵌入最近的宿主细胞膜中，然后展开的刺突蛋白会折叠起来，像拉链一样，迫使病毒外膜与细胞膜融合。随后，新冠病毒将基因组直接注射进宿主细胞内。通过采取这种弹簧式的侵入方式，新冠病毒比 SARS-CoV 感染更快，而且不会被宿主核内体捕获。

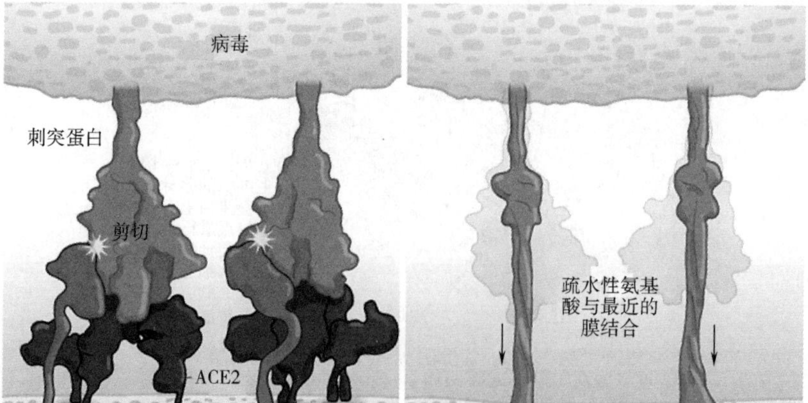

图 4-23　新冠病毒入胞示意图

新冠病毒能利用 TMPRSS2 实现快速入胞，解释了为何疟疾药物氯喹一开始在实验室研究中表现良好，但在治疗 COVID-19 的临床试验中无效。原来氯喹利用的细胞完全依赖组织蛋白酶实现核内体侵入。而新冠病毒在人类气道中传播和复制时不会用到核内体，所以氯喹这种核内体干扰药物在真实人体中治疗效果不大。相对地，蛋白酶抑制剂是一种很有希望的治疗选项，可以防止病毒利用 TMPRSS2、组织蛋白酶 L 或其他蛋白酶进入宿主细胞。甲磺酸卡莫司他（Camostat Mesylate）是一种 TMPRSS2 抑制剂，日本已批准其用于治疗胰腺炎。这种抑制剂能阻断病毒进入肺部细胞，但无法在初步临床试验中提高病人的治疗转归。德国灵长类研究中心感染生物学部主任 Stefan Pöhlmann 认为，这种蛋白酶抑制剂作为广谱抗病毒药物，对遏制新的病毒发展为大流行有积极作用。

（3）细胞内部的感染　新冠病毒进入细胞之后的感染过程还不清晰，存在很多不确定性，研究也以各种假说为主。目前观点认为新冠病毒将 RNA 基因组注射到宿主细胞后，细胞质核糖体会将两个病毒 RNA 片段翻译成氨基酸长链，这些氨基酸长链再被切割成 16 个蛋白质，包括许多参与 RNA 合成的蛋白质。随后会产生更多的 RNA，这些 RNA 编码 26 个已知的病毒蛋白，包括用来制造新病毒颗粒的结构蛋白（比如刺突蛋白）和其他协助蛋白，从而大量产生其自身的信使 RNA（mRNA）拷贝，随后需要细胞将这些 mRNA 翻译成蛋白质。

研究认为新冠病毒抑制宿主 mRNA 翻译、促进自身 mRNA 翻译有三种机制。虽然这三种机制并非新冠病毒所独有，但从这些作用的结合、速度和程度来看，新冠病毒的这些机制确实是独一无二的。

①新冠病毒会清除竞争对手：病毒蛋白 Nsp1 是新冠病毒抵达时首先被翻译的蛋白之一，它会招募宿主蛋白质，系统性地切割所有不带病毒标记的细胞 mRNA。Stern-Ginossar 团队将同样的病毒标记加在宿主 mRNA 末端就不会被切割。

②感染会让细胞内全部蛋白质翻译减少 70%：研究发现 Nsp1 能阻断核糖体的入胞渠道，让宿主 mRNA 无法进入，剩下不多的翻译能力全被用来翻译病毒 RNA。

③新冠病毒会关闭细胞的预警系统：病毒让细胞 mRNA 无法离开细胞核，包括提醒免疫系统感染预警的蛋白质指令。初步研究是 Nsp1 蛋白阻塞了 mRNA 离开细胞核的通道。由于基因转录无法离开细胞核，因此受感染的细胞不会释放许多干扰素。干扰素是提醒免疫系统注意病毒的信号蛋白。新冠病毒关闭这一预警系统的速度比其他呼吸道病毒快得多，包括 SARS 病毒和呼吸道合胞病毒。因此新冠病毒感染后诱导的干扰素水平显著降低。研究发现 Alpha 变异株的突变似乎能更快地减少干扰素的产生。

新冠病毒能从源头上扰乱免疫系统识别病毒和抵抗感染的能力，而且速度比其他病毒快得多。等到免疫系统真正发现有病毒时，病毒数量已经过多，致使免疫应答蛋白过多地充斥在血液中反而伤害人体。临床发现，有些发展成重症的 COVID-19 患者除了受到病毒本身的袭击外，过度激活的免疫应答也造成了一定伤害。有效的治疗需要专门抑制这种免疫应答。

（4）细胞的改造　病毒快速抑制宿主 mRNA 的翻译，同时促进病毒自身 mRNA 的翻译后，会朝着有利于自己的方向大肆改造细胞内部和表面。

首先，一些新制造的刺突蛋白会抵达宿主细胞表面，突破宿主细胞膜并激活一条宿主钙离子通道，在细胞表面分泌一层自然融合细胞具有的脂肪膜。这时，受感染细胞可与相邻细胞融合，发展为最多包含 20 个细胞核的单个大呼吸道细胞。这些融合结构被称为合胞体（Syncytia），HIV 和单纯疱疹病毒等病毒感染会诱导形成合胞体，但 SARS-CoV 不会。Giacca 团队的假设是，形成合胞体能让受感染细胞存活更长时间，制造更多病毒颗粒。中国医学科学院孙强团队发现，新冠病毒感染的一些细胞甚至会与人体自身的免疫淋巴细胞形成合胞体。这其实是肿瘤细胞的免疫逃逸机制，而非病毒的机制，但新冠病毒感染细胞后会抓住周围的免疫细胞并与之融合，轻而易举地逃过免疫系统的侦查。

新冠病毒感染后，细胞内部会发生巨大变化。内质网（Endoplasmic Reticulum，ER）是参与蛋白合成与转运的平面膜系统。和其他冠状病毒一样，新冠病毒会将又长又细的内质网变成一个具有双层膜的球体。一种假说认为双层膜囊泡（Double-membrane vesicles，DMVs）或许是新冠病毒 RNA 复制和翻译的一个场所，以保护其不被细胞内的天然免疫传感器发现。参与制造 DMVs 的蛋白因为对病毒复制的不可或缺性或许是很好的药物靶点。比如，宿主 TMEM41B 蛋白为扩大内质网膜提供必要的胆固醇和脂质，所以可以借助消除 TMEM41B 蛋白降低感染影响。此外，新冠病毒跨膜蛋白 Nsp3 也可作为药物靶点，它会在 DMVs 上形成冠状孔，将制造好的病毒 RNA 转运出去。

（5）新冠病毒的释放　大部分具有包膜的病毒是直接改装细胞膜来组装自己的包膜，但冠状病毒有所不同。研究表明，冠状病毒会通过高尔基复合体转出细胞。高尔基复合体是具有邮局功能的细胞器，能将分子包在膜内，运送至细胞其他部位。冠状病毒会由高尔基体膜形成一个脂质包膜，新形成的病毒颗粒再经高尔基囊泡中转运到细胞表面，并分泌到胞外。然而 Nihal Altan-Bonnet 团队发现阻断基于高尔基体的分泌途径似乎不会影响释放的感染病毒数量。考虑到新冠病毒蛋白在内质网出芽形成包膜，再占用溶酶体离开细胞，目前该团队正在检测阻断溶酶体出胞过程的抑制剂是否能成为潜在的抗病毒药物。

无论是通过高尔基体还是溶酶体离开细胞，都比通过质膜出芽要慢、效率也更低，研究人员不明白新冠病毒为什么会这么做。Machamer 推测，相比质膜，来自高尔基体或溶酶体包膜的脂质组成可能对新冠病毒更有利。如果能更好地理解此机理，将大概率找到新的抗病毒疗法。

研究发现在离开细胞时，新冠病毒还有一步和其他冠状病毒不同。其他冠状病毒在刺突蛋白 S1 和 S2 亚基的连接处只有一个精氨酸，而新冠病毒却有 5 个相连的氨基酸：脯氨酸-精氨酸-精氨酸-丙氨酸-精氨酸，该处位点是新冠病毒侵入肺部细胞的关键。之前曾发现高致病性的禽流感病毒也有此种结构，宿主细胞中具有能识别并切割此处氨基酸链的特定蛋白——弗林（Furin）蛋白，因此该氨基酸链命名为弗林切割位点。Pöhlmann 团队报道了这种切割对于新冠病毒快速进入人肺细胞至关重要，在有 5 个氨基酸的位点进行快速切割能让该病毒更好地攻击下一个细胞，新冠病毒因此成了传染之王。

Barclay 团队发现培养的自然失去弗林切割位点的新冠病毒变异株感染的雪貂比感染大流行毒株的雪貂释放的病毒颗粒更少，而且不会将病毒传给周围的动物。荷兰的一项研究也发现，拥有完整弗林切割位点的冠状病毒进入人气道细胞的速度比没有弗林切割位点的更快。推测弗林蛋白会在病毒颗粒组装过程中或是释放前就切割该位点，这也解释了新冠病毒为何会通过高尔基体或溶酶体离开细胞，因为此处有丰富的弗林蛋白酶方便新冠病毒的组装。通过剪切 S1 和 S2 亚基之间的连接键，弗林酶切让病毒颗粒的刺突蛋白松开，以便它们在进入细胞时对 TMPRSS2 的二次切割产生反应，这次切割暴露出的疏水性区域会快速将自己嵌入宿主细胞膜内。如果刺突蛋白没有被弗林蛋白预先切开，病毒就会绕开

TMPRSS2，通过更慢的核内体途径进入细胞，或是根本无法进入细胞。

Alpha 和 Delta 变异株的弗林切割位点都发生了变化。Alpha 变异株将本来的脯氨酸替换成组氨酸（P681H），Delta 变异株则替换成了精氨酸（P681R）。这两个变化都会减少序列的酸性，氨基酸链碱性越强，被弗林识别切割的效果越好，这就造成新冠病毒变异株超强的传染性。

弗林酶切越多，病毒进入人体细胞的量越多。SARS 病毒只有不到 10% 的刺突蛋白进行了弗林酶切，新冠病毒上升至 50%，Alpha 毒株超过了 50%，而传染性很强的 Delta 毒株中 75% 以上的刺突蛋白做好了这种准备。

科研界其实才刚刚开始理解新冠病毒，一些关键的未知数还包括：与每个刺突蛋白结合所需的 ACE2 受体数量；S2 位点究竟是何时被 TMPRSS2 切割的；病毒外膜与细胞膜融合所需的刺突蛋白数量。而这些还只是进入细胞的问题。2020 年 4 月，加利福尼亚大学旧金山分校的某团队鉴定新冠病毒与人类蛋白质相互作用至少有 332 种方式。并且想要赶上病毒的快速变异更不容易，迄今发现的主要是变异与病毒传播速度的相关性，还不是与病毒对宿主伤害的相关性。研究认为 Delta 变异株在肺部和喉部的生长速度比之前的变异株快得多。但是，现在还不确定 Delta 携带的突变基因如何为其毒力加码，许多实验室正在竭力解答这些问题。

三、理化特性

和其他病毒一样，新冠病毒的存活时间极大地受到环境因素的影响。由于病毒特殊的结构，它们需要一定的附着物（比如飞沫）才能保持感染性。新冠病毒能够在室温下以干燥形式保持活力 3~5d 或在溶液中存活 7d。新冠病毒能够忍耐较广泛 pH 环境，可以在 pH 4~11 的条件下存活数天，并在常温的粪便中存活 1~2d。在细胞培养环境中，新冠病毒在 4℃条件下高度稳定。但对热敏感，高浓度病毒室温 22.5℃条件下可存活 7d，37℃条件下 1d 后病毒完全失活。

对新冠病毒理化特性的认识来自对 SARS-CoV 和 MERS-CoV 的研究。新冠病毒对紫外线和热敏感，在温度 56℃ 30min、75%乙醇作用 5min 可使病毒失去活力，含氯消毒剂作用 5min 可灭活病毒，实验室使用的各种常用消毒剂乙醚、过氧乙酸和氯仿等脂溶剂均可使病毒失去传染性，但氯己定不能有效灭活病毒。紫外线照射 60min 可杀灭病毒。

四、致病性与流行病学

1. 致病性与致病机理

目前对新冠病毒的致病机理研究尚少，对于新冠病毒感染的症状尚缺乏足够临床资料。根据现有病例资料，COVID-19 患者的肺部病变除水肿、炎性细胞浸润等非特异性炎症的改变外，更突出的是肺泡上皮大量脱落，肺间隔有明显增宽和破坏，以及肺泡腔内渗出物的显著肌化现象。病毒感染肺脏呈不同程度的实变，实变区主要呈现弥漫性肺泡损伤和渗出性肺泡炎。不同区域肺病变复杂多样，新旧交错。COVID-19 患者的免疫系统，包括脾脏、全身淋巴结及血液中的淋巴细胞浆内，均能检测到病毒，细胞明显被破坏，可见脾脏贫血性梗死、CD4+T 和 CD8+T 细胞均减少。免疫细胞在抵御病毒感染时，被病毒感染，随血液循环到全身各个脏器，不少患者出现了心肌、肝脏、肾脏等重要脏器的损害。

睾丸见不同程度的生精细胞数量减少，Sertoli 细胞和 Leydig 细胞变性。另外患者肠系膜淋巴结、肠黏膜下淋巴丛等处的淋巴细胞也有病毒侵入，常见的消化道症状主要包括腹泻、呕吐和腹痛。此外，脑神经元细胞中也有病毒，由于脑组织被病毒破坏，患者有可能出现嗅觉和味觉的丧失、平衡障碍及一些精神症状。这些症状的出现可能与病毒的直接损害有关。

除了各种已知和未知因素以及宿主遗传易感性之外，病毒本身的突变和遗传变异对 COVID-19 的可变临床特征也有重要影响。从目前收治的病例情况看，多数患者预后良好，死亡病例多见于老年人和有慢性基础疾病者。已经证实，不同的国家、种族、遗传背景等各种因素都会影响地理区域内 COVID-19 患者的死亡率和感染率。

2. 流行病学

（1）传染源　由于新冠病毒突变等因素的影响，其传播途径和传播方式还存在较大的不确定性。流行病学资料显示，新冠病毒具有很强的传染性，传染源主要是新冠病毒感染的患者和无症状感染者，在潜伏期即有传染性，发病后 5d 内传染性较强。

（2）传播途径　经呼吸道飞沫和密切接触传播是主要的传播途径。接触病毒污染的物品也可造成感染。在相对封闭的环境中长时间暴露于高浓度气溶胶情况下，存在病毒经气溶胶传播的可能。由于在粪便、尿液中可分离到新冠病毒，应注意其对环境污染造成接触传播或气溶胶传播。研究发现，基于废水的 SARS-CoV-2 流行病学能在监测病毒在人群中的传播方面和控制可能的暴发方面发挥作用。这种方法有望解决病毒的部分无症状传播等问题。然而，需要灵敏的样品制备和检测方法来检测废水中痕量水平的 SARS-CoV-2 RNA。

（3）易感人群　人群普遍易感。

五、细胞培养与实验动物模型

可利用非洲绿猴肾传代细胞 *Vero E6* 和人肝癌细胞系 *Huh-7* 来培养新冠病毒。体外分离培养时，新冠病毒 96 个小时左右即可在人呼吸道上皮细胞内发现，而在 *Vero E6* 和 *Huh-7* 细胞系中分离培养需 4~6d。在目前的研究中，发现最好的新冠病毒兼容体外模型是 Vero、VeroE6、HEK293 及变体、Huh-7、Calu-32B4、Caco2。可使用的其他细胞系包括 LLC-MK2、MDCKII、BHK-21、HepG2、A549、MT-2，用于分化试验的干细胞的细胞系 DYR0100 等。

到目前为止，已经报道有 4 种灵长类动物（恒河猴、食蟹猴、狨猴和非洲绿猴）和 6 种啮齿类动物（大鼠、小鼠、豚鼠、田鼠、仓鼠和转基因鼠）以及雪貂、家猫等可以作为 SARS-CoV 动物模型用于实验研究，并已经开始利用动物模型进行药物的安全性和有效性评价。

感染动物模型的建立，对新冠病毒病原学的了解和发病机制的研究，加速实验室诊断技术的建立和抗病毒药物的筛选等，都具有重要作用。可以说，新冠病毒动物模型的建立，不仅是新冠病毒研究的瓶颈问题，更贯穿于新冠病毒研究的整个过程。

六、抗原性与机体的免疫应答

现有关于新冠病毒的研究基本以新病毒的基因结构、流行病学、临床特征为主，涉及其免疫反应的研究较少。新冠病毒与 SARS-CoV 具有遗传相似性，因此 SARS-CoV 相关的免疫应答也是研究新冠病毒免疫应答的基础。研究表明，机体抵御 SARS-CoV 的免疫应答包括非特异性和特异性两类。非特异性免疫应答主要包括细胞因子和 NK 细胞对病毒的抑制和杀伤作用等。特异性免疫应答包括体液免疫和细胞免疫。体液免疫反应是指当 SARS-CoV 感染机体后，引起 B 淋巴细胞的活化，其中一些细胞迅速分化为浆细胞，分泌 IgM。而另一些细胞在 T 细胞和细胞因子的辅助下，发生类型转换，分泌 IgG 和 IgA，并形成记忆性 B 淋巴细胞。记忆性 B 淋巴细胞和浆细胞维持长期的免疫记忆。参与细胞免疫反应的细胞主要由 CD4+T 细胞和 CD8+T 细胞组成。当 SARS-CoV 感染机体后，激活 CD4+T 细胞并诱导其分化为效应细胞（根据细胞因子产生和功能的不同，可将效应性 CD4+T 细胞分为 TH 细胞和 TH2 细胞；TH 细胞分泌 IFN-γ、IL-2 及 TNF-β，参与细胞介导的免疫应答；TH2 细胞分泌 IL-4、IL-5、IL-10 和 IL-13，参与体液免疫应答）。CD8+T 细胞活化后主要是直接接触杀伤被 SARS-CoV 感染的靶细胞。此外，还可通过释放细胞因子 IFN-γ 或 TNF -α，干扰和（或）抑制 SARS-CoV 的复制。随着病毒的清除，大多数效应细胞死亡，少数细胞转变为记忆性细胞。当再次接触 SARS-CoV 后，记忆细胞能迅速将病毒清除和（或）减轻疾病的病情或缩短病程。

七、诊断

1. 根据流行病学、临床症状等情况可作出初步诊断

由于新冠病毒是新发现的病原体，潜伏期只能通过对确诊病例的暴露史或接触史进行统计来获得。研究表明，该传染病的潜伏期 1~14d，多为 3~7d，主要与病原体数量、致病性、生殖力及感染者自身免疫有关。但病毒尚处于快速突变以适应人类的阶段，加上很多病例的暴露史或接触史并不明确，导致潜伏期的统计范围较大。未来也可能会再修正潜伏期的数据。

新冠病毒感染患者的临床症状以发热、乏力、咳嗽为主。部分感染者除出现呼吸系统症状外，还会出现嗅觉、味觉减退或丧失等，少数患者伴有鼻塞、流涕、咽痛、结膜炎、肌痛和腹泻等症状。重症患者多在发病一周后出现呼吸困难和（或）低氧血症，严重者可快速进展为急性呼吸窘迫综合征、脓毒症休克、难以纠正的代谢性酸中毒和出凝血功能障碍及多器官功能衰竭等。在严重病例中，双肺弥漫性实变表现为“白肺”。体外膜肺氧合（Extracorporeal Membrane Oxygenation，ECMO）在危重患者治疗中发挥着重要作用。极少数患者还可有中枢神经系统受累及肢端缺血性坏死等表现。值得注意的是重型、危重型患者病程中可为中低热，甚至无明显发热。

儿童病例症状相对较轻，部分儿童及新生儿病例症状不典型，表现为呕吐、腹泻等消化道症状或仅表现为反应差、呼吸急促。极少数儿童产生多系统炎症综合征（MIS-C），出现类似川崎病或不典型川崎病表现、中毒性休克综合征或巨噬细胞活化综合征等症状。主要表现为发热伴皮疹、非化脓性结膜炎、黏膜炎症、低血压或休克、凝血障碍、急性消化道症状等。一旦发生，病情可在短期内急剧恶化。

到目前为止，感染者大多症状轻微，预后良好，但老年人或慢性病患者的死亡率高达 17%。根据目前感染资料的统计分析，感染年龄主要在 40 ~ 60 岁，其中男性患者略多于女性患者。除呼吸、消化系统有典型临床表现外，多因皮肤症状明显（主要为躯干背红

疹、荨麻疹等）而就诊。因此临床医师有必要及时发现此类患者，避免误诊、漏诊。

2. 实验室诊断

快速准确的新冠病毒实验室检测对于早期发现、早期报告、早期治疗和切断疫情传播至关重要。

（1）一般检查　发病早期外周血白细胞总数正常或减少，可见淋巴细胞计数减少，部分患者可出现转氨酶、乳酸脱氢酶、肌酶、肌红蛋白、肌钙蛋白和铁蛋白增高。多数患者 C 反应蛋白（C-reactive Protein，CRP）和红细胞沉降率（Erythrocyte Sedimentation Rate，ESR）升高，降钙素原（Procalcitonin，PCT）正常。在肥胖患者中，谷草转氨酶、低密度脂蛋白胆固醇和淋巴细胞计数显著降低。重型、危重型患者可见 D-二聚体升高、外周血淋巴细胞进行性减少，炎症因子升高。此外，研究发现，预后不良患者的嗜酸性粒细胞水平降低具有统计学意义。

（2）核酸检测　核酸检测适合早期诊断，RT-PCR 现在是首选和最广泛使用的方法。采用 RT-PCR、NGS 等方法在鼻、口咽拭子、痰和其他下呼吸道分泌物、血液、粪便、尿液等标本中可检测出新冠病毒核酸。检测下呼吸道标本（痰或气道抽取物）更加准确。合并鼻咽拭子和口咽拭子标本可提高检测呼吸道病毒的灵敏度。呼吸道标本中的新冠病毒载量通常在发病的第一周达到峰值，然后下降。Chu 等人报告了两种针对 ORF1b 和 N 基因的一步定量 RT-PCR 分析，可检测新冠病毒<10 拷贝/反应，而 N 基因分析在检测阳性临床标本方面的灵敏度约是 ORF1b 基因分析的 10 倍。美国疾病控制与预防中心已经开发了包括三对针对新冠病毒 N 基因引物的检测方法，得到美国 FDA 授权紧急使用。核酸检测会受到病程、标本采集、检测过程、检测试剂等因素的影响，为提高检测阳性率，应规范采集标本，标本采集后尽快送检。

（3）血清学检查　在无法进行核酸检测的情况下，可进行血清学检测进行诊断。新冠病毒特异性 IgM 抗体、IgG 抗体阳性，发病 1 周内阳性率均较低。由于试剂本身阳性判断值原因，或者体内存在干扰物质（类风湿因子、嗜异性抗体、补体、溶菌酶等），或者标本原因（标本溶血、标本被细菌污染、标本贮存时间过长、标本凝固不全等），抗体检测可能会出现假阳性。一般不单独以血清学检测作为诊断依据，需结合流行病学史、临床表现和基础疾病等情况进行综合判断。

（4）胸部影像学　影像学检查结果显示，大多数感染患者患有肺炎，胸部 CT 通常以毛玻璃影（Ground Glass Opacity，GGO）为特征，随病程进展胸部 CT 显示病变增加，病变累积范围扩大。早期呈现多发小斑片影及间质改变，以肺外带明显。进而发展为双肺多发磨玻璃影、浸润影，严重者可出现肺实变，胸腔积液少见。MIS-C 时，心功能不全患者可见心影增大和肺水肿。

第五章　微生物的代谢

微生物代谢（Microbial Metabolism）是指微生物细胞内发生的各种生物化学反应的总称。微生物细胞通过这些反应利用各种基质获得能量和合成细胞物质的前体代谢物，以满足细胞生长、繁殖和产物合成的需求。微生物的代谢可分为初级代谢（Primary Metabolism）和次级代谢（Secondary Metabolism）两级。初级代谢是细胞生长和维持生存所必需的基础代谢。次级代谢是某些微生物在一定的生长阶段（一般发生在细胞生长中止以后），合成一些对产生菌无明确生理功能的代谢产物（次级代谢产物）的过程。微生物的初级代谢可以分为分解代谢（Catabolism）和合成代谢（Anabolism）两类。分解代谢是指细胞通过不同酶系作用将复杂大分子物质（蛋白质、多糖以及脂类等）降解成简单小分子物质（氨基酸、单糖及脂肪酸等），进而将这些小分子物质进一步降解成更简单的代谢物或完全降解成二氧化碳和水的过程。这一过程产生能量（储存在 ATP 中）、以辅助因子 NADPH 的形式为主的还原力以及生物合成结构单元所需的前体代谢物。合成代谢是指通过合成酶系作用，利用简单小分子物质合成复杂大分子物质的过程。这个过程需要消耗能量、还原力以及前体代谢物。一方面，在分解代谢中有机物被降解，最终转变成 CO_2 和水，提供能量、还原力和小分子前体代谢物；另一方面，分解代谢提供的能量和前体代谢物又用于各种细胞活动，包括物质合成、细胞生长和维持。因此，分解代谢和合成代谢之间存在着千丝万缕的联系。它们相互交织，形成了微生物生存所必需的一张初级代谢网络（图 5-1）。在这张代谢网络中，共用中间代谢物形成了不同途径之间的分支点，前体代谢物形成了分解代谢与合成代谢的交会点，各类酶系催化着网络中生化反应的进行，能量 ATP 和辅助因子 NADPH、NADH 等使各个途径之间的联系更加密不可分。所以，要了解微生物的代谢体系，要在了解每个代谢途径的基础上，再充分研究整个代谢网络及其代谢调控方式，这样才能对微生物的代谢体系进行分析、设计、构建与优化。

第一节　微生物代谢流分析

1991 年 Bailey 和 Stephanopoulos 等在同一期 *Science* 分别发表 *Toward a Science of Metabolic Engineering* 和 *Network Rigidity and Metabolic Engineering in Metabolite Overproduction* 两篇重要文章，标志着“代谢工程”这门学科的诞生。Bailey 将代谢工程的概念定义为，利用重组 DNA 技术操纵细胞的酶合成和调节功能来改进细胞的活性的过程。经过 30 多年的发展，代谢工程已成为分子生物学和基因工程的紧密结合体，其研究内容主要集中在，通过改造和修饰微生物的代谢途径，以获得新的代谢物、生产外源蛋白以及改进已知代谢途径三方面。

在微生物发酵工业中，人们利用各种微生物资源来获取微生物产生的各类代谢产物。

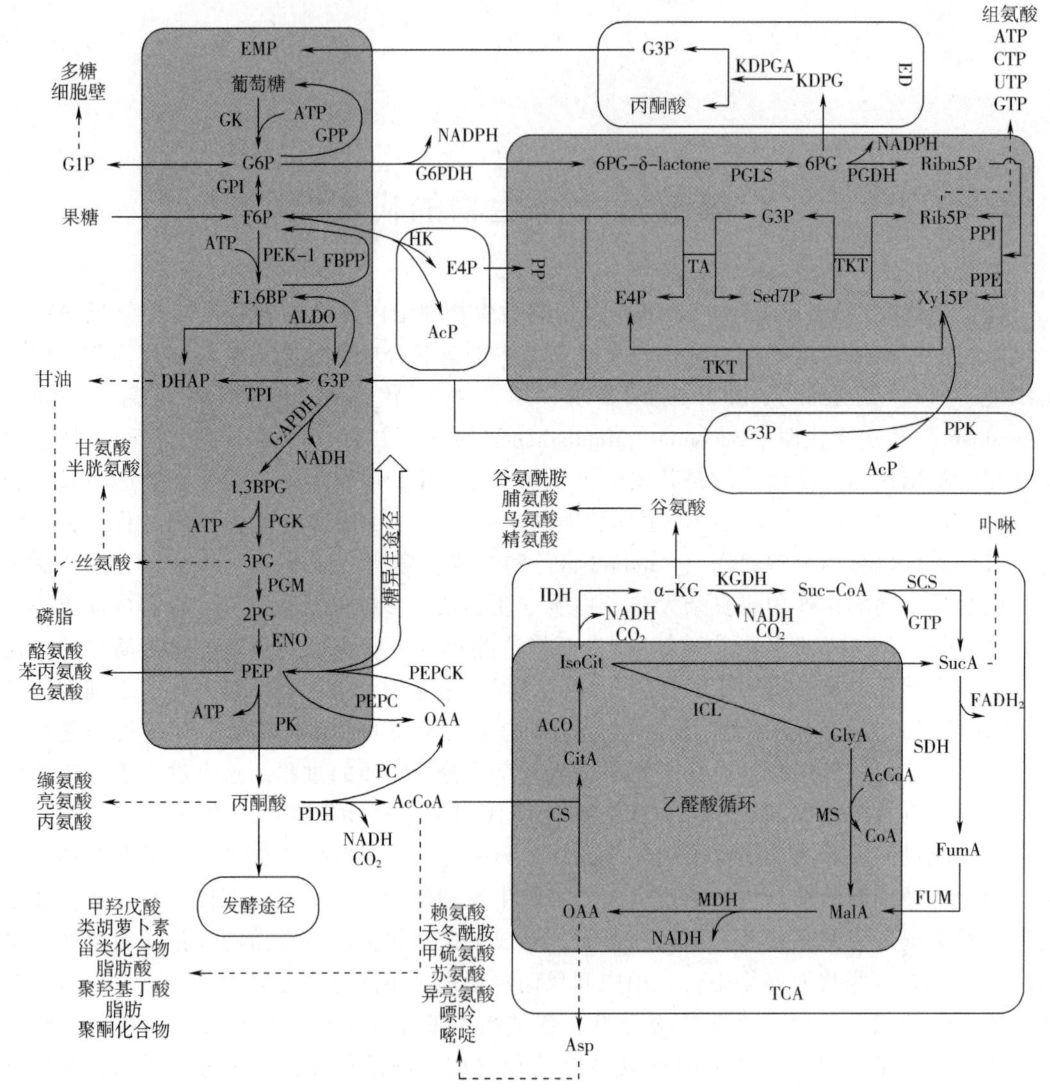

图 5-1 微生物初级代谢网络

注：虚线表示前体代谢物的合成代谢途径方向。代谢中间体的缩写：α-KG，α-酮戊二酸；1,3BPG，1,3-二磷酸甘油酸；2PG，2-磷酸甘油酸；3PG，3-磷酸甘油酸；6PG，6-磷酸葡萄糖酸；6PG-δ-lactone，6-磷酸葡萄糖酸-δ-内酯；AcCoA，乙酰 CoA；AcP，乙酰磷酸；CitA，柠檬酸；DHAP，磷酸二羟丙酮；E4P，赤藓糖-4-磷酸；F1,6BP，果糖-1,6-二磷酸；F6P，果糖-6-磷酸；FumA，延胡索酸；G1P，葡萄糖-1-磷酸；G3P，甘油醛-3-磷酸；G6P，葡萄糖-6-磷酸；GlyA，乙醛酸；IsoCit，异柠檬酸；KDPG，2-酮-3-脱氧-6-磷酸葡糖酸；MalA，苹果酸；OAA，草酰乙酸；PEP，磷酸烯醇式丙酮酸；PHB，聚-β-羟基丁酸；Rib5P，核糖-5-磷酸；Ribu5P，核酮糖-5-磷酸；Sed7P，景天庚酮糖-7-磷酸；SucA，琥珀酸；Suc-CoA，琥珀酰 CoA；Xyl5P，木酮糖-5-磷酸。酶的缩写：ACO，顺乌头酸酶；ALDO，醛缩酶；CS，柠檬酸合酶；ENO，烯醇化酶；FBPP，果糖-1,6-二磷酸酶；FUM，延胡索酸酶；G6PDH，葡萄糖-6-磷酸脱氢酶；GAPDH，甘油醛磷酸脱氢酶；GK，己糖激酶；GPI，磷酸葡萄糖异构酶；GPP，葡萄糖-6-磷酸酶；HK，磷酸己糖转酮酶；ICL，异柠檬酸裂解酶；IDH，异柠檬酸脱氢酶；KDPGA，KDPG 醛缩酶；KGDH，α-酮戊二酸脱氢酶；MDH，苹果酸脱氢酶；MS，苹果酸合酶；PC，丙酮酸羧化酶；PDH，丙酮酸脱氢酶；PEPC，PEP 羧化酶；PEPCK，PEP 羧激酶；PFK-1，磷酸果糖激酶-1；PGDH，6-磷酸葡萄糖酸脱氢酶；PGK，磷酸甘油酸激酶；PGLS，6-磷酸葡萄糖酸内酯酶；PGM，磷酸甘油酸变位酶；PK，丙酮酸激酶；PPE，磷酸戊糖差向异构酶；PPI，磷酸戊糖异构酶；PPK，磷酸戊糖转酮酶；SCS，琥珀酰 CoA 合成酶；SDH，琥珀酸脱氢酶；TA，转醛醇酶；TKT，转酮醇酶；TPI，磷酸丙糖异构酶。

但是由于微生物本身固有的遗传特性限制，在其生长繁殖过程中，它们总是对其自身所需的各种物质和能量“精打细算”，因此仅通过发酵工艺调控很难大幅度提高特定代谢产物的得率。代谢工程的研究内容就是如何打破这种微生物原有的代谢平衡，以获取某种代谢产物的大量积累。代谢工程需要解决的第一个问题，就是如何将微生物细胞的整个代谢网络进行定量分析。解决了这个问题，才能以此为依据进行 DNA 重组、代谢网络重建、改变代谢流分布，进而提高产品的得率。代谢流分析（Metabolic Flux Analysis，MFA）就是一种定量分析细胞代谢网络的方法。这是细胞生理和代谢工程的重要研究手段。对于已知途径而言，进行代谢流分析是要了解生物过程环境的变化对代谢流分布的影响，确定流向终产物的比例；而对于未知途径，主要是鉴别途径，了解副产物途径，以便指导遗传操作，克服微生物自身的遗传抑制。

代谢途径（Metabolic Pathway）为一连串可以进行并可观测的生物化学反应步骤，这些反应步骤被指定的一组输入和输出代谢物所连接。代谢流（Metabolic Flux）为输入代谢物反应生成输出代谢物的比速率，也称为代谢通量或代谢流量。各种代谢途径进一步组合成细胞代谢网络，其中所有途径的代谢流就是代谢流分析的最终定量结果。

代谢流分析的基本假设是，当细胞处于稳态培养状态时，代谢物的积累速率为零，总输入和输出代谢物的流量平衡。那么，利用胞内主要代谢途径的反应化学计量关系与代谢物的质量平衡关系，以及一组胞外流量（比底物消耗速率和比产物生成速率）作为计算的已知量，就可以计算出胞内流量的估计值。计算的结果是一幅代谢流分布图（图 5-2）。在微生物的营养需求中，碳源是一个重要的营养要素。它不仅在分解代谢中提供能量，还为细胞合成提供所需结构单元的前体代谢物。因此，在代谢流分析中，所选择的网络一般都集中在碳代谢上。图 5-2 反映了底物葡萄糖进入细胞后，碳流在胞内的主要已知代谢途径及其稳态流量分布。从图中可以很直观地看到，代谢途径中各步反应对细胞生长过程中的底物利用和产物形成所做的贡献。例如，在 A 条件下，第一步葡萄糖进入细胞生成葡萄糖-6-磷酸时的流量是 100%，之后生成果糖-6-磷酸进入 EMP 途径的流量是 92.1077%；这部分碳源会继续分解产能，合成糖原物质的流量是 0.7943%，而生成核酮糖-5-磷酸进入 PP 途径的流量是 5.9150%。PP 途径能产生大量的还原力 NADPH，核酮糖-5-磷酸进一步生成核糖-5-磷酸的流量是 4.6489%。核糖-5-磷酸可用于合成核苷酸等物质。代谢流分布图的另一个更重要的作用是，反应遗传和环境扰动变化后，分析胞内代谢流的分布差异。例如在图 5-2 中，比较简单的环境变化，从 A 条件 pH 6.8 变化到 B 条件 pH 7.2 时，从代谢流分布图中也可以很清楚地看到两种不同环境条件下的流量差别。正是通过比较这种差异，遗传和环境扰动的影响才能给予充分评价，而且代谢网络中的特定途径及其反应的重要性才能被准确地描述。此外，通过代谢流分析还可以识别代谢网络中的重要分支节点、识别新的途径或替代途径、计算最大理论得率和最优流量分布、为代谢控制提供必需的流量信息等。

一、基本原理

代谢流是细胞生理学最基本的量度，它使用速率的数学术语来描述胞内各种代谢物流经各自途径的情况。在细胞内，某种代谢物的速率，即浓度随时间的变化可以表示为：

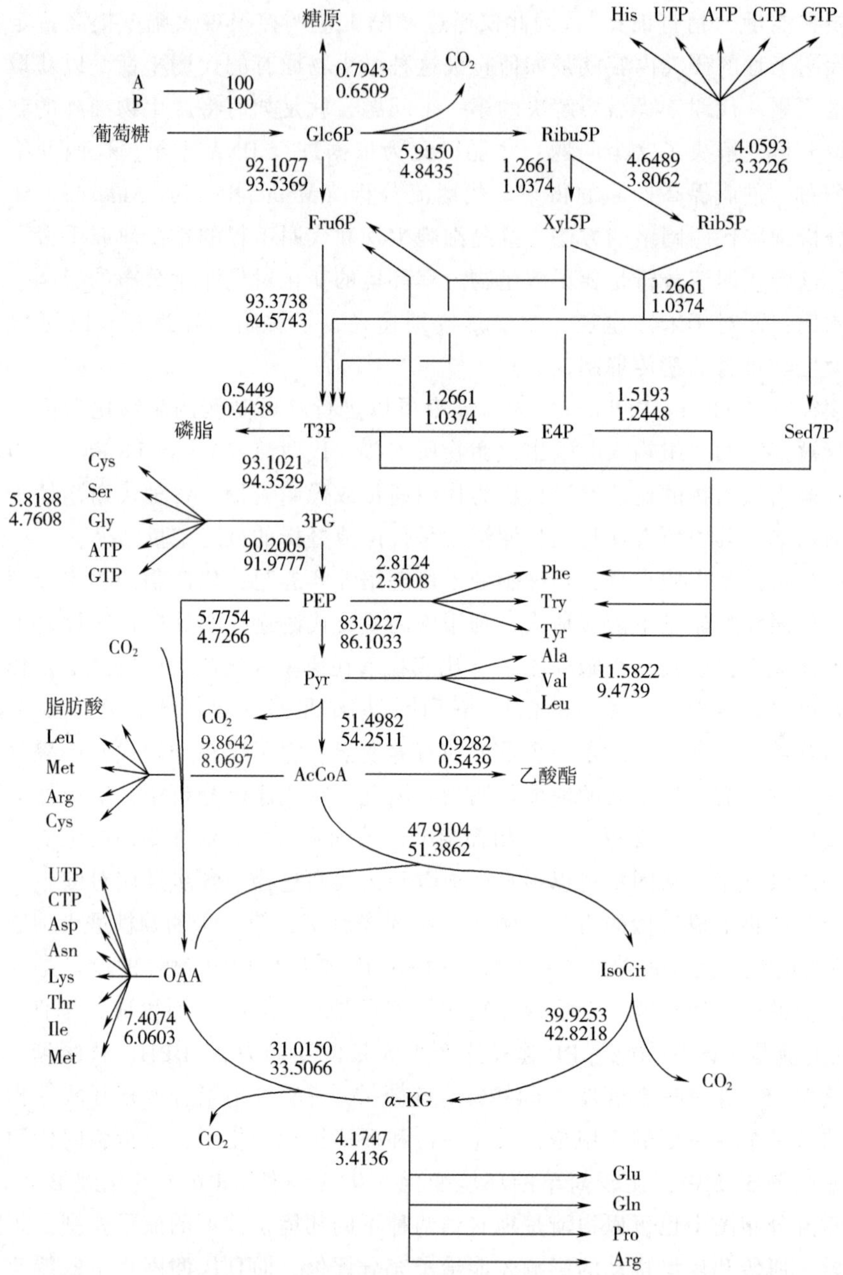

图 5-2　一株重组大肠杆菌在不同 pH 条件下有氧发酵的代谢流分布示意图

注：培养条件 A：pH 6.8；B：pH 7.2。代谢中间体的缩写：α-KG，α-酮戊二酸；3-PG，3-磷酸甘油酸；AcCoA，乙酰 CoA；E4P，赤藓糖-4-磷酸；Fru6P，果糖-6-磷酸；T3P，丙糖-3-磷酸；Glc6P，葡萄糖-6-磷酸；IsoCit，异柠檬酸；OAA，草酰乙酸；PEP，磷酸烯醇式丙酮酸；Pyr，丙酮酸；Rib5P，核糖-5-磷酸；Ribu5P，核酮糖-5-磷酸；Sed7P，景天庚酮糖-7-磷酸；Xyl5P，木酮糖-5-磷酸。代谢产物缩写：Ala，丙氨酸；Arg，精氨酸；Asn，天冬酰胺；Asp，天冬氨酸；Cys，半胱氨酸；Gln，谷氨酰胺；Glu，谷氨酸；His，组氨酸；Ile，异亮氨酸；Leu，亮氨酸；Met，甲硫氨酸；Phe，苯丙氨酸；Pro，脯氨酸；Thr，苏氨酸；Try，酪氨酸；Val，缬氨酸。

$$\frac{dc_i}{dt} = r_i - \mu c_i \tag{5-1}$$

其中，c_i 是某种代谢物 i 在细胞内的浓度（mmol/g）；r_i 是该代谢物的净累积速率[mmol/（g·h）]；μc_i 表示由于细胞生长而对代谢物 i 的稀释效应。

在细胞内，大多数代谢物有着非常高的周转，即使培养环境发生强烈扰动，胞内的各种代谢物也会迅速达到新的平衡水平，因此，胞内代谢物的拟稳态假定是合理的。根据拟稳态假设，则代谢物在胞内的浓度恒定或者说净积累速率为0，即：

$$\frac{dc_i}{dt} = r_i - \mu c_i = 0 \tag{5-2}$$

由于大部分途径中代谢物的胞内水平都十分低，因此由于细胞生长引起的稀释影响很小，一般可以忽略，则可以得到简化的速率平衡方程：

$$\frac{dc_i}{dt} = r_i = 0 \tag{5-3}$$

式（5-3）是进行胞内代谢物质量平衡计算的基本公式。

1. 不考虑细胞生长的代谢流分析

首先设定一个系统作为研究对象，假定一个代谢网络，包含有 K 种胞内代谢物，J 个胞内反应，N 种底物，M 种产物，不考虑细胞生长因素。在这个系统中，底物和产物存在通过细胞膜的运输，在细胞外可以较容易地测定它们的流量。它们的流量可以称为胞外流量（或运输流量），例如比底物消耗（吸收）速率和比产物生成（分泌）速率。而胞内代谢物则不存在跨膜运输。在稳态条件下，胞内代谢物的浓度变化符合式（5-3）。在不采用特殊方法（如放射性元素标记）定量检测胞内反应流量的前提下，胞内反应的流量一般都是未知量。这些胞内流量实际上就是代谢流分析的主要求解目标。

不考虑细胞生长因素，那么对于胞外流量有 $N+M$ 个质量平衡方程：

$$r_{n,S} = \sum_{i=1}^{J} \alpha_{n,i} v_i \qquad n = 1, 2 \cdots N \tag{5-4}$$

$$r_{n,P} = \sum_{i=1}^{J} \alpha_{n,i} v_i \qquad n = 1, 2 \cdots M \tag{5-5}$$

其中，$r_{n,S}$ 是第 n 种底物的胞外流量（比底物消耗速率），$r_{n,P}$ 是第 n 种代谢产物的胞外流量（比产物生成速率），$\alpha_{n,i}$ 是该代谢物在第 i 个胞内反应中的化学计量关系，v_i 是第 i 个胞内流量（胞内反应速率）。这两组方程提供了胞外流量与胞内反应之间的计算关系式，实际上是为整个质量平衡方程组提供了已知量，比底物消耗速率为代谢网络最初的反应步骤输入已知流量，比产物生成速率为代谢网络中间或末端的产生代谢产物的步骤输入已知流量。

对于胞内代谢物，其净积累速率为0，根据式（5-3）可列出 K 个质量平衡方程：

$$0 = \sum_{i=1}^{J} \alpha_{n,i} v_i \qquad n = 1, 2, \cdots, K \tag{5-6}$$

这组方程提供了胞内流量之间的计算关系式，它的求解过程实际上就是将式（5-4）和（5-5）的已知流量代入式（5-6）计算获得 v_i 的过程。

如果将式（5-4）、（5-5）和（5-6）组成方程组合在一起写成矩阵形式则有：

$$\begin{pmatrix} r \\ 0 \end{pmatrix} = Av \tag{5-7}$$

其中，r 为 $N+M$ 个胞外流量构成的列向量，0 为 K 个 0 构成的列向量，v 为 J 个胞内流量构成的列向量，A 为代谢网络的化学计量关系矩阵，其行列数为（$N+M+K$）$\times J$，矩阵的行对应 $N+M+K$ 种代谢物，列对应 J 个胞内反应。在化学计量关系矩阵中，其行列的排列要与上式左侧的列向量排列匹配，一般向量 r 的元素首先是 N 个比底物消耗速率，然后是 M 个比产物生成速率，之后是 K 个 0。因此矩阵 A 的排列方式为：前 N 行为底物的化学计量关系，第 $N+1$ 行至第 $N+M$ 行为代谢产物的化学计量关系，第 $N+M+1$ 行至第 $N+M+K$ 行为 K 个胞内代谢物的化学计量关系。

在式（5-7）中，共有 $N+M+J$ 个流量和 $N+M+K$ 个平衡方程，系统的自由度 $F=J-K$，其中底物和代谢产物的胞外流量可以通过测量得到，因此共有 $N+M$ 个已知流量。当 $N+M\geqslant F$ 时，就能计算出方程矩阵中所有未知的流量。

例 5.1，对图 5-3 所示的简化代谢网络进行代谢流分析。

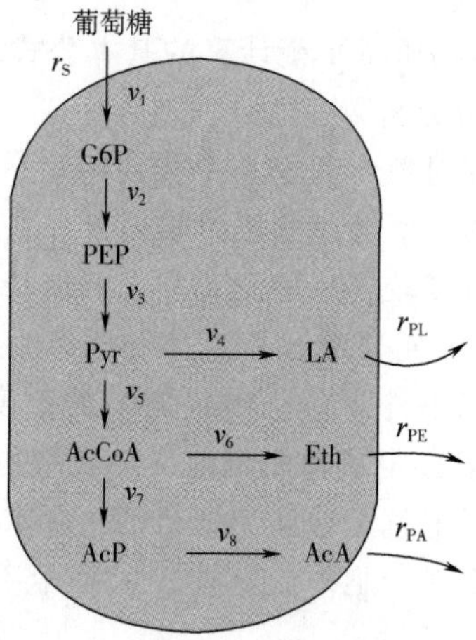

图 5-3 简化的葡萄糖发酵代谢网络

注：G6P：葡萄糖-6-磷酸；PEP：磷酸烯醇式丙酮酸；Pyr：丙酮酸；AcCoA：乙酰辅酶 A；AcP，乙酰磷酸；LA，乳酸；Eth，乙醇；AcA，乙酸。

在图 5-3 所示的代谢网络中，有 1 种底物：葡萄糖；3 种代谢产物：乳酸、乙醇和乙酸；5 种胞内代谢物：G6P、PEP、Pyr、AcCoA 和 AcP；8 个胞内反应。在不考虑细胞生长的情况下，共有 4 个胞外流量：r_S、r_{PL}、r_{PE}、r_{PA} 和 8 个胞内流量：v_1，v_2，v_3，v_4，v_5，v_6，v_7，v_8。

首先，将 8 个胞内反应方程列出，将反应方程式写成等式的形式，注意方程中的生成物取正号，反应物取负号，这样可以很直观地体现反应式中的化学计量关系，特别是系数的正负号。

v_1：葡萄糖-6-磷酸−葡萄糖 = 0

v_2：2 磷酸烯醇式丙酮酸−葡萄糖-6-磷酸 = 0

v_3：丙酮酸−磷酸烯醇式丙酮酸 = 0

v_4：乳酸−丙酮酸 = 0

v_5：乙酰辅酶 A−丙酮酸 = 0

v_6：乙醇-乙酰辅酶 A = 0

v_7：乙酰磷酸-乙酰辅酶 A = 0

v_8：乙酸-乙酰磷酸 = 0

底物葡萄糖只参与反应 v_1，与其余胞内流量的计量关系全部为 0，其平衡方程为：

$r_S = -1 \cdot v_1 + 0 \cdot v_2 + 0 \cdot v_3 + 0 \cdot v_4 + 0 \cdot v_5 + 0 \cdot v_6 + 0 \cdot v_7 + 0 \cdot v_8$

同理，3 种代谢产物的平衡方程为：

$r_{PL} = 0 \cdot v_1 + 0 \cdot v_2 + 0 \cdot v_3 + 1 \cdot v_4 + 0 \cdot v_5 + 0 \cdot v_6 + 0 \cdot v_7 + 0 \cdot v_8$

$r_{PE} = 0 \cdot v_1 + 0 \cdot v_2 + 0 \cdot v_3 + 0 \cdot v_4 + 0 \cdot v_5 + 1 \cdot v_6 + 0 \cdot v_7 + 0 \cdot v_8$

$r_{PA} = 0 \cdot v_1 + 0 \cdot v_2 + 0 \cdot v_3 + 0 \cdot v_4 + 0 \cdot v_5 + 0 \cdot v_6 + 0 \cdot v_7 + 1 \cdot v_8$

5 种胞内代谢物的平衡方程为：

葡萄糖-6-磷酸 ：$0 = 1 \cdot v_1 + (-1)\ v_2 + 0 \cdot v_3 + 0 \cdot v_4 + 0 \cdot v_5 + 0 \cdot v_6 + 0 \cdot v_7 + 0 \cdot v_8$

磷酸烯醇式丙酮酸 ：$0 = 0 \cdot v_1 + 2 \cdot v_2 + (-1) \cdot v_3 + 0 \cdot v_4 + 0 \cdot v_5 + 0 \cdot v_6 + 0 \cdot v_7 + 0 \cdot v_8$

丙酮酸 ：$0 = 0 \cdot v_1 + 0 \cdot v_2 + 1 \cdot v_3 + (-1) \cdot v_4 + (-1) \cdot v_5 + 0 \cdot v_6 + 0 \cdot v_7 + 0 \cdot v_8$

乙酰 CoA ：$0 = 0 \cdot v_1 + 0 \cdot v_2 + 0 \cdot v_3 + 0 \cdot v_4 + 1 \cdot v_5 + (-1) \cdot v_6 + (-1) \cdot v_7 + 0 \cdot v_8$

乙酰磷酸 ：$0 = 0 \cdot v_1 + 0 \cdot v_2 + 0 \cdot v_3 + 0 \cdot v_4 + 0 \cdot v_5 + 0 \cdot v_6 + 1 \cdot v_7 + (-1) \cdot v_8$

因此，可以组成方程组矩阵为：

$$\begin{pmatrix} r_S \\ r_{PL} \\ r_{PE} \\ r_{PA} \\ 0 \\ 0 \\ 0 \\ 0 \\ 0 \end{pmatrix} = \begin{pmatrix} -1 & 0 & 0 & 0 & 0 & 0 & 0 & 0 \\ 0 & 0 & 0 & 1 & 0 & 0 & 0 & 0 \\ 0 & 0 & 0 & 0 & 0 & 1 & 0 & 0 \\ 0 & 0 & 0 & 0 & 0 & 0 & 0 & 1 \\ 1 & -1 & 0 & 0 & 0 & 0 & 0 & 0 \\ 0 & 2 & -1 & 0 & 0 & 0 & 0 & 0 \\ 0 & 0 & 1 & -1 & -1 & 0 & 0 & 0 \\ 0 & 0 & 0 & 0 & 1 & -1 & -1 & 0 \\ 0 & 0 & 0 & 0 & 0 & 0 & 1 & -1 \end{pmatrix} \begin{pmatrix} v_1 \\ v_2 \\ v_3 \\ v_4 \\ v_5 \\ v_6 \\ v_7 \\ v_8 \end{pmatrix}$$

方程组的自由度 $F = J-K = 3$，因此测得 4 个胞外流量（r_S、r_{PL}、r_{PE}、r_{PA}）中的至少 3 个就可以计算出剩余所有的流量（包括未检测的胞外流量和 8 个胞内流量），最终将得到由 12 个流量所组成的代谢流分析结果。

从上面的矩阵计算结果可以看到，前 4 个胞外流量平衡方程，其实就是给与之相关的胞内流量赋值的等式，$v_1 = -r_S$，$v_4 = r_{PL}$，$v_6 = r_{PE}$，$v_8 = r_{PA}$。正是这些简单的等式建立了胞内代谢水平与胞外宏观状况的联系，为平衡方程组的求解提供了已知量的输入。因此，选择代谢网络时，要尽可能包括涉及代谢物分泌到胞外的途径，这对是否能获得代谢流分析结果至关重要。而 5 个胞内代谢物的平衡方程则给出了胞内流量之间的关系，根据已知的 v_1、v_4、v_6、v_8 求解方程组即可得到其他未知胞内流量。

另外，还可以发现 $v_1 = v_2$，$2\,v_2 = v_3$，这些胞内流量呈现了简单的线性关系。拟稳态假设的一个推论是，只需考虑位于代谢网络分支点的代谢物，而代谢网络中的一些线性途径可以合并为一个反应。因此，图 5-3 中的 v_1、v_2、v_3 可以合并为一个反应：2 丙酮酸 - 葡萄糖 = 0。合并之后会减少两个胞内代谢物葡萄糖-6-磷酸和 PEP，少了两个平衡方程，但相应的胞内流量也会减少 2 个，因此对于系统的自由度没有任何影响。经过线性途径合并之后，代谢网络的复杂程度明显降低，进而使化学计量关系矩阵的行列数减少，从而方便计算。例 5.1 如果进行上述合并简化后，化学计量关系矩阵将从 9 × 8 减少到 7 × 6。此外，可以根据实际情况将代谢网络中的分支途径简化成线性途径，如果某个分支途径的流量远远小于另一个分支途径的流量，那么这个分支途径就可以进行简化。例如，细胞处于停止生长的状态（比生长速率为 0），或者在含有大量前体代谢物的丰富培养基中生长时，EMP 途径中的前体代谢物流向生物合成途径的流量非常小，可以将 3-磷酸甘油醛到丙酮酸的途径看成一条线性途径，即简化了 3-磷酸甘油酸、磷酸烯醇式丙酮酸等前体代谢物参与生物合成的分支途径。需要注意，在进行途径简化时，一定要有足够的实验数据或文献资料为依据，切不可想当然地随意简化。事实上，对代谢网络的整理和合理简化是代谢流分析的重要前提，因为胞内的代谢网络是十分复杂的，有线性途径、分支途径、循环途径及并行途径等，如果不进行一定的假设和合理简化，其计算量将十分巨大，经常还会出现由于无法获得足够的已知量而无法求解的情况。

2. 考虑菌体生长的代谢流分析

如果考虑菌体生长，则需要增加一个生物量合成反应：

$$X = \sum_{i=1}^{N+M+K} \beta_i m_i \tag{5-8}$$

其中 X 表示菌体生物量，m_i 为代谢物（$N + M + K$ 种），β_i 为代谢物 i 在生物量合成反应中的化学计量关系。所以这个数学式就表示，把所有代谢物用于生物量合成的部分全部相加就等于菌体生物量。生物量化学式可以通过元素分析法和组分分析法测得。元素分析法是将一定量的干菌体灼烧，然后分析燃烧产物，得到元素组成，并结合灰分比例，就可以确定生物量化学式，生物量的一个标准元素组成通式是 $CH_{1.8}O_{0.5}N_{0.2}$。需要注意的是，微生物在不同的培养条件下，其生物量化学式是有一定差异的，需要通过实验验证才能获得较准确的化学式。例如，通过元素分析法测得，在非限定培养基上培养的大肠杆菌的碳摩尔化学式为 $CH_{1.94}O_{0.52}N_{0.25}P_{0.025}$，灰分 5.5%。组分分析法是分析细胞中蛋白质、核酸、脂类等大分子的化学式，再测定这些物质或其单体在细胞中的含量，进而确定生物量化学式。

把胞内所有的代谢物全部写入生物量合成反应的平衡方程中显然并不合适，一种常用的生物量合成的化学计量关系简化方法是，只考虑 NADH、NADPH、ATP 以及 10 种主要前体代谢物（葡萄糖-6-磷酸、核糖-5-磷酸、赤藓糖-4-磷酸、甘油醛-3-磷酸、3-磷酸甘油酸、磷酸烯醇式丙酮酸、丙酮酸、乙酰辅酶 A、α-酮戊二酸和草酰乙酸）参与生物量合成，其他代谢物的化学计量关系均为 0。除了这 10 种前体代谢物外，如果需要也可增加其他关键的代谢物，但数量不宜过多。微生物细胞的主要结构组成物质是蛋白质、核酸、脂类和多糖，构成这些物质的单体相应为氨基酸、核苷酸、脱氧核苷酸、磷酸酯、脂肪酸、单糖，这些化合物可以通过组分分析实验测定。例如，在表 5-1 中列出了经过组分分析得到的大肠杆菌细胞的主要单体组分含量，表 5-2 列出了一些单体合成时所需要的 10 种关键前体以及辅助因子和能量的化学计量关系。那么将表 5-1 和表 5-2 结合起来就可算出大肠杆菌生物量合成反应对 10 种关键前体代谢物以及辅助因子和能量的需求量，进而列出生物量合成的平衡方程。表 5-3 列出了一些文献报道中大肠杆菌生物量合成反应对前体代谢物的需求量。这些数据分别是 Varma、Holms、Stephanopoulos 和 Goel 的研究结果，这些数据基本上是接近的，但在 Holms 和 Goel 的研究中将 PP 途径简化为非循环式的，所以差别比较明显。

表 5-1　　大肠杆菌主要细胞组分（mmol/g）

单体	含量	单体	含量	单体	含量
丙氨酸 Ala	0.488	赖氨酸 Lys	0.326	CTP	0.126
精氨酸 Arg	0.281	甲硫氨酸 Met	0.146	UTP	0.136
天冬氨酸 Asp	0.229	苯丙氨酸 Phe	0.176	DATP	0.0247
天冬酰胺 Asn	0.229	脯氨酸 Pro	0.210	DGTP	0.0254
半胱氨酸 Cys	0.087	丝氨酸 Ser	0.205	DCTP	0.0254
谷氨酸 Glu	0.250	苏氨酸 Thr	0.241	DTTP	0.0247
谷氨酰胺 Gln	0.250	色氨酸 Trp	0.054	磷脂酸	0.129
甘氨酸 Gly	0.582	酪氨酸 Tyr	0.131	脂肪酸	0.140
组氨酸 His	0.090	缬氨酸 Val	0.402	糖原	0.154
异亮氨酸 Ile	0.276	ATP	0.165	糖蛋白	0.0276
亮氨酸 Leu	0.428	GTP	0.203	脂多糖	0.00785

表 5-2　　单体合成所需前体的化学计量关系

单体	G6P	Rib5P	E4P	G3P	3PG	PEP	Pyr	AcCoA	αKG	OAA	NADH	NADPH	ATP	NH_3
丙氨酸	—	—	—	—	—	—	-1	—	—	—	—	-1	—	-1
精氨酸	—	—	—	—	—	—	—	—	-1	—	1	-4	-7	-4
天冬氨酸	—	—	—	—	—	—	—	—	—	-1	—	-1	—	-1
天冬酰胺	—	—	—	—	—	—	—	—	—	-1	—	-1	-3	-2
半胱氨酸	—	—	—	—	-1	—	—	—	—	—	1	-5	-4	-1
谷氨酸	—	—	—	—	—	—	—	—	-1	—	—	-1	—	-1
谷氨酰胺	—	—	—	—	—	—	—	—	-1	—	—	-1	-1	-2
甘氨酸	—	—	—	—	-1	—	—	—	—	—	1	-1	—	-1
组氨酸	—	-1	—	—	—	—	—	—	—	—	3	-1	-6	-3
异亮氨酸	—	—	—	—	—	—	-1	—	—	-1	—	-5	-2	-1
亮氨酸	—	—	—	—	—	—	-2	-1	—	—	1	-2	—	-1
赖氨酸	—	—	—	—	—	—	-1	—	—	-1	—	-4	-3	-2
甲硫氨酸	—	—	—	—	—	—	—	—	—	-1	—	-8	-7	-1
苯丙氨酸	—	—	-1	—	—	-2	—	—	—	—	—	-2	-1	-1
脯氨酸	—	—	—	—	—	—	—	—	-1	—	—	-3	-1	-1

续表

单体	G6P	Rib5P	E4P	G3P	3PG	PEP	Pyr	AcCoA	αKG	OAA	NADH	NADPH	ATP	NH_3
丝氨酸	—	—	—	—	-1	—	—	—	—	—	1	-1	—	-1
苏氨酸	—	—	—	—	—	—	—	—	—	-1	—	-3	-2	-1
色氨酸	—	-1	-1	—	—	-2	—	—	—	—	2	-3	-5	-2
酪氨酸	—	—	-1	—	—	-2	—	—	—	—	1	-2	-1	-1
缬氨酸	—	—	—	—	—	—	-2	—	—	—	—	-2	—	-1
AMP	—	-1	—	—	-1	—	—	—	—	—	3	-1	-9	-5
GMP	—	-1	—	—	-1	—	—	—	—	—	3	—	-11	-5
CMP	—	-1	—	—	—	—	—	—	—	-1	—	-1	-5	-2
UMP	—	-1	—	—	—	—	—	—	—	-1	—	-1	-7	-3
dAMP	—	-1	—	—	-1	—	—	—	—	—	3	-2	-9	-5
dGMP	—	-1	—	—	-1	—	—	—	—	—	3	-2	-11	-5
dCMP	—	-1	—	—	—	—	—	—	—	-1	—	-3	-5	-2
dTMP	—	-1	—	—	—	—	—	—	—	-1	—	-2	-7	-3
3-磷酸甘油	—	—	—	-1	—	—	—	—	—	—	-1	—	—	—
棕榈酰辅酶A	—	—	—	—	—	—	—	-8	—	—	—	-14	-7	—
硬脂酰辅酶A	—	—	—	—	—	—	—	-9	—	—	1	-16	-8	—
油酰辅酶A	—	—	—	—	—	—	—	-9	—	—	2	-16	-8	—
亚油酰辅酶A	—	—	—	—	—	—	—	-9	—	—	3	-16	-8	—
亚麻酰辅酶A	—	—	—	—	—	—	—	-9	—	—	1	-16	-8	—
麦角固醇	—	—	—	—	—	—	—	-18	—	—	—	-13	-18	—
UDP-葡萄糖	-1	—	—	—	—	—	—	—	—	—	—	—	-1	—
UDP-半乳糖	-1	—	—	—	—	—	—	—	—	—	—	—	-1	—
UDP-NAG	-1①	—	—	—	—	—	—	-1	—	—	—	—	-2	-1
UDP-NAM	-1①	—	—	—	—	-1	—	-1	—	—	—	-1	-2	-1

注：合成 UDP-NAG 和 UDP-NAM 需要的前体代谢物是果糖-6-磷酸，此处以葡萄糖-6-磷酸计算无影响。

表 5-3　　大肠杆菌对前体代谢物的需求量　　单位：mmol/g

前体	A	B	C	D
G6P	0.189	1.984	0.205	0.958
Rib5P	0.964	—	0.898	—
E4P	0.361	—	0.361	—
G3P	0.129	0.140	0.129	0.140
3PG	1.382	1.362	1.50	1.084
PEP	0.668	0.554	0.519	0.604
Pyr	2.75	2.318	1.25	2.519
AcCoA	2.342	2.643	3.27	1.803
αKG	0.991	1.058	0.58	1.058
OAA	1.759	1.688	1.07	1.688
NADH	17.05	—	13.7	18

注：A 数据来自 Varma，B 数据来自 Holms，C 数据来自 Stephanopoulos，D 数据来自 Goel。

在考虑菌体生长的情况下，可以把生物量合成反应看作一个胞内反应，其流量是 μ，把生物量看作一种产物，其胞外流量可表示为 r_X，而且在稳态条件下 μ 和 r_X 是相等的，即细胞的比生长速率。

因此，如果考虑菌体生长，就要在式（5-7）的基础上，增加一个胞内反应（生物量合成反应）和两个流量（μ 和 r_X），则可表示为式（5-9）的形式。

$$\begin{pmatrix} r_X \\ r \\ 0 \end{pmatrix} = \begin{pmatrix} 0 & 0 & \cdots & 0 & 1 \\ \alpha_{1,1} & \alpha_{1,2} & \cdots & \alpha_{1,J} & \beta_1 \\ \alpha_{2,1} & \alpha_{2,2} & \cdots & \alpha_{2,J} & \beta_2 \\ \vdots & \vdots & \ddots & \vdots & \vdots \\ \alpha_{N+M+K,\ 1} & \alpha_{N+M+K,\ 2} & \cdots & \alpha_{N+M+K,\ J} & \beta_{N+M+K} \end{pmatrix} \begin{pmatrix} v_1 \\ v_2 \\ \vdots \\ v_J \\ \mu \end{pmatrix} \tag{5-9}$$

其中，$(r_X,\ r,\ 0)^T$ 中，r 为 $N+M$ 个胞外流量构成的列向量，0 为 K 个 0 构成的列向量。

当考虑菌体生长时，总共有 $N+M+J+2$ 个流量和 $N+M+K+1$ 个平衡方程，方程组的自由度为 $F=J-K+1$，与式（5-7）相比自由度增加了 1，但同时也多了一个可测的胞外流量 r_X，因此对方程组的求解没有影响。

例 5.2，将大肠杆菌的厌氧发酵途径简化，将生物量、乳酸、乙醇、乙酸的代谢途径都简化成线性途径，分别用 1 步反应表示。这些物质直接由葡萄糖合成，忽略其他分支途径（图 5-4）。假设其中的反应方程式如下，利用这个简化的代谢网络途径进行考虑细胞生长时的代谢流分析。假设胞内反应方程如下所示：

乳酸合成 v_1：2 乳酸 + 2 ATP－葡萄糖 = 0

乙醇合成 v_2：2 乙醇 + 2 ATP + 2 CO_2－葡萄糖 = 0

乙酸合成 v_3：2 乙酸 + 4 ATP + 2 CO_2+ 2 NADH－葡萄糖 = 0

生物量合成μ：生物量-葡萄糖-13 ATP-1.56 NADH = 0

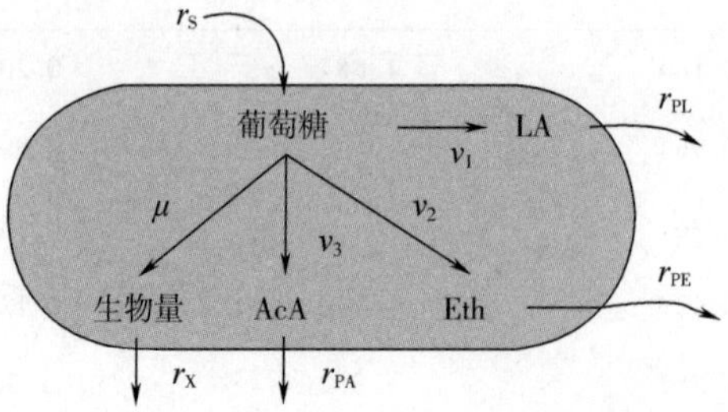

图 5-4　大肠杆菌厌氧发酵的代谢网络简图

注：AcA：乙酸；Eth：乙醇；LA：乳酸。

把生物量合成看作一个胞内反应，仅考虑底物葡萄糖的参与；而考虑 10 种前体代谢物的生物量合成方程会更加复杂一些。因此，共有 4 个胞内流量：v_1、v_2、v_3、μ；6 个胞外流量：r_X、r_S、r_L、r_E、r_A、r_C。其中共有 1 个底物：葡萄糖（S）；5 个产物：生物量（X）、乳酸（L）、乙醇（E）、乙酸（A）和二氧化碳（C）；2 种胞内代谢物：ATP 和 NADH。可以列出 8 个平衡方程。

细胞量：$r_X = \mu$

葡萄糖：$r_S = -v_1 - v_2 - v_3 - \mu$

乳酸：$r_L = 2v_1$

乙醇：$r_E = 2v_2$

乙酸：$r_A = 2v_3$

二氧化碳：$r_C = 2v_2 + 2v_3$

ATP：$0 = 2v_1 + 2v_2 + 4v_3 - 13\mu$

NADH：$0 = 2v_3 - 1.56\mu$

根据式（5-9）可以得到该模型的矩阵表达式：

$$\begin{pmatrix} r_X \\ r_S \\ r_L \\ r_E \\ r_A \\ r_C \\ 0 \\ 0 \end{pmatrix} = \begin{pmatrix} 0 & 0 & 0 & 1 \\ -1 & -1 & -1 & -1 \\ 2 & 0 & 0 & 0 \\ 0 & 2 & 0 & 0 \\ 0 & 0 & 2 & 0 \\ 0 & 2 & 2 & 0 \\ 2 & 2 & 4 & -13 \\ 0 & 0 & 2 & -1.56 \end{pmatrix} \begin{pmatrix} v_1 \\ v_2 \\ v_3 \\ \mu \end{pmatrix}$$

式中共有 10 个流量，8 个平衡方程，自由度 $F = 2$，因此只需要从 6 个胞外流量中测得 2 个流量就可以解方程组。

二、基于测量数据的代谢流分析

1. 正定系统

对于较小规模的代谢网络，在很多情况下可测量的胞外流量数 $N + M$（细胞量作为 1

种产物）大于或等于系统的自由度 $F = J-K$（细胞量合成反应作为 1 个胞内反应），因此可以通过测量数据进行代谢流分析。系统能够求解的基本条件是测量数据至少有 F 个，也意味着最多有 $N + M-F$ 个胞外流量是无需进行测量的，它们可以通过求解平衡方程组得到。这种正好有 F 个流量被测量的系统，称为正定系统（Determined System）。

为了计算方便，将式（5-7）进行分割得到式（5-10）

$$\begin{pmatrix} r_C \\ r_m \\ 0 \end{pmatrix} = \begin{pmatrix} A_1 \\ A_2 \end{pmatrix} v \tag{5-10}$$

其中，向量 r 被分割成两个列向量 r_C 和 r_m，r_m 的元素为所有被测量的 F 个胞外流量，r_C 的元素为剩余 $N + M-F$ 个未被测量的胞外流量。同样地，矩阵 A 分割为 A_1 和 A_2 两个矩阵：A_1 为矩阵 A 的前 $N + M-F$ 行，A_1 是 $(N + M-F) \times J$ 的矩阵，与向量 r_C 对应；A_2 为矩阵 A 中其余 $F + K = J$ 行，A_2 是 $J \times J$ 的方阵，与向量 $(r_m,\ 0)^T$ 对应。可以将式（5-10）写成两个方程组：

$$r_C = A_1 v \tag{5-11}$$

$$\begin{pmatrix} r_m \\ 0 \end{pmatrix} = A_2 v \tag{5-12}$$

将测量数据代入式（5-12）中，就可以计算得到胞内流量 v，

$$v = A_2^{-1} \begin{pmatrix} r_m \\ 0 \end{pmatrix} \tag{5-13}$$

再将算得的胞内流量 v 代入式（5-11）中就可以计算得出其余未被测量的胞外流量。这里需要注意，式（5-12）有解的前提条件是 A_2 为非奇异矩阵，即方阵 A_2 的行列式 $|A_2|$ 不等于 0。造成 A_2 奇异的原因有三种。

（1）在化学计量关系矩阵 A 中出现了线性相关的列。化学计量关系矩阵 A 的列和代谢网络模型中的胞内反应相对应，如果由于某种原因一个或多个胞内反应线性相关，那么这种相关性也会转移到矩阵 A_2 中，使 A_2 奇异。线性相关的反应很少在简单代谢网络中出现，但在较大的代谢网络中经常出现。例如，在例 5-1 中的简单代谢网络中，假设存在一个反应，v_9：LA-PEP = 0（图 5-5），则从 PEP 到 LA 存在两条并行途径，一条由反应 v_9 单独组成，另一条由反应 v_3 和反应 v_4 组成，那么此时，存在计算关系：

$$\begin{pmatrix} r_S \\ r_{PL} \\ r_{PE} \\ r_{PA} \\ 0 \\ 0 \\ 0 \\ 0 \\ 0 \end{pmatrix} = \begin{pmatrix} -1 & 0 & 0 & 0 & 0 & 0 & 0 & 0 & 0 \\ 0 & 0 & 0 & 1 & 0 & 0 & 0 & 0 & 1 \\ 0 & 0 & 0 & 0 & 0 & 1 & 0 & 0 & 0 \\ 0 & 0 & 0 & 0 & 0 & 0 & 0 & 1 & 0 \\ 1 & -1 & 0 & 0 & 0 & 0 & 0 & 0 & 0 \\ 0 & 2 & -1 & 0 & 0 & 0 & 0 & 0 & -1 \\ 0 & 0 & 1 & -1 & -1 & 0 & 0 & 0 & 0 \\ 0 & 0 & 0 & 0 & 1 & -1 & -1 & 0 & 0 \\ 0 & 0 & 0 & 0 & 0 & 0 & 1 & -1 & 0 \end{pmatrix} \begin{pmatrix} v_1 \\ v_2 \\ v_3 \\ v_4 \\ v_5 \\ v_6 \\ v_7 \\ v_8 \\ v_9 \end{pmatrix} = \begin{pmatrix} -v_1 \\ v_4 + v_9 \\ v_6 \\ v_8 \\ v_1 - v_2 \\ 2v_2 - v_3 - v_9 \\ v_3 - v_4 - v_5 \\ v_5 - v_6 - v_7 \\ v_7 - v_8 \end{pmatrix}$$

可以看到，矩阵 A 的第 3、4 列和第 9 列线性相关，第 3 列 + 第 4 列 = 第 9 列。由于

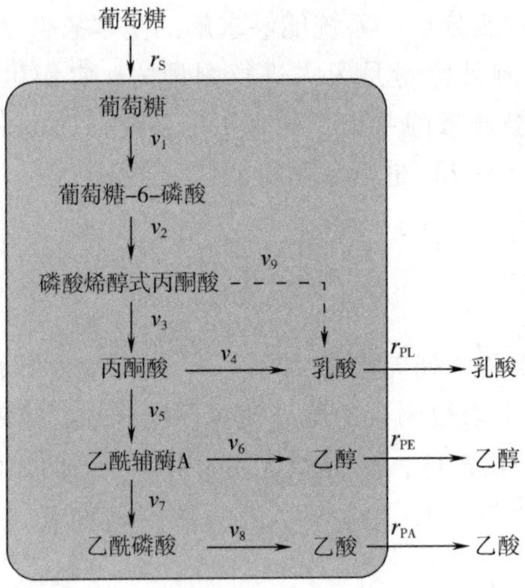

图 5-5　葡萄糖发酵代谢网络示意图

多了一个胞内反应 v_9，系统的自由度 $F = 4$，所以 4 个胞外流量 r_S、r_{PL}、r_{PE}、r_{PA} 都必须被测量，因此矩阵 $A = A_2$，它是一个（9×9）的方阵，通过计算不难算出 $|A_2| = 0$，是一个奇异矩阵，造成方程组无法求解。

（2）在化学计量关系矩阵 A 中出现了线性相关的行。化学计量关系矩阵 A 的行和代谢网络模型中的代谢物相对应，如果某些化合物的计量关系一致或呈线性相关即可造成行向量的线性相关。对于一般代谢物而言，不会发生这类情况，但如果代谢网络模型中出现成对的辅助因子如 $NADH/NAD^+$、$NADPH/NADP^+$ 或 ATP/ADP 时，由于辅助因子对的两种代谢物必定会同时参与某一反应，并且它们的化学计量关系大小相同、正负相反，这样就会造成化学计量关系矩阵 A 中和这对辅助因子对应的行线性相关。解决这个问题的简单方法是在反应中只保留每对辅助因子中的一个，上述辅助因子通常保留 NADH、NADPH 和 ATP。

（3）系统选择哪些胞外流量进行测定是不确定的，有些胞外流量组合会造成矩阵 A_2 奇异。发生这种情况的一个原因是某个质量平衡方程中的所有变量都被选择为测量数据，导致该平衡方程对未知流量没有限制作用而无法确定系统。对于大规模代谢网络，通常识别出导致矩阵奇异或非奇异的一组测量流量是较困难的，当矩阵奇异时，唯一可行的办法是更换一组胞外流量进行测量，并检测矩阵 A_2 是否非奇异。例如，在例 5.2 中，如果选择 r_X 和 r_S 作为测量的胞外流量，则按式（5-12）形式有：

$$\begin{pmatrix} r_X \\ r_S \\ 0 \\ 0 \end{pmatrix} = \begin{pmatrix} 0 & 0 & 0 & 1 \\ -1 & -1 & -1 & -1 \\ 2 & 2 & 4 & -13 \\ 0 & 0 & 2 & -1.56 \end{pmatrix} \begin{pmatrix} v_1 \\ v_2 \\ v_3 \\ \mu \end{pmatrix} \tag{a}$$

可以明显看到矩阵 A_2 是一个奇异矩阵，因此无法求解。

如果选择 r_X 和 r_L 作为测量的胞外流量，则有：

$$\begin{pmatrix} r_X \\ r_L \\ 0 \\ 0 \end{pmatrix} = \begin{pmatrix} 0 & 0 & 0 & 1 \\ 2 & 0 & 0 & 0 \\ 2 & 2 & 4 & -13 \\ 0 & 0 & 2 & -1.56 \end{pmatrix} \begin{pmatrix} v_1 \\ v_2 \\ v_3 \\ \mu \end{pmatrix} \tag{b}$$

则可按式（5-13）计算，得到胞内流量的结果为：

$$\begin{pmatrix} v_1 \\ v_2 \\ v_3 \\ \mu \end{pmatrix} = \begin{pmatrix} 0 & 0.5 & 0 & 0 \\ 4.94 & -0.5 & 0 & 0 \\ 0.78 & 0 & 0 & 0.5 \\ 1 & 0 & 0 & 0 \end{pmatrix} \begin{pmatrix} r_X \\ r_L \\ 0 \\ 0 \end{pmatrix} = \begin{pmatrix} 0.5r_L \\ 4.94r_X - 0.5r_L \\ 0.78r_X \\ r_X \end{pmatrix} \tag{c}$$

则其他未测量的胞外流量为：

$$\begin{pmatrix} r_S \\ r_E \\ r_A \\ r_C \end{pmatrix} = \begin{pmatrix} -1 & -1 & -1 & -1 \\ 0 & 2 & 0 & 0 \\ 0 & 0 & 2 & 0 \\ 0 & 2 & 2 & 0 \end{pmatrix} \begin{pmatrix} v_1 \\ v_2 \\ v_3 \\ \mu \end{pmatrix} = \begin{pmatrix} -1 & -1 & -1 & -1 \\ 0 & 2 & 0 & 0 \\ 0 & 0 & 2 & 0 \\ 0 & 2 & 2 & 0 \end{pmatrix} \begin{pmatrix} 0 & 0.5 \\ 4.94 & -0.5 \\ 0.78 & 0 \\ 1 & 0 \end{pmatrix} \begin{pmatrix} r_X \\ r_L \end{pmatrix}$$

$$= \begin{pmatrix} -6.72r_X \\ 9.88r_X - r_L \\ 1.56r_X \\ 11.44r_X - r_L \end{pmatrix} \tag{d}$$

从（d）计算结果可以看到，r_X 和 r_S 成比例关系，即存在线性相关，因此在（a）中选择 r_X 和 r_S 作为被测量的胞外流量会造成矩阵 A_2 奇异。这个问题在进行代谢流分析计算之前很难直接识别，一般只有将被测量的胞外流量进行分组，通过分析不同组的矩阵才能确定哪些测量组合能够求出整个系统的流量。

2. 超定系统

如果测量的胞外流量的个数大于系统的自由度 F，则这种系统称为超定系统（Overdetermined System）。如果按照式（5-10）将超定系统的化学计量关系矩阵 A 进行分割，则矩阵 A_2 不是一个方阵，无法求逆矩阵。一种解决方法是将多出的测量流量（冗余流量）作为验证项，将系统转变为正定系统，计算得到胞内流量和其他胞外流量后，将验证项的测量值与计算值进行比较，检验数据的一致性，如果在实验误差允许的范围内，测量值与计算值的一致性很好，则表明代谢网络模型很好地描述了该实验条件下微生物的生理状态。另一种方法是使用统计学的方法从所有测量数据中获得流量 v 的计算值，并对测量流量也获得新的计算值，这种方法获得的计算值与测量值的数据一致性一般都是较好的。计算的方法是对流量向量进行最小二乘法估计，即在式（5-12）两侧同时乘以矩阵 A_2 的转置矩阵，则有：

$$A_2^T \begin{pmatrix} r_m \\ 0 \end{pmatrix} = A_2^T A_2 v \tag{5-14}$$

则 $A_2^T A_2$ 是一个方阵，如果满秩，可以求逆，上式可变形为：

$$v = (A_2^T A_2)^{-1} A_2^T \begin{pmatrix} r_m \\ 0 \end{pmatrix} \tag{5-15}$$

式中，$(A_2^T A_2)^{-1} A_2^T$ 也称为 A_2 的拟-逆矩阵。需要注意的是，$A_2^T A_2$ 非奇异，方程才能求

解。此外，超定系统的冗余度越大，也就是测量流量数目超出自由度的数目越多，则系统估计的计算值越可靠。

3. 不定系统

对于较大的复杂代谢网络，可测量流量的个数小于系统的自由度 F，或者无法列出足够的平衡方程造成方程数少于未知流量数，这种系统称为不定系统（Undetermined System）。对于不定系统，代谢流存在无数个解，对于这种情况，如果规定一个合适的目标函数，就能够利用线性规划来确定代谢流分布。基于线性规划的算法也称为流平衡分析（Flux Balance Analysis，FBA），其基本的组成部分包括约束条件、决策变量和目标函数。在系统处于拟稳态的假设条件下，设置一定的约束条件和目标函数，来研究胞内的代谢流分布。其基本算法可由下式表示：

$$Av = 0;\ \alpha_i \ll v_i \ll \beta_i,\ i \in \{1,\ 2 \cdots n\};\ Z = cv;\ \max(Z) \tag{5-16}$$

其中，A 是系统的化学计量关系矩阵，v 是系统中 n 个流量组成的列向量，α_i 和 β_i 分别是流量 v 的上下限，Z 是目标函数，它是流量向量中各元素的线性组合，c 是目标函数中各流量系数组成的行向量。目标函数可以是式（5-16）中的 max（Z），如细胞的最大比生长速率或某种产物的最大得率，也可以是 min（Z），如某种代谢副产物的最小得率。式（5-16）表示的优化过程，就是在 v 的解空间中依据目标函数得到最优解的过程。最优解可能是解空间中的某个极值或定点，此时可以得到唯一解，但最优解也可能是解空间中的一条线或面，此时得到的仍然是无数个解的集合，这种情况下可以在模型中引入反应的动力学或热力学参数作为额外的约束条件，进一步缩小解空间，以得到最优唯一解。流平衡分析过程一般需要利用 MATLAB 或 Mathematica 等数学软件实现。

除了线性规划的方法外，还有两种重要的分析方法，基元模式分析（Elementary Mode Analysis，EMA）和极端途径分析（Extreme Pathway Analysis，EPA）。这些方法从代谢网络的拓扑结构入手，分析时不需要反应的动力学信息、拟稳态数据和设定目标函数，分析得到的结果是代谢网络中所包含的所有路径信息，这些路径信息可以反映拟稳态条件下该细胞所包含的所有代谢途径信息。

4. 敏感性分析

使用上述方法进行计算时，必须分析化学计量关系矩阵对测量数据的敏感性，即检查矩阵是否是状态良好的（Well-conditioned）。对一个病态（Ill-conditioned）的矩阵，在矩阵运算时会将测量数据的微小扰动或误差放大，导致计算结果的严重错误。例如下式中的化学计量关系矩阵：

$$\begin{pmatrix} 1 & 1 \\ 1 & 1.0001 \end{pmatrix} \begin{pmatrix} v_1 \\ v_2 \end{pmatrix} = \begin{pmatrix} 2 \\ 2 \end{pmatrix} \text{ 和 } \begin{pmatrix} 1 & 1 \\ 1 & 1.0001 \end{pmatrix} \begin{pmatrix} v_1 \\ v_2 \end{pmatrix} = \begin{pmatrix} 2 \\ 2.0001 \end{pmatrix} \tag{5-17}$$

两个方程的测量值（2，2）^{T} 和（2，2.0001）^{T} 仅相差一个很小的 0.0001，但第一个方程的解为 $v_1 = 2$ 和 $v_2 = 0$，而第二个方程的解为 $v_1 = v_2 = 1$。示例中的测量值的变化小于 0.1%，却导致了流量计算值的显著变化，这意味着在实际实验中，即使很小的测量误差也会被病态矩阵放大，造成更大的偏差。一个矩阵敏感性的度量称为条件数，其计算方程为：

$$C = \|A^T\| \|(A^T)^{\#}\| \tag{5-18}$$

其中，$\| \ \|$ 表示矩阵的范数，$(A^T)^{\#}$ 表示化学计量关系矩阵的拟-逆矩阵。条件数的计

算十分复杂，可以利用 MATLAB 或 Mathematica 等软件计算。式（5-17）中的矩阵条件数为 10^4，条件数有五位数字，要求流量必须精确测量到五位数字，而发酵速率很少能精确到 2 位数字以上，因此一个较合理的化学计量关系矩阵的条件数应处于 1~100，如果条件数大于 100，则说明此化学计量关系矩阵是病态的。需要注意的是，在计算条件数时，不需要进行流量的测量，因此可以在代谢流计算之前需要注意化学计量关系矩阵是否病态。

下面尝试进行一个比例 5.1 和例 5.2 更复杂一点的代谢网络的代谢流分析。

例 5.3，本章的第一节简单介绍了以大肠杆菌为代表的一些肠道细菌，能够利用葡萄糖进行混合酸发酵，同时生成甲酸、乙酸、乙醇、乳酸及琥珀酸等多种代谢产物。图 5-6 是一株经过代谢工程改造的产琥珀酸大肠杆菌的简化代谢网络。其中，回补途径只考虑反应 4 一个途径，或者说用 v_4 表示回补途径的总反应流量。乙醛酸途径在这株菌中也是激活的，将它与 TCA 循环中的部分反应简化合并为反应 11。将可以进行简化的线性反应都进行了合并，不对 ATP 进行平衡计算，因此代谢网络中并未标出 ATP 的产生和消耗。假设在这株菌批式发酵的稳定期（比生长速率 μ 为 0）测量得到了葡萄糖的比消耗速率为 $r_S = -2.13$mmol/（g·h），以及产物的比生成速率，其中乳酸 $v_{13} = 0$mmol/（g·h）、甲酸 $v_{14} = 0.99$mmol/（g·h）、乙酸 $v_{15} = 0.14$mmol/（g·h）、乙醇 $v_{16} = 0$mmol/（g·h）、琥珀酸 $v_{17} = 3.41$mmol/（g·h）。

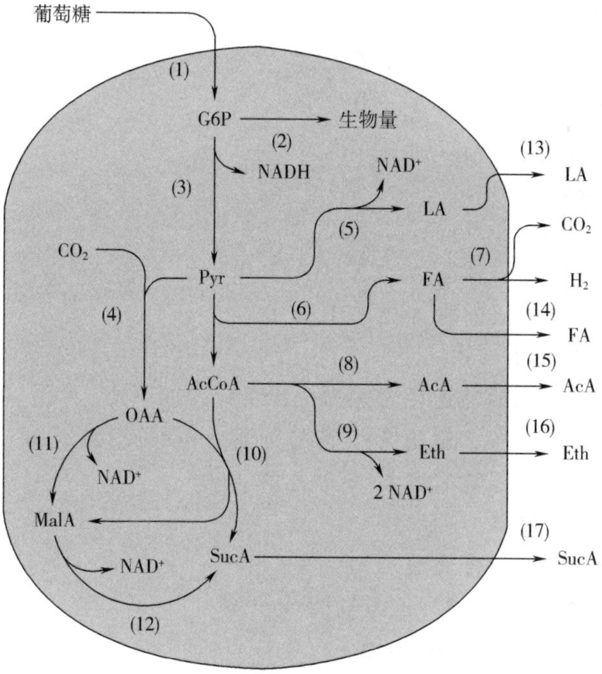

图 5-6　大肠杆菌混合酸发酵代谢网络简图

注：AcA，乙酸；AcCoA，乙酰辅酶 A；AcP，乙酰磷酸；Eth，乙醇；FA：甲酸；G6P，葡萄糖-6-磷酸；LA，乳酸；MalA，苹果酸；OAA，草酰乙酸；Pyr，丙酮酸；PEP，磷酸烯醇式丙酮酸；SucA，琥珀酸。

首先，将图 5-6 中的各步反应列出。

不考虑葡萄糖磷酸转移酶系统（PTS），葡萄糖由已糖激酶运输并直接磷酸化。

（1）葡萄糖-6-磷酸-葡萄糖 = 0

在稳定期比生长速率为 0，生物量合成简化为只有葡萄糖-6-磷酸一种代谢物参与，实际上这步反应的流量为 0。

（2）生物量-葡萄糖-6-磷酸 = 0

将 EMP 途径简化为一步反应。

（3）2 丙酮酸 + 2 NADH-葡萄糖-6-磷酸 = 0

（a）果糖-6-磷酸-葡萄糖-6-磷酸 = 0

（b）果糖-1,6-二磷酸-果糖-6-磷酸 = 0

（c）2 甘油醛-3-磷酸-果糖-1,6-二磷酸 = 0

（d）丙酮酸 + NADH-甘油醛-3-磷酸 = 0

回补途径用一个方程表示其总反应。

（4）草酰乙酸 -丙酮酸-CO_2= 0

乳酸代谢途径如下。

（5）乳酸-丙酮酸-NADH = 0

甲酸代谢途径如下。

（6）甲酸 + 乙酰辅酶 A-丙酮酸-辅酶 A = 0

（7）CO_2+ H_2-甲酸 = 0

乙酸代谢途径简化为一步反应，如下式。

（8）乙酸 + 辅酶 A-乙酰辅酶 A = 0

（a）乙酰磷酸 + 辅酶 A-乙酰辅酶 A = 0

（b）乙酸-乙酰磷酸 = 0

乙醇代谢途径简化为一步反应，如下式。

（9）乙醇 + 辅酶 A-乙酰辅酶 A-2 NADH = 0

（a）乙醛 + 辅酶 A-乙酰辅酶 A-NADH = 0

（b）乙醇-乙醛-NADH = 0

TCA 循环部分反应和乙醛酸途径合并为一步反应，如下式。

（10）苹果酸 + 琥珀酸 + 2 辅酶 A-2 乙酰辅酶 A-草酰乙酸 = 0

（a）柠檬酸 + 辅酶 A-乙酰辅酶 A-草酰乙酸 = 0

（b）异柠檬酸-柠檬酸 = 0

（c）乙醛酸 + 琥珀酸-异柠檬酸 = 0

（d）苹果酸 + 辅酶 A-乙醛酸-乙酰辅酶 A = 0

（11）苹果酸-草酰乙酸-NADH = 0

（12）琥珀酸-苹果酸-NADH = 0

（a）延胡索酸-苹果酸 = 0

（b）琥珀酸-延胡索酸-NADH = 0

图中的流量（13）~（17）分别是乳酸、甲酸、乙酸、乙醇和琥珀酸的胞外流量，为已知的测量数据。

根据图 5-6 和其中的反应方程，可列出如下 6 种胞内代谢物的平衡方程。

葡萄糖-6-磷酸：$v_1-v_2-v_3=0$

丙酮酸：$2v_3-v_4-v_6-v_5=0$

乙酰辅酶 A：$v_6-v_8-v_9-2v_{10}=0$

草酰乙酸：$v_4-v_{10}-v_{11}=0$

苹果酸：$v_{10}+v_{11}-v_{12}=0$

NADH：$2v_3-v_5-2v_9-v_{11}-v_{12}=0$

7 个胞外流量的平衡方程为：

葡萄糖：$r_S=-v_1$

生物量：$\mu=v_2$

乳酸：$v_{13}=v_5$

甲酸：$v_{14}=v_6-v_7$

乙酸：$v_{15}=v_8$

乙醇：$v_{16}=v_9$

琥珀酸：$v_{17}=v_{10}+v_{12}$

网络中共有 19 个流量，13 个平衡方程，系统的自由度为 6，测量数据为 7 个胞外流量 r_S、μ、v_{13}、v_{14}、v_{15}、v_{16}、v_{17}，因此系统是超定系统。按式（5-12）的形式，则有测量的流量 v_m 和化学计量关系矩阵 A_2 如下。

$$\begin{pmatrix} r_S \\ \mu \\ v_{13} \\ v_{14} \\ v_{15} \\ v_{16} \\ v_{17} \\ 0 \\ 0 \\ 0 \\ 0 \\ 0 \\ 0 \end{pmatrix} = \begin{pmatrix} -1 & 0 & 0 & 0 & 0 & 0 & 0 & 0 & 0 & 0 & 0 & 0 \\ 0 & 1 & 0 & 0 & 0 & 0 & 0 & 0 & 0 & 0 & 0 & 0 \\ 0 & 0 & 0 & 0 & 1 & 0 & 0 & 0 & 0 & 0 & 0 & 0 \\ 0 & 0 & 0 & 0 & 0 & 1 & -1 & 0 & 0 & 0 & 0 & 0 \\ 0 & 0 & 0 & 0 & 0 & 0 & 0 & 1 & 0 & 0 & 0 & 0 \\ 0 & 0 & 0 & 0 & 0 & 0 & 0 & 0 & 1 & 0 & 0 & 0 \\ 0 & 0 & 0 & 0 & 0 & 0 & 0 & 0 & 0 & 1 & 0 & 1 \\ 1 & -1 & -1 & 0 & 0 & 0 & 0 & 0 & 0 & 0 & 0 & 0 \\ 0 & 0 & 2 & -1 & -1 & -1 & 0 & 0 & 0 & 0 & 0 & 0 \\ 0 & 0 & 0 & 0 & 0 & 1 & 0 & -1 & -1 & -2 & 0 & 0 \\ 0 & 0 & 0 & 1 & 0 & 0 & 0 & 0 & 0 & -1 & -1 & 0 \\ 0 & 0 & 0 & 0 & 0 & 0 & 0 & 0 & 0 & 1 & 1 & -1 \\ 0 & 0 & 2 & 0 & -1 & 0 & 0 & 0 & -2 & 0 & -1 & -1 \end{pmatrix} \begin{pmatrix} v_1 \\ v_2 \\ v_3 \\ v_4 \\ v_5 \\ v_6 \\ v_7 \\ v_8 \\ v_9 \\ v_{10} \\ v_{11} \\ v_{12} \end{pmatrix}$$

计算矩阵 A_2 的拟-逆矩阵 $(A_2^TA_2)^{-1}A_2^T$，得到的计算结果为：

-0.79	0.21	0.10	0.00	0.08	0.13	0.13	0.21	0.08	0.08	0.08	0.10	0.03
-0.21	0.79	-0.10	0.00	-0.08	-0.13	-0.13	-0.21	-0.08	-0.08	-0.08	-0.10	-0.03
-0.38	-0.38	0.31	0.00	0.23	0.39	0.39	-0.38	0.23	0.23	0.23	0.31	0.08
-0.32	-0.32	-0.16	0.00	0.13	-0.45	0.55	-0.32	0.13	0.13	1.13	0.84	-0.29
-0.10	-0.10	0.95	0.00	-0.04	-0.06	-0.06	-0.10	-0.04	-0.04	-0.04	-0.05	-0.01
-0.27	-0.27	-0.14	0.00	0.40	1.33	0.33	-0.27	-0.60	0.40	-0.60	-0.14	0.47
-0.27	-0.27	-0.14	-1.00	0.40	1.33	0.33	-0.27	-0.60	0.40	-0.60	-0.14	0.47

-0.08	-0.08	-0.04	0.00	0.97	-0.05	-0.05	-0.08	-0.03	-0.03	-0.03	-0.04	-0.01
-0.13	-0.13	-0.06	0.00	-0.05	0.92	-0.08	-0.13	-0.05	-0.05	-0.05	-0.06	-0.02
0.01	0.01	0.00	0.00	-0.25	0.25	0.25	0.01	-0.25	-0.25	-0.25	0.00	0.25
-0.24	-0.24	-0.12	0.00	0.41	-0.65	0.35	-0.24	0.41	0.41	0.41	0.88	-0.53
-0.14	-0.14	-0.07	0.00	0.20	-0.33	0.67	-0.14	0.20	0.20	0.20	-0.07	-0.27

则根据式（5-15）有 $v=(A_2^TA_2)^{-1}A_2^T\begin{pmatrix}r_m\\0\end{pmatrix}$，将测量的流量数值 r_S、μ、v_{13}、v_{14}、v_{15}、v_{16}、v_{17} 代入则可得：

$$(v_1\quad v_2\quad v_3\quad v_4\quad v_5\quad v_6\quad v_7\quad v_8\quad v_9\quad v_{10}\quad v_{11}\quad v_{12})^T$$
$$=(2.14\quad -0.01\quad 2.16\quad 2.58\quad -0.01\quad 1.76\quad 0.77\quad 0.14\quad -0.01\quad 0.82\quad 1.76\quad 2.59)^T$$

向量 v 中的 12 个流量加上 7 个测量的胞外流量即为整个代谢网络中的 19 个流量。将所有的流量数值写入图 5-6 的对应途径中，就可以得到该菌批式发酵过程中稳定期的代谢流分布图。

将胞外流量的测量值与计算值进行比较，列入表 5-4 中。从计算结果可以看到，计算值和测量值间并不完全相等，在误差范围内一致性较好。而且还可以发现胞内流量的平衡也存在一定差值，例如 v_1、v_2、v_3 应该存在 $v_1-v_2-v_3=0$，而计算值为 $2.14+0.01-2.16=-0.01$，其他分支途径也多少存在这样的细微差值。实际上，这正是前面所说的，超定系统采用的统计学方法，利用最小二乘法估计从所有测量数据中获得流量 v 的估计值，并对测量流量也获得新的估计值。这种算法与正定系统的求解多元一次方程组完全不同，正定系统是进行等式间的迭代计算，如果某个测量数据有误差，那么这种误差会通过等式传递到网络中，并且不会减小。而超定系统的最小二乘法估计，是在计算过程中就完成了计算值和测量值间的数据一致性检验，在一定程度上减小，或者说均化了测量数据可能存在的误差，而且冗余流量越多，计算得到的数据越可靠。

表 5-4　　胞外流量的测量值与计算值的比较

流量	测量值/［mmol/（g·h）］	计算值/［mmol/（g·h）］
r_S	-2.13	$r_S=-v_1=-2.14$
μ	0	$\mu=v_2=-0.01$
v_{13}	0	$v_{13}=v_5=-0.01$
v_{14}	0.99	$v_{14}=v_6-v_7=1.76-0.77=0.99$
v_{15}	0.14	$v_{15}=v_8=0.14$
v_{16}	0	$v_{16}=v_9=-0.01$
v_{17}	3.41	$v_{17}=v_{10}+v_{12}=0.82+2.59=3.41$

三、同位素标记实验测定代谢流简介

从前面的讨论中可以看出，代谢流分析的输入值主要是胞外代谢物的流量，即比底物消耗（吸收）速率和比产物生成（分泌）速率。但使用胞外代谢物的流量来确定代谢网络的流量，仅能提供代谢网络中少数分支点上碳流量分布的信息，网络的分辨率十分有限，对于阐明代谢网络的特征方面具有较大的局限性，例如无法确定可逆反应、并行途径、竞争性途径以及循环途径的流量。举个简单例子，在图 5-7 中所示的代谢途径中，葡萄糖-6-磷酸在两条竞争途径之间分流（v_1 和 v_2），并可形成循环途径“葡萄糖-6-磷酸 → 6-磷酸葡萄糖酸 → 果糖-6-磷酸 → 葡萄糖-6-磷酸”。如果利用葡萄糖-6-磷酸的消耗速率以及产物甘油和乙酸的分泌速率作为系统的输入值，则只能确定分支点丙糖-3-磷酸、丙酮酸以及下一步乙酰 CoA 的流量分布，但是 v_1 和 v_2 却无法确定。同样，如果更多的竞争、分支或并行反应包含在果糖-6-磷酸至丙糖-3-磷酸的转化途径中，仅由胞外流量的数据也是无法确定的。因此，如果需要有关途径 1 和途径 2 的分配比的更多信息，或所述反应步骤的更高的分辨率，则必须采用其他测量方法以获取关于内部流量的额外信息。

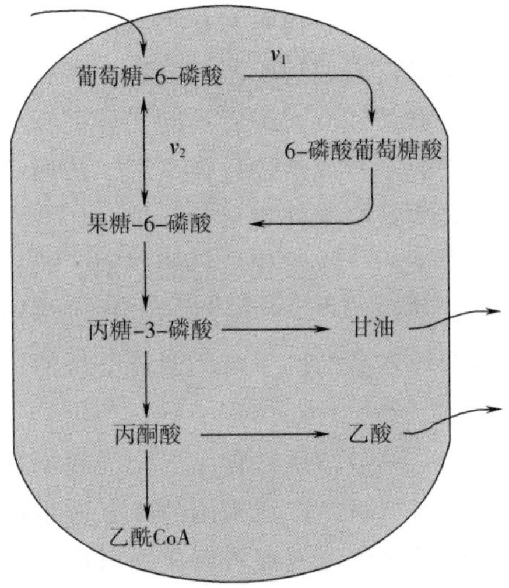

图 5-7　代谢网络流量分流示意图

获取细胞内部流量信息的一种方法是同位素标记实验，通常在特定碳位用 ^{13}C 或 ^{14}C 标记化合物。通过使用这样的化合物，追踪碳原子在反应中的去向，可以获得比前述方法更多的平衡方程的数目，因此一般同位素标记实验可以建立一个超定系统。同时，由于有足够多的平衡方程，ATP 和 NADH 这些代谢物的平衡方程就可以舍弃不用（这些代谢物涉及的反应纷繁复杂，有些情况下其平衡方程不能保证完全正确），从而更准确地确定细胞内的代谢流分布。另外，通过不同途径生成的某种相同代谢物，得到的代谢物的标记模式可能不同，这样就有可能使用同位素标记的方法区分这些代谢途径，从而提高对生化反应网络的分辨率。通常可以使用气质联用（GC-MS）来测量代谢物不同标记模式的富集度信息，或者利用核磁共振（NMR）分析获得代谢物的精细结构信息，并用于后续的流量估计。这类方法无疑具有更高的准确性，但较高的实验费用也是其使用受到限制的重要因素。在进行同位素标记实验时需要注意几点：①拟稳态假设是 MFA 的重要前提，在同位素标记实验中，不仅要保证系统处于代谢稳定，而且还要使系统处于同位素平衡状态。

②必须慎重选择标记底物的种类和标记模式，标记底物及标记模式的合理使用可以以较低的实验成本获得更多的胞内流量信息。③为降低实验中标记底物用量方面的费用，实验的培养体积应尽量小，但培养体积太小很难使系统达到稳定状态，一般培养液的体积在300~1000mL。④在处理样品方面，对不同代谢物应选择合适的处理方法，以保证化合物的结构不被破坏。

四、代谢流分析的应用实例

需要强调的是，不要把代谢流分析看成简单的矩阵变换，这个数学过程只是代谢流分析的计算手段。但正是这个矩阵建立的数学关系量化了整个代谢网络的生理状况。矩阵是整个代谢网络中代谢物之间的量化关系（化学计量关系），选择的代谢网络有一点改变，矩阵就会跟着变化。矩阵还是胞外胞内流量的量化关系，它连接了已知的输入流量向量和未知的胞内流量向量。由矩阵求解的流量则是所选条件下，胞内生理状况的量化结果，它为代谢工程的其他分析设计提供了必要的信息，主要有四点：①最大理论得率的计算。在复杂代谢网络中，通过代谢流分析可以获得更加正规可取的最大理论得率，为寻找最优控制策略提供一个基准，为优化发酵过程或进行基因改造提供有益参考。②识别途径中分支点的控制形式。通过比较不同培养条件下，或者不同变异菌株导致的分支点的代谢流分配比的变化，可以对这些重要节点的刚性和柔性进行鉴别，从而找到对产物合成具有重要影响的关键分支点和关键酶。③未测量的胞外流量的计算。如利用化学计量关系模型和已知流量计算未知各种副产物的产生速率。④替代途径的识别。对于许多微生物来说，可能一些具体的反应途径并不清晰，那么通过代谢流分析能够识别不同条件下的替代途径。

下面以一个谷氨酸细菌生产赖基酸的例子对代谢流分析的应用进行讨论。

1. 代谢网络的建立

赖氨酸是一种重要的氨基酸，一般被用作食品强化剂和饲料添加剂。细菌的赖氨酸生物合成途径需要经过二氨基庚二酸。目前广泛采用的赖氨酸生产法是直接发酵法，通常以甘蔗或甜菜制糖后的废糖蜜、淀粉水解液等廉价糖质原料利用微生物进行发酵。用于生产赖氨酸的主要微生物有谷氨酸棒状杆菌（*Corynebacterium glutamicum*）、黄色短杆菌（*Brevibacterium flavum*）、乳糖发酵短杆菌（*Brevibacterium lactofermentum*）的突变株等，这些微生物一般被称为谷氨酸细菌。下面对一株谷氨酸棒状杆菌进行代谢流分析，以了解代谢流分析的一般方法及其应用。

首先，选择一个合适的代谢网络是至关重要的。微生物细胞内的生化反应有成千上万个，代谢网络极其庞大，全部都予以考虑显然是不现实的，也没有必要。因此，首先应对代谢途径进行取舍，构建一个简化而且合理的代谢网络。选择的代谢途径不能过多，否则可能会产生太多的未知量，使分析结果难以确定，同时代谢网络也不能过于简单，与实际情况差别较大，不能真实反映出胞内的代谢流分布，则失去代谢流分析的意义。例如，在前文例 5.1 和 5.2 中使用的代谢网络就十分简单，显然不能真实反映胞内的情形，当然它们的作用主要是为了简单示范代谢流分析的基本原理。

在建立一个碳源代谢网络时，一方面要尽可能涵盖主要的生化反应，尤其涉及胞外流量（底物吸收和产物分泌）、辅助因子（NADH、NADPH、FADH 等）以及与能量代谢耦联（产生或消耗 ATP）的途径。另一方面要简化途径。合理地简化线性途径，对复杂的分支途径要以实验数据为依据进行取舍。检测途径的酶活性是一个有效的决定途径取舍的方法。同时，还应注意在计算过程中可能出现的化学计量关系矩阵为奇异矩阵的情况。首先，建立谷氨酸棒状杆菌代谢网络，并将网络作图，如图 5-8 所示。

葡萄糖进入细胞有两种反应，葡萄糖转移酶（PTS）系统和己糖激酶（GK）反应。对于细菌来说，主要采用葡萄糖转移酶系统。如果按己糖激酶反应（1b）计算，则会由于其中没有磷酸烯醇式丙酮酸的消耗，而使这两个途径的代谢流分析的结果有较大区别。对于此网络中反应，选择磷酸转移酶系统（1a）。

（1）葡萄糖转移酶系统　葡萄糖-6-磷酸 + 丙酮酸-葡萄糖-磷酸烯醇式丙酮酸 = 0。

贮存化合物海藻糖的合成由海藻糖磷酸合成酶（TPS）催化，它催化葡萄糖从 UDP-葡萄糖转移到葡萄糖-6-磷酸生成海藻糖-6-磷酸和 UDP，其总反应方程式如下：

（2）海藻糖磷酸合成酶　0.5 海藻糖 + 0.5 ADP-葡萄糖-6-磷酸-0.5 ATP = 0。

对 EMP 途径中的部分线性途径进行简化；但要注意，多条途径分支点处的代谢物通常不能删除，分支点的代谢流分布是描述网络代谢流向的重要依据。其中，葡萄糖-6-磷酸、甘油醛-3-磷酸、甘油酸-3-磷酸、磷酸烯醇式丙酮酸和丙酮酸作为参与生物量合成的前体代谢物。

（3）磷酸己糖异构酶（GPI）　果糖-6-磷酸-葡萄糖-6-磷酸 = 0。

（4）磷酸果糖激酶（PFK1）和磷酸甘油醛异构酶（TPI）　2 甘油醛-3-磷酸 + ADP-果糖-6-磷酸-ATP = 0。

（5）甘油醛磷酸脱氢酶（GAPDH）和磷酸甘油酸激酶（PGK）　甘油酸-3-磷酸 + ATP + NADH-甘油醛-3-磷酸-ADP-NAD = 0。

（6）磷酸甘油酸变位酶（PGM）和烯醇化酶（ENO）　磷酸烯醇式丙酮酸 + H_2O-甘油酸-3-磷酸 = 0。

（7）丙酮酸激酶（PK）　丙酮酸 + ATP-磷酸烯醇式丙酮酸-ADP = 0。

谷氨酸棒状杆菌在供氧不足时，会产生代谢副产物乳酸。

（8）乳酸脱氢酶：乳酸 + NAD-丙酮酸-NADH = 0。

（9）草酰乙酸是天冬氨酸合成的前体代谢物，回补途径主要集中于此，包括了 PEP 羧化酶（PEPC）、丙酮酸羧化酶（PC）、异柠檬酸裂解酶（ICL）和苹果酸合酶（MS）、苹果酸脱氢酶（MDH）、草酰乙酸脱羧酶（OAADC）以及 PEP 羧激酶（PEPCK）等反应。此网络中，反应（9）的 PEP 羧化酶反应代表回补途径的总反应式。

（9a）PEP 羧化酶：草酰乙酸-磷酸烯醇式丙酮酸-CO_2 = 0。

（9b）丙酮酸羧化酶：草酰乙酸 + ADP-丙酮酸-ATP-CO_2 = 0。

（9c）PEP 羧激酶：磷酸烯醇式丙酮酸 + GDP + CO_2-草酰乙酸-GTP = 0。

（9d）草酰乙酸脱羧酶：丙酮酸 + CO_2-草酰乙酸 = 0。

（9e）异柠檬酸裂解酶和苹果酸合酶（乙醛酸途径）：苹果酸 + 辅酶 A + 琥珀酸-异柠檬酸-乙酰辅酶 A = 0。

（9f）苹果酸脱氢酶：（TCA 循环最后一个酶，反应 16）。

对 TCA 循环的部分线性途径进行简化。其中乙酰辅酶 A、草酰乙酸和 α-酮戊二酸作为参与生物量合成的前体代谢物。

（10）丙酮酸脱氢酶复合体（PDH）　乙酰辅酶 A + NADH + CO_2-丙酮酸-辅酶 A-

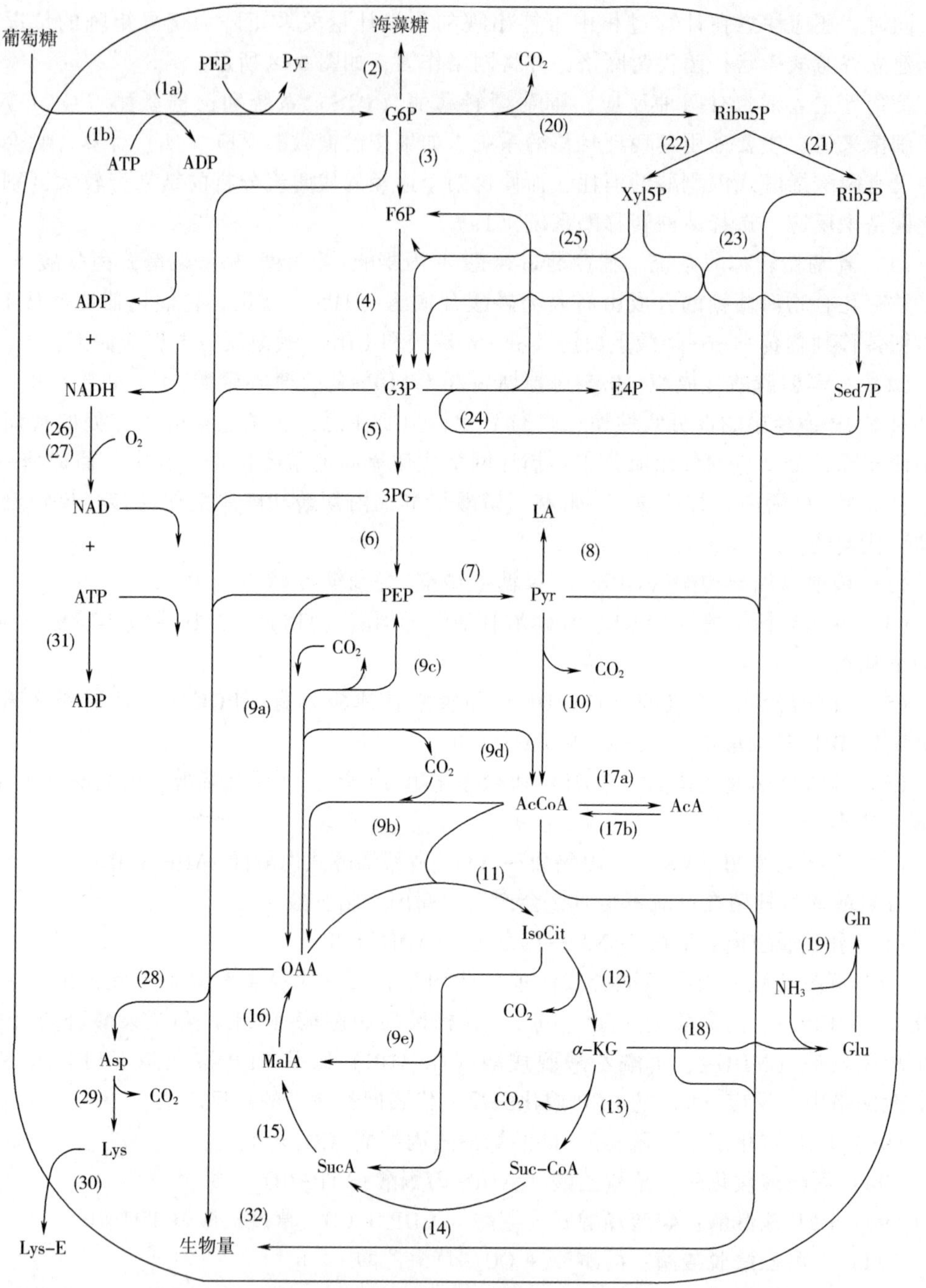

图 5-8　谷氨酸棒状杆菌的代谢网络

注：α-KG，α-酮戊二酸；3PG，3-磷酸甘油酸；AcCoA，乙酰 CoA；AcA，乙酸；Asp，天冬氨酸；Lys，赖氨酸；E4P，赤藓糖-4-磷酸；F6P，果糖-6-磷酸；G3P，甘油醛-3-磷酸；G6P，葡萄糖-6-磷酸；Gln，谷氨酰胺；Glu，谷氨酸；IsoCit，异柠檬酸；MalA，苹果酸；OAA，草酰乙酸；PEP，磷酸烯醇式丙酮酸；Pyr，丙酮酸；Rib5P，核糖-5-磷酸；Ribu5P，核酮糖-5-磷酸；Sed7P，景天庚酮糖-7-磷酸；SucA，琥珀酸；Suc-CoA，琥珀酰 CoA；Xyl5P，木酮糖-5-磷酸。

NAD = 0。

（11）柠檬酸合酶（CS）和顺乌头酸酶（ACO）　异柠檬酸 + 辅酶 A−乙酰辅酶 A−草酰乙酸−H_2O = 0。

（12）异柠檬酸脱氢酶（IDH）　α-酮戊二酸 + NADPH + CO_2−异柠檬酸−NADP = 0。

（13）α−酮戊二酸脱氢酶（KGDH）　琥珀酰辅酶 A + NADH + CO_2−α-酮戊二酸−辅酶 A−NAD = 0。

（14）琥珀酰辅酶 A 合成酶（SCS）　琥珀酸 + 辅酶 A + ATP−琥珀酰辅酶 A−ADP = 0。

（15）琥珀酸脱氢酶（SDH）和延胡索酸酶（FUM）　苹果酸 + FADH−琥珀酸−H_2O−FAD = 0。

（16）苹果酸脱氢酶　草酰乙酸 + NADH−苹果酸−NAD = 0。

乙酰辅酶 A 合成酶被乙酸诱导受葡萄糖效应阻遏，因此它在以乙酸为底物时才有活性。此网络以葡萄糖为底物，因此反应（17）为副产物乙酸的生成途径：

①乙酸磷酸转移酶和乙酸激酶：乙酸 + 辅酶 A + ATP−乙酰辅酶 A−ADP = 0。

②乙酰辅酶 A 合成酶：乙酰辅酶 A + H_2O + ADP−乙酸−辅酶 A−ATP = 0。

此网络选择谷氨酸合成途径作为氨吸收的主要途径，并且认为谷氨酸是氨基的“中转站”，以简化氨基酸合成途径。对于这样的选择可以通过检测谷氨酸脱氢酶、天冬氨酸酶、丙氨酸脱氢酶和亮氨酸脱氢酶以及转氨酶的活性确定。由于发酵过程中，铵离子浓度较高，因此谷氨酰胺合成酶−谷氨酸合成酶途径（GS−GOGAT 途径）不活跃。其他非产物氨基酸的合成主要用于细胞生物量的合成。在生物量合成方程中都被换算为其前体代谢物的量，因此它们的合成途径省略。

（18）谷氨酸脱氢酶（GDH）：谷氨酸 + H_2O + NADP−NH_3−α-酮戊二酸−NADPH = 0。

天冬氨酸族氨基酸的合成。根据第 8 点假设，天冬氨酸由天冬氨酸氨基转移酶催化合成。赖氨酸由天冬氨酸经 9 步反应合成，反应式（19）为总反应方程式。

（19）天冬氨酸氨基转移酶：天冬氨酸 + α-酮戊二酸−草酰乙酸−谷氨酸 = 0。

（20）赖氨酸合成总方程式：琥珀酸 + α-酮戊二酸 + 赖氨酸 + 2 NADP + 辅酶 A + CO_2+ ADP−天冬氨酸−丙酮酸−2 NADPH−琥珀酰辅酶 A−谷氨酸−ATP = 0。

（21）赖氨酸分泌至胞外：赖氨酸−E−赖氨酸 = 0。

PP 途径是网络中主要的 NADPH 供给源。其中核糖−5−磷酸和赤藓糖−4−磷酸作为参与生物量合成的前体代谢物。

（22）6−磷酸葡萄糖脱氢酶和 6−磷酸葡萄糖酸脱氢酶：核酮糖-5-磷酸 + CO_2+ 2 NADPH−葡萄糖-6-磷酸−H_2O−2 NADP = 0。

（23）磷酸戊糖异构酶：核糖-5-磷酸−核酮糖-5-磷酸 = 0。

（24）磷酸戊糖差向异构酶：木酮糖-5-磷酸−核酮糖-5-磷酸 = 0。

（25）转酮醇酶：景天庚酮糖-7-磷酸 + 甘油醛-3-磷酸−木酮糖-5-磷酸−核糖-5-磷酸 = 0。

（26）转醛醇酶：果糖-6-磷酸 + 赤藓糖-4-磷酸−景天庚酮糖-7-磷酸−甘油醛-3-磷酸 = 0。

（27）转酮醇酶：果糖-6-磷酸 + 甘油醛-3-磷酸−木酮糖-5-磷酸−赤藓糖-4-磷酸 = 0。

对原核生物而言，氧化磷酸化的理论化学计量关系（P/O）＝2。

（28）2 H_2O + 4 ATP + 2 NAD−2 NADH−O_2−4 ADP ＝ 0。

（29）2 H_2O + 2 ATP + 2 FAD−2 FADH−O_2−2 ADP ＝ 0。

由于涉及能量产生与消耗的过程比较复杂，很难完全衡算，因此误差较大。在条件允许的情况下，能量平衡方程不用于代谢流的计算，反应（31）为 ATP 的耗散反应，用来估计发酵过程中，考察能量是否过量或者不足。

（30）ADP + P_i−ATP ＝ 0。

生物量的合成反应，通常需要经过组分分析和元素实验确定。同时对于研究较详尽的一些菌株，如大肠杆菌、酵母菌及谷氨酸细菌，也可以通过查阅文献资料获得一些信息。例如，参考 Joseph Vallino（1993）的研究中使用的谷氨酸棒状杆菌生物量合成方程，并将其根据表 5-2 简化成只与 10 种前体物质相关的方程式作为反应（31）。对于从文献参考的方程或者是组分分析数据等，是否适合个人的研究菌株，可以通过实验进行验证，如果差别较大则需要一定的修正。

（31）生物量 + 0.355 NADH + 0.29 CO_2−0.028 葡萄糖-6-磷酸−0.09 核糖-5-磷酸−0.036 赤藓糖-4-磷酸−0.013 甘油醛-3-磷酸−0.15 甘油酸-3-磷酸−0.052 磷酸烯醇式丙酮酸−0.283 丙酮酸−0.375 乙酰辅酶 A−0.107 α-酮戊二酸−0.18 草酰乙酸−4.153 ATP−1.655 NADPH ＝ 0。

在整个网络中涉及的主要代谢物有 34 种，即 3-磷酸甘油酸、α-酮戊二酸、乙酸、乙酰辅酶 A、天冬氨酸、腺苷-5′-三磷酸、生物量、二氧化碳、赤藓糖-4-磷酸、还原型黄素腺嘌呤二核苷酸、果糖-6-磷酸、甘油醛-3-磷酸、葡萄糖、葡萄糖-6-磷酸、谷氨酸、异柠檬酸、乳酸、赖氨酸、赖氨酸（胞外）、苹果酸、还原型烟酰胺腺嘌呤二核苷酸、还原型烟酰胺腺嘌呤二核苷酸磷酸、氨、氧、草酰乙酸、磷酸烯醇式丙酮酸、丙酮酸、核糖-5-磷酸、核酮糖-5-磷酸、景天庚酮糖-7-磷酸、琥珀酸、琥珀酰辅酶 A、海藻糖和木酮糖-5-磷酸。

2. 计算赖氨酸理论得率

产物理论得率可以由三种方式计算得到，即根据底物转化为产物的总反应式计算、根据辅助因子平衡式计算和根据代谢网络的代谢流分析来计算。而且三种方法计算的结果应该是一致的。

（1）利用总反应式计算产物理论得率　这是一种利用黑箱模型计算的方法。把细胞看作一个黑箱，不管其内部发生了什么反应，只考虑在某个时刻测量进入黑箱的输入代谢物（底物）和输出代谢物（产物）的量（如速率），这样就得到了一个表示在该时刻输入代谢物经过细胞生成输出代谢物的总反应方程式，即黑箱模型。实际上，代谢流分析是黑箱模型的进一步演化，当黑箱内部的反应能被代谢网络及其化学计量关系描述时，得到的计算模型就成了代谢流分析所研究的系统。

先列出葡萄糖转化为赖氨酸的总反应方程式：

$$C_6H_{14}N_2O_2 + d\ CO_2 + e\ H_2O - a\ C_6H_{12}O_6 - b\ O_2 - c\ NH_3 = 0 \tag{5-19}$$

与辅助因子平衡式的区别是，总反应方程没有考虑辅助因子。假设赖氨酸合成的过程没有 C、H、O、N 的限制，那么式（5-19）中 5 个化学计量系数可以根据元素平衡，得到：

$$\begin{cases}6 + d - 6a = 0 \\ 14 + 2e - 12a - 3c = 0 \\ 2 - c = 0 \\ 2 + 2d + e - 6a - 2c = 0\end{cases}$$

都写成由 e 描述的计算式，可得到：

$$C_6H_{14}N_2O_2 + (e-2)\ CO_2 + e\ H_2O - [(4+e)/6]\ C_6H_{12}O_6 - (e-3)\ O_2 - 2\ NH_3 = 0 \quad (5-20)$$

因此赖氨酸对底物葡萄糖的得率等于 $Y_{L/G} = 6/(4+e)$。其中反应物氧气的化学计量系数不能为正值（即不会产生氧气），因此，$e-3 \geq 0$，即 $e \geq 3$。当 $e = 3$ 时，赖氨酸有最大摩尔得率 $Y_{L/G} = 6/7 = 0.857$mol 赖氨酸/mol 葡萄糖。

（2）利用辅助因子平衡计算产物理论得率　如果考虑辅助因子 NADH 和 NADPH，首先需要列出赖氨酸代谢途径涉及辅助因子的化学计量方程。只需要一条从底物葡萄糖至产物赖氨酸的主途径即可。选择的途径是从 EMP 途径经回补途径至赖氨酸合成，反应方程如下：

①赖氨酸合成反应为：

$$\text{赖氨酸} + \alpha\text{-酮戊二酸} + CO_2 - \text{天冬氨酸} - \text{丙酮酸} - 2\ NADPH - \text{谷氨酸} = 0 \quad (5-21)$$

②天冬氨酸来自转氨酶反应：

$$\text{天冬氨酸} + \alpha\text{-酮戊二酸} - \text{草酰乙酸} - \text{谷氨酸} = 0 \quad (5-22)$$

③丙酮酸和磷酸烯醇式丙酮酸来自 EMP 途径：

$$2\ \text{磷酸烯醇式丙酮酸} + 2\ NADH - \text{葡萄糖-6-磷酸} = 0 \quad (5-23)$$

$$\text{丙酮酸} - \text{磷酸烯醇式丙酮酸} = 0 \quad (5-24)$$

④草酰乙酸来自回补途径：

$$\text{草酰乙酸} - \text{磷酸烯醇式丙酮酸} - CO_2 = 0 \quad (5-25)$$

⑤谷氨酸合成途径为：

$$\text{谷氨酸} - NH_3 - \alpha\text{-酮戊二酸} - NADPH = 0 \quad (5-26)$$

⑥NADPH 主要由 PP 途径供给：

$$12\ NADPH + 6\ CO_2 - \text{葡萄糖-6-磷酸} = 0 \quad (5-27)$$

将式（5-21）、式（5-22）、式（5-23）、式（5-24）、式（5-25）相加再加上式（5-26）乘以 2，可以得到赖氨酸的总反应方程式：

$$\text{赖氨酸} + 2\ NADH - \text{葡萄糖-6-磷酸} - 4\ NADPH - 2\ NH_3 = 0 \quad (5-28)$$

这里需要注意，如果考虑存在转氢酶（THD）活性，即可认为 NADH 和 NADPH 等效，那么式（5-28）需要 2NADPH 参与反应，也就是需要 1/6 葡萄糖-6-磷酸通过 PP 途径来提供这 2NADPH，因此式（5-28）加上式（5-27）乘以 1/6，可得到：

$$\text{赖氨酸} + CO_2 - 7/6\ \text{葡萄糖-6-磷酸} - 2\ NH_3 = 0 \quad (5-29)$$

如果不存在转氢酶活性，则需要 4NADPH，同样的道理，式（5-28）加上式（5-27）乘以 1/3，可得到：

$$\text{赖氨酸} + 2\ CO_2 + 2\ NADH - 4/3\ \text{葡萄糖-6-磷酸} - 2\ NH_3 = 0 \quad (5-30)$$

使用总反应方程计算时，采用了黑箱模型，并没有考虑黑箱内部的构造。而使用辅助因子平衡计算时，首先列出了一条连接葡萄糖和赖氨酸的反应途径，这实际上就是对黑箱内部的构造进行了一定程度的描述。因此，比黑箱模型更进一步，通过辅助因子平衡计算得到的结果“更有道理”。而利用代谢流分析去计算产物得率时，则是首先解析了黑箱内部的详细结构，因此获得的结果“最清晰明了，最有道理”，对代谢工程也更具有指导意义。或者可以这样认为，黑箱模型是只有一个代谢反应的“极简”代谢流分析，辅助因子平衡则是一条主要途径所有代谢反应的“简单”代谢流分析。但无论如何，它们的结果都是从同样的输入值和输出值计算得到的，因此其衡算结果应当是一致的。

如果不考虑葡萄糖磷酸转移酶系统（PTS），假设葡萄糖由已糖激酶运输并直接磷酸化，即，葡萄糖-6-磷酸-葡萄糖 = 0，则由式（5-29）和式（3-30）可以得到赖氨酸摩尔得率分别为 $Y_{L/G}$ = 6/7 = 0.857mol 赖氨酸/mol 葡萄糖，$Y_{L/G}$ = 3/4 = 0.75mol 赖氨酸/mol 葡萄糖。可以看出，这两个结果分别是反应式（5-20）在 e = 3 或 e = 4 时得到的产物得率计算结果。

如果考虑葡萄糖由葡萄糖磷酸转移酶系统运输，每运输 1mol 葡萄糖进入细胞，需要消耗 1mol PEP 并释放 1mol 丙酮酸，即

$$葡萄糖\text{-6-}磷酸 + 丙酮酸 - 葡萄糖 - PEP = 0 \quad (5\text{-}31)$$

此时运输葡萄糖时释放的丙酮酸即可满足赖氨酸合成，因此赖氨酸合成的总反应式（5-28）需要减掉式（5-24），即此时 EMP 途径中磷酸烯醇式丙酮酸无需转化为丙酮酸，则有：

$$赖氨酸 + 磷酸烯醇式丙酮酸 + 2\ NADH - 葡萄糖\text{-6-}磷酸 - 丙酮酸 - 4\ NADPH - 2\ NH_3 = 0 \quad (5\text{-}32)$$

当不考虑转氢酶活性时，将式（5-23）乘以 1/3，式（5-27）乘以 1/3，式（5-31）乘以 5/3 后相加，再加上赖氨酸总反应式（5-32），可以得到：

$$赖氨酸 + 8/3\ NADH + 2/3\ 丙酮酸 + 2\ CO_2 - 5/3\ 葡萄糖 - 2\ NH_3 = 0 \quad (5\text{-}33)$$

由式（5-33）可得到赖氨酸摩尔得率为 $Y_{L/G}$ = 3/5 = 0.60mol 赖氨酸/mol 葡萄糖。同样的道理，如果存在转氢酶活性，则赖氨酸摩尔得率为 $Y_{L/G}$ = 3/4 = 0.75mol 赖氨酸/mol 葡萄糖。可以看出，这两个结果分别是反应式（5-20）在 e = 6 和 e = 4 时得到的产物得率计算结果。注意到，式（5-20）在 e = 6 时合成 1mol 赖氨酸有 4mol CO_2 产生，但式（5-33）中只有 2mol CO_2 产生，这是由于这 2mol C 在式（5-33）中以 2/3mol 丙酮酸的形式存在。如果不存在丙酮酸羧化酶，那么除用于合成赖氨酸所需的丙酮酸外，其余 2/3mol 丙酮酸都会在 TCA 循环中进一步被氧化，则会有 2mol CO_2 产生。

如果考虑此时存在丙酮酸羧化酶活性，那么式（5-33）中剩余的丙酮酸可以在丙酮酸羧化酶回补途径中进一步羧化生成草酰乙酸，则可增加赖氨酸的得率。但同时需要的 NADPH 的量也增加，也就是进入 PP 途径的葡萄糖的量也会增加，则通过葡萄糖磷酸转移酶系统运输的葡萄糖也会增加，继而剩余的丙酮酸又有增加，如此下来计算会进入循环，将变得十分复杂。因此通过辅助因子平衡计算理论得率的方法在某些简单情况下比较方便，也能提供简单的代谢反应信息。但当考虑的途径复杂化时，就需要借助代谢流分析的方法进行计算了。

（3）利用代谢流分析计算产物理论得率　前面两种方法的正确性不可否认，但它们所能提供的胞内代谢反应信息也十分有限。而通过代谢流分析不仅能获得产物理论得率，还能了解能量化底物进入细胞后在代谢网络中的代谢流分布，为进一步的代谢工程研究提供了详尽的胞内代谢反应信息。

当计算理论得率时，为了保证最大的产物得率，大部分流量值会被加以限定，从而获

得能得到最大产物得率并且使所有的代谢物平衡的理论流量分布，也就是在合理的代谢流分布空间内，搜索产物得率最大时的解。在赖氨酸最大理论得率计算中，理论上只有底物全部用于产物合成才能获得最大得率，因此需要设定生物量合成速率为0，除了赖氨酸之外的其他分泌产物乙酸、乳酸和海藻糖的流量也为0，葡萄糖吸收速率设定为-100，赖氨酸合成速率为得率 Y。这样的计算结果也必然高于实际发酵过程所能达到的最大得率，因为这里没有考虑细胞维持的消耗，仅是理论上所能达到的得率，但它是一个优化发酵过程的指导方向。

对于图5-8的代谢网络，可以直接进行分析计算，共有34个流量，可以列出34个平衡方程。但根据以上的限定条件，解出的很多流量是0。这里可以先做一点简化（图5-9），把设定流量为0的途径（虚线表示）忽略，简化代谢网络。在此代谢网络中，可以列出如下平衡方程：

葡萄糖：$v_1 = 100$

葡萄糖-6-磷酸：$v_1 - v_3 - v_{22} = 0$

果糖-6-磷酸：$v_3 - v_4 + v_{26} + v_{27} = 0$

甘油醛-3-磷酸：$2v_4 - v_5 + v_{25} - v_{26} + v_{27} = 0$

甘油酸-3-磷酸：$v_5 - v_6 = 0$

磷酸烯醇式丙酮酸：$v_6 - v_7 - v_9 - v_1 = 0$

丙酮酸：$v_1 + v_7 - v_{10} - v_{20} = 0$

草酰乙酸：$v_9 + v_{16} - v_{11} - v_{19} = 0$

乙酰辅酶A：$v_{10} - v_{11} = 0$

异柠檬酸：$v_{11} - v_{12} = 0$

α-酮戊二酸：$v_{12} - v_{13} - v_{18} + v_{19} + v_{20} = 0$

琥珀酰辅酶A：$v_{13} - v_{14} - v_{20} = 0$

琥珀酸：$v_{14} - v_{15} + v_{20} = 0$

苹果酸：$v_{15} - v_{16} = 0$

谷氨酸：$v_{18} - v_{20} - v_{19} = 0$

核酮糖-5-磷酸：$v_{22} - v_{23} - v_{24} = 0$

核糖-5-磷酸：$v_{23} - v_{25} = 0$

木酮糖-5-磷酸：$v_{24} - v_{25} - v_{27} = 0$

景天庚酮糖-7-磷酸：$v_{25} - v_{26} = 0$

赤藓糖-4-磷酸：$v_{26} - v_{27} = 0$

天冬氨酸：$v_{19} - v_{20} = 0$

赖氨酸：$v_{20} - v_{21} = 0$

赖氨酸-E：$v_{21} = Y$

NADPH：$v_{12} + 2v_{22} - v_{18} - 2v_{20} = 0$（不考虑THD活性）

另外还有以下平衡方程（不用于代谢流确定）可以用来求解 v_{28}、v_{29} 和 v_{30} 的流量：

NADH（$2r_{O2}$）：$v_5 + v_{10} + v_{13} + v_{16} - 2v_{28} = 0$

FADH：$v_{15} - 2v_{29} = 0$

ATP：$v_5 - v_4 + v_7 + v_{14} + 4v_{28} + 2v_{29} - v_{20} - v_{30} = 0$

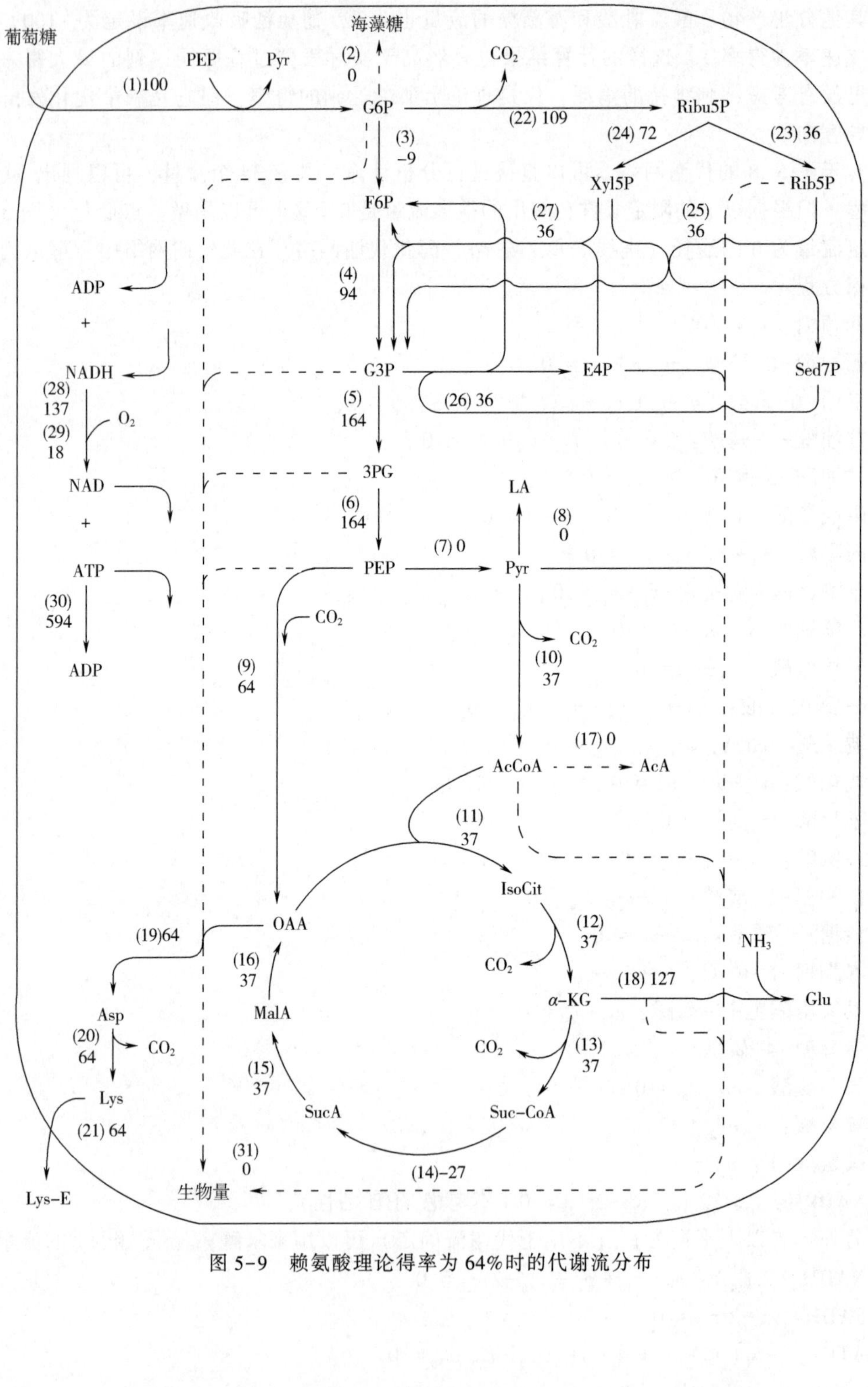

图 5-9　赖氨酸理论得率为 64%时的代谢流分布

共有 24 个代谢物平衡方程，其中有 24 个流量，即可计算出整个网络的流量分布。计算过程见式（5-34）和（5-35）。在式（5-35）中，不断增大赖氨酸流量 Y，直至出现不可能的流量分布为止，即可得到流量分布上合理的产物得率最大值。如果不考虑丙酮酸羧化酶活性，则当赖氨酸流量接近 60%时，此时丙酮酸激酶流量（v_7）达到 0，出现第一个不可能流量分布临界点（图 5-9）。因为葡萄糖运输使用 PTS 系统，因此 v_7 最低限的流量为 0。如果将 PEP 合成酶或者丙酮酸羧化酶加入代谢网络中，则可继续增加赖氨酸的产量。当赖氨酸流量达到 75%时，会出现第二个不可能流量分布临界点（图 5-10）。此时 TCA 循环流量为 0。如果再继续增大赖氨酸流量，TCA 循环流量将成为负值。如果考虑 THD 活性使 NADPH 和 NADH 等价，采用类似的计算方法，将会计算得出赖氨酸的最大理论得率分别为 75%（无丙酮酸羧化酶活性）或 85.7%（有丙酮酸羧化酶活性）。可以得出，利用代谢流分析得到的理论得率与前述的辅助因子平衡计算法的结果一致。

$$
\begin{pmatrix} 100 \\ 0 \\ 0 \\ 0 \\ 0 \\ 0 \\ 0 \\ 0 \\ 0 \\ 0 \\ 0 \\ 0 \\ 0 \\ 0 \\ 0 \\ 0 \\ 0 \\ 0 \\ 0 \\ 0 \\ 0 \\ 0 \\ Y \\ 0 \end{pmatrix}
\begin{pmatrix}
1 & 0 & 0 & 0 & 0 & 0 & 0 & 0 & 0 & 0 & 0 & 0 & 0 & 0 & 0 & 0 & 0 & 0 & 0 & 0 & 0 & 0 & 0 & 0 \\
1 & -1 & 0 & 0 & 0 & 0 & 0 & 0 & 0 & 0 & 0 & 0 & 0 & 0 & 0 & -1 & 0 & 0 & 0 & 0 & 0 & 0 & 0 & 0 \\
0 & 1 & -1 & 0 & 0 & 0 & 0 & 0 & 0 & 0 & 0 & 0 & 0 & 0 & 0 & 0 & 0 & 0 & 0 & 1 & 1 & 0 & 0 & 0 \\
0 & 0 & 2 & -1 & 0 & 0 & 0 & 0 & 0 & 0 & 0 & 0 & 0 & 0 & 0 & 0 & 0 & 0 & 1 & -1 & 1 & 0 & 0 & 0 \\
0 & 0 & 0 & 1 & -1 & 0 & 0 & 0 & 0 & 0 & 0 & 0 & 0 & 0 & 0 & 0 & 0 & 0 & 0 & 0 & 0 & 0 & 0 & 0 \\
-1 & 0 & 0 & 0 & 1 & -1 & -1 & 0 & 0 & 0 & 0 & 0 & 0 & 0 & 0 & 0 & 0 & 0 & 0 & 0 & 0 & 0 & 0 & 0 \\
1 & 0 & 0 & 0 & 0 & 1 & 0 & -1 & 0 & 0 & 0 & 0 & 0 & 0 & 0 & 0 & 0 & 0 & 0 & 0 & 0 & 0 & -1 & 0 \\
0 & 0 & 0 & 0 & 0 & 0 & 1 & 0 & -1 & 0 & 0 & 0 & 0 & 1 & 0 & 0 & 0 & 0 & 0 & 0 & 0 & -1 & 0 & 0 \\
0 & 0 & 0 & 0 & 0 & 0 & 0 & 1 & -1 & 0 & 0 & 0 & 0 & 0 & 0 & 0 & 0 & 0 & 0 & 0 & 0 & 0 & 0 & 0 \\
0 & 0 & 0 & 0 & 0 & 0 & 0 & 0 & 1 & -1 & 0 & 0 & 0 & 0 & 0 & 0 & 0 & 0 & 0 & 0 & 0 & 0 & 0 & 0 \\
0 & 0 & 0 & 0 & 0 & 0 & 0 & 0 & 0 & 1 & -1 & 0 & 0 & 0 & -1 & 0 & 0 & 0 & 0 & 0 & 0 & 1 & 1 & 0 \\
0 & 0 & 0 & 0 & 0 & 0 & 0 & 0 & 0 & 0 & 1 & -1 & 0 & 0 & 0 & 0 & 0 & 0 & 0 & 0 & 0 & 0 & -1 & 0 \\
0 & 0 & 0 & 0 & 0 & 0 & 0 & 0 & 0 & 0 & 0 & 1 & -1 & 0 & 0 & 0 & 0 & 0 & 0 & 0 & 0 & 0 & 1 & 0 \\
0 & 0 & 0 & 0 & 0 & 0 & 0 & 0 & 0 & 0 & 0 & 0 & 1 & -1 & 0 & 0 & 0 & 0 & 0 & 0 & 0 & 0 & 0 & 0 \\
0 & 0 & 0 & 0 & 0 & 0 & 0 & 0 & 0 & 0 & 0 & 0 & 0 & 0 & 1 & 0 & 0 & 0 & 0 & 0 & 0 & -1 & -1 & 0 \\
0 & 0 & 0 & 0 & 0 & 0 & 0 & 0 & 0 & 0 & 0 & 0 & 0 & 0 & 0 & 1 & -1 & -1 & 0 & 0 & 0 & 0 & 0 & 0 \\
0 & 0 & 0 & 0 & 0 & 0 & 0 & 0 & 0 & 0 & 0 & 0 & 0 & 0 & 0 & 0 & 1 & 0 & -1 & 0 & 0 & 0 & 0 & 0 \\
0 & 0 & 0 & 0 & 0 & 0 & 0 & 0 & 0 & 0 & 0 & 0 & 0 & 0 & 0 & 0 & 0 & 1 & -1 & 0 & -1 & 0 & 0 & 0 \\
0 & 0 & 0 & 0 & 0 & 0 & 0 & 0 & 0 & 0 & 0 & 0 & 0 & 0 & 0 & 0 & 0 & 0 & 1 & -1 & 0 & 0 & 0 & 0 \\
0 & 0 & 0 & 0 & 0 & 0 & 0 & 0 & 0 & 0 & 0 & 0 & 0 & 0 & 0 & 0 & 0 & 0 & 0 & 1 & -1 & 0 & 0 & 0 \\
0 & 0 & 0 & 0 & 0 & 0 & 0 & 0 & 0 & 0 & 0 & 0 & 0 & 0 & 0 & 0 & 0 & 0 & 0 & 0 & 0 & 1 & -1 & 0 \\
0 & 0 & 0 & 0 & 0 & 0 & 0 & 0 & 0 & 0 & 0 & 0 & 0 & 0 & 0 & 0 & 0 & 0 & 0 & 0 & 0 & 0 & 1 & -1 \\
0 & 0 & 0 & 0 & 0 & 0 & 0 & 0 & 0 & 0 & 0 & 0 & 0 & 0 & 0 & 0 & 0 & 0 & 0 & 0 & 0 & 0 & 0 & 1 \\
0 & 0 & 0 & 0 & 0 & 0 & 0 & 0 & 0 & 1 & 0 & 0 & 0 & 0 & -1 & 2 & 0 & 0 & 0 & 0 & 0 & 0 & -2 & 0
\end{pmatrix}
\begin{pmatrix} v_1 \\ v_3 \\ v_4 \\ v_5 \\ v_6 \\ v_7 \\ v_9 \\ v_{10} \\ v_{11} \\ v_{12} \\ v_{13} \\ v_{14} \\ v_{15} \\ v_{16} \\ v_{18} \\ v_{22} \\ v_{23} \\ v_{24} \\ v_{25} \\ v_{26} \\ v_{27} \\ v_{19} \\ v_{20} \\ v_{21} \end{pmatrix}
\qquad (5-34)
$$

$$
\begin{Bmatrix} v_1 \\ v_3 \\ v_4 \\ v_5 \\ v_6 \\ v_7 \\ v_9 \\ v_{10} \\ v_{11} \\ v_{12} \\ v_{13} \\ v_{14} \\ v_{15} \\ v_{16} \\ v_{18} \\ v_{22} \\ v_{23} \\ v_{24} \\ v_{25} \\ v_{26} \\ v_{27} \\ v_{19} \\ v_{20} \\ v_{21} \end{Bmatrix}
\begin{pmatrix}
1.0 & 0.0 \\
2.2 & -2.2 & -1.2 & -0.6 & -0.6 & -0.6 & -0.6 & -0.6 & -0.6 & -1.2 & -0.6 & -0.6 & -0.6 & -0.6 & -1.2 & -1.0 & -1.0 & -1.0 & -1.4 & -0.8 & -1.2 & -3.6 & -3.6 & -0.6 \\
1.4 & -1.4 & -1.4 & -0.2 & -0.2 & -0.2 & -0.2 & -0.2 & -0.2 & -0.4 & -0.2 & -0.2 & -0.2 & -0.2 & -0.4 & -1.0 & -1.0 & -1.0 & -1.8 & -0.6 & -0.4 & -1.2 & -1.2 & -0.2 \\
2.4 & -2.4 & -2.4 & -1.2 & -0.2 & -0.2 & -0.2 & -0.2 & -0.2 & -0.4 & -0.2 & -0.2 & -0.2 & -0.2 & -0.4 & -2.0 & -2.0 & -2.0 & -2.8 & -1.6 & -0.4 & -1.2 & -1.2 & -0.2 \\
2.4 & -2.4 & -2.4 & -1.2 & -1.2 & -0.2 & -0.2 & -0.2 & -0.2 & -0.4 & -0.2 & -0.2 & -0.2 & -0.2 & -0.4 & -2.0 & -2.0 & -2.0 & -2.8 & -1.6 & -0.4 & -1.2 & -1.2 & -0.2 \\
1.4 & -2.4 & -2.4 & -1.2 & -1.2 & -1.2 & -0.2 & -1.2 & -0.2 & -1.4 & -1.2 & -1.2 & -1.2 & -1.2 & -1.4 & -2.0 & -2.0 & -2.0 & -2.8 & -1.6 & -1.4 & -2.2 & -2.2 & -0.2 \\
0.0 & 0.0 & 0.0 & 0.0 & 0.0 & 0.0 & 0.0 & 1.0 & 0.0 & 1.0 & 1.0 & 1.0 & 1.0 & 1.0 & 1.0 & 0.0 & 0.0 & 0.0 & 0.0 & 0.0 & 1.0 & 1.0 & 1.0 & 0.0 \\
2.4 & -2.4 & -2.4 & -1.2 & -1.2 & -1.2 & -1.2 & -1.2 & -0.2 & -1.4 & -1.2 & -1.2 & -1.2 & -1.2 & -1.4 & -2.0 & -2.0 & -2.0 & -2.8 & -1.6 & -1.4 & -3.2 & -3.2 & -0.2 \\
2.4 & -2.4 & -2.4 & -1.2 & -1.2 & -1.2 & -1.2 & -1.2 & -1.2 & -1.4 & -1.2 & -1.2 & -1.2 & -1.2 & -1.4 & -2.0 & -2.0 & -2.0 & -2.8 & -1.6 & -1.4 & -3.2 & -3.2 & -0.2 \\
2.4 & -2.4 & -2.4 & -1.2 & -1.2 & -1.2 & -1.2 & -1.2 & -1.2 & -2.4 & -1.2 & -1.2 & -1.2 & -1.2 & -1.4 & -2.0 & -2.0 & -2.0 & -2.8 & -1.6 & -1.4 & -3.2 & -3.2 & -0.2 \\
2.4 & -2.4 & -2.4 & -1.2 & -1.2 & -1.2 & -1.2 & -1.2 & -1.2 & -2.4 & -2.2 & -1.2 & -1.2 & -1.2 & -2.4 & -2.0 & -2.0 & -2.0 & -2.8 & -1.6 & -1.4 & -3.2 & -3.2 & -0.2 \\
2.4 & -2.4 & -2.4 & -1.2 & -1.2 & -1.2 & -1.2 & -1.2 & -1.2 & -2.4 & -2.2 & -2.2 & -1.2 & -1.2 & -2.4 & -2.0 & -2.0 & -2.0 & -2.8 & -1.6 & -1.4 & -4.2 & -4.2 & -0.2 \\
2.4 & -2.4 & -2.4 & -1.2 & -1.2 & -1.2 & -1.2 & -1.2 & -1.2 & -2.4 & -2.2 & -2.2 & -2.2 & -1.2 & -2.4 & -2.0 & -2.0 & -2.0 & -2.8 & -1.6 & -1.4 & -3.2 & -3.2 & -0.2 \\
2.4 & -2.4 & -2.4 & -1.2 & -1.2 & -1.2 & -1.2 & -1.2 & -1.2 & -2.4 & -2.2 & -2.2 & -2.2 & -2.2 & -2.4 & -2.0 & -2.0 & -2.0 & -2.8 & -1.6 & -1.4 & -3.2 & -3.2 & -0.2 \\
0.0 & 0.0 & 0.0 & 0.0 & 0.0 & 0.0 & 0.0 & 0.0 & 0.0 & 0.0 & 0.0 & 0.0 & 0.0 & 0.0 & 1.0 & 0.0 & 0.0 & 0.0 & 0.0 & 0.0 & 1.0 & 2.0 & 2.0 & 0.0 \\
-1.2 & 1.2 & 1.2 & 0.6 & 0.6 & 0.6 & 0.6 & 0.6 & 0.6 & 1.2 & 0.6 & 0.6 & 0.6 & 0.6 & 1.2 & 1.0 & 1.0 & 1.0 & 1.4 & 0.8 & 1.2 & 3.6 & 3.6 & 0.6 \\
-0.4 & 0.4 & 0.4 & 0.2 & 0.2 & 0.2 & 0.2 & 0.2 & 0.2 & 0.4 & 0.2 & 0.2 & 0.2 & 0.2 & 0.4 & 0.0 & 1.0 & 0.0 & 0.8 & 0.6 & 0.4 & 1.2 & 1.2 & 0.2 \\
-0.8 & 0.8 & 0.8 & 0.4 & 0.4 & 0.4 & 0.4 & 0.4 & 0.4 & 0.8 & 0.4 & 0.4 & 0.4 & 0.4 & 0.8 & 0.0 & 0.0 & 1.0 & 0.6 & 0.2 & 0.8 & 2.4 & 2.4 & 0.4 \\
-0.4 & 0.4 & 0.4 & 0.2 & 0.2 & 0.2 & 0.2 & 0.2 & 0.2 & 0.4 & 0.2 & 0.2 & 0.2 & 0.2 & 0.4 & 0.0 & 0.0 & 0.0 & 0.8 & 0.6 & 0.4 & 1.2 & 1.2 & 0.2 \\
-0.4 & 0.4 & 0.4 & 0.2 & 0.2 & 0.2 & 0.2 & 0.2 & 0.2 & 0.4 & 0.2 & 0.2 & 0.2 & 0.2 & 0.4 & 0.0 & 0.0 & 0.0 & -0.2 & 0.6 & 0.4 & 1.2 & 1.2 & 0.2 \\
-0.4 & 0.4 & 0.4 & 0.2 & 0.2 & 0.2 & 0.2 & 0.2 & 0.2 & 0.4 & 0.2 & 0.2 & 0.2 & 0.2 & 0.4 & 0.0 & 0.0 & 0.0 & -0.2 & -0.4 & 0.4 & 1.2 & 1.2 & 0.2 \\
0.0 & 1.0 & 1.0 & 1.0 & 0.0 \\
0.0 & 1.0 & 1.0 & 0.0 \\
0.0 & 1.0 & 0.0
\end{pmatrix}
\begin{pmatrix} 100 \\ 0 \\ 0 \\ 0 \\ 0 \\ 0 \\ 0 \\ 0 \\ 0 \\ 0 \\ 0 \\ 0 \\ 0 \\ 0 \\ 0 \\ 0 \\ 0 \\ 0 \\ 0 \\ 0 \\ 0 \\ 0 \\ Y \\ 0 \end{pmatrix}
\tag{5-35}
$$

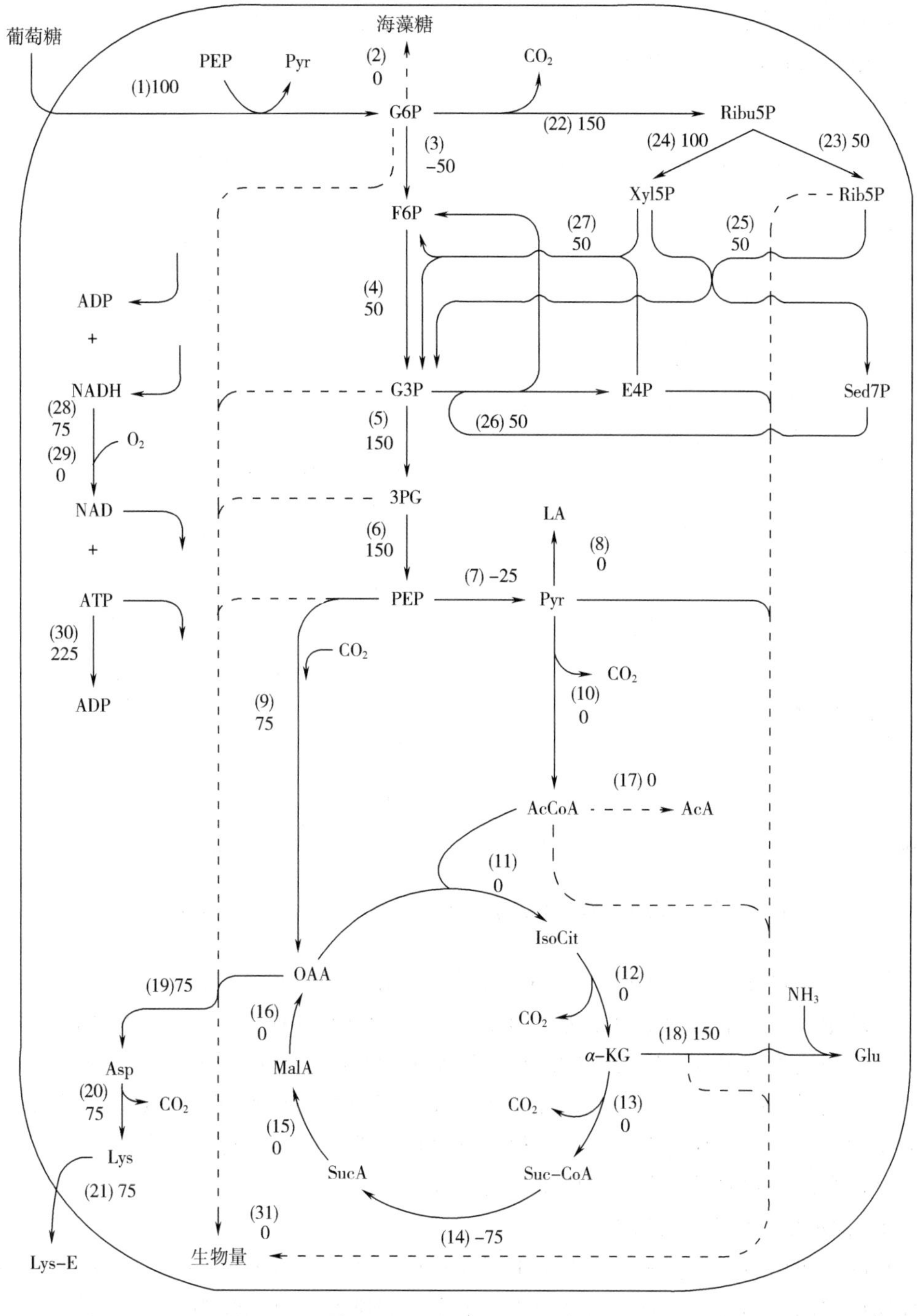

图 5-10　赖氨酸理论得率为 75%时的代谢流分布

需要注意的是，这些代谢流分析的结果是基于图 5-9 和图 5-10 所设计的代谢网络得到的。如果代谢网络中的途径发生变化，则整个代谢流分布就会随之改变。因此，获得准确且合理的代谢流分析结果的重要前提条件，就是要设计一个合理的简化的代谢网络。例如图 5-11 描述的赖氨酸得率为 35%时的两个网络（数据来自 Vallino，1993），其中 B 网络中用乙醛酸循环和草酰乙酸脱羧酶的回补途径取代了 A 网络中的 PEP 羧化酶反应，同时移除了 α-酮戊二酸脱氢酶。虽然两个网络赖氨酸的得率均为 35%，但由于反应网络的轻微改变，造成其代谢流分布的显著差异。

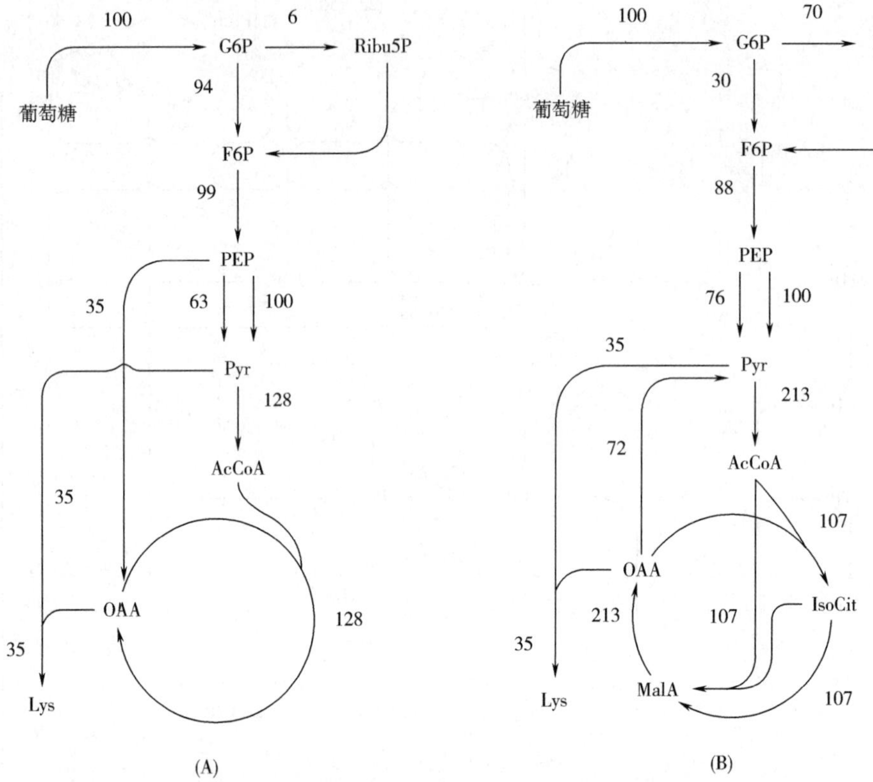

图 5-11　不同代谢网络中赖氨酸得率为 35%的理论代谢流分布（Vallino，1993）

进行理论流量计算后，可以计算 CO_2 释放速率和氧气吸收速率，进而可以确定呼吸商（RQ）的理论值。在最大理论得率为 75%时，计算的理论 RQ 值为 2.0。此数值可以用来按照其接近理论最大值的程度对发酵过程进行基准标定，也可用于生物反应器流加策略的设计以及寻找最优操作点。同样的道理，如果设定赖氨酸的生产速率为 0，也可以计算理论最大生物量得率。重复前面的计算过程，可以得到理论最大生物量得率为 75%。但是这个结果是偏高的，它并没有考虑细胞维持需要和无效循环。

3. 代谢网络节点类型的识别

在细胞的代谢网络中，两个或多个不同途径的分支会合点称为节点（Node）。根据节点对代谢调节的敏感度，可将节点分为柔性节点、弱刚性节点和强刚性节点三类。

（1）柔性节点（Flexible Node）　柔性节点处流量分配比容易改变，对代谢调节不敏感。或者说其流量分配比受代谢调节的控制较弱，仅取决于细胞对其分支途径代谢物的需求，各分支途径的酶通常具有类似的底物亲和力以及类似的反应速率。因此，柔性节点不会限制途径产物的得率，无论何时只要有需要，任何分支都可以得到 100%的分配比。

（2）弱刚性节点（Weakly Rigid Node）　此类节点对代谢调节适度敏感，其流量分配比由一个支路控制，因此这条分支途径比其他分支途径呈现显著优势。这是弱刚性节点与柔性节点的区别。其原因是该支路的酶对共同代谢物具有更高的活性和（或）底物亲和力。

（3）强刚性节点（Strongly Rigid Node）　此类节点对代谢调节高度敏感，其流量分配比在一个或多个支路上严格受到途径产物的代谢调控（激活或抑制）。一个分支途径的产物代谢物是其自己形成的抑制剂，同时又是其他竞争分支途径的激活剂。因此，刚性节点对分支途径产物得率具有控制性的影响。它对分支途径的活性不敏感，仅增强产物途径活性，不会提高产物得率。

分析赖氨酸代谢网络的代谢流，焦点在于提高赖氨酸得率。产物得率可以通过增强产物途径中的酶活性来提高，这种提高实际上是该途径在节点获得了更多的流量分配引起的。其原因在于，产物的得率是节点流量分配比的函数，最终决定产物得率的因素是节点流量的分配比。在代谢工程研究领域中，焦点之一就是把改变节点分配比作为提高产物得率（降低副产物得率）的主要机制。一个代谢网络中存在着大量的节点。一般情况下，只有相当少的节点处的流量分配比影响产物（或副产物）得率，这些节点称为主节点（Major Node）。代谢流分析的第一个关键问题是识别代谢网络中那些对产物合成或导致副产物生成起决定作用的主节点。虽然代谢网络中包含大量节点，但当产物（或副产物）得率改变时，只有几个节点的流量分配比实际上发生改变，其余节点的分配比相对不受影响。通过类似于前述理论得率计算的方法进行代谢流分析，观察产物得率和不同节点的流量分配比的变化，可以识别出主节点。

当赖氨酸得率升高时，有五个分支节点，即葡萄糖-6-磷酸、果糖-6-磷酸、磷酸烯醇式丙酮酸（PEP）、丙酮酸和草酰乙酸的分配比受到明显影响。其中只有两个分支点，即葡萄糖-6-磷酸和PEP/Pyr组由于下列原因而被认为是有意义的主节点。当赖氨酸得率小于60%时，果糖-6-磷酸处的流量分布表现为一个会合点；而当赖氨酸得率高于60%时，果糖-6-磷酸则是一个分支点。在后一种情况中，异构酶反应逆转，而葡萄糖-6-磷酸变成一个会合点。因此在葡萄糖-6-磷酸和果糖-6-磷酸之间，其中一个总是分支点，而另一个则是会合点。由于在实际发酵过程中，一般得率总是低于60%，因此，在代谢分析中仅把葡萄糖-6-磷酸考虑为一个主分支点。就草酰乙酸来说，对该节点的仔细研究表明，由于所有被柠檬酸合酶消耗的草酰乙酸必须通过苹果酸脱氢酶返回（TCA循环最后一个酶），所以它基本上是不重要的。本质上，TCA循环流量仅仅通过草酰乙酸节点。结果，用于赖氨酸合成所消耗的全部草酰乙酸是由回补途径产生的。这就强调了理解TCA循环及有关回补途径中质量平衡限制的重要性。应注意的是，所有经乙酰CoA进入TCA循环的碳必须被氧化为CO_2，而通过其他反应进入TCA循环的碳不能被氧化，而且最终必须离开循环，以便为生物质及产物合成提供前体。鉴于对这些概念的误解，已建议通过直接进入富马酸（延胡索酸），天冬氨酸酶会提高对天冬氨酸的利用率。然而，富马酸并不比草酰乙酸可利用性高，因为它们两个的净产量都受回补途径流量的支配。这一点已被引入天冬氨酸酶活性试图提高赖氨酸得率而失败的事实所证实。由于缺乏PEP羧化酶和丙酮酸羧化酶这两个回补反应对赖氨酸合成贡献的信息，区别这两个羧化反应是不可能的，因此将二者组合在一起。丙酮酸代表一个重要的分支点，除了回补反应外，在赖氨酸合成途径中，它在二氢吡啶二羧酸合成酶反应中与天冬氨酸半醛进行缩合。此外，它可以在丙酮酸脱氢酶复合体（PDC）反应中形成乙酰辅酶A，并在TCA循环中进一步被氧化。

上述主节点，葡萄糖-6-磷酸和PEP/Pyr组，简单地反映了这样一个事实，赖氨酸合成所需的四个前体（C、NADPH、ATP及氨）中，两个（C和NADPH）依赖于葡萄糖供给，并因此依赖于上述分支点的代谢流量分布。其余两个前体（ATP和氨）显然不存在任何限制。这是由于伴随产生碳前体的葡萄糖分解代谢的反应可产生足够的ATP，而且为了氨基酸和赖氨酸生物合成的氮吸收反应是通过谷氨酰胺合成酶和谷氨酸脱氢酶同化系统充足提供的。如果研究的系统并不是这样，那么提供ATP和补充谷氨酸用于氨同化途径的反应，也应包含在赖氨酸生物合成网络的主分支点清单中。

总结赖氨酸得率对两个主节点分配比的依赖性，注意到当赖氨酸得率提高时，必须有较高比例的葡萄糖转入PP途径以满足不断增长的NADPH需求。如果该节点的实际酶动力学是EMP途径对葡萄糖-6-磷酸的争夺超过PP途径，那么，赖氨酸将受限于NADPH，而且进入糖酵解的过量碳最终会导致副产物产生。然而，如果葡萄糖-6-磷酸节点分配比是柔性的而且容易改变，以准确满足NADPH需求，则赖氨酸得率限制由PEP/Pyr主节点的次优分配所引起。如果PEP/Pyr支路的回补途径分配比小于50%，则将合成不充足的草酰乙酸，且产生过量的丙酮酸，草酰乙酸很可能在TCA循环中被氧化。如果回补支路分配比大于50%，则将合成过量的草酰乙酸，其可能导致天冬氨酸或谷氨酸分泌。在葡萄糖-6-磷酸和PEP/Pyr节点，最优的分配将导致最优的赖氨酸合成和理论产物得率，这是否可行取决于影响上述分支点分配比的酶反应动力学和调控。

对于葡萄糖-6-磷酸分支点的类型，Vallino和Stephanopoulos进行了扰动实验和代谢流分析：①减弱糖酵解第一个酶活性，即磷酸葡萄糖异构酶（GPI），试图使代谢流改向进入戊糖磷酸途径；②在发酵过程中使用葡萄糖酸盐作为唯一碳源，直接进入戊糖磷酸途径，有效绕过葡萄糖-6-磷酸分支点。其实验结果证实了葡萄糖-6-磷酸分支点的柔性，戊糖磷酸途径具有为满足赖氨酸生物合成需求而进行自我调节的能力，容易满足对产物和生物量合成的NADPH需求变化。而PEP/Pyr分支点如果是弱刚性的，由于丙酮酸脱氢酶对丙酮酸的亲和性比PEP和Pyr羧化酶要高得多，碳流会优先进入TCA循环。这种情况下，TCA循环流量相对不受赖氨酸途径中流量变化的影响，而产物得率受丙酮酸可利用性的限制。如果赖氨酸得率受到弱刚性节点的损害，那么丙酮酸脱氢酶的减弱应增大丙酮酸的可利用性，从而提高赖氨酸的得率，而如果赖氨酸得率低是由于PEP/Pyr分支点的强刚性或回补途径活性低，那么丙酮酸脱氢酶的减弱应导致某些中间代谢产物的分泌或者总网络流量降低。通过扰动实验丙酮酸脱氢酶减弱突变株的发酵和代谢流分析，在赖氨酸过量合成开始之后加入抑制剂氟丙酮酸，抑制丙酮酸脱氢酶活性，分析PEP/Pyr分支点的流量变化。实验结果得出的结论是，赖氨酸得率不受在TCA循环中丙酮酸优先消耗所限制，因此PEP/Pyr节点不是弱刚性的。赖氨酸合成或受强刚性PEP/Pyr节点限制，或受回补反应的低活性限制。要提高赖氨酸得率，应集中解除PEP/Pyr节点一些反应（丙酮酸脱氢酶、丙酮酸羧化酶、PEP羧化酶）的调节，或试图提高回补途径的流量，最可能的是催化丙酮酸羧化的反应。

本小节主要介绍了进行代谢流分析在理论得率和节点识别的应用。如果要进行在特定比生长速率下稳定生长时的代谢流分析，其计算方法与前述类似，只是在计算最大理论得率时被限定为0流量的途径不能够再取0，因此不能简化，需要在平衡方程中体现。反应

(2) 海藻糖、反应 (8) 乳酸、反应 (17) 乙酸以及反应 (21) 赖氨酸的比产生速率可以通过实验测定，反应 (31) 生物量合成的流量等于比生长速率。这些数据结合代谢网络的化学计量关系模型，即可计算出在特定比生长速率下稳定生长时胞内的代谢流，以用于各种情况的细胞代谢流分析。

第二节　古生菌的代谢

相对于细菌的“经典”代谢途径来说，古生菌的许多代谢途径是“缺失”或“不完整”的。寻找古生菌中这些“缺失的”途径或酶，也一直是古生菌的研究热点之一。随着科学技术的不断发展，研究手段的不断更新，古生菌的代谢途径也逐渐清晰起来。不同于细菌和真核微生物，古生菌具有独特的代谢途径，而且古生菌的不同类群成员之间代谢性质差异也很大。例如，极端嗜盐菌和嗜热菌可用一种修饰的 ED 途径异化糖类，产生丙酮酸和 NADH 或 NADPH，而产甲烷菌不能分解葡萄糖；嗜盐菌和产甲烷菌以 EMP 途径的逆方向进行葡萄糖异生；多数古生菌可以氧化丙酮酸生成乙酰 CoA，嗜盐菌和极端嗜热菌、嗜热浆菌属古生菌似乎存在三羧酸循环，而产甲烷菌没有完整的三羧酸循环；嗜盐菌和嗜热菌具有呼吸链。

基于不同的能源和碳源，古生菌具有多种营养类型（表 5-5）。光能营养型古生菌可利用光能，但以有机化合物为碳源，而且古生菌不发生蓝细菌和绿色植物那样的产氧型光合作用。无机营养型古生菌能从无机化合物如硫化氢、元素硫或氨氧化获得能量，以氧气或金属离子作为电子受体，包括硝化细菌、产甲烷菌和厌氧甲烷氧化菌。在这些反应中，一种化合物传递电子到另一种，并释放能量供给细胞生长繁殖。在这类氧化还原反应中，一个化合物充当电子供体，另一个为电子受体。释放的能量通过氢离子或钠离子跨膜移动产生 ATP。有机营养型古生菌从有机物氧化获得能量，碳源则是有机化合物或二氧化碳。

表 5-5　古生菌的营养类型

营养类型	能源	碳源	举例
光能营养型	光能	有机化合物	嗜盐杆菌属（*Halobacterium*）
无机营养型	无机化合物	有机化合物或二氧化碳	铁丸菌属（*Ferroglobus*）、甲烷杆菌属（*Methanobacterium*）或火叶菌属（*Pyrolobus*）
有机营养型	有机化合物	有机化合物或二氧化碳	火球菌属（*Pyrococcus*）、硫化叶菌属（*Sulfolobus*）、甲烷八叠球菌目（Methanosarcinales）

这里我们主要从现有的研究成果中，总结古生菌区别于细菌、真核微生物的独特代谢途径。其中，有的代谢途径已经在一些古生菌中得到证实，但正如前面所说，古生菌不同类群之间也存在代谢上的差异。有的代谢途径是一种推测，还存在有待进一步研究和验证的反应或者酶。因此在学习本节内容时，应与具体的古生菌种类结合，并通过查阅文献资料获取更新和更详细的信息。

一、古生菌的糖酵解

与真核生物和细菌不同，古生菌糖酵解仅存在 Embden-Meyerhof-Parnas（EMP）途径与 Entner-Doudoroff（ED）途径，而缺少氧化的磷酸戊糖途径。古生菌的 EMP 与 ED 途径具有与细菌、真核生物经典途径显著不同的特点，称为修饰的（Modified）EMP 途径和修饰的 ED 途径。在古生菌的糖酵解过程中，部分路径及经过的中间代谢物转化过程不同，存在许多新的酶或酶家族，催化糖酵解过程中的同一或不同代谢步骤。

1. 古生菌的 EMP 途径

在细菌和真核微生物的经典 EMP 途径中（图 5-12），1 分子葡萄糖经己糖激酶（ATP-HK）或葡萄糖激酶（GLK）催化，消耗 1 分子 ATP 生成 1 分子葡萄糖-6-磷酸（G6P）。而在许多细菌中，主要通过磷酸转移酶系统（PTS）将葡萄糖运输进胞内（基团转位）。之后葡萄糖-6-磷酸经磷酸葡萄糖异构酶（PGI）催化异构化形成果糖-6-磷酸（F6P）。接着 1 分子果糖-6-磷酸在磷酸果糖激酶（ATP-PFK）催化下，消耗 1 分子 ATP 再次磷酸化形成 1 分子果糖-1,6-二磷酸（FBP）。随后 1 分子果糖-1,6-二磷酸在果糖-1,6-二磷酸醛缩酶（FBPA）催化下，裂解为 1 分子甘油醛-3-磷酸（GAP）和 1 分子磷酸二羟丙酮（DHAP）。这两种 3-磷酸丙糖之间可以通过丙糖磷酸异构酶（TPI）互相转化。1 分子甘油醛-3-磷酸经磷酸甘油醛脱氢酶（GAPDH）催化，氧化为 1,3-二磷酸甘油酸（BPG），并形成 1 分子 NADH。随后 1 分子 1,3-二磷酸甘油酸在磷酸甘油酸激酶（PGK）催化下，转移一个高能磷酸键形成 1 分子 ATP 和 1 分子 3-磷酸甘油酸（3PGA）。3-磷酸甘油酸在磷酸甘油酸变位酶（PGM）催化下生成 2-磷酸甘油酸（2PGA）。随后 2-磷酸甘油酸在烯醇化酶（ENO）催化下，脱水生成磷酸烯醇式丙酮酸（PEP）。最后 1 分子磷酸烯醇式丙酮酸在丙酮酸激酶（PK）催化下生成 1 分子丙酮酸和 1 分子 ATP。EMP 途径可以看作一种最优化的糖酵解途径，或者说是产能效率最高的糖酵解途径。在不需要氧的条件下，1 分子葡萄糖氧化为 2 分子丙酮酸，伴随产生 2 分子净 ATP。

从图 5-12 中与传统的 EMP 途径的对比看出，古生菌修饰的 EMP 途径的代谢中间体基本上与细菌或真核生物的经典 EMP 途径相同。但修饰的 EMP 途径中，催化葡萄糖磷酸化、磷酸葡萄糖异构化、6-磷酸果糖磷酸化、1,6-二磷酸果糖裂解、甘油醛-3-磷酸氧化和磷酸烯醇式丙酮酸转化为丙酮酸的酶显著不同，有可能是由于发生了非同源性基因置换。不同古生菌相应酶的不同酶家族的多样性，也反映出古生菌超越细菌和真核生物的代谢多样性。古生菌 EMP 途径特有的酶（图 5-12 中下划线标注的酶）包括 ADP 依赖的葡萄糖激酶（ADP-GLK）和 ADP 依赖的磷酸果糖激酶（ADP-PFK），磷酸烯醇式丙酮酸合酶（PEPS）或丙酮酸，磷酸双激酶（PPDK）参与磷酸烯醇丙酮酸转化为丙酮酸，以及结构新颖的葡萄糖磷酸异构酶或磷酸甘露糖异构酶（PGI/PMI）和果糖-1,6-二磷酸醛缩酶 Ia（FBPA class Ia）。最显著的区别是，在（超）嗜热古生菌中，由 NAD（P）$^+$依赖的非磷酸化甘油醛-3-磷酸脱氢酶（GAPN）催化，甘油醛-3-磷酸直接一步不可逆氧化生成 3-磷酸甘油酸；而在厌氧古生菌中是由铁氧还蛋白（Fd）依赖的甘油醛-3-磷酸氧化还原酶（GAPOR）催化这一步反应。涉及这两种酶的途径，由于省略了 1,3-二磷酸甘油酸通过底物水平磷酸化产生 ATP 这一步，因此对代谢途径的产能有很大影响，净 ATP 产量为 0。参与途径的还原态铁氧还蛋白（Fd_{red}）能够单独或者与 NAD（P）H 一起，作为合成代谢反应的电子供体。在强烈火球菌（*Pyrococcus furiosus*）中，形成 ATP 的另一个部位是厌氧条件下铁氧还蛋白依赖的脱氢酶或磷酸烯醇式丙酮酸合成酶逆反应，耦联氢气形成的电子

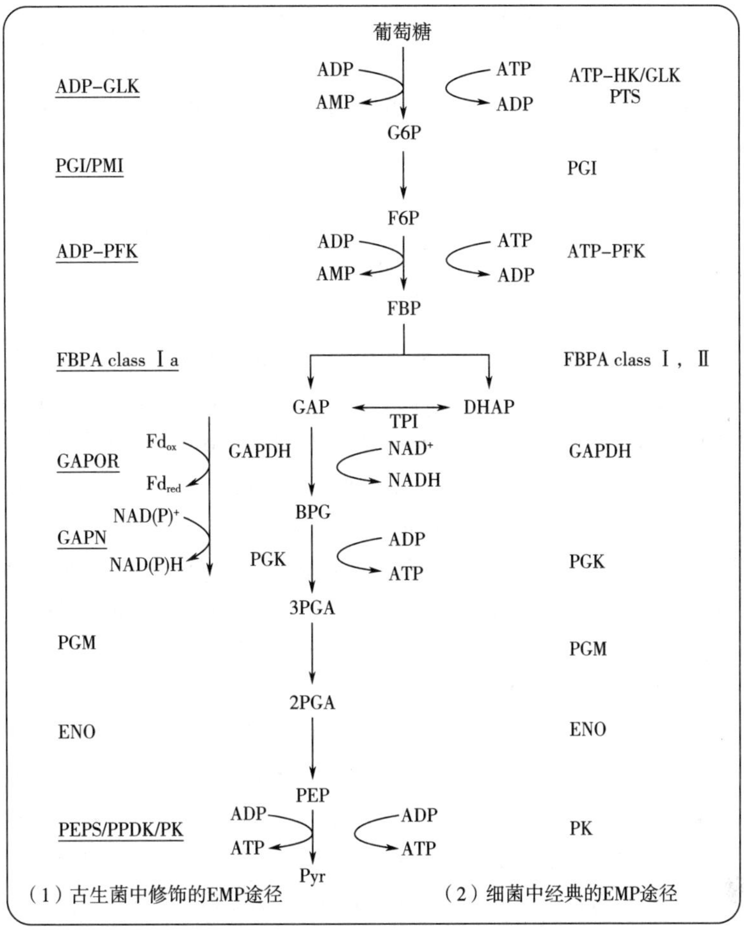

图 5-12　古生菌中修饰的 EMP 途径和细菌中经典的 EMP 途径

注：在粗实线表示的反应中，（超）嗜热古生菌由 GAPN 催化，厌氧古生菌由 GAPOR 催化。下划线标注的酶为古生菌特有。代谢中间体：G6P，葡萄糖-6-磷酸；F6P，果糖-6-磷酸；FBP，果糖-1,6-二磷酸；DHAP，二羟基丙酮磷酸；GAP，甘油醛-3-磷酸；BPG，1,3-二磷酸甘油酸；3PGA，3-磷酸甘油酸；2PGA，2-磷酸甘油酸；PEP，磷酸烯醇式丙酮酸；Pyr，丙酮酸；Fd，铁氧还蛋白。酶：ADP-GLK，ADP 依赖的葡萄糖激酶；PGI/PMI，葡萄糖磷酸异构酶/磷酸甘露糖异构酶；ADP-PFK，ADP 依赖的磷酸果糖激酶；FBPA，果糖-1,6-二磷酸醛缩酶；GAPDH，甘油醛-3-磷酸脱氢酶；PGK，磷酸甘油酸激酶；GAPOR，甘油醛-3-磷酸：铁氧还蛋白氧化还原酶；GAPN，非磷酸化甘油醛-3-磷酸脱氢酶；PGM，磷酸甘油酸变位酶；ENO，烯醇化酶；PEPS，磷酸烯醇式丙酮酸合成酶；PPDK，丙酮酸磷酸二激酶；PK，丙酮酸激酶；ATP-HK，ATP 依赖的己糖激酶；GLK，葡萄糖激酶；PTS，磷酸转移酶系统；PGI，葡萄糖磷酸异构酶；ATP-PFK，ATP 依赖的磷酸果糖激酶。

传递磷酸化，获得额外的能量。在极端嗜热厌氧古生菌顽固热变形菌（*Thermoproteus tenax*）中，如果厌氧形成的焦磷酸（细胞废产物）再被焦磷酸依赖的磷酸果糖激酶所循环利用的话，则将产生<1 分子的 ATP。古生菌糖酵解途径产生的丙酮酸能够在丙酮酸-铁氧还蛋白氧化还原酶催化下氧化为乙酰辅酶 A。在厌氧发酵型古生菌中，乙酰辅酶 A 进一步转化为乙酸，而在 O_2^-、硝酸盐和硫还原古生菌，乙酰辅酶 A 通过三羧酸循环氧化为

2 分子的二氧化碳。

采用修饰的 EMP 途径代谢葡萄糖的古生菌主要是厌氧嗜热的古生菌，包括强烈火球菌、嗜热高温球菌（*Thermococcus* spp.）、脱硫球菌（*Desulfurococcus amylolyticus*）、微需氧喜气火棒菌（*Pyrobaculum aerophilum*）、闪烁古生球菌（*Archaeoglobus fulgidus*）以及敏捷气热菌（*Aeropyrum pernix*）等。硫依赖的极端嗜热厌氧古生菌顽固热变形菌能够经过修饰的 EMP 途径代谢 85%的糖，它也是目前已知的同时又存在 ED 途径的唯一一种古生菌。此外，盐盒菌属的死海盐盒菌（*Haloarcula marismortui*）和河谷盐盒菌（*Haloarcula vallismortis*）可通过修饰的 EMP 途径几乎完全代谢果糖。

2. 古生菌的 ED 途径

存在于某些缺乏完整 EMP 途径的细菌和少数真核微生物中经典的 ED 途径，与经典的 EMP 途径的主要区别在于途径中的前半部分反应（图 5-13）。葡萄糖-6-磷酸经过葡萄糖-6-磷酸脱氢酶（G6PDH）和 6-磷酸葡萄糖酸内酯酶（6PGL）催化，氧化为 6-磷酸葡萄糖酸（6-P-Gluconate），然后脱水生成 ED 途径的关键中间体 2-酮-3-脱氧-6-磷酸葡萄糖酸（KDPG）。1 分子 KDPG 在醛缩酶催化下生成 1 分子丙酮酸和 1 分子甘油醛-3-磷酸。然后甘油醛-3-磷酸进入 EMP 途径转变成丙酮酸。由于一开始葡萄糖羰基被氧化，1 分子葡萄糖只能生成 1 分子甘油醛-3-磷酸。1 分子甘油醛-3-磷酸氧化为丙酮酸产生 2 分子 ATP，而葡萄糖磷酸化消耗 1 分子 ATP。所以，在 ED 途径中 1 分子葡萄糖氧化为 2 分子丙酮酸只产生 1 分子净 ATP。

古生菌修饰的 ED 途径有两条不同的途径，半磷酸化 ED 途径（图 5-13 虚线所示）和非磷酸化 ED 途径（图 5-13 粗实线所示）。半磷酸化 ED 途径存在于极端嗜盐古生菌中，如死海盐盒菌和嗜糖盐杆菌（*Halobacterium saccharovorum*）。非磷酸化 ED 途径存在于嗜热嗜酸古生菌中，如嗜酸热原体（*Thermoplasma acidophilum*）、嗜热好氧硫磺矿硫化叶菌（*Sulfolobus solfataricus*）、灼热嗜酸古菌（*Picrophilus torridus*）和顽固热变形菌。而近些年的生物信息学和酶学研究表明，在硫磺矿硫化叶菌和顽固热变形菌中，非磷酸化和半磷酸化 ED 途径并行存在，也被称为分支的 ED 途径。此外，修饰的 ED 途径也存在于极少数的细菌中。

与经典的 ED 途径相比，盐古菌的半磷酸化 ED 途径中，葡萄糖在葡萄糖脱氢酶（GDH）催化下，直接被氧化为葡萄糖酸。葡萄糖酸脱水酶（GAD）催化葡萄糖酸转变为 2-酮-3-脱氧葡萄糖酸酯（KDG）。随后 KDG 在 KDG 激酶催化下磷酸化为 2-酮-3-脱氧-6-磷酸葡萄糖酸酯（KDPG）。然后 1 分子 KDPG 在 KDPG 醛缩酶催化下裂开，生成 1 分子丙酮酸和 1 分子甘油醛-3-磷酸。在盐古菌中，甘油醛-3-磷酸的进一步氧化途径与经典 ED 途径一致，1 分子甘油醛-3-磷酸在甘油醛-3-磷酸脱氢酶（GAPDH）和磷酸甘油酸激酶（PGK）催化下，形成 1 分子 1,3-二磷酸甘油酸，再经过底物水平磷酸化生成 1 分子 ATP 和 1 分子 3-磷酸甘油酸。3-磷酸甘油酸之后在变位酶催化下生成 2-磷酸甘油酸，再由烯醇化酶催化生成磷酸烯醇式丙酮酸。磷酸烯醇式丙酮酸在丙酮酸激酶催化下产生途径的第 2 个丙酮酸和第 2 个 ATP。因此在盐古菌中，半磷酸化 ED 途径与经典 ED 途径一样，1 分子葡萄糖氧化为 2 分子丙酮酸产生 1 分子净 ATP。此外，如果甘油醛-3-磷酸直接氧化生成 3-磷酸甘油酸，则净 ATP 释放量为 0。

在嗜酸热原体和灼热嗜酸古菌，非磷酸化 ED 途径的前两步反应与半磷酸化 ED 途

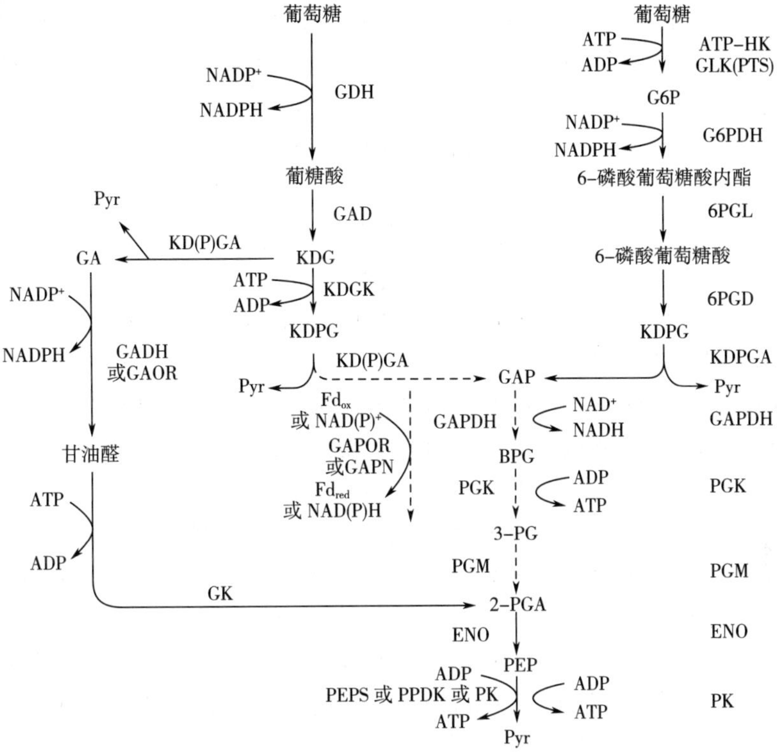

（1）古生菌中修饰的ED途径　　　　（2）细菌中经典的ED途径

图 5-13　古生菌中修饰的 ED 途径和细菌中经典的 ED 途径

注：粗实线表示古生菌 ED 途径的非磷酸化分支，虚线表示古生菌 ED 途径的半磷酸化分支。代谢中间体：KDG，2-酮-3-脱氧葡萄糖酸；GA，甘油酸；KDPG，2-酮-3-脱氧-6-磷酸葡萄糖酸；GAP，甘油醛-3-磷酸；BPG，1,3-二磷酸甘油酸；3-PGA，3-磷酸甘油酸；2-PGA，2-磷酸甘油酸；PEP，磷酸烯醇式丙酮酸；Pyr，丙酮酸；G6P，葡萄糖-6-磷酸。酶：GDH，葡萄糖脱氢酶；GAD，葡萄糖酸脱水酶；KD（P）GA，2-酮-3-脱氧-（6-磷酸）葡萄糖酸醛缩酶；GADH，甘油醛脱氢酶；GAOR，甘油醛：铁氧还蛋白氧化还原酶；GK，甘油酸激酶；KDGK，2-酮-3-脱氧葡萄糖酸激酶；GAPOR，甘油醛-3-磷酸：铁氧还蛋白氧化还原酶；GAPN，非磷酸化甘油醛-3-磷酸脱氢酶；GAPDH，甘油醛-3-磷酸脱氢酶；PGK，磷酸甘油酸激酶；PGM，磷酸甘油酸变位酶；ENO，烯醇化酶；PEPS，磷酸烯醇式丙酮酸合成酶；PPDK，丙酮酸磷酸二激酶；PK，丙酮酸激酶；ATP-HK，ATP 依赖的己糖激酶；G6PDH，葡萄糖-6-磷酸脱氢酶；6PGL，6-磷酸葡萄糖酸内酯酶；6PGD，6-磷酸葡萄糖酸脱水酶；KDPGA，2-酮-3-脱氧-6-磷酸葡萄糖酸醛缩酶。

径一样，葡萄糖直接氧化为葡萄糖酸，之后再脱水形成 KDG。但是在这之后 KDG 并不发生磷酸化，而是由 KDG 醛缩酶催化生成 1 个丙酮酸和 1 个甘油醛（GA）。甘油醛再经甘油醛脱氢酶（GADH）氧化为甘油酸。甘油酸由甘油酸激酶（GK）催化磷酸化为 2-磷酸甘油酸，最后由烯醇化酶和丙酮酸激酶催化产生途径的第 2 个丙酮酸。甘油酸激酶消耗 1 个 ATP，丙酮酸激酶产生 1 个 ATP，因此非磷酸化 ED 途径净 ATP 释放量为 0。

如上所述，在硫化叶菌属和热变形菌属（*Thermoproteus*）古生菌中，不仅仅只存在非磷酸化 ED 途径，同时存在并行的半磷酸化 ED 途径。而在热原体属（*Thermoplasma*）古生菌中是否同时存在半磷酸化 ED 途径目前仍不确定。研究表明，灼热嗜酸古菌中的 2-酮-3-脱氧葡萄糖酸酯醛缩酶（KDGA）同时具有水解 2-酮-3-脱氧葡萄糖酸酯（KDG）和 2-酮-3-脱氧-6-磷酸葡萄糖酸酯（KDPG）活性，因此它能够在半磷酸化通路和非磷酸化通路同时起效。而在热原体属古生菌的几个种和灼热嗜酸古生菌中的情况则不一样，它们的基因组序列没有编码可识别的 KDG/KDPG 醛缩酶的同源物，^{13}C-葡萄糖标记实验也显示灼热嗜酸古生菌只存在非磷酸化的 ED 途径。从灼热嗜酸古生菌细胞中分离纯化的 KDGA 结构研究表明，它是一种具有新颖结构的醛缩酶，这种 KDGA 与硫磺矿硫化叶菌中的 KDGA 是远亲关系，而且它对 KDG 的催化活性比对 KDPG 的催化活性高 2000 倍，因此推测认为灼热嗜酸古生菌和热原体属古生菌中仅存在非磷酸化的 ED 途径。

3. 古生菌的糖异生作用

与细菌和真核微生物一样，古生菌的糖异生作用（从丙酮酸形成葡萄糖-6-磷酸），也是通过 EMP 途径的逆反应发生（图 5-14）。在古生菌修饰的 EMP 途径中，有三个糖异生需要绕过的不可逆反应：①丙酮酸激酶催化 PEP 转化为丙酮酸；②甘油醛-3-磷酸脱氢酶（嗜热古生菌）或甘油醛-3-磷酸氧化还原酶（厌氧古生菌）催化甘油醛-3-磷酸氧化生成 3-磷酸甘油酸；③ADP 依赖的磷酸果糖激酶催化果糖-6-磷酸磷酸化为果糖-1,6-二磷酸。糖异生绕过不可逆反应①和②的机制与细菌和真核微生物类似。反应①逆向反应通过 PEP 合酶、丙酮酸磷酸双激酶或 PEP 羧激酶催化，反应②逆向反应通过 $NADP^+$ 依赖的磷酸甘油醛脱氢酶和磷酸甘油酸激酶所催化（如强烈火球菌和顽固热变形菌）。与细菌和

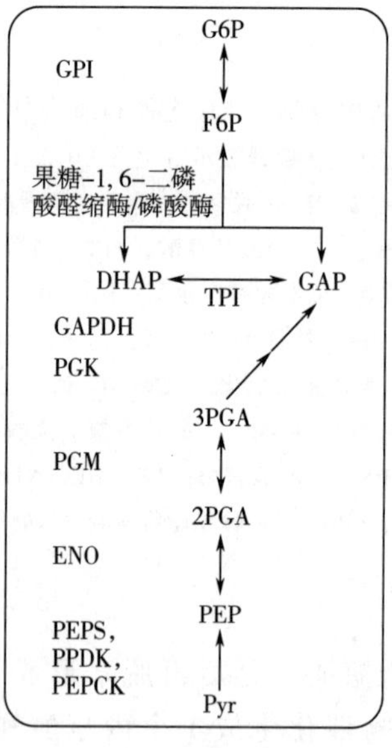

图 5-14　古生菌的糖异生作用

注：G6P，葡萄糖-6-磷酸；F6P，果糖-6-磷酸；DHAP，二羟基丙酮磷酸；GAP，甘油醛-3-磷酸；3-PGA，3-磷酸甘油酸；2-PGA，2-磷酸甘油酸；PEP，磷酸烯醇式丙酮酸；Pyr，丙酮酸。酶：PGI，磷酸葡萄糖异构酶；TPI，丙糖磷酸异构酶；GAPDH，甘油醛-3-磷酸脱氢酶；PGK，磷酸甘油酸激酶；PGM，磷酸甘油酸变位酶；ENO，烯醇化酶；PEPS，磷酸稀醇式丙酮酸合成酶；PPDK，丙酮酸磷酸二激酶；PEPCK，磷酸烯醇式丙酮酸羧激酶。

真核微生物不同，尤其在嗜热古生菌中，反应③逆向反应中不产生中间产物果糖-1,6-二磷酸，而是通过果糖-1,6-二磷酸醛缩酶/磷酸酶（FBP aldolase/phosphatase）催化，直接由甘油醛-3-磷酸和磷酸二羟丙酮生成果糖-6-磷酸。

在典型的细菌/真核 EMP 途径中，果糖-1,6-二磷酸醛缩酶（FBP aldolase）既参与糖酵解，又参与糖异生，它可逆催化果糖-1,6-二磷酸到甘油醛-3-磷酸和二羟基丙酮磷酸的反应过程。研究表明古生菌的糖酵解过程有一种 IA 类果糖 1,6-二磷酸醛缩酶。极端嗜热菌中也广泛存在一种结构新颖的 V 类果糖 1,6-二磷酸酶，它同样具有果糖 1,6-二磷酸醛缩酶活性。这两种醛缩酶活性的紧密耦合可以保证向糖异生单向催化，使不耐热的磷酸三糖向耐热的果糖-6-磷酸快速转化。根据古生菌的这种醛缩酶/磷酸酶的分布模式和系统发育研究，这种双功能果糖 1,6-二磷酸醛缩酶被认为是调节糖异生优先于糖酵解的糖异生酶类的祖先。

4. 古生菌的戊糖分解代谢

前面几小节内容介绍了古生菌进行己糖代谢的情况，除 D-葡萄糖和 D-半乳糖外，古生菌还可以利用戊糖，如 D-木糖、D-阿拉伯糖和 L-阿拉伯糖作为碳源。下面以硫磺矿硫化叶菌为例，介绍古生菌的戊糖分解代谢途径。

在硫磺矿硫化叶菌的 D-阿拉伯糖分解代谢中，D-阿拉伯糖首先被 D-阿拉伯糖脱氢酶催化转化成 D-阿拉伯酸，D-阿拉伯酸再经脱氢酶催化生成 2-酮-3-脱氧木糖酸酯（KDX），之后 KDX 由脱水酶催化转化为 2-酮戊二酸半醛（KGSA），最后 KGSA 由脱氢酶催化生成 2-酮戊二酸（图 5-15）。

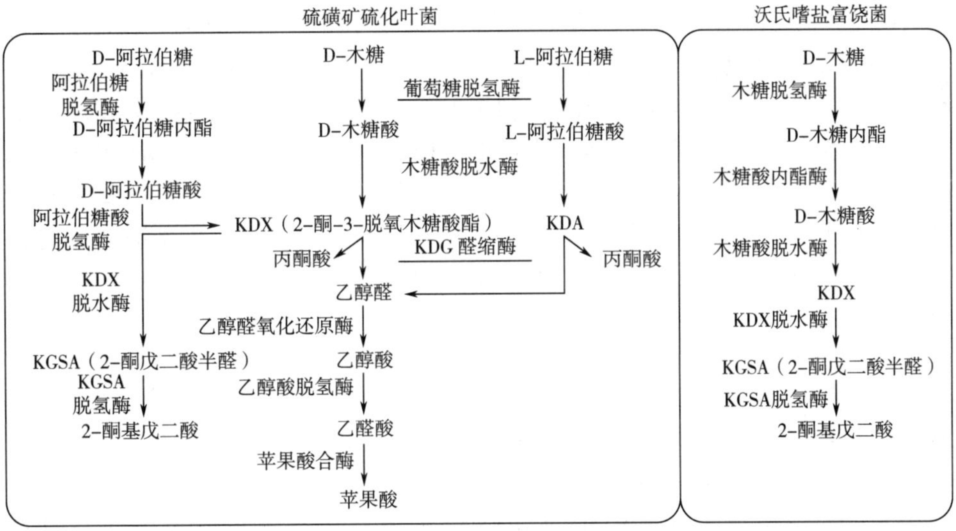

图 5-15　古生菌戊糖降解途径

注：下划线表示硫化叶菌戊糖途径中与分支的 ED 途径相同的酶。KDA 为 2-酮-3-脱氧阿拉伯糖酸酯；KDG 醛缩酶为 2-酮-3-脱氧葡萄糖酸酯醛缩酶。

硫磺矿硫化叶菌的 D-木糖和 L-阿拉伯糖分解代谢途径的酶是一致的，并且能够共用 ED 途径的葡萄糖脱氢酶和 KDG 醛缩酶。葡萄糖脱氢酶能够催化 D-木糖氧化为 D-木糖酸，L-阿拉伯糖氧化为 L-阿拉伯糖酸。之后 D-木糖酸或 L-阿拉伯糖酸在木糖酸脱水酶催化下分别生成 KDX 和 2-酮-3-脱氧阿拉伯糖酸酯（KDA）。而 KDG 醛缩酶能够催化 1 分子 KDX 或 KDA 产生 1 分子丙酮酸和 1 分子乙醇醛。之后乙醇醛在乙醇醛氧化还原酶催化下氧化为乙醇酸，乙醇酸又在乙醇酸脱氢酶催化下转化为乙醛酸，最后乙醛酸在苹果酸合酶催化下生成苹果酸进入三羧酸循环。此外，作为中间产物 KDX 或 KDA 也可以通过前述 D-阿拉伯糖代谢途径的最后两个酶转化为 2-酮戊二酸（图 5-15）。

在不同的古生菌中戊糖代谢途径也不尽相同，例如在富盐菌沃氏嗜盐富饶菌（*Haloferax volcanii*）中，D-木糖只被降解为 2-酮戊二酸（图 5-15）。沃氏嗜盐富饶菌中存在与硫化叶菌属（*Sulfolobus*）相似的从 D-木糖转化为 KDX 的途径，参与这个过程的酶有木糖脱氢酶、木糖内酯酶、木糖酸脱水酶。但沃氏嗜盐富饶菌中缺乏醛缩酶，KDX 通过 KDX 脱水酶和 KGSA 脱氢酶催化，最终转化为 2-酮戊二酸。其中，KDX 脱水酶和 KGSA 脱氢酶与上述硫磺矿硫化叶菌的 D-阿拉伯糖代谢中的酶在结构上有相关性。

二、古生菌的碳固定/同化途径

许多自养古生菌能通过合成乙酰辅酶 A 将 CO_2 固定在细胞物质中。在缺乏末端电子受体［例如 Fe（III）、Mn（IV）、SO_4^{2-}、S^0、NO_3^-］的厌氧环境中，厌氧古生菌能将复杂的有机物转化为 CH_4 和 CO_2。厌氧古生菌还能在厌氧条件下进行乙酸代谢，生成或利用乙酸。这些碳代谢途径在地球碳循环中提供了一个必不可少的环节。

1. 古生菌的 CO_2 固定

微生物经典的 CO_2 固定途径，有卡尔文（Calvin-Benson-Bassham）循环、逆向（还原性）三羧酸循环、厌氧（还原性）乙酰辅酶 A 途径以及 3-羟基丙酸途径。自养型古生菌能利用无机物氧化的化学能作为能源，利用大气 CO_2 作为碳源，但其 CO_2 固定途径与细菌和真核生物却不尽相同。在大多数古生菌中，特别是产甲烷古生菌，CO_2 固定途径只有还原乙酰辅酶 A 途径，在泉古生菌中还存在 3-羟基丙酸/4-羟基丁酸循环途径和二羧酸/4-羟基丁酸循环途径。本节内容主要介绍古生菌固定 CO_2 的还原乙酰辅酶 A 途径、3-羟基丙酸/4-羟基丁酸循环途径和二羧酸/4-羟基丁酸循环途径。

（1）还原乙酰辅酶 A 途径　还原乙酰辅酶 A 途径（The Reductive Acetyl-CoA Pathway）又称 Wood-Ljungdahl 途径，是一个非循环途径，每次能够固定 2 分子 CO_2 形成 1 分子乙酰辅酶 A。其中 1 分子 CO_2 被还原到甲基的水平，并与四氢蝶呤辅酶结合。古生菌中形成甲基四氢蝶呤的途径与细菌有较大差异，例如，产甲烷古生菌和醋酸菌比较见图 5-16。在古生菌中（图 5-16 反应 1~5）：在甲酰甲烷呋喃脱氢酶催化下，CO_2 和甲烷呋喃（MFR）反应生成 CHO-MFR；CHO-MFR 在甲酰基转移酶催化下与四氢蝶呤（H_4PT）反应生成 CHO-H_4PT；CHO-H_4PT 在水解酶催化下生成 CH ≡H_4PT；CH ≡H_4PT 在脱氢酶催化下生成 CH_2 =H_4PT；CH_2 =H_4PT 在还原酶催化下生成甲基四氢蝶呤（CH_3-H_4PT）。而在醋酸菌中（图 5-16 反应 6~10），甲酸脱氢酶催化 CO_2 生成甲酸，之后甲酸与四氢叶酸在合成酶催化下生成甲酰四氢叶酸，然后通过水解酶、脱氢酶、还原酶催化生成 CH_3-H_4PT。另 1 分子 CO_2 在 CO 脱氢酶/乙酰辅酶 A 合成酶催化下，被还原为与镍结合的 CO，并从甲基四氢蝶呤中接受甲基形成乙酰基镍基团，最后与辅酶 A 结合释放出镍，生成乙酰辅酶 A。在存在这个途径的细菌和古生菌中，关键酶 CO 脱氢酶/乙酰辅酶 A 合成酶都具有类似的结构功能（图 5-16 反应 11）。

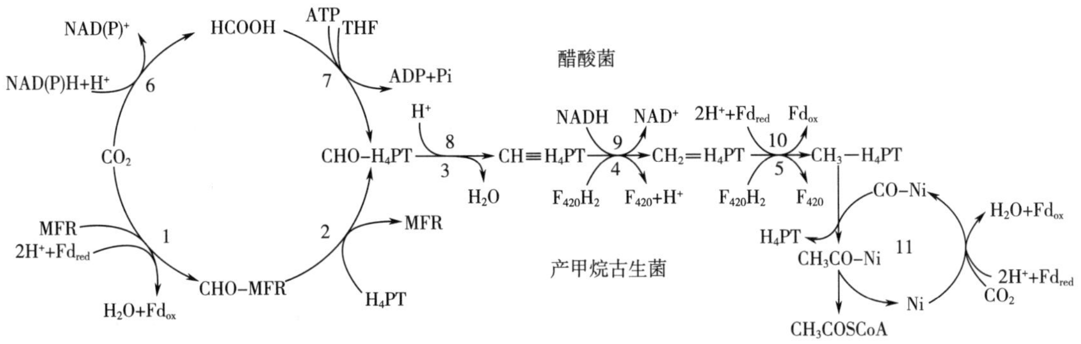

图 5-16　还原乙酰辅酶 A 途径

注：下半部分为产甲烷古生菌中的途径（反应 1-5），上半部分为醋酸菌中的途径（反应 6-10）。Fd，铁氧还蛋白；THF，四氢叶酸；H_4PT，四氢蝶呤；MFR，甲烷呋喃；F_{420}，辅酶 F_{420}。酶：1，甲酰甲烷呋喃脱氢酶；2，甲酰甲烷呋喃：四氢甲烷蝶呤甲酰基转移酶；3，甲川四氢甲烷蝶呤水解酶；4，亚甲基四氢甲烷蝶呤脱氢酶；5，亚甲基四氢甲烷蝶呤还原酶；6，甲酸脱氢酶；7，甲酰四氢叶酸合成酶；8，甲川四氢叶酸水解酶；9，亚甲基四氢叶酸脱氢酶；10，亚甲基四氢叶酸还原酶；11，CO 脱氢酶/乙酰辅酶 A 合成酶。

（2）3-羟基丙酸/4-羟基丁酸循环途径　在自养古生菌超嗜热泉古生菌嗜热金属球菌（*Metallosphaera sedula*）中存在乙酰辅酶 A 羧化酶和丙酰辅酶 A 羧化酶，这两种酶是 3-羟基丙酸/丙酰-CoA 循环中的两个关键酶。通过对自养古生菌的基因组序列进行比较鉴定时，研究者发现含有乙酰辅酶 A 羧化酶基因的古生菌，有的还含有甲基丙二酰辅酶 A 变位酶和 4-羟基丁酰辅酶 A 脱水酶，从而发现了 3-羟基丙酸/4-羟基丁酸循环途径。在每次循环中，2 分子 CO_2 经过 16 步反应转化为 1 分子乙酰辅酶 A（图 5-17）：①1 分子 CO_2 与 1 分子乙酰辅酶 A 在乙酰辅酶 A 羧化酶催化下，消耗 1 分子 ATP 生成 1 分子丙二酰辅酶 A；②丙二酰辅酶 A 在还原酶催化下生成丙二酸半醛；③丙二酸半醛在还原酶催化下生成 3-羟基丙酸；④1 分子 3-羟基丙酸在 3-羟基丙酸辅酶 A 连接酶催化下，与 1 分子辅酶 A 结合生成 3-羟基丙酰辅酶 A，同时消耗 1 分子 ATP；⑤3-羟基丙酰辅酶 A 在脱水酶催化下生成丙烯酰辅酶 A；⑥丙烯酰辅酶 A 在还原酶催化下生成丙酰辅酶 A；⑦1 分子丙酰辅酶 A 在羧化酶催化下，消耗 1 分子 ATP 固定 1 分子 CO_2，生成 1 分子 *S*-甲基丙二酰辅酶 A；⑧⑨*S*-甲基丙二酰辅酶 A 经异构酶和变位酶催化生成琥珀酰辅酶 A；⑩琥珀酰辅酶 A 在还原酶催化下生成琥珀酸半醛；⑪琥珀酸半醛在还原酶催化下生成 4-羟基丁酸；⑫1 分子 4-羟基丁酸在连接酶催化下，消耗 1 分子 ATP 生成 1 分子 4-羟基丁酸酰辅酶 A；⑬4-羟基丁酸酰辅酶 A 在脱水酶催化下生成巴豆酰辅酶 A；⑭巴豆酰辅酶 A 在水合酶催化下生成 *S*-3-羟基丁酰辅酶 A；⑮*S*-3-羟基丁酰辅酶 A 在脱氢酶催化下生成乙酰乙酰辅酶 A；⑯1 分子乙酰乙酰辅酶 A 在 β-酮硫酶催化下，生成 2 分子乙酰辅酶 A 完成循环。基因组序列分析预测表明 3-羟基丙酸/4-羟基丁酸循环存在于硫化叶菌目（Sulfolobales）、古生球菌属（*Archaeoglobus*）和奇古菌门（Thaumarchaeota）的海洋氨氧化古菌（*Nitrosopumilus maritimus*）中。

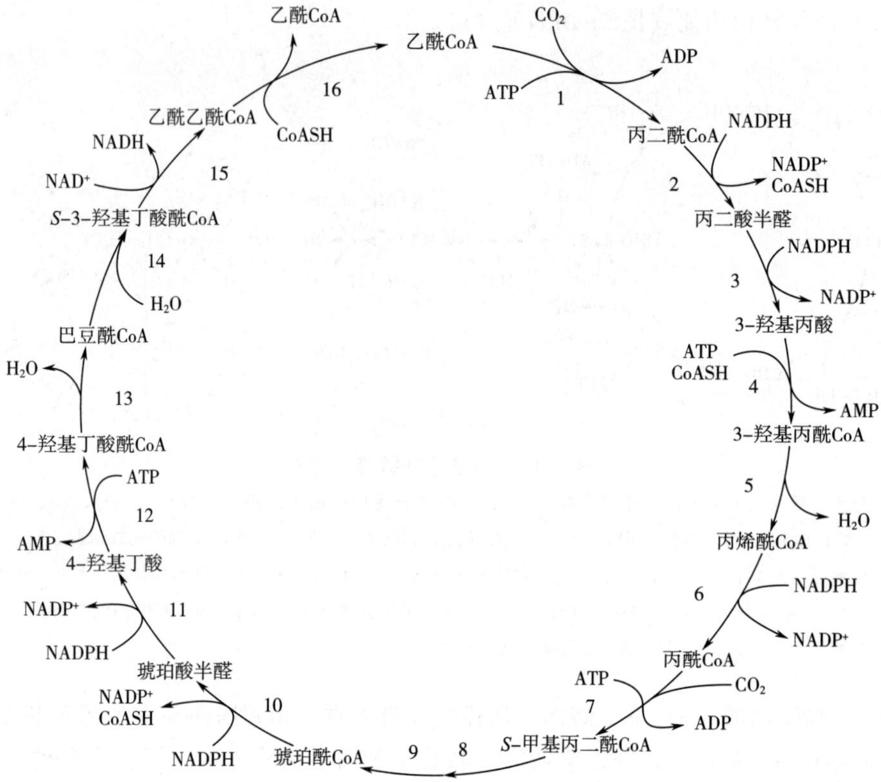

图 5-17　3-羟基丙酸/4-羟基丁酸循环

注：1，乙酰辅酶 A 羧化酶；2，丙二酰辅酶 A 还原酶；3，丙二酸半醛还原酶；4，3-羟基丙酸辅酶 A 连接酶；5，3-羟基丙酰辅酶 A 脱水酶；6，丙烯酰辅酶 A 还原酶；7，丙酰辅酶 A 羧化酶；8，*S*-甲基丙二酰辅酶 A 差向异构酶；9，甲基丙二酰辅酶 A 变位酶；10，琥珀酰辅酶 A 还原酶；11，琥珀酸半醛还原酶；12，4-羟基丁酸辅酶 A 连接酶；13，4-羟基丁酸酰辅酶 A 脱水酶；14，巴豆酰辅酶 A 水合酶；15，*S*-3-羟基丁酸酰辅酶 A 脱氢酶；16，乙酰乙酰辅酶 A β-酮硫酶。

（3）二羧酸/4-羟基丁酸循环途径　二羧酸/4-羟基丁酸循环在极端嗜热泉古生菌适宜火球古菌（*Ignicoccus hospitalis*）中被发现，也是一种只存在于古生菌中的 CO_2 固定途径。这个循环有两个阶段，从乙酰辅酶 A 到琥珀酰辅酶 A 的过程类似于还原性三羧酸循环（图 5-18 反应 1~7），琥珀酰辅酶 A 转化为两分子乙酰辅酶 A 的过程类似于 3-羟基丙酸/4-羟基丁酸循环（图 5-18 反应 8~14）。适宜火球古菌的二羧酸/4-羟基丁酸循环涉及 14 个由 14 种酶催化的反应，在每次循环 1 分子 CO_2 和 1 分子碳酸氢盐生成 1 分子乙酰辅酶 A。根据基因组序列分析，热变形菌目（Thermoproteales）的几种古生菌通过这个循环固定 CO_2。

2. 嗜盐古生菌的乙酰辅酶 A 同化途径

许多古生菌存在于极端物质环境中，它们进化出了独特的适应能力，使其细胞机制能够在这些极端栖息地中发挥作用。嗜盐古生菌是一种在高盐度（3~5mol/L）下生长的古生菌。嗜盐古生菌通常生活在富有有机营养、光、（微）氧的环境中，因此它们能够利用光能，

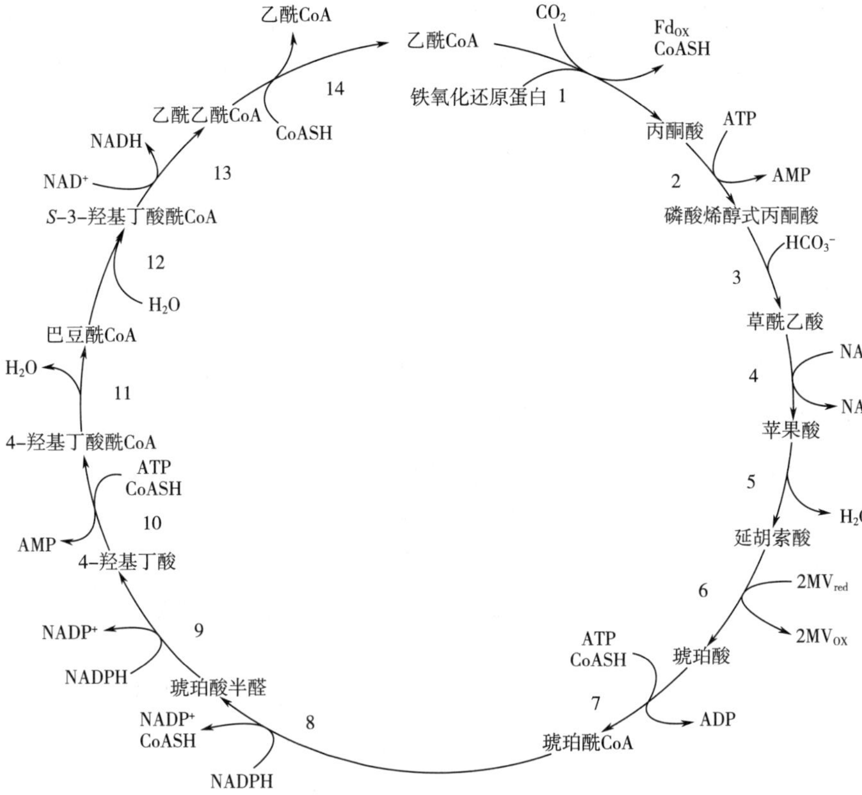

图 5-18　二羧酸/4-羟基丁酸循环

注：1，丙酮酸合成酶；2，丙酮酸激酶；3，PEP 羧化酶；4，苹果酸脱氢酶；5，延胡索酸酯酶；6，延胡索酸还原酶；7，琥珀酰辅酶 A 合成酶；8，琥珀酰辅酶 A 还原酶；9，琥珀酸半醛还原酶；10，4-羟基丁酸辅酶 A 连接酶；11，4-羟基丁酸酰辅酶 A 脱水酶；12，巴豆酰辅酶 A 水合酶；13，*S*-3-羟基丁酸酰辅酶 A 脱氢酶；14，乙酰乙酰辅酶 A β-酮硫酶。

并能在含有有机化合物，如亮氨酸、赖氨酸、脂肪酸和乙醇的培养基上生长。这些底物重要的代谢中间产物乙酰辅酶 A 则需要通过同化途径进入生物合成代谢。厌氧微生物通常通过丙酮酸合酶催化乙酰辅酶 A 生成丙酮酸进行同化。而在有氧条件下在古生菌中有两个乙酰辅酶 A 的同化途径，即乙醛酸循环（Glyoxylate Cycle）和乙基丙二酰辅酶 A 途径（Ethylmalonyl-CoA Pathway）（图 5-19）。几种嗜盐古生菌，如富盐菌属的沃氏富盐菌（*Haloferax volcanii*），能够通过乙醛酸循环同化醋酸盐。乙醛酸循环的第一个关键酶——异柠檬酸裂解酶，它与三羧酸循环中的酶合作，将乙酰辅酶 A 转化为乙醛酸。第二个关键酶——苹果酸合酶，催化乙醛酸和乙酰辅酶 A 生成苹果酸，苹果酸则作为生物合成的起始。许多其他嗜盐古生菌能够在没有异柠檬酸裂解酶的情况下在醋酸盐上生长，则是由于乙基丙二酰辅酶 A 途径的存在。这个途径绕过了异柠檬酸裂解酶反应，两个乙酰辅酶 A 反应生成巴豆酰辅酶 A，之后经过乙基丙二酰辅酶 A、甲基琥珀酰辅酶 A、中康酰辅酶 A 和 β-甲基苹果酰辅酶 A，转化为乙醛酸和丙酰辅酶 A。

例外的是盐盒菌属的死海盐盒菌能够在含有醋酸盐作为碳源的培养基上生长，但其缺乏异柠檬酸裂解酶和乙基丙二酰辅酶 A 途径。死海盐盒菌可能存在第三种乙酰辅酶 A 同化途径，将两分子乙酰辅酶 A 转化为苹果酸：第一个乙酰辅酶 A 与草酰乙酸结合生成柠檬酸，然后通过谷氨酸和甲基天冬氨酸转化为乙醛酸和丙酰辅酶 A；乙醛酸与第二个乙酰辅酶 A 结合，产生苹果酸，在细胞生物合成中进一步代谢；丙酰辅酶 A 被转化回草酰乙酸，完成循环。这个循环称为甲基天冬氨酸循环（Methylaspartate Cycle）（图 5-19）。但是这个途径中的关键酶，甲基天冬氨酸氨裂解酶并不广泛存在于其他嗜盐古生菌中。

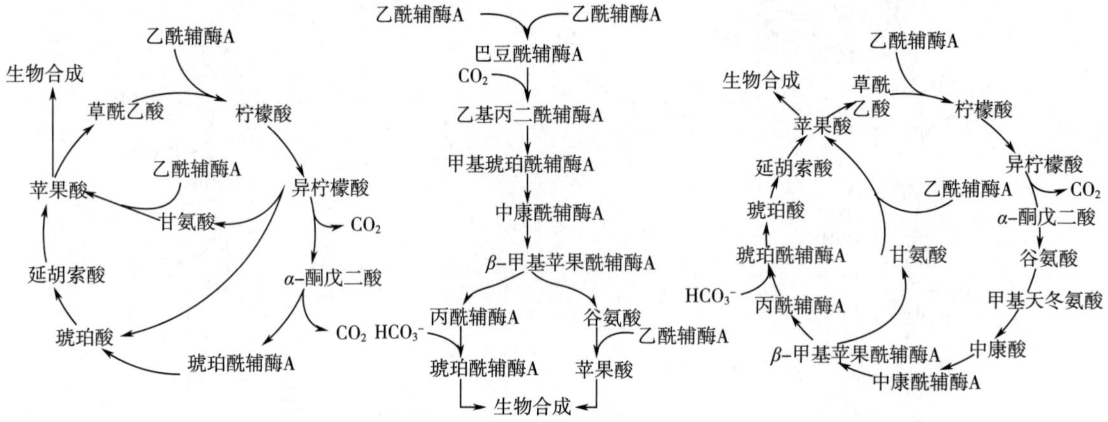

（1）乙醛酸循环　（2）乙基丙酰辅酶A途径　（3）甲基天冬氨酸循环

图 5-19　乙酰辅酶 A 同化的途径

3. 古生菌的甲烷代谢途径

古生菌的甲烷代谢在地球碳循环中具有重要作用，古生菌产生的甲烷约占地球每年产生甲烷总量的一半以上。在厌氧环境中，如果缺乏硝酸盐、硫酸盐或者铁离子等电子受体，产甲烷古生菌就能够利用其他无机物和有机物发酵终产物，如 H_2、CO_2、乙酸和甲醇等，产生甲烷。因此，产甲烷古生菌常与产生这些发酵副产物的细菌和真菌互生在一起，产甲烷古生菌也通过氧化乙酸和 H_2 等代谢副产物，为它们的互生伙伴维持有利的生存条件。同样地，厌氧甲烷营养型古生菌也在地球碳循环中起到消耗甲烷的重要作用，减少了海洋沉积物和陆地环境排放的甲烷。这些能产甲烷和氧化甲烷的古生菌属于广古生菌门（Euryarchaeota）的 8 个目，甲烷火菌目（Methanopyrales）、甲烷杆菌目（Methanobacteriales）、甲烷球菌目（Methanococcales）、甲烷微菌目（Methanomicrobiales）、甲烷胞菌目（Methanocellales）、甲烷八叠球菌目（Methanosarcinales）、甲烷马赛球菌目（Methanomassiliicoccales）以及暂定甲烷噬菌目（*Candidatus* Methanophagales）。

古生菌的甲烷代谢是通过一组相互关联且基因高度相似的酶来厌氧生产或消耗甲烷的。这些代谢途径中的关键酶是甲基辅酶 M 还原酶（methyl-coenzyme M reductase，Mcr）复合物，它能够催化甲基辅酶 M 还原为甲烷，是产甲烷代谢的限速和终点步骤，并能在嗜甲烷古生菌中催化甲烷氧化为甲基辅酶 M 的逆反应。

（1）古生菌的产甲烷途径　产甲烷古生菌能够通过将 C1 和 C2 化合物，包括 CO_2、甲酸、乙酸、甲醇、乙醇、甲基胺和甲基硫化物等，还原为甲烷来获得能量。根据它们利用底物的不同，可以分为氢营养型（还原 H_2 和 CO_2）、乙酸营养型（还原乙酸）、甲基营养型（还原 X—CH_3）和氢依赖的甲基营养型（还原 H_2 和 X—CH_3）。

在氢营养型的产甲烷途径中，经过 7 个步骤将 CO_2 还原为甲烷（图 5-20）。前 5 个反应与前述产甲烷古生菌固定 CO_2 的还原乙酰辅酶 A 途径类似。第 6 步反应在膜结合促 Na^+ 易位的甲基四氢甲烷蝶呤辅酶 M 甲基转移酶（Mtr）催化下，甲基从甲基四氢甲烷蝶呤

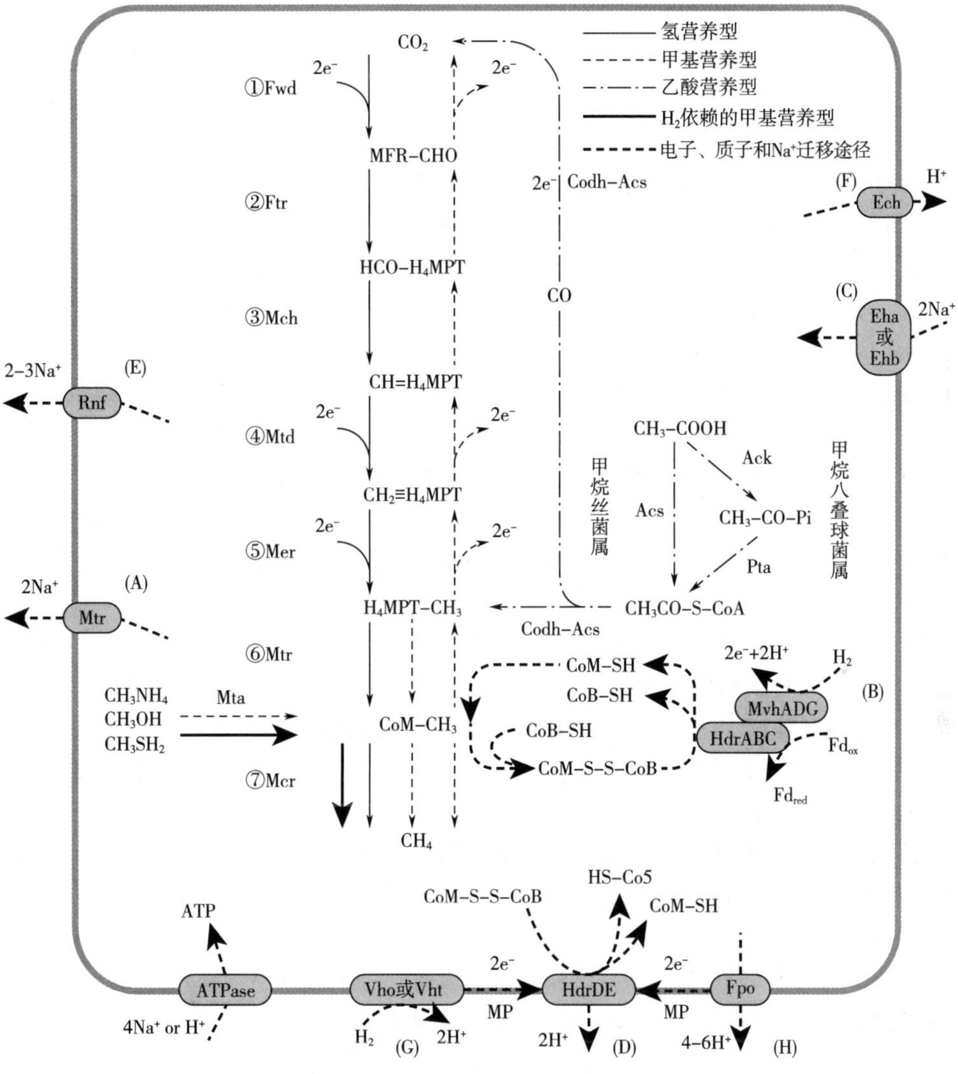

图 5-20　古生菌产甲烷途径

注：Ack，乙酸激酶；Acs，乙酰辅酶 A 合酶；CoB-SH，辅酶 B；Codh-Acs，CO 脱氢酶-乙酰辅酶 A 合酶复合物；CoM-SH，辅酶 M；Ech，能量转化氢化酶；Eha 和 Ehb，能量转化氢化酶 A 和氢化酶 B；Fd，铁氧还蛋白；Fpo，$F_{420}H_2$ 脱氢酶；Ftr，呋喃脱氢酶四氢甲烷蝶呤甲酰基转移酶；Fwd，甲酰甲烷呋喃脱氢酶；H_4MPT，四氢甲烷蝶呤；Mvh-Hdr，异二硫化物还原酶；Mch，甲川四氢甲烷蝶呤水解酶；Mcr，甲基辅酶 M 还原酶；Mer，F_{420} 依赖的亚甲基四氢甲烷蝶呤还原酶；MFR，甲烷呋喃；MP，甲醇吩嗪；Mta，甲醇特异性类咕啉蛋白质辅酶 M 甲基转移酶；Mtd，F_{420} 依赖的亚甲基四氢甲烷蝶呤脱氢酶；Mtr，Na^+ 易位的甲基四氢甲烷蝶呤辅酶 M 甲基转移酶；Pta，磷酸转乙酰酶；Rnf，Na^+ 易位的铁氧还蛋白-NAD 氧化还原酶；Vho 或 Vht，甲醇吩嗪还原氢化酶。

（CH_3—H_4MPT）转移到辅酶 M，生成甲基辅酶 M 并产生电化学梯度（图 5-20 中反应 A）。第 7 步反应甲基辅酶 M 被还原酶还原为甲烷，同时伴随着辅酶 M 与辅酶 B 氧化形成异二硫化物 CoM—S—S—CoB，随后被异二硫化物还原酶（HdrDE）还原（图 5-20 中反应 D）。其中 H_2 的氧化驱动铁氧还蛋白和 CoM—S—S—CoB 的还原（图 5-20 中反应 B）。还原的铁氧还蛋白用于驱动 CO_2 还原为甲酰甲烷呋喃（固定 CO_2 第 1 步反应）。ATP 是由 V 型 ATP 合酶利用 Na^+梯度产生。

乙酸营养型产甲烷途径主要存在于甲烷丝菌属（*Methanothrix* spp.）和甲烷八叠球菌属（*Methanosarcina* spp.）中，其代谢途径与古生菌的乙酸代谢途径类似。乙酸通过乙酰基辅酶 A 合酶（Acs）和磷酸乙酰基转移酶（Pta）催化激活后，通过 CO 脱氢酶/乙酰辅酶 A 合成酶（Codh-Acs）生成还原的铁氧还蛋白和甲基-H_4MPT。随后两步反应与上述氢营养型第 6、第 7 步反应一致，甲基从甲基-H_4MPT 转移到辅酶 M 生成甲基辅酶 M，最后被还原为甲烷。值得一提的是，乙酸营养型产甲烷菌的三种模型菌乙酸甲烷八叠球菌（*Methanosarcina acetivorans*）、马氏甲烷八叠球菌（*Methanosarcina mazei*）和联合甲烷丝菌（*Methanosaeta concilii*）各自的能量保存机制不尽相同。在乙酸甲烷八叠球菌中，铁氧还蛋白的氧化通过 Na^+易位的铁氧还蛋白-NADP-氧化还原酶（Rnf）与甲烷吩嗪的还原耦联（图 5-20 反应 E）。在马氏甲烷八叠球菌，铁氧还蛋白的氧化通过能量保存的氢化酶（Ech）与 H_2 形成和 Na^+易位耦联（图 5-20 中反应 F）。膜结合的氢化酶（Vho 或 Vht）氧化 H_2，将电子传送到甲烷吩嗪并生成 H^+（图 5-20 中反应 G）。在联合甲烷丝菌中，铁氧还蛋白的氧化通过一种缺乏氧化亚基的辅酶 $F_{420}H_2$ 脱氢酶（Fpo）与甲烷吩嗪的还原耦联。

甲烷八叠球菌目（Methanosarcinales）的许多成员也能具有甲基营养型产甲烷代谢的能力，将甲醇、甲基胺和甲基硫化物氧化成甲烷。甲基转移酶和含类咕啉的蛋白质将甲基从这些底物转移到辅酶 M 形成甲基辅酶 M，然后由 Mcr 还原为甲烷（图 5-20 中第 7 步反应）。其中，四分之一的甲基化底物被氧化成 CO_2（图 5-20 中逆 1~6 步反应），以获得电子用于还原剩余的甲基化化合物。

H_2 依赖的甲基营养型产甲烷途径，例如斯氏甲烷球形菌（*Methanosphaera stadtmanae*）中，甲基转移和还原的途径与甲基营养型产甲烷途径类似，不同的是这个过程需要 H_2 作为甲基-*S*-辅酶 M 还原为甲烷的电子来源，因此不需要氧化部分甲基化底物以获得电子。

（2）古生菌的甲烷氧化途径　甲烷氧化古生菌（Archaeal Methanotrophs，ANME）主要属于甲烷八叠球菌目（Methanosarcinales）和暂定甲烷噬菌目（*Candidatus* Methanophagales）两个目。它们将甲烷氧化为 CO_2 的途径与氢营养型产甲烷途径相反（图 5-21）。甲烷氧化释放的电子通过膜结合的异二硫还原酶（HdrDE）转移到多血红素 c 型细胞色素，再到终端电子受体（例如铁、锰、硝酸），或者传递给互生的硫酸盐还原细菌。与产甲烷菌的能量保存机制类似，Rnf 和 Fpo 复合物能够分别促进 Na^+和 H^+的易位以产生 ANME 的能量。也有报道认为，一些 ANME 可以通过异化硫酸盐还原途径还原硫酸盐，而不需要其互生硫酸盐还原细菌，但其硫酸盐还原的遗传基础尚未确定。总的来说，尽管厌氧甲烷氧化的机理已经被理解，但在电子流动、电化学梯度和能量产生方面的个别生化步骤尚未被充分阐明。

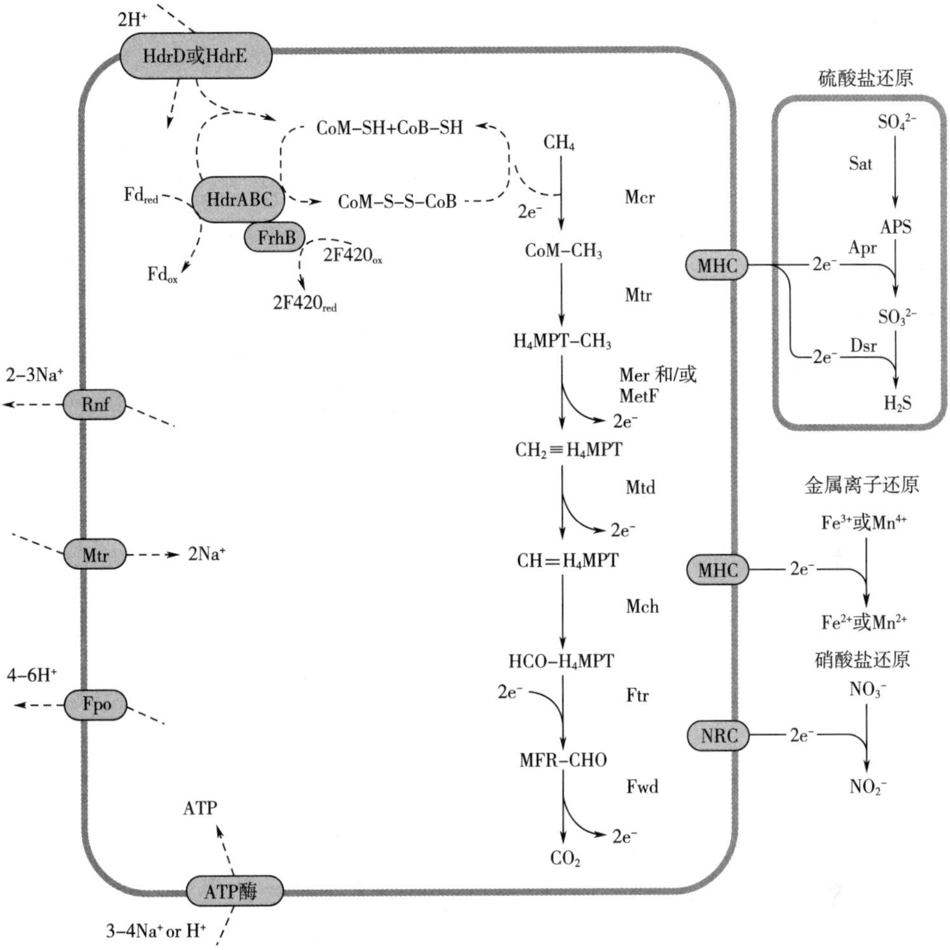

图 5-21　古生菌甲烷氧化途径

注：Apr，腺苷转移酶还原酶；CoB-SH，辅酶 B；CoM-SH，辅酶 M；Dsr，异化亚硫酸盐还原酶；Fd，铁氧还蛋白；Fpo，$F_{420}H_2$ 脱氢酶；FrhB，F_{420} 还原氢化酶亚基 B；Ftr，呋喃脱氢酶四氢甲烷蝶呤甲酰基转移酶；Fwd，甲酰甲烷呋喃脱氢酶；H_4MPT，四氢甲烷蝶呤；Hdr，异二硫化物还原酶；Mch，甲川四氢甲烷蝶呤水解酶；Mcr，甲基辅酶 M 还原酶；Mer，F_{420} 依赖的亚甲基四氢甲烷蝶呤还原酶；MetF，N_5，N_{10}-亚甲基四氢叶酸；MHC，多血红素 C 型细胞色素；Mtd，F_{420} 依赖的亚甲基四氢甲烷蝶呤脱氢酶；Mtr，Na^+易位的甲基四氢甲烷蝶呤辅酶 M 甲基转移酶；NRC，硝酸还原酶；Rnf，Na^+易位的铁氧还蛋白-NAD 氧化还原酶；Sat，硫酸盐腺苷转移酶。

4. 古生菌的乙酸代谢途径

(1) 古生菌的乙酸生成途径　对古生菌域的异养高温嗜热微生物的研究显示，异养古生菌的乙酸代谢途径与真细菌域的异养微生物有较大的差异。例如，生长在 100℃ 环境中的强烈火球菌，通过修饰的 EMP 途径将碳水化合物发酵成乙酸的过程中，有多种与细菌乙酸发酵完全不同的新型酶。它们包括前述古生菌 EMP 途径中 ADP 依赖的葡萄糖激酶、ADP 依赖的磷酸果糖激酶、甘油醛-3-磷酸、铁还蛋白氧化还原酶（GAPOR）、磷酸烯醇式丙酮酸合成酶，以及丙酮酸发酵生成乙酸过程的丙酮酸、铁还蛋白氧化还原酶（POR）和 ADP 形成的乙酰辅酶 A 合成酶（ADP-forming Acetyl-CoA Synthetase）（图 5-22）。这些酶也存在于其他异养产乙酸嗜热古生菌中，如热球菌属（*Thermococcus*）、脱硫球菌属（*Desulfurococcus*）、葡萄热菌属（*Staphylothermus*）和古生球菌属（*Archaeoglobus*）。在强烈火球菌的糖酵解途径中（图 5-22），被 GAPOR 和 POR 还原的铁还蛋白，被膜结合的氢化酶（Membrane-bound Hydrogenase，MBH）重新氧化，产生离子梯度驱动 ATP 合成。糖酵解产生的丙酮酸在 POR 催化下氧化为乙酰辅酶 A，然后在乙酰辅酶 A 合成酶催化下生成乙酸，同时发生底物水平磷酸化生成 ATP。乙酰辅酶 A 合成酶催化乙酸生成的过程仅存在于古生菌中，与细菌中由磷酸转乙酰酶和乙酸激酶催化的乙酸生成途径完全不同。此外，乙酸甲烷八叠球菌（*Methanosarcina acetivorans*）在代谢 CO 产生甲烷的同时，也可以通过磷酸转乙酰酶或乙酸激酶催化生成乙酸，并产生 ATP。

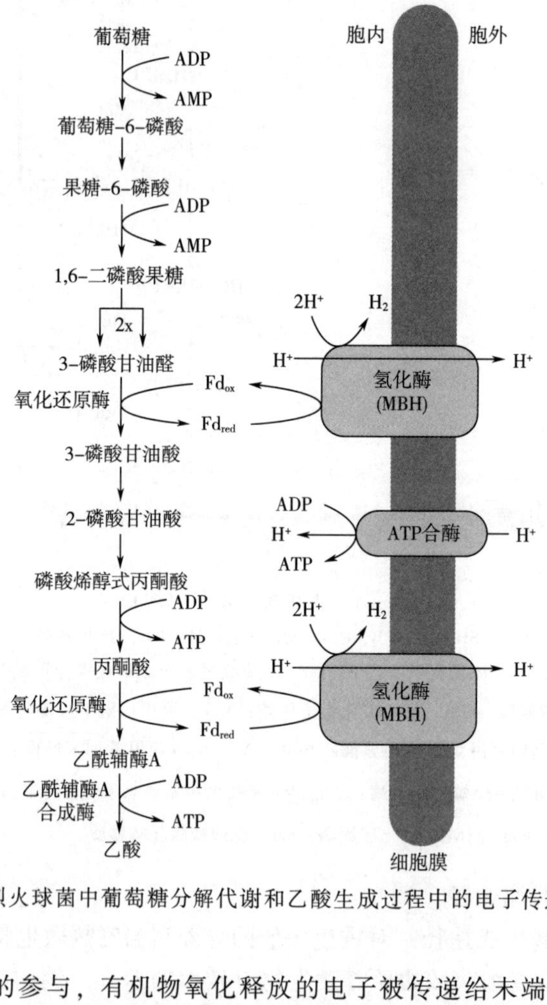

图 5-22　强烈火球菌中葡萄糖分解代谢和乙酸生成过程中的电子传递和能量转换

由于铁氧还蛋白的参与，有机物氧化释放的电子被传递给末端电子受体，在强烈火球菌中电子传递给质子生成氢气。在其他古生菌中由于末端电子受体的不同也会有不同的还原产物。例如，与强烈火球菌产生 H_2 不同，另一种异养超嗜热菌闪烁古生球菌（*Archaeoglobus fulgidus*），在以淀粉为碳源生长时，能够利用硫酸盐作为末端电子受体代替还原性质子，它通过修饰的 EMP 途径将葡萄糖不完全氧化，并进一步代谢生成乙酸和硫化氢。

（2）古生菌的乙酸分解途径 古生菌域中目前已知的乙酸分解菌，仅有甲烷八叠球菌属（*Methanosarcina*）和甲烷丝菌属（*Methanosaeta*）。以乙酸甲烷八叠球菌（*M. acetivorans*）为例（图 5-23），该途径中的碳传递可以大致分为两个部分：①反应 1~3：乙酸在乙酸激酶催化下生成乙酰磷酸，乙酰磷酸在磷酸转乙酰酶催化下生成乙酰辅酶 A，之后在 CO 脱氢酶/乙酰辅酶 A 合成酶（CODH/ACS）催化下乙酰基 C-C 键断裂，生成途径特有的 CH_3-H_4MPT 和 CO_2，铁氧还蛋白接受乙酰辅酶 A 碳基氧化释放的电子；②反应 4~6：CH_3-H_4MPT 经过甲基转移酶和甲基还原酶催化将甲基还原为 CH_4，这是古生菌产甲烷途径共有的反应。其中，反应 1 和反应 3 中的乙酸激酶和 CO 脱氢酶/乙酰辅酶 A 合成酶（CODH/ACS）被认为是生命起源后不久进化的古老酶，它们的同源物是乙酸分解细菌将乙酰辅酶 A 转化为 ATP 和醋酸产能途径的关键酶。

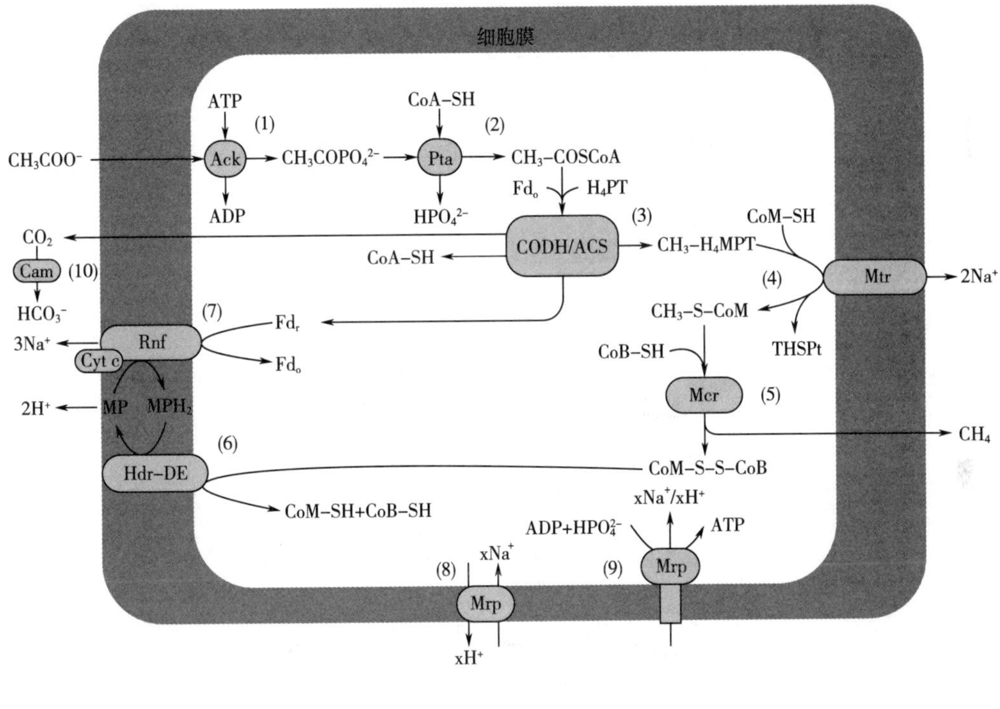

图 5-23 乙酸甲烷八叠球菌的乙酸发酵产甲烷途径

注：Ack，乙酸激酶；Pta，磷酸转乙酰酶；CoA-SH，辅酶 A；H_4PT，四氢蝶呤；Fdr，还原的铁氧还蛋白；Fdo，氧化的铁氧还蛋白；CODH/ACS，CO 脱氢酶/乙酰辅酶 A 合成酶；CoM-SH，辅酶 M；Mtr，甲基四氢蝶呤辅酶 M 甲基转移酶；Mcr，甲基辅酶 M 甲基还原酶；CoB-SH，辅酶 B；MP，甲醇吩嗪；Hdr-DE，异硫化物还原酶；Rnf，Rnf 复合体；Mrp，Mrp 复合体。

三、古生菌的生物合成途径

1. 肌醇磷脂的生物合成

古生菌最显著的特点是使用 sn-2,3 醚型磷脂作为膜脂，而不是细菌和真核生物使用的 sn-1,2 酯型磷脂。主要的古生菌磷脂含有 L-丝氨酸、乙醇胺或肌醇和二乙醚型丝氨酸磷脂。在醚型肌醇磷脂的生物合成途径中，古生菌肌醇（Archaetidylinositol，AI）由 CDP-

古生菌醇（CDP-ArOH）和 D-葡萄糖-6-磷酸（G6P）经由肌醇-1-磷酸（IP）和古生菌肌醇磷酸（Archaetidylinositol Phosphate，AIP）合成（图 5-24）。G6P 首先通过 IP 合成酶转化为 IP，然后在 AIP 合酶催化下 CDP-古生菌醇的 CMP 基团被 IP 代替合成 AIP，AIP 的去磷酸化产生 AI。最后两步的顺序与真核肌醇磷脂的顺序不同，在真核生物中先发生去磷酸化反应。AIP 合成酶的同源物在古生菌中广泛分布，但不存在于甲烷球菌目（Methanococcales）和一些热浆菌（*Thermoplasmatales*）中。

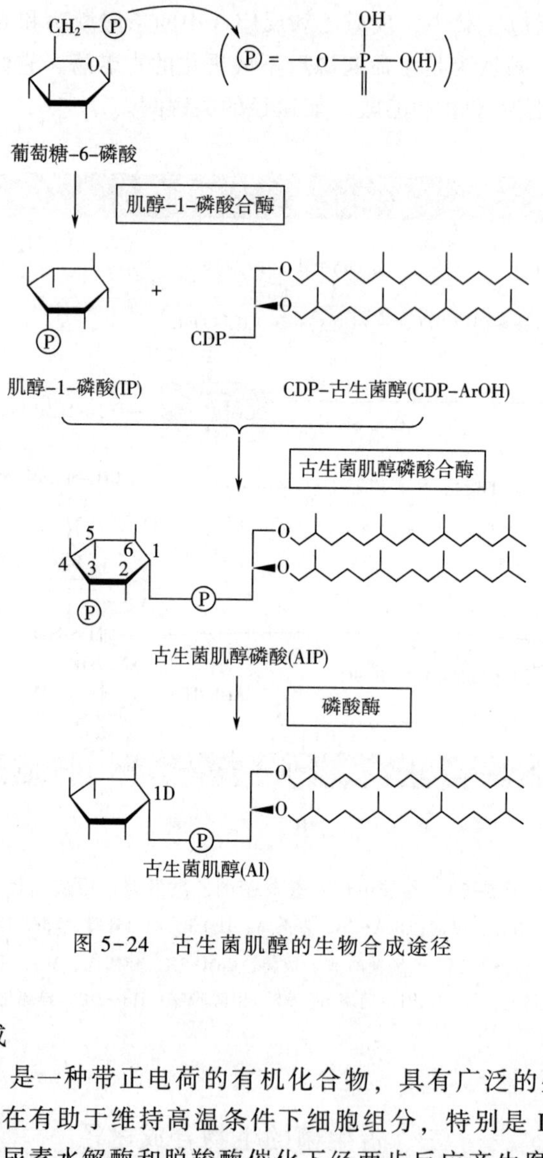

图 5-24　古生菌肌醇的生物合成途径

2. 聚胺的生物合成

聚胺（Polyamine）是一种带正电荷的有机化合物，具有广泛的生物功能。在嗜热古生菌中，长链聚胺的存在有助于维持高温条件下细胞组分，特别是 DNA 的完整性。通常情况下，精氨酸首先在尿素水解酶和脱羧酶催化下经两步反应产生腐胺（Putrescine），取决于两步反应的顺序，鸟氨酸或胍丁胺是其中间体，之后腐胺在丙胺转移酶（PAT）催化下生成多胺。嗜热好氧硫磺矿硫化叶菌则存在精氨酸脱羧酶通过胍丁胺生成腐胺（图 5-25）；在广古菌门（*Euryarchaeota*）中，腐胺生物合成也由精氨酸脱羧酶启动，但这种脱羧酶是一种结构独特的丙酮酰依赖酶。

在超嗜热古细菌（*Thermococcus kodakarensis*）的聚胺合成过程中，有 1 种丙酮酰依赖的精氨酸脱羧酶，3 种精氨酸、胍丁胺、尿素水解酶，以及 1 种氨丙基转移酶，但其亚精胺合成主要通过胍丁胺由氨丙基转移酶催化生成，而不是通过腐胺。在嗜热栖热菌（*Thermus thermophilus*）中亚精胺也是通过胍丁胺生成。在泉古生菌门（*Crenarchaeota*）中没有精氨酸和鸟氨酸脱羧酶同系物的存在，但存在氨丙基转移酶。在甲烷球菌目（Methanococcales）和一些热原体目（Thermoplasmatales）也存在氨丙基转移酶。耐超高温热棒菌（*Pyrobaculum aerophilum*）和超热菌丁酸栖高温菌（*Hyperthermus butylicus*）中存在二胺/三胺氨丙基转移酶。

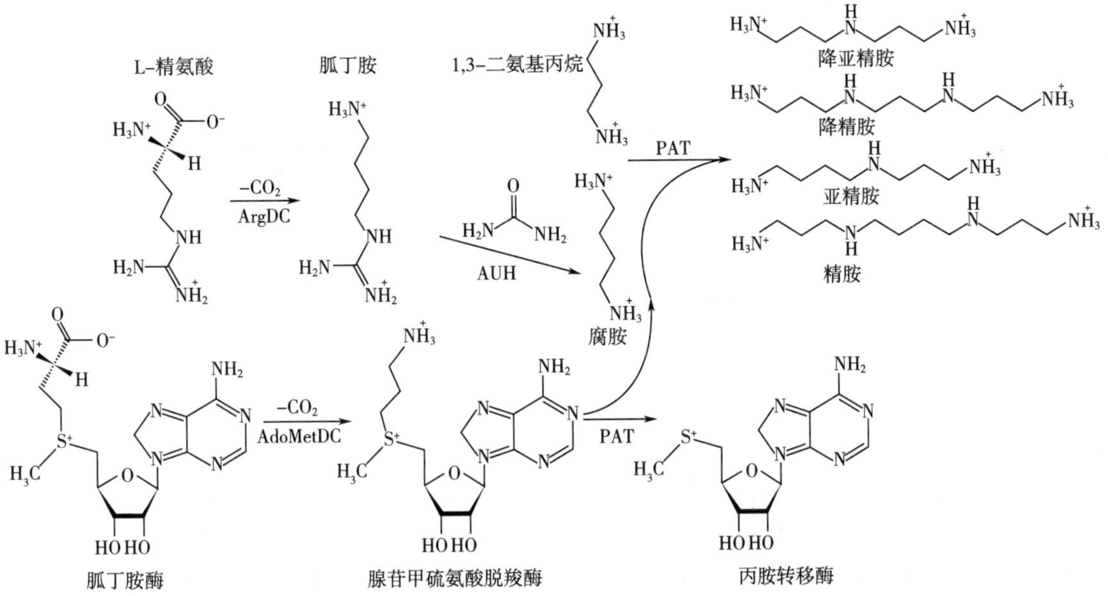

图 5-25　硫磺矿硫化叶菌中的聚胺生物合成途径

3. 辅酶 A 的生物合成

古生菌的辅酶 A 生物合成途径，与细菌和真核微生物类似。参与这一途径酶系的同源基因编码，存在于大多数古生菌基因组中。在细菌和真核微生物中，泛酸合成酶（PS）催化下泛解酸（Pantoate）和 β-丙氨酸缩合生成泛酸（Pantothenate），然后在泛酸激酶催化下泛酸磷酸化生成 4′-磷酸泛酸（4′-Phosphopantothenate）。而在古生菌中磷酸化反应先于缩合反应。例如柯达热球菌（*T. kodakarensis*），存在泛解酸激酶（PoK）催化泛解酸磷酸化，磷酸泛酸合成酶（PPS）催化 4-磷酸泛解酸（4-Phosphopantoate）与 β-丙氨酸缩合生成 4′-磷酸泛酸（图 5-26）。此外，在灼热嗜苦菌（*P. torridus*）和嗜热菌热原体目（Thermoplasmatales）中存在 PanK，其合成辅酶 A 的途径则与细菌/真核微生物相似。

4. 黄素腺嘌呤二核苷酸的生物合成

黄素腺嘌呤二核苷酸（Flavin Adenine Dinucleotide，FAD）是许多氧化还原反应所需要的辅助因子。FAD 通过核黄素（Riboflavin）磷酸化生成黄素单核苷酸（Flavin Mononucleotide，FMN），再由 FMN 腺苷酸化合成 FAD。在真核微生物中，催化这两步反应的酶分别是核黄素激酶和 FAD 合成酶。在细菌中则由一种双功能 FAD 合成酶催化这两步

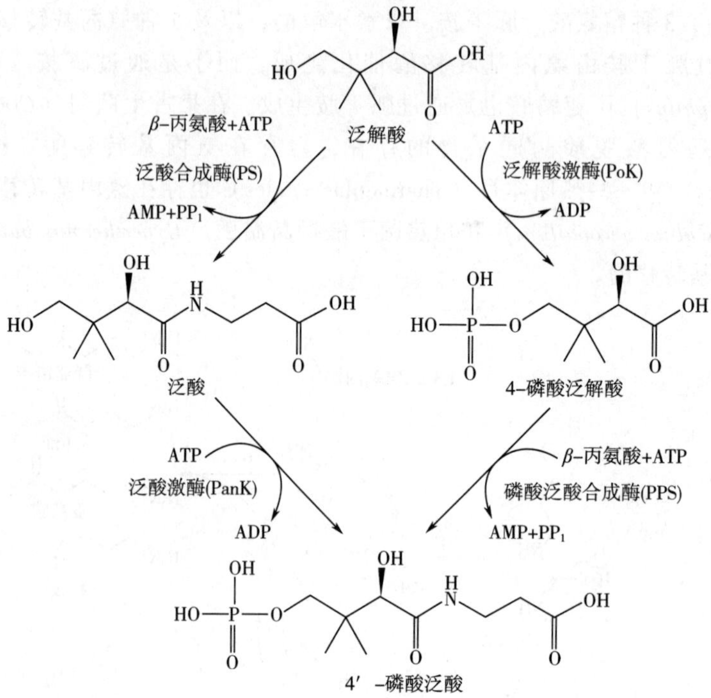

图 5-26　细菌/真核微生物与古生菌中泛解酸合成 4′-磷酸泛酸的途径

反应。古生菌虽然利用 FAD，但在其基因组中检测不到细菌/真核微生物 FAD 合成酶的同源物。在詹氏甲烷球菌（*Methanocaldococcus jannaschii*）中存在一种类似真核生物的核黄素激酶（图 5-27 中 B），以及合成核黄素的 3,4-二羟基-2-丁酮-4-磷酸合酶（图 5-27 中 A），但古生菌中的这种核黄素激酶以 CTP 作为磷酸供体，而非 ATP。此外，詹氏甲烷球菌还存在一种新颖的 FAD 合成酶（图 5-27 中 C）。编码这三种酶的基因同源物广泛存在于古生菌中，但古生菌合成 5-氨基-核糖醇氨基-2,4（1*H*，3*H*）-嘧啶二酮（ARP）的部分酶目前尚不清楚。

5. 亚铁血红素的生物合成

亚铁血红素（Heme）是一种分布广泛的酶辅基，它具有四吡基主链。在真核生物和细菌中，亚铁血红素的生物合成途径是众所周知和保守的［图 5-28（1）］。与细菌中合成亚铁血红素途径酶的基因组比较发现，古生菌中似乎只有合成尿卟啉原Ⅲ（Uroporphyrinogen Ⅲ）甲基转移酶的编码基因。尿卟啉原Ⅲ不仅是亚铁血红素的前体，也是其他金属螯合化合物的前体，如西罗血红素（Siroheme）、钴胺素（Cobalamin）和辅因子 F_{430}［图 5-28（2）］。在巴氏甲烷八叠球菌（*Methanosarcina barkeri*）中，存在腺苷甲硫氨酸依赖的尿卟啉原Ⅲ甲基转移酶（SUMT）和前咕啉脱氢酶（PC2-DH），能够催化尿卟啉原 III 生成一种亚铁血红素前体西洛伐他汀（Sirohydrochlorin）［图 5-28（2）］。在盐古菌、极端嗜热泉古生菌（*Hyperthermophilic Crenarchaeota*）和产甲烷菌中，都存在类似的酶系催化亚铁血红素前体西洛伐他汀的合成，而尿卟啉原Ⅲ则可能更多用作西罗血红素、钴胺素和辅因子 F_{430} 的前体物质。

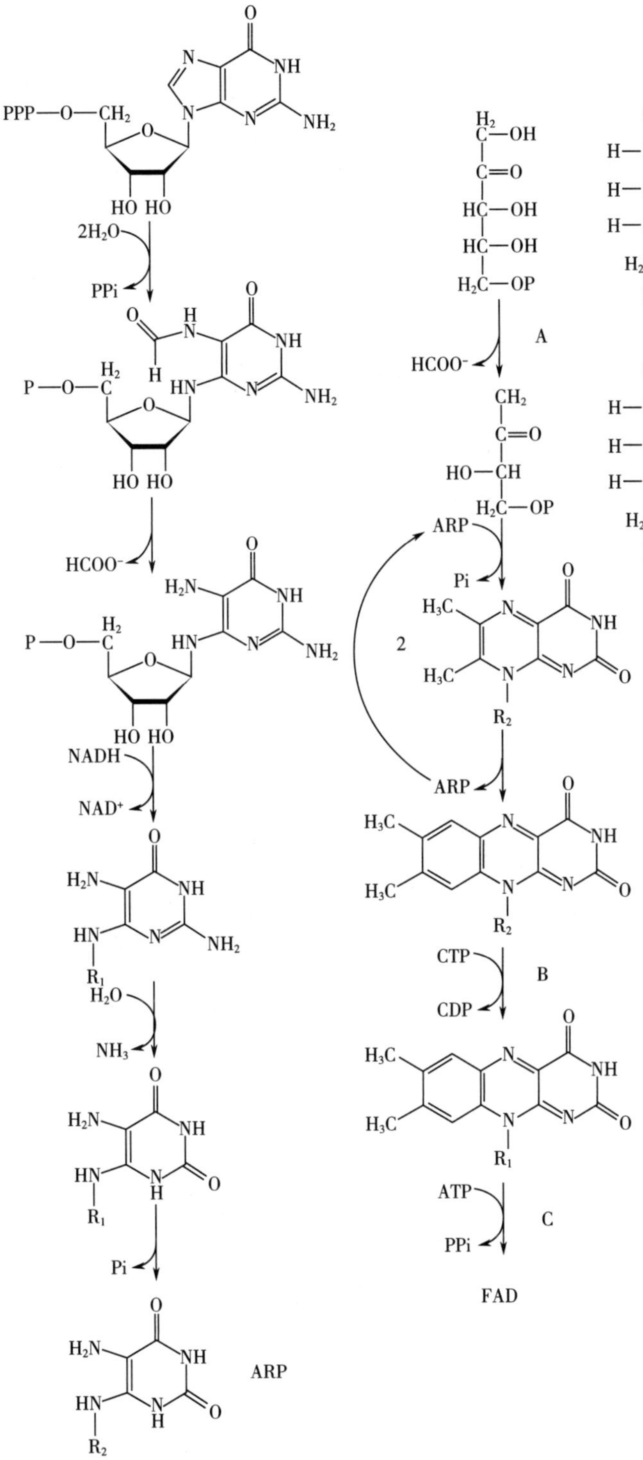

图 5-27　古生菌中黄素腺嘌呤二核苷酸的生物合成

注：ARP，5-氨基-核糖醇氨基-2,4（1H，3H）-嘧啶二酮；FAD，黄素腺嘌呤二核苷酸；A，3,4-二羟基-2-丁酮-4-磷酸合酶；B，核黄素激酶；C，FAD 合成酶。

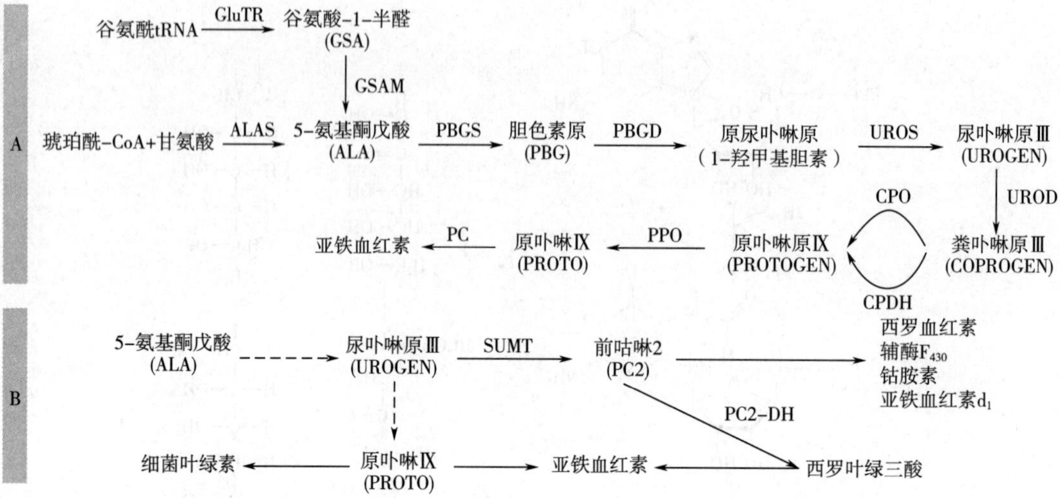

图 5-28　亚铁血红素的合成途径

第六章　微生物的遗传与育种

微生物遗传学是以病毒、细菌、古生菌、真菌、原生动物和单细胞藻类等微生物为研究对象，研究其遗传和变异规律的学科。随着分子生物学的发展，特别是“组学”技术的广泛应用，微生物遗传的研究深入开展，积累了大量的信息，深入揭示了微生物遗传变异规律，并为改造和应用微生物提供了理论保证。微生物遗传育种即菌种改良，是运用遗传学原理和技术对某种具有特定生产目的的菌株进行改造，去除不良性质，增加有益新性状，以提高产品的产量和质量的一种育种方法，使我们获得所需要的高产、优质和低耗的菌种，其目的是改良菌种的特性，使其符合工业生产的要求。本章简要叙述微生物基因组学的最新发展，主要介绍分子定向进化育种和基因组定点编辑技术。

第一节　微生物基因组学

基因组（Genome）是指一个生物体中完整的单套染色体和基因。“基因组”一词是由 H. Winkler 在 1920 年首先使用，它是由“基因（Gene）”一词中的前三个字母和“染色体（chromosome）”一词中的后三个字母重新组合而成的。

“基因组学（Genomics）”这个词是由“基因组（Genome）”派生出来的，于 1986 年由美国遗传学家 Thomas H. Roderick 首先提议用这个术语描述对生命有机体全基因组进行图谱绘制、测序和分析的新兴学科。基因组学是 20 世纪生物学和医学飞跃发展的重要成果之一。自 1995 年以来，基因组已由原来的图谱绘制扩展到基因功能分析。目前，基因组学主要研究基因组的结构、功能、进化、定位和编辑等，以及它们对生物体的影响。由于基因组学的快速发展及与诸多学科广泛交叉，基因组学研究可以根据生物系统特征、与其他学科的关系及所研究生物体的种类划分成多个学科分支，如图 6-1 所示。

微生物基因组学（Microbial Genomics）作为基因组学的一个重要分支，于 1995 年正式启动，同时完成了流感嗜血杆菌（*Haemophilus influenzae*）和生殖支原体（*Mycoplasma Genitalium*）两个小细菌基因组的全测序。它的兴起与人类基因组计划（Human Genome Project，HGP）密不可分。1990 年，美国能源部和美国国立卫生院（National Institutes of Health，NIH）联合向美国国会提交了人类基因组计划的 15 年规划和 5 年研究计划。1990 年 10 月 1 日，人类基因组计划正式启动。这对微生物基因组学非常重要，人类基因组计划前 5 年，科学家就提议对两种模式微生物，即大肠杆菌和酿酒酵母进行测序，这也是最早的微生物基因组项目。人类基因组计划实施期间的重要里程碑和事件见表 6-1。

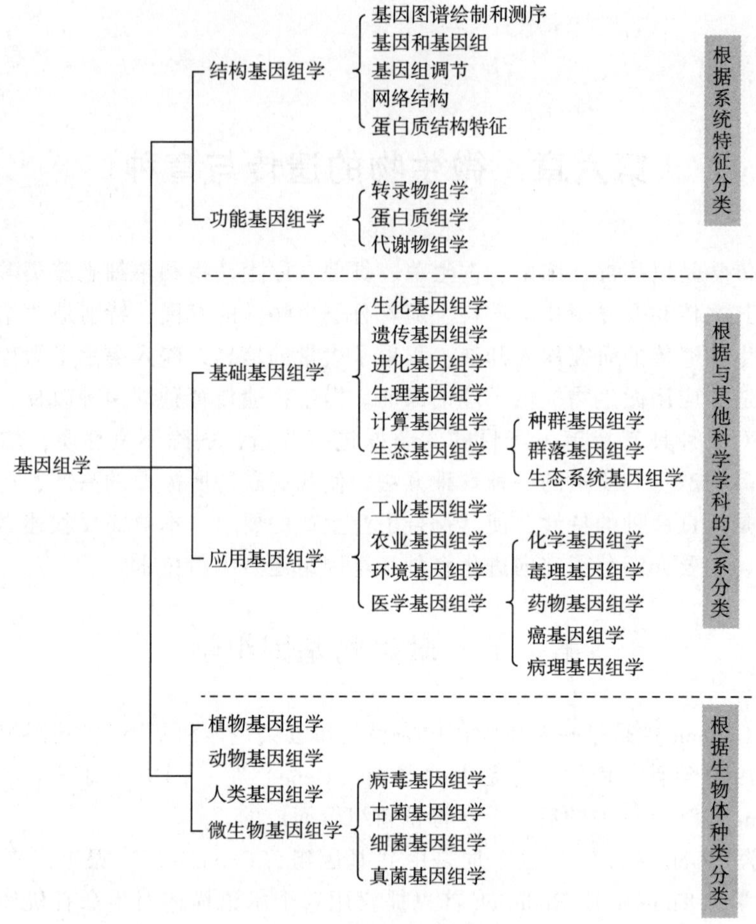

图 6-1　基因组学分类

表 6-1　　基因组学中重要的里程碑事件

年份	里程碑事件	参考文献
1985—1988	美国国家科学院和国家科学研究委员会进行讨论、辩论和制定人类基因组计划（HGP）	Alberts 等，1988
1990	人类基因组计划在美国正式开始	Burris 等，1998
1995	第一个自由存活生物——流感嗜血杆菌的基因组用鸟枪测序法测序完成	Fleischmann 等，1995
1996	完成了酿酒酵母基因组的全部序列测定，标志着第一个真核生物全基因组完成测序	Goffeau 等，1996
1998	完成了第一个多细胞生物秀丽隐杆线虫（*Caenorhabditis elegans*）基因组的全测序	*C. elegans* 测序协会，1998
1998	微阵列和基因组学一起被列入十项最高科学突破	*Science*，1998

续表

年份	里程碑事件	参考文献
2000	利用全基因组鸟枪法完成了黑腹果蝇（*Drosophila melanogaster*）的基因组测序。这是第二个，并且是最大的动物基因组测序	Adams 等，2000
2000	美国前总统克林顿宣布即将完成的人类基因组序列（3000Mb）是“人类描绘的最奇妙的图谱”	Marshall，2000
2000	一个国家小组发表了开花植物拟南芥（*Arabidopsis thaliana*）的基因组，标志着第一个植物基因组测序完成	The Arabidopsis Genome Initiative，2000
2001	人类基因组序列草图的两个版本在 *Science* 和 *Nature* 杂志发表，这是以基因组为基础的生物学的基石，为生物学研究提供最丰富的知识资源	Venter 等，2001；Lander 等，2001
2002	发表了两个主要水稻（*Oryza sativa*）亚种的基因组序列草图，为农业研究中的里程碑，标志着首个经济上很重要的谷物的基因组信息可以被人类利用了	Yu 等，2002；Goff 等，2002

自 1995 年以来，原核生物基因组数据库呈指数级增长，并没有饱和的迹象。在这 25 年的大部分时间里，基因组测序仍然仅限于可培养的微生物。结合下一代测序（Next-generation sequencing，NGS）方法，宏基因组学和单细胞基因组学的进步已经解除了这一限制，为全球原核生物多样性提供越来越客观的表征。同时，计算基因组学紧随基因组测序的发展而进步，一些细菌和古生菌的几个主要新分支被发现。例如，阿斯加德（Asgard）古生菌是最近发现的古生菌超门，其似乎是与真核生物最接近的古生菌菌系。国内外科学家建立了首个阿斯加德古生菌功能基因库（asCOG），发现大量的新型真核特征蛋白，并提出了真核生物可能起源于“自养型阿斯加德古生菌与发酵型细菌”的代谢共生模式，为解答真核生物起源这一重大科学问题提供了新的见解。

由于微生物种类繁多，基因组研究的内容又较丰富，无法全面介绍微生物基因组学研究。本章仅简要介绍某些真核微生物、细菌及病毒基因组的结构和功能，以及染色体外遗传因子如质粒和线粒体 DNA 的结构和功能。

一、真核微生物基因组学

真核微生物基因组 DNA 远远大于原核生物的基因组，其以染色体形式储存于细胞核内并具有多个复制起点。根据真核细胞的类型不同，其含有的基因组数量不同，其中体细胞内含有双份同源基因组（即双倍体，Diploid），而配子细胞仅含有一套基因组（即单倍体，Haploid）。在真核细胞中，其基因转录产物为单顺反子，即一条 mRNA 中只含有一个翻译起始点和一个终止点。真核生物基因组存在较多重复序列，有的可重复百万次以上。真核生物基因是不连续的，分为编码区和非编码区，且非编码区域多于编码区域，同时大多真核基因编码区含有可以编码的外显子和不可编码的内含子。

1. 酿酒酵母基因组学

酿酒酵母是模式真核微生物，对其遗传、生理和生态等进行了大量深入的基础研究。

1996 年，完成了酿酒酵母全基因组测序工作。这是人类测序的首个真核生物，也标志着酿酒酵母基因组学全面发展时代的到来。

（1）酿酒酵母基因组数据库基本信息　酿酒酵母基因组数据库（*Saccharomyces* Genome Database，SGD；http：//www. yeastgenome. org）提供了完整酿酒酵母基因组序列，并不断更新。酿酒酵母基因组由 16 条染色体组成，大小为 12. 052Mb，共有 6275 个基因。基因组中共有 5885 个蛋白质编码基因，平均长度是 1450bp，共 483 个密码子。最长的开放阅读框（Open reading frame，ORF）位于酿酒酵母的第 12 号染色体上，是一个未知功能的 ORF，约有 4910 个密码子。另有 275 个编码 tRNA 基因和 40 个编码 snRNA（Small Nuclear RNA）的基因，广泛分布在 16 条染色体上，位于 12 号染色体的长末端上约有 140 个编码 rRNA 基因。此外，酿酒酵母中约 4%的编码基因（大多数为 tRNA 基因）有内含子，通常这些内含子位于靠近 rRNA 基因的起始部分，缺失突变体的覆盖率达到 90%。

许多酿酒酵母染色体由交替的 GC 含量高和 GC 含量低的区段所组成，GC 含量的分布变化通常与这些染色体上的基因密度分布变化相一致。例如，在 3 号染色体，碱基组成的周期性变化与染色体臂上的基因重组频率的变化相一致。GC 富集区就是染色体臂中部的重组频率高的区域，AT 富集区又与重组频率低的端粒和着丝粒区域序列对应。4 个最小的染色体（1 号、3 号、6 号和 9 号）表现出的平均重组率超过整个基因组水平的 1. 3~1. 8 倍。

（2）酿酒酵母结构基因组学研究　通过构建酿酒酵母基因组高分辨率的遗传图谱、物理图谱、序列图谱以及基因图谱，来测定蛋白质的组成和结构，这是酿酒酵母结构基因组学的主要研究内容。最初的研究主要利用 DNA 多态性及分子标记等手段来建立遗传连锁图谱、确定遗传标志间的物理距离，并采用全基因组鸟枪法策略完成全基因组测序。同时利用 X 射线晶体学、核磁共振谱学和电子显微学等实验方式来测定蛋白质结构，并结合同源建模等计算方式来推测蛋白质结构。近年来，计算机信息技术和互联网的发展使得在结构基因组学的研究过程中，对大型数据的收集、存储、处理和分析成为可能。酿酒酵母结构基因组学的研究从单一的实验方法走向利用快速、高通量技术构建庞大的代谢通路和基因图谱的方向，即从宏观上探讨复杂的生命活动规律，为高等生物基因组学研究提供模型。在前面研究的基础上，2010 年，Brenda 和 Charles 等与其研究团队通过合成遗传列阵分析（Synthetic Genetic Array，SGA），构建了一张基因组规模的酿酒酵母相互作用图谱，涵盖 75%的酿酒酵母基因，大规模地解释了遗传水平上基因的相互作用和基因功能。通过与该图谱比对，研究人员可以很快地找到某个未鉴定基因的功能，是酿酒酵母功能基因组学发展过程中的一大突破。

（3）酿酒酵母功能基因组学研究　功能基因组学以高通量、大规模统计及计算机分析为特征，在基因组和系统水平上全面分析基因的功能，也称后基因组学，使得基因组研究从静态地对单一基因或蛋白质的研究，转向动态地对多个基因或蛋白质同时研究，及其之间相互作用的系统研究中。近年来，巨大的数据信息促进了酿酒酵母功能基因组学的迅速发展。酿酒酵母功能基因组学研究内容包括通过采用计算机网络、数据库和应用软件等手段，综合地对酿酒酵母核酸和蛋白质序列进行分析，并解读其在功能与结构上所表达的生物信息。例如，采用高通量注释酿酒酵母基因组的所有编码产物的生物学功能；注释所有预测基因的功能；结合生物学实验，构建在生物体内各基因相互调节的网络。这些研究内容的实现主要通过序列分析技术和功能试验技术。其中序列分析技术包括生物芯片技术、DNA 微阵列技术、转录组学分析技术等，能获得样本中核酸的数量和序列遗传信息，鉴定未知酵母功能基因，准确分析目标基因的功能及所处的细胞位置等，以及更系统地研究酿酒酵母多个基因或蛋白质功能及其之间的联系与作用。

随着酵母功能基因组的发展与基因功能鉴定信息的更新，越来越多有利于工业化生产的基因通过基因工程技术被应用于工业生产中。同时，将不利于工业应用生产的基因进行敲除处理，打破传统的酵母菌株筛选技术，降低工业生产成本，从而提升发酵食品的感官风味。对酿酒酵母基因突变体的系统鉴定，发现基因序列微小的改变会导致相应的基因功能改变。因此研究基因组水平上基因序列的差异性，找出突变基因，可以在实验上指导优良新型菌株的构建。这一技术现已被应用到现代乙醇发酵工业生产中，从功能基因组学的角度研究酵母乙醇发酵功能，对提高工业生物乙醇生产效率具有重要的意义。例如，Sun 等研究鉴定 *TIR*1 和 *GAP*1 基因是酵母中乙醇代谢的关键调控基因。该研究阐明了乙醇的代谢途径，并为提高小麦啤酒中乙醇含量的研究提供了新策略。

（4）酿酒酵母最小基因组研究　酿酒酵母最小基因组是指将其基因组所有明显丰余基因进行删减，在删减之后酿酒酵母依然能在实验条件下生长的最小基因组数目。酿酒酵母基因组具有高度紧密性，相比其他的高等真核生物基因，其基因间隔区更短。酿酒酵母每隔 2kb 的长度就存在一个可以编码蛋白质的基因，而线虫为 6kb，人类为 30kb。也就是说，整个酿酒酵母基因组中，高达 72%的核苷酸顺序是由 ORFs 所组成，且基因中的内含子较为稀少。这些优势使构建酿酒酵母最小基因组在基因组水平上成为可能。同时，酿酒酵母既具有原核生物生长快、遗传操作简单的特点，又有哺乳类细胞的翻译后加工和修饰功能，如二硫键的正确形成、前体蛋白的水解加工、糖基化作用等，用来生产来源于真核生物的生物活性蛋白有很多优点，这使建立酿酒酵母最小基因组在实验操作上成为可能。

未知基因的功能可以通过生物外源基因，如人类 cDNA，与酿酒酵母中功能已知基因缺陷型的互补实验来识别，但是酿酒酵母基因组中存在的大量重复序列会影响互补克隆。为了解决这一缺陷，建立酵母最小基因组成了一条新的研究途径。科学家将人类或病毒的 DNA 序列与酿酒酵母最小基因组中所保留的基因进行完全替换，发现替换后的表型将完全取决于外源基因，这不仅使酿酒酵母成为其他生物未知基因的筛查工具，也构建了一种新的筛选抗癌和抗病毒药物的研究模式。Winzeler 等用 PCR 技术介导基因中止能够非常精确地定向中止特定的基因功能，同时将特定序列标签标记在被中止的基因上，从而实现对酵母基因组大规模的删除。通过这种方法，酿酒酵母基因组中有 2026 个开放阅读框可以被删除，其中，生存所必需的基因占删除基因的 17%，而不同程度地影响酵母生长的基因占删除基因的 40%。根据 Winzeler 的实验数据，酿酒酵母最小基因组不超过 1000 个基因。酿酒酵母最小基因组研究也被应用到现代酿造技术中。在酿酒酵母最小基因组构建成功的条件下，酿酒酵母的改造研究也取得了很多新的进展，实现了在提高质量的同时降低成本的综合性目标。

（5）酿酒酵母比较基因组学研究　比较基因组学（Comparative Genomics）是在基因序列和基因组图谱基础上，对已知物种的基因组序列或结构进行比较，分析解读基因的功能、表达机理以及阐明在物种基因组之间序列和结构上的同源性，进而揭示物种进化过程的内在联系的科学。比较基因组学又分为远源基因组间的比较和近源基因组间的比较。其中，在生物学领域，远源基因组间的合理比较，能够为认识生物学机制的普遍性提供良好的事实依据。而近源基因组间的比较则为更好地认识基因结构与功能等更为细小的问题提供重要参数。酵母比较基因组学研究有助于深入了解真核生物基因组的进化过程。物种间的基因组差异和表型差异分析可为基因功能的鉴定研究提供更多数据支持。例如，Clayton 等比较了酿酒酵母、古生菌及细菌的全基因组，发现这几种非亲缘生物共有 53 个相同的集群的直系同源组（Cluster of Orthologous Groups，COGs）。Tatusov 等对蛋白组序列进行了更深入的同源分析，发现有 720 个 COGs。通过对 7 种高等真核生物全基因组的进一步深入比较发现，其可归类为 5 个系统发育系，并建立了真核生物的直系同源组（Eukaryotic Orthologous Group，KOGs）数据库，为真核生物转录组和蛋白组的功能鉴定及研究提供了数据平台。Chen 等通过比较酿酒酵母、奇异酵母和粟酒裂殖酵母发现了胞嘧啶 C 到胸腺嘧啶 T 的突变率与核小体数量的关系，并解析了染色质结构调节 DNA 突变的关键机制，对于阐明遗传疾病发生机理具有重要的参考价值。

酿酒酵母比较基因组学研究对发酵工业中发酵菌株的选取和改良具有重要意义，可以为工业生产中菌株筛选与改造提供科学依据。例如，Borneman 等通过对不同葡萄酒酵母菌株的基因组进行比较分析，发现不同发酵培养基中的葡萄酒酵母菌株之间的遗传变异，并将其应用于菌株开发。Souciet 等比较分析了 157 种工业酿酒酵母的基因组和表型，发现这些菌种在胁迫耐受性、糖利用及风味产生等方面进行各自特定的生存选择，为工业生产深入选择优质菌株提供了资源。

（6）酿酒酵母合成基因组学研究　酿酒酵母基因组合成计划（Sc. 2.0）是人类首次尝试人工合成单细胞真核生物基因组的计划，由分别来自中国、英国、美国、法国、澳大利亚和新加坡等国家的科学家共同合作推动并分工完成。该合成计划的目的主要是对酿酒酵母的全部染色体进行重新设计并人工合成，进而得到人工合成的酿酒酵母细胞，有助于更深入地了解染色体以及基因组的结构和功能。

近年来，大量基因组测序数据有助于发现新的酶及其相关代谢途径，也加快了异源宿主中代谢途径的从头构建的研究。同时由于 CRISPR-Cas9 基因组编辑技术的发展，极大地增强了对一个或几个特定基因组位点进行编辑的能力。DNA 从头合成技术的进步使合成基因组学（Synthetic Genomics）这一门科学快速兴起，即可通过大规模的工程化设计及遗传操作，将人工合成的 DNA 序列进行组装拼接，合成具有生物学功能的新基因组，创造出全新的生命体。

2. 医学真菌基因组学

现在已知的能引起人类疾病的真菌有 300 余种，其引起疾病的表现多种多样。真菌病尤其是深部真菌感染病例日益增多，真菌病已成为影响人类生活质量、威胁生命健康的重要疾病之一。近年来，随着重要病原真菌基因组测序的基本完成，对其毒性因子的研究深入而广泛。基因组学研究对医学真菌进化发育、菌株鉴定、致病机制和药物作用机制研究以及抗真菌药物开发等产生了重要影响。

（1）念珠菌基因组学　念珠菌是最常见的深部致病真菌，优势菌种为白色念珠菌，其次为热带念珠菌、光滑念珠菌（*Candida glabrata*）、克柔念珠菌（*C. krusei*）和近平滑念珠菌等。其中一个突出的问题是热带、克柔和光滑念珠菌的药物抵抗，尤其是对唑类药物的耐药性。白色念珠菌 SC5314 二倍体基因组大小 27.56Mb，编码基因 14217 个，预测蛋白

14217 个。含有 8 对同源染色体（染色体 1~7 和染色体 R），长度为 0.95~3.0Mb，G+C 摩尔百分含量 33.4%。白色念珠菌富含短序列重复片段，其脂类和氨基酸降解酶的组成十分复杂，而主要重复序列存在每条染色体上；染色体存在广泛的移位和压力诱导的丢失现象。与酿酒酵母相比，白色念珠菌基因组大小是其 1.3 倍，两者仅 64%的序列相同，并不比与人和其他距离较远的酵母菌的相似性更高。在全基因组和线粒体基因组，两者均存在代谢上的差异。另外，白色念珠菌存在与毒力相关的一些大的基因家族，如凝集素样序列（Agglutinin Like Sequence，ALS）、铁转运蛋白、分泌型天冬氨酸蛋白酶、分泌型脂酶等相关基因，这些均可能导致白色念珠菌的强致病性。念珠菌全基因组大小在 10.6~15.4Mb，单倍体的基因小于二倍体，但编码基因数量接近，5733~6318 个，并不与基因组大小成正相关。(G+C)%变动在 33%~45%，转座子及其他重复片段也存在变异，主要重复序列只存在于白色念珠菌和热带念珠菌中。致病菌中存在一些基因家族的高表达，如参与酯酶、寡肽、转运蛋白、黏附素合成的家族，参与合成细胞壁 Hyr/Iff，Als 黏附素和 Pga30 样蛋白的家族，参与合成胞外酶和转膜蛋白家族的高表达。这些数据整合了全球念珠菌多样性，确认了念珠菌从寄生菌向致病菌进化中基因序列上的改变，如分泌蛋白和细胞壁蛋白的扩展，包括 SAP 家族（Secreted Aspartyl Proteinase）和 ALS（Agglutinin-like Sequence）家族的扩展。另外，白色念珠菌具有一些种特异性基因家族的扩展，如与菌丝生长有关的一个富含亮氨酸重复家族和 Fgr6-1 家族。光滑念珠菌基因组为 12.34Mb，含有 13 条同源染色体，共有 5499 个基因，编码 5213 个蛋白。拟平滑念珠菌（*C. orthopsilosis*）基因组 12.66Mb，8 条染色体，5784 个基因，编码蛋白 5678 个。

（2）隐球菌基因组学　隐球菌属（*Cryptococcus*）为出芽酵母，广泛存在于自然界，其最具代表性的新生隐球菌（*Cryptococcus neoformans*）广泛分布于全球，易引起中枢神经系统感染。该菌更容易感染 HIV 患者，需要终生维持治疗。新生隐球菌基因组约 19Mb，14 条染色体，6600 个编码基因，6500 个内含子。转座子很多，占据大约 5%的基因序列，集中在候选着丝粒区。这些转座子可能与其核型不稳定及形态变异有关。新生隐球菌为单倍体，有明确的有性期，其表型（a 型或 α 型）与致病性相关，控制该致病性的区域为 MAT 位点，并发现了几个附带基因。另外，在非 MAT 区也存在与配型相关的基因，弥散分布于全基因组。作为雌雄异体，新生隐球菌不存在表型转换，与之相应的是，基因组中不存在交配型基因座（MAT）沉默盒。发现了参与荚膜形成的一些特殊基因，如 CAP60 基因家族和 CAP10 基因家族。细胞壁结构复杂，有超过 50 种的特有的胞外甘露聚糖。与白色念珠菌相比，新生隐球菌约有 10%的特异性基因，缺乏白色念珠菌细胞表面的与黏附相关的大量蛋白，但存在很多与荚膜和黑素产生相关的基因。此外，药物流出转运子比念珠菌多，这些暗示了两者不同的发病机制。新生隐球菌编码大量真菌共有的序列（65%），在一定程度上能映射出酿酒酵母基因组结构和功能。但是，与酿酒酵母相比，该菌具有约 10%的特有系列，富含内含子和转录子，存在广泛的选择性剪接和反义转录现象，但不存在酿酒酵母和念珠菌的全基因组复制现象。提示该菌比酿酒酵母具有更复杂的基因结构。格特隐球菌（*Cryptococcus gattii*）感染近年来在北美洲西部高发，常发生于免疫正常人群。格特隐球菌基因组大小为 17.2~18.4Mb，含 14 条同源染色体，编码基因 6580 个。格特隐球菌复合体内存在种间变异。环境株和临床株间也存在相当大的变异。对氟康唑耐药的菌株存在染色体部分片段的复制现象和染色体倍型差异。格特隐球菌与新生隐球菌比较，存在广泛的染色体重组。

（3）烟曲霉基因组学　烟曲霉能引起人、畜和禽类的肺曲霉病及其他疾病。烟曲霉全基因组长 29.4Mb，包括 8 条 1.8~4.9Mb 的染色体，G+C 摩尔百分含量为 49.9%，预测编码基因 9926 个，平均长度为 1431bp，但其中 1/3 基因功能未知。与构巢曲霉和米曲霉相比，烟曲霉有 500 个特异基因，包括砷酸盐还原酶基因和其他基因，推测这些特殊基因通过水平基因转移方式从土壤细菌中获得。特殊基因包括：雌雄异体的补充基因、不同于酵母细胞的胞壁装配基因、细胞死亡通路分子、参与编码二级代谢产物和真菌毒素的基因簇、参与编码药物外排泵基因以及编码各种大分子的基因。

烟曲霉可产生多种真菌毒素如烟曲毒素（Fumagillin）、胶霉毒素（Gliotoxin）、烟曲霉毒素（Fumitremorgin）、疣孢青霉原（Verruculogen）、烟曲棒麦角素（Fumigaclavine）、烟曲霉酸（Helvolic acid）和鞘脂菌素（Sphingofungins），这些毒素为二级代谢产物，与致病和引起过敏性哮喘有关，为曲霉特殊的致病因子。基因组信息发现这些代谢物由一些特异性的基因簇所控制，烟曲霉有 26 个调控二级代谢产物的基因簇，其中 13 个与米曲霉和构巢曲霉同源，但与后两者相比，烟曲霉已经丧失了多个相关的簇和重要基因。这些特异的基因簇控制着一些调节基因、耐药基因和无功能基因，弥散分布于全基因组，在染色体末端相对较多。其中比较重要的基因 *lae*A 簇，可编码甲基转移酶，调控曲霉的二级代谢产物。丢失该基因后，曲霉将不能产生黄曲霉毒素、杂色曲霉素、土霉素等多种真菌相关毒素，导致烟曲霉和构巢曲霉变为无毒力株。

子囊菌中丝状菌控制性别的基因位点有两个，MAT-1 和 MAT-2，同宗配合时含有两个基因，异宗配合时只含有其中一个基因。烟曲霉含有性别控制的全部 61 个基因，Af293 菌株包括 MAT-2 型基因，而其他一些菌株（如 CEA10）包含 MAT-1 型基因，显示烟曲霉可能为雌雄异体，可以进行有性繁殖，或者说在特定条件下可以发生有性繁殖。

烟曲霉序列与酵母菌（白色念珠菌和新生隐球菌）共有基因序列不多。推测是其不同的基因通过水平基因转移方式从土壤细菌中获得，促进该菌从植物中获取营养。在进化过程中，它具有了敏感的环境感应器，抵抗氧化应激及耐受高温的能力，能通过大量的流出泵输出真菌毒素，快速生长超过组织对它的抵抗等，最终导致它获得侵袭免疫抑制人群的能力。与酵母菌相比，其细胞壁缺乏后者细胞壁上的 β-1,6-葡聚糖、肽聚甘露聚糖（Peptidomannan）、GPI 锚定蛋白和 PIR 蛋白等维持细胞壁结构完整性的蛋白。但是，在烟曲霉基因组序列中存在一类疏水蛋白，类似于 GPI 锚定蛋白，在真菌连接到疏水表面、提供立体结构以及孢子存活中占据重要地位。烟曲霉基因组与构巢曲霉和米曲霉序列相差甚远。500 多个特异性蛋白在构巢曲霉和米曲霉中未发现同源物，其中 1/3 表现出与其他真菌产物的相似性，一些参与次级代谢物的生物合成。

（4）皮肤癣菌基因组学　皮肤癣菌感染引起人体浅部真菌病，该类疾病具有最高的发病率和患病率，全球皮肤癣菌病的治疗费用为每年超过 5 亿美元。因此，对皮肤癣展开基因组测序，借此研究其发病机制，具有与深部真菌同等重要意义。皮肤癣菌基因组信息研究显示，与其他致病真菌相比，皮肤癣菌具有大量的降解角质的蛋白酶类。本哈密节皮癣菌（*Arthroderma benhamiae*，须癣毛癣菌的有性期）全基因 22.3Mb，含有 7980 个编码蛋白基因，5809 个内含子；疣状毛癣菌（*Trichophyton verrucosum*）基因组为 22.6Mb，含 8024 个基因，内含子 5744 个。基因系列上二者具有良好的可比性，97%的系列共线性。

两种皮肤癣菌均富含长的 G+C 结构，被短的 A+T 岛所分隔。两种菌均具有完备的糖代谢和脂代谢基因，可自主合成 20 种必需氨基酸和 5 种核苷酸碱基。与其致病性相关的是，转录组分析发现这两种皮肤癣菌存在基因家族扩展现象，较其他真菌更富含合成二级代谢产物的基因簇，且均富含水解酶，包括降解角质的蛋白酶和脂解酶，这些编码基因与球孢子菌和烟曲霉存在数量和种类上的差异，考虑与皮肤癣菌的亲角质性相关。有趣的是，虽然本哈密节皮癣菌为有性生殖，而疣状毛癣菌无有性生殖，但是研究发现两种菌均存在完备的交配和减数分裂调控基因，说明后者缺乏有性期并不是由于参与有性繁殖的关键基因缺乏。皮肤癣菌基因组富含 LysM 结构域，该结构域与结合细胞壁上的几丁质及相关糖类有关。皮肤癣菌也编码一系列真菌特异性激酶，但具体特异性功能未知，包括非功能性假激酶（pseudokinases），后者可能与底物竞争结合位点，抑制磷酸化，发挥异位效应，或扮演信息通路中的信号分子。皮肤癣菌还富含大量合成二级代谢产物的酶类，如合成新的化合物的皮肤癣菌特异性基因。另外，皮肤癣菌还富含几类蛋白酶类，与其在角质层上繁殖或获得营养有关。这些基因组信息分析，大大有利于我们了解皮肤癣菌如何与角质细胞作用、应对机体免疫系统、引起皮肤慢性感染等机制。

3. 卵菌基因组学

卵菌（Oomycete）是一类低等真菌，形似绿藻，但失去色素体；菌体除少数外，营养体大多为管状分枝、无隔、多核的菌丝体；细胞壁含纤维素；无性生殖形成孢子囊，产生孢囊孢子；水生种类具有游动孢子；有性生殖卵式生殖，产生合子称为卵孢子，减数分裂在配子产生时进行，合子萌发形成二倍体的营养体（菌丝体）。卵菌包括腐生菌及植物、昆虫、鱼、甲壳类、脊椎动物和许多微生物的病原菌，病原卵菌导致许多作物、花卉等发生灾难性病害，引起严重的经济损失，同时造成自然生态环境的破坏。卵菌是具有独特分类地位的群体，由于表现出丝状等特性，传统上被划分到真菌界中。随着卵菌分子生物学及生理生化研究的发展，有更多的证据表明卵菌与褐藻等藻类在进化上同属于假菌界（Chromista），而真菌则和动物有更多的同源性。

卵菌的基因组大小差别较大。腐霉（*Pythium*）的基因组在卵菌中是最小的，18.8~41.5Mb。水霉（*Saprolegnia*）的基因组大约为 51Mb。卵菌细胞中还存在一些小的染色体，在光学显微镜下很难分辨，因而卵菌细胞中的单倍染色体很难定量。显微镜分析显示致病疫霉（*Phytophthora infestans*）有 8~10 条染色体，而大豆疫霉（*Phytophthora sojae*）有 10~13 条染色体。大雄疫霉（*Phytophthora megasperma*）有 7~13 条带，恶疫霉（*Phytophthora cactorum*）有 6 条带，苎麻疫霉（*Phytophthora boehmeriae*）有 4~5 条带，而辣椒疫霉（*Phytophthora capsici*）有 3~4 条带。

卵菌存在着独特的转录机制。在真核生物中较常见的元件如 TATAbox 在卵菌启动子中却并不常出现。卵菌的转录起始位点位于起始密码子上游 50~100bp 处，表明卵菌能够产生高度紧凑的转录物，即它具有真核生物中最短的 5′-非翻译区。在卵菌开放读码框下游发现富含 AT 的序列。大多数卵菌基因并不含有内含子。大豆疫霉和致病疫霉基因组中 GC 含量约为 58%。疫霉的翻译起始密码子 ATG 附近存在着保守的真核生物共有序列 ACCATGA。

卵菌核中存在着转座子元件、基因转换、有丝分裂重组及细胞中对生命活动不重要的一些染色体，这些因素可能引起了卵菌的基因组的不稳定。在疫霉菌基因组中存在着大量的转座子序列，它们在基因组中的拷贝数为10~1000。

4. 丝状真菌基因组学

丝状真菌（Filamentous Fungi）通常是指那些菌丝体比较发达而又不产生大型子实体的真菌，在自然条件下常引起食物、工农业产品的霉变和植物的真菌病害。真菌被广泛用于各种食物、药物、调味剂、酶制剂、饲料等的生产。某些丝状真菌与农业生产密切相关，它们能引起农作物疾病，也能用于对病害进行生物防治。真菌的这种代谢多样性使得对其的研究充满了挑战性，同时又具有极高的理论价值和应用潜力。一些常见丝状真菌基因组的主要特征见表6-2。

表6-2　　常见丝状真菌基因组主要特征

真菌	染色体数	基因组大小（Mb）	推定编码基因数	参考文献
黄曲霉（*Aspergillus flavus*）	8	36	12000	Cleveland 等，2009
棒曲霉（*Aspergillus clavatus*）	5	28	9323	王龑等，2015
构巢曲霉（*Aspergillus nidulans*）	8	31	11000~12000	王龑等，2015
黑曲霉（*Aspergillus niger*）	8	34	10947	王龑等，2015
土曲霉（*Aspergillus terreus*）	8	35	9960	王龑等，2015
灰葡萄孢霉（*Botryotinia fuckeliana*）	30	38	11000~17000	王龑等，2015
轮状镰刀菌（*Fusarium verticillioides*）	11	46	16000	王龑等，2015
禾谷镰刀菌（*Fusarium graminearum*）	4	40	11000~14000	王龑等，2015
产黄青霉（*Penicillium chrysogenum*）	4	34	11000~12000	王龑等，2015
稻瘟病菌（*Magnaporthe grisea*）	7	40	9000	Xu 和 Xue，2002
粗糙脉孢菌（*Neurospora crassa*）	7	40	10000	Galagan 等，2003
里氏木霉（*Trichoderma reesei*）	7	34	9129	Martinez 等，2008
玉蜀黍黑粉菌（*Ustilago maydis*）	23	20	3902	Kämper 等，2006
顶头孢霉（*Acremonium chrysogenum*）	8	32	9050	Terfehr 等，2014
黄孢原毛平革菌（*Phanerochaete chrysosporium*）	11	30	11777	Martinez 等，2004
鹅柄孢壳菌（*Podospora anserina*）	7	36	10545	Espagne 等，2008

酵母和丝状真菌在初级代谢方面有很多共同之处，但在次级代谢方面，丝状真菌更显活跃和多样化。因此，在丝状真菌的次级代谢过程中很可能涉及许多其他基因的存在。粗糙脉孢菌在形态和进化上比酿酒酵母更复杂。粗糙脉孢菌具有更多的孤儿基因，认为其形态上的复杂性反映了新基因的获得或者保存，这也与更大的基因组相对应。研究人员发现部分粗糙脉孢菌基因在其他生物中存在同源物，而在酿酒酵母中未发现同源基因的存在，原因可能是酿酒酵母缺失了相应的基因。粗糙脉孢菌的一些基因产物是真菌所特有的蛋白质。

较之大多数真核生物，真菌的基因组基因密度高、重复序列少，这些特点使真菌基因组实用而有效。真菌基因编码序列长度平均在 1.3～1.9kb。真菌内含子密度范围多样，担子菌如新型隐球酵母的每个基因含 5～6 个内含子。许多最近测序的子囊菌平均每个基因含 1.2 个内含子；而啤酒酵母中总共不到 300 个内含子。另外，真菌内含子很小，许多子囊菌的内含子平均只有 80～150bp。

多重染色体的比较分析表明真菌在基因组水平上存在很大分歧。一般认为，完整真菌染色体的分析在一个相对较短的进化时间范围内会迅速打破之前的保守相似性，即使是同属真菌在基因水平上也显示出显著的分歧。在真菌基因组的研究过程中，人们惊奇地发现，真菌比植物和低等动物与人类亲缘关系更近。发现约有 1000 个人类蛋白质与真菌的同源性高于其他动物如线虫或果蝇等，他们推断认为人类基因组的功能基因跟酵母及高等真菌的亲缘关系更近。

二、细菌基因组学

细菌基因组的结构特点在许多方面与病毒的基因组相似，而在另一些方面又有其独特的结构和功能。

1. 细菌染色体基因组结构的一般特点

（1）基因组通常仅由一条环状双链 DNA 分子组成　细菌的染色体相对聚集在一起，形成一个较为致密的区域，称为类核（又称拟核，Nucleoid）。类核无核膜与胞浆分开，类核的中央部分由 RNA 和支架蛋白组成，外围是双链闭环的 DNA 超螺旋。染色体 DNA 通常与细胞膜相连，细胞膜可能发挥着固定染色体的作用。另外，在细胞分裂时将复制后的染色体均匀地分配到两个子代细菌中。有关类核结构的详细情况目前尚不清楚。

（2）具有操纵子结构　其中的结构基因为多顺反子，即数个功能相关的结构基因串联在一起，受同一个调节区的调节。数个操纵子还可以由一个共同的调节基因即调节子所调控。

（3）结构基因单拷贝和 rRNA 基因多拷贝　在大多数情况下，结构基因在细菌染色体基因组中都是单拷贝，但是编码 rRNA 的基因 *rrn* 往往是多拷贝的，这样可能有利于核糖体的快速组装，便于在急需蛋白质合成时细胞可以在短时间内大量生成核糖体。

（4）非编码序列少　和病毒基因组相似，细菌基因组上不编码的 DNA 部分所占比例比真核细胞基因组少得多。

（5）具有编码同工酶的同基因　例如，在大肠杆菌基因组中有两个编码分支酸变位酶的基因、两个编码乙酰乳酸合成酶的基因。

（6）无基因重叠现象　和病毒基因组不同的是，在细菌基因组中编码序列一般不会重叠，即不出现基因重叠现象。

（7）具有各种功能的识别区域　如复制起始区 *OriC*，复制终止区 *TerC*，转录启动区和终止区等。这些区域往往具有特殊的序列，并且含有反向重复序列。

（8）在基因或操纵子的终末往往具有特殊的终止序列　这些特殊的终止序列可使转录终止和 RNA 聚合酶从 DNA 链上脱落。例如，大肠杆菌色氨酸操纵子后尾含有 40bp 的 GC 丰富区，其后紧跟 AT 丰富区，这就是转录终止子的结构。终止子有强、弱之分，强终止子含有反向重复序列，可形成茎环结构，其后面为 polyT 结构，这样的终止子无需终止蛋白参与即可以使转录终止。而弱终止子尽管也有反向重复序列，但无 polyT 结构，需要有终止蛋白参与才能使转录终止。

2. 大肠杆菌染色体基因组的结构和功能

大肠杆菌染色体基因组是研究最清楚的基因组。估计其基因组含有 3500 个基因，75 个操纵子。已知基因中 8%的序列具有调控作用。大肠杆菌染色体基因组中已知的基因多是编码一些酶类的基因，如氨基酸、嘌呤、嘧啶、脂肪酸和维生素合成代谢的一些酶类的基因，以及大多数碳、氮化合物分解代谢的酶类的基因。除了有些具有相关功能的基因在一个操纵子内由一个启动子转录外，大多数基因的相对位置是随机分布的。如控制小分子合成和分解代谢的基因、糖酵解酶类的基因等。

在已知转录方向的 50 个操纵子中，27 个操纵子按顺时针方向转录，23 个操纵子按逆时针方向转录，即 DNA 两条链作为模板指导 mRNA 合成的概率差不多相等。在大肠杆菌染色体基因组中，差不多所有的基因都是单拷贝基因。另外，由于大肠杆菌细胞分裂极快，可以在 20min 内完成一次分裂，因此，携带多拷贝基因的大肠杆菌并不比单拷贝基因的大肠杆菌更为有利；相反，由于多拷贝基因的存在，使 *E. coli* 的整个基因组增大，复制时间延长，因而更为不利，除非在某种环境下，需要有多拷贝基因用来编码大量的基因产物，例如，在有极少量乳糖或乳糖衍生物的培养基上，乳糖操纵子的多拷贝化可以使大肠杆菌充分利用乳糖分子。但是，一旦这种选择压力消失，如将大肠杆菌移到有丰富的乳糖的培养基上，多拷贝的乳糖操纵子便没有存在的必要。相反，由于需要较长的复制时间，这种重复的多拷贝基因会重新丢失。

大肠杆菌染色体基因组中，大多数 rRNA 基因集中于基因组的复制起点 *oriC* 的位置附近。这种位置有利于 rRNA 基因在早期复制后马上作为模板进行 rRNA 的合成以便进行核糖体组装和蛋白质的合成。从这一点上看，大肠杆菌基因组上的各个基因的位置与其功能的重要性可能有一定的联系。

3. 乳酸菌基因组学

乳球菌属（*Lactococcus*）、肠球菌属（*Enterococcus*）、酒球菌属（*Oenococcus*）、片球菌属（*Pediococcus*）、链球菌属（*Streptococcus*）、明串珠菌属（*Leucanostoc*）和乳杆菌属（*Lactobacillus*）细菌大多是重要的工业乳酸菌。

（1）乳酸菌基因组学　2001 年，第一株乳酸菌即乳酸乳球菌乳酸亚种 IL1403 基因组测序的完成，揭开了乳酸菌基因组学研究的新篇章。截至 2016 年 1 月，NCBI 基因组数据库中已完成全基因组测序的乳酸菌超过 300 个种。乳酸菌基因组学研究为从分子水平上揭示乳酸菌的多样性和进化历程，解析生理和代谢机制，挖掘重要性状相关的功能基因，进而加速优良菌种的选育和改造以及高效利用乳酸菌，提高发酵工业化水平等提供了依据。

乳酸杆菌目的乳酸菌基因组相对较小，一般为 2Mb 左右，平均 2000 个基因。其中，植物乳杆菌 WCFS1 的基因组最大，为 3.31Mb。放线菌门的乳酸菌基因组相对较大，一般在 2Mb 以上，其中扩展短杆菌（*Brevibacterium linens*）基因组为 4.2Mb。放线菌门的乳酸菌的基因组的 GC 含量高，一般在 60%以上。不同种之间基因数目 1600~3000 个。基因数目呈现的差异表明乳酸菌处于一个动态的进化过程之中。所有的乳酸菌都含有假基因，假基因数目 20~200 个。乳酸菌中含有转座因子——插入序列（Insertion Sequence，IS），大小一般在 750~2500bp，数量 0.2%~5%，说明有较高的遗传可塑性。许多乳酸菌，尤其是乳球菌中，含有多种质粒，大小 1.9~130kb。质粒编码的基因占总基因数目的 0~4.8%（表 6-3）。

表 6-3　　常见乳酸菌的基因组特征（颜翼、伦永志，2010）

乳酸菌	基因组/Mb	(G+C)/%	编码基因/%	基因数量	编码蛋白质数量	RNA 基因数量	假基因数量
肠膜状明串珠菌（*Leuconostoc mesenteroides*）	2.0	37	88	2073	1970	85	19
戊糖片球菌（*Pediococcus pentosaceus*）	1.8	37	87	1847	1755	72	20
酒类酒球菌（*Oenococcus oeni*）	1.8	37	82	1864	1691	51	122
嗜酸乳杆菌（*Lactobacillus acidophilus*）	2.0	34	88	1936	1862	74	0
干酪乳杆菌（*Lactobacillus casei*）	2.9	64	82	2909	2751	76	82
短乳杆菌（*Lactobacillus brevis*）	2.3	46	84	2314	2158	82	49
乳酸乳球菌乳脂亚种（*L. lactis* subsp. *cremoris*）	2.5	35	82	2597	2434	81	82
嗜热乳酸链球菌（*Streptococcus thermophilus*）	1.9	39	76	2003	1710	87	206
加氏乳杆菌（*Lactobacillus gasseri*）	1.9	35	88	1898	1755	98	48
德氏乳杆菌（*Lactobacillus delbrueckii*）	1.9	49	77	2040	1721	127	192
米酒乳杆菌（*Lactobacillus sakei*）	1.9	41	86	1963	1879	84	0

乳酸乳球菌主要用作干酪的发酵剂，IL1403 基因组为 2.36Mb，GC 含量为 35.4%，预测含有 2310 个基因，平均每个基因长度为 879bp。编码区占基因组的 86%，RNA 为 1.4%，非编码区为 12.6%。基因组中含有 6 个 rRNA 操纵子、62 个 tRNA 基因。该基因组含有 6 种不同的插入序列，总计长度为 42kb。插入序列随机分布于染色体上，该菌株可能是两个亲缘关系相近基因组发生基因重组的产物。该基因组涵盖了 6 个原噬菌体，其中 *pi*1-*pi*3 编码蛋白 49~60 个。另外三个分子质量较小（11~15kb）编码蛋白 16~23 个，由于缺乏编码噬菌体结构的相关基因，可能作为其他噬菌体的辅助噬菌体。乳酸乳球菌在厌氧条件下，通过糖酵解途径将糖转化成乳酸。在基因组中发现了葡萄糖转化成丙酮酸过程中所需要的全部基因，无三羧酸循环、糖异生以及回补反应相关的酶类。有趣的是，厌氧生活的乳酸乳球菌基因中含有好氧呼吸所必需的基因，暗示了遗传信息从乳球菌属到革兰染色阴性的肠细菌沙门菌属和埃希菌属的水平转移。

嗜酸乳杆菌属于同型乳酸发酵菌。该菌 NCFM 菌株是一株已被广泛应用的商业化菌株，广泛应用于液态乳、酸乳、固态液化食品、婴幼儿食品和果汁中，是公认的最具经济价值的益生菌。嗜酸乳杆菌 NCFM 基因组 1.99Mb，GC 含量 34.71%，预测含有 1864 个基因。在基因组发现了 9 个与噬菌体整合相关的整合酶基因，但是未发现任何完整的噬菌体。预测 9 个双组分信号转导系统，其中一些与细菌素的合成和耐酸性有关。与其他的嗜酸菌相比，嗜酸乳杆菌缺乏大多数维生素和氨基酸的生物合成能力，但是编码了大量的转运蛋白，具有强的发酵能力。

（2）乳酸菌功能基因组学　已经确定了大量重要性状相关基因，如糖类代谢基因、细菌素合成基因、黏膜结合蛋白基因、脂多糖合成基因等。

①糖代谢相关基因　乳酸菌对各种碳水化合物及相应物质具有很强分解能力，在发酵过程中耦联的底物水平磷酸化产生 ATP 是主要的能量来源。大多数乳酸菌均具有糖代谢相关基因，如糖酵解下游 3-磷酸甘油酸转化为丙酮酸的基因、丙酮酸转化为乳酸和丁二酸的基因、磷酸戊糖途径的关键酶基因、甘露糖磷酸转移酶系统关键酶基因等。与其他乳酸菌相比，植物乳杆菌对生长环境中多种糖源具有更强的适应性，这主要是由于其含有大量糖转运蛋白，大部分是磷酸烯醇式丙酮酸（Phosphoenol pyruvate，PEP）依赖型的己糖磷酸转移酶（Phosphotransferase System，PTS）。除此以外，还发现了近 30 个其他糖转运系统相关的转运蛋白。

②黏膜结合蛋白基因　许多肠道乳酸菌中含有编码黏膜结合蛋白（MUB 蛋白）的基因编码细胞外蛋白，与乳酸菌的黏附性能相关，在乳酸菌与宿主胃肠道的交互作用中起着非常重要的作用。目前在植物乳杆菌、嗜酸乳杆菌、沙克乳杆菌、约氏乳杆菌、乳酸乳球菌乳脂亚种、短乳杆菌等乳酸菌基因组中发现了黏膜结合蛋白，这些蛋白的大小从 1000 到 4300 个氨基酸不等；并且这些蛋白的黏膜结合区域大小也不尽相同，从 100 个氨基酸到 200 个氨基酸不等。一个黏膜结合蛋白可含有 1 个或多个黏膜结合区域，最多可达到 15 个。预测嗜酸乳杆菌 NCFM 基因组中含有 13 个黏膜结合蛋白，其中 LBA1392 与罗伊氏乳杆菌已经定性的黏膜结合蛋白具有 25%的同源性，并且大小相似。

（3）乳酸菌比较基因组学

①应用于细菌协作研究　德氏乳杆菌保加利亚亚种和嗜热链球菌在牛乳发酵过程中彼此促进生长并产生酸化。德氏乳杆菌保加利亚亚种具有一种胞外细胞壁结合蛋白酶，可以降解牛乳蛋白；通常嗜热链球菌不具有此类蛋白酶。前者分解牛乳蛋白为后者提供肽和氨基酸；同时嗜热链球菌产生的甲酸和二氧化碳将促进德氏乳杆菌保加利亚亚种的生长。比较基因组学研究发现，还存在着其他的因素在二者协作上扮演着重要角色。德氏乳杆菌保加利亚亚种基因组序列编码了一整套合成叶酸的基因。叶酸是许多代谢反应的辅助因子，也是人类所需的重要维生素。然而，该菌没有产生叶酸的组成成分对氨基苯甲酸（*p*-amino Benzoic Acid，PABA）的途径。而嗜热链球菌拥有合成 PABA 和叶酸所必需的酶。因此，二者共培养时，可以产生较高水平的 PABA 和叶酸。

聚胺参与多种细胞生化反应，对于抗氧化压力具有重要作用。在德氏乳杆菌保加利亚亚种基因组中发现了两个 ABC 转运系统负责腐胺和亚精胺的吸收，同时发现了 2 个编码鸟氨酸脱羧酶（催化鸟氨酸转化为腐胺）的基因。但是该菌没有产生鸟氨酸的必需基因。嗜热链球菌也有一个 ABC 转运系统，专门吸收腐胺和亚精胺；同时嗜热链球菌含有鸟氨酸合成基因，但不含编码鸟氨酸脱羧酶的基因。因此，推测在发酵过程，二者相互交换鸟氨酸和腐胺，相互得利。

预测了有限数量的细胞壁蛋白和细胞外蛋白，可能其中一些蛋白参与了两个菌之间的联系。从发酵的角度来看，存在于两个菌中的胞外多糖基因簇表现出高度的不同。这些菌株中胞外多聚糖基因簇的变化，可能对酸乳的质地特性有一定的影响。

②应用于细菌进化研究：乳杆菌属是乳酸杆菌科中最大的一个属，包括 100 多种。比较基因组学为研究乳杆菌进化提供了新的途径。对来自乳杆菌属的唾液乳杆菌、植物乳杆

菌、嗜酸乳杆菌、约氏乳杆菌和沙克乳杆菌等5个种的乳酸菌基因组进行比较，基于整个基因组序列建立的系统发育进化分析，表明唾液乳杆菌与植物乳杆菌亲缘要近于沙克乳杆菌。对嗜酸乳酸菌群中嗜酸乳杆菌、约氏乳杆菌、格氏乳杆菌、德氏乳杆菌保加利亚亚种、沙克乳杆菌等5种乳酸菌基因组进行比较研究，发现约氏乳杆菌与格氏乳杆菌、嗜酸乳杆菌以及德氏乳杆菌保加利亚亚种在蛋白质序列和基因组同线性等方面显示出极高的相似性，相比而言与沙克乳杆菌基因组的相似性较低。嗜酸乳酸菌群中各种乳酸菌之间相似性呈阶梯式降低，表明在该群中存在着垂直进化的因素。

4. 病原细菌基因组学

细菌基因组研究加快了重要致病基因发现的速度，同时通过发现致病性细菌的特异DNA序列，提高了临床诊断的效率和准确性，并可促进新药的发现和疫苗开发，也为人类认识遗传性疾病的机制提供线索。病原细菌的比较基因组学研究可以揭示某些控制病原菌以人为宿主的专一性基因，促进疫苗和特异性药物的开发；还可以得出某些特定功能所必需的基因，从而进一步了解细菌与宿主和环境之间的相互关系。

（1）流感嗜血杆菌基因组特征　无毒力的Rd株基因组大小为1.8Mb，G+C含量为38%，与人类基因组十分接近。在整个基因组中共鉴定出1743条预测编码序列，其中736条没有检索到同源匹配序列，389条未找到对应蛋白，347条在数据库中存在假设蛋白，1007条预测编码区确定了功能。

（2）结核分枝杆菌基因组特征　结核分枝杆菌H37Rv菌株全基因组序列约4.41Mb，有3924个开放阅读框，4000个基因，G+C含量高达65.6%，以GTG为起始密码子的为35%。此外，富含GC的密码子编码的氨基酸如Ala、Gly、Pro、Arg和trp较多，富含AT的密码子编码的氨基酸如Asn、Lys、Phe和Tyr较少。G+C含量作图发现整个基因组的G+C含量分布极不均一，说明可能存在水平转移。几个高G+C含量区域属于PGRS（Polymorphic G+C Rich Sequence），AT含量高于平均值的区域主要编码聚乙酰类合成酶和跨膜蛋白。在3924个开放阅读框中，约40%有功能，44%可能有功能，16%为孤儿序列（与数据库序列无明显相似性）。基因有广泛的功能冗余，序列高度保守，可能和结核分枝杆菌的DNA修复机制忠实有关。

结核分枝杆菌的异柠檬酸裂解酶基因（*icl*）是使菌在小鼠中持续存活的关键基因。该基因的产物在细菌利用脂肪酸作为碳源的代谢中十分重要。当结核分枝杆菌感染机体由急性转入持续感染后，转为利用脂肪酸为碳源这一代谢旁路。这是将细菌的表型与宿主免疫系统作用相联系的首次报告。另一与细菌持续存活相关的基因*pacA*编码环丙烷合成酶，是形成α-分支盐的关键。α-分支酸盐是分枝菌酸末端形成碳环的结构，是覆盖分枝杆菌胞体表面的组分。在测序中还发现了两类不大相关的富含Gly的酸性蛋白，N端高度保守，富含Pro-Glu和Pro-Pro-Glu基序，分别被称作PE和PPE家族，具有高度多态性，可能是在复制时改变了链剪切的结果，通过改变表达蛋白的类型，提供给宿主免疫系统一个活动的靶子，从而逃避免疫系统。

（3）幽门螺杆菌基因组特征　幽门螺杆菌（*Helicobacter pylori*）只有一条环状染色体，26695菌株大小为1.66Mb，J99菌株为1.64Mb。J99菌株有1495个ORF，占全基因组的91%，其中89个ORF在26695菌株中不存在，并且J99菌株比26695菌株少95个ORF。全基因组约2/3为功能基因，1/5基因功能未知，1/4基因为特有基因。幽门螺杆菌基因组特有基因及毒力相关基因等通常在基因组上呈簇连续排列。有些基因虽然在染色体上非连续排列，但编码的蛋白质具有相似的结构域特征并组成重要的功能群。双核苷酸重复在启动子区域的出现，显示幽门螺杆菌以一种特殊的机制调控基因的表达。与其他细菌不同，幽门螺杆菌的 rRNA 位点并不相邻，提示可能是由一种复杂机制所调控。在 J99 基因组中发现有与枯草杆菌相同的 *gatABC* 基因，还发现菌株特异的 DNA 修饰/限制基因，其 G+C 含量比其他基因低，提示这些基因可能是通过“横向”途径获得的。至少有 40 个基因与鞭毛的结构形成，鞭毛蛋白的分泌、组装和调控有关。

（4）霍乱弧菌基因组特征　霍乱弧菌（*Vibrio cholerae*）ELTorN16961 菌株有 2 条环状染色体，分别为 2.96Mb 和 1.09Mb，共编码 3885 个 ORF，在大染色体上编码绝大多数已知起主要作用的基因，如 DNA 转录、转译、合成细胞壁的基因，及与致病性有关的基因。小染色体上带有在质粒中发现的宿主嗜好基因和基因捕获系统，推测小染色体起源于该菌祖先从外界捕获的一个巨大质粒。霍乱弧菌的基因组提供了在环境中自由存在的微生物如何转为对人有强致病性细菌的研究热点，分析这一细菌基因组将对细菌如何对环境因素应答而进化，及其演变的过程提供重要资料。

（5）肺炎链球菌基因组特征　肺炎链球菌 TIGR4 株基因组 2.16Mb，G+C 含量 39.7%。推测有 2236 个编码基因，其中 1081 和 1155 个基因分别位于 DNA 复制起点的左、右两侧，其中左侧 857 个和右侧 916 个基因的转录方向与 DNA 的复制方向一致。在 2236 个编码基因中，64%的功能已经明确，16%的编码基因在其他细菌中能找到同源序列，但功能不清，余下的则为孤儿基因（无同源家族）。肺炎链球菌有 1219 种推测蛋白在低 G+C 含量的 G^+菌中有同源性，其中与乳酸乳杆菌的同源性最高。肺炎链球菌不同菌株之间的毒力岛不同，导致了株间的不同毒力和抗原性。

（6）钩端螺旋体基因组特征　螺旋体是一种在进化和形态上均比较独特的微生物。与苍白密螺旋体和伯氏疏螺旋体相比较，钩端螺旋体基因组较大，且能够在环境中独立生存，因此，对钩体基因组的研究更具有重要的科学意义。由致病性钩体引起的钩体病是一种全球性自然疫源性疾病。我国是受钩体病危害严重的国家之一。钩端螺旋体（*Leptospira*）包含大小两个染色体，全长 4.33Mb，G+C%含量 36%，含有 4768 个基因，其中 4360 个基因位于大染色体（CI），367 个基因位于小染色体（CⅡ）。大多数与生长、变异相关的基因位于 CI，但某些重要基因仍定位于 CⅡ，表明 CⅡ是基因组的重要组成部分，而非由基因转移所致。钩体编码 rRNA 和 tRNA 的基因数量极少（只有 4 个 rRNA 和 37 个 tRNA），可能是其生长缓慢的重要原因之一。钩体基因组的研究进一步证实了钩体在进化上是一个比较特殊、古老的微生物。与其他能够培养的细菌相比，钩体基因组所编码的蛋白质更高比例具有真核蛋白质的结构特征，初步提示基因的水平转移可能是钩体获得致病性的原因。钩体基因组所编码的基因在排列顺序上更加分散，整个基因组中分布有包括 IS1500 和 IS1501 家族成员的多于 30 个拷贝的插入序列，说明基因组具有可塑性。

5. 口腔细菌基因组学

人体口腔的细菌种类和数量繁多，对口腔疾病的发展发挥重要的作用。此外，口腔细菌还可能与中风、消化系统癌症等疾病有一定的关系，甚至影响着人体的味觉。口腔细菌基因组学研究对口腔和其他相关疾病的病理机制、预防控制等具有较大意义。

（1）牙龈卟啉单胞菌基因组特征　牙龈卟啉单胞菌（*Porphyromonas gingivalis*）、齿垢密螺旋体（*Treponema denticola*）和具核梭杆菌（*Fusobacterium nucleatum*）与牙周疾病高度相关。牙龈卟啉单胞菌 W83 测序证实了已知的毒力因子，如半胱氨酸蛋白酶和其他的蛋白酶。在基因的组装阶段，当大量潜在的可插入序列（IS）正确地连接在一起便产生一个克隆重叠群。这些 IS 或 IS 片段与毒力因子相关。在 W83 菌株中至少有 96 个完整的 IS 或 IS 片段拷贝，这些 IS 片段属于 12 个家族。在许多临床或实验菌株中广泛存在 IS 片段。牙龈卟啉单胞菌的序列揭示了一些在其他黄杆菌和类杆菌属中存在的毒力因子的编码基因，包括一些免疫反应性表面蛋白是由 bat 操纵子编码的蛋白质，此外还能够通过转座子 Tn5520 与类杆菌进行基因交换。

（2）齿垢密螺旋体基因组特征　齿垢密螺旋体不仅是牙周炎的致病菌，也与苍白密螺旋体（*Treponema pallidum*）有亲缘关系。包括主要表面蛋白在内的几种表面蛋白是主要的毒力因子。齿垢密螺旋体利用氨基酸和多肽作为碳和氮的主要来源。齿垢密螺旋体基因组的蛋白质相应物中，14%由齿垢密螺旋体基因编码，而 64%则与苍白密螺旋体同源，但这些同源对应物大多是在蛋白质水平，而 DNA 序列相差甚远。齿垢密螺旋体的基因组比苍白密螺旋体基因组大得多。主要差别是苍白密螺旋体缺少限制-修饰系统，从而影响插入序列结构或噬菌体。但基因组大小的差异并不是苍白密螺旋体在进化中减少的唯一原因，一些种属间转移基因可能对生物膜中的生存至关重要，苍白密螺旋体丢失了部分代谢和转运中的基因，使其更加依赖宿主来获取营养物质，所以其不能适应人体生物膜结构。

（3）具核梭杆菌基因组特征　具核梭杆菌 ATCC25586 菌株有一个环状的染色体，约 2.17Mb，G+C 含量为 27%，大大低于口腔内其他细菌，不含有质粒（在 ATCC10593 中含有 3 个质粒）。和牙龈卟啉单胞菌一样，具核梭杆菌可利用氨基酸和多肽生长。具核梭杆菌是正常或牙周病相关牙菌斑的重要结构成分，可通过多种粘附素桥接生物膜中的不同微生物，其表面蛋白的作用包括黏附及和其他细菌的共聚集。在分析 ATCC25586 基因组的结构中，认为外膜蛋白是可能的共聚集蛋白、毒力因子和候选疫苗。

（4）中间普雷沃菌基因组特征　中间普雷沃菌（*Prevotella intermedia*）可与具核梭杆菌、微小消化链球菌（*Peptostreptococcus micros*）形成复合物。已找到中间普雷沃菌包括与凝血、溶血和血红蛋白结合活性等相关的毒力因子。从口内或口外感染病灶取得的中间普雷沃菌临床株对抗生素均有抗性，这是牙周炎致病菌中耐药菌之一，提示这种微生物可能是天然的抗生素抗性基因库，也可能是一个潜在的传播抗性基因的来源。中间普雷沃菌也含有一些牙龈卟啉单胞菌的免疫反应性表面蛋白和蛋白酶同源基因。牙龈卟啉单胞菌的一个插入序列 ISPg3 在中间普雷沃菌的蛋白质和核酸水平均有同源物，提示这两种细菌间的基因交换。

（5）伴放线放线杆菌基因组特征　伴放线放线杆菌（*Actinobacillus actinomycetemcomitans*，Aa）是一种兼性厌氧菌，与青少年牙周炎密切相关，已证实许多毒力因子，包括表面蛋白外毒素和其他促进侵袭性或破坏宿主防御系统的蛋白质，有抑制宿主组织修复的作用。测序的细菌 HKI651 是一个临床分离株，已知 88 个克隆重叠群的序列，预期的蛋白质与其他微生物有高度同源性，接近 43%的基因与嗜血流感杆菌有同源性，与巴氏杆菌有 41%同源性。在基因序列上，巴氏杆菌（*Pasteurella*）和 Aa 的基因序列高度保守，与嗜血流感杆菌基因组也有同源性。16S rRNA 序列分析表明，Aa 与嗜血流感杆菌有近的亲缘关系。

（6）变形链球菌基因组特征　变形链球菌（*Streptococcus mutans*）UA159 菌株只有

1 个环状染色体，基因组 2.03Mb，共编码 1963 个 ORF，其中 63%具有可推测功能，21%与其他细菌的基因有同源性，但功能未知，16%为变形链球菌所特有，基因平均长 885bp，G+C 含量为 36.82%，基因编码区的 G+C 含量为 37.54%，共有 65 个 tRNA 操纵子，5 个 rRNA 操纵子。测序结果揭示变形链球菌可代谢多种糖，合成所需的各种氨基酸，合成蛋白酶、肽酶以及其他外酶，同时 ORF 中的 15%用于编码各种转运系统，这些均说明变形链球菌可由宿主获取营养物质。变形链球菌 UA159 基因组全序列的测定对防龋药物的筛选、疾病预防和治疗性疫苗的设计将产生重要的影响。

三、病毒基因组的结构和功能

病毒是最简单的非细胞结构生物。完整的病毒颗粒包括外壳蛋白和内部的基因组 DNA 或 RNA，有些病毒的外壳蛋白外面还有一层来自宿主细胞的被膜，被膜内含有病毒基因编码的糖蛋白。病毒不能独立地复制，必须进入宿主细胞中借助细胞内的一些酶类和细胞器才能复制。外壳蛋白（或被膜）的功能是识别和侵袭特定的宿主细胞并保护病毒基因组不受核酸酶的破坏。

1. 病毒基因组的结构特点

（1）病毒的基因组很小　如乙肝病毒（Hepatitis B）DNA 只有 3kb，所含信息量也较小，只能编码 4 种蛋白质。痘病毒的基因组为 300kb，可以编码几百种蛋白质，不但编码病毒复制所涉及的酶类，甚至编码核苷酸代谢的酶类，因此，痘病毒对宿主的依赖性较乙肝病毒小得多。

（2）病毒基因组可以由 DNA 或 RNA 组成　病毒基因组的 DNA 或 RNA 可以是单链或双链的。可以是闭环分子，也可以是线性分子。如乳头状瘤病毒（Papilloma Virus）是一种闭环的双链 DNA 病毒，而腺病毒（Adenovirus）的基因组则是线性的双链 DNA，脊髓灰质炎病毒（Poliovirus）是一种单链的 RNA 病毒，而呼肠孤病毒（Reovirus）的基因组是双链的 RNA 分子。一般说来，大多数 DNA 病毒的基因组为双链 DNA 分子，而大多数 RNA 病毒的基因组是单链 RNA 分子。

（3）多条 RNA 的 RNA 病毒基因组　多数 RNA 病毒的基因组是一条 RNA，但也有多条的 RNA，如流感病毒（Influenza Virus）的基因组由 8 条 RNA 分子构成，每条 RNA 分子都含有编码蛋白质分子的信息；而呼肠孤病毒的基因组由双链的节段性的 RNA 分子构成，共有 10 个双链 RNA 片段，同样每段 RNA 分子都编码一种蛋白质。

（4）基因重叠现象普遍　基因重叠是指同一段 DNA 片段能够编码两种甚至三种蛋白质分子。这种现象在其他的生物细胞中仅见于线粒体和质粒 DNA，所以也可以认为是病毒基因组的结构特点。这种结构使较小的基因组能够携带较多的遗传信息。重叠基因是 1977 年 Sanger 在研究 φX174 时发现的。φX174 是一种单链 DNA 噬菌体，宿主为大肠杆菌。图 6-2 中 A、B、C 等为标记基因，未标记的为调控序列。它感染大肠杆菌后共合成 11 个蛋白质分子，总分子质量为 25 万 u 左右，相当于 6078 个核苷酸所容纳的信息量。而该病毒 DNA 本身只有 5375 个核苷酸，最多能编码总分子质量为 20 万 u 的蛋白质分子。Sanger 在弄清 φX174 的 11 个基因中有些是重叠基因之前，这样的矛盾长时间无法解决。重叠基因有以下几种情况：

①一个基因完全在另一个基因里面：如基因 A 和 B 是两个不同基因，而 B 包含在基

因 A 内。同样，基因 E 在基因 D 内。

②部分重叠：如基因 K 和基因 A 及 C 的一部分基因重叠。

③两个基因只有一个碱基重叠：如基因 D 的终止密码子的最后一个碱基是基因 J 起始密码子的第一个碱基。这些重叠基因尽管它们的 DNA 大部分相同，但是由于将 mRNA 翻译成蛋白质时的读框不一样，产生的蛋白质分子往往并不相同。有些重叠基因读框相同，只是起始部位不同，如 SV40DNA 基因组中，编码三个外壳蛋白 VP1、VP2、VP3 基因之间有 122 个碱基的重叠，但密码子的读框不一样。而小 t 抗原完全在大 T 抗原基因里面，它们有共同的起始密码子。

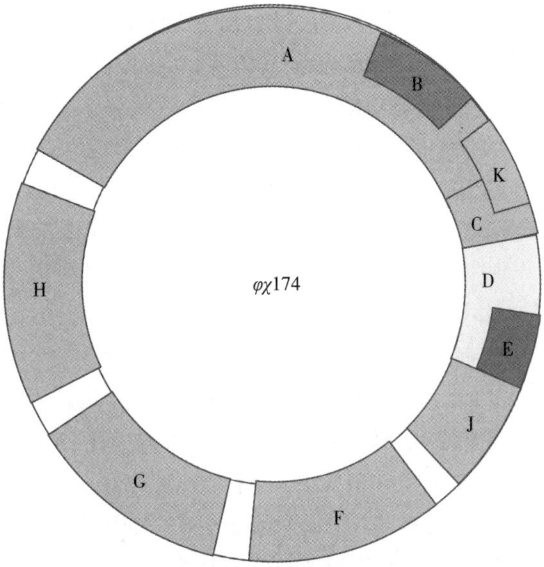

图 6-2　噬菌体 φΧ174 基因组结构

（5）病毒基因组大部分是用来编码蛋白质的，只有非常小部分不被翻译，这与真核细胞 DNA 冗余现象不同。如在 φΧ174 中不翻译的部分只占 217/5375，G4DNA 中占 282/5577，都不到 5%。不翻译的 DNA 序列通常是基因表达的控制序列。如 φΧ174 的 H 基因和 A 基因之间的序列（3906～3973）共 67 个碱基，包括 RNA 聚合酶结合位，转录的终止信号及核糖体结合位点等基因表达的控制区。乳头状瘤病毒是一类感染人和动物的病毒，基因组约 8.0Kb，其中不翻译的部分约为 1.0kb，该区同样也是其他基因表达的调控区。

（6）病毒基因组 DNA 序列中功能上相关的蛋白质基因或 rRNA 基因往往簇集在基因组的一个或几个特定的部位，形成一个功能单位或转录单元，它们可被一起转录成为含有多个 mRNA 的分子，称为多顺反子 mRNA，然后再加工成各种蛋白质的模板 mRNA。如腺病毒晚期基因编码病毒的 12 种外壳蛋白，在晚期基因转录时是在一个启动子的作用下生成多顺反子 mRNA，然后再加工成各种 mRNA，编码病毒的各种外壳蛋白，它们在功能上都是相关的。φΧ174 基因组中的 D-E-J-F-G-H 基因也转录在同一 mRNA 中，然后再翻译成各种蛋白质，其中 J、F、G 及 H 都是编码外壳蛋白的，D 蛋白与病毒的装配有关，E 蛋白负责细菌的裂解，它们在功能上也是相关的。

（7）除了反转录病毒以外，一切病毒基因组都是单倍体，每个基因在病毒颗粒中只出现一次。反转录病毒基因组有两个拷贝。

（8）病毒基因组中的内含子　噬菌体的基因是连续的，而真核细胞病毒的基因是不连续的，具有内含子。除了正链 RNA 病毒之外，真核细胞病毒的基因都是先转录成 mRNA 前体，再经加工切除内含子才能成为成熟的 mRNA。更为有趣的是，有些真核病毒的内含子或其中的一部分，对某一个基因来说是内含子，而对另一个基因却是外显子，如 SV40 和多瘤病毒（Polyomavirus）的早期基因就是这样。SV40 的早期基因即大 T 和小 t 抗原基因都是从 5146 开始逆时针方向进行，大 T 抗原基因到 2676 位终止，而小 t 抗原到 4624 位即终止了，但是，从 4900 到 4555 的一段 346bp 的片段是大 T 抗原基因的内含子，而该内含子中从 4900 至 4624 的 DNA 序列则是小 t 抗原的编码基因。同样，在多瘤病毒中，大 T 抗原基因中的内含子则是中 T 和 t 抗原的编码基因。

2. RNA 噬菌体的基因组结构与功能

目前研究得最清楚的大肠杆菌 RNA 噬菌体是 MS2、R17、f2 和 Qβ。它们的基因组较小，只有 3600 到 4200 个核苷酸，包含 4 个基因。MS2、R17 和 f2 具有几乎一样的基因组结构。在 4 个基因中有 2 个基因编码噬菌体的结构蛋白，其中编码 A 蛋白的基因长 1178 个核苷酸。A 蛋白（称为成熟蛋白）的功能是使噬菌体能识别宿主，并使其 RNA 基因组能进入宿主菌，每个噬菌体一般只存在 1 分子的 A 蛋白。另一个结构蛋白基因长 399 个核苷酸，编码外壳蛋白以构成病毒颗粒，每个噬菌体有 180 个分子。基因组的其他部分编码 RNA 复制酶和一个溶解蛋白。编码溶解蛋白的基因与外壳蛋白和复制酶的基因有部分重叠，但读框与外壳蛋白的读框不一样。在 MS2、R17、f2 基因组内有许多二级结构，RNA 分子内碱基的自我配对，可能对防止 RNase 降解有一定作用。另外，在编码基因的 5′和 3′端各有一段非翻译序列，该序列对稳定 RNA 分子也有一定作用。

另一种 RNA 噬菌体 Qβ 的基因组略大，与上述 RNA 噬菌体的基因组有以下不同：①没有独立的溶解蛋白基因，但结构蛋白 A2（或称成熟蛋白）即具有溶解蛋白的功能；②编码另一种外壳蛋白 A1。

四、线粒体 DNA 的结构和功能

线粒体是真核细胞内重要的细胞器，是能量生成的场所，还参与脂肪酸的合成及某些蛋白质的合成。多年来的研究发现线粒体有其自己的一套遗传控制系统，同时也受到细胞核染色体 DNA 的控制。线粒体 DNA（Mitochondrial DNA，mtDNA）与质粒 DNA 一样，也是双链的超螺旋环状分子（原生动物中的草履虫及四膜虫的 mtDNA 是双链线性分子）。碱基的组成也是 A、T、G 和 C。mtDNA 的分子质量多在 $1\times10^6 \sim 200\times10^6$u。一般来说，动物 mtDNA 较小，约为 10×10^6u；植物的 mtDNA 较大，为 $70\times10^6 \sim 200\times10^6$u。mtDNA 的复制属于半保留复制，可以是 θ 型复制，或滚环复制。另一种比较突出的特点是所谓 mtDNA 的 D 环复制，即两条 DNA 链不同时开始复制，而是一条在前，一条在后，因而在复制过程中生成 D 环。

1. 线粒体基因组的表达特点

（1）线粒体基因组　线粒体是生物氧化的场所，呼吸链中的某些蛋白质或酶的编码基因就在 mtDNA 上。线粒体还编码自己的 rRNA、tRNA、核糖体基因。现在已知线粒体的基因组至少含有如下基因：①tRNA 基因：啤酒酵母的 mtDNA 有 24 个 tRNA 基因，粗糙脉孢菌的 mtDNA 有 40 个 tRNA 基因；②rRNA 基因：在人类 mtDNA 中有一个拷贝的 16S 及 12S rRNA 基因；③细胞色素氧化酶基因：细胞色素氧化酶有七个亚基，其中三个亚基由 mtDNA 编码，四个亚基由细胞核 DNA 编码；④ATP 酶基因：ATP 酶分子质量为 340ku，含有十个亚基，其中四个亚基由 mtDNA 编码；⑤细胞色素还原酶（b，c 复制物）基因：此酶有七个亚基，基中一个亚基由 mtDNA 编码；另外，还有一些抗药性基因也在 mtDNA 上。

（2）线粒体密码系统　在蛋白质合成时，mRNA 上的密码和 tRNA 上的反密码是对应的。已知道 20 种氨基酸有 61 种对应的密码子。按照摆动学说，最少需要 32 种 tRNA 才能完全识别 mRNA 中的 61 个密码子。但在线粒体中，tRNA 的种类显然小于此数（如人的 mtmRNA 只有 22 种）。而且，已有实验证明，无细胞质 tRNA 进入线粒体参与其蛋白质的过程。这些事实表明在线粒体基因表达过程中的密码系统与通用的密码系统不一样（表 6-4）。在线粒体的 tRNA 的反密码子方面，也有其独特的地方。首先，由于密码子简并性，如果密码子前两位碱基一样，则最后一位（3′位）的碱基无论是嘌呤（A，G）或嘧啶（C，T），这样组成的密码子都编码同一样氨基酸。对于这样的密码子，mttRNA 的反密码子 5′摆动位上的核苷酸如果为 U，则可以与上述密码子 3′位的 4 种核苷酸配对，因而，一个 tRNA 可以识别 4 种密码子。但是，如果密码子的 3′位是嘌呤碱基或嘧啶碱基编码不同的氨基酸，这时，mttRNA 反密码子上 5′位的 U 经过修饰识别 3′位由嘌呤碱基组成的密码子，而不再识别 3′位由嘧啶碱基组成的密码子，这样，便可以防止错误翻译的发生。其次，mttRNA 在结构上与细胞质 tRNA 也有区别。如 GTφCRA（R 代表嘌呤）序列在大多数 mttRNA 中不存在。D 环和 TφC 环中一些保守的核苷酸也发生了变化。最突出的是 tRNA-Ser 的结构，该 tRNA 缺乏 D 臂。这些结构上的差异表明 mttRNA 三维结构以及与 mt 核糖体的作用方式与细胞质 tRNA 不一样。

表 6-4　线粒体遗传密码的特殊性

DNA（3′→5′） mRNA（5′→3′）	TAT AUA	GAT CUA	ACT UGA
一般生物细胞核	异亮氨酸	亮氨酸	终止密码子
酵母线粒体	异亮氨酸	苏氨酸	色氨酸
人类线粒体	甲硫氨酸	亮氨酸	色氨酸
赤霉线粒体	异亮氨酸	亮氨酸	色氨酸

（3）线粒体 DNA 的双重遗传控制　线粒体除具有 DNA 外，还有自己的蛋白质合成系统，如 tRNA、rRNA、核糖体等。这些成分与细胞质的相应组分不同，而与细菌的比较相似。此外，mtDNA 的复制和转录都是以自己的聚合酶来完成的。mtRNA 聚合酶只是一条简单的多肽链，这也与真核细胞的酶不同，而且此细菌性质的酶对原核细胞转录酶抑制剂利福平敏感。蛋白质合成时，线粒体核糖体上的蛋白质合成也受细菌蛋白质合成抑制剂如氯霉素、链霉素的抑制。这些情况说明线粒体的许多组分是自主的，不受细胞核的控制，

而且在许多方面与原核生物相似。另一特点是参与呼吸链的一些酶成分是受双重遗传控制的，即部分亚基为细胞核基因所编码，另一些亚基则是 mtDNA 编码的。根据线粒体的这些特点，Margulis 提出了线粒体形成的内共生学说。在进化过程中原始的厌气细菌吞噬了原核生物（如细菌、蓝绿藻等）形成共生关系。寄主为共生者提供营养和保护，共生者为寄主提供能量生成系统。最终，共生者演化成细胞的组成成分——线粒体。

2. 真菌线粒体基因组

真菌线粒体基因组均为闭合环形双链 DNA。基因组的大小依据不同种类的真菌而异，为 10~80kb，差别较大。真菌线粒体基因组通常包括 11 个编码呼吸链亚基的基因（*cox*1-3、*cob*、*nad*1-6 和 *nad*4*L*）、3 个编码 ATP 合成酶复合物亚基的基因（*atp*6、*atp*8 和 *atp*9，尽管后者在一些子囊菌线粒体 DNA 中要么没有要么是假基因）、两个编码核糖体 RNA 的基因（*rns* 和 *rnl*）和若干 tRNA 基因。接合菌门和子囊菌门真菌编码全套线粒体 tRNA，足以翻译所有密码子使用密码。但担子菌中的一些种类如裂褶菌则缺乏识别酪氨酸的 tRNA 密码子。真菌基因组整体富含 A+T 核苷酸，一般占到总量的 60%~80%。多数真菌线粒体基因组含有内含子，但是也有青霉属等少数类群，其线粒体基因组完全由外显子构成。在分布上，内含子插入许多不同的线粒体基因中，对蛋白质编码基因特别是 *coxl* 和 *cob* 有强偏爱。真菌线粒体 tRNA 基因中没有发现内含子，rRNA 中发现的相对较少。其他基因如 *nad*6、*cox*2 或 *atp*9 很少含有内含子。这种现象表明，内含子喜欢存在于物种间高度保守的序列区。多数真菌的线粒体基因使用标准翻译密码子，但是在小壶菌目和壶菌目中，许多 UAG 终止密码子被翻译为亮氨酸。据推测，最有可能的是普通翻译密码子是真菌线粒体里的一个祖先性状，与植物和许多原生生物共享。但 UAG 密码子转化为特殊的亮氨酸极有可能发生在小壶菌目-壶菌目分支的祖先中。值得注意的是，在某些真菌如长雌异水霉（*Allomyces macrogynus*）的线粒体基因组中发现了一个编码核糖体蛋白的基因。据此认为，核糖体蛋白编码基因可能在其他低等真菌线粒体中出现是一个祖先特点。这一特征在真菌与动物进化上走上不同道路后，逐步发生了分化。

真菌线粒体基因组大小变化是线粒体进化研究的一个重要方面。真菌线粒体基因组尺寸变化很大。其中，以物种间和物种内线粒体基因组变化较为典型。菌物种间线粒体基因组大小变化广泛，其变化范围从 10kb 到 100 多 kb。这些物种之间线粒体基因组大小的变化强烈程度受到基因间隔区长度和组成的影响，也受到内含子含量（0~30%）和大小（0.15~4.0kb）的影响。统计分析发现，在双孢蘑菇线粒体基因组（135005bp）中存在着 46 个内含子，其基因组较大；而在裂褶菌线粒体基因组（49704bp）中不存在内含子，其线粒体基因组相对较小。同时，对其他真菌线粒体基因组的统计研究也发现内含子影响线粒体基因组大小的现象，例如比较两种柄孢壳（*Podospora* spp.）发现种间线粒体基因组大小（80~102kb）因内含子插入不同而存在差异。此外，在啤酒酵母和粟酒裂殖酵母的线粒体基因组中，虽然它们都有相同数量的编码基因，但是它们的线粒体基因组大小差别很大（分别为 85778 和 19431bp）。这两种酵母种间线粒体基因组大小差异也受到内含子数量（分别为 12 和 3 个）的影响。同一真菌物种不同菌株之间基因组大小不同。这种差异的存在主要受内含子大小的影响。蛹虫草的 3 个菌株线粒体基因组尺寸变化很大（29478~33277bp）。从 3 个蛹虫草菌株线粒体基因组中检测到 8 个内含子，其中 7 个内含子显示出存在或缺失的变化，并且蛹虫草物种内线粒体基因组大小的变化由内含子的存在或缺失造成。在其他真菌的线粒体基因组中也发现类似的情况。另外，除了真菌种内存在线粒体基因组变化以外，属内也有线粒体基因组大小变化的现象，例如禾生球腔菌（*Mycosphaerella graminicola*）18000～109000bp，粗糙脉孢菌19000～109000bp，鹅粪柄孢壳80000～102000bp。

第二节　分子定向进化育种

蛋白质是生命活动的重要组成部分，经过长期的自然选择，自然界赋予其精美的结构和复杂的生物学功能。生物体中绝大部分的生化反应是由蛋白质中的酶进行催化的。酶的高催化效率、严格的底物专一性是大多数传统的化学催化剂无法比拟的。随着科学技术的发展和人们对酶结构和功能认识的不断深入，酶在食品、轻工、化工、医药、环保、能源等领域得到广泛的应用。

虽然酶经过了数亿年的自然进化，在生物体内具有特定生物学功能，然而在酶的应用过程中，人们注意到酶的一些不足之处，未能满足工业使用的要求。当它们处于机体外复杂的环境时，遇到了许许多多的实际问题。例如，酶蛋白在生物体内的含量不高，难以被提取和制备；酶的稳定性较差，对热、强酸、强碱、有机溶剂等不够稳定；还有代谢产物对酶的抑制作用等。工业生产中通常需要具备以下特性的酶：半衰期长，在极端环境中能保持高活性，能够催化不同底物（包括人工合成的自然界中不存在的底物）等。

自然界中至少存在7000多种天然酶，目前已经鉴定的酶有3000多种，其中具有商品价值的常规酶约有500种，DNA限制性内切酶和DNA甲基转移酶有350多种，多酶混合物100种以上。由于天然酶十分昂贵，且大多数酶由于非常“娇嫩”而难以实际应用。为了得到能满足实际生产所需要的酶，科学家们需要对天然酶进行酶学性质的改造或是寻找新的具有理想性质的酶。近年来，生物信息学和基因操作技术的发展，使得科学家能够对酶分子结构进行有效的改造，从而改变酶的某些特性和功能，甚至开始了理性和非理性的方法为“目的”而设计，从而导致分子酶工程学的飞速发展。分子酶工程学就是采用基因工程和蛋白质工程的方法和技术，研究酶的基因克隆和表达、酶蛋白的结构和功能的关系以及对酶进行再设计和定向加工，以发展性能更加优良的酶或者新功能的酶。分子酶工程的研究热点包括以下三个方面：一是利用基因工程技术大量生产酶制剂；二是通过基因定点突变技术和酶分子定向进化技术对天然酶蛋白进行改造；三是通过基因和基因片段的融合构建具有多功能的融合酶。

本部分主要阐述通过基因定点突变技术和体外分子定向进化技术对酶分子进行改造，把酶分子改造后的信息储存在DNA中，经过基因的克隆和表达，就可通过生物合成的方法不断获得具有新的特性和功能的酶。这些方法相对传统的酶工程通过酶的化学修饰和固定化等方法来改造酶蛋白所需的时间短，目的性和方向性更加明确，而且有些酶的结构和功能研究必须利用现代基因工程密切相关的分子酶工程方法来解决。现代分子酶工程学对酶蛋白的改造方法分为理性设计和非理性设计两大类。

一、理性设计

在理性蛋白设计中，一般需要知道目标蛋白质的编码序列以及对应的空间结构、功能和机制等详细资料。再依据所推测的催化部位和催化机理，对氨基酸序列中要突变的位点进行精确设计，然后通过取代、插入或缺失核苷酸序列等方法来改变蛋白质分子中特定的氨基酸，从而获得与酶特性相关的关键残基和结构元件。理性设计具体表现形式为定点突变或区域性突变，其主要方法有寡核苷酸引物介导的定点突变、PCR 介导的定点突变、盒式突变法和化学合成法。与使用化学、物理和自然因素导致突变的方法相比，理性设计具有目的性明确、突变效率高、简单易行、重复性好的特点。近年来随着结构生物学和生物信息学的发展，这些技术在优化酶特性方面占了重要的地位。

1. 寡核苷酸引物介导的定点突变

（1）原理和方法　利用合成的含有突变碱基的寡聚核苷酸片段作为引物，启动单链 DNA 分子进行复制。该寡聚核苷酸引物作为新合成 DNA 子链的一部分，所产生的新链具有突变的碱基序列。为了使目的基因的特定位点发生突变，对突变引物的要求除了含有突变的碱基外，其余的碱基与模板完全互补配对。采用化学合成法合成引物，长度一般为 15~30 个核苷酸，突变碱基应设计在寡核苷酸引物的中央部位，特点是每一轮 PCR 均需要加入引物。

主要过程：①将目的基因克隆到突变载体上；②制备含有待突变基因的单链 DNA 模板；③引物与模板发生退火，5′端磷酸化的突变寡聚核苷酸引物，与待突变的模板形成一小段碱基错配的双链 DNA；④突变链合成：在 DNA 聚合酶的催化下，引物以单链 DNA 为模板合成全长的互补链，然后由连接酶封闭缺口，产生闭环的异源双链 DNA；⑤突变基因的初步筛选：将突变的质粒转化到大肠杆菌，利用限制性酶切法、斑点杂交法（利用多核苷酸激酶使突变寡聚核苷酸引物带上 ^{32}P 或地高辛作为探针，进行斑点杂交，由于探针同野生型的 DNA 之间存在着碱基错配，同突变型却完全互补，于是便可依据两者杂交的稳定性差异，筛选出阳性突变体）或者用其他生物学方法来初步筛选突变的基因；⑥对突变体进行 DNA 测序鉴定。

（2）改良后寡核苷酸引物所介导的定点突变方法　传统的寡核苷酸引物所介导的定点突变方法，由于在转化扩增粒中含有未突变的野生型质粒，且在大肠杆菌中存在着甲基介导的错配修复系统，将细胞中那些尚未被甲基化的新合成的 DNA 链错配的碱基修复，从而阻止了突变的产生，降低了定点突变率。针对这种情况，Kunkel 在 1985 年对其进行了改进，他在新生的 DNA 中引入尿嘧啶，降低突变体的修复作用，提高突变效率。近年来，人们对该方法又进行了进一步完善，采用多轮热循环 PCR 扩增，将全长双链质粒 DNA 以线性形式扩增，产生一种 DNA 双链上带交错缺口的突变质粒。

目前国内外普遍使用的简易定点突变技术如下：①采用甲基修复酶缺失的菌株作为受体菌，降低了突变修复能力；②采用改进后的质粒为模板，并改进引物的设计条件；③增加了多个抗生素筛选标记和相对应的多对敲除或修复引物，可在该质粒上进行多次的突变反应。

简易定点突变技术主要过程分为如下四个步骤：①将待突变的目的基因连接到表达质粒中，构建模板质粒；②加入所设计的含突变位点的 PCR 引物，进行 PCR 反应；③反应完毕后，加入 DpnI 酶消化未突变的野生型模板。DpnI 酶能特异性地消化完全甲基化的序列 Gme6ATC，而大部分克隆用的大肠杆菌菌株可以将 DNA 甲基化，而体外合成的 DNA 则是未甲基化的，所以可选择性地消化甲基化的 DNA，而体外合成的 DNA 则不受影响；

④将经 DpnI 酶处理的质粒进行生物转化，可以通过筛选带有抗生素抗性的大肠杆菌来提取其质粒进行测序验证，再转化至表达宿主中。

该方法与一般 PCR 介导的定点突变方法相比，其优点在于：①操作简单，任何质粒 DNA 均可作为模板，而不需要把目的基因克隆到 M13 产生的单链 DNA 载体内，省去制备单链 DNA 模板这一步；不需要特殊的克隆载体和特殊的限制性酶切位点；不需要进行连接反应，可直接将带有缺口的 PCR 产物转化到宿主细胞，即可得到突变克隆，且不必多次转化及进一步的亚克隆。②快速，突变反应只需数小时，整个突变过程只需 1~2d 就可以完成。③高效，该方法的突变效率一般大于 90%，可以直接用测序来筛选阳性克隆，其成功的关键取决于引物设计和选择恰当的热稳定性 DNA 聚合酶。

2. PCR 介导的定点突变

聚合酶链反应的出现，推动了定点突变法的发展，为基因的修饰、改造提供了另一条途径。如在设计引物时，在其 5′端加入合适的限制性内切酶位点，为 PCR 产物后续的克隆提供便利。同时可以通过改变引物中的部分碱基而改变基因序列，为有目的地改造基因序列、研究蛋白质结构和功能之间的关系奠定了基础。

（1）重叠延伸 PCR　该法可在 DNA 区域的任何部位进行定点突变，需要四种扩增引物，共进行三轮的 PCR。前两轮分别扩增出两条彼此部分重叠的 DNA 片段，第三轮 PCR 把这两条片段融合起来。它在前面两轮 PCR 反应中，用两个互补的并在相同的部位具有相同突变碱基的内侧引物，扩增形成两条有一端可重叠的双链 DNA 片段，且在重叠区段具有同样的突变碱基。由于具有重叠的序列，所以在去除了多余引物之后，这两条双链 DNA 片段经变性和退火处理，便可形成两种不同形式的异源双链分子。其中一种具 5′凹末端的双链分子，不能作为 TaqDNA 聚合酶的底物，另一种具有 3′凹末端的双链分子，可通过 TaqDNA 聚合酶的延伸作用，产生具有两条重叠序列的双链 DNA 分子。再用两个外侧引物进行第 3 轮 PCR 扩增，就可获得一种突变点远离片段末端的突变体 DNA。

（2）大引物突变法　经典的大引物 PCR 定点突变技术需要三条寡核苷酸引物（包括两条外侧正向和反向引物以及内部突变引物）和两轮 PCR 循环，模板通常是克隆到载体中的野生型目的基因。先由突变引物和相对应的外侧引物进行第一轮的 PCR 扩增，产物纯化后作为引物与另外一侧引物进行第二轮的 PCR 反应。最后用两个外侧引物扩增出含突变位点的终产物，如此含突变序列的 DNA 片段，可进一步克隆到表达载体中进行测序或表达。

3. 盒式突变

盒式突变是指利用一段人工合成的含有突变序列的寡核苷酸片段，取代野生型基因中的目标序列。突变的寡核苷酸片段是由两条寡核苷酸链组成，当它们退火后，会按照设计的要求产生克隆所需要的限制性内切酶黏性末端，这样就会取代野生型目标序列上相同酶切位点的片段。由于不存在异源双链的中间体，因此重组的质粒全部都是突变体，大大减少突变所需要的次数。该方法对于确定蛋白质分子中不同位点氨基酸的功能是很有效的。

近几年来已经利用定点突变技术对天然酶的催化活性、热稳定性、底物特异性、提高表达量、优化代谢途径等方面进行了成功的改造。如朱国萍等人用寡核苷酸引物介导的定点突变方法对葡萄糖异构酶基因进行了体外的定点突变，以 Pro138 代替 Gly138，在酶的比活性相近的情况下，其酶的热半衰期比野生型增加一倍，最适反应温度提高 10~12℃。

Hakamada 等用定点突变的方法将细菌碱性纤维素酶的 Glu137、Asn179 和 Asp194 突变为 Lys，其热稳定性得到提高。莫秋华等人利用大引物 PCR 的方法对中国人地中海贫血基因进行突变，获得 16 种稀少突变类型。Gloria 等用 Phe 或 Tyr 来替代嗜热脂肪芽孢杆菌（*Bacillus stearothermophilus*）α-淀粉酶 289 位的 Ala，使其具有了催化醇化反应的能力。

虽然理性设计的方法获得了一定的发展，但它仅适用于三维空间结构、结构和功能关系比较清楚的蛋白质。由于蛋白质的结构和功能的相互关系极其复杂，目前对这类关系的理解仍然比较肤浅，所以当对研究的蛋白质分子结构了解很少时，定点突变技术就显得束手无策。且定点突变技术只能对酶蛋白中少数的氨基酸残基进行替换，酶蛋白的高级结构基本维持不变，因此对酶的改造较为有限。由于在理论上蛋白质分子仍然蕴藏着巨大的进化潜力和改造空间，于是人们开始考虑使用非理性设计——酶分子定向进化的方法来进行酶蛋白的分子改造。

二、非理性设计——蛋白质（酶）分子定向进化技术

在不了解酶分子结构信息、结构和功能之间关系的情况下，通过对酶基因的随机突变和基因片段的重组等方法来构建酶的突变库，然后通过高通量筛选来获得有益突变的方法，称为非理性设计。

酶分子定向进化技术属于蛋白质非理性设计的主要范畴。它们不需要了解酶的空间结构和催化机制，在实验室人为创造特殊的进化条件，模拟自然进化机制（随机突变、基因重组和自然选择），在体外进行酶基因改造，并定向筛选所需特性的突变酶。简而言之，定向进化=随机突变+正向重组+选择（筛选），这样就能在较短时间内完成漫长的自然进化过程，甚至可以在几周的时间内创造出优化的酶，而在天然的进化过程中，得到这个结果需要几千万年之久。酶分子定向进化的实质就是达尔文的进化论思想在 DNA 分子水平上的延伸和应用。

1. 蛋白质（酶）分子定向进化的发展

分子定向进化由 Sol Spiegelman 及其同事在 20 世纪 60 年代利用 RNA 噬菌体 Q 进行初次试验。当时他们的目的是证明达尔文的进化论也可以发生在非细胞体内。这个分子进化的经典实验在体外模拟了自然进化的过程，为分子水平的定向进化奠定了基础。

改造酶分子性质的定向进化是 Hall 等在 1981 年报道的关于定向改变大肠杆菌 K12 中的第二半乳糖苷酶的底物专一性，开发出对几种糖苷键具有水解能力的酶而发现的。他们利用 lacZ 缺陷型菌株为宿主，分别在含有不同碳源的培养基中培养，从酶的突变库中筛选出可以分别水解半乳糖、乳果糖、乳糖酸的突变酶。1986 年 Hageman 等进行了提高常温生物中酶分子热稳定性的实验，在高温条件下，对携带卡那霉素核苷酸转移酶的突变基因库进行筛选，最终获得 63℃ 和 70℃ 下稳定的突变株。Eige 及 Kauffman 分别在 1984 年、1993 年提出了分子进化的理论。国内张今等人 1991 年为解决空间结构未知蛋白的改造问题，建立了“随机-定位诱变”的定向进化方法。

这些早期具有开创性的实验，提出了在 DNA 分子水平上用非理性设计的方法来改造酶分子的新思想，但是由于随机引入突变的技术还不成熟，所以这些实验技术并没有被广泛推广。直到 1993 年 Arnold 研究小组应用分子进化的原理，创造性地提出易错 PCR 技术和 1994 年 Stemmer 等发展的 DNA 改组技术，才标志着酶分子定向进化技术趋向成熟。

近十年来由于科学家们不断探索，创建许多分子定向进化的新途径和新方法，如外显子改组、家族改组、体外随机引发重组、交错延伸改组等。这些新方法的建立，可以在较小的同源基因库中形成序列信息的多样性和快速产生有益的突变，这在改善酶的性能、优化代谢途径和提高酶的产量等方面具有重大的意义。

2. 蛋白质（酶）分子定向进化策略

下面将介绍目前国内外普遍使用的几种定向进化方法和策略，这些方法的侧重点都有所不同，任何方法都不是万能的，我们应在实际工作中，针对具体问题选择合适的方法或者不同方法的组合，完成对酶分子的定向进化。

（1）易错 PCR 技术　所谓的易错 PCR 技术是指在体外扩增目的基因时，利用 Taq 酶的低保真度，同时调整反应条件，如提高镁离子浓度、加入锰离子、改变 dNTP 的比例浓度等方法，以一定的频率向目的基因随机引入碱基错配，导致目的基因的随机突变构成突变库，然后选择或筛选出需要的突变体。易错 PCR 技术的关键就是控制目的基因的突变频率。如果 DNA 突变频率过高，很多酶将失去活性，如果突变频率太低，野生型的基因背景太高，基因的突变库容量就太小，获得的中性突变太多。对于一般 1000bp 左右的 DNA 序列来说，合适的碱基突变数是 2~5 个。理想的碱基突变率和易错 PCR 条件，则依赖于随机突变的目的基因序列大小。

通常，经过一次易错 PCR 获得的突变基因很难达到理想的结果，因此进一步发展了连续易错 PCR 技术。就是将一轮易错 PCR 扩增获得的有益突变基因作为下一轮 PCR 的模板，连续多代地进行随机突变，就能快速积累有益突变，从而获得酶活性改良的突变体。Arnold 等应用该方法成功提高枯草杆菌蛋白酶 E 在有机溶剂二甲基甲酰胺（*N*，*N*-Dimethylformamide，DMF）中的活性。通过连续多轮的突变后，所获得的突变体 PC3 与野生酶相比，在 60%的二甲基甲酰胺溶液中，对多肽底物的水解效率提高了 256 倍。将 PC3 再进行 2 轮的随机突变，产生的突变体 13M 在 60%的 DMF 溶液中的催化效率比 PC3 高 3 倍，比野生酶高了 471 倍。

由于在易错 PCR 的方法中，遗传变化只发生在单一 DNA 分子内部，所以属于无性进化。该方法简单且易操作，但是其能力有限，因为与序列的大小相比，突变库中所含有的突变体数量少，且容易出现同型碱基转换，产生大量的中性突变，从而导致了大量、烦琐的定向筛选和选择过程。

（2）DNA 改组技术　在酶分子易错 PCR 进化策略中，一个具有正向突变的基因在下一轮 PCR 过程中引入的突变是随机的，而且后引入的新突变中有益突变比率仍然很小，在一轮突变后，在突变库中可能产生几个正向突变，其中只有那些被筛选出来的正向突变才能作为下一轮进化模板而传入下一代。因此发展出 DNA 改组等基因重组策略，将已经获得的存在于不同基因中的正突变结合在一起形成新的突变基因库。

DNA 改组技术又称为有性 PCR 技术（Sexual PCR），是运用基因重组原理来提高酶改造效率的一种定向进化方法。该方法是将正向突变库中分离出来的 DNA 片段或同源有差异的基因，用 DNaseI 随机切割成小片段，这些小片段之间均有部分序列同源，在不加引物的情况下可以互为模板和引物进行 PCR 扩增，然后加入扩增全长序列的引物进行 PCR，获得全长基因。这样就可以使原本存在于不同小片段上的正向突变通过 PCR 重组到同一 DNA 链上，最终结果是酶分子的某一性质得到改造或者多个优化性质产生组合。因此

DNA 改组技术可以有效地进行单基因序列的酶分子定向进化。

Stemmer 在 1994 年首先采用 DNA 改组技术对 β-内酰胺酶进行定向进化，经随机突变获得 β-内酰胺酶基因的突变库，然后再进行三轮 DNA 改组和两轮的亲本回交，筛选出一株比野生型抗性提高 32000 倍的突变体。Yano 等利用 DNA 改组技术对天冬氨酸氨基转移酶进行改造，结果表明其中 6 个氨基酸对保持酶活性是必须的，但是仅有一个位于酶的活性中心。有科技工作者也用同种方法对水母的绿荧光蛋白进行定向进化，在三轮的改组循环后，得到突变蛋白的荧光信号强度提高 45 倍的突变体。从 1994 年到现在的十几年中，DNA 改组技术快速发展，已经成功运用于酶分子改造、药物蛋白、小分子药物、基因治疗等领域。

在 DNA 改组技术的使用中，发现改组过程中伴随较高的点突变效率会阻碍突变库中已经存在的正向突变组合。由于绝大多数的突变是有害的，有利突变组合和稀少的有利突变点会被有害突变所掩盖。于是 Zhao 和 Arnold France 利用高保真酶 pfu 代替 Taq 聚合酶，并结合 Lorimer 和 Pastan 所报道的用 Mn^{2+}代替 Mg^{2+}进行 DNA 改组，其所伴随的点突变效率仅为 0. 05%。

近年来，人们在 DNA 改组的基础上提出家族改组技术，就是将天然存在的同源序列、不同种的同一基因或者是同种内的同源基因序列作为 DNA 改组的模板进行 DNA 改组。由于不同的同源蛋白在漫长的自然进化中已经具有不同的优良性状，这样获得具有多种有益性状的嵌合蛋白可能性更高。但是当异源重组基因的同源性过高时，由于母本背景太高，导致重组子产率很低。而同源性过低（<70%）又难以发生重组。Kikuchi 等于 1999 年和 2000 年提出了家族改组的两种改良方法：一是使用限制性内切酶代替 DNase I 处理 DNA 片段，重组率由原来的不到 1%提高到几乎 100%。另外一种是采用单链 DNA（Single-stranded DNA，ssDNA）来代替双链 DNA（Double-stranded DNA，dsDNA）进行片段化，降低同源复合体的形成，以提高重组率。

目前家族改组是各种来源的同源基因重组的首选技术，已应用于多种同源基因产生功能嵌合蛋白库。Hsu 等 2004 年对棒状链霉菌的脱乙酰氧基头孢菌素 C 合成酶的 8 种异源基因进行家族改组，得到 k_{cat}/K_m 比原始菌株提高 118 倍的突变体。还有 Hopfner 等人从 20 多个人工分离的人干扰素基因，通过家族改组产生的嵌合蛋白库中，获得了对抗病毒和抗增殖活性均提高的正向突变体。

（3）外显子改组　外显子改组是在 DNA 改组基础上发展的一项新技术。真核生物的进化是通过亲本基因组之间的有性重组来实现的，其基因的重组是随机的，但是在同源的位置发生。在真核基因中，编码区序列被内含子间隔分开，且外显子仅占基因组的小部分，更多的有性重组是发生在外显子之间而不是外显子内部。因此认为不同分子的内含子间的同源重组可以导致不同的外显子组合，从而获得编码新蛋白的基因序列，此过程即是外显子改组。该方法是产生新蛋白质的有效途径之一。与 DNA 改组的不同之处在于外显子改组是在同一种分子间内含子同源性的条件下发生的，而 DNA 改组不受条件限制，可以发生在基因片段的任何位置。

体外进行外显子改组的方法，首先使用嵌合寡核苷酸引物分别扩增编码结构域的外显子或外显子组，然后混合这些 PCR 产物，经过无引物 PCR，使这些混合物连接成不同组装形式的全长基因，形成外显子改组文库。人们可以通过控制参与改组的外显子浓度，不同的混合比例，来获得不同特性的突变库。目前关于外显子改组技术的体外研究报道比较少，VanRijk 等人通过外显子改组技术将仓鼠热休克蛋白 A-晶体蛋白基因进行改组，获得了超 A-晶体蛋白。Kumagai 等通过外显子改组技术获得了新功能蛋白质。这些都说明了通过外显子交换可以产生新功能的蛋白质。因此人为地模仿外显子改组的自然进化过程来定向改造酶分子将是获得新酶的普遍应用方法。

（4）交错延伸重组　Zhao 等人于 1998 年建立了一种新的体外 DNA 重组技术——交错延伸重组技术。它是在 PCR 反应中含不同突变位点的模板混合，把常规的退火和延伸合并为一步，并极度缩短其反应时间（5s），这样只能合成非常短的新生 DNA 片段，经变性，新生链根据序列的互补性与体系内的不同模板退火，并进一步延伸。此过程不断地反复进行，直到获得完整的基因序列。由于在 PCR 循环过程中模板的不断转换，大多数的新生 DNA 含有不同亲本的序列信息。

Zhao 等利用连续易错 PCR 技术获得随机突变点，再用交错延伸重组 DNA 筛选热稳定性高的枯草杆菌蛋白酶，采用连续提高培养温度的方法进行突变菌株的筛选，最终获得一株最适反应温度提高 17℃，在 65℃半衰期延长 200 倍的有益突变株。Bluster 等也利用该技术对真菌漆酶进行改造，筛选出酶活性提高 1160 倍的突变株。由于该技术简单方便，为重组 DNA 序列进行酶分子改造提供了一条新的途径。

（5）随机引物体外重组　Shao 等于 1998 年建立了 DNA 改组的一种新方法——随机引物体外重组（Random Priming in Vitro Recombination，RPR）。以单链 DNA 为 PCR 模板，用一套随机序列的引物产生大量互补于模板不同位点的 DNA 短片段。由于碱基的错配和错误引发，在这些 DNA 短片段中含有少量的突变碱基。接下来进行的 PCR 循环中，这些短片段可以互为引物和模板，进行 DNA 的重组，直到组合成完整的基因序列。再经常规 PCR 进一步扩增基因序列，随后克隆筛选出阳性克隆子。与常规 DNA 改组技术相比，RPR 具有如下特点：

1）可以直接利用单链 DNA、mRNA 或者 cDNA 为模板。进行常规 DNA 改组时，在基因重组前必须将残留的 DNase Ⅰ 去除干净，但 RPR 则不需要这个过程，可直接进行基因序列的重组。

2）RPR 所使用的随机引物序列长度要一致，这样不会产生序列顺序的偏向性，使得模板上的碱基发生突变和重组的随机性增强。该方法介导的 DNA 改组不受 DNA 模板长度的限制，且模板所需的 DNA 量比常规 DNA 改组少很多（仅为常规 DNA 改组的 1/20～1/10）。

Arnold 等人利用该方法成功地对耐热枯草杆菌蛋白酶 E 进行定向改造，获得热稳定性比野生型提高 8 倍的突变株，经序列测定分析其氨基酸 Asn181 突变为 Asp，Asn218 突变为 Ser。

（6）酶法体外随机-定位诱变　张今等为了解决空间结构未知酶的蛋白质改造问题，建立了一种酶分子体外定向改造的新途径，即酶法体外随机-定位诱变。该方法与一般酶的体外定向进化方法类似，对目的基因采用随机突变引入突变位点，以快速产生一个突变库。但是其产生的突变点却是受到一定限制，这样可减少筛选突变体的工作量。具体通过对 DNA 合成底物种类和浓度比例的控制，来实现碱基的错配，向目的基因引入突变。利用该技术成功提高了人参多肽基因和天冬氨酸酶基因的酶活性。

（7）合成改组　合成改组是定向进化的一种新方法。根据宿主细胞密码子的偏爱性和同源基因的序列一致性，并尽量反映出同源基因中心区的多样性，组合成一系列简并寡核苷酸。通过多轮次的无引物 PCR 反应，将简并寡核苷酸装配成全长的目的基因。由于所有的基因都是人工合成的，其合成的多样性不受亲本基因的同源性所限制，改变氨基酸来自亲本的倾向性，使其产生的突变体彼此远离，不再簇集在亲本基因周围，大大增加突变体的多样性。所以大部分合成改组所产生的突变体仅 20%是具有组合活性的嵌合酶。Ness 等在 2002 年，利用合成改组方法对 15 种枯草杆菌蛋白酶基因进行定向进化，成功筛选出具有组合性质的嵌合酶。来自 15 种枯草杆菌蛋白酶母体的多样性被全部编码在 30 个寡核苷酸中。

（8）截断状模板重组延伸　截断状模板重组延伸（Recombined Extension on Truncated Templates，RETT）方法是 Lee 等人于 2003 年建立的。该技术是以单链为模板，通过单向延长的特异性引物在模板间的转换完成基因之间的重组。RETT 技术主要包括两个关键步骤：①亲本基因用于重组的单链 ssDNA 片段的制备；②以单链 ssDNA 为模板，利用 PCR 重组技术进行全长基因的重组合成。单链 ssDNA 片段可以通过随机引物对目标基因的 RNA 进行体外反转录或利用核酸外切酶Ⅲ对亲本基因连续切割而获得。

Kang、Lee 等利用该技术对同源性达 83% 的黏质沙雷菌（*Serratia marcescens*）ATCC21074 和液化沙雷菌（*Serratia liquefaciens*）GM1403 的几丁质酶进行定向改造，对筛选出来的重组基因进行序列分析，发现其重组率达 70%，且重组位点随机地分布在整个亲本基因序列上。

（9）退火低核苷酸基因重排　由于在 DNA 改组过程中，那些未经过重组的 DNA 序列也包含在突变库中，这样就增加了突变库的筛选工作难度。Gibbs 等应用碱基错配产生随机突变和 DNA 重排方法来定向改造酶，以退火低核苷酸基因重排法进行 DNA 重排，利用退火的引物控制已经重排的基因间的重组水平，并减少未经重排的亲本基因的产生。

（10）非依赖序列同源性的重组法　DNA 改组及其衍生的相关技术是进行蛋白质定向进化的有力工具。但其应用过程中对基因序列的同源性要求比较高，对于序列同源性低于 70%的基因就很难进行有效的重组，而在自然界中大多数的同源序列的相似性都低于这个水平。为了解决在非同源或者低同源基因进行有效重组的难题，近年来发展了许多非同源基因序列重组突变的方法，如随机插入和缺失突变技术（Random Insertion Deletion，RID）、过渡模板随机嵌合法（Random chimeragenesis on transient templates，RACHITT）、增加平截杂合酶制造法（Incemental Truncation for the Creation of Hybridenzymes，ITCHY）等。

①随机插入和缺失突变技术　Murakam 等在 2002 年模拟自然进化中基因的随意插入和缺失的突变过程，建立了随机插入和缺失突变技术。首先，用 EcoR Ⅰ以及 Hind Ⅲ来消化目的基因，获取目的片段后，用连接酶连接。产物再用 Hind Ⅲ消化制成有缺口的线性 dsDNA，在 T4 DNA 连接酶作用下环化目的片段，形成反义链有缺口的环状 dsDNA，然后在 T4 DNA 聚合酶作用下，dsDNA 变成环状 ssDNA。其次，用 Ce（Ⅳ）-EDTA 复合物处理 ssDNA，在目的基因任意位置上进行断裂成线性的 ssDNA，在线性的 ssDNA 两末知末端分别连上一段锚序列，进行 PCR 扩增。5′端锚序列包括 BciV Ⅰ（GTATCC）和 Bgl Ⅱ（AGATCT）以及 10 个碱基的尾巴，3′端锚序列包括了 BciV Ⅰ（GTATCC）和 10 个任意碱基尾巴。由于 BciV Ⅰ可以在识别位点下游数个碱基处进行酶切，所以扩增后的 PCR 产物

用 BciV Ⅰ 处理后，5′端的 AGATCT 序列就没有切割下来，而 3′端的锚序列和目的基因上的 3 个碱基被消化掉。这样可以在任意位置上产生碱基序列的插入或者缺失，可用特殊的密码子或混合密码子来代替任意选择的碱基，甚至可用编码非天然氨基酸的 4 个碱基密码子。最后，将消化后的产物用 Klenow 片段处理成平端，再用 T4 DNA 连接酶环化，产物用 EcoR Ⅰ及 Hind Ⅲ处理，即可进行下一轮的亚克隆了。

RID 技术独特的地方是删除位点随机，且外源 DNA 片段插入位点和删除位点相同，插入和删除片段大小可以控制。通过酶切位点特异性，还可以对特定部位进行突变，非常适合小范围变异的产生。

②过渡模板随机嵌合法　过渡模板随机嵌合法与以往的 DNA 改组技术不同，其利用体外重组构建进化酶的基因库，但不包括热循环、链转移和交错延伸反应，而是将目的基因片段进行随机片段化后，这些小片段杂交到临时的模板上进行基因序列的排序、修剪、空隙填补和连接。临时模板是一条以一定间隙插入尿嘧啶的单链 DNA 分子。最后临时模板的降解，减少了对野生型序列的影响。且由于 RACHITT 通过悬垂切割步骤使其所产生的小片段比 DNase Ⅰ 酶消化所获得的片段更小，其重组效率和密度更高，所产生的突变库更具多样性。Coco 等于 2001 年利用该技术对来源不同的二苯丙噻吩单加氧酶进行定向改造，产生的突变库平均含有 14 个交换体，效率很高。并且可在 5bp 的序列区间内发生交换，最终筛选获得具有更高反应速率和更广泛底物氧化作用的突变株，对非天然底物的转换效率提高了 20 倍。

3. 定向进化文库的筛选方法

随着定向进化技术的不断发展，构建突变基因文库越来越成熟而快速。在蛋白质文库构建好之后，如何从突变基因文库中高效筛选出有益突变体的方法就成为酶体外定向进化实验成功与否的关键。由于所构建的突变库一般很大，且在蛋白质突变文库中大多数是中性或有害突变体，要获得有益突变，往往需要从一个很大突变基因文库群体中筛选。近年来，随着定向进化技术的不断发展，许多高通量筛选方法也不断涌现出来。下面将着重介绍蛋白质突变文库筛选方法的研究进展。

（1）常规筛选方法　当筛选到的突变体蛋白质可赋予宿主细胞或菌落易于观察的信号时，就能通过突变蛋白的酶促反应现象或者检测释放出来的能量、中间产物、抑制剂等，来筛选所需要的有益突变。目前，蛋白质突变文库的筛选一般是在固态（琼脂糖和滤膜）或者是液态条件下通过表型选择和筛选完成的。

（2）表型观察选择和筛选　表型观察选择和筛选是建立在细胞生长率和生存率基础上所构建的蛋白突变文库筛选方法。从细胞生长率考虑，主要是根据营养缺陷型互补和对细胞毒素的抗性进行有益突变体的筛选，比如增加抗生素的浓度进行平板筛选。对于生存率而言，则是基于蛋白质突变库中其特异的酶促反应的筛选方法，主要依据强发色体底物（颜色变化）、容易观察的克隆表现（透明圈）或荧光产物来筛选突变体。如将分泌活性蛋白酶的转化菌涂布在琼脂糖平板上，可以产生底物分解圈，而分解圈的大小和酶水解活性成正比。Lee 等人根据苏氨酸醛缩酶能催化苏氨酸分解成乙醛和氨基乙酸，再根据乙醛对细胞的毒性，对 L-苏氨酸醛缩酶进行定向筛选。菌落分泌出有活性的蛋白酶，可在含有酪蛋白的琼脂平板上产生透明圈。对于直接激发荧光的方法是荧光共振能量转移（Fluorescence Resonance Energy Transfer，FRET），最大的优势是可以实时地对细胞内蛋白质与蛋白质相互作用进行动态研究。FRET 的底物，通常由荧光团和猝灭剂两部分构成，在酶键断裂后，导致荧光团-猝灭剂或荧光团-荧光团对的分开，释放出荧光，从而进行酶活检测。Georgiou 等人利用革兰染色阴性菌表面带有高负电荷，结合荧光共振能量转移底物的多阳性离子尾巴，使底物附着在大肠杆菌表面，展示在大肠杆菌表面的酶剪切底物的淬灭基团，从而产生相应的荧光，通过流式细胞荧光分选技术（Fluorescence Activated Cell Sorting，FACS）进行检测，得到了活性提高了约 60 倍的突变体。

表型观察筛选法的优点是筛选速度快，省时省力，可以很快地获得优良的突变个体；缺点是具有很大的局限性，例如不能达到定量、对蛋白质特性中的微小变化不灵敏，因此不能用来筛选变化小的突变体。21 世纪初，数字影像分光光度计的发展大大提高了在滤膜、琼脂糖平板上的筛选通量，并且可以定量筛选突变体产生的信号，提高筛选的灵敏度。

（3）微孔板筛选法　由于某些酶无法在琼脂平板上进行检测，所以微孔板悬浮筛选法也被广泛地应用，但是液态酶活测定比固态酶活测定更消耗时间。96 孔板微量滴定法是液态酶活性测定最常用的一种方法，并且已经从 96 孔发展到 384 孔甚至更多。它是当前和机器手臂、液体处理系统、读板仪等最兼容的酶活性测定方法，也是最适于自动化、高通量的筛选方法，筛选的结果非常可靠。该方法的优点是测量酶活性所需体积较少，还可以从中区分低浓度、弱活性酶的表达克隆。1536 和 3456 孔板以及多通道、多波长检测仪的出现、每秒钟分配几千滴样品（皮升级）的非接触式压电配样仪的问世大大提高了这种筛选方法的样品处理速度，从而增加了筛选的通量，节约筛选时间。这种方法的缺点是细胞微量培养及处理存在误差，且受限于目前流体分配技术的发展，在开放体系中随着比表面积的增高，会导致蒸发作用和毛细现象等。

（4）新发展的高效筛选方法　近年来，各种表面展示技术呈现出强大的发展势头，已经报道的噬菌体展示技术（Phage Display）、细胞表面展示技术、核糖体展示技术等比常规筛选方法具有很大的优势。

4. 酶分子工程的应用和发展前景

定点突变和定向进化技术对酶分子工程的发展具有重大的影响，短短几年中，酶分子改造技术已成功应用于提高微生物酶在非天然环境中的催化活性、稳定性、底物专一性及表达水平等方面。随着构建突变库方法的不断发展，利用理性设计和非理性设计对微生物酶基因进行改造也越来越多，并取得了显著的成果。下面着重介绍酶分子工程的应用及发展前景。

（1）提高酶分子的催化活性　工业酶催化活性的高低直接影响工业生产的效率以及生产成本，因此提高酶分子的催化活性是酶分子定向进化的基本愿望之一。Okkels 等在 1995 年通过定点突变使南极假丝酵母（*Candida antarctica*）脂肪酶 A 的比活力比野生型提高了 4 倍；You 和 Aronld 等在 1996 年利用易错 PCR 技术提高枯草杆菌蛋白酶 E 的表达水平和在有机溶剂中的活性，酶的催化活性提高了 500 倍；Zhuo 等利用家族改组（Family Shuffling）技术，对分别来源于大肠埃希菌、嗜柠檬酸克吕沃尔菌（*Kluyvera citrophila*）和雷氏普罗威登斯菌（*Providencia rettgeri*）的 DNA 同源性在 62.5%～96.9%的青霉素 G 酰化酶（Penicillin G Acylase，PGA）DNA 进行改组，从构建的种间青霉素 G 酰化酶杂合基因库中筛选获得酶活性提高 40%的突变株。Liu 等将 D-内酯水解酶基因经过三轮的易错 PCR

和一轮的 DNA 改组（DNA Shuffling）后，从中筛选获得酶活性提高 5.5 倍的突变体 MutE-861，该突变体含有三个点的突变，A352C、G721A 以及 1038 处的一个同义突变。

（2）提高酶分子稳定性　对于工业生产来说，首先要求酶必须具备足够的稳定性，其稳定性包括热稳定性、抗蛋白酶稳定性、在有机溶剂中的稳定性以及不同 pH 的耐受性等。但是从自然界获得的天然酶大都是中温酶，不能耐受各种极端工艺条件而导致应用受到限制。运用酶分子改造技术，在人工模拟的环境条件下进行酶分子的定向改造，已经成功得到了具有各种特性和功能的工业用酶。

Kim 等对栖热菌（*Thermus* sp.）IM6501 的麦芽糖淀粉酶采用 DNA Shuffling 技术进行 4 轮的定向改造，筛选获得了耐热麦芽糖淀粉酶，其最适作用温度比野生型提高 15℃。在 80℃的半衰期是 172min，而野生型淀粉酶在此温度下不到 1min 就完全失去活性。Yamaguchi 等将 Cys 二硫键引入绵毛状腐质霉（*Humicola lanuginose*）脂肪酶中，突变体的热稳定性提高 12℃，最适作用温度提高了 15℃。Zhao 等将枯草杆菌蛋白酶基因经 5 代的随机诱变后，筛选获得的重组子所产生的枯草杆菌蛋白酶 E，在 65℃的半衰期为野生型的 200 倍以上，最适作用温度提高了 17℃。Bessler 等利用易错 PCR 技术和 DNA 改组技术对解淀粉芽孢杆菌（*Bacillus amyloliquefaciens*）的 α-淀粉酶进行定向改造，在碱性环境中筛选具有耐受性的 α-淀粉酶，获得了一株在 pH 10 条件下，酶活性比原酶提高 5 倍的突变株。Patka 等发现将南极假丝酵母脂肪酶 B72 位的 M，利用定点突变技术置换成 L 后，其抗过氧辛酸氧化作用得到提高。

（3）酶分子对底物专一性的定向改造　利用定向改造技术可以提高或者改变酶分子对底物的专一性，但是要得到完全具有新的底物专一性的酶却是一项极具挑战性的工作。增加酶对底物的专一性，可以使酶更加适应于工业化的生产。

Zhang 等利用定向进化技术对 β-半乳糖苷酶底物专一性进行改造，经 7 轮的 DNA 改组，从构建的突变库中，采用岩藻糖的发色底物进行筛选，获得岩藻糖苷酶活性提高 66 倍的突变体。与原来酶相比有 6 个氨基酸发生改变，其中仅有 3 个突变位点位于底物结合位点附近。该突变体对邻硝基苯-岩藻吡喃糖苷（ONPE）的专一性比邻硝基苯-吡喃半乳糖苷（ONPG）提高了 1000 倍。筛选获得的改良岩藻糖甘酶对底物的 K_{cat}/K_m 比值，比大肠杆菌自身的岩藻糖苷酶提高了 10~20 倍。Zhang 等研究了禾草腥黑粉菌（*Tilletia fusca*）纤维素酶 Ce16A 表面残基对底物专一性的影响，结果突变体 R237A、K259H 对羧甲基纤维素的活力得到显著提高。Hsu 等对棒状链霉菌（*Streptomyces clavuligerus*）的脱乙酰氧基头孢菌素 C 合成酶 8 种异源 DNA 进行 Family Shuffling，得到了 K_{cat}/K_m 值比原始菌株提高了 118 倍的突变体。另外通过 DNA 改组技术对底物专一性进行改造的还有脂肪酶、核酶、细胞色素 C 过氧化酶、磷酸酯酶和 β-内酰胺酶等。

如今，酶分子改造技术已经被广泛应用于 DNA 的体外定向进化，并出现了一系列具有重要工业价值或商业意义的蛋白，大大加速了 DNA 进化的进程。酶分子定向进化更被认为是“一场达尔文做梦也没有想到的进化革命，是再设计生命世界的开端”。其不仅在农业、石油化工、人类基因治疗、小分子药物、疫苗研究等领域具有广阔的应用开发前景，而且它也非常适合于基础理论的研究。通过对定向进化技术得到的突变体进行分析，来研究蛋白质的结构和功能的关系，可为蛋白质的理性设计提供理论依据，使理性设计更能发挥其应有的作用，以实现蛋白的有效改造。

近年来，国际上又提出了蛋白质全新设计的概念，即从氨基酸一级序列出发，设计自然界中不存在的全新蛋白质，使之具有特定的空间结构或预期的功能。由于该技术尚未成熟，还处于探索阶段。而2003年Kuhlman等成功地设计了一个93个残基的具有全新拓扑结构的结构蛋白质，向人们展示了这一研究领域的美好前景。分子体外定向改造技术的发明和发展将为人类带来巨大的福音，但同时也可能创造出危害人类和自然平衡的物质，因此人们必须在保证安全性的基础上进行DNA改组的研究和应用。

三、高通量筛选技术

在工业微生物育种过程中，无论是传统的诱变育种、杂交育种、现代基因工程育种及近几年出现的定向进化技术育种，建库后，都要对文库进行筛选。而文库的库容量很大，各个样品的质量参差不齐，具有很大的随机性。使用传统零敲碎打的筛选方法，筛选量低，概率小，工作量大，要耗费大量的人力物力。在这种背景下，高通量筛选技术（High-throughput Screening）孕育而生。由于高通量筛选并无统一的模式程序，要想做好筛选，必须根据实验室具备的高通量筛选仪器设备、技术及自身样品的实际情况，将前人的各种方法有机结合，摸索出适合自己的一套筛选方法。

高通量筛选技术的核心思想有两个：第一，必须根据目的样品的特性（理化特性、生物学特性等）开发出合适的筛选模型，将样品的这些特性转化成可以用摄像头和计算机传感器识别的光信号或者电信号；第二，要有自动化的实验操作系统，能够进行移液、接种、清洗等设备操作，而且必须具备以下特点：具有在高洁净度下工作的能力，不引起污染；有多通道一次性进行多组操作，操作速度快；具有良好的软件和硬件兼容性，能与监测设备对接；实验数据可以在多种软件平台上进行分析；能使用各种通用型规格的耗材。

目前世界上对于高通量筛选的研究主要集中在“药物高通量筛选”和“工业生物技术高通量筛选”两个领域。虽然同为高通量筛选，主要思路相同，但是由于筛选的物质不同，故在具体的筛选方法上也有一些区别。本章节主要介绍“工业生物技术高通量筛选”。

高通量筛选技术在很大程度上依赖于自动化和高效率的实验室仪器装备，从而提高工作效率，将实验员从传统、繁重的手工操作中解放出来，并且提高筛选数量。微孔板是一种透明塑料板，板上有多排大小均匀一致的小孔。微孔板上的每个小孔可盛放几十到几百微升的溶液。其常见规格有96孔板、384孔板等多种，在现代高通量筛选中，甚至出现了1536孔和3456孔的微孔板。不同的仪器选用不同规格的微孔板，对其可进行一孔一孔或者一排一排地检测。微孔板具有统一的规格，可以使用多通道移液器或者机器人臂、全自动移液工作站实现移液操作。在微孔板上，可以直接加入灭菌培养基，接种微生物，进行培养。微孔板也可直接放入酶标仪，对每个孔中液体的OD值进行测定。

第三节　基因组定点编辑技术

一、基因组编辑定义

采用基因突变手段可以实现微生物育种，但这种方法工作量大且效率低下，主要是由于基因突变的随机性、突变率低且负突变率高等缺点。随着高通量测序技术的出现和快速更新，以及基因工程手段多样化，基因组定点编辑技术得到快速发展及广发应用。基因组编辑（Genome Editing）是在基因组尺度对细胞进行有效设计与高效改造或修饰等遗传操作，如基因组上多个位点同步插入或删除实现多个代谢分支途径的组合优化和外源代谢路径的大片段基因组整合实现全新代谢能力的改造等。相比基因突变，基因组编辑可以快速、简单、准确地实现基因组上特定基因的定点改造，如基因敲除、基因敲入、基因标签、替换启动子等。基因编辑在植物、动物及微生物的基因功能研究、生物育种以及基因治疗等方面得到了广泛的应用。

二、基因编辑相关技术及原理

1. 基因组多重位点的同步编辑技术

基因组上多重位点的同步编辑可用于微生物中组合调控多个酶的表达水平，实现分支路径弱化与主代谢路径强化的同步等，克服多重代谢通量优化的细胞代谢网络改造的困难。该类编辑技术主要为寡核苷酸介导的基因组多重位点编辑技术，如基于λ-Red 重组蛋白 Beta 的多元自动化基因组工程（Multiplex automated genome engineering，MAGE），以及在该技术改进的共选择的多元自动化基因组工程（Co-selection-MAGE，CoS-MAGE）等。

（1）多元自动化基因组工程　MAGE 技术是由哈佛医学院的 Church 研究团队研制开发的一项新技术并于 2009 年将其在 *Nature* 上发表。MAGE 技术是基于噬菌体同源重组蛋白（λ-Red 重组蛋白 Beta）对细菌染色体上多个基因座进行的快速、无痕且特异性改造（插入、错配和缺失）技术，已在大肠杆菌中实现了基因组的多重位点同步编辑，进而产生多样化基因型的菌株。这一技术最早源于大肠杆菌中的线性双链 DNA 高效整合基因组技术，即将携带有抗性基因和同源臂的双链 DNA 转化到大肠杆菌细胞中时，噬菌体重组酶能够辅助线性 DNA 整合到基因组同源位点，通过抗性筛选得到突变菌株。不过，每次使用该方法就必须赋予菌株一种新的抗性基因，操作越来越困难，编辑效率越来越低。

①λ 噬菌体 Red 重组酶（λ-Red）的同源重组系统：该重组系统由 3 种蛋白组成，Exo 蛋白、Beta 蛋白和 Gam 蛋白。其中 Exo 蛋白是一种核酸外切酶，结合在双链 DNA 末端并从 5′端向 3′端降解 DNA，释放出 3′端；Beta 蛋白结合在单链 DNA 上，介导互补单链 DNA 退火；Gam 蛋白可与外切核酸酶 V（RecBCD 酶）结合，抑制其对外源 DNA 的降解。在内源性 λ-Red 重组系统中，控制 *exo*、*bet*、*gam* 三个基因的 PL 启动子受到 CI857 阻遏蛋白的抑制，CI857 阻遏蛋白由 *cI* 基因表达产生，是一个温敏性阻遏子，它在 30~34℃ 条件下，阻遏 PL 启动子的功能，使其不能形成 λ-Red 蛋白。而在 42℃ 条件下，该阻遏子被抑制，λ-Red 蛋白正常表达。

②MAGE 技术的基本原理：首先，30℃ 下培养野生型细胞群体或混有基因组已被编辑细胞的野生型细胞群体至对数期，以获得足够数量的细胞。其次，细胞生长达到对数期后，将其培养温度变换为 42℃，此时 CI857 阻遏蛋白被抑制，进而使 λ-Red 重组蛋白（Exo 蛋白、Beta 蛋白和 Gam 蛋白）正常表达。再次，将菌体冷藏于 4℃，防止上述生成的重组蛋白质被降解。第四，利用 λ-Red 重组蛋白 Beta 介导的单链核苷酸寡聚物实现野生型菌株中基因组上多重位点的编辑（图 6-3），即人工高效合成单链核苷酸（ssDNA）的寡聚物（oligos），并在其 5′末端和 3′末端设计有能与基因组中目标序列互补的同源臂（Homology Arms）；通过电击的作用将寡聚物导入细胞，同时也杀死大量细胞降低细胞数

量；在细菌基因组复制过程中，单链核苷酸寡聚物在重组蛋白 Beta 介导下通过同源臂退火到复制叉上滞后链（Lagging Strand）中的目标位点；在基因组下一轮或其他轮的复制过程形成可遗传的突变基因型，进而达到利用 DNA 复制过程实现对基因组进行编辑（靶基因的插入、替换或删除）的目标，多种 ssDNA 寡聚物的引入，则实现基因多重位点编辑。最后，将上述得到细胞重新收集并对其按照上述过程进行循环操作（图 6-4），积累基因组被编辑的细胞，最终达到较高的编辑效率且整个过程无需抗生素辅助的筛选过程。

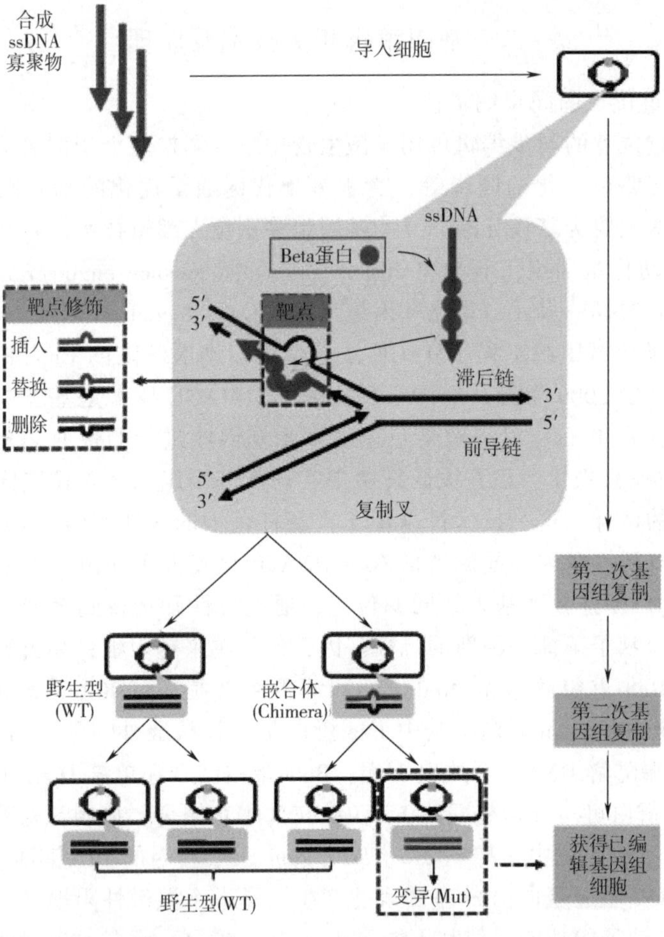

图 6-3　λ-Red 重组蛋白 Beta 介导的单链核苷酸寡聚物基因组编辑机制

③MAGE 技术的应用策略及工作流程：MAGE 技术可以实现基因组尺度多重位点的插入、错配及删除，其引入变异的靶位点包括基因中的编码及非编码基因，调节区的启动子及核糖体结合位点，以及基因间隔区序列（图 6-5）。采用 MAGE 技术对上述不同位点进行突变，从而达到改变 mRNA 的稳定性、翻译效率、代谢途径及转录效率等。MAGE 技术的工作流程如图 6-6 所示，包括六个环节：a. 确定修改表型或基因型目标，如通过改变酶性能及基因网络加快底物转化为产物。b. 靶位点选择，如在优化代谢物生产的过程中，首先确定参与该途径的所有基因。通过流平衡分析（Flux balance analysis）、OptKnock 或 RobustKnock 等算法有助于确定基因靶位点。在这些靶位点中，转录及翻译控制区靶位点

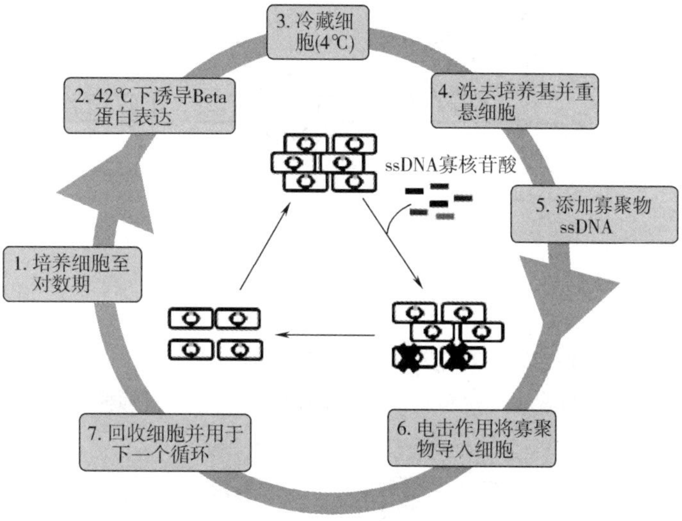

图 6-4　MAGE 技术循环操作步骤

能上调或下调基因的表达。蛋白的调节、催化及底物结合序列作为靶位点可以修改酶的活性（图 6-5）。c. 设计单链核苷酸寡聚物，实现对基因组中靶位点（如核糖体结合位点等）的插入、替换及删除操作（图 6-3）。d. 根据相应的数学模型确定 MAGE 的循环数。e. 执行 MAGE 循环（图 6-4），最终将 ssDNA 寡聚物通过复制的作用重组到细胞基因组上。f. 筛选合适的突变型菌株，包括合适的基因型突变株和表型突变株。对于基因组再编码的合适的基因型筛选，可以通过测序或基于 PCR 的方法完成。对于改变表型的合适突变株筛选，必须从 MAGE 技术产生的多样化细胞群体中筛选。MAGE 技术产生的基因组重组细胞鉴定通过选择培养基、可视化筛选或 PCR 筛选。

④MAGE 的优势及应用：MAGE 技术能将大量人工合成的具有各种突变（包括碱基错配、插入和缺失）的 ssDNA 寡聚物导入宿主细胞，可以快速高效地在全基因组尺度上对菌株的 DNA 序列进行编辑，极大地加快了细胞的进化进程。MAGE 优势主要体现在以下几方面：重组效率高，将 ssDNA 导入细胞时的重组效率比导入 dsDNA 片段时的效率大大提高，一轮 MAGE 循环后基因组上某个特定位点的等位替换频率超过 30%；MAGE 可同时作用于基因组的多个位点，即 MAGE 同时将大量靶向基因组不同部位的序列的 ssDNA 库转入细胞中，这样可产生各种组合的突变型，真正实现了基因组的可编辑、可组装；MAGE 通过上述自动化装置，重复周期性地导入 ssDNA，快速、高效地得到各种突变型，“一天之内可生成数十亿个重组变异细胞”；导入的 ssDNA 片段作用于复制叉的滞后链上，比之前作用于前导链时重组效率提高了数十倍。

MAGE 技术的典型应用例子是大肠杆菌脱氧木酮糖磷酸酯（1-deoxy-D-xylulose5-phosphate，DXP）合成途径改造。番茄红素合成途径涉及 20 个内源性基因，包括 *dxs*、*dxr*、*ispD*、*ispE*、*ispG*、*ispH*、*idi*、*ispA*、*appY*、*rpoS*、*crl*、*elbA*、*elbB*、*yjiD*、*purH*、*rnlA*、*yggT*、*ycgZ*、*ymgA* 和 *ariR*。Church 研究小组针对这 20 个基因进行番茄红素表达的优化，将分别靶定每个基因的 ssDNA 库导入细胞中，经过 35 个 MAGE 循环，产生了近 150 亿个

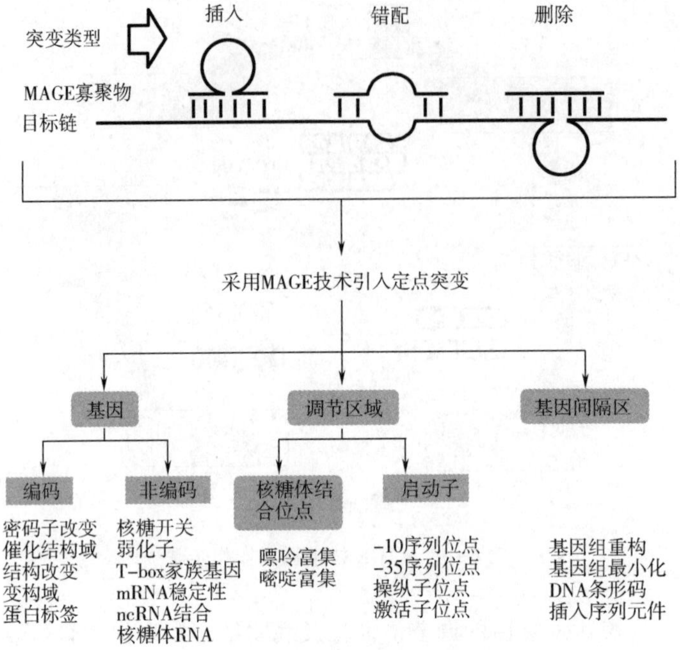

图 6-5　MAGE 基因组尺度修饰

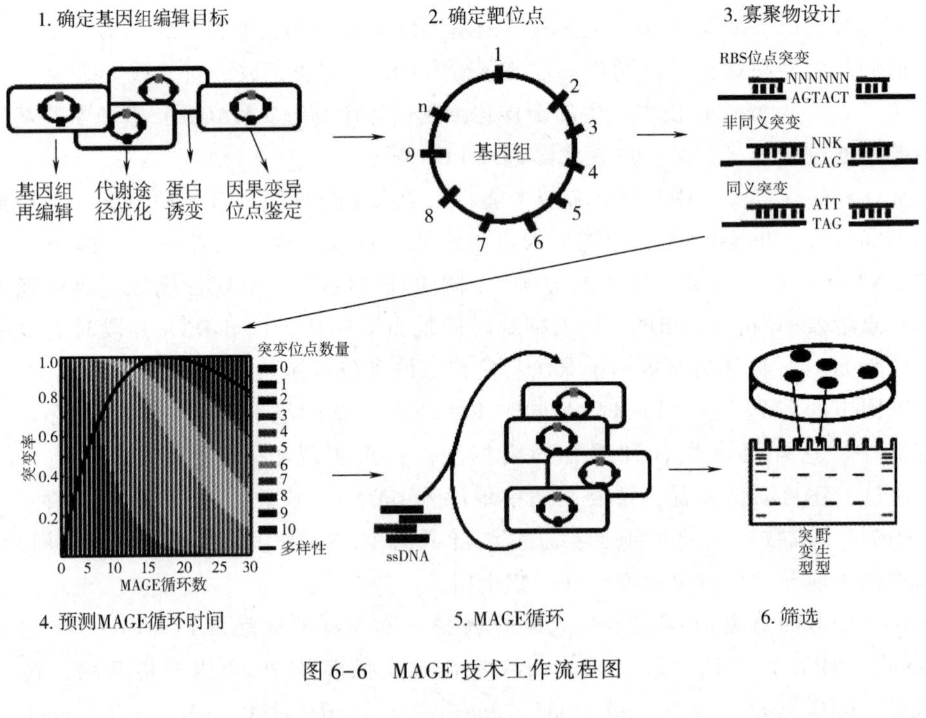

图 6-6　MAGE 技术工作流程图

基因变异体，经过合适的筛选方法得到高产番茄红素突变株。另外，分支途径上的 4 个基因（*ytjC*、*fdhF*、*aceE* 和 *gdhA*）因引入两个无义突变而失活，进一步提高了番茄红素的产量。由于自动化装置的存在，每个循环只需 2.0~2.5h，此工作仅在 3d 内完成，使得番茄红素的产量提高了近 5 倍。近几年，由于该方法的高效和通用性，其应用领域被迅速拓展，除了易于遗传转化的革兰染色阴性菌包括大肠杆菌、结核杆菌、鼠伤寒沙门菌、弗氏痢疾杆菌和丁香假单胞菌之外，在转化效率和同源重组频率均偏低的革兰染色阳性菌中也都已被应用，包括枯草芽孢杆菌、罗伊氏乳杆菌、植物乳杆菌、加氏乳杆菌、乳酸乳球菌以及谷氨酸棒杆菌等。此外，这种 ssDNA 修饰基因组的方法在真核细胞中也已得到应用，包括酿酒酵母和人体细胞。所以，这种高效的基因组修饰技术必将在未来工业微生物的改造中发挥重要的作用。

（2）共选择的多元自动化基因组工程　CoS-MAGE 也是 MAGE 改进后的一种方法。MAGE 同时作用于染色体多个位点，可以得到大量的突变株，但筛选过程过于复杂烦琐，从而导致大多数的突变型无法得到鉴定而丧失意义。CoS-MAGE 由于共同标记（co-marks）的存在，能更好、更有效地进行突变株的筛选。该方法在基因组上预先引入一个或多个选择标记的突变基因，通过 MAGE 同步回复该突变基因作为选择标记，从而筛选到含有其他位点被同步编辑的菌株。这是利用 ssDNA 在复制叉附近发生多位点同步共编辑的原理，即当细胞处于某个特定复制状态，目标位点被修饰，此时该位点上下游区域发生 ssDNA 重组事件概率也显著性增强，表现为共修饰现象。在每个标记的上下游的短距离区域内，可实现 7~9 个位点的同步编辑，并且每个位点的可编辑区域变大，例如启动子的替换等。因此，CoS-MAGE 能够显著性地提高 MAGE 的效率。此外，由于多个位点的编辑存在一定的概率，在 CoS-MAGE 的筛选过程中，可同时筛选到不同组合位点被编辑的菌株，从而能够比较不同基因的强弱表达对产物积累的影响。

2. 双链断裂介导的基因组编辑技术

双链断裂介导的基因组编辑技术是指利用工程核酸酶（Engineered Endonuclease，EEN）诱导基因组产生 DNA 双链断裂，进而激活细胞内源修复机制，实现对基因组的精确的修饰（替换、插入或缺失）。双链断裂的修复途径有同源定向修复（Homology-directed Repair，HDR）和非同源末端连接（Non-homologous end joining，NHEJ）两种修复方式。同源定向修复是指利用同源序列作为模板进行缺失序列的修复，当提供外源的 DNA 修复模板，则在与内源序列相同或相近的位点发生重组，将外源 DNA 整合到特定位点。利用同源重组修复即可进行基因替换、插入或者定点突变等遗传操作。非同源末端连接修复是指断裂的染色体在多种酶的作用下直接进行非精确的连接修复。NHEJ 的方式能够在断裂之处插入或删除少量碱基，其修饰结果是不可控的，适用于特定基因的灭活。

双链介导的基因组编辑技术最关键步骤是利用工程核酸酶在靶位点产生双链断裂，通过同源重组或者非同源末端连接的自我修复途径进行基因组修饰。目前应用最广的三类序列特异的工程核酸酶为锌指核酸酶（Zinc-finger nucleases，ZFNs）、类转录激活子内效应子核酸酶（Transcription activator-like effector nuclease，TALEN）和规律成簇间隔短回文重复序列及其核酸酶（Clustered regularly interspaced short palindromic repeats-CRISPR-associated system，CRISPR/Cas）。这些工程核酸酶具有共同的特征，即都包含 DNA 识别与结合结构域（位点特异性）以及核酸内切酶切割结构域（双链断裂的酶切活性），对特定靶位点进行特异性的结合并切割产生双链断裂（Double-stranded Breaks，DSB）。

（1）ZFN 编辑技术

①ZFN 结构及其构建：ZFN 是第一种由人工改造并应用的核酸内切酶，由含有锌指 DNA 结合域和非特异性的核酸内切酶 *Fok* I 的切割结构域融合而成。锌指（Zinc Finger，ZF）结构是真核生物中一种最常见的 DNA 结合基序，结构保守。ZF 是构成锌指 DNA 结合域的基本单元，能够介导蛋白质与其他分子之间的相互作用。锌指 DNA 结合域一般包括 3 个独立的 ZF 结构，且每个 ZF 结构能够特异识别 DNA 双链上的连续 3 个核苷酸。因此，一个锌指 DNA 结合域可以识别 9 bp 长度的特异性序列，而 ZFNs 二聚体包含 6 个 ZF 结构，可以识别 18bp 长度的特异性序列。锌指识别特异性能力的强弱与串联的锌指长度呈正相关。目前最常用的 ZF 结构为 Cys2His2 锌指，其结构由大约 30 个氨基酸包裹一个锌原子构成。*Fok* I 切割结构域源于一种ⅡS 型限制性内切酶，能够与锌指蛋白结构域的 C 端融合连接形成 ZFN。

根据靶位点的 DNA 序列，设计与筛选特异性识别的 ZF，构建 ZF 与 *Fok* Ⅰ连接产物 ZFN 并验证其活性，最后用于目标基因的编辑。目前 ZFN 构建方法主要有以下几种：一是利用 Sangamo Biosciences 公司的专利设计锌指核酸酶，该方法效率高，特异性强，可以商业化订制，但是价格比较昂贵。二是模块直接组装法构建锌指核酸酶，该方法是最早被应用且操作最为简便的构建方法。该方法是基于 ZF 基序与碱基三联体之间的对应识别关系直接根据靶标序列按顺序组装 ZFs。模块直接组装法由于忽视了不同 ZFs 之间的相互作用，会造成严重的脱靶效应，降低了对靶位点的识别效。三是利用开放平台 Oligomerized Pool Engineering（OPEN）设计锌指核酸酶。首先构建 3 个 ZFs 基序组合在一起的 ZFs 库，然后筛选与靶标序列特异性及亲和力最强的组合。该方法免费向公众开放，但是构建过程需 2~3 个月，费时费力。四是相邻装配法（Context-dependent Assembly，CoDA），该方法吸取了模块直接组装的简易性，并结合筛选的策略考虑了相邻 ZFs 之间的依赖效应。

②ZFN 编辑技术原理：ZFN 编辑技术常称为第一代 EEN 技术。如上面所述，ZFN 是人为改造的限制性核酸内切酶，利用不同的锌指结构识别不同的 DNA 序列，再通过核酸酶切断靶 DNA（图 6-7）。一般可通过加工改造 ZFN 的锌指 DNA 结合域，靶向定位于不同的 DNA 序列，从而使得 ZFN 可以结合复杂基因组中的目的序列，并由 DNA 切割域进行特异切割。核酸内切酶 *Fok* I 的特异性比较低，因此其结构域必须二聚化才有活性，确保必须存在两个相邻的 DNA 结合事件才能实现双链断裂，从而增加了目标特异性。ZFNs 识别并切割基因组上的特异性位点并形成双链断裂（DSB），是实现基因组编辑的前提和基础。切割事件极大增加了该位点的重组修复频率。其最简单的方法是非同源末端接合（NHEJ），其中细胞基本上磨平断裂 DNA 的两端，再将其彼此拉近，通过移码而完成修复。另一种方法是同源定向修复（HDR），用另一条染色体上对应的 DNA 序列作为模板来修复断裂，通过人为地提供特定的模板，可促使系统插入所需的序列。该方法的高效性取决于具有专一性识别 DNA 位点能力的锌指结构域的构建。

③ZFN 优缺点及应用：ZFN 的发现改变了人们长期依赖同源重组的历史。相比于基因同源重组方式的效率低，基因定点修饰的细胞筛选困难等难题，ZFN 编辑技术的出现突破了这些瓶颈。但是，ZFN 也存在一定的局限性：首先，高效 ZFN 设计目前还存在一些困难；其次，ZFN 在对靶位点进行切割时可能会造成脱靶，使细胞内的代谢发生紊乱，造成细胞毒性；第三，ZFN 的表达还需要更加有效的调控，目前可以调控 ZFN 表达的方式主要

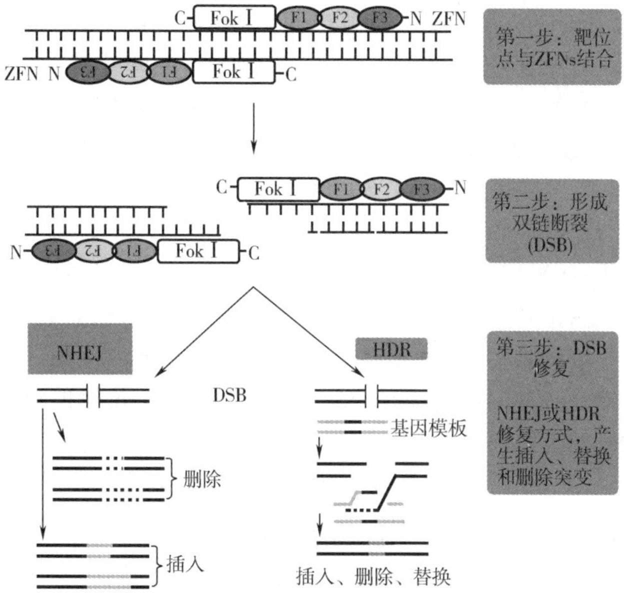

图 6-7　ZFN 基因组编辑原理示意图

有热激启动子、药物诱导启动子以及注入定量 mRNA 等方式；第四，技术垄断的问题，由于 ZFN 的特异性不高，因此急需设计出高特异性的锌指组合，但是目前该技术一直由 Sangamo 生物公司垄断。

虽然目前 ZFN 存在多项劣势，但在其被发现之初，发展十分迅速，很快便广泛应用于动物、植物及微生物上。例如，2008 年 Doyon 等将目标突变转移到斑马鱼胚胎上，最终亲代中 30%~50%的个体遗传该种突变给子代，而子代中有 7%~18%的个体存在该种突变。2009 年 Geurts 等利用 ZFN 对外源基因 GFP、内源基因 IgM 和 Rab38 进行敲除，获得敲除特定基因的转基因大鼠，最终发现亲代丧失了一些功能，并且可完全遗传给子代，这是 ZFN 技术首次应用到哺乳动物胚胎中，在基因编辑技术发展史上具有划时代意义。

（2）TALEN 编辑技术　随着重复可变双残基（Repeat Variable Diresidues，RVDs）与核苷酸对应关系的破解，TALEN 技术的研究与应用进入快速发展阶段。由于 ZFN 存在设计复杂、敲除效率低和脱靶严重等局限性，在很多方面都更胜一筹的 TALEN 技术被广泛关注。TALEN 编辑技术，又称为第二代 EEN 技术，在 2012 年被 *Science* 评为年度十大突破性技术。

①TALEN 的结构及原理：典型的 TALEN 结构上包括类转录激活子类效应子（Transcription activator-like effector，TALE）结合结构域和 *Fok* Ⅰ 核酸内切酶切割结构域两部分（图 6-8），都是人为体外设计，于细胞内自然融合而成。TALE 最初是在植物病原菌黄单胞菌（*Xanthomonas* spp.）中作为一种细菌感染植物的侵袭策略而被发现的，在青枯雷尔氏菌（*Ralstonia solanacearum*）中也存在 TALE 的相似物。这些 TALE 通过细菌Ⅲ类分泌系统（Bacterial Type Ⅲ Secretion System）被注入植物细胞中，通过靶定效应因子特异性的基因启动子来调节转录，进而促进细菌的集落形成。由于 TALE 具有序列特异性结合能力，可以通过将 *Fok*Ⅰ 核酸酶与一段人工的 TALE 连接起来，形成了一类具有特异性基因组

编辑功能的强大工具。TALE 结构域的 N 端是一个细菌分泌（Secretion）和易位信号结构域（Translocation Domain，TD）以及一个独特的 DNA 结合域（R0）。TALE 中间部位是串联片段组成的 DNA 结合结构域（DNA-binding domain），每个串联片段由 33~35 个氨基酸残基组成，末端的重复单位为半重复片段，由 20 个氨基酸残基组成。每个重复片段的第 12 和 13 位的可变氨基酸残基（RVDs）能够特异性识别一对 DNA 碱基，其中 NI（天冬酰胺和亮氨酸）识别碱基 A，NN（2 个天冬酰胺）识别碱基 G 或 A，NG（天冬酰胺和甘氨酸）识别碱基 T，HD（组氨酸和天冬氨酸）识别碱基 C。因此 RVDs 的类型、数目及顺序决定了 TALENs 识别 DNA 序列的特异性。C 端有两个或更多的核定位信号（Nuclear Localization Signals，NLS）及一个高度保守的酸性激活域（Activation Domain，AD）。不同类型的 TALEN 元件识别的特异性 DNA 序列长度有很大区别。例如，天然的 TALEN 元件识别的特异性 DNA 序列长度一般为 17~18bp，人工 TALEN 元件识别的特异性 DNA 序列长度则一般为 14~20bp。

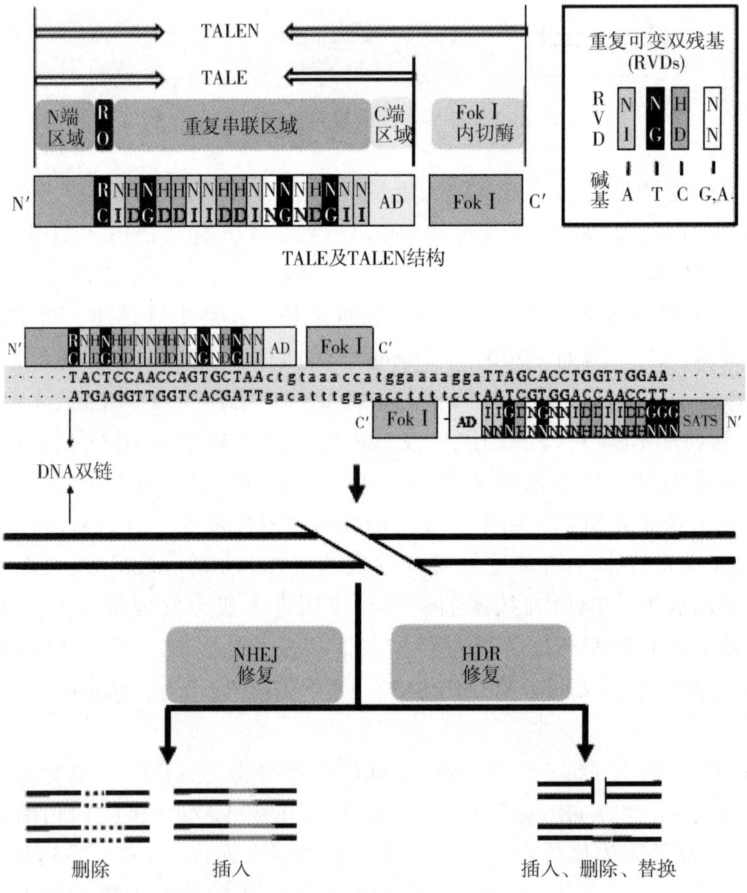

图 6-8　TALEN 元件及其编辑原理

与 ZFN 基因编辑技术类似，TALEN 编辑技术的原理并不复杂（图 6-8），首先通过其结合结构域识别并结合目的 DNA 片段的靶向位点，然后在 *Fok* I 核酸酶（二聚体形式）的作用下完成特定位点的剪切，并借助于细胞内固有的同源定向修复（HDR）或非同源末端连接途径（NHEJ）修复过程实现对DNA序列中特定序列的插入、删除及替换，进而实现对基因组特定序列的定向编辑。

②TALEN优缺点及应用：相比较于ZFN基因编辑技术，TALEN基因编辑技术优势主要体现在：打靶效率有进一步的提高（最高可达90%）；打靶位点设计灵活、方便，载体构建简单；特异性高，脱靶效应低，相应产生的细胞毒性较小。但是，TALEN基因编辑技术也存在一定的局限性：TALE分子的模块组装十分烦琐，测序工作量大，普通的实验室很难操作，且商业化公司合成的成本比较高；TALEN分子质量较ZFN大，若去除其中一些不必要的结构将会导致其序列识别特异性降低，进而导致脱靶效应和产生细胞毒性；多个基因同时打靶时需要共转染多个TALEN载体，往往会存在转染效率极低，获得的阳性细胞数量偏低，进而带来极大的工作量。

TALEN的发明使得基因组编辑的效率明显提高。目前，TALEN技术已经成功在拟南芥、水稻、烟草等植物以及酵母、线虫等微生物上得到应用。例如，在动物基因组修饰方面，2011年Hockemeyer等人在人类胚胎干细胞（Embryonic Stem Cell，ESC）和诱导多能干细胞（Induced Pluripotent Stem Cell，iPSC）上运用TALEN，实现了HDR介导的基因敲入。2012年Bedell等人利用TALEN产生DSB，引发HDR，从而将含有loxP序列的单链DNA精确插入斑马鱼的基因组中。

（3）CRISPR/Cas编辑技术　CRISPR/Cas是细菌和古生菌在不断的进化过程中形成的获得性免疫系统，能够准确地识别并降解外源核酸（噬菌体核酸或质粒）。CRISPR/Cas的免疫机制可分为3个相对独立的层次（图6-9）：第一个层次是外源核酸（如质粒或病毒DNA）进入原核生物细胞；第二个层次主要是间隔序列的获得，即对外来信息的处理和加工，形成免疫记忆，主要由通用的核心蛋白Cas1和Cas2参与完成；第三个层次主要为CRISPR RNA（crRNA）产物的转录、翻译及加工成熟，以及识别和降解入侵的外源遗传物质。

CRISPR/Cas介导的基因组编辑技术是在2013年初才出现，随即被认为是新一代的基因组编辑技术，又称第三代EEN技术。与ZFN及TALE核酸酶相比，CRISPR/Cas系统则更加简单方便，易于操作和拓展。近年来，CRISPR/Cas技术已广泛应用于细菌、酵母、植物、线虫、石斑鱼、老鼠以及人的细胞等，同时证明了该技术是一个简单且高效的基因组编辑手段。在CRISPR/Cas系统研究进展中的一些重要成果见图6-10。

①CRISPR/Cas系统分类：CRISPR/Cas系统由CRISPR序列和Cas蛋白组成，其中CRISPR序列由一些高度保守的重复序列和间隔序列相间排列组成，而Cas蛋白是CRISPR序列附近相关基因编码的蛋白酶，具有核酸酶活性，可对DNA序列进行切割，形成DNA双链断裂。CRISPR中的高度可变间隔序列（长度21~72bp）主要来源于外源核酸（噬菌体或是质粒），不同的CRISPR基因座含有几个到几百个数量不等的间隔序列。目前发现间隔序列数量最多的CRISPR存在于赭黄嗜盐囊菌（*Haliangium ochraceum*）DSM 14365中，包含587个间隔序列。CRISPR中的重复序列长度范围为21~48bp，序列并非严格保守，甚至在同一个细菌内的不同CRISPR基因座的重复序列也有不同，但它的5′端和3′端部分为保守序列，分别为GTTT/g和GAAAC。重复序列里还包含部分回文结构，转录出的RNA能形成稳定且保守的二级结构，可能在与Cas蛋白结合形成核糖核蛋白复合物的过程

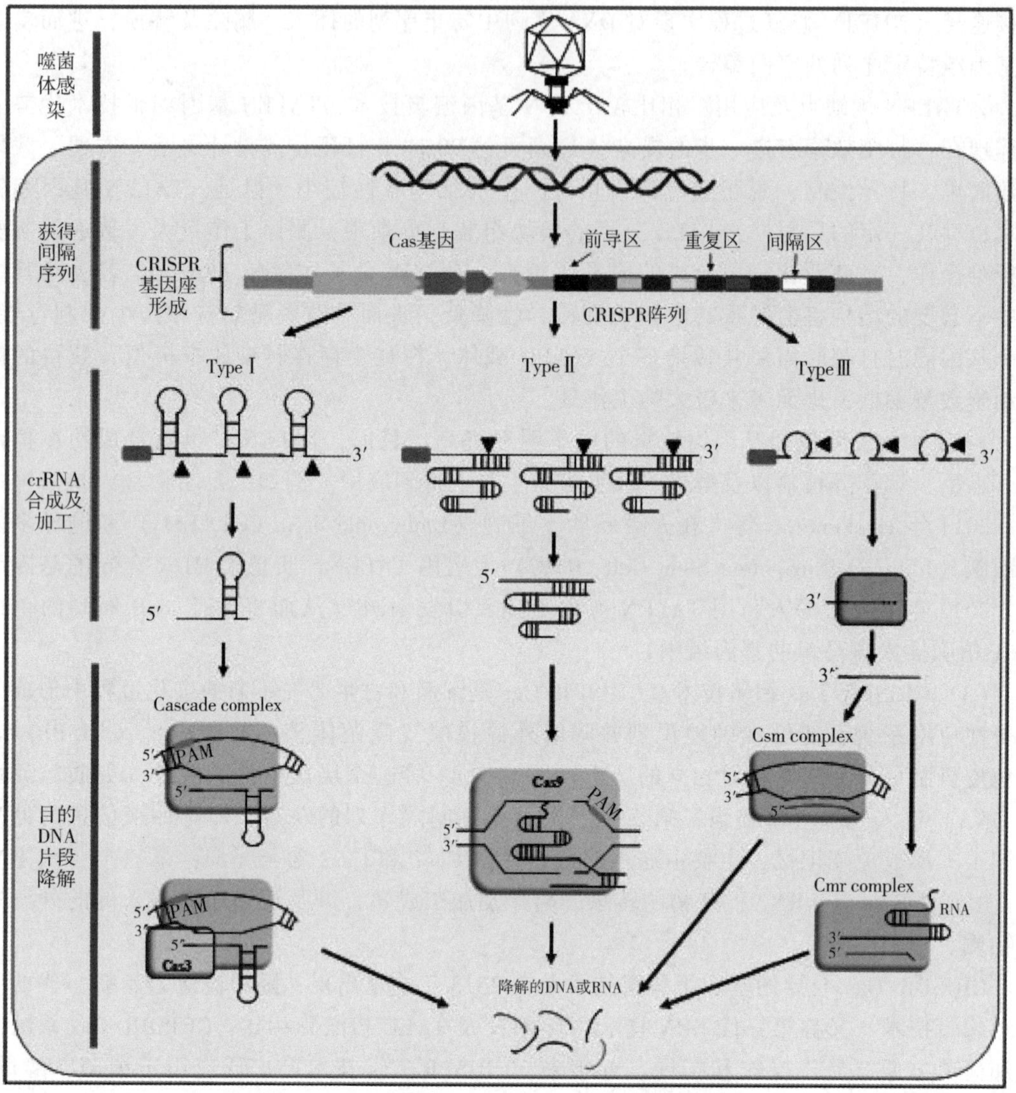

图 6-9　微生物 CRISPR 系统获得性免疫机制

PAM—前间区序列邻近基序　Cmr complex—重复序列相关未知蛋白复合体

crRNA—CRISPR RNA　Cas3 和 Cas9—CRISPR 关联蛋白　Cascade complex—CRISPR 相关抗病毒防御复合体

中发挥重要作用。

根据 Cas 蛋白编码基因多样性、Cas 蛋白之间的进化关系及 Cas 基因操纵子的组成方式，可将 CRISPR/Cas 系统分 3 个类型，即 Type Ⅰ、Type Ⅱ和 Type Ⅲ型（图 6-9）。其中Ⅰ型和Ⅲ型均需多个 Cas 蛋白参与形成复合体，而Ⅱ型仅需 Cas9 蛋白即可，因此目前研究应用比较多的是Ⅱ型 CRISPR/Cas 系统。

Type Ⅰ系统是 CRISPR/Cas 系统中 Cas 蛋白最多和最复杂的系统，包含 6 个蛋白，其中有特征性的 Cas3 蛋白，该蛋白具有解旋酶和核酸酶功能。多个 Cas 蛋白与成熟的 crRNA 共同结合形成 CRISPR 相关抗病毒防御复合体 Cascade（CRISPR associated complex for

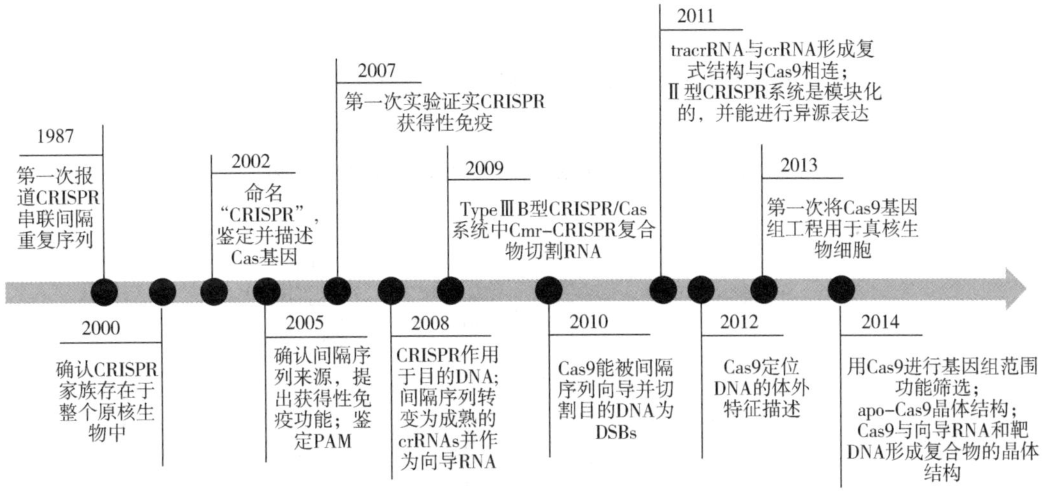

图 6-10　CRISPR 技术研究进展中的重要成果

PAM—前间区序列邻近基序　RAMP—重复序列相关未知蛋白　Cmr—RAMP 模块

crRNA—CRISPR RNA　tracrRNA—反式激活 crRNA　Cas9—CRISPR 关联蛋白　DSBs—断裂双链

antivirus defense)，Cascade 与入侵的外源 DNA 结合，促使 Cascade 内的 crRNA 与外源 DNA 的互补链配对形成 R 环结构，Cas3 的核酸酶识别 R 环结构后先将互补链切开，随后在 Cas3 的解旋酶和核酸酶作用下再将非互补链切开。

TypeⅡ系统，又称 CRISPR/Cas9 系统，包含一个标志性的 Cas9 多功能蛋白，其参与 crRNA 的成熟以及降解入侵的噬菌体 DNA 或是外源质粒。Cas9 蛋白包含位于 N 端具有类似于 Ruc 核酸酶的活性和位于中部有类似 HNH 核酸酶的活性两个功能结构域。根据 TypeⅡCRISPR/Cas 系统基因座的结构差异，可分为 TypeⅡA、B 和 C 三个亚型，具有每个亚型的代表性微生物分别为酿脓链球菌（*Streptococcus pyogenes*）、弗朗西丝菌（*Francisella novicida*）及脑膜炎奈瑟菌（*Neisseria meningitidis*）（图 6-11）。以酿脓链球菌为例，其 CRISPR/Cas 基因座结构包括 5′端的 tracrRNA 基因、中间的 Cas 蛋白编码基因（cas9、cas1、cas2 和 csn2）及 3′端的 CRISPR 基因座，由前导区域和众多的间隔序列（spacers）和重复序列（repeats）顺序排列组成。前导区序列位于 CRISPR 序列的 5′端，富含 AT，长度 300~500bp，作用类似于启动子，一般来说在种内保守，种间却存在显著的差异。在该 CRISPR/Cas 系统亚型中（图 6-11），CRISPR/Cas 基因座首先进行不同元件转录和翻译，转录的反式激活 RNA（tracrRNA）指导 RNaseⅢ和 Cas9 完成前体 crRNA 的成熟，随后 tracrRNA 与成熟的 crRNA 的重复序列配对形成 RNA 二聚体，最后与 Cas9 蛋白结合成核糖核蛋白复合体（TracrRNA、crRNA 和 Cas9），发挥识别和降解入侵的外源 DNA 功能。

Type Ⅲ系统包含特征性的 Cas10 蛋白，其具有 RNA 酶活性和类似于 Type Ⅰ的 Cascade 功能。Cas10 主要参与 crRNA 的成熟和剪切入侵外源 DNA。目前发现 Type Ⅲ有两种亚型：TypeⅢA 和 TypeⅢB。例如，激烈热球菌的 CRISPR/Cas 系统属于 Type Ⅲ A 型，它干扰的靶标是 mRNA；表皮葡萄球菌 CRISPR/Cas 系统属于 Type ⅢB 型，它的靶标与 TypeⅠ和ⅡCRISPR/Cas 系统相同，是 DNA。这也反映了自然界中的 CRISPR/Cas 系统的

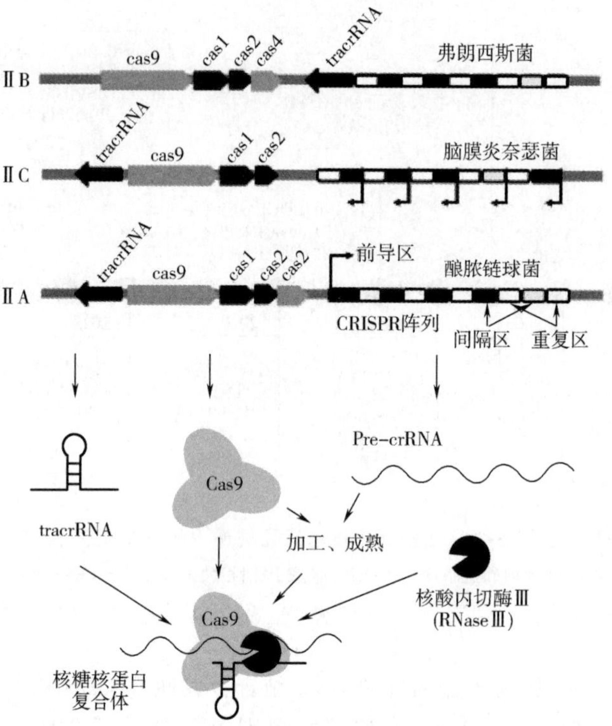

图 6-11 CRISPR/Cas 系统 TypeⅡ亚型基因座结构及核糖核蛋白复合体形成

多态性。

三种类型的 CRISPR/Cas 系统的分布有所不同。TypeⅠ型系统在细菌和古生菌中都有发现；TypeⅡ型系统仅存在于细菌中；TypeⅢ型系统大多存在于古生菌中，只有少数的细菌是 Type Ⅲ型。20 世纪 90 年代末期测序技术开始飞速发展，越来越多的细菌和古生菌的基因组信息被解密，科学家们发现一些特殊的菌株中同时存在多种类型的 CRISPR/Cas 系统，推测基因的水平转移可能是导致这一现象的主要原因，例如一些包含有 CRISPR/Cas 系统的质粒、转座子元件，在不同的菌株之间的转移。

②CRISPR/Cas9 编辑技术原理：CRISPR/Cas9 技术的主要原理是利用 Type Ⅱ 型 CRISPR/Cas 系统具有特异性识别和降解外源 DNA 片段的能力，进而形成 DNA 双链断裂（图 6-10 和图 6-11）。然后，断裂的 DNA 双链，通过 NHEJ 或 HDR 完成双链修复，进而实现基因组上特定 DNA 片段的编辑。在实际应用中，crRNA 与 tracrRNA 形成的双链可以采用人工设计的 gRNA（guide RNA）取代，gRNA 自主折叠形成 Cas9 可识别的双链 RNA，简化了 CRISPR/Cas9 系统。采用人工设计的 gRNA，在 Cas9 的辅助下，基因组的定点突变和同源基因替换的效率接近 100%，实现了简单、高效、精确的基因组编辑。除了对基因组 DNA 定点编辑之外，通过对 Cas9 的改造，消除其核酸内切酶的活性（dCas9），改造的 CRISPR-dCas9 系统可应用于单个或多重基因的表达调控，包括细菌和真核生物。其原理是：a. 在细胞内表达 gRNA 后，使其与 dCas9 形成复合物，识别目标基因但不发生双链切割，可阻止该基因的转录延伸、核糖体结合或是转录因子结合，使基因表达水平显著下

降，一些基因的转录水平甚至下降至原来的 10^{-4} 水平，几乎沉默该基因的表达；b. 在dCas9 蛋白上融合转录激活结构域或抑制结构域，由表达的 gRNA 精确引导，使其结合到目标基因的调控区，实现稳定且精确地调控基因表达。通过引入多重 gRNA，可实现多重基因的表达调控，具有简单、高效和精确的特点。

③CRISPR/Cas 编辑技术优缺点及应用：CRISPR/Cas 的打靶效率比较高，最高可达 80%，且靶位点设计灵活、方便，载体构建简单；CRISPR/Cas 系统对靶序列的识别以 RNA 与 DNA 碱基配对的方式，降低了脱靶的概率，进而降低了细胞毒性；较于 ZFN 与 TALEN，CRISPR/Cas 的设计更为简单、廉价，普通的试验也可自行操作；CRISPR/Cas 最大的优点就是可同时打靶多个基因，且每多一个靶位点只需多一个 gRNA 质粒。CRISPR/Cas 编辑技术也存在一些不足之处，如 CRISPR/Cas 技术目前还尚未成熟，需要设计出特异性较高的 gRNA 质粒，严重的脱靶效应以及在未建系的干细胞上无成功先例等。

CRISPR/Cas 编辑技术尽管是近几年发展起来的新技术，但已在诸多领域广泛应用，包括基因治疗、动植物及微生物育种等方面。例如用 iPS 细胞治疗人类的镰刀型贫血症，可以将病人的皮肤细胞诱导成诱导多能干细胞（iPS），然后利用 CRISPR/Cas9 突变型的切口酶来介导同源重组修复突变的血红蛋白基因，再将修复的 iPS 细胞定向诱导分化为造血干细胞移植到病人体内。Shan 等人利用 CRISPR/Cas 系统定点突变了小麦的 1 个基因和水稻的 4 个基因，并且在当代获得了水稻 PDS 基因功能缺失的纯合突变体，该突变体呈现预期的白化和矮小。

最后，ZFN、TALEN 及 CRISPR/Cas9 三类工程核酸酶介导的编辑技术的差异见表 6-5。

表 6-5　　三类工程核酸酶 ZFN、TALEN、CRISPR/Cas9 的比较

类别	ZFN	TALEN	CRISPR/Cas9
识别方式	蛋白-DNA	蛋白-DNA	RNA-DNA
识别结构域	锌指蛋白（ZF）	转录激活子类效应子（TALE）	单个引导 RNA
切割结构域	Fok I	Fok I	Cas9
作用模式	成对	成对	单体
载体构建	较难	容易	十分简单
耗时	长	较短	短
成本	高	较低	低
靶向效率	低	高	极高
脱靶效应	高	低	较高①
制约因素	—	5′-T 开头	PAM 结构
多位点编辑	—	—	多 sgRNAs 介导多靶点编辑
编辑类型	定点基因突变、替换、插入	定点基因突变、替换、插入	定点基因突变、替换、插入、大片段缺失

注：可通过提高单个向导 RNA（sgRNA）的特异性来降低 CRISPR/Cas9 脱靶率。

3. 基因组大片段的插入、删除和剪切、粘贴

在基因组尺度编辑中，大片段基因的操作是必不可少的，比如在现有基因组的基础上整合外源次级代谢途径中所涉及的所有基因、删除一些非必需基因的大片段等。基因组上大片段 DNA 的编辑技术包括位点专一性重组酶介导的基因组编辑、Ⅱ型内含子归巢介导的基因组编辑技术和基因组大片段 DNA 高效编辑技术等。

（1）位点专一性重组酶介导的基因组编辑　位点专一性重组酶（Site - specific Recombinases，SSRs）介导的基因组编辑技术主要是借助位点专一的重组酶和其相应的重组位点（Recombination target Sites，RTs）来实现的操作。根据序列的同源性及作用机制，绝大多数重组酶酪氨酸重组酶（又称整合酶：Integrase）和精氨酸重组酶（又称解离酶/转化酶：Resolvase/Invertase）两个家族。其中研究最为清楚且基因工程中应用最为广泛的是整合酶家族中的 Cre（Cyclization recombinase）和 Flp（Flip recombinase）两个重组酶。Cre 重组酶分子质量为 38 KD，包含约 343 个氨基酸，源于大肠杆菌的 P1 噬菌体，其识别位点为 *loxP* 或其突变体（如 *loxP*257）。Flp 重组酶分子质量为 49ku，包含约 423 个氨基酸，源于啤酒酵母中的 2μm 质粒，其识别位点为 *FRT* 或其突变体（如 *F*3）。

如图 6-12 所示，*FRT* 和 *loxP* 最简位点（Minimal Site）均有一个 8bp 的间隔区及两个重复区，重复区是位于间隔区任一侧长度为 13bp 反向重复序列，共 34bp，其中 *loxP* 最简位点即为 *loxP* 位点。而 *FRT* 位点的一侧多出一个重复区并，所以 *FRT* 位点长度为 48bp。其中间隔区序列起到定向作用，同时又是重组反应过程中 DNA 断裂及再接的位点。而重复区是重组酶（Cre 或 Flp）的结合区域。对于高效重组，Cre 重组酶至少与 *loxP* 位点每个重复区中的 8~10 个碱基匹配。

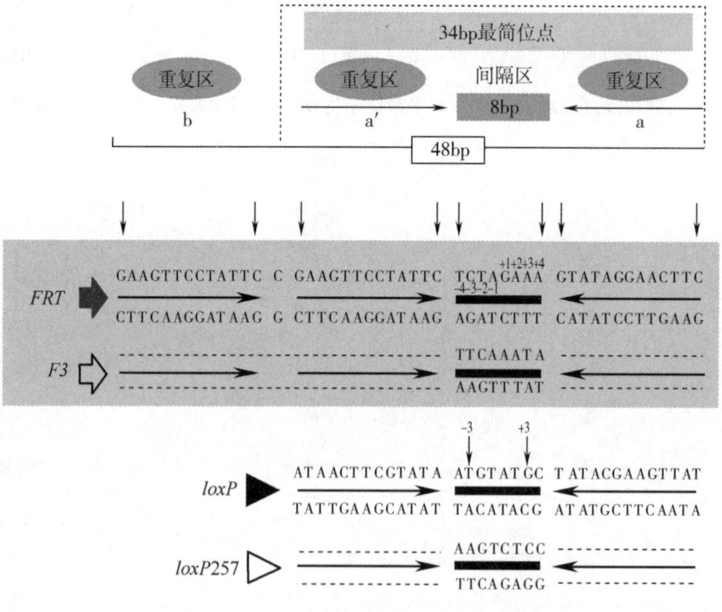

图 6-12　专一性位点 *FRT* 及 *loxP* 及其突变型 *F*3 和 *loxP*257 的序列结构

位点专一性重组酶介导的基因组编辑原理是在基因组上和目的 DNA 上均插入或利用

已有的专一性重组位点（*loxP* 和 *FRT*），在相应的重组酶（Cre 或 Flp）作用下进行重组，实现大片段 DNA 的倒位、插入、删除及易位，如图 6-13 所示。此外，基于重组酶开发的一种基因组编辑方法，即重组酶介导的盒式交换（Recombinase - Mediated Cassette Exchange：RMCE）技术。与已有的重组酶技术不同，RMCE 主要利用重组酶对其不同的识别位点突变体的识别差异，通过两次相对独立的重组反应产生一种交换的效果。RMCE 技术主要应用于将目标 DNA 序列交换到基因组中的某一特定位点。其过程是先在基因组中安装一个"交换盒"，然后再通过 RMCE 将靶 DNA 整合到基因组中。与其他同类方法相比，用 RMCE 进行靶基因整合具有如下特点：①高效性。RMCE 技术效率不受细胞内在重组效率的制约，同时采用了一对识别位点突变体，所以通过 RMCE 整合到基因组中的靶基因不大会被重新切除。②定点可反复性。每次盒式交换的结果都不会破坏已整合到基因组中的"交换盒"框架。因此，只要将待交换的基因置于交换盒内，可反复地将不同的基因交换到基因组中的靶位点。③精确性。RMCE 过程中，DNA 链的断裂和再连接仅发生在构成交换盒框架的识别位点的核心区域，不会发生其他形式的重组。

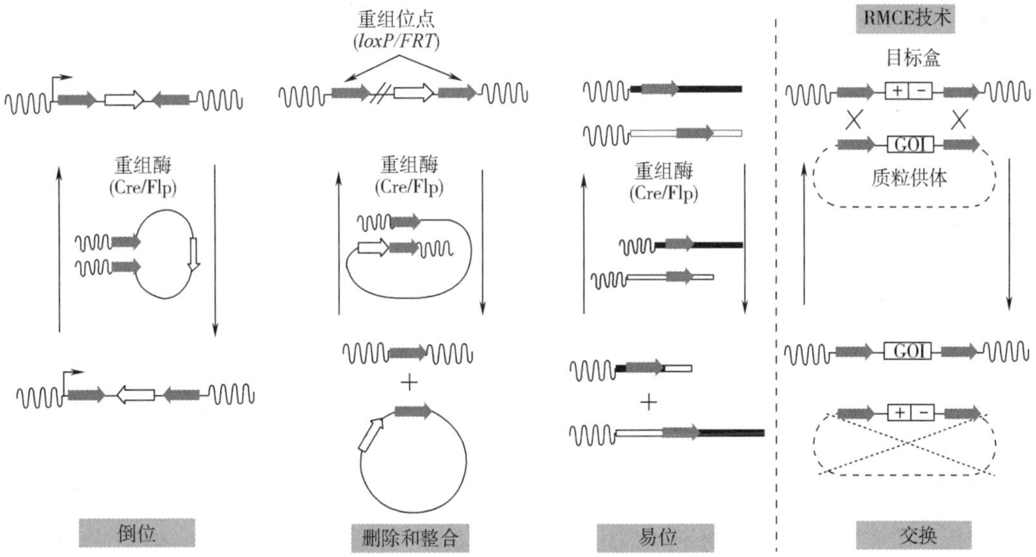

图 6-13　重组酶介导的基因编辑

（2）Ⅱ型内含子归巢介导的基因组编辑技术　Ⅱ型内含子广泛存在于细菌基因组以及植物、真菌、原生生物和一些动物的细胞器基因组中，是一类具有自我剪接能力的内含子，剪接机理同细胞核内含子的剪接相似，通过两次转酯反应，最终剪接出套索状的内含子 RNA。Ⅱ型内含子归巢是近几年发展的一种高效基因组插入技术，具有较好的通用性，用于自定义高效编辑不同细菌的基因组，包括一些遗传操作比较困难的细菌（如梭菌）。

Ⅱ型内含子归巢介导的基因组编辑技术的原理主要是基于Ⅱ型内含子转移机制，其中内含子编码蛋白质（IEP）是内含子特异的剪接因子，在形成和维持 RNA 的套索结构中发挥关键作用。Ⅱ型内含子在完成自我剪接后，被剪接下的套索内含子 RNA 立即被 IEP 固定并形成核糖核蛋白复合物（RNPs），同时 IEP 负责识别特异的重组位点。IEP 首先与 5′

末端外显子区的大沟和磷酸骨架相互作用，内含子上两个特异性识别位点（EBS1 和 EBS2）被相互靠近，用于互补识别基因组上的相互靠近的两个特异位点（E1 和 E2），内含子以反剪接形式插入上方的单链 DNA 中，同时在 3′末端外显子的 T + 5 配对的作用下，在下方的单链 DNA 形成一个缺口，随后 IEP 以下方单链 DNA 的 3′末端为引物，以内含子 RNA 为模板，在逆转录酶的作用下反转录出单链内含子 DNA 序列，这一过程称作靶标 DNA 引物反转录（Target DNA-primed reverse transcription，TPRT），反转录完成后，内含子 RNA 被细胞内的 DNA 聚合酶Ⅰ移除，并被 RNase H1 降解，DNA 聚合酶Ⅲ负责合成互补链，最后在 DNA 修复酶和 DNA 连接酶的作用下，修复损伤缺口，完成整个转移过程（图 6-14）。

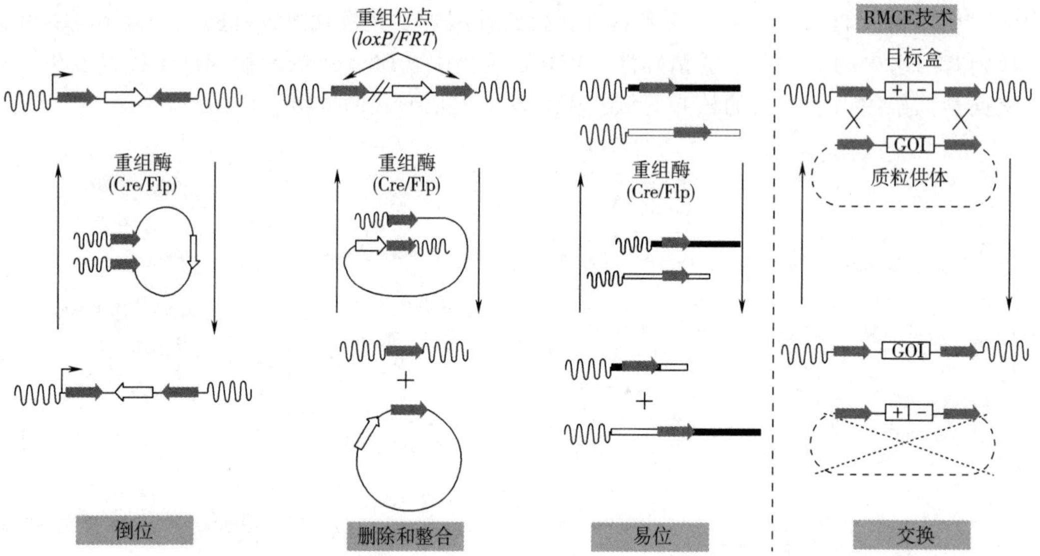

图 6-14　乳酸乳球菌中的 LtrB（Ll. LtrB）内含子的转移机制示意图

Ⅱ型内含子的插入特异性由 EBS1 和 EBS2 决定，而这两个位点的序列可根据一定的算法进行修改，从而特异性识别基因组上不同的位点，几乎可实现基因组的随机编辑。在原核生物中，Ⅱ型内含子的靶向转移机制已研究清楚，并在细菌基因工程和功能基因学研究领域得到了广泛应用。经实现了基因剔除和基因转入。在真核生物中，Ⅱ型内含子的靶向转移效应展现出了一种广阔的应用前景，为生命科学、基因组学和疾病治疗等领域的研究提供了新的研究工具。

（3）基因组大片段 DNA 高效编辑技术　这里所讲的基因组大片段 DNA 高效编辑技术是将Ⅱ型内含子介导的高效定点插入技术与位点专一性重组介导的大片段 DNA 编辑技术相结合，又称为 GETR（Genome Editing via Targetrons and Recombinases）技术。其基本原理是将Ⅱ型内含子（如 Ll. LtrB 或 EcI5）进行改造，即在内含子包插入重组酶（如 Cre 或 Flp）的特异性识别位点（如 loxP 或 FRT），并恢复内含子的归巢效率；不同重组酶特异结合位点通过改造的内含子高效地插入基因组的多个目标位置；然后通过 Cre 的重组作用，实现基因组上大片段的高效编辑。而且这种大片段基因组修饰过程无需选择性标记，其效率接近 100%。GETR 能够在基因组上多重位点进行大片段 DNA 的插入、删除以及剪切、粘贴等操作，如在大肠杆菌中插入 12kb 的聚酮合成操纵子或剪切、粘贴 120kb 的基因组，在金黄色葡萄球菌中多个区域同时删除 120kb 的基因组，在枯草芽孢杆菌中翻转 1.2Mb 的基因组等。

4. 基因组自主编辑

前面所讲的基因组编辑技术是理性的人为设计，但自然界中生物的基因组自主编辑大多上是非理性的。基于基因组进化，近几年开发了一些新的基因组进化技术，实现基因组自主编辑，如结合原生质体融合的基因组重排技术、改造基因组范围转录调控程序的全局转录机器工程、基因组复制机器工程辅助的连续进化以及环境胁迫诱导的适应性进化策略等。

（1）基因组重排技术　2002 年，Zhang 等人首次提出基因组重排技术（Genome Shuffling），即结合传统育种技术，通过多亲本之间的 DNA 重组和全基因组片段交换，将优良表型重组在一起的过程。基因组重排是在细胞水平上基于原生质体融合的全基因组重排，是分子定向进化在全基因组水平上的延伸。该技术将重排的对象从单个基因扩展到整个基因组，它通过多个正突变体递归式融合（Recursive Fusion）来进行基因组随机重组，快速筛选所需表型有重大改进的菌株。

基因组重排技术过程主要分为三步：①不同亲本原生质体的制备；②诱导原生质体递归融合，每轮筛选的目的菌进入下轮融合；③根据目的表型需要设计特殊的选择培养基，每轮筛选的融合菌株，进入下轮的融合。基因组重排技术充分结合了细胞工程和代谢工程的优势，不仅可以进行菌种表型快速高效优化，还可为不同种类的微生物复杂的代谢和调控网络提供了信息来源。目前，基因组重排技术主要应用于：①提高微生物代谢产物产率，如 Jin 等利用基因重排技术对多刺甘蔗多孢菌进行育种，经过四轮重排后，筛选到了两株高产多杀菌素的融合菌，生产能力比原始出发菌株提高了 201%和 436%。②增强菌株对环境的耐受性，如 Burkhard 等应用基因组重排技术最终筛选到了一株耐甘油和 1，3-丙二醇的 *Clostridium diolis* DSM 融合菌，且该菌株 1，3-丙二醇产量相较原始菌提高了 80%。③提高底物的利用率和范围，如 Dai 和 Copley 利用基因组重排技术对氯酚鞘氨醇杆菌（*Sphingobium chlorophenolicum*）表型改良，经过三轮基因组重排后，筛选的融合菌比野生菌具有对五氯苯酚的更高利用率和耐受力（图 6-15）。

（2）全局转录机器工程　全局转录机器工程（Global Transcription Machinery Engineering，gTME）最初是由麻省理工学院的 Alper 于 2006 在《科学》杂志上提出的。传统的基因与代谢工程研究方法几乎完全依赖于单个目标基因或多个独立目标基因的敲除与高表达策略以及对特定转录因子或 DNA 结合模体的重组修饰。鉴于细胞代谢途径的复杂性，这些方法往往局限于不能获得同步的、全局的最优结果。相同的细菌 RNA 聚合酶负责细胞内所有基因转录过程的起始、延伸和终止。RNA 聚合酶的突变，就可能在全局范围内引起成百上千个受控基因转录水平的波动。gTME 是结合定向进化的方法，突变全局转录因子，使细胞的转录程序在转录水平上发生随机变化。gTME 技术的基本实施策略是：首先采用易错 PCR（error PCR）或 DNA 改组（DNA shuffling）等方法对 RNA 聚合酶的某一亚基序列进行随机突变，插入选定的质粒载体中构建质粒突变库；然后将含有突变的质粒转入目标宿主菌株并构建重组菌株突变库；最后采用存活筛选等高通量筛选方法对重组

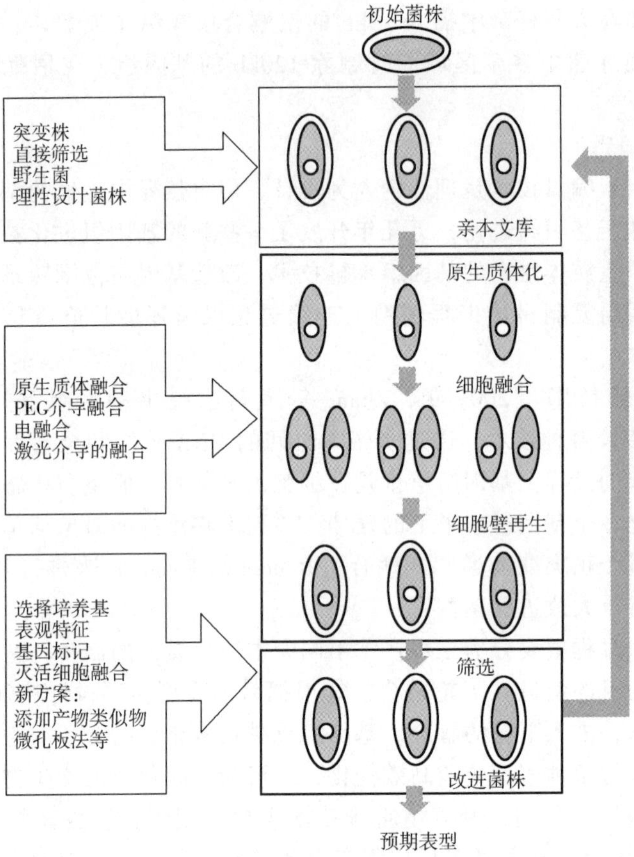

图 6-15　基因组重排技术流程

细胞目标表型快速地筛选，从而获得全局最优的目标表型。例如，Alper H 对酿酒酵母中编码 RNA 聚合酶中的 TATA 框结合蛋白（*SPT*15 基因）或 TATA 框结合蛋白相关因子（*TAF*25 基因）进行多轮的定向进化并筛选出高浓度乙醇的耐受能力重组菌株。

（3）基因组复制机器工程辅助的连续进化　为了快速提高工业微生物对不同环境胁迫的抗性，中科院微生物所李寅课题组开发了基因组复制机器工程辅助的连续进化（Genome Replication Engineering Assisted Continuous Evolution，GREACE）。该技术的基本原理是降低基因组复制过程的保真性，提高突变频率，即通过多轮的易错 PCR，随机改造 DNA 聚合酶中的校正亚基，并将其转化到宿主细胞中，通过筛选和富集，实现在给定环境胁迫条件下的“边突变边筛选”，进而达到连续高效进化的目的。该方法操作简单方便、通用性强，只需引入一个 DNA 聚合酶中的校正功能的突变亚基，而且易于扩展。例如在改造大肠杆菌的进化能力时，可以对 DNA 聚合酶的亚基 *dnaQ* 进行易错 PCR 的定向进化，并转化细胞，使其在胁迫环境中进行多轮的连续进化并筛选，最终获得耐受性显著提高的突变菌株，包括抗生素的抗性、高浓度乙酸或丁醇的耐受性。

（4）环境胁迫诱导适应性进化　环境胁迫诱导适应性进化策略的原理是利用细胞在环境胁迫条件下，细胞因积累有毒物质导致胞内产生大量的损伤 DNA，这些有毒物质和损伤的 DNA 会激活胞内的压力胁迫反应和 SOS 反应等，细胞的 DNA 合成由原来的高保真复制状态转变为易于突变的修复状态，从而产生适应性突变。环境胁迫诱导适应性进化的显著特点是应用细胞因自身受环境胁迫而大幅提升的内在进化动力，加速细胞的适应性进化，同时实现单细胞突变与筛选的同步，能够快速地获得理想突变菌株。例如，应用该方法，经过多轮的突变筛选，能够将大肠杆菌的丁醇最小抑制浓度从最初的 9.5g/L 提高到 13g/L，而通过多轮的突变筛选，大肠杆菌的高渗透压耐受性和温度耐受也能提高。

第七章　现代微生物生态学

微生物生态学（Microbial ecology）是研究微生物与其周围生物环境和非生物环境之间相互关系的一门科学，是微生物学诞生较晚的一门分支学科。微生物生态学研究的主要内容包括研究技术、自然环境（包括极端环境）中微生物分布及其作用、微生物与其他生物间的相互关系、微生物与非生物环境间的关系、污染环境中的微生物学等。分子生物学的发展有力地促进了微生物生态学的研究，各种“组学”技术的发展及应用使微生物生态学的发展进入一个新的阶段。

第一节　现代微生物生态学研究技术

一、传统研究技术

传统的微生物生态学方法是基于微生物培养技术形成的，为微生物分类、生理、遗传等微生物学各个领域的发展奠定了基础。但是，迄今为止，自然界中绝大多数微生物不能被现有的传统微生物培养技术分离出来。目前的研究结果表明，海洋中可培养微生物仅占其中总微生物的数量的0.001%~0.1%，淡水中约为0.25%，土壤中约为0.3%，活性污泥中为1%~15%。环境中绝大多数微生物难以被标准实验室的方法复苏和培养，这样的微生物被称为未培养微生物或称为不可培养微生物（Uncultured Microorganism）。未培养微生物在其物种的类群、新陈代谢途径、生理生化反应及其代谢产物等，都存在着不同程度的新颖性和丰富的多样性，蕴涵着巨大的生物资源。

自然界中存在许多制约因素影响微生物的分离培养。①现有培养条件不能再现原生态环境条件，例如，深海高压环境、高温火山口等极端环境。此外，人工培养环境通常限定在营养基质简单、通气、温度、pH等恒定条件，许多微生物失去了在原来环境中自由生长的必要条件，因此无法进行分离培养。②人工培养环境忽视或破坏了原生环境中的微生物生态系统。自然环境中微生物种群间存在拮抗、寄生、协同、互养共栖、共代谢等复杂的种间关系。环境中共代谢对于建立两个种群间的偏利共生关系起着很重要的作用。此外，微生物群落中存在群体感应，微生物可以通过信息交流判断群体密度大小和生长环境中出现的变化，启动相应的基因做出统一协调的应答。但是在进行常规分离培养时，微生物从天然环境转至人为设置的培养环境，原生环境的重要生态关系被破坏，菌群中生物信息交流体系发生了根本性变化，群体效应通常会被忽视。实践表明，一些最初能在人工培养基中以混合培养的方式生存的种类，在分别转接到同样的培养基中，因为缺乏独立生长的能力而不能存活。③过高的人工培养基浓度或氧化环境的能力。传统的微生物培养为了达到微生物生长率和产物产量最大化的目的，通常采用营养丰富的培养基，导致分离到的微生物大多为生长迅速且偏爱丰富营养的微生物。然而，自然界中大多数为低营养甚至寡营养生活方式的微生物。当微生物从自然环境转移至营养丰富的人工培养基中，低营养甚至寡营养生活方式的微生物会因为高浓度营养物基质的抑制而停止生长。在人工培养环境的好氧条件下，快速生长的微生物产生过氧化物、自由基和超氧化物，使其他微生物受到毒害抑制。从根本上讲，由于客观条件的限制，目前不可能人为全面地还原其真实的生长环境。此外由于人们对微生物生长环境的复杂性、微生物生长条件及其规律性的了解有限，是造成微生物不可培养或难培养的原因。

针对上述缺陷，科研工作者在以往传统微生物培养方法的基础上，研发出一系列改善微生物培养的新方法。改良的微生物培养方法大致分为两类：第一类，是对传统培养基组成和培养方式进行改良，包括添加微生物相互作用的信号分子，供应新型的电子供体和受体，降低营养基质浓度，改善微生物培养条件，促进低营养及寡营养微生物种类的分离培养等；第二类，是设计原生境的高通量微生物培养技术和装置，例如，应用于海洋和陆生环境的扩散盒技术、土壤基质膜技术以及高通量微生物分离芯片等。

1. 稀释培养法（Dilution Culture）

培养微生物的方法很多，一般来说，对所采集的样品应进行适当的稀释，以便每一个平板上只能生长有一定数目的微生物菌落，其优点是可以计算样品中的活微生物数目，并可以辨认真菌、放线菌和细菌。然而缺点也较多，比如，计算误差较大，不利于成群粘连在一起的细胞计数；对于只形成微菌落的微生物不便于肉眼观察；培养基成分不能满足所有微生物生长；一般培养时间较短，一些生长繁殖较慢的微生物难以形成肉眼可见的菌落等。尽管如此，稀释平板法还是被广泛用于微生物生态学研究中，特备适合用于研究细菌生态学。自然环境中的微生物大多处于低营养或寡营养的状态。环境中占主体的寡营养微生物在人工培养时，受到少数优势生长微生物的竞争而不能正常生长。针对这种缺陷，可以把环境微生物稀释至痕量，则寡营养微生物可以不受少数优势微生物竞争作用的干扰，被培养的可能性会大大提高。目前，稀释培养法已经广泛应用于海洋微生物生态学、淡水湖泊微生物生态学、土壤微生物生态学以及动物肠胃微生物生态学等多个研究领域，为发现微生物新物种提供了良好的技术支撑。

为提高分离效率，在稀释培养法的基础上提出了高通量培养技术：将样品浓度稀释至10^{-3}/mL后，采用48孔细胞培养板结合流式细胞仪检测分离培养微生物。利用高通量培养技术可以分离培养14%的海洋微生物，远高于传统分离培养技术中微生物的数量，并发现了多种未培养的海洋微生物。此后高通量测序技术通过与分子生物学中的荧光原位杂交技术结合，不仅提高了微生物的可培养性，还可在短时间内监测大量的培养物，大大提高了工作效率。

2. 模拟自然环境的培养技术

模拟自然环境的培养技术包括扩散盒培养技术（Diffusion Growth Chamber）和细胞微囊包埋技术（Microencapsulation）两种。扩散盒培养技术是利用培养仪器——扩增盒将环境微生物在原位条件下进行富集生长，最终得到微生物纯培养的方法。以海洋微生物原位富集为例，扩散盒由一个环状的不锈钢垫圈和两侧胶连的孔径为0.03μm滤膜组成，滤膜只允许培养环境中的化学物质流通而细胞不能通过；扩散盒内加入稀释底泥与琼脂的混合物，封闭后置于天然海洋底物上，并不断注入新鲜海水循环流动；培养一周后获得40%的接种微生物，并能够分离得到新的微生物物种（图 7-1）。此后，这种方法应用于研究土壤和水体、污泥环境中的难培养微生物。扩散盒技术初次培养获得的微小菌落多数为混合培养物构成，通常需要再次分离才能获得纯培养菌落。该方法可以模拟自然环境，使不同细胞间经过互喂，形成独立的菌落。

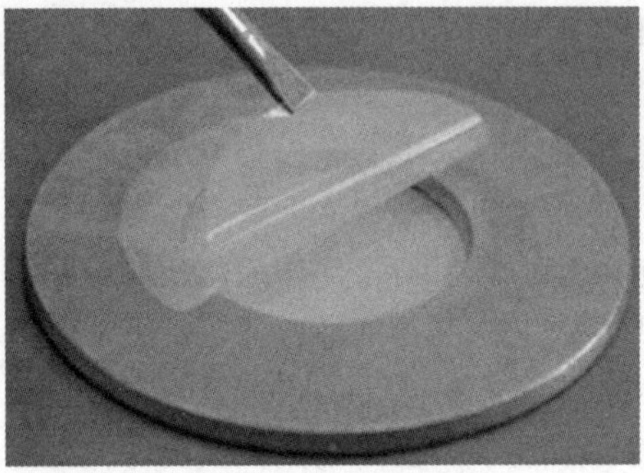

图 7-1　扩散盒装置

细胞微囊包埋技术是一种将单细胞包埋培养与流式细胞仪检测结合为一体的高通量分离培养技术。双包埋培养技术将微生物包装在琼脂球内，外面再用一层多羰基高分子膜包裹。将这种双层包裹的小球放置于珊瑚表面黏液进行培养，获得新的微生物。此后，随着这一技术进一步发展，科学家设计了一种高通量的微生物分离芯片，每个扩散孔只含有一个微生物细胞。采用这种芯片装置，分离到大量的海水和土壤微生物，其中有 30%左右的新物种。细胞微囊包埋法在接近于天然生长的环境中有效提高了微生物的可培养性。但是该方法建立的时间较短，还存在一些如包埋基质机械强度低、渗透性差、微生物热敏感等技术难题，并且成本高，仍需要进一步改进。

3. 改良微生物培养基组成和培养条件

微生物多样性表现出生理代谢的多样性及复杂性。不同的微生物生长代谢类型不同，对反应的底物要求也存在差异。因此根据微生物的某些特性，在传统培养方法的基础上，有选择性地添加微生物生长所必需的营养成分，从而使原先无法培养的微生物变成为可培养的微生物。目前已经报道的改良方法包括以下几种：①改良条件包括非传统的碳源、电子供体或电子受体。采用这种方式改善难培养微生物要对目的微生物的生理特性具备一定的了解。②根据微生物自身特性的培养方法。一些微生物具有独特的代谢途径，可以据此将其以纯培养的方式分离出来。③添加信号分子或类似物调节促进微生物生长。自然环境中微生物群体之间需要有信息传递维系调节生长代谢，因此进行人工培养时可以向培养系统中添加有益于细胞间沟通的信号分子，有利于改善微生物的培养状态。④添加细菌实施仿生原生境共培养。根据自然环境中细菌依靠共生关系维系生长的原理，设计双层培养基。首先在平板上倒培养基，涂布已知细菌菌液；接着再倒一层培养基，涂布环境样品稀释液，可以提高分离微生物量。此方法能够模拟原生态菌群生长关系，有益于促进同类甚至不同类细菌的生长代谢。⑤添加具有解毒功效的化合物或酶抑制剂。环境中某些优势微生物种类在生长过程中会产生过氧化物及其他有毒物质，为了减少这种毒性作用，可以在培养基中添加具有解毒功效的化合物或酶制剂。

4. 生理生化法

生理生化法目前主要采用两种方法，同位素示踪法和代谢活力测定法。如果已知一个微生物群体的大小，可以通过测定 H^3 标记的胸腺嘧啶掺入微生物群体 DNA 中的速率，来估计微生物的代时。对于代谢活力测定法，主要是分析某些特殊酶类的酶活性。此方法是假设所有待测的细胞都含有这些特殊的酶类，并且所有细胞以同样的能力使用这些酶。另外，通过测定自然样品中的 ATP 含量也可反映微生物代谢活力的大小和生物量的多少。测定叶绿素的含量和其他光合色素的含量可以用来估计藻类和其他光合生物的生物量和代谢活力。最广泛使用的测定代谢活力的方法是估计整个微生物群体的呼吸作用和藻类的光合作用，测定对象是 O_2 和 CO_2 量的变化。

Biolog 微孔板是一种多底物的 96 孔 ELISA 反应平板，最初是由 Biolog 公司为鉴定纯种微生物而设计的。1991 年，Garland 首次将 Biolog 微孔板应用于土壤微生物群落的研究。现在 Biolog 微孔板已被广泛应用于描述各种环境包括土壤、淡水、沉积物、活性污泥和海水的微生物群落生理状况。除对照孔只装有四氮叠茂，其余 95 孔作为反应孔还装有不同的单一碳底物。在进行 ELISA 反应时，各孔中的微生物利用碳底物经过呼吸作用产生电子传递，引起四氮叠茂发生还原反应变为紫色。微生物对不同碳底物的利用情况可用发生反应孔的分布及颜色变化与时间关系，即群落水平的生理图谱（Community - level Physiological Profiling，CLPP）来表示。通过对孔中颜色变化的光吸收值的测量，可获得较系统的信息。

5. 数学模型法

研究微生物生态学过程中惯用的方法是以感官观察为基础，经过一些实验将搜集的资料加以分析和解释，并进一步归纳、假设和推理。在此过程中，结果大多数都是描述性的，数据基本是孤立的。将数学研究应用于微生物生态学研究中，可以将统计数据和建立生态模型来定量描述微生物生态学问题。具体做法为：首先在实验室建立人工的经过简化的环境，然后分解成许多小的、较为简单的亚系统。这些亚系统之间的互相作用、亚系统之内各种因素的作用则用数学方式描述，可以很大程度上压缩真实过程的时间、人力和物力，并在短时间内调查生态演变过程的规律，预测生态演变过程的发展趋势，为人类提供最优利用方案。

二、分子生物学方法

分子生物学和微生物生态学的有效结合，弥补了传统微生物生态学研究的不足，使人们可以避免纯培养过程而直接探讨自然界微生物种群结构及与环境的关系，在微生物多样性、微生物种群动力学、重要基因定位、表达调控等方面研究取得了进展，极大地推动了微生物分子生态学的发展。许多分子生物学方法和理论逐渐被应用于微生物生态学研究中，为研究难培养微生物和不可培养微生物提供了可靠的技术手段。微生物生态学研究中常用的分子生物学方法主要有 rRNA 序列同源性分析法、PCR 扩增技术、核酸探针技术、稳定性同位素核酸探针技术等。分子生物学技术的引入，使传统微生物生态学的研究领域由自然界中可培养微生物种群扩展至包括可培养、不可培养、难培养微生物在内的所有微生物，由微生物细胞水平的生态学扩展至各种生态学现象的分子机制研究水平，提出了微生物分子进化和分子适应等全新概念，使微生物生态学理论研究更接近于自然本质。

1. 基于核糖体 RNA 基因的研究方法

在微生物分子生物学领域，采用核糖体 RNA 基因（ribosomal RNA gene，rRNA 基因）作为标志物，进行微生物鉴定以及系统分类学研究。rRNA 是目前应用最广泛的分子标记，在功能上高度保守，存在于除病毒以外的所有生物体中，其序列上的不同位置具有不同的变异速率，通过可变区域序列的对比，进行微生物系统进化分析或对特定环境微生物进行群落结构分析。

rRNA 基因同源性分析方法是综合应用多项分子生物学技术对细菌中 rRNA 基因进行分析，从而揭示微生物多样性。这是分子微生物生态学中最重要的方法，取得的成果也最多。由于 rRNA 在所有的微生物中功能和进化上是同源的，而同源物种之间 rRNA 结构相当保守，因此，为了确定一个分离物为一个分类单元，或证明属于一个新的分类单元，rRNA 基因序列分析便成为最可靠的方法。

rRNA 序列分析技术与其他分子生物学技术以及传统的纯种培养技术相结合，具备分析微生物多样性及发现新物种的能力，而且提供了一种摆脱传统纯培养法鉴定环境微生物的途径，已被广泛应用于对共生细菌、古生菌、趋磁细菌、海洋微型浮游生物以及土壤细菌等微生物类群的研究，并发现了众多未知的新序列。rRNA 方法还应用到土壤细菌的检测、基因工程菌的安全性检查、环境中微生物间的基因转移等诸多方面。缺点是在实际应用中，存在基因文库构建、全序列测定周期长、工作量大、费用高等问题。

（1）rRNA 基因的特点

①原核生物的 rRNA 基因：原核生物的 rRNA 包括 5S rRNA、16S rRNA 和 23S rRNA。5S rRNA 基因序列较短（120bp 左右），包含的遗传信息不具有代表性；23S rRNA 基因长度约 2900bp，序列过长，对其分析存在一定难度；16S rRNA 基因长度约 1500bp，应用最为广泛。

原核生物的 16S rRNA 基因分子大小适中，种类少，含量大（占细菌 RNA 总量的 80%），在生物进化过程中的变化非常缓慢，在结构与功能上具有高度保守性，因此用来标记生物的进化距离和亲缘关系。通过对 16S rRNA 基因的序列分析，确定了 9 个可变区的位置和长度，不同的可变区适合不同菌群的鉴定分析（图 7-2）。其中 V3 区可以分开大多数细菌，V2、V6、V5、V7 和 V9 区由于序列变异程度等原因不适合群落分析和细菌鉴定。

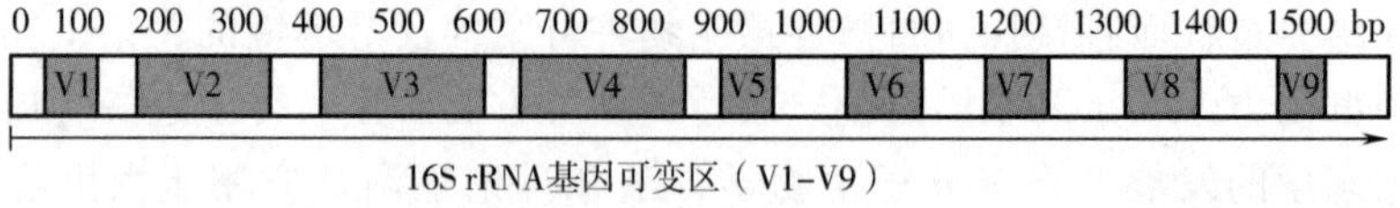

图 7-2 原核生物 16S rRNA 基因可变区 V1-V9 的位置分布

16S rRNA 基因作为原核生物分子生物学研究中的重要标记基因，具有以下优点：(a) 多拷贝，提高检测的灵敏性：细菌中一般含有 5~10 个 16S rRNA 基因的拷贝，易获得，提高了检测敏感性。(b) 序列信息量大：16S rRNA 基因由保守区和可变区组成，保守区存在于所有细菌中，序列结构差别不显著；可变区在不同细菌存在不同程度的差异，具有种属特异性。可变区和保守区交错排列，因此可以根据保守区设计细菌通用引物扩增可变区，根据可变区研究细菌种间差异。（c）序列长度适中：基因长度约为1500bp，包含50个左右的功能域，遗传信息具有代表性。

②真核微生物的rRNA基因：真核微生物存在更为复杂的rRNA基因，包括5S rRNA基因、5.8S rRNA基因、18S rRNA基因和28S rRNA基因，其中18S rRNA基因、5.8S rRNA基因和28S rRNA基因组成一个转录单元。与原核微生物相比，真核微生物进化时间较短，因此相近物种间的rRNA基因序列内部缺少相应的变化。真菌rRNA基因序列中不同区域的进化速率存在显著差异。真菌18S rRNA基因和28S rRNA基因进化速率较慢，保守性高，因此一般作为属水平以上的生物群体间的系统分析。28S rRNA基因的D1/D2区是目前酵母菌分类鉴定中常用的分子标识之一，这些序列在酵母菌种内和种间具有足够的差异性。

与编码rRNA的基因簇相比，非编码的内转录间隔区（Internal Transcribed Spacer，ITS）由于进化速度迅速且具多态性，因此真菌种间差异性更加明显。真菌全长ITS序列包含其两端的18S rRNA基因和28S rRNA基因的部分序列和中间的ITS1区、5.8S rRNA基因和ITS2区的完整序列，拥有相对丰富的微生物信息。同时由于ITS序列两端的18S rRNA基因和28S rRNA基因序列高度保守，便于进行引物设计（图7-3）。基于rRNA基因-ITS长度多态性和序列多态性分析，从核酸序列获得足够的遗传信息研究真核微生物亲缘关系与分类情况，已经广泛应用于真菌的属种间及种内组群水平的系统学研究。

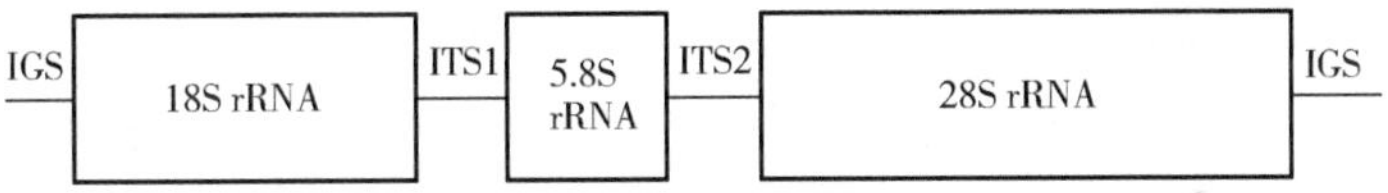

图7-3　真核微生物核糖体rRNA重复单位结构

（2）rRNA基因序列分析技术的基本原理　基于rRNA基因的分子生物学分析技术就是从环境样品提取微生物总核酸，获得rRNA基因可变区片段或全长rRNA基因，通过克隆、酶切、高通量测序、探针杂交等分子生物学技术，获得基因序列信息，并与rRNA基因数据库序列信息进行比较，确定其在系统发育地位，对微生物进行分类分析。

①环境样品微生物总核酸提取：不同环境样品中，提取微生物核酸的难易程度不同，因此提取方法存在一些差异。为了满足后续的分子生物学操作，提取的微生物核酸需要满足以下要求：微生物基因组提取过程中尽量避免断裂，保持完整；微生物核酸纯度高，去除小分子和有机质等污染；尽量破碎微生物细胞，提高核酸回收率，有利于后续分子生物学操作。

②研究rRNA基因的分子生物学方法：研究16S rRNA基因的常用分子生物学方法有多种，主要有变性梯度凝胶电泳法、末端限制性长度多态性，DNA/RNA印迹杂交（Southern blot/northern blot）、基因芯片技术（Gene Chip）和高通量测序技术等。

③rRNA基因序列分析方法：通过对获得的rRNA基因进行序列分析以及同源性比较，可以绘制系统发育树，计算不同属、种微生物的遗传进化距离，判断菌种间的遗传关系。采用的系统发育分析方法包括距离矩阵法（Distance matrix methods）、聚类分析法（Cluster analysis）等，目前使用的序列对比软件有 Mega、MicroSeq、Phylip、Mothur 等。这些软件使用的计算方法不同，因此结果可能会存在稍许差异。检索 rRNA 基因数据的网站有 NCBI（https：//www.ncbi.nlm.nih.gov/genbank）、RDP（http：//rdp.cme.msu.edu/misc/about.jsp）、EMBL（http：//www.ebi.ac.uk/embl）等。

2. 基于 PCR 技术的基因图谱技术

在分子生物学技术发展的初期，主要是通过直接分析某些低分子质量 rRNA 基因的电泳图谱，研究微生物群落结构多样性。但是，低分子质量 rRNA 基因相对较小，携带的遗传信息较少，因而揭示微生物多样性的能力有限。因此，主要针对携带信息量较多的 16S rRNA 基因或 18S rRNA 基因进行扩增，甚至针对某些微生物种类特有的功能基因进行 PCR 扩增，进而进行基因图谱分析，来研究微生物群落结构的多样性。PCR 技术主要特点是短时间内在实验室条件下人为地控制并特异性扩增目的基因或 DNA 片段，使研究的目的基因及其环境样品中的微量微生物基因得到无限的扩增，为这些基因和微量微生物种群的研究提供了保证。使用 PCR 技术可将靶序列放大几个数量级，再用探针杂交探测对被扩增序列做定性或定量研究分析微生物群体结构。

目前，广泛应用于微生物生态学中的基因指纹图谱技术主要包括克隆文库方法（Clone library）、变性梯度凝胶电泳法（Denatured Gradient Gel Electrophoresis，DGGE）、末端限制性片段长度多态性分析（Terminal Restriction Fragment Length Polymorphisms，T-RFLP）、单链构象多态性（Single Stranded Conformation Polymorphism，SSCP）、随机扩增多态性 DNA（Randomly Amplified Polymorphic DNA，RAPD）、高通量测序技术等。

（1）克隆文库法　克隆文库法使得分析不可培养微生物成为可能，是微生物生态学常用的研究方法之一。构建文库的基本过程包括以下几步：以环境样品中的总 DNA 或 cDNA 为模板，通过特异引物扩增目的基因；将 PCR 扩增产物插入合适的克隆载体，转入载体细胞，建立克隆文库；挑选培养基上的单克隆使用载体引物或 PCR 引物对序列进行测序。克隆文库法可以针对不可培养微生物进行分析鉴定，提高了对微生物群落结构的认识。

（2）变性梯度凝胶电泳　DGGE 技术广泛应用于土壤、水体、食品以及动物肠道等环境微生物群体的研究，用于探究微生物群落的复杂性以及交互行为特征。该技术具有快速、可靠、可重复、易操作等特点。基于 rRNA 基因的 DGGE 能够直接显示环境中的优势微生物，可以同时对多个样品进行分析，研究微生物群落的时空变化；基于功能基因的 DGGE 技术能够用来鉴别密切相关但是生态上不同的微生物种群。

①DGGE 的基本原理：在含有浓度递增的变性剂（尿素和甲酰胺混合物）的聚丙烯凝胶电泳中，可以将长度相同、碱基序列不同的双链 DNA 分离，使凝胶图谱出现多态性。采用带有 GC 夹子（G 和 C 碱基集中的序列）的引物 PCR 扩增目的基因，PCR 产物在变性剂浓度从正极至负极递增的电泳胶上泳动，双链 DNA 间的氢键由于变性剂浓度的递增而发生断裂，解链成单链 DNA。然而由于引物 GC 堆积部分氢键难以断裂，仍旧保持双链结构，形成 3 方延伸形状。这种形态的 DNA 分子迁移率极大降低，具有同样碱基序列的 DNA 集中在一处形成条带。序列不同的 DNA 由于氢键数量和排列的不同，在不同浓度的变性剂下解链，因此在凝胶的不同位置形成条带，从而将长度相同但是序列不同的 DNA 片段分离。

DGGE 技术克服了传统微生物培养技术的缺陷，可用于研究不可培养微生物以及难培养微生物，产生的微生物指纹图谱可以直观反映微生物群落结构多样性，并且可以检测DNA序列单碱基的变化，经常用于分析不同环境样品之间的微生物多样性差异。然而，DGGE技术也存在着一定的缺陷：DGGE技术只能检测500bp以下的DNA序列，过长的条带会降低检测灵敏度；DGGE指纹图谱仅能够初步反映微生物群落多样性信息，但是不能够进行微生物分类以及微生物群落结构组成分析，需要结合测序等其他分子生物学手段进行研究。

②DGGE基本操作过程：DGGE有垂直电泳和水平电泳两种电泳方式。垂直电泳变性剂浓度梯度与电泳方向垂直，适合分析单个样品的解链性质；水平电泳变性剂浓度梯度自上而下呈线性增加，多用于检测多个样品的DNA多态性，可以检测出单个碱基的基因突变。DGGE技术有两个主要特点：（a）引物末端需要添加40~50bp的GC发夹，解链过程中有利于检测解链区单个碱基的变化；（b）目标序列片段大小为100~500bp，过长的片段会导致检测灵敏度降低。

DGGE的基本操作过程如图7-4所示。a. 制备DGGE凝胶：聚丙烯酰胺浓度一般为6%~12%，变性剂梯度根据目标基因序列进行调整，一般在15%~60%。DGGE制胶是非常关键的步骤，制胶过程中应避免产生气泡，并根据实际情况选择胶的梯度范围。b. 电泳：电泳时间一般为3~5h。加样之前，将温度预设至66℃，待温度达到之后关闭电源，立即进样。加样后打开电源，设置合适的跑胶时间。c. 染色：染色剂一般使用毒性较小、染色效率较高的SYBR Green等，染色效率比溴化乙啶（Ethidium Bromide，EB）高出100倍。将染色后的胶放入紫外凝胶成像仪中，用302nm的紫外线进行凝胶成像，观察DGGE指纹图谱。d. 条带回收：对于DGGE指纹图谱中的特征性条带，若要确定其代表的微生物种类，需要将条带从凝胶上切下并回收，结合克隆、测序等其他的分子生物学技术进行研究。

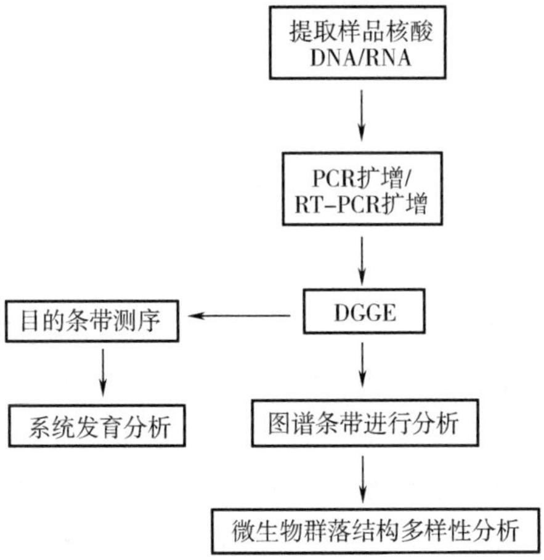

图7-4　DGGE基本操作过程

（3）末端限制性片段长度多态性分析　1997年，末端限制性片段长度多态性（T-RFLP）技术首次应用于微生物群落结构分析，研究不同环境微生物群落多样性。该技术是根据16S rRNA的保守区设计通用引物，其中一个引物的5′末端用荧光标记。提取待分析样品的总 DNA，以它为模板进行 PCR 扩增，所得到的 PCR 产物一端就带有这种荧光标记，将 PCR 产物用合适的限制性内切酶消化，由于在不同细菌的扩增片段内存在核苷酸序列的差异，酶切位点就会存在差异，酶切后就会产生许多不同长度的限制性片段。消化产物用自动测序仪进行检测，只有末端带荧光标记的片段能被检测到，而其他没有带荧光标记的片段则检测不到。这些末端标记的片段就可以反映微生物群落组成情况，因为不同长度的末端限制性片段必然代表不同的细菌，也就是说一种末端限制性片段至少代表一种细菌。

目前，T-RFLP 技术主要应用于微生物群落组成和结构、微生物系统发育及菌种鉴定等研究，是一种应用比较广泛的微生物生态学研究方法。该方法可降低图谱的复杂性，使结果易于分析，且重复性好，结合克隆、测序，不仅可对已知菌进行鉴定，还有助于发现新的未知菌，对于分析复杂群落结构具有广阔的应用前景。

①T-RFLP 技术的基本原理：标记 PCR 引物的 5′末端，使扩增产物带有荧光标记；采用识别特异性序列的限制性内切酶消化 PCR 产物，结合末端带有标记的特异性酶切片段的序列分析，获得荧光标记片段图谱；不同长度的酶切片段代表不同的微生物类型，图谱中波峰的多少表明群落复杂程度，峰高或峰面积在一定程度上代表该类型微生物的丰度（图 7-5）。

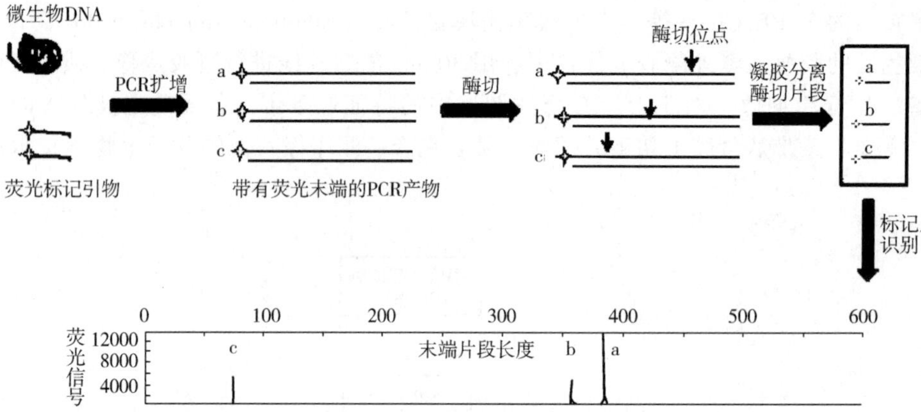

图 7-5　T-RFLP 的技术原理

T-RFLP 技术用于微生物群落分析具有以下优点：（a）能够迅速产生大量精确且可以重复的数据，研究微生物群落结构；并且可以同时分析大量样本，适合多个样品之间的比较；（b）可以使用软件对数据进行处理，进行标准化的统计分析；（c）将末端限制性片段（Terminal-restriction Fragments，TRFs）长度信息与已有数据库进行比对，可以得出微生物分类信息。但是，T-RFLP 技术存在一些缺陷：a. 无法产生像 DGGE 图谱一样直观的 DNA 图谱，不能直接观察微生物群落动态变化；b. 酶切得到的是 TRFs 的长度信息，片段较短，在数据库中匹配不够精确，无法对其进行准确鉴定；c. TRF 数据库，尤其是功能基因库不够完善，酶切产物可能找不到匹配对象。

②T-RFLP 技术的基本操作过程

a. 引物的选择：理想情况下，引物应该特定于相应的目标微生物群，同时需要足够通用便于扩增相关的微生物种群。可以通过一些基于数据库的工具比较不同引物的特异性和敏感性，例如微生物群落分析网站（http：//mica. ibest. ui. daho. edu/）中的引物优化工具和核糖体数据库（http：//rdp. cme. msu. edu/）中的探针匹配工具。进行 PCR 扩增的引物5′端需要引入荧光标记信号进行检测。因为不同的微生物可由一个特定的引物-酶组合产生相同的末端限制长度片段，如果只使用一个荧光标记引物进行检测，可能会低估微生物多样性。通常可以采取使用两个或两个以上标记引物解决这一问题。

b. 限制性内切酶的选择：通常情况下，识别四个碱基的限制性内切酶具有较高的识别频率，在 T-RFLP 技术中经常使用。不同细菌使用一个特定的引物-酶组合会产生相同的 TRFs，因此使用一个以上的限制性内切酶可以提高细菌种群的分辨率。限制性内切酶对不同序列的消化能力可以通过生物信息学工具进行评价，例如，T-RFLP 分析程序 TAP（http：//rdp8. cme. msu. edu/html/TAP-trflp. html）、针对 16S rRNA 基因的 MiCA（http：//mica. ibest. uidaho. edu）、针对功能基因的 ARB 实现工具 TRF-CUT（http：//www. mpi-marburg. mpg. de/downloads/）。

c. TRFLP 图谱数据分析：样品中荧光标记 TRFs 的长度与丰度差别通过毛细管或聚丙烯酰胺电泳区分，一般来说，毛细管电泳比聚丙烯酰胺凝胶电泳精确且重现性更好，能够把片段长度误差控制在 1bp 之内。带有荧光标记的条带通过收集软件自动转化成为数字化的峰值图谱。TRFs 的实际大小利用 GeneScan 和 GeneMapper 等软件通过插值算法估计，丰度通过荧光强度确定并表征为峰高或峰面积。指纹图谱的比较结果反映的是微生物群落之间的相似关系，一般采用 UPGMA 聚类方法比较不同群落形成的图谱相似性及距离。当采用不同的限制性内切酶进行酶切时，形成不同的峰值图谱，相应得到几套不同的 TRFs 长度和波峰数据。对于同一微生物群落采用的引物-酶组合越多，分析的准确性越高。

（4）单链构象多态性　1989 年，日本学者 Orita 发明了单链构象多态性（SSCP）方法。利用单链构象多态性，根据不同构象 DNA 单链在非变性聚丙烯凝胶电泳时迁移率的差异，研究 DNA 分子上的基因突变。之后，Orita 将 SSCP 技术与 PCR 结合，增加了分析的灵敏性。1992 年，日本学者 Hashino 进一步改进了此种方法，利用敏感的银染色法对电泳凝胶进行染色，增强了安全性。1996 年，SSCP 技术开始应用于微生物群落结构组成分析。

①SSCP 技术的基本原理：DNA 单链构象具有多态性，由于碱基序列不同而影响其空间构象，它的正常序列与变异序列的单链构象不同，因此在电泳上的迁移率也不同，从而可以在非变性聚丙烯酰胺凝胶电泳中来分析 DNA 单链的基因突变。SSCP 被应用于微生物鉴定、微生物区系分析及微生物多样性分析等研究领域。

SSCP 技术应用于微生物生态学研究具有以下优势：a. 使用的仪器简单，操作方便，有利于普及；b. 与 DGGE、T-RFLP 等 DNA 指纹图谱技术相比，对引物没有特殊的要求，不需要进行带 GC 发卡的引物设计或者荧光标记等处理；c. SSCP 图谱易于分析，通过特异性探针与 SSCP 图谱进行杂交，显示目标微生物的群落演替规律。SSCP 技术在微生物群落分析过程中还存在一些不足：a. 电泳过程中同源或异源互补序列局部退火，导致一条序列在图谱上出现多条条带的现象发生。这些条带不稳定，对温度的变化敏感，导致结果重复性差；b. 环境微生物群落结构复杂，代表不同分类单元的条带分离不彻底，导致一条带中包含多个操作分类单元。无法检测到不影响三维构象的部分碱基序列替换，有一定的灵敏性限制；c. 适于分析的片段长度较短（< 300bp），不能精确提供序列的系统发育信息。

②SSCP 技术的操作过程

a. 引物的选择：核糖体 rRNA 是研究环境微生物群落结构的理想靶基因，通常利用保守区设计引物以便扩增可变区基因。不同可变区产生的 SSCP 图谱条带存在显著差异。例如，Schmalenberger 以纯培养微生物为研究对象，设计引物分别扩增 16S rRNA 基因的 V2-V3 区和 V6-V8 区，分别产生 2.2 条和 1.7 条条带。引物的选择原则是既能涵盖环境中全部微生物，又能够降低 SSCP 图谱的复杂性，便于后期实验操作。

b. 去除反义链：环境微生物群落结构复杂，并且同源或异源链之间存在相互作用，产生大量非特异性条带。因此，为降低 SSCP 图谱的复杂性，去除双链 DNA 中的一条链，产生单链 SSCP 图谱，减少 SSCP 图谱上一半条带，可以给后续分析提供方便。目前，去除反义链的方法包括如下两种：a. 反义链引物 5′端磷酸化，PCR 扩增后，利用 λ-核酸外切酶（Lambda Exonuclease）水解被标记的反义链；b. 反义链引物 5′端生物素标记，PCR 扩增后，利用卵蛋白（Avidin）或链霉亲和素（Streptavidin）与生物素特异性结合，调取带有生物素标记的反义链。

c. 获取 SSCP 图谱：为提高 SSCP 灵敏度以及长片段分离能力，凝胶中一般使用 49∶1 的丙烯酰胺∶双丙烯胺，5%~10%甘油。PCR 样品的上样量根据微生物群落结构的复杂程度决定，越复杂则样本量要求越高。为提高灵敏性，一般使用银染法进行凝胶染色，可以检测到 1pg 的双链 DNA。

d. 分析 SSCP 图谱：SSCP 图谱无法反映微生物的分类信息，因此需要将感兴趣的目标条带从凝胶中切除，纯化目标条带。以回收产物为模板，经过相同的引物进行 PCR 扩增，所得产物再次进行 SSCP 验证后，进行克隆、测序以及其他系统发育分析。

（5）随机扩增多态性 DNA　1990 年，美国科学家 Williams 领导的研究小组和 Welsh 领导的研究小组几乎同时发展了一项新的分子生物标记技术，称为随机扩增多态性 DNA（RAPD），对于遗传多样性检测、DNA 图谱构建等具有重要意义，在微生物领域研究多用于基因分型。

RAPD 是用那些对某一特定基因的非特异性的引物来扩增某些片段，用于探测含有混合微生物种群的各种生物反应器中的微生物多样性。用 RAPD 分析所得到的基因组指纹图谱在比较一段时间内微生物种群的变化，以及比较小试规模和中试规模的反应器方面用处较大，但还不足以完全用来评估样品微生物群落的生物多样性。

①RAPD 技术的基本原理：RAPD 技术是以 PCR 技术为基础，以任意序列的寡核苷酸为引物（一般为 10 个碱基）扩增目的基因组。模板 DNA 经高温（92~94℃）变性解链后，在较低温度下（一般低于 40℃）退火，单链多个位点能够与引物互补形成双链结构。若两个与引物互补的位点间在可扩增范围（400~2000bp），而且分别位于互补的两条单链上，并且与引物 3′端相对，则可以通过 PCR 得到扩增产物。RAPD 所使用的一系列随机引物序列各不相同，但对于任意特定的引物都有 DNA 序列的特定结合位点，如果这些区域内基因组 DNA 发生插入、缺失或碱基突变，则导致产生的 PCR 产物发生相应的变化（PCR 产物增加、减少或分子质量改变）。一个引物检测到的 DNA 多态性较少，但是足够多的引物则可以检测到几乎整个基因组。

与传统 PCR 技术以及 DNA 指纹图谱技术相比，RAPD 技术具有以下优势：a. 无需基因信息。这是 RAPD 技术最显著的优点，无需得到目的基因的任何序列信息，使用任意序列的引物扩增整个基因组，提高了效率；b. 应用范围广。引物没有种属特异性，可以在不同种属间进行比较；c. 灵敏度高。可以检测序列中单个碱基的变化；d. 检出率高。退火温度较低，能够使引物与模板稳定结合，同时允许适当的非特异性结合，使引物与基因组 DNA 结合的随机性增加，提高了 RAPD 的检出率；e. 简便、快速。样本量要求较低，无需其他 DNA 指纹图谱的大量准备性工作，可利用一套随机引物得到大量的分子标记，可借助于计算机进行分析，易于程序化和标准化。RAPD 也存在一定的缺陷性：由于引物短、复性温度低等原因，会导致特异性降低，反应体系对许多因素变化敏感等。这些原因导致 RAPD 的重复性和可靠性较差。

②RAPD 技术的基本操作过程：RAPD 技术的基本操作过程一般包括环境微生物基因组 DNA 提取、随机引物合成、PCR 扩增、随机引物筛选、电泳检测和数据分析等。

a. 引物合成：引物长度一般为 10 个碱基左右，引物序列随机性是设计引物的基本方法。同时设计引物应该遵循以下原则：引物 G+C 含量要高于 60%，强信号条带明显增加，对 RAPD 形成有较好的作用；引物 3′端的最后 4 个核苷酸碱基中 G+C 含量高对于 RAPD 扩增有利。

b. PCR 扩增：RAPD 反应所需的模板量要求低，一次扩增仅需 20～100ng DNA 样品。模板是决定 RAPD 产物的主要因素，浓度过低，分子碰撞概率低，产物不稳定；模板浓度过高，增加非专一性扩增产物。RAPD 扩增一般使用一个引物，根据引物序列调整反应条件。变性和延伸温度变化不明显，一般分别为 94℃ 和 72℃。退火温度对引物影响较大，一般在 35～37℃。退火温度过低，引物和模板的特异性结合降低，出现条带可能会增多。退火温度高则会导致引物和模板特异性结合增加，DNA 图谱中条带减少。

c. 凝胶电泳：扩增产物通过琼脂糖凝胶电泳分离，凝胶浓度一般为 1.5%，电泳电压在 50～100V，电泳时间 2h 左右，紫外光下观察 DNA 图谱，选择具有多态性的引物。

d. 数据分析：图谱分析涉及相关系数、共同带率、平均等位基因频率的计算等。

除了上述方法外，随着各种技术的不断进步与完善，基于 PCR 技术的基因图谱技术也涌现出大量新技术，比如 PCR-DGGE 技术、定量 PCR、反转录 PCR、竞争性 PCR 等。这些技术的应用克服了微生物生态学分离培养的难题，但得到的信息仍然十分零碎且不确定性较高，不同技术在工作量、信息完整性和实验成本上均有较大的差别，因此针对上述技术需加强与其他技术联合应用，开发精确性更高、实验成本较低的新技术。

3. 核酸分子杂交技术

核酸分子杂交技术快速，可灵敏地探测出环境微生物中特殊的核酸序列，并且用光密度测定法可直接比较核酸杂交所得到的阳性条带或斑点并得出定量的结构，从而反映出微生物的存在及功能。该技术的基本原理是人工合成可与某类群微生物特征基因序列互补的寡聚 DNA 或 RNA 探针，并以荧光或放射性标记该探针，然后利用该探针与微生物基因杂交，通过荧光显微镜技术或放射自显影技术对微生物的群落结构进行分析和研究。主要包括以下几种：Southern 杂交、Northern 杂交、原位杂交（ISH）、荧光原位杂交（FISH）和芯片杂交。

核酸探针杂交法需要首先对 rRNA（基因）序列比对，并对这些序列的特异性进行鉴定，然后进行互补核酸探针的合成和标记，最后对探针的特异性和测定敏感性进行评价和优化。目前已经进行测序的核酸序列数目有限，因此对某些生态系统中存在的微生物和核酸序列就无法进行全面的了解，必须对各种生物的 16S rRNA 和 23S rRNA 进行测序和研究，才能设计足够的探针来检测高度可变的目标样品中的所有微生物。

寡聚核苷酸探针由人工合成，一般为 30kb 左右，具有很高的灵敏度，可用于检测环境微生物的单一基因和点突变。目前应用较多的寡聚核苷酸探针是根据细菌 rRNA 基因的多拷贝且高度保守的 DNA 片段设计的。这种技术在微生物生态学研究时具有重要的用途：可用于检测环境中的微生物、指标生物及某些特定基因型的存在与否；检测某一特定环境中的微生物种群、数量、分布及其变化，从而预测该环境中的微生物种群变化趋势；检测某些微生物的特定基因型在环境中的动态。

（1）Sourthern 印迹杂交

①基本原理：自 1975 年英国科学家 Southern EM 创立以来，Southern 印迹杂交（Southern blot）技术已经成为分子生物学的一种常用的 DNA 检测技术。此方法具有快速、灵敏、准确等优点。Southern 技术的基本原理是：具有一定同源性的两条核酸单链在一定的条件下，可按碱基互补配对的原则形成双链，此杂交过程是高度特异的。基本操作过程是将待测核酸结合到尼龙膜、硝酸纤维素等固相支持物上，然后与存在于液相中已标记的核酸探针进行杂交，探针分子的显示位置及其量的多少，反映出待测核酸的分子质量与大小。

②基本操作过程：Southern 印迹使用的标记包括同位素标记和非同位素标记两种。放射性同位素标记的探针灵敏度高，但是存在半衰期的限制，对人体和环境会造成放射性危害。因此，目前使用较多的是非放射性同位素标记，可避免放射性危害，其中地高辛标记探针目前最常用。其技术要点包括以下几个方面。

a. 探针的制备：探针的标记方法包括缺口平移法、末端标记法、随机引物法、PCR 法等。Southern 杂交探针的制备一般使用随机引物法。如果探针两端的序列已知，可以用 PCR 法制备探针，比用 Klenow 酶随机标记探针效率高。地高辛标记探针最好使用 PCR 法。PCR 法制备的探针可能会出现非特异性条带，需要对 PCR 产物进行优化以保证标记探针的特异性。要选择合适的探针浓度，浓度过低则杂交信号较弱，过高则会产生非特异背景。

b. DNA 样品的转移及固定：将 DNA 片段从凝胶转移至固相支持物的方法有 5 种，包括向上毛细管转移法、向下毛管转移法、同时向两张膜转移、电转移和真空转移等。经典的凝胶转移方式是由 Southern 提出的向上转移法，操作简便。但是转移过程中，由于凝胶受压、脱水而变薄，凝胶孔径变小，转移效率下降。向下转移法可以克服上述缺点，转移效率有所提高。将 DNA 固定在膜上的方法主要有 3 种，如真空烘烤、微波炉固定和紫外交联。紫外交联法快速、方便，但是紫外交联时要避免膜被过量照射。照射的目的是使 DNA 的小部分胸腺嘧啶残基与膜表面带正电荷的氨基基团形成交联，过量的照射将导致大部分胸腺嘧啶共价结合，继而降低了胸腺嘧啶残基与氨基基团的交联。

c. 杂交反应：根据所选择的预杂交实验结果确定温度。在满足温度的条件下，杂交的成败取决于杂交时间，时间过短杂交不充分，时间过长则可能导致非特异性结合增多。

d. 袪除背景污染：利用地高辛标记探针进行杂交时，容易产生高背景。降低背景常用的措施包括以下两种：适当延长梯度洗膜的时间和提高洗膜温度；控制地高辛抗体的浓度。足够量的地高辛抗体可以获得较好的杂交信号，但过量的地高辛抗体会在膜上产生抗体非特异性结合的斑点。

e. 杂交膜的选择与保存：杂交膜包括尼龙膜、硝酸纤维素膜和 PVDF 膜。尼龙膜是一种较为理想的核酸固相支持物，其结合能力、温度适应性、韧性比硝酸纤维素膜强，是最常用的杂交膜。

（2）Northern 印迹杂交　Northern 印迹杂交（Northern blot）用于研究特定类别的 RNA 分子的表达模式（丰度和大小），是一种将 RNA 从琼脂糖凝胶转印到硝酸纤维素膜上的方法。RNA 印迹技术与 DNA 杂交相对应，因此被称为 Northern 杂交。Northern 杂交的原理和方法与 Southern 杂交相似，但是操作对象不同。Northern 印迹杂交的 RNA 吸印与 Southern 印迹杂交的 DNA 吸印方法相似。利用甲基氢氧化银、乙二醛或甲醛使 RNA 变性。RNA 变性后有利于在转印过程中与硝酸纤维素膜结合。可在高盐过程中进行转印，烘烤前用低盐溶液进行洗脱，染色后在紫外光下成像。Northern 杂交实验应注意以下问题：①保证 RNA 完整性。RNase 极其顽固，操作过程易降解 RNA，因此要抑制 RNase 活性。②印迹过程中要降低背景，可以重复进行探针剥离与重探，提高工作效率。③根据 GC 含量及同源性计算杂交温度，一般在 58～60℃。同源性高的杂交温度较高。适当延长杂交后的洗膜时间及阻断剂处理时间，可以降低背景污染。

（3）荧光原位杂交技术　原位杂交技术（In situ hybridization，ISH）发明于 20 世纪 60 年代，通过在环境样品上直接原位杂交，可以测定不可培养微生物形态特征及丰度，并原位分析群落结构组成。ISH 技术的发展经历了放射性标记探针和荧光标记探针两个阶段。1988 年，ISH 技术被首次引入细菌学研究，利用放射性标记的 rRNA 寡核苷酸探针检测细菌。1989 年，采用荧光标记的 16S rRNA 序列上特异的寡核苷酸探针来探测独立的微生物细胞，不同的探针使用不同的荧光染料，可以同时鉴定不同类型的微生物细胞。这项技术被命名为荧光原位杂交（FISH）。FISH 技术不需要进行核酸提取及 PCR 扩增，无需破坏细胞结构，可以展示原位条件下微环境中完整细胞的信息，精确性高，广泛应用于微生物生态学研究领域。

①基本原理：FISH 技术是通过双链 DNA 变性后和带有互补序列的同源单链（探针）退火配对形成双链结构，通过特定分子的标记探针与染色体原位杂交和荧光显色，直接显示特定细胞核或染色体上 DNA 序列间相互位置的关系。双链 DNA 变性成为单链结构，带有荧光标记的探针与固定在玻片或纤维膜上的核苷酸序列进行杂交，探测其中所有的同源核苷酸序列，并通过共聚焦激光扫描显微镜或荧光显微镜进行观察。

FISH 技术无需核酸提取和 PCR 扩增等步骤，可以通过荧光标记的探针特异地与互补核苷酸序列在完整的细胞内结合。与放射性探针相比，荧光探针更安全，分辨率更好，无需额外检测步骤。可以利用不同波长的荧光染料标记探针，一次可以检测多个目标序列。

FISH 技术也存在着一些不足：a. FISH 检测的假阳性。FISH 检测技术的精确性是由寡核苷酸探针的特异性决定的，设计的探针序列检测需要与最常规、最新版本现有的序列数据库进行校对，确保探针序列的特异性。但是，对某些不可培养微生物，没有现成的探针数据库，只能利用点杂交的方法分析探针的特异性。非特异性探针会导致假阳性现象。此外，某些微生物本身具有荧光性，会掩盖特异的荧光信号，干扰 FISH 检测。b. FISH 检测的假阴性。微生物目标基因丰度过低或者微生物细胞壁渗透性差导致探针无法进入细胞与核酸进行杂交等，导致荧光探针的杂交信号较弱，引起假阴性的产生。可采用优化渗透性、使用高强度荧光染料和多重探针标记等增强杂交信号。

②基本操作过程：包括探针设计、固定标本与预处理样品、探针特异性杂交样品、漂洗去除未结合的探针、检测杂交信号等操作。关键环节为探针标记、荧光染料、FISH 的靶序列和杂交。

a. 探针与标记：FISH 探针长度一般为 15~30bp，具有特异性强、灵敏度高、组织穿透力强等特点。常用的探针根据序列特点可以分为 3 类。染色体特异重复序列探针杂交的目标序列常大于 1Mb，不含散在重复序列，与目标位点紧密结合，杂交信号强，易于检测，用于检测细胞间期非整倍染色体。全染色体或染色体区域特异性探针由一条染色体或其上某一区域特异性高的核酸片段组成，用于中期染色体重组和间期核型分析。特异位置探针由一个或几个克隆序列组成，主要用于基因克隆、DNA 序列定位和检测靶 DNA 序列拷贝数及其结构变化。

探针的标记方法一般包括直接荧光标记和间接荧光标记两种。直接荧光标记法是通过化学合成的方法将荧光染料分子以氨基连接于寡核苷酸的 5′端或者用末端转移酶将荧光标记的核苷酸连接于寡核苷酸的 3′端。可以通过下述方法增强信号强度：将异硫氰酸荧光素耦联于寡核苷酸；在寡核苷酸两端进行标记，3′端加 1 个荧光分子，5′端加 4 个荧光分子。间接标记法是将地高辛或生物素等与探针连接，利用耦联有荧光染料亲和素或抗体进行结合，可以通过酶促信号放大提高敏感性。

b. 荧光染料：不同的荧光具有不同的激发和散射波长，可以利用不同的荧光染料同时观察多种微生物（表 7-1）。采用不同的荧光素探针同时检测两种以上微生物时，为避免不同探针之间光谱重叠，荧光染料需要具备狭窄的散射峰。使用荧光染料的基本原则为最明亮的染料要用来检测丰度最低的对象。

表 7-1　微生物 FISH 常用的荧光染料

荧光染料	英文缩写	激发波长/nm	发射波长/nm	颜色
止血环酸	AMCA	351	450	蓝
异硫氰酸盐荧光素	FITC	492	528	绿
5（6）-羧基-N-羟琥珀酰亚胺荧光素	FluoX	488	520	绿
四亚基异硫氰酸盐若丹明	TRITC	557	576	红
德克萨斯红	Texas Red	578	600	红
花青 3	Cy3	500	570	橙/红
花青 5	Cy5	651	674	红外

c. 探针与同源序列杂交：FISH 技术在保持完整细胞形态的条件下，进行细胞内杂交与显色分析 DNA 或 RNA，主要包括以下几个步骤：（a）细胞固定与预处理。常用的固定液包括低聚甲醛、戊二醛和多聚甲醛等。预处理一般采用蛋白酶 K、HCl 等进行预处理，目的是增加细胞组织的渗透性以及减少非特异性目标序列的结合。（b）探针特异性杂交样品。这是 FISH 杂交技术的核心步骤，时间和温度根据探针及样品序列而不同，杂交温度

一般在37~50℃，杂交时间30min至若干小时不等。(c) 漂洗未杂交的探针。利用48℃水浴的清洗液及冰浴的超纯水进行清洗。(d) 封片观察。通常需要结合通用的寡核苷酸探针对微生物样品进行区域界定及不同分类级别的区分。例如利用细菌通用探针进行杂交时，DAPI染色可作背景界定生物体细胞的区域，并结合其他特异性探针，选择不同颜色的荧光标记，同时进行荧光原位杂交。利用共聚焦激光扫描显微镜或荧光显微镜进行观察。

(4) 基因芯片技术　随着分子生物学的迅速发展，大量细菌、真菌等微生物基因组测序得以完成，丰富的基因序列信息为微生物的研究提供了重要原始数据库，同时也为基因芯片技术（Gene Chip Technique）的发展和成熟奠定了基础。基因芯片（Gene Chip）又称为DNA芯片（DNA chip）、DNA阵列（DNA array），是在20世纪90年代中期发展起来的一种新兴的分子生物学技术，综合了生物学、化学、材料学、计算机学等多学科的优势。基因芯片技术可以一次检验上万个微生物或基因，具有通量大、灵敏度高、特异性强等优点，在微生物学领域广泛应用。

①基本原理：基因芯片实际上是一个硅晶体片或玻璃片的固相载体。将DNA探针固定在载体上。固定在载体上的核酸序列与样品核酸序列互补结合，通过核酸杂交的信号获得样品中相应核酸的信息。基因芯片将大量的DNA探针固定在固相基质上，与待测的标记DNA样品进行杂交，一次可以记录上千万的基因表现的形式。

基因芯片的工作原理与Southern、Northern等经典的核酸杂交方法一致，利用已知的核酸序列作为探针与互补的靶核苷酸序列杂交，并通过信号检测进行定性与定量分析。基因芯片在微小的基片（硅片、玻片、塑料片等）表面集成了大量分子识别探针，能同时分析成千上万种基因，进行大信息量的筛选与检测分析。

与传统的核酸杂交技术相比，基因芯片技术具有高通量、自动化、微型化等特点，其优势主要表现在：a. 高通量和并行检测。传统的Southern blot技术将待测样品固定在尼龙膜上，与标记DNA探针杂交，每次只能检测一个目标序列。而基因芯片技术将大量的DNA探针固定在固相基片上，与待测DNA进行杂交，每次可以检测上万种基因。b. 高度自动化。基因芯片阵列中某一特定位置的核苷酸序列是已知的，对微阵列每一位点的荧光强度进行检测，即可对样品遗传信息进行定性定量分析。可以利用激光共聚焦扫描显微镜检测杂交信号，利用软件记录分析后直接得出检测结果。c. 操作简单快速。传统方法检测时间一般需要4~7d，而基因芯片技术整个检测过程仅需4h左右。d. 特异性强，灵敏度高。

与传统核酸杂交技术相比，基因芯片技术虽然具有很大的优势，但是在实际操作程中依然会存在一些问题：a. 检测低拷贝基因时，DNA芯片的灵敏度较低，需要对样品进行PCR扩增提高检测灵敏度。b. 芯片上的探针进行杂交时，自身会形成二级甚至三级结构，使靶序列难以被检测，降低灵敏性。c. 基因芯片技术上还有一些问题了解不清楚，有待深入研究。例如探针序列对杂交体稳定性的影响，探针最佳固定方式，探针与载体之间连接臂与探针分子之间的间距对杂交的影响等。

针对目前基因芯片的不足及研究趋势，未来基因芯片技术可能向以下几个方面发展：a. 高自动化、标准化、简单化，成本降低。目前基因芯片技术的价格较昂贵，这是推广这项技术的主要障碍，但是随着实验技术的更新，基因芯片价格会大大降低。b. 进一步提高探针阵列的集成度。目前基因芯片阵列的集成度可以达到1.0×10^5，而绝大多数生物体的基因数量低于 1.0×10^5，因此一张芯片可以研究绝大多数生物体的基因表达情况。c. 提高检测的灵敏度和特异性。通过检测系统的优化组合和采用高灵敏度的荧光标志进行改良，通过多重检测来提高特异性，减少假阳性。d. 提高探针的稳定性。DNA 探针和 RNA 探针都不稳定，容易降解。肽核酸探针稳定性较强，可以用来取代普通的 DNA/RNA 探针。e. 基因芯片技术与其他技术相结合。将基因芯片与蛋白质芯片等其他生物芯片综合使用，可以了解蛋白质与基因间相互作用的关系；将基因芯片技术与生物信息学联合发展，利用生物信息学研制新的基因芯片检测系统和分析软件，构建基因芯片标准数据库，促进芯片数据的存储、分析和交流，以便更有效地利用和共享资源。芯片数据库包括 DNA 序列和芯片测试结果的基因数据库，这些将大大推动基因组学研究和生物信息学的发展。f. 建立微缩芯片实验室。通过微细加工工艺制作的微滤器、微反应器、微电极等对生物样品从制备、生化反应到检测和分析的整个过程实现全集成，实验过程自动化，缩短了检测和分析时间，节省了实验材料，降低了人为的主观因素。

②操作过程：主要技术流程包括芯片的设计与制备、靶基因标记、芯片杂交与杂交信号检测。基因芯片的分类方法很多：按照载体上所点探针的长度划分为 cDNA 芯片和寡核苷酸芯片，根据芯片功能划分为基因表达谱芯片和 DNA 测序芯片，根据载体可分为液相芯片和固相芯片。虽然基因芯片的种类很多，但是主要操作过程基本一致。

a. 芯片的设计与制备：基因芯片的设计是指芯片上核酸探针序列的选择以及排布。根据探针的应用目的决定设计方法。探针序列一般来源于已知基因的 cDNA 或 EST 文库，探针序列要与目的基因进行特异性结合，保证探针序列的特异性。

芯片的制备方法主要包括两种类型。按照点样模式，基因芯片划分为点样芯片（Spotted DNA Arrays）和原位合成芯片（Oligonucleotide Arrays）两种。制备点样芯片，首先制备探针库，根据基因芯片的分析目标从相关的基因数据库中选取特异的序列进行 PCR 扩增或直接人工合成寡核苷酸序列，然后将不同的探针分配在玻璃、尼龙等固相基质表面的不同位点，并通过物理化学等方法进行固定。通常在同一芯片上相同的 DNA 探针会点两个以上的重复进行对照，每张芯片上最多有两万个点。固定在载体上的探针称为检测探针，一般为完整基因序列或表达序列标签，长度一般为 300～800bp。原位合成芯片是在玻璃、尼龙等固相基质表面直接合成寡核苷酸探针阵列，通过原位合成的方法进行制备，寡核苷酸链长度一般为 50～70bp。

b. 样品的制备与标记：待分析样品的制备是基因芯片技术的一个重要环节。靶基因与芯片探针结合杂交之前需要进行分离、扩增和标记。标记方法根据样品来源、芯片类型和研究目的的不同而有所差异。通常在待测样品的 PCR 扩增、逆转录或体外转录过程中实现对靶基因的标记。对于阵列密度较小的芯片可以使用同位素，所需仪器为实验室常规使用设备，易于展开工作，但是在信号检测时，一些杂交信号强的点阵列容易产生光晕，干扰周围信号分析。高密度芯片的分析一般采用荧光素标记靶基因，通过适当的内参设置以及对荧光信号强度的标化可对细胞内 mRNA 的表达进行定量检测。把不同来源的靶基因用不同激发波长的荧光素标记，并把它们同时与基因芯片杂交，通过比较芯片上不同波长荧光的分布图获得不同样品间差异表达的基因图谱，这种方法称为多色荧光标记技术。

c. 杂交反应：核酸样品和探针之间的杂交反应属于固相杂交，是芯片检测的关键一步。杂交条件因靶分子类型不同而不同，探针浓度、长度，杂交的温度、时间、离子强度等因素是影响杂交反应的关键。根据探针的类型、长度及芯片的应用选择来优化杂交反应条件。未杂交的探针通过漂洗的方式去除，避免背景干扰。

d. 信号检测与结果分析：用同位素标记的靶基因，可以用放射自显影技术进行信号检测。用荧光标记的靶基因，需要荧光扫描及分析系统，对相应探针阵列上的荧光强度进行分析比较，得到待测样品的相应信息。基因芯片获得的信息量大，对于基因芯片杂交数据的分析处理需要标准化的数据格式。

4. 稳定性同位素核酸探针技术

稳定性同位素核酸探针技术（DNA/RNA Stable Isotope Probing，DNA/RNA-SIP）是将复杂环境微生物物种组成与其生理功能耦合分析的有力工具。微生物的大小在 μm 尺度，因此，自然环境中微生物群落在 μm 尺度下生理过程的发生、发展，其新陈代谢产物在环境中累积与消减的动力学变化规律，形成了微生物生理生态过程，决定了不同尺度下生态系统物质和能量的良性循环。利用稳定性同位素示踪复杂环境中微生物核酸，实现了单一微生物生理过程研究向微生物群落生理生态研究的转变，能在更高更复杂的整体水平上定向发掘重要微生物资源，推动微生物生理生态学和生物技术的开发应用。

（1）基本原理　稳定性同位素核酸探针技术是采用稳定性同位素示踪复杂环境如土壤微生物核酸 DNA/RNA 的分子生态学技术。DNA-SIP 的基本原理是：碳氮是生命的基本元素，采用稳定性同位素如^{13}C 标记底物培养环境样品。因为合成代谢是所有生命的基本特征之一，利用标记底物的环境微生物细胞不断分裂、生长、繁殖并合成^{13}C-DNA。提取环境样品微生物总 DNA 并通过超高速密度梯度离心将微生物^{13}C-DNA 与^{12}C-DNA 分离后，进一步采用分子生物学手段特别是环境组学技术分析^{13}C-DNA，将能揭示复杂环境样品中同化了标记底物的微生物作用者，在群落水平揭示复杂环境微生物重要生理生态过程的分子机制。RNA-SIP 与 DNA-SIP 的基本原理一致。与 DNA-SIP 相比，RNA-SIP 的研究不依赖于细胞分裂，能够采用更低浓度的^{13}C-标记底物培养环境样品，研究结果更接近原位状况，灵敏度更高。

除磷以外，几乎所有具有生物学意义的元素均有两种稳定性同位素，甚至更多。一般而言，重同位素或轻同位素组成的化合物具有相同的物理化学和生物学特性，因此，微生物可利用稳定性重同位素生长繁殖，合成标记的生物大分子如^{13}C-DNA。利用分子生物学技术分析^{13}C-DNA，可在微生物群落水平，以^{13}C 物质代谢过程为导向，发掘重要功能基因，揭示复杂环境中微生物重要生理代谢过程的分子机制（表 7-2）。目前稳定性同位素示踪复杂环境中微生物核酸 DNA/RNA 技术得到了国际学术界的高度关注。近年来，该技术在我国也得到了高度的关注和快速发展。

表 7-2　基于核酸元素组成的稳定性同位素示踪原理

脱氧核糖核苷酸	核苷酸元素组成					分子质量	分子质量增加/%	
	C	H	N	O	P	$^{12}C^{14}N$	^{13}C	^{15}N
A：腺嘌呤脱氧核苷酸	10	14	5	6	1	331.2	341.2	336.2
G：鸟嘌呤脱氧核苷酸	10	14	5	7	1	347.2	2.880	1.440
T：胸腺嘧啶脱氧核苷酸	10	15	2	8	1	322.2	3.104	0.621

续表

脱氧核糖核苷酸	核苷酸元素组成					分子质量	分子质量增加/%	
	C	H	N	O	P	$^{12}C^{14}N$	^{13}C	^{15}N
C：胞嘧啶脱氧核苷酸	9	14	3	7	1	307.2	2.930	0.977
稳定性同位素自然丰度								
轻同位素	^{12}C		^{1}H		^{14}N	^{16}O		^{31}P
自然丰度/%	98.93		99.99		99.63	99.76		100
重同位素	^{13}C		^{2}H		^{15}N	^{18}O		
自然丰度/%	1.07		0.01		0.37	0.20		
GC 含量不同的 DNA 浮力密度								
GC 含量		浮力密度/（g/mL）			浮力密度增加量/（g/mL）			
		$^{12}C^{14}N$			^{13}C			^{15}N
30%		1.6894			0.0509			0.019
50%		1.7090			0.0510			0.020
70%		1.7286			0.0510			0.020

（2）操作过程　DNA/RNA-SIP 操作主要包括四个步骤（图 7-6）：标记底物培养环境样品，环境微生物基因组核酸密度梯度离心，不同浮力密度区带核酸的 ^{13}C 标记程度鉴定和 ^{13}C-核酸的下游分子分析。

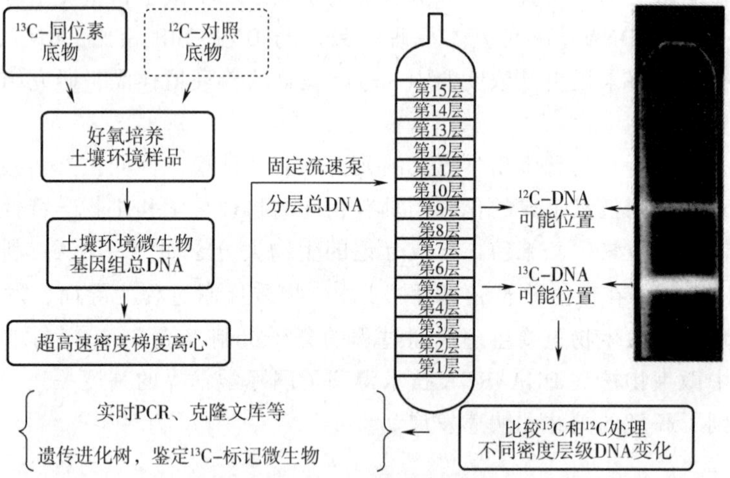

图 7-6　稳定性同位素核酸探针技术示意图

①标记底物培养环境样品：在环境样品培养体系中，标记底物和代谢产物通量的动态变化规律是表征微生物生理生态过程及其强度的关键参数，也是判定环境微生物核酸中 ^{13}C 富集程度的重要参考。培养体系中外源标记底物越多，目标环境微生物核酸标记程度就越深。然而，原位研究微生物在自然环境中新陈代谢途径要求尽可能保持样品的原始

状态，尽可能降低外来干扰。因此，理想的培养实验是采用最少的标记底物培养环境样品，得到最小量的，但超速离心能有效分离的标记核酸^{13}C-核酸。

②环境微生物基因组/转录组密度梯度离心：利用超高速密度梯度离心技术即可将环境微生物基因组总 DNA/转录组 RNA 中的^{13}C-DNA/^{13}C-RNA 与^{12}C-DNA/^{12}C-RNA 有效分离。超高速离心所使用的最佳核酸量取决于单位质量环境微生物总 DNA/RNA 中^{13}C-DNA/RNA 的比例和超高速离心后^{13}C-DNA/RNA 的最小检测限。

超高速离心结束后，采用常规的取代法，用针穿刺离心试管底部，然后在试管顶部扎入另外一个针头并通过软管与蠕动泵相连，将水溶液或矿物油以固定流速注入离心试管内，导致离心试管内形成固定的压力，使得试管内不同浮力密度区带的 DNA 以恒定的流速依次从试管底部流出并收集。超速离心后，将试管内的离心溶液分层为 14~16 或 22~25 个不同浮力密度区带，实验结果并没有明显改善，而后者极大地提高了分子分析的工作量。

三、组学研究技术

随着基因组测序技术的快速发展和生物信息学分析技术的不断进步，目前的微生物生态学实际上可以称为微生物组学的研究。微生物组包括“微生物组”（原核微生物或真核微生物）及其“活动区”（结构元素，如大分子和可移动遗传元素，如病毒、微生物代谢物和环境条件），特别是通过多组学方法进行评估。组学技术，包括但不限于（宏）基因组学、（元）转录组学、（元）蛋白质组学、代谢组学、表观基因组学、单细胞基因组学和培养物组学，由高通量测序技术和生物信息学提供动力，提供了关于原位微生物活动和微生物在调节宿主代谢中的关键作用的详细信息。然而，尽管人们已经积累了大量多组学数据来理解微生物的生态作用，但是，要完全弄清微生物群落影响生态系统功能的机制仍然是一项挑战。

1. 组学数据分析

在各种组学方法中，甲基组分析可以以高通量的方式进行，因为最近开发了长读本测序技术，如太平洋生物科学公司（Pacific Bioscience）的单分子实时测序和牛津纳米孔技术公司（Oxford Nanopore Technologies）的纳米孔测序平台。DNA 甲基化的研究主要针对真核系统，但对原核系统也很重要。目前，大多数细菌甲基组分析集中于与宿主防御系统、细胞周期、基因表达和毒力相关的单菌株水平的细菌生理学。由于细菌表观遗传调控主要由 DNA 甲基化介导，分析通过长读测序技术获得的宏基因组测序数据中的甲基组模式，将揭示表观遗传调控在自然微生物种群中的作用和过程。

虽然许多基于组学的方法已经使用分子工具进行核酸和蛋白质分析，但基于表型的组学方法由于缺乏高通量的表型分析方法而落后。由于拉曼光谱法能够无创标记和检测单细胞，通过胞内组成确定表型，进而获得基于细胞活动的分析结果，因此单细胞拉曼光谱分析将成为下一代表型分析工具，并应用于自然生态系统研究，以了解微生物的活动和功能。

2. 微生物溯源与抗生素抗性

人类活动已将各种污染物引入生态系统，从而造成环境污染，对环境质量产生不利影响。随着微生物对环境变化的快速反应，它们已被广泛用作环境污染的指示物或清洁剂。

作为评估环境污染和追踪粪便污染源的工具，微生物溯源工作在人类生活中变得越来越重要，并已从传统的依赖于微生物培养方法转变为基于各种组学技术的不依赖人工培养的方法。由于宏基因组覆盖给定环境中的所有遗传物质，因此，基于宏基因组学的微生物溯源可以通过识别宿主特异性粪便标记，以及分析其与环境的关联，快速取代基于微生物群落的溯源方法。

除粪便污染外，抗生素和抗生素耐药基因（Antibiotic Resistance Gene，ARG）也被视为环境污染物。通过获得具有特定内在机制或水平转移的 ARGs 而出现的抗生素耐药细菌正在威胁我们的生命，并且逐渐引起全球公共卫生从业者的重点关注。由于 ARGs 广泛分布于微生物群落、病毒等微型生命体中，甚至在原始生态系统中也发现了 ARGs 的存在，导致自然环境被视为 ARG 的蓄水池，使得基于元组学的方法成为 ARG 研究的先决条件。Lee 等人（2021 年）介绍了最新的生物信息学方法，用于分析来自全基因组和宏基因组数据的抗生素耐药性。

3. 全息生物与微生物相互作用

共生有机体（宿主及其微生物群落）的概念已成为解释宿主与其相关微生物群落之间密切相互作用的主要生物学框架之一。共生微生物或与宿主相关的微生物通过与宿主在物质能量方面协同代谢而互相依存，进而影响宿主的生物学、生态学和进化方向。此概念中的微生物群落包括细菌、古生菌、真菌和藻类，以及有关微生物基因组、可移动遗传元素（包括病毒）和微生物代谢物的所有信息。植物微生物组和动物肠道微生物组是理解生态和进化的全息生物学观点的良好模型系统，因为植物接受生活在其中或土壤中的微生物伙伴作为其植物体内的一部分，而动物可将肠道微生物组视为另一个消化器官。

氨氧化古生菌（Ammonia-oxidizing Archaea，AOA）含量丰富且普遍存在，特别是在湖泊、深海洋和土壤环境中，并表现出氨氧化化能营养性质。因此，主要研究关注点集中在 AOA 多样性和在不同生态系统中活动方面，而 AOA 与其他共栖细菌、病毒和高等生物之间的相互作用一直被忽视。AOA 与各种生命形式之间发生着密切的相互作用，如病毒、异养细菌、氨氧化细菌、亚硝酸盐氧化细菌、原生生物、植物和动物（海绵）。然而，代表性 AOA 培养技术的缺乏阻碍了对 AOA 深入和全面研究，进而阐明其在生物地球化学循环中的生态作用，以及在这一生态过程中的相互作用。因此，培养更多的 AOA 菌株并利用培养物积累实验证据对于阐明 AOA 在生态系统功能中的隐藏作用非常重要。

第二节　人体微生物组学

人类微生物组（Human Microbiome）是指存在于人体表面和内部的所有微生物及其基因组的总称。目前对人体微生物组的研究主要集中于细菌，对真菌和病毒的认识还不够深入。人体微生物组细菌的数目超过人类细胞。估计在人类体内和体表生活着 100 万亿个微生物，数量为人体自身细胞数的 10 倍以上，其基因数量更多达人体基因数的 100 多倍。人类粪便的一半不是食物残渣，而是微生物菌体；人体每天产生 0.9～2.3kg 的细菌。因此，人体是多种生命的聚集体。在人体表面和内部已经发现超过 1000 种细菌，且主要分布在黏膜器官，如口腔和肠道。人体细菌主要属于厚壁菌门、拟杆菌门、变形菌门和放线菌门中的一些纲，如表 7-3 所示。

表 7-3　　人体微生物中的优势细菌门

门	纲	特征	举例
厚壁菌门	芽孢杆菌纲、梭菌纲	革兰染色阳性；形态多样（杆状、球形、螺旋状），生理多样（无氧、有氧）；包括共生菌和有益菌	乳酸杆菌属；瘤胃球菌属；梭菌属；葡萄球菌属；肠球菌属；粪杆菌属
拟杆菌门	拟杆菌纲	革兰染色阴性；由 3 大类组成，广泛分布于环境中，包括土壤、海水和动物内脏	普雷沃菌属等
变形菌门	γ-变形菌纲，β-变形菌纲	革兰染色阴性；包括多种病原体	大肠杆菌属；假单胞菌属
放线菌门	放线菌纲	革兰染色阳性；形态多样；制药行业的主要抗生素产生菌	双歧杆菌属；链霉菌属；诺卡菌属

一些细菌可以促进人体健康，而其他细菌会引起人类疾病。然而，与特定的微生物种类对人体有利或有害不同，全局扰乱人体微生物组的平衡可能对人体的影响更大。微生物群落在人体内维持一定的动态平衡，参与调节人体的一系列生理生化反应，如免疫调节、食物消化、维生素合成等。人体微生物与诸多人类重大疾病息息相关。因此，人体微生物可能成为干预治疗的最新靶标，从而在这些重大疾病的诊断、分析和治疗上发挥重要作用。微生物组的研究，在揭示生命奥秘和生态圈运动规律等方面具有巨大的理论价值，同时也具有重大的产业价值和生态价值。

一、人体微生物组研究技术

对人体微生物组认识的准确性和全面性主要依赖于研究的方法和技术，因此，了解每种研究技术的优势和局限性有助于选择最佳的方法去开展特定目标的研究。例如，采用传统可培养技术研究人体微生物菌群复杂性和基因多态性具有严重偏差和明显的局限性。以 DNA 为基础的一系列研究方法，如 16S rRNA 基因技术、高通量指纹技术、宏基因组学技术以及下一代测序技术，尤其是下一代测序技术的涌现和发展，使人们能够更加准确和全面地揭示人体微生物菌群结构复杂性和基因多态性。

1. 传统可培养技术

传统培养分离方法是将定量样品接种于培养基中，在一定的温度下培养一定的时间，然后对生长的菌落计数和计算含量，并通过在显微镜下观察其形态构造，结合生理生化特征测定描述其种属分类特性、表型特征和代谢能力等。例如，Collin 等采用可培养技术从 17 个个体皮肤上共分离到 800 个纯培养物，包括 30 个细菌属和 14 个真菌属，其中葡萄球菌和微球菌是最常见的分离株。但是可培养分离方法采用配比简单的营养基质和固定的培养温度，还忽略了微生物之间相互作用等方面的影响。这种人工环境与原生境的偏差使得可培养的种类大大减少。因此，基于传统培养技术难以系统、全面地认识人体微生物组的构成，而且不能用于监测种群结构的动态变化。

2. 基于核酸序列的分子生物学方法

在过去的十多年里，诸多分子方法的涌现和广泛应用使人体微生物组的研究发生了彻底的变革，尤其是低成本和高通量的 DNA 测序技术。基于序列的分子生物学方法的主要优点是通常能更全面地概述样本中存在的物种；与传统的可培养技术相比，此类方法的劳动强度通常也要低得多。基于序列的分子生物学方法主要包括标记基因调查、全基因组测序、宏基因组学等方法。每种方法的优缺点见表 7-4。

表 7-4　用于研究人类微生物群的几种基于序列的方法之间的比较

方法	优点	不足
标记基因调查法（如，16S rRNA 基因）	解析样本中整体的种属信息	相对不灵敏，无法获得某些属的种水平分类
	比其他测序方法价格便宜	仅提供有关群落组成的信息，不能提供直接功能的数据
	分析需要更少的计算量	单个标记基因仅能描述一类微生物的群落，如 16S rRNA 基因仅能描述细菌/古生菌群落，但不能解析样品中可能存在的病毒和真菌等
	较大的样本量增加了统计功效	结果受到取样、储存、PCR 和 DNA 提取偏好性的影响较大
	通过比较具有完全测序基因组的密切相似菌株，通常可以从 16S rRNA 基因序列推断该菌的功能	通常不能区分活性细胞和非活性/死亡细胞
全基因组测序	提供有关生物体完整编码潜能的信息	通常需要在基因组测序之前对生物体进行培养
	细菌基因组草图现在可以很快完成且成本很低	现代的短读长测序技术通常会产生草图，而不是完整的基因组
	生成的数据可用于流行病学目的，例如用于菌株分型	许多组成基因的功能未知
宏基因组学	能同时获得微生物群落的功能和物种组成信息	需要非常深入的测序才能实现合理的基因组覆盖率，因此成本相对较高
	可同时获得细菌、古生菌、真核生物和病毒来源的基因组数据	通常仅限于少量样本，这会降低统计功效
	组成物种（包括未培养生物）的完整基因组可以组装	数据分析需要大量的计算资源
	没有 PCR 扩增偏好性	组装基因组可能具有挑战性
		参考数据库中的缺口意味着大部分基因组数据功能未知

续表

方法	优点	不足
		取样、储存和 DNA 提取过程中引入的偏差会影响结果
		通常不能区分活性细胞和非活性/死亡细胞
单细胞基因组学	提供未培养物种的基因组数据	分离单个细胞通常需要使用昂贵的设备（例如流式细胞仪、微操作器）
	从未培养物种生成的数据可以改进宏基因组分析的参考数据库	基因组扩增步骤引入了偏差，使得完整的基因组组装具有挑战性
		基因组扩增步骤的敏感性意味着污染是一个持续关注的问题，必须缓解
		不能区分活性细胞和非活性/死亡细胞
宏转录组学	提供有关微生物群落功能活性的数据	mRNA 半衰期短是一个重要的限制；样本选择和保存是关键问题
	关注微生物群的活性成员，结果不像其他测序方法那样受死亡/非活性细胞的影响	可能在技术上具有挑战性，通常需要在测序 mRNA 之前去除更丰富的 rRNA
		参考数据库中的缺口意味着大部分基因组数据功能未知
		取样、储存和 RNA 提取过程中引入的偏差会影响结果

（1）标记基因调查　一种常见的基于序列的方法是对通用标记基因进行调查来解析样品中多样的微生物。目前通用标记基因应用最为广泛的是核糖体小亚基 RNA（Small Subunit Ribosomal RNA，SSU rRNA）基因，主要包括细菌和古生菌的 16S rRNA 基因和真菌的 18S rRNA 基因。这些通用标记基因存在高度保守型，但也存在多个可变区，而这些可变区对某一微生物类群或属来说是独特的。该方法的基本流程主要包括样品 DNA 提取、SSU rRNA 基因扩增、扩增子文库构建、测序和生物信息学分析等 5 个环节。目前，测序主要是采用高通量测序技术，大大提升了对样品微生物群落多样性解析的深度。生物信息学常用的分析平台包括 mothur、QIIME（Quantitative Insights Into Microbial Ecology）和 usearch 等，以及常用的数据库包括 SILVA、RDP、EzTaxon 和 Greengenes 等。

（2）全基因组测序（Whole Genome Sequencing，WGS）　全基因组测序是指对生物体整个基因组序列进行测序，可以获得完整的基因组信息。而全外显子测序（Whole Exome Sequencing，WES）仅是对外显子区域的测序。相比全基因组测序，外显子测序更为简便，测序成本也相对更低，测序后数据的分析也更为简单。另外，如果仅关注已知的基因，可以更依赖于靶向测序。全基因组测序由于结果包含完整丰富的信息，可以得到外显子测序或靶向测序不能得到的更多信息，具有其独特的优势。随着测序技术的不断进步和测序成本的不断降低，全基因组测序已经切实可行。全基因组测序在鉴定单核苷酸变异、插入和缺失（Insertion-deletion，Indel）突变时更有优势，因此，WGS逐渐成为了临床和基础研究的另一种选择。全基因组测序主要分为两种，一是从头测序（de novo Sequencing）：不需要任何参考基因组信息即可对某个物种的基因组进行测序，利用生物信息学分析方法进行拼接、组装，获得该物种的基因组序列图谱，从而推进该物种的后续研究。二是重测序（Re-sequencing）：对有参考基因组物种的不同个体进行基因组测序，并在此基础上对个体或群体进行差异性分析，主要用于辅助研究发现单核苷酸多态性位点（Single Nucleotide Polymorphisms，SNPs）、拷贝数变异（Copy Number Variation，CNV）、插入/缺失等变异类型。

（3）宏基因组学（Metagenomics） 宏基因组是生境中全部微小生物遗传物质的总和，它包含了可培养的和不可培养的微生物的基因组。宏基因组学是以环境样品中的微生物群体基因组为研究对象，以测序分析为研究手段，以微生物多样性、种群结构、进化关系、功能活性、相互协作关系及与环境之间的关系为研究目的的研究方法，用于解读微生物群体多样性与丰度，探求微生物与环境、微生物与宿主之间的关系，发掘和研究新的、具有特定功能的基因。

（4）单细胞基因组学（Single-cell Genomics） 单细胞测序是研究单细胞基因组学的主要研究手段。单细胞测序技术是指在单细胞水平上，通过全基因组或转录组扩增，对核酸分子进行高通量测序的技术。单细胞测序技术的建立和发展能够真正从单细胞水平上研究细胞间的异质性，包括单细胞基因组单碱基突变差异（Single-nucleotide Variants，SNV）、短序列插入/缺失和拷贝数变异等，以及单细胞基因表达差异和单细胞蛋白修饰差异等。单细胞基因组测序主要包括3个部分：单细胞获取、单细胞全基因组扩增和扩增产物测序及分析。

（5）宏转录组学（Metatranscriptomics） 宏转录组学通过分离提取微生物群落中的RNA或者富集mRNA，合成cDNA进行高通量测序分析，通过研究某特定环境、特定时期和特定状态下进行转录的所有RNA的类型及数量，来确定活跃微生物的组成及代谢功能。以宏转录组为代表的多组学研究方法为解析不同生境微生物群落动态变化、相互作用和功能响应提供了前所未有的机遇。宏转录组学的研究步骤通常包括样品采集、总RNA提取、mRNA富集、cDNA合成、上机测序和数据分析等5个步骤。由于mRNA的稳定性较差，且仅占总RNA的1%~5%，因此如何除去rRNA从而富集mRNA以及防止其降解是宏转录组学技术的关键。

3. 其他群落研究方法

（1）基因指纹技术 检测环境微生物群落的基因指纹技术主要有变性梯度凝胶电泳以及在其基础上衍生出的温度梯度凝胶电泳（Temperature gradient gel electrophesis，TGGE）、瞬时温度梯度电泳（Temporal temperature gradient gel electrophesis，TTGE）、脉冲场凝胶电泳和单链构象多态性检测等，还包括随机扩增多态性DNA、末端限制性片段长度多态性分析和荧光原位杂交等技术。与16S rRNA基因测序技术相比，不同指纹技术的研究结果很难进行比较，并且不能检测微生物的分类和功能。

（2）DNA微阵列法 可采用DNA-DNA杂交法和微阵列法来鉴定细菌种，或者评价微生物多样性。一个阵列可以包含数千种高度特异性的DNA序列，因而在研究细菌多样性中具有重要价值。微阵列可以包含特异性的目的基因，比如硝酸盐还原酶基因、固氮酶或萘双加氧酶基因等，以提供功能多样性的信息，也可以用一个标准的环境样品（杂交率少于 70%）来发现环境中不同的种。

（3）脂肪酸甲酯/磷脂脂肪酸生物标记法　生物不仅在形态上有区别，更重要的是在结构上也明显不同。采用生物标记分子作为鉴定微生物种群的决定因子，可减少使用显微镜等形态观察方法带来的人为误差，同时也给定量研究种群开辟了新的方法。脂肪酸甲酯（Fatty Acid Methyl Ester，FAME）和磷脂脂肪酸（Phospholipid Fatty Acids，PLFA）生物标记不依赖于微生物培养技术，能提供微生物种群中脂肪酸组成信息，脂肪酸图谱的改变就代表着微生物种群的改变，已经广泛应用到化学物质污染和农业生产活动引起的微生物种群组成和结构改变的研究中。

二、人体不同部位的微生物组

人体不同部位不同的微生态条件和生理性质，导致其微生物组的组成和多样性也不同。近年来，采用传统的基于人工培养技术和不依赖培养的分子生物学技术，对皮肤、口腔（唾液）、呼吸道、胎盘、阴道和肠道等部位的微生物组进行了系统研究，积累了丰富的数据，深入理解了不同部位微生物组的组成、结构以及与疾病的关系等。

1. 皮肤微生物组

皮肤作为人体最大的器官，栖息着大量细菌、真菌和病毒，其中大多数对宿主无害甚至有益。一个成年健康人的皮肤内外栖息着 $10^8 \sim 10^{10}$ 个微生物，且其在人类皮肤的不同生态位中分布不均，微生物数量从每平方厘米 10^2（指尖、背部）到 10^6（前额、腋窝）。皮肤定植有益微生物，能成为病原体入侵的物理屏障。在屏障被打破或共栖生物与病原体之间的平衡被破坏的情况下，可能会导致皮肤病甚至全身性疾病。最近研究表明皮肤的不同位置、性别、年龄和免疫系统对皮肤微生物组的组成和结构产生影响。

（1）人体皮肤细菌群落的分布特征　皮肤细菌群落具有高度多样性（表 7-5），绝大多数隶属于四个门，包括放线菌门（棒状杆菌、丙酸杆菌、微球菌、短杆菌）、厚壁菌门（葡萄球菌、链球菌）、拟杆菌门（伯杰菌属、普雷沃菌属）和变形杆菌（不动杆菌、甲基杆菌）。皮肤微生物群的组成是高度个性化的，并且随着时间的推移会发生显著变化。油性皮肤丙酸杆菌属（*Propionibacterium*）和葡萄球菌属（*Staphylococcus*）占优势，湿润皮肤棒状杆菌属（*Corynebacteria*）和 β-变形菌纲（β-Proteobacteria）为主要菌群。干燥区域皮肤菌群变化较大，栖息有大量的 β-变形菌、棒状杆菌和黄杆菌目（Flavobacteriales）细菌。前臂以丙酸杆菌、棒状杆菌、葡萄球菌、链球菌和不动杆菌属（*Acinetobacter*）占优势。经常暴露于环境的手掌可稳定检测到丙酸杆菌、链球菌科（Streptococcaceae）和葡萄球菌科（Staphylococcaceae）细菌。

表 7-5　　人体不同部位皮肤细菌群落的相对分布

部位	丙酸杆菌	葡萄球菌	棒状杆菌	β-变形菌	放线菌目	黄杆菌目	乳杆菌目	梭菌目	γ-变形菌	α-变形菌	拟杆菌目	其他
有脂肪	++++	++	+	+	+	+	+	+	+/−	+	+/−	+
潮湿	+	+++	+++	+++	+/−	+	+	+	+	+	+/−	+
干燥	++	+	++	+++	−	++	+	+	++	+	+/−	+

注：加号越多，表示该部位的微生物群落越丰富。

（2）人体皮肤真菌群落的分布特征　人体主要皮肤和手臂部位的优势属均为马拉色菌属（*Malassezia*），且仅从种水平上才能反映不同部位真菌群落组成的差异，例如面部以限制马拉色菌（*Malassezia restricta*）占优势，而后背、后颈和腹股沟均发现大量的球形马拉色菌（*Malassezia globosa*）。与这些区域相比，足部三个区域包括脚跟、脚指甲和趾缝均发现显著的真菌多样性，除了马拉色菌以外，还发现了曲霉（*Aspergillus*）、隐球菌（*Cryptococcus*）、红酵母（*Rhodotorula*）及附球孢菌（*Epicoccum*）等属，但其随时间的稳定性较差。此外，健康头皮和头皮屑头皮部位最优势的微生物是枝顶孢属（*Acremonium*）而非马拉色菌属。与细菌群落相比，真菌群落同样受皮肤纹理影响较大，但真菌群落组成受皮肤生理属性影响相对较小。

（3）影响皮肤微生物群落组成的因素　有 12 种因素在空间和时间上影响人体皮肤的微生物群组成，可分为内在（宿主）和外在（环境）因素（表 7-6）。主要由于雄性激素表达水平的差异（男性的皮脂和汗腺活性增加），使得性别对皮肤微生物群落分布存在影响。年龄对皮肤微生物群落分布也存在影响：新生儿皮肤相对碱性，引起成年人和婴儿细菌群落的差异。成年人表皮潮湿部位占优势的葡萄球菌，在新生儿皮肤数量更高。幼儿有更高水平的变形菌和厚壁菌门细菌（如链球菌科），而青春期或青春期后丙酸杆菌和棒状杆菌占优势。这些结果与发育阶段的生理特征相一致：随着激素水平提高，皮脂腺活性增加，促进了更嗜脂微生物的生长。人类免疫系统同样对皮肤微生物群落产生影响。皮肤具有大量先天性和适应性免疫细胞，包括多树状细胞和 T 细胞。胶质细胞还通过表达 Toll 和 Nod 样受体，分泌抗微生物肽、促炎细胞因子和趋化因子。普遍的皮肤共生细菌表皮葡萄球菌（*Staphylococcus epidermidis*）激活 TLR2 信号，产生抗微生物肽和促炎症细胞因子，增加对一种链球菌和人乳头瘤病毒（HPV）感染的免疫应答。

表 7-6　塑造/影响人类皮肤微生物群组成的各种宿主（h）和环境（e）因素

因素	影响/观察
皮肤位点[h]	不同皮肤部位生理参数的差异显著塑造了皮肤微生物群落，进而导致其在个体内的变异性高于人际间的变异性
性别[h]	男性和女性的皮肤微生物群存在显著差异，可能是由于其生理和/或行为原因
幼龄[e]	出生的第一年内，皮肤微生物群的多样性增加，分娩方式影响消失
分娩方式[e]	阴道分娩新生儿的皮肤菌群以阴道细菌为主；剖宫产导致皮肤典型细菌占主导地位的皮肤微生物群
个人卫生/化妆品的使用[e]	腋窝化妆品能改变微生物群落，并能刺激产生气味的细菌
生活方式/运动[e]	轮滑德比运动员通过皮肤-皮肤接触方式影响其皮肤微生物群组成
洗手[e]	洗手改变了人类手上细菌群的相对丰度，但并没有改变细菌的总体多样性
遗传倾向[h]	丝聚蛋白基因突变干扰皮肤屏障功能，并与特应性皮炎和皮肤微生物群组成的显著变化相关
免疫状态[h]	原发性免疫缺陷患者的皮肤微生物群发生显著改变

续表

因素	影响/观察
皮肤疾病[h]	大多数皮肤病伴随着皮肤微生物群组成的显著变化。目前还不清楚这是疾病的原因还是后果。抗生素治疗有时可以缓解疾病症状
潜在（非皮肤）疾病[h]	糖尿病患者更可能携带金黄色葡萄球菌，即使是在前臂；皮肤微生物群的改变可能在伤口感染中起作用
地理[e]	长期未接触人群的微生物群可以作为“自然”微生物群的基础

2. 口腔微生物组

口腔是人体内部与外界环境物质传递与交换的重要场所。口腔微生物种类多样，涵盖了细菌、真菌、病毒、支原体等数百种微生物。口腔微生物菌群呈多层次多位点分布：口腔内既含有脱落表面（黏膜），也有非脱落的固体表面（牙面及义齿表面），同时还含有流动的唾液，定植于不同介质表面（中）的口腔微生物组存在显著的空间特异性。牙菌斑内定植的微生物丰富度最高，唾液次之，颊黏膜最低。口腔微生物菌群受个体年龄及牙列更替影响。值得注意的是，初生婴儿的口腔、肠道、皮肤微生物组之间并不存在差异。随着年龄增长及牙列的更替，口腔微生物组出现生理性改变，不同年龄组人群的微生物组成具有特异性：乳牙列期菌群以变形菌门为优势菌，具有更多的不动杆菌属、莫拉菌属等；在混合牙列、恒牙列期，菌群以拟杆菌门为主；随着年龄增长，拟杆菌门（普氏菌属为主）、韦荣球菌科、螺旋体菌门以及 TM7 丰度逐渐增加。口腔微生物菌群具有个体特异性，但几乎不受地理位置的影响。口腔微生物菌群具有个体内相对稳定性：口腔微生物组在同一个体不同时间点出现的差异性显著低于肠道、皮肤等部位。口腔微生物菌群与遗传背景相关：同卵双生子之间的口腔微生物组相似性高于异卵双生子，提示宿主遗传背景对口腔微生物组结构与功能具有一定影响。口腔微生物菌群与口腔及全身系统性疾病密切相关：可实时反映人体健康与疾病状态，在疾病预测及治疗预后评估中具有一定应用前景。

（1）口腔细菌组　对全球 12 个国家和地区的 120 例健康人群唾液样本进行分析，发现了 204 个细菌基因属，其中 39 个是以前从没有被描述过的口腔杆菌属（*Oribaculum*），64 个为未知种属。同时，唾液细菌组具有个体特异性。另有研究采集了特定牙位的龈上菌斑和龈下菌斑以及唾液等 26 种样本并将其混合，鉴定出 9 个门的 247 种细菌，这些细菌在种和株水平上存在明显的个体差异，与肠道细菌在属的水平上存在显著的差异。通过分析全球不同国家和地区人群的口腔微生物组成，发现有 8 个属的细菌贡献了大于 70% 的测序序列，证实健康人口腔中大部分微生物组是相同的，表明健康口腔核心微生物组存在于不同的个体中。将核心微生物按丰度高低依次排列为：链球菌属（25%）、普雷沃菌属（*Prevotella*）（16%）、嗜血杆菌属（*Haemophilus*）（12%）、罗斯氏菌属（*Rothia*）（7%）、韦荣球菌属（6%）、奈瑟菌属（*Neisseria*）（6%）、梭杆菌属（6%）和卟啉菌属（*Porphyromonas*）（4%）。

（2）口腔真菌组　对漱口液中的真菌进行了焦磷酸测序，发现了 74 个可培养的和 11 个不可培养的真菌属，每个个体的真菌种类在 9~23 种；假丝酵母菌属（*Candida*）是所有样本检出率最高的真菌（75%），其次是分支孢子菌属（*Cladosporium*）（65%）、短梗霉属（*Aureobasidium*）（50%）和酵母属（*Saccharomyces*）（50%）。这4种优势菌属对人体均具有致病性。

（3）口腔古生菌组　可人工培养的口腔甲烷短杆菌（*Methanobrevibacter oralis*）和史氏甲烷短杆菌（*Methanobrevibacter smithii*）分离自人的口腔。其他无法人工培养的古生菌如甲烷八叠球菌属（*Methanosarcina*）和热原体属（*Thermoplasma*）以及嗜盐古生菌也可从胃肠道和口腔标本检出。甲烷短杆菌属在龈下菌斑中有较高的阳性率，其相对数量与古生菌活跃的牙周病位点的严重程度密切相关。目前尚未发现口腔古生菌具有致病性。

3. 呼吸道微生物组

健康人体下呼吸道中存在着大量微生物。人体呼吸道微生物与多种疾病有关，包括肥胖、炎症性肠病、糖尿病、孤独症、哮喘、肺囊性纤维化（Cystic Fibrosis，CF）、慢性阻塞性肺部疾病（Chronic Obstructive Pulmonary Disease，COPD）、肺炎以及肺癌等。同时，在健康和疾病状态下呼吸道菌群的种类和数量存在明显差异，这为许多呼吸道疾病的发病机制以及诊断治疗提供了新的研究方向。

采用不依赖培养的研究技术，从羊膜液体和胎盘样本中检测到了细菌DNA，提出了胎儿期肺部存在微生物的可能性。出生后5分钟内，在正常新生儿口腔和鼻咽部可检测到微生物的存在。检测细菌的分类和分布更紧密类似于口腔而不是其他部位。分娩后，新生儿的微生物组类似于其母亲，并与分娩方式（阴道生产和剖宫产）有关。分娩后几天和几周内新生儿的微生物组开始表现出器官特异性。

健康人上呼吸道（前鼻、鼻腔、鼻窦、鼻咽、口咽和声带上方的喉部）的前鼻部是最接近外界环境的部位，黏膜下含有大量的浆液和皮脂腺体，容易导致一些亲脂性微生物的定居，如葡萄球菌属、棒状杆菌属、丙酸杆菌属等。此外，前鼻部还含有莫拉菌属、狡诈球菌属和链球菌属等呼吸道常见菌属。鼻咽部位于鼻腔深部，相对于鼻前庭和鼻腔，鼻咽部具有更加多样化的微生物群落特征。除了含有葡萄球菌属、莫拉菌属、棒状杆菌属之外，鼻咽部还含有大量的狡诈球菌属、嗜血杆菌属、链球菌属等。口咽部在呼吸道中微生态多样性、微生物密度最高，含有大量的奈瑟菌属、罗氏菌属和以普氏菌属、韦荣球菌属、纤毛菌属为代表的厌氧菌。链球菌属是口咽部的特征性菌属。

健康人体下呼吸道（包括声带下方的喉部、气管、小支气管、细支气管和肺泡）存在固定菌群，其在门、纲的水平以变形菌纲（Proteobacteria）、硬壁菌门（Firmicutes）、梭杆菌纲（Fusobacteria）和拟杆菌门（Bacteroidetes）为主，在属的水平以假单胞菌属、链球菌属、普雷沃菌属、韦荣球菌属、嗜血菌属以及奈瑟球菌属为主。肺部菌群紧密类似于口腔，因此推测口腔微生物组是健康肺部细菌菌群的主要来源。然而，健康人体的肺部和口腔菌群的类似性变化很大。

4. 阴道微生物组

阴道微生态是由阴道内的微生态菌群、机体的内分泌调节和解剖结构共同构成。正常健康女性阴道内的微生态菌群（Vaginal Microbiota，VMB）包括革兰染色阳性需氧菌、革兰染色阴性需氧菌、厌氧菌、支原体及假丝酵母菌等，它们与宿主、环境之间构成了彼此制约、相互协调的动态平衡。正常VMB总量可达10^9个/mL，其中乳杆菌属（*Lactobacillus*）占70%~95%，通过定植抗力、生物拮抗、分解阴道上皮细胞糖原产生乳酸来维持阴道酸性环境，分泌H_2O_2、细菌素、类细菌素和生物表面活性剂及刺激机体的免疫防御作用来抑制其他菌和致病菌的生长，维持阴道“自净”作用。阴道酸性环境改变、药物影响、性激素水平波动、机体免疫功能低下时，VMB 的多样性随之变化，引起菌群的结构转移、微生态失衡，导致细菌性阴道病、需氧菌性阴道炎、阴道假丝酵母菌病、早产、流产、不孕等一系列临床疾病的发生。

与口腔、皮肤和肠道相比，VMB 结构相对简单、多样性低。正常 VMB 以 1 或 2 种阴道乳杆菌为优势菌。Ravel 等根据 VMB 的群落状态类型（Community State Type，CST），将 VMB 分为 5 型：CST Ⅰ型主要以卷曲乳杆菌（*L. crispatus*）占优势，CST Ⅱ型主要以加氏乳杆菌（*L. gasseri*）占优势，CST Ⅲ型的主要细菌为惰性乳杆菌（*L. iners*），CST Ⅴ型以詹氏乳杆菌（*L. jensenii*）为主。CST Ⅳ型为多样性细菌，其中乳酸杆菌的水平较低，可再分为 2 个亚型：CSTIV-A，包含很多厌氧细菌，如厌氧球菌属（*Anaerococcus*）、嗜胨菌属（*Peptoniphilus*）、普雷沃菌属和链球菌属细菌；CST IV-B 型以奇异菌属（*Atopobium*）和巨型球菌属（*Megasphaera*）占优势。阴道内还有小部分其他厌氧菌，如阴道加德纳菌（*Gardnerella vaginalis*）、纤毛菌属（*Sneathia*）种类和阴道阿托波氏菌（*Atopobium vaginae*）。其他如葡萄球菌、棒状杆菌、链球菌、消化球菌属（*Peptococcus*）、肠球菌属（*Enterococcus*）、韦荣球菌、拟杆菌、双歧杆菌、假丝酵母菌以及支原体属（*Mycoplasma*）、脲原体属（*Ureaplasma*）亦可存在。

5. 肠道微生物组

肠道微生物组（Gut microbiome）是指人类个体之间存在的共同的核心微生物群系，是星球上最为密集的微生态系统，被称为人体内的一个“新系统”或“新器官”。肠道微生物组可参与机体信息传递、营养吸收、黏膜保护和肠道免疫等过程。肠道微生物与炎症性肠病、肥胖症、2 型糖尿病、帕金森病和癌症等疾病有关。此外，作为人体的“代谢器官”，肠道微生物与机体代谢密切相关，其中包括对药物的代谢，可产生药物代谢酶参与到药物代谢过程。研究肠道微生物组可以准确地判断不同因素对肠道微生物构成造成的影响，继而判断肠道微生物组与疾病和健康的关系。

人类大部分个体肠道微生物组拥有约 40%相同的基因，即核心基因。99.1%肠道微生物基因为细菌来源，其余基因多属于古生菌，此外，还有少量真菌和病毒。肠道微生物组中发现有 9 个门的细菌，包括厚壁菌门、拟杆菌门、变形菌门、放线菌门（Actinobacteria）、梭杆菌门（Fusobacteria）、疣微菌门（Verrucomicrobia）、蓝细菌（Cyanobacteria）、螺旋体门（Spirochaetes）和 VadinBE97 门，其中硬壁菌门和拟杆菌门构成肠道微生物主要成分，占 98%以上。虽然肠道菌群在门水平上的多样性远远低于其他环境，但在种及种以下水平的多样性极高。

对不同年龄人群个体粪便微生物组研究显示，新生儿个体间粪便细菌谱变化更大，3 岁后趋同于成人肠道微生物组并保持稳定。不同个体粪便微生物组功能基因比较提示，每个个体含有各自独特的肠道微生物，而且这些特征微生物 DNA 像指纹一样非常稳定，可以根据个体肠道微生物 DNA 的遗传特征进行个体身份鉴别。健康个体肠道菌群 5 年中约有 60%菌株保持稳定，推测肠道中大多数菌群种类的稳定性可维持几十年。肠道微生物可长期保持稳定，在疾病状态下肠道微生物的特殊改变可能与疾病相关。

肠道微生物组可分为 3 类，一类是与宿主共生的生理性细菌，为有益的专性厌氧菌，是肠道的优势菌群，占到 99.0% ~ 99.9%，如双歧杆菌、拟杆菌、乳杆菌、优杆菌

(*Eubacterium*）和消化球菌等，是肠道微生物组的主要组成；另一类是与宿主共栖的条件致病菌，以兼性需氧菌为主，为肠道的非优势菌群，如肠球菌（*Enterococcus*）和肠杆菌(*Enterobacter*)，在肠道微生态平衡时无害，在特定条件下具有侵袭性而对人体有害；第三类是病原菌，生态平衡时这些菌数量少而不会致病，但如数量超出正常水平则可引起疾病，特别是在菌群失调的情况下，其有害或致病作用更为明显。在正常状态下，肠道细菌维持着菌群稳定，有益细菌抑制有害细菌的生长和繁殖，维持肠道菌群的稳态。

三、人体微生物组研究的意义

1. 揭示微生物组在健康人体中的生理功能

（1）肠道微生物组的生理功能　肠道微生物组是保护宿主健康的一道屏障，在维持人体肠道正常生理功能中发挥重要作用，具有辅助人体营养、代谢、生长、免疫和防御等功能。

①正常菌群在人体某一特定部位黏附、定植和繁殖，形成一层菌膜屏障，通过拮抗作用，抑制并排斥病原菌的入侵和群集，调整人体与微生物之间的平衡状态。乳杆菌能够产生乳酸，降低肠道的 pH，提供不利于病原菌生长的环境，在厌氧条件下产生过氧化氢，从而阻止病原菌黏附于肠道黏膜，并抑制病原菌的活性。例如，肠道乳杆菌黏附于肠上皮细胞，抑制病原菌沙门菌和大肠杆菌的生长，减少内毒素吸收。

②肠道益生菌可直接作用于宿主的免疫系统，诱发肠道免疫。活化肠黏膜内相关淋巴组织，使分泌型免疫球蛋白 A（SIgA）生物合成增加，提高消化道黏膜免疫功能。肠道益生菌能够活化巨噬细胞或淋巴细胞，产生细胞因子，从而促进免疫细胞的增殖、分化或增强免疫反应。

③肠道益生菌能抑制肿瘤生长因子表达。干酪乳杆菌可抑制表皮生长因子受体(ErbB2、ErbB3）的表达。由于 ErbB2 和 ErbB3 是肿瘤生长必需的因子之一，因而干酪乳杆菌具有抗肿瘤作用。乳酸菌通过其细胞壁中胞壁酰二肽、脂磷壁酸来激活免疫系统中的巨噬细胞、NK 细胞及 B 细胞等免疫效应细胞，使之分泌具有杀瘤活性的细胞毒性效应分子，如 IL-1、IL-6、TNF-α、一氧化氮以及多种抗体，从而发挥其抗肿瘤作用。

④益生菌代谢产生的酸可促进肠道内维生素 D、钙和铁离子的吸收，合成多种维生素，如硫胺素、核黄素、烟酸、吡哆醇、泛酸、叶酸和维生素 B_{12} 等。

⑤肠道微生物组还有抗衰老、降低高血压、降低血脂等功能。

（2）皮肤微生物组的生理功能　皮肤正常栖息菌群可通过产生自由脂肪酸而降低皮肤的 pH，如痤疮丙酸杆菌（*Propionibacterium acnes*）可使皮肤阻止金黄色葡萄球菌和化脓性链球菌（*Streptococcus pyogenes*）等病原菌的进入，而对凝固酶阴性的葡萄球菌和棒状杆菌的影响较小。很多表皮葡萄球菌（*Staphylococcus epidermidis*）菌株能够产生抗微生物肽，限制其他皮肤微生物的生长。如绿脓杆菌是一种普遍的皮肤菌群，已知产生多种抗微生物肽例如莫匹罗星（Mupirocin）。该抗菌肽局部使用，可作为抗 G^+ 细菌的因子，抑制包括甲氧西林（Methicillin）抗性的金黄色葡萄球菌生长繁殖。有证据表明存在皮肤共生体，如表皮葡萄球菌可帮助启动免疫系统，提高机体内在免疫力。

（3）阴道微生物组的生理功能　健康妇女阴道内的优势菌群通过定植抗力、生物拮抗、分解阴道上皮细胞糖原产生乳酸来维持阴道酸性环境，分泌过氧化氢、细菌素、类细菌素和生物表面活性剂及刺激机体的免疫防御作用来抑制其他菌和致病菌的生长，维持阴道“自净”作用。

2. 深入揭示人体微生物组与人类疾病的关系

（1）肠道微生物组与人体疾病　肠道微生物组中各菌群互相制约、互相依存，一旦机体内外环境发生变化，引起菌群失调，可导致人体疾病的发生和发展。

①肠道微生物组与肥胖：小鼠和鲤鱼的研究结果显示，肥胖个体比瘦弱个体厚壁菌门的相对含量升高，而拟杆菌门的相对含量下降，与在人体中的研究结果一致。肠道细菌促进肥胖的机制包括酵解饮食中的多糖物质，促进肠道中单糖和短链脂肪酸的吸收，将其在肝脏中转化为复杂的脂质，并促进脂质在脂肪细胞中沉积。此外，肠道微生物参与人体肝肠循环并发挥重要作用，其改变影响人体内胆汁酸的含量。

②肠道微生物组改变与肠道慢性感染性疾病：肠易激综合征（Irritable Bowel Syndrome，IBS）是常见的消化系统疾病之一，以慢性或复发性腹痛、腹泻、排便习惯和大便性状异常为主要症状，而没有胃肠道结构或生化检验指标异常，主要发病机制与低位肠黏膜炎症、肠屏障功能损伤或脏器敏感性改变等有关。研究发现，IBS患者肠道微生物组成及含量与正常人相比发生较大变化，主要表现在微生物多样性减少，硬壁菌门含量增加，同时拟杆菌门含量下降，两者的比值约是健康对照的1~2倍。肠道微生物组成改变可能是该疾病累积改变的起始因素，促进病原体与肠道壁的黏附作用，从而在IBS相关的低位肠道炎症中发挥作用。

③肠道微生物组与过敏：对过敏患者肠道菌群的研究发现，肠道拟杆菌含量较无过敏者明显升高，并且婴儿期肠道微生物组的组成与学龄期过敏发生密切相关。抗生素的使用会打破肠道微生物组的自然平衡，造成肠道天然菌群中的白色念珠菌种群爆发。这种酵母菌能产生化学物质调节免疫应答，使免疫系统过分敏感而产生过敏。补充益生菌可以预防和治疗这类过敏性疾病。

④肠道微生物组与早产儿坏死性小肠结肠炎：早产儿往往出生后即被送往新生儿病房治疗，周围环境中的条件致病菌取代正常的肠道菌群定植肠道，造成肠道微环境紊乱。早产儿肠道中常以肠杆菌、肠球菌、梭菌、葡萄球菌等致病菌定植为主，而足月儿肠道中以双歧杆菌、乳酸杆菌等益生菌定植为主。早产儿存在异常定植细菌，缺乏正常肠道菌群定植或定植时间较晚，因而更容易发生新生儿坏死性小肠结肠炎。

（2）呼吸道微生物组与人体疾病　人体在健康和疾病状态下呼吸道菌群的种类和数量存在明显差异，呼吸道微生物组与哮喘、肺囊性纤维化（Cystic Fibrosis，CF）、慢性阻塞性肺部疾病（Chronic Obstructive Pulmonary Disease，COPD）、肺炎以及肺癌等多种疾病有关。

①哮喘：流行病学调查显示，哮喘的发病率与早期微生物接触史息息相关。正常人体和哮喘患者呼吸道微生物组成存在明显的差异。和正常人体相比，哮喘患者的呼吸道变形菌纲，特别是其中的条件致病菌——嗜血菌属、莫拉菌属（*Moraxella*）和奈瑟球菌属明显增加，而拟杆菌门，特别是其中的普雷沃菌属明显减少。哮喘患者的呼吸道中细菌种类和数量均明显高于正常对照组。此外，呼吸道病毒感染是引起哮喘等肺部疾病恶化的首要原因。

②肺囊性纤维化：CF是一种先天性疾病，属于常染色体隐性遗传性疾病。由于外分

泌腺的病变导致呼吸道支气管中的黏液增加，造成支气管反复阻塞，继发支气管和肺部的反复细菌感染，最终导致肺 CF 以及肺功能受损。和 CF 肺部感染相关的细菌主要有四种，分别是金黄色葡萄球菌、铜绿假单胞菌、流感嗜血菌和洋葱伯克霍尔德菌（*Burkholderia cepacia*）。CF 患者由于肺功能的降低，表现出随年龄增长呼吸道微生物种类和数量下降的趋势。在疾病加重和稳定情况下，CF 患者呼吸道的主要细菌分别是假单胞菌属和链球菌属种类。采用多种方式调节 CF 患者呼吸道的微生物群落，达到控制疾病发展，改善患者生活质量的目的，值得大胆尝试和更加深入的研究。

③慢性阻塞性肺部疾病：COPD 是呼吸道和肺部的一种慢性进行性疾病，主要表现为慢性支气管炎和肺气肿。传统的微生物培养方法证实约一半 COPD 患者病情加重主要与肺炎链球菌、流感嗜血菌和黏膜炎莫拉菌（*Moraxella catarrhalis*）等致病菌感染相关。微生物组研究显示，COPD 患者呼吸道微生物种类明显高于正常对照组，所有样本中放线菌纲（Actinobacteria）所占比例最大，其次是硬壁菌门、变形菌纲、硝化螺菌属（*Nitrospira*）和拟杆菌门。另有研究发现，COPD 患者呼吸道中的主要菌群种类为链球菌属、普雷沃杆菌属、莫拉菌属、嗜血菌属、不动杆菌属、梭杆菌属（*Fusobacterium*）和奈瑟球菌属。重度 COPD 患者呼吸道中微生物种类少于轻度患者和正常对照组。COPD 患者呼吸道微生物组成与正常人存在明显差异，为 COPD 的预防和治疗提供新的研究方向。

（3）口腔微生物组与疾病

①口腔微生物组与全身系统性疾病：动脉粥样硬化是常见的心血管疾病之一。动脉粥样硬化斑块含有大量的链球菌和韦荣菌，几乎所有的动脉硬化粥样斑块中均可检出牙龈卟啉单胞菌和华丽单胞菌属（*Chryseomonas*）细菌。此外，具核梭杆菌、福赛斯坦纳菌（*Tannerella forsythensis*）的检出率也高于 50%，梭杆菌、链球菌和奈瑟菌的分布水平与该疾病的危险信号如血浆胆固醇的水平相关。罹患局限性肠炎（克罗恩病）的儿童患者，其舌部微生物的多样性较健康儿童低。流产妇女子宫内可发现来自口腔的具核梭杆菌。此外，口腔微生物还可能参与了肥胖的发生过程。口腔菌群的改变导致肠道微生物失衡，从而可能诱发炎症性肠病。

②口腔微生物组与龋病：龋病是最常见的口腔疾病之一。微生物组研究发现，龋病患者龈上菌斑的优势菌群并非传统上认为的变异链球菌，而是包括韦荣球菌属、棒状杆菌属、纤毛菌属、丙酸菌属以及阿托波菌（*Atopobium* spp.）等在内的其他 10 余属细菌。同时，典型厌氧类群如梭杆菌、拟杆菌和普雷沃菌等也常出现在龋病样本中。另有研究发现，链球菌属、韦荣球菌属、放线菌属、颗粒链菌属（*Granulicatella*）、纤毛菌属和硫单胞菌属（*Thiomonas*）等与龋病发病有着密切关系。微生物组的研究结果强力支持了龋病发生的生态失衡学说。高龋组个体唾液的微生物类群高于无龋组，龋活跃的人群和健康人群携带不同的普雷沃菌。

③牙周病人群的口腔微生物组：已在牙周炎发生部位检出超过 400 种细菌，在牙周位点占据优势地位的是革兰染色阳性菌而非革兰染色阴性菌。除牙龈卟啉单胞菌、齿垢密螺旋体（*Treponema denticola*）和福赛斯坦纳菌外，其他多种细菌均被认为与牙周炎的发生密切相关，例如拟杆菌、牙髓卟啉单胞菌、栖牙普雷沃菌（*Prevotella denticola*）、微小消化链球菌（*Peptostreptococcus micros*）、龈沟产线菌（*Filifactor alocis*）和脱硫球茎菌（*Desulfobulbus* spp.）等。在顽固性牙周炎和严重牙周炎患者的口腔中，微小消化链球菌、

纤细弯曲菌（*Campylobacter gracilis*）、缠结优杆菌（*Eubacterium nodatum*）和反刍兽新月形单胞菌（*Selenomonas ruminantium*）以及某些新种明显较健康人增加。

④微生物组与根尖周感染：根尖周炎是发生于牙体根尖周组织的感染性疾病，该疾病的发生是根管内细菌以群体的方式与宿主相互作用的结果。传统的培养方法提示，根管感染是一种多细菌感染，在原发性感染和再感染根管中，微生物的多样性存在着差异。微生物组研究发现，感染根管内的微生物谱具有个体差异性，不同个体感染根管内的微生物群落并不完全一致，具有部位差异性。即便是在同一个体的某一特定感染根管之内，近根尖端与近冠方的微生物组成也不同：前者较后者的微生物多样性更高。微生物群体结构的改变与临床症状更具有相关性。

（4）阴道微生物组与疾病

①细菌性阴道病：细菌性阴道病不是由任何感染性病原细菌引起的，而是特定条件下（例如月经和性交）减少或消除了正常乳酸杆菌，从而引起阴道存在的少数厌氧细菌如阴道加德纳菌（*Gardnerella vaginalis*）的增殖，取代了阴道正常菌群。细菌性阴道病与早产和其他生殖道疾病有关联。另一种最常见的外阴道紊乱是感染念珠菌，最常见的是白色念珠菌。然而，经常患外阴道念珠菌症妇女的阴道微生物组与其他女人似乎没有差异。

②早产：早产为妊娠时间小于 37 周分娩。特别是≤ 32 周分娩的早产，病原微生物感染为主要的引起因素。细菌破坏子宫颈栓屏障，透过完整胎膜进入羊水后被胎儿吞下，然后启动一系列的免疫学事件，最终会引起子宫肌肉收缩从而引起早产。阴道微生物组改变，如细菌种群不是被乳酸杆菌占优势，提高了感染引起的早产的风险。

3. 深化了对癌症、艾滋病和糖尿病等重大疾病的认识

（1）人体微生物组与肿瘤　大量研究发现，微生物与肿瘤的不同发展阶段也存在着潜在联系。人体所携带的微生物基因不同、所表达的微生物组成不同以及微生物与人体之间的相互作用不同，都将影响人体对疾病的耐受力。由此，肿瘤的发生除了与宿主本身基因缺陷有关以外，微生物组也可能产生了极为重要的作用。大约 20% 的肿瘤病因与微生物感染直接关联。人体微生物组可能在促癌、诱癌中发挥调节作用，也可能是肿瘤的真正病因。

①肿瘤相关微生物的分类：很多微生物（细菌、真菌、病毒及寄生虫）被认为与肿瘤的发生发展密切相关。将肿瘤相关性微生物划分为 3 类：A 类微生物以宿主固有免疫细胞为攻击对象，引起机体免疫失调或免疫抑制，为其他微生物诱癌促癌创造条件，如人类 1 型嗜 T 淋巴细胞病毒能促发成人 T 细胞白血病或淋巴瘤，而 HIV 通过造成机体免疫缺陷来促进淋巴瘤以及 8 型人类乳头状瘤病毒诱发的卡波西肉瘤的发生；B 类微生物通过与实体组织细胞，如上皮细胞、内皮细胞或间叶细胞之间相互作用，引发组织异常增生，进而诱导恶性肿瘤的发生，如 C 型肝炎病毒能够促进淋巴组织增生而诱发血液系统恶性肿瘤，幽门螺杆菌可诱导胃黏膜相关淋巴组织淋巴瘤的发生；C 类微生物可以在机体其他部位或远隔位点产生影响，如胃黏膜中微生物组成的改变将影响食管内的微生物群落和酸性环境的改变进而成为诱发食管癌的潜在致病因素，机体内的雌激素代谢紊乱将会诱导乳腺、卵巢及子宫内膜等部位肿瘤的发生。

②人体微生物组与肿瘤：在人体微生物组与肿瘤的相关性研究中，幽门螺杆菌感染是胃腺癌的最强危险因素，同时也是肝癌、食管癌、结直肠癌等的危险因素。此外，感染伤

寒症后体内长期携带的伤寒杆菌（*Salmonella typhi*）可诱发胆囊癌。聚酮合酶基因阳性的大肠杆菌可诱导结直肠癌的发生，也与乳腺癌、膀胱癌、肾细胞癌等密切相关。口腔具核梭杆菌是结直肠癌、胰腺癌的“罪魁祸首”。牙龈卟啉单胞菌被证实与口腔鳞癌、消化道癌或胰腺癌的发生关系密切。肠杆菌属、拟杆菌属、肠球菌属细菌也是诱发全身多脏器癌症的凶手（表7-7）。

表7-7　微生物组引起的炎症相关肿瘤

微生物	肿瘤类型
芽孢杆菌（*Bacillus* spp.）	膀胱癌
拟杆菌（*Bacteroides* spp.）	结直肠癌
肠杆菌（*Enterobacter* spp.）	实体肿瘤、血癌
肠球菌（*Enterococcus* spp.）	实体肿瘤
大肠杆菌（*Escherichia coli*）	乳腺癌、膀胱癌、结直肠癌、肾细胞癌、急性髓系白血病
具核梭杆菌（*Fusobacterium nucleatum*）	结直肠癌、胰腺癌
幽门螺氏菌（*Helicobacter pylori*）	胃癌、肝癌、宫颈癌、食管癌、结肠癌、淋巴瘤
克雷伯氏菌（*Klebsiella* spp.）	实体肿瘤
牙龈卟啉单胞菌（*Porphyromonas gingivalis*）	口腔癌、胰腺癌
假单胞菌（*Pseudomonas* spp.）	实体肿瘤、血癌

③人体微生物组肿瘤诱导机制

a. 微生物感染与炎性肿瘤：肿瘤的发生是细胞内部与外部之间多重相互作用的结果，而炎症则能够通过诱导基因组突变、异常性组织修复和增生反应等过程来引发肿瘤。其中，感染因素逐渐被认为是诱发炎性肿瘤的主要因素。研究表明，某些细菌可通过引发慢性感染或产生细胞毒素，造成DNA损伤，进而干扰细胞周期，改变细胞生长速度，导致细胞生长失控。免疫系统是抵御肿瘤发生的重要防线。某些细菌感染能够逃离免疫系统，或通过刺激免疫反应造成氧自由基、一氧化氮、4-羟基壬烯醛、基质金属蛋白酶等毒力因子释放的致癌诱变效应促进肿瘤的发生。

b. 微生物对前致癌物质的激活作用：大多数已知的化学致癌物质需要经过一系列代谢反应，与细胞内大分子相互作用，才能对人体产生致癌作用。动物实验证明，乙醇的代谢产物乙醛能产生DNA交联、染色体畸变、细胞异常增生等强烈致畸致癌效应。口腔微生物菌群，如链球菌等革兰染色阳性菌及酵母菌在转化乙醇的过程中也发挥了重要作用。另有研究发现，作为人体共生菌群的奈瑟菌具有高水平的乙醇脱氢酶活性，并可将乙醇转化生成大量的乙醛。此外，微生物的致癌机制还可能涉及亚硝化作用。某些细菌，如脆弱拟杆菌（*Bacteroides fragilis*）可增加异环式芳香胺的诱变，大肠杆菌可催化亚硝酸盐的前体、胺类、酰胺类等生成强致癌物质亚硝基化合物。

c. 微生物对人体细胞信号转导的干扰作用：微生物本身及其代谢产物，包括内毒素、胶原酶、蛋白酶、纤维蛋白溶酶、硫化氢、氨气和脂肪酸等，对宿主细胞均有毒性作用，可以直接诱发细胞癌变，或者间接改变细胞的信号转导通路，促进肿瘤的发生。有研究发现，作为有丝分裂原的多杀巴斯德菌毒素和大肠杆菌细胞毒性坏死因子能够激活 RHO 家族的信号转导，导致环氧化酶-2 的激活，抑制细胞凋亡，参与肿瘤发展的多个阶段。某些细菌还可通过激活有丝分裂原活化激酶 MAPK 通路和细胞周期蛋白 D1 诱导细胞增殖和 DNA 复制，增加基因突变，提高肿瘤的转移率和发病率。同时，病原菌感染引起的胞内累积效应，可以通过调节 Bcl-2 家族蛋白的表达或灭活视网膜母细胞瘤蛋白 pRb 来抑制细胞凋亡，促进癌细胞的转化。近年来研究证实了人体结直肠癌中具核梭杆菌的高检出率，发现具核梭杆菌可结合上皮细胞中的钙黏蛋白，并激活 β 链蛋白转导信号，促进上皮细胞的增殖，征募肿瘤浸润性髓样细胞，进而加速结直肠癌的生长。

（2）人体微生物组与 HIV 感染　HIV 属于逆转录病毒，侵入人体后能破坏人体免疫系统，导致 HIV 感染者体内菌群失调。定植于口腔、胃肠道和生殖道的共生细菌是人类免疫系统的重要组成部分，感染 HIV 后这些部位的微生物组会发生不同程度的改变。

①口腔微生物组与 HIV 感染：口腔往往是 HIV 首先发病的部位。与正常人相比，HIV 阳性者口腔存在更大的微生物多样性，并具有独特的口腔微生物组（如 HIV 感染者牙周炎致病菌更为普遍），暗示 HIV 感染对总细菌定植有显著的影响，引起口腔微生物组的改变，进而引起相关的口腔疾病。

②肠道微生物组与 HIV 感染：肠病是 HIV 感染者的常见疾病，肠道微生物涉及 HIV 感染的炎症发展，微生物组与系统免疫激活具有内在的联系。如果 HIV 感染者本身胃肠道屏障和肠道微生物组组成就有缺陷，胃肠道黏膜的破裂就可能会引起外周血淋巴细胞急性和慢性地暴露于异常的肠道微生物组，导致胃肠道转动增加，微生物产物增加，直接促进全身免疫激活，在 HIV 感染的慢性阶段可能会最终充当推动 HIV 进展的角色。

③生殖道微生物组与 HIV 感染：HIV 感染可改变阴茎的免疫防御机制。HIV 感染可影响阴道微生物组成，患细菌性阴道病妇女的 HIV 异性传播的发生率较高，说明微生物和人类黏膜屏障之间存在相互作用。

（3）人体微生物组与糖尿病　随着人们生活水平的不断提高，生活方式、饮食结构、环境因素的改变以及人口老龄化及肥胖发生率的增加，糖尿病尤其是 2 型糖尿病的发病率逐年上升，而且发病年龄有年轻化趋势。据 2022 年国际糖尿病组织最新数据显示，全球糖尿病患病人数已达 5.50 亿，有超过 750 万人死于糖尿病，且 2 型糖尿病患者占糖尿病患者总数的 90%以上。中国已确诊的糖尿病患者达 1.4 亿人，约占全国人口的 10%。研究已证明糖尿病及其并发症不仅仅与基因、饮食、运动有关，肠道菌群也是一个重要的影响因素。

①肠道菌群与糖尿病：与正常人相比，糖尿病患者肠道内菌群从门水平到种水平均发生了变化，厚壁菌门丰度下降，拟杆菌门丰度上升，厚壁菌门与拟杆菌门的比值降低，且此比值和糖耐量成正相关性。厚壁菌门中绝大多数属于梭菌纲，包括球形梭菌亚群和柔嫩梭菌亚群，其中大多数细菌产生丁酸盐菌。丁酸盐是一种抗炎的短链脂肪酸盐，能为肠黏膜提供营养，增强肠黏膜免疫。拟杆菌门主要分为三大类：拟杆菌、普雷沃菌和卟啉单胞菌。拟杆菌参与多糖、类固醇、胆汁酸等代谢，对人体健康有重要影响。但拟杆菌也有致病性，可引起腹部脓肿、伤口感染和菌血症。肠道微生态发生变化，必然会引起炎症因子

诱导机体的免疫系统激活，厚壁菌门减少而拟杆菌门增加则证明糖尿病患者可能处于一种炎症状态，且与 Toll 样受体信号密切相关。

肠道菌群不仅在糖尿病患者中表现为丰度的变化，还参与了糖尿病的代谢、免疫等机制。肥胖、糖尿病等代谢性疾病为慢性的低度炎症性疾病。研究提出了“内毒素血症”可能是导致肥胖和糖尿病发生的重要因素。肠道菌群的改变是糖尿病发生的因素之一。研究发现，糖尿病患者肠道中的肠道杆菌不断增加，但双歧杆菌以及拟杆菌的数量在不断减少，其肠道菌群存在失调的现象。通过调节肠道菌群组成，有望预防糖尿病发生及改善预后。肠道细菌中的革兰染色阴性细菌细胞壁的脂多糖（Lipopolysaccharide，LPS）成分具有内毒素的作用，能激活机体的免疫反应，通过外源注射 LPS 及给予抗生素处理等干预措施均证明了 LPS 进入血液引起了内毒素血症。给予抗生素后，随着肠道菌群结构的变化，内毒素水平下降，炎症反应好转。

②肠道菌群与糖尿病并发症：糖类、脂质及蛋白质三大营养物质代谢发生障碍及高血压是糖尿病并发症发生的必要因素。大量研究表明，肠道菌群参与了三大代谢。益生菌嗜酸乳杆菌和干酪乳杆菌能够有效延缓糖尿病大鼠糖耐量不良、高血糖、高胰岛素血症、血脂异常和氧化应激等的发生，降低糖尿病并发症发生的风险。另外，研究还发现肠道细菌中某些梭菌能产生神经毒素，细菌的过度生长导致肠功能紊乱，神经毒素进入血液对神经系统产生损伤作用。在临床上益生菌已经被应用于一些药物和手术无法治愈的糖尿病并发症晚期患者（如血液透析患者），旨在提高患者的生活质量。

4. 深化了微生物组对人体自身免疫调节的认识

肠道是人体最大的免疫器官，它由造血细胞（巨噬细胞、树突细胞和 T 细胞）和非造血细胞（上皮细胞、帕内特细胞和杯状细胞）组成。同时，肠道内还栖息着上亿万的微生物，这些微生物群与宿主免疫系统共同维持内环境稳态。肠道微生物对炎性反应（包括自身免疫疾病、过敏症等）的发展有着重要的影响。肠道微生物对宿主免疫系统的成熟有直接的影响，它对免疫球蛋白 A（immunoglobulin A，IgA）的诱导、$CD4^+$T 细胞包括 Th1、Th17 和调节性 T 细胞（$CD4^+$、$CD25^+$、$Foxp3^+$）的调节以及抗菌肽（Antimicrobial Peptides，AMPs）的表达有重要作用，菌群产生的许多分子可能影响这些免疫反应。同时，大量的基础和临床研究已经证明调控肠道微生物是一种高效治疗和控制疾病的方法。如果这些机制被完全弄清楚，就可以通过益生菌/益生元调控肠道微生物来达到治疗疾病的目的。

（1）肠道微生物诱导调节性 T 细胞　$CD4^+$T 细胞在非病原共生微生物菌群存在时，对维持肠道免疫内环境的稳态十分重要。只有肠道中存在复杂微生物菌群时，才会产生比较多的 Th1 和 Th17 调节性 T 细胞，在无菌小鼠中这 2 个调节性 T 细胞的含量非常少。单个细菌群也可诱导调节性 T 细胞反应，例如分节丝状菌（*Segmented filamentous*）可以诱导 Th17 细胞反应。$Foxp3^+$调节性 T 细胞也稳定存在于肠道黏膜和肠道相关的淋巴组织，它对于肠道炎性反应非常重要。黏膜调节性 T 细胞可以由维 A 酸诱导特定的轴突细胞不断产生。肠道内的梭状芽孢杆菌是诱导黏膜免疫系统和全身免疫系统的重要因子。微生物在肠道内定植后，对于肠道免疫内环境稳态的维持，肠道调节性 T 细胞的共生诱导是一个重要的机制，它为一系列免疫反应的建立奠定了基础。

（2）肠道微生物诱导 IgA 蛋白　IgA 是一种抗体，它在黏膜免疫中起着重要作用，在黏膜内产生的 IgA 比其他类型的抗体多很多，每天有 3~5g 的 IgA 被分泌到肠腔，占人体产生的全部免疫球蛋白的 15%。IgA 异常会引起许多免疫方面较难治愈的疾病，例如 IgA 肾病、脂泻病、过敏性紫癜、线状 IgA 大疱性皮肤病、IgA 天疱疮等的发生。研究表明，黏膜对于共生微生物有高度的适应性，存在共生微生物时，整个肠道黏膜分泌 IgA 大于人体总分泌免疫蛋白的 70%。虽然共生微生物和它的代谢产物可以诱导 B 细胞和 T 细胞，但是它们不会诱发产生病原体感染的特性（嗜中性粒细胞的渗入和典型的炎性反应）。研究证明，益生元（低聚糖）可以改变肠道共生微生物的组成，粪便中 IgA 的增加与肠道共生微生物密切相关，表明肠道微生物参与调控 IgA，为 IgA 相关疾病的治疗指明了新思路。

（3）肠道微生物对免疫抗菌肽表达的影响　抗菌肽是带正电的多肽，可以通过破坏细胞膜的完整性而杀死微生物。在哺乳动物，上皮细胞在稳定状态下及免疫细胞在有炎性反应时都会表达抗菌肽。除了抗菌作用以外，抗菌肽在免疫方面还具有促/抗炎性反应的作用。据报道，抗菌肽对于自身免疫疾病（系统性红斑狼疮、血管炎、牛皮癣等）具有重要作用。正常小鼠和非肥胖型糖尿病小鼠注入抗菌肽的研究发现，肠道微生物通过控制短链脂肪酸的合成来控制小鼠胰腺分泌细胞生产抗菌肽；通过诱导调节性 T 细胞，抗菌肽可以对胰腺巨噬细胞和常见的树突细胞维持免疫内环境稳态、进行积极的免疫调控作用。有报道证明在有感染的情况下，抗菌肽首先利用天然免疫细胞进行防御，然后依靠这些细胞的活力避免免疫病理的组织损害。内分泌细胞生产抗菌肽须依靠短链不饱和脂肪酸和它们的相关受体 GPR41 和 GPR43。这些受体由 β 细胞表达。肠道微生物凭借短链脂肪酸在胰腺中形成免疫环境来调控自身免疫性疾病。由于肠道微生物可以调整结肠上皮与肠道免疫系统之间的关系，所以它对各种自身免疫性疾病（例如Ⅰ型糖尿病）可以发挥作用。

（4）微生物组和机体抗癌免疫监视之间的关联　微生物会影响结肠癌患者机体的免疫细胞，例如具核梭杆菌会产生一种特殊蛋白参与到 T 细胞和自然杀伤细胞免疫受体的作用之中，从而阻断免疫细胞对肿瘤细胞的毒性效应。大量证据显示，微生物组会以多种方式来影响机体的抗癌免疫监视机制。微生物和肿瘤抗原塑形 T 细胞之间的交联反应，微生物的代谢产物刺激产生的模式识别受体或可影响机体免疫反应的类型和强度。理解微生物组如何影响机体天然的癌症免疫监视机制以及疗法诱导的免疫反应，对于后期开发新型高效的抗癌疗法及预防措施将提供新的思路和依据。

5. 深化了肠道微生物组对大脑和行为影响的认识

肠道菌群不仅能调节肠道，还能影响大脑活动甚至行为。肠道菌群和宿主相互作用，并通过肠-脑轴影响动物行为。微生物-肠道-脑轴的改变与压力相关疾病（如抑郁症和焦虑症）和神经系统发育障碍（如孤独症）有关。慢性肠道疾病、肠道微生物和精神疾病三者之间能够相互影响。最近的研究表明，帕金森综合征、孤独症、精神分裂症等多种神经精神疾病病人的肠道微生物组与正常人表现出明显差异。微生物组研究将为揭示神经精神疾病发生的机制和治疗产生重要影响。

（1）肠道菌群对行为的影响　给无特定病原菌（Specific Pathogen Free，SPF）小鼠口服非吸收性抗生素（新霉素、杆菌肽和纳他霉素）混合物并检测肠道微生物的组成，发现乳酸杆菌和放线菌比例增加，而 γ-变形杆菌和拟杆菌数量减少；与对照小鼠相比，服用抗生素的小鼠表现为探索行为增加和焦虑行为减少；无菌小鼠口服抗菌药物，其行为并无变化，但给无菌小鼠定植 SPF 小鼠的肠道菌群时，其行为却发生明显改变；胆怯的无菌小鼠能够通过定植具有探索精神小鼠的肠道菌群而变得勇敢。

（2）肠道菌群对神经系统的影响

①影响血脑屏障通透性：血脑屏障是由毛细血管内皮细胞、周皮细胞和星形胶质细胞构成的复杂结构，能有效阻止有害物质由血液进入脑组织，从而维持大脑内环境的相对稳定。某些肠道微生物的缺乏会使血脑屏障的通透性增加，导致正常情况下不能穿过血脑屏障的物质进入脑实质，并引起神经元形态和数量的变化。

②影响成年后海马神经发生：动物成年后在其中枢神经系统内仍有神经发生，成年神经发生的主要区域是海马齿状回的颗粒下层和脑室下区的侧脑室外侧壁。目前认为成年后的海马神经发生参与记忆的形成，尤其对癫痫和神经退行性疾病的认识和治疗具有重要意义。海马功能上沿其纵轴分为背侧和腹侧两区，背侧海马对空间学习和记忆起主要作用，而腹侧海马则优先调节焦虑和应激反应。相比成年 SPF 小鼠，成年无菌小鼠的大脑特定区域能长出更多的神经元，由此推测肠道中某些正常的菌群能够抑制成年后海马神经发生。在不影响健康的前提下，减少肠道中这些具有抑制性的菌群，促进海马神经发生，可能会达到增强人类的学习和记忆以及调节焦虑和应激反应的能力。

③影响多发性硬化：多发性硬化是一种影响中枢神经系统的自身免疫性疾病，其炎症反应针对的是神经的保护涂层——髓鞘。调节性 T 细胞（Treg）具有免疫应答低下和免疫抑制特性，防止有害自身免疫反应的主要机制是由 Treg 介导的，Foxp3 特异性表达于 $CD4^{+}CD25^{+}$Treg 细胞，与其抑制功能密切相关。利用多发性硬化动物模型的研究表明，某些肠道微生物能够促进神经炎症的发生。有研究发现，人类多发性硬化与接触微生物有关，肠道微生物同时含有调节免疫应答的促炎和抗炎产物。因此可以假设，某种肠道微生物或其产物未来有一天可以用于治疗人类多发性硬化。

④母亲肠道微生物影响后代神经系统的发育：围产期大脑易受内外环境的影响。流行病学研究表明，常见的神经发育障碍疾病与围产期病原微生物的感染有关。越来越多的研究表明，母亲肠道微生物对后代神经系统发育和行为有重要影响。无菌孕鼠胎儿的血脑屏障通透性比 SPF 孕鼠胎儿的高，表明母亲肠道微生物会影响其胎儿血脑屏障的通透性。另有研究发现，产前焦虑的母鼠阴道中乳酸杆菌数量减少，生产时不能通过阴道把更多乳酸杆菌传递给后代，这会让后代更容易烦躁和焦虑。母亲阴道中的微生物在生产过程中能够迅速从口腔和肛门进入婴儿体内，对其日后的大脑发育和行为意义重大，保持产前身体和心理健康能够避免对后代神经系统发育产生不利影响。

（3）肠道微生物影响大脑和行为的物质基础

①神经递质：血清素（5-羟色胺，5-HT）由色氨酸衍生，90%以上由肠道的内分泌细胞——肠嗜铬细胞（ECs）合成，以脑中含量最高，是重要的神经递质。常用的抗抑郁药如百忧解、左洛夏和西酞普兰等的作用原理就是通过阻止脑细胞重吸收血清素，从而让血清素在大脑中较长时间地保持可以产生生理效应的浓度，以此来抑制人们的抑郁情绪。研究发现，相比 SPF 小鼠，无菌小鼠结肠和粪便中的 5-HT 水平明显降低，且无菌小鼠结肠中色氨酸羟化酶（TPH1）的表达减少。当给无菌小鼠定植来自 SPF 小鼠的芽孢梭菌时，其血清和结肠中的 5-HT 恢复到和 SPF 小鼠相同的水平，并且结肠 TPH1 的表达增加。因此认为，某些肠道微生物通过增加 TPH1 的表达，促进 ECs 中 5-HT 的生物合成，进而改变宿主的生理机能。

②细胞因子：脑源性神经营养因子（Brain-derived Neurotrophic Factor, BDNF）是一种重要的神经元营养因子，对大脑神经元的发育和生存至关重要。抗菌药物会扰乱小鼠肠道菌群，可以导致其行为发生改变。口服抗菌药物的小鼠 BDNF 水平在海马明显高于对照小鼠，而在杏仁核则低于对照小鼠。该结果与观察到的小鼠行为改变一致。

③突触素和 PSD-95 蛋白：突触素是突触囊泡膜上的特异性蛋白质，其在神经内分泌细胞和中央神经系统的大多数神经元中表达。PSD-95 是兴奋性突触后密集区的一种脚手架蛋白，其功能异常与多种神经精神疾病密切相关。研究表明，肠道微生物可以调节纹状体的突触素和 PSD-95 的表达。无菌小鼠纹状体的突触素和 PSD-95 蛋白的表达明显高于 SPF 小鼠，当给无菌小鼠定植 SPF 小鼠的菌群后，其纹状体的突触素和 PSD-95 蛋白的表达减少。

④微生物代谢产物：短链脂肪酸是结肠细菌发酵的主要产物，可调节肠道菌群、维持体液和电解质的平衡以及为宿主提供能量等。咬合蛋白是紧密连接的主要结构蛋白，对于维持血脑屏障的结构和功能具有重要作用。咬合蛋白在无菌小鼠（已知血脑屏障通透性更高）大脑区域的表达明显低于 SPF 小鼠。当给成年无菌小鼠定植单一菌株——梭状芽孢杆菌（主要产丁酸）或多形拟杆菌（*Bacteroides thetaiotaomicron*，主要产乙酸和丙酸）时，额叶皮层和海马咬合蛋白的表达增加，表明肠道微生物的代谢产物能够促进咬合蛋白的表达，进而增强血脑屏障的结构和功能。此外，有研究表明，无菌小鼠的肠道中特定微生物代谢产物（如短链脂肪酸）的浓度升高，可以增加结肠和血液中的 5-HT 浓度。

6. 促进了精准医疗的研究与发展

微生物组是人体不可分割的主要组成部分，是人类重要的“器官”，是与人类长期共进化的生态系统，具有复杂性、稳定性和个体特异性等特点，可产生多种生物活性物质，影响人类的免疫系统、神经系统、内分泌系统，影响疾病发展和临床治疗效果。人类微生物组与人类代谢组和表观基因组的复杂互作影响着复杂疾病包括代谢紊乱、癌症和中枢神经系统疾病状态的易感性和严重性。此外，个体微生物组可调节药物代谢动力学和药效学，导致病人个体之间的药物反应变化。微生物组一直处于精准医疗研究的前沿，对正在兴起的精准医疗产生了重要的影响。

精准医疗（Precision Medicine）是根据个人的遗传图谱指导疾病的预防、诊断和治疗的医学实践。精准医疗以个体化医疗为基础，本质上是通过基因组、蛋白质组等组学技术和医学前沿技术，对于大样本人群与特定疾病类型进行生物标记物的分析与鉴定、验证与应用，从而精确寻找到疾病的原因和治疗的靶点，并对一种疾病不同状态和过程进行精确亚分类，最终实现对于疾病和特定患者进行个性化精准治疗的目的，提高疾病诊治与预防的效益。2011 年在美国提出精准医疗概念，2015 年 1 月发起精准医疗计划（Precision Medicine Initiative），目的是发展特异性的疾病治疗和康复方案。人类微生物组的广泛和深入研究，拓展了精准医疗的内涵，更新了精准医疗的理念，导向精准医疗朝着更廉价、安全和预防为主的方向发展。

（1）人体微生物组改变药物的动力学性质　肠道微生物的代谢会改变摄入药物的动力学性质，影响药效，特别对低溶解性、低渗透性的药物影响更加明显。药物微生物组数据库（Pharmacomicrobiomics database）已经鉴定 60 多种药物与人体微生物组的互作。实际上，可与人体微生物组互作的药物种类可能更多。人类微生物组的多样性和复杂性，使

“药物-微生物组”互作异常复杂。因而，精确医疗具有巨大的发展潜力。药物代谢在人类细胞和细菌细胞之间不同，前者主要是氧化和结合，后者则是还原和水解。药物代谢实际上是很多治疗的关键组成部分。前药（Prodrug）泛指一类体外活性较小或无活性，在体内经酶或非酶作用，释放出活性物质而发挥药理作用的化合物。从前药产生活性物质的代谢作用有时候依靠人体内的微生物组。不同菌群的代谢释放出不同的物质，可能产生药理和病理作用的不同后果。

精确医疗需要考虑人体微生物组对药物代谢的不同影响，不同人群使用不同剂量也是精确医疗的重要方面。测定感染部位分离到的微生物群落的组成和对抗生素的敏感性，有助于选择合适的抗生素种类及其适宜的剂量。例如，制定糖尿病足感染（Diabetic foot infection，DFI）的治疗方案。DFI 是一种主要的血管、神经元和涉及微生物的糖尿病。建立 DFI 微生物学、病程长短、引起疾病发展的风险因子和抗生素治疗历史间的关系，将对评价和管理 DFI 发挥巨大作用。

微生物代谢也能直接改变药物的效力和副作用。例如，对乙酰氨基酚（扑热息痛）的毒性在特定人群表现不同，归结为微生物组的影响。一些芽孢梭菌和其他细菌可产生对甲苯酚，作为底物与对乙酰氨基酚竞争磺基转移酶家族 1A 成员 1（SULT1A1，一种人类肝脏酶）。SULT1A1 还原乙酰氨基酚和对甲苯酚，引起 *N*-乙酰-对苯醌亚胺（N-acetyl-p-benzoquinone imine，NAPQI）积累，导致肝中毒。细菌代谢产物和药物之间普遍存在的竞争人类酶的作用为药理学带来了挑战。人体菌群也会直接产生有害物质。例如，一些肠道菌群的 β-葡萄糖醛酸苷酶作用于抗癌药物喜树碱衍生物的代谢产物，可引起人体腹泻。此外，在一些情况下，细菌菌株水平的差异会导致代谢改变。例如，肠道内迟缓埃格特菌（*Eggerthella lenta*）的一些厌氧菌株会钝化地高辛，降低疗效，而错误地加大剂量会导致产生人体严重毒性。肠道菌群调节药物代谢的另一个例子是几种肠道微生物作用于大豆来源的植物雌激素。这些微生物可产生活性代谢产物而提高雌激素的效力。然而，肠道菌群的细胞色素 P 酶又能使雌激素羟基化，从而降低其毒性。

（2）药物使用改变人体的微生物组　药物-微生物组互作还可能存在交互作用：微生物组可改变药物，药物也可改变微生物组。抗生素及其他抗菌药物治疗用于除去病原细菌，也对人体微生物组产生广泛影响，可能引起对人体不利的后果。抗生素治疗会引起二次感染，例如抗生素治疗降低了人体肠道菌群的多样性，打破了正常的微生态平衡，会造成抗生素抗性较强的艰难梭菌（*Clostridium difficile*）增殖，引起腹泻、大肠炎甚至死亡的发生。此外，肠道微生物种群结构改变可能通过降低或增强药物的药效而影响人体对药物的反应。例如，使用阿莫西林/克拉维酸会减少肠道内的一些正常菌群的数量，导致微生物产生的维生素 K 的减少，结果引起华法林（抗凝血剂）的毒性增加。

使用抗生药物会改变人体微生物的群落结构，为精准医疗提出了更大的挑战。一种策略是通过设计微生物特异性的酶抑制剂或其他抗菌分子，开发病原菌特异的抗生素。例如，基于特异性靶定肽结构域与广谱抗菌肽结构域融合，开发出了专一性靶定变形链球菌（*Streptococcus mutans*）的药物。另外一个策略是靶定特异性酶但不杀死细菌。肠道中的某些细菌能够将动物脂肪中的胆碱成分转化成三甲基胺（TMA），TMA 最终在肝脏代谢为三甲基胺氧化物（TMAO）。作为动物脂肪在人体的消化副产品，TMAO 是导致动脉粥样硬化和心脏病发生的重要危险因素。3,3-二甲基-1-丁醇（DMB，一种胆碱的结构类似物）能够抑制细菌形成TMA，最终缓解高胆碱饮食小鼠模型的动脉粥样硬化。这项技术有望阻止或者延迟由饮食引起的心脏病，也为将来治疗动脉粥样硬化、糖尿病等代谢性疾病提供新方法。

（3）微生物组作为疾病诊断和治疗的生物标记　生物标记是在疾病早期检测、分类、预诊、预测治疗反应和制定疾病治疗方案使用的分子实体。微生物组具有个体特异性，身体特定部位的选择性压力不同，以及对群落演替、扩散和部位微生物趋异的优先影响，造成人体微生物群落和微生物基因组组成的稳定生物地理模式。菌群结构和功能的部位特异性特征可作为某些疾病，如慢性牙周炎、龋齿、特应性皮炎和克罗恩病等诊断的早期标记。将微生物组谱用作生物标记，可用来预防、早期检测和诊断主要疾病感染，治疗并发症。这些生物标记可用以鉴定炎症相关的风险人群，以及监测膳食、益生菌、抗生素或其他预防性干预的反应。特定和敏感的分子标记可制定最适个体化管理策略，利于主动监护、期待管理和手术或其他干预。分子标记还可有助于制定新的诊疗方案，降低过度医疗、不足医疗和错误医疗。理解了口腔微生物组在慢性口腔疾病早期的变化，将允许医生在牙齿或牙周袋损伤出现之前诊断和治疗不健康的口腔。

（4）益生菌治疗　由于消化道、泌尿生殖道、皮肤等菌群失调引起的疾病，如炎症性肠道疾病、乳糜泻和食物过敏症、螺杆菌（*Helicobacter*）相关的胃炎和胃癌等，可潜在通过维持或恢复微生物组的健康状态而精确治疗或开发个性化药物，包括使用益生菌（Probiotics）和益生元（Prebiotics）、改变饮食习惯、采用粪便移植方法和接种疫苗等策略。

益生菌又称微生态调节剂，为对儿童、老人或使用抗生素菌群失调的人群有益的活细菌。益生菌的有效性与菌种本身的性能密切相关，评价主要基于以下几点：菌株最好是来源于健康人体微生态环境的优势菌株；能够黏附或定植于肠道或生殖道；益生菌的代谢产物通常应具有抑菌活性，能够在数量上补充或调节肠道和生殖道菌群结构，或者具有一定的免疫调节能力。使用益生菌能够促进人体免疫能力，增强肠道、胎盘和心血管功能。膳食补充特定配方的益生菌，通过改善微生物群落降低孕妇炎症反应。在疾病早期使用益生菌或其他生物学抗微生物因子能自然恢复微生态平衡，因此降低抗生素的使用量。牙科研究发现，人体具有较多黄褐二氧化碳嗜纤维菌（*Capnocytophaga ochracea*），则其牙龈卟啉单胞菌的量就较少，不易患牙周疾病。在人体牙龈卟啉单胞菌水平提高时，及时补充黄褐二氧化碳嗜纤维菌益生菌，可在牙周疾病产生前重建健康平衡的微生物群落。

（5）益生元治疗　益生元是指非消化性可溶纤维物质，溶于水后变得黏稠，容易被结肠细菌消化为短链脂肪酸，充当微生物肥料滋养结肠中的微生物（双歧杆菌等）。益生元可通过增加有益细菌的水平或相应地正向改变微生物组的结构或功能而发挥对人体的有益作用。丁酸和丙酸是益生元被肠道细菌消化后产生的主要短链脂肪酸。丁酸影响肠道上皮细胞的增殖、凋亡和分化。丁酸是组蛋白去乙酰酶（HDAC），一种关键的表观遗传调节酶家族的抑制剂，因而潜在影响肠道上皮及其他部位基因的表达。产生丁酸的细菌通过为肠道上皮提供能量和调节宿主细胞反应而在人体结肠发挥重要作用。

（6）粪便移植（Fecal microbial transplantation，FMT）　FMT是将健康人体的粪便注入病人体内以使其恢复“健康菌群”的古老疗法。FMT治疗抗生素抗性的艰难梭菌引起的腹泻、爆发性大肠炎等肠病获得了较好的临床效果。粪便移植后再使用万古霉素治疗，比单纯使用万古霉素治疗效果更好。抗生素治疗失败的一些病人，进行1~2次粪便移植治疗便可痊愈或减弱病情。粪便移植后，病人粪便中的细菌多样性增加，类似于健康人体的粪便。替换或增强宿主菌群的疗法在其他疾病治疗中也显示出有益效果。如操作菌群治疗胰岛素抗性病人也取得了明显成功：小肠移植健康人体的肠道细菌在6周内增加了对胰岛素的敏感性，而对照组无该效果。

（7）病原细菌捕食者治疗　除了主流抗生素和出现的益生技术，可选择的治疗策略还涉及其他抗微生物生物因子，主要包括蛭弧菌和噬菌体疗法。蛭弧菌、噬菌弧菌（*Bacteriovorax*）和吞菌弧菌（*Peredibacter*），统称为蛭弧菌样生物（*Bdellovibrio*-and-like organisms，BALOs），可捕食厌氧革兰染色阴性细菌。因为多数牙周病原菌为厌氧革兰染色阴性细菌，这些BALOs可在治疗牙周感染中发挥显著作用。BALOs仅杀死“坏”微生物组，保留“好”微生物组。BLAOs攻击表面吸附细菌，破坏生物膜，有助于抗生素杀死生物膜内部的病原菌。

噬菌体治疗首先在法国应用，在苏联（特别是格鲁吉亚）的研究和应用开展较多，有效地控制胃肠疾病的暴发。噬菌体治疗的基本原理是很多种细菌，甚至每个菌株（亚种）均被特定的噬菌体所捕食。噬菌体裂解细菌，首先是特异性识别细菌细胞膜蛋白质和糖的复合物，吸附和侵入细菌细胞内部。噬菌体可选择性捕食特定的细菌。模拟噬菌体穿透细菌细胞的机制，可设计纳米颗粒，感染和杀死特定的细胞，未来可能最终控制全部的微生物组。基于健康人体和病人的微生物组群落结构测定结果，配制噬菌体鸡尾酒，使用后有助于恢复特定人类组织的微生物组成，外部使用更加安全。例如，可以局部使用选择性除去皮肤或鼻孔甲氧西林抗性金黄色葡萄球菌（Methicillin-resistant *S. aureus*，MRSA）的噬菌体鸡尾酒。此外，该类衍生产品如溶素（Lysins）可用于清除儿童扁桃体和上呼吸道黏膜上皮的特定病原菌（如酿脓链球菌或肺炎链球菌），预防无抗性的风湿热、肺炎和其他链球菌感染。

（8）饮食调节人类微生物组　膳食模式是健康成年人体微生物组差异的主要驱动者。饮食可以改变人体微生物组的构成和结构。通过饮食在数日内即可轻微改变人体的肠道菌群。例如，移民自非洲的美国人和非洲土著人互变饮食2周，体内的微生物组即发现了显著变化。饮食“非洲化”后，丁酸产生增加了2.5倍，并增加了丁酸产生细菌的丰度，减少了次级胆汁酸的合成。而饮食“西方化”后丁酸产生量减少了50%，并降低了丁酸产生微生物的丰度，增加了尿液胆碱和促炎症细菌沃氏嗜胆菌（*Bilophila wadsworthia*）的丰度。将以动物蛋白为主的饮食方式改变为以植物材料为主，5天后就可检测到肠道微生物组的变化。在微生物组群落稳定的部位，单独改变饮食方式难以有效调整微生物组，需要长期调整饮食模式。

食用更多的高纤维食物如含有较多可溶性纤维的菊粉蔬菜（如菊芋、菊苣、韭葱、洋葱和大蒜等），对维持肠道健康菌群有益。植物性食品中的多酚在初榨橄榄油、葡萄酒、洋葱、大蒜、咖啡、蔬菜和水果中含量比较丰富。多酚具有较高的体外抗氧化性，但体内的生物活性差异较大，受到宿主肠道微生物谱的潜在影响。石榴中的多酚可通过调节肠道微生物组减少肥胖的发生，有减少饲喂高脂肪食物动物相关炎症发生的作用。动物模型研究表明，高脂肪/低纤维食物需要增加胆汁酸来消化。该类食物饲喂的动物肠道内忍受胆汁良好的微生物丰富，肠道菌群通过胆汁酸与法尼醇X受体（FXR）互作，促进 $Fxr^{-/-}$ 老鼠膳食诱导的肥胖和代谢紊乱。食品加工中使用的食品添加剂（如乳化剂和人造甜味剂）可促进肠道生态失衡和代谢疾病发展。乳化剂如大豆和蛋黄卵磷脂等能够乳化和侵蚀胃肠道的保护性黏膜层，增加炎症发生和促进菌群失调。多数无能量的甜味剂不能被人体消化和吸收。研究发现，小鼠饲喂糖精增加了肠道内拟杆菌的丰度，降低了梭菌目正常菌群的丰度，诱导不耐葡萄糖，表明甜味剂非惰性或损害肠道菌群。胆碱和左旋肉碱是大量动物产品存在的成分，对脂肪代谢发挥必要作用。胆碱和左旋肉碱被不同的微生物代谢为三甲基胺氮氧氮芥，已经成为一些肉食消费者发展动脉粥样硬化的一个因素。肥胖会因营养失衡膳食（高脂肪、低纤维、高度加工）而加重，使得病原细菌增生。再结合缺乏摄入最少加工的富含纤维、植物化学物的水果、蔬菜、谷物和自然有益菌群阻止有益微生物生长，会加重肥胖的发生和发展。

（9）体育锻炼影响人体微生物组　有氧体育锻炼会引起肠道微生物组的多样性增加，特别是厚壁菌门微生物的增加，富集丁酸产生微生物种群，引起粪便丁酸浓度的上升。加强体育锻炼能降低促炎症细胞因子和肠道氧化应激，改善炎症性肠病（IBS）症状，降低结肠癌、炎症性肠病（IBD）的发生。体育锻炼还对人体生理学有益，能减少心理紊乱（如抑郁、焦虑等）和肥胖症发生，通过脑源性神经营养因子（BDNF）促进神经发育，改善下丘脑—垂体—肾上腺轴控制。也有研究表明，运动员表现出更高水平的阿克曼属（*Akkermansia*）细菌。该类微生物水平与人类和啮齿动物的代谢紊乱负相关，同时也与不良饮食习惯引起的认知损伤相关联。对顶尖橄榄球运动员的相关研究发现，运动员包括氨基酸合成和碳水化合物代谢在内的几种代谢途径活性更强，短链脂肪酸（SCFAs，包括乙酸、丙酸和丁酸等）的产生量和吸收率更大。

（10）人体微生物组是一个天然“药物分子库”　人体中的细菌可以帮助制造出成千上万种分子，如活性肽药物，包括羊毛硫抗生素（Lantibiotics）、细菌素和硫肽（Thiopeptides）等，因而可以帮助研发治疗人类疾病的靶向药物。例如，女性阴道中的加氏乳杆菌分泌产生的一种新型抗生素——（Lactocillin），是一种硫肽物质，具有较强的抗革兰染色阳性细菌的活性，但对阴道共生乳酸菌无拮抗活性，可用来杀灭阴道中的致病菌。人体微生物组是一个原始的天然“药厂”，可用来生产多种新型药物产品。通过开发新型数据分析软件，从来自人体的细菌鉴别出许多细菌基因簇，调节这些基因簇的表达可以控制人体细菌分泌多种生物活性分子。在人体微生物组中已鉴别出3118个基因簇，其编码蛋白构成了一个巨大的“分子工厂”，可产生特殊的药物分子来帮助治疗人类疾病。除了抗菌药物以外，还可利用人体微生物组开发药物载体或佐剂。例如，遗传改造的鼻部微生物可研发新靶定药物传递系统。又如，戈登链球菌（*Streptococcus gordonii*）可作为抗A族链球菌疫苗的载体。

第三节　病毒生态学

病毒是目前所知的最简单的生命形式，一般是由外壳蛋白和包被在外壳蛋白内的核酸（DNA或RNA）两部分组成。病毒本身缺乏完整的酶系统及能量转化系统，具有细胞外的颗粒体形式和细胞内的基因形式。病毒是地球上最丰富的生物实体，它们广泛分布在多种环境（如海洋、湖泊、土壤等自然环境，以及肠道、呼吸道等宿主环境）中，种类丰富、数量庞大。随着现代分子生物学的发展，病毒及其在环境中的作用逐渐被人们所认知。病毒诱导的细胞裂解间接地促进了环境中有机和无机营养元素的循环，是生物地球化学循环的重要驱动者之一。病毒能够侵染多个宿主，是物种间基因水平转移的重要媒介，它直接推动了微生物物种形成及进化发展，是微生物多样性的关键影响因子。

病毒生态学主要是研究病毒在它的自然环境中的适应能力和在给定的生理环境下影响病毒行为的因素，即它是怎样适应生存，以及采取什么样的适应策略或方式。了解病毒的生态学，有助于我们认识病毒性质的由来及分类学，认识疾病的传播、发生发展，从而才能提出更有效的防治病毒的措施。

一、病毒在自然界的分布及其多样性

国际病毒分类委员会2005年在全球认定了2000种病毒。植物病毒生物多样性和生态学工程已经启动，调查影响700多种维管束植物，包括其内生真菌的病毒多样性。多数已有的病毒信息来自栽培作物，但这些作物只占所有植物的很少一部分。很多这些信息来自有症状的宿主，但只有很少一部分病毒可能导致疾病。此外，很多数据来自单一栽培作物，使多样性降低。因而，数据严重缩水。植物存在病毒似乎是普遍现象，例如哥斯达黎加调查的植物（7000种）约60% ds RNA阳性，表明存在病毒。

通常，深海病毒为约 3×10^6/mL，沿海水约 10^8/mL。假定海洋总体积为 1.3×10^{21} L，而病毒的平均丰度为 3×10^9/L，则海洋水体包含约 4×10^{30} 病毒。因为一个海洋病毒含有约 0.2fg 碳（$1fg = 10^{-15}g$），100nm 长，则海洋病毒可翻译产生 200Mt 碳。如果病毒-病毒首尾相连，则长达约一千万光年。相当于7500万个蓝鲸的碳（约20%质量的碳），约银河系距离的100倍。使得病毒成为世界海洋水体最丰富的生物学实体（第二位为原核生物）。

通常，病毒的丰度随系统的产率而增加。海洋系统深海最低（10^4~10^5/mL），近海水体表面中等（10^5~10^6/mL），海岸环境最高（10^6~10^7/mL）。病毒丰度在入海口或产率很高的湖泊可高达 10^8/mL。在蓝细菌簇的水体环境（不包括沉积物）报道了最大的病毒丰度 9.6×10^8/mL。淡水的丰度一般比海水系统高。美国苏必利尔湖微表层（表层 20μm）比 20m 深处病毒丰度高2~15倍。估计世界海洋存在 3.5×10^{29} 个病毒。淡水沉积物病毒丰度为（0.65~2.9）$\times10^9$/g，而海洋系统为（0.03~11.71）$\times10^9$/g。病毒丰度典型地随沉积物深度增加而降低，深海底病毒的丰度比其上的水体高10~1000倍。沉积物可能也是感染异养生物宿主的远洋噬菌体的储存库。海冰的病毒丰度为 9.0×10^6~1.3×10^8/mL，比附近水体高10~100倍。浮游植物盛期形成的藻絮病毒丰度高达（5.6~8.7）$\times10^{10}$/cm。土壤和根际的总丰度在（0.7~2.7）$\times10^7$/g，最高达 1.5×10^8/g。噬菌体为土壤最多的遗传物质；也有不同的认识：土壤细菌的异质分布导致病毒传播和感染的降低，土壤相对低丰度的病毒似乎支持后者观点。

水体系统病毒-细菌比率（Virus Bacteria Ratio，VBR）可高达100。远洋水体VBR典型为5~10；沉积物有机物质上记录0.01~1.2；湖雪VBR为0.3~8.5，平均为4.7；海冰VBR可高达72；海洋沉积物为0.11~71，表明一些海洋沉积物移去了病毒；湖水和河水沉积物VBR为1~4和0.7~1.2，在缺氧湖泊沉积物的VBR更低。海洋和淡水远洋系统的平均VBR为10和20；土壤的VBR平均为0.04；特拉华州和南极环境VBR变化8000倍，比水体环境高100倍。在特拉华州不同的生态系统中，林地土壤的VBR与水体环境相似，为 10 左右；而农业耕作土壤的值高 100 倍。

近三十年来，随着采样手段的进步，高通量测序技术及生物信息学的飞速发展，人们在海洋、热泉、盐湖、极地等各种自然环境（包括极端环境）中发现了数量巨大、多样性丰富的病毒。除了数量巨大，病毒还表现出极为丰富的多样性。病毒的分离培养依赖于其宿主纯培养的获得，由于绝大多数微生物尚不能培养，因此，已培养的病毒种类可能不到全球病毒种类的 1%。在不多的可培养病毒中，已经发现了多种多样的可反映其进化关系的病毒形态。例如，仅有较少研究的古生菌病毒，就包含了目前所有已知病毒的形态。除了常见的球状、丝状、头尾状等，古生菌病毒还具有瓶状、纺锤状、液滴状、螺旋管状等至今仅见于古生菌病毒的形态。对海洋病毒多样性的认识更多地来自对环境样品的元病毒组学调查。在全球大洋水体样品中发现了 15222 个病毒种群，共 867 个病毒簇（大约相当于属）。而这些数字还没有包括病毒丰度最高的海底沉积物中的病毒。特别值得注意的是，来自环境的病毒元基因组中，多达 60% ~ 99%的序列无法与现有病毒数据匹配。有人估计，地球上病毒的种类可能多达 10^8。

二、病毒与其他生物的关系

1. 寄生

动物病毒、植物病毒、真菌病毒、藻类病毒、噬病毒体等，可引起其宿主致病，产生可以检测的症状，则病毒与其宿主的关系为寄生。另外在慢性感染（子代噬菌体不破坏宿主细胞而释放）、假溶源（噬菌体和宿主达到合适的稳态）中，噬菌体与其原核生物宿主间的关系以及新发现的噬病毒体与辅助病毒间的关系也是寄生。

2. 捕食

烈性噬菌体发生裂解循环，导致其宿主细胞裂解释放大量子代病毒粒子，则烈性噬菌体与其原核生物宿主间的关系是捕食，直接杀死了其宿主。寄生一般引起其寄主病态生长发育，但不杀死其寄主。

3. 竞争

多种病毒感染同一个宿主，则其存在着对资源的竞争关系。如大肠杆菌被 λ-噬菌体和另一种烈性噬菌体同时感染时，则会抑制 λ-噬菌体对宿主的裂解行为。

4. 中性关系

病毒的无症状感染，原噬菌体在特定时期不表现出症状，病毒间不发生直接作用等情况，为中性关系。

5. 偏害互生

噬菌体溶菌酶消除了另一个噬菌体感染宿主的受体，则两种噬菌体间的关系为偏害互生。

6. 偏利互生

噬菌体（病毒）的裂解（破坏）寄主的产物，有利于另一种噬菌体（病毒）在该宿主的其他细胞的寄生生活，则两种噬菌体（病毒）间的关系为偏利互生。

7. 共生

病毒和其他生物的互作关系比较复杂，见表 7-8。

表 7-8　　病毒-宿主间的共生类型

病毒类群	宿主	有益效应	互生类型
多分 DNA 病毒	寄生胡蜂	胡蜂卵生存需要	内共生
逆转录病毒	哺乳动物	涉及胎盘进化	内共生
类逆转录病毒	植物	对抗致病病毒	内共生
疱疹病毒	人体	抑制 HIV 感染	条件互惠共生
	老鼠	对抗细菌感染	
细小病毒	蚜虫	翅发育需要	条件互惠共生
噬菌体	细菌	杀死竞争者开拓新领域	条件互惠共生
		允许侵入哺乳动物宿主	互惠共生
酵母病毒	真菌	抑制竞争者	条件互惠共生
真菌病毒	真菌和植物	赋予真菌内生菌和植物宿主热抗性	互惠共生
植物病毒	植物	赋予抗旱性和抗冷性	条件互惠共生

（1）内共生病毒　内寄生胡蜂病毒是内共生病毒的典型例子。雌性寄生蜂（Parasitoid wasp）产卵到鳞翅目幼虫内部，幼虫特有的免疫系统将正常地隔离卵，形成一个包装结构，阻止卵的发育。但寄生蜂产卵的同时，也释放内寄生多分 DNA 病毒（Polydnavirus）粒子到幼虫体内。该病毒仅表达寄生蜂基因，这些基因的表达抑制包装结构的形成，因而确保寄生蜂卵的发育。否则，病毒包装将隔离和杀死寄生蜂的卵（图 7-7）。

寄生蜂通常是蜂寄生昆虫宿主的病毒的载体。寄生蜂为囊泡病毒（Ascoviruses）和呼肠孤病毒的宿主。囊泡病毒为昆虫 DNA 病毒，与多分 DNA 病毒的亲缘关系较远。呼肠孤病毒为呼吸道肠道病毒，为 RNA 病毒，包括感染植物、真菌、昆虫、鱼类和动物的病毒属。一些这样的病毒与寄生蜂间的关系为互惠共生。美丽姬蜂（*Diadromus pulchellus*）囊泡病毒 4（DpAV4）抑制黑色素（寄生蜂卵包装结构的重要成分）的沉积。当 DpAV4 注射到昆虫宿主，病毒快速复制，在寄生蜂发育之前昆虫死亡。然而在寄生蜂，DpAV4 与美丽姬蜂非包裹呼肠孤病毒 Idnoreovirus 1（DpRV1）联合，可以延迟 DpAV4 的复制，允许昆虫存活时间长，使寄生蜂卵发育。认为该现象为一个额外的 RNA 所介导，该 RNA 包装在 DpRV1 病毒粒子内，不是病毒基因组的部分，而是来自雌性寄生蜂。该系统似乎极端复杂，但在自然界，该互作也许很普遍。然而，该复杂性是研究得比较清楚的病毒涉及的互惠共生机理的一个方面。

囊泡病毒和类囊泡病毒（Ascovirus-like Viruses）通过寄生蜂的产卵行为而散布于鳞翅目幼虫体内，它与寄生蜂的关系比较复杂多样。大部分的囊泡病毒和类囊泡病毒都是致病性的，由雌蜂携带传播。一些囊泡病毒和类囊泡病毒则是互利共生生物，其基因稳定地存在于寄生蜂的细胞核中，世代间垂直传播，通过抑制鳞翅目幼虫的防御机制来促进幼蜂的成功发育。囊泡病毒 DpAV4 则根据所处的寄生体系可以是致病性病毒、互利型或共生非致病性病毒。各种生物学特性显示囊泡病毒与寄生蜂之间的关系取决于寄生蜂控制病毒复制的调节因子。囊泡病毒与寄生蜂的关系类型依赖于它们之间的进化程度。

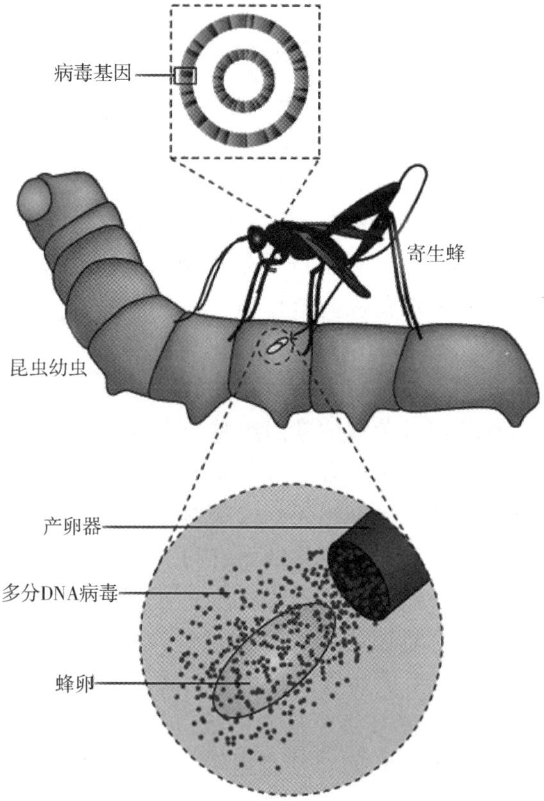

图 7-7　多分 DNA 病毒、胡蜂和鳞翅目昆虫间的关系

（2）内源逆转录病毒　在几乎所有真核生物基因组中都发现完整和片段化的逆转录病毒。人基因组约 8%来自逆转录病毒；如果再包括移动因子，该比例还会大大增加。人类和其他灵长类动物中很多这些逆转录病毒均比较保守，表明该内源化事件发生在很久之前。逆转录病毒要内源化，必须感染生殖细胞。

目前解释内源逆转录病毒存在的假说为：每个病毒代表一个感染-选择事件，内源化来自对不同的致死病毒的免疫，只有具有内源逆转录病毒的个体存活下来。关于这个假说的证据为澳洲考拉的逆转录病毒内源化。澳洲北端大陆的考拉存在着内源化的考拉逆转录病毒（KoRV）。内源化的 KoRV 经过遗传改变，毒性大大降低，很多具有内源化 KoRV 的动物不再患 KoRV 相关的疾病（如淋巴瘤和白血病），对急性外源 KoRV 的感染具有免疫性。澳洲南海岸外袋鼠岛的考拉种群都没有 KoRV。大陆和袋鼠岛的种群已经分割至少 100 年了，则该过程在过去的一个世纪一直在发生。

植物也经历了无数的内源类逆转录病毒（包装 DNA 而不是 RNA）。不同种植物杂交后，有时发生这些病毒从基因组切割下来感染其他植物。番茄内源类逆转录病毒序列（LycePRV）产生小干涉 RNAs（siRNAs），对植物防御病毒重要，认为保护番茄免受外源 LycePRV 和其他相关病毒的感染。LycePRVs 的内源序列高度甲基化，但仍表达，在番茄表达序列标签（Expressed Sequence Tag，EST）文库发现。

逆转录病毒的其他作用包括水平基因转移，可能在外源化和随后的新宿主中内源化过程中发生。在一些例子中，该过程有益，如使宿主获得新的遗传材料。

（3）哺乳动物疾病中的有益病毒　感染 HIV-1 的病人，如果同时感染肝炎病毒 G（人类普遍的非致病性肝炎病毒），AIDS 病程发展的速度将更慢。也有报道感染人类巨细胞病毒抑制 HIV-I 感染，感染肝炎病毒 A 可抑制肝炎病毒 C 的感染。保护病毒干扰了病原病毒的不同功能，包括复制。病毒也可保护对抗非病毒疾病。如在小鼠模型中，亲淋巴病毒的感染保护 I 型糖尿病。潜伏感染鼠犬丙型疱疹病毒或鼠巨细胞病毒保护单核细胞增生李斯特菌（*Listeria monocytogenes*）和鼠疫耶尔森菌（*Yersinia pestis*）的感染。病毒感染激发了宿主的固有免疫系统而发挥免疫调节作用。

（4）病毒作为自然武器　细菌和酵母菌已经进化出通过病毒帮助杀死其竞争者而保护自己的策略。该策略也在几乎其他所有生物中存在。

①噬菌体杀手：很多细菌将噬菌体的基因组整合在其自身基因组中，这些原噬菌体保持潜伏，使细菌免于裂解形式。如果整合的噬菌体基因组从细菌基因组上切割下来，快速复制，产生上千后代，则会导致宿主细胞死亡（裂解循环）。子代噬菌体释放到胞外环境，能杀死无溶源噬菌体的竞争细菌，对溶源化细菌有利。

②酿酒酵母的嗜杀现象：酿酒酵母菌的某些菌株可产生毒素而杀死其他酵母，这种现象称为嗜杀现象。产生毒素的酵母菌嗜杀株细胞内含有 L 型和 M 型类病毒，而酵母敏感株只含有 L 型类病毒，不含 M 型类病毒。L 型类病毒含有 4.5kb 的双链 RNA，称为 L-dsRNA，有 2 个 ORF，编码 L 型和 M 型类病毒的蛋白外壳和复制类病毒 RNA 的 RNA 聚合酶。M 型和 L 型类病毒的蛋白外壳相同，都是由 L-dsRNA 编码。M 型类病毒含有 2 个相同的 1.8kb 双链 RNA，称为 M-dsRNA，编码毒素蛋白，从细胞中分泌出去。L 型酵母嗜杀株可持续产生毒素杀死酵母敏感株，而嗜杀株酵母细胞对毒素有免疫性。酿酒酵母的嗜杀现象首先在酿造行业发现，污染酵母杀死正常酿造菌株。类病毒可在酵母垂直传播，也可通过性接合和融合传播。病毒和宿主的关系依赖于环境，高 pH 下毒素的效率更低，失去有益作用。在宿主生活史的无性二倍体阶段，病毒允许通过杀死其竞争者而入侵新领地，但在有性单倍体阶段，病毒不杀死其竞争者。这对病毒有利，因为它主要通过有性交配传播。

③动物和植物入侵：野生动物通常持续携带大量病毒，与其他相关动物的严重病原体为相同的病毒，可帮助野生动物扫除相关敏感动物种群。这种现象允许入侵新领地或持续保护敏感种群的入侵。在植物，入侵物种会带来病毒，削弱当地竞争物种，对入侵过程有利。

④人类入侵：人类历史充满入侵新领地的例子。最近估计表明，90%美洲土著人口在欧洲入侵 10 年内死亡。除了战争和大屠杀外，很多土著人口为病毒感染所消灭，包括天花、流感甚至普通的感冒（由鼻病毒引起）。土著人口从未碰到这些病毒，没有免疫力。相似的现象是 19 世纪天花病毒大量杀死澳洲原居民。在这些例子中，入侵人口携带的病毒对入侵者有利，拓展了原著人口的新领地。

（5）真菌病毒　在一些植物病原真菌，病毒可充当植物弱化真菌病原性的共生体。研究最透的是由寄生隐丛赤壳菌（*Cryphonectria parasitica*）引起的栗子疫病。当真菌感染疫病低毒力病毒，降低了植物的真菌病原性。也发现了其他植物病原真菌的其他低毒力相关病毒，这些病毒虽然不是其他真菌宿主的互惠共生体，对感染其真菌宿主的植物有利。

近年来研究发现了一个植物-真菌-病毒三维互惠共生复杂体系的例子。在美国黄石公园发现了一种植物稗绒毛二型花（*Dichanthelium lanuginosum*），能生长在高于 50℃ 的土壤中。这种植物在高温土壤生存，需要一种内生真菌突弯孢霉（*Curvularia protuberata*）的定植。这是典型的真菌-植物共生关系，因为真菌纯培养物不能在高温生长。然后，在内生真菌中发现一种病毒（弯孢霉热忍受病毒，CThTV），真菌脱去该病毒则不赋予植物高温生长的特性。如果将该病毒通过融合重新引入脱病毒的真菌，则恢复了植物的耐热性（图 7-8）。该热忍受性的机理涉及植物和/或真菌基因产物的控制。轻微热休克下有和无病毒的真菌的转录组比较暗示，赋予忍受性表型的基因，涉及海藻糖合成（海藻糖已知赋予其他真菌干旱和热忍受性）和黑色素的合成（黑色素与真菌抗逆性忍受相关）。

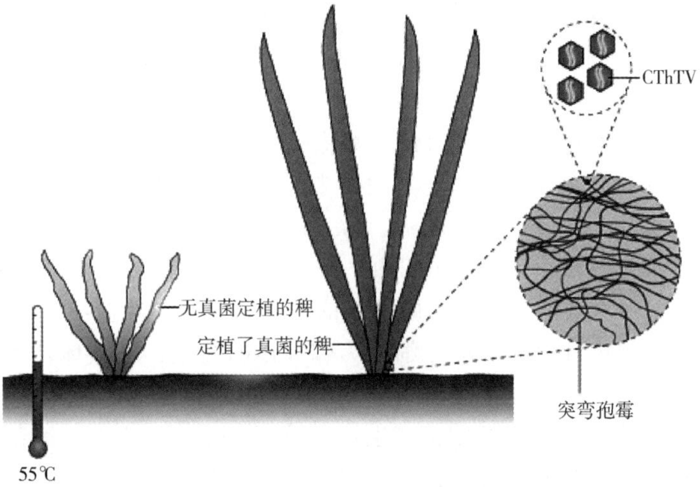

图 7-8　一种植物-真菌-病毒三维互惠共生模式

（6）植物病毒　植物病毒多数引起作物疾病，但一些引起疾病的植物病毒也展示了条件共生，并赋予其宿主干旱或冷冻耐受性。当烟草近缘的野生烟草本塞姆（*Nicotiana benthamiana*）感染 TMV、CMV、BMV（雀麦花叶病毒）或 TRV（烟草脆裂病毒），干旱耐受性比未感染植株更强。类似的情况也见于感染 BMV 的稻谷，感染 TMV 的土豆，以及感染 CMV 的甜菜、黄瓜、辣椒、甜瓜、南瓜、西红柿、苋色藜和多毛番茄（*Solanum habrochaites*）等。此外，甜菜感染 CMV 更耐冷。这些现象的机理不明，但 BMV-感染稻谷和 CMV-感染甜菜的代谢物组学研究表明，病毒感染植株比不感染植株的渗透压调节剂的水平更高。

（7）昆虫和其传播的病毒

①复染色体病毒和昆虫：B 型烟粉虱（*Bemisia tabaci* biotype B）是几种复染色体病毒（植物 DNA 病毒）的宿主，可导致巨大的作物损失。2 种双生病毒——烟草曲颈病毒（TbCSV）和番茄黄化曲叶病毒（TyLCCNV），似乎是 B 型烟粉虱的共生体。B 型烟粉虱取食感染了病毒的烟草植株后，繁殖力和寿命均增加。而土著烟粉虱感染 TbCSV 后繁殖力或寿命没有改变，感染 TyLCCNV 后繁殖力或寿命均降低。2 种病毒使植物成为入侵昆虫

的更好宿主。

②蚊子和病毒：在取食中，蚊子必须尽快吸食血液以免被宿主拍死。埃及伊蚊（*Aedes aegypti*）是很多寄生物的宿主。蚊子取食感染裂谷热病毒的仓鼠，相对于取食不感染病毒的仓鼠，能更快速地定位于血管。推测该病毒具有打破凝血的能力，可更容易发现血管。因而，裂谷热病毒似乎在蚊子生活中发挥有益作用，而提高其自身被蚊子传播的能力。

③果蝇的条件共生：果蝇可为多种病毒感染，多数是共生，一些为病原体。然而，果蝇C病毒（DCV）基于感染果蝇的年龄，为病原体或共生体。在幼龄果蝇，DCV为病原体，感染后降低低龄果蝇的生存，而成年果蝇感染后增加繁殖能力。病毒对果蝇总体的效应是正的。

④蚜虫病毒的条件共生：无性繁殖的蚜虫通常具有有翅和无翅2种形态，无翅形态繁殖力更强，条件好时（如气候温暖、取食植物充足等）允许快速扩大领地。当食物不充分及植物拥塞时，有翅蚜虫更利于扩展新植物。无性系玫瑰苹果蚜虫展示不同的表型：大而浅色的中间型感染了RNA病毒（红苹果蚜病毒，RAAV），小而深色型则感染了DNA病毒（玫瑰苹果蚜浓核症病毒，DplDNV）。病毒以植物做载体水平传播。感染DplDNV的蚜虫可以长翅膀，利于定植新植物，但其后代不都感染病毒，可在老植物快速扩展无翅系。

⑤蚜虫-细菌-噬菌体共生：蚜虫与其内共生细菌具有互惠效应，一些细菌提供蚜虫缺乏的营养支持。互惠共生细菌 *Hamiltonella defensa* 为豌豆蚜虫对抗寄生黄蜂提供了保护，细菌产生一种毒素杀死黄蜂幼虫而保护蚜虫。寄生黄蜂则能在无共生细菌的蚜虫的血腔产卵，最终杀死蚜虫。研究表明，杀死黄蜂幼虫的毒素实际上为共生细菌的噬菌体产生。因而，蚜虫为细菌生活提供舒适的环境，细菌为噬菌体的宿主，噬菌体产生毒素保护蚜虫，形成互利的三维共生体。

（8）噬菌体和毒力　很多病原细菌产生不同的毒性因子，有助于细菌感染其宿主。如白喉毒素利于白喉杆菌（*Corynebacterium diphtheriae*）侵染人类的喉部组织，志贺毒素允许正常肠道细菌大肠杆菌扩散，霍乱毒素转化非致病霍乱弧菌（*Vibrio cholerae*）为致病性的细菌侵染人类肠道。毒素可改变致病菌如脑膜炎奈瑟球菌或肠道沙门菌（*Salmonella enterica*）的抗原性蛋白质，允许这些细菌免受宿主免疫应答等。这些毒素对细菌均有利。实际上，这些毒素因子都不是细菌基因组表达，而是噬菌体基因组表达的，因而产生毒素因子的噬菌体与细菌是互惠共生关系。此外，蓝细菌的噬菌体如S-PM2编码2种蛋白质，为光合系统Ⅱ（主要的捕获光反应中心）的组分。这些蛋白保护蓝细菌免受光抑制，因而与蓝细菌的关系也为互惠共生。

三、病毒的生态作用

1. 病毒的传播与应用

自古以来，人类就在和病毒不断地进行斗争。病毒威胁着人类生存的同时也促进人类不断完善自身的免疫防御系统。病毒除了威胁人类健康，也会侵害植物，其中我国的水稻、小麦、玉米等农作物病毒病害发生严重，给社会造成了重大的经济损失。作物病害中常见的病毒有水稻条纹病毒、水稻黑条矮缩病毒、小麦黄花叶病毒、玉米粗缩病毒和烟草花叶病毒等。植物病毒不像噬菌体和动物病毒那样具有壳体蛋白与寄主细胞表面受体之间的特异性，一般在植物细胞表面损伤后从伤口侵入。自然界中植物病毒的传播主要依靠昆虫（如蚜虫、叶蝉等）作为媒介。了解病毒在环境中的类型、丰度、生存和分布状态，有助于人们科学地评价环境生态系统的健康。

病毒是一把双刃剑。除了能使人和动植物致病以外，病毒也有对人类有利的一面。例如，针对某些特殊病毒的增殖、失活、存活以及生命周期等特性，调控感染农业有益（根瘤菌）或有害微生物（植物病原体）的病毒，使其朝着对作物生产有利的方向发展。自1915年发现噬菌体以来，土壤生物学家在农业生产方面开展了很多关于根瘤菌噬菌体（Rhizobiophage）的研究，包括种群、根瘤菌噬菌体宿主范围、根瘤菌噬菌体对根瘤形成的影响、根瘤菌噬菌体对豆科植物产量等的影响等研究。另外，科学家们还针对病毒对土传植物病害的影响进行研究，例如Ashelford等在甜菜地中观察到了短尾噬菌体（Podoviridae）及其宿主液化沙雷菌在土壤中均存在显著的季节性种群动态变化特征。

从医学和人类健康的角度来讲，病毒侵染病原细菌，如霍乱弧菌噬菌体、炭疽芽孢杆菌（*Bacillus anthraci*）噬菌体等能将病原菌宿主裂解，可作为治疗这些疾病的特效药，从而减少流行病的发生。这种通过噬菌体裂解细菌治疗病原菌感染的手段称为噬菌体治疗（Phage Therapy）。随着病原菌对抗生素抗性问题日益严重，导致了大量病原菌产生耐药性，甚至出现超感染免疫抗性。病原菌对抗生素的这种耐药性促进了噬菌体治疗研究的复兴。因噬菌体的宿主谱系较窄，只针对特异的寄主病原菌起作用，特异性高，以及对人体细胞无害等特点，较抗生素这类广谱杀菌剂而言有一定优势，科学家们正在研究通过噬菌体治疗代替抗生素达到控制病原菌的目的，并将该技术逐步应用于医学、食品、水产、农业和环境等多个领域。

2. 为其宿主提供辅助代谢基因

病毒可携带辅助代谢基因（Auxiliary Metabolic Genes，AMGs），感染宿主细胞后，重构宿主代谢途径，改变宿主的生态学功能。蓝细菌原绿球藻（*Prochlorococcus*）噬菌体通常携带光系统Ⅱ蛋白（*psbA*，*psbD*）、转醛醇酶（*talC*）、核苷酸还原酶（*nrdJ*）、生物合成B12（核苷酸还原酶的辅助因子）酶的基因（*cobS*），这些基因在噬菌体感染中表达，辅助蓝细菌的光合作用、磷酸戊糖途径和核酸合成，增强细胞的代谢功能。研究发现，太平洋病毒元基因组中存在编码磷酸戊糖途径、酮糖酸途径、3-羟基丙酸循环中几乎所有步骤的基因，这可能有利于宿主适应寡营养环境。在深海无光层中，高丰度的AMGs主要包括与DNA复制相关的*dndA*，与DNA重组和修复相关的*dut*和*radA*，以及与鞭毛运动性相关的*pseI*、*flaB*和*motA*等，这些功能均与深海微生物适应高压等极端环境相关，揭示了深海病毒与宿主在深海中的共同进化关系。对胡安·德富卡海峡（Juan de Fuca Strait）热液口的宏基因组分析结果表明，在病毒组中存在着大量与能量代谢、酶辅因子及维生素相关的基因，暗示着病毒广泛参与了该环境中微生物介导的代谢过程。在对西南印度洋热液区沉积物的宏病毒组分析中发现，病毒基因不仅参与大部分的微生物代谢过程，还形成了包括核酸代谢、氨基酸代谢、氮代谢和糖代谢等在内的支链途径，说明在这种深海极端环境中病毒发挥着重要的代谢补偿功能。

3. 病毒是全球营养循环的催化剂

病毒感染引起其微生物和其他宿主死亡，是加速营养从微粒（生活机体）向溶解状态转化的催化剂。溶解状态的营养可为微生物群落所固定，从而增加群落呼吸，降低碳转化为更高营养形式的效率。

病毒还是生物地球化学循环的重要驱动者。在海洋环境中，病毒介导的细胞裂解所释放的碳源和其他营养元素推测是全球范围碳循环的主要驱动因子。病毒侵染导致细菌和古生菌的细胞死亡，释放大量的有机碳进入海洋，为异养生物开拓了新的资源利用领域，同时也将新的碳固定环节带入碳循环。

地球化学研究证据指出，地球大气中直到 40 亿年前才出现氧气分子，随后游离氧浓度逐步增加至今天的 21%，这个过程称为大气氧化事件。早期主要通过研究蓝细菌，来研究生物驱动大气成分的改变。全球海洋中光合作用的研究表明，大部分海洋光合作用是由原绿球藻和聚球藻（*Synechococcus*）这两种最常见的蓝细菌驱动的，它们贡献了全球碳固定量的 25%。蓝细菌光合作用过程中的部分活性还要归功于它的合作伙伴——蓝细菌噬菌体。蓝细菌噬菌体和蓝细菌光合作用能力的协同进化是产氧光合作用的远古驱动者，也是空气中氧气含量在地球表面升高的早期驱动者。有研究指出，地球上每 20 个人中就有 1 个人呼吸的氧气是来自海洋中病毒刺激的生氧光合作用。

当病毒裂解其微生物宿主时，会导致数量惊人的生源要素释放到环境中去。在海洋中，病毒甚至会重复利用这些被特定的海洋大型浮游生物所消耗的营养物质。病毒裂解沿海水域“褐潮”中的藻类抑食金球藻（*Aureococcus anophagefferens*），还可增加海水中溶解铁的含量，随后溶解的铁又被异养细菌快速转化为可过滤的颗粒物。此外，病毒甚至还能影响到天气，如病毒侵染藻类时会释放二甲基硫（DMS），DMS 不仅与酸雨、酸雾的形成有关，还能使大气中的云凝结核，增加对太阳的辐射。

4. 病毒介导的水平基因转移

宿主遗传物质在细胞裂解过程中会释放到生态系统的自由 DNA 库，自由 DNA 在远洋淡水和海洋栖息地、沉积物和土壤都有发现。溶解 DNA（通常限定为通过小于 0.2μm 极性滤膜的 DNA）以 2 种形式发生，真正溶解性和结合到病毒大小的胶体。在海洋系统，估计 50%为结合性的 DNA，17%~30%为溶解性；湖泊中溶解 DNA 百分数随生产性而增加。

作为水平基因转移的载体，病毒参与推动宿主微生物的演化。病毒可以通过水平基因转移，从宿主获取基因（如 AMGs），再通过水平基因转移，传递给其他宿主，增强宿主的环境适应能力。估计世界海洋总原核生物丰度 4×10^{28} 细胞携带病毒基因组。海洋中感染的原核生物的巨大数目，以及估计的每年 9.3×10^{29} 原核细胞表明了噬菌体介导的极大潜在的基因转移。此外，原核生物完整基因组序列数据已经揭示序列基因组中存在病毒基因组或其片段，表明横向基因转移为细菌进化过程中的重要因素。最后，转导影响进化，可增加受体的适应性因而允许其生存，而对原核生物群体的遗传多样性做出贡献。

第八章　微生物的分类与鉴定

微生物分类的目的是探索其系统发育地位及进化历史，以揭示微观世界的生物多样性及其亲缘关系，并以此建立多层次的自然分类系统。对于高等生物来说，其化石资料、形态学和比较胚胎学均可以提供系统发育的信息。藻类、原生动物和真菌等也可以通过化石找到进化的线索。但对于细菌来说，无法通过化石资料反映其系统发育关系，其分类系统仍然处于系统分类和人为分类的“杂合”状态。

微生物分类学是研究微生物分类理论和方法的科学，它包括分类、命名和鉴定三个独立和相关的分类学领域。分类指的是根据相似性或亲缘关系，将微生物归入不同的分类类群（分类单元）；命名则是根据国际命名法规给予相应的微生物分类单元以科学的名称；鉴定则是确定一个新的分离物属于已经命名的分类单元或者一个新发现待命名的分类单元的过程。分类是一项宏观的战略性工作，鉴定是一项微观的战术性工作，而命名则是一项创新的开拓性工作。所以，微生物分类学是对各种微生物进行鉴定、分群归类，并按照分类学准则排列成分类系统，并对已经确定的分类单元进行科学命名的学科。微生物分类学促进了人们对于微生物的认识，同时有利于人们了解微生物类群之间的亲缘关系，以及对微生物资源的开发利用。

第一节　微生物的分类与系统学

一、原核生物的分类与系统学

原核生物分类学（Prokaryotic taxonomy）是研究原核生物分类理论和技术方法的学科，其具体研究内容包括原核生物的分类（Classification）、鉴定（Identification 或 Determination）和命名（Nomenclature）。原核生物的分类是根据一定的原则（表型特征相似性或系统发育相关性）对原核生物进行分群归类，根据相似性或相关性水平排列成系统，并对各个分类群的特征进行描述，以便查考和对未被分类的原核生物进行鉴定，即根据现有数据建立系统的过程；鉴定是借助于现有的原核生物分类系统，通过特征测定，确定未知的或新发现的或未明确分类地位的微生物所应归属分类群的过程，即根据现有系统确定未知原核生物分类归属的过程；命名是根据国际公认的命名法规，给每一个分类群一个专有名称。原核生物系统学（Prokaryotic Systematics）是研究原核生物类群间的异同以及异同程度，阐明原核生物间的亲缘关系、进化过程和发展规律的科学。系统学不是根据表型，而是在 16S rDNA 序列比对分析的基础上，以系统发生（进化）的框架为基础。原核生物系统学涉及对原核生物的分离、描述、鉴定、分类、命名和菌种的保藏等内容，可以看作现代原核生物分类学，是原核生物学的重要基础学科。

1. 伯杰氏原核生物分类系统

伯杰氏分类系统是当前国际普遍采用的最权威分类系统。《伯杰氏细菌鉴定手册》（Bergey's Manual of Determinative Bacteriology）是本分类系统的标准指南，由美国细菌学家协会（现在的美国微生物学会）发起编写，最初指定伯杰作为编委会主席，在 1923 年出版了手册的第一版，并分别于 1974 和 1994 年出版第八版和第九版。1984—1989 年改名为《伯杰氏系统细菌学手册》（Bergey's Manual of Systematic Bacteriology），出版第一版。《伯杰氏系统细菌学手册》第一版是在《伯杰氏细菌鉴定手册》第八版的基础上修订的，在一些类群增加了不少有关核酸杂交、16S rRNA 基因序列分析等系统发育方面的资料，提出了许多新的分类单元。该版未能全面按照界、门、纲、目、科、属、种系统分类体系进行安排，而是从实用出发，主要根据表型特征将整个原核生物分为 33 组，然后进一步分类描述各组原核生物。该版本共 4 卷，其中第一卷描述第 1～11 组，包括一般的、医学或工业上重要的革兰染色阴性细菌；第二卷描述第 12～17 组，包括放线菌以外的革兰染色阳性菌；第三卷描述第 18～25 组，包括光合细菌、蓝细菌、古生菌和其他革兰染色阴性菌；第四卷描述第 26～33 组，包括能形成菌丝体的放线菌。虽然《伯杰氏系统细菌学手册》第一卷未能进行真正地系统分类，但它的许多细菌系统发育资料可供参考，也为应用研究提供丰富的资料。

1994 年出版的《伯杰氏鉴定细菌学手册》第九版几乎是《伯杰氏系统细菌学手册》第一版的缩写版，除了对细菌各属关键表观特征的描述外，属内各种的鉴定特征以表格的形式出现。这对于鉴定工作十分方便。鉴定手册共包括四个类别，35 群细菌。群的划分根据表型特征如形态、生理和营养类型。

2001 年开始出版的《伯杰氏系统细菌学手册》第二版共分五卷，根据 16S rRNA 基因的系统发育资料对分类群进行了相当大的调整（革兰染色阴性细菌分类调整的幅度很大），将原核生物分成古生菌域和细菌域。古生菌域分为 2 门，细菌域分为 26 门。

《伯杰氏系统细菌学手册》第二版第一卷于 2001 年出版，主要包括古生菌、最早分枝的细菌及光能营养细菌，具体包括古生菌域的泉古生菌门（Crenarchaeota）和广古生菌门（Euryarchaeota），细菌域的产液菌门（Aquificae）、栖热袍菌门（Thermotogae）、热脱硫杆菌门（Thermodesulfobacteria）、异常球菌-栖热菌门（Deinococcus-Thermus）、金矿菌门（Chrysiogenetes）、绿屈挠菌门（Chloroflexi）、热微菌门（Thermomicrobia）、硝化螺菌门（Nitrospirae）、铁还原杆菌门（Deferribacteres）、蓝细菌门（Cyanobacteria）和绿菌门（Chlorobi）。

第二卷于 2004 年出版，主要描述了变形菌门（Proteobacteria）内 538 属的 2000 多种细菌。变形菌门是最大的原核生物门，主要包括形态及生理学特征多样的革兰染色阴性菌，已经记录约 6250 种。该卷又分为 3 亚卷，亚卷 A 是简介，亚卷 B 描述了伽马变形菌纲（Gammaproteobacteria），亚卷 C 描述了阿尔法变形菌纲（Alphaproteobacteria）、贝塔变形菌纲（Betaproteobacteria）、德尔塔变形菌纲（Deltaproteobacteria）和艾普西隆变形菌纲（Epsilonproteobacteria）。

第三卷于 2009 年出版，内容为厚壁菌门（Firmicutes），也称为低 G+C 含量的革兰染色阳性原核生物。该卷描述了 235 属、超过 1346 种。比较知名的属有：梭菌纲（Clostridia）的梭菌属（*Clostridium*）、消化链球菌属（*Peptostreptococcus*）、真杆菌属

(*Eubacterium*)、脱硫肠状菌属 (*Desulfotomaculum*)、韦荣菌属 (*Veillonella*) 等；芽孢杆菌纲 (Bacilli) 的芽孢杆菌属、显核菌属 (*Caryophanon*)、类芽孢杆菌属、高温放线菌属 (*Thermoactinomyces*)、乳杆菌属、链球菌属、肠球菌属、葡萄球菌属和李斯特菌属等。

第四卷于2010年出版，主要包括拟杆菌门 (Bacteroidetes)、螺旋体门 (Spirochaetes)、无壁菌门 (Tenericutes)、酸杆菌门 (Acidobacteria)、纤维杆菌门 (Fibrobacteres)、梭杆菌门 (Fusobacteria)、网团菌门 (Dictyoglomi)、芽单胞菌门 (Gemmatimonadetes)、黏胶球形菌门 (Lentisphaerae)、疣微菌门 (Verrucomicrobia)、衣原体门 (Chlamydiae) 和浮霉状菌门 (Planctomycetes) 12门。

第五卷出版于2012年，内容为放线菌门 (Actinobacteria)，也称高G+C含量的革兰染色阳性菌。该卷描述49科的200多个属，包括很多医学和工业重要的分类单元。

2. 原核生物分类与鉴定的特征与技术

(1) 原核生物分类与系统学一直处于不断发展变化之中 分子生物学技术和基因组测序技术的发展和应用给原核生物分类与系统学的发展带来显著的影响。《伯杰细菌鉴定手册》第四版 (1934) 描述了132个属和2703个种 (包括亚种和变种)，而2013年8月有名字和占据分类地位的属和种的数量分别为2390和11482，其中包括1934年识别的最多75个属和250个种。在2006—2012年，每年平均加入524个新种。在过去的80多年里，原核生物分类学领域已经发生了很大变化，种、亚种和更高分类元的数量不断增加，分类学指标和技术、命名原理等也发生了很大改变。现在使用的分类概念 (如域、门) 源自于广泛采用16S rRNA基因序列分析。族、亚族、亚属等分类学概念没有沿袭下来。1934年识别的种在现在的分类学里只保留不到10%。

(2) 原核生物分类与鉴定的原则

①多相表征 (Polyphasic characterization) 原则：经典和严谨的原核生物分类和系统学研究工作量很大，是件很辛苦、枯燥和耗时的工作。目前的很多研究工作基本上模式化和程序化，包括采样、纯种分离、16S rRNA 基因序列测定、从基因比对分析中选择典型相关菌株、测定一系列表型特征、命名、将典型菌株存放于不同国家的2个典型培养物保藏中心、写作论文。通过这样程序化的研究工作发现的新种、新属等分类元，因为没有与最邻近分类元的典型菌株、典型种、典型属等进行遗传学、表型特征、基因组序列特征等方面的充分比较研究，没有确信表明分离物的新颖性，没有充分挖掘描述菌株的更多未被识别的生物学特征、潜在开发利用价值等，难以让人信服。

对新分类单元的描述必须整合表型、化学分类和基因型特征，不能基于单一观察，如16S rRNA基因序列与其最邻近分类元具有较低的系统发育相似性，或DNA-DNA杂交值低于主观规定的阈值。完整描述新种要测试的特征很多，包括遗传学特征 (DNA G+C摩尔百分含量、DNA-DNA杂交、16S rRNA基因分析、基因组序列分析、核酸指纹分析等) 和表型鉴定 (形态、生理生化、细胞化学组成等) 等。

②设立对照原则：原核生物表型种的概念是与典型培养物 (菌株) 紧密相关的菌株集合体。为了减少因采用不同标准界定分类单元所造成的混乱，原核生物系统分类也像其他生物分类一样采用“模式概念”。种和亚种指定模式菌株 (Type Strain)，亚属和属指定模式种 (Type Species)，“属”以上至“目”分类单元指定模式属 (Type Genus)，其中模式菌株应送交至少两家菌种保藏机构保藏，以备查考和索取。因此，在原核生物分类鉴定

中，特别是确定新的分类单元，必须与近缘模式菌株（确定新种）、模式种（确定新属）、模式属（确定更高分类单元）进行比较研究。所用的对照要覆盖所有已知的下一级分类单元，而且在测试中不但要设立阳性对照，而且还要设立阴性对照。这样的研究结果，才更客观、更有说服力。

③单独 16S rRNA 基因序列分析不能准确确立新种：关于 16S rRNA 基因的序列分析有一个广泛的误解：如果新分离物与近缘菌株（特别是可培养的菌株）有小于 97%的 16S rRNA 相似性，可保证描述新种，而该值大于 97%，则表明该分离物属于已知的种。实际上，一些原核生物包含多个、有时高度趋异拷贝的 16S rRNA 基因。单独 16S rRNA 基因序列相似性本身用于描述种是勉强的，不存在“97%相似性法则”，经常引用的 16S rRNA 基因序列数据与 DNA-DNA 复性相关也是误解。最近出现了很多只采用 16S rRNA 基因序列快速筛选新种系型（Phylotypes）的报道。但是，要想确认特定种系型的分类学地位，还是必须将目标菌株进一步多相表征，包括与近缘菌株进行多种表型测试，必要时还要进行 DNA-DNA 复性研究。

④创立新种的“黄金标准”：DNA-DNA 复性是创立新种的“黄金标准”，阈值为 70%左右。目前，在实际分类应用中，一般推荐当两个菌株的 16S rRNA 基因序列相似性大于 97%时，要进行 DNA-DNA 杂交，最终确定是否设立新种。然而，DNA-DNA 复性实验费时、费力、成本高、有偏差和难操作。高通量测序技术大大降低了原核生物基因组测序的成本。一个原核生物基因组测序的成本甚至会低于传统的 DNA-DNA 杂交。平均核苷酸同源性（Average nucleotide identity，ANI）是指两个基因组之间同源基因的相似性。ANI 值和 DNA-DNA 杂交百分数间存在高度相关性，70%DNA-DNA 复性相当于 94%~96% ANI。ANI 测定具有方便、工作量小、错误率低、分辨率高的优点。ANI 值测定可取代 DNA-DNA 杂交，成为原核生物界定种的新黄金标准。然而，在原核生物分类实践中，良好注释基因组序列也不能取代新个体的完全表型和化学分类特征。

⑤测试的表型特征：原核生物分类与鉴定需要测试的表型特征包括菌体生长的温度、pH 和盐分、革兰染色、与氧气和其他末端电子受体的关系、吲哚实验等，以及后来建立的极性脂、全细胞脂肪酸成分、呼吸醌和肽聚糖结构测试等，还包括最近发展的全细胞基质辅助激光解吸电离飞行时间质谱（MALDI-TOF-MS）、傅立叶变换回旋质谱（FT-ICR/MS）和拉曼光谱。MALDI-TOF-MS 能测定非片段化的大分子，FT-ICR/MS 能检测数千种分子质量范围 120~800u 的代谢产物的元素组成，拉曼光谱为非扩散性和非破坏性方法，提供个体的分子标签。作为特定分类元的独立鉴定方法，MALDI-TOF-MS、FT-ICR/MS 和拉曼光谱术是细菌多相表征的辅助工具。

（3）基因组学和宏基因组学对原核生物分类和系统学的影响　典型菌株的基因组测序促进了原核生物系统学的发展，解决了更高分类元系统发育的很多歧义。基因组序列作为确定原核生物分类元的“典型材料”，将促进对很多生长要求苛刻的和未培养微生物，以及很有生物学价值的内共生体的分类和系统学研究。

截至 2014 年，已有 3600 种典型原核生物菌株的完整基因组序列或草图释放到公共数据库（GenBank、EMBL 等）。可通过基因组比较描述原核生物种和新种、更改分类元、鉴定分类群的功能特性。基因组比较包括基因成分和基因顺序分析、系统发育分析、核苷酸组成和代谢途径反应成分分析等。从菌落群体或单细胞获得的基因组序列可作为典型材料，如果无法获得基因组序列（如专性内共生体），可选择采用多座位序列分析。然而，很多紧密相关但非同一菌株来源的宏基因组或其他基因组序列，不适合作典型材料。对于基因组序列，必须显示 DNA 样本存储的不同国家至少 2 个公共保藏中心的编号。典型菌株的基因组草图序列要大于 30 倍覆盖率。对小于 5Mb 的基因组，序列重叠群的数量要小于 150。对大的基因组，序列重叠群的数量要小于 400。尽量详细记录分离菌株原始标本的基本信息，如地理位置（经纬度）、采集时间和日期、深度或高度以及其他特殊条件；也要记载微生物的基本特性，如菌体生长的温度，pH 和盐度范围的最适值，最适条件下的倍增时间，与氧气、碳源和末端电子受体的关系，细胞形状，运动性，形成内生孢子或其他休眠细胞的能力等。

二、真核微生物的分类概述

1. 生物分类概述

林奈（1753 年）将所有生物划分为动物界（Animalia）和植物界（Plantae）二界，真菌和藻类被归于植物界，原生生物被归于动物界。德国生物学家海克尔（Haeckel）1886 年提出三界学说：植物界（Plantae）、动物界（Animalia）和原生生物界（Protista）。原生生物界包含单细胞的生物、一些简单多细胞动物和植物。1969 年魏特克（Whittaker）提出了五界分类系统，包括原核生物界（Kingdom Procaryotae）、原生生物界（Kingdom Protista，包括原生动物、单细胞藻类和黏菌）、植物界（Kingdom Plantae）、真菌界（Kingdom Fungi）和动物界（Kingdom Animalia）。随后又出现六界分类系统，在魏特克五界系统的基础上，增加病毒界。我国较长时间接受该六界系统。

随着分子生物学的发展，16（18）S rRNA 基因序列被广泛用于生物系统发育分析。1990 年，沃斯提出修改的三域系统，所有的真核微生物均属于真核生物域（Domain Eukarya）。Cavalier-Smith（1988—1989 年）提出生物八界分类系统，将原核生物分为古生菌界（Archaebacteria）和真细菌界（Eubacteria）两界；将真核生物分为古真核生物界（Archezoa）、原生动物界（Protozoa）、色藻界（Chromista，又称假菌界）、植物界（Plantae）、真菌界（Fungi）和动物界（Animalia）六界。古真核生物界包括一些胞内无线粒体的严格寄生原生动物，以阴道毛滴虫（*Trichomonas vaginalis*）为代表性种类。后来发现该类生物基因组上具有线粒体遗传标记，表明只是在进化过程中丢失了线粒体，而不是在获得线粒体之前与其他生物趋异的原始生物。八界系统在生物“界”级水平上追求系统的自然性，减少人为性。较之过去的系统有如下的变动：①将古细菌从细菌中分出，独立成界；②将比较混乱的原生生物界拆散，分别归于原生生物界、藻界和古真核生物界；③将过去真菌界中的黏菌和卵菌分别归于藻界和原生生物界。该分类系统对后来的真菌、藻类和原生动物的分类产生了较大的影响。

2005 年，国际原生生物学家协会提出了一种新的真核生物分类方法，将真核生物分作六类。这种分类方法并没有明确这些类是生物分类学上的哪一等级，但其他文献将其当作“界”。该分类系统为：古虫界（Excavata），包括鞭毛虫等原生生物；变形虫界（Amoebozoa），包括阿米巴与黏菌等；后鞭毛生物（Opisthokonta），包括动物、真菌、领鞭毛虫类（Choanoflagellate）等；有孔虫界（Rhizaria），包括有孔虫、放射虫、某些变形虫原生生物；囊泡藻界（Chromalveolata），包括不等鞭毛门（Heterokonta）、定鞭藻门

（Haptophyta）、隐藻门（Cryptophyta），囊泡虫总门（Alveolata）；泛植物界（Archaeplastida），包括陆生植物、绿藻、红藻、灰色藻。但是，这一“六界说”很快就遭到了新的研究的挑战，特别是对囊泡藻界是否有共同起源的质疑。真核生物的分类目前仍有很大的不确定性。例如，把真核生物分为单鞭毛生物（Unikonta）与双鞭毛生物（Bikonta），前者包括变形虫界与后鞭毛生物，后者包括其他四界。但是，很多研究表明单鞭毛生物与双鞭毛生物都不是同源的进化支。另外，有孔虫界应该并入囊泡藻界，泛植物界也应该不是同源的，需要被细分。现在广泛认为有孔虫和不等鞭毛类及囊泡虫类是姊妹类群，同属于一个超类群，因此有孔虫也不再视为真核生物的主要类群之一，同时单鞭毛生物及其子类群变形虫和后鞭毛生物都被视为单系群，即动物和真菌同属一个单系群——后鞭毛生物。

2. 真菌分类概述

历史上，真菌分类变化较大。Whittaker（1969 年）提出的生物五界分类系统首次将以吸收方式获取营养的真菌从植物界中分离出来，成立真菌界，随后得到广泛的采纳和承认。在生物八界分类系统中，真菌界仅包括壶菌、接合菌、子囊菌和担子菌，即真正的真菌（True Fungi），而将此前真菌界所包括的卵菌、丝壶菌、网黏菌等归入藻物界，将黏菌、根肿菌、网柄黏菌和原柄黏菌等归入原生动物界。这样，Whittaker 的真菌界实际上只有壶菌、接合菌、子囊菌、担子菌和半知菌类。它们在亲缘关系上被认为是一元的单系类群（Monophyletic Group）。我国以裘维蕃为代表的真菌学家于 1990 年提出菌物的概念。菌物为广义的真菌，通常包括真菌、类菌原生动物（Fungi-like protozoa，又称卵菌）和假菌（Pseudofungi，又称黏菌）。

2008 年出版的《菌物字典》第十版分类系统是基于近年来多基因进化关系研究结果的一个完整的新分类系统，把真菌界划分为 8 个门，即壶菌门（Chytridiomycota）、芽枝霉门（Blastocladiomycota）、新丽鞭毛菌门（Neocallimastigomycota）、球囊菌门（Glomeromycota）、接合菌门（Zygomycota）、子囊菌门（Ascomycota）、担子菌门（Basidiomycota）和微孢子菌门（Microsporidia），将没有发现有性生殖的真菌归为未确定分类地位的相应分类元（早期归为半知菌亚门或半知菌类）。该字典记载真菌界有 36 纲、140 目、560 科、8283 属、97861 种。实际上，目前记载的真菌种类已经超过 11 万种。

微孢菌门真菌为动物和单细胞生物的组织内寄生种类，产生能游动的孢子；壶菌门真菌分布于世界各地，产生不能游动的细胞，具有一根简单的鞭毛，在水栖阶段活跃地进行运动；芽枝霉门真菌存在于土壤和淡水中，多数腐生，有些物种为病原体，感染水熊虫、水蚤、线虫、多种水生以及半水生的植物，以及孑孓等生物；球囊菌门真菌孢子无鞭毛，为植物共生菌，形成泡囊丛枝菌根；接合菌门真菌不形成泡囊丛枝菌根，非植物共生菌，产生接合孢子；子囊菌门真菌产生子囊孢子；担子菌门真菌产生担孢子；新丽鞭毛菌门之前归于壶菌门内，为厌氧真菌，生存于大型草食性哺乳动物的消化系统内，也可生存于其他的地上及水中环境里，缺乏线粒体，但含有氢化酶体，产生单一后鞭毛或多鞭毛等类型的游动孢子。

第二节　微生物分子鉴定技术

微生物分子鉴定技术包括微生物基因组水平的指纹图谱分析、特殊基因的限制性片段长度多态性、DNA 同源性分析、16S/26S/ITS rDNA 基因等的系统发育学分析、基因遗传重组与基因交流和突变分析和微生物组学技术分析等。

一、基因型分析方法

研究微生物基因型的技术主要包括研究其 DNA 和 RNA 分子的技术，例如对基因组水平指纹图谱的分析、特殊基因的限制性内切片段多态性分析、基因组 DNA 的同源性分析和对保守基因的序列分析等。在细菌的系统发育研究中，常通过基因序列分析方法分析细菌种群的进化历史，确定种群进化地位。在细菌多样性研究中，以下方法被用来对大量菌株进行快速鉴定：核糖体 16S rRNA 和基因间隔区（Intergenic Spacers，IGS）等保守基因的限制性酶切片段长度多态性分析（RFLP）和基因组水平指纹图谱分析的组合，可以对大量菌株进行快速分群；通过对各群的代表菌株 16S rRNA 基因的序列分析，快速对所研究的细菌菌群定属；用 DNA 杂交方法分析各群代表菌株与群内其他菌株及所在属已知种的模式菌株之间的亲缘关系，初步对待测菌株定种；用多位点序列分析（Multi－locus Sequence Analysis，MLSA）方法分析一些重要的持家基因的序列，更进一步地确定代表菌株的种属地位。

1. 基因组水平的指纹图谱分析

结合 PCR 和电泳技术，对整个微生物的染色体基因组进行多态性分析的技术即为基因组水平指纹图谱分析。常用方法有：重复序列 PCR（Repititive Sequence PCR，rep－PCR）、扩增片段长度多态性（AFLP）、DNA 随机扩增多态性（RAPD）和基因组寡位点酶限制性片段的脉冲场电泳（Pulsed-field gel electrophoresis，PFGE）等。实验中要选用哪种方法，要根据不同的实验目的确定。

（1）重复序列 PCR 指纹图谱分析　此方法是较常用的方法。常见的重复序列在细菌染色体基因组上的广泛分布，一般在 200bp 以下。如反向重复序列、基因外重复回文序列（Repetitive Extragenic Palindromic，REP）和肠杆菌科基因间重复保守序列（Enterobacterial Repetitive Intergenic Consensus，ERIC）等。研究者首先根据细菌基因组中保守的短重复序列设计引物，并且扩增重复序列之间的大小不同的基因片段，然后电泳得到指纹图谱，根据对图谱的分析结果可以很好地揭示菌株间基因组的遗传差异。1992 年，de Bruijn 发现苜蓿根瘤菌不同菌株之间 REP-PCR 指纹图谱有一定的差异并具有菌株的特异性。1997 年，Laguerre 等通过分析几种豆科植物共生根瘤菌的指纹图谱，预测这些根瘤菌的属种水平与其地理起源及宿主植物间的相关性。由于通过 REP-PCR 方法得到的指纹图谱具有菌株特异性，所以被广泛用来研究根瘤菌遗传多样性以及对未知菌株的鉴定。该方法在新种鉴定过程中，可以用来区分新种群中不同的菌株，进而排除菌株来自同一个克隆的情况。

（2）脉冲场凝胶电泳（PFGE）　PFGE 是一种对大分子 DNA 进行分离的方法。在脉冲场凝胶电泳中，电场不断在两种方向（有一定夹角，而不是相反的两个方向）变动。DNA 分子带有负电荷，会朝正极移动。相对较小的分子在电场转换后可以较快转变移动方向，而较大的分子在凝胶中转向较为困难。因此小分子向前移动的速度比大分子快。脉冲场凝胶电泳可以用来分离大小从 10kb 到 10Mb 的 DNA 分子。脉冲场电泳指纹图谱分析的原理是，首先用寡位点限制性内切核酸酶酶切消化细菌总染色体 DNA，然后采用分辨率较高的脉冲场电泳分离酶切结果，从而得到 DNA 指纹图谱。该法得到的 DNA 指纹图谱的变化还可以体现相近菌株间的基因重组现象，所以在微生物的基因重组及基因组大小预测等方面得到广泛的应用。

（3）扩增片段长度多态性指纹图谱分析（AFLP） AFLP 的原理是将微生物的染色体基因组总 DNA 进行限制性双酶切，并把消化完全的片段连接至双接头上，然后用与双接头对应的引物选择性地进行扩增，最后将 PCR 产物经聚丙烯酰胺凝胶电泳并且染色后，就得到了反映所扩增片段长度多态性的指纹图谱。该方法是建立在基因组限制性片段基础上的 PCR 扩增。由于不同物种的基因组 DNA 大小不同，基因组 DNA 经限制性内切酶酶切后，产生分子质量大小不同的限制性片段。使用特定的双链接头与酶切 DNA 片段连接作为扩增反应的模板，用含有选择性碱基的引物对模板 DNA 进行扩增，选择性碱基的种类、数目和顺序决定了扩增片段的特殊性，只有那些限制性位点侧翼的核苷酸与引物的选择性碱基相匹配的限制性片段才可被扩增。

AFLP 的缺点在于该项技术受到专利保护，因而应用受到限制，试剂盒价格昂贵。另外，操作中通常要利用同位素标记，对样品 DNA 质量要求严格。基因组的不完全酶切会影响实验结果，因而对内切酶的要求较高。

（4）DNA 随机扩增片段多态性分析（RAPD） RAPD 技术在根瘤菌分类研究中不仅可以被用来研究根瘤菌的多样性，又可被作为一种分子标记用来对根瘤菌的竞争结瘤情况进行分析。尽管该技术操作简单，并非所有引物都可以产生足够的多态性。所以，要设计高退火温度的引物，并且要对引物的长度和 GC 含量进行优化。RAPD 的主要缺点有：RAPD 标记中的核酸染料染色带往往是一种混合标记，是在基因组 DNA 中扩增位点不一，长度可能相同或不同的一组片段的混合片段标记；RAPD 的扩增带多为显性标记，不能区分个体基因型是纯合型还是杂合型；且稳定性和重复性较差。

2. 特殊基因的限制性片段长度多态性

特殊基因的限制性片段长度多态性（RFLP）的技术原理是检测 DNA 在限制性内切酶酶切后形成的特定 DNA 片段的大小。首先把特殊的基因片段通过 PCR 扩增出来，然后进行限制性酶切，产物选用高浓度的琼脂糖凝胶进行电泳分离，就可以获得各个 DNA 样品的酶切图谱，最后通过分析和比较酶切指纹图谱的多样性揭示微生物基因的多态性。因此凡是可以引起酶切位点变异的突变如点突变（新产生和去除酶切位点）和一段 DNA 的重新组织（如插入和缺失造成酶切位点间的长度发生变化）等均可导致 RFLP 的产生。核基因组 rRNA 的内转录区间 ITS 适用于种以下的分类和鉴定，而 16S rDNA、23S rDNA 和前两者之间 IGS 序列等，被广泛用于细菌分类的 RFLP 分析，并且以三个基因进行的限制性片段多态性分析统称为核糖体 DNA 扩增片段限制性内切酶分析（Amplified Ribosomal DNA Restriction Analysis，ARDRA），但是它们在细菌分类中有不同的作用。因其简便快捷，该方法被普遍应用于根瘤菌的遗传多样性研究中。其中 16S rDNA-RFLP 和 16S-23S IGS-RFLP 具有较好的一致性，后者结果的灵敏度更好一些。而对 ITS 片段的 RFLP 分析，则成为对酵母菌等真菌类群大量菌株进行初步分群的一个常用的手段。该方法通过 PCR 扩增

ITS 片段，然后通过限制性内切酶的消化作用，也可以获得较好的 RFLP 图谱。

RFLP 方法也有一定的局限性。该方法要求扩增特异性的 DNA 片段，这就要求对所研究的物种 DNA 序列比较清楚。而真菌属、种多样复杂，其中大部分的基因组序列未知或不清楚，从而限制了它在相应领域的应用。另外，RFLP 分析对样品纯度要求较高，样品用量大，且 RFLP 多态性信息含量低，多态性水平过分依赖于限制性内切酶的种类和数量，加之 RFLP 分析技术步骤烦琐、工作量大、成本较高，所以其应用受到了一定的限制。

3. DNA-DNA 杂交和 DNA（G+C）mol%测定

细菌分类鉴定中常用的基本方法是 DNA-DNA 杂交（DNA-DNA hybridization，DDH）以及 DNA（G+C）mol %的测定，已经成为描述细菌分类单元的一个标准。DDH 复性率≥70%，且 $\Delta T_m \leqslant 5$℃为细菌种的界限。DNA-DNA 杂交分为固相和液相分子杂交两种类型。在根瘤菌的分类中液相复性速率法是常用的方法。其原理是细菌等原核生物的变性 DNA 在含适当浓度的盐液体系如 0.1×SSC 中，能够自动复性成双链。同源 DNA 比异源 DNA 的复性速率快，同源程度高则复性速率大，结果杂交值就高；相反，同源程度低则复性速率小，杂交值也就相应低（图 8-1）。此外，实验室主要用热变性法测定 DNA（G+C）mol%。该法是在热变性过程中，通过测定 DNA 在 260nm 的吸光度的增加值来确定 T_m 值，然后通过公式计算测定 DNA 的（G+C）mol%。

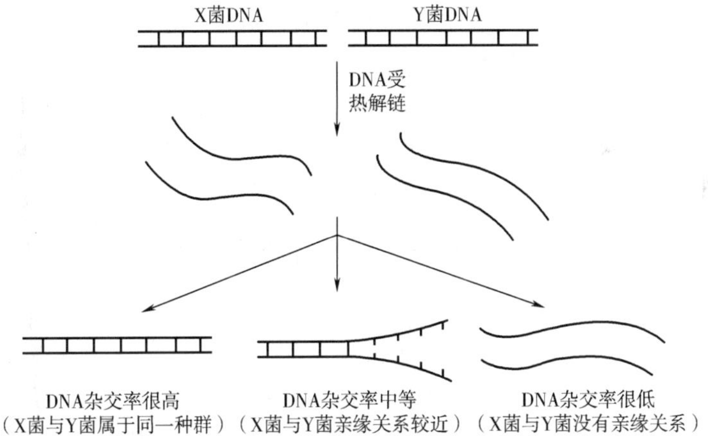

图 8-1　DNA-DNA 液相杂交测定 DNA 同源性的原理

4. 16S/26S/ITS rDNA 基因和持家基因等的系统发育分析

16S/26S/ITS rDNA 等基因序列的测定与分析在细菌与真菌分类中作用巨大。多数研究都测定了相应的基因序列，并且提交至 GenBank 等公共数据库。这些基因被广泛用来鉴定细菌和真菌的新菌株。需要测定这些 rDNA 序列的菌株主要来自 RFLP 初步分群的结果。从各群内挑选代表菌株并 PCR 扩增和测定相应序列，然后通过 Blast 比对分析，并在 GenBank 数据库下载序列相似性高的已知种菌株的相应 rDNA 序列，然后用 MEGA 软件进行系统发育分析，构建系统发育树并计算遗传距离。该方法通过与 RFLP 结果相互印证，将研究的供试菌株归入到特定分类单元。在根瘤菌研究中常选用 16S rDNA 的序列测定与分析来对供试菌株进行分子生物学分类，可以把供试菌株准确地定位在不同的根瘤菌属。在酵母菌研究中，常选用 26S rDNA D1/D2 区域序列测定与分析。26S rDNA D1/D2 区域位于大亚基的 5′端，序列长度在 600bp 左右。研究表明这段区域具有较高的变异率，可以用于亲缘关系较近的菌株之间的分类研究。对大量子囊菌酵母模式菌种的 26S rDNA D1/D2 区的序列测序分析发现，同种内不同菌株 rDNA D1/D2 区核苷酸替换率一般不超过 1%，而不同种的菌株其核苷酸替换率则一般较大，因此，该区可以作为酵母菌种级水平鉴定指标，广泛应用于酵母菌新种分类地位的确定。目前这一区序列在酵母菌分类方面的应用是所有分子学方法中应用最多的。但近些年研究发现越来越多的酵母菌存在个体基因组 ITS 和 26S rDNA 序列多态性，同一菌株基因组内不同类型的 ITS 序列差异，可远远超过菌种间差异范围。同时我们在研究中也发现，部分酵母菌株的 26S rDNA D1/D2 区的序列同时与来自不同酵母属或者同一酵母属多个不同种之间相似性达到 100%，这为分类学研究提出了新的课题。核糖体 rDNA 重复单位序列分析也经常用于丝状真菌和蕈菌等的菌株鉴定。常用的序列为 ITS 序列，一般包括部分 18S rDNA -ITS1 -5. 8S rDNA-ITS2-部分 28S rDNA 序列。

细菌研究常用的持家基因有 ATP 合成酶基因（*atpA*、*atpD*）、DNA 重组与修复酶基因（*recA*）、谷氨酰胺合成酶（GSI 和 GSII）基因、分子伴侣蛋白 DnaK 编码基因（*dnaK*）等，以及共生基因中的结瘤基因（*nodC*）和固氮基因（*nifH*）。真菌研究常用的蛋白编码基因有 RNA 聚合酶Ⅱ基因（*rpb*1 和 *rpb*2）、β-微管蛋白基因（β-*Tub*）、钙调蛋白基因（*cal*）、γ-肌动蛋白基因（*act*）、ATP 合成酶基因（*atp*6）和翻译延长因子 1α（*EF*-1α）等。近些年，由于基因测序技术飞速发展，对多个基因进行测序和综合分析已经成为一个发展的趋势。同时 PCR 扩增多个持家基因并测定其序列，分析细菌的变异，测定不同菌株间的亲缘关系。该分析方法称为多位点序列分析（Multilocus Sequences Analysis, MLSA）。对持家基因的 MLSA 分析结果要比 16S rDNA 序列分析结果具有更高的分辨率。

二、组学技术分析方法

1. 全基因组测序分析

全基因组测序是对微生物基因组核酸序列（包括染色体 DNA 和质粒 DNA）构建随机克隆文库，利用新一代测序技术测定克隆文库内 DNA 片段序列，再利用生物信息学工具将克隆文库内的 DNA 片段序列拼接组装从而得到完整的全基因组序列信息。同时需要对全基因组序列进行注释，得到基因长度、功能以及在基因组上排列位置等信息。首次对一个物种的全基因组序列进行测定，没有任何序列参考信息，只能利用生物信息学方法进行序列组装从而获得该物种的全基因序列图谱的测序方法称为 de novo 测序，也称为从头测序。大规模基因组测序有两种策略，逐步克隆法（Clone by Clone）和全基因组鸟枪法（Whole Genome shotgun）。图 8-2 比较了两种测序策略的差异。目前，新一代测序技术主要有以乳液 PCR（Emulsion PCR）为代表的美国 Roche Applied Science 公司测序仪，以桥式 PCR（Bridge PCR）为代表的美国 Illumina 公司和英国 Solexa Technology 公司合作开发的 Illumina 测序仪（也被称为 Solexa 测序仪）和以磁珠乳液 PCR 为代表的美国 Applied Biosystems 公司的 SOLID 测序仪。随着测序技术不断发展以及测序仪器的更新，现在微生物的全基因组测序费用大大降低，大量生物信息学工具和编程语言的出现以及个人计算机分析处理能力的提高，使越来越多的科研工作者可以测定和分析全基因组数据。但是一些菌株的 GC 含量过高或者过低、基因组含有大量的重复序列等问题依然是新一代测序技术及序列组装的难题。尽管测序费用和测序花费的时间都在不断降低，但是大量全基因组测序花费还是十分巨大的。

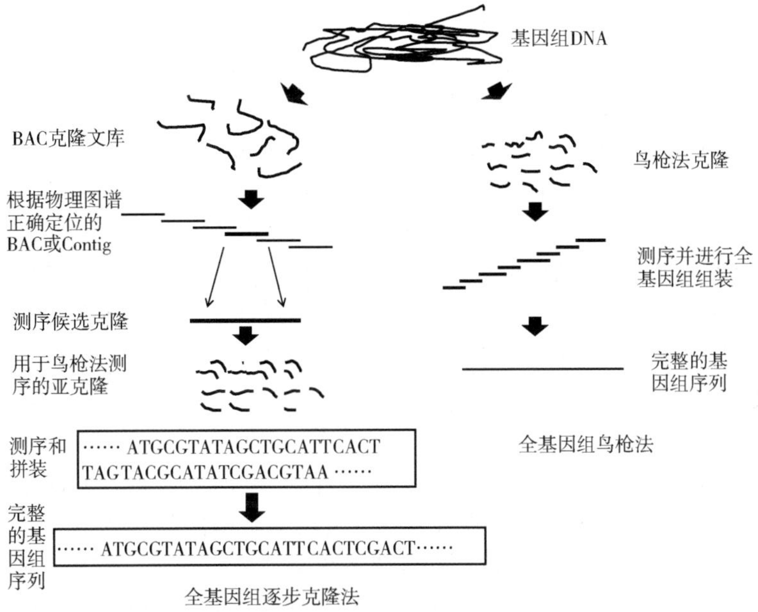

图 8-2　逐步克隆法和全基因组鸟枪法进行全基因组测序的对比示意图

2. 全基因组重测序分析

全基因组重测序（Whole genome re-sequencing）是对微生物已知全基因组序列信息的物种进行同种不同菌株的全部序列测定，将测序结果与参考基因组序列（Reference Genome Sequence）进行比对组装，利用贝叶斯统计模型检测出每个碱基位点的最大可能性基因型，并组装出该个体基因组的一致序列。在此基础上对个体或群体进行差异性分析，可以找到大量的单核苷酸多态性（SNP）、插入缺失（Insertion/deletion，InDel）突变位点和结构变异（Structure Variation，SV）位点。由于具有完整的参考基因组序列及注释信息，所以重测序基因组不需要倍数很高的测序深度（Sequencing depth）。如果采用的是双末端或 Mate-Pair 方案，当测序深度在 10~15×以上时，基因组覆盖度和测序错误率控制均得以保证，从而降低测序的费用和时间。现在全基因组重测序技术是群体遗传学研究的重要方法，可以全面快速地找出群体内个体之间的差异。

3. 比较基因组学分析

比较基因组学（Comparative Genomics）是在全基因组图谱和测序技术基础上，利用生物信息学工具对已知的基因和基因组结构进行比较，来研究基因功能、基因及基因组进化等内容。通过对不同亲缘关系物种的基因组序列进行比较，能够鉴定出编码序列、非编码调控序列及给定物种独有的序列。而基因组范围之内的序列比对，可以了解不同物种在核苷酸组成、同线性关系和基因顺序方面的异同，进而得到基因分析预测与定位、生物系统发生进化关系等方面的信息。比较基因组学的基础是相关生物基因组的相似性。两种具有较近共同祖先的生物，它们之间具有种属差别的基因组是由祖先基因组进化而来。两种生物在进化的阶段上越接近，它们的基因组相关性就越高。如果生物之间存在很近的亲缘关系，那么它们的基因组就会表现出同线性（Synteny），即基因序列的部分或全部保守。这样就可以利用模基因组之间编码顺序上和结构上的同源性，通过已知基因组的作图信息定位另外基因组中的基因，从而揭示基因潜在的功能、阐明物种进化关系及基因组的内在结构。生物其中一个特征是进化，比较基因组学同样以进化理论作为理论基石，同时其研究结果又前所未有地丰富和发展了进化理论。当在两种以上的基因组间进行序列比较时，实质上就得到了序列在系统发生树中的进化关系。基因组信息的增多使得在基因组水平上研究分子进化、基因功能成为可能。通过对多种生物基因组数据及其垂直进化、水平演化过程进行研究，就可以对与生命至关重要的基因的结构及其调控作用有所了解。但由于生物基因组中有1.5%~14.5%的基因与“横向迁移现象”有关，即基因可以在同时存在的种群间迁移，这样就会导致与进化无关的序列差异。因此在系统发生分析中需要建立较完整的生物进化模型，以避免基因转移和欠缺合适的多物种共有保守序列的影响。

三、真菌鉴定中的分子标记和系统发育分析

真菌核苷酸取代的速度（每年每个核苷酸位置有 10^{-9}~10^{-8} 取代）类似于细菌和大型真核生物。因此，真菌核糖体 RNA 基因和一些蛋白编码基因的序列分析，近些年来广泛用于真菌分类鉴定，使真菌分类学发展到真菌系统学。核酸序列分析是目前真菌分类和命名研究的热点方法和基本手段。通过核酸序列构建真菌系统发育树，进行系统发育分析，可以快速检测到真菌演化过程中所出现的代表各种分类等级的大量单一支系（Monophyletic Clades），为建立各分类等级的新分类单元提供有力证据。较之 DNA 杂交和 RFLP 等分析的结果，核酸序列更加准确稳定，具有广泛的可比性。由于特定基因以“分子钟”机制恒速变异，其序列差异程度能直接反映物种之间的亲缘关系。

在真菌中，一个物种内在的遗传多样性是形态表征或生理生化多样性难于体现的。相反，分子标记对于认识物种的遗传多样性和演化具有较高的解析度。真菌分类工作者的一个主要任务就是研究物种划分及物种间的亲缘关系。但是，由于物种在地球上的演化历史往往久远而复杂，趋同演化、平行进化（Parallel Evolution，由共同祖先分出来的后代以同样趋势进化的现象）、逆向进化（再获得祖先状态）、种间杂交、不完全谱系分选（Incomplete Lineage Sorting，是指由于物种分化时间极短，使得祖先基因的多态性在分化的物种里随机地固定下来）、基因重组（Gene Recombination）并存，人们很难把握哪些性状是共有衍征（Synapomorphy，从其最近共同祖先承袭而来的两个或多个支系共有的衍生性状），哪些性状为同塑性状（Homoplasy，是指没有共同祖先而趋同演化的性状），仅凭形态解剖特征、超微结构及生理生化指标，不易准确界定系统发育中的单系支系（Monophyletic Clades）。利用分子生物学数据特别是 DNA 核苷酸序列，结合生物信息学分析方法，可以快速发现大量单系支系，为建立各分类等级的新分类单元提供有力证据。

核酸序列分析需选用合适的靶序列，其必须存在于所有分类单元，并以适当的速率演化。同时，还可检测其碱基组成和密码子偏离。核糖体 RNA 和一部分管家基因序列广泛存在于所有生物细胞中，其转译产物具有至关重要的生理功能，并以稳定的速率进化。真

菌的 rRNA 为核糖体组成的关键成分，其转录前 rDNA 在系统发育研究中发挥了重要的作用。真菌 rDNA 包括 5S、5.8S、18S 和 28S rRNA 基因。它们在染色体上头尾相连，串联排列，相互之间由间隔区（ITS）分隔。rDNA 存在广泛，多拷贝，在长期进化中形成了高度的保守性和一定的变异性，可用于不同分类水平的系统学研究。ITS 序列不加入成熟核糖体，受到较小的选择压力，进化速率很快，表现出极为广泛的序列多态性，其在种内极为保守和一致，种间差异比较明显。因此 ITS 序列（包括 ITS1、ITS2 和 5.8S rRNA）常用于属内种间和亚种间的分类鉴别。此外，一些相似不同源的蛋白编码基因也被用于真菌的分子系统学分类，如线粒体细胞色素 C 氧化酶亚基 I（*COI*）基因、3-磷酸甘油醛脱氢酶基因（*gpd*）、β-微管蛋白基因（β-*tub*）、RNA 聚合酶 II 基因（*rpb*1 和 *rpb*2）、钙调蛋白基因（*cal*）、γ-肌动蛋白基因（*act*）、ATP 合成酶基因（*atp*6）、翻译延长因子 1α 基因（*EF*-1α）等（表 8-1）。然而，由于不同物种之间 DNA 进化速率不同，会出现基因树冲突；在单个担子果和子囊果，甚至纯培养物内部存在基因组内部变异，如存在平行同源或非直系同源基因拷贝，会导致过高估计种的数量。因此，仅仅使用长度有限的单基因片段不能准确地对真菌分类。采用多基因位点序列分析，即采用多基因系谱一致性系统发育种识别法（Genealogical Concordance Phylogenetic Species Recognition，GCPSR），是真菌鉴定和真菌多样性研究的行之有效的方法。

表 8-1　真菌鉴定常用的靶位基因

靶基因	应用
ITS 序列	真菌的物种鉴定和低分类等级的系统演化关系分析
28S 和 18S rRNA 基因	高分类等级（属以上）的系统演化关系分析；用于球囊菌门（Glomeromycota）真菌物种鉴定和系统发育分析
COI	卵菌纲（Oomycetes）物种鉴定
β-微管蛋白基因	青霉属（*Penicillium*）、曲霉属（*Aspergillus*）、块菌属（*Tuber*）物种鉴定
翻译延长因子 1α 基因	镰刀菌属（*Fusarium*）物种鉴定
EF-1α+ *rpb*2	肉座菌属（*Hypocrea*）、丛赤壳类真菌种内与种间差异分析
钙调蛋白基因	黑曲霉（*Aspergillus*）和刺盘孢属（*Colletotrichum*）物种鉴定
gpd	刺盘孢属（*Colletotrichum*）物种鉴定
γ-肌动蛋白基因	曲霉属物种鉴定

rDNA 的 ITS 是真菌鉴定首选的测定分析序列。ITS 序列用于真菌分类鉴定的主要优势在于其大小合适（约 500bp），引物通用性强，扩增成功率高，便于高通量测序与分析，而且在 GenBank 等数据库中存有最多的 DNA 片段序列，同时在 CBOL 的生命条形码数据库（The Barcode of Life Data Systems，BOLD）中收集有凭证标本（菌种）标识的真菌 ITS 等序列。ITS 序列被广泛应用于真菌的物种鉴定和低分类等级的系统演化关系分析。在子囊菌中，建立了肉座菌属（*Hypocrea*）与无性型木霉属物种的 DNA 条形码快速鉴定体系（TheTrichOKEY v 1.0），并成功地将分自土壤的 51 个木霉属菌株鉴定到已知菌种，而且发

现有 2 株菌可能是新种。在地衣型子囊菌中，通过对 28 个科、55 个属、107 个种的 351 份地衣标本的 ITS 序列分析表明，92.1%的物种存在 DNA 条形码间隔区（Barcoding Gap），96.3% 的标本可以鉴定到种。在担子菌中，ITS 可有效区分丝膜菌（*Cortinarius* ser. callochroi Bidaud、Moinne-Locc. 和 Reumaux 系）的 79 个种和鹅膏属的 36 个种。在植物病原锈菌中，ITS 可将金锈属（*Chrysomyxa*）（10 种）的 90%和栅锈菌属（*Melampsora*）（5 种）的 80%种类区分开。在接合菌中，除近缘种外，ITS 可以将毛霉目（Mucorales）其他种类区分开。在无性型真菌（Anamorphic Fungi），ITS 序列分析成功地应用于水生丝孢菌（Aquatic Hyphomycete）的鉴定中。建立了外生菌根真菌的分子鉴定数据库 UNITE（http：//unite. ut. ee/index. php），该数据库只收集经过分类专家可靠形态鉴定子实体标本的 ITS 序列，建立了有实物标本标识的 ITS 序列数据库。目前，UNITE 网已收录了约 150 属、1079 种的 2764 条 ITS 序列。ITS 作为外生菌根真菌鉴定序列，通过传统和高通量的 DNA 测序技术，广泛应用于森林生态系统中外生菌根真菌物种多样性的检测与鉴定中。目前主要利用 ITS 序列进行不产孢内生真菌的鉴定，并且经过真菌 ITS 序列种间变异率分析，大家普遍接受种间序列阈值为 97%的相似性。

目前在分子鉴定和系统学分析中常用的 DNA 数据库有 GenBank、EMBL、DDBJ 和 UNITE 等，其中 ITS 序列数量最大，如在 GenBank 中有 7 万多条 ITS 序列，但是至少 20% 的 ITS 序列没有凭证菌种或标本的注释，甚至有的序列来源于错误的物种鉴定。因此，在真菌鉴定时，选择基因库中与待鉴定菌株相关的 ITS 序列建立系统发育树时，要选择来自分类学家的可靠鉴定的标本或菌种的 ITS 序列，如 CBOL 建立的生命条形码数据库重点序列，以保证分子鉴定的可靠性。在 ITS 序列分析中，通常采用标准的分子系统学方法建立多种系统树，如邻接法（Neighbour-joining，NJ）、聚类法（Unweighted Pair-group Method with Arithmetic Means，UPGMA）、最大似然法（Maximum Likelihood，ML）、最大简约法（Maximum Parsimony，MP）和贝叶斯法（Bayes）。由于不同分析方法的运算时间差别很大，而且适用的条件不同，因此在使用时应根据需要进行选择，在不影响结果的前提下应选择最简单的方法。目前最常用的是 NJ 法，通过 MEGA 或 PAUP 计算种内和种间的遗传距离，根据距离计算结果建立聚类树。种间距离通常采用成对未校 EP 距离（pairwise uncorrected p-distance）或 Kimura-2 参数距离（Kimura-2-parameter distance，K2P）。K2P 是距离值很小时的最佳模型，也是 CBOL 推荐使用的距离计算模型。种内遗传距离通常采用 3 种参数，即 K2P 距离、平均 θ 值和平均溯祖度（Average Coalescent Depth）表示，其中平均 θ 值是指每个物种内不同个体间的平均 K2P 距离，目的是消除不同物种因采样个体数不均引起的偏差；平均溯祖度是指物种内所有个体间最大的 K2P 距离，用以反映种内最大变异范围。另外，在数据较多的时候，还可以进行多元尺度分析，以图的形式更直观地反映物种水平的分辨效果。

第三节　细菌鉴定实例

以根瘤菌新种——木垒中慢生根瘤菌（*Mesorhizobium muleiense*）为实例来说明细菌新种的鉴定方法。对于根瘤菌新种的鉴定，首先待鉴定的菌株数量至少应为大于等于两株。而木垒中慢生根瘤菌新种鉴定的供试菌株有 CCBAU 83963、CCBAU 83939 和 CCBAU

83908三株，其中CCBAU 83963代表了之前研究的新疆最大的鹰嘴豆根瘤菌基因群体。该菌株也被选择作为待鉴定种群的中心菌株，当然它也会被作为鉴定命名的新种群的模式菌株。对该种的鉴定采用了传统分类方法与现代系统学方法相结合的方法。

一、实验方法

1. 实验菌株的收集

实验菌株主要包括疑似新种的供试菌CCBAU 83963、CCBAU 83939和CCBAU 83908，以及在16S rDNA系统发育分析中与供试菌相似性大于97%的中慢生根瘤菌属的已知种的模式菌株。所需要的模式菌株可以通过中国农业大学根瘤菌研究中心的CCBAU根瘤菌库、中国科学院微生物菌种保藏中心（CGMCC）等菌种保藏机构索取或购买。获得研究菌株后，首先要进行16S rDNA基因的测序和比对分析，确保获得菌株的正确与否。

2. 培养基的制备

培养根瘤菌所用的经典培养基为YMA（Yeast-D-mannitol Agar）培养基和TY（Tryptone-Yeast）培养基。进行数值分类实验时需要用到White培养基、产H_2S培养基、V-P测定用培养基、淀粉水解实验用培养基等。相关培养基的配方参见相关参考文献。

3. 鉴定的方法步骤

（1）16S rRNA基因及持家基因的扩增、序列测定及系统发育分析　基因扩增的相关信息见表8-2。PCR产物经过1%的琼脂糖凝胶电泳检测后，送测序公司进行序列测定，其中16S rRNA基因测序采用的是两端测序的办法，测序结果还需要通过DNAMAN软件的序列组装（sequence assembly）功能进行完整序列的拼接；而其余几个基因则采用正向引物单端测序的办法。

表8-2　扩增相关基因及引物信息

基因名称	引物名称和序列
16S rRNA	P1：5′-AGA GTT TGA TCC TGG CTC AGA ACG AAC GCT-3′
	P6：5′-TAC GGC TAC CTT GTT ACG ACT TCA CCC C-3′
recA	recA 41F：5′-TTC GGC AAG GGM TCG RTS ATG-3′
	recA 640R：5′-ACA TSA CRC CGA TCT TCA TGC-3′
atpD	atpD 225F：5′-GCT SGG CCG CAT CMT SAA CGT C-3′
	atpD 782R：5′-GCC GAC ACT TCM GAA CNN GCC TG-3′
glnII	glnII 12F：5′-YAA GCT CGA GTA CAT YTG GCT-3′
	glnII 689R：5′-TGC ATG CCS GAG CCG TTC CA-3′

对测序结果预处理后，选择相应的参比菌株进行系统发育分析。其中16S rRNA基因采用了最大似然法，用的计算模型为K2+I+G，Bootstrap值为1000。而三个持家基因则采用邻接法，用的计算模型为K2，Bootstrap值也为1000。

（2）全细胞可溶性蛋白SDS-PAGE分析

①菌种样品的准备：将所有供试菌株先在M-YMA平板上活化，然后分别从平板上接

入 TY 液体培养基内，28℃恒温摇床振荡培养 4~5d，镜检培养物的纯度。将纯培养物转入已称重的无菌 1.5mL 离心管内，以 10000r/min 离心 2min 收集菌体。然后用 1×TES 离心洗涤菌体 3 次，并用枪头吸干净上清。再次称重含有菌体的离心管，计算出菌体的质量。最后用无菌的双蒸水悬浮菌体，使菌体的浓度为 40mg/mL，保存于-20℃冰箱中备用。

②热煮沸法准备 SDS-PAGE 上样样品：取 40mg/mL 的菌悬液加入等体积的 2 倍样品缓冲液，混合均匀后盖好盖子，用夹子固定盖子，在 100℃沸水浴中煮沸变性 10min。变性后的样品，保存于-20℃冰箱内。

③聚丙烯酰胺凝胶的制备：实验采用不连续电泳系统，浓缩胶和分离胶的浓度分别为 5%和 15%。

④上样与电泳：将准备好的样品从-20℃冰箱取出，置冰上融化，再经过沸水浴变性 5min 处理，冷却至室温后上样。上样量为 8μL，电泳的缓冲液为 pH 8.8 的 Tris-甘氨酸溶液。在电压为 80V 下完成全蛋白样品在浓缩胶的浓缩。待溴酚蓝前沿进入分离胶时，加大电压到 300V，继续电泳 6h。为了防止因电泳产生过多的热量导致电泳不均匀，要做好降温处理：上样后，将电泳槽放入 4℃冰箱内，整个电泳过程在冰箱中恒温完成。

⑤凝胶染色和结果获取：实验采用高灵敏度的银染法。操作的全过程要求使用去离子水和戴一次性手套，并且所用的器皿也要先用盐酸浸泡，再用去离子水冲洗干净。电泳结束后，打开玻璃片，使凝胶暴露出来。用干净的刀片小心地切除浓缩胶，把剩余的分离胶转入盛有固定液的直径约 300mm 的玻璃培养皿内，室温下在摇床上温和摇动过夜固定，以促进胶上蛋白质的沉淀，同时使 SDS 从凝胶中扩散出来。固定完成后，弃去固定液，加入浸泡液，室温下温和摇动 30min；用去离子水洗胶 3 次，每次 5min；弃去洗胶用的去离子水，加入新配制的硝酸银染色溶液，在摇床上黑暗条件下温和摇动染色 20min，弃去染色液后再用去离子水冲洗凝胶的两面三次，每次约 10 s；弃去去离子水，并加入显色液，将一张白纸放在玻璃培养皿下边作为背景，在摇床上缓慢摇动，显色数分钟。染色过程中要一直观察，待蛋白条带颜色深浅适宜时，立即加入终止液终止染色 10min 以上。最后，弃去终止液，并加入 10%甘油，浸泡大约 30min，然后用扫胶仪获取照片。

（3）基因组 DNA（G+C）mol%含量测定与 DNA 同源性分析

①菌体培养和收集：将冰箱保存菌株接种至 M-YMA 平板上活化培养，然后接种 200mL TY 液体培养基，28℃ 180r/min 振荡培养。待培养至对数生长中后期时，镜检确认没有污染杂菌。将培养菌液分装于无菌的 50mL 离心管，4℃ 5000r/min 离心 20min 收集菌体，用无菌的 1×TES 或者 0.85%生理盐水悬浮菌体。相同条件下离心洗涤菌体 3 次。

②根瘤菌基因组总 DNA 的大量提取：以 20mL/2g 湿菌体的标准向洗涤收集的菌体内加入 1×TES，重新振荡混匀悬浮菌体，然后向菌悬液内加入 50mg/mL 的溶菌酶 0.25mL，混匀后置 37℃恒温水浴摇床上，以 80r/min 的转速振荡反应 30~60min；从摇床上取下离心管，向菌悬液内加入 1/10 体积的 20%的 SDS 溶液，混匀后 55℃恒温水浴静置保温 10min，水浴后在空气中缓慢冷却至室温；向体系中加入 200μL 蛋白酶 K 溶液，混匀后 55℃水浴摇床温和振荡 30~60min；反应结束后，向体系中加入 5mL $NaClO_4$ 溶液，混合均匀；向体系中加入等体积的酚：氯仿：异戊醇混合溶液（25：24：1，提前配好并在 4℃冰箱中静置保存过夜），加好离心管盖子，然后室温下在摇床上充分振荡（约振荡 20min）使其呈乳浊液，再 4℃ 5000r/min 离心 20min，分离有机溶剂相和水相。离心后，用大口枪

头将上清小心地转移到一个干净离心管内（不要吸到下层有机相）。然后，加入等体积的酚：氯仿：异戊醇混合溶液，如前所述重复抽提 3~5 次，直至两相间没有蛋白膜出现为止。最后一次抽提并离心后，将上清小心地转移到一个干净的离心管中，然后加入 RNase 使得酶的终浓度达到 60μg/mL，37℃ 恒温水浴保温 30~60min。最后向体系中加入等体积的氯仿：异戊醇（24：1）混合溶液，室温下充分振荡 20min，然后 4℃ 5000r/min 离心 20min，将上清小心地转移到小烧杯中，并立即放冰上预冷，然后向烧杯中加入 1/10 体积的预冷的 3mol/L NaAc-1mmol/L EDTA-Na_2 及等体积的冷异戊醇，轻轻摇动混匀，冰浴沉淀 DNA，并用干净无菌的玻璃棒在烧杯的液体中缓缓转动，缠起沉淀析出的 DNA，并小心地放入盛有 70%乙醇的小离心管内，封口并做好标记后，于 4℃ 冰箱中过夜，以去除无机盐和有机溶剂；从 70%的乙醇中取出缠有 DNA 的玻璃棒，放入盛有 95%乙醇的小离心管内脱水 10min；取出玻璃棒，室温下风干 DNA；最终将风干的 DNA 溶解到 1 mL 0.1×SSC 溶液中。

③基因组总 DNA 的浓度和纯度的检测：在分光光度计上，将上步得到的基因组总 DNA 溶液首先调节浓度到 $A_{260}=0.2\sim0.5$，然后分别测量 230、260 和 280nm 三个波长下的吸光度值（A），如果 $A_{260}:A_{280}:A_{230}\geqslant1:0.515:0.450$，说明 DNA 样品是合格的；倘若 A_{230} 和 A_{280} 与 A_{260} 的比值分别大于 0.450 和 0.515，则得到的 DNA 样品需要重复提取过程中的去除蛋白或者去除 RNA 的步骤，直至三个波长下吸光值的比值符合条件为止。DNA 浓度要求 $A_{260}\geqslant2.0$，即 ≥100μg/mL。

④基因组总 DNA 的 T_m 值及 G+C 含量的测定：采用热变性温度法测定基因组总 DNA 的 T_m 值及（G+C）mol%含量。

由于 T_m 值的测定受离子强度影响较大，要求所有供试菌株的基因组总 DNA 样品的溶解和稀释使用来自同一批次配制的 10×SSC 母液，这样可以很好地消除实验的系统误差。供试菌株的基因组总 DNA 用 0.1×SSC 溶液调节浓度至 $A_{260}=0.2\sim0.5$；同时采用 *E. coli* K-12 菌株的基因组总 DNA 作为参比，以消除测定仪器和温度等系统误差。测定仪器由三部分组成，即 LambdaBio 35 型紫外分光光度计（PE 公司），PTP-1 温度控制仪及水浴循环仪。测定过程由 Lambda Bio 35 和 Templab 等软件自动控制：起始温度为 65℃，终止温度为 95℃，温度为每分钟升高 1℃，且每隔 0.1℃ 测量一次 A_{260} 值。当测定过程结束后，软件会自动给出测试 DNA 的 T_m 值。然后按照在 0.1×SSC 溶液中的下列公式计算（G+C）mol%。

$$(G+C)\ mol\% = 51.2+2.08\times(T_{m\,X}-T_{m\,R})$$

公式中，$T_{m\,X}$ 为待测菌株 DNA 的 T_m 值，而 $T_{m\,R}$ 表示 *E. coli* K-12 的基因组 DNA 的 T_m 值。

⑤基因组总 DNA 的液相杂交：采用液相复性速率法测定基因组总 DNA 的同源性。

a. 样品 DNA 的剪切：将检测合格的待测 DNA 样品用同一来源的 0.1×SSC 缓冲液调节，使 $A_{260}=2.00$ 左右。取 3mL 的样品置无菌的离心管中，在细胞超声波破碎仪上进行剪切。设置输出功率 40 W，然后以超声破碎 3s，间隔 4s 的模式在冰浴中进行 DNA 的剪切，共剪切 90 次。剪切结束后，将样品反复颠倒几次以混匀样品。同样条件下，重复该超声破碎过程 4 次。剪切结束后，在 1%的琼脂糖凝胶上电泳检测，此时剪切后的 DNA 样品的片段大小应该集中在 300~800bp 的范围。

b. DNA 变性和复性速率的测定

（a）将剪切好的 DNA 样品以每毫升 DNA 样品加入 0.24mL 10×SSC 缓冲液为标准，调节缓冲液为 2×SSC 的体系。杂交过程为：首先用 2×SSC 缓冲液进行杂交仪系统调零，然后取 0.4mL 用于杂交的单个 DNA 样品分别进行自身复性试验，最后把要杂交的两个样品各取 0.2mL 混合均匀，放入比色杯中，并插入温度传感器探头，用温度控制仪（PTP-1）控制杂交的温度。

（b）DNA 样品均在 98~100℃变性 15min，然后人工调节温度到复性温度。复性温度取决于根瘤菌不同属的（G+C）mol%含量。复性温度计算的公式为：Tor = 47.0+0.51×（G+C）mol%。当盛样品的比色杯温度降至最适复性温度时，Lambda Bio 35 紫外分光光度计开始实时测定 A_{260} 值，计算机上软件记录并计算和显示吸光值随时间变化的曲线即复性曲线，该曲线的斜率即为 DNA 样品的复性速率。复性反应过程持续 30min。

（c）DNA-DNA 同源性的计算

根据下面的公式，计算 DNA-DNA 同源性 $H\%$：

$$H\% = \frac{4V_m - (V_a + V_b)}{2\sqrt{V_a + V_b}}$$

注：V_a 和 V_b 分别表示样品 A 和 B 的自身复性速率；V_m 表示样品 A 和 B 等量混合后的杂交复性速率。

（4）表型性状的测定

①唯一碳源的利用：选用 47 种碳源来测定供试菌株的利用能力。碳源分别配制成 1% 的溶液，除了不耐高温的半乳糖、D-核糖、尿素和木糖等采用过滤除菌外，其余的均在 8 磅/平方英寸灭菌 20min。测试碳源 C1~C47 分别罗列如下：己二酸、D-阿拉伯糖醇（D-树胶糖醇）、D-阿拉伯糖（D-树胶醛糖）、菊糖、葡萄糖酸钙、丙二酸钙、糊精、半乳糖醇（甜醇）、内消旋赤藓醇、D-苦杏仁苷、D（+）-半乳糖、无水葡萄糖、肌醇、D-果糖、乳糖、dl-苹果酸钠、麦芽糖、蜜二糖、D-松三糖、D-甘露糖、丙酮酸钠、棉子糖、L-鼠李糖、水杨苷（水杨素）、D-核糖、乙酸钠、柠檬酸钠、甲酸钠、D-葡萄糖酸钠、马尿酸钠、琥珀酸钠、D-山梨糖醇、山梨糖、淀粉、蔗糖、丁香酸、酒石酸钠、海藻糖、香草酸、D-木糖、L-精氨酸、甘氨酸、*dl*-天冬酰胺、L-脯氨酸、松二糖、L-甲硫氨酸、L-苏氨酸。

将 CS7 微量元素液按照 1%的体积比与 White 培养基的 A 组分混合均匀，并以 45mL 的量分装后灭菌。向灭过菌的碳源溶液 5mL 中加入 White B 组分 0.375mL，混合均匀后，加入冷却至 55℃左右的上述灭菌的 White A 培养基中，使碳源的终浓度为 1g/L，在超净台内混合均匀并倒平板。

离心收集培养好的菌体，并用生理盐水洗涤三次，最终用生理盐水悬浮菌体，调配菌悬液为大约 10^8 个/mL。然后菌悬液按照记录的顺序加入灭菌的多孔磁盘的孔内，用无菌的与多孔磁盘配套的多点接种器将孔内的菌悬液对应地接种于含不同碳源的培养基平板上，以 M-YMA 平板为阳性对照接种，同时以不加任何碳源的 White 培养基平板为阴性对照。接种后，待菌液被吸收后，所有平板 28℃倒置培养 4 d。培养 4 d 后，每天观察结果。待菌落大小适宜时，取出记录结果。

②唯一氮源的利用：共选取 14 种氮源，测定其被供试菌的利用能力。N1~N14 分别为 dl-丙氨酸、L-精氨酸、L-天冬氨酸、L-胱氨酸、D-谷氨酸、L（+）-谷氨酸、次黄嘌呤、L-异亮氨酸、L-赖氨酸、L-苯丙氨酸、D-苏氨酸、L-缬氨酸、L-甲硫氨酸、L-苏

氨酸。

培养基的配制与碳源测定基本相同，要将 White 培养基 A 组分内的 $NaNO_3$ 换成所要测定的氮源，使终浓度为 1g/L，并且加入 10g/L 的甘露醇作为碳源，另外所用琼脂粉要用高质量的无氮的纯化琼脂粉，以 M-YMA 平板为阳性对照，无氮平板为阴性对照。菌株的接种及结果的观察同碳源利用实验。

③对抗生素抗性的测定：实验选用 9 种抗生素，每种抗生素设定 4 个浓度梯度。所选抗生素为：新霉素（Neomycin）、硫酸链霉素（Streptomycin sulfate）、壮观霉素（Spectinomycin）、硫酸卡那霉素（Kanamycin sulfate）、氨苄西林（Ampicillin）、红霉素（Erythromycin）、庆大霉素（Gentamycin）、氯霉素（Chloramphenicol）和四环素（Tetracycline）。首先溶解上述抗生素，除了氯霉素和红霉素溶剂为乙醇，其他均溶于去离子水中，稀释至适当浓度，并过滤除菌备用。测定抗生素抗性所用的基础培养基为 M-YMA。加入抗生素的方法为：灭菌的培养基冷却至 55℃左右，加入相应的抗生素，使终浓度分别为 5、50、100 和 300μg/mL，与培养基混合均匀后，倒平板，做好标记，包括抗生素的种类和浓度。以不加抗生素的 M-YMA 平板作为阳性对照。菌株的接种、培养、结果观察和记录等方法同上。

④耐盐性检测：测定供试菌株对以下 5 种 NaCl 浓度的耐性：1%、2%、3%、4%和 5%，所用基础培养基为 M-YMA，分别配制含相应 NaCl 浓度的基础培养基并灭菌和倒平板。以正常的 M-YMA 平板为阳性对照。菌株的接种、培养、结果观察和记录等方法同上。

⑤耐酸碱性分析：用 M-YMA 作为基础培养基，在倒平板前，用灭菌的 0.1mol/L 的 HCl 和 NaOH 调节 pH 为 4.0、5.0、9.0 和 10.0，以 pH 为 7.0 的 M-YMA 平板为阳性对照。菌株的接种、培养、结果观察和记录等方法同上。

⑥生长温度范围的测定：选用四个温度即 4℃、10℃、37℃和 60℃进行测定，并且以 28℃作为阳性对照温度，培养基平板均为 M-YMA，菌株的接种、培养、结果观察和记录等方法同上。

⑦过氧化氢酶（触酶）活性试验：将供试菌接种于 M-YMA 平板上，在 28℃培养一周后，在菌苔上滴加 1 mL 3%的 H_2O_2 溶液，并且当即开始计时观察结果，5min 出现气泡的菌株即为过氧化氢酶阳性，不出现气泡的为阴性。

⑧氧化酶活性测定：供试菌在 M-YMA 平板上活化培养，以幼龄菌苔为最佳。放一片新华滤纸片到洁净的培养皿内，然后滴加 1%的四甲基对苯二胺盐酸溶液润湿滤纸片，最后用无菌牙签挑取幼龄的菌苔在滤纸片上划线，并开始计时，10 s 内变紫色者为阳性，不变色者为阴性。

⑨硝酸盐还原反应：硝酸盐还原培养基以 5mL/管分装到试管中，然后在 121℃ 灭菌 30min。向试管培养基内接种供试菌株，在 28℃培养并分别在第 2、5 和 7d 后检查硝酸盐还原情况，以不接菌的培养基为阴性对照。检查方法为：向瓷白色比色器皿中加入一滴菌液，再加入 Griess 试剂 A、B 液各一滴，呈现橙色的为反应阳性；如果不出现橙色，则要加入 1~2 滴二苯胺试剂进一步检查，如果出现蓝色反应，则记为反应阴性，否则仍然记录为反应阳性。

⑩肉汤生长试验：首先将肉汤蛋白胨培养液以 5mL/管分装到试管中，121℃ 灭菌

30min。接种则用接种环挑取少许的菌苔接于培养液内，以不接菌的培养液为阴性对照，在28℃恒温培养箱内培养5d后观察和记录结果，根据培养液是否浑浊判定是否生长。

⑪水解淀粉测定试验：向R2A培养基内添加淀粉，使终浓度为0.2%，混匀后倒平板。向平板上划线接种供试菌，并在28℃恒温培养箱中培养一周后取出，向平板上滴加卢卡碘液，菌落周围如果不显蓝色或者显蓝色但是比周围蓝色浅，则记录为淀粉水解阳性。

⑫Voges-Proskauer（V.P.）测定实验：葡萄糖蛋白胨水培养基内接入活化的待测菌株，28℃恒温摇床振荡培养2~6d后，取出培养液与40% NaOH溶液等量混合，并加入少许肌酸（可用α-萘酚代替）混合均匀，10min后若培养液出现红色，记为试验阳性。

⑬产硫化氢（H_2S）试验：用无菌接种环挑取活化后的待测菌株，沿着硫酸亚铁琼脂培养基试管管壁穿刺接种，以不接种的空白培养基作为阴性对照，在28℃培养1~2d后，观察记录试验结果。如果培养基变黑色，记录为产硫化氢阳性，不变色则记为阴性。

⑭BTB产酸产碱反应：用溴百里麝香草酚蓝（BTB）配制0.5%的乙醇溶液，然后按照0.5%（体积分数）的终浓度加入M-YMA培养基中，调pH到7.0，此时培养基呈现草绿色。培养基121℃ 灭菌30min。倒置平板，将供试菌株点入平板上，每个皿点三点，在28℃下培养3~7d后观察结果：产酸变黄或者产碱变蓝为阳性，不变色的即为不产酸碱的菌株，记为阴性。

⑮对染料刚果红（Congo Red）的抗性：刚果红按照一定的浓度溶于热水中，然后加入基础培养基M-YMA，使终浓度为0.1%，混合均匀并灭菌和倒平板。菌株的接种、培养、结果观察和记录等方法同抗生素抗性测定实验。

（5）供试菌株脂肪酸含量的测定

①供试菌株样品的准备：首先将供试菌株包括鹰嘴豆根瘤菌代表菌株和参比菌株在M-YMA培养基平板上活化；从平板接种到TY液体培养基中，在28℃恒温摇床上振荡培养至对数生长中期；用无菌的50mL离心管在5000r/min的转速下离心收集菌体，并用灭过菌的生理盐水离心洗涤菌体三次，最终用无菌的移液器移除上清。

②样品的皂化：取干燥、无菌且带有螺旋盖子的规格为13 mm×100mm玻璃试管，然后按照增量法用无菌的长把小铲子将大约40mg上步得到的湿菌体转移到试管底部，然后加入1 mL皂化试剂，拧紧螺旋盖并用漩涡仪振荡试管5~10 s，让菌体充分分散。待所有样品如上述步骤加好皂化试剂后，将盛样品和皂化试剂的试管放入试管架上，并将试管架放入沸水浴中（95~100℃）加热5min，然后取出试管架，在室温下轻微冷却，再次振荡试管5~10 s并再次放入沸水浴中。此时，要检查试管是否密封完好，方法为：观察试管底部的液体中是否有气泡产生，如果有气泡，需要检查螺旋盖是否拧紧；如果仍然产气泡，此时，必须取出样品，室温下自然冷却后将样品用移液器转移到新的同样规格的干燥无菌的试管底部。全部检查密封性完好后，继续计时煮沸样品25min。样品一共在水浴中皂化了30min，时间到后取出试管架，并且在室温下自然冷却。

③样品的甲基化：当样品皂化并冷却至室温后，打开螺旋盖，向样品中加入2.0mL甲基化试剂，然后，拧紧螺旋盖并振荡5~10 s混匀，之后在80℃的水浴中加热10min，计时结束后，快速将试管架取出并放入事先准备好的盛有自来水的容器内降温。该步骤要严格控制水浴的温度及时间，以避免羟基酸和环式脂肪酸等受到破坏。

④样品的萃取：向冷却的甲基化的样品中加入1.25mL萃取试剂，拧紧盖子并振荡

10min；静置分层后，用洁净的移液管小心地移除掉下层的水相部分，留下上层的有机相。

⑤脂肪酸组分的测定：首先向剩余有机相中加入 3mL 洗涤试剂和几滴饱和的 NaCl 水溶液，拧紧盖子振荡 5min，并在 2000r/min 下离心 3 min，然后用洁净的移液器小心吸取和转移约三分之二的上层有机相到洁净的 GC 样品小瓶子内（注意不能吸到下层水相，样品可以在 4℃ 冰箱中保存数日）。最后，使用 MIDI Sherlock 微生物鉴定系统（Sherlock license CD v 6.0）分析供试菌株的脂肪酸的组成成分及含量，将结果在数据库 TSBA6 中比对，从脂肪酸角度提供细菌分类地位的相关信息。

（6）极性脂种类的鉴定

①供试菌株的培养和菌体的收集：将供试菌在 M-YMA 平板上活化培养，接种于 M-YM 液体培养基中，在 28℃ 恒温摇床上振荡培养至对数生长后期，然后用无菌的离心管以 5000r/min 的转速离心收集菌体，并用生理盐水洗涤离心 3 次。

②样品极性脂的提取：将大约 200mg 湿菌体转移到容积为 40mL 带有螺纹盖的洁净的离心管底部，用玻璃移液管向试管中加入 15mL 甲醇，拧紧盖子并振荡混匀；在约 100℃ 的沸水浴中煮沸 5min，取出离心管自然冷却至室温；加入 10mL 氯仿和 6mL 0.5% NaCl，拧紧盖子，在室温下的小摇床上，高速剧烈振荡 10min，8000r/min 离心 10min，静置分层并吸取下层到旋转蒸发仪的旋转圆口瓶里，用减压旋转蒸发仪在 40℃ 下浓缩抽干；然后，分两次加入氯仿/甲醇混合液（2∶1，体积比），每次加入 200μL，并用混合液冲洗器壁多次，使脂类完全溶解下来，脂类溶解液吸取到 1.5mL EP 管内，然后 8000r/min 离心 10min，去除沉淀。如果发现出现分层现象，去除上层的泡沫，样品保存于 4℃ 冰箱备用。

③提取样品中磷脂的初步鉴定：使用青岛化工生产的 10cm×10cm H 板，用铅笔在 H 板底部大约 1cm 处划线标记，作为点样线，在横线中点处点加 7～8 滴样品溶液，配制展层剂即氯仿∶冰醋酸∶甲醇∶去离子水 =80∶18∶12∶5（体积比）四种有机溶剂的混合液，都是 HPLC 级的，需要现用现配；然后将展层剂注入层析槽内，将点加样品端朝下放入展层剂内，斜靠在玻璃壁上，密闭层析。层析结束后，让 H 板自然风干，用钼蓝试剂喷雾显色，最后根据蓝色斑点初步分析提取的磷脂是否成功以及含量的大小。

④提取样品双相薄层层析：使用相同规格的 H 板，用铅笔在 H 板距离底边与侧边 1.5cm×1.5cm 处做点标记，作为点样处；在对角的两边分别在离边 1.5cm 处划线，作为两相层析的顶边线。在层析缸中，使用氯仿∶甲醇∶蒸馏水 =14∶6∶1（体积比）混合液作为第一相的展开剂，当第一相层析至顶边 1.5cm 的顶边标记线处时候，取出层析板，自然风干后使用吹风机逐行吹干；然后用氯仿∶甲醇∶冰醋酸 =13∶5∶2（体积比）作为第二相展层剂，再次密闭层析，待层析至第二相层析顶边标记线处，取出展板，自然风干。

⑤样品双相层析结果的显色：在抽风工作台内，距离 H 板 10～15cm 处采用气泵压缩喷雾显色试剂。

a. 钼蓝显色：以不喷湿 H 板为宜，无需加热，着色后立即出现的蓝色斑点即为磷酸类脂质。

b. 茴香醛显色：喷雾显色剂后，在 110℃ 下加热 6～10min，显示黄绿色斑点且钼蓝试剂显色为蓝色的为含糖的磷脂。

c. α-萘酚显色：喷雾显色剂后，在 100℃ 加热 3～5min，显示红色斑点的为糖脂。

d. 茚三酮显色：喷雾显色剂后，在100℃加热6~10min，显示红色斑点则表明含有氨基结构。该显色过程可以对含有葡萄糖胺的PE（磷脂酰乙醇胺）、PME（磷脂酰甲基乙醇胺）和未知的磷脂特异性显色，但是不能对含有氨基的PC特异性显色。

e. 磷脂组成分析：因为细菌所含磷脂种类的多样性，没有任何一种显色剂可以用来显色所有的组分，需要用几种显色剂相互显色和比较。方法为：同一样品做三个展层，第一块展层板用于钼蓝试剂的显色，蓝色斑点包括磷脂、含糖磷脂、含氨基的磷脂以及其他磷脂；第二块展层板则先用茴香醛试剂显色，记录显色位点后，然后用钼蓝试剂显色，再记录显色位点，并跟第一块展层板比较，蓝色斑点为磷脂［PI（磷脂酰肌醇）、PC（磷脂酰胆碱）、PE、PME及其他类型的磷脂］，而黄色斑点且钼蓝显色呈蓝色的为含糖的磷脂；第三块展层板先用茚三酮试剂显色，斑点为红色的是含有氨基结构或者含有葡萄糖胺的磷脂，记录位点后，再用钼蓝试剂显色，同样记录位点后与第一块展板比较，蓝色斑点在PE和PME的位置先显红色然后显蓝色的就是PE或者PME。含氨基的PC与茚三酮不发生反应，因此，不显红色。先显示红色而钼蓝显色后不再显蓝色的是糖脂。

（7）交叉结瘤试验　需要检测标准菌株与蒺藜苜蓿（*Medicago truncatula*）、红三叶草（*Trifolium pretense*）、豌豆（*Pisum sativum*）、蚕豆（*Vicia faba*）、菜豆（*Phaseolus vulgaris*）、紫云英（*Astragalus sinicus*）、大豆（*Glycine max*）和豇豆（*Vigna unguiculata*）的交叉结瘤状况。

二、实验结果

1. 16S rRNA 基因和持家基因的系统发育分析

16S rRNA基因作为细菌进化的标尺，通过该序列可以快速确定菌株在属水平上的定位。选用中慢生根瘤菌属的22个已知种群模式菌株与三个代表菌株的16S rRNA基因，以菌株豌豆根瘤菌（*R. leguminosarum*）USDA 2370^T 的16S rRNA基因作为外分支，用MEGA 5.05软件，选择K2+I+G模型构建16S rRNA基因序列的ML系统发育树。从系统发育树上可以看到，代表菌株聚为独立的一群，相似性为99.8%；距离较近的菌株有刺槐中慢生根瘤菌（*M. robiniae*）CCNWYC 115^T、温带中慢生根瘤菌（*M. temperatum*）$SDW018^T$ 和地中海中慢生根瘤菌（*M. mediterraneum*）LMG 17148^T，并且除了硫恒河中间根瘤菌（*M. thiogangeticum*）SJT^T 之外所有中慢生已知种的相似性都≥97%，而与外分支豌豆根瘤菌（*R. leguminosarum*）USDA 2370^T 的距离较远。所以，代表菌株属于中慢生根瘤菌属（*Mesorhizobium*）。

多位点序列分析是将几个持家基因序列按照一定的顺序串联合并后形成一个新的长序列，然后对新序列进行系统发育分析进而研究细菌的进化。该方法在根瘤菌分类学和系统发育学研究中广泛应用。从三个持家基因 *atpD*、*recA* 和 *glnII* 的MLSA系统发育树可以看到，鹰嘴豆根瘤菌的三个代表菌株聚为一个不同于其他中慢生根瘤菌属已知种的独立群，且三个代表菌株之间的相似性为97.9%~99.5%，遗传距离较近的种的相似性水平分别为 *M. temperatum*（96.0%~96.5%）、*M. mediterraneum*（95.0%~95.6%）和 *M. robiniae*（94.0%~94.7%），且持家基因的MLSA树很好地支持了16S rRNA基因的系统发育结果。

2. 全细胞可溶性蛋白 SDS-PAGE 分析

SDS-PAGE法广泛用于研究样品的蛋白质组成的差异。细菌样品的SDS-PAGE分析，可以得到不同细菌菌株在特定生理条件下的蛋白质组成图谱，显示出不同细菌种表达蛋白种类的差异，用于区分不同种的细菌。三个待测菌株 CCBAU 83963、CCBAU 83939 和 CCBAU 83908 的全细胞蛋白图谱非常相似，表现出与其他中慢生参比菌株蛋白图谱的不同，说明待测菌株可能代表了一个中慢生根瘤菌属的新种群。从全细胞蛋白电泳结果的 UPGMG 聚类树可以看出，在约 97%的相似性水平下，内参菌株被划分为一个种的分支。可以得出，所有中慢生根瘤菌属的种均被很好地分开，并且鹰嘴豆根瘤菌的三个代表菌株在种水平上很好地聚为一个独立的群。地中海中慢生根瘤菌（*M. mediterraneum*）USDA 3392^T 相似性很高，接近 97%，由此可以推测三个代表菌株应该代表一个中慢生根瘤菌属的新种群。

3. 基因组 DNA 的同源性分析和（G+C）mol%含量的测定结果

DNA 的（G+C）mol%含量测定结果显示三个代表菌株的含量在 60.6%~61.2%的范围内，而中慢生根瘤菌属的（G+C）mol%含量在 59%~64%的范围内，表明三个代表菌株属于中慢生根瘤菌属。

DNA-DNA 杂交是在种的水平鉴定细菌的一个“黄金法则”。该研究选取新疆鹰嘴豆根瘤菌的三个代表菌株进行群内基因组 DNA 的自杂交，然后选取 CCBAU 83963^T 作为代表，又与中慢生根瘤菌属的 20 个已知种的模式菌株分别进行 DNA 杂交。这 20 个种的 16S rRNA 基因跟三个代表菌株的相似性均大于 97%，CCBAU 83963^T 与 CCBAU 83908 和 CCBAU 83939 的群内 DNA 杂交结果分别为 99.88% ±0.17%和 97.02% ±2.66%，杂交值都大于 70%的定种标准，表明三个代表菌株应归属同一个种；CCBAU 83963^T 与 20 个中慢生参比菌株的 DNA 杂交值在 15.28%~50.97%，明显小于 70%的标准，进一步表明三个代表菌株代表了中慢生根瘤菌属的一个新种。

4. 代表菌株的表型特征和数值分类结果

选择鹰嘴豆根瘤菌代表菌株 CCBAU 83963^T 和中慢生根瘤菌属中 16S rRNA 基因相似性最大的 8 个种的模式菌株，即：温带中慢生根瘤菌（*M. temperatum*）SDW 018^T、锦鸡儿中慢生根瘤菌（*M. caraganae*）CCBAU 11299^T、天山中慢生根瘤菌（*M. tianshanense*）CCBAU 3306^T、戈壁中慢生根瘤菌（*M. gobiense*）CCBAU 83330^T、刺槐中慢生根瘤菌（*M. robiniae*）CCNWYC 115^T、耐重金属中慢生根瘤菌（*M. metallidurans*）LMG 24485^T、塔里木中慢生根瘤菌（*M. tarimense*）CCBAU 83306^T 和地中海中慢生根瘤菌（*M. mediterraneum*）USDA 3392^T，进行唯一碳源的利用、唯一氮源的利用和对抗生素的抗性实验。结果表明，CCBAU 83963^T 可以利用 D-阿拉伯糖、L-阿拉伯糖、菊糖、葡萄糖酸钙、内消旋赤藓醇、D（+）-半乳糖、葡萄糖、D-果糖、D-甘露糖、L-鼠李糖、D-核糖、乙酸钠、D-山梨糖醇、蔗糖、海藻糖、D-木糖和 L-脯氨酸作为唯一的碳源生长，而不能利用 D-松三糖和己二酸。同时，CCBAU 83963^T 可以利用 L-精氨酸、L-胱氨酸、DL-α-丙氨酸、次黄嘌呤、L-异亮氨酸、L-赖氨酸、L-缬氨酸、L-甲硫氨酸和 L-苏氨酸作为唯一的氮源生长，而不能利用 L-天冬氨酸、D-谷氨酸、L（+）-谷氨酸、L-苯丙氨酸和 D-苏氨酸。同时 CCBAU 83963^T 可以分别在含有 5μg/mL 新霉素、硫酸卡那霉素、庆大霉素、氯霉素或者四环素的 M-YMA 平板上生长，并且能在含有 300μg/mL 红霉素的 M-YMA 平板上生长。

5. 代表菌株的生理生化试验结果

新疆鹰嘴豆根瘤菌代表菌株 CCBAU 83963^T 能够在 pH 范围为 6~9 的 M-YMA 平板上

生长，最适宜的 pH 为 6~8。4、10、37 和 60℃处理 10min 都不能生长，最适宜生长温度为 28℃。在含有 0.1% BTB 的 M-YMA 平板上可以生长并产酸。能在含有 0.1% 刚果红的 M-YMA 平板上生长。有过氧化氢酶活性和弱的淀粉酶活性，没有氧化酶活性，不能还原硝酸盐。不产 H_2S，V.P. 实验结果为阴性。不能利用肉汤培养基生长，且不能在 NaCl 浓度≥1%的 M-YMA 平板上生长。

6. 脂肪酸含量测定结果

不同属的细菌脂肪酸组成成分及含量具有较明显的差异。因而细胞脂肪酸组分及含量分析可以作为微生物种水平鉴定的一个重要性状，近些年来在微生物分类学中得到较广泛的应用。选择 CCBAU 83963^T 及 16S rRNA 基因相似性最大的 8 个模式菌株，即 *M. temperatum* SDW018^T、*M. caraganae* CCBAU 11299^T、*M. tianshanense* CCBAU 3306^T、*M. gobiense* CCBAU 83330^T、*M. robiniae* CCNWYC 115^T、*M. metallidurans* LMG 24485^T、*M. tarimense* CCBAU 83306^T 和 *M. mediterraneum* USDA 3392^T 进行细胞脂肪酸含量的测定。结果表明，所有供试菌株除了含有 16∶0、17∶0、17∶0 iso、18∶0、19∶0 cyclo *ω8c* 和不能分开的脂肪酸 8（18∶1 *ω7c* 或 17∶1 iso *ω9c*）等中慢生根瘤菌属菌株特有的脂肪酸以外，还以 18∶1 *ω*9c、18∶1 *ω*7c 11-甲基、20∶2 *ω*6，9*c* 和不能分开的脂肪酸 3（16∶1 *ω7c*/16∶1 *ω6c* 或 16∶1 *ω6c*/16∶1 *ω7c*）等作为含量较高的四种脂肪酸。而代表菌株 CCBAU 83963^T 区别于其他 8 个中慢生模式种，其高含量的脂肪酸是 19∶0 cyclo *ω8c*（44.88%）和 17∶0 iso（3.62%），表明代表菌株属于中慢生根瘤菌属，但是又不同于其他的已知种，可能代表一个新种群。

7. 极性脂鉴定结果

极性脂鉴定结果表明，菌株 CCBAU 83963^T 含有磷脂酰胆碱、磷脂酰乙醇胺和磷脂酰甘油作为其主要的极性脂组成成分，同时还含有磷脂酰-*N*-二甲基乙醇胺、含鸟氨酸的脂质和磷脂作为其小量的组成成分。选用茚三酮作为显色剂，并在 100℃加热 5min 后检测，磷脂酰乙醇胺和含鸟氨酸的脂质是主要的两种氨基脂。在该菌株中没发现糖脂。

8. 交叉结瘤试验结果

交叉结瘤试验结果表明，新疆鹰嘴豆根瘤菌代表菌株 CCBAU 83963^T 在实验室光照培养条件下，只能与原宿主鹰嘴豆结瘤，而不能与苜蓿、三叶草、豌豆、蚕豆、菜豆、紫云英、大豆和豇豆这 8 种供试豆科植物结瘤。这反映了鹰嘴豆根瘤菌高度的宿主专一性。

三、新种的描述

根据 BOX 指纹图谱分析、16S rRNA、*atpD*、*recA* 和 *glnII* 基因及三个持家基因合并序列（*atpD-recA-glnII*）的系统发育分析、数值分类分析、脂肪酸种类分析、极性脂种类的测定以及 DNA 同源性分析的结果，该新种具备了中慢生根瘤菌属共有的特征，但是又区别于中慢生根瘤菌属内的已知种，所以，它们代表中慢生根瘤菌属的一个新种。因为这些菌株都分离自新疆的木垒县及周边，而木垒县鹰嘴豆又被国家质量监督检验检疫总局批准为“地理标志产品”加以保护，所以，将新种命名为木垒中慢生根瘤菌（*Mesorhizobium muleiense*），模式菌株为 CCBAU 83963^T（=HAMBI 3264^T= CGMCC 1.11022^T）。

该菌为革兰阴性，需氧，长杆状，可以运动，不产芽孢，菌体大小为（0.91~2.40）μm×（0.46~0.61）μm。该种在 M-YMA 平板上 28℃培养 10~15d 后，能产生圆形、凸起、白色、不透明、直径 1~2mm 的单菌落，产酸，不能在 4℃、10℃和 37℃下生长。该菌可以在 pH6~9 范围的 M-YMA 培养基平板上生长（最适 pH 为 6~8），不能在 pH 大于等于 10 的条件下生长。

代表菌株 CCBAU 83963^T 可以利用 D-阿拉伯糖、L-阿拉伯糖、菊糖、葡萄糖酸钙、内消旋赤藓醇、D（+）-半乳糖、葡萄糖、D-果糖、D-甘露糖、L-鼠李糖、D-核糖、乙酸钠、D-山梨糖醇、蔗糖、海藻糖、D-木糖和 L-脯氨酸作为唯一的碳源生长，而不能利用 D-松三糖和己二酸。同时该代表菌株可以利用 L-精氨酸、L-半胱氨酸、DL-α-丙氨酸、次黄嘌呤、L-异亮氨酸、L-赖氨酸、L-缬氨酸、L-甲硫氨酸和 L-苏氨酸作为唯一的氮源生长，而不能利用 L-天冬氨酸、D-谷氨酸、L（+）-谷氨酸、L-苯丙氨酸和 D-苏氨酸。

CCBAU 83963^T 可以分别在含有 5μg/mL 新霉素、硫酸卡那霉素、庆大霉素、氯霉素或者四环素的 M-YMA 平板上生长，并且能在含有 300μg/mL 红霉素的 M-YMA 平板上生长。能在含有 0.1% 刚果红的 M-YMA 平板上生长。有过氧化氢酶活性和弱的淀粉酶活性，没有氧化酶活性，不能还原硝酸盐。不产 H_2S，V. P. 实验结果为阴性。不能利用肉汤培养基生长，而且不能在 NaCl 浓度≥1%的 M-YMA 平板上生长。

代表菌株不同于已知种，18：1 ω9c，18：1 ω7c 11-甲基、20：2 ω6，9*c* 和不能分开脂肪酸 3（16：1 ω7*c*/16：1 ω6*c* 或 16：1 ω6*c*/16：1 ω7*c*）等作为其含量较高的四种脂肪酸，且 19：0 cyclo ω8*c*（44.88%）和 17：0 iso（3.62%）含量很高，不同于已知种。

代表菌株含有磷脂酰胆碱、磷脂酰乙醇胺和磷脂酰甘油作为其主要的极性脂组成成分，同时还含有磷脂酰-*N*-二甲基乙醇胺、含鸟氨酸的脂质和磷脂作为其小量的组成成分，但是不含糖脂。

第四节 放线菌鉴定实例

以南极一株放线菌新种的分离鉴定为实例说明放线菌新种的鉴定过程。在南极中国长城站附近的土样中，分离纯化得到一株放线菌，有明显的孢子和产孢结构，在高氏一号培养基上气生菌丝和基内菌丝均为白色，菌株编号 GW9-2^T，用 16S r DNA 全长序列与其他已知有效发表种进行比对，最大同源性为 97.93%，初步确定其为拟诺卡菌属（*Nocardiopsis*）的一个新种。拟诺卡菌最早由 Meyer 描述。目前在南极只分离到一种拟诺卡菌。选取同源性最高的卢森坦拟诺卡氏菌（*Nocardiopsis lucentensis*）DSM 44048^T、金黄拟诺卡氏菌（*Nocardiopsis flavescens*）SA6^T，白色拟诺卡氏菌（*Nocardiopsis alba*）DSM 43377^T 和耐盐拟诺卡氏菌（*Nocardiopsis halotolerans*）DSM 44410^T 四株模式菌为参考菌株，从表观特征、化学分类和基因型分类三个方面对菌株 GW9-2^T 进行验证，包括 16S rDNA 序列重新测序、生理生化指标和化学组分指标的测定、将其与模式菌进行 DNA-DNA 杂交、进行电镜观察及（G+C）mol%含量测定等方法。确定菌株 GW9-2^T 是拟诺卡菌属（*Nocardiopsis*）的一个新种，命名为菲尔德斯半岛拟诺卡氏菌新种（*Nocardiopsis fildesensis* sp. nov.）。

一、实验材料

1. 供试菌株

从南极长城站采集的土样分离纯化得到一株放线菌，有明显的孢子结构，在高氏一号培养基上气生菌丝和基内菌丝均为白色，菌株编号 GW9-2^T。

2. 主要试剂及培养基

（1）主要试剂　微量盐溶液、碘液、格里斯试剂、二苯胺试剂，磷酸类脂显色剂：Dittmer-lester 钼蓝试剂，茚三酮溶液（氨基酸显色剂）：0.4 g 茚三酮溶于 100mL 丙酮中，苯胺邻苯二甲酸溶液（糖显色剂）：邻苯二甲酸 1.66 g，苯胺 0.93 g，溶于 100mL 水饱和的正丁醇。

（2）培养基　实验用的 LB 培养基、察氏培养基、PDA 培养基、1/2 ISP2 培养基、燕麦培养基、ISP4 培养基、甘油-天冬酰胺培养基、淀粉培养基、明胶培养基、H_2S 产生培养基、牛乳胨化培养基、脲酶产生培养基、TSB 培养基、高氏一号培养基等参考相关文献。

二、实验方法

1. GW9-2^T 基因组 DNA 的提取及 16S rDNA 的扩增和测序

（1）基因组 DNA 提取　先向 1.5mL 无菌 EP 管中加入 150μL 1×TE 溶液，然后挑取适量菌体放入上 EP 管中；加入 150μL 1×TE 溶液，使菌体与缓冲液充分接触。加入 40μL 浓度为 50mg/mL 的溶菌酶，吹打菌体，使其混匀，37℃水浴 60min，隔半小时将其上下颠倒混匀，使其充分溶解。向 EP 管中加入 30μL 浓度为 10%的 SDS，还有 3μL 浓度为 20mg/mL 的蛋白酶 K，混匀后 56℃水浴 30min；然后向混合物中加入 100μL 浓度为 5mol/L 的高浓度盐溶液，轻轻颠倒使其充分混匀。加入等体积（约 450mL）的苯酚：氯仿：异戊醇（25：24：1，体积比），混匀后 12000 ×*g* 低温离心 5min；将上清液缓慢转移至一新管中，加入等体积（约 400mL）异丙醇，混匀后放置 3 min。然后 12000 ×*g* 离心 15min，倒去上清。沿着 EP 管壁缓慢加入 200μL 的 70%乙醇，清洗管壁，12000 ×*g* 离心 1min，将乙醇倒掉，重复 2 次。然后将管口打开，放在 37℃ 1~1.5h，无酒精味道即可拿出。最后加 50μL 蒸馏水或 TE 缓冲液，即为 DNA 溶液。检测 DNA，样品放置于-20℃保存备用。

（2）16S rDNA 的扩增与测序　以上述提取的菌株 DNA 为模板，利用 16S rDNA 特异性引物进行扩增，反应体系（50μL）如下：PCR Mix buffer 25μL，引物 1 和引物 2 各 1μL，模板 DNA 4μL，三蒸水 19μL。反应程序为：94℃预变性 5min，94℃ 1min，68℃ 1min，72℃ 2min，共 30 个循环；最终 72℃延伸 8 min。然后把 PCR 产物直接送测序公司进行序列测定。

2. 扫描电镜观察

选取待测菌株纯培养物进行扫描电镜观察，寻找合适的视野，观察菌株菌丝和孢子的形态，并拍照。

3. 菌株保藏

将菌株 GW9-2^T 接种斜面，各寄两支至德国微生物菌种保藏中心（DSMZ）、美国农业农艺调查服务部门保藏中心（ARS）和中国微生物菌种保藏管理委员会普通微生物中心（CGMCC）进行保藏。

4.（G+C）mol%含量测定及 DNA 杂交

每一种生物的 DNA 都有特定的（G+C）mol%含量，种内菌株间的 GC 含量相差不超过 4%，属内菌株间相差不会超过 10%。放线菌 GC 含量在 59%~79%，波动范围一般小于

30%。(G+C) mol%含量测定已经成为放线菌新种鉴定的基本方法之一，也是描述分类单位的一个基本特征。测定方法及 DNA 杂交方法同细菌鉴定的方法。

5. 菌株培养特征测定

测定菌株在以下 7 种培养基上的生长状况：ISP2、ISP3、ISP4、ISP5、察氏培养基、土豆培养基和营养琼脂培养基。28℃培养 2~4 周后，观察菌株的表面颜色、基内菌丝的颜色、是否产生色素以及色素的颜色。

6. 生理生化性状测定

(1) 唯一氮源利用测定　利用 Biolog GP2 微生物鉴定微孔板测定唯一氮源利用指标。

(2) 温度耐受试验　将菌株 GW9-2^T 接种在高氏一号培养基上，每个温度接两个平板作为平行样，分别放置在 4、12、16、20、28 和 37℃下培养 2~4 周，观察其生长状况。

(3) 盐耐受试验　将待测菌株接种在盐浓度不同 (0~7%、10%、12%、15%、20%) 的基础培养基上，28℃培养 2~4 周，记录生长情况。

(4) 淀粉水解试验　将菌株 GW9-2^T 点种在淀粉水解培养基上，培养 1~2 周后，在菌落周围滴加碘液，观察是否有水解圈的形成，以此判断菌株是否有淀粉水解酶活性。

(5) 明胶液化试验　将菌株 GW9-2^T 穿刺接种到明胶培养基试管中，另取两支不接种作为空白对照，于 28℃培养箱中培养。每周观察一次，连续培养和观察四周后结束。观察时将试管放入 4℃冰箱，30min 后取出，此时若试管中培养基呈液体状态则为阳性，若培养基仍为固体状态则为阴性。

(6) 牛乳凝固与胨化　将测试菌株接种在牛乳试管中，培养 1~2 周后观察，如果牛乳发生凝固或者胨化现象，为阳性，并取两支不接种试管作为空白对照。

(7) 硝酸盐还原试验　将菌株 GW9-2^T 接种在硝酸盐液体培养基中，28℃培养。取两管不接种，28℃放置作阴性对照。培养适当时间后，取适量培养液，分别加入等量格里斯试剂 A、B 液，出现粉红色，则为阳性。如无红色出现，则加 1~2 滴二苯胺试剂，出现蓝色，表示培养液中仍有硝酸盐存在，为阴性；若不呈蓝色，按阳性结果处理。

(8) 脲酶水解试验　将菌株 GW9-2^T 接种在脲酶液体培养基中，取两支不接种作为空白对照。培养 2~4 周后观察，若液体变为红色，则产生脲酶。

(9) 硫化氢产生试验　将菌株 GW9-2^T 接种在硫化氢培养基上，培养 2~4 周后观察。由于培养基含有柠檬酸铁铵，若菌株能分解产生硫化氢气体，则可以生成黑色沉淀 (FeS)。

(10) 黑色素的产生　将菌株 GW9-2^T 接种在酪氨酸培养基上。28℃培养 2~4 周后观察结果。培养基变成黑色即阳性，不变则为阴性。

(11) 唯一碳氮源利用　将菌株 GW9-2^T 湿菌体用无菌水冲洗，分别接种在 Biolog GP2 微生物微孔鉴定板的 95 个孔中，每个孔中滴加 150μL 混合均匀的菌液。每个孔对应一种碳氮源，接两个 GP2 板作为平行样，每隔一周进行观察，连续四周后结束。根据微孔板使用手册，若为阳性，则孔中呈紫色，若为阴性则没有颜色变化。

(12) 菌株 GW9-2^T 细胞化学组分测定

①主要细胞壁糖组分测定

a. 菌体制备：直接从斜面或平板上接种，液体摇床培养 5~7d，然后将菌体转移至灭菌离心管中，10000×*g* 离心，倒掉上层培养基，用蒸馏水反复冲洗至菌体没有培养基颜色，再用无水乙醇冲洗，然后敞开管口，自然风干。

取 30mg 湿菌体分装于安培管中，用酒精喷灯进行封口，然后用于氨基酸分析，另取 30mg 用于糖组分分析。

b. 菌体水解：加入 0.5mol/L HCl 0.4mL，封口，120℃水解 4h，可根据颜色变化自动调节水解时间。

c. 点样：取 1μL 样品水解液和 0.6μL 标准品在层析板上点样（标准品含浓度为 1%的七种单糖）。等样品风干后，以乙酸乙酯：吡啶：冰乙酸：水 = 8：5：1：1.5（体积比）为展层剂开始展开，采用上层法进行 2 次层析。

d. 显色：滴加苯胺邻苯二甲酸溶液进行显色，加热 3~4min。

②主要细胞壁氨基酸组分测定（薄层层析法）

a. 菌体收集：同上述操作。

b. 菌体水解：加入 6mol/L HCl 0.2~0.4mL，封口，120℃水解 4h 左右，当水解液呈现黑褐色时停止水解。

c. 点样：取 1μL 水解液和 0.2μL 标准品 DAP 在薄层层洗板上点样。

d. 展层：以甲醇：吡啶：冰乙酸：水 = 10：1：0.25：5（体积比）为展层剂，展层 2 次。

e. 显色：喷雾 0.4%茚三酮乙醇溶液显色，加热 2~3 min。

③细胞磷脂的测定：同细菌鉴定实例中的方法。

三、实验结果

1. $GW9-2^T$ 基因组提取及 PCR 扩增

利用 SDS-酚氯仿异戊醇法提取菌株 $GW9-2^T$ 的基因组 DNA。以该 DNA 为模板，利用 16S rDNA 特异性引物进行 PCR 扩增，目的片段大小约 1500bp。

2. 16S rDNA 序列的比对及模式菌株的选取

将菌株 $GW9-2^T$ 的 16S rDNA 序列提交到 Ez Bio Cloud 数据库进行比对，发现与模式菌株 *Nocardiopsis lucentensis* DSM 44048^T 最大同源性为 97.93%，与菌株 *Nocardiopsis flavescens* $SA6^T$、*Nocardiopsis alba* DSM 43377^T 和 *Nocardiopsis halotolerans* DSM 44410^T 同源性分别为 97.72%、97.65%和 97.43%，因此选取它们作为测试菌株鉴定的标准模式菌株。

将 $GW9-2^T$ 的序列和同属中相似度较高的菌株序列利用 Mega 5.0 软件构建分子进化树，发现 $GW9-2^T$ 聚类为独立的分支，与标准模式菌株遗传距离较远，表明该菌株具有一定的独特性。

3. $GW9-2^T$ 的电镜形态观察

电镜观察发现，菌株有孢子结构，孢子呈球状，直径大小为（0.6~0.8）μm×（0.8~1.0）μm，表面粗糙，可以形成长的孢子链。

4. 菌株保藏

菌株 $GW9-2^T$ 分别在德国微生物菌种保藏中心、美国农业农艺调查服务部门保藏中心和中国微生物菌种保藏管理委员会普通微生物中心保藏，菌株保藏号分别为 DSM 45699^T、NRRL B-24873^T 和 CGMCC 4.7023^T。

5. $GW9-2^T$ 的（G+C）mol%含量测定及 DNA-DNA 杂交结果

由于放线菌 DNA 的 GC 含量较高，一般都在 59%~79%，其中拟诺卡菌属的含量一般为 70%～76%，而测定的菌株 GW9－2^T（G＋C）mol%含量为 76.8%，因此从（G＋C）mol%含量上看，GW9－2^T 菌株可能属于拟诺卡氏菌属。

通过与模式菌株 *N. lucentensis* DSM 44048^T、*N. flavescens* SA6^T、*N. alba* DSM 43377^T 和 *N. halotolerans* DSM 44410^T 进行 DNA－DNA 杂交，其复性率仅分别为 37.6% ±1.7 %、34.9% ±1.9 %、33.8% ±1.8 %和 33.3% ±1.7 %，表明测试菌株与模式菌株不属于同一个种。

6. GW9－2^T 菌株的培养特征

将菌株 GW9－2^T 分别接种在 7 种不同培养基上。培养 2～4 周后，观察其培养特征。发现该菌株仅在 ISP2 和察氏培养基上生长良好，在 ISP4、ISP5 和土豆培养基上生长微弱，在 ISP3 和营养琼脂培养基上不生长，菌体的基内菌丝和气生菌丝在不同培养基上的颜色参照 ISCC－NBS 颜色图表进行对比。

7. GW9－2^T 的生理生化特征

菌株 GW9－2^T 在 16℃时微弱生长，在 28～37℃生长较好，16℃以下不生长，28℃为其最适生长温度；菌株在 pH 5～11 条件下均能够生长，在 pH 9～11 时生长较好，pH 9 为其最适生长的 pH；菌株在含 0～12%NaCl 的高氏一号培养基上均可生长，在 2%～4%NaCl 条件下生长最好，为其最适生长盐度。菌株 GW9－2^T 明胶液化、牛乳凝固和胨化、硝酸盐还原、脲酶水解、H_2S 产生和黑色素产生等六项生理生化指标为阴性，只有淀粉水解实验为弱阳性。菌株 GW9－2^T 可利用以下碳氮源：肝糖、甘露聚糖、Tween 40、*N*－乙酰－*β*－D－甘露糖胺、D－纤维二糖、D－果糖、L－海藻糖、D－半乳糖、葡萄糖酸、*α*－D－葡萄糖、乳果糖、麦芽三糖、D－甘露醇、D－甘露糖、D－松三糖、D－蜜二糖、3－甲基－D－葡萄糖、异麦芽酮糖、景天庚酲聚糖、蔗糖、D－海藻糖、松二糖、乙酸、*α*－羟丁酸、*β*－羟丁酸、*α*－酮戊二酸、*α*－戊酮酸、L－乳酸、*N*－乙酰－L－谷氨酸、D－丙氨酸、L－谷氨酸、L－焦谷氨酸和甘油。

8. GW9－2^T 的细胞化学组分

（1）全细胞水解液糖分析　参考标准菌株新种鉴定文献，除菌株 *Nocardiopsis flavescens* SA6^T 全细胞糖组分为果糖和核糖以外，菌株 GW9－2^T 和其他三株模式菌均无特征性糖，说明菌株 GW9－2^T 确实可能属于拟诺卡菌属。

（2）全细胞水解氨基酸分析　参考标准菌株新种鉴定文献，拟诺卡菌属的全细胞氨基酸成分大部分均为 meso－DAP。测定菌株 GW9－2^T 与四株模式菌株的薄层层析结果一致，符合拟诺卡菌属的性状。

（3）磷酸类脂的测定　菌株 GW9－2^T 磷脂类脂层析结果参考放线菌系统分类学中磷脂类脂层析各组分位置，并与模式菌的磷酸类脂结果进行比对，可以分析出菌株 GW9－2^T 的细胞中，主要包含 PG（磷脂酰甘油）、PC（磷脂酰胆碱）、PME（磷脂酰甲基乙醇胺）和 PE（磷脂乙醇胺）。由于拟诺卡菌属的全细胞中，磷脂类脂的主要成分是 PG、PC 和 PE，因此从磷脂类脂上看菌株 GW9－2^T 属于拟诺卡菌属。

（4）脂肪酸的测定　测定结果表明，菌株 GW9－2^T 主要脂肪酸为 iso－C16：0（19.3%）、反异式－甲基－分支脂肪酸 anteiso－C17：0（12.7%）、ω9c－C18：1（9.3%）、iso－C15：0（8.3%）和 iso－C17：0（8.3%）。参考标准株新种鉴定文献，*N. lucentensis* DSM 44048^T 主要含有 iso－C16：0、anteiso－C17：0、10－methyl－C18：0、C18 和 iso－C18：0，*N. flavescens* SA6^T 主要含有 anteiso－C17：0、iso－C16：0、C18：0 和 C18：1ω9c，

N. alba DSM 43377^{T} 主要含有 iso-C16：0、9-cis-C18：1、anteiso-C17：0、C18：0 和 iso-C14：0，*N. halotolerans* DSM 44410^{T} 主要含有 iso-C16：0、anteiso-17：0、anteiso-15：0、C18：1 和 C17：1。由于拟诺卡菌属主要脂肪酸为 iso-C16：0、anteiso-17：0 和 anteiso-15：0，因此从脂肪酸组成上看菌株 GW9-2^{T} 属于拟诺卡菌属。

（5）甲基萘醌的测定　测定菌株的主要甲基萘醌为 MK-9（H_4）、MK7、MK-10（H_4）和 MK-10（H_6）。参考标准株新种鉴定文献，拟诺卡菌属主要甲基萘醌为 MK-10（H_4）、MK-10（H_6）和 MK-9（H_4），因此从甲基萘醌成分上看菌株 GW9-2^{T} 属于拟诺卡菌属。

四、结论

菌株 GW9-2^{T} 革兰染色阳性，有孢子结构，分生孢子直径大小为（0.6~0.8）μm×（0.8~1.0）μm，孢子近球状，表面粗糙，不能移动，可以形成长的孢子链。在 ISP2 和察氏培养基上生长良好，在 ISP4、ISP5 和土豆培养基上生长微弱，在 ISP3 和营养琼脂培养基上不生长，不产生可溶性色素，气生菌丝发达，基内菌丝呈白色。GW9-2^{T} 在 16~37℃都可以生长，最适温度为 28℃；GW9-2^{T} 在 0%~12%的盐浓度环境下可以适度生长，最适盐浓度为 3%；其生长的 pH 范围为 5~11，最适生长 pH 为 9。淀粉水解试验结果呈弱阳性，其他生理生化试验结果均为阴性。可利用的碳源范围较广：肝糖、甘露聚糖、Tween 40、*N*-乙酰-*β*-D-甘露糖胺、D-纤维二糖、D-果糖、L-海藻糖、D-半乳糖、葡萄糖酸、*α*-D-葡萄糖、乳果糖、麦芽三糖、D-甘露醇、D-甘露糖、D-松三糖、D-蜜二糖、3-甲基-D-葡萄糖、异麦芽酮糖、景天庚醛聚糖、蔗糖、D-海藻糖、松二糖、乙酸、*α*-羟丁酸、*β*-羟丁酸、*α*-酮戊二酸、*α*-戊酮酸、L-乳酸、*N*-乙酰-L-谷氨酸、D-丙氨酸、L-谷氨酸、L-焦谷氨酸和甘油。全细胞主要糖组分为无特征性糖，胞壁肽聚糖包括的氨基酸为内消旋-DAP（meso-DAP），主要磷脂类脂成分有 PG、PC、PME 和 PE，主要脂肪酸有 iso-C16：0（19.3%）、anteiso-C17：0（12.7%）、ω9c-C18：1（9.3%）、iso-C15：0（8.3%）和 iso-C17：0（8.3%），主要甲基萘醌有 MK-9（H4）（31%）。（G+C）mol%含量为 76.8%。与模式菌株 *N. lucentensis* DSM 44048^{T}、*N. flavescens* SA6^{T}、*N. alba* DSM 43377^{T} 和 *N. halotolerans* DSM 44410^{T} 进行 DNA-DNA 杂交，其相似度仅分别为（37.6±1.7）%、（34.9±1.9）%、（33.8±1.8）%和（33.3±1.7）%。根据以上培养特征、生理生化实验和化学组分测定结果，结合该菌株 16S rDNA 序列同源性比对结果，确定菌株 GW9-2^{T} 为拟诺卡式菌属的一个新种，命名为菲尔德斯半岛拟诺卡氏菌新种（*Nocardiopsis fildesensis* sp. nov.）。

第五节　酵母菌鉴定实例

酵母菌的鉴定以山东农业大学博士生陈汝鉴定的子囊菌酵母新种泰安哈萨克斯坦酵母新种（*Kazachstania taianensis* sp. nov.）为例进行说明。根据酵母分类学标准方法，进行了一系列形态学及生理和生化特征测定。采用 Makimura 等报道的方法提取酵母菌 DNA。采用 Bai 等描述的方法扩增 ITS-5.8S rDNA、26 rDNA D1/D2 区序列，采用 Wang 等报道的方法扩增 18S rDNA 序列。采用 Clustal X 软件对序列进行比对，先用 Kimura 的二因子参数模型构建距离矩阵，再根据距离矩阵产生了 N-J 系统进化树，自展检验重复 1000 次。相应的参照序列从 GenBank 中下载，在进化树上以 GenBank 登录号的形式表现。

一、实验方法

1. 酵母菌的分离

称取 1.0g 基物，分别置于 10mL YEPD（酵母浸粉 10g/L，蛋白胨 20g/L，葡萄糖 20g/L，琼脂 20g/L，添加 200g/mL 氯霉素）液体培养基中摇匀，25℃培养 2~3d 后稀释涂布 YPD 平板（内含 200g/mL 氯霉素），25℃培养 2~3d。根据菌落形态特点挑取大小、形态不同的菌落转接斜面。根据 Yarrow（1998）方法对菌落质地、颜色、边缘和表面特征等进行形态学的初步归类。纯化后的酵母菌置于 20%甘油管中-80℃冰箱中保存。

2. 酵母菌的鉴定

（1）常规鉴定　参照 Yarrow（1998）在《酵母菌的分类学研究》（*The Yeasts, a Taxonomic Study*）第四版中所描述的标准方法进行。

①形态观察

a. 常用培养基

（a）YM 液体培养基：酵母浸提物 3 g，麦芽浸提物 3 g，蛋白胨 5g，葡萄糖 10g，蒸馏水 1 L，pH 5~6，121℃灭菌 15min。

（b）YM 固体培养基：在 1 L YM 液体培养基的基础上添加 20g 琼脂，121℃灭菌 15min。

（c）麦芽汁固体培养基：10 Brix 麦芽汁 1 L，20g 琼脂，121℃灭菌 15min。

b. 液体培养特征：首先把菌种划线接种于新鲜麦芽汁斜面上，17~20℃活化培养 3~4 d。挑取一环活化好的菌体接种到装有 40mL YM 液体培养基的 100mL 的三角瓶中，17~20℃静置培养 5~7d，观察并记录培养特征。细胞形态特征：球形、亚球形、椭圆形、卵圆形、柱状、棒状、新月形、三角形或其他形状；繁殖方式：是否产生掷孢子及掷孢子形态和大小，是否芽殖及芽细胞产生的方式（多边芽殖、两极芽殖、单极芽殖），是否裂殖或产生梗孢子及菌丝断裂的方式；细胞大小：测量细胞个数不少于 20 个；宏观特征：17~20℃培养一周后，观察底部有无沉淀及其质地，是否形成环、菌璞，17~20℃下继续培养四周后再次观察并记录。

c. 固体培养特征：将活化好的菌种接种于新鲜 YM 斜面，20℃培养 30d 后观察并记录。菌落质地：干酪状、黏液状、松脆状或坚韧状；菌落颜色：乳白色或奶油色、黄色、橙色、红色、橙色、棕色；菌落表面特征：返光或暗淡、光滑或粗糙、有条纹、是否有疣状、脊状突起以及是否产生毛发样突起等；菌落边缘：是否光滑（全缘）、波浪状、裂叶状、蚀刻状、根状等。

②假菌丝的形成（Dalmau 平板法）：将活化好的菌株接种在玉米粉琼脂培养基平板上（平板接种前预先使表面干燥），在平板的一边划直线接种，在中间盖上一片无菌盖玻片，相对的另一边点接两点，其中一点上放置无菌盖玻片。接种好的平板在 20℃培养 7~30d 后观察假菌丝的有无。

③有性阶段的观察：将活化好的菌种接种在玉米粉琼脂培养基上，20℃下培养。接种配对菌种在平板上交叉划线，每隔两周在显微镜下观察一次是否发生菌丝配合、锁状联合或产生冬孢子。

（2）生理生化特征测试

①糖类化合物的发酵——杜氏管（Durham tube）法：把葡萄糖、半乳糖、蔗糖、麦芽糖、山梨糖用蒸馏水配成200g/L的母液，棉子糖用蒸馏水配成400g/L的母液，过滤除菌后放入4℃冰箱内备用。用蒸馏水配制5g/L的酵母浸出粉溶液，每次取3.6mL分装到12mm的试管，放入倒置的杜氏发酵管，棉塞封口后121℃灭菌30min，然后每管内加入0.4mL糖母液，备用。将活化好的菌种制成菌悬液，取100μL接种于准备好的发酵试管内，摇匀，17℃下培养28d，其间观察杜氏管内气体产生与否及其产生量，第一周内每天记录一次，第二周内每2~3天记录一次，结果根据下列原则进行表述："+"表示强发酵，7天内气体充满倒置管；"L"为延滞发酵，7d后倒置管迅速充满气体；"W"为弱发酵，倒置管内有气体，但直到最后也未充满；"S"为慢或延迟发酵，7d以后倒置管内才缓慢充满气体；"-"表示不发酵，倒置管内无气体积存；"V"表示同一种内有的菌株发酵，有的菌株不发酵。

②碳源化合物的同化——液体法：把各种碳源配成10倍浓度的母液，具体方法为：称取6.7 g酵母氮基础培养基，加入与5g葡萄糖相当的源化合物（即与5g葡萄糖含有等量的碳），棉籽糖的浓度加倍，溶化后（若有机酸先把酸度调至pH 5.7）过滤除菌，然后放入4℃冰箱备用。

选用35种碳源化合物作为同化试验对象。六碳糖：D-葡萄糖、D-半乳糖、L-山梨糖；多糖：菊糖、可溶性淀粉；双糖：纤维二糖、乳糖、麦芽糖、蜜二糖、蔗糖、海藻糖；醇类：赤藓糖醇、半乳糖醇、D-山梨醇、甘油、肌醇、D-甘露醇、核醇、甲醇、乙醇；三糖：松三糖、棉籽糖；五碳糖：D-阿拉伯糖、L-阿拉伯糖、D-核糖、L-鼠李糖、D-木糖；糖苷：α-甲基-葡萄糖苷、杨梅苷；有机酸：柠檬酸、DL-乳酸、琥珀酸、D-葡糖醛酸；其他还有D-葡萄糖胺和十六烷。

在试管中每管加入3.6mL蒸馏水，121℃灭菌30min后加入0.4mL同化碳源母液制成同化管备用。糖液的最终浓度为0.5%。把活化好的菌种用无菌水制成菌悬液，调整菌浓度使悬液至半透光，用移液器吸取50μL至准备好的同化管内，17℃静置培养四周。每周分别记录结果。

同化结果的观察与记录方法：取一张白色卡片，用墨汁或黑色墨水划上3/4mm宽的直线。把培养1~4周的同化管充分摇匀，贴近卡片，透过培养液察看卡片上的黑线，并根据下述原则记录："+++"为透过试管完全看不见黑线；"++"为可见黑线但呈一发散的模糊线条；"+"为黑线可见但边缘模糊；"-"为黑线清晰可见且边缘不模糊。同化结果按以下原则记录。强同化：一周为"+"，两周为"++"或"+++"；L（延滞同化）：一周不同化，两周后迅速变为"++"或"+++"；S（缓慢同化）：一周弱同化，两周后缓慢变为"++"或"+++"；W（弱同化）：头一周有同化，两周后记录为"+"；Lw（延滞弱同化）：头一周不同化，两周后变为"+"；"-"为不同化；"V"为有些菌株同化反应为正，有些菌株同化反应为负。

③氮源化合物的同化：酵母菌可以利用很多含氮化合物作为氮源，包括硝酸盐、亚硝酸盐、盐酸乙胺、二盐酸乙胺和L-赖氨酸等。由于有些氮源化合物被酵母菌同化分解后的中间产物对酵母自身的生长有抑制作用，因而在液体法测试中常出现假阴性反应，故氮源的同化反应常用固体生长谱法测试。方法如下：

a. 测试酵母菌饥饿培养：把活化好的菌株接种在 4mL 无菌碳基础培养基上，17~20℃培养 5~7d，以消耗细胞内多余的氮源，防止出现假阳性结果。

b. 接种：取 11.7 g 酵母碳基础培养基和 20g 纯化琼脂粉，加 1000mL 蒸馏水，加热将琼脂粉溶化，108℃灭菌 30min，冷却至大约 45℃时倒入预先加入 1 mL 饥饿培养后的酵母细胞悬液的平皿中，混匀后静置，凝固后放在 17~20℃培养箱内数小时使平板表面干燥，然后将少量所测氮源化合物点在平板上。若是亚硝酸钠或乙胺，则用接种针蘸取二者的溶解液，点在平板表面上，以避免浓度过量而抑制酵母细胞生长。通常将一个培养皿用两条交互垂直的直线分为四部分，一部分点入硫酸铵作为阳性对照，一部分留作空白作为阴性对照，另外两部分点入所测试剂。

c. 结果观察：置入试剂后的平皿在 17~20℃下培养 2~3d 后观察并记录结果。阳性反应者在所点试剂处或周围有酵母菌落生长。

④熊果苷的裂解：熊果苷是一种糖苷，又称对苯二酚葡萄糖苷，用来确证酵母菌的 β-葡糖苷酶的活性。该实验的原理是，若一株酵母菌能裂解熊果苷，则裂解产物羟基醌能与培养基内的三价铁离子反应产生褐色化合物。试验方法：先配制熊果苷琼脂（熊果苷 0.5%，酵母粉 0.5%，琼脂 2%），121℃灭菌 30min。灭菌后立即加入无菌 1%柠檬酸铁铵（每 10mL 培养基 3~5 滴），然后倒平板备用。把活化好的菌种划线接入熊果苷琼脂平板上，17℃培养，若 2~5d 内培养基中有深褐色色素出现，则结果为阳性。

⑤在无维生素培养基中的生长状况测试：先制备 10 倍的无维生素培养基母液，取 16.7 g 无维生素酵母基础培养基溶于 100mL 蒸馏水中，过滤除菌，放入 4℃冰箱备用。在试管中加入 3.6mL 蒸馏水，121℃灭菌 30min 后加入 0.4mL 10 倍无维生素母液。接种方法、培养条件及结果的记录与碳源同化试验相同。

⑥胞外类淀粉化合物的产生测试（淀粉试验）：选取碳源同化试验中培养四周后在含糖类或多元醇类化合物的同化管中呈阳性反应的试管，每管滴入 1~2 滴 Lugol 碘液（1.0g 碘、2.0g 碘化钾溶于 300mL 蒸馏水中），摇匀，呈蓝、紫或绿色者为阳性，表明有类淀粉类物质产生，否则为阴性。

⑦尿素酶试验

a. 固体法：将测试菌株活化后接种于尿素琼脂上，17℃培养 5d，每天观察一次，出现深粉红色者为阳性反应。尿素琼脂的制备方法：取 1g 蛋白胨、1g 葡萄糖、5g 氯化钠、2g 磷酸二氢钾和 0.012g 酚红，溶于 1 L 蒸馏水中，调 pH 为 6.8，加入 20g 琼脂，加热溶化后分装试管，每支试管中分装 4.5mL，108℃灭菌 30min 后，每支试管中加入 0.5mL 过滤除菌的 20%尿素，混匀，做成斜面备用。

b. 液体法：将测试菌株活化后，取一环接种于无菌水稀释过的尿素液体培养基中，17℃培养 1~2d，每小时观察一次，出现深粉红色者为阳性。

⑧DBB 颜色反应

a. 液体法：菌种接种于 5mL 含 0.5%葡萄糖的氮基础培养基中，17℃ 100r/min 振荡培养 3d，4000r/min 离心 5min 收集菌体。菌体悬浮于 0.5mL 0.05mol/L KOH 中，放入沸水中加热 10min。冷却至室温后，加入 2.5mL 95%乙醇，充分混匀，2000r/min 离心 2min，弃上清，加入 0.3mL 新配制的 DBB 反应液，几秒钟后呈现紫红色者为阳性。

b. 固体法：将菌种接种到碳基础-尿素琼脂上，17℃培养 3d，再 55℃培养过夜，然后冷却到室温，加入1~2滴新配制的冷的DBB反应液，室温放置1~2min，出现深红色或紫红色为阳性。

碳基础-尿素培养基的制备：将11.7 g碳基础培养基、0.2g晶红酸、20g琼脂溶于900mL无菌水中，108℃灭菌15min，将100mL过滤除菌的20%尿素加到溶解的培养基中，混匀，做斜面或倒平板备用。

DBB反应液的制备：将15 mg DBB盐（*O*-dianisidine tetrazotized，Practical Grade，Sigma）溶于15mL冰浴过的0.25mol/L Tris-HCl（pH7.0）缓冲液中，放在冰浴中30min内使用。

⑨高渗透压生长试验：将活化好的菌株接种到50%葡萄糖琼脂斜面上，17~20℃培养7~14 d，每周观察一次。50%葡萄糖琼脂斜面的制备：在1%的酵母浸出粉中先溶解13 g琼脂，再加入500g葡萄糖，定容到1000mL，分装到试管中，108℃灭菌30min，做成斜面备用。

⑩最高生长温度试验：将活化好的菌株接种到YM斜面上，分别在17~40℃下培养5d，观察各个温度下菌体的生长状况，将生长最缓慢的温度定为最高生长温度。

（3）基于分子技术的鉴定方法

①26S rDNA D1/D2和ITS序列分析

a. 总DNA提取：DNA的提取按照Makimura等的方法进行。用接种环从所测菌株的麦芽汁斜面上挑取一环菌体置于一已灭菌的1.5mL的离心管内，加入100μL裂解液（100mmol/L Tris，30mmol/L EDTA，0.5% SDS，pH 8.0，121℃灭菌30min），100℃水浴15min，加入100μL 2.5mol/L的醋酸钾，冰上放置30min。4℃下12000r/min离心5min，上清液转移至新的1.5mL离心管内，加入等体积的氯仿/异戊醇（24∶1，体积比），剧烈振荡后，12000r/min离心15min。将上清液转移至另一灭菌的1.5mL的离心管内。重复上一步骤，将上清液转移至另一灭菌的0.5mL的离心管内，加入等体积冷的异丙醇，-20℃静置15min，12000r/min离心15min。用100μL 70%的乙醇洗沉淀，将沉淀自然晾干。加入50μL已灭菌的双蒸水溶解DNA，置于-20℃冷藏备用。

b. PCR扩增：扩增26S rDNA D1/D2区的引物为NL1 5′-GCA TAT CAA TAA GCG GAG GAA AAG-3′和NL4 5′-GGT CCG TGT TTC AAG ACG G-3′；扩展ITS区的引物为ITS1 5′-GTC GTA ACA AGG TTT CCG TAG GTG-3′和ITS4 5′-TCC TCC GCT TAT TGA TAT GC-3′。

c. PCR反应产物的琼脂糖电泳检测：取2μL PCR扩增原液，点样于1%的琼脂糖凝胶，电泳后采用溴化乙锭染色，在紫外灯照射下初步确定是否扩出所要片段。

d. PCR扩增产物的纯化与测序：纯化回收后得到纯DNA样品，电泳再次检测后送交测序公司。有时候也可以直接送样品到测序公司，产物的纯化过程由公司做。

e. 序列分析及进化树的构建：所得序列在国际核酸数据库（http：//www. ncbi. -nlm. nih. gov/blast）中进行同源序列的搜索，可以得到该酵母菌株在这段序列上与其他亲缘关系相近的已知酵母菌的相关信息。用Clustal-X软件对多个序列进行匹配分析，用Neighbour-Joining方法对酵母菌株间亲缘关系进行分析得到系统树，并根据Kimura的双参数模型计算其进化距离，Bootstrap值的计算分析根据1000次随机抽样进行。从系统树上可直观地看出测试菌株与近缘菌株的关系。

②SSCP分析方法：用Bio-Rad公司DCode™突变检测电泳仪进行SSCP检测。

a. 20cm×20cm×0.75mm 非变性聚丙烯酰胺凝胶的制备

配制 40mL 10%的凝胶：加入 40%丙烯酰胺/甲叉双丙烯酰胺（37.5：1 母液，体积比）10mL，10×TBE（89mmol/L Tris base，89mmol/L 硼酸，20mmol/L Tris-EDTA 缓冲液 pH 8.0 4mL）100%甘油 2mL，TEMED 40μL，10%过硫酸铵 400μL，蒸馏水 23.56mL。配好的凝胶混匀后立即加入模具中，1h 后拔出梳子，用 1×TBE 电泳缓冲液清洗点样孔 3 次。

b. 单链样品的制备：把 PCR 产物稀释 2~5 倍，含 DNA 150~300ng，取 5μL 与等量的点样染料（0.05%溴酚蓝，0.05%二甲苯青，95%甲酰胺，4%0.5mol/L EDTA，pH 8.0）混匀，95℃下变性 10min，迅速置于冰上放置 15min。

c. 点样与电泳：电泳缓冲液为 1×TBE，电泳温度为 8℃。电泳缓冲液要预先冷却或加热到 8℃，把变性后的样品依次加入到点样孔中，200V 电泳 10~12 h。

d. 染胶与拍照：采用银染法。步骤如下：将电泳后的凝胶仔细从玻板上剥离，每块胶在 300mL 10%乙醇固定 5min；倒掉乙醇，加入 300mL 0.5%冰醋酸固定 5min；倒掉冰醋酸，加入 300mL 0.1%的硝酸银（硝酸银配成 10×母液，储存在棕色瓶中），在转速为 100r/min 的振荡器上放置 15min；倒掉硝酸银溶液，用 300mL 蒸馏水漂洗一次；倒掉蒸馏水，加入 300mL 1.5%氢氧化钠和 450μL 甲醛进行显色，2~5min 后出现棕色带型；显色适度后，立即倒掉以上溶液，用蒸馏水洗两次，加入 300mL 0.75%碳酸钠，放置 15min；最后，用数码相机照相保存。

③数据处理：用 Microsoft Excel 和 DPS 软件进行数据分析，用 DPS 软件进行显著性和相关性分析，多重比较采用 Duncan 新复极差法，使用 SAS9.0 软件进行聚类分析。

二、实验结果

1. 酵母菌的分离

TA11TR-1^{T}、TA11TR-4 和 TA11TR-6 这 3 株酵母菌分离于山东泰安苹果园土壤样品，利用 YM 液体培养基（含氯霉素 200μg/mL）富集培养的方法分离得到。

2. 菌株的形态特征

25℃液体培养，细胞呈椭圆形或卵圆形，（2.8~5.2）μm×（4.8~6.0）μm，单独或成对出现。单芽生殖。25℃培养 1 个月后，底部有沉淀物产生。玉米粉琼脂培养基培养并未长出假菌丝。在稀释（1：19）琼脂培养基上 25℃培养 7d，营养细胞可直接转化成含 1~2 个椭圆形或卵圆形子囊孢子的子囊。

3. 菌株的生理特征

（1）糖发酵　测定酵母菌菌株能够发酵葡萄糖和半乳糖，不能发酵麦芽糖、山梨糖、蔗糖和棉籽糖。

（2）碳源同化　测定酵母菌菌株能够同化利用葡萄糖和半乳糖，弱同化乙醇和核糖，不能同化利用 L-山梨糖、蔗糖、麦芽糖、纤维二糖、海藻糖、乳糖、蜜二糖、松三糖、棉籽糖、菊粉、可溶性淀粉、D-木糖、L-阿拉伯糖、D-阿拉伯糖、L-鼠李糖、D-葡糖胺、甲醇、丙三醇、赤藓糖醇、核糖醇、半乳糖醇，D-甘露醇、α-甲基-D-葡萄糖苷，杨梅苷、DL-乳酸、琥珀酸、柠檬酸和肌醇。

（3）氮源同化　测定酵母菌菌株能够同化利用硫酸铵，不能同化 L-赖氨酸、硝酸钾、亚硝酸钠、盐酸乙胺和盐酸尸胺。

（4）其他生理生化特征　测定酵母菌菌株最高生长温度为34℃，裂解熊果苷、尿素酶反应、DBB颜色反应、类淀粉物质、无维生素培养基中生长和50%（质量分数）葡萄糖酵母膏斜面的生长测定均为阴性。

4. 鉴定菌株的系统进化分析

TA11TR-1^T、TA11TR-4和TA11TR-6的D1/D2、ITS区序列相同。Blast结果显示，与TA11TR-1^{T}菌株D1/D2区序列最匹配的是瑟氏哈萨克斯坦酵母（*Kazachstania servazzii*）、水生哈萨克斯坦酵母（*Kazachstania aquatica*）和分离于泰国的酵母菌株ST-394。约590bp的D1/D2区碱基序列比对表明，与以上三个菌株仅有22~25个碱基（占3.8%~4.2%）不匹配，出现15~17个碱基置换及7~8个碱基缺失。这三个菌株具有非常独特的ITS区序列。ITS1长度为338bp、ITS2区段长度为488bp，使得ITS-5.8S rDNA区（983bp）比以往鉴定的其他子囊菌酵母都要长。在GenBank中输入ITS1或ITS2进行BLAST时，总是显示为“未找到与之匹配的信息”。

由于不能罗列出TA11TR-1^{T}与其他相关的子囊菌酵母的ITS序列，因此运用18S rDNA及D1/D2区序列进行系统进化分析。在由18S rDNA及D1/D2区序列构成的N-J系统进化树上，TA11TR-1^{T}与纳加哈萨克斯坦酵母（*Kazachstania naganishii*）及碲哈萨克斯坦菌酵母（*Kazachstania telluris*）等聚类在同一个分枝簇上。菌株TA11TR-1^{T}与已经鉴定的菌种的D1/D2区40~50个碱基（占6.8%~8.5%）不匹配。TA11TR-1^T ITS序列与邻近种的序列比对并没有表明ITS1及ITS2区过长是由基因的插入引起的。序列分析表明菌株TA11TR-1^T、TA11TR-4和TA11TR-6属于哈萨克斯坦酵母属（*Kazachstania*），命名为泰安哈萨克斯坦酵母新种（*Kazachstania taianensis* sp. nov.）。

5. *K. taianensis* sp. nov. 与近缘种生理特征的差异

K. taianensis sp. nov. 与 *K. telluris* 生理特征的差异在于半乳糖的发酵和同化能力，以及最高生长温度达不到40℃；与中国哈萨克斯坦酵母（*K. sinensis*）和 *K. naganishii* 的差异在于不能发酵与同化蔗糖，不能同化L-赖氨酸和尸胺。

第六节　霉菌鉴定实例

霉菌鉴定以齐鲁工业大学李纪顺木霉新种TW21990-1鉴定为例进行说明。根据霉菌分类学标准方法，进行了一系列形态学和系统发育分析来鉴定。利用内部转录间隔rDNA、翻译延伸因子1-alpha和RNA聚合酶Ⅱ亚基B三个分子标记对其分类位置进行分析，结合系统发育树进一步鉴定。

一、实验方法

1. 菌株分离

2015年6~10月，在湖南省岳阳市洞庭湖湿地采集了70份木霉菌样本。样本在10~20cm的深度获取，在50mL无菌锥形管中运输，并在4℃保存直到检查。采用连续稀释涂布法分离真菌培养物。每样土壤1g与9 mL无菌蒸馏水混合，室温摇匀15min；然后制备从10^{-1}到10^{-4}的稀释液。从每种稀释液中取0.1 mL接种到含有马铃薯葡萄糖抗生素（PDA：39 g马铃薯葡萄糖琼脂，1000mL蒸馏水，加入100μg/mL链霉素）平板，在25℃

下倒置培养 3~7d。将生长的菌丝转移到新鲜的 PDA 上，直到获得单个孢子分离株。通过形态特征和分子分析鉴定为木霉属真菌，并在中国普通微生物培养收集中心（CGMCC）保存了新的木霉菌株。

2. 分离菌株鉴定

（1）形态观察

①常用培养基

a. PDA 培养基：39 g 马铃薯葡萄糖琼脂，1000mL 蒸馏水。

b. CMD 培养基：20g 玉米粉，20g 葡萄糖，18 g 琼脂粉，1000mL 蒸馏水。

c. SNA 培养基：0.2g 蔗糖，0.2g 葡萄糖，1g KNO_3，1g KH_2PO_4，0.5g $MgSO_4 \cdot 7H_2O$，0.5g NaCl，12g 琼脂粉，1000mL 蒸馏水。

②培养特征：将菌株 TW21990-1 接种在 PDA、CMD 和 SNA 培养基上，25℃暗培养 7d，观察木霉（*Trichoderma sp.*）TW21990-1 的菌落形态和产孢量。从一个活跃生长的菌落中取出一个直径为 5 mm 的接种物塞放置在培养皿的边缘，分别在 20、25、30、35 和 40℃处理 3d，测定 PDA 上的生长速率。每个温度测试三个重复板。取新鲜培养的真菌细胞置于乳酸碳酸液中，在光学显微镜（Olympus CX31）下观察。记录菌落颜色、菌丝大小、分生孢子颜色和形状等形态特征。

（2）基于分子技术的鉴定方法　采用真菌 DNA 迷你试剂盒提取木霉菌株 TW21990-1 的总基因组 DNA，分别扩增 ITS、TEF1-α 和 RPB2 基因序列并进行纯化。纯化后的 PCR 产物送公司测序。通过 BLASTN 与 GenBank 通用数据库以及国际木霉和木霉分类学小组委员会（ISTH）为木霉专门开发的 TrichoBLAST 进行比较。用 MEGA 6 软件进行邻接法、最大似然法系统进化树的构建。

①提取菌株总 DNA：采用真菌 DNA 迷你试剂盒提取木霉菌株 TW21990-1 的总基因组 DNA。

②ITS、TEF1-α 和 RPB2 基因序列扩增。

a. 引物序列

（a）ITS 引物序列：ITS1（5′-TCCGTAGGTGAACCTGCGG-3′），ITS4（5′-TCCTCCGCTTATTGATATGC-3′）。

（b）TEF1-α 引物序列：TEF1-728F（5′-CATCGAGAAGTTCGAGAAGG-3′），TEF1-rev（5′-GCCATCCTTGGAGATACCAGC-3′）。

（c）RNA 聚合酶 II 亚基基因 B 引物序列：fRPB2-5F（5′-GATGACAGAGATCATTTCGG-3′），fRPB2-7cR（5′-CCCATAGCTTGCTTACCCAT-3′）。

b. 扩增：利用引物分别扩增 ITS、TEF1-α 和 RPB2 基因序列。PCR 扩增产物在 0.8% 琼脂糖凝胶上进行分离，然后用欧米伽琼脂糖凝胶回收试剂盒（Omega gel Extraction kit）进行纯化并送测序。

将确定的核苷酸序列通过 BLASTN 与 GenBank 通用数据库以及国际木霉和木霉分类学小组委员会为木霉专门开发的 TrichoBLAST 进行比较。从 GenBank 中检索木霉菌 ITS、TEF1-α 和 RPB2 序列，进行系统发育分析。使用 SeqMan 软件进行编辑和组装。利用 MEGA6 的最大复合似然法构建了基于这些序列的邻域连接系统发育树。通过启发式搜索产生 1000 个重复的引导值。以柏林丛赤壳（*Nectria berolinensis*）HM534883 为外群。

（3）水解酶活性　采用径向扩散法测定了木霉 TW21990-1 的水解酶活性，包括纤维素酶、几丁质酶、β-1,3-葡聚糖酶和蛋白酶。用 0.5% Triton X-100 添加抑菌剂制备合适的检测介质菌落过度扩张，在培养皿中间放置直径为 5 mm 的 TW21990-1 接种物塞。所有平板在 25℃ 黑暗中培养 7d，之后测量扩散区直径。

①测纤维素活性培养基：采用纤维素-刚果红培养基：10g 羧甲基纤维素钠、0.5g 葡萄糖、15g KH_2PO_4、5g $(NH_4)_2SO_4$、0.6 g $CaCl_2$、0.6 g $MgSO_4 \cdot 7H_2O$、0.005g $FeSO_4 \cdot 7H_2O$、0.0016 g $MnSO_4 \cdot H_2O$、0.0014 g $ZnSO_4 \cdot 7H_2O$、0.0037 g $CoCl_2 \cdot 6H_2O$、10g 琼脂粉、1000mL 蒸馏水。

②测 β-1,3-葡聚糖酶活性培养基：10g 胶体几丁质、0.5g 葡萄糖、6.7 g 酵母粉、0.2g KCl，1g $(NH_4)_2HPO_4$、0.2g $MgSO_4 \cdot 7H_2O$、10g 琼脂粉、1000mL 蒸馏水。

③测几丁质活性培养基：10g 胶体几丁质、0.5g 葡萄糖、0.3 g $MgSO_4 \cdot 7H_2O$、1g $(NH_4)_2HPO_4$、1.36 g K_2HPO_4、10g 琼脂粉、1000mL 蒸馏水。

④测蛋白酶活性培养基：10g 明胶、0.5g 葡萄糖、10g 琼脂粉、1000mL 蒸馏水；用饱和 $(NH_4)_2SO_4$ 溶液处理后，可测定蛋白酶活性。

二、实验结果

1. 木霉的分离

从 70 份湿地土壤和水样的 PDA 平板上分离到 114 株木霉菌。木霉（*Trichoderma* sp. TW21990-1）是从双穗雀稗（*Paspalum distichum* Linnaeus）根际分离得到。

2. 菌株的形态特征

采用 PDA、CMD 和 SNA 三种不同培养基培养菌株 TW21990-1。PDA 培养基上的菌落均匀，气生菌丝致密、丰满，分生孢子灰绿色覆盖整个平板，明显的蓝绿色色素扩散。20℃、25℃、30℃、35℃培养 3d 后，PDA 上的菌落半径分别为 33~39、59~61、66~67 和 10~11mm；40℃下无菌落生长。在 CMD 培养基上培养时，菌落生长迅速，形成颗粒状、不规则分布，表面形成重绿色脓疱，浅蓝绿色色素扩散。SNA 培养基上的菌落呈放射状生长，接种孔附近有稀疏的气生菌丝，相反方向菌丝稍密集，菌落边缘产生绿色或黄绿色扇形孢子簇，未观察到明显的色素。三种培养物均未观察到气味。

TW21990-1 的光学显微图像为：分生孢子梗较宽，壁光滑，中心轴发达，纺锤直径为（3.9~4.1）μm~（4.3~4.4）μm。菌丝呈透明状，间隔长度为（31.1~35.4）μm~（39.7~41.4）μm。初级分枝多为单生，偶生，大小为（19.2~19.6）μm ×（3.9~4.3）μm；次级分枝多为偶生，但普遍不对称，大小为（8.6~10.2）μm ×（3.7~4.0）μm。侧分支以急性角度出现，并以 2~6 个不同的圆形结束。

瓶子状孢子柄多为瓶形和保龄球形，长（3.7~4.3）μm~（5.0~5.5）μm，宽（3.4~3.8）μm~（4.4~4.6）μm，底部宽（3.2~3.5）μm~（3.9~4.2）μm（$n=50$）。观察到两种分生孢子聚集成头状。大孢子呈椭圆形至倒卵形，壁光滑，绿色或黄绿色，大小（3.7~5.5）μm ×（3.4~4.6）μm（$n=90$），占全部孢子的 67%。小孢子一般为球形，光滑壁，绿色，大小为（1.0~2.3）μm ×（1.0~2.2）μm（$n=90$），占孢子总数的 33%。衣原体孢子近球形至椭球形，易脱落，2d 后在 PDA 培养基上大量产生，大小（7.3~12.6）μm ×（5.3~9.7）μm（$n=50$）。

这些形态特征表明木霉属 TW21990-1 属于厚基孢（Pachybasium）组。然而，由于 TW21990-1 与本区其他种属也存在显著差异，特别是蓝绿色素和两种分生孢子的存在显著差异，因此需要进行系统发育分析以辅助鉴定。

3. 鉴定菌株的系统进化分析

将木霉（*Trichoderma* sp. TW21990-1）的 ITS、TEF1-α 和 RPB2 基因序列提交到 GenBank 数据库，登录号分别为 KY189312、KY707174 和 KY707175。基于这 3 个分子标记的 TW21990-1 与其他木霉菌属的同源性小于 95.0%。然后将 ITS 序列提交给 ISTH 网站上的 TrichoBLAST 比对，木霉菌的 DNA 寡核苷酸条形码分别为 110、132、309、466 和 565。在两个数据库中均未发现高度相似的序列，为木霉新种。

利用 ITS、TEF1-α 和 RPB2 的多基因数据集创建的系统发育树也将 TW21990-1 与目前已知的其他木霉物种处于远缘亲缘关系。在系统发育树中，将 31 株木霉菌株分为 7 个亚群：山楂属、病毒支、烟草支、陶瓷支、狭窄支、克隆系和未知支。TW21990-1 与其他 6 个亚群的 bootstrap 值较低，说明 TW21990-1 独自形成了一个独立的亚群，进一步证实了形态特征的鉴定。

因此，将菌株 TW21990-1 鉴定为蓝绿木霉新种（*Trichoderma cyanodichotomus* sp. nov.），并将其命名为 cyanodichotomus，是因为该物种产生了独特的蓝绿色色素（氰化物颜色）。该菌株随后在 CGMCC 保存，编号为 12161，并在 Mycobank 注册，编号为 MB827093。

4. 鉴定菌株的水解酶活性

菌落周围明显的透明环表明，TW21990-1 在平板上可以产生纤维素酶、β-1,3-葡聚糖酶、几丁质酶和蛋白酶。这些降解酶可能参与了木霉对土壤中植物病原体的真菌寄生作用。

5. 菌株 TW21990-1 与相似菌株比较

TW21990-1 具有发育强劲的分生孢子梗、复杂的侧枝和分化的、瓶子状孢子柄等典型特征。而 TW21990-1 有两种分生孢子，这在木霉属中是罕见的。另一个已知的例子是苏拉维希肉座菌（*Hypocrea sulawesensis*），也属于厚基孢（Pachybasium）类型，但小孢子大小为（2.3~4.7）μm ×（1.4~2.6）μm，大孢子大小为（16~32）μm ×（3.5~5.5）μm，远远大于 TW21990-1。此外，木霉生产蓝色素的报道较少。

第九章　微生物与食品

微生物在高品质、高产量或具有特定性状的食品原料生产、发酵食品加工、食品变质与腐败等方面与食品产业密切相关。食品原料生产、发酵食品加工技术、食品保藏和食品微生物检测等是食品生物技术的重要内涵。目前，微生物学已经发展到组学研究阶段。微生物组学的研究与应用，进一步推进了食品科学相关科学研究。例如，代谢组学技术已在发酵食品的进程监控、产品分型、风味形成机理、有毒代谢产物分析等研究中广泛应用；宏基因组学技术已经广泛应用于传统发酵食品发酵过程中微生物的多样性以及功能研究。微生物学的快速发展，为传统食品产业的进一步发展以及技术和产品更新换代带来了新的机遇。

第一节　微生物与传统发酵食品

发酵是一种古老和传统的食品储存与加工的方法。发酵食品是以农林产品、水产品、畜产品等为原料，主要通过微生物的作用，再经加工制作的食品。传统发酵食品以其制作成本低，改善食品的风味营养及有较强的稳定性等优点在世界广泛分布。世界上可能存在超过5000种发酵食品，消费人群达数十亿。我国传统发酵食品历史悠久，产品风味独特，食品种类繁多，是传承文明、体现中华饮食文化的重要载体。传统食品发酵体系是由一种或多种微生物构成的独特生态系统，其中的微生物被称为发酵食品的“灵魂”，与发酵制品的品质和风味有直接关系。随着现代生物技术与传统发酵的融合，关注中国传统发酵食品的生产现状、工艺改进及发展前景对于弘扬民族文化、挖掘历史财富、造福现代社会具有积极的理论意义与实践价值。

一、传统发酵食品微生物

传统发酵食品的分类方法很多。依照发酵形式主要分为液态发酵、固态发酵和自然发酵；依照参与发酵的菌种种类分为纯种发酵和混合菌种发酵等。传统食品发酵一般为混合菌种发酵，发酵时间较长，但产品风味浓厚。而现代发酵技术一般采用纯种发酵，发酵周期短，生产易于机械化，干扰因素少，如纯种制曲技术。依据微生物不同，发酵食品主要分为酵母菌、霉菌和乳酸菌发酵等；依据原料不同，可将传统发酵食品分为9大类：发酵谷类食品、发酵乳制品、发酵豆类食品、发酵蔬菜食品、发酵块根和块茎类食品、发酵肉制品、发酵鱼制品、其他发酵食品和发酵酒精饮料。

1. 发酵谷物食品

发酵谷物食品以大米、小麦、小米等主要原料发酵生产，主要产品有馒头、面包、面团、酸面包、食醋、红曲和酒精饮料等。馒头、面包、面团和酸面包等发酵的主要菌种为乳酸菌和酵母菌。肠球菌（*Enterococcus*）、乳球菌、乳杆菌、明串珠菌、片球菌（*Pediococcus*）、链球菌和魏斯菌（*Weissella*）为谷物发酵的普遍细菌。酿酒酵母的地方菌株为多数面包发酵的主要酵母；其他酵母菌也通常用于谷物发酵，包括假丝酵母、德巴利酵母（*Debaryomyces*）、汉逊酵母（*Hansenula*）、哈萨克斯坦酵母（*Kazachstania*）、毕赤酵母（*Pichia*）、丝孢酵母（*Trichosporon*）和亚罗酵母（*Yarrowia*）。

传统食醋酿造的主要功能微生物包括醋酸菌、乳酸菌、霉菌和酵母菌等。霉菌的主要作用是降解蛋白质、多糖等大分子物质；酵母菌在酒精发酵阶段利用单糖；醋酸菌的主要功能是氧化糖和乙醇，将乙醇氧化为高浓度的醋酸，同时生成大量的有机酸。食醋中的乳酸菌能够产生大量的乳酸，起到缓解食醋刺激的酸味、改善口感的作用。芽孢杆菌产生的高活性蛋白酶可以将蛋白质水解成氨基酸，对食醋的风味和色泽起着重要的作用。镇江香醋中主要细菌属为乳杆菌、醋酸菌（*Acetobacter*）、葡糖醋杆菌（*Gluconacetobacter*）、葡萄球菌和肠杆菌等；真菌为酵母属。酵母菌和细菌是山西老陈醋酿造过程中的主要微生物。酵母菌有德克酵母属（*Dekkera*）、酒香酵母属（*Brettnomyces*）、卵孢酵母属（*Oosporium*）、克鲁弗氏酵母属（*Kluveromyces*）和毕赤酵母属；醋酸发酵过程中的产酸功能菌为植物乳杆菌和巴氏醋杆菌（*Acetobacter pasteurianus*）。在日本传统米醋酿造初期，真菌主要为米曲霉和酵母属；在酒精发酵阶段酵母菌和乳酸菌共存；在醋酸积累阶段，细菌主要为耐酸乳杆菌（*Lactobacillus acetotolerans*）和巴氏醋杆菌。韩国食醋中的主要微生物，糖化阶段为曲霉属，酒精发酵阶段为酵母属和类酵母属（*Saccharomycodes*），醋酸发酵阶段为醋酸菌属。

红曲以籼米为原料，以红曲霉为主要菌种经液体深层发酵精制而成，广泛应用于食品、酿造、药品和化妆品等行业。在发酵过程中，红曲霉以熟米为底物，发酵产生醇、酯、酸等多种芳香类初级代谢产物和多种水解酶类如淀粉酶、蛋白酶、半乳糖酶、核糖核酸酶等，产生优质香气和甘甜味道。红曲霉能够代谢产生多种有益物质如天然红曲色素、Monacolin K（又称洛伐他汀，具有显著的降胆固醇和降血脂功效）、γ-氨基丁酸等。

2. 发酵乳制品

基于参与发酵的微生物不同，发酵乳制品主要分为两类：乳酸菌（细菌）发酵乳制品和真菌发酵乳制品。乳酸菌发酵乳制品以乳酸菌占优势，该类产品包括嗜热类型（如酸乳、保加利亚酪乳）、益生类型（如嗜酸牛乳、双歧杆菌牛乳）和嗜温类型（如自然发酵牛乳、酸乳、酸性稀奶油、酸性酪乳）。真菌发酵乳制品由乳酸菌和酵母菌协同发酵生产，包括含酒精发酵乳饮品（如嗜酸酵母乳、开菲尔、乳酒）和芬兰酸奶。牛乳发酵的初始微生物参与酸化，主要有乳酸乳球菌乳脂亚种、乳酸乳球菌乳酸亚种、德氏乳杆菌德氏亚种（*Lactobacillus delbrueckii* subsp. *delbrueckii*）、德氏乳杆菌乳酸亚种（*Lb. delbrueckii* subsp. *lactis*）、瑞士乳杆菌（*Lb. helveticus*）、明串珠菌（*Leuconostoc* spp.）和嗜热链球菌。在乳酪生产中，扩展短杆菌（*Brevibacterium linens*）、费氏丙酸杆菌（*Propionibacterium freudenreichii*）、汉逊德巴利酵母（*Debaryomyces hansenii*）、产香白地霉（*Geotrichum candidum*）、卡门柏青霉（*Penicillium camembert*）和娄地青霉（*P. roqueforti*）等在乳酪成熟过程中产生风味和质地。发酵牛奶还经常大量存在一些非初始乳酸菌，包括坚强肠球菌（*Enterococcus durans*）、粪肠球菌（*Ent. faecium*）、干酪乳杆菌（*Lb. casei*）、植物乳杆菌、唾液乳杆菌（*Lb. salivarius*）和葡萄球菌（*Staphylococcus* spp.）。

3. 发酵豆类食品

传统大豆发酵食品包括豆豉、酱油、腐乳、豆酱等，此外还有发酵角豆制品和发酵黑豆制品。根据发酵微生物不同，豆豉可分为四大类：细菌型（如四川水豆豉、日本纳豆）、曲霉型（如广东阳江豆豉、湖南浏阳豆豉）、根霉型（如印尼的天培或丹贝）和毛霉型（如四川永川豆豉、潼川豆豉）。细菌主要为枯草芽孢杆菌，日本纳豆的起始发酵菌种为商业化纳豆芽孢杆菌（*Bacillus natto*）。曲霉型豆豉的主要发酵菌株为埃及曲霉（*A. egyptiacus*）和米曲霉。少根根霉（*R. arrhizus*）为根霉型豆豉的优势霉菌。永川豆豉在制曲前期有多种乳酸菌生长，后期乳酸菌受霉菌增长抑制，种类减少。制曲阶段的优势霉菌是总状毛霉（*Mucor racemosus*）；在后发酵阶段奥德赛芽孢杆菌（*Bacillus odysseyi*）及寡发酵乳杆菌（*Lb. oligofermentans*）与林氏乳杆菌（*Lb. lindneri*）等乳酸杆菌为优势菌群，此外还有接合酵母（*Zygosaccharomyces* spp.）的参与。

从微生物优势菌群变化情况来看，酱油低温发酵时细菌占绝对优势，其次为霉菌，再次是酵母菌。当发酵进入高温期后，细菌被少数耐热霉菌所取代，但芽孢细菌的数量和优势变化不大。酱油发酵料中的主要霉菌为曲霉、毛霉和根霉，其中最重要的是米曲霉。米曲霉产酶能力较强，工业发酵中就常选用米曲霉沪酿 3.042 菌株作为发酵种曲。发酵料中主要的有益细菌有醋酸杆菌、乳酸菌等，有益的酵母菌为鲁氏酵母（*Saccharomyces rouxii*）、假丝酵母、汉逊酵母等。酱油醪中的主要乳酸菌为酱油足球菌（*Pediococcus sojae*）、植物乳杆菌等。

采用传统的自然发酵法生产腐乳时，前期发酵过程中参与的微生物主要是毛霉，如腐乳毛霉（*Mucor sufu*）、鲁氏毛霉（*Mucor rouxianus*）、总状毛霉等；在后期发酵过程中，参与作用的还有红曲霉、米曲霉、溶胶根霉（*Rhizopus ligusfaciens*）、青霉、交链孢霉（*Alternaria*）、枝孢霉（*Cladosporium*），以及少量的酵母菌和乳酸菌［如弯曲乳杆菌（*Lb. curvatus*）和干酪乳杆菌］、链球菌（*Streptococcus*）、小球菌（*Micrococcus*）和棒杆菌（*Corynebacterium*）等。

在酱类发酵的制曲阶段霉菌占绝对优势，主要包括米曲霉、酱油曲霉（*Aspergillus sojae*）、高大毛霉（*Mucor mucedo*）和黑曲霉。在发酵初期阶段，霉菌的生长基本停止，耐盐的乳酸菌和酵母菌开始大量繁殖，如嗜盐四联球菌（*Tetragenococcus halophilus*）、鲁氏酵母、豆酱球拟酵母（*Torulopsis nodaensis*）和清酒球拟酵母（*Torulopsis sake*）等。在酱类的后发酵成熟阶段，由于有机酸等代谢产物的积累，微生物的生长基本停止，但也还存在微弱的代谢活性。

4. 发酵蔬菜食品

发酵蔬菜分为酱腌菜类、渍酸菜类、泡菜类和蔬菜汁类等，其中尤以泡菜为典型代表。传统发酵泡菜的加工方式多以自然发酵为主，其发酵过程可分为起始发酵、主发酵、次发酵和后发酵 4 个阶段。泡菜中优势微生物主要有乳酸菌、酵母菌、霉菌等，以乳酸杆菌和片球菌（*Pediococcus*）为主，然后是明串珠菌、魏斯菌属、四联球菌（*Tetragenococcus*）和乳球菌。

5. 发酵块根和块茎类食品

在非洲，木薯是传统发酵主食。木薯发酵的起始阶段主要为木薯棒杆菌（*Corynebacterium manihot*），然后是乳酸菌，如嗜酸乳杆菌、干酪乳杆菌、发酵乳杆菌

（*Lb. fermentum*）、戊糖乳杆菌（*Lb. pentosus*）、植物乳杆菌等。

6. 发酵肉制品

发酵肉制品分为两类：从完整肉块或肉片如干肉和肉干发酵制品及肉粉发酵食品（香肠），如欧洲的发酵香肠和萨拉米（Salami，腌制肉肠）等。肉类发酵涉及的细菌主要为乳酸菌，然后是凝固酶阴性的葡萄球菌、微球菌和肠杆菌科（Enterobacteriaceae）细菌。一些酵母菌和霉菌在制品成熟中也发挥作用。

7. 其他发酵食品

（1）黑茶　主要有泰国的 Miang 和中国的普洱茶、茯砖茶和康普茶。黑曲霉是普洱茶的优势真菌，并分离到食腺嘌呤芽生葡萄孢酵母（*Blastobotrys adeninivorans*）、灰绿曲霉（*Asp. glaucus*）、青霉、根霉和酿酒酵母，以及游动放线菌（*Actinoplanes*）和链霉菌（*Streptomyces*）。从康普茶中分离到布鲁塞尔酒香酵母（*Brettanomyces bruxellensis*）、星形假丝酵母（*Candida stellata*）、黏质红酵母（*Rhodotorula mucilaginosa*）、酿酒酵母、粟酒裂殖酵母和小椭圆接合酵母（*Zygosaccharomyces microellipsoides*）等。从康普茶分离到的主要细菌为葡糖酸醋杆菌（*Gluconacetobacter*），也分离到乳杆菌、醋酸杆菌和接合酵母。茯砖茶发酵的主要真菌为曲霉、青霉和散囊菌（*Eurotium*）。

（2）巧克力　巧克力是可可豆的发酵产品，发酵乳杆菌和巴氏醋杆菌为优势细菌。多种乳酸菌与加纳可可豆发酵相关，包括加纳乳杆菌（*Lb. ghanensis*）、加纳魏斯氏菌（*Weissella ghanensis*）等。可可自发发酵涉及的酵母菌有葡萄汁有孢汉逊酵母（*Hanseniaspora uvarum*）、季也蒙有孢汉逊酵母（*Hanseniaspora guilliermondii*）、东方伊萨酵母（*Issatchenkia orientalis*）、膜醭毕赤酵母（*Pichia membranifaciens*）、酿酒酵母和克鲁维酵母（*Kluyveromyces*），负责形成风味物质。

（3）皮蛋　皮蛋的优势微生物为蜡样芽孢杆菌（*B. cereus*）、软化芽孢杆菌（*P. macerans*）、孔氏葡萄球菌（*Staph. cohnii*）、表皮葡萄球菌（*Staph. epidermidis*）和溶血葡萄球菌（*Staph. haemolyticus*）等。

8. 发酵酒精饮料

（1）传统发酵酒类　传统发酵酒类主要有黄酒、米酒、白酒等酒种。曲是酿酒的原动力，酒的风味及营养物质的形成与曲中的微生物有着密切关系。酒曲中微生物菌群主要有霉菌、酵母菌和细菌等。霉菌主要起糖化作用。曲霉、根霉、红曲霉等具有较高的糖化能力。酵母菌主要有假丝酵母、酒精酵母、产酯酵母和毕赤酵母等。其中，扣囊复膜孢酵母（*Saccharomycopsis fibuligera*）能够产淀粉酶、酸性蛋白酶以及 β-糖苷酶。酿酒酵母是主要酒化功能菌，为一些耐酒精、产酒精能力强的菌株。这两种菌是酒曲中的优势酵母菌。非酿酒酵母具有较强的酯合成能力，主要在发酵后期赋予酒香。白酒的香气来源于发酵后期产酯酵母合成酯类增香，同时芽孢杆菌大量繁殖。芽孢杆菌利用淀粉、蛋白质等大分子物质，代谢产酸产香，是主要的优势菌群。清香型小曲酒中细菌的种类较多，主要以乳酸菌和芽孢杆菌属为主。酵母类主要包括扣囊复膜孢酵母、异常毕赤酵母（*Pichia anomala*）和酿酒酵母。霉菌种类相对较少，以米根霉为主。

印度、尼泊尔和不丹的酒曲微生物群落包括霉菌如卷枝毛霉（*Mucor circinelloides*）、冻土毛霉（*Mucor hiemalis*）、中华根霉（*Rhi. chinensis*）和匍枝根霉，酵母菌有酿酒酵母、贝酵母（*Sacch. bayanus*）、扣囊复膜孢酵母、荚复膜孢酵母（*Sm. capsularis*）、异常毕赤酵母、伯顿毕赤酵母（*Pic. burtonii*）和光滑念珠菌（*Candida glabrata*），乳酸菌有戊糖片球菌（*Ped. pentosaceus*）、双发酵乳杆菌（*Lb. bifermentans*）和短小乳杆菌（*Lb. brevis*）。

日本酒曲联合应用米曲霉和酱油曲霉生产酒精饮料，如日本清酒（sake）。日本酒曲的主要霉菌有泡盛曲霉（*Asp. awamori*）、白曲霉（*Asp. kawachii*）、米曲霉、西肉萨米曲霉（*Asp. shirousamii*）和酱油曲霉等。

红曲黄酒是以糯米为主要原料，添加红曲、药白曲，经多种微生物发酵酿造而成。传统红曲黄酒酿造过程中酵母菌菌群结构处于动态变化趋势，并最终趋于稳定。在生产前期，酵母菌主要以扣囊复膜孢酵母为优势菌；随着酿造过程的进行，酿酒酵母逐渐成为优势酵母菌。非酿酒酵母在酿造过程中能够产生特殊的酯香味物质或产生不同的高级醇，形成黄酒的特殊风味。

（2）果酒类　葡萄酒是以葡萄为主要原料制作的非蒸馏酒精饮料，主要微生物为酿酒酵母的不同菌株和一些非酿酒酵母。非酿酒酵母又称野酵母，包括软假丝酵母（*Candida colliculosa*）、星状假丝酵母、葡萄汁有孢汉逊酵母（*Hanseniaspora uvarum*）、柠檬形克勒克氏酵母（*Kloeckera apiculata*）、耐热克鲁维酵母（*Kl. thermotolerans*）、德尔布有孢圆酵母（*Torulaspora delbrueckii*）、美极梅奇酵母（*Metschnikowia pulcherrima*）等。

龙舌兰酒是墨西哥仙人掌汁液制作的最古老的酒精饮料，发酵过程中存在的细菌为乳酸菌，如乳酸乳球菌乳酸亚种、耐酸乳杆菌（*Lb. acetotolerans*）、嗜酸乳杆菌（*Lb. acidophilus*）、希氏乳杆菌（*Lb. hilgardii*）、开菲尔乳杆菌（*Lb. kefiri*）、植物乳杆菌、柠檬明串珠菌（*Leuc. citreum*）、肠膜明串珠菌等，γ-变形杆菌有大黄欧文菌（*Erwinia rhapontici*）、肠杆菌（*Enterobacter*）和抗辐射不动杆菌（*Acinetobacter radioresistens*），α-变形杆菌有运动发酵单胞菌（*Zymomonas mobilis*）、苹果醋杆菌（*Acetobacter malorum*）、树状微杆菌（*Microbacterium arborescens*）、约氏黄杆菌（*Flavobacterium johnsoniae*）、氧化葡萄糖酸杆菌（*Gluconobacter oxydans*）和蜂房哈夫尼菌（*Hafnia alvei*）等。分离到的酵母菌有酿酒酵母有贝酵母、酿酒酵母、奇异酵母（*Sacch. paradoxus*），非酿酒酵母有近平滑假丝酵母（*Candida parapsilosis*）、葡萄牙棒孢酵母（*Clavispora lusitaniae*）、葡萄汁有孢汉逊酵母、乳酸克鲁维酵母（*Kl. lactis*）、马克斯克鲁维酵母（*Kl. marxianus*）、膜醭毕赤酵母（*Pichia membranifaciens*）、德尔布有孢圆酵母（*Torulaspora delbrueckii*）等。

二、微生物发酵的作用

在传统发酵食品，微生物的生命活动主要发挥如下作用：①形成多样化、独特的风味，丰富人类饮食；②通过乳酸、乙醇、乙酸、碱性发酵或高盐发酵起到保藏食品的作用；③提高食品的营养价值；④增强食品的功能性。食品在有益微生物分泌的酶系作用下，原料基质中的蛋白质、糖类、脂类等内源组分分子结构、空间构象、理化性质发生改变，形成独特的香气、滋味，提高食品的贮藏性，并产生发酵食品的营养功能性（图 9-1）。

1. 发酵对食品风味组分的影响

发酵食品风味形成是一系列复杂的生化反应过程，即蛋白质、脂类由微生物代谢产生各种氨基酸、有机酸，与醇类作用生成酯。微生物代谢产物与食品消化产物发生化学反应，生成酸、酚、酮、醛和吡咯等各种风味物质。氨基酸和有机酸代谢是风味物质形成的关键，对其调控有利于风味控制（图 9-1）。

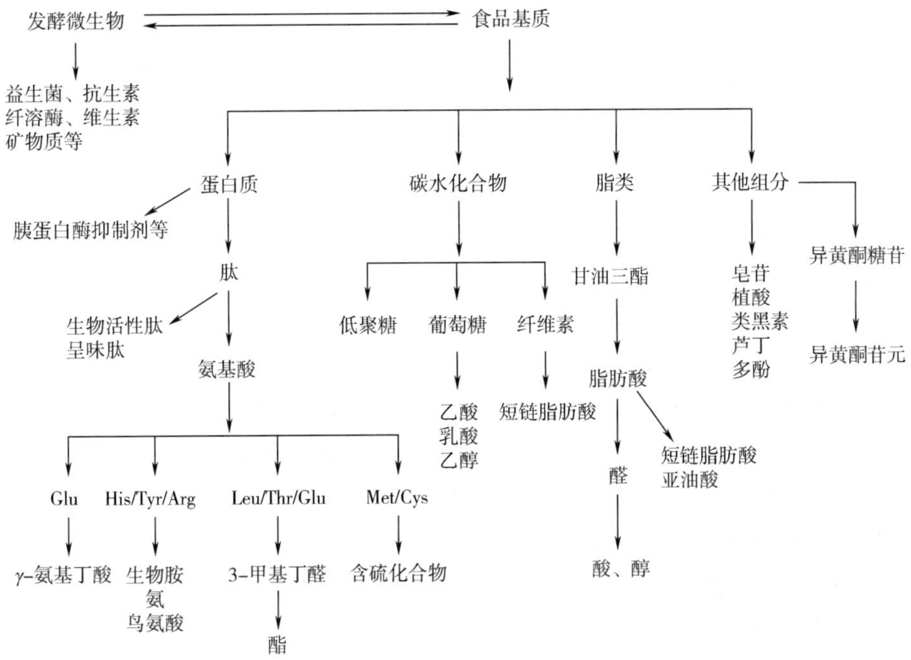

图 9-1　发酵食品生产过程中主要组分与功能因子变化

氨基酸代谢产物是发酵食品风味物质形成的前体，以蛋氨酸、芳香族氨基酸（苯丙氨酸、酪氨酸、色氨酸）和支链氨基酸（亮氨酸、异亮氨酸、缬氨酸）为主的氨基酸是挥发性香气成分的主要前体，其中谷氨酸钠盐对产品风味影响较大。氨基酸代谢通常有蛋氨酸代谢和转氨反应两条途径：蛋氨酸代谢主要形成含硫香气组分，转氨反应产生风味物质代谢中间体 α-酮酸并被降解成各种香气成分，如亮氨酸降解产生异戊酸和 3-甲基正丁醛。有机酸代谢和风味物质形成密切相关。发酵过程中，蛋白质和碳水化合物被微生物降解，产生对风味贡献较大的小肽、氨基酸和糖，进一步代谢形成有机酸生成途径的关键中间体——丙酮酸，导致形成大量挥发性有机酸。其中，丙酸和丁酸通过 5~6 个连续反应从丙酮酸合成，支链有机酸由缬氨酸形成，3-甲基丁酸通过亮氨酸转氨分解和氧化而来。有机酸进一步与醇类形成酯，从而赋予发酵食品特有的酯香。

2. 发酵对食品组分变化和贮藏性的影响

发酵食品具有较高的食用安全性，主要是由于有益微生物的生长有效抑制了有害微生物的生长繁殖。有益微生物代谢作用产生的乙醇、有机酸等可以抑制有害微生物生长。大多数致病菌只适应中性偏碱环境，而发酵工艺产生的多是酸性环境，所以发酵食品更耐贮藏。例如，乳酸菌代谢产生的乳酸能降低发酵食品的 pH，并消耗体系中的氧，降低氧化还原电位，从而抑制或延缓发酵食品中腐败菌和致病菌的生长，达到贮藏的目的。在有氧条件下，乳酸菌在黄素蛋白氧化酶的作用下产生过氧化氢，对细胞膜磷脂和细胞内蛋白有强烈的氧化作用。由于乳酸菌不含过氧化氢酶，产生的过氧化氢可在食物环境下不断积累，对诸如金黄色葡萄球菌等其他微生物产生抑制作用。发酵食品中优势微生物能合成一定量的抗生素，抑制致病菌和腐败菌生长，抗生素还能直接使葡萄球菌肠毒素失活。乳酸菌发酵过程会产生乳链球菌肽、乳杆菌素、嗜酸菌素等抑菌物质，抑制食品腐败菌生长，提高产品的贮藏性。发酵食品生产过程中外源组分，如食盐、辣椒、香辛料、油脂等的加入也会对贮藏性产生影响。食盐能降低发酵食品的水分活度，抑制微生物生长，有效延长货架期。

3. 发酵对食品营养功能性的影响

发酵改变食品组分，可以破坏或去除不期望组分，改善营养和适口性。食品基质中存在一些有毒或抗营养因子，发酵能降低这些组分的含量。例如木薯含有能产生氰化物的糖类衍生物氰苷，可降解为氢氰酸，引起组织缺氧及中枢神经系统损害。发酵处理可将氰化物水平由10~49mg/kg降至5.4~29mg/kg，达到食用安全水平。乳酸菌发酵后，人类不能有效吸收的棉籽糖和水苏糖含量大幅降低，从而大大改善低聚糖的生理功能。

发酵食品中存在大量对人体有益的功能成分，主要源于微生物产生的代谢产物以及微生物酶对原料分解后产生的分解产物。这些功能成分包括：①功能性碳水化合物，如真菌多糖、功能性低聚糖、功能性单双糖等，具有改善人体消化系统功能，降低血压和血清胆固醇，降低有毒产物以及增强机体免疫力，延缓衰老等生理功能；②功能性多肽，如酱油中小分子质量降血压短肽等；③多种酶类，如从纳豆中分类纯化出的具有溶解血栓作用的纳豆激酶、细菌型豆豉中发现的豆豉纤溶酶、一些发酵食品中发现的抗衰老超氧化物歧化酶等；④降胆固醇物质，如发酵食品产生的红曲霉、大豆皂苷、酚类物质，红曲霉发酵产生的莫纳可林类物质，豆酱发酵过程中产生的大豆皂苷物质，红葡萄酒中存在的大量多酚类物质（黄酮、黄酮醇、花青素、单宁等）等；⑤抗氧化活性物质，如微生物发酵产生的维生素 B_{12}、核苷和核苷酸、类黑素和芳香族化合物等；⑥益生菌及代谢产物，如乳酸菌及其代谢产生的细菌素、积累的维生素、有机酸等；⑦其他功能成分，如发酵可以提高食品中某些维生素的含量，如叶酸（维生素 B_{11}）、维生素E、维生素 K_2、维生素 B_{12} 等。

4. 发酵对食品安全性的影响

发酵食品生产过程中，生产工艺控制不当会导致产品质量下降，产生有害因子。在微生物的作用下，蛋白异化代谢会产生氨、胺、硫醇、吲哚、*N*-亚硝基化合物或硫化物等对人体不利甚至有害的组分，如组胺和酪胺能引起食物中毒，其他生物胺的存在会增强组胺或酪胺的不良作用。酱油中酪胺、腐胺和尸胺含量较高，可能和生产过程中较差的卫生条件相关；发酵水产品中生物胺含量较高；蔬菜发酵过程中硝酸盐可转化成亚硝酸盐，亚硝酸盐可与食物中蛋白质分解产物胺反应，生成致癌物质*N*-亚硝基化合物。微生物有解毒作用，能代谢掉某些有害成分，例如从朝鲜泡菜中分离到的肠膜明串珠菌能够消耗培养基中的亚硝酸盐。在酿酒过程中会产生甲醇和高级醇（杂醇油）。按照严格的生产工艺进行操作，采用反复蒸馏和提取的方法可以降低甲醇和高级醇含量。氨基甲酸乙酯天然存在于面包、酸乳、干酪、酱油及酒精类饮料等发酵食品中，是发酵过程的伴随产物，被国际癌症研究机构确认为人类可能致癌物质（2A类），许多国家对各类酒中氨基甲酸乙酯含量的最高允许浓度做了法律规定。对发酵食品风味组分变化与调控的研究，有利于发酵食品品质和质量控制。传统发酵食品具有诸多保健功能和生理活性成分，并与原料组成、发酵菌种、发酵条件相关，因此需要找出合理的发酵工艺和优化的微生物菌种，来满足人们对风味、安全性和功能性的要求。

三、传统发酵食品微生物的驯化

很多传统发酵食品的生产不采用人工接种微生物菌种体，而是通过自然发酵，利用环境和动植物基质表面和内部复杂的微生物群落的生命活动，生产当地特色发酵食品。微生物形体微小，非常容易变异。有些传统发酵食品生产已经有数千年的历史。在相对稳定的生产条件下，发酵食品生产也形成了相对固定的菌群。微生物在食品生产环境中长时间的适应和选择过程，就是传统发酵食品微生物的驯化过程。野生细菌、酵母菌和霉菌逐渐被驯化为现在应用的各种发酵食品的微生物。

1. 食品发酵微生物的适应和选择机制

（1）自然杂交　传统发酵食品自然发酵过程中，涉及多种微生物种群的复杂演替过程。多种微生物密切互作，会发生近缘物种间的杂交以及自然转化等现象，驱动了微生物的适应、进化和选择。酵母菌是最著名的驯化微生物，在啤酒、葡萄酒等多种酒精饮料、面包等谷物发酵食品生产过程中广泛使用。由于不产生有毒次级代谢产物，而且产生高水平的乙醇和酯类和酚类等风味物质，酵母属种类（主要是酿酒酵母）特别适用于食品发酵。15 世纪德国巴伐利亚生产的拉格（Lager）啤酒为下层发酵啤酒，发酵菌种为耐冷的巴斯德酵母（*Sacch. pastorianus*），为上层发酵啤酒爱尔（Ale）啤酒发酵菌种酿酒酵母（*Sacch. cerevisiae*）与另一种酵母菌杂交种，赋予了拉格酿酒酵母的低温发酵能力。2011 年，Libkind 等从阿根廷巴塔哥尼亚（Patagonia）森林分离到 2 株耐冷酵母，测序了其基因组序列，然后鉴定到巴斯德酵母丢失的杂交供体种，命名为真贝酵母（*Sacch. eubayanus*）。比较基因组学研究发现，这种酵母菌与拉格啤酒耐冷的巴斯德酵母菌基因组中的非酿酒酵母菌部分具有 99.56%的序列相似性，是已发现的与拉格酿酒酵母最接近的野生酵母菌种，故认定真贝氏酵母是拉格酿酒酵母的野生亲本，提出拉格酿酒酵母的巴塔哥尼亚起源说。中国科学院微生物研究所真菌学国家重点实验室的白逢彦研究组研究发现，青藏高原和相邻地区的酿酒酵母属物种多样性远高于世界其他地区，显示青藏高原或相邻地区可能是该类酵母菌的多样性中心或起源中心。从该地区分离的真贝氏酵母菌株的遗传多样性也远远高于美洲，青藏高原才是真贝酵母的真正起源地。单基因和多基因序列分析显示，西藏贝酵母（*Sacch. eubayanus*）菌株才是拉格酿酒酵母真正的野生亲本，拉格酿酒酵母可能起源于中国或东亚。

（2）假基因化和基因丢失　乳酸菌是人类利用最早的微生物，涉及多种传统发酵食品生产。植物代表了现在乳业发酵使用的一些乳酸菌的原始栖息物。然而植物和牛乳来源的乳酸乳球菌菌株在植物碳水化合物基质上展示不同的代谢和生长特征，存在着大量具有不同生理性状的乳酸菌菌株，表明一些源自牛乳的乳酸菌在特化过程中失去了祖先代谢途径。此外，牛乳来源的乳酸菌菌株表现出涉及植物碳水化合物代谢的基因组减少和座位的假基因化。嗜热链球菌基因组超过 10%与病理和碳代谢相关的基因，发现已经假基因化或丢失。米曲霉和酱油曲霉在环匹阿尼酸和黄曲霉毒素基因簇积累了不同的失活突变。日本清酒酿造种白曲霉（*Aspergillus kawachii*）失去了 21kb 的驱动赭曲霉素 A 合成的多肽合成酶基因。与其他散囊菌目真菌相比，在红曲霉基因组中观察到与初级和次级代谢相关基因的大量丢失。

（3）基因拷贝数量改变　基因拷贝数量改变可快速引起变异，是改变转录和翻译水平的有效策略，允许驯养微生物快速适应新的环境。例如，米曲霉在稻米上生长时，其消化稻米淀粉的能力很高，α-淀粉酶基因高度表达。α-淀粉酶基因在米曲霉以 2 个或更多拷贝存在，但在黄曲霉基因组仅存在一个拷贝。在酿酒酵母，己糖运输酶基因在低葡萄糖环境下数量增加，引起运输蛋白的增强表达，可以将更多的葡萄糖运输进细胞内。

（4）基因横向转移　基因横向转移（Horizontal Gene Transfer，HGT）在原核生物比较普遍，很多研究发现也广泛存在于真核微生物，可促进微生物快速适应食品发酵生产的生态节点。通过基因横向转移可以获得适应性遗传变异。酿酒酵母和其他酵母菌通过 HGT 获得很多细菌的基因。葡萄酒酿造酿酒酵母 EC1118 菌株的基因组分析发现，几个基因座位似乎横向转移自腐败酵母——拜氏接合酵母（*Zygosaccharomyces bailii*）。有趣的是，很多这些基因与葡萄酒酿造过程相关，几乎可以完整地用于葡萄酒酿造。经常用作糖化的黑曲霉最近从米曲霉获得了 72kb 的基因座位，包含编码 α-淀粉酶编码基因。奶酪环境驱动了包含沙门柏干酪青霉菌（*P. camemberti*）和娄地青霉菌（*P. roqueforti*）间近 250 个基因的横向转移，涉及产生分生孢子和次级代谢物的基因，可能赋予了多种微生物在奶酪环境中的竞争优势。

2. 发酵食品微生物的人工驯化措施

（1）自然选育　是指通过自发突变和筛选法，筛选那些含有所需性状得到改良的菌种。自然选育是一种简单易行的选育方法，可以达到纯化菌种，防止菌种退化，提高产量的目的。然而，微生物发生正向自发突变的概率较低，导致自然选育耗时长、工作量大，影响了育种工作效率。

①个体选育：长期的适应与选择，使不同生物和非生物条件下的动物和植物基质上稳定地栖息着具有不同遗传和生理性状的微生物菌株。这些微生物，如用于面包等谷物发酵食品的酿酒酵母地方菌株，用于多种传统发酵食品生产的乳酸菌，用于糖化的曲霉、根霉、毛霉等霉菌，是食品与发酵工业宝贵的财富。将自然选育菌株用于发酵食品生产，将便于生产过程的调控，有效提高食品的质量和安全性，缩短生产周期，增加生产效益。例如，为选育萨拉米香肠肉用微生物发酵剂，从传统发酵食品腊鱼、腊肠以及豆豉中分离筛选到 5 株产香酵母菌。结合形态学和酵母菌 26S rDNA D1/D2 区序列分析，初步鉴定 2 株菌为汉逊德巴利酵母（*Debaryomyces hansenii*），3 株菌为异常威克汉姆酵母（*Wickerhamomyces anomalus*）。麦芽汁发酵液的挥发性成分分析表明，这 5 株酵母菌的麦芽汁发酵液中主要挥发性成分为醇类和酯类，种类和组成差异较大。最终筛选出 2 株产生挥发性成分较多的酵母菌 Y4-1 和 Y12-3，具有良好的耐盐、耐亚硝酸盐和耐酸性，有望将其开发成为萨拉米香肠的新型发酵剂。

②群体选育：在传统发酵食品生产过程中，往往发生着复杂的微生物种群演替和生态互作。在大量理论研究的基础上，以特定的生长和生产性状为筛选目标，也可以尝试人工群体选育的方法进行育种。设置特定的以生产为目的的培养基和培养条件，接种混合微生物种子（如浓香型白酒窖泥、发酵醪液、曲醅等），一段时间发酵培养后，以特定的微生物生长和生产性状为目标进行筛选，将表现最好的试验组培养物作为种子，接种新的培养基进行新一轮次的筛选。经过若干轮次筛选后，得到的最终培养物为该批群体选择的最佳种子，可以用于基础研究，或者用作生产的种子。

（2）诱变育种　诱变育种是以物理、化学和生物诱变剂等诱发微生物基因突变，通过定向筛选突变体，寻找正向突变菌株的一种育种技术。

①物理因子诱变：常用的物理诱变剂包括紫外线、X射线、γ射线、激光、低能离子等，还有离子束（包括常压室温等离子体、离子注入和重离子辐照等）、太空射线（微生物航天育种）、微波、双向复合磁场、红外射线、高能电子流和超高压等新诱变技术。它们与其他诱变源一起进行复合诱变，能起到很好的诱变效果。清华大学邢新会教授开发的常压室温等离子体微生物基因组快速突变技术可对微生物进行快速有效的体外基因突变操作，已经成为食品发酵产业及生物技术科研领域的应用平台技术。太空育种技术也在食品微生物优良菌株选育中发挥着重要作用。

②化学因子诱变：化学诱变剂是一类能与DNA起化学作用而改变其结构，并引起DNA变异的物质，包括烷化剂（如甲基磺酸乙酯、硫酸二乙酯、亚硝基胍、亚硝基乙基脲、乙烯亚胺及氮芥等）、天然碱基类似物、脱氨剂（如亚硝酸）、移码诱变剂、羟化剂和金属盐类（如氯化锂及硫酸锰）等。这些物质大多是致癌剂，使用时必须十分谨慎。

③生物因子诱变：基因诱变剂可以是特定噬菌体、细菌质粒和DNA转座子。生物诱变剂按诱变方式可以分为转导诱发突变、转化诱发突变和转座诱发突变三类。转导诱发突变是指烈性噬菌体侵入宿主细菌，通过普遍性转导改变宿主细胞的基因型；温和噬菌体侵入宿主细胞，通过局限性转导使供体细菌和受体细菌都发生基因突变。转化诱发突变是指受体细胞吸收外源DNA分子片段，人为进行的质粒携带重组DNA分子转化进入受体细胞，使外源重组DNA分子在受体细胞内扩增或表达，则为典型的基因工程操作。转座诱发突变是指转座子转座的遗传效应，产生DNA的缺失、重复和插入等突变。

④复合因子诱变：某一菌株长期使用诱变剂处理之后，除了产生诱变剂的“疲劳效应”以外，还会引起菌种生长周期延长、孢子量减少、代谢减慢等不利于生产的性状。在实际生产中，多采用几种诱变剂复合处理、交叉使用的方法进行菌株诱变育种，称为复合因子诱变。

微生物进化工程育种技术是一项全基因组水平的新兴技术，它通过模拟自然进化中的变异和选择过程，实现对微生物菌株优良性状的选育。为了增加基因多样性，提高微生物进化的速度，在进化工程研究中往往对出发菌株进行基因多样化的处理。人工诱变是实现微生物基因型多样化的常用方法，采用甲基磺酸乙酯对酿酒酵母菌株进行诱变，并将诱变处理后得到的菌群用于其后的选择过程。在生物反应器或摇瓶甚至试管中进行的分批培养，和以恒化器为主的连续培养等液体培养方式是进化工程实现选择过程的常用方式。在目标菌株的筛选方面，除了传统的单菌落筛选法以外，自控微量平板筛选法、基于荧光的细胞分拣法等高通量方法已经用于菌株筛选。随着单细胞技术的发展，还出现了流式细胞仪、微流控芯片、光镊等可实现单细胞选择的新兴筛选技术。近年来，进化工程在扩大底物利用范围、增加代谢物产量及提高微生物耐受性等方面取得了显著进展。

（3）体内基因重组育种　菌株能够经过基因重组获得新的遗传型，从而获得具有优良性状的菌种，称为基因重组育种，包括杂交育种和原生质体融合育种。

①杂交育种：通过有性杂交、准性杂交和细菌接合等方式，使不同微生物亲本的基因组发生交换和重组，产生新的优良性状，或者把双亲的优良性状结合于特定杂交子中，筛选后获得符合育种目标的微生物菌株。

②原生质体融合育种：遗传性状不同的亲本可以通过原生质体融合技术获得兼具双亲

遗传特性的稳定融合子。原生质体融合技术有着克服远缘杂交、提升优良性状和应用范围广等优点。通常原生质体融合的步骤主要包括亲本的选择、原生质体的制备与再生、原生质体的融合、融合子的筛选以及遗传特性的分析与鉴定等五个步骤。融合方法有聚乙二醇（Polyethylene Glycol，PEG）介导的融合、电诱导融合和激光诱导融合三种。利用融合亲本的营养缺陷型标记、抗药性标记、荧光染色、灭活原生质体标记等筛选融合子。原生质体融合育种在酵母菌、乳酸菌和曲霉等霉菌的特定生产性状选育中发挥了重要作用。

③基因组重排技术（Genome shuffling）：是在传统诱变技术和细胞融合技术基础上发展而来的育种新技术，是对整个微生物基因组的重排，来选育具有优良性状菌株的新型育种技术。该技术在无需了解微生物遗传背景的情况下，通过原生质体融合技术将多个亲本的全基因组进行重组，从而快速得到具有融合各亲本优良性状的子代。

（4）代谢控制育种　代谢控制育种又称推理育种，是指以生物化学和遗传学为基础，研究代谢产物的生物合成途径和代谢调节的机制，选择巧妙的技术路线，通过遗传育种技术（主要是诱变育种）获得解除或绕过了微生物正常代谢途径的突变株，从而人为地使有用产物选择性大量合成和积累。它的兴起标志着微生物育种技术发展到理性育种阶段，实现人为的定向控制育种，导致了氨基酸、核苷酸以及某些次级代谢产物的高产菌种大批推向生产，大大促进了发酵工业的发展。

（5）基因工程育种　为利用基因工程方法对生产菌株进行改造而获得高产工程菌，或者是通过微生物间的转基因而获得新菌种的育种方法。基因工程育种是真正意义上的理性选育，按照人们预先设计和控制的方法进行育种，是当前最先进的育种技术。常用的分子育种手段包括基因转移、基因定点突变、基因敲除、基因超表达、化学诱导染色体进化、利用基因组尺度代谢网络模型系统改造代谢途径等。

代谢工程（Metabolic Engineering）亦称途径工程（Pathway Engineering）和代谢设计（Metabolic Design），是一门利用分子生物学原理系统分析细胞代谢网络，并通过 DNA 重组技术合理设计细胞代谢途径及遗传修饰，进而完成细胞特性改造的应用性学科。根据微生物不同代谢特征，一般采用改变代谢途径、扩展代谢途径以及构建新的代谢途径等方法来达到目的。

米曲霉为日本清酒制作中酒曲中的主要霉菌，主要负责大米的糖化。然而，米曲霉生产菌株的 *mreA* 基因（编码异戊醇氧化酶）表达，产生的异戊醇氧化酶氧化异戊醇为异戊醛，使得清酒产生不愉快的味道。敲除 *mreA* 基因，从米曲霉工业菌株构建了不产生异戊醛的清酒曲霉。所有基因敲除菌株均保持了出发菌株的酿造特性，但其异戊醇氧化酶活性比宿主菌株显著降低。采用变异菌株酿造的清酒，在 20℃ 或 30℃ 长达 63d 的储存，其异戊醛的浓度小于 0.5mg/L，感官评价也察觉不到不愉快的异戊醛的味道。因而，基因敲除菌株可用于不产异戊醛的日本清酒的酿造。

第二节　食品安全检测

国以民为本，民以食为天，食以安为先。食品是微生物生长繁殖的良好基质，在种植、加工、流通和消费等环节都可能存在微生物污染问题。据统计，在美国每年有 31 种致病菌引起食源性疾病 940 万例和 1351 人死亡；在发展中国家，腹泻疾病频发，每年在全世界范围内有 150 万儿童死亡。除此以外，食源性疾病的致病因子的数量也在逐年膨胀，如 20 世纪 90 年代出现的弯曲杆菌，现在已经是引起腹泻的重要致病因子。所以食品微生物的监控极其重要，应贯穿从生产到消费的全过程，检测技术应具有快速、准确、灵敏、低廉等特点。

一、食品卫生微生物学检验

食品微生物常规检测项目有细菌总数、大肠菌群（Coliform Bacteria）、大肠杆菌、酵母菌总数和霉菌总数等，致病微生物检测项目有沙门菌（*Salmonella* spp.）、李斯特菌（*Listeria* spp.）、金黄色葡萄球菌、大肠杆菌 O157：H7、弯曲杆菌（*Campylobacter* spp.）、致病弧菌（*Vibrio* spp.）、副溶血弧菌（*V. parahemolyticus*）、志贺菌（*Shigella* spp.）、假单胞菌等。国标 GB/T 4789. 1～40 食品卫生微生物学检验的指标有：菌落总数测定、大肠菌群计数、沙门菌检验、志贺菌检验、致泄大肠埃希菌检验、副溶血性弧菌检验、小肠结肠炎耶尔森菌（*Yersinia enterocolitica*）检验、空肠弯曲菌（*C. jejuni*）检验、金黄色葡萄球菌检验、溶血性链球菌（*hemolytic streptococcus*）检验、肉毒梭菌（*Clostridium botulinum*）及肉毒毒素检验、产气荚膜梭菌（*Clostridium perfringen*）检验、蜡样芽孢杆菌检验、霉菌和酵母菌计数、常见产毒霉菌的鉴定、椰毒假单胞菌酵米面亚种（*P. cocovenenans* subsp. *Farino fermentans*）检验、单核细胞增生李斯特菌（*L. monocytogenes*）检验、肠杆菌科噬菌体检验、大肠菌群快速测定、双歧杆菌（*Bifidobacterium* spp.）检验、乳酸菌检验、大肠埃希菌 O157：H7/NM 检验、阪崎肠杆菌（*Enterobacter sakazakii*）检验等。

日益严峻的食品安全局势，要求我国食品微生物检测要提高效率，节约人力资源成本，在方法上与国际接轨。对于运行危害分析的关键控制点（Hazard Analysis Critical Control Point，HACCP）质量保证体系的企业来说，快速检测方法尤其重要。需要快速检测原料及半成品的污染情况，以采取相应的措施控制最终产品的微生物超标情况。因此，研究和应用食品微生物的快速检测方法势在必行。国外许多政府检测机构都在大量使用快速检测方法，尤其是 ATP 法、免疫法、阻抗法和显色培养基法在国外应用相当成功。国内的许多政府检测机构也都已经在使用或正在考虑使用国外先进的快速检测技术。从长远发展趋势来说，快速方法是微生物检测的重要方向。

1. 常见的食源性致病微生物

（1）肠出血性大肠埃希菌　大肠杆菌 O157：H7（血清型）引起出血性肠炎。家畜和家禽是其主要宿主。在自然环境中生活能力强，在牛粪中可存活 70d 以上，在莴苣中 12～21℃可存活 14d。人主要通过食用受污染食品而发病，目前在世界各国引起暴发流行的病因食品有汉堡包、烤牛肉、生牛乳、鲜榨苹果汁、酸乳、乳酪、香肠、蛋黄酱、生菜、芽苗菜等。人与人之间的密切接触以及直接接触带菌动物也可以引起感染。人感染 4～9 d 后发病，常表现为突发剧烈腹痛、腹泻，初为非血性腹泻，同时伴有恶心、呕吐、发热等症状。大部分患者病情可在 7d 内缓解。部分患者可在病后 2～3d 出现血性腹泻，继而发展为溶血性尿毒综合征、血栓形成性血小板减少性紫癜等并发症，出现肾功能衰竭，病情严重者甚至会死亡。

（2）金黄色葡萄球菌　也称“金葡菌”，革兰染色阳性，常见的食源性致病微生物。最适宜生长温度为 37℃，pH 为 7.4，耐高盐，可在盐浓度接近 10%的环境中生长。常寄生于人和动物的皮肤、鼻腔、咽喉、肠胃、痈、化脓疮口中，空气、污水等环境中也无处不在。在适当的条件下，能够产生肠毒素，引起食物中毒，占食源性微生物食物中毒事件的 25%左右，成为仅次于沙门菌和副溶血弧菌的第三大微生物致病菌。

（3）沙门菌　沙门菌属于肠杆菌科，革兰染色阴性，杆状致病菌。该类病原菌分布广泛，从水、土壤、昆虫、工厂和厨房设施的表面和动物（特别是禽类和猪）粪便中已发现该类细菌。它们可以存在于多类食品中，包括生肉、禽、奶制品和蛋、鱼、虾等。人沙门菌病有四类综合征：沙门菌病、伤寒、非伤寒型沙门菌败血症和无症状带菌者。伤寒实际上是由伤寒沙门菌所致，未接受过治疗的病人致死率可超过 10%。非伤寒型沙门菌败血症可由各型沙门菌感染所致，能影响所有器官，有时还引起死亡。沙门菌胃肠炎由除伤寒沙门菌外任何一型沙门菌所致，潜伏期一般 6~72 h，主要症状为恶心、呕吐、腹绞痛、腹泻、发热寒战头痛。病程一般 1~2d 或更长。感染剂量为 15~20 个菌，死亡率达 1~4%。最易感群体是儿童、虚弱者、老人、免疫缺陷者等。污染源主要是人和家畜的粪便。

（4）副溶血性弧菌（*Vibrio parahemolyticus*）　为革兰染色阴性杆菌，呈弧状、杆状、丝状等多种形状，无芽孢。是一种海洋细菌，主要来源于鱼、虾、蟹、贝类和海藻等海产品。进食含有该菌的食物可致食物中毒，也称嗜盐菌食物中毒。临床上以急性起病、腹痛、呕吐、腹泻及水样便为主要症状。此菌对酸敏感，在普通食醋中 5min 即可杀死；对热的抵抗力较弱。中毒食品主要是海产品，其次为咸菜、熟肉类、禽肉、禽蛋类，约有半数中毒者为食用了腌制品。中毒原因主要是烹调时未烧熟煮透或熟制品被污染。

（5）肉毒梭菌　是肉毒梭状芽孢杆菌的简称，也称肉毒杆菌，革兰染色阳性，粗短杆菌，严格厌氧，广泛分布于土壤、海洋湖泊沉积物和家畜粪便中。在厌氧环境中，肉毒杆菌可产生一种强烈的外毒素肉毒毒素，有 A~G7 个亚型，每个亚型都可产生一种剧毒的大分子外毒素，可引起人和动物发生以松弛性麻痹为主症的肉毒中毒，是一种致命的中毒性疾病。

（6）幽门螺杆菌　是一种螺旋形、微厌氧、对生长条件要求十分苛刻的细菌，是目前所知能够在人胃中生存的唯一微生物种类，感染能引起胃炎、消化道溃疡、淋巴增生性胃淋巴瘤等。感染症状为食后上腹部饱胀，不适或疼痛，常伴有其他不良症状，如嗳气，腹胀，反酸和食欲减退等。

（7）单核细胞增生李斯特菌　简称单增李斯特菌，革兰染色阳性小杆菌，(0.4~0.5) μm×（0.5~2）μm，直或稍弯，多数菌体一端较大，似棒状，常呈 V 字形排列；有的呈丝状，偶尔可见双球状。在 22~25℃下可形成 4 根鞭毛，对理化因素抵抗力较强，能在土壤、粪便、青贮饲料和干草内长期存活，对青霉素、氨苄青霉素、四环素、磺胺等均敏感。是一种人畜共患病的病原菌，能引起人畜的李斯特菌病，主要表现为败血症、脑膜炎和单核细胞增多。本菌是一种细胞内寄生菌，宿主对它的清除主要靠细胞免疫功能。因此，李斯特菌病主要见于新生儿、老人以及免疫功能低下者。主要通过粪—口途径感染，还可通过眼及破损皮肤、黏膜进入体内而造成感染。

2. 食源性微生物的检测方法

食源性微生物的检测总体上可分为传统培养鉴定法、免疫学检测技术和分子生物学检测技术三类，此外还有传统方法的改良方法，以及代谢检测技术、仪器检测方法等快速检测方法。微生物的污染源众多，原材料、加工、运输及销售等环节中均有可能出现污染的情况，所以为了进一步提高微生物检验的有效性，检测人员必须全面掌握微生物的来源。同时，食品的保质期有限，所以微生物检测也要满足时效性，在一定时间范围内完成食品微生物的检测。此外，检测过程中相关工作人员需做好抽样、送检工作，全方位保障检测质量及效率。

（1）传统培养鉴定法　传统的微生物检测技术有平板倾注法、平板涂布法、最大或然数（Most Probable Number，MPN）法和螺旋接种法。这些方法可以定量检测食品微生物，但其检测前期都需要预增菌，后期需生化鉴定、血清学分析等鉴定实验，鉴定时间需要3~7d，且需要专业人员操作，容易造成假阴性或假阳性结果等缺点。

①基于培养技术的改良方法：对传统计数方法进行改良，可以减少人工操作，提高检测的精确度，降低假阴性或假阳性结果。主要的改良方法有螺旋平板计数法、滤膜法、纸片法、改良 MPN 法等。

a. 螺旋平板计数法：该法使用螺旋接种仪将样品接种在平板上。样品接种后，菌落即分布在螺旋轨迹上，随半径的增加分布得越来越稀。采用自动菌落计数仪，通过特殊的计数栅格，自平板外周向中央对平皿上的菌落进行计数，即可得到样品中微生物的数量（图 9-2）。该法的优点是与传统方法相比，无须稀释 3 个梯度，每个梯度倒 2 个平板，节省了大量人力物力。缺点是检测需要培养 48h，而且需要配合自动菌落计数仪，否则人工计数更麻烦。

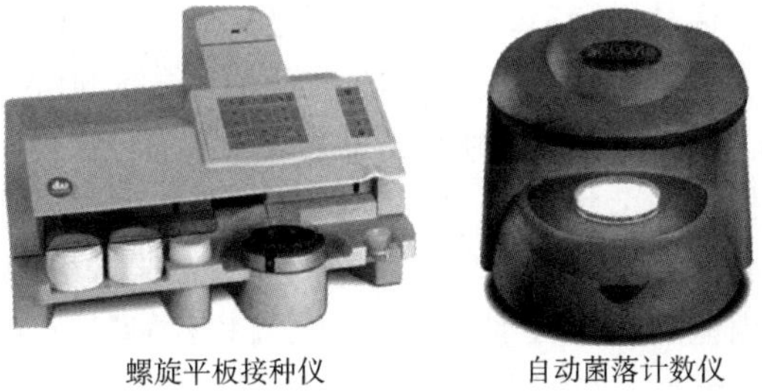

图 9-2　螺旋平板计数法使用的螺旋平板接种仪和自动菌落计数仪

b. 滤膜法：采用有 1600 个疏水网格、孔径为 0.45μm 的疏水性滤膜过滤液体样品，当液体样品通过滤膜时，微生物就会被截留在膜的表面。将滤膜放在装有培养基的平皿中培养，微生物在膜表面生长并形成菌落。该技术的主要优势有：可以对大量的样品进行浓缩，尤其适用于许多工业或环境微生物的分析；准备时间短；能够滤除抑制性或杀生物的试剂，因而增加了灵敏度；菌落无扩散情况，便于计数。缺点是需要额外地支出购买真空泵、多联支架及一次性滤膜；如果抽滤过程空气洁净度不够，有可能造成二次污染，尤其是对菌数要求特别严格的产品，如啤酒、澄清果汁、桶装饮用水等。此类技术的商业化产品有美国 Neogen 公司的 ISO-GRID/NEO-GRID、美国 Pall 公司的 MicroFunnel 一次性过滤漏斗等。

c. 纸片法：纸片法是皿膜法的代表，是目前被广泛接受的方法，国标餐具大肠菌群检测采用的就是纸片法。将显色培养基固定于纸片上，上方再盖一层带有方格的透明薄膜，以方便计数（图 9-3）。该法的关键技术及难点为显色培养基和冷水可溶性凝胶的研究。

显色培养基决定了试纸法检测的灵敏度、假阳性和假阴性等重要检测指标。冷水可溶性凝胶决定样品凝胶速度、菌落大小等指标，直接影响菌落数的读取和结果的判读。该法的优点是无需制备培养基，携带方便，非蔓延菌落计数较方便。缺点是不能节省检测时间（仍需人工培养增菌），检测成本相对偏高。大肠菌群纸片存在与 MPN 法无法对应的问题，金黄色葡萄球菌纸片存在取样量太低的问题。目前仅细菌总数纸片有一些用户。

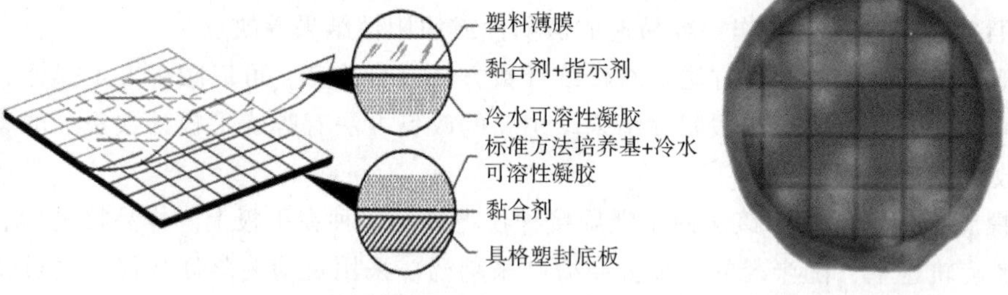

纸片的结构示意图　　纸片法检测结果

图 9-3　纸片的结构示意图及纸片法检测结果

d. 改良 MPN 法：将细菌生长的营养物质与某种病原细菌特异性酶的底物配制成即用培养基，目的检测细菌生长繁殖后，表达出特异性酶活性，与特异性底物作用生成在紫外光下可产生荧光的物质，样品增菌后，在紫外灯照射下记录培养皿内能发出蓝色荧光的阳性池数，进而由最大近似值表查出细菌的 MPN。阳性池数与 MPN 呈泊松分布。

（a）SimPlate™ TPC 法：基于食源性细菌的特异性酶类，TPC 培养基内含有多种细菌酶类所对应的底物。检样被细菌污染时，只要具有一种酶的活性即能与底物作用生成 4-甲基伞形酮，培养 24h 后，在紫外线照射下，发出蓝色荧光。食源性细菌悬浮于 TPC 培养基表面，在分隔的小池内能迅速进行生化反应，若有检样颗粒亦无干扰。它不是由 48h 形成的菌落来计数，而是 24h 后在紫外灯照射下记录培养皿内能发出蓝色荧光的阳性池数，进而由 MPN 表查出细菌的 MPN。

（b）Colilert 法：采用大肠菌群细菌能产生 D-半乳糖苷酶分解 ONPG（邻硝基苯 β-D-半乳吡喃糖苷）使培养液呈黄色，以及大肠埃希菌产生 D-葡萄糖醛酸酶分解 MUG（4-甲基伞形酮-D-葡萄糖醛酸苷）使培养液在波长 366nm 紫外光下产生荧光的原理，来判断水样中是否含有大肠菌群及大肠埃希菌。只需 24h 即可同时定量出水样中大肠菌群和大肠埃希菌的 MPN 值。

e. 显色培养基技术：用显色培养基鉴定微生物以生化反应为基础，通过在培养基中加入细菌特异性酶的显色底物直接根据菌落颜色对菌种做出鉴定。常见食源性致病菌检测中，李斯特菌显色培养基（BCMTM *Listeria monocytogenes*，Rapid′ LMONO agar，CHROM agar TM *Listeria*）、大肠杆菌显色培养基（CHROM agar TM *E. coli*）、沙门菌显色培养基（Rambach Agar）、金黄色葡萄球菌显色培养基（CHROM Agar *Staphylococcus aureus*）等已被广泛应用于食品、医药和环境监测等领域，极大提高了微生物检测的效率。但是，显色培养基也存在一些假阳（阴）性等问题，其设计尚待优化。

（a）大肠杆菌显色培养基：96%～98%的大肠杆菌产生 β-2-D-2-葡萄糖苷酸酶

（β2D2Gud），绝大部分沙门菌、志贺菌和耶尔森菌不能产生 Gud，因此利用 Gud 酶底物可以有效地检测大肠杆菌。目前开发的显色培养基常用酶底物有：5,2-溴-2,4,2-氯-2,3,2-吲哚-2-β-2-D-2-葡萄糖苷酸（X2Gluc）和邻硝基酚 β-2-D-葡萄糖苷酸（PNPG），底物被 Gud 水解后产生显色物质使菌落呈现特殊的蓝色或黄色。法国科玛嘉 CHROM agar *E. coli* 是目前应用较广泛的大肠杆菌显色培养基，在这种培养基培养 24h 后，大肠杆菌呈现蓝色菌落。

（b）沙门菌显色培养基：德国 Merck 公司生产的显色培养基 Rambach Agar 以丙烯乙二醇和 5,2-溴-2,4,2-氯-2,3,2-吲哚-2-β-2-D-半乳糖吡喃糖苷酸（X2GAL）为底物检测沙门菌，沙门菌能水解乙二醇产酸，不能水解 X2GAL，在培养基上产生特殊的红色菌落。临床检测结果表明其效果明显优于传统培养基 BS、SS，且假阳性率较低。

（c）金黄色葡萄球菌显色培养基：金黄色葡萄球菌也是重要的食源性致病菌，DNA 酶和凝固酶是其重要的标志酶。以甲苯胺蓝、甲基绿、吖啶橙和 5,2-溴-2,4,2-氯-2,3,2-吲哚-2-胸苷-2,3,2-磷酸等为显色底物（如 CHROM Agar *Staphylococcus aureus*）或以 D2phe2pro2arg2β 萘胺为底物都能有效检测鉴定金黄色葡萄球菌。法国 CHROM agar 公司和瑞士 Fluck 公司都已研制出检测该菌的显色培养基并广泛应用于食品卫生行业。

（d）李斯特菌显色培养基：李斯特菌是一类个体较小的革兰染色阳性杆菌，包括 7 个种，其中只有单增李斯特菌和绵羊李斯特菌（*Listeria iuanuii*）具有致病性。绵羊李斯特菌是动物致病菌，被列为 20 世纪 90 年代四大致病菌之一，是食品卫生行业的常检致病微生物。近年来，许多国家致力于李斯特菌显色培养基的研究，针对李斯特菌特有的肌醇磷酸磷脂酶（PI2PLC）和 β2D2 葡萄糖苷酶（β2D2 glucosidase）设计显色底物对李斯特菌进行快速检测。

（e）大肠杆菌 O157 显色培养基：用于食品、病人粪便样品中 O157 菌的快速检测。O157 菌显紫色，大肠杆菌和大肠菌群显暗蓝色，其他细菌显黄色或无色。培养基的特异性高，可以克服 SMAC 培养基引起的假阳性和假阴性结果，是一种很理想的快速检测培养基。

（f）阪崎杆菌显色培养基：用于婴儿配方奶粉和其他食品中阪崎杆菌的快速检测。阪崎杆菌显蓝-绿色菌落，其他菌显无色或黄色。

（g）弧菌显色培养基：副溶血性弧菌显色培养基用于食品、海产品、病人粪便样品和水产品中副溶血性弧菌的快速检测。副溶血性弧菌显蓝绿色至蓝色，其他弧菌显无色，其他细菌显黄色或无色，且细菌菌落很小。本培养基的特异性高，可以克服 TCBS 培养基引起的假阴性结果，是一种很理想的快速检测培养基。

②微生物的微型、简便、快速或自动化鉴定技术

a. API 细菌数值鉴定系统：一种能同时测定 20 项以上生化指标，因而可用作快速鉴定细菌的长形卡片。目前 API 系列提供的产品有 16 种，约 1000 种生化反应，鉴定的范围涵盖几乎所有的细菌类群。API 鉴定系统采用八进位数码鉴定原理，根据每类试剂条鉴定细菌的范围，设计试剂条中的反应底物。试剂条含 20 个生化反应，20 个塑料小管内加有适量糖类等生化反应底物的干粉和反应产物的显色剂。每 3 个反应组成一组，可分为 7 个组，3 个反应的阳性反应值分别为 1、2 和 4。结果判读后，计算每组阳性值之和，全部阳性为 7，全部阴性为 0，以此类推，可获得 7 位数的生物编码，即是该细菌的生物数码。

从 API 软件或编码本中获得生物数码所对应的细菌名称。

b. Enterotube 系统：称为肠道管系统，由美国 Roche 公司开发。由带有 12 个分隔室的一根塑料管组成，每个分隔室内装有不同的培养基琼脂斜面，能检验微生物的 15 种生理生化反应，一根接种丝穿过全部分隔室的各种培养基，并在塑料管的两端突出，被两个塑料帽盖着，像一根火腿肠。鉴定时将塑料管的两端帽子移去，用接种丝一端的突出尖端接触平板上待鉴定的菌落中心，然后在另一端拉出接种丝，通过全部分隔室，使所有培养基都被接种，再将一段接种丝插回到 4 个分隔室的培养基中，以保持其还原或厌氧条件。

c. Biolog 全自动和手动细菌鉴定系统：以碳源利用率为基础，用于鉴定的碳源数量达 95 种，可鉴定包括细菌、酵母和丝状真菌在内近 2000 种微生物，其中革兰染色阴性菌 524 种（106 个属）、革兰染色阳性菌 341 种（55 个属）、厌氧菌 361 种（73 个属）、酵母 267 种（52 个属）、丝状真菌 619 种（106 个属）。还提供专门用于群落分析和生态研究的微孔板，便于用户进行更有针对性的研究。如 SF-N2 用于革兰染色阴性产孢子和分生孢子的微生物代谢研究；SF-P2 用于革兰染色阳性产孢子和分生孢子的微生物代谢研究；ECO 用于微生物特性和群落分析研究；MT2 用于微生物代谢研究（不含碳源）；ES 用于大肠杆菌和沙门菌的研究（95 种碳源）。

d. XK-3401 半自动微生物鉴定仪：是结合国际最新的细菌鉴定分类方案研制而成，采用比色法测定细菌生化反应的颜色变化与细菌数据库比较，查找出对应的菌种名称及其与生化反应出现的概率。可鉴定肠杆菌、非发酵菌、葡萄球菌、链球菌、肠球菌、微球菌、李斯特菌、嗜血杆菌、奈瑟菌、弯曲菌等 750 多种细菌，18~24h 可报告结果。

③基于微生物生长特征的快速检测技术

a. ATP 生物荧光法：ATP 存在于所有生物细胞，可来源于细菌、酵母、霉菌、生物膜、组织残留等。食品加工过程采集的样品存在 ATP，表明人接触了设备或器具、设备或器具被污染、清洗不正常、发生了非正常的敏感物污染或样品被微生物污染。ATP 生物荧光法用于检测微生物的原理为细菌 ATP 以自由的可溶解的状态释放出来，在有荧光素酶、镁、氧气存在条件下与虫荧光素发生反应产生荧光，发光强度与样品中 ATP 含量成比例。该方法可用于食品、化妆品和药品企业对生产线和管道进行快速清洁程度检测，改良后可用于食品、化妆品的商业无菌检测或终产品检验。

目前，基于 ATP 原理的用于成品检测的微生物检测系统有三种：Charm LUM-96（用于高温瞬间灭菌产品的检测）、Celsis（主要用于化妆品检测）和 Millipore 公司的 MicroStar。LUM-96 通常用于进行商业无菌检测，可大大缩短库存时间，减少物流压力和成本。该类方法的缺点是需要消耗大量较昂贵的试剂，对仪器的清洗保养要求特别高。另外，特别是用 ATP 单个检测代替常规微生物和致病微生物检测，如果保温增菌时间不够、菌数未达到一定数量、取样量太小、培养基原因、目标致病菌未大量增菌等原因，会存在假阴性的风险。Millipore 公司最新推出的 MicroStar 检测系统，为结合生物荧光、膜过滤及 CCD 荧光照相检测等技术的新型检测系统。可过滤样品经膜过滤后，将菌截留在特殊的滤膜上，滤膜放置在培养基表面增菌后取出，加 ATP 释放剂，然后加荧光素和荧光素酶，显示的荧光信号在荧光显微镜或荧光检测器下观察并计数。该系统的优点是缩短了培养时间，提高了灵敏度，适合于菌数较低的可过滤产品使用；缺点为仪器昂贵，运行成本较高，不能用于检测未知的可能菌数较高的样品（因菌数必须 80 个左右，无法确定稀释多少倍），而且检测时间不够快（通常需 16h 以上）。

b. 微热量热法：利用细菌生长时产生热量的原理进行测定。由于各种微生物的代谢产物热效应不同，因此可显示出特异性的热效应曲线图。由于培养基含有多种成分，微生物则产生多种不同的代谢物，以此表现出的热效应为多个曲线峰。微量热技术是一项灵敏度高、测量准确的热分析技术，具有定量、实时、在线、动态描述等特点，如美国 TA 公司的 TAM Ⅲ。

c. 放射测量法：利用细菌在代谢碳水化合物时产生 CO_2 的原理，把微量的放射性标记引入葡萄糖或其他糖类分子中。细菌生长时，糖被利用并放出标记的 CO_2，将生成的放射性标记 CO_2 从培养装置中导出或用化学法吸收后，利用专用的放射测量仪来测定放射性 CO_2，如 Bactec MGIT 960 即可完成此检测，放射量与菌数成正比。

BACTEC MGIT 960SYSTEM 是集分枝杆菌（*Mycobacterium* spp.）快速生长培养、检测及药敏技术为一体的全自动分枝杆菌培养仪。该仪器容量为 960 孔，平均分布于三个相对独立的培养箱，每个培养箱可垂直放置 320 个内置荧光显示剂的 MGIT 分枝杆菌生长指标培养管。通过连续检测接种标本的培养管所显示的荧光强度的变化从而判断是否有分枝杆菌生长。若接种的 MGIT 培养管中有分枝杆菌生长，管中的营养成分和氧气将不断地被消耗，MGIT 培养管中的荧光显示剂将随着管内氧气浓度的变化而发生反应。一旦培养管内氧气被利用，管内荧光指示剂将在特定光源的激活下释放荧光。BACTEC MGIT 960 荧光强度记忆探测器将每隔 60min 连续测定培养管内荧光强度，从而判断管内分枝杆菌生长情况。

④传感器技术：传感器的突出特点是可以实时地、在线地检测生物分子之间的相互作用。在微生物检测中应用的传感器主要有电化学传感器、光学传感器、气体传感器等。微生物的生长导致培养基的各种性质发生变化，如电导率、pH 或 CO_2 等。通过监控这些指标的变化，可以达到检测样品中微生物数量的目的。这些方法只要先用标准方法对比做出标准曲线，就可以达到快速定量检测菌数的目的。

a. 电化学传感器：微生物利用低电导率的大分子物质（如蛋白质、多肽及碳水化合物等）进行新陈代谢，生成低分子带电荷的分解物，使电导率发生变化，电信号经放大后显示并记录电导率的变化。电化学技术的一般线性范围是 $10^2 \sim 10^7$CFU/mL。此技术最明显的优点是检测成本便宜，且可以 2~12 h 内出结果。此类产品最被广泛应用且认可的是奥地利 Sy-Lab 公司的微生物自动快速检测系统 BacTrac4300，检测灵敏度为 0.2~1 个/mL 样品，且没有假阴性结果。

对于难以测量电导变化的微生物，采用测间接电导率的方法，通过测量 KOH 吸收微生物代谢产生 CO_2 后电导率的变化反映微生物的生长情况。可检测常见的各种食品、化妆品和药品，检测的微生物项目多，检测速度快，大部分项目 24h 内出结果，样品含菌量越高，出结果越快，只需数小时即给出结果。基于视窗系统的智能化软件，与标准方法相比，符合率达到 90%~97%，能满足实验室检测的需要。

b. 光学传感器：微生物生长产生的代谢产物使预加的指示剂颜色发生变化，并由光学检测器检测其颜色变化，记录达到突变点的时间，达到检测微生物数量的目的，可以在 30~48h 内高通量检测大量样品。美国 Foss 公司的 Microfoss 微生物自动检测仪是利用在特定培养基培养样品，微生物生长使培养基 pH 发生变化，产生的 CO_2 改变 CO_2 传感器的颜色这一原理。梅里埃的 BacT/Alert 微生物检测仪和美国 BioLumix 公司的实时微生物快速荧光光电检测仪使用光子探测器实时检测 CO_2 导致的培养瓶底部颜色变黄的 CO_2 传感器。利用的代谢产物有李斯特菌生长产生秦皮甲素酶、念珠菌属的葡糖胺酶、副溶血弧菌的β-半乳糖苷酶和所有微生物都产生的氧化酶等。Microfoss 检测系统的原理是，微生物生长导致培养基 pH 发生变化，由光学检测器检测底部琼脂层的颜色变化，记录达到突变点的时间。该系统的优点是可以实现快速检测；缺点为需要购买原厂的预装培养基，应用范围受限制，成本高昂。法国梅里埃的 BacT/Alert 微生物检测仪基于微生物呼吸作用产生 CO_2 的原理。CO_2 积累越多，底部的 CO_2 传感器变黄，由 LED 发射一束光至底部，探头检测反射光的强度。光强度与微生物数量有一定关系。美国 NHD 公司的手持式肠道细菌快速检测系统，是将含荧光的底物加入选择性培养基中，细菌的特异性酶水解底物后释放出荧光，通过荧光检测仪来确定样品中微生物的量。此检测方法将荧光底物、培养基组成和不同培养温度三位一体来保证检测指标的特异性，最低检测限为 1CFU/100mL 或 1MPN/100mL，最快检测时间为 15min。

⑤流式细胞技术：流式细胞技术是对于处在快速直线流动状态中的细胞或生物颗粒进行多参数的、快速的定量分析和分选的技术。样品中的微生物被荧光标记后，采用流式细胞技术进行计数，可对样品中的微生物进行快速检验。

a. BactoScan FC：丹麦 FOSS 公司的 BactoScan FC 牛乳中总菌数快速检测仪采用流式细胞技术，可快速进行牛乳细菌计数（50~150 样品/h）。缺点是死活细胞一起检测，消耗成本较高，仪器比较难保养，灵敏度不够高。

b. 美国 Chemunex 公司微生物快速检测系统：美国 Chemunex 公司将流式细胞技术与活细胞荧光探针标记及激光扫描技术相结合，推出的最新一代的速度更快的 Bactiflow 以及更高端的 ScanRDI 和 D-count 微生物快速检测仪。其最大的特点是只检测活细胞数（总活菌、酵母和霉菌数），速度极快，处理量大。Bactiflow 适用于含菌量较高的食品、化妆品及水等样品，适合实验室或研究用日处理量不大于 40 个样品。D-count 适用于含菌量较低的不可过滤的食品、化妆品等样品，适合实验室或生产现场使用日处理量大于 40 个样品的场合。ScanRDI 不仅能检测样品中的大肠杆菌和大肠菌群细菌，而且能检测贾第虫和隐孢子虫，特别适用于医药工业、饮用水尤其是直饮水中对可过滤样品进行有害肠道菌及原生动物的快速检测，灵敏度为 1~5000 个细胞。该系统的缺点是仪器昂贵，运作成本高。

（2）免疫学检测技术　免疫学技术是通过抗原和抗体的特异性结合反应的原理，再辅以放大技术来鉴别微生物。该方法具有高灵敏度和速度快等优点，样品经增菌后可在数分钟内检出。应用此原理的方法有竞争法和双抗夹心法等，其中放大技术有酶法、荧光法和纳米颗粒技术等。

①免疫磁珠分离技术：免疫磁珠是运用核-壳合成方法合成的含有四氧化三铁超顺磁性的材料——微磁珠，磁珠表面覆盖有稳定性好、能进行后期标记的物质，利用这些物质表面的功能基团如氨基、羧基、巯基等进行抗体的共价或者非共价耦联，制成带磁性的免疫抗体磁珠。微生物免疫磁珠可以选择性地从环境、临床和食品中富集浓缩相应的微生物病原体。此技术具有灵敏、快速等特点，已得到广泛认可，获得中国商检行业标准（SN）、国际标准化组织（International Organization for Standardization，ISO）、美国官方分析化学师协会（Association of Official Agricultural Chemists，AOAC）、美国食品药品监督管理

局（Food and Drug Administration，FDA）、加拿大卫生保健局（Canadian Health Protection Branch，CHPB）的认可。如美国 Dynal 公司的 Dynabeads 磁珠和英国 Matrix 公司的免疫磁株，可以检测沙门氏菌、李斯特氏菌、单核细胞增生李斯特氏菌、葡萄球菌肠毒素、大肠埃希氏菌 O157、弯曲菌、副结核分枝杆菌（*Mycobacterium paratuberculosis*）和军团菌（*Legionella* spp.）等。

免疫磁珠分离技术可以从大量样品迅速富集微生物，经常作为前处理步骤为其他筛选技术提供高浓度的微生物样品，如聚合酶链式反应（PCR）、酶联免疫吸附实验（ELISA）、DNA 探针、荧光显微镜观察法和显色培养基法等。微生物免疫磁珠分选技术的操作过程具有高度重复且简单的特点，只有加液、吸液和磁分离等步骤，所有其操作过程仪器化也是发展趋势，现在市场上受到广泛认可的该类仪器有美国 Invitrogen 公司的 BeadRrtriever 全自动免疫磁珠分选系统，只需按一个按钮，40min 内即可得到预期的高浓度样品。

②荧光酶标免疫：应用免疫双抗夹心法，将已知抗体固定于载体上，加入待测抗原，抗原与固相抗体结合，然后加入酶标抗体，再与抗原结合。抗体上的酶与酶底物反应，释放出带荧光的产物，发出荧光，荧光强度与抗原量成正比，通过测量荧光强度进行定性或定量分析。如 4-甲基伞形酮磷酸酯在磷酸酶的催化作用下，生成具有荧光性的物质 4-甲基伞形酮和磷酸盐。法国生物梅里埃公司的荧光酶标分析仪就是建立在此原理上，可实现对多种微生物的检测。绿色荧光蛋白是海洋无脊椎动物的一种蛋白质，当受到紫外或蓝光激发，该蛋白即可发射绿色荧光。当绿色荧光蛋白和抗体或蛋白质相结合，在紫外或蓝光下即可定位抗体或蛋白质。

③免疫胶体金技术：胶体金是指具有颜色的粒子直径在 1~100nm 的金溶胶，颜色随金溶胶粒子大小不同而变。胶体金在可见光范围内具有单一光的吸收峰，吸收峰的位置随胶体金颗粒的变化而变化，胶体金颗粒越大，其吸收峰的波长也越大。

胶体金免疫层析法是将胶体金标记、免疫反应及色层分析法等方法结合为一体的固相标记免疫检测技术。由于其方便快速、特异性强、稳定性好、不需要特殊仪器和试剂、肉眼可判读结果等优点而得到广泛的应用。该法是以微孔膜如硝酸纤维膜为固相载体，将已知的抗原或抗体固定在载体上，形成检测线（T 线）或质控线（C 线），当样品通过毛细管作用在微孔膜上移动，与标有抗体的胶体金反应形成复合物，然后至检测线时又发生抗原抗体反应，形成肉眼可见的红色线条（图 9-4）。胶体金免疫层析法包括双抗夹心法和竞争法，其中竞争法常用于检测小分子抗原。如美国 SDIX 公司的微生物致病菌检测条，符合 AOAC（美国分析化学家协会）、GB（中国国标）等相应标准。

胶体金检测条的优缺点：胶体金检测方法属于免疫检测法，检测的是死菌和活菌；该检测一般需要增菌过夜；增菌后的检测非常简单，一般约 10min 能完成；无需专门的检测仪器；进口的检测条的价格比较高，通常要 30~90 元。

（3）分子生物学检测技术　分子生物学检测技术具有特异性强、灵敏度高等优点，可以高特异地鉴别菌种内的差别，甚至菌株间的差别，但容易导致较高的假阳性率。该类检测技术都需要样品先增菌再检测，一般第 2 天出结果。分子检测技术有普通 PCR 技术、实时荧光定量技术、等温扩增技术、多重检测技术和活菌鉴定技术等。

①分子标识库：筛选的分子标识必须满足两个条件：在种/属/血清型内要保守、在

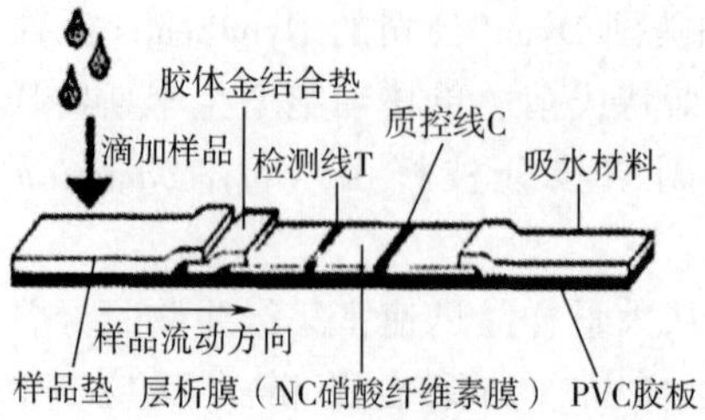

图 9-4　胶体金快速检测试纸条组成

种/属/血清型间要特异。分子标识库的建立需大量实验与分析工作，包括成百上千种标准菌株和实际环境菌株的搜集、分子测序、生物信息学分析、引物设计与验证等。目前微生物分子标识库可以分为三大类：种属水平基因、血清型基因和毒力基因。

a. 核糖体基因：包括细菌的 16S rRNA、23S rRNA 和 5S rRNA，真菌的 18S rRNA、28S rRNA 和 5.8S rRNA。rRNA 在所有微生物共有，在进化过程中保持了高度的保守性，所以可作为通用引物的特异序列。但是，对于亲缘关系较近的种属，单一利用细菌的 16S rRNA、23S rRNA 或者真菌的 18S rRNA，并不能完全区分这些菌种。内部转录间隔区（internal transcribed spacer，ITS）序列是指 16S rRNA~23S rRNA 基因间区，其没有特定功能，进化速率比 16S rDNA 快 10 多倍，特异性更强，对于亲缘关系较近的种属的区分比 16S rRNA 和 23S rRNA 更具优势。但 ITS 序列不能对所有菌株进行鉴别。

b. 毒力基因：特异性相对更加保守，编码细菌致病性蛋白质，位于病原菌染色体上特定区域——毒力岛（PAI）上。一般一个细菌含有多个毒力基因，如已发现的沙门菌毒力岛有十几个，即 *SPI*1、*SPI*2、*SPI*3、*SPI*4、*SPI*5 等。

c. 血清型基因：细菌表面多糖抗原在宿主免疫系统长期压力下，形成自然界中已知最突出的多样性，其对应的基因簇是细菌染色体上最具多样性的区域，所以基于表面多糖抗原基因簇的分子标识也是公认的特异性分子标识，如变形杆菌的特异基因 *wzy*，大肠杆菌的高特异性基因 O-抗原基因簇中的寡糖单位处理基因和糖基转移酶基因。

②实时定量 PCR（Quantitative Real-time PCR，qRT-PCR）：向 PCR 体系中加入荧光基团，通过实时监测 PCR 检测体系中荧光信号而达到实时监测目的 PCR 扩增片段数量的目的，从而推断出 PCR 体系中的初始目标片段数量的定量技术。可采用的荧光信号主要有两类：非特异性染料和特异探针标记。非特异性染料常用的有 SYBR GREEN Ⅰ和 SYBR GREEN Ⅱ，特异探针标记常用的有 TaqMan 探针、杂交探针和分子信标探针等。目前，商品化的荧光定量 PCR 技术检测微生物的试剂盒有杜邦全自动病原微生物快速检测系统。该检测技术不仅是定量检测微生物含量的常规且成熟的检测法，也是常应用于研究的常规技术，并在此基础上也发展出其他新型技术，如纳米金实时 PCR、前置放大技术等。

逆转录 PCR 是在反转录和定量 PCR 基础之上发展起来的，在反转录酶的作用下以 mRNA 为模板合成 cDNA 第 1 条链，然后在 DNA 聚合酶作用下进行 PCR 扩增，扩增期间通过连续监测荧光信号的强弱测定特异性产物的含量，然后根据标准曲线计算 mRNA 的含量。

③等温扩增技术：可以在恒定的温度下对特定核酸片段进行扩增的技术，包括链置换

扩增、切口酶恒温核酸扩增、滚环扩增、赖解旋酶恒温扩增、依赖核酸序列扩增、转录介导扩增、交叉引物扩增和环介导等温扩增等技术。目前，研究成熟并产品化的技术有环介导等温扩增技术（Loop-mediated Isothermal Amplification，LAMP），如3M公司的分子检测系统，检测时间从普通PCR技术的1~3h减少到15~60min，灵敏度是普通PCR的100~1000倍，与其相配套的便携式仪器有浊度仪和荧光检测系统等。LAMP技术缺陷是容易造成假阴性结果。后期出现很多去污染剂或其他设备的开发，如杭州优思达生物技术有限公司的恒温扩增核酸试纸条检测试剂盒，将分子扩增、杂交技术和胶体金技术结合，使整个检测过程处于封闭状态下，防止假阳性的结果。

LAMP技术在细菌、病毒、寄生虫、支原体检测中具有较大的潜在应用价值，商品化LAMP诊断试剂盒不断涌现。目前已经研制出了SARS病毒、肺结核杆菌、李斯特菌等LAMP检测试剂盒等。LAMP技术还被用于痢疾、艾滋病的检测。LAMP技术在病源检测、食源性卫生检测等方面愈发独树一帜，应用越来越广泛，发展潜力巨大。

LAMP的局限性：a. 较易出现气溶胶而呈假阳性；b. 引物设计要求较高，数量多于常规PCR且结构更复杂，故而难度较大；c. 扩增产物为茎环结构和花椰菜样结构的DNA混合物，使得测序、克隆和表达等后续试验开展难度较大；d. 在稳定性、重复性以及准确率等方面与常规PCR检测仍有一定距离。

④多重PCR检测技术：在同一个PCR反应体系加入两对或多对引物，以扩增多个目标片段，达到同时检测多个目标对象或快速分型的目的。与普通PCR相比，多重PCR技术具有普通PCR的快速、操作简便等特点，同时节省了检测时间与成本，使检测效率大大提高。该检测技术需要克服的缺点是检测体系复杂导致的检测灵敏度下降和定量准确性等问题。目前也有针对这些问题的研究，如通用引物多重PCR技术，由于特异引物只在前面几轮PCR扩增需要，后面大部分PCR扩增只需单一的通用引物，所以大大降低了PCR扩增的复杂性，提高了多重扩增的灵敏度与准确性。此类技术产品有迪奥公司采用双重PCR-荧光探针法检测沙门氏菌（FAM通道）和志贺菌（JOE通道），可以同时快速定量检测两种致病微生物。

为寻找快速且准确的病原微生物检测方法，在普通多重PCR技术的基础上研究一种新的通用引物多重PCR（Universal Primers Multiplex PCR，UP-M-PCR）技术。利用该技术对食品中主要的3种致病菌——大肠杆菌、单增李斯特菌和沙门菌进行同时检测。经过单重PCR验证、二重以及三重UPPCR反应条件和体系优化，表明该方法的最低检测限为0.5pg目标DNA，复合引物和通用引物的加入量分别为2nmol/L和300nmol/L。此方法检测灵敏度高、病原菌检测限低，可在实践中应用。

⑤活菌定量分子检测技术：EMA-qPCR技术（DNA结合染料叠氮溴乙锭EMA与RT-PCR相结合）是以EMA选择渗透进入死细胞非正常的细胞膜内，与死细胞内的DNA发生共价不可逆的结合，从而抑制其PCR扩增，使得只有活菌DNA可以作为扩增模板进行PCR扩增，能有效降低传统PCR检测的假阳性，使检测结果更加准确、可靠，检测时间仅为1.5~3h。

⑥可视基因芯片：与传统基因芯片不同，可视芯片能将特定的分子结合转变成可直接肉眼观察到的信号。该技术采用生物素（抗原）化标记的引物进行PCR扩增，扩增产物与芯片上的探针进行杂交，接着用辣根过氧化物酶抗体处理，此时结合了生物素标记的杂

交 DNA 链就会在辣根过氧化物酶抗体和 3,3′，5,5′-四甲基联苯胺（3,3′，5,5′-Tetramethylbenzidine，TMB）的作用下产生沉淀改变芯片的厚度，从而产生肉眼可辨的信号。该技术具有高通量、灵敏且快速的优点；也存在一些缺点，如芯片稳定性和检测范围等问题。可视基因芯片技术在食源性致病微生物检测、转基因食品检测和真假植物油鉴别、食物过敏原检测中具有较大的应用价值。

⑦AFLP 技术：AFLP 是基于 PCR 技术扩增基因组 DNA 限制性片段的新的分子标记技术。AFLP 反应程序主要包括模板 DNA 制备、酶切片段扩增及凝胶电泳分析 3 个基本步骤。首先制备高分子质量基因组 DNA，然后选择 6 个碱基识别位点的限制性内切酶（通常是 EcoR Ⅰ或 Pst Ⅰ或 Sac Ⅰ）进行酶切，酶切后的限制性片段在 T4 连接酶的作用下与特定的接头相连接，形成带有接头的特异性片段；然后在 Taq 聚合酶的作用下，完成 AFLP 的选择性扩增；PCR 产物变性后在含尿素的聚丙烯酰胺变性胶上电泳；最后进行多态性比较分析，特异片段回收克隆分析。

在食品致病菌的快速检测方面，所有的血清型都具有独特的 AFLP 指纹图，而且具有较高的分辨率，这使得 AFLP 在细菌区分时能够快速地做出鉴定，十分适合对一些病原菌的快速检测。在食品有益菌的准确鉴定方面，菌株水平鉴定中，AFLP 技术有着独有的优势。另外，高分辨率的 AFLP 也适合对酸乳中的各类乳酸菌进行准确的鉴定，对乳酸菌产品的质量进行好的控制。将 AFLP 技术运用在食品微生物的检测中是非常有效果的，有助于对食品安全的实时监控。

⑧变性梯度凝胶电泳技术：变性梯度凝胶电泳（DGGE）利用具有化学变性剂（尿素和甲酰胺）浓度梯度的聚丙烯凝胶电泳将特异性 PCR 扩增产物区分开来，其分辨率高于琼脂糖和聚丙烯酰胺凝胶电泳，检测的基因序列可以达到一个碱基的差异。首先对目标 DNA 进行特异性（如 16S 或 18S rRNA）PCR 扩增，得到不同长度和（或）碱基组成的扩增产物。扩增产物在含有线性递增变性剂的聚丙烯酰胺凝胶中电泳时，由于 DNA 序列碱基组成和排列的差异，使得双链 DNA 分子具有不同的解链温度（T_m），当某一个双链 DNA 分子泳动到 DNA 变性所需的浓度时开始解链，解链程度越大，所遇到的迁移阻力越大，DNA 分子的电泳迁移率降低，产生的迁移阻力与电场力平衡时，该 DNA 分子即可停留在该变性剂浓度梯度的凝胶中，因而不同片段的 DNA 分子可以形成相互分开的条带图谱。

采用 PCR-DGGE 技术能揭示微生物群落结构的真实状态，为食品溯源提供依据，在水产品、酒类、发酵食品、肉制品等领域研究食品微生物多样性中得到广泛应用。PCR-DGGE 技术从食品样品中提取微生物基因组 DNA 后，选择有效扩增的引物进行特异性 PCR 扩增，对扩增产物应用 DGGE 技术进行微生物群里结构分析，可以得到食品微生物多样性信息，在食品微生物溯源中具有广泛应用前景。

⑨蛋白质组学技术

a. 蛋白质组学技术：主要依赖于蛋白质分离、检测和鉴定技术，涉及以计算机软件和网络数据库为核心的生物信息学。蛋白质的分离技术主要包括一维凝胶电泳、二维凝胶电泳（2-DE），高效液相色谱（HPLC），双向荧光差异电泳（2D-DIGE）等，分离出来的蛋白质的鉴定可通过质谱（MS）、串联质谱（Tandem MS）获取图谱后再搜索网络数据库进行匹配得以实现。食品离子源的产生方式包括了基质辅助激光解析离子源（MALDI）和电喷雾离子源（ESD）。蛋白质组学在植物性食品加工、食品辐照处理中的应用，在转基因食品及过敏原检测，食品原材料的表征与标准化，食品批次之间质量变化与监控，食品质量安全，葡萄酒及啤酒使用安全，营养与肥胖，乳酸菌蛋白质组学研究等报道较多。

基质辅助激光解析电离飞行时间质谱（MALDI-TOF MS）可用于鉴定食品微生物，具有快速、成本低与样品用量少的优点，其在食品病原微生物和腐败微生物检测方面具有良好的应用前景，可成为未来微生物鉴定的标准方法。

采用蛋白质组学技术可以用来研究食品微生物受到加工处理中（高静水压、辐照处理、极端温度、极端 pH、化学试剂等）的极端环境影响时的变化响应，从而对食品生产及供应链中致病微生物进行风险评估。

利用蛋白质组学对于食品生产中生物膜的研究取得了丰硕的成果。有益和有害食品微生物蛋白质组学研究，产生了大量生物信息学数据，可以构建强大的蛋白质数据库。另外，在蛋白质组研究中有助于发现食品微生物安全的标记分子，在实际微生物安全检测方面具有重要的应用价值。

b. 利用微生物激光透射光谱：MIT1000 致病微生物快速鉴定系统采用 600nm 激光照射微生物活体细胞，通过 35 个光学检测器全方位检测反应和透射光谱信号，信号经过特殊算法合成一个光谱图，每种微生物的特征谱是不同的，用各种标准菌株建立光谱图数据库，鉴定时系统只需分析 10~50 个细胞的光谱图，在 10min 内将检测到图谱与数据库对比，给出最可能的鉴定结果。其主要特点是：鉴定成本低，与其他产品相比，无需专用鉴定耗材；鉴定速度快，10min 出鉴定结果；数据库正在不断升级中，目前可鉴定 26 种常见致病菌；已经获得 AOAC 权威认可。

该系统以激光技术为基础，综合采用了已经证实的光散射原理及专利性的 PC 软件算法，用以鉴定微生物并创建专有数据库。通过独立的测试，MIT 已经证明了该系统具备高精确鉴定大多数弥散性危险病原体的能力，如大肠杆菌、李斯特杆菌、沙门菌、金黄色葡萄球菌及其他 20 余种细菌，在食品质量控制、临床诊断、药品质量保证、半导体处理控制及水质监测等方面具有广泛的用途。

⑩宏基因组学技术：宏基因组是指在特定环境样品中基因组的总和。宏基因组学以生态环境中全部细菌和真菌基因组作为研究对象，所获得的基因是包含了可培养的和还不能培养的微生物的总基因，在挖掘和利用未培养微生物资源和筛选新颖生物活性物质方面具有很大的潜力，可极大地拓展微生物基因资源的利用空间，研究其功能和彼此之间的关系和相互作用，并揭示其内在规律。

宏基因组学分析微生物样品的基本流程为：从特定环境样品中提取 DNA，将 DNA 克隆到合适的载体上，将载体转移到宿主细菌建立基因组文库，对基因组文库进行分析和筛选。

采用宏基因组学技术分析了天津独流老醋醋酸发酵阶段细菌群落的组成及其丰度变化，发现醋酸发酵过程中醋酸菌和乳酸菌具有较高丰度，是主要的产酸细菌。发酵前期，细菌具有较高的多样性，随着发酵的进行，醋酸菌的丰度呈增加趋势，乳酸菌的丰度逐渐降低，但仍远远高于醋酸菌，说明乳酸菌对传统食醋风味的形成具有重要作用；醋酸菌虽然丰度较低，但由于具有较强的氧化能力，仍能够较快地将乙醇氧化为醋酸。基于新一代高通量测序的宏基因组学分析不仅可以快速准确地解析传统食醋发酵过程中微生物群落的结构，并且可以同步确定各种微生物的丰度，对于解析发酵过程中微生物的动态变化以及发酵过程的监测具有重要的意义和应用价值。

二、转基因食品检测

转基因食品是全球食品工业的主要产品。1996—2014 年，批准了 357 种转基因作物，2014 年转基因作物市场的全球价值达到了全球商业种子市场的 35%。然而，以转基因作物为基础的产业的快速增长也引起了许多地区的争议。对转基因食品贴示标签，区分转基因与非转基因食品，或对食品中转基因含量的多少加以限制，这都需要有准确、有效的检测方法。随着转基因产品的不断市场化，建立有效的检测方法，是进一步加强我国在转基因食品监管方面的重要技术保障。

常用的转基因食品检测方法主要有两大类：一类是蛋白质水平的检测，如酶联免疫法（ELISA 法）和胶体金试纸法。另一类是核酸水平的检测，如 PCR 定性方法和实时荧光定量 PCR 方法。

1. 蛋白质水平的检测方法

（1）ELISA 法　利用抗体抗原免疫学反应会产生肉眼可见的凝集反应来确定待测物是否含有转基因成分。抗原只和它自己（或具有相同抗原决定簇）诱导产生的抗体发生反应，因此，该方法具有很好的特异性，并且仪器简单，操作简便，对检测人员要求不高。

（2）胶体金试纸法　主要将特异的抗体交联到试纸条上和有颜色的物质上，当纸上抗体和特异抗原结合后，再和带有颜色的特异抗体进行反应，就形成了带有颜色的三明治结构，而且固定在试纸条上。如果检测样品中没有转基因成分（抗原），则没有颜色。该方法不需要特殊的仪器设备，适用于现场检测或筛选检测。

（3）双向电泳技术　为了确定待测物是否含有转基因成分，需要根据蛋白质的物理与化学性质对待测蛋白进行分离。双向电泳技术可根据转基因作物中的蛋白质组分与普通作物的蛋白质组分的差异对其进行高分辨率、高灵敏度的分离。

（4）Western 杂交方法　通过转膜和特异性抗原抗体杂交技术，在凝胶电泳分离蛋白质的基础上检测目标蛋白。对于样品中是否存在目标蛋白，还需根据最后的杂交结果确定。这种操作方法不适用于高通量样品的检测，其流程烦琐且价格昂贵。

（5）PCR-ELISA 方法　此方法是将 PCR 与 ELISA 相组合。其原理为将特异性探针以地高辛进行标记，并在一定条件下对 PCR 产物进行杂交，再使用抗地高辛抗体作一抗与酶标二抗建立 ELISA 反应，以实现定性和半定量分析。

蛋白质水平的检测方法具有局限性，因为食品的复杂成分会干扰检测效果，并且加工过的转基因食品中的蛋白质抗原性很容易破坏，从而会影响检测结果的灵敏度。目前，商品化的 ELISA 检测试剂盒和胶体金试纸条只能检测少数几种转基因产品，且一种试剂盒或试纸条只针对某一特定转基因产物，不能针对多种混合成分的食品样品进行检测。

2. 核酸水平上的检测技术

（1）PCR 技术　检测方法具有适用范围广的优势，只要样品中 DNA 存在，就能被检测，不受食品混合、复杂成分的干扰，适用于转基因原料、初加工和深加工食品的检测，而且有很好的特异性和灵敏度，已经发展为常用的转基因食品检测方法。目前，所有商业化的转基因食品都有相应的 PCR 检测方法标准。

（2）环介导等温扩增（LAMP）技术　环介导等温扩增是一种简单、快速、准确、廉价的基因扩增方法。而且由于有着高度的特异性，可以对转基因成分准确定量，具有很好的应用价值。

（3）基因芯片技术 将标记的样品与排列在固相表面上的特定探针杂交，以实现对待测样品中转基因外源序列的分析。

（4）高通量测序技术 通过第二代和第三代高通量测序技术对转基因作物的整个基因组 DNA 序列进行测序，以确定转基因成分是已通过批准还是没有备案的成分。

3. 色谱技术

色谱技术可用于分析转基因产品和非转基因产品之间的化学成分差异，包括液相色谱法、气相色谱法和毛细管色谱法等。

4. 生物传感器技术

生物传感技术是一种将生物特征与电子设备相结合的技术，它将生物分子之间相互作用产生的生物信号转换为机械设备可以显示的信号。表面等离子共振（SPR）可以通过石墨烯等离子体共振传感器和电化学传感器，检测样品的折射率变化以分析待测样品的转基因成分，并通过物理、化学及其他换能器转变成可定量和可处理的信号，并经信号放大器放大后输出，以检测基因成分。

5. 组学分析技术

主要由转录组学分析技术和蛋白质组学分析技术两部分组成，在操作过程中，通过转录组学分析技术对基因片段进行检测，能够获得外源基因在转基因生物体中的转录表达信息。而通过蛋白组学分析技术，能够了解生物在一定阶段内和某些环境条件下蛋白质的表达情况，通常用于定性检测分析或者定量检测分析。

6. 对转基因食品检测技术的发展需求

随着转基因新品种的研究和不断问世，仍需要深入、扩大开展转基因食品检测技术的研究，建立新型、实用、高通量的检测方法。特别是在对转基因背景一无所知的情况下，需要提高对各种候选待检目标逐一筛查检测的工作效率。

生物芯片技术具有高通量、微型化、自动化和信息化的特点，从理论上可以解决高通量的问题，但目前却存在着操作烦琐、灵敏度有待提高的缺点。解决生物芯片技术优势和实用性的瓶颈难题是转基因食品检测研究的方向之一。此外，同时具有芯片高通量和实时 PCR 简便快捷检测优势的锁式探针实时 PCR 的新型检测技术，正被研究人员所关注，有望在不久的将来会应用于转基因食品的检测。

随着人们对转基因食品安全性的呼声越来越高，科学家们也越来越多地研究采用全新的同源或近缘物种的优势基因，去转化研制新的转基因作物，这就给新的转基因食品检测方法的建立带来了难度，但同时却给转基因食品的食用安全性带来了更加有力的保障。

第三节 组学技术与食品

组学技术包括基因组学技术、宏基因组学技术、转录组学技术、宏转录组学技术、蛋白组学技术及代谢组学技术等。目前，组学技术不仅在解决生命科学领域中诸多问题上普遍应用，而且在食品科学领域的应用越来越广，如食品品质改良、食品贮藏研究、食品掺假检测、特殊人群饮食应用、营养基因组学、食品代谢组学等方面具有重要应用。食品组学以基因组学、蛋白质组学、转录组学、代谢组学等为工具，应用于食品质量安全及其可追溯性的研究、转基因食品安全评估以及营养与健康等多个领域。未来，食品组学有望与系统生物学相结合成为一种更便捷有效的研究平台。

一、宏基因组学与食品

宏基因组学（Metagenomics）又称元基因组学、环境微生物基因组学。宏基因组学以环境中全部生物体遗传物质的总和（主要针对环境样品中细菌和真菌基因组的总和）为研究对象，基于非传统培养的方法，借助高通量测序技术和生物信息学工具，通过基因筛选和序列分析等手段，来研究环境微生物的功能活性、多样性、种群结构、进化关系，以及它们与环境之间的关系（图 9-5）。宏基因组学技术在食品工业中主要应用于食品微生物多样性研究、新型活性物质开发、有害微生物分析等食品微生物研究，以及有害物质的降解和食品营养等方面的研究。传统的细菌培养耗费人力物力，将宏基因组学技术运用于食品检测和食品研究中会带来更多便捷。

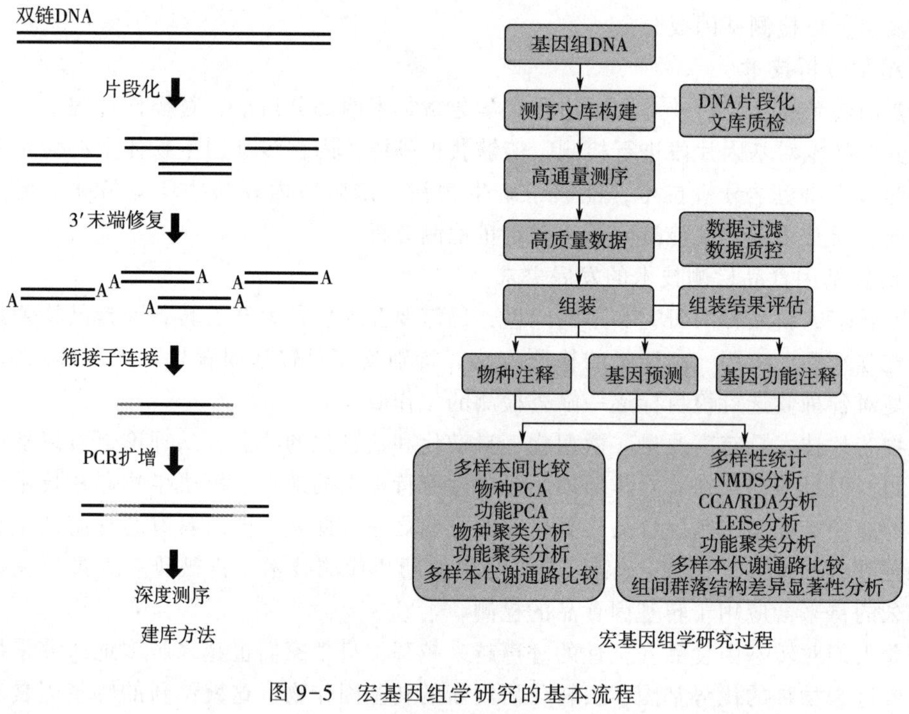

图 9-5　宏基因组学研究的基本流程

1. 开发食品微生物新基因

宏基因组学提供了一个比传统培养技术更加快速、实用的方法，从构建的宏基因组文库分离鉴定出大量的新基因。已发现的新基因有生物催化基因、抗生素抗性基因等。发现新基因的方法依赖于高通量测序，然后对基因序列进行遴选。对于通过分子克隆、基因芯片等方法筛选出来的功能基因，可以根据其基因序列选择适合的酶进行酶切，然后再与载体相连接，并再次验证其功能。

2. 开发食品工业酶制剂

微生物中丰富的基因资源蕴藏着大量已知或未知酶的功能基因。宏基因组学技术的应用可促进这些酶资源的开发和利用。通过宏基因组学技术，可以发现许多新功能基因及基因簇。把这些新功能基因和基因簇进行重组表达，就可以获得很多新型酶制剂产品。从奶牛瘤胃中筛选出来具有潜在工业应用的多功能糖基水解酶；从土壤宏基因组文库中筛选到一个金属蛋白酶；从深海沉积物的宏基因组文库中筛选出脂肪分解酶；从水牛瘤胃未培养微生物宏基因组文库中克隆并鉴定出β-葡萄糖苷酶基因，在同步糖化共发酵工艺生产酒精中有潜在的应用价值。此外，通过宏基因组学技术发现的一些高活性新型酶制剂包括乙醇氧化还原酶、酰胺酶、淀粉酶、4-羟基丁酸脱氢酶、脂肪酶、蛋白酶、聚乙酰合酶、几丁质酶、L-氨基酸氧化酶和羟化酶等。这些高活力新型酶制剂在食品产业领域具有非常大的应用潜力和价值。

3. 研究食品营养

针对与人类健康密切相关的胃肠道微生态平衡调节机制及失衡条件下发病机制的研究，属于环境宏基因组学的研究范畴。人类肠道是一个庞大且复杂的微生物生态系统，与人体健康密切相关，其中蕴含着丰富的微生物基因资源。研究这些基因，有助于探究人类肠道微生物功能，改善人体健康状况。例如，利用宏基因组学技术分析了来自美国、日本、欧洲等124个人的粪便样品，发现50%的人群共享着75种微生物，90%的人群共享着其中的57种。对人类粪便样本进行宏基因组学测序，发现即使是最小肠道的宏基因组也富含着各种功能基因片段，可能对肠道健康起着重要的作用。

4. 优化改造食品新工艺

许多食品产业的工艺流程均涉及微生物参与的关键制作环节。利用宏基因组学技术可以方便、准确和快速地对其中的微生物多样性组成进行系统分析，获得有关微生物在不同环境中种类和数量分布的基础数据。在此基础上优化改造，发展新的食品制作工艺，提高生产效率和经济效益，实现用生物技术改造传统产业的目的。例如，利用宏基因组学技术研究意大利传统香醋中酵母菌群落结构及功能，可以完整地获得香醋发酵过程中全部酵母菌的信息，并从中掌握体系中不可培养或难以培养的酵母菌，在此基础上可局部构建全部酵母群落的代谢网络，以期从代谢角度阐述传统香醋中酵母菌的群落功能，为阐释传统香醋的醋酸发酵过程提供了坚实的理论基础。

5. 研究食品安全问题

宏基因组学技术可以避免传统检测方法的局限性，快速、灵敏、特异性高，可以对病原菌进行准确溯源，从而找出关键控制点，有效控制污染源并防止病菌的继续传播，确保食品的质量与安全。例如，宏基因组学技术应用于酰胺类除草剂降解、有机磷降解以及多环芳烃降解等研究，降低了农作物或者水体动物从环境中吸收有害因素进而危害人体的可能性。从宏基因组文库筛选出利用甲醇作碳源的微生物种群，为酿酒工业的安全生产提供了一些启发。采用宏基因组学技术研究筛选卤醇脱卤酶，催化环境中有害的有机卤化物分解。

6. 研究食品微生物多样性

利用宏基因组学技术可快速了解食品发酵生产过程中微生物群落的组成、变化及其功能，从而实现对传统工艺的监控和标准化，并保障传统发酵食品的质量安全。例如，利用宏基因组学技术、定量PCR技术和代谢组学技术对韩国泡菜发酵过程中微生物群落的变化、代谢物变化以及微生物群落基因特征和功能进行研究，揭示发酵过程中的优势微生物种群以及微生物群落变化规律。除了发酵过程中的有益菌之外，还检测到大量的噬菌体，表明发酵过程中存在大量的噬菌体侵染细菌。此外，借助宏基因组技术分离纯化大曲酒微生物分泌的功能酶，发现大曲酒发酵生产用微生物的新的功能酶类；筛选出的脂肪酶通过减少不饱和脂肪酸来达到加强茶深度发酵的目的。

二、代谢组学与食品

代谢组学是对某一生物或生物系统内所有代谢物进行定性和定量分析的一门学科，能够为进一步了解相关代谢途径及其变化提供关键的信息。代谢组学研究可分为非靶向代谢组学和靶向代谢组学。非靶向代谢组学（又称发现代谢组学）以发现尽可能多的代谢产物，从而获取代谢产物的产生模式或者指纹分析为主要的研究方向。非靶向代谢组学通常寻找有统计学意义的代谢物，并与所研究的生物状态或过程进行关联，揭示其内在的变化规律。靶向代谢组学分析是以预先确定的一组化合物为分析目标，需要准确地定性和定量分析。靶向代谢组学通常验证事先提出的假设，针对特定的一组代谢物，研究其变化特点。靶向分析一般需要对样品进行选择性的提取和较高程度的纯化，以尽可能去除与测定目标无关的干扰物质。

1. 代谢组学研究技术

代谢组学研究的一般流程包括实验设计、样品收集及处理、分离检测、数据处理及分析、生物标志分子的发现和确认及生物学意义解释等，其中检测和数据处理较为重要，是代谢组学不可或缺的重要步骤（图9-6）。代谢组学作为一种新发展起来的技术，已经广泛应用于微生物学、植物学、食品学、毒理学和药物学的研究中。代谢组学研究的不断深入和发展，将为建立代谢组学数据库打下基础，并与基因组学、蛋白质组学数据库结合起来，形成信息更为庞大的系统生物学数据库，为食品安全和质量把控提供高准确性、高灵敏度、高通量的技术平台。代谢组学技术在食品安全领域中的应用主要有新的未知化合物监测、掺假鉴别、有机农作物鉴别、农药残留和毒素高通量检测、转基因食品安全性评价、致病菌快速检测和畜肉品种鉴别等。此外，代谢组学的研究极有可能发现生物标志分子，可以为解释生物代谢的变化规律和相关机制提供理论依据。生物标志分子的发现和确认具有重要的价值，如生物标志分子的检测可以用于疾病的早期诊断、微生物的检测、药物毒理的评价等。

（1）样品制备

①细菌培养：细菌菌株以及培养液和培养条件。培养液的选择包括标志代谢产物和特殊的营养成分与否等，培养条件包括培养液预热、培养温度、酸碱度、二氧化碳分压、培养液与培养瓶体积比、摇动频率和接种量等。

②淬灭、清洗和获取细菌细胞：取样后要立即淬灭所有的生化和化学反应。将60mL的冷甲醇水溶液（-40℃，体积分数60%）与15mL的培养物混合以淬灭微生物，然后将混合物离心，但该方法只适用于革兰阳性细菌或真菌。将甘油与水、氯化钠和甘露醇混合成不同的溶液用于微生物细胞的淬灭。在提取细胞内代谢产物之前，还应清除培养液和清洗细胞，一般采取代谢产物的过滤或离心。过滤所需的时间较离心时间短，更适用于微生

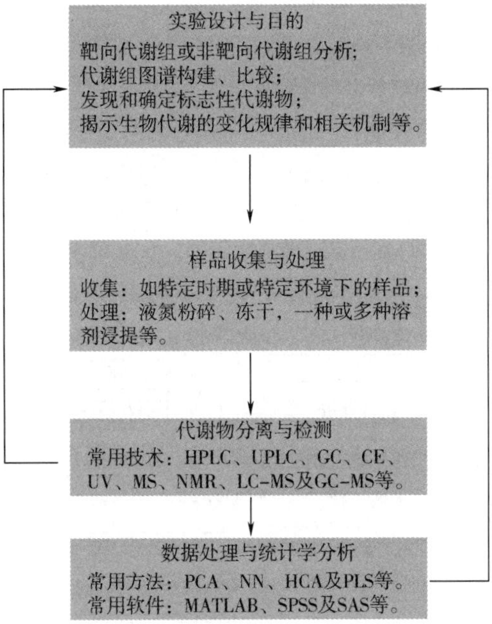

图 9-6　代谢组学技术一般流程

HPLC—高效液相色谱；UPLC—超高效液相色谱；GC—气相色谱；CE—毛细管电泳；UV—紫外检测；MS—质谱；NMR—核磁共振；LC-MS—液相色谱质谱联用；GC-MS—气相色谱质谱联用；PCA—主成分分析；NN—神经网络分析；HCA—簇类分析；PLS—偏最小二乘法

物的分离。冷甲醇是目前微生物代谢组学分析中最佳的提取溶剂。酸或碱特别适用于耐酸或耐碱的代谢产物。传统裂解细胞的方法是使用三氯乙酸，但在裂解细胞的同时也会造成滤纸降解，干扰代谢组学数据。目前尚无统一的微生物代谢组学的样本制备标准。

（2）样品检测　需要高灵敏度、高通量和无偏向性的分析方法。MS 和 NMR 是代谢组学分析的两大主流技术，皆能与液相色谱 LC、GC、毛细管电泳（CE）系统联用。

①基于 NMR 的方法：在表征代谢物结构和量化测定理想，样品预处理少（有时候需要完整细胞/个体）；但是其灵敏度是质谱方法的 1/1000～1/100，而且在解析复杂混合物时有局限。

②LC-MS：在灵敏度和动态测定方面优势明显，能从包含数千分析物的复杂混合物分辨和鉴定代谢物原态，复杂分析物丰度变化可达 10000 倍；但其缺陷是难以有效测定挥发性代谢物，而且在代谢物的结构鉴定和绝对量化能力方面有局限。

③GC-MS：可以量化测定挥发性和不带电荷的代谢物、同质异构化合物（如糖和脂），但需要多种化学衍生化，要预知目的分子的化学性质。

④多种高级质谱设备：如三级四极质谱仪配备高分辨全扫描检测器（如飞行时间或 Orbitrap 质谱仪）能无偏差量化已知和未预期代谢物，通常用于测定其原子组成和经验分子式。

（3）数据分析　代谢组学的数据分析包括预处理和统计分析方法，多元统计分析方法主要分为两大类：非监督和监督方法，非监督方法包括主成分分析 PCA、聚类分析 CA

等；监督方法包括显著性分析、偏最小二乘法等（图 9-7）。

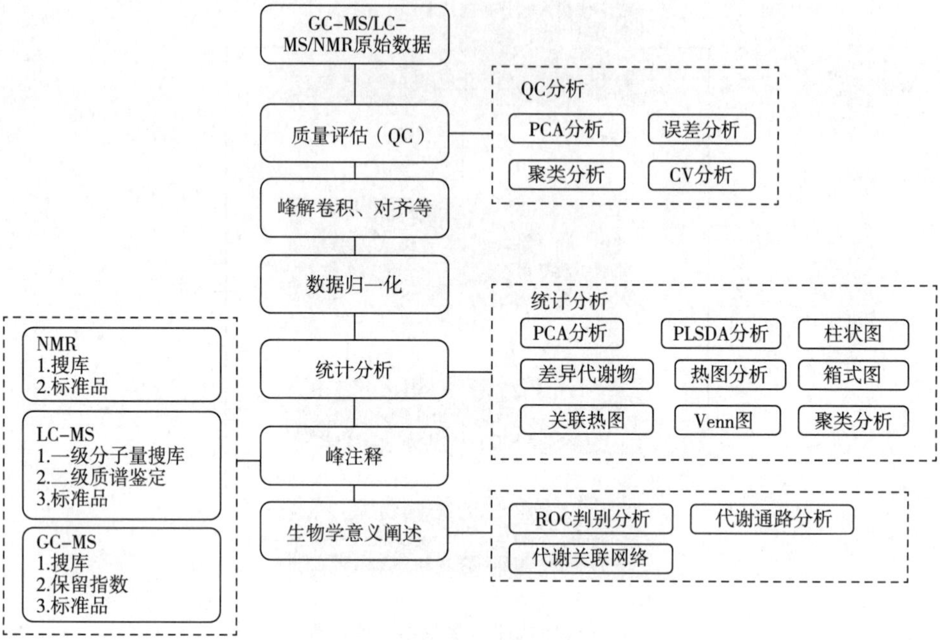

图 9-7　代谢组学技术数据分析

2. 代谢组学技术在食品工业中的应用

代谢组学研究的不断深入和发展，将为建立代谢组学数据库打下基础，并与基因组学、蛋白质组学数据库结合起来，形成信息更为庞大的系统生物学数据库。代谢组学技术在食品安全领域中的应用主要有新的未知化合物监测、掺假鉴别、有机农作物鉴别、农药残留和毒素高通量检测、转基因食品安全性评价、致病菌快速检测和畜肉品种鉴别等。此外，代谢组学的研究可能发现生物标志分子，可以为解释生物代谢的变化规律和相关机制提供理论依据，并可用于疾病的早期诊断、微生物的检测、药物毒理的评价等。

（1）在食源性致病菌快速检测中的应用　代谢组学技术已应用于食源性致病菌检测及鉴定等领域，主要集中于相应食品中沙门菌和大肠杆菌的鉴定。采用代谢组学技术，对食源性致病菌在生长过程中合成并释放出多种有机小分子物质，进行定性和定量分析，确定致病菌中某个或某些特异性的生物标志分子，进而确定致病菌的种属。例如，根据猪肉中的腐败菌和沙门菌在常温保存下所产生的代谢物不同，来判定猪肉是否污染沙门菌。其中沙门菌在污染猪肉中的标志分子为缬氨酸和肌酐等。

（2）在食品掺假检测中的应用　常规食品分析检测目标单一，往往不能检出掺假食品。代谢组学为基于全面分析食品成分组成的整体分析方法，因此在检测非特定目标物方面具有其他检验方法所没有的优势。很多掺假食品可以通过代谢组学的技术手段来鉴别。例如，利用气相色谱和偏最小二乘法统计模型检测棉籽油、橄榄油、豆油及葵花籽油的混合物。又如，利用代谢组学对机械回收肉和手工剔骨肉等进行了区分。再如，利用同位素比质谱法对果汁掺假、葡萄酒掺假和橄榄油掺假进行了分析研究。代谢组学方法在食品掺假检测中的应用将会越来越广泛，有可能成为检测掺假食品的主要技术手段。

（3）在转基因食品检测中的应用　代谢组学技术因其简便而快捷的优势已应用于转基因食品检测。例如，对转基因大米和非转基因大米采用非靶向代谢组学方法进行分析，发现转基因大米和非转基因大米成分差异不大，而环境因素引起的成分差异较为显著。又如，采用傅立叶红外光谱和核磁共振仪器，对转基因土豆和非转基因土豆做了比较分析。多维数据分析结果表明，转基因土豆和非转基因土豆实验样品并无显著区别，反而新鲜土豆和贮藏一周后的土豆差异明显。

（4）在禁用物质检测中的应用　利用代谢组学技术可以检测食品中添加剂或禁用物质的使用情况，从而对食品企业的食品生产加工过程进行监控。例如，运用代谢组学研究了三聚氰胺对儿童尿液代谢的影响，发现三聚氰胺能够通过肾结石导致的物理性损伤干扰体内柠檬酸的代谢，可作为三聚氰胺导致肾损伤的无创检测。又如，对 344 只费舍尔大鼠进行 28d 的三聚氰胺和三聚氰酸喂养，对大鼠尿液中氨基酸类代谢物进行统计分析后，推断尿液中羟脯氨酸可作为三聚氰胺和三聚氰酸引起的肾损伤的潜在标记物。

（5）在食品或食品包装材料有害物质检测中的应用　除了致病菌及其代谢物能引起食源性疾病以外，食品或其包装材料在处理或加工过程中因操作不慎而被污染有毒害化学物质也能引起相应的疾病。代谢组学技术已应用于食品或其包装材料中有害物质的检测。例如，UPLC-MS/MS 技术已经用于奶粉中喹诺酮类和氟喹诺酮类药物的快速检测及牛乳中抗生素残留检测，并可用于定期监测市场上乳粉中的抗生素残留。全氟化合物经常被用作食品包装材料或不粘锅涂层。利用代谢组学和转录组学技术对全氟十二烷酸进行研究，发现全氟十二烷酸具有慢性毒性，可作用于过氧化物酶增殖体激活受体，可能会导致能量代谢和氨基酸代谢紊乱，进而造成肝脏的脂肪变性。

（6）在植物源性食品溯源中的应用　代谢组学技术在植物油的来源及品质鉴定中应用广泛，其中 NMR 与 LC-MS 联用极大促进了植物源性食品的分类，不仅可以准确地鉴定不易挥发性代谢产物，还可以同时构建多种代谢产物的代谢图谱，为饮料、酒、油等植物源性食品的分类及溯源提供现实可行的保障手段。例如，运用 GC-MS 指纹图谱获得了三酰甘油图谱，1-棕榈酸-2-硬脂酸-3-油酸甘油酯和 1,2-油酸甘油酯-3-硬脂酸是区别特级初榨油、初榨橄榄油、橄榄油和果渣油这 4 种橄榄油样品的主要代谢产物。利用高效液相色谱-电雾式检测器区分不同类别和品种的橄榄油、食用油（玉米油及向日葵等）和一些混合油，其中三油酸甘油酯、1,2-油酸-3-棕榈酸和 1,2-油酸-3-甘油三亚油酸酯可作为区分橄榄油和植物油的鉴别性代谢物。

（7）在食品生物活性化合物健康作用研究中的应用　NMR 已普遍应用于食品中生物活性化合物的鉴定和表征、生物标志物研究以及评估这些化合物在不同疾病中的作用。GC-MS 分析植物代谢物已被广泛用于鉴定和表征薄荷、人参、肉桂、茶、覆盆子和荨麻等食品中的生物活性物质，其主要分析对象为极性、非挥发性和不耐热的化合物，在次级代谢物和复合脂质鉴定中表现出良好的作用。近年来，随着肠道菌群研究的深入，利用代谢组学方法关注菌群与生物活性物质之间的相互作用、肠道菌群及其与宿主的相互作用已成为研究热点。

（8）在发酵食品研究中的应用　在食品发酵过程中，微生物参与分解原料，形成醇类、酸类、酯类等物质，同时产生的代谢物还可调节生物体功能，抑制体内有害物质的产生。采用代谢组学技术可分析这些物质的作用机制及对发酵食品的影响。

①酱油：将代谢组学技术运用到酱油生产过程中，探究酱油发酵过程中的变化。3-氯-1,2-丙二醇（3-MCPD）是配制酱油生产过程中常会产生的一种氯丙醇物质，其本身具有致癌性、肾毒性等，摄入人体内将会造成巨大伤害。通过^{1}H-NMR 代谢组学对注射了3-MCPD 的大鼠尿液进行分析，发现相比正常大鼠，3-MCPD 大鼠的行为、体质量、饮食量均出现明显的减弱，还产生了肾毒性和睾丸毒性。

②食醋：代谢组学技术可以检测食醋发酵过程中有利或有害物质的变化及影响。例如，采用 NMR 进行了山西老陈醋灌胃处理了的大鼠尿液和血液的代谢组分析，发现这些代谢物都与能量代谢、糖代谢、脂肪代谢等途径有关，从而从侧面佐证了山西老陈醋的促能量代谢、降血糖血脂的作用。

③酸奶：采用代谢组学技术可探究酸乳发酵过程中的代谢机理和对其中的各种变化进行把控。例如，将 3 种酵母菌与酸乳发酵常用菌进行混合发酵，通过 GC-MS 对挥发性代谢产物进行检测，发现酵母菌的加入可使样品中的挥发性代谢产物以及有益脂肪酸含量有所增加，同时还能丰富产品的风味。

④奶酪：采用 GC-TOF MS 对 13 种乳酪的亲水性小分子代谢物组进行了检测，发现氨基酸和乳糖对乳酪的“醇厚”形成有关，而“酸味”的形成与琥珀酸、乳酸等和乳糖的作用有关。

⑤ 啤酒：通过 GC-TOF MS 对啤酒发酵中所用的酵母菌的胞内代谢物进行定量、定性分析，发现 16 种代谢物与氨基酸代谢有关。琥珀酸是 TCA 代谢的重要中间产物，月桂酸、十六烷烯酸、十八烷烯酸是脂肪酸代谢的产物。

⑥泡菜：通过 HPLC 和 GC-MS 对菊芋泡菜中风味物质进行测定，发现低温条件下乳酸菌的代谢特征发生显著的变化，并最终影响泡菜的口感。同时，还发现锰离子对植物乳杆菌胞内代谢物，如糖、氨基酸、脂肪酸及其衍生物有显著影响，尤其是对氨基酸的影响。

三、蛋白质组学与食品

蛋白质是食品的重要组成成分之一。市场上有很多具有活性功能的蛋白质或多肽产品，如燕窝、鹿茸和蜂王浆等。蛋白质组学技术在食品鉴伪、产地溯源、品质分析、农药兽药残留测定、致病菌检测及过敏原检测中得到越来越广泛的应用。在各类功能性食品或高附加值食品的真伪鉴别和品质控制中，利用蛋白质组学相关技术对蛋白质组分进行分析，获得对食品蛋白各种特征的真实认识，具有其他研究方法不可取代的优势。

1. 蛋白质组学技术

蛋白质组（Proteome）是指一个组织或细胞中由基因组表达的全部蛋白质。蛋白质组学（Proteomics）是从整体动力学角度分析细胞内蛋白质的修饰状态、表达水平来了解蛋白质之间的相互作用，从而揭示细胞的活动规律及蛋白质功能。蛋白质组学基于蛋白质分离和质谱鉴定，涉及蛋白质组分分离与鉴定技术和利用蛋白质信息学进行蛋白质结构、功能分析及预测。

（1）蛋白质分离技术

①双向凝胶电泳：是一种高分辨率的蛋白质分离技术。一般能分离到 1000~3000 个蛋白质点，最佳分离到 11000 个左右的蛋白质点。但是强酸、强碱、相对分子质量过大、过

小的蛋白质难以分离，且实验的重复性差。

②色谱技术：是利用各种物质在固定相和流动相之间不同的分配系数，使其在相对运动的两相间经反复多次分配，以不同速度移动，从而获得分离的方法。毛细管电色谱和多维液相色谱由于分辨率高，所需样品量少，易于和电喷雾离子化质谱联用而成为蛋白质组分析的重要手段。

（2）蛋白质鉴定技术

①质谱技术：能鉴定蛋白质并准确测量肽段和蛋白质的相对分子质量、氨基酸序列及翻译后的修饰。其工作原理是通过离子化装置将分子转化为气态离子，根据不同离子间的质荷比（m/z）的差异来分离并确定相对分子质量。质谱技术能与多种蛋白分离技术联用，且准确度高。

②蛋白质芯片：与基因芯片类似。蛋白质芯片将蛋白质结合到固相基质上，然后与要检测的细胞或组织“杂交”，从而对未知蛋白进行分离和鉴定。蛋白质芯片的基本原理是利用蛋白质间以及蛋白质与其他小分子间的相互作用。蛋白芯片具有其高通量、高特异性和高灵敏度的优点，适用于蛋白质表达谱分析。

（3）生物信息学　生物信息学已广泛应用到现代生命科学的各个领域。目前，在蛋白质组学方面的应用主要有：构建与分析蛋白质双向凝胶电泳图谱数据库，蛋白质氨基酸序列、蛋白质结构域、蛋白质相互作用等数据库的建立和检索，蛋白质结构的预测等。

2. 蛋白质组学技术在食品科学中的应用

（1）在食品贮藏中的应用　对 11 种不同冷冻储存条件下鳕鱼肌肉的蛋白质图谱进行比较分析，发现不同冷冻储存温度对蛋白质图谱的变化无显著影响。但是经过不同的冷冻储存时间（3 个月、6 个月和 12 个月），肌浆球蛋白轻链、磷酸丙糖异构酶、醛缩酶肌动蛋白片段等蛋白质的浓度发生了显著变化，进而导致鱼肉质地和味道发生相应的改变。

（2）在食品产地溯源及鉴伪中的应用　蛋白组学技术已广泛用于食品产地溯源及其真伪鉴别的研究，具有快速、简单、实用等优点。例如，利用基质辅助激光解吸电离飞行时间质谱（MALDI-TOF MS）和蛋白质指纹技术鉴别了来自不同国家、不同地区的商品化蜂蜜的产地。采用聚丙烯酰胺凝胶电泳技术对燕窝及其伪品龙牙官燕球、银耳、猪皮屑、琼脂等进行鉴别。从其电泳图谱上可以看出，正品与伪品之间有明显差别。利用双向电泳（2-DE）等技术对来自不同国家的 14 种燕窝进行检测，证明利用此方法可以根据燕窝中含有的独特蛋白检测出下限为 10%的掺假燕窝。利用 2-DE 技术研究了西洋参和高丽参，证明不同种类、不同部位的人参样品的双向电泳图谱包含大量的差异点，从而可以轻易鉴别样品。

（3）在转基因食品安全分析中的应用　由于在基因修饰过程中转基因作物的代谢途径会发生很大的改变，因此可以通过蛋白质组学技术利用轮廓指纹分析来评估转基因作物的异常改变。通过对农作物中的生物活性物质代谢分析可判断基因修饰之后正常或异常结果。其中，2-DE 技术已经用于对转基因乳品及非转基因乳品进行鉴伪。采用 2-DE 技术对正常牛乳和转基因牛乳中的 β-酪蛋白和 κ-酪蛋白进行定量比较，发现采用转基因方法生产的牛乳中酪蛋白水平更高。

（4）在食品致病性微生物鉴定中的应用　蛋白质组学研究有助于发现食品微生物安全的标记分子，故在实际微生物安全检测方面具有重要的应用价值。例如采用二维液相色谱串联质谱（2-DLC/MS/MS）技术鉴定出了 432 个空肠弯曲杆菌 JHH1 膜蛋白质组蛋白，其中 206 个被预测出与膜相关。此外，病原微生物引起的奶牛乳房炎会造成牛乳质量和产量下降，并增加奶牛的死亡率和牛乳的不可食用性。研究了奶牛在感染大肠埃希菌前后的乳清样品中的蛋白质组变化，以寻找治疗乳房炎过程中的有效蛋白标记。研究发现了急性期蛋白，如在奶牛感染 18h 后的乳清蛋白中发现了转甲状腺素蛋白与补充物 C3，检测到一些抗微生物肽和 α-1-酸糖蛋白。这些蛋白都可作为未来奶牛感染细菌性乳房炎的生物标记分子。

（5）在鉴定食物过敏原中的应用　蛋白质组学为食物过敏原的鉴定和表征提供了技术支持。采用 MALDI-TOF-MS 技术鉴定出斑节对虾的致敏原是一种具有精氨酸激酶活性的蛋白质，它能与虾过敏性病人血清的 IgE 发生反应，从而引起皮肤过敏反应。采用双向电泳和质谱联用技术检测到超过 2500 种蛋白质。通过对水稻的叶、根和种子组织进行系统研究，在种子中鉴定出了几种已经表征过的过敏性蛋白，显示了蛋白质组学技术在食物过敏监测中具有很大的应用潜能。

（6）在水产品中的应用　水产品在捕捞、运输、加工和贮藏过程中，蛋白质组成成分会发生相应的改变，进而影响感官品质和安全性。因此，需要一种准确、灵敏、快速的检测方法，以便直接鉴定和监测水产品中潜在的威胁。蛋白质组学技术在水产品物种鉴定、过敏原分析、致病性和腐败性微生物鉴定、贮藏加工过程中品质变化等研究领域发挥着越来越重要的作用。

（7）在食品生物活性化合物健康作用研究中的应用　蛋白质组学可应用于食品科学和营养领域，可以监测加工后的食物变化，应用于蛋白质和肽的生物活性研究和食物基质中致敏蛋白的鉴定和定量等方面。蛋白质组学也被应用于研究食品中生物活性化合物的健康效应。利用蛋白质组学的强大的功能，可以掌握植物生物活性化合物可能调控关键蛋白的磷酸化水平进而实现其营养功能和生物活性。此外，随着研究的深入，蛋白质组学为解释靶向信号通路和分子水平上所涉及的功能机制提供了充分的可能性。

（8）研究食品非热杀菌的机制　蛋白质组学已用于研究各种应力条件下微生物的适应性和应激反应。非热杀菌由于能为消费者提供更为营养的食品而成为目前食品杀菌的研究热点，在非热杀菌条件下，微生物蛋白会发生一定变化，而这种变化与微生物失活又存在一定的联系。蛋白质组学可用于研究食品非热杀菌的机制。

①蛋白质组学在超高压（UHP）杀菌中的应用：UHP 杀菌技术是一种可取代热加工技术对食品中微生物进行处理的非热加工技术，它对食品的品质，包括维生素含量、自然风味和质地等影响较小，已用于商业化规模生产的一系列产品中，包括果汁、豆沙、蘸酱、果酱、色拉酱、牡蛎、即食肉制品等。应用于食品中的 UHP 压力范围一般在 200～600MPa。采用蛋白组学方法研究 UHP 对菌体蛋白的影响，发现 UHP 能够影响细菌的结构、应激反应以及代谢过程。UHP 处理后，空肠弯曲杆菌、副溶血弧菌、蜡样芽孢杆菌的蛋白表达量均出现一定的变化。

②蛋白质组学在高压二氧化碳（HPCD）杀菌中的应用：HPCD 杀菌由于其环保性（CO_2 无毒）和低压（一般低于 20MPa）等特点被认为是一种很好的非热杀菌技术。HPCD 杀菌的机制可能与以下几点相关：a. 细胞内外 pH 的下降；b. 细胞结构的破坏，包括细胞膜完整性的破坏、胞内或细胞膜关键成分的丧失等；c. 分子 CO_2 和 HCO_3^- 对细胞

代谢的直接抑制作用，包括对关键酶的灭活作用；d. 扰乱细胞内的电解质平衡。此外，HPCD 降低了微生物细胞质 pH，诱导蛋白质凝固变性，从而引起微生物失活。因此，HPCD 致微生物失活的机理与蛋白的变化也存在一定的联系。

③蛋白质组学在超临界 CO_2 杀菌中的应用：超临界 CO_2 技术能够在相对适中的压力（7.3~50MPa）下使微生物失活，存在于 CO_2 临界点（7.38MPa 和 31.1℃）之外的超临界 CO_2 具有许多有利的特征，因此超临界 CO_2 是一种非常具有吸引力的非热加工技术。其灭菌作用来自多因素的组合，包括细胞质的酸化、CO_2 阴离子浓度的提高、渗透胁迫、CO_2 萃取作用导致细胞膜通透性的增加和泄漏以及细胞的破裂等。同时，超临界 CO_2 处理造成粪肠球菌、大肠杆菌、球形芽孢杆菌等微生物细胞内蛋白质降解、酶活性丧失等，也是造成细胞死亡的原因之一。

④蛋白质组学在脉冲电场（PEF）杀菌中的应用：PEF 杀菌技术是以较高的电场强度（10~50kV/cm）、较短的脉冲宽度（0~100μs）和较高的脉冲频率（0~2000Hz）对液体、半固体食品进行处理，且可以组成连续杀菌和无菌灌装的生产线。通常认为 PEF 导致微生物细胞膜结构发生局部变化和破坏细胞膜渗透屏障（电穿孔），细胞膜的介电常数和电导率也会发生变化，造成空间电荷极化现象。此外，PEF 可能可以直接作用于蛋白和 DNA 分子，导致分子的破坏或变性。在 5 种入口温度（7℃、16℃、24℃、30℃ 和 38℃）下采用 PEF 处理大肠杆菌，在 15 kV/cm、700μs 处理条件下，蛋白质图谱中 7 个蛋白点发生明显变化。

⑤蛋白质组学在脉冲磁场杀菌中的应用：脉冲磁场（PMF）杀菌是将食品放置到产生 PMF 的线圈中进行处理，从而达到杀灭微生物的一种方法。PMF 杀菌在常温常压下进行，可以较好地保持食品中原有的营养成分和风味物质。PMF 主要通过改变微生物细胞的形态，破坏细胞壁和细胞膜，提高细胞膜渗透性并引起胞内物质外泄以达到细胞死亡的目的，同时，PMF 也破坏了微生物的 DNA。采用磁场强度 3.3T、脉冲数 30 的 PMF 对枯草芽孢杆菌进行杀菌处理，比较杀菌前后枯草芽孢杆菌蛋白组发现存在 19 种差异蛋白，有 2 种蛋白在 PMF 处理后消失，1 种蛋白为新出现的。另外有 7 种蛋白的表达量上调，9 种蛋白的表达量下调。

⑥蛋白质组学在脉冲强光杀菌中的应用：脉冲强光（PL）杀菌属于非热紫外杀菌技术，它利用波长在 200~1000nm 的光辐射在 10^{-3}~200ms 产生的能量进行杀菌，杀菌作用主要是由 200~290nm 范围内短波紫外线造成的 DNA 光损伤所引起。此外，PL 处理后的单核细胞李斯特菌和大肠杆菌 O157：H7 的细胞膜被明显破坏，内部成分出现丢失和泄漏到膜外。此外，PL 杀菌也通过影响参与细菌应激转录、翻译等蛋白来影响细菌存活率。

四、其他组学技术与食品

1. 脂质组学

脂质是食品中基本营养成分之一，具有许多生物功能和营养学功能。脂质组学是研究脂质代谢的重要手段，在食品生物化学、食品营养学、食品质量安全控制学、食品加工学、食品贮藏等 5 个方面具有诸多研究和应用，在食品领域中具有巨大的发展空间。脂质组学技术的应用为食品科学提供了新的思路，使得对于食品科学的研究向更加多元化的方向发展。食品中脂质分子的结构复杂并且物理化学性质多样，需要采用高分离度、高通量、高灵敏度和高分辨率的分离检测技术。为了准确采集和解释脂质组学数据，脂质组学工作流程一般包括：实验设计、样品处理和制备、质谱数据采集、数据处理与分析（图 9-8）。

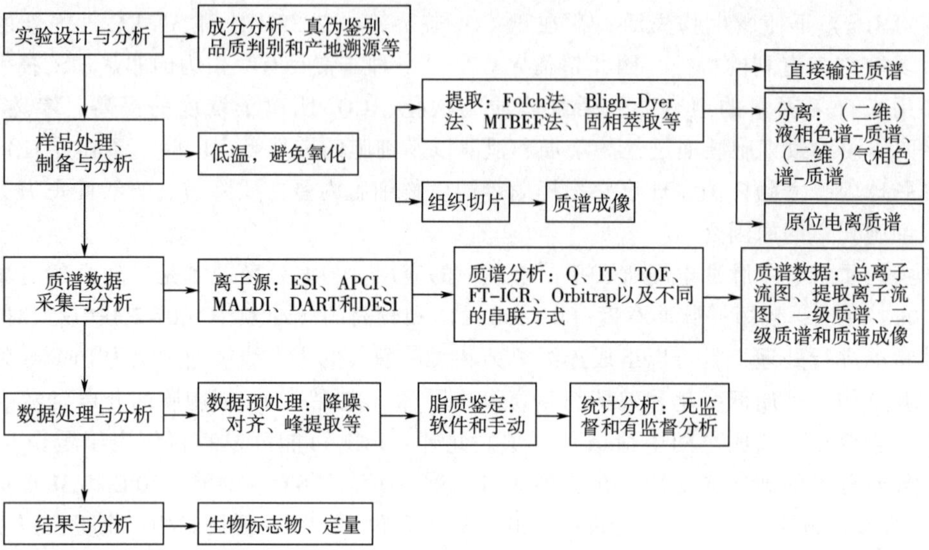

图 9-8 脂质组学研究工作流程图

ESI—电喷雾电离；APCI—大气压化学电离；MALDI—基质辅助激光解吸电离；DART—实时直接分析；DESI—解吸电喷雾电离；Q—四极杆；IT—离子阱；TOF—飞行时间；FT-ICR—傅里叶变换-离子回旋共振；Orbitrap—静电场轨道阱

（1）在食品生物化学中的应用　在食品生物化学方面，脂质组学研究食品及食品原料中脂质的组成成分、结构、理化性质、功能等。例如，有团队结合 ESI-MS/MS 脂质分析技术与反向遗传学手段（通过定点突变某基因研究其表型来确定该基因的功能），揭示了磷脂酶 D 家族成员及其产物（不同的 PA 分子种）在植物的冻害胁迫反应、磷素亏缺反应、激素反应和生长发育等多种过程中的重要功能。再如，采用鸟枪法脂质组学研究了鲫鱼、草鱼、鲈鱼中的磷脂成分，并建立了利用磷脂标记物的鱼肉鉴定区分方法。

（2）在食品营养学中的应用　脂质组学在食品营养学中的应用大致分为两个部分：第一，利用脂质组学技术研究食品体系中脂质的结构、性质及其在人体中的作用和代谢机制等，为合理摄入膳食营养素及提高食品营养价值提供依据。第二，脂质组学的研究也涉及了膳食中脂肪的摄入与人体内营养结构组成的关系和由此引发的营养相关疾病，包括脂质对于各类相关疾病的影响和脂质作为生物标志物的应用。今后在食品营养学方面，应用现代生物技术、提取分离技术、构效理论等更加深入地研究食品中脂质的生物活性、生理功能，及其应用于功能食品中的量效关系和稳定性，或从基因型的差异出发，研究脂类与人体健康之间的关系，使真正的个体营养得以实现等研究，会成为脂质组学的发展方向。

（3）在食品质量安全控制学中的应用　食品加工过程中脂质会发生各种反应，如热氧化、水解、热聚合和美拉德反应等。脂质的变化会影响食品品质的变化，进而影响食品的安全性。脂质组学可以用于研究环境中的外源性污染物对食品原料或食品的毒害作用。例如，以在含镉（Cd）水体中不同暴露时间下的鲫鱼鱼肉为研究对象，借助 HPLC 与 MALDI-TOF-MS 联用技术定量分析了鱼肉中磷脂酰胆碱（PC）的总量，证明 PC 可以用作指示水体中的镉对于鲫鱼毒害作用的生物标志物。脂质组学还可以用于鉴定、分析食品微生物，进而判断食品是否被微生物污染等。例如，使用脂肪酸甲酯鉴定分析从食品和环境中分离的 30 株阪崎肠杆菌，证明脂肪酸的测定可用于快速检测婴幼儿配方样品中的阪崎肠杆菌。未来脂质组学可以通过研究代谢途径指示生物的生命活动（如健康或凋亡等），从生物体正常状态与疾病状态脂代谢差异入手，识别疾病状态下的脂生物标志物，结合酶的研究，达到控制食品和食品原料等新鲜程度及质量的目的。

（4）在食品加工学中的应用　脂质组学研究应用于食品加工过程，主要涉及食品各个组分的物理、化学或生物变化及其对食品品质的影响。例如，利用磷脂脂肪酸技术研究了 4 种不同的酱香型大曲，发现酱香大曲中的主要微生物为真菌、G^+细菌和 G^-细菌，其中真菌为优势菌群。综合来看，大曲酿造特征参数与大曲微生物数量和生物量呈正相关，大曲挥发性组分组成特征主要取决于 G^+菌生物量。未来脂质组学可从分子水平研究食品中脂质组分的结构和功能性质的关系，研究食品加工过程中脂质的变化对食品加工性能的影响，为探索食品加工中更加安全、高效的食品品质管控途径提供依据。

（5）在食品贮藏中的应用　脂质组学从脂质的角度出发，研究贮藏过程中食品组分的变化。例如，利用亲水色谱固相萃取和 MALTITOF/MS 检测技术，研究了荧光假单胞菌对三文鱼加工贮藏过程中磷脂化学结构和含量的变化，从而分析脂质对三文鱼品质的影响，结果发现不同贮藏时间段下的磷脂呈明显的聚类特征，*m/z* 806 等特征离子峰可作为潜在的标记物。未来研究可将脂质组学技术与其他技术相结合，更加全面地探究食品在贮藏过程中各类食品组分的变化，注重消费者的需求，同时控制贮藏期食品理化性质不理想的变化，保证食品质量的同时延长贮藏期。

2. 基因组学在食品安全中的应用

全基因组测序（WGS）是基因组学技术的核心环节之一，在食品安全方面具有重要的应用价值。首先，WGS 可以通过对食源性致病菌株系分型，进而加快对食源性疾病暴发性菌株的检测。其次，利用全基因组测序的数据可以建立暴发性菌株及新型致病菌的检测方法。例如，2011 年欧洲大肠杆菌 O104：H4 菌株的暴发，通过对多株 O104：H4 菌株进行全基因组测序并将其全基因组进行公开，然后根据其基因组信息建立快速定量上述暴发性菌株的实时荧光定量方法。此外，WGS 还可以跟踪食源性致病菌的传播途径，进而有助于人们制定相应的策略预防和控制相关食源性疾病的暴发。

3. 转录组学在食品生物活性化合物健康作用研究中的应用

转录组学技术已被广泛应用于食品科学与营养领域，如阐明食物在贮藏和加工过程中涉及的分子机制，探讨食品中某些毒素的生产机制，鉴定病原微生物生物膜形成的基因等方面。此外，其也被应用于研究食品生物活性化合物的健康效应，探究生物活性化合物与实现膳食营养功能有关的基因。随着微流体学和微型化技术的发展，目前已经开发了诸如表达谱芯片和核糖核酸转录组测序技术（RNA-Seq），其可获得任何转录组的完整表征，这有利于快速有效地分析数千个转录序列。

生物活性化合物是在功能类食品中发挥功能作用的基础化学物质，具有有效提高人体免疫力，延缓组织细胞衰老，有效抵御机体疲劳，发挥抗肿瘤功效，调节胆固醇以及血脂、血糖含量等有益功能。已被确认的生物活性化合物包含 11 种类别：①活性多糖类化合物及膳食纤维、香菇多糖类功能营养成分；②甜味剂类化合物，功能性单糖、低聚糖以及多元醇功能营养成分；③油脂类化合物，包括脂肪酸、磷脂以及其他复合脂质等功能营养成分；④氨基酸、肽与蛋白类化合物，还包括谷胱甘肽、硫蛋白及免疫球蛋白、牛磺酸等功能营养成分；⑤维生素类化合物，包括各类水溶性和脂溶性维生素等功能营养成分；⑥矿物元素化合物，各类常量及微量元素等功能营养成分；⑦微生态调节化合物，主要指乳酸菌、双歧杆菌等功能营养成分；⑧酶类及非酶类化合物；⑨醇、酮、醛、酸类化合物以及谷维素、茶多酚等功能营养成分；⑩油脂替代物等低能、无能化合物；⑪褪黑素、叶绿素、皂苷等其他生物活性化合物等功能营养成分。

4. 合成生物学与食品制造

食品合成生物学是在传统食品制造技术基础上，采用合成生物学技术，特别是食品微生物基因组设计与组装、食品组分合成途径设计与构建等，创建具有食品工业应用能力的人工细胞、多细胞人工合成系统以及无细胞人工合成系统，将可再生原料转化为重要食品组分、功能性食品添加剂和营养化学品，实现更安全、更营养、更健康和可持续的食品获取方式。通过加强食品合成生物学等具有重大意义的食品生物技术的开发和应用，开展新食品资源开发和高值利用、多样化食品生产方式变革、功能性食品添加剂和营养化学品制造，并率先实现产业化，将抢占世界科技的前沿和产业高地，造福人类。

食品合成生物学的发展可以划分为三个阶段：①通过最优合成途径构建及食品分子修饰，实现重要食品功能组分的有效、定向合成和修饰，为“人造功能产品”细胞的合成做准备；②建立高通量高灵敏筛选方法，筛选高效的底盘细胞工厂，实现重要食品功能组分的高效生物制造，初步合成具有特殊功能的“人造功能产品”细胞；③实现人工智能辅助的全自动生物合成过程的设计及实施，通过精确靶向调控，大幅度提高重要食品功能产品在异源底盘和原底盘细胞中的合成效率，最终实现“人造功能产品”细胞的全细胞利用。

（1）植物蛋白肉所需关键组分的生物制造　人造食品的总体技术路线是构建细胞工厂种子，以车间生产方式合成奶、肉、糖、油、蛋等。人造食品主要包括人造蛋、人造肉和人造乳等，其中人造肉是食品领域新兴和突破技术。人造肉可分为植物蛋白肉和细胞培养肉两大类。其中，植物蛋白肉现阶段具有技术成熟的优势和优先发展的潜力。细胞培养肉与天然肉相似，不过目前成本较高，市场潜力大但仍需开发，相关产品仍主要处于实验室研究阶段。植物蛋白肉和细胞培养肉均需要在制备过程中利用由微生物细胞工厂酶制剂、血红素、维生素和脂类等关键成分，将所获得的食品原料和功能成分进行有机整合，最终获取风味协调、质构稳定和拟真度高的重组食品，实现色、香、味、形的食品化整合。

然而，目前植物蛋白肉与禽肉的品质还存在较大差距，急需在质构仿真、营养优化、风味调节及成品定制等方面取得突破。利用特定功能的酶对植物蛋白肉进行质构仿真、营养优化和风味调节，能够实现植物蛋白肉结构强度改造、结构亲疏水性改造、过敏原等成分降解、蛋白质利用率提升、糖脂蛋白的整合、异味成分的降解和风味物质提升。血红素和高核酸酵母提取物的添加对于风味品质提升同样具有重要作用。协同利用特定功能的酶和风味物质将有助于植物蛋白肉品质提升，并且为基于 3D 打印食品化的成品定制过程奠定基础。

这些酶主要包括交联酶、脱酰胺酶等。谷氨酰胺转氨酶和漆酶是目前在食品加工中应用最多的交联酶，分别催化蛋白质肽链中谷氨酰胺和天冬酰胺脱酰胺。交联酶、脱酰胺酶的应用有望促进植物蛋白质类纤维结构的形成。在植物蛋白肉营养优化方面，筛选特异性蛋白酶降解致敏原蛋白有望解决植物蛋白肉脱敏的问题。在植物蛋白肉风味调节方面，目前主要针对如何消除引起豆腥味的醇、醛等挥发性化合物（植物蛋白中的亚油酸或亚麻酸转化）以及导致苦味的苦味肽（蛋白质降解过程中形成）开展研究。应用醇、醛脱氢酶破坏醇、醛分子，补充复合蛋白酶将促进氨基酸生成（美拉德反应的前体），可以显著改善植物蛋白肉的风味。

植物蛋白肉生产关键酶制备路线主要包括 4 个步骤：①获得应用性能理想的酶，从自然界或基因数据库中筛选目标酶，并且基于应用需求进行分子改造，获得理想的目标酶；②构建安全易用的生产宿主，以食品安全级生产菌株为基础，开发高效转化方法，优化转录、翻译与蛋白质转运系统，构建安全易用的宿主；③设计普适性强的表达策略，对酶编码基因序列进行深度优化，提高目标酶基因与宿主的适配性，构建表达元件库，提高目标酶表达水平；④开发高效的过程控制技术，在系统分析酶分子合成与分泌的基础上，结合诱导条件和流加策略，实现菌体生产与目标酶合成的平衡。

细胞培养组织、植物拉丝蛋白均缺乏真实的肉色，添加血红蛋白能够赋予植物蛋白肉和细胞培养肉真实的色香味感受。合成生物学技术是实现微生物发酵法制备血红蛋白的关键技术。血红蛋白生物合成需要利用成熟的微生物底盘细胞（酿酒酵母、毕赤酵母等）来表达植物根瘤组织来源或动物血红细胞来源的血红蛋白。血红蛋白合成代谢途径主要包含珠蛋白合成和血红素合成两个模块。在底盘细胞中优化与适配高效珠蛋白合成模块和高效血红素合成模块，有望提升血红蛋白合成效率。最后，在获得高效血红蛋白合成菌株的基础上开展发酵过程优化，为菌株生长和血红蛋白合成过程提供适宜的营养条件和环境条件，助力细胞工厂发酵法高效合成血红蛋白。

（2）黄酮类化合物的生物制造　利用合成生物学技术改造微生物、开发植物天然提取物的生物制造工艺引起了广泛关注。相比于传统提取工艺，生物制造工艺以可再生生物质为原料，生产过程能耗低，并且污染物排放少。目前，典型植物天然提取物的生物制造取得了显著进展，包括萜类化合物、苯丙素类化合物（简单苯丙素、香豆素、木脂素和木质素类、黄酮类）以及生物碱类化合物。

植物天然提取物的生物制造包括基因挖掘、细胞改造和发酵提取三个主要方面。具体步骤包括：①通过基因组学、转录组学和代谢组学等组学技术分析原生植物，挖掘植物天然提取物关键基因和代谢途径；②通过关键基因异源表达、前体供给强化和辅因子再生强化等细胞改造技术，建立目标产物合成途径并且实现目标产物高效合成；③通过发酵过程优化为植物天然提取物生产菌株提供合适的营养条件和环境条件，提升目标产物合成效率，并且进一步对产物进行分离提取，获得大量目标产物。

黄酮类化合物广泛分布于植物界中，已报道超过 8000 种。设计与构建柚皮素和生松素的底盘细胞是实现黄酮类化合物高效生物制造的基础。生产黄酮类化合物的酿酒酵母底盘细胞的构建主要有以下 6 个策略：①强化芳香族氨基酸和香豆酸/肉桂酸合成途径；②减少黄酮代谢副产物积累；③去除不必要的糖苷水解酶；④扩张细胞内质网；⑤强化糖基供体；⑥降低过氧化物酶活性。在生产黄酮类化合物酿酒酵母底盘细胞的基础上，通过组装与优化来源于深红酵母、香芹、矮牵牛、紫花苜蓿、拟南芥、甘草和淫羊藿的基因，已实现了最复杂黄酮类化合物之一的淫羊藿苷的生物合成。利用合成生物学技术构建以廉价碳源、无机盐为底物合成高附加值黄酮类化合物的微生物细胞工厂，有望实现定制化生产数以千计的黄酮类化合物，为黄酮类化合物高效获取提供重要途径。

（3）母乳寡糖的生物合成　母乳寡糖是母乳与牛乳含量差别最大的物质，牛乳中寡糖含量大约仅有 0.05%，而母乳中这一比例达到 5%~15%。母乳寡糖主要以半乳糖和 *N*-乙酰氨基糖交替组成碳骨架并且与乳糖相连，进一步经过岩藻糖基化或唾液酸基化修饰而成。母乳寡糖中有大约 80%是岩藻糖基化的寡糖，约 20%为唾液酸基母乳寡糖，主要包括 3′-唾液酸基乳糖和 6′-唾液酸基乳糖等。母乳寡糖中岩藻糖基化的寡糖对婴儿早期减少感染和肠道菌群的建立等诸多方面起着重要作用，唾液酸基母乳寡糖能够促进婴儿肠道益生菌增殖、神经系统代谢、肝脏和肌肉组织发育。因此，母乳寡糖是婴儿配方奶粉的关键功能营养因子。

以枯草芽孢杆菌为宿主合成 2′-岩藻糖基乳糖（2′-FL）已取得了显著研究进展。首先，利用与凝血酶结合的 DNA 适配体的调节元件，进行 2′-FL 合成途径基因表达水平的上调和内源乳糖运输抑制基因的表达水平的下调，2′-FL 的产量提高了 27.3 倍，达到 674mg/L。进一步在底物转运通道、途径酶表达和辅因子 GTP 的再生效率等方面进行系统调控，2′-FL 的合成效率显著提高，摇瓶发酵 2′-FL 的产量达 1035mg/L。最后，将 2′-FL 合成菌株在 3L 发酵罐中进行补料分批培养，2′-FL 的最高产量达到 5.01g/L，底物得率达到 0.85mol/mol 岩藻糖。相关研究为未来进一步提高 2′-FL 的合成效率奠定了良好基础。

利用细胞工厂合成乳酰-*N*-新四糖（LNnT）是实现规模化制备 LNnT 的一种重要方法。利用枯草芽孢杆菌 CRISPRi 系统针对 LNnT 生物合成途径中的 3 条竞争途径的 4 个基因设计了一系列 sgRNA（向导 RNA），对糖酵解途径中的 *pfkA* 和 *pyk* 基因、戊糖磷酸途径中的 *zwf* 基因和磷壁酸合成途径中的 *mnaA* 基因表达进行下调。通过单独抑制每条通路，筛选获得提高 LNnT/葡萄糖转化率的最佳靶向 sgRNA。随后，对糖酵解途径、戊糖磷酸途径和磷壁酸合成途径进行组合下调，LNnT 产量由 1.32g/L 提高到 1.55g/L。在此基础上，为了提高中间代谢物乳酰-*N*-三糖Ⅱ向 LNnT 的转化效率，敲除了分支途径中 tuaD 基因，并且过表达 lgtB 基因，使得 LNnT 产量进一步提高到 2.01g/L。最后，通过优化诱导剂木糖的添加时间和用量，LNnT 在摇瓶中产量达到 2.30g/L，在 3L 生物反应器中产量达到 5.41g/L，为生物法规模化制备 LNnT 奠定了基础。

五、营养基因组学研究

营养基因组学是研究营养素和植物化学物质对人体基因的转录、翻译表达以及代谢机制的科学，在全球有多个营养基因组学中心（表 9-1）。它以分子生物学技术为基础，应用 DNA 芯片、RT-PCR、蛋白质组学等技术来阐明营养素与基因的相互作用。当前的研究热点主要有：研究不同的食物怎样通过影响特殊的基因，增加人类罹患某些慢性疾病的风险（如癌症、Ⅱ型糖尿病、肥胖、中风、心脏病等）、营养素和基因的相互作用、与营养相关的基因多态性研究和营养相关分子标记物的筛选等问题。

表 9-1 部分国际营养基因组学研究机构和研究领域

组织机构	国家	研究领域
美国营养基因组学卓越中心（Center of Excellence for Nutritional Genomics）	美国	个性化膳食，食物与基因相互关系
荷兰营养基因组学联合会（Dutch Nutrigenomics Consortium）	荷兰	代谢综合征，早期生物学标志物
欧盟营养基因组学卓越网络［Network of Excellence in Nutrigenomics（NUGO）］	欧盟	建立欧洲营养基因组学网络（研究，培训，标准化）
新西兰营养基因组学卓越中心（Centre of Excellence in Nutrigenomics）	新西兰	克罗恩氏病，新的食品活性物质
日本营养基因组学卓越中心（Centre of Excellence in Nutrigenomics）	日本	生物学标志物，生物活性食品添加剂
德国营养基因组学网络（Nutrigenomics Network）	德国	复杂疾病，食物与基因相互关系

营养基因组学是一个多学科交叉的科学（图 9-9）。其研究涉及生物技术、基因组学、分子医学和营养学等多个领域，而组学技术的成熟将为营养基因组学提供理论基础和技术支持，其理想结果是通用个性化的膳食，从而达到预防或延缓疾病发生，增强人体健康的目的。

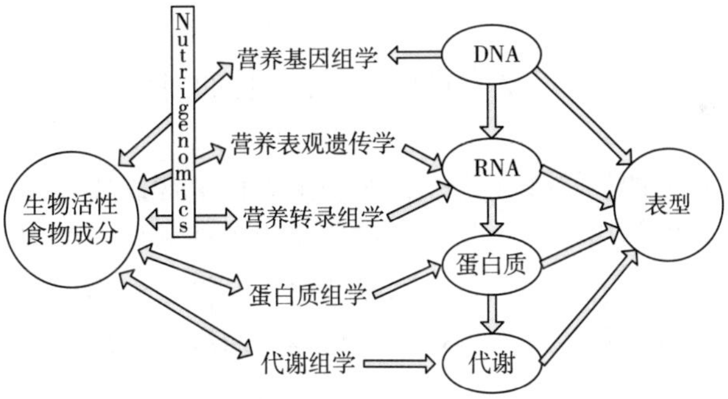

图 9-9 营养基因组学的多学科交叉

1. 营养基因组学研究的基本思路和原则

（1）膳食中营养素可直接或间接对人类基因组产生影响，人类基因组中存在膳食调节基因。

（2）特定的个体或在特殊环境下，正常膳食中的营养素可能会引起代谢异常或疾病的发生发展。

（3）个体的遗传背景不同是影响营养素对基因表达和结构的重要因素。

（4）基于营养需求、营养状态和基因型基础进行个体化的营养干预，从而达到促进健康、预防和减轻疾病的目的。

2. 营养基因组学研究内容

（1）营养素与基因表达　主要包括固醇调节元件结合蛋白、糖类应答元件结合蛋白和核受体及其超家族等转录调控因子的结构和调控通路；其次为氨基酸、碳水化合物、脂肪酸和维生素等四类主要营养素对基因表达的调节过程和规律；最后是营养素和营养素相互作用对基因表达的影响及其分子机制。

（2）营养素与表观遗传　营养素都可对基因表达产生一定的影响，并可能产生持久的表观遗传学效应。通过结合母体营养对后代表观遗传的研究进展，重点阐述营养素（主要是不同的生物活性成分，如维生素、矿物质和多酚等）对表观遗传的影响，如 DNA 甲基化、酶活控制、氧化应激和组蛋白修饰等。

（3）基因多态性与营养素代谢　包括基因多态性及其对营养素代谢的影响，从乳糖基因多态性导致乳糖不耐受症、维生素 D 受体基因突变影响钙的吸收等典型案例着手，深入阐释营养素易感基因的来源及其作用模式，深化营养基因组学的理论和应用。

3. 营养基因组学对食品产业的影响

营养基因组学研究的开发，对食品及营养领域是个冲击也是个机会，如何让传统的食品产业转型、提升并提高竞争力，塑造食品产业的高科技形象，创造持久经营的生命力，这是食品营养领域必须面对的全新课题。营养基因组学将成为食品创新产业的原动力。在营养基因组学领域，植物化学物质一直被作为关注的焦点，因为在不久的将来，某些化学物质将同维生素、矿物质一样被标示建议摄入量，食品生产企业希望把一种或几种植物化学物质加入食物中用来生产功能性食品，如大蒜素、姜黄素、番茄红素、白藜芦醇等。而营养基因组学将揭示这些植物化学物质的生物学作用、构效关系、剂量反应关系、安全性评价，对食品产业的发展构成一种有利的科技支撑。

第四节　微生物在烟草工业中的应用

烟草是市场上最重要的经济作物之一，对满足人们生活需要、发展地方经济、增加农民收入等具有十分重要的作用。微生物技术广泛应用于烟草生产的多个环节，在烟叶种植中微生物肥料和微生物农药的应用取得了明显的效应，将微生物应用于烤烟发酵、烟用香料的生产和降低烟叶烟碱含量等方面的研究工作也不断取得成果。

一、微生物用于烟草病害防治

我国烟草侵染性病害有近 70 种，害虫有 200 多种。这些病虫害在全国范围的烟叶种植地区均有不同程度的发生。近年来，全国烟草病虫害发生面积总体上呈扩大趋势，严重影响了烟叶的产量和质量，每年由此造成了巨大的损失。烟草病害常年造成的损失达 10% 左右。烟叶生产上危害较重并经常发生的主要病害有病毒病，如烟草花叶病毒（TMV）、黄瓜花叶病毒（CMV）、马铃薯病毒 Y（PVY），真菌病害如黑胫病和赤星病，细菌病害如青枯病和野火病（角斑病），另一种真菌病害烟草根黑腐病次之，烟草根结线虫发生较轻。

1. 活体拮抗微生物的应用

（1）拮抗真菌　木霉菌（*Trichoderma* spp.）制剂已经广泛用于烟草立枯病、猝倒病的生物防治，对烟草其他真菌病害如烟草黑胫病、烟草赤星病等也具有较好的防治效果。

“灭菌宁”对烟草赤星病防治效果达 70%以上。淡紫拟青霉（*Paecilomyces lilacinus*）和厚垣普奇尼亚菌（*Pochonia chlamydosporia*）防治烟草根结线虫，“灭线宁”防治效果可达 61.7%（图 9-10）。

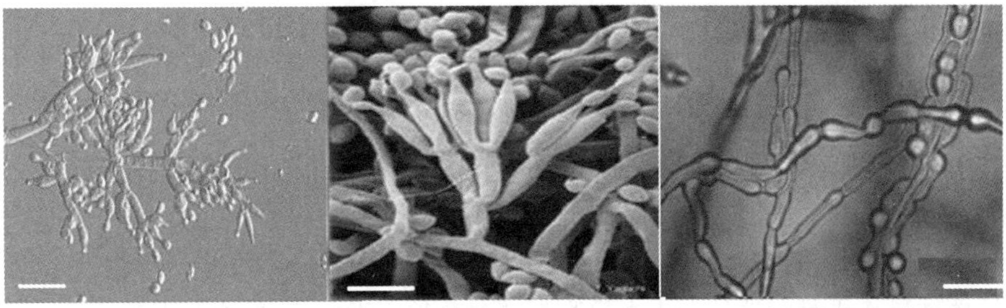

木霉　　淡紫拟青霉　　厚垣普奇尼亚菌

图 9-10　三种拮抗真菌形态（标尺为 20μm）

（2）拮抗细菌和拮抗放线菌　植物根际拮抗细菌农杆菌、芽孢杆菌、假单胞细菌等对烟草黑胫病、烟草猝倒病、烟草青枯病等都具有很好的防治效果，且部分拮抗菌株对烟草有不同程度的促生和增产作用。烟草内生拮抗细菌分别对烟草灰霉菌（*Botrytis cinerea*）、烟草黑胫病菌（*Phythophtora parasitica* var. *nicotianae*）、烟草赤星病菌（*Alternaria alternata*）和烟草炭疽病菌（*Colletotrichum Micotianae*）等具有拮抗活性，某些菌还有多重拮抗机制，可抑制多种病原菌，包括抑制菌丝生长、游动孢子游动、萌发等，而且某些菌株代谢物还具有明显的诱导烟草抗病作用。EM 菌剂（Effective Microorganisms）由大约 80 种微生物组成，一般包括光合菌、酵母菌、乳酸菌等有益菌类，在特定生态位快速生长繁殖，与病原微生物争夺养分。李海江等（2017 年）研究发现，在烟草栽培管理的整地期、移栽期、团棵期、旺长期和打顶期施用液体 EM 菌剂灌根处理，防治烟草镰刀菌根腐病效果较好。

陈奇园等（2019 年）从洛阳烟区烟株根际土壤分离到 8 株优势拮抗链霉菌（*Streptomyces* spp.），包括一株鲁萨链霉菌（*S. lucensis*）、二株高贵链霉菌（*S. nobilis*）、三株娄彻链霉菌（*S. rochei*）、一株珊瑚链霉菌（*S. coralus*）和一株金黄回旋链霉菌（*S. aureoverticillatus*），其发酵液对烟草疫霉（*Phytophthora nicotianae*）菌丝生长的抑制率达 100%，对疫霉病害生物防治具有较大的应用潜力。

（3）应用烟用抗重茬菌剂缓解烟草连作障碍　连作障碍是烟区烟叶种植的主要问题之一。烟草连作的危害主要表现在植株质量和产量下降、生长发育迟缓，长期连作会导致土壤生态环境和理化性状改变，使土壤肥力下降、土壤微生态失衡、病虫害加重，严重影响烟草的产量和质量。配合前作种植绿肥、建立合理的耕作制度、选用合理的施肥模式、施加有机肥、微肥、菌肥和腐殖酸等肥料等措施，在烟草移植时穴施烟用抗重茬菌剂，能促进烟叶生长发育，改善烟株农艺性状，降低烤烟黑胫病、根黑腐病和普通花叶病的发病率，降低病情指数，烟叶显著增产，提高了烟农经济效益。烟用抗重茬菌剂总有效活菌数≥5.0 亿/g，效果较好的微生物主要有地衣芽孢杆菌、枯草芽孢杆菌、巨大芽孢杆菌（*B. megaterium*）、解淀粉芽孢杆菌（*B. amyloliquefaciens*）、胶质芽孢杆菌（*B. mucilaginosus*）、嗜酸性韩国假单胞菌（*Pseudomonas koreensis* CLP-7）、细黄链霉菌（*S. microflavus*）、密旋链霉菌（*S. pactum*）、绿色木霉（*Trichoderma viride*）和寡雄腐霉（*Pythium Oligandrum*）等微生物。

2. 病原弱毒株系的应用

利用烟草细菌性青枯病菌（*Ralstonia solanacearum*）的无毒产细菌素菌株对烟草青枯病菌的防治研究已经取得了一定的效果，并研制成微生物制剂——青枯散，能够防止土壤中青枯病菌侵染烟草幼苗根部和阻止潜伏病原菌发病，大田防治烟草青枯病的防效可达到71%。

3. 非病原微生物的介导或诱导抗病性

一些植物促生根际细菌（PGPR）可使植物产生高效表达的广谱抗病性，这种非致病菌所诱导的抗病性称为“系统诱导抗病性”（ISR）。如铜绿假单胞菌可使烟草产生对烟草花叶病毒（TMV）的ISR，荧光假单胞菌（*P. fluorescens*）在烟草上可诱导产生对烟草坏死病毒（TNV）的ISR。细菌结合使用化学诱导剂还可同时诱导系统获得抗病性（SAR）和ISR，且抗性诱导作用是加性的，大大提高烟草对病原真菌如簇囊腐霉（*Pythium torulosum*）、瓜果腐霉（*Pythium aphanidermatum*）和烟草疫霉（烟草黑胫病菌）的抵抗能力。

4. 抗病微生物代谢产物的应用

采用农用抗生素如多氧霉素可防治烟草赤星病。用8%宁南霉素防治烟草花叶病，田间防效为69.4%~95.4%。从青霉中分离到抗病毒物质，对多种病毒如TMV具有良好的抑制作用。一些高等担子菌的提取物对烟草病毒也具有很好的抗性，已经对部分抗病毒物质进行了分离纯化并进行了抗病毒机理研究。球孢链霉菌（*S. globisporus*）AM6代谢拮抗物质在田间小区试验对烟草赤星病有较好的防治效果，拮抗物质100倍液施用2次效果最好，田间防效为80.3%。

防治烟草青枯病的微生物农药有 1×10^7CFU/g 多粘类芽孢杆菌（*Paenibacillus polymyxa*）细粒剂和3×10^{11}个/g荧光假单胞菌粉剂，其次是农业生产上普遍用于防治细菌性病害的农用硫酸链霉素。内生细菌B-001为枯草芽孢杆菌，大田防效在40.03%~78.14%，优于农用链霉素。我国第一个以防治烟草根结线虫为主的生防商品制剂——孢子含量2.5×10^7个/g厚孢轮枝菌（*Verticillium chlamydosporium*），对烟草根结线虫病有较好的防治效果，防效在61%左右。

5. 微生物相关抗病基因的研究

将微生物的多种抗病基因转入烟草，其中主要利用的是相关的病毒基因。将TMV的外壳蛋白（CP）基因转入烟草，获得了抗TMV烟草后，人们利用病毒的CP基因（TMV-CP、CMV-CP等）、卫星RNA（CMV-SatRNA）、反义RNA或复制酶基因等，相继获得了抗TMV、CMV、PVY等的转基因烟草。

二、微生物用于烟草虫害防治

1. 杀虫微生物的直接利用

对烟草生长带来困扰的害虫类型主要有蝼蛄、蚜虫、烟青虫、斑须蝽等。烟草害虫的生物防治效果明显，在烟草种植中发挥了巨大作用。苏云金芽孢杆菌在烟草上可防治烟青虫（*Heliothis assulta*）和烟草粉螟（*Ephestia elutella*）等，对烟青虫的防效可达90%以上，防效高而且成本低。昆虫病原真菌包括白僵菌（*Beauveria* spp.）、绿僵菌（*Metarhizium* spp.）和虫霉（*Conidiobolus* spp.）等，主要用于防治烟青虫、烟蚜虫和地下害虫等，其他的病原真菌还有防治粉虱和蚜虫的蜡蚧轮枝菌（*Verticillium lecanii*）、玫烟色拟青霉

(*Paecilomyces fumosoroseus*) 和米根霉等。在烟草上最有希望的昆虫病毒为烟叶蛾核型多角体病毒 (*Nucleopolyhedrovirus*)，主要用于防治烟青虫。

2. 微生物杀虫代谢产物应用

微生物杀虫代谢产物主要是从放线菌中筛选出的各种杀虫抗生素，包括杀蝶素、杀蚜素、杀螨素、南昌霉素、阿维菌素等，其中阿维菌素是已经广泛应用的广谱杀虫抗生素，也是高效的杀线虫抗生素，对烟青虫、烟蚜虫以及烟草根结线虫均具有很好的杀灭效果。微生物代谢产物除对害虫具有直接的杀灭作用外，有的对害虫还具有很好的忌避效果。研究表明，蜡蚧轮枝菌 Vp28 菌株菌丝体毒素粗提物，在 2000~6000 倍稀释范围内对烟粉虱成虫有一定的忌避作用。

3. 微生物杀虫和抗虫基因的应用

转苏云金芽孢杆菌杀虫晶体蛋白基因 (ICP) 的烟草对鳞翅目害虫有毒杀作用，而且能稳定遗传。将苏云金芽孢杆菌的 δ-内毒素基因转移到烟草中，成功获得转 BT 抗虫基因烟草。将苏云金芽孢杆菌 δ-内毒素基因和豇豆蛋白酶抑制剂基因同时导入 NC89 中，培育出了双价抗虫烟草。利用雪花莲凝集素基因和苏云金芽孢杆菌杀虫蛋白基因，获得了既抗棉铃虫，又耐蚜虫的转双抗虫基因烟草。

三、微生物肥料用于烟草种植

1. 微生物肥料的类型

能促进植物生长和提高作物产量的微生物制剂通称为微生物肥料。微生物肥料类型主要有 PGPR 类、固氮菌类、解磷细菌类、解钾菌类、菌根菌类、抗生菌肥料、光合细菌类和复合微生物肥料等。

(1) 植物根际促生细菌 (PGPR)　主要通过对土壤中有害生物和土传病原菌的拮抗作用来增强植株的生产能力，还具有促进植物对磷钾的吸收、产生植物激素等能力。在烟草上施用增产菌，可提高烟叶的产量和质量，并能提高烟株的抗病性、提高烟草品质。PGPR 主要有芽孢杆菌属、假单胞菌属、固氮菌属 (*Azotobacter*)、肠杆菌属、节杆菌属 (*Arthrobacter*)、伯克氏菌属 (*Burkholderia*) 等细菌。德根贝是植物根际促生细菌——解淀粉芽孢杆菌 (*B. amyloliquefaciens*) FZB42 通过工业化发酵生产而成的微生物肥料菌剂，具有解磷、增产、促生长、壮苗、防病、改良土壤等功效。

(2) 菌根菌　是一类能与植物根系共生形成菌根的真菌，能促进植物对土壤中氮磷钾等养分吸收、抑制病菌侵染，同时可增加植物对逆境的抵抗能力。其中泡囊丛枝菌根在国外的相关研究开展较早，而且在资源收集、增产防病试验以及作用机理等各方面的研究较多，我国已在包括烟草 VAM 真菌资源、增强烟株抗逆性和加强烟株对养分的吸收、提高烟叶产量和质量等方面开展了许多工作。

(3) 解磷解钾微生物　烟草是一种需钾、磷较多的经济作物，特别是钾，不仅影响烟株的生长发育，而且直接影响烟叶的质量。土壤中虽然存在大量的钾、磷元素，但绝大部分是无效或缓效的，很难被烟草吸收利用。利用微生物使土壤中难溶性矿质钾磷元素变为植物易利用的速效钾磷等营养元素，已经得到广泛研究和应用。从烟草根际分离出的弯曲芽孢杆菌 (*B. flexus*) 可提高植烟区土壤有效磷、有效钾含量，促进烟草生长。硅酸盐细菌主要指胶质芽孢杆菌，对土壤中难溶性钾、磷有很强的利用能力，能明显地促进土壤中

N、P、K 养分的转化，从而在作物生长发育期间为作物提供速效钾、磷等营养元素，提高烟株对磷、钾及氮的吸收，同时具有活化土壤中 Si、Fe、Mn 等元素的能力，满足作物生长发育的需要。施用硅酸盐细菌不仅能显著地提高烟叶的产量，也能使烟叶内钾含量明显提高。施用生物磷钾肥能提高烤烟的主要农艺性状和烟叶产量、品质、增强抗病性，降低烟草病毒病和赤星病、野火角斑病发病率，提高上等烟比例。

（4）光合细菌　是一类可利用太阳能生长繁殖的特殊微生物类群，是有效的微生物肥料之一。光合细菌不仅能使烟草提高产量，改善烟草品质，而且还可以提高烟草的抗病毒能力，促进土壤中的固氮菌、放线菌、硝酸细菌、硫化细菌、氨化细菌等的生长，同时抑制反硝化细菌的生长。

（5）抗生菌肥料　5406 是一种放线菌菌肥，能疏松土壤，转化氮磷钾元素。烟草叶面喷施能增强烟草的光合作用，增加叶绿素含量，促进生长，提高对花、叶病的抗性。还有其他一些微生物对烟草也具有肥料效应，如绿色木霉不但具有广谱的杀菌、抑菌活性，而且对烟草还表现出较强的促进生长作用，可提高烟叶产量和质量、提高肥料利用率以及协调烟株生理代谢平衡等。其他正在研究的能促进烟草生长、提高产量的微生物还有部分食用担子菌等。

（6）复合肥料　为有机肥料+无机肥料+微生物菌剂的配合肥料，如保得和阿姆斯微生物肥料等。这些复合肥料以有益活性微生物为主体，与有机、无机、微肥“四位一体”进行复合而成，产品富含氮、磷、钾等多种营养元素以及腐殖酸、有机质。含多种固氮、解磷、解钾菌群，释放营养元素和类生长素，刺激植物生长，微生物与特效添加物协同作用，为植物提供丰富的营养。

2. 微生物肥料的作用机理

利用微生物的生命活动将空气或土壤中一些作物不能直接利用的物质转换成可被吸收利用的营养物质，协助农作物的营养吸收，改善作物的营养条件，或产生多种生理活性物质如植物激素、酸性物质以及维生素等刺激调节植物生长，提高宿主植物的逆境生存能力；土壤中大量微生物的活动，使土壤有机质转化形成腐殖质，促进了土壤团粒结构和土壤肥力的形成和提高，最终使土壤理化性质得到改善，提高作物的产量和品质。

3. 烟草生产施用微生物肥料的效应

（1）改良植烟土壤，改善农业生态环境　化肥的大量使用容易造成土壤结构破坏、板结，降低肥料利用率和肥效，对烟叶质量和安全性产生不良影响。烟田使用微生物肥料，利用固氮、解磷、解钾菌的生命活动，可以培肥地力，增加土壤有效养分，提高烟田肥效，充分利用土壤资源，有利于烟草生产的可持续发展。有效微生物群（EM）可加速土壤有机物分解转化，提高土壤速效养分含量，明显改善土壤性能。

（2）提高烟叶的产量与品质　微生物肥料应用于烟草上可提高烟叶的产量、品质，增加上中等烟比例，进而提高经济效益。施用生物钾肥后产量、产值和均价分别比对照高 28.51%、33.38%和 3.78%。施用生物钾肥对提高烤烟的产量和品质有明显的作用。田力宝微生物肥料（以固氮微生物为核心，兼有解磷、解钾细菌的多功能生物肥料）施用后烟草株高比对照增加 8.92%～13.24%，中部叶面积增加 12.45%～20.54%，产量提高 9.93%～20.40%，均价提高 9.68%～19.20%，上等烟比例提高 12.50%～26.70%，产值提高 20.47%～43.48%。

（3）提高烟草抗病虫害能力　微生物肥料不仅可以提高土壤母质解磷、解钾性能，向烟草提供更多的磷素、钾素营养，增强烟株的抗病能力，而且可通过对土壤微生物区系的调控来预防控制烟草土传病害。微生物肥料能不同程度减轻烟草野火病、炭疽病和赤星病的发病率和病情指数，其中以施用保得土壤接种剂和叶面增效剂对病情发展有较好抑制作用。施用生物磷钾肥后，烤烟赤星病、野火病、角斑病、普通花叶病、马铃薯 Y 病毒病等发病率、病情指数均较对照低。

四、提高卷烟品质

除了在烟草生产中使用微生物制剂防治烟草病虫害，施用微生物肥料提高烟叶的产量、质量和品质，进而可以有效提高卷烟品质以外，在烟草加工中，也可以利用微生物或其代谢产物提高卷烟的品质。

1. 降低烟草中蛋白质含量

美国专利报道，先将蛋白酶加入烟草和水的混合体系中降解烟草中的蛋白质，然后将烟草与体系分离、干燥。水解液接种微生物，通过微生物的代谢作用去除水溶液中的多肽等，再将水溶液中微生物通过离心或过滤的方法除去，最后将此水溶液浓缩物回喷到先前干燥好的烟草上，制得去除蛋白质的烟草。该法可以去掉烟草中 50%以上的蛋白质。

2. 烟叶人工发酵

把从烟草中分离、筛选出来的优势微生物菌种，经在烟草水浸泡液中进行培养、繁殖后，喷施在烟草上，对烟草进行发酵，利于烟草颜色提高半个等级以上，气质纯正，持火性增强，提高使用价值一个档次以上，缩短陈化和发酵时间。

利用从烟叶表面分离出的 4 种优势提质菌株和高生物活性的 α-淀粉酶、蛋白酶等配制成烟草发酵提质剂应用于烟叶的人工发酵和自然陈化过程中。结果表明，烟草发酵提质剂具有促进烟叶内部有机物质的分解与转化，加速烟叶发酵进程，缩短发酵周期的作用。处理后的烟叶香气有所改善，香气量增加，烟叶原有的杂气和刺激性减轻，烟叶内部的糖、氨、碱主要化学成分及其比值趋于协调平衡。

采用宏基因组学技术，结合人工分离培养方法，分析测定不同陈化阶段烟叶的微生物种群变化规律，结合烟叶品质相关指标测定，可以找出烟叶发酵过程中特定微生物类群与烟叶品质的必然联系，从而科学指导烟叶发酵提质剂生产，用于人工发酵，将有效缩短发酵周期，提高烟叶品质。

3. 微生物消化法处理烟梗和烟草薄片

美国专利报道，胡萝卜欧文菌（*Erwinia carotovora*）的培养液降解烟草中的果胶。国外研究发现，用米曲霉等可降解烟梗中的纤维素。利用混合培养的微生物消化烟梗，将能产生果胶酶的欧文菌和能产生纤维酶的木霉在两者共同需要的培养基中培养，实现烟梗中果胶和纤维素的同时降解。混合培养的方法比任何一种单独使用微生物的方法效果都好，制成的烟草薄片的纤维素更细小，薄片更光滑而接近烟草的自然色。我国学者报道利用微紫青霉（*Penicillium janthinellum*）发酵产果胶酶降解烟梗的果胶，利用白腐菌云芝（*Coriolus versicolor*）降解烟梗中的木质素。

4. 制备烟用香料

通过微生物发酵或酶技术生产香料目前已达到了一定的生产规模，这种香料既可以是复杂的香料混合物也可以是单一的香味成分。许多烟香原料，包括酸、内酯、醇、醛和酮等，可以通过这种方法得到。

5. 大型真菌多糖作为烟草添加剂改善吸味

多种大型真菌，如柽柳核纤孔菌（*Inocutis tamaricis*）、云芝、硬毛粗盖孔菌（*Funalia trogii*）、肺形侧耳（*Pleurotus pulmonarius*）、二年残孔菌（*Abortiporus biennis*）、槐栓菌（*Trametes robiniophila*）、拟层孔菌（*Fomitopsis* sp.）、铜色牛肝菌（*Boletus aereus*）等，发酵生产的胞外多糖，作为烟草添加剂用于卷烟生产，具有增加卷烟香气量、增强回甜感、提高主流烟气细腻度、掩盖杂气等作用。冬虫夏草、蛹虫草等水提物添加到卷烟中，有效提高了卷烟品质。

6. 烟草胡萝卜素降解产生风味物质

烟叶中类胡萝卜素含量与烟叶品质密切相关。一方面烟叶外观品质（如颜色）与类胡萝卜素含量直接相关；另一方面类胡萝卜素作为烟草香气成分重要的前体物质，对烟草的香气质和香气量有直接作用。类胡萝卜素是烤烟致香成分的重要前体，在烟叶中性香味成分中，有很大一批化合物是类胡萝卜素的降解产物，如巨豆三烯酮、氧化异佛尔酮、β-大马酮、β-紫罗兰酮、二氢猕猴桃内酯等都是烟草中特别重要的香味物质。因此促进类胡萝卜素的降解是提高烟叶香气品质的重要途径。烟叶中β-胡萝卜素及其降解产物含量的提高，有利于提高卷烟香味品质，并能降低焦油及烟气中自由基含量。烟叶中本身存在的类胡萝卜素可以通过调制、加工与陈化等过程使其降解，从而使烟叶香气增加，色泽鲜亮，提高烟叶的品质和可用性。添加微生物菌剂或酶制剂，在烟草陈化发酵过程中降解胡萝卜素物质，可产生潜香类的中间降解产物，或者产生香味物质等。

五、降低有害物质

利用微生物技术降解烟草中烟碱、亚硝胺和焦油等有害物质。

1. 降解烟碱

烟碱即尼古丁（Nicotine），化学名称1-甲基-2-(3-吡啶基）吡咯烷，是烟草生物碱中的主要成分，占烟草生物碱总量的95%以上。它属于吡啶族生物碱，是一种精神药品，对中枢神经有强烈的刺激和麻痹作用，过量吸入后会有生命危险。此外，在吸食过程中，烟碱还会被亚硝化生成强致癌剂TSNA。烟碱还是一种环境有毒物质。因此，有效地控制卷烟和环境中的烟碱含量是烟草工作者和环保工作者要解决的重要课题。利用某些微生物能够代谢烟碱这一特性，可以降低卷烟和环境中的烟碱含量。

烟碱在干烟叶中平均含量为1.7%~3.3%。能够代谢烟碱的细菌主要有节杆菌属［如嗜烟碱节杆菌（*Arthrobacter nicotinovorans*）］、假单胞菌属［如凸形假单胞杆菌（*P. convexa*）PC1-5］、恶臭假单胞菌（*P. putida*）］、纤维单胞菌属（*Cellulomonas* sp.）、诺卡氏菌（*Nocardioides* sp. JS614）、放射形土壤杆菌（*Agrobacterium radiobacter*）、摩根氏菌属亚种（*Morganella fulton morganella morganii* subsp.）；石膏样小孢子菌（*Microsporum gypseum*）和刺孢小克银汉霉（*Cunninghamella echinulata*）等一些真菌也具有代谢烟碱的能力。

微生物代谢烟碱的潜能可用于烟叶的陈化过程，降低烟叶中烟碱的含量，减少刺激性，同时还能增加香气，提高吸烟的安全性。烟草假单胞菌能在0.8%烟碱浓度培养液中旺盛生长，把该菌液按照烟叶质量1%～5%加入烟草中，烟草水分为10%～50%，发酵4～8h，烟草烟碱降低率达到10%～30%，可以适当调整烟叶原料的烟碱含量大小，提高烟叶可用性，也可以分解烟尘中的烟碱，减少其对环境的污染。

2. 降低烟草特有亚硝胺

烟草特有亚硝胺（Tobacco-specific Nitrosamines，TSNA）是烟草中一类具有强致癌性的化合物，目前已经鉴定出8种，其中*N*-亚硝基降烟碱（NNN）、*N*-亚硝基新烟碱（NAT）、*N*-亚硝基假木贼碱（NAB）和4-（*N*-甲基亚硝胺基）-1-（3-吡啶基）-1-丁酮（NNK）研究得最为深入（图9-11）。烟草中的TSNA含量极微，一般浓度在0.001～10mg/kg，其中NAB的含量最小，约为NAT的10%。我国主要烟叶类型TSNA水平排序为：白肋烟>沙姆逊香料烟>烤烟>巴斯马香料烟，其平均含量分别为10.25、0.89、0.25和0.03mg/kg。在白肋烟和香料烟中，NNN和NAT为主要的TSNA，约占总TSNA的96%；在烤烟中，NNN、NAT和NNK含量水平相差较小，且以NAT含量相对较高。

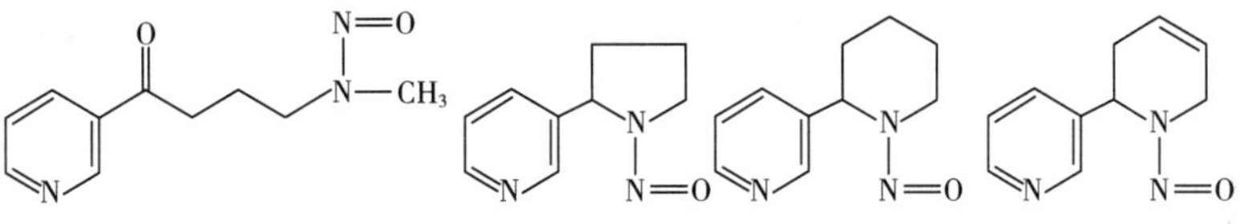

图9-11　四种主要TSNAs的结构式

TSNA与肺部、口腔、食道、胰脏和肝脏等部位发生的肿瘤有关。NNN特别是NNK是强烈的动物致癌剂。它能使动物活体和离体的人体组织中的DNA甲基化，而遗传密码中带O^6-甲基鸟嘌呤的DNA是一种化学损害，可能引起肿瘤；另外还发现，当给小鼠喂饲高脂肪食物时，NNK能诱导环加氧酶-2活性增强，而环加氧酶-2活性过量表达意味着癌变等许多疾病的发生。烟气中的TSNA主要来自烟叶，烟叶在全部TSNA的形成中占有非常重要的地位。

降低烟叶TSNA的烟草微生物主要有：（1）可以分解TSNA的细菌 从烟叶表面分离到少动鞘脂单胞菌（*Sphingomonas paucimobilis*）LG5和荧光假单胞菌LG38，LG5菌株专门降解NNK，LG38能降解NNN、NNK、NAT和NAB。在烤制烟叶黄化期、晾制烟叶棕化期，通过喷洒等方式施用，可有效降低烟叶TSNA。（2）从烟叶表面分离出栖稻黄色单胞菌（*Flavimonas oryzihabitans*）K6001菌株，没有还原硝酸盐类的能力，但能竞争产生硝酸盐类的兼性厌氧细菌肠杆菌属（*Enterobacter*）和泛菌属（*Pantoea*）生长。在调制的棕化阶段兼性厌氧微生物还没有占优势的时候，如收获前、调制初期和调制中期施用1～3次，可有效降低烟叶中的TSNA。（3）分离出白肋烟30个样品的内生细菌，筛选出还原硝酸盐和亚硝酸盐能力较强的菌株，接种烟叶调制后，烟叶TSNA含量得到不同程度的降低，以粉碎烟叶接种最高，其次是叶柄浸泡接种，叶面喷雾接种最低。也分离到烟叶内生细菌根瘤土壤杆菌（*Agrobacterium tumefaciens* WB5），可有效降低烟叶TSNA含量。（4）分离到无亚硝酸还原酶活性的烟草内生芽孢杆菌WT和嗜麦芽寡养单胞菌（*Stenotrophomonas* sp. K18），移栽前浸根、团棵期喷施、旺长期喷施及采前喷施等处理，可有效降低烟叶中TSNA含量。该类细菌降低TSNA可能通过在烟草植株内的迁移、生态位的竞争而降低叶片和主脉组织内的微生物数量，减少 TSNA 的含量等。（5）利用反硝化细菌枯草芽孢杆菌 B88 和 B237 菌悬液处理烟丝，烟丝中的硝酸盐和亚硝酸盐诱导产生硝酸还原酶和亚硝酸还原酶，降解烟丝中硝酸盐和亚硝酸盐的含量，从而降低其中 TSNA 的含量。菌悬液只在微厌氧条件下才能起反硝化作用，降低亚硝胺的含量，降解效率分别为 9.60%~21.54%、5.74%~18.18%，对烟丝质量没有明显影响。

3. 其他有害物质降解

烟草中的有害物质还包括焦油和有害气体 CO、NO 等。焦油是烟叶有机物质在缺氧条件下不完全燃烧产生的黑色物质，以细小颗粒存在于烟雾，是多种烃、烃的氧化物、硫化物和氮化物的混合物。99.4%的烟气焦油是有害的，0.2%是致癌剂，0.4%是癌的协同剂。焦油中多环芳烃的含量最多，且具强烈的致癌作用，如苯并芘、二苯吡、二苯蒽，进入人体可诱导人体的芳烃羟化酶把多环芳烃代谢为可与 DNA 发生共价结合的致癌物。从烟草中筛选到 3 个菌株，混合发酵烟草可在短时间内降低纤维素、蛋白质、果胶及淀粉，大幅度全面降低烟气中自由基、苯并芘等稠环芳烃以及 NNK 等亚硝胺。应用酶和微生物发酵技术可有效地降低对食品品质和安全性不利的蛋白质成分，降解烟叶蛋白质 41.34%，从而使烟气中 HCN、NO、CO 分别降低 76.19%、71.43%、42.33%，焦油生成量降低 26.01%。

六、卷烟产品保存防腐技术

为延长卷烟的储藏时间，要求卷烟含水量低于 13%，贮存在相对湿度 55%以下的仓库内，仓库要通风、去湿、密封等，防止卷烟从环境中吸收水分，加强卷烟在库检查。低温贮存会有效延长储藏期。

收获的鲜烟叶带有部分病原菌，大量繁殖引起烟叶的腐烂变质。如核盘菌（*Sclerotinia sclerotiorum*）、灰霉菌和细链格孢菌（*Alternaria tenuis*）引起雪茄烟调制腐烂病，少根根霉（*Rhizopus arrhizus*）在津巴布韦南部引起凉烟的腐烂病，瓜果腐霉和胡萝卜软腐欧氏杆菌在美国东南部引起烤烟在烘烤期间的腐烂病害。欧氏杆菌可引起烤烟在烤房内的炕腐病，并导致烟叶 TSNAs 数量增加；赤星病菌在烘烤过程中的病斑数量和病斑面积均继续增加 60%以上，对烟叶烘烤造成较大的损失；感染烟草空茎病菌的烟株烟叶在潮湿季节采收后在烤房内会发生“吊腐”，引起叶柄腐烂，叶片脱落，并发出烂菜气味。此外，由于烟叶调制过程中的某些阶段温湿度较大，容易引起环境中的一些微生物（如曲霉、青霉等）的快速生长繁殖，引起烟叶的腐烂变质，一些细菌还引起烤房内烟叶叶柄腐烂掉落，造成严重损失。浅色晾烟在调制过程中如遇高湿度条件，将会延缓调制过程，为真菌和细菌提供理想的生长繁殖条件，这些微生物对烟叶的损坏称为室烧，使烟叶干物质减少，品质下降。

七、烟叶废物利用

1. 微生物酶促高效提制废次烟草中烟碱

采用酶促反应利用微生物发酵处理废次烟叶提取烟碱。结果表明，选用白腐真菌和管囊酵母（1∶1）在微波协助处理下，当烟叶与水的重量比为 3∶20，豆粕与烟叶质量百分比为 15%，接种量 40%，pH = 6，30℃ 发酵 48h，能得到烟草中烟碱溶出浓度为 3.291g/L，为有效实现废次烟草减量化排放与资源化利用结合奠定基础。

2. 烟草废料浸提烟碱

使用乙醇作为浸提溶剂，在 78℃，液固比 5∶1，浸提时间 6.5h 的条件下，浸提液中烟碱质量浓度为 19.3mg/mL。用微波处理时，可以用水作为浸提溶剂，浸提液中烟碱质量浓度为 11.1mg/mL。

3. 烟草废料浸提多酚类物质绿原酸

以丙酮和水（1∶2）作为浸提剂效果较好，在料液比 1∶9，温度 40℃，48h 的条件下，浸出液中多酚类物质的浓度为 4.13mg/mL。而用超声波处理时，浸提时间缩短至 5min，浸提液中多酚的浓度为 4.31mg/mL。在用微波处理时所需时间更短（90s），浸提液中的多酚类浓度为 4.99mg/mL。利用微波或超声波辅助处理，可以大幅度缩短浸提时间，提高浸提效率。

第十章　微生物与医药

随着微生物学的发展，微生物与医药的关系越来越紧密。病原微生物是多数生物疾病发生的直接或间接病原物。微生物学在植物保护、动物医学和人体医学中占据非常重要的地位。微生物与医药是现代生命科学永远的研究热点。微生物在医药卫生领域的主要研究领域包括医学微生物的分离与鉴定、检测、医药和潜在生物活性物质的开发等。现代微生物医药是以微生物反应过程为基础，依赖于微生物机体的生长繁殖及代谢过程来生物合成的产物（药物）。从 20 世纪 40 年代青霉素的问世到 21 世纪初利用微生物成功生物合成青蒿素，微生物医药在传染性疾病的控制、肿瘤化疗、器官移植以及高胆固醇血症治疗等方面都发挥了重要作用，成了不可或缺的药物。

药物分类的方法很多，几乎与药学有关的每一学科都有从本学科角度出发的分类方法。由于各有侧重，很难找到一种为医药商业、医药生产、临床医生及患者能够共同接受的分类方法。例如，临床上将药物品种分为抗感染药物（包括抗微生物药物、抗结核病药物、抗病毒药和抗寄生虫药等）、抗肿瘤药物、调血脂减肥胖药、血液系统药物、免疫系统药物、酶类及生物制品等 30 类。本章简要介绍与微生物生命活性相关的抗生素（抗感染抗生素和抗肿瘤抗生素等）和生物活性物质（多糖类、多肽类、核苷类、黄酮类和萜类等）的生产与应用情况。

第一节　抗生素

微生物在药物生产中扮演了重要角色，是药物、药物中间体以及药物前体物的生产者。早在 20 世纪 70 年代就有利用微生物生产维生素类、多价不饱和脂肪酸、抗癌药物以及医用酶制剂的报道。大量微生物可以代谢生产药物或药物中间体，主要包括放线菌、细菌及真菌等。由于微生物种类繁多，代谢可塑性强，其次级代谢产物的化学结构和生物活性的多样性难以估计。目前已发现的超过 10000 种微生物来源的生物活性物质中，大约 2/3 由放线菌产生，其中不少已被用作重要的临床使用药物。

一、抗生素的概念与分类

抗生素（Antibiotic）是由微生物（包括细菌、真菌、放线菌等）或高等动植物在生活过程中所产生的具有抗病原体或其他生物活性的一类次级代谢产物，能干扰其他生活细胞的发育。自 1943 年青霉素临床应用以来，已知天然抗生素不下万种，临床上常用的亦有数百种。抗生素在控制感染、治疗癌症等方面发挥了重大作用，为保障人类健康、延长寿命做出了巨大贡献。基于不同的标准，抗生素具有不同的分类方式。按照其作用对象可以分为抗细菌抗生素、抗结核菌类抗生素、抗真菌抗生素、抗原虫抗生素等。抗细菌抗生素主要有：杆菌肽、头孢菌素、氯霉素、金霉素、环丝氨酸、红霉素、庆大霉素、卡那霉素、青紫霉素、杜晶白霉素、林可霉素、麦迪霉素、新霉素、新生霉素、竹桃霉素、土霉素、巴龙霉素、青霉素、磷霉素、多黏菌素、核糖霉素、利福霉素、相模湾霉素、紫苏霉素、螺旋霉素、链霉素、四环素、托普霉素、短杆菌肽、万古霉素、紫霉素等；抗结核菌类抗生素主要有利福平、异烟肼、吡嗪酰胺、利福布丁等；抗真菌抗生素主要包括两性霉素 B、杀假丝菌素、灰黄霉素、制霉菌素等；抗原虫抗生素主要有烟古霉素、古曲霉素等。按照其产生方式可以分为生物合成抗生素、半合成抗生素和化学合成抗生素。半合成抗生素是对天然产生的抗生素进行化学结构修饰和改造而产生的一类抗生素。基于其化学结构可以分为β-内酰胺类（包括青霉素类、头孢菌素类、硫酶素类、单内酰环类、β-内酰酶抑制剂、甲氧青霉素类等）、氨基糖苷类（包括链霉素、庆大霉素、卡那霉素、妥布霉素、丁胺卡那霉素、新霉素、核糖霉素、小诺霉素、阿斯霉素等）、酰胺醇类（包括氯霉素、甲砜霉素等）、大环内酯类（临床常用的有红霉素、白霉素、无味红霉素、乙酰螺旋霉素、麦迪霉素、交沙霉素、阿齐红霉素等）、多肽类抗生素（包括万古霉素、去甲万古霉素、替考拉宁等）、硝基咪唑类（包括甲硝唑、替硝唑、奥硝唑等）、四环素类（包括四环素、土霉素、金霉素及强力霉素等）等抗生素。基于作用对象范围的宽窄可分为广谱抗生素和窄谱抗生素。基于其生物活性还可分为抗菌抗生素、抗肿瘤抗生素和免疫抑制抗生素等。

二、产生抗生素的微生物

1. 放线菌

放线菌（Actinomyces）是一类主要呈菌丝状生长和以孢子繁殖为主的陆生性较强的原核生物，因其在固体培养基上呈辐射状生长而得名。放线菌大多数有发达的分枝菌丝，且菌丝纤细，宽度近于杆状细菌，0.5~1.0μm。应用于临床的微生物药物中，大部分来源于放线菌的次级代谢产物，其中抗菌药物较多，也有抗肿瘤药物及其他药物。

（1）产生抗菌药物的放线菌　放线菌产生的抗菌药物中化学类别较多，如主要抑制细菌细胞壁中黏肽的生物合成的β-内酰胺类药物（β-lactam），与细菌核糖体的 50S 亚基或 30S 亚基结合，抑制细菌蛋白质合成的氨基糖苷类药物（Aminoglycoside）。这类药物的产生菌主要集中在链霉菌属（*Streptomyces*）和小单孢菌属（*Micromonospora*）。放线菌产生的抗菌抗生素还有大环内酯类（Macrolide）抗生素，其主要抗革兰染色阳性细菌，对军团菌（*Legionella*）、支原体（*Mycoplasma*）和衣原体（*Chlamydia*）也有抗菌作用。它们能不可逆地结合到细菌核糖体 50S 亚基上，通过阻断转肽作用及 mRNA 位移，选择性地抑制蛋白质合成。另外，有些放线菌可以产生四环素类抗生素、紫霉素类抗生素、糖肽类抗生素、多烯类抗生素以及一些其他种类抗生素等（表 10-1）。

表 10-1　产生抗菌药物的放线菌

类别	药物名称	产生菌	抗菌机制、主要作用
β-内酰胺类	头霉素 C（Cephamycin C）	耐内酰胺链霉菌（*Str. lactamdurans*）、带小棒链霉菌（*Str. clavuligerus*）等	主要用作半合成头孢菌素的原料，对 G^- 菌作用强，对厌氧菌有良好抗菌效果，增强了对β-内酰胺酶的稳定性

续表

类别	药物名称	产生菌	抗菌机制、主要作用
β-内酰胺类	诺卡菌素 A （Nocardicin A）	均匀诺卡菌 （*Nocardia uniformis*）	单环β-内酰胺物质，对β-内酰胺酶稳定，但抗菌作用较弱
	硫霉素 （Thienamycin）	卡特利链霉菌 （*Str. cattleya*）	别名甲砜霉素，用于敏感菌如流感嗜血杆菌、大肠埃希菌、沙门菌属等所致的呼吸道、尿路、肠道等感染
	棒酸 （Clavulanic acid）	带小棒链霉菌 （*Str. clavuligerus*）	又称克拉维酸，β-内酰胺酶抑制剂，与β-内酰胺类抗生素合用起协同作用，单独应用无效
氨基糖苷类	链霉素 （Streptomycin）	灰色链霉菌 （*Str. griseus*）	主要与细菌核糖体 30S 亚单位结合，抑制细菌蛋白质的合成。目前主要用于结核、鼠疫等疾病
	双氢链霉素 （Dihydrostreptomycin）	湿链霉菌 （*Str. humidus*）	用于治疗由多种革兰染色阴性细菌所引起的感染症，主要用于许多兽医临床试验
	新霉素 （Neomycin）	弗氏链霉菌 （*Str. fradiae*）	对革兰染色阳性和阴性菌皆有效，临床肝昏迷时作为辅助治疗等，不宜用于全身性感染的治疗
	巴龙霉素 （Paromomycin）	小串链霉菌 （*Str. catenulae*）	原称小串菌素（catenulin），临床主要用于阿米巴痢疾、细菌性痢疾、肠炎及绦虫病
	青紫霉素 （Lividomycin）	淡紫青链霉菌 （*Str. lividus*）2230-N	对绿脓杆菌作用较强，临床上用于治疗尿路感染、上呼吸道感染、胆道感染、菌痢、腹膜炎等
	核糖霉素 （Ribostamycin）	核糖苷链霉菌 （*Str. ribosidificus*）	毒性较低，多与广谱半合成青霉素类、头孢菌素类等药物联用，治疗肺炎、败血症、胆道感染等
	卡那霉素 （Kanamycin）	卡那霉素链霉菌 （*Str. kanamyceticus*）	通过与 30S 核糖体结合从而致使 mRNA 密码误读，抑制蛋白质合成。肌注用于敏感菌所致的系统感染，如肺炎、败血症、尿路感染等
	托普霉素 （Tobramycin）	黑暗链霉菌 （*Str. tenebrarius*）	阻碍 70S 核糖体复合物的形成。临床主要用于治疗烧伤感染、败血症，呼吸系统、泌尿系统、胆囊胆道及软组织严重感染等
	庆大霉素 （Gentamicin）	绛红色小单孢菌 （*Micromonospora purpurea*）	与细菌核糖体 30S 亚基结合，阻断细菌蛋白质合成。适用于敏感细菌所致的新生儿脓毒症、败血症、多种系统感染、软组织感染（包括烧伤）、李斯特菌病等
	大观霉素 （Spectinomycin）	壮观链霉菌 （*Str. spectabilis*）	与细菌核糖体 30S 亚单位结合，抑制细菌蛋白质的合成。肌内注射用于成人宫颈、直肠或尿道淋病奈瑟菌感染

续表

类别	药物名称	产生菌	抗菌机制、主要作用
四环素类	四环素 (Tetracycline)	生绿链霉菌 (*Str. viridifaciens*)	与核蛋白体30S亚单位结合，阻止氨酰基-tRNA进入A位，从而阻止核糖核蛋白体结合。用于常见G^-、G^+菌、厌氧菌、立克次体、支原体、衣原体、非典型分枝杆菌、螺旋体等感染治疗
	氧四环素 (Oxytetracycline)	龟裂链霉菌 (*Str. rimosus*)	常称金霉素（Aureomycin），与细菌核糖体30S亚基的A位置结合，抑制肽链的增长。用于痢疾、沙眼、结膜炎、肺炎、中耳炎、皮肤化脓感染等，也用于治疗阿米巴肠炎及肠道感染
	氯四环素 (Chlortetracycline)	金霉素链霉菌 (*Str. aureofaciens*)	目前只外用，用于治疗结膜炎、沙眼
	去甲基氯四环素 (Demethylchlortetracycline)	生绿链霉菌 (*Str. viridifaciens*)	抗菌谱与金霉素相似，临床用于肺炎、尿路感染、淋病、细菌性痢疾、布鲁氏菌病及小儿猩红热等的治疗
	土霉素 (Oxytetracycline)	龟裂链霉菌	与细菌核糖体30S亚基的A位置结合，抑制肽链的增长。用于痢疾、沙眼、结膜炎、肺炎、中耳炎、皮肤化脓感染等，亦用于治疗阿米巴肠炎及肠道感染
大环内酯类	红霉素 (Erythromycin)	红霉素链霉菌 (*Str. erythreus*)	与敏感细菌的50S核蛋白体亚基可逆性结合，通过阻碍转肽过程，从而抑制细菌蛋白质的合成。临床主要应用于链球菌引起的扁桃体炎、猩红热、白喉及淋病、李斯特菌病、肺炎链球菌下呼吸道感染等
	竹桃霉素 (Oleandomycin)	抗生链霉菌 (*Str. antibioticus*)	抗菌谱与红霉素同，抗菌活力较低；与红霉素有不完全的交叉耐药性，有时可对耐红霉素的菌株有效
	柱晶白霉素 (Leucomycin)	北里链霉菌 (*Str. kitasatoensis*)	抗菌性能与红霉素近似，对大多数耐青霉素和红霉素的金黄色葡萄球菌有效，临床主要用于上呼吸道感染、肺炎、淋病、胆囊炎、百日咳、扁桃体炎及败血症等
	交沙霉素 (Josamycin)	那波链霉菌交沙霉素亚种 (*Str. Narbonensis* subsp. *josamyceticus*)	化学结构与柱晶白霉素A3相同，临床主要用于敏感菌引起的呼吸系统、耳鼻咽喉科及皮肤科和胆道部位的感染
	麦迪霉素 (Midecamycin)	生米卡链霉菌 (*Str. mycarofaciens*)	抗菌作用稍低于红霉素，临床主要用于G+菌如金黄色葡萄球菌、链球菌及肺炎球菌等引起的感染，对多种红霉素耐药菌有效
	螺旋霉素 (Spiramycin)	产二素链霉菌 (*Str. ambofaciens*)	在组织细胞内浓度较红霉素高，副作用小于红霉素，可用于治疗由G^+菌和某些G^-菌引起的耳、鼻、喉和呼吸道感染

续表

类别	药物名称	产生菌	抗菌机制、主要作用
紫霉素类	紫霉素 (Viomycin)	榴红链霉菌 (*Str. puniceus*)、 佛罗里达链霉菌 (*Str. floridae*) 等	能抑制结核分枝杆菌蛋白质的合成，适用于链霉素、卡那霉素及异烟肼耐药的结核病，属二线抗结核药
	结核放线菌素 (Tuberactinomycin)	灰轮丝链轮丝菌 结核放线菌素变种 (*Streptoverticillium griseoverticillatum* var. *tuberacticus*)	用于治疗结核病
	缠霉素 (Capreomycin)	缠绕链霉菌 (*Str. capreolus*)	抑制蛋白质的合成，临床上主要用于治疗结核病的二线药物（特别适用于对一线药物有耐药性或不能耐受的结核病人）
糖肽类	万古霉素 (Vancomycin)	东方拟无枝酸菌 (*Amycolatopsis orientalis*) M43-05865	抑制细菌细胞壁合成，影响细菌细胞膜通透性，抑制细菌 RNA 的合成，仅对革兰阳性菌有强大杀菌作用，主要用于葡萄球菌（包括耐青霉素和耐新青霉素株）、难辨梭状芽孢杆菌等所致的系统感染和肠道感染
	去甲万古霉素 (Norvancomycin)	东方拟无枝酸菌 (*Amycolatopsis orientalis*)	活性比万古霉素稍强
	太古霉素 (Teicoplanin)	泰古霉素游动放线菌 (*Actinoplanes teicomyceticus*)	作用于细菌细胞壁合成中的脂环，抑制细菌肽聚糖的合成
	瑞斯托菌素 (Ristocetin)	苍黄诺卡菌 (*Nocardia lurida*)	用于耐药金黄色葡萄球菌、肠球菌所致的肺炎、肺脓肿、脓胸、细菌性心内膜炎、骨髓炎、关节炎和脑膜炎
多烯类	两性霉素 (Amphotericin)	节状链霉菌 (*Streptomyces nodosus*)	国产为庐山霉素。与真菌细胞膜上的甾醇结合，损伤膜的通透性，导致真菌内钾离子、核苷酸、氨基酸等外漏，破坏正常代谢。临床上用于治疗严重的深部真菌引起的内脏或全身感染
	克念菌素 (Candicidin)	灰色链霉菌、灰红链霉菌 (*Str. griseoruber*)	主要应用于绿脓杆菌及其他假单胞菌引起的创面、尿路以及眼、耳、气管等部位感染，也可用于败血症、腹膜炎
	制霉菌素（Nystatin）	诺尔斯链霉菌 (*Str. noursei*)	口服治疗消化道念珠菌肠炎；局部应用治疗口腔念珠菌感染、皮肤黏膜念珠菌感染，也可治疗阴道念珠菌病
	金褐霉素 (Aureofuscin)	金褐链霉菌 (*Str. aureofuscus*)	用于治疗真菌性角膜溃疡，主要用于滴眼剂

（2）产生抗肿瘤药物的放线菌　放线菌（主要是链霉菌）产生的抗肿瘤药物的化学类别和产生菌也较多，有蒽环类（Anthracycline）、糖肽类（Glycopeptide）、烯二炔类（Enediyne）和色霉素类（Chromomycins）等不同化学类别的抗肿瘤抗生素，其中蒽环类抗生素应用于临床的有道诺霉素（Daunomycin）、阿霉素（Adriamycin）、阿克拉霉素

(Aclacinomycin) 和洋红霉素 (Carminomycin) 等 (表 10-2)。抗肿瘤抗生素以发色团插入 DNA 双螺旋中而与 DNA 结合，抑制依赖于 DNA 的 RNA 多聚酶，抑制 RNA 合成和 DNA 复制。糖肽类药物中的博来霉素即我国的平阳霉素，是一个多组分的抗肿瘤抗生素，主要作用是与 DNA 结合，使 DNA 的单链断裂，抑制胸腺嘧啶进入 DNA 中，终止癌细胞的分裂。色霉素类 (Chromomycins) 抗生素有抗革兰染色阳性细菌的活性，临床上用作抗肿瘤的药物有色霉素 A、橄榄霉素 B 和光神霉素，其抗肿瘤作用是与 DNA 结合，抑制依赖于 DNA 的 RNA 多聚酶。烯二炔类 (Enediynes) 抗生素含有九元环的烯炔结构，以共价键与蛋白质相连，都具有很强的杀伤肿瘤细胞的作用。其作用机制是活化后形成芳香环二自由基，切断 DNA 链，抑制了 DNA 的合成。

表 10-2　产生抗肿瘤药物的放线菌

类别	药物名称	产生菌	主要作用
蒽环类	道诺霉素 (Daunomycin)	波赛链霉菌 (*Str. peucetius*) FI-1762、天蓝微红链霉菌 (*Str. coeruleorubidus*) NRRL3046 等	又称红比霉素 (Rubidomycin)、正定霉素。联合化疗药物，可减缓或终止癌细胞的生长，给药方式依肿瘤的类型而定
	阿霉素 (Adriamycin)	波赛链霉菌青灰变种 (*Str. peucetius* var. *caesius*) IMRU3920	为急性白血病二线药物，恶性淋巴瘤交替使用的首选药物；对乳腺癌、肉瘤、肺癌、膀胱癌等其他多种癌症都有一定疗效，多与其他抗癌药联合使用
	阿克拉霉素 (Aclacinomycin)	加利利链霉菌 (*Str. galilaeus*)	主要用于治疗急性粒细胞性白血病、急性淋巴细胞性白血病、恶性淋巴瘤，对胃癌、肺癌、乳腺癌、卵巢癌也有效
	洋红霉素 (Carminomycin)	洋红马杜拉放线菌 (*Actinomadura carminata*)	对多种肿瘤如软组织肉瘤、淋巴瘤和急性白血病等有效
糖肽类	博来霉素 (Bleomycin)	轮枝链霉菌 (*Str. verticillus*)	广谱抗肿瘤药。对鳞癌，包括头颈部、皮肤、食道、肺、宫颈、阴茎和甲状腺等癌肿以及恶性淋巴瘤等有效；对脑瘤、恶性黑色素瘤和纤维肉瘤等也具有一定疗效
	平阳霉素 (Pingyangmycin)	轮枝链轮丝菌平阳变种 (*Streptoverticillium verticillus* var. *pingyangense*)	对鳞癌有较好疗效，而肺毒性相对较低。对性病尖锐湿疣以及牛皮癣、白癜风、扁平疣等也有效
	博安霉素 (Boanmycin)	轮枝链轮丝菌平阳变种	原称争光霉素 A6，为新一代低毒高效的肿瘤化疗药品。除了与博来霉素具有相同的抗癌谱外，还对肝癌、胃癌、肺癌、结肠癌有很高的抑制能力
色霉素类	色霉素 A (Chromomycin A)	橄榄产色链霉菌 (*Str. olivochromogenes*) 69895、灰色链霉菌 ATCC13273	对人的多种实体瘤均有一定的疗效
	光神霉素 (Mithramycin)	粘土链霉菌 (*Str. argillaceus*) ATCC12956、褶皱链霉菌 (*Str. plicatus*) ATCC12957 等	为目前治疗睾丸癌的次选药物，对脑胶质细胞瘤、脑转移癌、恶性淋巴瘤、绒毛膜上皮癌、乳腺癌等也均有一定疗效

续表

类别	药物名称	产生菌	主要作用
烯二炔类	新制癌菌素（Neocarzinostatin）	抑瘤链霉菌（*Str. carzinostaticus*）	在临床上用于治疗白血病和其他多种癌症，在摩尔浓度下即可抑制肿瘤细胞生长；其不稳定性和高毒性限制了临床使用
丝裂烷类	丝裂霉素（Mitomycin）	头状链霉菌（*Str. caespitosus*）NRRL2564、艰难链霉菌（*Str. griseovinaceseus*）NRRL2817	与DNA链形成交联，抑制DNA复制，对RNA也有抑制作用。主要用于各种实体肿瘤如胃癌、结肠癌、肝癌、胰腺癌、非小细胞肺癌、乳腺癌和癌性胸、腹水等
其他类	放线菌素D（Actinomycin）	抗生素链霉菌（*Str. antibioticus*）、小小链霉菌（*Str. parvullus*）、产黑色链霉菌（*Str. melanochromogenes*）No. 1779	分子中含有一个苯氧环结构，连接两个等位的环状肽链。与DNA形成复合体，阻碍RNA多聚酶的功能，抑制RNA（特别是mRNA）的合成。抗瘤谱较窄，用于肾母细胞瘤、绒毛膜上皮癌、横纹肌肉瘤和神经母细胞瘤等
	链黑菌素（Streptonigrin）	团片链霉菌（*Str. flocculus*）ATCC13257、杀真菌素链霉菌（*Str. fungicidicus*）ATCC13853等	含有氨基醌结构，抑制DNA的合成。毒性较强，具有广谱的抗肿瘤活性，特别是对恶性淋巴瘤、慢性淋巴细胞白血病和慢性粒细胞白血病具有较好的临床疗效
	链脲菌素（Streptozotocin）	不产色链霉菌（*Str. achromogenes*）NRRL2697	含有亚硝基脲结构，有抗菌活性，是微生物来源的烷化剂。临床用于治疗胰小岛细胞癌
	吡唑呋喃菌素（Pyrazofucin）	纯白链霉菌（*Str. candidus*）	有广谱的抗病毒和抗肿瘤作用

（3）产生其他药物的放线菌　放线菌还可以产生一些其他类型的药物，例如一些免疫抑制剂（表10-3）等。

表10-3　产生其他药物的放线菌

药物名称	产生菌	活性
乌苯美司（Bestatin）	橄榄网状链霉菌（*Str. olivoreticuli*）	化学名称为*N*-[（2*S*，3R）-4-苯基-3-氨基-2-羟基丁酰]-L-亮氨酸。免疫抑制剂，并对多种肿瘤有免疫治疗作用
藤霉素（Fujimycin，FK-506）	筑波链霉菌（*Str. tsukubaensis*）	大环内酯类免疫抑制剂，并有抗真菌活性
雷帕霉素（Rapamycin）	吸水链霉菌（*Str. hygroscopicus*）	三烯大环内酯类免疫抑制剂，并有抗真菌活性
康乐霉素C（Kanglemycin C）	地中海诺卡菌康乐变种（*Nocardia mediterranei* var. *kanglensis*）	苯并蒽醌类物质，免疫抑制剂

2. 细菌

能产生有临床应用价值的抗生素的细菌相对较少。细菌产生的抗生素主要为多肽类、单环β-内酰胺类，也有少数属于氨基糖苷类等（表 10-4）。

表 10-4　　产生抗生素的细菌

抗菌药物	产生菌	抗生素结构及活性
杆菌肽（Bacitracin）	枯草芽孢杆菌、地衣芽孢杆菌（*Bacillus licheniformis*）	多肽类。抗菌机理主要为使焦磷酸酶失活，从而特异性地抑制细菌细胞壁合成阶段的脱磷酸化作用，影响了磷脂的转运和向细胞壁支架输送肽聚糖，从而抑制了细胞壁的合成；可与敏感细菌的细胞膜结合，损伤细胞膜，致使各种离子、氨基酸等重要物质流失。对肾脏毒性大，临床主要用于耐青霉素的葡萄球菌感染及外用于皮肤感染等
黏菌素（Colistin）	多黏芽孢杆菌黏菌素变种（*Bacillus polymyxa* var. *colistinus*）等	多肽类。主要作用于细菌细胞膜，与敏感菌接触时，其化学结构中的游离氨基（带正电荷）与细菌细胞膜上磷脂的磷酸根（带负电荷）结合，使膜的通透性增加，导致细胞内容物外漏，也能影响核质和核糖体的功能。主要用于治疗 G^- 杆菌（大肠杆菌等）引起的肠道感染，对绿脓杆菌感染（败血症、尿路感染、烧伤或外伤创面感染）也有效
多黏菌素（Polymyxin）	多黏芽孢杆菌	多肽类。抗菌机制同黏菌素。现主要局部用于敏感菌的眼、耳、皮肤、黏膜感染及烧伤绿脓杆菌感染，口服用于肠道手术前准备
丁酰苷菌素（Butirosin）	环状芽孢杆菌（*Bacillus circulans*）NRRL B-3313	氨基糖苷类。抗菌谱同庆大霉素，未临床使用
磺酰胺菌素（Sulfazecin）	嗜酸假单胞菌（*Pseudomonas acidophila*）	单环β-内酰胺类抗生素。强烈抑制 G^- 菌如肠杆菌属及粪产碱菌，抗 G^+ 菌弱，不抑制酵母及真菌，对β-内酰胺酶的耐受力强
单胺菌素（Monobactam）	紫色色杆菌（*Chromobacterium violaceum*）、放射形土壤杆菌（*Agrobacteriumra radiobacter*）	单环β-内酰胺类抗生素。天然单胺菌素抗菌活性弱，结构改造后获得一些抗菌谱广、抗菌活性强的抗生素
硝吡咯菌素（Pyrrolnitrin）	吡咯假单胞菌（*Ps. pyrrocinia*）2327、绿脓杆菌（*Ps. aeruginosa*）等	为色氨酸衍生的有机卤代次级代谢产物，阻碍呼吸链电子传递系统，抑制 ATP 产生。有抗真菌活性，主要用于顽癣、圆癣、水疱型手足癣、股癣等皮肤真菌感染

3. 真菌

真菌是第一个临床应用抗生素——青霉素的产生菌，并从此进入了抗菌治疗中的抗生素时代。在真菌中还发现了头孢菌素 C、灰黄霉素等，以及具有其他生理活性的真菌药物如环孢菌素等。青霉素和头孢菌素属于β-内酰胺类，对细菌有抗菌作用，抑制细菌细胞壁的合成，作用于细胞壁合成中的转肽酶和羧肽酶。灰黄霉素抑制真菌生长，菌丝顶端形成弯曲。作用于微孔蛋白，抑制纺锤体形成，使细胞停止分裂。它们的产生菌参见表 10-5。此外，环孢菌素的发现促进了从真菌或其他微生物中寻找生理活性物质的研究，一些免疫抑制剂的发现都为真菌来源的药物研究奠定基础。

表 10-5　　产生抗生素等药物的真菌

抗菌药物	产生菌	结构、作用机制及主要作用
青霉素（Penicillin）	点青霉（*Penicillium notatum*）、产黄青霉（*Pen. chrysogenum*）等多种青霉，黄曲霉（*Asp. flavus*）等多种曲霉	β-内酰胺类。结构上与细胞壁肽聚糖结构中的 D-丙氨酰-D-丙氨酸近似，可与后者竞争转肽酶，通过抑制细菌细胞壁四肽侧链和五肽交连桥的结合而阻碍细胞壁合成，从而发挥杀菌作用，因而主要对 G^+ 细菌有效。适用于 A 组及 B 组溶血性链球菌、肺炎链球菌、对青霉素敏感的金黄色葡萄球菌等 G^+ 球菌所致的各种感染，也用于治疗草绿色链球菌和肠球菌心内膜炎（与氨基糖苷类联合），梭状芽孢杆菌所致的破伤风、气性坏疽、炭疽等
头孢菌素 C（Cephalosporin C）	顶头孢霉（*Cephalosporium acremonium*）	β-内酰胺类。对金黄色葡萄球菌、伤寒杆菌、大肠杆菌有活性。由于抗菌活力低，临床未广泛应用。目前主要作为制备 7-氨基头孢霉烷酸（7-ACA）的中间体。通过改造获得 60 多种高效头孢菌素（先锋霉素），具有抗菌谱广、耐青霉素酶、疗效高、毒性低、过敏反应少等优点，成为使用最广泛的抗生素
灰黄霉素（GriseofuIvin）	灰黄青霉（*Pen. griseofulvum*）等	非多烯类。结构上与鸟嘌呤相似，能竞争性地抑制鸟嘌呤进入 DNA 分子中，干扰真菌 DNA 合成而抑制真菌生长；与微管蛋白结合，阻止真菌细胞分裂。广泛用于皮肤及角质层的真菌感染（各种癣症）
环孢菌素 A（Cyclosporin A）	光泽柱孢菌（*Cylindrocarpon lucidum*）、球孢白僵菌（*beauveria bassiana*）等	结构为 11 个氨基酸的环肽。具有免疫抑制作用：与亲环孢素形成复合物，再与依赖钙/钙结合蛋白的钙调磷酸酶作用，抑制活化 T 细胞核因子的去磷酸化使其不能进入核内，从而抑制 IL-2 的产生，T 淋巴细胞的生成受抑制；也具有抗炎、抗真菌和抗寄生虫等作用
洛伐他汀（Lovastatin）	土曲霉（*Asp. terreus*）等	结构上含有多氢萘和内酯环。在体内竞争性地抑制胆固醇合成过程中的限速酶羟甲戊二酰辅酶 A 还原酶，使胆固醇合成减少，也使低密度脂蛋白受体的合成增加，使血胆固醇和低密度脂蛋白胆固醇水平降低，可防治动脉粥样硬化和冠心病，还可降低血清甘油三酯水平和增高血液高密度脂蛋白水平

4. 基因工程菌

微生物产生的多种抗生素等药物，大多为次级代谢产物。物质的合成往往是由许多基因共同协作完成的，每一个基因都会编码一种酶，由酶催化最初的底物转化为最终天然产物。这些基因编码的酶组成这一天然产物的合成途径或转化途径。一种微生物可以产生一种天然产物也可以产生多种天然产物，不同的微生物也可产生同一种物质。

可以产生天然产物的微生物并非都能够人工培养。即便有些微生物可以培养，其产生天然产物的发酵条件较为苛刻甚至重复性差。这些成为微生物来源的药物大规模生产的制约因素。另外，某些微生物（如曲霉和链霉菌）可以同时产生多种天然产物。大规模生产某一种产物时，该微生物产生的其他产物增加了目的产物分离纯化的步骤和成本。随着合成生物学、代谢工程及各种组学技术的发展，越来越多的天然产物可以通过异源表达的方式在基因工程菌中实现其生物合成。

目前，应用较多的工业化生产药物的基因工程菌为大肠杆菌和酿酒酵母。大肠杆菌和酿酒酵母遗传背景清楚，遗传易操作性强，工业化生产条件清楚。其他较为重要的基因工程菌包括毕赤酵母（*Pichia pastoris*）和米曲霉等，其中毕赤酵母能够以廉价的碳源为生长物质，而米曲霉更适用于聚酮化合物及非核糖体多肽的生物合成。利用基因工程菌实现生物活性物质的生物合成策略见图 10-1。

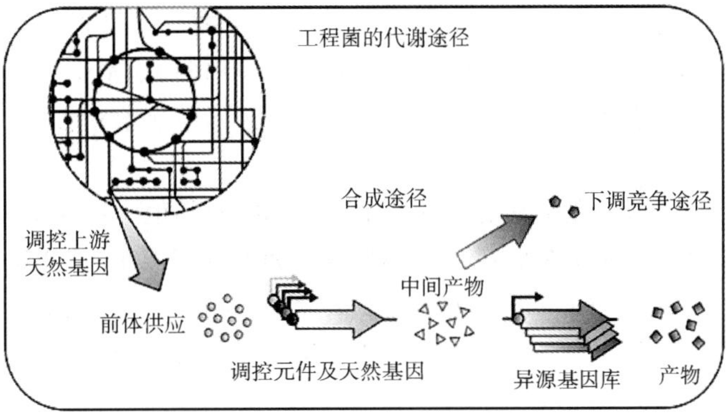

图 10-1 利用基因工程菌实现生物活性物质生物合成的策略

天然产物生物合成途径的特异性限制基因工程宿主菌的选择。例如，一些天然产物的生物合成需要特定的酶反应发生在亚细胞器中，其酶催化反应发生的部位限制了宿主菌的选择。青霉素的生物合成发生在过氧化物酶体中。多形汉逊酵母（*Hansenula polymorpha*）内含有大量的过氧化物酶体，可以作为生产青霉素的理想基因工程宿主菌。另外一个典型的例子是某些天然产物的合成需要 P450 类细胞色素氧化酶，由于大肠杆菌缺乏 P450 基因，因此生产这样的物质在很大程度上不能选择大肠杆菌作为异源合成宿主。某些天然产物的生物合成往往需要不同的基因工程菌共同协作完成。例如，同时选用大肠杆菌和酿酒酵母两种基因工程菌实现紫杉醇的发酵生产，其中大肠杆菌主要负责异源合成萜烯类前体物质，而酿酒酵母负责将萜烯类化合物通过氧化反应转化为紫杉醇。

第二节 萜类化合物

萜类化合物通常是指由异戊二烯单位组成的分子式为（C_6H_5）$_n$ 的碳氢化合物，广泛存在于植物、动物和大型真菌中，种类丰富，是天然产物中的最大家族。目前萜类化合物已成为多个学科（有机化学、药物化学、生物学等）、多种产业（医药、香料、食品、农业等）极其重要的天然产物研究对象。萜类化合物（单萜、倍半萜、二萜和三萜类化合物）通常具有抗肿瘤、抗菌、抗炎、抗氧化、降血糖等多种重要的药理活性。目前，萜类化合物的研究主要集中于提取和结构表征、药理活性研究、微生物生物合成、微生物转化和发酵生产等方面。

一、大型真菌萜类化合物的药理活性

1. 抗肿瘤

从灵芝（*Ganoderma lucidum*）、牛樟芝（*Antrodia camphorate*）、毛韧革菌（*Stereum hirsutum*）、桦褐孔菌（*Inonotus obliquus*）、金针菇（*Flammulina velutipes*）、姬菇（*Pleurotus cornucopiae*）等多种大型真菌分离提取到多种萜类化合物，具有显著抗肿瘤活性，而且副作用较小，具有较大的潜在开发利用价值。灵芝的主要活性物质是灵芝酸，是含有羧基的四环三萜类化合物，数量最多的灵芝酸为羊毛甾烷型三萜，通过抑制癌细胞增殖、黏附、迁移和侵袭，降低 CDK4 表达而抑制癌细胞中的 uPA，抑制 PMA 诱导活性和 MMP-9 活性而阻止癌细胞入侵，对癌细胞直接产生毒性等方式，展示抗肿瘤活性。

2. 抗炎症

活性物质抗炎的作用机理是其能够减少细胞中 NO 和其他一些炎症介质如白细胞介素（IL-1b、IL-6、IL-8）、肿瘤坏死因子（TNF-α）和前列腺素 E2（PGE2）的产生，从而减少炎症的发生。从侧耳（*Pleurotus*）、黑蛋巢（*Cyathus*）、拟层孔菌（*Fomitopsis*）、灵芝、牛樟芝等多种大型真菌分离到萜类化合物，具有显著的抗炎活性。

3. 抑菌

从担子菌集毛菌属黄褐集毛菌（*Coltricia cinnamomea*）、毛翁孔菌（*Onnia tomentosa*）、猪苓（*Polyporus umbellatus*）、黄芝（*Ganoderma colossum*）、灵芝、乳菇属（*Lactarius*）等大型真菌分离得到多种萜类化合物，具有显著的抗菌活性。

4. 抗氧化

金针菇大米发酵物中分离得到倍半萜类化合物、虎奶菇（*Lignosus rhinocerus*）中分离得到的菌核甲醇提取物、毛韧革菌（*Stereum hirsutum*）中分离得到的倍半萜类化合物以及桦褐孔菌中分离得到的 4 种萜类化合物等，均表现出明显的体外抗氧化活性。

5. 降血糖

从桦褐孔菌发酵液中分离得到羊毛甾烷型三萜 Inotolactones A 和 B 表现出较强的 α-葡萄糖苷酶的抑制活性。从桦褐孔菌中分离得到了 4 种萜类化合物，其中 3 种化合物具有 α-葡萄糖苷酶的抑制活性。从毛韧革菌中分离得到 9 种新的萜类化合物，其中 7 种化合物 sterenins E-H、K-M 具有酵母 α-葡萄糖苷酶抑制活性。从猴头菇（*Hericium erinaceus*）中分离得到 11 种萜类化合物，其中 10 种具有较强的 α-葡萄糖苷酶的抑制活性。

6. 其他生理活性

一些大型真菌萜类化合物还有抗脂质过氧化、治疗结核病（灵芝酸 T 和桦褐孔菌的萜类化合物）、抗 HIV（灵芝酸 H、C1、B、α 等）、护肝（灵芝酸、桦褐孔菌中萜类化合物）、抗疟疾［巨型硬皮地星（*Astraeus pteridis*）的羊毛甾烷型三萜］、促进神经干细胞的增殖以辅助治疗神经退行性疾病、治疗糖尿病肾病或慢性肾病（赤芝杂萜类化合物）、促进神经伸展（茯苓三萜类化合物）、抗蛋白酪氨酸激酶（桦褐孔菌中萜类化合物）等诸多活性。

许多大型真菌已经被开发成药品、保健品、食品添加剂而得到广泛应用，相对于食用菌多糖的开发利用，目前食药用真菌萜类化合物的工业化生产较少。截短侧耳素（Pleuromutilin）是侧耳属帕氏侧耳（*Pleurotus mutilus*）和截短侧耳（*Pleurotus passeckerianus*）菌株经过深层培养后产生的一种抗生素，属于二萜类化合物，通过结构改造，先后开发上市了泰妙菌素（Tiamulin）、沃尼妙林（Valnemulin）、瑞他莫林（Retapamulin）。截短侧耳素及其衍生物可在核糖体水平上抑制细菌蛋白质的合成，对许多革兰染色阳性菌及支原体有独特疗效。除此之外商业开发较多的各食药用菌的三萜化合物见表 10-6。

表 10-6　　商业化的大型真菌活性萜类化合物保健品

产品名称	原料	功效
“灵芝三萜”	赤芝子实体	降血脂、抗肿瘤，增强免疫力、促进睡眠
“白桦茸三萜”	野生白桦茸（*Inonotus obliquus*）子实体	降血糖、抗肿瘤、抗过敏
“桑黄三萜”	杨树桑黄（*Phellinus igniarius*）发酵	抗肿瘤、提高免疫力
“茯苓三萜”	茯苓（*Poria cocos*）子实体	抗肿瘤、抗炎

二、萜类的微生物生物合成

作为次生代谢产物，萜类物质在天然原料中的含量极低，直接提取纯化难度大、成本高，不利于其规模化生产和广泛应用。随着萜类合成研究的不断进展，多种萜类的生物合成途径得以解析。利用分子生物学技术将萜类合成途径中的多个酶基因克隆后导入微生物重组表达，重组酶在细胞内重新组建合成途径，利用微生物的基础代谢分子为起始物完成萜类的合成，称为萜类的微生物生物合成。微生物生长速度快、发酵成本低等的优势将极大降低萜类生产成本，并且与植物相比遗传背景更清晰的微生物易于进行遗传改造，为通过代谢工程和合成生物学技术大幅提高萜类产量以及发掘新结构、新活性的萜类衍生物提供了便利。萜类微生物生物合成研究开发了明显优于传统的天然提取分离生产技术的新的萜类生产技术，为未来萜类的工业化生物合成生产奠定基础。

1. 紫杉醇

紫杉醇（Taxol）又称红豆杉醇，最早从太平洋红豆杉（*Taxus brevifolia*）的树皮中分离得到的一类具有显著抗癌活性的二萜类化合物。紫杉醇类药物已经被广泛用于临床治疗。紫杉醇的生物合成途径已经清楚。由紫杉烯合成酶（Taxadiene synthase）催化香叶基香叶基二磷酸（GGPP）环化生成的紫杉烯（Taxadiene）是具有紫杉烷母核结构的第一个重要中间体，该化合物再经一系列氧化、羟化反应生成紫杉醇。将异戊烯焦磷酸（IPP）异构酶、GGPP 合酶和紫杉烯合成酶 3 个基因导入大肠杆菌进行共表达，获得了 1.3mg/L 培养物紫杉烯。将紫杉烯的生物合成途径分成负责供应 IPP 前体的上游 DXP 途径模块、负责紫杉烯合成的下游 GGPP 合酶和紫杉烯合成酶模块，通过多变量模块优化的方法对 2 个合成模块进行参数变量优化，例如启动子强度和质粒拷贝数等，探索出使这 2 个合成途径达到最佳平衡状态的培养条件，从而提高了紫杉烯的产量，使之达到了大约 1g/L 发酵液（相当于初始产量的 15000 倍）。

2. 青蒿素

青蒿素具有高效低毒的抗疟特性，被世界卫生组织称为目前世界上唯一有效的疟疾治疗药物。青蒿素目前主要从黄花蒿叶片、花蕾中提取，是一种环氧化的倍半萜内酯。青蒿素的生成由乙酰 CoA 经甲羟戊酸（Mevalonic acid，MVA）途径合成法尼基焦磷酸，经紫穗槐-4,11-二烯合酶（ADS）催化生成紫穗槐-4,11-二烯，在紫穗槐-4,11-二烯P450羟基化酶（CYP71AV1）催化下生成青蒿酸，再经过其他催化反应最后生成青蒿素。其中紫穗槐-4,11-二烯和青蒿酸是关键性前体（中间体）。虽然目前用工程菌生产青蒿素前体取得了重大的进展，但还只能生产前体紫穗槐二烯和青蒿酸。由于青蒿酸到青蒿素的酶催化步骤及其相关酶还未完全阐明，至今还没有实现用微生物直接合成青蒿素，但化学转化青蒿酸到青蒿素仅需要2步简单的反应，已具备工业生产可行性。因此实现青蒿素的生物合成实际上仅需要实现青蒿酸的生物合成。将来自黄花蒿的紫穗槐二烯合成酶基因导入大肠杆菌，检测到了微量目的产物紫穗槐-4,11-二烯；将大肠杆菌中再导入甲羟戊酸途径合成酶，目的产物产量达到24mg/L。从金黄色葡萄球菌中克隆3-羟基-3-甲基戊二酰辅酶A合成酶（HMGS）和3-羟基-3-甲基戊二酰辅酶A还原酶（HMGR）导入大肠杆菌中，取代了来自酿酒酵母的相应酶。这两个酶能够很好地与已有合成途径的其他催化酶协同作用，实现高通量的代谢流的平衡。通过发酵培养条件中碳和氮的浓度优化，产生的紫穗槐-4,11-二烯的浓度高达27.4g/L。

3. 其他萜类化合物的微生物生物合成

微生物生物合成萜类化合物在其他萜类化合物中的研究也受到了学者的广泛关注。将构建的pT-DHB重组子和pSSN12Didi一起导入大肠杆菌，使β-胡萝卜素的产量提高到49.3mg/g细胞干重，把微生物合成类胡萝卜素的产量提高到一个新的水平。crtI重组质粒的过表达，crtE和crtB单拷贝表达，显著提高了四脱氢番茄红素产量，高达256μg/g细胞干重。构建了一个名为MK19的突变体红法夫酵母（*Xanthophyllomyces dendrorhous*），优化培养条件后，得到最高25.8mg/L的虾青素的产量。

第三节　甾体类化合物

甾体类化合物为结构上具有环戊烷多氢菲的基本骨架结构，在母核上通常带有两个角甲基（C-10、C-13）和一个含有不同碳原子数的侧链或含氧基团如羟基、羰基等（C-17）（图10-2）。甾体类化合物结构多样，种类众多，其中很多化合物如胆固醇、胆汁酸、性激素、维生素D、心脏苷配基、抗生素和昆虫蜕皮激素等在生命活动中扮演着至关重要的角色。甾体类化合物在医药领域中应用也非常广泛，主要用于抗炎、抗毒、抗过敏、抗休克等，能治疗或缓解胶原性疾病和过敏性休克，也可用于治疗阿狄森病等内分泌疾病，还是治疗乳腺癌和前列腺癌重要的辅助治疗药物。麦角甾醇为研究较多的微生物产甾体类化合物。此外，甾体类化合物的生物转化也一直是医药界的研究热点。

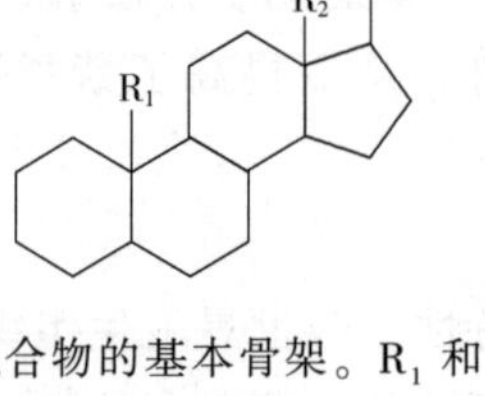

图10-2　甾体类化合物的基本骨架。R_1和R_2通常为甲基。

一、麦角甾醇

麦角甾醇（Ergosterol）又称麦角固醇，是脂溶性维生素 D_2 的前体，当受到紫外线照射时可转化为维生素 D_2。麦角甾醇是一种重要的医药化工原料，可用于“可的松”“黄体酮”等药物的生产。麦角甾醇是真菌细胞膜的重要组分，它在确保膜结构的完整性、膜结合酶的活性、膜的流动性、细胞活力及物质运输等方面起着重要作用。一些真菌麦角甾醇的含量见表 10-7。麦角甾醇生物合成途径中的几个关键酶是抗真菌药物的作用靶位，对其生物合成的研究将为抗真菌药物的筛选及其作用机制的研究提供重要的理论基础。

表 10-7　一些真菌麦角甾醇的含量（HPLC 法测定）

真菌材料	麦角甾醇含量/（mg/g 干重）
马勃药材（*Lasiosphaera* seu *Calvatia*）	0.09~1.5
灵芝（*Ganoderma* spp.）孢子油	0.65~2.79
优化培养的猴头菇（*Hericium erinaceus*）菌丝体	18.4
四川南江栽培猪苓（*Polyporus umbellatus*）菌核	0.7~1.8
白耙齿菌（*Irpex lacteus*）固体发酵产物	0.47
山东人工栽培蛹虫草（*Cordyceps militaris*）	2.5~6.8
星裂硬皮马勃（*Scleroderma polyrhizum*）菌丝体	2.33
金针菇（*Flammulina velutipes*）	3.0
球毛壳菌（*Chaetomium globosum*）G2 发酵菌丝体	8.36
香菇（*Lentinula edodes*）菌柄	2.56
不同产地冬虫夏草（*Cordyceps sinensis*）	0.66~1.1
古尼拟青霉（*Paecilomyces gunnii*）发酵菌丝体	9.72
酿酒酵母菌体	3~60

二、甾体类化合物生物转化

随着对甾体类化合物研究的深入，甾体化合物的衍生物逐渐被发掘。诸多研究表明，通过化学合成或者生物转化的方法能够对甾体结构进行修饰，而甾体结构细小的变化都能够对其生物活性产生巨大的影响。相较于传统化学合成的方法，采用生物转化的方法引入特征官能团，以及修饰化合物的结构，更为有效且更加环保，成为相关药物开发的热点。

1. 羟基化反应

甾体类化合物通过羟基化修饰在分子上引入羟基后，一般会影响其药理活性。常见的有机化学合成手段很难进行直接羟化反应。然而在生物转化中，这种 C-H 键的羟化是一种非常常见并且重要的生物转化反应。雌烷、孕烷、雄烷等具有甾体母核的化合物的微生物转化羟基化常出现在特定的位置。羟基化常是由根霉、曲霉、链霉菌等微生物实现。甾体的羟基化衍生物是医药产品的一个重要组成部分，被广泛应用于癌症、炎症和 HIV 等多种疾病的治疗中。目前的研究主要侧重于 11α、11β 以及 16α 的羟基化，这三种微生物羟基化反应对于甾体类化合物的工业化，存在巨大的经济效益。通过微生物对甾体母核不同位点的羟基化，对甾体进行修饰，产生结构多样的甾体衍生物，同时能够改变甾体化合物的生物活性。

黄体酮也称孕酮，是由卵巢黄体分泌的一种天然孕激素，是重要的药物中间体。利用冻土毛霉（*Mucor hiemalis*）转化黄体酮获得三种产物：14α-羟基黄体酮、6β，14α-二羟基黄体酮和 7α，14α-二羟基黄体酮，转化率高达 94%，表明通过微生物转化黄体酮，可以产生多种具有工业开发潜力的羟基化黄体酮衍生物。同时，冻土毛霉也能够羟基化转化另一个甾体药物睾酮。睾酮又称睾丸素，能够维持肌肉、骨质强度，能够影响人体系统和功能。通过微生物转化，共获得 4 种羟基化产物：14α-羟基睾酮、7α，14α-二羟基睾酮、6β，14α-二羟基睾酮和 14α-羟基-4-雄甾烯-3，17-二酮。此外，采用冻土毛霉 M881 菌株，在大规模生产中能将黄体酮进行 6β，11α 双羟基化，产生转化产物 11α-羟基黄体酮、6β，11α-双羟基黄体酮和 6β-羟基孕甾-4-烯-3,11,20-三酮（图 10-3）。

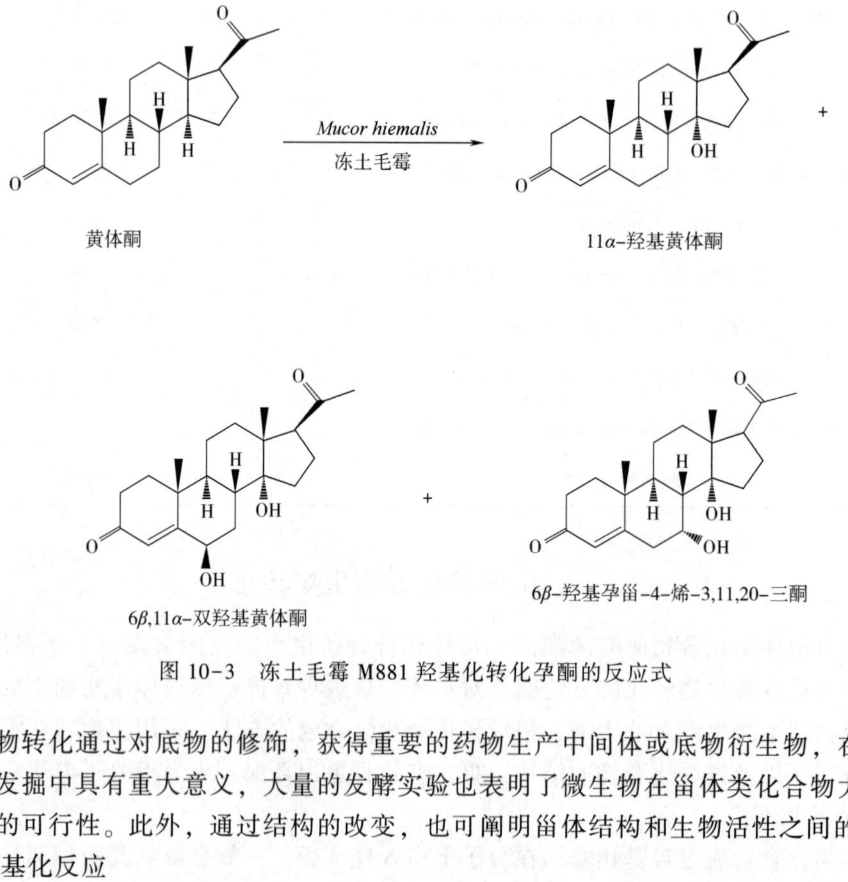

图 10-3　冻土毛霉 M881 羟基化转化孕酮的反应式

微生物转化通过对底物的修饰，获得重要的药物生产中间体或底物衍生物，在活性医药中间体发掘中具有重大意义，大量的发酵实验也表明了微生物在甾体类化合物大规模转化应用中的可行性。此外，通过结构的改变，也可阐明甾体结构和生物活性之间的关系。

2. 羰基化反应

羰基化反应又称加氢甲酰化反应，在甾体类化合物的生物转化中较少出现，并且在甾体类物质的生物转化过程中，羰基化反应往往伴随着羟基化反应。甲基雄烯酮是一种抑制睾酮分泌的合成代谢类固醇，能够通过刺激肌肉细胞活性，发挥促进肌肉细胞生长的作用。除了构建肌肉块作用外，甲基雄烯酮还可以增加身体的钙水平，帮助治疗骨质疏松症。采用丝状真菌菜豆壳球孢（*Macrophomina phaseolina*）对甲基雄烯酮进行生物转化生成 5 种转化产物，其中两种为羰基化产物：17β-羟基-17α-甲基雄烷-1,4-二烯-3,6-二酮和 17β-羟基-17α-甲基雄烷-1,4-二烯-3,11-二酮（图 10-4），抗 β-半乳糖苷酶活力实验发现，转化产物 17β-羟基-17α-甲基雄烷-1,4-二烯-3,6-二酮具有明显的抗 β-半乳糖苷酶活力。

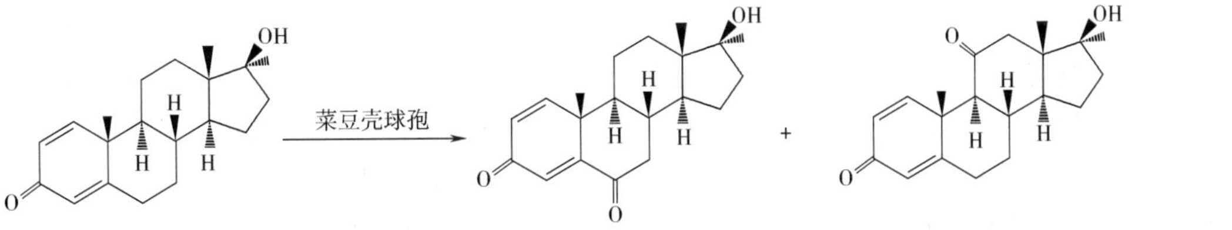

甲基雄烯酮　　17β-羟基-17α-甲基雄烷-1，4-二烯-3,6-二酮　17β-羟基-17α-甲基雄烷-1，4-二烯-3,11-二酮

图 10-4　菜豆壳球孢羰基化转化甲基雄烯酮的反应式

3. 氢化反应

氢化反应是有机化合物与氢分子的反应，属于还原反应。在微生物转化中，具有羰基或者碳碳双键结构的底物能够在微生物的作用下发生加氢反应。微生物加氢能使酮基还原成羟基（主要是在 C-3、C-17 和 C-20 三个位点上）。同时，甾体结构双键的氢化则通常发生在 A 环上的 C-1、C-2 和 C-4、C-5 以及 B 环上的 C-5 和 C-6 双键的还原。这方面的生物转化研究较少，典型的例子有康复龙利用壳球孢菌、黑曲霉、匍枝根霉和镰刀霉的氢化转化，泼尼松龙采用玫瑰产色链霉菌（*Streptomyces roseochromogenes*）的微生物转化以及氢化可的松采用腐皮镰刀菌（*Fusarium solani*）和赭曲霉的微生物转化。

4. 脱氢反应

微生物对甾体脱氢反应经常发生在 A 环的 C-1、C-4 和 C-5 位之间，少数脱氢也可发生在羟基上。甾体类药物的脱氢有助于提高和改进药理活性，降低毒副作用。这方面的例子较多。采用刺孢小克银汉霉（*Cunninghamella echinulata*）转化剑麻皂素（替可吉宁）过程中，出现了脱氢化和羟基化反应，获得了两种新型脱氢产物孕烷-3-氧-14α，16β，20-三醇和孕烷-3-氧-7β，16β，20-三醇；利用粉红单端孢菌（*Trichothecium roseum*）生物转化替勃龙，发生了双键变换反应产生了 Δ4-替龙，后经脱氢反应产生了脱氢反应产物 Δ1,4-替龙。采用诺卡菌（*Nocardia* sp.）对胆固醇进行生物降解，胆固醇侧链降解生成 4-雄烯-3,17-二酮，后经脱氢作用产生了最终降解产物 1,4-雄二烯-3,17-二酮。

5. Baeyer-Villiger 氧化反应和溴化反应

甾体类化合物经过 Baeyer-Villiger 氧化，可在羰基旁边插入氧原子，产生相应的甾体类内酯。甾体类内酯具有抗癌等多种生物活性，并且能够抑制 5α-还原酶，阻断睾酮变成 5α-二氢睾酮的路径，从而能够治疗雄激素依赖性疾病。甾体类睾内酯可抑制甾体芳香化酶，可用于治疗乳腺癌。溴化反应在甾体类物质的生物转化中较少出现，主要应用于降解有害物质。采用蓝藻青霉（*Penicillium lanosocoeruleum*）对多个 C-19 甾体（雄甾酮、表雄甾酮、雄甾二酮和脱氢表雄酮等）进行微生物转化，经过氧化产生了多种酮和内酯产物。

采用球孢白僵菌（*Beauveria bassiana*）对 3α-二氢雄甾酮进行生物转化，在进行羟基化后还发生了氧化反应，生成了多种羟化氧化产物。采用淡水绿藻斜生栅列藻（*Scenedesmus obliquus*）对 17α-炔雌醇进行了生物转化，超过 68%的底物被绿藻所转化，生成溴化产物 2,4-二溴-17α-炔雌醇。

第四节 微生物多糖

多糖（Polysaccharide，PS）一般是指由 10 个以上的单糖以糖苷键连接而成的高分子多聚物，是具有生物活性的一类生物大分子，是维持生命活动正常运转必不可少的重要组成成分，包括杂多糖、蛋白糖和聚糖等。按照产生多糖的生物类群，微生物多糖可分为细菌多糖、真菌多糖、藻类多糖等；按照多糖在细胞的位置，可分为胞外多糖（Exopolysaccharides，EPS）、胞内多糖（Intracellular Polysaccharides，IPS）和胞壁多糖（Cell Wall Polysaccharides，WPS），其中胞外多糖包括黏附在细胞表面的荚膜多糖（Capsular Polysaccharide，CPS）和合成后分泌到介质中的胞外多糖；按照制备的材料不同可分为菌（丝）体多糖、子实体多糖、发酵多糖（发酵液浓缩沉淀的胞外多糖）、基质多糖（从包括菌体的培养基基质制备的胞内、胞壁和胞外多糖的混合多糖）等；按照结构的均一性分为均一性多糖和杂多糖（蛋白多糖、脂多糖等）。自 20 世纪 50 年代末发现真菌多糖具有抗肿瘤活性以来，生物活性多糖的开发受到广泛的关注，多糖的研究与应用已渗入到医药、食品、化妆品、饲料等许多领域，成为生命科学最活跃的研究领域之一。

一、多糖的分离纯化

多糖的分离纯化是多糖研究的第一步，一般包括提取、分离纯化和纯度鉴定三个步骤，其中分离纯化是多糖研究的关键步骤，其提取方法的不同、分离效果的优劣都将影响后续的研究。

1. 胞外多糖的分离纯化

微生物胞外多糖的分离纯化相对简单。首先结合菌体生物量、胞外多糖产量和多糖生物活性等指标对微生物产胞外多糖的培养条件进行优化，然后采取优化培养条件培养微生物，发酵培养结束后通过离心或过滤分离发酵液和菌体，将发酵液旋转蒸发浓缩 3 倍，然后加入 3~4 倍体积的有机溶剂（如 95%乙醇）在-4~4℃沉淀 12~24h，离心收集、冻干后获得胞外粗多糖产品。经提取得到的粗多糖往往要经过进一步的分离纯化，将多糖混合物分离为单一的多糖组分，并尽可能地除去包括色素、盐类、蛋白、脂肪等杂质。常用的方法包括酶法、Sevag 法、三氟乙酸法等除去蛋白质；透析法、吸附法、离子交换法、超滤法等除盐；双氧水、活性炭、离子交换树脂法等除色素。经过处理后的多糖样品，再通过 DEAE-纤维素柱层析、凝胶过滤、电泳、亲和层析等方法进行分级纯化，可得到相对分子质量均一的多糖水溶液，经真空冷冻干燥即可得到纯品多糖。

2. 细菌荚膜多糖的分离纯化

细菌荚膜多糖的分离纯化一般包括去菌体、粗提总糖、去除蛋白质和核酸以及分级分离等几个步骤。在提取多糖之前，首先需要去除菌体。目前，去除菌体提取总糖的方法主要有离心法、酶解法和灭菌法等。离心法是将灭菌过的培养液通过离心机离心，然后收集上层清液的方法除去菌体。该方法去除菌体的效果差，离心的效果依赖于高效能的离心设备。对于含有唾液酸等不稳定结构的荚膜多糖，最常用的方法是酶解法，即细菌培养液离心得到菌体，然后将菌体分散在缓冲液中，再加入不同的酶，酶解菌体，最后再次离心使菌体碎片和荚膜多糖分离，取上层清液。用溶菌酶来裂解菌体，从而可以避免破坏荚膜多糖。酶解法的成本较高，但是专一性强，去除菌体的效果较好。灭菌法通过对菌液进行加热灭菌（如121℃加热菌液75min），随着温度的提高，多糖的溶解度逐步提高，有利于后续的离心。灭菌法便于操作，去除菌体效果较好，过程中要注意温度，温度过高会导致多糖分解。去除蛋白质和核酸可采用有机溶剂多级沉淀法。有机试剂引起多糖、蛋白等物质沉淀的原因是加入有机试剂使水溶液的介电常数降低，从而增加了具有相反电荷的基团之间的吸引力，促使分子聚集而沉淀。但是利用该法沉淀荚膜多糖的同时也会导致核酸和蛋白的沉淀，为避免多糖中混合核酸和蛋白，可以在溶液中加入阳离子，利用阳离子和带负电的基团结合，降低多聚核苷酸链之间的排斥作用，从而去除核酸和蛋白，或者通过加入酶，将蛋白质去除，得到荚膜多糖的沉淀。根据荚膜多糖的理化性质对其进行分级分离。荚膜多糖是一种极性很大，分子质量之间存在较大差异的物质。所以可以通过体积排阻色谱技术进行分离纯化，其中凝胶层析（如交联葡聚糖凝胶Sephadex、琼脂糖凝胶Sepharose、丙烯葡聚糖凝胶Sepharcryl等）技术运用最为成熟，且效果最佳。荚膜多糖除了可以根据分子质量差异进行分离纯化，在其组成中有磷酸基或者乙酰基，这些基团可以使荚膜多糖具有不同的电荷性质和pH，根据此类理化性质可以采用离子交换技术对其进行分离纯化。但是对于带有唾液酸的多糖样品，不宜使用强阴离子交换，唾液酸会发生严重脱离。进一步的纯化还可以采用超滤法，可以根据待分离的物质的性质选择不同规格的超滤膜。

3. 胞内多糖的分离纯化

胞内多糖常用的提取方法有热水浸提法、碱提法、酸提法及酶法等，其中，热水浸提法由于具有多糖溶出率较高、有机溶剂使用量少、对多糖活性破坏小、操作简便和节约等优点，成为最为常见的使用方法，但一般只能提取胞壁外多糖，有时所得多糖生物活性较低。用稀碱法可提取碱溶性多糖，提取率较用热水提取高，且生物活性一般也较高，但热碱提取时提取物中杂质较高，多糖可能降解，因此为防止降解，提取时常加入一定量的硼氢化钠或硼氢化钾。酸提法可提取酸溶性多糖，但酸对多糖聚合体也可能造成破坏，对某些活性基团也易造成变性失活，所以较少采用。采取超声、微波等辅助提取，可提高多糖的提取率，是很有发展潜力的新型技术。胞内粗多糖的纯化同胞外多糖。

二、多糖的结构表征

多糖化合物的结构表征是构效关系、结构修饰等研究的基础。多糖的结构可分为一级、二级、三级和四级结构。其中，二、三、四级结构统称为多糖的高级结构，其与多糖的活性关系更加密切。多糖的一级结构分析主要是分析组成多糖的单糖类型、数目、连接方式及苷键的构型。多糖结构的鉴定是一个复杂的过程，通常需要综合各种技术进行多糖结构解析。化学方法是通过完全酸水解、部分酸水解、高碘酸氧化、Smith降解、甲基化分析和气质联用来对多糖结构进行解析。仅用传统的化学方法完全解析多糖结构十分困难，还必须利用波谱学技术进行解析，如高效液相色谱法、气相色谱法、紫外分光光度计法、红外光谱法、核磁共振法、圆二色谱法、X-衍射法、原子力显微镜法、多角度激光光散射凝胶色谱系统（SEC-MALLS）等。

三、多糖的生物活性

微生物多糖具有较好的免疫调节、抗氧化、抗肿瘤、抗菌消炎、抗病毒、降血糖、降血脂等多种生物活性，是医药开发的热点。

1. 多糖的免疫调节作用

微生物多糖可以直接和间接增强人体免疫功能。直接增强免疫功能主要有以下六种机制：①影响特异性免疫细胞：特异性免疫细胞包括 T 淋巴细胞和 B 淋巴细胞。多糖通过不同的途径提高外周血液中 T 细胞的数量和活性，以及促进 B 细胞的生长和分化来增强特异性免疫细胞的功能。例如，灵芝多糖可通过间接提高 DNA 多聚酶的敏感性而促进 DNA 合成增加，提高 T 细胞的增殖分化，促进 IL-2 的生成。②影响巨噬细胞：巨噬细胞是机体内发生特异性免疫的基础，是机体内的一道重要的防护门。它通过清除外来物质包括病原体、机体的损伤、代谢等产物来抵抗异物的入侵，此外还能够有效地把抗原提呈给淋巴细胞。茯苓多糖 PCSC 和虫草多糖 CSPS 在很大程度上能够有效提高 NO 的产量。③影响自然杀伤细胞（Natural killer NK）：NK 细胞是非特异免疫细胞中的重要细胞之一，与机体内的抗肿瘤和调节免疫均有关系。在调节免疫方面主要是刺激细胞分泌干扰素、白细胞介素等生物活性物质。研究证明，多种真菌多糖都可以在体内和体外增强 NK 细胞活性，并且对 NK 细胞的作用强度与真菌多糖呈一定的量效关系。例如姬松茸菌孢多糖对 NK 细胞有激活作用，并且随着剂量的增加，作用显著提高。④影响细胞因子：细胞因子是天然免疫调节剂，由免疫活性细胞和其他细胞分泌，是介导和调节免疫、炎症反应的一类小分子糖蛋白，能够传递细胞间的信息及协调体内各组织细胞间的生理功能，通过诱导受体表达和调节其活性而发挥免疫作用，主要分为由淋巴细胞产生的淋巴因子和单核-巨噬细胞产生的单核因子等。细胞因子具有多种生物学活性，可促进靶细胞增殖和分化进而增强感染的抵抗力，参与调节机体的免疫应答和炎症反应，影响细胞代谢等。研究表明，真菌多糖可有效调节机体多种细胞因子的分泌，是多种细胞因子的诱生剂和促诱生剂。例如，云芝多糖能够增加小鼠腹腔巨噬细胞和肥大细胞释放前列腺素（PGE2）、肿瘤坏死因子-α（TNF-α）、IL-1β 及组胺等炎症介质的量，能够缓解药物导致的小鼠痛觉过敏反应。羧甲基茯苓多糖对小鼠 T 淋巴细胞无明显毒性作用，且可显著提高 γ 干扰素（IFN-γ）水平，降低白细胞介素-10（IL-10）含量，证明其具有较好的调节 Th1/Th2 细胞作用。从德氏乳细菌中分离到的 EPS，能显著下调大肠杆菌肠毒素诱导的前炎性细胞因子（IL-6、IL-8、MCP-1）在猪小肠上皮细胞中的表达，说明 EPS 具有抗炎症作用。⑤影响补体：补体是人体重要的免疫系统。多糖在不同程度上激活补体，其激活能力的大小与多糖的化学结构及分子质量大小密切相关。例如香菇多糖能激活补体系统，通过旁路途径抑制肿瘤生长，其还可与髓系细胞表面的清道夫受体结合，激活 PI3K、Akt、MAPK 信号通路。⑥影响抗体生成：抗体是一类具有免疫功能的球蛋白，是 B 细胞在受到抗原刺激后增殖分化为浆细胞所产生的免疫球蛋白。复方猪苓多糖（硒-猪苓多糖）方剂的高剂量组（25mg/kg）可提高免疫抑制小鼠 IgG 水平。不同剂量的茯苓多糖均可以提高小鼠血清中的抗体水平，并且证明茯苓多糖的免疫调节效果与氢氧化铝相当。口服开菲尔多糖能够增加小肠和大肠黏膜固有层 IgA 的分泌，具有维持肠道内稳态的潜在免疫功能。

在间接增强免疫功能方面，微生物多糖主要通过提高动物体内功能性矿物元素的浓度，而间接增强免疫功能。例如，香菇多糖等能提高小鼠血液中钙离子的浓度，从而提高机体免疫细胞的效应，提高巨噬细胞吞噬功能，促进 T 细胞的 E 花环形成，并能够增加淋巴细胞转化，提高 B 细胞抗体的浓度等。铜作为体内一种不可缺少的微量元素能够提高免疫细胞中线粒体的含量。香菇多糖可提高小鼠血清中铜的浓度，从而起到增强免疫功能。

真菌多糖可促进机体免疫器官的发育。机体免疫器官包括中枢免疫器官和外周免疫器官，是机体对抗原刺激进行免疫应答和 T 淋巴细胞、B 淋巴细胞定居的场所。真菌多糖对免疫器官影响的研究多集中在其对胸腺和脾脏的影响，主要采取口服和注射两种给药方式，通过脾脏指数和胸腺指数评价真菌多糖对免疫器官的影响。小鼠口服中剂量、大剂量云芝多糖溶液能显著提高脾脏指数和胸腺指数，并且于试验后的第 21 天免疫器官指数明显升高。香菇多糖能使荷瘤小鼠脾脏指数明显升高。虫草多糖各试验组均可升高免疫低下小鼠的脾脏指数和胸腺指数。

2. 多糖的抗肿瘤活性

由于人体内无法合成从真菌多糖分离纯化得到的 β-葡聚糖，作为外源性生物大分子，β-葡聚糖被人体免疫系统视为外源性抗原产生免疫响应。该免疫响应是通过外源性抗原与免疫细胞膜的特异性受体结合而产生，调节免疫反应的生物活性分子可通过识别相应受体激活胞内信号。在非特异性免疫系统（如巨噬细胞表面）存在能与 β-葡聚糖结合的受体，如凝集素受体、Toll 样受体（Toll-like receptor，TLR）、补体受体 3（Complement Receptor 3，CR3）等，β-葡聚糖作用于上述受体可产生抗肿瘤免疫反应。此外，真菌多糖能够通过激活巨噬细胞活性的功能，产生和释放 TNF-α、TNF-β、TNF-γ、NO 和 IL-1 等细胞因子；活化 APCs 和 T、B 淋巴细胞，导致相关细胞因子的分泌；激活补体系统等途径，形成天然和获得性免疫系统对肿瘤细胞的免疫应答。

除了通过免疫系统抑制肿瘤细胞生长的调节免疫功能以外，微生物多糖还能够直接作用于肿瘤细胞产生细胞毒性，抑制肿瘤细胞的增殖和转移。发现来自蜜环菌（*Armillaria mellea*）的多糖 AMP 通过阻断肺癌细胞 A549 于 G0/G1 期来抑制细胞生长。另外 AMP 也能降低 A549 细胞线粒体膜电位，释放细胞色素 C 来发挥抗肿瘤作用。云芝多糖 PSK 通过提高 p21（WAF）/（CiP1）的表达诱导胰腺癌细胞程序性死亡。另有研究表明，发酵拟康氏木霉（*Trichoderma pseudokoningii*）多糖 EPS 可抑制血癌细胞 K562 增殖，该作用主要通过线粒体信号通路来上调 Bax 和 p53 mRNA 表达，下调 Bcl-2mRNA 表达，最终导致 K562 细胞凋亡。从嗜酸病原乳酸杆菌（*Lb. acidophilus*）606 的热杀死的细胞中分离的可溶性 EPS 能显著抑制结肠癌细胞系 HT29、CX-1、WiDr、DLD-1 的增殖。植物乳杆菌 MTCC9510 的胞外多糖可以抑制乳腺癌细胞系 MCF-7 的增殖。嗜盐单胞菌（*Halomonas smyrnensis*）AAD6T 产生的 EPS 果聚糖具有体外抗肺癌 A549、肝癌 HepG2/C3A、胃癌 AGS、乳腺癌 MCF-7 细胞系的增殖作用。

3. 抗氧化活性

微生物多糖可通过如下机制展示显著的抗氧化活性：①直接清除自由基。多糖是由多个相同或不同的单糖以糖苷键连接而成的高聚合物。每个单糖基中都含有数目不等的活性羟基提供活泼氢。在氧化反应过程中，一方面，多糖中每一个单糖基的活性羟基与羟自由基的活泼氢结合生成稳定的化合物水；另一方面，多糖中的活泼氢与活泼的超氧阴离子自由基反应，生成稳定的化合物水，起到抗自由基氧化的作用。如多种真菌子实体、菌丝体胞内多糖和胞外多糖、阴沟肠杆菌（*Enterobacter cloacae*）Z0206EPS 等。②提高抗氧化酶活力。自由基的生成与体内的很多氧化酶有关。多糖可通过提高抗氧化酶如超氧化物歧化酶（SOD）和谷胱甘肽过氧化物酶（GSH-Px）的活性，起到抗氧化作用。如干酪乳杆菌（*Lactobacillus casei*）和植物乳杆菌（*Lb. plantarum*）C88 产生的 EPS 能显著降低血浆 SOD 和谷胱甘肽过氧化物酶的活性，并且能降低高血脂肝小鼠的丙二醛的活性水平。冬虫夏草菌丝体多糖也具有这方面的抗氧化功能。③络合金属离子。多糖上的羟基可与产生羟自由基等所必需的金属离子如 Fe^{2+}、Cu^{2+}络合，使其不能产生启动脂质过氧化的羟自由基或使其不能分解脂质过氧化产生的脂氢过氧化物（ROOH），从而抑制自由基的产生。从鼠李糖乳杆菌（*Lb. rhamnosus*）E /N、植物乳杆菌 C88 和瑞士乳杆菌 MB2-1 中分离出的 EPS，均被证明能够在体外有效减少自由基和金属离子的螯合活性。④终止自由基链反应。多糖可以通过促进超氧化物歧化酶从细胞表面释放而发挥消除自由基作用，进而阻止自由基链反应。

4. 降血糖和降血脂活性

细菌（包括蓝细菌）多糖和真菌多糖具有降糖降脂活血的功效。作为一种重要的生物效应调节剂，真菌多糖具有较显著的降血糖、降血脂等生理功效。截至目前已发现 80 余种真菌多糖都可使实验动物模型的血糖浓度明显降低，如大球盖菇胞外多糖、灵芝多糖、猴头菇多糖等。木耳多糖、银耳多糖和红菇多糖等具有显著的降血脂活性。细菌多糖方面，黄单胞菌（*Xanthomonas campestris*）等的胞外多糖具有明显抗肿瘤和降血糖血脂功能。一般认为多糖降血糖的机制主要为以下几个方面：①改善胰岛细胞形态和功能，促进胰岛素分泌；②促进肝脏、肌肉等外周组织和靶器官对糖的利用；③改变糖代谢酶系活性；④提高免疫，清除自由基，降低血糖。多糖降脂作用机理主要有：①多糖对脂肪酶活性有一定的抑制作用，能减少体内游离脂肪酸的产生；②抑制胆酸与脂类物质结合；③某些多糖能减少肠道对脂类物质的吸收。

5. 抗炎作用

炎症为常见疾病中最常见的疾病症状，它可以防御血管系统的活体组织对损伤因子所发生的反应。微生物多糖的抗炎机制主要有以下几个方面：①抑制趋化因子与黏附因子的表达，促进和诱导细胞因子的生成，防止白细胞向炎症区域的募集、黏附和渗出；②活化 T 细胞，增强巨噬细胞的吞噬能力，如茯苓多糖和猪苓多糖的抗炎作用；③降低毛细血管的通透性，如一些细菌荚膜多糖、非天然的虫草多糖等大部分含有甘露葡聚糖结构的多糖类化合物。

6. 抗病毒活性

病毒感染是人类健康的巨大威胁之一。目前，临床用来抗病毒的药物主要有核苷类化合物、非核苷类化合物、取代嘧啶酮类化合物等，这些药物对人体均有一定的毒副作用。许多多糖都具有抗病毒活性，并具有低毒和低耐药性等特点，因而越来越受到人们重视，具有广阔的药用前景。微生物多糖主要通过如下机制展示其抗病毒活性：①抑制病毒吸附，干扰病毒复制过程。天然硫酸多糖无论在体内还是在体外，都显示了不同程度的抗病毒活性。半合成的硫酸多糖，如硫酸葡聚糖、多聚硫酸戊糖和硫酸呋喃核聚糖等也可在体外抑制 HIV。香菇多糖是一种葡聚糖，本身虽无抗 HIV 活性，但硫酸化后可抑制 HIV-1 产生的细胞病变。壳聚糖磺化衍生物也能抑制哺乳动物病毒感染，特别是可以预防治疗人类 HIV 感染。病毒感染细胞首先要靠静电力吸附在细胞表面，再通过表面的糖蛋白与细胞表面蛋白特异结合。硫酸多糖是一类多聚阴离子，带有大量负电荷，其抗病毒机理可能是掩蔽了病毒或细胞表面的正电荷区域，从而抑制了病毒的吸附。另外，硫酸多糖抑制病毒复制还可能是由于其抑制了病毒复制中必要酶的活性。从杂色云芝中提取到的多糖肽（PSP）不但能抑制 HIV-1 的 gp120 与 CD4 受体的相互作用，抑制病毒和细胞的结合，而且能明显抑制 HIV-1 逆转录酶活性，从而抑制了病毒的复制。这一作用可能是由于 PSP 遮蔽了 HIV-1 逆转录酶的活性位点。②增强免疫力。许多多糖对免疫系统都有调节作用，可以激活 T 淋巴细胞、B 淋巴细胞、自然杀伤细胞等免疫细胞参与机体免疫。尤其是可刺激干扰素（INF）的产生，活化补体，在抗病毒作用上具有独特的功效。

7. 其他活性

微生物多糖还具有抗衰老、降血压、抗突变、抗感染、抗凝血、抗辐射、抗溃疡、抗血栓、促进乳酸菌生长、促进核酸和蛋白质的生物合成、修复损伤的组织细胞等多种功能。

四、微生物多糖在医药领域中的应用

总的说来，多糖的应用可分为两类：一类是利用多糖的独特理化性质，如易形成凝胶、高渗透压、高黏度和吸水性，制备医药材料、药物输送系统、药物缓释剂、血浆代用品等；另一类利用多糖的抗原性、抗肿瘤等生物功能或活性制备疫苗或新药（表 10-8）。

表 10-8　一些微生物多糖的基本性质和药物应用

多糖	组成	糖苷键类型	生产微生物	药物应用
右旋糖苷	D-葡萄糖	α-1,6；(α-1,3；α-1,4；α-1,2)	明串珠菌、链球菌、乳杆菌	抗凝血、血液组分、血容扩张剂、药物输送系统
普鲁蓝多糖	D-葡萄糖	α-1,4；α-1,6	出芽短梗霉菌（*Aureobasidium pullulans*）、栗疫病菌（*Cryphonectria parasitica*）	血容扩张剂、药物输送系统
纤维素	D-葡萄糖	β-1,4	醋杆菌、根瘤菌、土壤杆菌、八叠球菌	药物输送系统、组织工程
凝结多糖	D-葡萄糖	β-1,3	粪产碱菌（*Alcaligenes faecalis*）、土壤杆菌	抗 HIV、抗肿瘤
硬葡聚糖	D-葡萄糖	β-1,3；(β-1,6)	核盘菌（*Sclerotinia* spp.）	抗肿瘤
果聚糖	L-果糖	β-2,6；(β-1,2)	运动发酵单胞菌、草生欧文菌（*Erwinia herbicola*）、丁香假单胞菌、芽孢杆菌等	抗肿瘤、降低胆固醇

续表

多糖	组成	糖苷键类型	生产微生物	药物应用
几丁质	N-乙酰-D-葡萄糖胺	β-1,4	曲霉、青霉、异水霉（*Allomyces*）、镰刀菌等	抗菌、抗凝剂、抗肿瘤、伤口愈合
壳聚糖	D-葡糖胺、N-乙酰-D-葡糖胺	β-1,4	毛霉、犁头霉（*Absidia*）、根霉	抗肿瘤、抗菌、抗凝血、提高免疫力、伤口愈合、药物和基因传递、组织工程
藻酸	D-甘露糖醛酸和L-古罗糖醛酸	β-1,4	棕色固氮菌（*Azotobacter vinelandii*）、假单胞菌	药物输送系统、伤口敷料、血管扩张、组织工程
结冷胶	D-葡萄糖、D-葡糖醛酸、α-L-鼠李糖	β-1,4；α-1,4；β-1,3	少动鞘氨醇单胞菌（*Sphingomonas paucimobilis*）	药物输送系统
黄原胶	D-葡萄糖、D-甘露糖、D-葡糖醛酸	β-1,4；（β-1,2；α-1,3）	野油菜黄单胞菌（*Xanthomonas campestris*）	药物输送系统

1. 以多糖的理化性质为基础的应用

（1）血液代用品　对于休克或失血较多的病人，为了维持血液渗透压，需要输入血容扩张剂。作为血容扩张剂必须满足以下要求：黏度和渗透压与血液相近；高亲水性且无毒、无抗原性；在体内可被降解但又必须维持一定的时间；无凝血效应；价廉、易生产。多糖类血容扩张剂目前在临床上已广泛应用，主要是右旋糖苷和羟乙基淀粉。右旋糖苷和羟乙基淀粉虽然有扩张血容的作用，但它们不能结合氧，所以不能取代血液。近年来许多人致力于研究具有这两方面功能的血液代用品。有两种途径可以达到这一目的，一是以具有载氧功能的过氟碳化合物为基础；另一种以血液中原有的载氧分子——血红蛋白（Hb）为基础，以右旋糖苷、羟乙基淀粉或其他多糖与血红蛋白耦联，以求达到输氧和扩张血浆体积两方面的功能。作为血液中氧的载体，这些耦联后的分子往往与氧的结合力太强，难以释放供机体利用。红细胞内有一种效应因子——2,3-二磷酸甘油酸，能通过所带负电基团与去氧血红蛋白结合，并降低氧的亲和力，使氧能顺利地结合与释放。近年来，模拟这一机制合成的多羧基化右旋糖苷与 Hb 耦联的产物在动物试验中已取得良好的结果。

（2）以多糖为基础的药物释放系统　药物释放系统是影响药物效能的重要因素，良好的药物载体可使药物集中在靶组织附近释放，从而增强专一性和疗效。此外，通过缓释系统，可以延长药物在体内的作用时间。许多多糖可以形成具有三维结构的水溶胶，如琼脂糖、卡拉胶、海藻酸钠、果胶、黄原胶等。它们无毒副作用，是制备各种药物释放系统的良好物质基础。为使多糖能有效地与药物结合，或改变凝胶特性，如溶胀度、扩散性能，常使用衍生化方法引入一些基团。常用的衍生化包括过碘酸盐氧化、琥珀酰化、羟乙基化、磷酸化等。用作载体的主要是结构已知的多糖，如环糊精、纤维素、淀粉、几丁质等。药物与多糖通过共价耦联、静电吸附和微胶囊包容等方式结合。另外，将药物与多糖的复合物包以脂质体，可使结合的药物更易被吸收利用，并增加药物的导向性。近年来，基于多糖的显微或纳米颗粒作为药物输送系统的研究较多，在药物定向输送等医学实践中，将发挥重要作用。

（3）细胞、酶及其他活性分子的固定化载体　细胞和酶固定化后可增加稳定性，延长使用寿命，有利于连续反应和产物的分离，适用于多种药物的生产制备。此外，许多活性分子如酶、激素、抗体在固定化后可作为亲和分离材料和生物传感器，用于专一性的分离纯化、生物检测和免疫诊断。以衍生化多糖为载体的手性固定相还可分离光学异构体。多糖是重要的固定化载体，通过吸附、交联和包埋等方式可使活性分子与载体结合。以多糖为载体进行的固定化具有以下优点：①多糖为天然生物分子，在亲水性环境易于维持活性分子，特别是蛋白质、核酸等大分子的立体结构，从而维持原有活性；②使用无毒、无抗原性的多糖作为载体，形成的固定化产物可以直接植入体内以达到特定的治疗目的。

（4）可降解的生物膜　在医药领域需要应用多种生物膜进行血液的分离、储存，营养及药物的输入，或用于组织或器官的修复及药物的控制性释放。在这方面以多糖为基础的生物膜有广泛的应用，如以再生纤维素制备的膜可用于血液透析、血浆分离和除去病毒。以几丁质为材料的膜可作为人工皮肤或手术用线用于伤口愈合或止血，其优点在于几丁质可被机体降解、吸收，并可促进伤口愈合。许多细菌 EPS 被用于胶囊制剂、伤口愈合所用的医用织物、人造皮肤及组织等。兽瘟链球菌（*Streptococcus zooepidemicus*）可产生与哺乳动物一样的透明质酸，这种透明质酸被应用于眼科手术和一些生物材料中。EPS 水凝胶的天然聚合物也被用于骨愈合手术中。

2. 以多糖生物活性为基础的应用

（1）多糖疫苗　结构较复杂的多糖往往有抗原性。细菌的细胞壁或荚膜中含有多种具有种属特异性的多糖，它们是细菌的抗原决定基，利用这一性质可以制备相应的多糖疫苗。目前在临床上应用的主要有预防脑炎的流行性脑脊髓膜炎疫苗（A、C 型）和 ACYW135 型疫苗、肺炎链球菌多糖疫苗、流感嗜血杆菌 Hib 多糖疫苗（PRP）、B 型链球菌无乳链球菌（*Streptococcus agalactiae*）和伤寒沙门菌的多糖疫苗等。这些多糖疫苗一般是多种菌株荚膜多糖的混合制剂，可刺激机体产生针对相关多种菌株的抗体。荚膜多糖属于 T 细胞非依赖型抗原，能刺激已成熟的 B 细胞分化、繁殖，产生抗体，由于新生儿体内缺乏此类细胞，所以儿童或处于免疫低下状态的患者常出现对荚膜多糖疫苗的无反应性。

为克服荚膜抗原疫苗的上述缺点，近 10 余年，多糖与蛋白质耦联形成的免疫复合物受到重视，所用的蛋白质通常是细菌毒素或外膜蛋白，如白喉类毒素、破伤风类毒素，它们是 T 细胞依赖型抗原，其与多糖形成的免疫复合物可以克服新生儿对荚膜多糖抗原的无反应性。目前已用于临床的主要是 Hib 抗原（PRP）的复合物，如流感嗜血杆菌结合疫苗、流脑奈瑟菌结合疫苗（A、C、Y、W135）、肺炎链球菌结合疫苗和伤寒沙门菌结合疫苗等。

（2）活性多糖药物　多糖是一类结构多样的生物大分子，仅从灵芝的子实体、菌丝、发酵液发现的多糖就已经超过了 200 种。因食药用真菌多糖的安全无毒性及其具备的抗肿瘤、提高免疫力、降血压、降血糖等方面的功效，人们逐步重视了食药用真菌多糖的开发利用。近年来，国内先后在食药用真菌多糖胶囊、多糖注射液的应用研究方面取得了一定成效，并在传统剂型的基础上开发了针剂、冲剂、片剂、胶囊、保健口服液、饮品等多种新型食品和药品。食药用真菌多糖是目前公认的具有较高效应的免疫增强剂，许多真菌多糖制剂已广泛应用于临床，并且在自身免疫性疾病、免疫功能低下症、肿瘤的治疗等方面取得了良好的效果，如香菇多糖（Lentinan）、灵芝多糖、茯苓多糖、猪苓多糖、云芝蛋白多糖（PSK）等均已开发为临床用药，具有抗肿瘤和增强免疫力的疗效。

第五节　黄酮类化合物

黄酮类化合物（Flavonoids）广泛存在于大型真菌、蔬菜、水果、牧草和药用植物中，是生物在长期的自然选择中产生的一些次级代谢产物，目前已发现9000多种，根据分子结构不同可以分为黄酮醇、黄烷酮、黄酮、异黄酮、儿茶酸、花青素等（图10-5），具有抗氧化、抗衰老、抗癌、抗菌、抗病毒、预防肥胖和糖尿病、抗凝血、抗炎症、抗过敏等多种生理活性。黄酮类化合物几乎都有一个由15个碳原子组成的核心骨架，通过对核心骨架的烷化、氧化和糖基化等化学修饰作用可以形成种类众多的黄酮类物质。天然黄酮类化合物的研究主要集中于植物，在大型真菌有少量研究。目前，除了物质提取和生理活性等研究以外，采用代谢工程手段，构建生产黄酮类化合物的工程菌，实现工程化微生物生产该类物质的研究也较多。

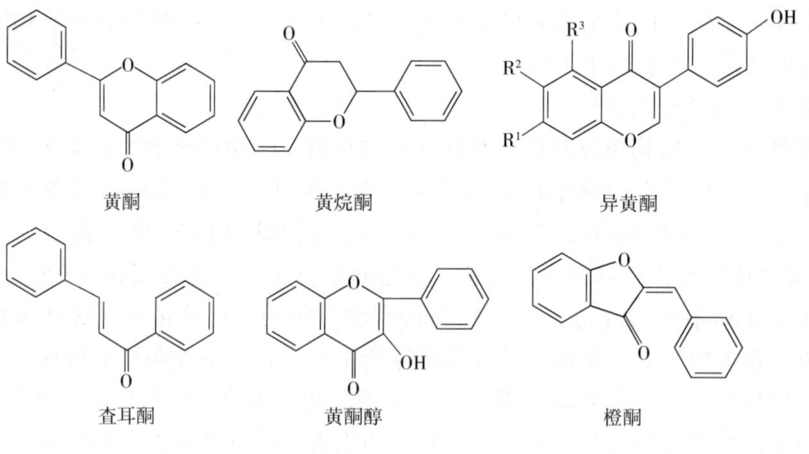

图10-5　几种黄酮类化合物的化学结构

一、真菌黄酮类化合物的生理活性

植物存在的黄酮类化合物的生理活性研究较多，而大型真菌该类物质的生理活性研究较少，且主要集中于抗氧化和抗肿瘤等研究。黄酮类提取物是一种很强的抗氧化剂，能够将活泼、有害的自由基还原为稳定、无害的产物，有效清除体内的氧自由基。大量研究表明，食用菌黄酮类化合物具有普遍的抗氧化活性。缪钱江等采用乙醇提取法提取了榆黄蘑（*Pleurotus citrinopileatus*）、秀珍菇（*Pleurotus geesteranus*）、黑木耳和糙皮侧耳4种食用菌的总黄酮物质，并通过自由基清除法和铁还原法比较了总黄酮的抗氧化能力。结果表明，4种食用菌的总黄酮含量分别为1.33、0.87、0.64和3.16mg/g干粉，提取物具有一定的抗氧化和抗肿瘤活性，平菇中黄酮的总抗氧化能力和抗肿瘤活性明显高于其他品种。长裙竹荪（*Dictyophora indusiata*）黄酮提取物有很好的还原性，对超氧阴离子、DPPH和羟基自由基都有较好的清除能力，具有良好的抗氧化性。此外，从虫草花、鸡油菌（*Cantharellus cibarius*）、金针菇、美味牛肝菌、桑黄（*Phellinus* sp.）等食用菌中提取的黄酮类化合物都表明具有明显的抗氧化性。40g/L 的大球盖菇黄酮类化合物溶液对大肠杆菌和青霉有抑制作用，且对大肠杆菌的抑制作用要强于对青霉的抑制作用。桑黄总黄酮具有明显的降血脂作用。

二、微生物合成黄酮类化合物

目前，工业生产黄酮类化合物主要是从不同的植物组分中提取。由于天然提取受到季节和工艺的限制，产品纯度不高且价格昂贵，因此通过代谢工程的手段改造微生物从而合成黄酮类骨架物质成为一种具有巨大潜力的生产方式。目前，国际上以微生物生产黄酮类化合物的研究主要集中在生产黄酮骨架物质上。

1. 黄酮类化合物的合成途径

微生物合成黄酮类化合物的途径见图 10-6。苯丙氨酸（Phe）或酪氨酸（Tyr）在苯丙氨酸脱氨酶（PAL）或酪氨酸脱氨酶（TAL）作用下变为肉桂酸或香豆酸，肉桂酸在依赖细胞色素 P450 的 4-肉桂酸羟化酶（C4H）作用下转化为香豆酸。TAL 受到下游产物香豆酰-CoA 的反馈抑制。依赖细胞色素 P450 的 C4H 需要锚定在内质网膜上，并且必须有还原剂随时将氧化态的 P450 还原才能表现出活性，因此很难在细菌细胞内表达出有活性的 C4H。为了绕过 C4H 的活性限制，将来自天蓝色链霉菌（*Streptomyces coelicolor*）的香豆酸 CoA 连接酶（4CL）与来自深红类酵母的 PAL 和来自甘草的查尔酮合成酶（CHS）导入大肠杆菌表达，最终得到了较高的骨架物质产量。4CL 可以同时作用于肉桂酸和香豆酸生成肉桂酰-CoA 和香豆酰-CoA，因此可以绕开由苯丙氨酸合成黄酮骨架物质的限制。CHS 将三分子丙二酰-CoA 和一分子 4-肉桂酰-CoA/4-香豆酰-CoA 转化为生松素查尔酮/柚皮素查尔酮，最后在查尔酮异构酶（CHI）作用下，获得生松素/柚皮素，芪合酶（STS）以 4-香豆酰-CoA 为底物结合三分子丙二酰-CoA 合成白黎芦醇。柚皮素和生松素在依赖细胞色素 P450 的异黄酮合成酶（IFS）作用下转化为异黄酮，在黄酮合成酶（FSI）或者依赖细胞色素 P450 的黄酮合成酶（FSII）作用下转变为木樨草素和芹黄素。

2. 以大肠杆菌为宿主合成黄酮类化合物

（1）模块化合成策略　根据功能不同，将合成黄酮类化合物相关的基因分为多个模块，对这些模块内基因表达强度进行理性调节，有效地提高了骨架物质的产量。将合成 Phe 的相关基因 *aroFfbr* 和 *pheAfbr*，合成肉桂酰-CoA 的基因 *pal* 和 4*cl*，由肉桂酰-CoA 到生松素的 *chs* 和 *chi* 基因以及丙二酰-CoA 的合成基因 *matB* 和 *matC* 分别组合为 4 个模块，根据启动子强度和质粒的拷贝数来确定每个模块基因的表达强度，最终得到生松素产量为 40.02mg/L。应用同样的策略对白藜芦醇和柚皮素生产进行了模块化优化，得到产量分别为 35.02mg/L 和 100.64mg/L。

（2）模型优化策略　构建了 CiED（Cipher of Evolutionary Design）模型预测工具预测敲除菌体的某些基因或者改变代谢网络后菌体的代谢变化，应用该工具使碳源尽可能流向乙酰-CoA 和黄酮骨架物质合成的方向，使得柚皮素和圣草酚产量分别提高到 100mg/L/OD 和 55mg/L/OD。利用 OptForce 工具预测出敲除 *fumC* 和 *sucC* 基因，同时过表达 ACC、PGK、GAPD、PDH 酶可以提高菌体内丙二酰-CoA 的含量，使得菌体由香豆酸开始能够合

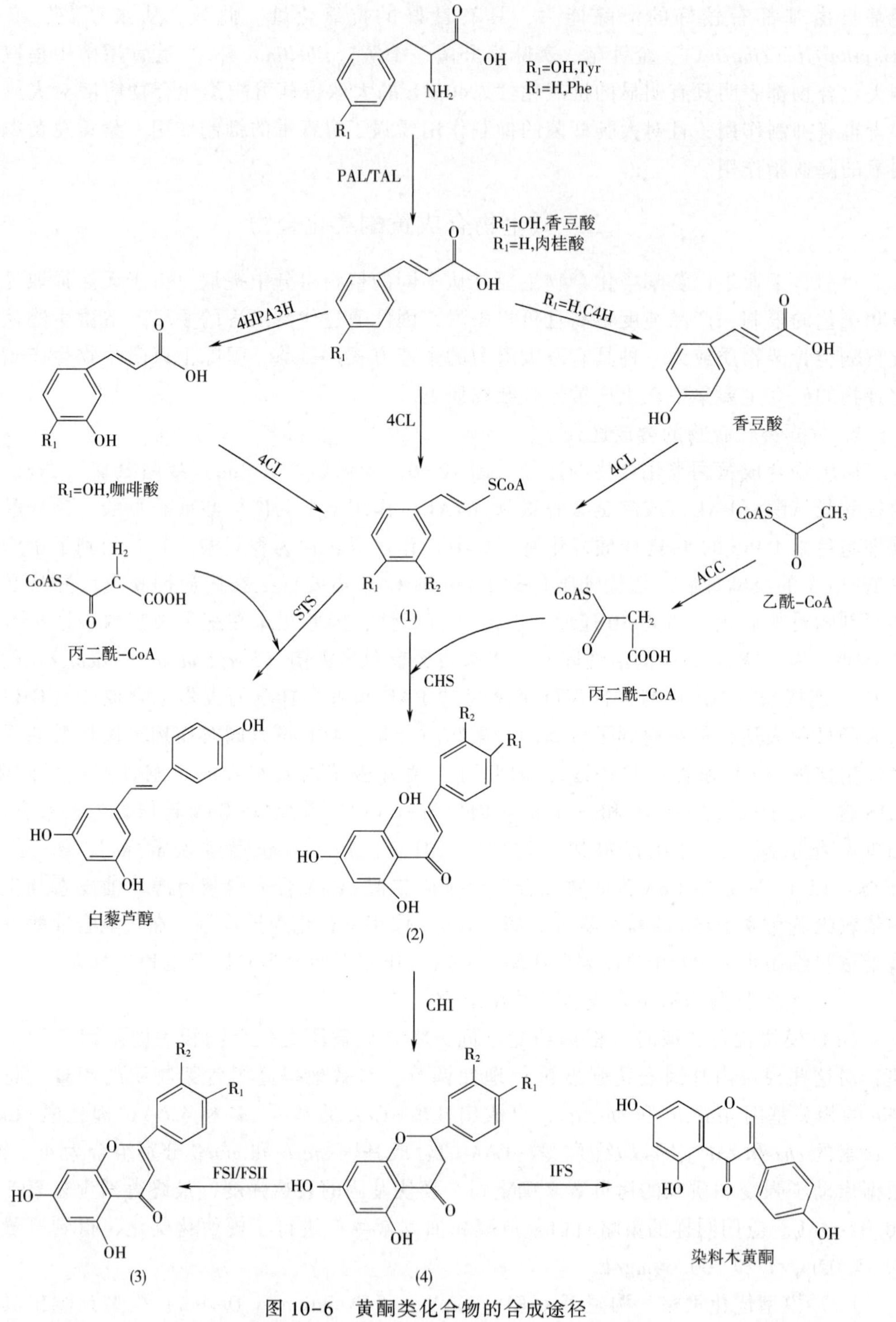

图 10-6　黄酮类化合物的合成途径

4HPA3H—4-羟基苯乙酸酯 3-羟化酶；ACC—乙酰-CoA 羧化酶；(1) R1 = R2 = OH，咖啡酰-CoA；$R_1 = R_2 =$ H，肉桂酰-CoA；$R_1 =$ OH，$R_2 =$ H，香豆酰-CoA；(2) $R_1 = R_2 =$ OH，圣草酚-查尔酮；$R_1 = R_2 =$ H，生松素-查尔酮；$R_1 =$ OH，$R_2 =$ H，柚皮素-查尔酮；(3) $R_1 = R_2 =$ OH，白杨素；$R_1 = R_2 =$ H，芹黄素；$R_1 =$OH，$R_2 =$ H，木犀草素；(4) $R_1 = R_2 =$ OH，圣草酚；$R_1 = R_2 =$H，生松素；$R_1 =$ OH，$R_2 =$ H，柚皮素；红色标记 C4H，FSII 为依赖细胞色素 P450 的单氧化酶

成474mg/L的柚皮素。

（3）增加前体物质的策略　咖啡酸、香豆酸和丙二酰-CoA是黄酮骨架物质的直接前体，添加或提高它们的产量可以有效增加黄酮骨架物质的合成。大肠杆菌的4-羟基苯乙酸酯3-羟化酶（4HP3H）可以催化香豆酸合成咖啡酸，成功地绕开了细胞色素P450酶香豆酸3-羟化酶（C3H）的限制，他们在酪氨酸高产菌株中获得了50.2mg/L的咖啡酸产量。随后在以香豆酸为底物的条件下获得了3.82g/L的产量，在Phe和Tyr均高产的菌株中得到766.68mg/L的产量。在高产酪氨酸大肠杆菌内以葡萄糖为底物得到974mg/L香豆酸、150mg/L咖啡酸。

细胞内较低的丙二酰-CoA含量是导致骨架物质产量较低的重要原因，将来自于谷氨酸棒状杆菌的乙酰-CoA羧化酶（ACC）置于表达质粒上，导入大肠杆菌有效提高了黄酮产量。共表达来自发光光杆状菌（*Photorhabdus luminescens*）的ACC以及生物素连接酶，融合表达来自大肠杆菌和发光光杆状菌的生物素连接酶，增强菌体对乙酸盐的吸收能力。以Phe为底物使得生松素、柚皮素和圣草酚产量分别提高到429、119和52mg/L。随后他们发现导入三叶草根瘤菌（*Rhizobium trifolii*）的丙二酰-CoA合成途径以及利用浅蓝菌素来抑制脂肪酸代谢途径能再次提高骨架物质产量，在以Phe为底物的条件下生松素产量达到700mg/L。此外，通过筛选不同植物里的STS基因，利用不同的启动子、质粒结构和宿主来优化白黎芦醇途径，在添加了浅蓝菌素抑制脂肪酸合成的情况下产量提高到2.3g/L。

3. 以酿酒酵母为宿主合成黄酮类化合物

以酿酒酵母为宿主可以表达出有活性的P450羟化酶（C4H）。合成黄酮类化合物的过程中有多个步骤涉及P450酶，因此酿酒酵母成了一个良好的生产菌种。用酿酒酵母为宿主，通过共表达PAL、4CL和CHS三种酶，在添加Phe/Tyr的条件下得到生松素和柚皮素的产量分别为0.8mg/L和7mg/L。在酿酒酵母共表达C4H、4CL、CHS和CHI四种酶，并以Phe为底物合成黄酮类物质，最终得到柚皮素、生松素和圣草酚的产量分别为28.3、16.3和6.5mg/L，进一步提高了产量。采用随机拼接构建人工酵母染色体的方法，以天然或非天然的底物生产黄酮类化合物，发明了一种构建全代谢路径工程菌的方法。用酿酒酵母还可以生产自然界中不存在的非天然黄酮类化合物。以22种肉桂酸衍生物为底物，用含有4CL、CHS酶的菌株生产非天然黄酮类物质获得了成功。

4. 以委内瑞拉链霉菌（*Streptomyces venezuelae*）为宿主合成黄酮类化合物

采用敲除苦霉素聚酮合酶的委内瑞拉链霉菌为宿主，共表达来自天蓝色链霉菌的4-香豆酸-CoA连接酶（4CL）、不同来源的CHS以及CHI，最终成功合成了黄酮骨架物质。随后，在委内瑞拉链霉菌中导入了*matB*和*matC*基因后，在外源添加丙二酸盐的条件下，有效地增加了黄酮类化合物的产量，柚皮素35.6mg/L、生松素44.1mg/L。

第六节　生物活性肽

生物活性肽是对生物机体的生命活动有益或是具有生理作用的介于蛋白质和氨基酸之间的分子聚合物，小至由2个氨基酸组成，大至由数百个氨基酸由肽键连接而成，是具有多种生物学功能的多肽。近几十年来，肽在人体中的作用已引起科学界的高度重视。大量研究结果表明，蛋白质摄入后，并不完全水解成氨基酸，而是大部分以肽的形式吸收。同时发现，多肽被吸收的速度比同组成的氨基酸要快。多肽涉及人体的激素、神经、细胞生长和生殖等各个领域，可被广泛地应用于医疗、卫生、保健、食品、化妆品等方面。多肽类药物的主要特点是用量小，生物活性强，对代谢类疾病、癌症、自身免疫性疾病、记忆力减退、精神失常、高血压和某些心血管疾病有显著的疗效和广泛的应用前途。随着医学及生化技术的发展，多肽类药物将成为 21 世纪重要的诊断、监测、预防和治疗药物，因此开展多肽药物的研究具有重要意义。多肽类药物的生产方法有化学合成法、基因重组技术和提取法。化学合成法在含 50 个氨基酸以下的多肽具有显著优势。基因重组技术适合制备大于 50 个氨基酸的目的多肽。提取法从动植物和微生物中提取，但得到的产物纯度低，成本高。

一、多肽疫苗

多肽疫苗开发主要集中于肿瘤和病毒疫苗。目前对人类危害极大的两种病毒性疾病艾滋病和丙型肝炎均无理想的疫苗。1999 年，美国 NIH 公布了两种 HIV-Ⅰ病毒多肽疫苗对人体进行的Ⅰ期临床试验结果，证实两种多肽能刺激机体产生特异性抗体和特异性细胞免疫，并有较好的安全性。我国清华大学也证实 HIV-Ⅰ膜蛋白内一段多肽有很强的免疫原性。丙肝病毒多肽疫苗也显示有良好的发展前景，国外学者从丙肝病毒（HCV）外膜蛋白 E2 内筛选出一段多肽，它可刺激机体产生保护性抗体。其他病毒（如甲肝、麻疹、辛德毕斯病毒等）的多肽疫苗及抗肿瘤、避孕等多肽疫苗的研究也取得了较大进展，例如，美国学者从噬菌体肽库内筛选出一个 12 氨基酸小肽，它能特异性地与人卵子结合，阻止精子与卵子的结合，可用于避孕疫苗。肿瘤的发生、发展和治疗与机体免疫系统功能密切相关，伴随着肿瘤抗原、抗原递呈、T 细胞识别机制的突破性研究进展，研究者发现抗肿瘤多肽疫苗能够通过肿瘤抗原多肽识别抗原递呈细胞表面的主要组织相容性复合体（MHC）分子，形成肽-MHC-T 细胞受体复合物，引起相应的细胞毒性 T 淋巴细胞免疫反应，从而杀伤肿瘤。因此，研制既能打破肿瘤患者存在的免疫耐受又能诱发针对肿瘤相关抗原特异性免疫应答的高效多肽疫苗已成为肿瘤免疫治疗研究的热点。

二、发酵乳制品中的抗高血压三肽

基于瑞士乳杆菌（*Lactobacillus helveticus*）等乳酸菌发酵生产的发酵牛乳产品，具有促进健康和预防高血压等疾病的功能。该生物学效应主要集中于牛乳蛋白在被乳酸菌发酵或胃肠消化过程中释放出来的生物活性肽。源自牛乳蛋白研究最多的生物活性肽为抗高血压肽。

发酵牛乳所用的乳酸菌主要为瑞士乳杆菌，此外还有乳酸乳杆菌（*Lc. lactis*）等。产品的血管紧缩素转化酶抑制（ACEI）活性和 IC_{50} 依赖于发酵菌株。首次发现 ACEI 牛乳三肽 Val-Pro-Pro（VPP）和 Ile-Pro-Pro（IPP）后，几个研究小组开始研究其抗高血压效应。这些三肽没有被消化酶水解直接吸收，到达腹部主动脉，抑制血管紧缩素转化酶，在自发高血压老鼠中表现出抗高血压效应。除了有助于调节血压外，该肽还具有类鸦片活性肽活性。含有这些三肽的发酵牛乳可用于非药物治疗和预防高血压。此外，发酵牛乳还具有降血脂效应。除了 IPP 和 VPP，这些发酵牛乳还含有其他 ACEI 肽。

三、食用菌源活性肽

食用菌多为食药兼用真菌。很多种类的食用菌具有抗肿瘤、免疫调节、抗病毒、抗菌功能，还有治疗糖尿病、心血管疾病和高胆固醇症等作用。目前，食用菌活性肽的研究主要集中于灵芝肽、云芝肽、冬虫夏草肽、茶树菇肽、双孢蘑菇肽、侧耳菌肽和杏鲍菇肽等。食用菌源生物活性肽具有多种人体代谢和生理调节功能，易消化吸收，有促进免疫、激素调节、抗菌、抗病毒、降血压、降血脂等作用，食用安全性极高。应用食用菌源活性肽作为食品添加剂、保健品、药物、疫苗、导向药物、诊断试剂、酶抑制剂及药物先导化合物等具有广泛的理论和应用价值。由于食用菌源活性肽具有清除自由基、抑制脂质过氧化的功效，它也可以直接作为保健品，起到预防多种疾病发生的作用。将食用菌源活性肽添加到化妆品中，可以对抗及中和不稳定的自由基，阻止其氧化，从而帮助避免皮肤的氧化、衰老。食用菌源活性肽能有效地清除体内过剩的活性氧自由基，保护细胞和线粒体的正常结构和功能，防止脂质过氧化的发生，在预防和治疗自由基诱发的疾病和抗衰老方面有很大的开发潜力。随着自由基生命科学的发展和活性肽作用机理研究的深入，食用菌源活性肽类药物的开发前景广阔。

微生物种类繁多，且99.9%以上的微生物不能人工培养，自然界蕴藏着医药开发的巨大种质库。组学技术的深入应用，微生物学理论和技术的进一步发展，将为微生物新医药开发提供源源不断的资源供给和手段保证。微生物与医药部分还有生物制品（疫苗、基因治疗、重组蛋白药物等）等内容，限于篇幅，本章不再介绍。

第十一章　微生物与环境保护

人类社会的发展创造了前所未有的文明，但同时也带来许多生态环境问题。由于人口的快速增长，自然资源的大量消耗，人类的生存和发展面临着严峻的挑战，环境保护刻不容缓。微生物是自然界的重要组成部分，在不同的生态系统中发挥着重要功能，对系统的稳定与发展起着不可替代的作用。微生物种类繁多，分布广泛，资源丰富，是人类最宝贵、最具开发潜力的资源库。微生物在环境监测、污染物的降解转化、资源的再生利用、环境修复与治理等方面，都能发挥关键和重要的作用，为环境保护做出了重要贡献。

第一节　污水的微生物处理

污水的微生物处理是应用最为广泛的环保技术。污水微生物处理主要利用微生物的生命活动过程，对废水中的污染物进行转移和转化，从而使废水得到净化。通过微生物酶的作用，在好氧条件下，污染物最终被分解为 CO_2 和 H_2O；在厌氧条件下，污染物最终被分解为 CH_4、CO_2、H_2S、N_2、H_2 和 H_2O 以及有机酸和醇等。

废水的微生物处理方法很多，根据不同原理，可做不同的划分。根据起主要作用的微生物呼吸类型，可分为好氧处理、厌氧处理和兼性厌氧处理；根据微生物存在状态，可分为悬浮生长系统和固定膜系统。好氧处理主要有活性污泥法（包括标准法、高速法、吸附再生法、纯氧法、延时曝气法、氧化沟法等），生物膜法（包括生物滤池、生物转盘、生物接触氧化法、生物流化床法等）和好氧氧化塘法。厌氧处理主要有厌氧消化法（包括中温消化法、高温消化法、上流式厌氧污泥床等），厌氧生物膜法（包括厌氧生物滤池、厌氧流化床、厌氧附着床、厌氧生物转盘）和厌氧塘法。兼性厌氧处理或联合处理主要有水解处理法、兼性塘法、序批式活性污泥法等。

一、微生物处理污水的基本原理

1. 好氧微生物处理污水的基本原理

好氧微生物处理废水法是废水的生物处理中应用最为广泛的一类方法。在有氧条件下，有机污染物作为好氧微生物的营养基质而被氧化分解，有机物浓度下降，微生物量增加。被分解的污染物被摄入生物体后，一部分被环境微生物代谢后用于自身合成，另一部分有机物被分解为 CO_2 和 H_2O 等，产生的能量用于合成代谢。在有机污染物的好氧分解过程中，有机物的降解、环境微生物的增殖及溶解氧的消耗是同步进行的，它们随处理工艺的不同而变化。这三个行为的控制很大程度上关系着好氧处理的效果和效率。

（1）活性污泥法

①活性污泥的形态与组成：活性污泥是具有自我繁殖、吸附、氧化有机物能力的污

泥，是一种茶褐色的绒絮状小颗粒，含水率达 99.9%以上，相对密度为 1.002~1.006，颗粒直径一般为 0.02~0.2μm，比表面积为 20~100cm^2/mL，是活性污泥处理系统的关键组分。活性污泥上聚集着大量的活性微生物。在这些微生物的共同作用下，可以将有机物转化为无机物，同时还具有吸附、沉淀等作用。

活性污泥中的微生物包括病毒、细菌、原生动物、真菌、藻类、后生动物等。细菌是活性污泥的主体微生物，以异养型细菌为主。正常成熟的活性污泥上细菌数量大致为 10^7~10^8 个/mL（图 11-1）。常见的有动胶菌属（*Zoogloea*）、假单胞菌属（*Pseudomonas*）、无色杆菌属（*Achromobacter*）、黄杆菌属（*Flavobacterium*）、产碱菌属（*Alcaligenes*）、芽孢杆菌属（*Bacillus*）、棒状杆菌属（*Corynebacterium*）、诺卡菌属（*Nocardia*）等，还可能出现分枝杆菌属（*Mycobacterium*）、短杆菌属（*Brevibacterium*）、球衣菌属（*Sphaerotilus*）、节杆菌属（*Arthrobacter*）、亚硝化单胞菌属（*Nitrosomonas*）、不动杆菌属（*Acinetobacter*）、微球菌属（*Micrococcus*）和八叠球菌属（*Sarcina*）等，主要来自土壤、水和大气。在不同的活性污泥中，优势种群不同，主要取决于原污水的性质，如蛋白质含量高的污水有利于产碱杆菌的生长繁殖，含糖量和烃类高的污水有利于假单胞菌的繁殖。很多细菌能分泌多糖类的糖被，使各种微生物聚集在一起，构成菌胶团而呈絮状。因此，细菌可看作活性污泥形成的基础。好氧呼吸的异养细菌对污染物的降解作用占较大比例，是降解水体中各种有机物的主力菌。在有氧条件下，细菌具有较强的分解有机物，并将其转化为稳定无机物的能力。它们的繁殖速度也很快，世代时间只有 20~30min。这对水体的净化非常重要。

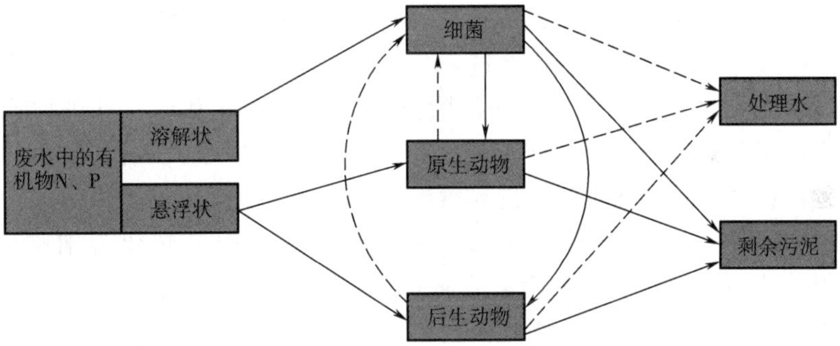

图 11-1　活性污泥微生物群体的食物链

②活性污泥的形成：活性污泥的骨干部分是由数量巨大的细菌为主体形成的“菌胶团”颗粒。菌胶团对活性污泥的形成及各项功能发挥起着非常重要的作用，不仅是构成活性污泥絮凝体的主要成分，而且具有很强的吸附、氧化分解有机物的能力，同时还对保护微生物免被微型动物吞噬起到了积极作用。菌胶团的形成机理有胶体基质说和纤维素说两种假说。前者是基于部分微生物体外的黏性荚膜、糖类聚合物等的作用，后者是基于部分微生物体外的纤维素类物质的作用。它们都具有“团聚”水体中生物的能力，并随着环境条件的变化发生着微生物生态演替，从而使活性污泥具有了独特的净化功能。正常的菌胶团形状多样，如大型指状、分支状、垂丝状、球状、蘑菇状等。

活性污泥中的真菌主要是丝状真菌，如毛霉、根霉、曲霉和青霉等。真菌并不是活性污泥的重要组成部分。它的出现跟水质有关，常常在某些含碳量高或酸性废水中出现。真菌的出现可能会导致污泥膨胀。

活性污泥中的原生和后生动物数量一般较多，占污泥总生物量的5%～10%，但跟水体性质有关，有些工业水体中没有微型动物出现。微型动物可通过体表吸收与氧化部分有机污染物，吞噬水体微小颗粒和游离细菌，对净化水体、保持活性污泥的微生物活性具有重要作用。如一个奇观独缩虫（*Carchesium spectabile*）1h可吞噬3万个游离细菌。此外，部分微型动物，如纤毛虫（Ciliate）、吸管虫（Suctorida）等，能分泌黏液，有利于絮凝体的形成。随着对活性污泥中微型动物研究的深入，发现它们可以作为污水处理系统运行状况的指示生物，如当废水纤毛虫、钟虫（*Vorticella*）、盖纤虫（*Opercularia*）、等枝虫（*Epistylis*）等出现，数量多又活性高时，表明废水处理效果良好。轮虫（Rotifer）出现反应水质较好，有机物浓度较低，轮虫恶性繁殖时活性污泥老化，结构松散，废水处理效果不好。废水中出现大量鞭毛虫（Flagellate）、变形虫（Amoeba）时也表明废水处理效果不好。

③活性污泥的净化过程：活性污泥颗粒形成初期，由于菌胶团数量较少，细菌多以游离状态存在。随着菌胶团数量的增加，游离细菌逐渐减少，活性污泥不断成熟，净化水质效果越来越好。活性污泥主要起催化剂的作用，催化各种生物化学反应，使空气中的氧和水中的有机物发生反应，生成CO_2和H_2O等，或生成大分子生物物质，达到去除水中有机污染物的目的。活性污泥法除去水体中的有机污染物过程一般分3个阶段：a. 吸附。在正常的活性污泥微生物表面，覆盖有黏质层，不仅具有物理、化学和生物吸附作用，而且形成了具有絮凝、沉淀作用的生物絮凝体。当废水与污泥在曝气池中充分接触，形成悬浊混合液。废水中的污染物被比表面积巨大且表面上含有糖被的菌胶团吸附和黏附。对有机物的吸附时间一般为30min左右，但要进入微生物体内则需要较长时间。通常处于饥饿状态的内源呼吸期污泥微生物具有较强的吸附能力。b. 微生物代谢。有机物首先在微生物分泌的胞外酶作用下，分解成为小分子的溶解有机物。这些小分子有机物再与废水中溶解性有机物一起在各种物质运输机制下进入微生物细胞。吸收进入细胞体内的污染物通过各种代谢反应而被降解，一部分转化为CO_2和H_2O，另一部分转化为细胞的组成部分。c. 凝聚与沉淀。在沉淀池中，活性污泥能形成大的絮凝体，使之从混合液中沉淀下来，达到泥水分离的目的。絮凝的原因主要是菌胶团外部黏性的糖被能相互凝聚，结成大的菌胶团，同时，与微生物所处的生长阶段有关。

基于活性污泥的污水处理方法原理是，通过充分曝气供氧，使大量繁殖的微生物群体悬浮在水中，从而降解污水中的有机污染物。停止曝气时，悬浮微生物絮凝体易于沉淀与水分离，并使污水得到净化、澄清。

④活性污泥的评价指标：评价活性污泥的指标主要有：a. 混合液悬浮固体浓度（Mixed Liquid Suspended Solids，MLSS）。它表示在曝气池单位容积内所含有的活性污泥固体物的总质量，包括具有代谢功能活性的微生物群体，微生物内源代谢、自身氧化的残留物，污水挟入的难降解性有机物，以及污水挟入的无机物质。该指标是活性污泥处理系统重要的设计、运行参数。b. 混合液挥发性悬浮固体浓度（Mixed Liquid Volatile Suspended Solids，MLVSS）。它表示混合液中活性污泥有机性固体物质部分的浓度，包括具有代谢功能活性的微生物群体、微生物内源代谢、自身氧化的残留物，以及污水挟入的难降解性有机物。c. 污泥沉降比（Settling Velocity，SV），指混合液在量筒内静置30min后所形成沉淀

污泥的容积占原混合液容积的百分数（%）。其可反映曝气池活性污泥量，用以控制、调节剩余污泥的排放量，并可通过该指标及时发现污泥膨胀等现象，是评价活性污泥数量和质量的重要指标，也是活性污泥处理系统重要的运行参数。d. 污泥容积指数（Sludge Volume Index，SVI），指曝气池出口处的混合液，经过30min静沉后，每千克干污泥所形成的沉淀污泥体积（mL/g）。其能反映活性污泥的凝聚、沉降性能。该值过低说明泥粒细小，无机质含量高，缺乏活性；过高说明污泥沉降性能不好，并且已产生膨胀现象。e. 污泥龄（Sludge Age），指反应系统内，微生物从其生成到排出系统所停留的时间。污泥龄是活性污泥处理系统设计、运行的重要参数。

⑤污泥膨胀：污泥膨胀是活性污泥法最常见的问题。所谓污泥膨胀就是二沉池污泥沉降性能差，泥水分离困难，池面漂泥严重，出水水质极差的现象。污泥膨胀使净化系统去污能力下降，出水水质下降，达不到污水排放标准。膨胀性污泥分为两种，即由丝状细菌引起的丝状膨胀污泥和由非丝状细菌引起的菌胶团膨胀污泥。一般认为SVI小于200mL/g为正常污泥，小于100mL/g最好，大于200mL/g为膨胀污泥。

引起污泥膨胀的微生物主要是丝状细菌，如诺卡菌属、浮游球衣菌（*Sphaerotilus Natans*）、微丝菌属（*Microthrix*）、发硫菌属（*Thiothrix*）、贝日阿托氏菌属（*Beggiatoa*）等。有研究认为，污泥膨胀的原因主要有环境因素和微生物因素，其中丝状微生物的过度生长是主导因素，环境条件是促成因素。丝状细菌对生存条件的要求与菌胶团其他微生物不同。如菌胶团细菌严格好氧，而浮游球衣菌是好氧菌，在微好氧条件下也能正常生长，发硫菌属、贝日阿托氏菌属是厌氧菌。丝状细菌几乎都能吸收可溶性有机物，特别是糖类和有机酸，尤其在酸性环境中，丝状细菌生长优势明显。所以，当环境条件有利于丝状生物生长时，容易导致污泥膨胀。

控制污泥膨胀的最佳办法是根据丝状微生物的生理特性，合理优化工艺，协调丝状微生物的生长，达到控制污泥膨胀的目的。丝状微生物对菌胶团的形成、功能以及出水质量等都有很大的影响。而作为菌胶团的一部分，也不可能完全抑制丝状生物的生长。对丝状生物生长的调控可从环境和代谢机制两方面同时或分别入手。环境调控是通过曝气池中生态环境的改变，造成有利于菌胶团微生物生长的环境，抑制丝状微生物的过量繁殖而达到控制污泥膨胀的目的。代谢机制控制是利用丝状微生物与其他微生物的不同代谢机制，创造有利于菌胶团微生物生长的条件，抑制丝状微生物的过量生长。

（2）生物膜法

①生物膜的形成与结构：生物膜的形成是有机分子、微生物细胞、载体表面通过物理、化学及生物过程综合作用的结果。生物膜一般呈蓬松的絮状结构，微孔较多，表面积大，因此具有很强的吸附作用。同时，生物膜表面聚集的大量各种微生物，可直接与被吸附的污染物接触。水中的有机污染物作为营养物质被摄取，从而使污水得到净化，微生物自身也得以增殖。微生物膜一般分为静止生物膜和颗粒状生物膜。静止生物膜一般存在于滴滤池中。颗粒状生物膜通常应用于各种流化床生物膜反应器、升流式厌氧污泥床和气提式悬浮生物膜反应器等。

当废水经过载体时，分泌糖被的好氧微生物首先在新的载体表面附着，并生长繁殖，然后丝状细菌也附着生长，这时原生动物也开始出现。随着细菌生物量的不断增加，生物膜逐渐增厚，水体中的溶解氧不能扩散到生物膜的内层，兼性厌氧和厌氧菌开始生长繁殖，分解水体扩散进来的有机物和好氧微生物的代谢产物，分解糖被中多糖类物质，从而产生有机酸等物质，使生物膜附着在载体表面的能力下降。同时，加上水力搅拌和其他生物的活动，厚的生物膜脱落，在脱落的地方，新的生物膜又形成（图 11-2）。

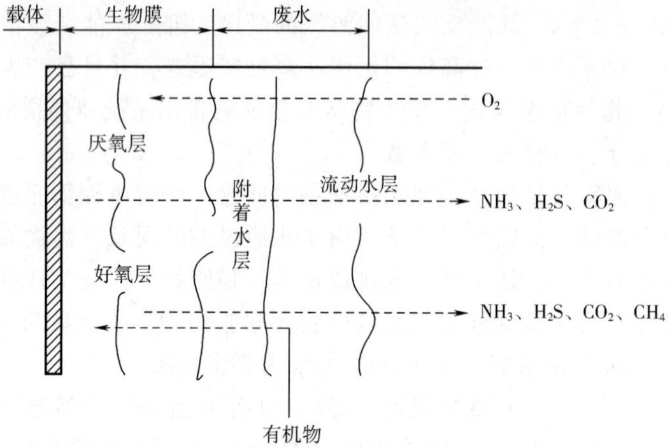

图 11-2　生物膜结构及废水净化原理示意图

生物膜载体对于生物膜的形成、稳定性、水体净化效果等有很大影响。选择载体时需要考虑以下几个要素：a. 载体物理形态及机械强度好，无毒，不被微生物降解腐蚀；b. 载体表面粗糙程度、空隙率、密度等要有利于挂膜；c. 载体尽可能具有大的表面积；d. 载体价格合理，易于循环利用。目前，已商业化的膜载体很多。根据载体的性质可分为无机载体和有机载体。无机载体有沙子、碳酸盐类石、玻璃、沸石、陶瓷、碳纤维、矿渣、活性炭和金属等；有机载体有树脂、塑料、纤维等。

成熟的生物膜一般分为三层，从水体到载体表面依次分为外表层、中间层和内层。由于溶解氧的扩散阻力和生物对溶解氧的利用，外表层一般为好氧，约为 2mm，是有机物降解的主要部位。中间层为微好氧，而内层为兼性厌氧或厌氧。由于自然选择的结果，不同的层面生长着不同类型的微生物，并表现出跟活性污泥不同的特点。生物膜的组成与特性、厚度、分布均匀性等与污水特点、环境条件等有关。

②生物膜中的微生物：生物膜中的微生物与活性污泥相似，包括细菌、真菌、藻类、原生动物、后生动物及一些小动物。生物膜中的微生物不是简单的种群间的聚集，而是按照系统的生理功能以及特定环境条件下的最优组合构成。

细菌是生物膜的主体，而其产生的胞外多聚物是生物膜形成的基础。细菌以化能异养型为主，包括好氧、兼性厌氧和厌氧菌。这主要是由生物膜的结构所决定的。生物膜由好氧生物膜和厌氧生物膜组成。好氧生物膜层的细菌可以直接从流经生物膜表面的水体中获取能量、养分和 O_2。厌氧生物膜层多为各种自养菌，如动胶杆菌属（*Zoogloea*）、假单胞菌属、黄杆菌属、无色杆菌属、产碱杆菌属等。

生物膜中的真菌与活性污泥中的不同，繁殖很快，在营养及生境方面和细菌有竞争关系。丝状真菌有瘤孢菌属（*Sepedonium*）、镰刀霉属（*Fusarium*）、青霉属、曲霉属、毛霉属、地霉菌属（*Geotrichum*）等。

除了典型的微生物，生物膜中还有藻类、原生动物、后生动物等。藻类是受阳光照射下的生物膜主要成分，尽管其不是生物膜的主要微生物类群，但藻类是生物膜中可以将太阳能转化为生物能的微生物类群之一，对整个生物膜的形成与发展有重要作用。不过由于藻类在生物膜中数量较小，对净化水体作用不是很大。原生动物主要有鞭毛类、肉足类和纤毛类，特别是纤毛类占了很大比例，超过 50%。原生动物对保持生物膜微生物的活性状态起了积极作用，因为原生动物在不断捕食活性下降的细菌和藻类。同时，原生动物也吞噬其他一些颗粒，对净化水体也有一定的作用。后生动物主要包括轮虫类、线虫类、寡毛类、昆虫类等。

③生物膜的净化机理：生物膜使微生物附着在载体表面。污水流经载体表面过程中，通过有机营养物的吸附、氧向生物膜内部扩散以及在膜中所发生的生物氧化作用，对污染物进行分解。从净化过程看，生物膜作用可分为生物膜层和废水层。生物膜层是污染物转化的主要场所，污染物只有扩散至生物膜表层或内部才能被分解或转化。生物膜最外层是好氧环境，而在好氧层的深部由于扩散作用制约了溶解氧的渗透形成微氧环境，一些兼氧微生物在此生长。接近载体的生物膜内层属于厌氧环境，是厌氧微生物的主要生长场所。废水层是氧气、污染物进入生物膜的途径，也分为两层：附着水层紧靠生物膜的好氧层，而流动水层直接与空气接触。空气中的氧由流动水层进入附着水层，再传递到生物膜外层。

2. 厌氧微生物处理污水的基本原理

当水中有机污染物浓度大于 1000mg/L 或 BOD_5 大于 1500mg/L 时，由于氧的传递受阻严重，不再适合用好氧微生物处理方法。这为耗能低、投入低、易管理的厌氧微生物处理方法提供了机会。

（1）废水厌氧生物处理的微生物　厌氧微生物可分为专性厌氧微生物和兼性厌氧微生物。专性厌氧微生物是指只有在无氧条件下才能生长的微生物。这类微生物只有脱氢酶系统，分子氧对它们具有致死作用。而兼性厌氧微生物在有氧和无氧条件下均能成活。厌氧条件下，起作用的微生物主要有三类。首先是发酵性细菌，产生的胞外酶把有机物分解成简单的溶解性有机物，并进入细胞内由胞内酶分解为乙酸、丙酸、丁酸、乳酸等脂肪酸和乙醇等醇类，同时产生 H_2、CO_2、NH_3 等。第二类是产氢产乙酸细菌，把低分子酸如丙酸、丁酸等脂肪酸和乙醇转化为乙酸，有的还能利用 H_2 还原 CO_2 成乙酸。微生物同时利用水解或发酵的产物进行生长繁殖。第三类是产甲烷细菌，通过分解乙酸、H_2 还原 CO_2 产生甲烷。产甲烷细菌只能从 C_1 化合物（CO_2、CH_3OH）和乙酸与 H_2 产生甲烷，C_2 以上的醇和 C_3 以上的酸必须在与甲烷细菌在一起的非甲烷细菌作用下转变为 C_1 化合物、乙酸或 H_2 后才能被甲烷细菌利用。

（2）厌氧微生物处理污水的过程　在实际厌氧微生物处理废水过程中，兼性厌氧微生物和专性厌氧微生物均有重要的作用。通常情况下，首先是兼性厌氧微生物把水体中本身携带的氧消耗殆尽，为专性厌氧微生物提供生存环境，其次才是专性厌氧微生物的消化阶段。1979 年，Bryant 等提出厌氧微生物处理废水“三阶段理论”，基本得到大家的认可（图 11-3）。

①水解和发酵阶段：有机物通过发酵细菌生成乙醇、丙酸、丁酸和乳酸等，起作用的微生物主要是产酸细菌，如梭菌属（*Clostridium*）、拟杆菌属（*Bacteroides*）、丁酸弧菌属

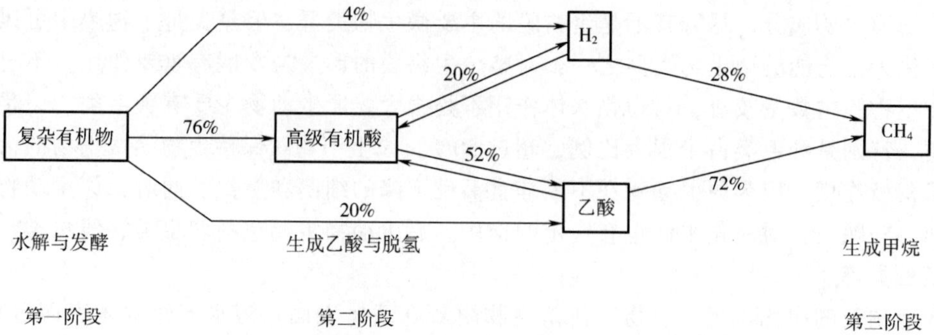

图 11-3　有机物厌氧消化三阶段模式

(*Butyrivibrio*)、真杆菌属（*Eubacterium*）、双歧杆菌属（*Bifidobacterium*）等。

②产氢产乙酸阶段：第一阶段产生的丙酸、丁酸等脂肪酸和乙醇在产氢产乙酸菌的作用下转化为乙酸、H_2、CO_2。主要的细菌有共养单胞菌属（*Syntrophomonas*）、互营杆菌属(*Syntrophobacter*)、梭菌属和暗杆菌属（*Pelobacter*）等。

③产甲烷阶段：产甲烷菌利用乙酸、H_2、CO_2 产生甲烷。产甲烷菌大致可分为两类：一类是利用乙酸产甲烷；另一类是利用 H_2 和 CO_2 合成甲烷，但数量较少。另外，还有极少数细菌既可利用乙酸又可利用 H_2。

（3）厌氧微生物处理污水的特点　厌氧处理方法的优点有：①有机负荷高，产生的剩余污泥少，运行费用低，对 N、P 等营养盐需求低；②可以把污水处理、能源回收结合起来，有较好的经济与环境效益；③设备简单，操作灵活，占地面积小；④高浓度有机废水不需稀释，可直接进行处理。厌氧微生物的特点使该方法工艺适合季节性或间断性运行。厌氧处理方法的缺点有：①厌氧微生物生长速率小，处理效率较低，反应器初次启动过程缓慢，需 8~12 周，整个水处理时间较长；②净化后的水质一般达不到污水排放标准，COD 浓度高于好氧法，需要与其他方法联用；③厌氧微生物对有毒物质比较敏感，处理过程中易产生臭味；④对水质和操作控制的要求高，对低浓度的有机废水处理效果不理想。

二、微生物处理污水的典型工艺

1. 好氧微生物处理污水的典型工艺

（1）活性污泥法　该类方法基本能很好地应用于废水处理。其基本流程包括初沉淀池、曝气池、二沉池和污泥回流装置四个单元。活性污泥法包括标准活性污泥法、渐减曝气法、吸附-再生法、高速活性污泥法、纯氧活性污泥法、延时曝气法和膜生物反应器法等工艺技术。

①标准活性污泥法：该法的曝气池是推流式，为长条形。废水从一端进入池内，混合液从另一端被推出进入沉淀池。混合液在二沉池进行泥水分离。污泥由二沉池底部排除，一部分污泥回流至曝气池，剩余部分被排出系统。标准活性污泥法的优点是：a. 处理效果好，BOD_5 去除率可达 90%~95%，适合于处理净化程度和稳定要求较高的废水；b. 操作灵活，可根据处理程度的要求或高或低。该方法的缺点有：a. 进水有机负荷不能过高，以免曝气池前段呈厌氧状态；b. 曝气池容积大，占地面积也大；c. 曝气池末段可能供氧高

于需氧，增加曝气费用；d. 耐冲击负荷性能较差。

②渐减曝气法：是针对标准污泥法中曝气池供氧、需氧不平衡并沿池长逐渐减少的特点，供气量也沿活性污泥推进方向逐渐减少的一种曝气工艺，从而使曝气池中溶解氧浓度保持一致，避免进水口溶解氧浓度低而出水口溶解氧浓度高的现象。该法的优点：a. 可保持曝气池供氧与需氧之间平衡，降低能耗；b. 减小曝气池面积，降低成本。其缺点为：a. 不适于水质变化大的污水；b. 长廊式供氧利用率低，能耗高；c. 处理时间长，曝气4~8h。

③吸附-再生法：适合处理以悬浮物或胶体形式存在的 BOD_5，其污泥回流比一般为50%~100%。该法的优点有：a. 造价低，废水与活性污泥在吸附池里的接触时间较短，吸附池体积较小，因回流比较高，再生池容积也可控制较小，致使两者容积之和比普通活性污泥法曝气池容积小得多，因而减小了占地面积，降低了造价；b. 耐冲击负荷能力提高，由于回流污泥量可灵活调节，易于适应进水水质、水量的变化。其缺点有：a. 去除率比普通活性污泥法低；b. 对难溶性有机物含量高的工业废水处理效果欠佳；c. 操作相对复杂，缺乏灵活性。

④高速活性污泥法：该法为减少曝气池体积，在保持高去除率的前提下，采用高有机负荷、短停留时间方式处理有机废水，通过提高 MLSS 浓度（4000~10000mg/L）和 BOD_5 负荷 1.6~3.2kg/（m^3·d），与纯氧曝气系统相结合提高氧的供应与传递，以达到提高处理效果的目的。

⑤纯氧活性污泥法：利用纯氧代替常规的空气进行曝气，大大提高了混合液中溶解氧的浓度，从而加速废水处理过程。该法的优点为：a. 纯氧传递速率高，曝气时间大大缩短，仅为 1.5~3.0h；b. 生物处理速度快，污泥浓度为4000~8000mg/L 时，能大大提高曝气容积负荷；c. 剩余污泥量少，污泥容量指数低，一般不发生污泥膨胀。其缺点有：a. 制备纯氧过程复杂，运行成本高；b. 曝气池密闭，对结构要求高；c. 进水中混有的易挥发性碳氢化合物易在密闭曝气池中积累导致爆炸；d. 产生的 CO_2 随分压增加溶于液体，导致 pH 下降，影响处理效率。

⑥延时曝气法：采用完全混合式曝气池，长时间曝气，污泥处于内源代谢状态，因而剩余污泥量少且稳定，活性污泥中硝化细菌比较多，有机质负荷低，$BOD_5 \leq 0.24$kg/（m^3·d），但有较高的 MLSS 浓度（3000~6000mg/L）。但该工艺占地面积大，曝气量大，运行时曝气池内的活性污泥易产生部分老化现象而导致出水漂泥。适合处理对水质要求高又不宜采用污泥装置的小型城镇污水和工业废水，一般水量不超过 1000m^3/d。

⑦膜生物反应器法：将膜分离技术与传统活性污泥法进行了很好的结合，主要改革了泥水分离系统，采用膜过滤取代传统活性污泥中的二沉池和砂滤池，提高了泥水分离效率和出水质量，没有悬浮物。该工艺没有二沉池，减少了占地面积，节约了投资，结构紧凑，易于自动控制。但分离膜易发生堵塞，膜寿命需要延长。

（2）生物膜法　生物膜法包括生物滤池法、生物转盘法、生物接触氧化法和生物流化床处理等工艺。

①生物滤池法：是以土壤自净原理为依据，在污水灌溉的基础上发展而成的人工生物处理技术，包括普通生物滤池、高负荷生物滤池、塔式生物滤池等。在生物滤池的基础上，参照工业中的填料塔方式，建造了直径与高度比为（1∶6）~（1∶8），高达 8~24m

的塔式滤池，主要是利用好氧微生物处理污水的一种构造物，目前已在石油化工、焦化、化纤、造纸、冶金等行业的废水处理中得到了应用。塔身起围挡滤料的作用，可分数层，每层填充高度不大于2m；滤料大的表面积、大的空隙率、有利于通风和排出脱落生物膜。国内外主要用玻璃布蜂窝填料和大孔径波纹塑料板滤料。

②生物转盘法：生物转盘是由固定在一根轴上的许多间距很小的圆盘或多角盘片组成，圆盘不到一半面积浸没在半圆形、矩形或梯形的氧化槽中，盘面作为生物膜支撑物。盘片上长着生物膜。在盘片转动过程中，生物膜不断生长、增厚。过剩的生物膜靠盘片在废水中旋转时产生的剪切力剥落下来，防止了盘片间的堵塞。生物转盘上的生物膜包括好氧性生物膜和厌氧性生物膜以及活性退化的生物膜。好氧生物膜能氧化有机物，具有硝化作用；厌氧生物膜具有反硝化、除氮功能。生物膜在浸没状态时，废水中的有机物被生物膜吸附和吸收，并进行一定的厌氧消化。当转盘处于水面以上时，生物膜内吸附的有机物完全被氧化，生物膜恢复活性。生物转盘的盘面每转动一圈，就完成一个吸附、氧化周期。该法的优点有：a. 不发生污泥堵塞和污泥膨胀现象，可处理高浓度有机废水；b. 生物量多，净化率高，适应性强；c. 剩余污泥量少，污泥颗粒大，含水率低，沉淀速度快，易沉淀分离；d. 设备简单，操作简便，无需污泥回流系统，运转费用低。其缺点为：a. 室外情况下，转盘顶部需要覆盖材料，防暴雨冲刷生物膜；b. 场地面积比活性污泥法大，投资相对较高。

③生物接触氧化法：是一种具有活性污泥法特点的生物膜法，兼具活性污泥法和生物滤池法的特点。填料是固定不动的，部分微生物以生物膜的形式附着生长于填料表面；部分微生物悬浮生长于水体中，共同起到净化废水的作用。该方法的优点有：a. 由于填料的比表面积大，池内充氧条件好，生物接触氧化池里的生物量高于活性污泥法曝气池及生物滤池的生物量，故具有较高的容积负荷；b. 由于许多微生物附着生长在填料表面，生物接触氧化池不需要污泥回流系统，可以避免污泥膨胀现象的产生，运行管理也简便；c. 生物氧化池内生物量多，水流属完全混合性，因此，能适应水质、水量的骤变；d. 由于生物接触氧化池中生物量多，当有机容积负荷较高时，其F/M比可保持在一定水平，污泥产量可相当于或低于活性污泥法。其缺点为：a. 填料层内水流冲刷较小时，生物膜不易脱落，易发生堵塞现象；b. 曝气装置在填料底部，出现故障不易检修。

④生物流化床处理：生物流化床是流态化的颗粒床，在流态化的颗粒表面长有生物膜，废水在流化床内与生物膜接触从而被净化。根据气、水和载体混合方式不同，生物流化床可分为两相式和三相式两种。现在的生物流化床都是三相式的，以向流化床直接充氧代替两相的外部充氧装置，增加了废水、氧气和载体的接触、摩擦机会，提高了传质速度，易使生物膜表层自行脱落，可免除体外脱膜装置。该方法的优点有：a. 生物固体浓度高，可缩短水力停留时间，提高容积负荷；b. 不会发生污泥膨胀和生物膜法污泥堵塞问题；c. 能适应不同浓度废水和较大的冲击负荷；d. 占地面积小，基建费用低。

2. 厌氧微生物处理污水的典型工艺

厌氧微生物处理污水的设备包括普通厌氧反应器、厌氧接触反应器、上流式厌氧污泥床反应器和厌氧固定膜反应器等。

（1）普通厌氧反应器是一种最简单的厌氧生物处理废水工艺用的反应器，也称普通消化池，已有一百多年的历史。

（2）与普通厌氧反应器相比，厌氧接触反应器增加了沉淀池。泥水经沉淀池澄清分离后，清水由上部排出，污泥回流至厌氧消化池。这不但降低了出水悬浮物的浓度，改善了出水水质，而且避免了污泥流失，提高了消化池中污泥的浓度和消化池容积负荷，大大缩短水力停留时间。水力停留时间为 1~5d。

（3）上流式厌氧污泥床反应器内没有载体，污水从底部经布水器进入反应器，不但使废水均匀地经过污泥床，同时还能起到搅拌作用，增加污水与污泥的接触机会。废水中的有机物被微生物分解为沼气，形成的小气泡在上升过程中相互碰撞结合成大气泡。于是絮状污泥在上升水流和气泡作用下处于悬浮状态，形成悬浮污泥区。底部污泥浓度较高，上部是污泥浓度较低悬浮污泥床。上流式厌氧污泥反应器中颗粒污泥形成与否是影响废水处理效果的重要因素。颗粒污泥越多，处理效率就越高。与其他厌氧工艺相比，上流式厌氧污泥床反应器具有以下独特的优点：①容积负荷率高，水力停留时间短。因为上流式厌氧污泥床反应器可实现污泥颗粒化，使其固体停留时间长达 100d，使得污泥床内有大量的生物存在。②气、固、液的分离实现了一体化，使得上流式厌氧污泥床反应器具有很高的处理能力和处理效率，尤其适合各种高浓度有机废水的处理。③处理同 COD 总量的废水，上流式厌氧污泥床反应器具有能耗低、成本低、占地面积小等优点。④由于污泥可循环利用，不仅使得污泥产量低，而且微生物种群较为稳定。⑤能回收生物能——沼气。

（4）厌氧固定膜反应器是一种装有固定填料的反应器。其结构与好氧生物滤池相似，但顶部密封。在填料表面，以生物膜的形式附着生长着大量的厌氧微生物。废水淹没通过填料。在生物膜的吸附和微生物的代谢及填料的截流作用下，废水中的有机物被去除。根据进水的方向将厌氧固定膜反应器分为上流式、下流式和平流式。在 25~35℃，有机负荷（COD）为 3~10kg/（m^3·d），去除率可达 80%以上。由于微生物生长在填料上，不随水流失，所以微生物停留时间长，可超过 100d。此外，还具有产泥少、无需污泥回流、耐冲击负荷、能耗低、易管理等特点。缺点是容易发生堵塞。进水悬浮物含量一般不能超过 200mg/L。

第二节　废气的微生物处理

大气污染物主要来源于各类化工厂、化纤厂、石油化工、火力发电、垃圾焚烧厂等的废气和汽车尾气，以及废水处理厂和垃圾处理场产生的臭气等。废气中含有许多有毒的污染物，散发能够挥发的有机物污染“三致”物，还有恶臭、强刺激、强腐蚀及易燃、易爆的组分，导致空气污染。废气的处理方法有物理和化学的方法，如吸附、吸收、氧化及等离子体转化等。处理方法也有生物法。生物处理法是目前研究开发的新型废气净化技术。它是利用微生物把废气中有害气态污染物转化成少害甚至无害物质的废气净化法。目前，微生物主要用来处理污染大气中的有机污染物，特别是脱除臭味。乙醇、硫醇、硫醚、酚、甲酚、吲哚、脂肪酸、乙醛、酮、二硫化碳、二氧化硫、氨和胺等都可以通过微生物进行处理。通常对于某种污染物总能找到适当的微生物进行处理。

一、废气的微生物处理方法

微生物能氧化有机物，产生二氧化碳和水等物质，但这一过程难以在气相中进行。因此，废气的生物处理通常先将气态物质溶于水后才能用微生物法处理。另外，废气的成分往往比较单一，难以全面满足微生物生长代谢对营养的要求。所以，在废气的生物处理中需要向生物反应器中投加适宜的营养物质才能保证处理效果。根据生物反应器中使用的介质性质不同，废气的微生物处理方法可分为微生物吸收（洗涤）法、微生物滴滤法和微生物过滤法，其中微生物吸收（洗涤）法采用液态介质，微生物滴滤法和微生物过滤法采用固态介质。

微生物吸收（洗涤）法是利用由微生物、营养物和水组成的微生物混合液吸收处理废气，适合于吸收可溶性的气态污染物。微生物混合液吸收了废气后进行好氧处理，去除液体中吸收的污染物，经处理后的吸收液再重复使用。废水在生物反应器中一般进行好氧处理，常用活性污泥法或生物膜法。经微生物处理后的废水可直接进入吸收器循环使用，也可以经过泥水分离后再重复使用。废气经过吸收后所剩余的尾气，若有必要，再做净化处理（一般是再送入吸收器）。还可以利用废水处理厂剩余的活性污泥配制混合液作为吸收剂处理废气。该工艺对脱除复合型臭气效果显著，脱臭效率可达90%，而且能脱除很难治理的焦臭。

微生物滴滤法处理废气工艺以生物滴滤反应塔为主体设备，使用的滤料主要是颗粒状或有孔隙的人工材料，如陶瓷、塑料或金属等。从底部进入的废气在上升过程中被喷淋的混合液充分吸收，并在反应塔底部形成处理系统。在曝气的条件下，微生物将废水中的有机物降解转化，达到稳定或无害化。该工艺集废气吸收器和废水处理器为一体，可以处理的挥发性有机物浓度为100mg/m^3至5g/m^3，流量为5~50000m^3/h。同时，生物滴滤工艺还可以组成并联或串联系统，这样处理负荷更高。微生物滴滤法已成功用于动物脂肪加工厂、轻金属铸造厂的含有氨、胺、硫醇、脂肪酸、酚、乙醛和酮等污染物的废气净化脱臭。

微生物过滤法使用的固态介质是一种天然材料，常用的固体颗粒有堆肥和土壤。这些材料为微生物的附着和生长提供表面。微生物吸收废气中的污染物，然后将其转化为无害物质。常用的工艺设备有堆肥滤池和土壤滤池。

二、处理废气的微生物

微生物是废气处理反应器的关键组分。微生物的量和活性对生物净化过程具有决定性的影响。一般用自然存在的微生物，如土壤、堆肥中的微生物，污水污泥中的微生物经过驯化也可以使用。而对那些难降解物质，则需要接种专用菌种。近年来，有学者认为生物净化器内存在的生物生态系统，由降解污染物的微生物和大量非直接降解污染物的微生物种群构成，并提出构筑食物链来维持反应器内生态平衡的观点。

生物反应器内的生物相主要由细菌组成，也含有放线菌和真菌。例如，在净化芳香烃类的生物反应器中常见的细菌有恶臭假单胞菌、铜绿假单胞菌和荧光假单胞菌等。在实际应用中，选用单一微生物的情况不多，多数利用混合微生物。这是因为：①含有多种成分的混合废气，需要多种微生物分别降解；②有的成分需要几种微生物的相继作用才能分解转化为无害物质，例如氨先经硝化菌再经反硝化菌才能成为分子态氮；③一些难降解的成分需要由几种微生物联合作用才能被完全降解，例如卤代有机化合物先经厌氧微生物生物还原脱卤，再被好氧微生物彻底分解；④由于工艺需要，尽管废气成分能够被单一微生物分解，但还需利用其他微生物，例如在硫化氢的氧化中，为了使自养型脱氮硫杆菌（*Thiobacillus denitrificans*）絮凝滞留于反应器内，需与活性污泥中的异养型微生物一起培养。

在废气处理的微生物研究中，以含 H_2S 废气处理微生物的研究最多。下面介绍几种处理 H_2S 的微生物。

1. 厌氧光合细菌

厌氧光合细菌主要有绿菌科的泥生绿菌（*Chlorobium limicola*）和着色菌科的着色菌（*Chromatium*），在充足的光照情况和 CO_2 存在时，能使 H_2S 氧化为元素硫。

2. 异养菌

异养菌主要有黄单胞菌（*Xanthomonas*）DY44，能使 H_2S 转变为聚硫化物（Polysulfide），可去除甲硫醇（MT）、二甲硫醚（DMS）、二甲基二硫醚（DMDS），但 H_2S 去除率低于硫杆菌。

3. 好氧化能自养菌

好氧化能自养菌主要有排硫硫杆菌（*Thiobacillus thioparus*）、氧化硫硫杆菌（*T. thiooxidans*）和氧化亚铁硫杆菌（*T. ferrooxidans*）。其营养要求简单，可生长在生物膜上处理 H_2S 和 CS_2。排硫硫杆菌还可去除 MT、DMS 和 DMDS，氧化硫硫杆菌还可以去除乙硫醇、乙硫醚、硫和噻吩等。

4. 兼性厌氧的化能自养菌

兼性厌氧的化能自养菌主要有脱氮硫杆菌（*T. denitrificans*），以硝酸盐作为电子受体。处理时分两个阶段：第一阶段 SO_2 被脱硫弧菌（*Desulfovibrio*）转化为 H_2S，第二阶段 H_2S 被脱氮硫杆菌以硝酸盐为电子受体氧化为 S 或 SO_4^{2-}，硝酸盐则被还原为氮气。

近年来，对挥发性有机物（Volatile Organic Compounds，VOCs）降解菌的研究有很大发展。VOCs 高效降解菌经过扩大培养接种到生物吸收（洗涤）器和生物滴滤池中。例如，意大利热那亚大学的研究者用不动杆菌（*Acinetobacter*）NCIMB9689 处理甲苯，用紫红红球菌（*Rhodococcus rhodochrous*）处理苯乙烯；美国密歇根大学的研究人员用木糖氧化产碱菌（*Alcaligenes xylosoxidans*）处理派烯等。

第三节　微生物修复技术

随着微生物技术的发展，微生物在多种修复技术中应用日益广泛。最早将微生物应用于污染土壤的修复，随后应用于海洋石油污染的修复。目前，微生物修复技术已经涉及文物、混凝土等工程的修复。

一、用于生物修复的微生物

用作生物修复的微生物分为三大类型：土著微生物、外来微生物和基因工程菌。

1. 土著微生物

微生物降解有机化合物的巨大潜力，是生物修复的基础。土壤中经常存在着各种各样的微生物，在遭受有毒有害的有机物污染后，实际上就自然地存在着一个驯化的过程。一些特异的微生物在污染物的诱导下产生分解污染物的酶系，进而将污染物降解转化。

目前，大多数生物修复工程中实际应用的都是土著微生物。其原因一方面是由于土著微生物降解污染物的潜力巨大，另一方面也是因为接种的微生物在环境中难以保持较高的活性以及工程菌的应用受到较严格的控制。引进外来微生物和工程菌时必须注意这些微生物对该地土著微生物的影响。

当处理包括多种污染物（如直链烃、环烃和芳香烃）的污染时，单一微生物的能力通常很有限。土壤微生态实验表明，很少有单一微生物具有降解所有这些污染物的能力。另外，化学品的生物降解通常是分步进行的。在这个过程中包括了多种酶和多种微生物的作用，一种酶或微生物的产物可能成为另一种酶或微生物的底物。因此，在污染物的实际处理中，必须考虑接种多种微生物或者激发当地多样的土著微生物。土壤微生物具有多样性的特点。任何一个种群只占整个微生物区系的一部分，群落中的优势种会随土壤温度、湿度以及污染物特性等条件发生变化。

2. 外来微生物

土著微生物生长速度太慢、代谢活性不高，或者由于污染物的存在而造成土著微生物数量下降，因此需要接种一些降解污染物的高效菌。例如，处理 2-氯苯酚污染的土壤时，只添加营养物，7 周内 2-氯苯酚浓度从 245mg/L 降为 105mg/L；而同时添加营养物和接种恶臭假单胞菌纯培养物后，4 周内 2-氯苯酚的浓度即有明显降低，7 周后仅为 2mg/L。

采用外来微生物接种时，会受到土著微生物的竞争，需要用大量的接种微生物形成优势，以便迅速开始生物降解过程。研究表明，在实验室条件下，30℃时每克土壤中用来启动生物修复的最初步骤的微生物被称为“先锋生物”，它们能催化限制降解的步骤。

有一些重大的研究项目正在试图扩展用于生物修复的微生物范围。科学家们一方面在寻找天然存在的、有较好的污染物降解动力学特性并能攻击广谱化合物的微生物；另一方面也在积极地研究在极端环境下生长的微生物，包括可耐受有机溶剂、可在极端碱性条件下或高温下生存的微生物应用于生物修复工程。

至 1993 年，美国共有 159 个污染地点已经或正在或准备使用生物修复技术进行现场修复治理，对其中的 124 个地点使用的生物修复技术做了分类，其中 96 处（77%）使用的是土著微生物，17 处（14%）是采用添加微生物的方式，另外 11 处（9%）是两种方式共用。

3. 基因工程菌

基因工程菌的研究引起了人们浓厚的兴趣。采用细胞融合技术等遗传工程手段可以将多种降解基因转入同一微生物中，使之获得广谱的降解能力。例如，将甲苯降解基因从恶臭假单胞菌转移给其他微生物，从而使受体菌在 0℃时也能降解甲苯，这比简单地接种特定的微生物使之艰难而又不一定成功地适应外界环境要有效得多。

基因工程菌引入现场环境后会与土著微生物菌群发生激烈的竞争。基因工程菌必须有足够的存活时间，其目的基因方能稳定地表达出特定的基因产物——特异的酶。如果在环境中基因工程菌最初没有足够的合适能源和碳源，就需要适当的基质促进其增殖并表达其产物。引入土壤的大多数外源基因工程菌在无外加碳源的条件下，不能在土壤中生存与增殖。目的基因表达的产物对微生物本身的活力并无益处，有时还会降低基因工程菌的竞争力。

现已分离出以联苯为唯一碳源和能源的多株微生物，它们对多种多氯联苯化合物有着共代谢功能，相关的四个酶由四个基因编码。这些酶将多氯联苯转化为相应的氯苯酸，这些氯苯酸可以逐步被土著菌降解。由多氯联苯降解为二氧化碳的限速步骤是在共代谢氧化的最初阶段。联苯可为降解菌提供碳源和能源，但其水溶性低和毒性强等特点，给生物修复带来困难。解决这一问题的新途径是为目的基因的宿主微生物创建一个生态位，使其能利用土著菌不能利用的选择性基质。

理想的选择性基质应有以下特点：对人和其他高等生物无毒，价廉以及便于使用。一些表面活性剂能较好地满足上述要求。选择性基质有时还会成为土著菌的抑制剂，增加基质的可利用性，对有毒物质降解更为有效。环境中加入选择性基质会造成土壤微生物系统的暂时失衡，土著菌需要一段时间才能适应变化，基因工程菌就利用这段时间建立自己的生态位。由于土著菌群中的一些成员在后期也可利用这些基质，因此，含有现场应用型基因质粒的基因工程菌特别适合于一次性处理目标污染物，而不适于反复使用。

尽管利用遗传工程提高微生物生物降解能力的工作已取得了巨大的成功，但是目前美国、日本和其他大多数国家对工程菌的实际应用有严格的立法控制。在美国工程菌的使用受到“有毒物质控制法”的管制。因此，尽管已有许多关于工程菌的实验室研究，但至今还未见现场应用的报道。这种现状受到美国一些科学家的抨击。例如，美国微生物学会和工业微生物学会以及全国研究理事会都认为，从科学的观点来看，决定是否将一种微生物施用于环境中，主要基于该微生物的生物学特性（如致病性等），而不是它的来源。他们指出，过分严格的立法和不切实际的科学幻想宣传，阻碍了现代环境微生物技术在污染治理中的推广应用。虽然许多环境保护主义者因害怕发生环境灾难而反对将遗传工程菌释放到环境中的观点是可以理解的，但因噎废食而放弃微生物遗传工程技术这一 20 世纪辉煌的科学成就也绝不是科学和实际的态度。

二、土壤生物修复技术

就土壤来说，目前实际应用的生物修复工程技术有原位处理、挖掘堆置处理和反应器处理等三种。原位处理是在受污染地区直接采用生物修复技术，不需要将土壤挖出和运输。一般采用土著微生物处理，有时也加入经过驯化和培养的微生物以加速处理。需要采用各种工程化措施进行强化。例如，在受污染区钻井。井分为两组：一组是注水井，用来将接种的微生物、水、营养物和电子受体等物质注入土壤中；另一组是抽水井，通过向地面上抽取地下水造成所需要的地下水在地层中流动，促进微生物的分布和营养等物质的运输，保持氧气供应。通常需要的设备是水泵和空压机。有的系统，在地面上还建有采用活性污泥法等手段的生物处理装置，抽取地下水处理后再注入地下。原位处理是较为简单的处理方法，节省费用。不过由于采用的工程强化措施较少，处理时间会有所增加，而且在长期的生物修复过程中，污染物可能会进一步扩散到深层土壤和地下水中，因而适用于处理污染时间较长、状况已基本稳定的地区或者受污染面积较大的地区。

生物通风（Bioventing）是原位生物修复的一种方式。在受污染地区，土壤中的有机污染物会降低土壤中的氧气浓度，增加二氧化碳浓度，进而形成抑制污染物进一步生物降解的条件。因此，为了提高土壤中的污染物降解效果，需要排出土壤中的二氧化碳和补充氧气。生物通风系统就是为改变土壤中气体成分而设计的。生物通风方法现已成功应用于各种土壤的生物修复治理。这些被称为“生物通风堆”的生物处理工艺主要是通过真空或加压进行土壤曝气，使土壤中的气体成分发生变化。生物通风工艺通常用于由地下储油罐泄漏造成的轻度污染土壤的生物修复。由于生物通风方法在军事基地成功地应用，美国空军将生物通风方法列为处理受喷气机燃料污染土壤的一种基本方法。

挖掘堆置处理又称处理床或预备床，是将受污染的土壤从污染地区挖掘起来，防止污染物向地下水或更广大地域扩散，将土壤运输到一个经过各种工程准备（包括布置衬里、设置通风管道等）的地点堆放，形成上升的斜坡，并在此进行生物修复的处理，处理后的土壤再运回原地。复杂的系统可以带管道并用温室封闭，简单的系统就只是露天堆放。有时首先将受污染土壤挖掘起来运输到一个地点暂时堆置，然后在受污染的原地进行一些工程准备，再把受污染土壤运回原地处理。从系统中渗流出来的水要收集起来，重新喷洒或另外处理。这种技术的优点是，可以在土壤受污染之初限制污染物的扩散和迁移，减小污染范围。但用在挖土方和运输方面的费用显著高于原位处理方法，另外在运输过程中可能造成污染物进一步暴露，还会由于挖掘而破坏原地点的土壤生态结构。

反应器处理是将受污染的土壤挖掘起来，与水混合后，置于接种了微生物的反应器内进行处理。其工艺类似于污水生物处理方法。处理后的土壤与水分离后，经脱水处理再运回原地。处理后的出水视水质情况，直接排放或送入污水处理厂继续处理。反应装置不仅包括各种可以拖动的小型反应器，也有类似稳定塘和污水处理厂的大型设施。在有些情况下，只需在已有的稳定塘中装配曝气机械和混合设备就可以用来进行生物修复处理。高浓度固体泥浆反应器能够用来直接处理污染土壤。其典型的方式是液固接触式。该方法采用批式运行：在第一单元混合土壤、水、营养、菌种、表面活性剂等物质，最终形成含20%~25%土壤的混合相；然后进入第二单元进行初步处理，完成大部分的生物降解；最后在第三单元中进行深度处理。现场实际应用结果表明，液固接触式反应器可以成功地处理有毒有害有机污染含量超过总有机物浓度1%的土壤和沉积物。反应器的规模在100~250m^3/d，与土壤中污染物浓度和有机物含量有关。和前两种处理方法相比，反应器处理的一个主要特征是以水相为处理介质，而前两种处理方法是以土壤微处理介质。由于以水相为主要处理介质，污染物、微生物、溶解氧和营养物的传质速度快，且避免了复杂而不利的自然环境变化，各种环境条件（如pH、温度、氧化还原电位、氧气量、营养物浓度、盐度等）便于控制在最佳状态，因此反应器处理污染物的速度明显加快；但其工程复杂，处理费用高。另外，在用于难以生物降解物质的处理时必须慎重，以防止污染物从土壤转移到水中。

三、海洋石油污染生物修复

原油运输油轮失事，近海采油平台及原油集输管线、沿海布局的石油储运和炼化设施发生泄漏事故，生产与生活含油污水排放等，会造成海洋石油污染。海洋石油污染的最大危害是对海洋生物的影响。油膜和油块能粘住大量鱼卵和幼鱼，使鱼卵死亡、幼鱼畸形，还会使鱼虾类产生油臭味。长期生活在被污染海水中的成年鱼类、贝类体内积蓄了某些有害物质，当进入市场被人食用后危害人类健康。在海洋中，细菌和酵母菌为主要石油烃类的降解者。目前已发现超过700种微生物能够参与降解石油烃类。微生物的降解速度与油的运动、分布、形态和体系中的溶解氧含量有关。使用生物降解法的优点在于迅速、无残毒、低成本。微生物修复石油污染主要有两种形式，一是加入具有高效降解能力的菌株；

二是改变环境，促进微生物代谢能力。目前主要有接种石油降解菌、使用分散剂和使用氮、磷营养盐等三种处理方式。

1. 接种石油降解菌

通过生物改良的超级细菌能够高效地去除石油污染物，被认为是一种很有发展前途的海洋修复技术。但实践表明，接种石油降解菌效果并不明显，这是因为海洋中存在的土著微生物常常会影响接种微生物的活动。

2. 使用分散剂

分散剂即表面活性剂，可以增加海水中微生物的接触面积，增加微生物对石油的利用性。但并不是所有的表面活性剂均有促进作用。许多表面活性剂由于其毒性和持久性会造成环境污染，特别是沿岸地区的环境污染。因此，在实际应用中经常利用微生物产生的表面活性剂来加速石油的降解。

3. 使用氮、磷营养盐

投入氮、磷营养盐是最简单有效的方法。在海洋出现溢油后，石油降解菌会大量繁殖。碳源充足，限制降解的是氧和营养盐的供应。实际使用的营养盐通常有三种：缓释肥料、亲油肥料和水溶性肥料。

（1）缓释肥料　要求有适合的释放速度，通过海潮可以将营养物质缓慢地释放出来，为石油降解菌的生长繁殖持续补充营养盐，提高石油降解速率。

（2）亲油肥料　可使营养盐“溶解”到油中。在油相中螯合的营养盐可以促进细菌在表面的生长。1989 年，美国环保局在阿拉斯加埃克森·瓦尔迪兹号石油泄漏事故中，利用生物修复技术成功治理了环境污染。与不受污染的分离菌株相比，从污染海滩分离的细菌菌株具有特殊的降解能力。对现场的环境因子进行分析发现，由于营养盐缺乏，微生物降解能力受到限制。与没加入营养盐的对照相比，外加亲油肥料一段时间后污染物的降解速率加快。毒性试验也表明，修复后的环境并没有发生负效应，沿岸海域也没出现富营养化现象。

（3）水溶性肥料　一些含氮、磷的水溶性盐，如硝酸铵，三聚磷酸盐等和海水混合溶解，可解决下层水体污染物的降解。

与传统的或现代的物理、化学修复方法相比，石油污染的生物修复具有很大的发展潜力。微生物的种类、石油本身的物理状态和性质以及环境的因素都可以影响微生物对石油污染物的降解。海洋环境中石油烃的微生物降解过程是海洋石油烃的主要归宿。在轻微石油烃污染条件下，海洋动物、植物对石油烃化合物的代谢、降解和释放可以平衡或消除其对石油烃化合物的吸收效应，使某些石油烃化合物在生物组织中没有明显的积累。

第十二章　微生物与能源

能源是人类生存和发展的重要物质基础，人类文明的每一次重大进步都伴随着能源种类的更替和能源技术的重大进步，能源的开发利用极大地推进了世界经济和人类社会的发展。当前，人类社会能源利用主要为煤、石油、天然气等不可再生资源。伴随着化石类不可再生能源的日渐枯竭与全球性的环境污染问题，开发可再生清洁能源成为未来的趋势，必将取代传统的化石能源。微生物及其所产生的酶类，在能源转化中具有关键性的作用。微生物可利用农林废弃物、生物污水、生化垃圾等废弃资源，转化为生物乙醇、生物柴油、沼气、氢气等清洁可再生能源，对于实现资源高效转化利用、缓解当今社会能源危机、改善生态环境、促进经济可持续发展具有重大的意义。

第一节　生物质预处理及水解微生物

天然生物质原料多为大分子不可溶物质，如淀粉、木质纤维素等。利用生物质原料生产生物能源（纤维质乙醇、沼气等），需要经过一系列预处理过程才能实现。目前，生物质燃料如乙醇、丁醇等的生产必须经过预处理、酶水解和发酵等一系列物理、化学或生物学的转化过程来实现。图 12-1 为以木质纤维素为原料生产生物质能源的工艺流程。预处理通常是生物能源生产过程中的关键步骤，其目的在于破坏大分子不溶性物质的抗性结构，以利于后期微生物发酵利用。微生物预处理利用菌体或其产生的酶类水解大分子底物。相对于传统理化处理，具有反应温和、污染小等优势。根据底物原料的不同，生物质预处理微生物主要分为淀粉分解微生物和木质纤维素分解微生物（包括纤维素降解菌、半纤维素降解菌和木质素降解菌）。

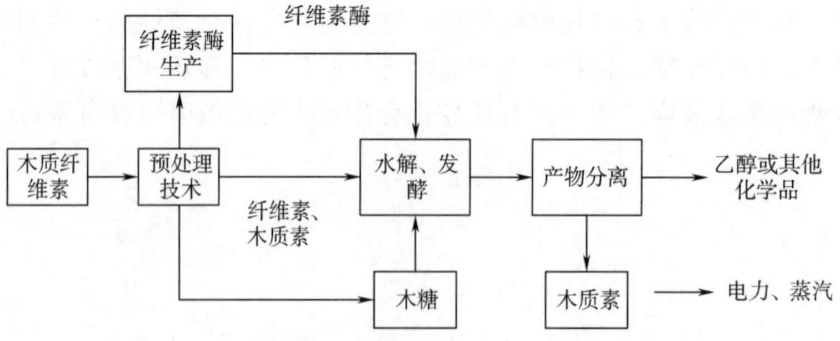

图 12-1　以木质纤维素为原料生产生物质能源的工艺流程

一、淀粉分解微生物

天然淀粉是由葡萄糖通过 α-1,4-糖苷键连接而成的聚合物，化学式为 $(C_6H_{10}O_5)_n$。根据分子结构可分为直链淀粉（链淀粉）和支链淀粉（胶淀粉）两种。直链淀粉是葡萄糖通过 α-1,4-糖苷键结合成的线形多聚物，没有分支结构。在分子内氢键作用下，分子链卷曲成螺旋形状，每个螺旋含有 6 个葡萄糖残基。支链淀粉的结构更为复杂。在支链淀粉中，每个葡萄糖单位之间以 α-1,4-糖苷键构成主链，通过 α-1,6-糖苷键与主键相连构成分支，每隔 20~25 个葡萄糖单位就会出现一个分支，每个分支含有 11~12 个葡萄糖单位，分支点的 α-1,6-糖苷键能占到总糖苷键的 4%~6%。通常情况下，天然淀粉是由 70%~80%的支链淀粉和 20%~30%的直链淀粉组成。

微生物水解利用淀粉主要是由于其能够产生大量高活性淀粉酶。产淀粉酶的微生物种类很多，细菌、霉菌、放线菌、酵母菌等均能够产生淀粉酶。水解淀粉的酶类主要有 α-淀粉酶家族（EC 3. 2. 1. 1）、β-淀粉酶家族（EC 3. 2. 1. 2）、葡萄糖化酶（EC 3. 2. 1. 3）、异淀粉酶（EC 3. 2. 1. 68）和环式糊精糖化酶（EC 2. 4. 1. 19）等。各种淀粉酶的作用方式如图 12-2 所示。

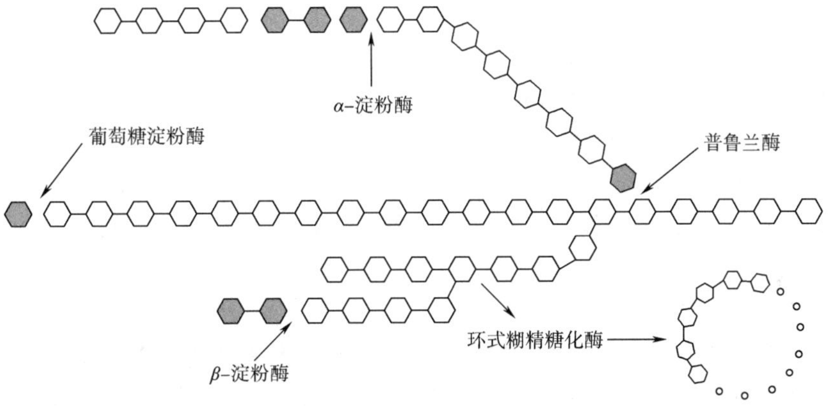

图 12-2　各种淀粉酶的水解方式

1. α-淀粉酶

α-淀粉酶以淀粉（直链淀粉和支链淀粉）或糖原为底物，从糖链内部水解 α-1,4-糖苷键，随机水解生成短链糊精及少量低分子质量糖类，从而使淀粉糊的黏度迅速下降，达到淀粉液化的作用，俗称液化酶。因产物的末端残基碳原子构型为 α-构型，学名称作 α-淀粉酶。α-淀粉酶不能水解支链淀粉分支点的 α-1,6-糖苷键，也不能水解 α-1,6-糖苷键附近的 α-1,4-糖苷键。

α-淀粉酶广泛分布于植物、动物组织和微生物中。微生物来源的 α-淀粉酶主要来源于枯草芽孢杆菌、地衣芽孢杆菌（*Bacillus licheniformis*）、嗜热脂肪芽孢杆菌（*B. stearothermophilus*）、解淀粉芽孢杆菌（*B. amyloliquefaciens*）、放线菌褐色嗜热裂孢菌（*Thermobifida fusca*）、米曲霉、黑曲霉、链霉菌、扣囊复膜酵母（*Saccharomycopsis fibuligera*）、许旺酵母（*Schwanniomyces occidentalis*）、橘林油脂酵母（*Lipomyces kononenkoae*）、疏棉状嗜热丝孢菌（*Thermomyces lanuginosus*）等。细菌来源的α-淀粉酶一般热稳定性较好，最适作用 pH 一般为 6.0~8.0。嗜热脂肪芽孢杆菌产生的α-淀粉酶最适 pH 为 7.0，最适作用温度为 50℃，但是在 100℃时的酶活性是 50℃的 90%。真菌生产的α-淀粉酶热稳定性比细菌差，最适作用 pH 一般为 4.0~6.0 偏酸性范围。斯达油脂酵母（*Lipomyces starkeyi*）产生的α-淀粉酶最适作用温度和 pH 分别为 40℃和 6.0。黄隐球酵母（*Cryptococcus flavus*）产生的α-淀粉酶最适作用温度和 pH 分别为 50℃和 5.5，在 50℃保温 60min，酶活性损失 10%。在淀粉原料的工业水解过程中，α-淀粉酶被用作淀粉酶水解的先导酶。大分子淀粉经其作用断裂，产生很多非还原性末端，为β-淀粉酶和葡萄糖淀粉酶提供了更多的作用位点。商品化α-淀粉酶已经广泛用于食品、发酵、谷物加工、纺织、造纸、医药、轻化工业、石油开采等各个领域，其中最大的用途是酶法生产葡萄糖、饴糖、棉布退浆、酒精发酵等。

2. β-淀粉酶

β-淀粉酶是一种外切型淀粉酶，从底物非还原性末端依次水解每间隔一个的α-1,4-糖苷键，终产物是麦芽糖。β-淀粉酶广泛存在于一些微生物和大麦、甘薯和小麦等高等植物中。产β-淀粉酶能力较强的微生物主要有芽孢杆菌属的蜡状芽孢杆菌（*B. cereus*）、巨大芽孢杆菌（*B. megaterium*）、凝结芽孢杆菌（*B. coagulans*）、多粘芽孢杆菌（*B. polymyxa*）等。由于该酶作用底物时，发生瓦尔登转位反应，使产物由α-型变为β-型麦芽糖，故命名β-淀粉酶。该酶不能水解支链淀粉中的α-1,6-糖苷键，也不能绕过支链淀粉的分支点继续反应，因此遇到分支点即停止作用，并在分支点残留 1~3 个葡萄糖残基，水解终产物为麦芽糖和β-极限糊精。因此，β-淀粉酶对淀粉的水解作用是不完全的。β-淀粉酶主要用于淀粉糖的生产，如饴糖，高麦芽糖浆等。在麦芽糖生产过程中，单用β-淀粉酶水解淀粉，麦芽糖的产率最高达到 70%。β-淀粉酶与异淀粉酶配合水解淀粉，麦芽糖的产率可达 95%。

3. 葡萄糖淀粉酶

葡萄糖淀粉酶又称糖化酶，从淀粉分子的非还原性末端开始，依次切下每一个葡萄糖分子。它不仅能水解α-1,4-糖苷键，还能水解α-1,6-糖苷键和α-1,3-糖苷键，只是水解后两者的速度较前者要慢得多。因此，葡萄糖淀粉酶作用于直链淀粉和支链淀粉时，其水解终产物全部为葡萄糖。

许多微生物都可以产生葡萄糖淀粉酶，其中被研究较多的是真菌葡萄糖淀粉酶。能够产生葡萄糖淀粉酶的真菌主要有以下一些种类：泡盛曲霉（*Asp. awamori*）、臭曲霉（*Asp. foetidus*）、黑曲霉、米曲霉、土曲霉（*Asp. terreus*）、鲁氏毛霉（*Mucor rouxianus*）、爪哇毛霉（*Mucor javanicus*）、粗糙脉孢菌、德氏根霉（*Rhizopus delemar*）、米根霉、嗜热毛壳菌（*Chaetomium thermophile*）、疏棉状嗜热丝孢菌（*Thermomyces lanuginosus*）、太瑞斯梭孢壳霉（*Thielavia terrestris*）和单胞节丛孢霉（*Arthrobotrys amerospora*）等。真菌来源的葡萄糖淀粉酶由于具有良好的热稳定性和在中性 pH 附近的高催化活性，因而在工业上得到了广泛的应用。工业上应用最多的是来自黑曲霉和米根霉的葡萄糖淀粉酶。葡萄糖淀粉酶在工业上的主要用途是作为淀粉的糖化剂，是淀粉工业转化的主要水解酶，与α-淀粉酶一起广泛用于淀粉糖的生产和发酵生产领域。在酒精、白酒发酵生产中代替酒曲，可提高糖化率，提高出酒率。用于啤酒加工中，可生产低糖干啤酒等。

4. 解枝酶或异淀粉酶

解枝酶或异淀粉酶只水解糖原或支链淀粉分枝点 α-1,6-糖苷键，切下整个侧枝，也称为脱枝酶。异淀粉酶的来源非常广泛，动植物和微生物中都发现了异淀粉酶。能够产生异淀粉酶的微生物主要包括产气气杆菌（*Aerobacter aerogene*）、假单胞菌属、芽孢杆菌属、产酸克雷伯菌（*Klebsiella oxytoca*）、单孢高温放线菌（*Thermoactinomyces monosporus*）、栖热菌属（*Thermus*）、橘林油脂酵母等。普鲁兰酶（Pullulanase）也是一类淀粉脱支酶，因其能专一性水解普鲁兰糖（Pullulan，麦芽三糖以 α-1,6-糖苷键连接起来的聚合物）而得名，能够专一性切开支链淀粉分支点中的 α-1,6-糖苷键，切下整个分支结构，形成直链淀粉。与异淀粉酶不同的是，普鲁兰酶可以将最小单位的支链分解，最大限度地利用淀粉原料，而异淀粉酶虽然也能水解分支点的 α-1,6-糖苷键，但是不能水解由 2~3 个葡萄糖残基构成的侧枝。由于异淀粉酶能够专一性分解支链淀粉分支处的 α-1,6-糖苷键，可通过其催化作用研究淀粉、糖原以及其他有关化合物的细微分子结构。但近年来，异淀粉酶和普鲁兰酶主要作为淀粉酶类中的新酶种，在工业上已经获得了广泛的应用：将支链淀粉转变为直链淀粉；与 β-淀粉酶配合使用生产麦芽糖；用于啤酒外加酶法糖化。

5. 其他淀粉酶类

随着研究的深入，陆续发现其他作用方式的淀粉酶，如环糊精转移酶，功能为切断淀粉、糖原、寡聚或多聚糖分子供体内部的 α-1,4-糖苷键，并将其转移到受体糖链上重新形成 α-1,4-糖苷键。环糊精转移酶具有很低的水解活性，其转移活性体现在可使 6~8 个寡糖分子环化，并形成具有高度分枝的糊精或环状极限糊精。葡萄糖基转移酶，可将游离的葡萄糖转移至其他葡萄糖残基的 C6 上，生成含有 α-1,6 的糖苷键，如异麦芽糖等。淀粉 α-1,6-糖苷酶，该酶能对淀粉的 α-1,6 糖苷键进行水解形成麦芽糖。

由于来源不同，淀粉酶的作用特性也可能有差异。淀粉酶在催化水解淀粉过程中具有协同作用，如生产葡萄糖需要葡萄糖淀粉酶，但仅有葡萄糖淀粉酶的作用，葡萄糖的生成速度非常缓慢。为了提高葡萄糖的产量，α-淀粉酶的存在就成了必要条件。因此，在使用上一般是 α-淀粉酶、β-淀粉酶和葡萄糖淀粉酶并用，以加快酶解生成葡萄糖的速度。

二、降解纤维素的微生物

纤维素是由 D-吡喃葡萄糖为基本结构单元，通过 β-1,4-糖苷键连接而成的线性大分子聚合物，作为聚糖形式普遍存在于植物细胞壁中。自然界中，纤维素分子链平均聚合度为 10000 个葡萄糖单元。纤维素分子呈平行分布，集结成束，通过分子内氢键及范德华力形成稳定的三维空间结构。由于部分纤维素分子间及分子内存在着较强的氢键作用力，使得纤维素分子间紧密规则排列，形成具有晶体结构特征的区域。另一部分纤维素分子呈现无定型松散排列状态。因此，纤维素分子是由结晶区和无定形区相互交错形成的复杂的二相体系。纤维素分子结构中含有大量的羟基结构，赋予纤维素以亲水性特征。但是由于纤维素分子中葡萄糖羟基与脂肪族氢原子呈现不同走向，造成相邻的纤维素分子链间存在氢键作用力和疏水作用力，纤维素的疏水表面与分子链间的氢键作用使得结晶纤维素不易被酶或者酸水解。纤维素结晶区的大小和形状、纤维素的聚合度、纤维素分子之间的氢键相互作用力、纤维素链的长度及分子链之间的排列情况都会影响到纤维素的结构及理化性质。不同结构特征的纤维素其膨润性、亲水性、底物反应可给性等各不相同，在进行水解反应时所释放的葡萄糖的量也不相同。

1. 降解纤维素的微生物

自然中天然纤维素原料是由纤维素、半纤维素和木质素构成的复杂体系。微生物对纤维素的降解可以涉及三组分的降解，或者仅降解其中一种组分，甚至有些微生物仅参与其中某些反应过程。由于纤维素分布广泛，因此具有纤维素降解能力的微生物广泛分布于细菌域、古菌域和真核生物域。

（1）中温好氧性细菌　主要存在于中性、微碱性的表层土壤中，包括：①纤维弧菌属（*Cellvibrio*）和纤维单胞菌属（*Cellulomonase*），均为革兰染色阴性菌，属于运动性中温好氧菌，分解纤维素能力较弱，胞外纤维素酶活性也较低；②镰状纤维菌（*Cellfalcicula*），革兰染色反应为阴性，短杆菌，分解纤维素能力较强，能使滤纸润胀黏液化；③噬纤维菌（*Cytophage*）、生孢噬纤维菌（*Sporocytophaga*）和多囊菌属（*Polyangium*），这类细菌具有运动性，又称为滑行细菌，其分解纤维素的能力在好氧细菌中最强，可使滤纸、棉布等纤维性材料膨胀和黏液化，最终可将纤维素全部转化为菌体物质和胞外多糖；④假单胞菌，单细胞，革兰染色阴性，分解短链可溶性纤维素，也具有分解纤维素的能力。

（2）厌氧性细菌　厌氧性纤维素分解细菌可分为嗜热性和中温性厌氧纤维素分解细菌两类。嗜热性厌氧纤维素细菌在堆肥降解及垃圾处理中对纤维素的降解起到主要作用。这类菌株在高温条件下降解纤维素能力远高于中温条件。典型代表菌株有：高温厌氧热纤梭菌（*Clostridium thermocellum*）、嗜热厌氧纤维素降解细菌（*Clostridium* sp. EVA）、丁酸梭菌（*C. butyricum*）等。其中高温厌氧梭状杆菌分解纤维素能力强，胞外纤维素活力高，可一步发酵纤维素生成乙醇，是生物质转化中具有重要应用潜力的菌种。中温厌氧性纤维素降解菌主要存在于反刍动物的瘤胃中，主要有白色瘤胃球菌（*Ruminococcus albus*）、黄色瘤胃菌（*R. flavefaciens*）、产琥珀酸丝状杆菌（*Fibrobacter succinogenes*）、溶纤维丁酸弧菌（*Butyrivibrio fibrisolvens*）等，都是严格厌氧的革兰染色阳性细菌。瘤胃细菌对培养基的营养条件要求比较严格，需要维生素、有机氮等，还需在严格厌氧的条件下和氧化还原电位较低的还原性培养基中才能生长。厌氧性纤维素降解细菌的生长速度很缓慢，大量的纤维素底物在被降解的过程中生成乙醇、有机酸、CO_2 和 H_2 等。瘤胃球菌分解纤维素形成的挥发性脂肪酸是反刍动物能以秸秆为主要营养源的基础。

（3）真菌　真菌被认为是自然界中纤维质降解的主要微生物，从低等瘤胃真菌到高等担子菌都有利用纤维素的种类。丝状真菌在纤维素降解微生物中最具代表性，其产生的纤维素酶活性较高，适合于作为纤维素酶的产生菌。目前用于生产纤维素酶的微生物大多是丝状真菌，如木霉属（*Trichoderma*）、曲霉属和青霉属等。代表性的里氏木霉（*T. reesei*）被公认为是最具工业应用价值的纤维素酶生产菌。在反刍动物的瘤胃中，属于壶菌纲（Chytridiomycetes）的低等厌氧真菌能产生高活性的纤维素酶，参与纤维素的降解。这些厌氧真菌产生的纤维素酶系和厌氧细菌产生的纤维素酶系相似，对微晶纤维素有很强的亲和力，并对其进行有效降解。属于高等真菌中的担子菌类，能同时分解木素-纤维素材料，是木材腐烂的主要微生物。具有纤维素分解能力的代表真菌及作用底物如表 12-1 所示。

表 12-1　　产木质纤维素降解酶的真菌类别及其作用的底物

	类群	代表性真菌菌株	酶类	基质
好氧性真菌（胞外木质素纤维素降解酶）	子囊菌纲（Ascomycetes）	里氏木霉（*T. reesei*）	纤维素酶（CMCase，CBH，BGL），半纤维素酶（木聚糖酶）	麦秸
		哈茨木霉（*T. harzianum*）	纤维素酶（CMCase，CBH），β-1,3-葡聚糖酶	麦麸，麦秸
		黑曲霉（*A. niger*）	纤维素酶，木聚糖酶	甘蔗渣
		拟盘多毛孢菌（*Pestalotiopsis* sp.）	纤维素酶（CMCase，CBH），漆酶	栎树落叶
	担子菌纲（Basidiomycetes）	黄孢原毛平革菌（*P. chrysosporium*）	纤维素酶（CMCase，CBH，BGL），CDH，Lip，MnP，半纤维素酶（木聚糖酶）	红橡木，葡萄籽，大麦麸，木片
		癞拟层孔（*Fomitopsis palustris*）	纤维素酶（CMCase，CBH，BGL）	微晶纤维素
厌氧瘤胃真菌（壶菌纲）	厌氧鞭菌属（*Anaeromyces*）	穆氏厌氧鞭菌（*Anaeromyces mucronatus*）	纤维素酶（CMCase），半纤维素酶	果园干草
	盲肠菌属（*Caecomyces*）	普通盲肠菌（*Caecomyces communis*）	纤维素酶，半纤维素酶（木聚糖酶，β-D-木糖苷酶）	玉米秆
	枝梗鞭菌属（*Cyllamyces*）	内脏枝梗鞭菌（*Cyllamyces aberensis*）	纤维素酶，木聚糖酶	青贮草
	新美鞭菌属（*Neocallimastix*）	额新美鞭菌（*Neocallimastix frontalis*）	纤维素酶，半纤维素酶（木聚糖酶，β-半乳糖苷酶）	棉纤维，麦秸
	根囊鞭菌属（*Orpinomyces*）	根囊鞭菌（*Orpinomyces* sp.）	纤维素酶（CMCase，CBH，β-葡萄糖苷酶），半纤维素酶（木聚糖酶，甘露聚糖酶）	麦秸
	梨囊鞭菌属（*Piromyces*）	梨囊鞭菌（*Piromyces* sp.）	纤维素酶（CMCase，CBH，β-葡萄糖苷酶），半纤维素酶（木聚糖酶，甘露聚糖酶）	玉米秆

2. 纤维素酶类别及催化作用机制

微生物依赖其产生游离的或与细胞有关的纤维素酶，实现其对纤维素的降解。纤维素酶并不是一种酶，而是参与纤维素降解的多组分酶的总称。根据纤维素酶的催化模式和结构特征的不同，可将纤维素酶分为三类：①内切葡聚糖酶（Endo-1，4-β-D-glucanohydrolase，EC 3.2.1.4），通常以 EG 来表示，该酶随机切割纤维素链中的无定形位点，产生新的糖链末端或长短不一的纤维寡糖；②外切葡聚糖酶（Exoglucanase），通常以 CBH 表示，包括纤维二糖水解酶（EC 3.2.1.91）和 1，4-β-D-葡萄糖-葡萄糖水解酶（EC 3.2.1.74）。外切葡聚糖酶在纤维素糖链的还原端或者非还原端以渐进的方式切割，释放出纤维二糖或葡萄糖，该酶还可以作用于微晶纤维素；③β-葡萄糖苷酶（β-D-Glucosidase，EC 3.2.1.21），常以 BGL 表示，该酶水解可溶性的纤维糊精或纤维二糖生成葡萄糖。除上述三大组分外，可能参与纤维素降解过程的其他酶还有纤维二糖脱氢酶、纤维二糖醌氧化还原酶、磷酸化酶和纤维小体等。纤维素酶中的碳水化合物结合模块（Carbohydrate-binding Modules，CBM）能影响酶与纤维素的结合，在不溶性纤维素底物表面生成催化域，促进纤维素水解。一般来说，能够完全降解无定形纤维素和结晶纤维素的酶系称为完全纤维素酶系，包括三大主要降解酶，仅能降解无定形纤维素的酶系称为不完全酶系。如里氏木霉，可以产生完整的纤维素酶系，而褐腐真菌往往只能产生内切葡聚糖酶。不同微生物产生的纤维素酶系组分不同，同种微生物由于来源不同或培养条件不同，纤维素酶组分也有很大的区别。根据微生物产生纤维素酶方式及纤维素酶对底物的降解不同，纤维素酶系可分为非复合体纤维素酶系和复合体纤维素酶系。

（1）非复合体纤维素酶系统　好氧纤维素降解菌，包括细菌和真菌所产生的纤维素酶系大多属于这个类型。微生物可产生大量的胞外纤维素酶系，各种酶的组分是游离的，单个酶之间在纤维素降解中有着强烈的协同作用。目前研究最为详细的产纤维素酶模式菌株里氏木霉可产生的纤维素酶至少包括 2 种外切 1,4-β-葡聚糖酶（CBHI 和 CBHII）、5 种内切 1,4-β-葡聚糖酶（EGI、EGII、EGIII、EGIV、EGV）和 2 种 β-葡萄糖苷酶（BGLI、BGLII）。这些酶系中各组分通过协同作用共同降解结晶纤维素，其中 CBH Ⅰ 和 CBH Ⅱ 是纤维素酶的主要成分，外切酶活性对结晶纤维素的降解至关重要。细菌非复合体纤维降解酶研究较多的是粪碱纤维单胞菌（*Cellulomonas fimi*）和褐色嗜热裂孢菌（*Thermobifida fusca*），*C. fimi* 属于中温菌，产生至少 6 种内切纤维素酶和至少 1 种外切纤维素酶。*T. fusca* 是嗜热丝状细菌，含有 6 种纤维素酶组分，包括 3 种内切酶（E1、E2、E3），2 种外切酶（E3、E6），以及 1 种兼具内切和外切酶活性的组分（E4）。古菌域中嗜酸耐热纤维素分解菌（*Acidothermus cellulolyticus*）和红嗜热盐菌（*Rhodothermus*）也报道了产纤维素酶。

（2）复合体型纤维素酶系统　厌氧微生物对纤维素的降解机制与好氧微生物明显不同。厌氧菌对纤维素的降解是通过复合体型的多酶催化体系——纤维小体（Cellulosome）来完成的。纤维小体由 Bayer 等从纤维素降解细菌热纤梭菌（*Clostridium thermocellum*）中首次分离得到，是多种纤维素酶、半纤维素酶依靠锚定-黏附机制形成的、能通过细胞黏附蛋白附着在细菌细胞壁上，高效彻底地降解天然纤维素材料的多酶复合体结构。通常，纤维小体由两部分组成：一是各种具有催化能力且能协同作用的酶类；二是非催化功能的支架（Scaffold）。由于纤维小体由多种黏连蛋白（Cohesin）模块组成，因此是多种水解酶组合形成复合体的支撑结构。现已在多种微生物中发现纤维小体，主要分布于厌氧细菌梭菌属 Cluster Ⅲ中。但也有研究表明在好氧细菌［如嗜热细菌（*Thermobifida fusca*）或一些厌氧真菌［如新美鞭菌（*Neocallimastix*）、梨囊鞭菌（*Piromyces*）和厌氧真菌根囊鞭菌属（*Orpinomyces*）］中可能也存在类纤维小体结构。目前研究较多的是热纤梭菌的复合酶系。纤维小体高效降解天然纤维素关键因素包括各催化组件的比例较为协调，各组件空间位置配置合理，具有各种不同的酶活性。

三、半纤维素分解微生物及半纤维素酶类

半纤维素在自然界多糖类物质中总量排第二，占植物干重的 20%～35%。与纤维素的单一组成结构单元不同，半纤维素是一类异质聚合物，组成单元包括五碳糖类（木糖和阿拉伯糖）、六碳糖类（甘露糖，葡萄糖，半乳糖）以及糖酸类等。在不同类型的木质纤维

素原料中，半纤维素的组成成分也不同。硬木中半纤维素成分主要为木聚糖而软木半纤维素的主要成分为甘露聚糖。不同糖单元之间的连接方式也不同。半纤维素中主要的结构包括 O-乙酰基、α-L-阿拉伯呋喃糖、α-1,2-葡萄糖醛或 4-O-甲基葡萄糖醛酸等。不同于纤维素的线性结构，半纤维素往往呈分枝结构，聚合度较低，由 2~4 种糖基构成复合聚糖。木聚糖作为植物细胞壁存在的主要杂多糖，通常以 β-D-吡喃木糖为主要结构单元，通过 1,4-糖苷键连接而成。木聚糖的支链结构包括阿拉伯糖、葡萄糖醛酸或 4-O-甲基葡萄糖醛酸、乙酸、阿魏酸和对香豆酸等，在实际分析中常常作为表征半纤维素含量的替代物。半纤维素通过阿魏酸酯键或醚酯键与其他多糖及木质素高度交联，形成三维空间结构，纤维素微纤丝嵌入其中，通过氢键及范德华力稳定其空间结构。同时，植物细胞中的结构蛋白与半纤维素相互交联，形成了不溶性的网状结构。

1. 降解半纤维素的微生物

大多数具有纤维素分解能力的丝状真菌，如里氏木霉、绿色木霉（*T. viride*）、康氏木霉（*T. koningii*）等都能分解半纤维素，并且具有较高的胞外半纤维素酶活性。但是能分解半纤维素的菌株不一定具有降解纤维素的能力。另外，一些淀粉酶生产菌往往也具有半纤维素的分解能力。由于半纤维素是多种共聚物的总称，对半纤维素的降解需要的微生物和酶的种类也具有多样性。根据半纤维素组成成分不同，典型降解半纤维素微生物种类如表 12-2 所示。

表 12-2　　半纤维素分解微生物

底物类型	代表降解微生物
聚 L-阿拉伯糖	溶纤维丁酸弧菌、浸麻梭状杆菌（*C. felsineum*）、黑曲霉
聚 D-半乳糖	齐整小核菌（*Sclerotium rolfsii*）、雪白根霉（*Rhizopus niveus*）、枯草杆菌
聚 D-甘露糖	人类肠道细菌、瘤胃细菌、原生动物、腐生真菌、雪白根霉（*Rhizopus niveus*）、枯草杆菌、黑曲霉
聚（1,3）-β-D-木糖	海洋细菌（绿藻、褐藻、红藻）和陆地真菌
聚（1,4）-β-D-木糖	卵形拟杆菌、纤维单胞菌、白色隐球酵母、黑曲霉、焦曲霉、烟色曲霉、乳白耙菌、粗糙射脉菌、出芽短梗霉、地窖粉孢革菌

不同微生物对半纤维素降解策略不同。好氧丝状真菌通过胞外分泌的半纤维素酶协同作用将半纤维素完全分解为单糖和二糖；芽孢杆菌属的细菌先通过胞外分泌的酶将半纤维素分解为低聚糖，再由细胞黏附或胞内的半纤维素酶进一步水解；梭菌属的一些细菌和一些厌氧真菌梨囊鞭菌（*Piromyces*）等形成纤维小体结构，具有吸附半纤维素底物和降解半纤维素两种功能，通过细胞黏附蛋白附着在细胞壁上，实现对半纤维素的降解。

2. 半纤维素酶的分类及作用方式

由于半纤维素组成方式和结构较为复杂，其降解需要多种酶协同作用。半纤维素酶通常指那些作用于生物质中非纤维素、非果胶质多糖的混合酶。通常将半纤维素酶类划分为两大类：解聚酶和脱分支酶。解聚酶作用于糖链骨架，又分为两类：具有内切活性的酶，能够在中间切开长的聚合物；具有外切活性的酶，从主链的末端开始作用。解聚酶主要包括木聚糖酶、甘露聚糖酶、β-葡聚糖酶和木聚糖酶。脱分支酶常被认为是一种辅助酶，进一步可分为作用于葡糖苷键的酶类和作用于酯键的酶类。前者主要包括 α-L-阿拉伯呋喃糖苷酶（3. 2. 1. 55）以及 α-葡萄糖苷酸酶（3. 2. 1. 39），它们都能够从木聚糖上移走葡萄糖侧链。主要的酯酶包括乙酰基木聚糖酯酶（3.2.1.72）和阿魏酸酯酶（3.2.1.73），它们都能够作用于木聚糖。表 12-3 总结了部分半纤维素酶作用方式及作用底物。

表 12-3　　半纤维素酶种类及作用方式

分类	名称	主要底物	主要产物	主要连键
降解细胞多糖的β-葡聚糖酶	低聚木葡聚糖β-葡糖苷酶	木葡聚糖低聚物	异构樱草糖 Xyl-p-α-(1→6)-β-D-glc-p	(1→4)-β-D-葡糖苷
	低聚木葡聚糖还原端专一性纤维二糖水解酶	木葡聚糖低聚物	非还原端残基取代的纤维二糖 xyl-p-α-(1→6)	还原端(1→4)-β-D-葡糖苷
	木葡聚糖专一性内切-β-1,4-葡聚糖酶	木聚糖酶	葡聚糖寡聚物	(1→4)-β-D-葡糖苷
	木葡聚糖专一性外切-β-1,4-葡聚糖酶	木聚糖酶	葡萄糖寡聚物	(1→4)-β-D-葡糖苷，混合内切、外切模式
降解细胞壁的β-木聚糖酶	内切-1,4-β-木聚糖酶	木聚糖	低聚木糖（可能仍含有侧链）	(1,4)-β-D-木糖苷
	木聚糖内切-1,3-β-木糖苷酶	β-(1,3)-连接的木聚糖	β-(1,3)-低聚木糖	(1,3)-β-D-木糖基
	木聚糖-1,4-β-木糖苷酶	木聚糖	木糖	还原端(1,4)-β-D-木糖基
	木聚糖-1,3-β-木糖苷酶	β-(1,3)-连接的木聚糖	木糖	非还原端(1,3)-β-D-木糖基
	葡糖醛酸阿拉伯木聚糖内切-1,4-β-木聚糖酶	阿魏酸阿拉伯木聚糖	木聚糖	与葡糖醛酸取代的木糖相邻的(1,4)-β-D-木糖苷基
	寡聚糖还原端木聚糖酶	低聚木糖	木糖	还原端(1,4)-β-D-木糖苷基
降解细胞壁的其他糖基水解酶	β-甘露糖苷酶	甘露聚糖，低聚甘露糖	甘露糖	非还原端(1,4)-β-D-甘露糖基
	甘露聚糖内切-1,4-β-甘露糖苷酶	甘露聚糖，葡甘露聚糖，半乳甘露聚糖	低聚甘露糖	(1,4)-β-D-甘露糖基
	阿拉伯半乳聚糖内切-1,4-β-半乳糖苷酶	阿拉伯半乳聚糖，胶质	半乳糖低聚物	(1,4)-β-D-半乳糖基
	阿拉伯聚糖内切-1,5-α-L-阿拉伯聚糖酶	线性阿拉伯聚糖	低聚阿拉伯糖	(1,5)-α-L-阿拉伯糖基
	甘露聚糖 1,4-甘露二糖酶	甘露聚糖	甘露二糖	非还原端(1,4)-β-D-甘露糖基
	半乳聚糖 1,3-β-半乳糖苷酶	阿拉伯半乳聚糖	半乳糖	非还原端(1,3)-β-D-半乳糖基

续表

分类	名称	主要底物	主要产物	主要连键
植物细胞壁多糖脱支酶类	乙酰基木聚糖酯酶	O-乙酰基木聚糖	乙酸	木糖-O-乙酰基
	阿魏酸酯酶	阿魏酸木聚糖	阿魏酸	阿拉伯糖-O-阿魏酸
	乙酰基酯酶	O-乙酰基木聚糖/低聚木糖	乙酸	木糖-O-乙酰基
	木聚糖-α-1,2-葡糖醛酸酶	(4-O-甲基)-葡糖醛酸木聚糖	葡糖醛酸，4-O-甲基葡糖醛酸	(1→2)-α-D-葡糖醛酸基
	α-D-葡糖醛酸酶	(4-O-甲基)-葡糖醛酸木聚糖	葡糖醛酸，4-O-甲基葡糖醛酸	(1→2)-α-D-葡糖醛酸基
	α-N-阿拉伯呋喃糖苷水解酶	阿拉伯聚糖，阿拉伯半乳聚糖，阿拉伯木聚糖	阿拉伯糖	(1→3,5)-α-L-阿拉伯糖基

相对于纤维素酶，半纤维素由于成分结构复杂决定了其降解是由多种酶的共同作用来完成。由于半纤维素酶产生菌一般也产生纤维素酶，存在联合控制两种酶合成的机制。一些微生物通过基因突变，会同时引起纤维素酶和半纤维素酶的基因不能有效表达。重组DNA技术使不同种类微生物的木聚糖酶基因被成功克隆并在宿主细胞中得到高效表达，其中研究较多的是细菌木聚糖酶基因。许多嗜热木聚糖酶基因被成功克隆到大肠杆菌中，为实现木聚糖酶基因的高效表达和酶分子定向改造等奠定了良好的基础。此外，已成功获取胞外分泌型菌种，解决了大多数重组菌种产生的木聚糖酶存留在周质区或胞质区，而不能将木聚糖酶分泌到胞外的问题，为木聚糖酶的提纯和应用带来极大的便利。要实现木聚糖酶大规模工业化应用，需要采用系统生物学手段，确定酶的活性部位，以及某些特定的残基在催化中的作用，再运用定点突变技术进行基因操作，进而实现对蛋白质的理性设计和改进，以得到热稳定性好、耐受pH范围宽和温度适应性广的高活性酶制品。

四、木质素分解微生物及木质素降解酶类

木质素是一类由苯丙烷基为结构单元组成的天然聚合物，主要包括三种基本结构：愈创木基丙烷单元（Guaiacyl Unit，G-type）、紫丁香基丙烷单元（Syringyl Unit，S-type）和对羟基丙烷单元（P-hydroxyphenyl Unit，H-type）（图12-3）。

不同于其他生物聚合物的线性组合方式，木质素亚单位之间的连接完全是以非线性随机方式进行的。三种基本结构单元的比例和组合方式随着植物品种和形态不同而差异显著。裸子植物中主要为愈创木基木质素，被子植物主要为愈创木基-紫丁香基木质素，而草本植物木质素是由松伯醇、芥子醇和对香豆醇混合脱氢的聚合物，称之为愈创木基-紫丁香基-对羟苯基木质素。木质素基本亚结构单元之间的连接方式也非常复杂，有苯环与苯环的连接、苯环与侧链基团的连接和侧链基团之间的连接，包括β-O-4、α-O-4、4-O-5、α-O-γ、β-5、5-5、β-β等多种化学连键。化学键合类型的多样性，使木质素大分子中含有多种功能基团，如甲氧基、羟基、羰基及苯环结构等。化学键的形成及断裂方式

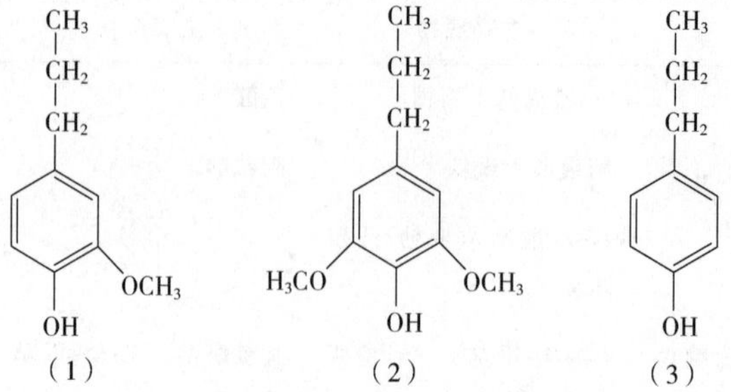

图 12-3　木质素的三种基本结构单元

（1）愈创木基结构单元　（2）紫丁香基结构单元　（3）对羟基结构单元

多样复杂，化学基团之间的转化随机多样以及不同化学基团之间的相互作用造成了木质素高度的异质性和结构稳定性。因此天然木质素是一种不溶性、异质性、不规则、非晶形、高度分支的三维网状大分子，可抵御微生物侵袭和环境应激压力，为植物细胞壁中最难降解的物质之一。

1. 木质素降解微生物

木质素是一种复杂的聚合物，不同于常规生物酶催化降解过程，木质素的降解是一系列酶催化和非酶催化的非特异性氧化还原反应。木质素不能作为唯一碳源供微生物生长利用，必须以纤维素或葡萄糖作为共底物提供碳源，因此木质素降解酶系统的合成是由营养物氮饥饿所触发的次生代谢过程。自然界中木质素的完全降解是由真菌、细菌和微生物群落共同作用的结果。真菌对木质素的降解起主导作用，细菌在一定程度上对木质素结构改性，使其更容易受到真菌的攻击。根据微生物使木材腐朽方式的不同，可将降解木质素的真菌分为白腐菌（White Rot Fungi）、褐腐菌（Brown Rot Fungi）和软腐菌（Soft Rot Fungi）三类。

引起木材软腐的软腐菌属于子囊菌纲或半知菌类的真菌，在潮湿的条件下使木质腐烂。软腐菌对木质纤维素中多糖的降解优于对木质素的降解，对木质素的代谢缓慢而不彻底，只因造成木材表面变软而得名。软腐菌的作用被认为是参与腐殖质的形成。褐腐菌能分解纤维素和半纤维素，对木质素基本不降解，仅对木质素分子结构加以改性，如使之脱甲基或加以氧化、羟基化等。经褐腐菌降解的木材，纤维素被分解而留下未被降解的木质素，形成由褐色残留物组成的网状结构——褐腐。白腐菌大多数属于担子菌类，少数为子囊菌，是自然界唯一能将木质素彻底矿化为 CO_2 和 H_2O 的一类微生物，是最主要的木质素降解真菌。白腐菌对木质素的降解能力优于纤维素类成分。真菌菌丝穿入木质，释放降解木质素和其他木质组分的酶，导致木材腐烂成为淡色的海绵状团块——白腐。

降解木质素的原核生物以放线菌为主。放线菌主要对木质素大分子进行结构改性，增加其水溶性，参与有机质的初始降解和腐殖化。细菌中的厌氧梭菌、假单胞菌、不动杆菌（*Acinetobacter*）和芽孢杆菌等也产生木质素降解酶。原核生物分泌的木质素降解酶多为胞内酶，对木质素的降解能力与效果次于真菌。降解木质素的典型微生物类群见表 12-4。

表 12-4 木质素降解微生物的类群

类别		代表性种（属）
真菌	软腐菌	球毛壳菌（*Chaetomium globosum*）、毛长喙壳霉（*Ceratocystis pilifera*）、土生链格孢（*Alternaria humicola*）、无柄孢霉（*Trichosporium heteromorphum*）
	褐腐菌	密粘褶菌（*Gloeophyllum trabeum*）、有色木齿菌（*Echinodontium tinctorium*）、豹皮香菇（*Lentinus lepideus*）、绵腐卧孔菌（*Postia placenta*）
	白腐菌	黄孢原毛平革菌（*Phanerochaete chrysosporium*）、虫拟蜡菌（*Ceriporiopsis subvermispora*）、彩绒革盖菌（*Coriolus versicolor*）、变色栓菌（*Trametes versicolor*）、糙皮侧耳（*Pleurotus ostreatus*）、烟管菌（*Bjerkandera adusta*）
细菌（放线菌）		链霉菌（*Streptomyces*）、节杆菌（*Arthrobacter*）、小单孢菌（*Micromonospora*）、诺卡菌（*Nocardia*）

2. 木质素降解酶及作用机制

白腐菌高效降解木质素或异生物质的关键在于其独特的胞外降解酶系统和自由基降解机制。木质素生物降解是非专一性的氧化反应。木质素的大分子特性决定了其降解是一个胞外反应过程。木质素降解过程是以自由基为基础的链式反应，具有高度非特异性和无立体选择性。参与降解木质素的酶系主要有以下三类：①H_2O_2 产生酶系，包括葡萄糖氧化酶、乙二醛氧化酶、藜芦醇氧化酶等，它们的作用是以小分子有机物为底物，将分子氧还原为 H_2O_2，启动过氧化物酶反应过程；②木质素氧化酶系，为微生物降解木质素的关键酶系，包括漆酶（Laccase，Lac）、锰过氧化物酶（Manganese Peroxidase，MnP）和木质素过氧化物酶（Lignin Peroxidase，LiP）。漆酶主要催化木质素碳碳键和碳氧键的断裂，催化木质素侧链脱甲基，参与木质素解聚和聚合反应。锰过氧化物酶和木质素过氧化物酶需要 H_2O_2 触发其氧化，启动酶循环反应。其中，MnP 表现出对 Mn^{2+} 的绝对需要。在 Mn^{2+} 和 H_2O_2 共存体系下，MnP 能够特异性地催化木质素 $C\alpha-C\beta$ 键的断裂、$C\alpha$ 的氧化以及烷基-苯环间连键的断裂。LiP 能够直接与芳环底物反应，形成苯环阳离子自由基，直接催化苯环类物质氧化，使木质素大分子解聚；③其他辅助降解酶类，包括还原酶、超氧化物歧化酶、纤维二糖脱氢酶、葡萄糖苷酶等。并不是所有的白腐菌都能产生以上酶系，不同白腐菌降解体系、酶作用方式、酶组合类型及降解特性不同。但是这些木质素降解酶提供了一个以自由基反应为基础的非特异性木质素降解模式，酶与底物之间非一对一的对应关系，使得白腐菌降解底物具有广谱性特点。进一步的研究表明，在木质素降解初期，由于木质素降解酶的大分子特性，与刚性结构的木质素表面并不能很好地契合接触，很难进入细胞壁的孔隙中接触到底物，小分子介体可能在木质素改性及降解过程中发挥重要作用。小分子介体包括藜芦醇、小分子有机酸类、酚醛类化合物、短肽类及某些金属离子（Mn^{2+}，Fe^{2+}）等。这些小分子类物质扩散性强，被认为是启动木质素降解反应的关键因子，更有利于木质素降解酶类渗透至底物内部，与木质素表面结合，催化木质素的氧化降解反应。

白腐菌对木质素的降解至少涉及三种机制：一是 β-芳基醚键的断裂和侧链基团的修饰，二是芳香环的氧化开环，三是苯丙烷基侧链基团的断裂。木质素降解的关键反应包括：①$C\alpha-C\beta$ 键的断裂，是形成芳香族和脂肪族产物的主要反应；②甲氧基的脱甲基化、紫丁香基和愈创木基亚单位上的脱甲基化，是木质素早期降解时形成的主要反应，其降解产物为邻苯二酚，在自由基及氧化酶类的作用下发生苯环开环反应；③苯环开环，释放脂肪族产物，断裂为更短链的脂肪族类物质或进一步彻底降解为 CO_2 和 H_2O；④苄羟基氧化成酮，为苯环侧链基团氧化修饰过程。以上主要降解反应与自由基链式反应过程相一致，伴随有木质素氧化酶的参与，导致木质素各连键断裂，大分子物质解聚为小分子片段，直至完全矿化降解为 CO_2。

第二节　微生物与燃料乙醇

微生物发酵制取乙醇是主要的生产燃料乙醇的方法。由于生产原料的不同，发酵法生产乙醇又分为糖类原料直接发酵生产乙醇；用淀粉原料需要经过淀粉水解后再发酵产乙醇；结构复杂的纤维质原料，先经过预处理，再经过水解的方法将其转化为糖，最后发酵生产乙醇。发酵法生产乙醇的基本过程就是将原料转化为六碳糖和五碳糖，经过酵母菌等乙醇发酵微生物在无氧条件下利用其特定酶系统所催化的一系列有机质分解代谢的生化反应过程产生乙醇，最终提纯乙醇。由淀粉和纤维质原料生产乙醇的生化反应过程可以概括为 3 个阶段：①淀粉、纤维素和半纤维素，水解为葡萄糖、木糖等单糖分子；②单糖分子经糖酵解形成 2 分子丙酮酸；③无氧条件下丙酮酸被还原为 2 分子乙醇，并释放出 CO_2。

一、六碳糖发酵微生物及其代谢机理

工业上应用较为成熟的六碳糖乙醇发酵菌种主要为酵母菌和细菌。其中，酿酒酵母和运动发酵单胞菌为典型代表菌株。

1. 六碳糖发酵生产乙醇的酵母菌

在厌氧条件下，酿酒酵母通过糖酵解途径（EMP 途径）将葡萄糖分解为两分子丙酮酸，然后丙酮酸脱羧生成乙醛，乙醛作为氢受体使 NAD^+ 再生，发酵终产物为乙醇。理论上，1g 葡萄糖经完全发酵产生 0.51g 乙醇。常用的酵母品种有酿酒酵母、葡萄汁酵母（*S. uvarum*）、粟酒裂殖酵母（*Schizosaccharomyces pombe*）及克鲁维酵母（*Kluyveromyces*）等。酵母菌均为兼性厌氧菌，有氧气时进行菌体的生长，厌氧条件转入乙醇发酵阶段。酿酒酵母的发酵性能直接影响着乙醇生产的成败，因而选育性能优良的菌株格外重要。近年来，通过基因工程和代谢工程等现代生物技术手段，可以有目的地构建发酵性能优良的菌株，调控微生物代谢过程。基因工程菌株构建的方向主要有以下几个：一是扩大可供利用的底物范围，例如构建出可以同化木糖、L-阿拉伯糖等五碳糖并发酵生成乙醇的菌株或者改变利用底物的方式，如构建可以直接利用淀粉原料进行发酵的菌株；二是提高菌株的耐酒精性能以及耐高温的性能；三是改变菌株的代谢途径使之特异性地转向乙醇生产，提高乙醇对糖的收率，以降低燃料乙醇生产的原料消耗。

2. 六碳糖发酵细菌

许多细菌能够代谢葡萄糖产生乙醇，同时还会产生有机酸、酮等其他副产物及 H_2、CO_2 等气体。以乙醇为主要发酵产物的代表细菌见表 12-5。其中，属于发酵单胞菌属的兼性厌氧的革兰阴性杆状细菌——运动发酵单胞菌，乙醇产率较高，最具有实际应用价值，将来有可能取代酵母菌成为乙醇发酵工业的主要菌种。

表 12-5　　以乙醇为主要发酵产物的细菌及其乙醇产率

单位：mol 乙醇/mol 葡萄糖

中温菌	产率	嗜热菌	产率
楔形梭状芽孢杆菌（*Clostridium sphenoides*）	1.8	嗜热厌氧乙醇杆菌（*Thermoanaerobacter ethanolicus*）	1.9
运动发酵单胞菌（*Zymomonas mobilis*）	1.9	梭状芽孢杆菌（*Clostridium bolteae*）	1.8
螺旋体菌（*Spirochaeta aurantia*）	1.5	热纤梭菌（*C. thermocellum*）	1.0
解淀粉欧文氏菌（*Erwinia amylovora*）	1.2	嗜热脂肪芽孢杆菌（*Bacillus stearothermophilus*）	1.0
肠膜明串珠菌（*Leuconostoc mesenteroides*）	1.1	耐热厌氧菌（*Thermoanaerobium brockii*）	0.95

与酿酒酵母的 EMP 途径不同，运动发酵单胞菌是通过 ED 途径将葡萄糖发酵生成乙醇，1mol 葡萄糖代谢仅产生 1mol ATP（图 12-4）。乙醇的发酵过程是葡萄糖分子在第六位上磷酸化，并在 NADP 的参与下，脱氧形成 6-磷酸葡萄糖酸，然后在 6-磷酸葡萄糖酸脱水酶的作用下，脱水形成 2-酮-3-脱氧-6-磷酸葡萄糖酸（KDPG），接着在脱氧酮糖酸醛缩酶的作用下裂解为 3-磷酸甘油醛和丙酮酸，3-磷酸甘油醛转入 EMP 途径的后部分，转化为丙酮酸。丙酮酸再脱羧生成乙醛，乙醛被还原生成乙醇。该途径也称为 KDPG 途径。

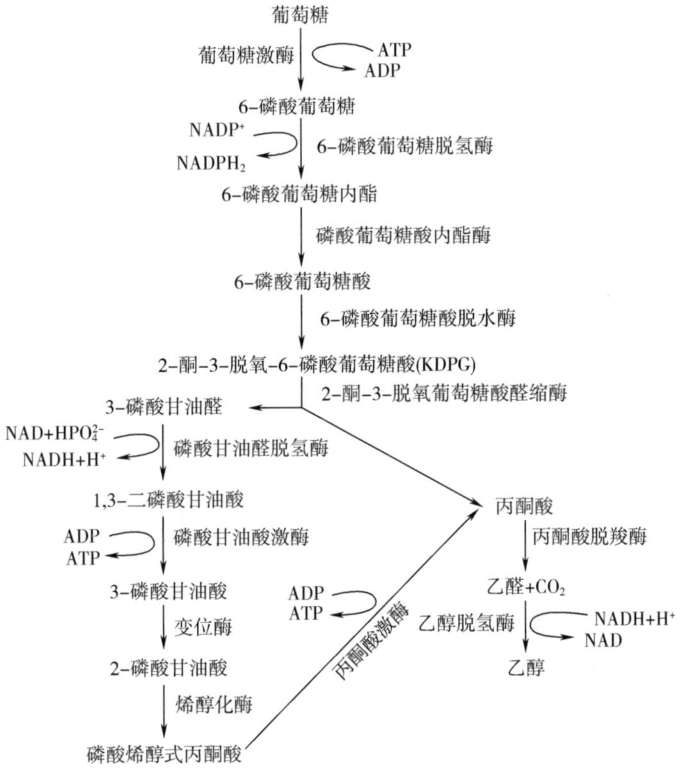

图 12-4　运动发酵单胞菌乙醇发酵途径

ED 途径的特点是葡萄糖只经过 4 步反应即可快速获得由 EMP 途径须经 10 步反应才能够形成的丙酮酸，加之运动发酵单胞菌菌体较小，比表面积更大的特点，理论上乙醇发醇的速率会更快。这条途径的关键是 KDPG 的 3,3 裂解，分解为 3-磷酸甘油醛和丙酮酸。ED 途径的产能水平较低，1mol 葡萄糖分解为 2mol 丙酮酸时，只净得 1mol ATP 和 2mol NADH。因此理论上运动发酵单胞菌比酿酒酵母产生更少的生物量，使更多的碳流向乙醇发酵。有报道运动发酵单胞菌的乙醇表观产率能达到利用葡萄糖发酵产生乙醇的理论产率的 97%，然而酵母只能达到 90%~93%。利用运动发酵单胞菌生产乙醇与广泛采用的酵母菌相比有较强的优势：发酵温度比酵母菌高，对糖的发酵速度及利用率均高于酵母菌，可以缩短生产周期和提高原料的利用；发酵过程中不需要通气，设备工艺比较简单，有利于采用连续发酵、无载体固定化等先进的工艺控制来降低乙醇的生产成本；与酵母菌相比，该菌代谢途径相对简单，没有多种可供选择的代谢途径。尽管有很多优势，但该菌株底物谱狭窄，只能代谢葡萄糖、果糖和蔗糖，而且在蔗糖中生长时会伴随产生胞外果聚糖和山梨醇，严重降低乙醇的表观产率，不适于利用糖质原料如糖蜜等生产乙醇。为了解决这些问题，已对运动发酵单胞菌进行了大量的遗传改造尝试。例如，将一些微生物的相关水解酶基因转移到运动发酵单胞菌中；通过传统的变异和筛选方式，获得具有优良发酵性能且无副产物产生的突变株。另外，产生乙醇的 *pet* 操纵子由运动发酵单胞菌的 *pdc*（丙酮酸羧化酶基因）和 *adh*B（乙醇脱氢酶Ⅱ基因）融合构建而成，转移到碳源利用范围较广的微生物中，可以构建产生新的产乙醇工程菌株。

二、五碳糖发酵微生物及其代谢机理

木糖是木质纤维素水解物中含量仅次于葡萄糖的一种单糖，天然半纤维素水解产物的 85%~90%是木糖。然而，传统上用于乙醇发酵生产的微生物如酿酒酵母和运动发酵单胞菌虽然能够很好地利用六碳糖（葡萄糖），但均不能代谢五碳糖（木糖）。以植物纤维素原料中的木糖发酵生产乙醇，能使木质纤维素原料的乙醇发酵产量在原有的基础上增加 25%。因此，实现木糖发酵生产乙醇是决定植物纤维资源生产乙醇经济可行的关键因素。

1. 自然界中能利用五碳糖的微生物

（1）酵母菌　酵母菌利用木糖转化为乙醇的能力较强，主要有嗜鞣管囊酵母（*Pachysolen tannophilus*）、树干毕赤酵母（*Pichia stipitis*）和休哈塔假丝酵母（*Candida shehatae*）3 种类型，其中研究最多且最具有工业应用前景的是树干毕赤酵母和休哈塔假丝酵母。在发酵木糖过程中，限氧发酵是这类菌利用木糖发酵乙醇的特点，木糖醇是主要的副产物。在厌氧环境中发酵，会导致积累大量的木糖醇，菌株发酵停止。氧气含量过大的发酵过程，会导致产物乙醇被同化为高分子物质或氧化为酸，聚乙烯乙二醇可以对这种同化过程产生抑制作用。为使累积的 NADH 氧化为 NAD^+，可以向培养物中加入 3-羟基丁酮或丙酮乙醛等受氢体，从而恢复乙醇的产生。少量葡萄糖的存在有益于木糖的发酵。这是由于细胞的呼吸活性可以被一定量的葡萄糖所抑制，即克勒勃屈利效应（Crabtree effect）。木材水解液中的芳香类、有机酸和金属离子等物质，均是此类木糖发酵菌的抑制物，而且单一抑制物彼此之间还存在着协同作用，导致天然纤维材料水解物的酵母菌发酵产量低并且速率慢。

（2）细菌　细菌发酵的底物广泛（包括单糖、高聚糖等），发酵时间短。能发酵木糖产生乙醇的细菌主要有嗜热硫化氢芽孢梭菌（*Clostridium thermohydrosulfuricum*）、多粘芽孢杆菌、大肠杆菌、嗜水气单胞菌（*Aeromonas hydrophila*）等。细菌发酵木糖具有发酵时间短、传代快的优点。与此同时，由于乙醇的产生伴有诸如有机酸和其他醇类的一些副产物，导致其终产物的种类受培养基组分、发酵条件等的影响较大，酒精得率比较低。另一方面，细菌在高 pH 条件下的发酵容易出现杂菌污染的问题。以上两种问题的存在，致使此类菌株尚未进入实际的应用。

（3）丝状真菌　丝状真菌发酵木糖的研究主要集中在尖孢镰刀菌（*Fusarium oxysporum*）和粗糙脉孢菌。目前报道能发酵木糖产乙醇的真菌主要有尖孢镰刀菌 VTT-D-80134、粗糙脉孢菌 NCIM870、拟青霉 NFI. ATCC20766 和接骨木镰刀菌（*F. sambucinum* VTT-D-77056）等。虽然这类菌的传代慢、发酵时间较长，而且在发酵过程中容易受木质素及芳香类物质的抑制。但是这些问题可以通过筛选抑制物抗性菌株、加大接种量等方法来解决。另外，粗糙脉孢菌以及尖镰孢菌不但具有利用戊糖和已糖发酵乙醇的能力，而且自身具有半纤维素酶及纤维素酶，可以大大简化利用天然纤维原料生产乙醇的工艺，降低生产成本。

此外，通过基因工程技术也可获得可代谢木糖的重组菌株。研究思路主要有两条，一是向高效代谢六碳糖的菌种中引入五碳糖代谢途径；二是向能利用混合糖但产乙醇能力低的菌种中引入高产乙醇的关键酶基因。构建基因重组菌常用的宿主菌种有酿酒酵母、运动发酵单胞菌和大肠杆菌。

2. 五碳糖乙醇发酵机理

五碳糖发酵机制研究主要集中于微生物代谢木糖的机制研究上。木糖的异构化是微生物木糖代谢的最初生化反应。到目前为止，微生物转化木糖成乙醇的途径主要有细菌和真菌的木糖代谢途径，主要表现在木糖转化为木酮糖途径的差异上。

细菌的木糖代谢途径，首先在木糖异构酶（Xylose isomerase，XI）的催化作用下转化为木酮糖，木酮糖在木酮糖激酶（Xylulokinase，XK）的作用下转变成为磷酸木酮糖，继而进入磷酸戊糖途径（Pentose phosphate pathway，PPP），再通过糖酵解途径或 ED 途径生成丙酮酸，经丙酮酸脱羧酶、乙醇脱氢酶作用转化为乙醇。其代谢过程见图 12-5。

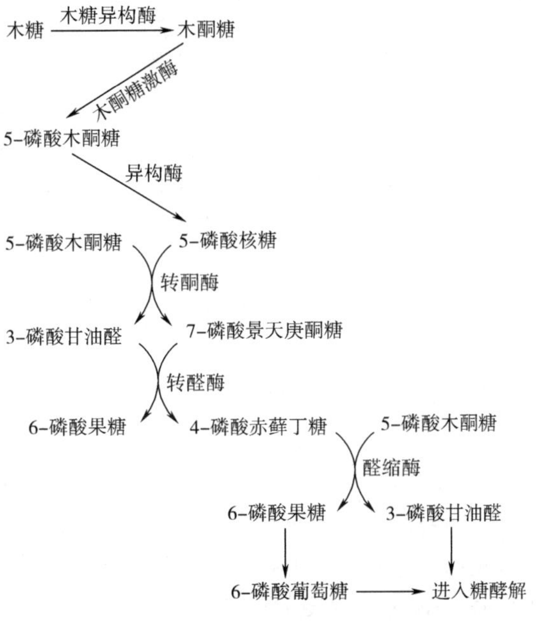

图 12-5　细菌木糖代谢途径

酵母菌及丝状真菌的木糖代谢途径，需要经过两步氧化还原反应将木糖转化为木酮糖。首先在依赖 NADPH 的木糖还原酶（Xylose reductase，XR）作用下将木糖还原为木糖醇；然后木糖醇被 NAD^+ 依赖的木糖醇脱氢酶（Xylitol dehydrogenase，XDH）氧化为木酮糖；木酮糖经木酮糖激酶（Xylulokinase，XK）作用磷酸化后进入 PPP 途径，PPP 途径的中间产物 6-磷酸葡萄糖及 3-磷酸甘油醛通过酵解途径形成丙酮酸，丙酮酸或是经丙酮酸脱羧酶、乙醇脱氢酶脱羧还原为乙醇或是在好氧的条件下，通过 TCA 循环及呼吸链彻底氧化成 CO_2。酿酒酵母因缺乏木糖代谢途径关键酶而不能利用木糖，但可以利用木糖的异构体木酮糖。在酿酒酵母菌，木酮糖也是先磷酸化形成 5-磷酸木酮糖，进入 PPP 途径，经酵解形成乙醇。其代谢过程见图 12-6。

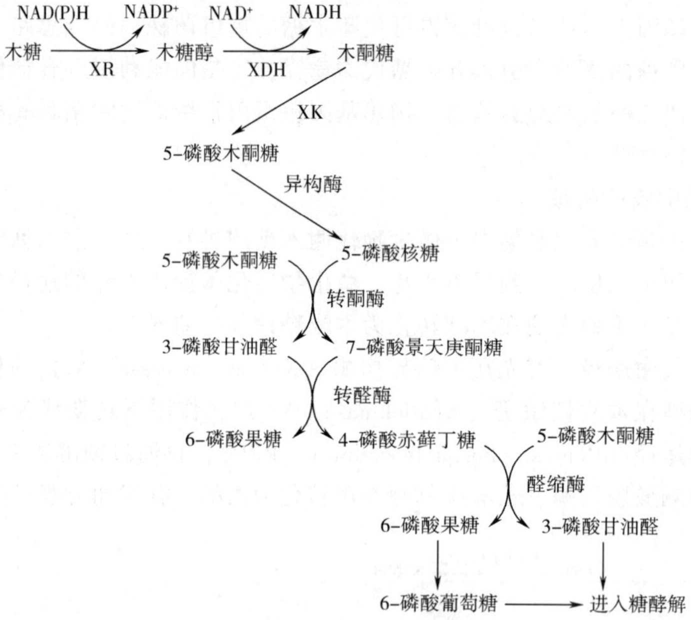

图 12-6　酵母菌木糖代谢途径

以酵母菌为例，木糖发酵在兼性厌氧条件下进行，生成乙醇和二氧化碳。木糖发酵乙醇的最高产率为 0.46g/g，低于葡萄糖乙醇发酵的理论得率 0.51g/g。

第三节　微生物与生物柴油

生物柴油是通过可再生的油脂资源（如动植物油脂、微生物油脂、废食用油）与短链醇（如甲醇、乙醇）等经过转酯反应，生成的长链脂肪酸酯类物质，是一种可以替代普通柴油使用的环保燃油。生物柴油是继生物燃料乙醇之后的第二大生物基液体燃料，具有润滑性能高、储运安全、抗爆性能好、燃烧充分等优良性能，还具有能量密度高、可再生、易生物降解、含硫量低等特点。大力发展生物柴油对经济可持续发展，推进能源替代，减轻环境压力，控制城市环境污染具有重要的战略意义。生物柴油的原料油可分为植物油脂、动物油脂、废弃油脂以及新兴的微生物油脂等。原料油成本占总成本的 50%～85%，成为决定生物柴油最终价格的关键因素。各国在原料油的选择上区别较大，欧美国家多数以大豆油、菜籽油、芥末籽油等作为原料油，而东南亚各国基本使用棕榈油，日本则一般使用餐饮废油，我国主要采用麻风树油、黄连木油等木本油脂和地沟油等废弃油脂。与传统油脂相比，利用微生物生产油脂具有油脂含量高、生产周期短、生产成本低等优点。微生物油脂发酵是生物柴油产业和生物经济的重要研究方向。

一、生物柴油生产原理

生物柴油是指以各种来源的甘油三酯为原料，在某种催化剂的作用下与甲醇进行反应，甲醇替换甘油三酯中的醇，得到脂肪酸甲酯，同时产生副产物甘油（图 12-7）。该过程也被称为醇解。生物柴油生产过程所涉及的化学反应主要包括油脂的水解反应、酯化反应和酯交换反应。

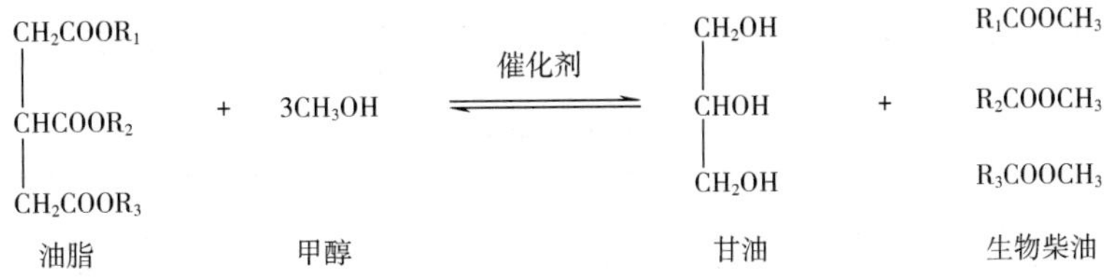

图 12-7 油脂酯交换反应过程

目前，用于制备生物柴油的方法主要有直接混合法、微乳液法、热解法和酯交换法。采用酯交换法生产生物柴油因其反应条件温和、工艺操作简单、成本较低，而且制得的生物柴油性质稳定，已经成为研究的主流。酯交换反应由于催化剂选择的不同，可分为均相酸碱催化法、非均相酸碱催化法、超临界法和脂肪酶催化法。各生产方法比较见表 12-6。

表 12-6 生物柴油生产方法比较

生产方法		原料	优缺点
直接混合法		植物油	可再生，热值高，但黏度高、易变质、燃烧不完全
微乳液法		动植物油	高温下进行，需要常规的化学催化剂，反应物难以控制，设备昂贵
高温裂解法		植物油	高温下进行，需要常规的化学催化剂，反应物难以控制，设备昂贵
酯交换法	碱催化	动植物油及食品工业废油	优点：反应时间短，成本低。缺点：使用大量甲醇；反应物中混有游离的脂肪酸和水，对酯交换反应有妨害作用；残留碱时有皂生成，堵塞管道
	酸催化		油脂中游离脂肪酸和水的含量高时催化效果比碱好
	酶催化		游离脂肪酸和水的含量对反应物无影响，相对清洁；缺点：甲醇使用量大；酶价格偏高；反应时间较长
	无催化		产率高于催化过程，反应温度低，过程简单、安全和高效；甲醇需要超临界处理且用量大，相对时间较长

生物柴油化学生产方法具有工艺复杂、能耗高、环境污染大等缺点；而用脂肪酶催化合成法可以有效避免上述问题，具有广阔的应用前景。由于微生物种类多、繁殖快、易发生遗传变异等特点，微生物来源的脂肪酶作用 pH、作用温度范围以及底物专一性比动植物来源脂肪酶优越，且适合于工业化生产，因此微生物脂肪酶是生物柴油生产中的研究热点之一。

二、酶法生产生物柴油

生物催化剂主要是脂肪酶（Lipase，EC3. 1. 1. 3），包括细胞内脂肪酶和细胞外脂肪酶。脂肪酶来源广泛，具有选择性、底物与功能专一性，在非水相中能发生催化水解、酯合成、转酯化等多种反应，且具有反应条件温和、无需辅助因子等优点。这些优点使脂肪酶成为生物柴油生产中一种适宜的催化剂。研究表明，脂肪酶是一种很好的催化醇与脂肪酸甘油的酯交换反应催化剂。微生物脂肪酶的种类多、来源广，具有较高的催化活性和稳定性，是重要的工业酶。高产脂肪酶微生物菌株多来源于细菌、酵母菌和霉菌。已报道的产脂肪酶微生物大约 65 个属，其中细菌 28 个属、放线菌 4 个属、酵母菌 10 个属、其他真菌 23 个属（表 12-7）。

表 12-7　　主要产脂肪酶微生物

来源	微生物属
真菌	根霉（*Rhizopus*），曲霉（*Aspergillus*），青霉（*Penicillium*），毛霉（*Mucor*），棉阿舒囊霉（*Ashbya*），地丝菌（*Geotrichum*），白僵菌（*Beauveria*），根毛霉（*Rhizomucor*），镰刀菌（*Fusarium*）
酵母	假丝酵母（*Candida*），毕赤酵母（*Pichia*），汉逊酵母（*Hansenula*），耶氏酵母（*Yarrowia*），红酵母（*Rhodotorula*），丝孢酵母（*Trichosporon*），球拟酵母（*Torulopsis*）
放线菌	链霉菌（*Streptomyces*）
革兰染色阳性细菌	芽孢杆菌（*Bacillus*），葡萄球菌（*Staphylococcus*），乳杆菌（*Lactobacillus*），链球菌（*Streptococcus*），微球菌（*Micrococcus*），丙酸杆菌（*Propionibacterium*），伯克霍尔德氏菌（*Burkholderia*）
革兰染色阴性细菌	假单胞菌（*Pseudomonas*），色素细菌（*Chromobacterium*），不动杆菌（*Acinetobacter*），气单胞菌（*Aeromonas*）

脂肪酶通常既可以水解长链底物也可以水解短链底物，除了催化酯类水解还可以催化酯化、转酯、醇解、氨解等多种反应。脂肪酶活性中心构象结构决定了其往往只能结合某一类特征结构的底物，且不同来源的脂肪酶活性中心构象均存在一定差异，因此这些反应通常具有很强的底物特异性，具体表现为：①底物特异性：酶的底物特异性与其结构和酶的活性中心有关。不同来源的脂肪酶水解由单一脂肪酸组成的甘油三酯的特异性有很大差异。例如，圆弧青霉产生的脂肪酶对短链（C8 以下）脂肪酸具有特异性，黑曲霉和根霉产生的脂肪酶对中等链长（C8～C18）脂肪酸具有特异性，而白地霉产生的脂肪酶对三油酸（不饱和脂肪酸）呈强特异性，尖孢镰刀菌脂肪酶优先作用于饱和脂肪酸。②位置特异性，是指脂肪酶对甘油三酯的 1、2、3 位酯键的识别和水解的反应特异性。除少数脂肪酶，如来源于金黄色葡萄球菌和猪葡萄球菌（*Staphylococcus hyicus*）的脂肪酶、痤疮丙酸杆菌（*Propionibacterium acnes*）的脂肪酶等没有位置特异性之外，大多数脂肪酶均为 1、3 位特异性，虽然许多脂肪酶几乎不能水解 2 位酯键，但是由于存在酰基转移现象，即随着

1、3位酯键的水解，2位的脂肪酸会转移到1、3位，最终甘油三酯得以完全水解。③对映体选择性，是指脂肪酶只对两种对映体（R构象或S构象）中的一种发生反应，最终可以将R构象或S构象从外消旋混合物中分离出来，这个过程也称为对映体拆分。目前已发现多种脂肪酶，如来源于洋葱伯克霍尔德菌（*Burkholderia cepacia*）、黑曲霉、南极假丝酵母（*Candida antarctica*）等的脂肪酶均存在这种对映体选择性，只是其能拆分的底物各有不同。因此，脂肪酶被广泛应用于拆分各种不同的旋光异构体。

三、产油微生物

微生物油脂（Microbial oils）又称为单细胞油脂（Single Cell Oil，SCO），是由酵母菌、霉菌、细菌和藻类等微生物在一定条件下利用碳水化合物、碳氢化合物和普通油脂为碳源，在菌体内产生大量的油脂。如果油脂含量超过生物总量的20%，即称为产油微生物（Oleaginous Microorganisms）。产油微生物资源丰富，能在多种培养条件下生长，进行工业规模生产和开发有着巨大的潜力。目前，微生物油脂已成为获取高附加值脂肪酸，如γ-亚麻酸（GLA）、花生四烯酸（ARA）、二十碳五烯酸（EPA）、二十二碳六烯酸（DHA）等的重要原料。而且，由于某些微生物油脂在脂肪酸组成上同植物油，如菜籽油、棕榈油、大豆油等相似，富含饱和和低度不饱和长链脂肪酸，是生产生物柴油的潜在原料。产油细菌在合适条件下能积累油脂，但多数细菌积累的并不是甘油三酯，而是其他的一些类脂，如磷脂和糖脂，少数细菌如分枝杆菌属（*Mycobacterium*）、诺卡菌属（*Nocardia*）、浑浊红球菌（*Rhodococcus opacus*）和弧菌属（*Vibrio* spp.）的一些菌株可以积累甘油三酯，但这些甘油三酯附着于细胞外膜上，提取十分困难。因此，研究应用较多的产油微生物多集中于产油真菌和产油微藻。

1. 产油真菌

产油酵母种类繁多。酵母菌在油脂发酵过程中能累积较大的生物量，并且原料来源广泛，受到科研工作者的极大关注。目前已报道的累积油脂能力较强的酵母菌有：粘红酵母（*Rhodotorula glutinis*）、浅白隐球酵母（*Cryptococcus albidus*）、圆红冬孢酵母（*Rhodosporidium toruloides*）、出芽短梗霉（*Aureobasidium pullulans*）、解脂亚罗酵母（*Yarrowia lipolytica*）、斯达氏油脂酵母（*Lipomyces starkeyi*）和发酵性丝孢酵母（*Trichosporon fermentans*）等。多种霉菌也能够在特殊的培养条件下合成油脂。常见的产油霉菌有深黄被孢霉（*Mortierella isabellina*）、土曲霉、高山被孢霉（*Moriterella alpina*）、小克银汉霉属（*Cunninghamella*）、毛霉属、水霉属（*Saprolegnia*）和高粱褶孢黑粉菌（*Tolyposporium ehrenbergii*）等（表12-8）。

表12-8　常见产油真菌油脂含量

产油真菌		发酵底物	油脂含量（占细胞干重的质量分数）/%
酵母菌	出芽短梗霉	葡萄糖	66
	斯达氏油脂酵母	葡萄糖和木糖	61
	粘红酵母	木薯淀粉水解物	63.4
	解脂亚罗酵母	粗甘油	43

续表

产油真菌		发酵底物	油脂含量（占细胞干重的质量分数）/%
霉菌	小克银汉霉	木糖	57.5
	高山被孢霉	木糖	65.5
	土曲霉	葡萄糖	57
	哈茨木霉	玉米秸秆	20.5

在酵母菌、霉菌等真核微生物中，某些产油种属能积累占其生物总量70%以上的油脂，其中以甘油三酯（Triacylglycerol，TAG）为主，约占80%以上，磷脂约占10%以上。TAG的主要功能是作为碳源和能源的储备化合物，另外还具有维持膜结构完整和正常功能的作用。

2. 产油真菌合成油脂过程及代谢调控

真菌合成油脂的过程与动植物产生油脂的过程相似。首先，由乙酰辅酶A羧化酶催化乙酰辅酶A的羧化反应，生成丙二酸单酰辅酶A。乙酰-CoA和丙二酸单酰-CoA在脂肪酸合酶复合体的催化下生成丁酰-ACP（酰基载体蛋白）。丁酰-ACP会进入第二轮的碳链延伸，延伸两个碳原子单元。这样，经过多次酰基链延长和随后的去饱和作用等步骤形成了完整的脂肪酸合成途径。在此过程中，有两个主要的催化酶，即乙酰CoA羧化酶和去饱和酶。乙酰CoA羧化酶催化脂肪酸合成的第一步，是第一个限速酶。此酶是由多个亚基组成的复合酶，结构中有多个活性位点，因此该酶能为乙酰CoA、ATP和生物素所激活。去饱和酶是微生物通过氧化去饱和途径生成不饱和脂肪酸的关键酶，这一过程称为脂肪酸氧化循环。粘红酵母油脂合成过程可分为四个环节：两个前体乙酰CoA和3-磷酸甘油的形成；甲羟戊酸的合成，乙酰CoA形成脂酰CoA和鞘脂；以甲羟戊酸为前体合成甾醇、类胡萝卜素和碳水化合物；以乙酰CoA和3-磷酸甘油为前体合成磷脂酸、甘油二酯、甘油三酯和磷脂。由此可见，在酵母细胞内油脂合成的多少，乙酰CoA起了主导作用；而乙酰CoA的形成又受到氮源多少、AMP和异柠檬酸脱氢酶活性等诸多因素的影响。微生物高产油脂的一个关键因素是培养基中碳源充足，其他营养成分特别是氮源缺乏。在这种情况下，微生物不再进行细胞繁殖，而是将过量的碳水化合物转化为脂类。

产脂微生物中的油脂积累是一系列复杂的对油脂合成代谢调控的结果。目前，对产油酵母和产油霉菌转化葡萄糖积累TAG代谢途径已有较深入的认识。以产脂酵母为例（图12-8），当氮源耗尽时，产脂微生物的磷酸腺苷（AMP）脱氨酶活性增加，将AMP大量转化为肌苷磷酸（IMP）和氨，以作为氮源的应激补偿。造成胞内AMP浓度显著降低，在产脂酵母线粒体中依赖AMP的异柠檬酸脱氢酶（ICDH）活性随之下降甚至完全失活，TCA受到抑制，代谢发生改变，积累的柠檬酸通过苹果酸/柠檬酸转移酶转运出线粒体到细胞质中，并在ATP-柠檬酸裂解酶（ACL）的作用下生成乙酰辅酶A和草酰乙酸。前者在脂肪酸合成酶（FAS）的作用下生成脂肪酰CoA，进而合成TAG；后者在苹果酸脱氢酶（MDH）作用下生产苹果酸，再在苹果酸酶（ME）的作用下生产丙酮酸（Pyruvate），同时释放出NADPH。NADPH作为重要的辅助因子，对脂肪酸链延伸作用的脂肪酸合成酶（FAS）具有选择特异性，即FAS只能利用ME催化反应释放的NADPH。这样伴随着油脂大量积累，在细胞溶胶中合成脂肪所需的乙酰 CoA 及催化脂肪酸链延伸的 FAS 辅因子 NADPH 不断供给。因此现在普遍认为在产脂微生物中一系列复杂的油脂积累生化过程中，柠檬酸裂解酶（ACL）和苹果酸酶（ME）是其代谢调控的两个关键酶。细胞溶胶中 ACL 和 ME 的活性与油脂合成能力具有很强的相关性，如果 ME 受到抑制，则油脂积累就下降。

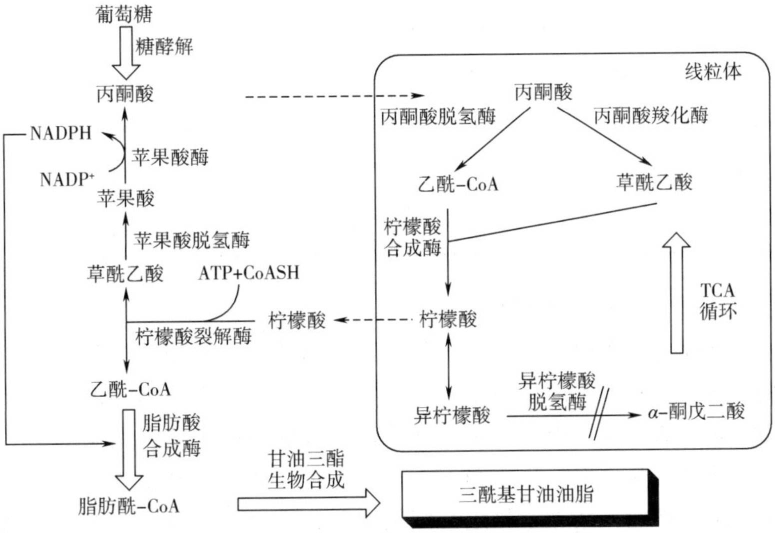

图 12-8 产脂酵母油脂积累代谢调控途径简图

在脂肪酸的合成过程中，乙酰辅酶 A 的生成和 NADPH 的供应是调控脂类生成的两个重要方面，任何增加这两种物质生成的措施（超量表达苹果酸酶基因）都有可能对产油真菌油脂含量的增加产生积极的作用。

3. 产油微藻

微藻能够有效利用太阳能，通过光合作用固定二氧化碳，将无机物转化为氢、高不饱和烷烃、油脂等能源物质。藻类种类繁多，广泛分布于海洋、湖泊、陆地等。许多藻类（主要指单细胞微藻）能够在细胞中积累大量油脂。与陆地植物相比，藻类生长周期短，生长速度快，可以连续采收，达到较高的生物产量。因而，微藻被认为是最具潜力的生物柴油原料。相较于传统的生物柴油原料，微藻生物柴油具有明显的优势：①微藻培养不需要占用大量耕地，且微藻可在海水、废水等多种水体环境中生长，无需提供专门的水源，这大大降低了微藻培养的成本；②微藻易于培养，对环境的适应性强，可在多种极端的环境中培养，降低了管理成本，且微藻生长速度快，这为生物柴油的供应提供了可靠保障；③微藻光合效率高，可有效地固定 CO_2，且微藻生长的过程中可大量吸收水中的 N、P 等营养元素，可用于富营养化水体的净化；④微藻的含油量比传统的产油作物的含油量高，更适合作为生物柴油生产的原料。

富含脂质的微藻主要存在于四个主要类别中：硅藻类、绿藻类、蓝绿藻类和金藻类。不同种类的产油微藻，脂质含量不同（表 12-9）。正常条件下许多产油微藻的脂质含量可以达到细胞干重的 20%~50%。布朗葡萄藻（*Botryococcus braunii*）细胞内的脂质含量甚至可占生物干重的75%，远超过最好的产油作物。

表 12-9 部分微藻含油率

微藻	含油量（干重）/%	微藻	含油量（干重）/%
布朗葡萄藻（*Botryococcus braunii*）	25~75	拟微绿球藻（*Nannochloropsis* sp.）	31~68
小球藻（*Chlorella* sp.）	28~32	菱形藻（*Nitzschia* sp.）	45~47
寇氏隐甲藻（*Crypthecodinium cohnii*）	20	三角褐指藻（*Phaeodactylum tricornutum*）	20~30
细柱藻（*Cylindrotheca* sp.）	16~37	裂殖壶菌（*Schizochytrium* sp.）	50~77
杜氏藻（*Dunaliella primolecta*）	23	四爿藻（*Tetraselmis* sp.）	15~23
等鞭金藻（*Isochrysis* sp.）	25~33	盐生单肠藻（*Monallanthus salina*）	>20

4. 自养微藻合成生物油脂的机理

自养微藻可通过光合作用合成生物油脂，其油脂的合成和积累过程可分为发酵培养前期和后期两个阶段。发酵培养前期为细胞增殖期，微藻大量消耗培养基中的碳源和氮源等营养物质，以保证藻细胞的代谢和增殖，此阶段合成的油脂主要以磷脂的形式存在，用来构成细胞骨架。发酵培养后期，当培养液中碳源充足而某些营养成分（特别是氮源）缺乏时，藻细胞分裂速度降低，微藻不再进行细胞增殖，而过量的碳元素继续被微藻吸收，在细胞质中经糖酵解途径进入三羧酸循环，同时激活甘油三酯的积累。甘油三酯是生产生物柴油的主要原料，它在微藻中的合成途径包括乙酰辅酶A的形成、脂肪酸碳链的延长和去饱和、甘油三酯的合成三步。

（1）乙酰辅酶A的形成　微藻利用光反应生成的NADPH和ATP，在羧化酶作用下固定CO_2，生成磷酸甘油酸，而后被还原成磷酸甘油醛。磷酸甘油醛从叶绿体转移到细胞质后，用于合成糖类或通过糖酵解途径转化为丙酮酸。丙酮酸再进行氧化脱羧转化为乙酰辅酶A。乙酰辅酶A作为脂肪酸生物合成的起始物，参与脂肪酸碳链的合成。

（2）脂肪酸碳链的延长和去饱和　脂肪酸合成起始于乙酰辅酶A转化为丙二酸单酰辅酶A，而后乙酰辅酶A和丙二酸单酰辅酶A通过启动、装载、缩合、还原、脱水和再还原等反应合成软脂酸。长链脂肪酸或不饱和脂肪酸需以软脂酸为前体，通过碳链的延长和去饱和实现。其中碳链的延长依赖于乙酰辅酶A羧化酶和脂肪酸合酶的催化，且需丙二酰辅酶A的参与。而脂肪酸碳链的去饱和与延长由饱和18碳脂肪酸（C18：0）开始，在去饱和酶与脂肪酸延长酶的交替作用下，产生一系列在植物油脂中不常见的长链（C20~C22）脂肪酸。其过程如图12-9所示。

（3）甘油三酯的合成　像其他高等植物一样，微藻中绝大多数的脂肪酸（包括饱和脂肪酸和不饱和脂肪酸）通过合成甘油三酯以储存物质和能量。而甘油三酯是由脂酰辅酶A和L-α-磷酸甘油2个前体合成的。其中脂酰辅酶A来自上一步中脂肪酸的活化，L-α-磷酸甘油来自糖酵解中间体二羟基丙酮磷酸，合成过程如图12-10所示。

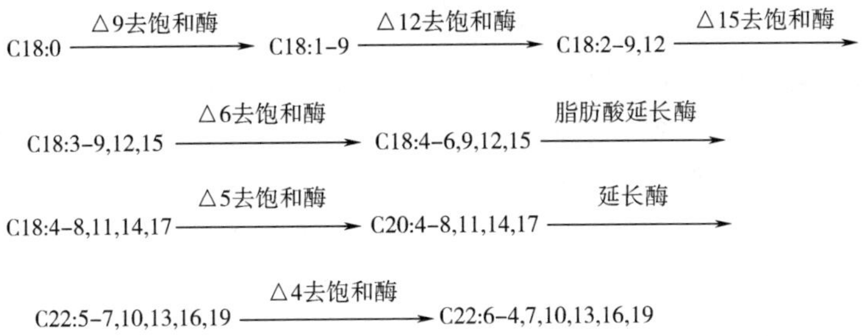

图 12-9　脂肪酸碳链的延长去饱和过程

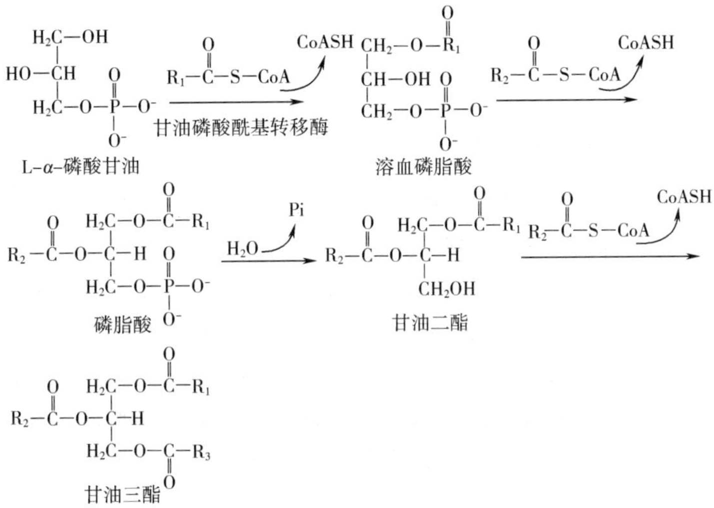

图 12-10　微藻中甘油三酯生物合成途径

第四节　微生物与沼气发酵

厌氧发酵又称沼气化、沼气发酵、甲烷发酵等，是指有机物（如禽兽粪便、稻秆、有机废水、能源作物等）在厌氧细菌的作用下进行代谢产生以甲烷为主的可燃气体沼气的过程。沼气是一种优质、清洁、高效的气体燃料，经净化和提纯，甲烷含量可提高至 95%，成为与天然气各项指标都相同的生物天然气。与好氧生物处理相比，沼气厌氧发酵处理具有较多优势：可以有效降解高浓度的固体废弃物；处理工艺设计和建设成本低，基建面积小，能源消耗少；反应处于厌氧条件下，可以有效抑制病原菌等的滋生及减少有毒有害臭气的释放；产生的沼气可以作为清洁能源，沼渣沼液可以回收再利用。目前，沼气生产以“产业沼气”为中心，向规模化、集约化的方向发展。产业沼气以大中型沼气工程为生产形式，以大量的沼气或生物天然气为产品，由管道或气罐瓶经济地输送和装运，实现大规模产业化应用。

一、沼气发酵原理

沼气是一种混合气体，主要成分是甲烷，其次有二氧化碳、硫化氢、氮气和其他一些成分。沼气的组成中，可燃成分包括甲烷、硫化氢、一氧化碳和重烃等气体；不可燃成分包括二氧化碳、氮气和氨等气体。在沼气成分中甲烷含量为55%~70%、二氧化碳含量为28%~44%、硫化氢平均含量为0.034%。1g COD在厌氧条件下完全降解可以生成0.25g甲烷，相当于标准状态下的甲烷气体体积为0.35L。沼气厌氧发酵可利用的底物种类多样，不同类型底物发酵产沼气量及沼气主要成分如表12-10所示。

表12-10　不同底物沼气产量及沼气主要成分

物质	乙醇	纤维素	脂肪	蛋白质
沼气/mL	974	830	1250	704
CH_4/%	75	50	68	71
CO_2/%	25	50	32	29

沼气发酵的过程是微生物在特定的厌氧条件下，将有机物质进行分解的过程，其中一部分碳素转化成CH_4和CO_2。在这个转化过程中，被分解的有机碳化合物的能量大部分转化并储存在CH_4中，仅小部分有机碳化合物氧化为CO_2。关于沼气发酵有两阶段理论、三阶段理论和四阶段理论之说。20世纪30年代，沼气发酵被概括为产酸阶段和产甲烷阶段，即两阶段理论；1970年，Bryantlzgl等在两阶段理论的基础上，突出了产氢产乙酸菌的作用，即三阶段理论；同时，Zeikuslao等提出四类群理论，突出同型产乙酸菌的功能，即四阶段理论。复杂有机物的沼气发酵过程以及各阶段的碳源转化率如图12-11所示。

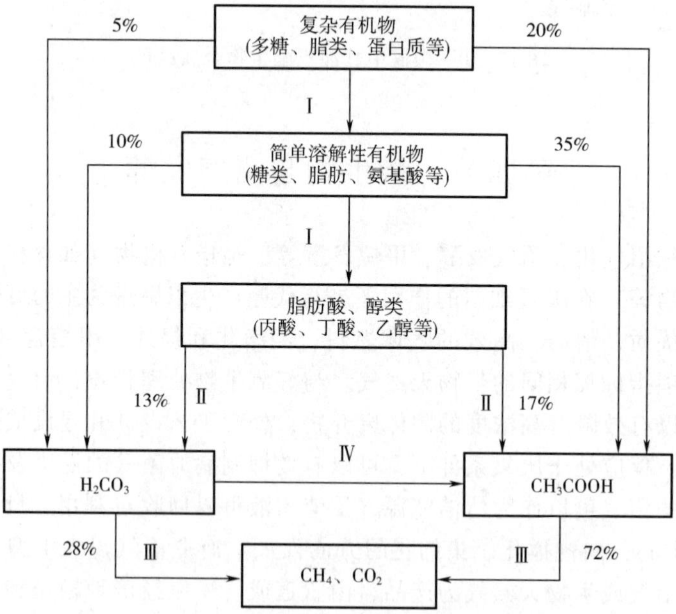

图12-11　复杂有机物沼气发酵过程及各阶段碳源转化率

（其中Ⅰ、Ⅱ、Ⅲ为三阶段理论，Ⅰ、Ⅱ、Ⅲ、Ⅳ为四阶段理论）

目前，普遍接受并认同的是三阶段理论，即沼气发酵过程主要分为三个阶段：水解发酵阶段、产氢产乙酸阶段和产甲烷阶段。

（1）水解发酵阶段　厌氧发酵的原料几乎都是不溶性有机大分子纤维素、蛋白质和脂肪等，只有通过水解酶将其分解为小分子，而后才能被产氢产乙酸菌和产甲烷细菌利用，最终合成为甲烷。多种微生物可以产生胞外酶，例如水解酶有脂肪酶、蛋白酶和纤维素酶等。它们的功能是将复杂的大分子水解为可被微生物同化的小分子。首先，各种不溶性原料被发酵性细菌所分泌的胞外酶水解为简单的可溶性有机物；然后，由厌氧和兼性厌氧的水解性细菌或发酵性细菌将多糖水解成单糖或二糖，蛋白质转化成肽和氨基酸，脂肪酸转变为甘油和脂肪酸，并进而形成乙酸、丙酸、丁酸等脂肪酸与醇类以及一定量的 CO_2、H_2 等。研究表明，水解发酵阶段较为缓慢，特别是纤维素类物质的水解。该阶段是沼气发酵过程的限速步骤。

（2）产氢产乙酸阶段　四阶段理论中将产氢产乙酸阶段分为产氢产乙酸过程及同型产乙酸过程。①在产氢产乙酸过程中，产氢产乙酸细菌（H_2-producing Acetogens）可将产酸发酵阶段产生的挥发性有机酸和醇转化为乙酸、H_2/CO_2，主要微生物类群有脱硫弧菌属（*Desulfovibrio*）和梭菌属（*Clostridium* spp.）等。②在同型产乙酸过程中，同型产乙酸细菌（Homoacetogens）可利用挥发性水解发酵阶段的产物有机酸、H_2 和 CO_2 为底物还原为乙酸，主要微生物类群有乙酸梭菌（*C. aceticum*）、伍氏醋酸杆菌（*Acetobacterium woodii*）等。在这个阶段主要的产物是乙酸，约占 70%以上。乙酸为产生大量甲烷奠定物质基础，有 70%的甲烷都是在发酵过程中由乙酸形成的。因此这一阶段是复杂的有机物转换成沼气的先决条件。在产氢产乙酸阶段，产甲烷菌可以利用产氢产乙酸菌代谢过程中产生的氢，使丙酸、丁酸和乙醇的氢分压降低；而同型产乙酸菌可通过还原反应使系统氢分压降低，从而使反应可自发进行，确保产酸发酵过程的正常进行。

（3）产甲烷阶段　此阶段的反应由严格厌氧的产甲烷菌群（Methanogens 或 Methane-producing Bacteria）来完成。这类微生物只能利用一碳化合物、乙酸和氢气形成甲烷。在其形成过程中，约有 30%的甲烷是来自 H_2 的氧化和 CO_2 的还原；另外 70%的甲烷则来自乙酸盐的转化。由于产氨细菌的大量活动，使氨态氮浓度增高，氧化还原势降低，为甲烷菌生活提供适宜的厌氧环境。再由严格厌氧的产甲烷菌群将第二阶段分解出来的乙酸等简单有机物分解成甲烷。产甲烷菌是自然界碳素循环中厌氧生物链的最后一个成员，对自然界物质循环起着重要的作用。

在沼气发酵过程中，上述三个阶段并不是完全孤立和分开的，而是相互连接、交替进行的。它们之间保持动态平衡。

二、沼气发酵微生物

在沼气发酵过程中，不同的微生物菌群通过各自的生理代谢途径起着不同的物质转化作用，且相互协同共同完成有机废弃物的厌氧消化过程。根据沼气发酵微生物的代谢功能的不同，主要划分为非产甲烷菌（Non-methanogens）和产甲烷菌（Methanogens）两大类群。根据其呼吸作用不同，可将非产甲烷菌分为厌氧菌、兼性厌氧菌和好氧菌三大类群，其中厌氧菌是产酸发酵阶段的主要微生物类群；根据代谢产物的不同，非产甲烷菌还可被分为发酵细菌、产氢产乙酸细菌和同型产乙酸细菌三大类群。产甲烷菌属于严格厌氧菌，在厌氧发酵中利用乙酸、甲醇或甲胺等一碳化合物及 H_2 和 CO_2 生成甲烷。产甲烷菌通常被划分为三大类群：氢营养型产甲烷菌，乙酸营养型产甲烷菌和甲基营养型产甲烷菌，不同菌群在厌氧消化不同时期构成优势功能菌群。沼气发酵过程实际是这些微生物区系相互耦联反应的过程，在各种化学耦联中非产甲烷菌和产甲烷菌相互依赖，又互为制约关系。主要关系表现为：不产甲烷菌主要为甲烷菌群提供生长繁殖的基础物质和厌氧条件，以及消除部分有毒物质，同时产甲烷菌群消耗掉不产甲烷菌群的代谢产物，解除反馈抑制，创造热力学上的有利条件，并共同维持适宜的 pH。

1. 非产甲烷菌

非产甲烷细菌主要有三类：发酵性细菌、产氢产乙酸菌和同型产乙酸菌。这三类微生物共同完成水解发酵阶段和产酸产氢阶段。

（1）发酵性细菌　该类菌群的主要功能是在厌氧条件下将多种复杂有机物水解为可溶性物质，并将可溶性有机物发酵生成乙酸、丙酸、丁酸、氢和二氧化碳等物质。发酵细菌大多数为专性厌氧菌，也有大量兼性好氧及兼性厌氧菌。由于厌氧发酵原料的多样性与复杂性，发酵性细菌也是一个复杂的混合菌群。按其代谢功能，发酵细菌可分为纤维素分解菌、半纤维素分解菌、淀粉分解菌、蛋白质分解菌和脂肪分解菌。目前已探知的发酵细菌有几百种，主要包括梭菌属、拟杆菌属（*Bacteroides*）、丁酸弧菌属（*Butyrivibrio*）、真杆菌属（*Eubacterium*）和双歧杆菌属等专性厌氧细菌；兼性厌氧菌包括链球菌属一些肠道细菌等。

厌氧消化过程中，发酵性细菌将大分子不溶性有机物水解成小分子的水溶性有机物。水解过程是在菌体胞分泌的胞外水解酶作用下完成的。水解产物被微生物菌体吸收后，经过细胞内复杂的酶催化系统作用，将一部分供能源使用的有机物转化为代谢产物，分泌到细胞外的水溶液中，作为参与下一阶段生化反应的微生物吸收利用（有机酸、醇、酮等）。

（2）产氢产乙酸菌　发酵性细菌将复杂有机物分解发酵所产生的有机酸和醇类，除乙酸、甲酸和甲醇外均不能被产甲烷菌利用，必须由产氢产乙酸菌将其分解。产氢产乙酸过程主要是微生物将两个碳以上的有机物（除乙酸外）和醇转化为乙酸、氢气和二氧化碳等，并产生新的细胞物质的过程。主要反应过程如下：

丙酸　$CH_3CH_2COOH+2H_2O \longrightarrow CH_3COOH+CO_2+3H_2$

丁酸　$CH_3CH_2CH_2COOH+2H_2O \longrightarrow 2CH_3COOH+2H_2$

乙醇　$CH_3CH_2OH+2H_2O \longrightarrow CH_3COOH+2H_2$

乳酸 $CH_3CH_2OHCOOH+H_2O \longrightarrow CH_3COOH+CO_2+H_2$

研究表明，产氢产乙酸菌是一类严格厌氧的真细菌，并且与产甲烷菌是互营细菌，即其生长和代谢完全依赖于产甲烷菌等其他微生物。由于氢气的反馈抑制作用，除乳酸降解外，丁酸、丙酸等有机酸均不能降解，必须依靠产甲烷菌将其代谢产物如 H_2 转移利用。在营养生态位上位于产酸发酵菌群和产甲烷菌群之间，在功能生态位上起到承上启下的重要作用，能将产酸发酵菌群代谢产生的丙酸、丁酸等挥发性有机酸和乙醇等进一步降解转化为乙酸和 CO_2/H_2，为后续的产甲烷菌群提供可以直接利用的底物。产氢产乙酸菌生长和代谢依赖于代谢产物氢或甲酸的消除，因而必须与产甲烷菌和硫酸盐还原细菌之类的耗氢细菌组成共培养体系才能维持生长。产氢产乙酸菌主要有脱硫弧菌（*Desulfovibrio desulfuricans*）、普通脱硫弧菌（*Desulfovibrio vulgaris*）、沃尔夫互营单胞菌（*Syntrophononas wolfei*）、沃林互营杆菌（*Syntrophobacter wolinii*）等。

（3）同型产乙酸菌　也称为耗氢产乙酸菌，是一类既能自养生活又能异养生活的混合营养型细菌，既能利用 H_2 和 CO_2 生成乙酸，也能代谢糖类产生乙酸。同型产乙酸细菌可以产生乙酸，为产甲烷菌提供了形成甲烷的基质；在代谢过程中消耗 H_2 而降低 H_2 分压，对产 H_2 的发酵细菌有利，使厌氧消化系统中保持较低的 H_2 分压，有利于沼气发酵正常进行。由葡萄糖转化为甲烷的化学式如下：

$$C_6H_{12}O_6 + 2H_2O \longrightarrow 2CH_3COOH + 2CO_2 + 4H_2 \tag{1}$$

$$4H_2 + CO_2 \longrightarrow 2H_2O + CH_4 \tag{2}$$

$$CH_3COOH \longrightarrow CO_2 + CH_4 \tag{3}$$

理论上由乙酸形成的甲烷占微生物产甲烷总量的 67%。因为 1 分子葡萄糖产生 2 分子乙酸和 4 分子氢气，产生 1 分子甲烷需要 4 分子氢气或者 1 分子乙酸，所以在厌氧降解碳水化合物形成甲烷的过程中，通过氢气产生的甲烷最多占总甲烷的 33%。常见的同型产乙酸菌主要有伍氏醋酸杆菌（*Acetobacterium woodii*）、威氏醋酸杆菌（*Acetobacterium wieringae*）、乙酸梭菌（*Clostridium aceticum*）、嗜热自养梭菌（*Clostridium thermoautotrophicum*）等。

2. 产甲烷菌

产甲烷菌是一类形态多样，具有特殊细胞成分，可以代谢 H_2 和 CO 及少数几种简单有机物生成甲烷的严格厌氧古生菌。它们不能利用氧气作为电子受体，只有少数产甲烷古菌在微量氧气中短时间存活，是厌氧消化过程中的最后一组成员。产甲烷菌在严格厌氧的条件下将前三类非产甲烷细菌代谢的产物，在没有外源氢受体的情况下，把乙酸和 H_2/CO_2 转化为 CH_4、CO_2 和水，使有机物在厌氧条件下的分解作用得以顺利完成。

产甲烷菌广泛分布于自然界，在污泥、瘤胃、人和动物肠道、昆虫肠道、地热水泉、深海火山口、海洋及淡水沉积物、水田和沼泽等厌氧环境都有产甲烷菌的存在。产甲烷菌属于广古菌门（Euryarchaeota），分布在 7 个目中：甲烷杆菌目（Methanobacteriales）、甲烷微菌目（Methanomicrobiales）、甲烷八叠球菌目（Methanosarcinales）、甲烷球菌目（Methanococcales）、甲烷火菌目（Methanopyrales）、甲烷胞菌目（Methanocellales）和马赛球菌目（Methanomassiliicoccales）。目前分离鉴定的产甲烷菌已有 200 多种。有 6 个目的产甲烷菌基因组信息被阐明（表 12-11）。根据已有的数据，产甲烷菌基因组大小一般为 $1.6 \times 10^6 \sim 5.7 \times 10^6$bp，GC 含量在 30%～65%。

表 12-11　　部分产甲烷菌及其基因组信息

分类单元/目	典型属	典型种	基因组大小/（N/bp）	G+C/（r/%）	基因数目
甲烷杆菌目（Methanobacteriales）	甲烷杆菌属（*Methanobacterium*），甲烷短杆菌属（*Methanobrevibacter*），甲烷球菌属（*Methanosphaera*），甲烷嗜热杆菌属（*Methanothermobacter*）	热自养甲烷热杆菌（*Methanothermobacter thermoautotrophicus* str. Delta H）	1751377	49.5	1921
甲烷球菌目（Methanococcales）	甲烷球菌属（*Methanococcus*），甲烷热球菌属（*Methanocaldococcus*），甲烷炎菌属（*Methanotorris*），甲烷嗜热球菌属（*Methanothermococcus*）	詹氏甲烷球菌（*Methanococcus jannaschii* DSM2661）	1739933	31.3	1823

续表

分类单元/目	典型属	典型种	基因组大小/（N/bp）	G+C/（r/%）	基因数目
甲烷火菌目（Methanopyrales）	甲烷火菌属（*Methanopyrus*）	坎氏甲烷火菌（*Methanopyrus kandleri* AV19）	1694969	61.2	1729
甲烷微菌目（Methanomicrobiales）	甲烷微菌属（*Methanomicrobium*），甲烷囊菌属（*Methanoculleus*），甲烷泡菌属（*Methanofollis*），甲烷螺菌属（*Methanospirillum*）	亨氏甲烷螺菌（*Methanospirillum hungatei* JF-1）	3544738	45.1	3294
甲烷八叠球菌目（Methanosarcinales）	甲烷八叠球菌属（*Methanosarcina*），甲烷类球菌属（*Methanococcoides*），甲烷盐菌属（*Methanohalobium*），甲烷嗜盐菌属（*Methanohalophilus*）	嗜乙酸甲烷八叠球菌（*Methanosarcina acetivorans* C2A）	5751492	42.7	4721
甲烷胞菌目（Methanocellales）	甲烷胞菌属（*Methanocella*）	稻田甲烷胞菌（*Methanocella arvoryzae* MRE50）	3179916	54.6	3170

根据所利用的底物不同，可将产甲烷菌分为三大类群：①氢营养型：甲烷杆菌科（Methanobacteriaceae）、甲烷球菌科（Methanococcaceae）、甲烷微菌科（Methanomicrobiaceae）、甲烷盘菌科（Methanoplanaceae）和甲烷嗜热菌科（Methanothermaceae），除代谢 H_2 和 CO_2 外，大约有一半的种还可代谢甲酸。氢营养型产甲烷菌利用氢的效率很高，表现出对 H_2 的极大亲和力。甲烷八叠球菌常被视作乙酸营养型产甲烷菌的代表，实际上它们是混合营养型的，大多数菌株以 H_2 为主要能源，对乙酸的亲和力相当低。②乙酸营养型：该类型产甲烷菌的真正代表是索氏甲烷丝状菌，它只利用乙酸作为 CH_4 产生的底物，并能有效地利用乙酸，可将所吸收乙酸的98%~99%的甲基转化成甲烷，因此是厌氧颗粒污泥和淡水沉积物等生境中最重要的产甲烷菌。③甲基营养型：一些甲基类化合物（如甲醇、三甲基胺、二甲酰硫化物）以及其他的一些醇（如异丙醇、异丁醇、乙醇、环戊醇等）也是某些产甲烷菌的底物。但是专一性的甲基营养菌数量不多，如甲基拟甲烷球菌（*Methanococcoides methylutens*）和丁达尔甲烷叶菌（*Methanolobus tindarius*）等，它们只利用甲醇和甲胺生成甲烷。目前研究结果表明，以甲基化合物为原料合成的甲烷还不足10%。甲烷合成过程中氢营养型产甲烷途径所需自由能最高，其次是甲基营养型产甲烷途径，所需自由能最少的是乙酸营养型产甲烷途径。作为有机物厌氧发酵最后阶段的核心功能微生物类群，产甲烷菌在沼气厌氧发酵中发挥至关重要的作用。在不同的环境中，不同的产甲烷菌参与分解有机物，分解对苯二甲酸盐的产甲烷菌主要是乙酸营养型的甲烷鬃毛菌属（*Methanosaeta*）和还原二氧化碳营养型的甲烷微菌目。甲烷冷泉碳酸盐岩和淤泥中主要的产甲烷菌是甲烷鬃毛菌属。分解链烃的产甲烷菌主要是氢营养型，高温条件下的产甲烷菌主要是氢营养型和甲基营养型。

产甲烷菌种类多样，形态不同，但它们具有共同的生理特性与功能：①生长要求严格厌氧环境，对氧气和氧化剂非常敏感，在有空气的条件下就不能生存。经测定，环境中的氧化还原电位高于-0.33V时，产甲烷菌则不能生长。②只能利用少数简单的化合物作为营养，仅限于利用H_2/CO_2、甲醇、甲酰、乙酸及甲基胺等为底物生成甲烷。所有产甲烷菌均以NH_4^+作为主要氮素来源，生长均需要微量的镍、钴、钼和铁，这些微量元素是产甲烷菌特有辅酶的重要成分。③产甲烷菌适合生长于中性偏碱条件。在厌氧消化器中，当pH低于5.5时，沼气发酵就会完全停止。④产甲烷菌生长非常缓慢。产甲烷菌代谢的底物乙酸、甲酸、H_2/CO_2等结构简单含能量少的物质，生活于严格的厌氧条件下，其代谢产物CH_4含有很高的能量，所以生长繁殖缓慢。

三、产甲烷菌形成甲烷的途径

1. 独特的辅酶系统

产甲烷菌存在原核生物类群中许多独特的辅酶。这些辅酶在产甲烷作用的生物化学中起着重要作用，许多辅酶比其他原核生物中许多普通辅酶如NAD^+或FMN的含量高得多。根据其功能的不同，这些辅酶可以分为两类，一类是C1的携带者，主要包括甲烷呋喃(MF)、四氢甲烷蝶呤（H_4MPT）、四氢八叠甲烷蝶呤（H_4SPT）和辅酶M（HS-CoM）；另一类是电子载体，主要包括铁氧化还原蛋白（Fd）、辅酶B（HS-CoB）、辅酶F_{430}、细胞色素、FAD、甲烷吩嗪（MP）和辅酶F_{420}。

（1）产甲烷作用中作为C1载体的辅酶　甲烷呋喃（MF）是一种低分子质量的辅酶，它与甲烷形成作用的第一步有关，在产甲烷作用的最初CO_2被还原成甲基水平的同时与呋喃的氨基端结合，并且在这个过程的最后转移给第二个辅酶。H_4MPT和H_4SPT类似，均为四氢叶酸的衍生物，用于甲酰、甲叉和甲基水平上C1的转移，其转移方式与四氢叶酸类似。在产甲烷途径中大多数的还原步骤中，由甲烷蝶呤携带着C1单位由甲酰水平到甲基。辅酶M（CoM）是一种能参与产甲烷菌甲基转移反应的酶，具有异常的含硫量和很强的酸性。由它组成的甲基辅酶M还原酶是一种仅存在于多种产甲烷菌细胞中，催化二氧化碳还原为甲烷的最后一步反应的酶分子。辅酶M是甲基基团的携带者，通过F_{430}甲基还原酶复合物在甲烷形成作用的最后一步将甲基还原成甲烷。

（2）氧化还原反应中的辅酶　辅酶F_{430}是一种黄色可溶性含有镍的四吡咯，并且类似CoM，辅酶F_{430}作为甲基还原系统的一部分在甲烷形成的末端步骤中起关键作用。HS-CoB（磷酸-7-巯基庚基苏氨酸）包含一个巯基和磷酸基团，其中巯基为其活性部位，这个辅助因子被包括在通过甲基还原系统催化甲烷作用的最后一步，作为电子供体参与甲基还原系统。MP是一种仅存在于甲烷八叠球菌目中的辅酶，其功能与其他细菌呼吸链中的醌类相似。辅酶F_{420}是一种去氮黄素衍生物，在波长为420nm的紫外光下发出蓝绿色荧光，可以利用这一特点初步鉴定是否存在产甲烷菌细胞。辅酶F_{420}的电势较低，既可作为氢化酶、甲酸脱氢酶和一氧化碳脱氢酶的电子受体，又可作为$NADP^+$还原酶的电子供体。

产甲烷菌在电子传递磷酸化作用中，缺乏细胞色素和醌（泛醌和甲基萘醌），更没有植物体中的叶绿素和动物体中的血红素，但产甲烷菌体内却有一种特殊的电子传递体，就是辅酶F_{420}、F_{430}和甲烷蝶呤等。这些辅酶是产甲烷菌特有的电子传递系统，在生理活动中起着电子传递的作用。

2. 产甲烷菌的生化代谢途径

产甲烷菌的生化代谢途径如图12-12所示，分别为H_2和CO_2形成甲烷途径、乙酸产甲烷途径和甲基裂解途径。在甲烷生成代谢途径中，以 CH_3-S-CoM 产生甲烷过程是三种代谢途径所共有的，它是由含镍的甲基辅酶 M 还原酶（Mcr）催化，以 HS-CoB 为直接的电子供体还原 CH_3-S-CoM 产生甲烷和 CoB-S-SCoM 的过程。其中 CoB-S-S-CoB 被视为产甲烷过程的末端电子受体，它被异质二硫化物还原酶（Hdr）还原，重新释放出 HS-CoB 和 HS-CoM，其反应方程式为 CoB-S-S-CoM + $2e^-$ + $2H^+$ ⟶ HS-CoB+HS-CoM。

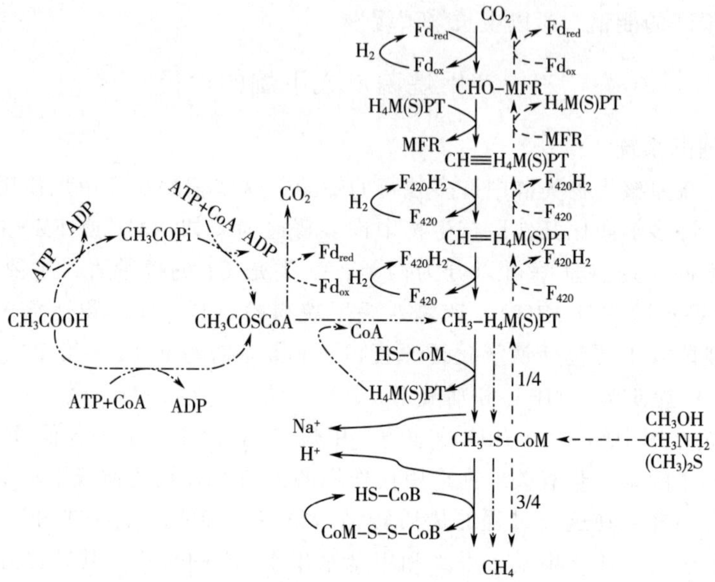

图 12-12　产甲烷菌的产甲烷代谢途径

（实线表示 H_2 和 CO_2 形成甲烷途径，虚线表示甲基裂解途径，点划线表示乙酸产甲烷途径）

（1）由 H_2 和 CO_2 形成甲烷途径　CO_2 首先被甲酰甲烷呋喃脱氢酶还原为甲酰基，并连接在 C1 载体甲烷呋喃（MFR）上形成 CHO-MFR。这是一个吸能反应，需要跨膜离子或质子梯度来驱动。—CHO 被转移给另一个 C1 载体四氢甲烷蝶呤（H_4MPT），再依次被还原为次甲基（≡CH）、亚甲基（=CH_2）和甲基（—CH_3）。催化这些反应需要辅酶 F_{420} 作为电子载体。在甲基四氢甲烷蝶呤：CoM 甲基转移酶（Mtr）的作用下，甲基被转移到第 3 个 C1 载体巯基辅酶 M（HS-CoM）上，这个跨膜蛋白与 Na^+跨膜传输耦联，从而在还原 CO_2 过程中推动形成跨膜的 Na^+梯度。在辅酶 M 与辅酶 B 的作用下甲基基团最终脱落形成 CH_4。最后一步是甲基辅酶 M 还原酶（Mcr）将其转化为甲烷。

（2）乙酸产甲烷途径　自然界中约 2/3 的生物产甲烷来自乙酸途径，然而仅甲烷八叠球菌属（*Methanosarcina*）和甲烷鬃毛菌属（*Methanosaeta*）能够利用乙酸途径产生甲烷。在乙酸发酵产甲烷途径中，*Methanosarcina* 和甲烷丝状菌属（*Methanothrix*）激活 1 个乙酸产生乙酰辅酶 A，分别需要消耗 1 和 2 个 ATP。*Methanosarcina* 通过乙酸激酶（AK）和磷酸转乙酰酶（PTA）生成乙酰辅酶 A。*Methanothrix* 利用乙酰辅酶 A 合成酶（ACS）和焦磷酸酶（PPase）活化乙酸。其中 *Methanosarcina* 和 *Methanothrix* 激活 1 个乙酸分别需要消耗 1 个和 2 个 ATP。它们再通过 CO 脱氢酶/乙酰辅酶 A 脱羧酶复合体（Codh/Acs）氧化乙酸上的羧基为 CO_2，转移乙酸中的甲基到辅因子四氢八叠蝶呤（H_4SPT）上，其中，

Codh/Acs 是乙酸途径中的关键酶，用于剪切乙酰辅酶 A 上的 C-C 和 C-S 键。在将甲基基团转移到 H_4SPT 上形成 CH_3-H_4SPT 的同时，利用 Fd_{ox} 作为电子受体氧化 CO 产生 CO_2 和 Fd_{red}，并将甲基基团转移到 H_4SPT 上形成 CH_3-H_4SPT。甲基被还原为甲烷的过程与 CO_2 还原途径一致。

（3）甲基裂解途径　首先甲基由甲基转移酶复合体激活和转运，后者包括 2 个甲基转移酶。甲基转移酶 1（MT1）将底物上的甲基转移到 MT1 上与类咕啉蛋白结合，甲基转移酶 2（MT2）再转移甲基与 HS-CoM 连接产生 CH_3-S-CoM。在 H_2 存在的条件下，CH_3-S-CoM 利用 H_2 作为电子供体产生甲烷；在没有 H_2 的条件下，一部分 CH_3-CoM 通过 CO_2 还原逆途径被氧化产生 CO_2、$F_{420}H_2$ 和 H_2，另一部分 CH_3-S-CoM 利用 $F_{420}H_2$ 和 H_2 作为电子供体产 CH_4。

四、沼气发酵过程中“超复杂”物化反应过程

由于厌氧发酵涉及一系列复杂的微生物代谢反应，而反应体系又存在固、液、气三种物态，除了微生物生理生化反应外，还涉及复杂的物化反应过程，包括酸碱解离平衡、固液溶液与沉淀平衡、气相传质平衡及氨的利用等。液相中的物化过程主要涉及氢离子、氢氧根离子、有机酸根、铵离子以及碳酸氢根等之间的解离平衡，其反应速率非常快，可直接用稳态的平衡方程式来表达。在厌氧反应过程中，会有少量的硫化物或碳酸根存在，同时进水或反应器中也会同时存在一定量的各种金属离子，如 Ca^{2+}、Fe^{2+}、Zn^{2+} 等。这些阴阳离子共存于厌氧反应器中，会生成沉淀。同时随着反应器内混合液的 pH、温度等的变化，又会存在这些沉淀物的溶解与沉淀之间的平衡。厌氧消化过程所产生的沼气中主要含有 CH_4、H_2、CO_2 等三种气体组分。由于氨极易溶于水，反应过程中产生的氨全部存在于液相中，在气相中不存在氨气组分。同时，由于进水中还可能含有少量的硫酸盐，硫酸盐还原作用的进行可能会导致气体组分中还会含有微量的 H_2S，对 CH_4、H_2、CO_2 等气体来说，传质阻力主要在液相。由于大部分甲烷和二氧化碳逸出，氨以亚硝酸铵、碳酸氢铵形式留在污泥中，它们可中和第一阶段产生的酸，为产甲烷菌创造了生存所需的弱碱性环境。氨可被产甲烷菌用作氮源。

第五节　微生物与生物制氢

氢能因燃烧热值高、热密度大、洁净燃烧、可再生等优点，被认为是最具发展潜力的化石燃料的替代能源。目前，制取氢气的方法主要是在高温下从天然气中提取、水的电解、水的光电解、太阳能制氢、水煤气转化制氢、甲烷裂解制氢及生物制氢等。在这些方法中，只有 4%的氢气是用水电解制氢技术制取，其余的氢气都是从天然的碳氢化合物中提取出来，不仅消耗大量的化石能源，而且在生产过程中造成环境污染，成本高，可操作性低。生物制氢是把自然界储存于有机化合物（如植物中的碳水化合物、蛋白质等）中的能量利用某些微生物代谢过程来生产氢气的一项生物工程技术。所用原料可以是有机废水、城市垃圾或者生物质，来源丰富，价格低廉。其生产过程清洁、节能，且不消耗矿物资源。与传统的物理化学方法相比，生物制氢有节能、可再生和不消耗矿物资源等许多突出的优点，在氢生产及其应用技术研究开发中的地位也越来越显著。

一、产氢微生物

根据微生物的种类，狭义的产氢微生物分为绿藻、蓝细菌、光合细菌以及发酵细菌。这四类产氢微生物只有发酵型细菌不需要光，其他微生物产氢都需要光的作用。其中绿藻类微生物产氢速率最慢，蓝细菌产生的氢气中经常混合有其他气体。四类产氢微生物及其特点比较见表 12-12。

表 12-12　产氢微生物及其产氢特点比较

产氢方法	产氢体系	优点	缺点	可产氢微生物
光解水	绿藻	可由水产生；转化的太阳能效率较高	需要光；体系存在氧胁迫；产氢速率慢	莱茵衣藻 斜生栅藻 绿球藻 亚心形扁藻
光解水	蓝细菌	以水为原料；可固定大气中 N_2	需要光照；产氢速率低；氢气中混有氧气；氧气对固氮酶有抑制作用；吸氢酶消耗 H_2	鱼腥蓝细菌 颤蓝细菌 丝状蓝细菌 黏杆蓝细菌 丝状异形胞蓝细菌 多变鱼腥蓝细菌
光发酵	光合细菌	可利用的光谱范围较宽；可利用不同的有机物废弃物；能量利用率高；产氢速率高；不存在氧的抑制作用	产氢过程需要光照；不易进行放大培养	球形红细菌 荚膜红细菌 嗜硫小红卵菌 深红红螺菌 沼泽红假单胞菌
暗发酵	发酵型细菌	不需要光；可利用的碳源多；可产生有价值的代谢产物如丁酸等；可连续产氢；多为无氧发酵，不存在供氧；产氢速率相对最高；易实现放大培养	需控制 pH 范围；原料利用率低；产物抑制作用明显；发酵废液在排放前需处理	丁酸梭菌 嗜热乳酸菌 巴氏梭菌 类腐败梭菌 产气肠杆菌 阴沟肠杆菌 蜂房哈夫尼亚菌

根据产氢过程是否有光参与，广义产氢微生物分为光合微生物和非光合细菌，其中的光合微生物包括绿藻、蓝细菌和光合细菌；非光合细菌主要包括严格的厌氧细菌、兼性厌氧细菌以及好氧细菌等。

二、光合产氢微生物

绿藻、蓝细菌和光合细菌都属于产氢的光合微生物，但其作用条件各不相同。绿藻和蓝细菌主要是以光能作为能源，在厌氧的条件下对水进行分解得到氢气，又可称为光解水产氢。光合细菌是在光照、厌氧条件下对有机物进行分解得到氢气，利用的底物主要是有机化合物，又称为光合产氢。

1. 绿藻产氢系统

目前已知的具有产氢能力的绿藻集中在绿藻纲（Chlorophyceae）、团藻目（Volvocales），以及绿球藻目（Chlorococcales）的衣藻属（*Chlamydomonas*）、扁藻属（*Platymonas*）、栅藻属（*Scenedesmus*）、小球藻属（*Chlorella*）、绿球藻属（*Chlorococcum*）等。

绿藻中存在有氢化酶（Hydrogenase），在一定条件下可以利用光能产生氢气。氢化酶是氢代谢中非常重要的酶，负责催化反应 $2H^+ + 2e^- \longrightarrow H_2$。这个反应是可逆的，其反应的方向取决于能与酶相互作用的底物的氧化还原电位的高低。当在氢气和电子受体存在的情况下，氢化酶催化反应的逆向反应，表现为吸收氢化酶的特性；在电子供体存在和低电位的情况下，可利用小分子酸产生的质子作为电子供体，催化反应的正向反应，产生氢气。按照酶活性中心所含的金属原子不同可将氢化酶分为三类：［NiFe］-氢化酶、［FeFe］-氢化酶和［Fe］-氢化酶。存在于绿藻中的主要是［FeFe］-氢化酶。根据催化功能的不同，氢化酶分为吸收氢化酶（Uptake hydrogenase）和可逆氢化酶（Reversible hydrogenase）。吸收氢化酶只催化 H_2 的氧化，如蓝细菌中的吸收氢化酶；可逆氢化酶可逆地催化 H^+ 的还原和 H_2 的氧化，根据细胞内生理条件的不同催化不同方向的反应。

在蓝细菌和绿藻的光合系统中，有两个独立、协调作用的光合作用中心：①光合系统Ⅰ（PSⅠ）：作用是产生还原剂并固定 CO_2；②光合系统Ⅱ（PSⅡ）：作用是接收太阳能并分解水，从而产生 H^+、电子和 O_2。绿藻产氢途径主要可以分为直接生物光解途径和间接生物光解途径。在直接生物光解途径中，绿藻通过捕获太阳光，在氢化酶的作用下通过非血红铁硫蛋白和铁氧还蛋白与光合传递链相连。该过程利用光能经由光合反应将水分子光解，获得低电位的还原力，并最终还原氢化酶释放出氢气（图 12-13）。间接生物光解途径可以分为两个阶段：在第一个阶段中，绿藻细胞在有氧条件下通过光合作用固定二氧化碳，合成细胞物质；在第二个阶段中，在无氧条件下，这些细胞物质会通过酵解产生还原力，用于氢化酶的还原和氢气的释放（图 12-14）。

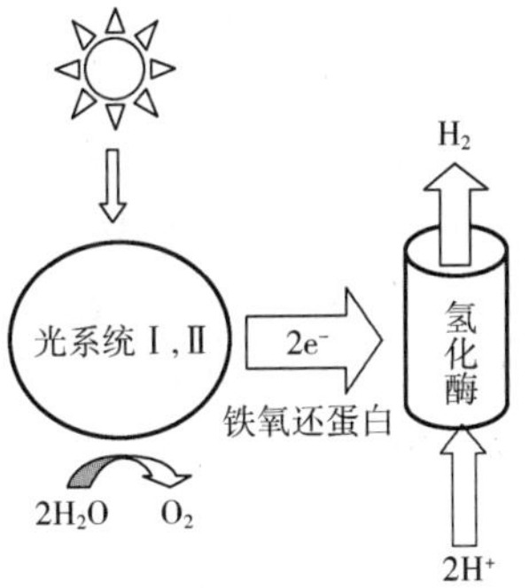

图 12-13　绿藻直接光解水产氢

以莱茵衣藻为例。在厌氧状态下，衣藻中的氢化酶基因会被诱导表达。这时氢化酶将会接受经光合电子传递链传递给铁氧还蛋白的电子，继而将 H^+ 还原为 H_2。但是，衣藻中催化产氢的氢化酶对氧气极其敏感。衣藻正常生长的条件下，细胞中氧气含量很高，氢化酶的活性会被抑制，从而抑制氢气的产生。从根本上来说，制约因素是电子的获得，经光系统 II 光解水有电子的生成，但光系统 II 光解水产生电子的同时也会产生氧气。氧气会

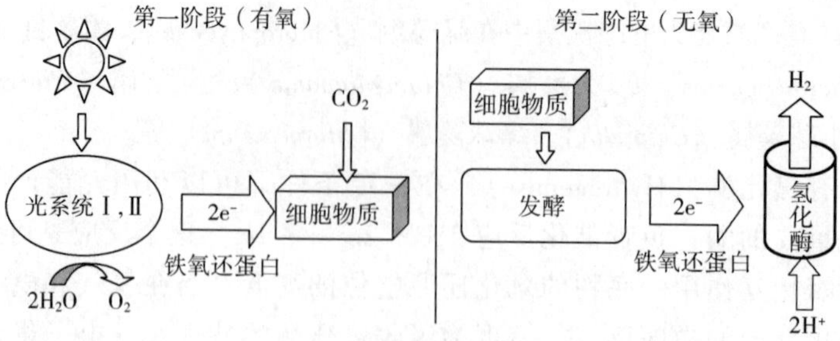

图 12-14　绿藻间接生物光解水产氢

抑制氢化酶的活性，使产氢量下降。因此，必须不断地从培养基中移除氧气才能保障氢气的持续产生。另一条途径是依赖无氧条件下细胞内源底物的分解作用产生的还原剂，在 NAD（P）H 氧化还原酶作用下将叶绿体内的 NAD（P）H 脱氢为 NAD（P）$^+$，释放出的电子经由 PQ 库进入"电子传递链"，最后经铁氧还原蛋白传递给氢化酶，继而诱导产生 H_2。但是，后一途径产生的电子对产氢的贡献只有前一途径的 25%。

2. 蓝细菌产氢系统

蓝细菌是一类能够进行放氧光合作用的原核生物，具有在功能和结构上与真核细胞叶绿体相似的光合作用单元，及与革兰染色阴性细菌相似的细胞壁结构和组成。蓝细菌具有单细胞、丝状等多种形态。能够产氢的蓝细菌包括鱼腥蓝细菌属（*Anabaena*）、念珠蓝细菌属（*Nostoc*）、颤蓝细菌属（*Oscillatoria*）、集胞蓝细菌属（*Synechocystis*）等。

蓝细菌中参与氢代谢的酶主要有固氮酶、吸收氢化酶和可逆氢化酶。其中，固氮酶在催化固氮的同时催化氢的产生，吸收氢化酶可氧化固氮酶放出的氢，可逆氢化酶既可以吸收也可以释放氢气。蓝细菌放氢是这三种酶共同作用的结果。固氮酶、吸氢酶和可逆氢酶对氧都非常敏感，可被空气中的氧和光合作用放出的氧抑制而失活。

固氮酶主要作用机理是将氮气通过固氮酶使得氢元素固定在氮的化合物上，然后在 ATP 提供的能量下将氢离子合成氢气而释放出来。常见的固氮酶是钼固氮酶，由固氮酶（MoFe 蛋白）和固氮酶还原酶（Fe 蛋白）组成。MoFe 蛋白是 220～240ku 的杂四聚体（NifD 和 NifK），Fe 蛋白是 60～70ku 的二聚体（NifH）。Fe 蛋白将外部电子供体的电子传递给 MoFe 蛋白，MoFe 蛋白将氮还原为氨，同时催化质子的还原：$N_2 + 8H^+ + 8e^- + 16ATP \longrightarrow 2NH_3 + H_2 + 16ADP + 16Pi$。蓝细菌或在无氧条件下固氮，或将固氮和放氧在时间或空间上分离。有些丝状蓝细菌的营养细胞可以分化成专门进行固氮的异形胞，从而实现固氮和放氧在空间上的分离（图 12-15）。营养细胞含有 PSⅠ和 PSⅡ，可进行 H_2O 的光解和 CO_2 的还原，产生 O_2 和还原性物质。还原性物质可通过后壁孔道运输到异形胞作为氢供体用于异形胞的固氮产氢，而 O_2 则不能通过。有些非异形胞蓝细菌则会将固氮和放氧在时间上分开，光照时进行产氧光合作用，黑暗时进行产氢作用。固氮酶除钼固氮酶外，还包括钒固氮酶和铁固氮酶。钒固氮酶和铁固氮酶可以为质子还原分配更多的电子，因而具有比钼固氮酶更强的放氢能力。

氢化酶产氢的主要机理是将固氮酶中脱落的氢离子进行催化而产生氢气并释放。氢酶可以催化反应 $2H^+ + 2e^- \longrightarrow H_2$。蓝细菌吸氢酶和可逆氢酶都是 NiFe 氢酶。吸氢酶存在于

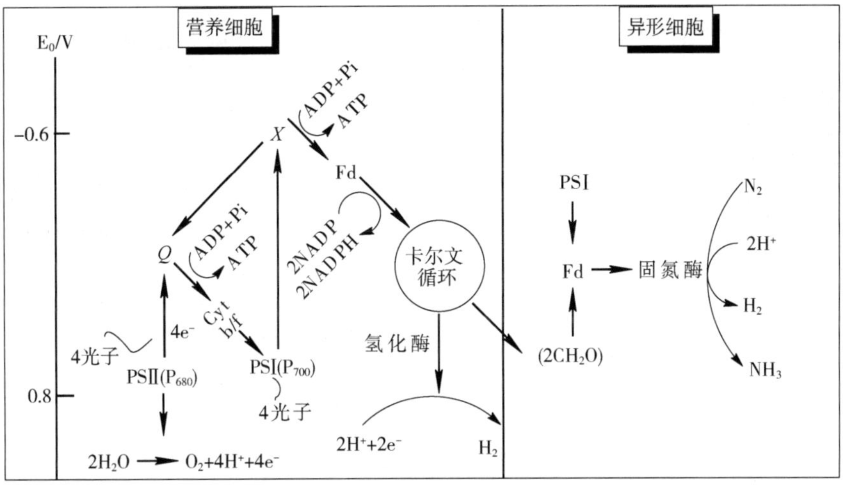

图 12-15 蓝细菌的固氮酶与氢化酶产氢

所有固氮的单细胞和丝状蓝细菌中。吸氢酶与膜相结合，在一些丝状蓝细菌中仅在异形胞中表达，在营养细胞中没有或仅有极少活性。吸氢酶至少由约 60kDa 和 35kDa 的两个亚基（HupL 和 HupS）组成。吸氢酶对氢的回收具有三方面功能：①通过氧氢反应（Knallgas 反应）提供 ATP；②去除氧气，保护固氮酶免于失活；③为固氮酶和其他细胞活动提供电子。在丝状蓝细菌中，吸氢酶和固氮酶具有密切的联系。可逆氢酶可溶地或松散地结合在膜上。可逆氢酶是由氢酶和硫辛酰胺脱氢酶两部分组成的杂四聚体酶，是组成型酶。可逆氢酶和固氮作用不相关，可能是蓝细菌在厌氧环境下释放多余还原力的介导物，或作为摒除光合作用光反应产生的低电势电子的电子阀。

3. 光合细菌产氢系统

光合细菌（Photosynthetic Bacteria，简称 PSB）是地球上出现最早的具有原始光能合成体系的原核生物，能在厌氧光照或者有氧光照条件下进行光合作用的细菌。光合细菌广泛分布于土壤、沼泽、水田等处，主要包括绿色非硫细菌（Green Non-sulfur Bacteria）、绿硫细菌（Green Sulfur Bacteria）和紫细菌（Purple Bacteria），其中紫细菌又包含紫色硫细菌（Purple Sulfur Bacteria）和紫色非硫细菌（Purple Non-sulfur Bacteria，简称 PNSB）。目前研究较多的产氢光合细菌主要有深红红螺菌（*Rhodospirillum rubrum*）、红假单胞菌（*Rhodopseudomonas*）、类球红细菌（*Rhodobacter sphaeroides*）、荚膜红假单胞菌（*Rhodopseudomonas capsulata*）、桃红荚硫菌（*Thiocapsa roseopersicina*）等。光合细菌能够在光照厌氧缺氮的条件下以多种类型的化合物为底物产生氢气，如乙酸、乳酸、苹果酸、琥珀酸、延胡索酸、葡萄糖等，甚至醇类、多糖类（如淀粉）、氨基酸和芳香族化合物等也可以作为产氢气的底物来源。

光合细菌产氢的基本过程是：在固氮酶或氢酶催化下，将光合磷酸化与还原性物质代谢相耦联，利用吸收的光能及代谢产生的还原力产生氢气。在结构上，主要由两个部分组成：光合单位（Photosynthetic Unit，PSU）和由固氮酶与氢酶催化的产氢系统。其反应过程如图 12-16 所示。

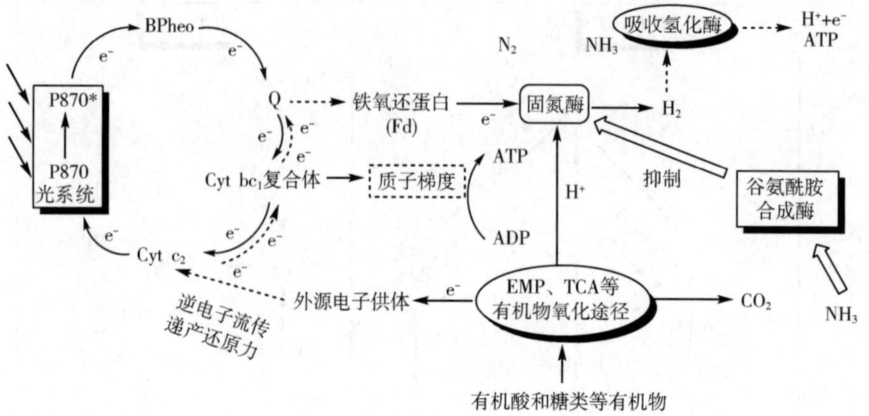

图 12-16　光合细菌的光合产氢途径

光合细菌的光合作用是通过内膜系统上的捕光天线（Light Harvesting Antenna）和反应中心（Reaction Center，RC）完成的。光合细菌的捕光天线由两个色素蛋白复合体（Pigment-protein Complexes，PPC）组成，捕光复合体Ⅰ（LH1）和捕光复合体Ⅱ（LH2）。通过捕光天线和反应中心吸收光能所激发出的高能电子，一部分在电子链内传递的过程中通过光合磷酸化在 ATP 酶的作用下被用于合成三磷酸腺苷（ATP）；另一部分高能电子则通过铁氧还原蛋白或者黄素蛋白传递给固氮酶，固氮酶利用高能电子和光合磷酸化产生的 ATP 可将碳源在细胞内代谢产生的质子 H^+ 还原为 H_2，如反应式 1 所示。在光合细菌内与产氢相关的酶主要有固氮酶和氢酶。固氮酶是由钼铁蛋白和铁蛋白组成的复合体，是制氢的关键酶，但是氧和 NH_4^+ 是抑制固氮酶合成和活性的关键因素，因此利用光合细菌制氢需要在光照厌氧条件下，而且一般都选择有机氮（谷氨酸钠）作为产氢的氮源。另外在有 N_2 存在的条件下，固氮酶优先进行固氮作用，通过反应式 2 合成 NH_3，消耗大量的 ATP 并产生少量的 H_2。氢酶也能释放 H_2，在暗发酵产小分子酸和 H_2 的过程中起重要作用，但在固氮酶催化下的光合制氢过程中主要起吸氢作用，以回收部分能量，如反应式 3 所示。

$$2H^+ + 2e^- + 4ATP \longrightarrow H_2 + 4\ (ADP + Pi) \tag{1}$$

$$N_2 + 8H^+ + 8e^- + 16ATP \longrightarrow 2NH_3 + H_2 + 16\ (ADP + Pi) \tag{2}$$

$$H_2 \longrightarrow 2H^+ + 2e^- \tag{3}$$

不同于绿藻和蓝细菌的光合系统，厌氧光合细菌没有光系统Ⅱ，不能利用水作为电子供体，没有产生氧气的过程，不需要进行复杂的氧气和氢气分离过程，固氮酶和氢化酶的活性也不会因此而受到抑制。在光照条件下，氮源对整个产氢过程存在影响。当氮源充足时，固氮酶将氮转化为相应的氮化物，而这时就会耗损氢离子，直接影响氢气的释放。因此当以产氢为目的时，需要限制 N_2 的存在。另外，通过抑制吸收氢化酶的基因表达或其活性也能有效提高氢气产率。

光合细菌除了在光照条件下能够产生氢气外，在无光照条件下，通过一定酶的催化作用，也能利用葡萄糖和有机酸等有机物质分解产生 H_2 和 CO_2。整个系统的能量来源主要是高能的电子经环式磷酸化产生 ATP。过程由可逆氢化酶催化而非固氮酶催化。其产氢机制和严格厌氧型产氢细菌基本相同。

三、发酵产氢微生物

发酵产氢微生物主要是一些不需要光照，主要以分解有机物为产氢提供能量的一些细菌。发酵产氢微生物主要包括专性厌氧发酵产氢菌、兼性厌氧发酵产氢菌和需氧发酵产氢菌。目前研究利用较多的主要集中在前两类。

1. 专性厌氧发酵产氢菌

这类微生物不具有细胞色素体系，通过产生丙酮酸或丙酮酸的代谢途径来产氢。包括梭菌属、甲基营养菌（*Methylotrophs*）、产甲烷菌（*Methanogenic bacteria*）、瘤胃细菌（*Rumen bacteria*）以及一些古生菌等。脱硫菌是唯一一种具有细胞色素体系的专性厌氧菌。专性厌氧发酵产氢菌对氧气的存在十分敏感，氧是关系能否顺利产氢的关键限制性因素。严格厌氧发酵产氢菌的发酵过程是为其产氢过程提供能量的关键因素，一旦发酵过程中止，能量无法提供，产氢过程就无法进行。梭菌是目前进行厌氧发酵所采用的主要菌种。梭菌既可以利用生物质中的纤维素，也可以利用半纤维素进行发酵产氢。由于大多数梭状杆菌自身可以产纤维素酶，在以生物质为底物进行发酵产氢的同时，梭菌还可以同时进行生物质的水解反应。

2. 兼性厌氧发酵产氢菌

这类微生物含有细胞色素体系，能够通过分解甲酸的代谢途径产氧。包括大肠杆菌、肠杆菌属（*Enterobacter*）和柠檬酸杆菌（*Citrobacter*）等。兼性厌氧发酵产氢菌既可以在有氧的条件下进行发酵产氢，还可以在无氧的条件下进行发酵产氢，但通过对比研究发现其有氧条件下的产氢效果要比厌氧条件下产氢效果好。具有产氢能力的兼性厌氧菌在厌氧条件下可以分解利用多种有机物产生 H_2 和 CO_2，产氢能力不受高浓度氢气的抑制，缺点是产氢量较低。

3. 需氧发酵产氢菌

它们只能在有氧的条件下才能生长，有完整的呼吸链，以氧气作为最终氢受体。需氧放氢微生物主要有芽孢杆菌属、产碱菌属（*Alcaligenes*）等。不同种类的微生物对同一有机底物的产氢能力不同。一般来说，严格厌氧菌的产氢能力高于兼性厌氧菌的产氢能力，嗜热细菌的产氢能力高于中温细菌的产氢能力。

4. 发酵产氢代谢

发酵菌体内缺乏完整的呼吸链电子传递体系，因此在发酵过程中通过脱氢作用产生的过剩电子必须经过适当的途径得到释放，从而使物质的氧化与还原过程保持平衡，以保证代谢过程的顺利进行。还有一些微生物为了缓解氧化还原过程中所产生的过剩电子而采取发酵途径直接产生分子氢的调节机制。许多异养细菌在厌氧条件下具有利用碳水化合物发酵产生 H_2、挥发酸（VFAs）和 CO_2 的能力。一般来说，能形成孢子的梭菌属、兼性肠杆菌、芽孢杆菌，一些嗜热菌属和污泥中的厌氧产酸菌是发酵产氢常见的种类。发酵产氢过程中主要的酶为氢化酶，在它的催化作用下质子与电子结合形成分子态的氢。在厌氧发酵产氢的过程中，首先必须将有机物分解为葡萄糖，葡萄糖经糖酵解途径得到丙酮酸。由于厌氧产氢微生物缺乏完整的细胞色素，丙酮酸不能进入三羧酸循环而被彻底氧化。丙酮酸在丙酮酸转化酶的作用下生成乙酰辅酶 A，这个过程中会生成 2mol 的氢气和二氧化碳。

乙酰辅酶 A 与 NADH 相互作用生成丁酸、乙酸、乙醇、丙酸等。NADH 在铁氧还原蛋白酶的作用下被氧化为 NAD^+并释放出氢气。根据厌氧暗发酵的产物可以将其代谢途径分为丁酸型发酵、丙酸型发酵和乙醇型发酵。

对可溶性碳水化合物，如葡萄糖、蔗糖、乳糖和淀粉等，微生物产氢过程通常以丁酸发酵途径进行。代表微生物如丁酸梭状芽孢杆菌（*C. butyricum*），反应过程为：$5C_6H_{12}O_6+12H_2O+2NAD^++16ADP+16Pi \longrightarrow 4CH_3(CH_2)_2COO^-+2CH_3COO^-+10HCO_3^-+2NADH+8H^++10H_2+16ATP$

对难以降解的碳水化合物（如纤维素类）的厌氧发酵以及一些含氮类有机化合物（如酵母膏、明胶、肉膏等）的酸性发酵，通常表现为丙酸型发酵途径。丙酸型发酵细菌主要有丙酸杆菌属（*Propionibacterium*），其反应过程为：$C_6H_{12}O_6+H_2O+3ADP \longrightarrow CH_3CH_2COO^-+2CH_3COO^-+HCO_3^-+8H^++H_2+3ATP$

在经典的微生物生化代谢过程中，酵母菌的乙醇发酵无氢气产生。而乙醇型发酵产氢与酵母菌发酵乙醇不同，葡萄糖经糖酵解后形成丙酮酸，在丙酮酸脱酸酶的作用下，以焦磷酸硫胺素为辅酶，脱羧变成乙醛，继而在醇脱氧酶作用下形成乙醇。在这个过程中还原型铁氧还蛋白在氧化酶的作用下被还原的同时释放出氢。

发酵产氢实际上是由一系列酶、辅酶和电子传递中间体共同参与完成的。微生物发酵产氢的途径主要有三种：丙酮酸脱羧途径、甲酸裂解途径和 $NADH/NAD^+$平衡途径。

（1）丙酮酸脱羧途径　主要存在于严格厌氧菌（如梭菌）中，其代谢过程如图 12-17 所示。丙酮酸首先在丙酮酸脱氢酶的作用下脱羧，形成硫胺素焦磷酸（TPP）-酶（E）的复合物，将电子转移给还原态的铁氧还蛋白（Fd_{red}），然后在氢化酶的作用下被重新氧化成氧化态的铁氧还原蛋白（Fd_{ox}），产生分子氢。典型代表性微生物主要有梭状芽孢杆菌、丁酸弧菌属等。其主要末端产物有丁酸、乙酸、CO_2 和 H_2 等。

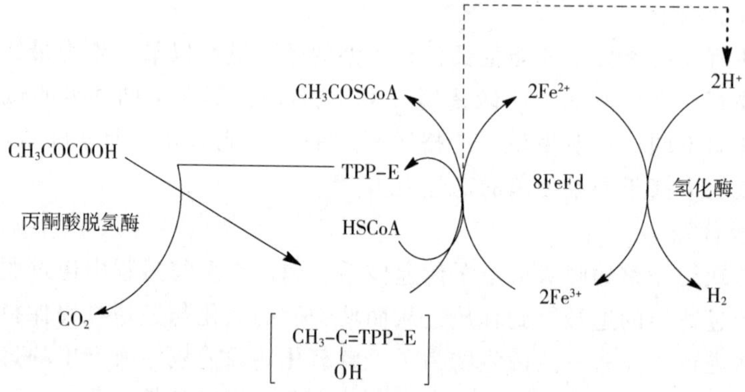

图 12-17　丙酮酸脱羧途径生成 H_2

（2）甲酸裂解途径　兼性厌氧菌（如肠杆菌）以细胞色素微电子作供体，通过甲酸裂解产氢（图 12-18）。同样是葡萄糖经 EMP 途径生成丙酮酸后进一步脱羧，微生物利用丙酮酸脱羧后形成的甲酸以及厌氧环境中 CO_2 和 H^+生成的甲酸先通过甲酸脱氢酶（FDH）氧化为二氧化碳，产生的电子传递到氢酶上与质子反应形成氢气。按照这一代谢途径，兼性厌氧菌的产氢的最大理论转化率为 2mol/mol（葡萄糖）。甲酸裂解途径主要存在于甲基营养菌、兼性厌氧菌和好氧菌中。

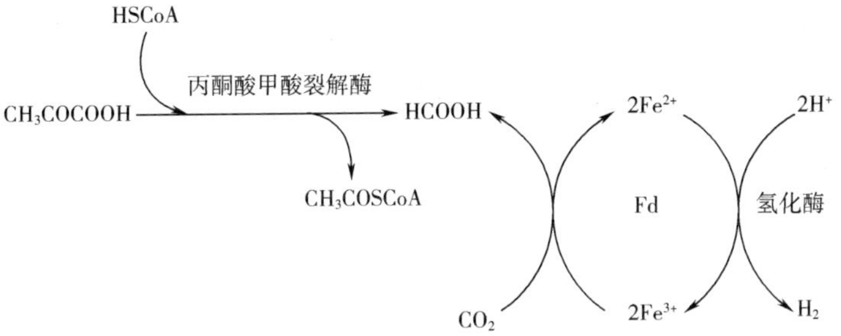

图 12-18　甲酸裂解产 H_2 过程（肠杆菌型）

（3）$NADH/NAD^+$平衡途径　在碳水化合物发酵过程中，经 EMP 途径产生的 NADH 和 H^+可以通过与一定比例的丙酸、丁酸、乙醇和乳酸等发酵过程相耦联而氧化为 NAD^+，以保证代谢过程中的 $NADH/NAD^+$的平衡。这样就产生了丙酸型、丁酸型和乙醇型等多种发酵类型。为了避免 NADH 和 H^+的积累而保证代谢的正常进行，发酵细菌可以通过释放 H_2 的方式将过量的 NADH 和 H^+氧化。其反应式为：$NADH+H^+ \longrightarrow NAD^+ +H_2$。由此可见，酸性条件下有助于氢气的产生。一般情况下，$NADH+H^+$转化为 H_2 的反应过程不能自发进行，必须有 NADH-铁氧化还原蛋白和铁氧还原蛋白氢酶的参与。

四、一氧化碳营养产氢菌

对大部分具有细胞色素的好氧呼吸生物来说，CO 具有细胞毒性；但有一类特殊的微生物，能够以 CO 作为唯一碳源、能源和还原力将水转化为 H_2，反应式为：$CO+H_2O \longrightarrow CO_2+H_2$。该类细菌被称为一氧化碳营养产氢菌，包括光合细菌（主要为紫色非硫细菌），也有非光合的兼性厌氧和严格厌氧菌。它们一般在光照条件或好氧条件下以 CO 为底物进行细胞合成代谢，但在无光照和厌氧的条件下将水汽转化为氢。该类微生物含有一氧化碳脱氢酶（CODH），能够实现 CO 和 CO_2 的相互转化，其产氢过程是 CO 在 CODH 的作用下产生还原力（$2H^+ +2e^-$）。为保持细胞内的氧化还原平衡，并释放过剩的电子以避免损害细胞本身，电子通过细胞色素复合体传递给可逆氢化酶，可逆氢化酶以产氢的方式释放多余电子和还原力。产氢实质是释放多余电子保护细胞。这类细菌能够利用 CO、CO_2、H_2 等生成乙酸、乙醇、丁酸、丁醇、氢气等能源及化工产品，成为生物技术领域的研究热点。

五、古生菌产氢

极端嗜热古生菌可利用性质完全不同的有机物如糖类、肽类、醛类、丙酮酸及 α-酮戊二酸等在高温条件下产生氢气。研究发现，激烈热球菌（*Pyrococcus furiosus*）（最适温度 100℃）在将肽和碳水化合物等有机物质，通过发酵作用产生有机酸和 CO_2 的同时释放 H_2。研究证明，氢的产生是在一种含 Ni 氢化酶催化作用下实现的。此酶还能起到硫还原酶的作用，可将单质硫还原为 H_2S。这种具有双重功能的酶被命名为硫-氢化酶（Sulfhy Drogenase）。其特点在于，不像大多数发酵细菌的氢化酶一样以辅酶 I 作为电子供体，而是以辅酶Ⅱ（NADPH）作为直接电子供体。发酵过程中产生的过剩还原力的处置，是通过与铁氧还蛋白相耦联的氧化还原酶系进行的。这一酶系中还包括 NADP-铁氧还蛋白氧化还原酶、硫-氢化酶等。

六、光-暗联合制氢技术

将厌氧暗发酵细菌产氢和光合细菌产氢联合起来组成的产氢系统称为联合制氢。以葡萄糖为底物的联合产氢系统中厌氧暗发酵细菌和光合细菌生物化学途径和自由能变化如图 12-19 所示。

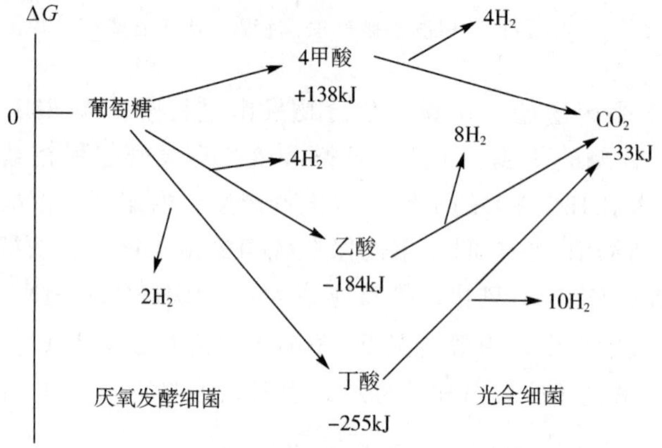

图 12-19　厌氧细菌和光合细菌联合产氢途径

从图 12-19 可以看出，暗发酵细菌分解葡萄糖后的终产物多为甲酸、乙酸、丁酸等有机酸，而除甲酸可进一步分解出 H_2 和 CO_2 外，其他有机酸不能继续分解，这是因为反应只能向自由能降低的方向进行。这是厌氧细菌产氢效率低的根本原因所在，也是暗发酵制氢技术在实际应用中面临的主要障碍。而光合细菌则可以利用太阳能来克服有机酸进一步分解所面临的正自由能壁垒，使有机酸得以彻底分解，释放出更多的氢气。

另一方面，由于光合细菌只能利用葡萄糖和少数小分子有机酸，不能直接利用淀粉、纤维素、半纤维素等复杂有机物；而厌氧细菌则可以分解几乎所有的有机物为小分子有机酸。因此，把厌氧细菌和光合细菌以一定的技术手段和方法进行联合制取氢气，做到二者的优势互补，能有效地将有机废物转化为氢气，比传统的单一暗发酵产氢更高效，剩余发酵产物中有机物含量更低。暗发酵-光发酵细菌混合培养产氢与两步法产氢相比具有操作简单、所需发酵容器体积小的优点，将会是未来生物质制氢的一个重点研究方向。

第六节　微生物燃料电池

电能是一类高品位能源。燃料电池是一种不经过燃烧直接以电化学反应方式将燃料的化学能转化为电能的高效发电装置。在化学能转化为电能的过程中，几乎不排放氮氧化物和硫氧化物，减轻对大气的污染；不需要锅炉、气轮发电机等庞大成套设备，而且电池组件化，设计、制造、组装都十分方便。微生物燃料电池（Microbial Fuel Cell，MFC）是利用微生物作为降解有机物质的催化剂，将有机物质中的化学能直接转化成电能的一种产电的装置。与常规燃料电池相比，MFC 以微生物代替昂贵的化学催化剂，因而具有更多优点：①原料来源广泛，可利用储量丰富的生物质能，尤其可利用有机废水等废弃物；②反应条件温和，常温常压下即可运行，成本低，安全性好；③环境友好，无酸、碱、重金属等污染物产生，清洁环保；④因能量转化过程无燃烧步骤，原料可直接转化为电能，理论转化效率较高。微生物燃料电池一方面可以降解有机物，另一方面可以直接对外输出电能。由于是利用微生物的正常代谢活动进行的，因而避免了常规方式在处理污染物质时产生的二次污染物的排放问题。因独特的价值和产能方式而逐渐成为催生新能源的增长点。MFC 技术是与传质学、微生物学、电化学、材料科学和环境工程学等科学领域交叉融合而发展起来的一种全新的电能生产技术，在污水处理、污染物处理、微生物传感器、脱盐海水淡化、电解制氢等方面具有巨大的应用前景。

一、微生物燃料电池基础

微生物燃料电池是以微生物作为催化剂，通过微生物的生长代谢作用，将有机物中的化学能转化为电能的装置。传统的微生物燃料电池指的是具有两个极室的双室电池系统，即由 4 个部分组成：阳极室、阴极室、质子交换膜和电解液（图 12-20）。其中阳极室为厌氧槽，内置阳极电极供微生物附着生长，阳极表面附着有产电微生物膜，是 MFC 的核心构件。MFC 的阳极材料应具有导电性好、耐腐性、比表面积大和生物相容性高等特点。阴极室为好氧槽，作为氧气与电子反应的场所，通常会利用氧气泵向阴极液内曝气，以维持充足的溶解氧浓度。其工作原理为：在阳极室内生长富集的微生物群落以某些化学物质为电子供体将其氧化，分解有机物产生电子、质子及代谢产物，获得的电子流经细胞电子传递链，一部分为细胞生长代谢所利用，一部分被细胞色素 C、生物纳米导线或电子穿梭体传递到阳极表面。由于阴极和阳极之间的电势差，电子经由外电路负载及电流通路传递到阴极表面。微生物氧化作用释放出的质子一部分由于质子动势回流至胞内用于细胞 ATP 的合成，另一部分透过质子交换膜进入阴极室，在阴极表面与电子及氧气反应生成过氧化氢或水。此过程不断循环发生，电子不断产生、传递形成电流，伴随着阳极有机物不断的氧化和阴极氧化物连续的还原反应。当外电路连接了电阻或负载时，可以获得连续的电流和功率输出。细胞以 ATP 的形式获得生命活动所需的能量，从而完成 MFCs 的生物电化学过程。以葡萄糖为阳极底物的双室微生物燃料电池为例，其电极反应为：

阳极反应：$C_6H_{12}O_6+6H_2O \longrightarrow 6CO_2+24H^++24e^-$

阴极反应：$24H^++24e^-+6O_2 \longrightarrow 12H_2O$

总的氧化还原反应：$C_6H_{12}O_6+6O_2 \longrightarrow 6CO_2+6H_2O+$电能

微生物燃料电池打破了微生物呼吸链电子的传递方向，利用电极作为细胞呼吸过程的终端电子受体，把电子从细胞内引到了细胞以外的外界环境，进而延伸到整个电池结构体系中。在 MFC 中，细菌与阴极终端电子受体分离，这样就“迫使”细菌进行呼吸作用的唯一途径就是向阴极传递电子。电子转移到阴极使得阴极上的电子受体和呼吸酶之间产生电位差。电子从阳极传到阴极，同时在电极之间产生相同数量的质子以保持体系内的电荷平衡。同其他任何化学反应过程一样，生物燃料电池功率输出同时受到化学反应热力学和化学反应动力学过程支配。

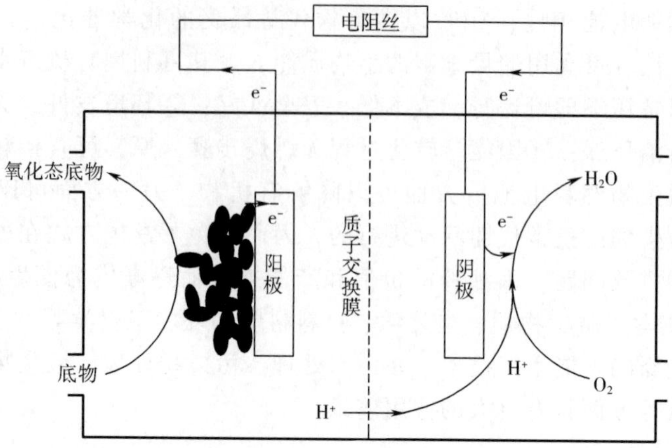

图 12-20 微生物燃料电池原理示意图

二、产电微生物

利用有机物维持生长的微生物，把氧化有机物获得的电子通过电子传递链传递到细胞外，直接或间接地通过介质（Mediator）将电子传递到电极上产生电流，这种微生物就是产电微生物（Electricigen）。对微生物燃料电池来说，微生物作为一个重要的组成部分是不可或缺的。在微生物燃料电池中，微生物为了获得生长所必需的碳源和能量，就需要降解阳极室中的有机物，将从有机物中释放出来的电子传递给氧化还原电势高的氧化物，达到产生电化学能量的效果。微生物燃料电池利用阳极微生物进行产电的过程，其实质就是脱氢、失电子或与氧结合的过程，在这过程中有酶、辅酶、电子传递体的作用。随着微生物性质的不同，MFC 利用的电子载体可能是与呼吸链有关的 NADH 和色素分子，也可能是外源的染料分子或者微生物代谢过程中产生的还原性物质，如 S^{2-} 和 H_2 等。

目前，从微生物燃料电池中分离出的电化学活性微生物主要以细菌为主，分别隶属于变形菌门、厚壁菌门和酸杆菌门。这些细菌多为革兰染色阴性短杆菌，兼性厌氧，具有无氧呼吸和发酵等代谢方式，可氧化糖类、有机酸等获得能量维持生长。这些产电微生物多数为铁还原菌，即以 Fe（Ⅲ）为呼吸链的最终电子受体。已报道的产电微生物有 α-变形菌纲（Alphaproteobacteria）的沼泽红假单胞菌（*Rhodopseudomonas palustris*）和人苍白杆菌（*Ochrobactrum anthropi*），β-变形菌纲（Betaproteobacteria）的铁还原红育菌（*Rhodoferax ferrireducens*），γ-变形菌纲（Gammaproteobacteria）的嗜水气单胞菌（*Aeromonas hydrophila*）、铜绿假单胞菌（*Pseudomonas aeruginosa*）、腐败希瓦氏菌（*Shewanella putrefaciens*）和奥奈达希瓦氏菌（*S. oneidensis*），δ-变形菌纲（Deltaproteobacteria）的硫还原地杆菌（*Geobacter sulfurreducens*）、金属还原地杆菌（*G. metallireducens*）、*Geopsychrobacter electrodiphilus*、丙酸脱硫叶菌（*Desulfobulbus propionicus*），此外还有厚壁菌门的丁酸梭菌（*Clostridium butyricum*）和拜氏梭菌（*Clostridium beijerinckii*），酸杆菌门（Acidobacteria）的 *Geothrix fermentan*。电化学活性微生物分类及特征见表 12-13。

表 12-13　　电化学活性微生物分类及特征

门	纲	代表菌种	革兰染色	需氧情况			铁还原性
				严格厌氧	兼性厌氧	严格好氧	
变形菌门（Proteobacteria）	α-变形菌纲	沼泽红假单胞菌（*Rhodopseudomonas palustris*）	—		+		
		人苍白杆菌（*Ochrobactrum anthropi*）	—			+	
		类球红细菌（*Rhodobacter sphaeroides*）	—		+		
		隐藏嗜酸菌（*Acidiphilium cryptum*）	—		+		+
		氧化葡萄糖酸杆菌（*Gluconobacter oxydans*）	—			+	
	β-变形菌纲	铁还原红育菌（*Rhodoferax ferrireducens*）	—		+		+
		反硝化产碱丛毛单胞菌（*Comamonas denitrificans*）	—		+		
	γ-变形菌纲	腐败希瓦菌（*Shewanella putrefaciens*）	—		+		+
		奥奈达希瓦氏菌（*Shewanella oneidensis*）	—		+		+
		嗜水气单胞菌（*Aeromonas hydrophila*）	—			+	+
		大肠杆菌（*Escherichia coli*）	—		+		
		铜绿假单胞菌（*Pseudomonas aeruginosa*）	—		+		+
		肺炎克雷伯菌（*Klebsiella pneumoniae*）	—		+		+
	δ-变形菌纲	金属还原地杆菌（*Geobacter metallireducens*）	—	+			+
		硫还原地杆菌（*Geobacter sulfurreducens*）	—	+			+
		丙酸脱硫叶菌（*Desulfobulbus propionicus*）	—	+			+
	ε-变形菌纲	布氏弓形菌（*Arcobacter butzleri*）	—		+		
厚壁菌门（Firmicutes）		丁酸梭菌（*Clostridium butyricum*）	+	+			+
		拜氏梭菌（*Clostridium beijerinckii*）	+	+			+
酸杆菌门（Acidobacteria）		发酵地发菌（*Geothrix fermentans*）	—	+			+
真菌（Fungi）		酿酒酵母（*Saccharomyces cerevisiae*）			+		
		异常汉逊酵母（*Hansenula anomala*）			+		

三、MFC 中产电微生物的电子传递机制

胞外电子传递是指电子从产电微生物细胞内的电子传递链传递到阳极的过程，其可以看作产电微生物电子传递链在细胞外的延伸。利用 MFC 技术获得有机化合物降解过程中的电子和质子来回收电能，其中起决定性作用的步骤是电子从微生物细胞内转移到阳极表面的过程。因此深入理解并分析电活性微生物电子传递机理，强化电子传递过程，对提高 MFC 的产电性能意义重大。而要理解这一过程，需要深入研究产电微生物释放和转移电子和质子所经历的代谢途径。细菌将电子转移到阳极表面主要通过以下三种方式

（图 12-21）：利用产电微生物与电极接触的直接电子传递（Direct electron transfer，DET）、利用纳米导线（Nanowires）的电子传递、利用外源或者内源电子传递中介体的间接电子传递（Mediated electron transfer，MET）。前两种传递机制又被称为生物膜传递机制，后者则为电子穿梭传递机制。

图 12-21　MFC 中产电子微生物电子传递机制

1. 直接接触电子传递

研究表明，多血红素细胞色素 C 可以将细胞膜内游离的电子传递到电极上。与阳极表面体接触的产电微生物菌体，可通过细胞膜外侧的 C 型细胞色素将呼吸链中电子直接传递至电极表面。此类微生物有地杆菌属（*Geobacter*）、脱硫单胞菌属（*Desulfuromonas*）和希瓦氏菌属（*Shewanella*）等。生长在电极表面的细菌只有将细胞膜接触到电极的表面，代谢过程产生的电子才能通过细胞膜中的细胞色素传导到电极上。其传递过程可概括为：在微生物体内，底物分解产生电子、质子及代谢产物，电子可遵循微生物呼吸链进行传递，首先经由脱氢酶、辅酶 Q 等载体传递至细胞内膜。细胞内膜上含有一系列 C 型细胞色素蛋白。电子可经由这些色素蛋白传至细胞外膜表面，最终通过外膜与阳极的直接接触传递至电极表面。依靠该方式只是紧靠电极表面的单层微生物具有电化学活性，可传递电子给电极，故电池性能受限于电极表面这一单层微生物的最大细菌浓度，决定了 MFC 的整体性能，大大限制了电池的产电能力。仅当生物膜最内层微生物浓度极高且电极表面积极大时，电池才具有良好的产电性能。

2. 纳米导线传递

某些异化金属还原菌和希瓦菌的细胞表面存在一种可导电的纳米级的纤毛或菌毛（Pili），在电子传递中起重要作用。这种纤毛被称为微生物纳米导线（Nanowire）。纤毛宽仅 3~5nm，但长度是宽度的 1000 倍。在电子传递过程中，纳米导线起到电子导管的作用。它一端与细胞外膜相连，另一端与电极表面直接接触，从而使细胞外膜上的电子传递至电极表面。既可在较远的距离直接向电极传递电子，也可通过细胞之间相互形成的“纳米电网”传递电子。这些纳米导线的存在，摆脱了菌体直接接触电极的限制，可使电子传递到离细胞表面更远处，进行较远距离的电子传递。纳米导线不仅存在于金属还原细菌中，光合含氧蓝细菌也能够产生导电附属物。该细菌在光照下具有电活性。纳米导线传递机制的出现，打破了微生物必须与阳极附着的界限。纳米导线的形成可以使产电微生物在阳极上形成较厚的活性生物膜，使电子在细胞之间传递，保持了较厚生物膜内微生物的电化学活性，电子传递效率增加，极大地优化了电池产电性能。另有研究表明，纳米导线在生物膜形成的初期也可发挥决定性的作用。

3. 电子穿梭产电机制

即微生物利用外加或自身分泌的电子穿梭体（氧化还原介体），将代谢产生的电子转移至电极表面。由于微生物细胞壁的阻碍，大多数微生物自身不能将电子传递到电极上，需借助可溶性氧化还原介体，即中介体进行电子传递。其电子传递过程为：中介体以氧化态进入细胞内部到达电子传递链上（微生物自身分泌的中介体直接在胞内）接受电子，或者从细胞表面接受外膜电子传递体上的电子，变为还原态，然后将电子转运到电极表面，重新变为氧化态。如此往复循环穿梭于细胞和电极之间，完成胞外电子传递过程。

微生物可利用的电子介体很多，主要包括人工加入的外源电子介体、微生物初级代谢产物及微生物自身分泌的次级代谢产物。电子可利用微生物代谢过程中产生的初级可氧化还原态代谢产物为介体进行传递。此类代谢产物由微生物呼吸或发酵过程产生，包括 H_2S、H_2、乙醇或甲酸等。它们的形成与底物降解密切相关，且作为电子传递介体的初级代谢产物应具有较低的氧化还原电势，但其数值不能低于底物的氧化电势。除初级代谢产物外，微生物自身还可通过次级代谢途径分泌氧化还原介体进行电子传递。此类物质包括绿脓菌素、吩嗪-1-酰胺、核黄素等。次级代谢产物介体作为可逆终端电子受体，将电子从微生物细胞内传递到阳极的同时又重新被氧化，进入下一轮的氧化还原过程。由于一分子次级代谢产物介体能进行上千次氧化还原循环，因此少量的次级代谢产物就能够使微生物以较快的速率传递电子。

在胞外电子传递过程中，直接接触传递、纳米导线介导传递和中介体转运传递等传递方式并不是单独存在的，而极有可能是各种传递方式的组合。研究发现，同种产电微生物可具有不同的电子传递方式，而不同种的产电微生物之间也具有种间电子传递能力。基于胞外电子传递机制，可建立阳极胞外电子传递模型。贴近电极的生物膜可以通过外膜的细胞色素等电子传递体进行直接接触传递。而生物膜内与电极不直接接触的细胞可通过纳米导线直接介导到电极表面，或者利用细胞色素和纳米导线，形成导电的生物膜，进行细胞间电子的传递。在悬浮液中的细胞，则可通过中介体转运实现更长距离的胞外电子传递。

四、MFC 的应用及展望

MFC 除可以应用于生物燃料电池外，在污水处理、生物修复、生物传感器制造等多个领域均有应用及研究报道。

1. 污水处理

由于有机物是废水中含量最大的含能污染物，现行废水处理方法通常以消耗电能来去除这些含能污染物，并没有加以资源化利用。若采用 MFC 技术将污染物转化为电能，不仅可以解决污水处理厂自身的电耗问题，而且有望向外输出电能。因此人们在利用 MFC 处理有机废水方面开展了大量研究，并取得了重大进展。Logan 等直接用空气为阴极的

MFC 处理生活污水，COD_{Cr} 去除率达到 80%。MFC 除可处理生活污水、工业废水和农业废水等各种类型的有机废水，还可进行废水脱氮除硫以及污泥处理。

2. 生物修复

沉积物微生物燃料电池（Sediment Microbial Fuel Cell，SMFC）在环境修复中具有独特优势：阳极埋在水底沉积物中，沉积物中的腐殖质、硫化物等还原性污染物可作为阳极电子供体被利用。阴极在污染水体中，可利用硝酸盐、高氯酸盐、重金属离子等氧化性污染物作为电子受体，实现对沉积物和水体的同步生物修复并产生电能。与传统的原位生物修复相比，其不需要投加电子受体或供氧剂，而是以电极作为电子受体，并可以在氧化有机物的同时产生一定的电能，因此具有可移动、原位修复效率高等特点，应用前景广泛。

3. MFC 制氢

对 MFC 结构进行微小调整，就可得到高产量的氢，经过改造的电池称之为微生物电解池（Microbial Electrolysis Cell，MEC）。MEC 技术巧妙地结合了原电池和电解池的工作原理，利用电活性微生物作为催化剂，通过电能的中间形式将燃料中的化学能转化为氢能。理论上讲，MFC 制得的氢气的纯度与采用水的电解方法相当，而其所消耗的电量则要低得多。一般碱性电解池在 1.8~2.0V 的电压下电解水制氢。而在 MFC 中电压只要高于 0.22V 就可以实现产氢。

4. 生物传感器

因为电流或电量产出和电子供体的量间有一定关系，所以它可用作底物含量的测定。例如乳酸传感器、BOD 检测、微生物活性检测、毒性检测等。与传统的环境监测手段相比，MFC 型传感器具有测定快、灵敏度高、稳定性强、重现性好等优点，适合原位实时在线监测。利用 MFC 的电量与底物 BOD 浓度之间的线性关系，作为生物传感器可实现污水在线监测，同时克服传统 BOD_5 方法耗时长、过程烦琐及不能在线检测的不足。利用优化的电化学活性微生物可进一步提高对污水中 BOD 监测的灵敏度及缩短响应时间，构建低成本和高性能的 MFC。

5. 其他应用

除上述应用以外，MFC 在水质淡化、二氧化碳还原、生物电化学产甲烷和过氧化氢等方面也表现出极大的应用前景。随着交叉学科研究的深入，特别是生物传感器和生物电化学的研究，以及修饰电极、纳米科学等的研究，产电微生物催化的 MFC 将在军事、航空航天、航海、移动装置、居民家庭、备用电力设备、医学、环保等领域显示出极大的优势。

第十三章　微生物与农业

农业是利用动植物的生长发育规律，通过人工培育来获得产品（动植物本身）的产业。农业属于第一产业，提供支撑国民经济建设与发展的基础产品。微生物与农业的关系十分密切。一方面，一些真菌、细菌和病毒等微生物是植物种植、畜禽和水产养殖的病原微生物，为农业生产带来巨大的损失；另一方面，农用生物制品（疫苗、生物农药、生物肥料和生物饲料等）广泛应用于农业生产，在疾病预防、病虫草害防治、提高种植业和养殖业产量和质量等方面发挥显著作用。本章主要叙述微生物与生物农药、生物肥料和生物饲料等农用生物制品生产的关系。

第一节　微生物农药

化学农药的发明和使用极大增强了人类控制病虫危害的能力，为农作物的增产增收做出了重大的贡献。但是，长期依赖和大量使用化学农药，已经带来了众所周知的环境污染、生态平衡破坏和食品安全等一系列问题，对推动农业经济持续发展带来许多不利的影响。因此，开发低毒高效安全的农药新资源——生物农药成为农药研发的新方向，其中微生物农药（Microbial Pesticide）在生物农药中占有重要地位，也是各国竞相发展的产业。微生物农药是利用微生物或其代谢产物来防治危害农作物的病、虫、草、鼠害及促进作物生长的农药，包括以菌治虫、以菌治菌、以菌除草等。微生物农药具有选择性强，对人、畜、农作物和自然环境安全，不伤害天敌，不易产生抗性等优点。随着人类越来越重视环境保护，微生物农药无疑是今后农药的主要发展方向。

一、微生物农药的优缺点

微生物农药又称天然农药，是指利用生物活体（真菌、细菌、昆虫病毒、转基因生物、天敌等）或其代谢产物（抗生素、信息素、生长素、萘乙酸钠、2,4-二氯苯氧乙酸等）针对农业有害生物进行杀灭或抑制的制剂。与化学农药相比，微生物农药的有效成分来源、工业化生产途径、产品的杀虫防病机理和作用方式等方面，均有许多本质的区别。概括起来，微生物农药主要具有以下几方面的优点：①选择性强，对人畜安全。市场开发并大范围应用成功的微生物农药产品只对病虫害有作用，一般对人、畜及各种有益生物（包括动物天敌、昆虫天敌、蜜蜂、传粉昆虫及鱼、虾等水生生物等）比较安全，对非靶标生物的影响也比较小。②对生态环境影响小：微生物农药主要是利用某些特殊微生物或微生物的代谢产物所具有的杀虫、防病、促生功能控制有害生物，其有效活性成分完全存在和来源于自然生态系统。微生物农药的最大特点是易被日光、植物或各种土壤微生物分解，是一种来于自然、归于自然，具有正常的物质循环方式的农药产品，因此可以认为它们对自然生态环境安全、无污染。③诱发害虫患病：一些微生物农药品种（昆虫病原真菌、昆虫病毒、昆虫微孢子虫、昆虫病原线虫等）具有在害虫群体中的水平或经卵垂直传播的能力，在一定的野外条件下，具有定殖、扩散和发展流行的能力，不但可以对当年当代的有害生物发挥控制作用，而且对后代或者翌年的有害生物种群也起到一定的抑制效应，具有明显的后效作用。④可利用农副产品生产加工：目前国内生产加工微生物农药，一般主要利用天然可再生资源（如农副产品的玉米、豆饼、鱼粉、麦麸或某些植物体等），原材料的来源十分广泛、生产成本比较低廉。因此，微生物农药生产一般不以不可再生资源（如石油、煤、天然气等）为原料，不存在与化工合成产品争夺原材料的情况。

微生物农药的缺点主要有防治效果一般较为缓慢、控制有害生物的范围较窄、易受到环境因素的制约和干扰以及产品有效期短、质量稳定性较差等。

二、微生物农药的发展历史及开发现状

微生物农药的出现和发展与生物防治研究的发展及化学农药的使用密不可分。Agostino Bassi 于 1853 年首次报道由白僵菌（*Beauveria* spp.）引起的家蚕传染性病害“白僵病”，证实该寄生菌在家蚕幼虫体内能生长发育，采用接种及接触或污染饲料的方法可传播发病；俄国的梅契尼可夫于 1879 年应用绿僵菌（*Metarhizium* spp.）防治小麦金龟子幼虫；1901 年日本人石渡从家蚕中分离出一种致病芽孢杆菌——苏云金芽孢杆菌；1926 年 Fanford 使用拮抗体防治马铃薯疮痂病。这些都是微生物农药早期的基础研究，当时并未形成产品。化学农药发展到 20 世纪 60 年代，“农药公害”问题日趋严重，激发了生物农药的研究与发展。1972 年，我国规定了发展低毒高效的化学农药，逐步发展生物农药的新农药发展方向。20 世纪 70~80 年代，我国微生物农药的发展呈现出蓬勃发展的景象。但是，由于化学农药高效快速，人们仍寄希望于化学农药防治病虫害，对微生物农药的研制和应用曾一度被忽略。进入 20 世纪 90 年代，随着科学技术的不断发展和进步，减少使用化学农药，保护人类生存环境的呼声日益高涨，研发和利用微生物农药防治农作物病虫害，逐步成为国内外植物保护工作者的重要研究课题。我国微生物农药的研究开发也开始呈现出新的局面，已发展成为具有几十个品种、几百个生产厂家的队伍。微生物农药在病虫害综合防治中的地位和作用显得愈来愈重要。

三、微生物农药的种类

微生物农药包括活体微生物农药和农用抗生素两大类。其中活体微生物农药按其作用方式分为真菌农药、细菌农药、病毒农药；而按其防治对象又可分为杀虫剂、杀菌剂和除草剂。

1. 微生物杀虫剂

（1）细菌杀虫剂　细菌杀虫剂是国内外微生物农药中研究较早、成果较多、产量较大、施用较广的微生物杀虫剂。我国在细菌类生物农药的研究、开发、生产与应用上均处于世界先进水平。目前，细菌杀虫剂已经开发多个品种，已逐渐应用于蔬菜、林业、园艺、卫生害虫等领域的害虫防治之中。目前，投入实际应用的杀虫细菌主要有日本金龟子芽孢杆菌（*Bacillus popilliae*）、球形芽孢杆菌（*Bacillus sphaericus*）和苏云金芽孢杆菌，其中苏云金芽孢杆菌杀虫剂是研究最深入、应用最广泛、商业开发最成功的细菌杀虫剂。

苏云金芽孢杆菌（简称 Bt）是革兰染色阳性土壤杆菌，在自然界中广泛存在，可从土壤、落叶、昆虫尸体、尘埃和污水中分离得到，是世界上应用最广泛的生物杀虫剂，具有杀虫特异性强，对环境无污染等特点。1901 年，生物学家 Ishiwata 从家蚕中发现。1915 年，德国 Berliner 从地中海粉螟上发现一种细菌，具有很强的毒力，因为发现的地方位于苏云金省，因此命名为苏云金芽孢杆菌。1928 年，美国应用苏云金芽孢杆菌防治玉米螟，取得了很好的效果，并在第二年首次大田应用。

苏云金芽孢杆菌的营养体杆状，长 3.0~5.0μm，宽 1.2~1.8μm。Bt 生长进入稳定期后期时，母细胞发生裂解，在形成芽孢的同时还会产生对多种农业害虫有特异杀虫活性的伴孢晶体（Parasporal Crystal）。芽孢卵圆形，长约 2μm，宽 0.8~0.9μm，是具有较强抗逆性的休眠体。

Bt 伴孢晶体主要是由杀虫晶体蛋白（Insecticidal Crystal Proteins，ICPs）组成，由 *cry* 和 *cyt* 基因编码。杀虫晶体蛋白作为其主要的活性物质，对靶标害虫具有高度特异的杀虫活性。其作用机理是依靠其所含有的伴孢晶体、外毒素及卵磷脂酶等致病物质引起昆虫肠道等病症从而使昆虫致死。敏感昆虫取食伴孢晶体后，晶体在昆虫肠内的碱性（pH>10）环境中溶解；伴孢晶体溶解后释放出的晶体蛋白为原毒素（Protoxin），没有活性，在蛋白酶的作用下，形成毒素核心片段（Toxic Core Fragment）；溶解的原毒素激活以后，穿过围食膜到达中肠上皮柱状细胞，与刷状缘上特异性的受体结合，而后形成离子通道或孔洞，导致昆虫死亡。

全球已报道 Bt 杀虫晶体蛋白基因 817 个，共分为 77 类，其中 Cry 蛋白 74 类，模式基因 305 个；Cyt 蛋白 3 类，模式基因 11 个。近年我国科学家运用高通量基因组测序技术，在新型 Bt 基因资源发掘中取得了显著成效。国际 Bt 基因命名委员会公布的统计资料显示，全世界近 5 年新发现了 322 个 *cry* 基因、60 个 *cyt* 基因，其中 165 个 *cry* 基因和 37 个 *cyt* 基因均来自中国，占新基因总数的一半以上。例如，对鳞翅目害虫高效的 *cry1Ah1*、*cry1Ie1*、*cry2Ah1*、*cry9Ee1*，对鞘翅目害虫高效的 *cry8Ea1*、*cry8Ga1*、*cry8Ha1*、*cry8Ia1* 等基因具有自主知识产权、应用价值高，已相继投入抗虫转基因植物或工程菌的研究开发，显示了我国 Bt 研究自主创新的快速进步和 Bt 生物产业的发展潜力。

Bt 杀虫剂具有专一、高效和对人畜安全等优点。目前苏云金杆菌商品制剂已达 100 多种，是世界上应用最为广泛、用量最大、效果最好的微生物杀虫剂，因而备受人们关注。但是，商品 Bt 制剂在生产防治中也显示出某些局限性，如速效性差、对高龄幼虫不敏感、田间持效期短等，都已成为影响 Bt 进一步成功推广使用的制约因素。因此，为了提高 Bt 制剂的杀虫效果，对其增效途径的研究已成为世界性的研究热点。该方面的研究主要包括筛选增效菌株，利用化学添加剂、植物他感素、几丁质酶作为增效物质，昆虫病原微生物间的互作增效等。借助于质粒结合转移、DNA 重组、定点诱变、蛋白修饰等生物工程手段对天然 Bt 菌株进行遗传改良。例如，通过某些 *cry1* 基因和 *cry3* 基因的整合，创建一种既能杀死鳞翅目害虫又能杀死鞘翅目害虫、毒力增强的新型 Bt 工程菌。1986 年美国首先将 Bt 的 *cry1Ac* 基因直接导入棉花，培育出整个生长期能持续产生杀虫蛋白，可有效控制棉铃虫危害的转基因抗虫棉。1996 年，抗虫转基因作物种植开始产业化，掀起了一场新的农业技术革命。据国际农业生物技术服务组织统计，2019 年全球包括玉米、棉花等 Bt 抗虫转基因植物的总种植面积已超过 8700 万公顷。Bt 抗虫作物巨大的应用价值和广阔的市场前景已引起世界各国高度关注。其发展趋势不可逆转。

（2）病毒杀虫剂　目前在已知的15种感染昆虫的病毒中，只有对昆虫高度特异的杆状病毒被认为是具有前景的杀虫剂。杆状病毒是一类寄生于节肢动物的专一性病原微生物，其宿主主要是鳞翅目、膜翅目和双翅目的昆虫，还有一些杆状病毒可以感染甲壳纲的节肢生物。杆状病毒为具有杆状衣壳的囊膜病毒，基因组为双链闭合环状DNA，已完成测序的基因组大小为80 ~ 180kb，编码89 ~ 181种蛋白质。目前已从超过800种昆虫体内分类鉴定出了600多种杆状病毒。杆状病毒的天然宿主大多是农林业害虫，所以利用杆状病毒防治农林害虫具有巨大的发展潜力。

①杆状病毒杀虫剂的优缺点：杆状病毒用于农业害虫的防治有许多优点：a. 杆状病毒具有高度特异性的寄主范围，不易引起生态平衡的破坏，不干扰自然界的昆虫捕食者，因而在发挥防治作用的同时不破坏自然环境；b. 杆状病毒能形成包涵体，尤其是核型多角体和颗粒体病毒，病毒体被包埋在包涵体蛋白基质内，在自然环境条件下具有很好的稳定性；c. 杆状病毒对靶昆虫具有高度的毒性；d. 在自然情况下，能引起区域性的昆虫流行病；e. 对作物没有任何药害；f. 经过大量的安全试验，对人、家畜、家禽及水生生物等无害。因此，联合国粮农组织和世界卫生组织于1973年正式公开推荐认可杆状病毒可以作为大田防治害虫的病毒类群。

杆状病毒作为杀虫剂最明显的缺点是：a. 杀虫谱狭窄。杆状病毒对宿主具有高度的专一性，不同于化学杀虫剂能防治多种作物的多种害虫。b. 杀虫速度缓慢。杆状病毒对害虫的致死作用依赖于病毒在寄主中的大量增殖；由于病毒进入虫体的潜伏期长，田间致死时间一般需7~14 d。c. 紫外线容易失活。d. 对高龄幼虫的毒性低，因此不能像化学农药那样快速杀死害虫。

②杆状病毒的感染过程：杆状病毒的一个显著特征是具有双向复制周期，产生具有不同形态和功能的出芽型病毒（Budded Virus，BV）和包涵体型病毒（Occlusion-derived Virus，ODV）。这两种表型病毒在病毒感染周期中产生的时期不同，部位不同，形态功能也具有差异。

杆状病毒感染周期分为两个阶段。第一阶段是初始感染阶段。在自然界中昆虫吞下污染包涵体的食物，包涵体随食物进入中肠，在中肠前端的碱性条件（pH 8~11）下分解并释放出ODV。病毒粒子通过围食膜后再与中肠上皮的微绒毛结合以直接的膜融合方式侵入中肠上皮细胞，再通过病毒包膜与细胞质膜融合将病毒核壳释放到细胞质中，并在中肠细胞内复制、组装和出芽释放子代病毒。病毒进入细胞后，核衣壳在微管蛋白的作用下，通过核孔，进入细胞核，核衣壳解体释放出基因组。病毒基因的转录、基因组的复制和衣壳的组装均在细胞核内进行。在核内释放出的病毒DNA开始复制，几小时后宿主细胞核肿大，在核中央形成病毒发生基质。随着病毒发生基质的发展，核衣壳开始装配，然后离开核区，在穿过核膜的同时，获得囊膜。接着核衣壳到达中肠细胞的一块区域，此处含有病毒编码的膜融合蛋白GP64，脱去来源于核膜的囊膜，通过出芽的方式产生BV。

第二阶段是BV侵染昆虫其他组织。新出芽的BV病毒粒子穿过基底膜后在血淋巴细胞、气管基质和脂肪体复制，接着在神经肌肉、围心细胞、生殖系统以及马氏管、丝线体等组织间传播。在昆虫敏感组织中重复这一复制过程并产生ODV以及包涵体，最终造成昆虫的死亡。在二次感染中，子代BV与细胞表面未知受体结合，以内吞体形式进入细胞，通过低 pH 介导的 BV 囊膜与内吞体膜的融合，核衣壳被释放到细胞质中。在感染后期，BV 在单个细胞内的产生减少，病毒主要以 ODV 的形式在细胞内大量累积。被感染的细胞核和组织膨大，引起虫体肿胀，随着多角体的成熟，细胞裂解，昆虫死亡。在病毒编码的几丁质酶和组织蛋白酶作用下，几丁质上皮解体，虫体液化，大量的多角体释放进入环境中。

昆虫感染病毒后，表现出病毒感染特有的外部症状。这些外部症状和虫龄、感染剂量、营养、温度、病毒与宿主的亲和性、幼虫的体质等许多因素有关。得病后的宿主幼虫动作迟钝，食欲减退或停止取食，虫体肿胀，表皮具光泽。幼虫死后表皮变得十分脆弱，轻触即破，流出脓状液体。被感染后的幼虫，一般爬上宿主所在植株的顶层，其腹足附着在植物的枝叶上，倒悬而死。

③影响病毒感染的因子：影响病毒感染害虫种群感受性的因子很多，包括：a. 感染途径；b. 昆虫对病毒的感受性随虫龄的增加而减少；c. 不同的变态和发育阶段对病毒感染性不同，例如云杉吉松叶蜂（*Gilpinia hercyniae*）的细胞处于胚胎状态或滞育状态时，对 NPV 不敏感；d. 食物的质量和种类（棉铃虫在饲喂棉叶、番茄叶片及人工饲料时，对多角体的感受性不同）；e. 温度和湿度是影响昆虫感受性和病毒在其体内繁殖的最重要的外部因子；f. 辐射和光照；g. 有一些荧光增效剂能通过破坏围食膜而增强昆虫对病毒的感受性；h. 当多种病原物混合接种昆虫时，一种病原物或其侵染作用可以作为激活因子而增强昆虫对另一种病原的感受性。

病毒在昆虫种群内或种群间的传播，对昆虫疾病流行的发展起着重要作用。病毒可以通过风、雨、雾、露水、河流等机械因子传播，也可以通过生物因子传播。这些生物因子包括：a. 种群密度：较高的昆虫种群密度会使病毒在未感病和感病昆虫之间，昆虫和病毒之间的互相接触机会更大，有利于病毒的流行；有时昆虫密度低时，也可以发生疾病的流行，特别是病原物广泛分布于昆虫宿主栖息场所的时候。b. 被感染或污染个体的行为：昆虫在感染病毒后，往往会伴随着一些异常行为，如棉铃虫被感染后，爬到植物植株顶层，用腹足附在植物的枝叶上，倒悬而死，这有利于病毒的传播。c. 捕食性和寄生性天敌等可能作为隐藏或携带病毒的载体。有报道称，在森林天幕毛虫中，双翅目的寄生物肉蝇成虫可以传播 NPV，鸟类可以通过排泄物长距离传播病毒。

④病毒杀虫剂产业的现状：病毒防治在害虫综合治理中占有相当重要的位置。迄今为止，棉铃虫单核衣壳核多角体病毒（*Helicoverpa armigera* Single Nucleocapsid Nucleopolyhedrovirus，HaSNPV，也称 HearNPV）是我国第一个商品化的病毒杀虫剂，每年用于大面积的棉铃虫防治。

昆虫病毒杀虫剂制剂的产量只占杀虫剂总产量的十万分之一。病毒杀虫剂产业的发展首先必须解决规模化生产的问题，通过大规模稳定的生产，为市场持续提供优质价廉的病毒产品。病毒杀虫剂的生产只能通过昆虫细胞或活体昆虫的培养进行。由于用细胞培养的技术成熟度不够、生产成本过高，现有生产都是采用大规模工厂化饲养昆虫的生产方式，通过虫体增殖病毒。对于在生产过程中如何确保提供大量的活体昆虫，如何采取有效的技术措施杜绝病毒和其他病原物（微孢子虫、细菌、真菌等）在虫体间的交叉感染，缺乏一整套科学系统的方法，常常出现昆虫饲养失败继而对整个生产产生毁灭性的影响，导致生产规模小、生产效率低下、产品质量得不到保证、生产无法持续稳定地进行。其进一步的结果是，生产成本过高、市场的产品供应和产品质量不稳定。因此，解决大规模饲养原料昆虫和控制生产过程中的交叉感染，是解决杆状病毒规模产业化的核心和关键。

产品剂型和田间应用问题是目前存在的第二个问题。杆状病毒杀虫剂制剂的研发多是借鉴非常成熟的化学杀虫剂制剂加工技术。我国市场上现有的剂型主要是可湿性粉剂和悬浮剂两种。实际上，杆状病毒在生物活性、物理性状、杀虫机制等诸多方面，同化学杀虫剂有本质的不同。病毒的活性受储藏条件和存在状态的影响很大。病毒的有效成分是微米级的颗粒物质，而化学杀虫剂发挥杀虫活性的物质是分子。病毒杀虫的过程是促使害虫患病，罹患的病毒病又可以在种群内和代数间水平和垂直传播。有针对性地根据杆状病毒的特点，研发制剂及其加工技术，才能提供经得起市场考验的产品。

杆状病毒杀虫谱较窄、杀虫速度慢，大部分病毒是以一对一的方式发挥作用，害虫死亡高峰在施药后的4~5d。如甜菜夜蛾核型多角体病毒只对甜菜夜蛾有效，药后4 d达到死亡高峰；棉铃虫病毒只对实夜蛾属的昆虫有效，死亡高峰在第5天。这些不利因素可以通过相配套的田间使用技术加以克服。比如，针对杀虫谱窄这一特点，推荐在单一害虫发生为主的农田使用，病毒杀虫剂在有效控制主要害虫危害的同时，保护了天敌和田间生物多样性，能够充分发挥自然控制的作用，压低了次要害虫的种群数量。另外，随着龄期的增大，害虫对病毒的敏感性呈几何级数降低，死亡时间也随龄期增大而迅速延长。因此，掌握在害虫卵盛孵期用药，是成功应用病毒杀虫剂的关键。

杆状病毒杀虫剂的发展有两个策略：第一，一些国家禁止或限制基因工程微生物，仅仅允许使用没有经过任何遗传改造的微生物。这种情况下，可通过改进感染诊断水平、生产技术和剂型，来促进杆状病毒杀虫剂的应用。理想的诊断方法可以更早检测病毒的存在，进而预测感染的过程和进展。病毒生产中防止环境中其他微生物的污染，可以大大降低生物杀虫剂的价格。改进剂型可以大大增强生物杀虫剂在环境中的稳定性。第二，在对基因工程微生物的应用持积极态度的国家，针对杆状病毒杀虫慢的特点，可以采取改造杆状病毒基因组的方法提高制剂的杀虫速度。近年来，已经构建多种杀虫效果优于亲本病毒的遗传工程病毒。这些构建策略主要包括将专一作用于昆虫的毒素基因（如编码蝎子特异性神经毒素AaIT的基因等）插入到野生型病毒的基因组，通过重组病毒毒素基因的表达达到快速杀虫的目的。也可以通过加入编码影响昆虫正常生理代谢的酶（如昆虫几丁质酶等）或激素（如利尿激素等）的基因，达到破坏昆虫代谢的目的。还可以将病毒本身的基因加以改造，如删除影响病毒杀虫速度的蜕皮激素UDP-葡萄糖基转移酶基因（*egt*）等。通过这类措施，可以使重组病毒的杀虫速度比野生型病毒提高50%。

（3）真菌杀虫剂　真菌杀虫剂的杀虫机制主要依赖于分生孢子。真菌的分生孢子附着于昆虫的皮肤，吸水后萌发长出芽管或形成附着胞，侵入昆虫体内，造成昆虫病理变化和物理损伤，最后使昆虫死亡。真菌杀虫剂杀虫谱广，残效期长，扩散力强。缺点是发挥效果慢，侵染过程长，受环境影响大。杀虫真菌的种类很多。已发现真菌杀虫剂种类约有100属800多种。其中白僵菌、绿僵菌、拟青霉（*Paecilomyces*）等应用最多。白僵菌是一种子囊菌门的虫生真菌，主要包括球孢白僵菌（*Beauveria bassiana*）和布氏白僵菌（*Beauveria brongniartii*）等，常通过无性繁殖生成分生孢子。白僵菌分生孢子在寄主表皮或气孔、消化道上，遇适宜条件开始萌发，生出芽管；同时产生脂肪酶、蛋白酶、几丁质酶溶解昆虫的表皮，由芽管入侵虫体，在虫体内生长繁殖，消耗寄主体内养分，形成大量菌丝和孢子，布满虫体全身；同时产生各种毒素，如白僵菌素，纤细素和卵孢霉素等。这些物质可引起昆虫中毒，打乱新陈代谢以致死亡。

白僵菌能够在自然条件通过体壁接触感染杀死害虫，对人畜和环境比较安全，害虫一般不易产生抗药性，可与某些化学农药（杀虫剂、杀螨剂、杀菌剂）同时使用。至今为止，白僵菌在国际上已有 17 种产品注册登记，用于防治蛴螬、家蝇、介壳虫、白粉虱、蚜虫、蓟马、马铃薯叶甲、蜚蠊、蝗虫、蚱蜢、蟋蟀、棉铃象、棉跳盲蝽、玉米螟、天牛、甘蔗金龟子等害虫。

（4）杀虫抗生素　国内外报道的杀虫抗生素品种甚多，但近年来商品化的仅为数不多的十几种，如阿维菌素（Avermectin）、多杀菌素（Spinosad）、米尔贝霉素（Milbemycin）、伊维菌素（Ivermectin）和梅岭霉素（Meilingmycin）等（图 13-1），其中阿维菌素是已经广泛应用的广谱杀虫抗生素，也是高效的杀线虫抗生素。这些杀虫抗生素大多是放线菌的次生代谢产物，除对害虫具有直接的杀灭作用外，有的对害虫还具有很好的忌避效果。

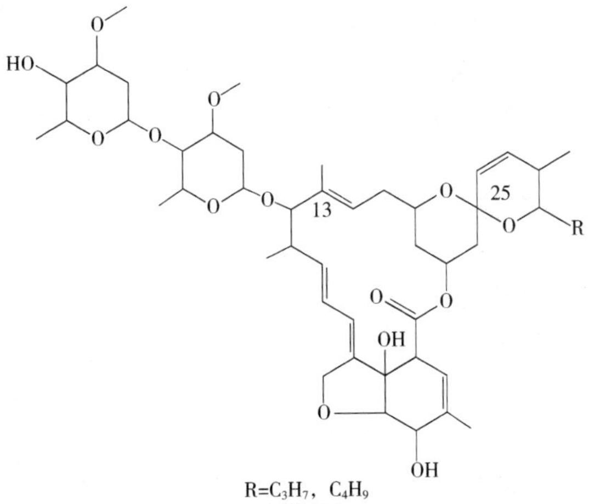

R=C_3H_7，C_4H_9
阿维菌素

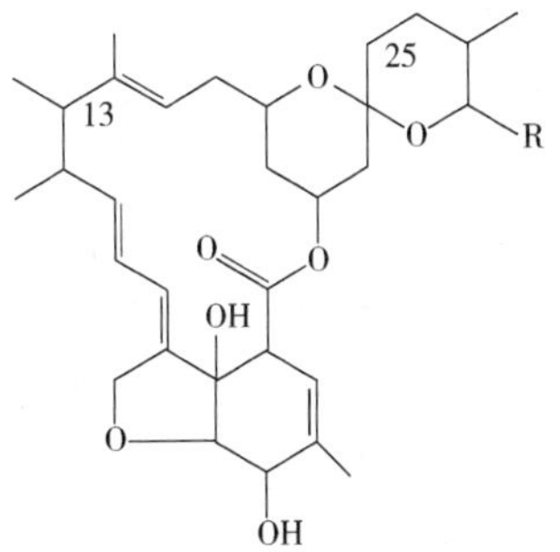

R=CH_3，C_2H_5
米尔贝霉素

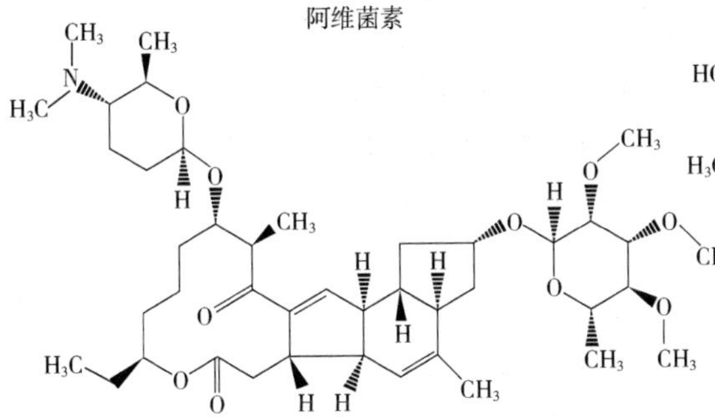

多杀菌素

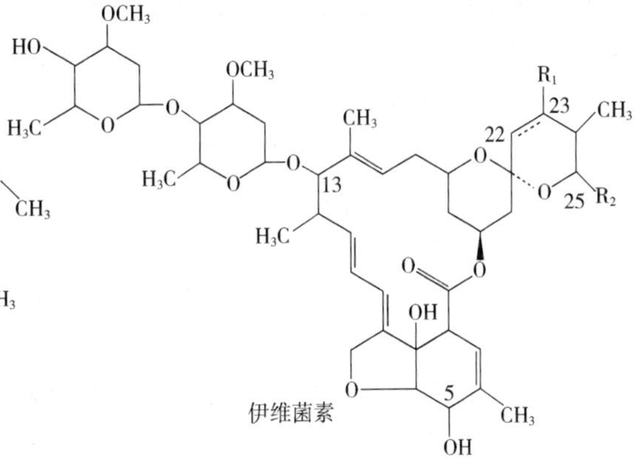

伊维菌素

图 13-1　几种杀虫抗生素的结构

①阿维菌素：阿维菌素是由日本北里大学大村智等和美国 Merck 公司首先开发的一类具有杀虫、杀螨、杀线虫活性的十六元大环内酯化合物（图 13-1），由链霉菌属阿维链霉菌（*Streptomyces avermitilis*）发酵产生，含有 8 个组分，其中 Bla 组分活性最高。对螨形螨

（*Demodex*）和昆虫具有胃毒和触杀作用，作用于昆虫神经元突触或神经肌肉突触的 γ-氨基丁酸（γ-aminobutyric acid，GABA）系统，传递至效应器或次级神经元细胞膜，从而产生抑制效应，致虫麻痹死亡，进而达到杀虫效果；而人类以 GABA 介导的神经位于中枢神经系统，阿维菌素并不能穿过血脑屏障到达中枢神经系统，因此具有较高的安全性。其独特的作用机制、易降解、安全、环保等优点，使其作为一种无公害农药备受青睐。

我国 20 世纪 80 年代末从广东揭阳土壤中分离筛选得到 7051 菌株，后经鉴定证明该菌株与阿维链霉菌 Ma-8460 相似。自从 1991 年害极灭阿维菌素 B1（Abamectin）进入农药市场以来，阿维菌素农药在中国的害虫防治体系中占有较重要地位。通过对阿维菌素进行结构修饰后相继开发出一系列新产品，如伊维菌素、埃珀利诺菌素、多拉菌素、色拉菌素、莫西菌素等，不仅广泛用于农用抗生素类杀虫剂，还是兽用驱虫剂和家庭卫生用药。

伊维菌素是阿维菌素的一种衍生物，通过选择还原阿维菌素分子中 C22~23 位的不饱和双键得到的杀虫及抗寄生虫作用的新物质（图 13-1），具有高效、广谱、安全等优点，对体内外寄生虫特别是线虫和节肢动物均具有高效驱杀作用；同时对哺乳动物的机体组织也有更强的渗透性和安全性，持效期更长，特别适用于一般口服驱虫剂难以到达的肌肉器官和特殊组织中的寄生虫防治，对家畜的胃肠道线虫外寄生虫有着特殊的驱杀效果。目前，伊维菌素已制成预混剂、片剂、软膏剂、注射剂、透皮剂等常规剂型及缓释丸剂、埋植剂、微球剂等新剂型。

②多杀菌素：多杀菌素是由土壤放线菌刺糖多孢菌（*Saccharopolyspora spinosa*）经好氧发酵产生的胞内次级代谢产物，是一种具有触杀及摄食毒性的新型微生物源杀虫剂。多杀菌素具有作用方式独特、选择性高、对非靶标动物安全以及降解产物安全等优异特性，在防治仓储和田间害虫以及动物寄生虫方面具有良好的应用价值和广阔的市场前景。多杀菌素的杀虫谱极广，能够有效控制的害虫主要包括膜翅目（Hymenoptera）、脉翅目（Neuroptera）、鳞翅目（Lepidoptera）、鞘翅目（Coleoptera）、双翅目（Diptera）和缨翅目（Thysanoptera）等种类的害虫，而对非靶标生物的毒性很低，对人和其他哺乳动物相对安全。对昆虫的毒杀方式主要表现为触杀作用，毒性对昆虫具有极强的渗透性，通过穿透幼虫体表的形式进入体内，一旦进入幼虫体内就不被代谢，通过与体内的受体结合，进而刺激昆虫的神经系统，导致非功能性的肌肉收缩，伴随着不断颤抖和麻痹并逐渐衰竭。

目前，具有应用价值的多杀菌素衍生物主要通过微生物代谢、化学修饰、基因工程 3 种不同方式获得。美国陶氏益农公司从土壤中新筛选分离得到与多杀菌素活性和结构类似，仅在 C21 位置上的乙基被丁烯基所取代，命名为丁烯基多杀菌素，其具有相同的杀虫活性，对非靶标生物具有更低的副作用。2007 年，该公司推出第二代产品乙基多杀菌素，该产品比多杀菌素具有更强的杀虫活性，更广的抗虫谱，促进了其在害虫防治方面的推广应用。用阿维链霉菌中阿维菌素合成起始装载模块替代多杀菌素的起始装载模块改造多杀菌素合成基因簇，并在发酵过程中添加外源羧酸，获得一种新的多杀菌素衍生物，命名为环丁基多杀菌素，是多杀菌素在大环内酯核结构的 C21 位上连接了环丁基而形成的多杀菌素衍生物，具有比多杀菌素更强的对棉花蚜虫和烟草蚜虫杀虫活性，还可以有效地防治刺吸式害虫。

③米尔贝霉素：米尔贝霉素（Milbemycins）是从吸水链霉菌属金泪亚种（*Streptomyces hygroscopicus* subsp. *aureolacrimosus*）发酵产物中提取的一类十六元大环内酯混合物（图

13-1)，根据化合物结构中是否具有氢化苯并呋喃结构，将其分为 α 型和 β 型。该类化合物具有杀虫、杀螨、驱虫等广泛的生物活性，其作为杀虫抗生素已在日本、欧美等多个国家登记，有乳剂、悬浮剂和可湿性粉剂等剂型，并且作为安全、高效、对环境友好的杀虫杀螨剂，已被美国环保局推荐使用。米尔贝霉素杀虫谱较广，对蚜虫、紫花苜蓿螨、食叶螨、黄褐天幕毛虫、肠道寄生虫均具有较好的防治效果。其作用原理是引起谷氨酸门控的 Cl^- 通道（Glutamate-gated Chloride Channel）的开放，从而使 Cl^- 内流增加，带负电荷 Cl^- 引起神经元休止电位超级化，使正常的动作电位不能释放，导致昆虫麻痹死亡。目前，制剂的再开发利用存在广阔的市场空间。

2. 微生物杀菌剂

（1）拮抗微生物　拮抗微生物可通过拮抗作用抑制病原菌的生长繁殖，从而达到以菌治病的目的。近年来筛选了大量的拮抗酵母菌，如防治苹果灰霉病的柠檬形克勒克酵母（*Kloeckera apiculata*）和纤细假丝酵母（*Candida tenuis*）等，防治柑橘绿霉病的无名假丝酵母菌（*Candida famata*），还有防治苹果、梨、草莓、猕猴桃、葡萄灰霉病、青霉病、软腐病和黑斑病等多种病害的粘红酵母（*Rhodotorula glutinis*）和罗伦隐球酵母（*Cryptococcus laurentii*）等。拮抗细菌研究较多的有农杆菌、假单胞菌和芽孢杆菌，如防治桃褐腐病的丁香假单胞菌（*Pseudomonas syringae*），其他拮抗细菌如荧光假单胞菌（*Pseudomonas fluorescens*）、洋葱假单胞菌（*Pseudomonas cepacia*）、枯草芽孢杆菌、巨大芽孢杆菌（*Bacillus megaterium*）、蜡样芽孢杆菌（*Bacillus cereus*）、放射形土壤杆菌（*Agrobacterium radiobacter*）等研究也较多。拮抗真菌研究和应用最广泛的木霉，包括哈茨木霉（*Trichoderma harzianum*）、绿色木霉（*Trichoderma viride*）、里氏木霉（*Trichoderma reesei*）和康氏木霉（*Trichoderma koningii*）等，其次是粘帚霉类（*Gliocladium* spp.）。利用木霉防治植物病害一直是国内外研究的热点，已被用于防治水稻纹枯病、棉花枯萎病等病害。此外，一些真菌还用来防治大豆孢囊线虫、根结线虫等。如淡紫拟青霉（*Paecilomyces lilacinus*）可以用于防治香蕉穿孔线虫病等。

各种拮抗微生物的拮抗机制不同，如重寄生作用、交叉保护作用、产生拮抗物质和竞争作用等。拮抗微生物是一种还是几种拮抗机制同时作用，取决于致病微生物和拮抗环境。①通过产生拮抗物质发挥其拮抗植物真菌病害的作用。可通过分泌纤维素酶、木聚糖酶、果胶酶、蛋白酶、几丁质酶等水解酶，作用于真菌细胞壁上相应的底物，侵入和溶解菌体，达到防治病害的目的；产生拮抗蛋白质或肽类物质，其中包括多种细菌产生的细菌素；通过产生种类、结构多样的抗生素或抗生素类物质作用于病原微生物，损害细胞膜的机能、抑制蛋白质的合成、阻抑能量代谢系统、作用于细胞分裂而防治病害；其他还包括具有抗菌作用的如氨类、有机酸、过氧化氢酶等初始代谢途径中的副产品和其他次生代谢物等。②重寄生作用。木霉菌丝可以侵入病原微生物体内，或者菌丝与病原真菌菌丝之间发生黏合，进而拮抗病原真菌的生长繁殖。③酵母菌的抑制作用通过营养竞争来实现。④某些植物促生细菌和拮抗真菌还能够诱导植物产生系统抗病性（Induced Systemic Resistance，ISR），使植物对多种真菌、细菌、病毒病害，甚至对一些害虫和线虫产生抗性。这种 ISR 通常具有广谱性、系统性和非特异性。⑤交叉保护机制一般是在病毒病防治中得以直接或间接实现。

（2）农用抗生素　一些微生物的刺激代谢产物——农用抗生素也广泛应用于各种农林病害和经济动物疾病的防治。根据防治病害的类型，农用抗生素可分为细菌病害抗生素、真菌病害抗生素和病毒抗生素。细菌病害抗生素主要包括农用链霉素（Streptomycin）、水合霉素（Oxytetracycline，土霉素）、新植霉素（土霉素 + 链霉素）、菜丰宁 B1（Caifengning B1）、中生菌素（Zhongshengmycin，农抗 751，克菌康）、春雷霉素（Kasugamycin，春日霉素，加收米）、加瑞农（春雷霉素 + 王铜）、农霉素 - 100（Aprimycin-100）、灭胞素（Uracil）等。真菌病害抗生素包括井冈霉素（Validamycin，有效霉素）、灭瘟素 S（Blasticidin S）、春雷霉素、多抗霉素（Polyoxin，多氧霉素，多效霉素，宝丽安）、武夷霉素（Astromicin，Bo - 10）、农抗 120（TF120）、放线菌酮（Actidione、农抗 101）、梧宁霉素（Tetramycin，四霉素）、公主岭霉素（Gongzhulingmeisu，农抗 109）和宁南霉素（Ningnanmycin，菌克毒克）等。病毒病抗生素主要有宁南霉素、灭瘟素 S（Blasticidin S）、放线菌酮、三原霉素（Miharamycin）、天柱菌素（Antibiotics）等（图 13-2）。

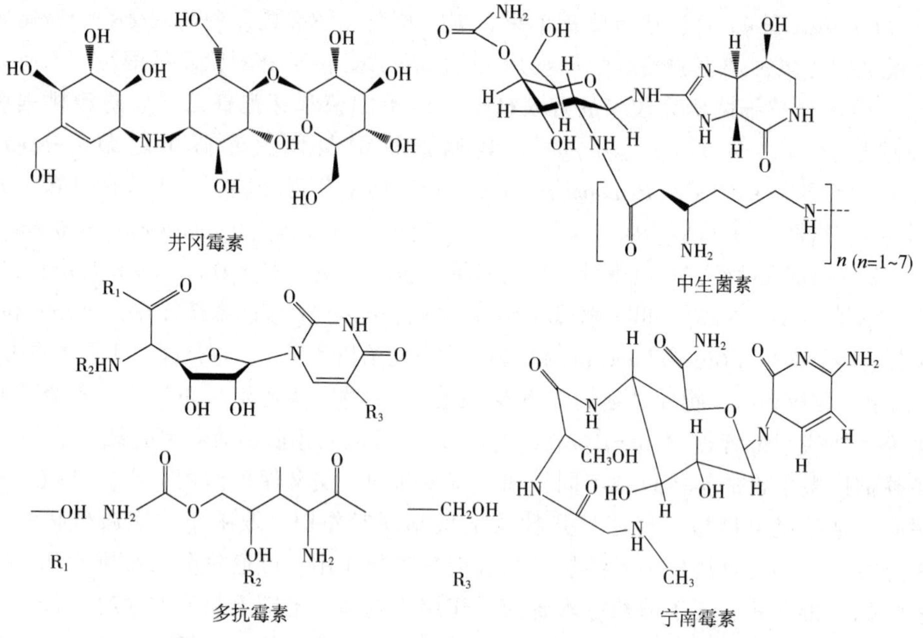

图 13-2　几种主要农用抗生素的结构

①井冈霉素：井冈霉素是 1972 年上海农药所在中国井冈山地区土壤中发现的吸水链霉菌井冈变种（*Streptomyces hygroscopicus* var. *jinggangensis*）产生的一种氨基糖苷类代谢产物，对水稻纹枯病有良好的防治作用。井冈霉素化学成分为 A、B、C、D、E、F 6 个组分，后来又报道了 G 和 H 两个组分，其中，有效成分为井冈霉素 A，与日本的有效霉素 A 的结构相似（图 13-2）。井冈霉素是我国产量最大、使用面积最广的低毒农用抗生素（急性经口 LD_{50} 剂量>10000mg/kg）。井冈霉素的活性机制表现为 3 个方面：a. 抑制真菌和昆虫的海藻糖酶活性，使海藻糖不能分解成葡萄糖；b. 抑制肌醇的生物合成来影响磷脂的产生；c. 抑制致病真菌的纤维素降解酶和多聚半乳糖醛酸酶的活性，从而降低致病力。其中抑制海藻糖酶的活性被认为是井冈霉素最主要的生物活性机制。许多昆虫和真菌利用海藻糖储存能量，井冈霉素通过抑制海藻糖酶来干扰能量代谢。在抗虫方面，井冈霉素可以

致使昆虫不能飞行或者发育不正常；在抗菌方面，井冈霉素还可以非系统性地抑制真菌的生长、改变菌丝的生长形态。井冈霉素可以通过抑制真菌初级菌丝和初生次级菌丝的伸长来抑制菌丝生长的总长度；但是并不抑制其他次级菌丝伸长（甚至刺激了其他次级菌丝的伸长），而且增加了菌丝的分支数，最终改变了菌丝的正常生长形态。在防治植物病害方面，井冈霉素除了直接作用于病原真菌外，还可以提高植物的抗性，从而达到防治植物病害的目的。井冈霉素使植物防御反应相关酶如过氧化物酶、苯丙氨酸解氨酶、几丁质酶和 β-1,3-葡聚糖酶的活性增强，从而诱导植株产生防御反应，达到防治植物病害的作用。井冈霉素主要用于水稻纹枯病的防治，也可用于水稻稻曲病、玉米大小斑病以及麦类、棉花、豆类和蔬菜等作物病害的防治。多年大规模的田间使用结果充分显示其“防效高、无药害、无污染”的环保型农药的特点，深受国内外用户欢迎。

②农抗 120：农抗 120（Agricultural Antibiotic 120）是刺孢吸水链霉菌北京变种（*Streptomyces hygrospinocus* var. *beijingensis*）产生的代谢产物，属于嘧啶核苷类抗生素，主要组分为 120-B，类似下里霉素（Harimycin），次要组分 120-A 和 120-C 类似潮霉素 B（Hygromycin B）和星霉素（Asteromycin）。农抗 120 是一种高效、广谱、内吸性强、缓抗性、无污染、无残留、无公害、毒性低、与环境相容性好、同自然相和谐的多种用途的杀菌剂。也是我国目前应用开发时间最早、推广面积最大、应用作物最多、施用效果最好的优秀生物农药之一。农抗 120 抗病谱广，进入植物体内后，可以直接阻碍病原菌蛋白质的合成，导致病菌的死亡，达到抗病的目的。此外，该抗生素还对作物有保护和治疗双重作用，通过提高植株自身的免疫抗病能力而起到防病治病作用，且其保护、预防作用优于治疗、杀灭作用。例如，农抗 120 能显著提高西瓜幼苗体内的过氧化酶活性，而过氧化酶活性的高低与西瓜抗枯萎病能力成正相关。农抗 120 的防治对象主要是土壤传染、气流传染和茎秆腐烂三大类作物病害，如真菌引起的枯萎、白粉、白绢、立枯、纹枯、茎枯、锈粉、叶斑、炭疽、茎腐、根腐等多种症状，尤其适用于葫芦科和茄科的瓜果类、十字花科叶菜类蔬菜、禾本科粮食作物及苹果、葡萄、草莓等果类。它对作物有明显的刺激作用，对病原菌有强烈的抑制作用。具有增产显著、改善品质、叶色浓绿、植株健壮、生长加快、粒重增加、空壳减少、瓜果增大、表面亮泽、西瓜增甜、利于保鲜等优点，是一个果农、菜农乐用的杀菌剂，被誉为瓜农的“保护神”，枯萎病的“克星”。

③多抗霉素：多抗霉素是一种肽嘧啶核苷类抗生素，是从可可链霉菌阿苏变种（*Streptomyces cacaoi* var. *asoensis*）中分离得到的代谢产物，对水稻纹枯病及其他真菌病害有良好的防治效果。多抗霉素主要成分包括 A~M13 种组分（图 13-2），由于结构式中的 R1、R2、R3 不同而有多种结构，其中，有效组分为 B 组分。多抗霉素 D 及其类似物是尿苷二磷酸-*N*-乙酰葡萄糖胺的结构类似物，作为几丁质合成酶（Chitin synthetase，CS）的竞争性抑制剂，抑制 CS 催化的由尿苷二磷酸-*N*-乙酰葡萄糖胺到几丁质的反应，导致敏感细胞几丁质不能合成而起到杀菌作用。以 A、B 组分为主的多抗霉素药剂主要用于防治苹果斑点落叶病，轮纹病，梨黑斑病，葡萄灰霉病，草莓、黄瓜、甜瓜的白粉病，霜霉病，人参黑斑病和烟草赤星病等十多种作物病害；另一类以 D、E、F 组分为主的药剂主要用于水稻纹枯病的防治。

④宁南霉素：宁南霉素是一种胞嘧啶核苷肽型抗生素（图 13-2），是诺尔斯链霉菌西昌变种（*Streptomyces noursei* var. *xichangensis*）产生的一种次生代谢产物。宁南霉素不仅能

系统地诱导烟草叶片酸性病程相关蛋白高效表达，且能诱导碱性病程相关蛋白 AP24 基因转录水平积累，表明宁南霉素可能参与植物抗病机制的建立，从而在植物防御反应中起到重要作用。目前，宁南霉素在烟草花叶病毒病、番茄病毒病、辣椒病毒病、水稻立枯病、大豆根腐病、水稻条纹叶枯病、苹果斑点落叶病、黄瓜白粉病防治上取得了登记，此外在防治油菜菌核病、荔枝霜疫霉病，其他作物病毒病、茎腐病、蔓枯病、白粉病等多种病害上也已大面积推广应用。

⑤中生菌素：中生菌素产生菌属于淡紫色灰链霉菌海南变种（*Streptomyces lavendulae* var. *hainanensis*）。中生菌素的主要组分为 *N*-糖苷类碱性水溶性物质，属于链丝菌素族抗生素的一员，其结构包括一分子古洛糖胺，一分子链里啶内酰胺和由 1~7 分子 β-赖氨酸组成的肽链。中生菌素不但对病原菌本身有抑制作用，而且又能增强水稻植株过氧化物酶、苯丙氨酸解氨酶、多酚氧化酶 3 种防御酶对水稻白叶枯病的活性，说明中生菌素对水稻防御酶的诱激作用是防治白叶枯病的机理之一。中生菌素对植物防御反应主要基因过氧化物酶（PO）基因、苯丙氨酸解氨酶（PAL）基因、查尔酮合成酶（CHS）基因的转录表达有较强的诱导作用。中生菌素的抗菌谱广，能够抗革兰阳性和阴性细菌、分枝杆菌、酵母菌及丝状真菌，特别对农作物致病菌如菜软腐病菌、黄瓜角斑病菌、水稻白叶枯病菌、苹果轮纹病病菌、小麦赤霉病菌等均具有明显的抗菌活性，可抑制菌丝的生长、孢子的萌发，刺激植物体内植保素及木质素的前体物质的生成，从而提高植物的抗病能力。

3. 微生物除草剂

（1）活体微生物除草剂　活体微生物除草剂是由杂草病原体的繁殖体和相应助剂组成的微生物制剂，主要通过孢子、菌丝等直接穿透寄主表皮进入寄主组织，产生毒素，影响杂草植株正常的生理状况，使杂草生病并逐步蔓延，最终导致杂草死亡。具有杂草防治潜力的微生物中，真菌主要集中在镰刀菌属（*Fusarium*）、链格孢属（*Alternaria*）、尾孢属（*Cercospora*）、刺盘孢属（*Colletotrichum*）、柄锈菌属（*Puccinia*）、叶黑粉菌属（*Entyloma*）、壳单孢菌属（*Ascochyta*）、核盘菌属（*Sclerotinia*）和疫霉属（*Phytophthora*）等；细菌主要集中在假单胞菌属、肠杆菌属（*Enterobacter*）、黄杆菌属（*Flavobacterium*）、柠檬酸霉菌属（*Citromyces*）、无色杆菌属（*Achromobacter*）、产碱杆菌（*Alcaligenes*）和黄单胞菌属（*Xanthomonas*）等；病毒除草剂在国外也有研究和初步应用。其中真菌除草剂的研究较多。

我国微生物除草剂的研究起步较早。早在 20 世纪 60 年代就已经开发出“鲁保一号”菌剂。该菌剂是利用胶孢炭疽菌（*Colletotrichum gloeosporioides*）防治菟丝子。在 20 世纪 80 年代，新疆哈密植保站研制出“生防剂 798”防治西瓜田列当（*Orobanche* spp.）。近些年来，我国在杂草生物防治方面取得了一系列成果，初步利用画眉草弯孢霉（*Curvularia eragrostidis*）和厚垣镰孢菌（*Fusarium chlamydosporum*）防治马唐（*Digitaria sanguinalis*）；利用新月弯孢霉（*Curvularia lunata*）、禾长蠕孢菌（*Helminthosporium gramineum*）和露湿漆斑菌（*Myrothecium roridum*）防治稗草（*Echinochloa crusgalli*）；利用空心莲子草假隔链格孢菌（*Nimbya alternantherae*）防治空心莲子草（*Alternanthera philoxeroides*）；利用胶孢炭疽菌婆婆纳专化型（*Colletotrichum gloeosporioides* f. sp. *veronicae*）防治波斯婆婆纳（*Veronica persica*）和利用齐整小核菌（*Sclerotium rolfsii*）防治加拿大一枝黄花（*Solidago canadensis*）等方面均取得了一定成果。

（2）微生物源除草剂　微生物活体除草剂的应用具有易受周围环境影响（需要较高的湿度）、菌种致病力退化和寄主单一等问题，限制了其应用。微生物能产生很多代谢产物，这些产物中含有杀草活性物质，因而微生物源除草剂具有许多人工合成的传统除草剂无法比拟的优点：①化学结构新颖，一般为经典的农药化学合成难以发现的潜在的新型植物毒性化合物；②与活性微生物除草剂相比，更易储存、利于剂型加工和使用方便；③天然植物毒素一般为多靶标作用位点和方式，不容易引起杂草抗性的产生；④选择性强，有相当一部分为寄主专化性毒素，易于在环境中降解，大多对哺乳动物低毒，对非靶标生物较安全；⑤开发和登记等费用低于化学除草剂。因此，农用抗生素除草剂具有较大的研究和开发价值。已开发和具有开发潜力的微生物代谢产物见表 13-1。

表 13-1　　已开发和具有开发潜力的微生物代谢产物

名称	产生菌	防治对象
除莠霉素（Herbimycin）	吸水链霉菌（*Str. hygroscopicus*）	稻田里的稗草、马唐、具芒碎米莎草等
除莠菌素（Herbicidin）	链霉菌（*Str. saganonensis*）	马齿苋、藜、野苋等
丙氨磷（Phosalacine）	光气北孢菌（*Kitasatospora phosalacinea*）	紫苜蓿（使幼苗枯死）
交链孢酸（Alternaric acid）	番茄早疫病菌（*Alternaria solani*）	阿拉伯高粱、阔叶狭叶杂草
二氢芘内酯菌素（Dihydronyrenophphorin）	燕麦病原菌（*Drechslora avenae*）	栽培作物（形成病斑）
螺核苷类化合物（Hydantocidin）	吸水链霉菌（*Str. hygroscopicus*）	单、双子叶杂草
斑点状毒素（Maculosin）	二色凤仙花病原菌互隔交链孢菌（*Alternaria alternata*）	二色凤仙花（产生坏死斑）
万寿菊毒素（Tagetztoxin）	丁香假单胞菌（*Pseudomonas syringae*）	金盏花和百日草（白化）
双极毒素（Bipolaroxin）	狗牙根病原菌平脐蠕孢（*Bipolaris cynodontis*）	狗牙根、约翰逊草（黑斑病）
茴香霉素（Anisomycin）	链霉菌（*Streptomyces* sp. 638）	水稻稗草、紫花苜蓿
蛇孢菌素 A（Ophiobolin A）	德氏霉属（*Drechslera*）	约翰逊草
弯孢毒素（Curvulin）	籼稻德氏霉菌（*Drechslera indica*）	马齿苋、三色苋

（3）微生物除草剂存在问题和发展前景　尽管近年来有不少微生物除草剂获得了专利授权，但通过商品生产登记的还很少，与农业及环境保护实际应用的需求存在很大的差距。主要原因是微生物除草剂在其研究、开发和应用中存在着一些突出的问题和不足，困扰着微生物除草剂的发展：①工厂化大规模生产的条件不成熟，微生物除草剂的培养和加工技术等无法建立统一的标准；②植物形成的次生物质往往是一组化学结构类似的相关化合物，不仅分离提取和化学成分的确定难度相当大，而且工作量也很大；③很多微生物除草剂对目标生物的选择性极强，作用靶标单一，推广及大规模生产受到限制；④通常微生物除草剂对环境条件的要求比化学除草剂更苛刻，容易导致微生物除草剂防效较低，见效较慢；⑤活性物质不稳定，菌株变异退化，致病力减弱，制剂加工困难等诸多问题。

随着生物科技的迅速发展和研究的逐步深入，一些问题已经得到解决。例如：①通过适当的助剂类型及制剂加工技术可以促进和调节孢子萌发，增加致病性，减少对环境依赖性，提高防治效果和稳定性；②通过基因导入和细胞融合技术可以重组自然界存在的优良的除草基因，改良具潜在除草作用的特殊酶的基因，以此来提高致病力和药效；③选择两种或两种以上的微生物作为一种单独的除草剂防治多种杂草，改良了微生物除草剂的品种和寄主专一性等。此外，由于某些根际细菌的固氮作用能够减少施用化学肥料的费用，开发同时具有固氮作用的细菌除草剂将会产生较大的经济效益。

4. 植物生长调节剂

植物生长调节剂是一类具有植物激素活性的物质，可用于改善作物品质和调节生长。在农业生产中，使用植物生长调节剂主要是为了达到增加产量、改善口感、促芽、防倒、脱叶、开花、坐果、保鲜、催熟等目的。植物激素主要分为 6 大类：生长素类、赤霉素类、细胞分裂素类、乙烯、脱落酸和油菜素（芸苔素），其中赤霉素（920，菜保）和放线菌酮（Actidione）为微生物产生的次级代谢产物。

（1）赤霉素　赤霉素（Gibberellins，简称 GAs）是一种天然的植物生长调节剂，属于生物体内的一类四环二萜类化合物，至今已发现 136 种，总称赤霉素类（GAs）。常见具有生物活性的主要有 GA1、GA3、GA4、GA7 等（图 13-3）。赤霉素对植物生长具有多种生理功能，例如通过调节水解酶活性从而调控种子发芽、茎干延长、诱导开花、打破休眠、性别分化等过程，因而广泛应用于农业、林业、酿造业等。赤霉素不仅分布于绿色植物，在一些细菌和真菌中也有发现。目前获取赤霉素主要方式有 3 种：植物中提取，化学合成，微生物发酵。由于前两种方法价格昂贵、效率较低，而微生物发酵法具有周期短、效率高等优点，所以工业大规模生产赤霉素主要通过微生物发酵法。目前用于工业化生产的微生物主要是丝状真菌藤仓赤霉（*Gibberella fujikuroi*）的不同菌株。该真菌的无性型为

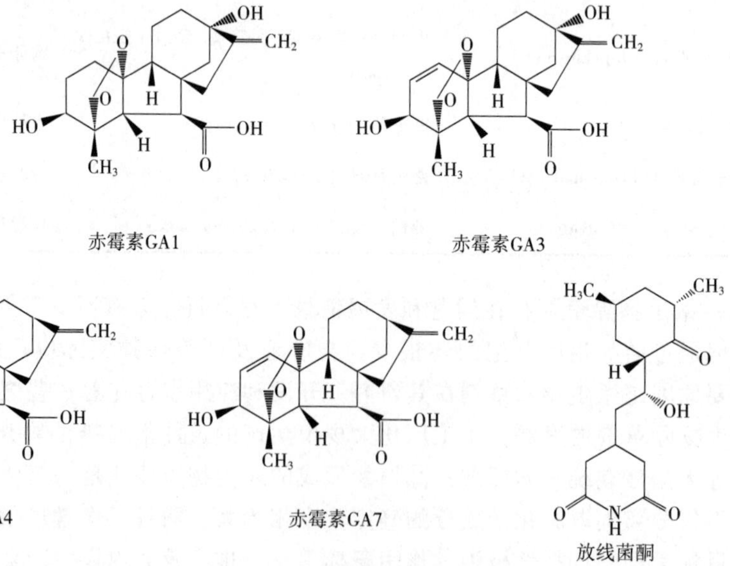

图 13-3　赤霉素和放线菌酮的化学结构

串珠镰孢（*Fusarium moniliforme*）。目前，赤霉素大规模应用的主要障碍依旧是价格高。通过菌种改良、发酵工艺优化、下游纯化工艺优化等方法提高赤霉素产量，可以降低赤霉素的生产成本，以促进赤霉素的大规模应用。

（2）放线菌酮　放线菌酮的化学名称为3-［2-（3,5-二甲基-2-氧代环己基）-2-羟乙基］戊二酰亚胺、环己亚胺，是灰色链霉菌（*Streptomyces griseus*）产生的一种次级代谢产物，可由链霉素、制霉菌素等发酵液中的副产物制得。它通过干扰蛋白质合成过程中的易位步骤而阻碍翻译过程。在生物药学研究中放线菌酮常被用来抑制生物体外真核细胞的蛋白质合成。农业上用于防治樱桃叶斑病、樱花穿孔病、桃树菌核病、橡树立枯病、薄荷及松树的疱锈病、甘薯黑疤病、菊花黑星病和玫瑰的霉病等。此外，也是鼠类、兔子、狗熊、野猪等的忌避剂。放线菌酮内吸性强，也可用作植物生长调节剂，可诱导果实内乙烯的产生，并迅速输送到果柄，促使离层形成，使果实易脱落，减轻摘果的劳动力。在柑橘、橙、柚的果实趋于正常成熟时喷2~25mg/L的药液，3~7d后果柄的离层充分发育形成，有利收获和摘取。同时，它还具有加速柑橘、橙、柚、油橄榄等果树叶片衰老和提早脱落的效果。

第二节　微生物肥料

微生物肥料又称生物肥料、菌肥、接种剂，是一类以微生物生命活动及其产物导致农作物得到特定肥料效应的微生物活体制品。微生物肥料可分为两类，一类是通过其中所含微生物的生命活动来增加植物营养元素的供应量，改善植物营养状况，进而增加产量，如根瘤菌肥；另一类是广义的微生物肥料，通过其中所含微生物的生命活动及其产生的次生代谢物质，如激素类等，不仅能提供植物营养元素的供应，而且还能促进植物对营养元素的吸收利用，甚至还能拮抗某些病原微生物的致病作用，减轻病虫害的发生。通过微生物的生命活动，微生物肥料具有改良土质、增进土壤肥力、促进作物的营养吸收、增强作物抗病和抗逆能力等重要功能。

绿色革命以来，化肥和农药在农业生产中大量使用，引起土壤退化、生态环境恶化等一系列问题，对农产品安全和农业可持续发展构成威胁和挑战。因此，微生物肥料的开发和应用对于农业的可持续发展具有特别重要意义，在土壤肥力的提高与保持、营养元素的转化、提高化肥利用率、促进作物生长、拮抗土传病害、环境净化与生态系统的平衡等方面起着重要的作用。

一、微生物肥料学的发展历史

世界上第一个固氮根瘤菌的纯菌株是1888年由荷兰科学家Beijerinck分离自豌豆的根瘤，开创了豆科植物共生固氮研究。美国科学家Nobbe和Hitner在1895年首次生产出在豆科植物上应用的根瘤菌接种剂（商品名Nitragen）。国外对微生物肥料的研究和应用历史较长，早在20世纪20年代在美国、澳大利亚等国就开始有根瘤菌接种剂（根瘤菌肥料）的研究和试用，一直到现在根瘤菌肥依然是最主要的品种。

我国微生物肥料的研究开始于20世纪30~40年代，应用也是从豆科植物上应用根瘤菌接种剂开始的，起初只有大豆和花生根瘤菌剂。1937年张宪武开始对大豆根瘤菌研究，

1944 年陈华癸等对中国特有的紫云英根瘤菌进行研究，发现并报道了有效根瘤和无效根瘤的研究结果，为发现根瘤中的豆血红蛋白，揭示豆科植物共生固氮体系的氧保护机制奠定了基础。20 世纪 50 年代，开始从苏联引进自生固氮菌、磷细菌和硅酸盐细菌剂，称为细菌肥料。20 世纪 60 年代推广使用放线菌制成的“5406”抗生菌肥料和固氮蓝绿藻肥。20 世纪 70～80 年代中期开始研究由土壤真菌制成的泡囊-丛枝菌根（Vesicular-arbuscular 菌根，VA 菌根），改善植物磷素营养条件和提高水分利用率。20 世纪 80 年代开始大面积在牧草上应用豆科牧草根瘤菌，有效地促进了豆科牧草的共生固氮作用，显著提高草场土壤肥力和牧草产量，对我国豆科牧草人工草地的建植和退还草场的改良均起到了重要作用。

20 世纪 70 年代后，我国化学氮肥工业的飞速发展及化肥的大量应用，使得根瘤菌及微生物肥料的应用基本处于停滞状态。20 世纪 90 年代初，河北省科学院微生物研究所刘荣昌率先研发出以“肺炎克氏杆菌”为有效菌的“固氮菌肥”和以“胶冻样芽孢杆菌”为有效菌的“生物钾肥”，在全国大面积推广应用，取得了良好的应用效果。1989 年南京农业大学黄为一等提出了“有机肥、微生物肥和化肥”复配的“大三元”复合微生物肥料的概念并研发出产品。1991 年中国农业科学院陈廷伟、周法永、包建中等研制出“微生物菌剂、化肥和微量元素”三元复配的三维强力肥。20 世纪 90 年代中期农业部设立了“微生物肥料检测中心”，制定了微生物肥料国家标准和行业标准，引导微生物肥料行业走上了标准化和规范化的轨道，推动了微生物肥料的繁荣和发展。

20 世纪 90 年代以来，中国农业大学陈文新院士团队，对中国根瘤菌资源进行了广泛的调查、采集和研究，发现的根瘤菌新属和新种占国际已有根瘤菌种的 1/3，其中很多是中国特有的，建成了国际上根瘤菌数量和宿主种类最多的根瘤菌资源库，夯实了中国根瘤菌研发推广应用的基础，走出了一条资源优势向科研优势，进而向生产应用转化的道路。

我国微生物制剂的发展经历了根瘤菌剂、细菌肥料（菌肥）到微生物肥料的变迁，由豆科接种剂、菌种拌种发展为各种农作物的基肥。有的微生物由于能产生活性物质，有时也用作叶面喷施肥料。目前，国内外出现了基因工程菌肥、作基肥和追肥用的有机无机复合菌肥、生物有机肥、非草炭载体高密度的菌粉型微生物接种剂肥料以及其他多种功能类型和名称的微生物肥料。

二、微生物肥料的分类

根据其中的微生物种类，微生物肥料可分为 5 类：①细菌类肥料，包括根瘤菌肥料类、固氮菌肥料类、解磷菌肥料类和硅酸盐细菌肥料等；②放线菌肥料，如抗生菌类；③真菌类肥料，包括外生菌根菌剂和内生菌根菌剂，如 VA 菌根菌剂、兰科菌根菌剂等；④藻类肥料，如固氮蓝藻等；⑤复合型生物肥料，即肥料由几种微生物混合在一起形成。

根据其作用特性，微生物肥料可分为两类：第一类为微生物接种剂，即以有效的微生物接种到作物根部，通过微生物的生命活动产生肥效或促进生长效应。这种类型以根瘤菌接种剂为代表，包括所有以接种为手段的生物肥料。第二类为复合微生物肥料，即将有益微生物与有机肥混合在一起制成，其中既含有用以接种的有益微生物，又含有作为促进微生物活动的有机肥基质。

根据其功能和肥效，微生物肥料大致可分为以下几类：①增加土壤氮素和作物氮素营养的菌肥，如根瘤菌肥、固氮菌肥和固氮蓝藻等；②分解土壤有机质的菌肥，如有机磷细菌肥料、综合性菌肥；③分解土壤难溶性矿物质的菌肥，如无机磷细菌肥料和钾细菌菌肥；④刺激植物生长的菌肥，如抗生菌肥料、促生菌肥料；⑤增加作物根系吸收营养能力的菌肥，如菌根菌肥料。从微生物肥料发展的趋势来看，以复合微生物多功能、适应能力强的生物制剂配合有机肥料生产的有机复合肥，或开发多功能光合菌肥市场前景看好。

1. 根瘤菌和固氮菌类

根瘤菌类肥料利用根瘤菌与豆科植物共生，植物根毛弯曲而形成根瘤来进行固氮作用。近年来，从花生、大豆、豆科绿肥以及牧草根瘤菌中选育出许多优良菌种，并已生产出多种根瘤菌肥。实践证明，根瘤菌的作用效果显著；但根瘤菌只与豆科植物结瘤共生，某种根瘤菌一般只能侵染相应的豆科植物根系进行共生固氮作用。当前，与根瘤菌具有许多平行点的新型共生关系的非豆科共生固氮菌引起了国内外学者的浓厚兴趣。研究发现，共生固氮效率比自生固氮体系高数十倍，但共生固氮的固氮作用受作物的限制因素较多。自生固氮菌自发现和分离以来就受到科学家的重视，圆褐固氮菌（*Azotobacter chroococcum*）、贝氏固氮菌（*Beijerinckia* spp.）和巴斯德固氮梭菌（*Clostridium pasteurianum*）等已被用于自生固氮菌肥料和联合固氮菌肥料的研究和开发。自生固氮菌不但能固定空气中的氮气为作物提供氮素养料，而且有的还能生成刺激植物生长发育的生长物质，促进其他根际微生物的生长，有利于土壤有机质的矿化作用。一些自生固氮菌在其生活过程中还能溶解磷。自生固氮菌作为微生物肥料的缺点是效果不稳定，固氮能力不及共生固氮菌强。

2. 解磷菌类

土壤中能解磷的微生物种类繁多，有解磷细菌、解磷真菌和解磷放线菌等。解磷细菌主要有芽孢杆菌属、假单胞菌属、土壤杆菌属、黄杆菌属、欧文氏菌属（*Erwinia*）等。解磷真菌有青霉属、曲霉属、根霉属、镰刀菌属、小菌核属（*Sclerotium*）和 AM 菌根菌等。解磷放线菌大多数是链霉菌属。目前研发和应用较多的是解磷细菌。磷细菌类肥料是利用微生物在生长繁殖过程产生的一些有机酸和酶等能使土壤中无机磷酸盐溶解、有机磷酸盐矿化或通过固定作用将难溶性磷酸盐类变成可溶性磷供作物吸收利用的一类微生物肥料。磷细菌根据其作用机制不同可分为无机和有机磷细菌。无机磷细菌能溶解土壤中无效的无机磷变为有效的无机磷，而有机磷细菌则通过分解作用将土壤中无效的有机磷变为有效的有机磷。施用磷细菌肥料能增加作物的产量，提高土壤中的有效磷含量。

3. 硅酸盐菌类

硅酸盐细菌（Silicate Bacteria）是土壤中一类特殊的细菌，主要指胨冻样芽孢杆菌（*Bacillus mucilaginosus*）的一个变种或环状芽孢杆菌（*Bacillus circulans*）及其他经过鉴定的菌株。它能释放硅酸盐岩石矿物中的磷、钾、硅等元素直接供给植物，同时具有固氮能力。硅酸盐细菌的解钾作用与其生长过程中代谢产物有关，可能是该菌与矿石接触并产生特殊的酶破坏矿石结晶构造或是表面的物理化学接触交换作用所引起。硅酸盐细菌是目前广泛应用的微生物肥料中的一种重要功能菌，大田实验证明它能在种子或作物根系周围迅速增殖形成群体优势，并分解硅酸盐类矿物释放出钾等元素供植物利用，同时具有固氮和解磷功能。硅酸盐细菌类肥料在挖掘土壤潜在肥力、提高作物产量等方面具有明显的作用，但效果不稳定。

4. 植物根际促生菌类

植物根际促生菌（Plant growth promoting rhizobacteria，PGPR）是指生存在植物根际，

对植物生长有促进或对病原菌有拮抗作用的有益细菌的统称，其中主要种类包括芽孢杆菌属和假单胞菌属，而荧光假单胞菌（*Pseudomonas fluorescens*）在许多植物的根围都占了绝对优势，可达60%~93%。此外，还包括黄杆菌属（*Flavobacterium*）、固氮菌属、固氮螺菌属（*Azospirillum*）、肠杆菌属、欧文氏菌属、哈夫尼菌属（*Hafnia*）、沙雷菌属（*Serratia*）、产碱菌属（*Alcaligenes*）、节杆菌属（*Arthrobacter*）、黄单胞菌属（*Xanthomonas*）、克雷伯氏菌属（*Klebsiella*）和慢生型根瘤菌属（*Bradyrhizobium*）等。不仅仅是细菌，研究发现某些放线菌和真核微生物的许多真菌也具有促生作用，但仍用PGPR来泛指。PGPR作用机理多样，包括：①分泌植物促生物质，如植物激素、维生素、氨基酸、其他活性有机小分子及衍生物等；②植物根际聚集的PGPR的旺盛的代谢作用加强了土壤中有机物的分解，促进了植物营养元素的矿化，增加了对作物营养的供应，从而改善植物根际的营养环境；③主要通过产生抗生素、胞外溶解酶、氰化物和铁载体等减轻、降低许多作物病害的发生；④降解三氯乙烯、芳香族化合物及除草剂等污染物，净化植物根际环境；⑤某些PGPR的存在，可促进根瘤菌的结瘤数量，增加瘤的干重。当前PGPR已应用于许多农作物、蔬菜和树木，表现出一定的效果和应用前景。

5. 促生菌根类

菌根是某些真菌侵染植物根系而形成的菌-根共生体，可分为外生菌根和内生菌根，主要由担子菌、子囊菌和半知菌等真菌参与形成。菌根可以使寄主植物更好地摄取移动性弱的养分元素，扩大根的吸收面积，保护根部免受病原菌的侵袭，产生阻抑其他微生物的类似抗生素的物质等。

自然界微生物与环境之间的关系多样。微生物种群之间的关系可分为中立关系、单利关系、互利关系、共生关系、竞争关系、拮抗关系、寄生关系和捕食关系。一般认为，混合培养能减少或避免单一培养过程中生物活性的下降，还能增加培养菌的生物量。在生物防治、生物制剂及工业发酵中发展混合培养，能够获得较好的效果。因此，在微生物肥料制作时要尽可能多地让微生物之间存在更多的有利关系。①解磷细菌与固氮细菌的关系。当磷细菌和固氮菌同时存在于土壤中时，固氮菌的发育和固氮能力以及磷细菌芽孢的萌发和解磷能力均优于固氮菌或磷细菌单独存在于土壤的情况。磷细菌的存在增加了土壤水溶性磷含量，从而为固氮菌提供了磷素营养。固氮菌的存在不但增加了土壤的氮素含量，并且在其生命活动中合成和分泌的生理活性物质加速了磷细菌芽孢的萌发，从而加强了水溶性磷的形成过程。②解磷细菌与解钾细菌的关系。解磷细菌和解钾细菌共培养时可同时获得较多的有效磷和速效钾，促使植物充分利用土壤及化肥中不溶解的有效磷和高效钾。混合后的菌株具有很强的矿化卵磷脂和溶解磷酸钙的能力。③平板测定发现混合菌株的抑菌活性、生长速度、几丁质酶活性均高于单菌株培养，这表明微生物的协同作用与其产生抑菌物质的功能间存在一定的关系。

三、微生物肥料在农业生产中的功效

1. 增加土壤肥力

各种自生、联合或共生的固氮微生物，能够固定空气中的氮素，增加植物的氮素营养。磷细菌可以降解难溶性无机磷化物，也可以分解有机磷酸酯，提高土壤中磷素的有效性。前者主要通过在新陈代谢过程中产生有机酸、CO_2、H_2S、腐解植物残体时产生的胡敏酸和富里酸以及通过对 Ca^{2+} 的吸附和铵的同化过程来溶解无机磷化物；后者则通过分泌胞外磷酸酶对有机磷酸酯进行酶解。硅酸盐细菌能对土壤中云母、长石等含钾和磷的矿物进行分解，使难溶钾转化为有效钾，故也被称为钾细菌，其解钾作用可能与形成的胞外荚膜多糖和低分子质量有机酸类代谢物的酸溶以及络合作用有关。

2. 产生植物激素促进植物生长

许多用作微生物肥料生产的微生物在生长繁殖过程中可以产生对植物有益的代谢产物，如生长素、吲哚乙酸、赤霉素、多种维生素、氨基酸等，能够刺激和调节作物生长，使植物生长健壮，改善营养状况，进而有增产效果。

3. 对有害微生物的生物防治

微生物肥料接种后，由于微生物在作物根部大量生长繁殖，成为作物根际的优势菌。除了自身的作用外，还由于其生长、繁殖抑制或减少了病原微生物的繁殖机会，有的还有抗病原微生物的作用，起到了减轻作物病害的功效。菌根真菌则由于在作物根部的大量生长，除了吸收有益于作物的营养元素外，还可增加水分的吸收，利于作物的抗旱能力。多种微生物可以诱导植物的过氧化物酶、多酚氧化酶、苯甲氨酸解氨酶、脂氧合酶、几丁质酶、β-1,3-葡聚糖酶等参与植物防御反应，利于防病、抗病。

4. 协助植物吸收营养

微生物肥料中最重要的品种之一是根瘤菌肥。根瘤菌可以侵染豆科植物根部，在根上形成根瘤，生活在根瘤里的根瘤菌类菌体利用豆科植物寄主提供的能量将空气中的氮转化成氨，进而转化成谷氨酰胺和谷氨酸类植物能吸收利用的优质氮素，供给豆科植物一生中氮素的主要需求，既能全部利用，又无污染问题。

四、微生物肥料的制作

微生物肥料的制作方法大致可分为发酵法和堆肥法。发酵法主要采用现代生物发酵技术，将单一菌种或复合菌种接种于有机物料与填充料经发酵而制成微生物肥料。堆肥法是将要堆腐的有机物料与填充料按一定比例混合后，在合适的通气和水分条件下，通过微生物繁殖并分解有机物从而产生高温，杀灭其中的病原菌及杂草种子，使有机物达到稳定化而形成微生物肥料。

1. 微生物肥料堆肥工艺

不同的堆肥工艺主要区别在于堆肥过程中的温度和氧气条件，会影响成品的稳定性。目前普遍采用的工艺主要有静态曝气、条形堆和发酵仓式。

（1）静态曝气堆肥工艺　将堆肥原料制成不同体积的垛，在堆肥过程中不进行物料翻堆，而是利用通气管道进行人工鼓风通气。该工艺具有容易控制温度和通风、堆肥产品稳定、能够较好杀灭病原菌和杂草种子、占地少和堆肥时间短等优点，但是容易受到气候影响，在大量通气条件下氮损失较大，且耗能大。

（2）条形堆工艺　将堆肥物料以条垛状堆制，垛断面可以是梯形、不规则四边形或三角形，通过定期人工或机械翻堆来调控堆体的通气、水分和温度等状况。为了解决渗漏问题，堆肥条垛应在水泥或沥青地面进行，更好的办法是用水泥建成槽状。根据堆体的温度和通气状况，通过翻堆来调节堆体的温度和通气。一般堆肥前期微生物活动旺盛，翻动频率高，堆肥后期翻堆频率可以减少。此工艺的优点是所需设备简单，投资成本较低，翻堆时水分蒸发快，堆肥干燥快，堆腐产品稳定性好；缺点是占地面积大，需要频繁地监测，翻堆造成氮的损失和臭味散失，堆肥质量受气候条件影响大。

（3）发酵仓式工艺　物料堆放在密闭或半密闭的容器内，控制通气和水分条件，使物料发生生物转化和分解，可以实现高度机械化和自动化作业。整个工艺包括通风、温度控制、水分控制、无害化控制和堆肥腐熟几个方面。发酵仓式工艺的优点是堆肥设备占地面积小，能够很好地控制发酵过程的水、气和温度，并且堆肥过程中不受气候条件的影响，能够对废物进行统一的收集处理，防止环境的二次污染，同时解决了臭味问题，可以回收发酵过程中的热量；缺点是设备投资高，运费和维修费高，产品存在潜在的不稳定性，几天的堆腐不足以达到腐熟，后熟期长。

2. 微生物肥料发酵工艺

生物技术的不断发展，促进了传统有机肥制备技术与现代生物技术的有机结合。微生物肥料发酵工艺通过将单一微生物或复合微生物菌剂接种于有机物料与填充料，然后经发酵而生产微生物肥料。这种工艺可以人工接种功能强大的发酵菌群，利用微生物的代谢活动来分解物料中的有机物质，使物料达到稳定和无害化。为加强发酵能力，可以引入一些能分解纤维素和半纤维素的微生物，如木霉属微生物；为除去发酵过程中的恶臭味和减少营养物质的流失，可以接种放线菌、EM 菌剂等。此外，根据需要还可以加入具有固氮、解磷、解钾等功能的复合微生物菌剂等。目前，市场上已开发了多种用于制备有机肥料的微生物菌剂。采用发酵法制备微生物肥料，可以利用现代微生物技术，根据需要选择菌种或进行菌种组合，能大大缩短发酵周期，满足不同要求，还可以针对特定植物和功能要求设计开发精细产品。

五、微生物肥料存在的问题及前景展望

1. 微生物肥料应用过程中存在的问题

（1）微生物肥料应用的源头问题　目前，我国微生物肥料的生产应用已经较为广泛，但在生产过程即应用的源头还存在某些问题。当前的微生物产品的效果仍不够稳定、成本和价格较高。此外，还存在一些产品质量参差不齐、知识产权受侵害等现象，在一定程度上影响了微生物肥料的进一步应用。国家应进一步完善微生物肥料行业的生产、检验等标准，扶持微生物肥料的研发，加强微生物肥料的推广，为微生物肥料产业的规模化发展提供保障。

（2）微生物肥料应用过程中的问题　微生物肥料的核心是制品中特定的有效的活微生物。世界上任何一个国家都对此类产品的有效活菌数有具体的规定。有效活菌数降到一定数量时，它的作用也就没有了。除了活菌数量以外，还应有不同微生物特有的活性指标。目前有关活性指标尚在探索之中。

微生物肥料是一类农用活菌制剂，从生产到使用都要注意给产品中微生物一个合适的生存环境，主要是水分含量、pH、温度、保存方式和时间、使用方式、载体中残糖含量、包装材料、适用作物和地区等。①水分含量：产品中水分含量过高易滋生霉菌，过多的霉菌常可造成种子霉烂，导致缺苗断垅。②温度：温度过高（如长时间 35℃以上）可导致产品中微生物数量减少。冻融或反复冻融也是造成产品中活菌数量剧减的一个重要原因；低温（如 4℃）下保存，可延长产品的有效期。③保存方式和时间：微生物肥料刚生产出

来时活菌含量较高，随着保存时间延长和保存条件的变化，产品中的有效微生物数量逐步减少，当减到一定数量时其有效作用则显示不出来。因此，应避免开袋后长期不用。开袋后，其他细菌就可能侵入袋内，使微生物菌群发生改变，影响其使用效果。此外，不同微生物肥料的有效期不同，使用时要注意在有效期内使用。④使用方式：用户在应用微生物肥料前要通过产品的各项指标说明，明确产品的特点、功能、作用和施用方法。微生物肥料要避免在高温干旱条件下使用，一定勿使其长时间暴露在阳光下，以免紫外线杀死肥料中的微生物。有的产品尤其是一些与固氮有关的微生物肥料不宜与化学氮肥混用，以免杀死其中的有效菌。避免与未腐熟的农家肥混用，会因高温杀死微生物，影响微生物肥料的发挥。同时，也要注意避免与过酸、过碱的肥料混合使用，避免与农药同时使用。化学农药都会不同程度地抑制微生物的生长和繁殖，甚至杀死微生物。⑤适用作物和适用地区：这是保证微生物肥料有效作用的重要方面。有的生产企业过分夸大使用效果、适用作物和适用地区。例如，有的产品宣称适用于一切作物，适用于一切地区等。一种微生物肥料是否适用于本地区，各地推广部门应该做规范的田间试验。我国耕地面积较大，条件差异显著。针对环境条件不适宜微生物生长、繁殖的耕地，需要进行质地、pH、肥力条件等相应的改善。

2. 微生物肥料的发展趋势

我国微生物肥料的发展趋势概括起来有这样几个方面：①由豆科作物接种剂向非豆科用肥方面发展。微生物肥料起源于豆科作物专用根瘤菌接种剂。然而，豆科作物种植面积在我国较小，对肥料需求量远不如粮食作物大；大豆、花生产区经常用根瘤菌剂就会出现老产区接种效果差的问题。因此，多年来我国根瘤菌剂生产和应用量一直不大，始终没有形成产业规模。②由单一菌种向复合菌种方面发展。豆科作物接种根瘤菌只要选用相应接种族的根瘤菌种。然而，由于微生物肥料的肥效并非单一功能作用的结果，因而必然要发展到多种菌的复合。目前，国内微生物肥料多趋向于将固氮菌和磷、钾细菌复合在一起施用，使得微生物肥料能同时供应作物氮、磷、钾营养元素。③由单功能向多功能方面发展。微生物肥料由于其微生物活动的特性，必将在微生物种群生长繁殖的同时向作物根际分泌一些次生代谢产物，而其中的一些次生代谢产物具有改善植物营养、刺激生长和抑制病菌等综合功能。许多微生物的功能也不是单一的，有些自生固氮菌除有固氮作用外，还能抑制病菌；有些杀虫细菌同时也具有抑菌作用；许多微生物都有刺激植物生长作用。因此，微生物肥料将向功效的多样化方向发展。除要求有肥效外，还可开发兼有防治土传病害（如小麦全蚀病、西瓜和棉花枯萎病）的生物肥料。④由无芽孢菌种转向芽孢菌种。目前，我国应用的各种微生物肥料中固氮菌类（包括根瘤菌类）都是无芽孢菌类。由于无芽孢细菌不耐高温和干燥，在剂型上只好以液体剂或将其吸附在基质（如草炭或蛭石等）中制成接种剂，以便于存储和运输。液体剂或固体菌剂用作拌种剂，每公顷用量很少（7.5~15kg），如作为基肥则用量大（每公顷750kg左右），难以运输和施用，成本也高。无芽孢菌剂或吸附剂都不耐存储，难以进入商品渠道。因此，微生物肥料今后的发展必然在剂型上要有革新，要求菌种的更新换代，即应选用抗逆性高、能长时间存储的产芽孢细菌。

3. 微生物肥料的研究方向

目前微生物肥料发展还相当迟缓，其发展速度远远落后于肥料工业的发展要求。但是，我国拥有多年的实践和研究经验，在长期的农业生产应用中取得了较好的效果。加之近年来DNA重组技术应用于微生物肥料领域后极大地促进了这一领域的发展，不仅大大加速了筛选优质菌种的过程，而且还可以创造符合人们需要的新的优良菌种，基因重组还有可能生产出更多功能的微生物肥料产品。社会对粮食和肥料需求的加大，现代生态农业和有机农业对非化学肥料的需求，人们环境保护意识的提高，使微生物肥料的开发和研究具有巨大的潜力。微生物肥料存在的问题主要是质量上，肥效慢、专性强、使用面较窄、储存期短、易失效等；此外，菌种分类地位不明确，有些产品使用的菌种缺乏必要的分类鉴定，不利于产品的标准化和商品化。

微生物肥料研究主要集中在以下几个方面：①研究生物固氮的分子基础，以提高微生物的固氮水平。②通过DNA重组技术改造共生细菌，提高其竞争力，使之能超过天然共生细菌，促进根瘤的形成。③产生有用的微生物菌株合成铁载体（Siderophore），阻止植物病原微生物的生长。④寻找并改造产生植物激素的微生物，使之能释放特定水平的某种激素，以促进植物的生长与繁殖。⑤完善微生物肥料的产品标准，加强对微生物肥料的质量监督和管理。⑥规范微生物肥料产品的质量检测，合理利用自动稀释仪、红外扫描菌落计数器、荧光抗体技术、免疫酶标技术、单克隆抗体、免疫印迹技术、限制性核酸酶切图谱（RFLP）及核酸杂交技术等检测微生物肥料的质量。总之，由于微生物肥料具有低投入、高产出、高质量、高效益、无污染、原料充足、制作技术简单，容易推广等优点，非常符合现代生态农业和农业可持续发展的方向。随着社会对环境保护的日益重视，随着现代生态农业、绿色农业、有机农业的蓬勃发展，微生物肥料在农业生产中将发挥出其应有的经济效益和生态效益。

第三节　微生物饲料

微生物饲料是以微生物、复合酶为生物饲料发酵剂菌种，将饲料原料转化为微生物菌体蛋白、生物活性小肽类氨基酸、微生物活性益生菌、复合酶制剂为一体的生物发酵饲料。此类产品不但可以弥补常规饲料中容易缺乏的氨基酸，而且能使其他粗饲料原料营养成分迅速转化，达到增强消化吸收利用效果。国外20世纪60年代初就开始研究开发微生物饲料。目前，美国、日本、欧洲、中南美洲、东南亚等地均在使用，并有推广普及的发展趋势。近年来，我国微生物饲料的发展也十分迅猛，前景广阔。合理和充分利用蛋白质饲料资源，开发和综合利用蛋白质饲料资源，是当前发展畜牧生产中的紧迫课题。

微生物饲料包括青储饲料、发酵饲料、单细胞蛋白饲料，以及饲料酶制剂、氨基酸添加剂等。微生物饲料中的微生物不仅可以降解、转化粗饲料中的营养成分以利于动物吸收，而且还会通过微生物的菌体生长或其分泌的代谢物，弥补常规饲料中所缺乏的蛋白质、氨基酸、乳酸等有机酸、生物活性肽以及抗生素类有益物质。与微生物饲料的生产及调制有关的有益微生物主要有细菌、酵母菌、担子菌及部分单细胞藻类微生物等。

一、微生物饲料中有益微生物

微生物饲料使用有益菌的原则主要有：①有益菌菌种必须安全，必须用本动物或实验动物做急性、亚急性毒性、致畸致残等试验，只有安全性好的菌株才能作为生产菌种；

②有益菌必须能在畜禽肠道内存活，能适应肠道的环境条件并能进行新陈代谢活动，最好是来自动物体内的正常菌群；③必须是活菌，在生产使用及储存过程中要求易于生产和保持有益菌的活性状态；④由于肠道环境复杂，微生物饲料中所含的有益菌必须要达到一定数量才能保证其存活和发挥作用。

1. 乳酸菌

乳酸菌是一类可以发酵糖类产生乳酸的细菌总称，是应用最早、最广泛的益生菌。乳酸菌具有促进营养物质的消化和吸收、降低血清胆固醇、调节肠道菌群平衡、激活机体免疫系统、改善食品和饲料风味和预防癌症等多方面的生理功能，利用益生乳酸菌发酵而成的饲料对促进动物的健康生长具有重要的实践意义。乳酸菌固态发酵能通过提高豆粕、棉籽粕和菜籽粕中粗蛋白质含量，降低 pH 及对抗营养因子的降解，从而达到改善饲料品质的目的。国内外大量的饲养和临床试验都证实，乳酸菌对人类和动物体保健和治疗都有较好的疗效。同时，能有效抑制有害细菌的生长和繁殖，减少抗生素的使用。乳酸菌可以提高饲料的品质，提升家禽对饲料的利用率，与传统的抗生素和化学添加剂相比具有无污染、高效、安全等优点。目前主要应用的乳酸菌主要是来源于乳酸杆菌属、乳酸链球菌属和双歧杆菌属的近 30 种的微生物。

2. 酵母菌

饲料用酵母按菌种不同可分为热带假丝酵母（*Candida tropicalis*）、产朊假丝酵母（*Candida utilis*）、啤酒酵母、红酵母（*Rhodotorula* spp.）、拟内孢霉（*Endomycopsis* spp.）等。饲料酵母因其含有较高的粗蛋白（粗蛋白含量高达 50%）、氨基酸及多种维生素，同时含有多种动物所需的消化酶（α-淀粉酶、蛋白酶、纤维素酶、半纤维素酶等），对营养物质的消化利用起着重要作用。酵母菌是畜禽动物的长居微生物之一，也是优势菌群。在饲料中添加酵母菌可刺激动物肠道中有益菌数量的增加，改善动物肠道中的微生态环境。酵母菌的细胞壁主要由甘露聚糖和葡萄糖组成。甘露聚糖能增强机体免疫力。酵母细胞还可以直接和肠道中的病原体结合，中和胃肠中的毒素。酵母菌的蛋白质含量高、营养丰富、生产简单，同时酵母菌具有浓烈的酵母香味，对家畜增加食欲、增强消化吸收等有一定作用。因此，酵母菌是一种非常好的单细胞蛋白质饲料。但在实际应用时因其氨基酸含量平衡不理想且酵母菌适口性不佳，因此，添加量应按照实际情况来确定。

3. 芽孢杆菌

芽孢杆菌能够产生维生素 B_1、B_2、B_6 等 B 族维生素、维生素 C、蛋白酶、淀粉酶和脂肪酶等酶，以及多种代谢产物；进入肠道后消耗大量的氧气，维持肠道厌氧环境，抑制需氧致病菌的生长，维持动物肠道的菌群平衡。这些特性对促进动物营养的消化吸收、提高动物的饲料转化率、防病和促进生长起到重要作用。芽孢杆菌是一类公认的安全无毒的革兰染色阳性细菌，能促进饲料的降解，对动物消化吸收和营养代谢具有重要作用。肉鸡日粮中添加枯草芽孢杆菌 B7 能改善其生长性能及免疫功能。与常用的乳酸菌等益生菌相比，芽孢杆菌具有耐高温、耐酸碱、耐压等特点，能够耐受颗粒饲料加工的影响。在储藏过程以孢子形式存在，不消耗饲料的营养成分，可以保持饲料的质量。进入肠道后，在肠道上部迅速复活，复活率接近 100%。目前使用的菌株有枯草芽孢杆菌、地衣芽孢杆菌（*Bacillus licheniformis*）、蜡样芽孢杆菌（*Bacillus cereus*）、东洋芽孢杆菌（*Bacillus toyoi*）等。

4. 光合细菌

光合细菌（Photosynthetic bacteria，简称 PSB）是地球上出现最早、自然界中普遍存在、具有原始光能合成体系的原核生物，是在厌氧条件下进行不放氧光合作用的细菌的总称。PSB 革兰染色反应阴性，不形成芽孢，能够以光为能源，在厌氧光照或好氧黑暗条件下利用自然界中的有机物、硫化物、氨等作为供氢体兼碳源进行光合作用。PSB 广泛分布于土壤、水田、沼泽、湖泊、江海等处，主要分布于水生环境中光线能透射到的缺氧区。PSB 不仅为生物体宿主提供丰富的蛋白质、维生素、矿物质、核酸等营养物质，而且可以产生辅酶 Q 等生物活性物质，提高宿主的免疫力。PSB 还在改善水体环境、增加水产动物体重、色泽等方面有很好的效果。

5. 其他微生物

在反刍动物的饲料中使用真菌类微生物，可以增加瘤胃中细菌总数量和纤维素酶量。主要真菌有烟曲霉、米曲霉等。在水产养殖中添加乳酸菌、弧菌、假单胞菌和藻类等，用作水产动物促生长剂和免疫调节剂，能够抑制病原菌的生长繁殖，提高水产动物的成活率。

二、微生物饲料的作用机理

微生物饲料中的微生物通常以下面几种方式发挥作用：①竞争性抑制：包括营养和定殖位点（阻止有害微生物在肠黏膜附着与繁殖）的竞争。健康畜禽肠道内生长着各种各样的微生物，各种微生物群落之间相互依存、相互制约，构成畜禽肠道微生态平衡状态。建立一个正常且平衡良好的肠道微生物区系对抵御病原性微生物感染具有十分重要的作用，如嗜酸乳杆菌对猪肠道上皮的亲附能力非常强，从而减少大肠杆菌与肠道上皮结合的机会，因此对那些菌群形成迟缓或有障碍的幼小动物服用微生物制剂有着十分重要的意义。②抑制病原性微生物的生长。有益微生物通过产生有机酸如乳酸和乙酸使消化道内 pH 降低，抑制其他病原性生物生长，从而保持或恢复肠道内微生物群落的平衡，达到防病促生长的目的。③抑菌作用。许多乳酸菌和链球菌可以产生细菌素，如乳酸链球菌肽等，能抑制沙门氏菌、志贺氏菌、绿脓杆菌和大肠杆菌的生长。在某些条件下，有些乳酸菌可以产生少量的过氧化氢，激活大肠内的乳酸过氧化氢酶-硫氨酸盐反应系统，其反应产物可以抑制许多细菌尤其是革兰阴性病原菌的生长。另外，有些有益微生物可以产生溶菌酶抑制病原菌的生长。④补充营养成分。微生物制剂中的有益菌在肠道内代谢可产生多种消化酶、氨基酸、维生素（K、C、B_1、B_2、泛酸、烟酸、生物素、肌醇和叶酸等）以及其他一些代谢产物，作为营养物质被畜禽机体吸收利用，从而促进畜禽的生长发育。⑤防止有害物质的产生。直接饲用微生物能促进营养物质的消化吸收，可减少氨和其他腐败物质的产生。饲喂微生态制剂可以减少肠内容物、粪便、门静脉中的氨含量以及肠内容物中的对甲酚、吲哚、3-甲基吲哚等腐败物质的含量，缓解粪便臭味，净化畜禽环境。此外，直接饲用微生态制剂有益菌在肠道内能生长形成致密性膜菌群，形成生物屏幕，防止有害物质和废物的吸收。⑥提高机体的免疫功能。微生态制剂中的有益菌是良好的免疫激活剂，能刺激肠道免疫器官生长，激发机体发生体液免疫和细胞免疫。直接饲用微生物可以提高畜禽抗体水平或提高巨噬细胞的活性，增强免疫功能，及时杀灭侵入体内的致病菌，从而防止疾病的发生。

三、微生物饲料的种类及特性

微生物饲料大体上可分为两大类，一类是利用微生物的发酵作用改变饲料原料的理化性状，或增加其适口性，提高消化吸收率及其营养价值；或解毒、脱毒或积累有用的中间产物。这一类微生物饲料主要包括乳酸发酵饲料（青储饲料）、畜禽屠宰废弃物发酵饲料、饼粕类发酵脱毒饲料、微生物发酵生产的各类饲料添加剂等。另一类微生物饲料是利用各种废弃物、纤维素类物质、淀粉质原料、矿物质等培养的微生物菌体蛋白、藻类等。

1. 青储饲料

青储饲料是指将新鲜的青饲料切短装入密封的青储设施（窖、壕、塔、袋等）中，经过微生物发酵作用制成一种具有特殊芳香气味、营养丰富的多汁饲料。它能够长期保存青绿多汁饲料的特性，扩大饲料资源，提高粗饲料的使用量和利用率。青储饲料具有气味酸香、柔软多汁、颜色黄绿、适口性好等优点。其原理是乳酸菌在厌氧条件下发酵，产生乳酸，当乳酸积累一定量时就可抑制微生物的活动，从而达到长期保存的目的。青储饲料已在世界各国畜牧生产中普遍推广应用，是饲喂草食家畜的重要青绿多汁饲料。目前，在青储方法上推广采用低水分青储，添加添加剂、糖蜜、谷物等特种青储法，提高青储效果，改进了青储饲料的品质。青储设备向大型密闭式的青储塔发展。青储塔用防腐防锈钢板制成，装料与取料已实行机械化操作。青储原料由农作物的秸秆发展到专门建立饲料地、种植青储原料（特别是青储玉米），使青储饲料的数量和质量有较大提高。生产实践证明，饲料青储是调剂青绿饲料欠丰、以旺养淡、以余补缺、合理利用青饲料的一项有效方法。

2. 单细胞蛋白

单细胞蛋白（Single Cell Protein，SCP）是指大规模生产的可作为饲料或食品添加剂的富含蛋白质的微生物蛋白制品。其菌种来源主要包括细菌、丝状真菌、酵母菌及藻类中的许多菌种，但常见的还是单细胞蛋白酵母菌。SCP 可作为人或动物的蛋白质补充剂。由于这些产品不但蛋白质含量丰富，而且还含有脂肪、糖、核酸、维生素和无机元素，因此是一种具有较高价值的多功能食品或饲料。SCP 的优越性表现为：生长速度快，蛋白质含量高；原料来源丰富，石油、天然气、淀粉、废糖蜜、废酒糟水等均可作原料；生产过程易控制，可工业化生产，不受气候、土壤和自然灾害的影响，可连续生产，成功率高；营养功能多，除蛋白质外，还含有丰富的维生素成分。SCP 虽然营养丰富，但核酸含量较高，如酵母菌为 6%~11%，细菌为 10%~18%。核酸在畜体内消化后形成尿酸，因家畜无尿酸氧化酶，不能分解尿酸，尿酸随血液循环在家畜的关节处沉淀或结晶，引起痛风症或风湿性关节炎。为此应发展脱核酸技术，生产脱核酸 SCP。未脱核酸 SCP 在使用时应控制添加量。

单细胞蛋白的缺点是：①核酸含量很高，人体不容易消化核酸，核酸代谢产生尿酸，人体缺乏尿酸氧化酶，尿酸可能导致肾结石或痛风。②有毒物质存在的可能性，如从微生物培养基中吸取的重金属或自身代谢产生的毒素，必须进行安全性风险评估。③不容易消化，微生物细胞在人类消化管中代谢较慢，有些细胞壁组分不能被消化，因此可能会导致消化不良。④价格较高，单细胞生产的蛋白较其他来源的蛋白价格高。

3. 发酵饲料

发酵饲料是将植物秸秆类粗饲料粉碎，接种能降解纤维素、木质素的微生物（如霉菌、担子菌），在一定温度、湿度和通气条件下，发酵而成为味甜、酸、香、质地熟软、适口性好，营养成分倍增，家畜爱吃并且易于消化吸收的饲料。发酵微生物有霉菌、酵母菌及细菌的一些种类，常见的发酵饲料有纤维素酶解饲料、瘤胃液接种发酵饲料、担子菌分解饲料等。

（1）饲用微生物添加剂　在饲用微生物添加剂的生产菌种方面，各国都在寻求自己的资源。主要的菌种主要有芽孢杆菌属、乳酸杆菌属、酵母属、双歧杆菌属及部分霉菌等动物肠道益生菌。它们在动物体内的作用主要是助消化、抑制肠内有害菌的繁殖、免疫刺激、调节动物肠道正常菌群、实现微生态平衡、提高饲料转化率等。

（2）饲料酶制剂　用细菌、霉菌发酵生产的淀粉酶、纤维素酶和蛋白酶等制成的酶制剂用于饲料生产中。它们参与生物体内各种反应，提高反应的速度，对于饲料养分的吸收起着重要作用。饲料酶制剂的利用方式有两种：一是将酶制剂直接饲喂畜禽，通过酶在体内进行催化作用的体内酶解法；二是利用酶制剂先酶解饲料原料，再饲喂畜禽的体外酶解法，如纤维素酶解秸秆、蛋白酶处理畜禽屠宰废物等。

（3）赖氨酸　用微生物生产的氨基酸中，赖氨酸是仅次于谷氨酸的一大产品。赖氨酸是猪和鸡的限制性氨基酸，也是植物饲料中最缺乏的一种氨基酸。饲料中添加赖氨酸可提高猪禽的增重，有可能利用蛋白质含量较低的日粮和廉价的饲料，并改善胴体品质，提高瘦肉率。

四、微生物饲料的优势

利用微生物加工和调制饲料具有物理和化学方法所不可替代的优势，这是由微生物本身的特点所决定的。归纳起来微生物发酵饲料具有以下 5 大优势。

1. 原料来源广泛

微生物种类繁多，具有多种代谢方式，能够分解各种各样的有机物质。因此，利用微生物发酵生产饲料具有原料来源广的优点。能够用来生产微生物饲料的废弃物包括工、农、林、水、渔等产业的各种有机废水、废渣甚至城市垃圾和粪便；矿物质资源包括石油、天然气及由它们衍生出的副产物，如甲醇、乙醇、醋酸、甲烷等；纤维素资源主要有各种农作物秸秆、糠稗、木屑、蔗渣、薯渣、甜菜渣等，这些都是自然界最丰富的物质；糖类资源包括甘薯、木薯、马铃薯等淀粉类物质和废糖蜜等。利用微生物不同的代谢方式可以生产菌体蛋白、酶制剂、饲用抗生素、有机酸、氨基酸等，还可以进行秸秆微贮发酵、青储饲料、糖化饲料、饼粕类脱毒发酵、畜禽粪便发酵除臭。

2. 投资少、效能高

微生物一般能在常温常压下，利用简单的营养物质生长繁殖，并在生长繁殖过程中积累丰富的菌体蛋白和中间代谢产物。因此，利用微生物生产和调制饲料，一般具有投资少、效能高等特点。同时，可以有目的地进行诱变育种，改变菌种的生产特性和提高菌种的生产能力。例如，对木霉进行无数次的诱变试验，从中筛选出比以前更好的变异菌株，应用于植物秸秆等纤维素资源的发酵，取得了很好的效果。此外，通过基因工程可以将草食动物瘤胃内的消化非纤维素的细菌转变成为可消化纤维素的细菌，从而提高反刍动物消化纤维素的能力。利用这种“基因工程菌”作为粗饲料的发酵菌，可以调制出高营养、高消化、高吸收率的优良饲料来。

3. 微生物的代谢强度高

微生物的代谢强度比高等动物的代谢强度高几千倍到上万倍。例如，利用乳酸菌进行乳酸发酵，每个细胞产生的乳酸为其体重的1000~10000倍。所以，在调制青储饲料时，原料本身自然附着的乳酸菌作为发酵菌种就足够了（如果当时自然界存在的杂菌比较复杂且多，为了使乳酸菌迅速成为优势菌群，则必须添加乳酸菌发酵剂）。从饲料发酵的角度来看，微生物代谢能力强，在短时间内能把大量的基质转化为有用产品。如液态发酵生产酵母菌，在单罐发酵时，几乎每12 h即可收获一次，每年可收获数百次。又如，500kg的肉牛，每昼夜只能从食物中“浓缩”0.5kg重的蛋白质。而同样的酵母菌，只要以质量较次的糖液（如废糖蜜）和氨水作为主要原料，在24h内即可以合成50000kg的优良蛋白质。而且，微生物菌体营养丰富，其蛋白质成分包含了动物所需要的各种氨基酸，还含有多种维生素和微量元素，生物学效价高，质量大大优于植物性蛋白质饲料。

4. 生产不受产地和气候条件限制

微生物发酵生产的SCP不需要占用大量的土地和耕地，也不受季节和气候的限制。一个年产10万吨单细胞蛋白工厂，以酵母计，按含蛋白质45%计，一年所生产的蛋白质为4.5万吨。而每公顷耕地按产大豆3000kg（蛋白质含量按40%计），一年产大豆蛋白质1200kg。因此，一个年产10万吨SCP的工厂所产的蛋白质，相当于3.7万hm^2耕地所产蛋白质量。若将这些单细胞蛋白用于饲料生产，可养猪28万头或养鸡390万只。

5. 可以保护环境

不仅可以利用大量的工业有机废水、废渣发酵生产优质蛋白饲料，为环境保护做出贡献，而且利用微生物加工和调制饲料，可以避免因酸、碱等化学方法加工饲料对环境造成的污染。“绿色食品”是由传统的以水、土壤为中心的“绿色农业”所提供的；“白色农业”则是“微生物农业”和“生物细胞农业”等。由于这些农业不会引起环境污染，而且要求生产过程有洁净的环境，所以称之为“白色农业”。借助微生物发酵工程，每年仅利用石油产量的2%就能生产出2500万~3000万吨的单细胞蛋白，可供20亿人吃1年。如果用于生产配合饲料，这个数字就更加惊人。可以预计，白色农业的发展和开发对象，首先就是微生物饲料制剂的开发利用。

五、微生物饲料发展中存在的问题

微生物饲料作用巨大，潜力巨大，对促进畜牧业的良性发展起到了关键性的作用。但是在发展过程中也存在一些问题：①菌种保存问题：微生物在制作中的培养、干燥、分装、保存过程和加工中的高温、机械、制粒等过程都有可能减少活性。因此，选择一种经济又有效的微生物发酵饲料的生产、运输、储存方法对于推广发酵饲料使用有着重要意义。②产品标准问题：由于微生物发酵产生众多的代谢物质，对于其中有效成分研究缺乏，对微生物发酵饲料的品质难以鉴定，阻碍了其进一步发展。因此，建立完善的行业检测标准和检测方法十分必要。③微生物发酵饲料效果的不稳定性：由于各种微生物饲料的菌种组合、筛选、培育的方向和方法的不同，生产水平、动物种类以及饲料加工、储存、饲喂条件等因素的差异，微生物发酵饲料的应用效果差异较大，难以获得稳定、一致的效果。因此，进一步筛选合适的微生物，深入研究微生物发酵饲料的有效成分，并对其适用动物种类以及剂量进行深入研究十分必要。④微生物发酵饲料使用的安全性问题：正常微生物区系平衡打破后，有益菌微生物在特定情况下有可能变为病原微生物，如乳酸杆菌引起的临床感染。耐药性微生物携带并转移抗生素抗性基因，存在产生耐药因子的可能性。因此，使用微生物发酵饲料应充分考虑到动物安全、使用者安全、消费者安全和环境安全这几方面因素，严格的科学试验证明无害后才能广泛推广应用。

六、我国微生物饲料的发展趋势

目前，微生物饲料在我国已得到了广泛应用。随着人们对微生物饲料、畜产品质量重视程度的加强以及生物技术的迅速发展，微生物饲料将向以下几个方向发展。①对菌种的要求更加全面：今后的微生物饲料，不光要考虑到其增重效果，还要考虑其安全性、长效性、多效性、广泛性、高效性和针对性。如控制臭味，改善和控制氮、磷的环境污染等因素。②菌种由单一菌株向复合菌株或基因工程菌株发展：有益微生物菌种可包括光合细菌、放线菌、乳酸菌及发酵型丝状真菌等多种微生物。基因工程菌则向抗逆性强、多功能和生长快等特点发展。③功能由单一功效向多功效方向发展：微生物饲料不应停留在单一功能上，而应同时考虑具有促进生长、防治疾病、消除粪便臭味等多重效果。④使用的对象和方法更加细化：使用对象应针对不同动物、不同生长阶段、不同生产用途的不同情况有所不同。如适用于单胃动物的微生物所用菌株一般为乳酸菌、芽孢杆菌、酵母等，而适用于反刍动物的却是真菌和酵母菌。⑤根据菌种的不同特点设计不同产品：乳酸菌的产酸能力强，但不耐高温，与一些微量元素等物质易产生拮抗，所以不宜在饲料，特别是颗粒料中添加，但可做成水剂直接饮喂。而芽孢杆菌及粪链球菌等耐受性强，可在饲料中直接添加，方便实用。

主要参考书目

[1] Buddolla V. Recent Developments in Applied Microbiology and Biochemistry. New York: Academic Press, 2019.

[2] Flint J, Racaniello V R, Rall G F, et al. Principles of Virology. 4th edition. Washington, DC: ASM Press, 2015.

[3] Ginger C. Virus. London: Future PLC, 2021.

[4] Kobun R. Advanced Food Analysis Tools. London: Academic Press, 2020.

[5] Loeffelholz M J. Clinical Virology Manual. 5th edition. Washington, DC: ASM Press, 2016.

[6] Louten J. Essential Human Virology. Amsterdam: Academic Press, 2016.

[7] MacLachlan J N, Dubovi E J. Fenner's Veterinary Virology. 5th edition. Boston: Academic Press, 2017.

[8] Osmanaj B. Comprehensive Foodomics. Amsterdam: Elsevier, 2021.

[9] Schwiertz A. Microbiota of the Human Body. Switzerland: Springer, 2016.

[10] Stephanopoulos G N 等著. 代谢工程——原理与方法. 赵学明等译. 北京: 化学工业出版社, 2003.

[11] Wu S, Ma H, Iya P, et al. Encyclopedia of Spectroscopy and Spectrometry (Third Edition). Oxford SanDiego Cambridge: Academic Press, 2017.

[12] Zhou J Z, Thompson D K, Xu Y, et al. Microbial Functional Genomics. Hoboken, New Jersey: John Wiley & Sons, Inc., 2004.

[13] 边银丙. 食用菌栽培学（第三版）. 北京: 中国农业出版社, 2017.

[14] 陈三凤. 现代微生物遗传学. 北京: 化学工业出版社, 2003.

[15] 迟振明. 现代微生物生态学. 北京: 科学出版社, 2005.

[16] 何培新. 高级微生物学. 北京: 中国轻工业出版社, 2017.

[17] 贺新生. 现代菌物分类系统. 北京: 科学出版社, 2015.

[18] 黄文林. 分子病毒学（第二版）. 北京: 人民卫生出版社, 2006.

[19] 沈萍, 陈向东. 微生物学（第八版）. 北京: 高等教育出版社, 2016.

[20] 盛祖嘉. 微生物遗传学（第三版）. 北京: 科学出版社, 2007.

[21] 宋福强. 微生物生态学. 北京: 化学工业出版社, 2008.

[22] 王小纯. 病毒学. 北京: 中国农业出版社, 2018.

[23] M. E. 希默尔. 生物质抗降解屏障——解构植物细胞壁产生物能. 王禄山, 张正等译. 北京: 化学工业出版社, 2010.

[24] 徐丽华, 娄恺, 张华, 等. 微生物资源学（第二版）. 北京: 科学出版社, 2010.

［25］袁振宏．能源微生物学．北京：化学工业出版社，2012.
［26］赵开弘．环境微生物学．武汉：华中科技大学出版社，2009.
［27］赵学明，陈涛，王智文．代谢工程．北京：高等教育出版社，2015.
［28］郑国香．能源微生物学．哈尔滨：哈尔滨工业大学出版社，2013.
［29］周德庆．微生物学教程（第三版）．北京：高等教育出版社，2011.